GARY J. BASS

TRIBUNAL IN TOKIO

Die Kriegsverbrecherprozesse in Japan und die Neuordnung Asiens nach 1945

Aus dem Englischen von
Helmut Dierlamm und Werner Roller

S. FISCHER

MIX
Papier | Fördert gute Waldnutzung
FSC® C014496

Erschienen bei S. FISCHER

Die Originalausgabe erschien 2023 unter dem Titel »Judgment At Tokyo: World War II On Trial And The Making Of Modern Asia« bei Alfred A. Knopf, einem Imprint von Penguin Randomhouse LLC, New York, USA.

Lektorat: Heike Wolter
Satz: Dörlemann Satz, Lemförde
Druck und Bindung: GGP Media GmbH, Pößneck
ISBN 978-3-10-002504-3

Kontaktadresse nach EU-Produktsicherheitsverordnung:
produktsicherheit@fischerverlage.de

Für Miriam

Inhalt

Asien
im
Zweiten Weltkrieg
SOWJETUNION
MONGOLEI
Urumqi
Mandschurei
Mukden
(Shenyang)
Beijing
Yan'an
REPUBLIK CHINA
(BIS 1949)
Gelb
Meer
TIBET
Nanjing
Jangtse
Hankou
Shanghai
Lhasa
Chongqing
Neu-Delhi
Changsha
Nanchang
Kanton
(Guangzhou)
Formosa
(Taiwan)
INDIEN
(Britisches Weltreich)
Kalkutta
BURMA
(Britisches
Weltreich)
Hanoi
Hongkong
(Britisches Weltrei
Bombay
Luzon
Manila
Bataan
THAILAND
FRANZÖSISCH-
INDOCHINA
Bangkok
Südchinesisches Meer
Saigon
Leyte
PHILIPPINEN
(US-amerikanische Kolonie)
Davao
MALAYA
(Britisches Weltreich)
Singapur
(Britisches Weltreich)
Sumatra
Bangka
Borneo
NIEDERLÄNDISCH
OSTINDIEN
Batavia
Java
N
0
Kilometer
1,000

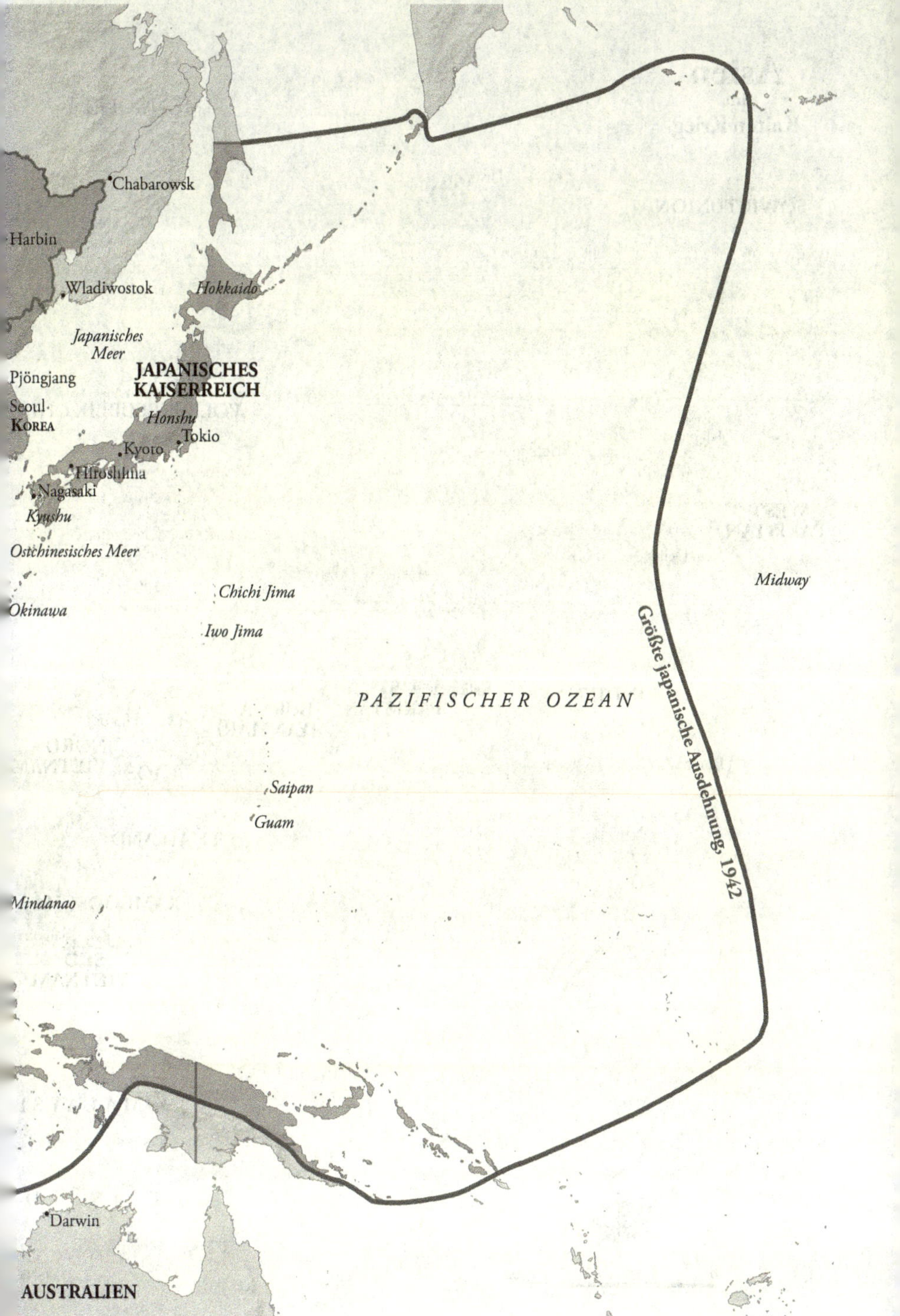
Chabarowsk
Harbin
Wladiwostok
Hokkaido
Japanisches Meer
Pjöngjang
JAPANISCHES KAISERREICH
Seoul
KOREA
Honshu
Tokio
Kyoto
Hiroshima
Nagasaki
Kyushu
Ostchinesisches Meer
Chichi Jima
Iwo Jima
Okinawa
Midway
Größte japanische Ausdehnung, 1942
PAZIFISCHER OZEAN
Saipan
Guam
Mindanao
Darwin
AUSTRALIEN

Asien
im
Kalten Krieg
MONGOLEI
Urumqi
SOWJETUNION
VOLKSREPUBLIK CHINA
Islamabad
WEST-
PAKISTAN
Lhasa
Chongqing
Neu-Delhi
Dhaka
Kalkutta
OST-
PAKISTAN
INDIEN
BURMA
(MYANMAR)
Hanoi
NORD-
VIETNAM
Bombay
LAOS
THAILAND
KAMBODSCHA
Saigon
SÜD-
VIETNAM
MALAYSI
N
I N D
Jakarta
0
Kilometer
1,000

Chabarowsk
SOWJETUNION
Harbin
Wladiwostok
Shenyang
Japanisches Meer
Beijing
NORD-KOREA
Pjöngjang
Militärische Demarkationslinie
Seoul
SÜD-KOREA
JAPAN
Tokio
Hiroshima
Osaka
Nagasaki
Nanjing
Shanghai
Midway
Okinawa
Taipeh
TAIWAN
(Republik China)
Hongkong
PAZIFISCHER OZEAN
ches Meer
Manila
PHILIPPINEN
Saipan
Guam
N E S I E N

»Was geschieht mit Mördern, Mann! Wer soll denn richten, wenn man sogar den Richter vor die Schranken zerrt?«

Herman Melville, Moby-Dick

Einleitung

Tojo Hideki hörte die Soldaten kommen, die ihn am 11. September 1945 holen wollten. Er befand sich in seinem einfachen Häuschen in einem Vorort von Tokio und machte nicht den Versuch, sich zu verstecken. Mit seinem akkurat gestutzten Schnurrbart, der Glatze, der runden Schildpattbrille und dem selbstbewussten Auftreten eines Karrieregenerals war der Mann unverwechselbar, der während eines Großteils des Zweiten Weltkriegs Premierminister des Japanischen Kaiserreichs gewesen war. Seine grotesk karikierten Gesichtszüge – schräg gestellte Augen, spitze Zähne, spitze Fingernägel – waren ein fester Bestandteil der amerikanischen Propaganda bei der Werbung für Kriegsanleihen gewesen und regelmäßig gemeinsam mit Adolf Hitler und Benito Mussolini erschienen.

Etwas mehr als einen Monat vor jenem 11. September waren die beiden Atombomben detoniert und knapp einen Monat zuvor hatte Japan endlich kapituliert. Die siegreichen Armeen der Alliierten befanden sich noch in den frühen, unsicheren Tagen der Besetzung Japans, und eine ihrer ersten Aufgaben bestand darin, mutmaßliche japanische Kriegsverbrecher festzunehmen.

Tojo war sich völlig klar darüber, dass die amerikanischen Soldaten wussten, wo sie ihn finden konnten. Einen Tag zuvor hatte ihn der Reporter einer amerikanischen Nachrichtenagentur relativ problemlos in seinem Haus aufgespürt. Als der Premierminister, dessen Kabinett den Angriff auf Pearl Harbor befohlen hatte, gefragt wurde, wer für den Beginn des Krieges verantwortlich sei, zeigte er keine Reue: »Sie sind die Sieger, und Sie können den Mann jetzt bestimmen«, antwortete er heiter. »Aber in 500 oder 1000 Jahren werden die Historiker vielleicht anders urteilen.«[1]

Eine kleine, nervöse Gruppe von Soldaten traf vor dem Haus ein. Tojo weigerte sich zunächst, mit ihnen zu sprechen, dann schob er ein Fenster auf und fragte die Soldaten, salopp in ein weißes Hemd mit offenem Kragen gekleidet, nach ihren Ausweisen. Nun wurden sie einige unerträglich angespannte Minuten von einem Diener aufgehalten, bis sie die Geduld verloren: »Sag dem gelben Hundesohn, dass wir lang genug gewartet haben«, schrie der befehlshabende Major den Diener an.

Gleich darauf hörten die Amerikaner einen gedämpften Schuss im Haus.

Sie traten erschrocken die Tür ein und stürmten das Haus. Dort fanden sie Tojo aufrecht stehend, aber leicht schwankend. Er hatte eine rauchende Colt-Pistole vom Kaliber .32 in der rechten Hand. Die linke hatte er auf die Brust gepresst und sein weißes Hemd färbte sich rot von seinem Blut. Er hatte sich für das effiziente Mittel einer, in den USA gefertigten, Pistole entschieden, um Selbstmord zu begehen, und darauf verzichtet, eines der drei japanischen Zeremonialschwerter im Raum zu benutzen. Als der amerikanische Major die Pistole sah, schrie er: »Nicht schießen!«, und Tojo ließ die Waffe fallen. Seine Knie gaben nach, und er ließ sich in einen Sessel sinken. Sein Blick wurde stumpf, er hatte Probleme zu atmen, schwitzte, hustete und keuchte vor Schmerz.[2]

Der Experte im Töten hatte seinen eigenen Tod vermasselt. Die Kugel hatte das Herz nur gestreift und war durch das linke Schulterblatt wieder ausgetreten. Amerikanische Soldaten, einer von ihnen ein japanischstämmiger Amerikaner aus der Bronx, trugen ihn hastig aus dem Haus, setzten ihn in ein Auto und rasten zu einem amerikanischen Militärhospital in Yokohama, südlich von Tokio.

Sie fuhren durch eine verkohlte Trümmerlandschaft. Sechs Monate zuvor waren in einer einzigen Nacht nicht weniger als 100 000 Menschen in Tokio »zu Tode gesengt, gekocht und gebacken worden« wie es der US-General ausdrückte, der den massiven Brandbombenangriff befehligt hatte.[3] Die Flüsse der Stadt hatten gekocht, und es hatte flüssiges Glas geregnet. Der Gestank nach brennendem Fleisch war so intensiv gewesen, dass es die Piloten der US-amerikanischen B-29-Bomber in mehr als tausend Meter Höhe gewürgt hatte.[4]

Übrig geblieben war eine riesige Stadt aus Asche. Die ausgedehnte japanische Hauptstadt hatte größtenteils aus Holzhäusern bestanden; bescheidene Heime, die sich in feine Asche verwandelt hatten. Tokio bestand danach nur noch aus Behelfsunterkünften – endlosen Reihen kleiner Hütten, die aus Metallstücken oder Steinen und allem bestanden, was sonst die ungeheuerlichen Flammen überstanden hatte. Die Düsternis wurde nur gelegentlich durch Blumen unterbrochen, die die verarmten Bewohner der Hütten gepflanzt hatten, oder durch einen Vorhang, der in eines der behelfsmäßigen Fenster gehängt war. Stabilere Gebäude wie Fabriken bestanden nur noch aus einer Masse verbogener Stahlträger. Riesige Trümmerhaufen waren über die demolierten Straßen verteilt. Tokio war dunkel, schmutzig und im Begriff zusammenzubrechen. Es stank. Da das Bombardement systematisch die gesamte Infrastruktur zerstört hatte, fehlte es an allem: Strom, Wärme, Nahrung, Wasser. Die Überlebenden waren verzweifelt, verbrannt, gebrochen, narbenbedeckt, beraubt, ungewaschen, schlecht gekleidet und unterernährt.[5]

Tojo schwebte zwischen Leben und Tod. Der Militärchirurg im Krankenhaus von Yokohama war von der schweren Brustwunde unbeeindruckt; er hatte schon Hunderte gesehen. Der frühere Premierminister lag auf einer einfachen Liege, Hemd und Hose vom eigenen Blut durchtränkt, verzog das Gesicht vor Schmerzen und stöhnte, wenn er Luft holte. Japanische und amerikanische Ärzte vernähten die Wunde und gaben ihm Plasmainfusionen. Die amerikanischen Soldaten sahen mit kalter Gleichgültigkeit zu, wie er sich quälte; einer sagte schulterzuckend, Tojo habe sich ein Purple Heart – ein US-amerikanisches Verwundetenabzeichen – verdient. Der General kam durch und hatte schließlich sogar genug Kraft, um zu jammern, dass der Tod so lange auf sich warten ließe. Er habe sich mit einem einzigen Schuss erledigen wollen, sagte er, statt den Zeitverlust durch eine rituelle Selbsttötung zu riskieren. Und er habe sich nicht in den Kopf schießen wollen, meinte er flüsternd zu einem Dolmetscher, damit die Leute sein Gesicht erkennen könnten und wüssten, dass er tot sei.

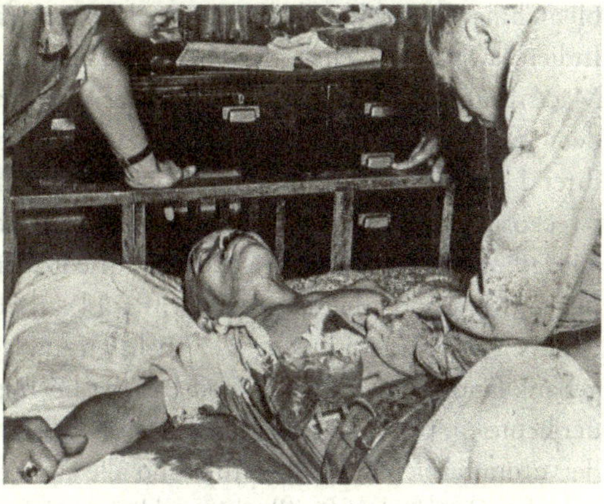

Abb. 1 *Tojo Hideki liegt in seinem Blut, nachdem er versucht hat, sich zu erschießen, während amerikanische Ärzte versuchen, ihn zu retten.*

Weder die Niederlage noch die Verwüstung seines Landes, noch ein frisches Einschussloch in der Brust reichten aus, um Tojo an der Richtigkeit seiner Sache zweifeln zu lassen. »Der Großostasiatische Krieg war ein berechtigter und gerechter Krieg«, den Japan geführt habe, um seine asiatischen Nachbarn aus dem repressiven Griff des europäischen Kolonialismus zu befreien, erklärte er – wie er hoffte – auf seinem Sterbebett. Er drückte der japanischen Nation und »allen Rassen der großasiatischen Mächte« sein Bedauern aus, nicht jedoch den alliierten Mächten, gegen die sein Kabinett in den Krieg gezogen war. Angesichts der Ruinen überall in seiner Umgebung war er nicht geneigt, sich bei den für das Bombardement Verantwortlichen zu entschuldigen.

»Ich möchte nicht von einem Gerichtshof der Eroberer verurteilt werden«, sagte er. »Ich warte auf das gerechte Urteil der Geschichte.«[6]

In diesem Buch geht es um diesen Militärgerichtshof und um das Urteil der Geschichte. Denn Tojo und 27 weitere führende japanische Politiker der Kriegszeit wurden in einem zweieinhalbjährigen Prozess von den Alliierten als Kriegsverbrecher angeklagt – dem asiatischen Gegenstück zu dem berühmteren Prozess gegen die Hauptkriegsverbrecher in Nürnberg.

Der Prozess in Tokio war eine umfassende Bilanz des persönlichen Schicksals von Tojo und den anderen mächtigen japanischen Angeklagten, die man nicht nur als geschlagene Feinde unschädlich machen wollte, sondern als Verbrecher betrachtete, die der Führung eines Angriffskriegs und diverser Gräueltaten beschuldigt wurden. Mit dem Verfahren sind zahlreiche bekannte Personen wie etwa der amerikanische Präsident Harry S. Truman, der japanische Kaiser Hirohito, der Oberbefehlshaber der Republik China Chiang Kai-shek, der erste Ministerpräsident des unabhängigen Indien Jawaharlal Nehru, der oberste Befehlshaber der Alliierten Douglas MacArthur und andere verbunden, aber auch weniger namhafte Figuren, deren facettenreiche Lebensläufe einen Großteil der modernen Geschichte ihrer Ländern umfassen: Männer wie Mei Ruao, der hochintelligente, zweckorientierte chinesische Richter, der hoffte, sein kriegszerrissenes Land wiederherzustellen; Togo Shigenori, der friedliebende japanische Außenminister, der versucht hatte, den Angriff auf Pearl Harbor zu verhindern und dennoch als Kriegsverbrecher der höchsten Anklageklasse A auf der Anklagebank landete; und Radhabinod Pal, der hochgebildete indische Richter, der heute ein japanischer Nationalheld ist, weil er ein überaus scharfes Sondervotum schrieb, in dem er Tojo und alle anderen Angeklagten freisprach und den Gerichtshof für illegitim erklärte.

Das Verfahren war, wie die Richter gerne sagten, der »größte Prozess der Welt«.[7] In einem riesigen, von gleißenden Jupiterlampen beleuchteten Saal hörten die schwarzgewandeten Richter die beklemmenden Aussagen chinesischer Überlebender des Massakers von Nanjing; vernahmen albtraumhafte Berichte, wie sich britische und australische Kriegsgefangene in Thailand und Burma totarbeiten mussten; lauschten entsetzt den grausamen Berichten über philippinische Zivilisten, die man bajonettiert, geschlagen, gefoltert und vergewaltigt hatte; sie erfuhren, wie die Geheimpläne für den

Angriff auf Pearl Harbor gemacht worden waren; und sie erlebten staunend, wie sich Puyi, der in Ungnade gefallene letzte Kaiser von China, zum Starzeugen entwickelte. Ein Verfahren, das der Richter Mei Ruao wie folgt kommentierte: »Meiner Ansicht nach sollte der Prozess von Tokio genau wie der Nürnberger Prozess als ›das Größte, was dieser Weltkrieg hervorgebracht hat‹, betrachtet werden, um eine Wendung von Präsident Truman zu gebrauchen.«[8]

Der Zweite Weltkrieg war sowohl in Europa als auch in Asien ein Krieg der Gräueltaten. In Kriegszeiten ist es normal, die bestialischen Verbrechen des Feindes anzuprangern, doch im Pazifikkrieg war die Frage der Kriegsverbrechen grundlegend. Der Krieg war nach Ansicht der Alliierten durch Schrecken gekennzeichnet, die die Japaner verursacht hatten: den Todesmarsch philippinischer und amerikanischer Kriegsgefangener auf der Halbinsel Bataan, den Tod der australischen Gefangenen beim Bau der Eisenbahnverbindung zwischen Burma und Thailand, die Plünderung Manilas.[9] In japanischer Gefangenschaft waren mehr Australier gestorben als im Kampf gegen die Japaner.[10] Mehr als jedes andere Volk hatten jedoch die Chinesen in 14 Jahren Krieg unter den Japanern gelitten, etwa durch das verheerende Bombardement der Kriegshauptstadt Chongqing, das Abbrennen zahlloser Dörfer, durch die Wiederbelebung des Opiumhandels und durch Massenexekutionen und -vergewaltigungen – allein im ersten Monat der japanischen Besatzung von Nanjing hatte es 20 000 Vergewaltigungen gegeben.[11] Auch mehr als eine Million Filipinos hatten die japanischen Besatzer getötet oder verwundet.[12] Für die Amerikaner war der Krieg selbst ein Verbrechen gegen den Frieden, das giftige Ergebnis des völkerrechtswidrigen Überraschungsangriffs auf Pearl Harbor. Auch wurde unter den von amerikanischen Ermittlern dokumentierten Kriegsverbrechen immer wieder »Kannibalismus« aufgelistet: Einige japanische Offiziere hatten geglaubt, es würde sie stark machen, wenn sie die Leber von amerikanischen Kriegsgefangenen äßen.[13]

Die geschlagenen Japaner sollten keine Gelegenheit bekommen, die Sieger vor Gericht zu stellen, doch ihre Regierung hatte mit Geschichten über die Barbarei der Alliierten ihre Soldaten angespornt und ihre Heimatfront motiviert. Die Japaner waren, zu Unrecht, vor den Gräueltaten und den Vergewaltigungen gewarnt worden, die die dämonisierten amerikanischen Besatzer begehen würden. Es hatte sie vor der unmenschlichen Gewohnheit der Alliierten gegraut, angeblich japanische Schädel und Knochen als Souvenirs zu sammeln. Und sie waren durch die Brandbombenangriffe auf Dutzende ihrer Städte, durch die Einäscherung Tokios und schließlich durch die Atombombenangriffe von Hiroshima und Nagasaki traumatisiert.[14]

Der Tokioter Prozess ist unter den Bemühungen Asiens, sich mit diesem schrecklichen Erbe auseinanderzusetzen, das herausragende historische Ereignis. Oder wie der australische Präsident des Gerichtshofs privat notierte: »Die Kriegsverbrecherprozesse in Tokio und Nürnberg sind zweifellos die bedeutendsten in der gesamten Geschichte; das ist nicht zu leugnen.«[15] Die Zuschauer bekamen Einblick in geheimste Regierungsvorgänge und in die Gefühle, die Menschen unter extremsten Umständen hegten. Sie hörten, in einer Art *Rashomon*-Erzähltechnik des Zweiten Weltkriegs, schicksalhafte Entscheidungen des Krieges aus den unterschiedlichen Perspektiven der alliierten Anklagevertreter, der Verteidiger der Angeklagten und der einzelnen Angeklagten immer wieder neu.[16] »Die Naivität, mit der ich meine Heimat verließ, ist schon lange verflogen«, schrieb ein japanischer Soldat auf den Philippinen in sein Tagebuch, das bei der Beweisaufnahme einem bedrückt schweigenden Auditorium vorgelesen wurde. Er räumte ein, bei einem besonders brutalen Feldzug mehr als 100 Guerillas und philippinische Zivilisten getötet zu haben. »Jetzt bin ich ein abgehärteter Killer und mein Schwert ist immer blutbefleckt. Obwohl es zum Wohl meines Landes geschieht, ist es reine Grausamkeit. Möge Gott mir vergeben! Möge meine Mutter mir vergeben!«[17] Von der japanischen Inselfestung Chichi Jima wurde dem Gericht der offizielle Befehl, einen amerikanischen Kriegsgefangenen zu töten und zu essen, vorgelegt: »Das Bataillon will das Fleisch des amerikanischen Fliegers Oberleutnant Hall essen.«[18] Neun US-amerikanische Flieger sprangen Anfang 1945 bei Bombenangriffen auf Chichi Jima mit dem Fallschirm ab. Acht wurden von japanischen Soldaten gefangengenommen und getötet und mehrere wurden teilweise gegessen. Der neunte, dem die Flucht gelang, war der Marinepilot George H. W. Bush.[19] Faszinierend war laut einem privaten Schreiben des niederländischen Richters Bernard Röling beim Tokioter Prozess die »Situation, dass man jeden Tag auf dem Gang den Kaiser von China trifft und sagt: ›Hallo, wie geht es Ihnen heute Morgen?‹ Ich hatte früher gedacht, dass man den Kaiser von China nur im Märchen trifft. Und ich bin immer noch nicht ganz sicher, ob diese Vorstellung falsch war.«[20]

Völkerrechtlich betrachtet war der Tokioter Prozess mit der großen Hoffnung verbunden, internationale Prinzipien für eine sicherere Nachkriegswelt zu etablieren: ein wiederbelebtes internationales Recht, das Angriffskriege und Gräueltaten verbot. Der Prozess sollte die angeschlagene Autorität des alten Kriegsvölkerrechts wiederherstellen, etwa das Verbot, unschuldige Zivilisten zu töten oder Kriegsgefangene zu misshandeln. Und es sollte auf dem Grundsatz beruhen, dass mächtige Personen wie Generale oder Minister keine Immunität genießen und für die unter ihrem Befehl begangenen Kriegsverbrechen zur Rechenschaft gezogen werden können.[21] Genau wie der Nürnberger war auch der Tokioter Kriegsverbrecherprozess mit dem revolutionären Versuch verbunden, den Angriffskrieg als das internationale Kardinalverbrechen zu ächten, das alle anderen Verbrechen nach sich zog.[22] Diese völkerrechtlichen Ziele waren für Nichtjuristen oft frustrierend. So klagte MacArthur, das zu erwartende Urteil des Gerichts sei, »wie wenn man eine Tonne Dynamit in die Luft jagt: Man kann unmöglich voraussehen, was passieren wird«.[23]

Über seine juristische Bedeutung und das Spektakel im Gerichtssaal hinaus war der Prozess in Tokio auch ein politisches Ereignis. Er war ein Gradmesser für die koloniale Vergangenheit Asiens und ein Vorspiel seiner Zukunft im Kalten Krieg. Für den Aufbau eines neuen Asiens waren nicht nur militärische, politische, wirtschaftliche und territoriale Maßnahmen erforderlich, sondern auch eine moralische Bilanz des Krieges und seiner Ursachen. Der chinesische Richter hoffte, dass das Gericht mit seinem Urteil ein historisches Dokument schaffen werde, das für künftige Verzerrungen der Wahrheit keinen Raum mehr ließe.[24] »Dieser Prozess ist für die ganze Welt von besonderer Wichtigkeit«, überlegte der niederländische Richter, »nicht nur wegen der bewiesenen Fakten oder des gesprochenen Urteils. Er ist mehr oder weniger der Prüfstein für die Möglichkeit einer organisierten internationalen Justiz.«[25]

Dieses Buch ist ein Versuch, die Geschichte des Tokioter Prozesses in seiner Gesamtheit zu erzählen und nicht nur über das Drama in dem gewaltigen Gerichtssaal, sondern auch über das Umfeld im Asien der Nachkriegszeit zu berichten. Mit Anklagevertretern und Richtern aus elf alliierten Ländern, auch wichtigen asiatisch-pazifischen Mächten wie China, Indien, den Philippinen und Australien, war der Tokioter Prozess ein umfassendes Panorama der Entwicklung Asiens in der Nachkriegszeit.[26] Trotz der Vorherrschaft der Vereinigten Staaten ist dieses Buch sowohl eine amerikanische als auch eine internationale Geschichte. Der Tokioter Prozess war in seiner Entstehung, seinem Verlauf und seinen Nachwirkungen ein Simulacrum der gewaltigen militärischen und politischen Veränderungen, die das moderne Asien prägten – heute die strategisch wichtigste Region der Welt.[27] Seine Durchführung in den entscheidenden Jahren von 1946 bis 1948 geschah parallel zur Schaffung einer neuen Ordnung in Japan, zu dem Triumph der kommunistischen Revolutionäre im Chinesischen Bürgerkrieg, dem Kampf um die Dekolonialisierung in Indien und anderswo und dem Beginn des Kalten Krieges.

Das historische Gerichtsverfahren sollte mit dem Hass der Kriegszeit brechen und den Wiederaufbau in Friedenszeiten einleiten. Doch der Frieden nach dem Krieg war nicht so leicht zu meistern. Statt des sauberen moralischen Lehrstücks, in dem die Vereinigten Staaten Tojo und eine kleine Clique von Militaristen für alles verantwortlich machen wollten, brachte der Prozess die grundlegenden Spannungen im Nachkriegsasien ans Licht. Statt die Einheit der im Krieg verbündeten Länder zu festigen, spaltete er sie. Die Richter aus China, (Britisch-)Indien, den Vereinigten Staaten, der Sowjetunion, Großbritannien, Frankreich, Australien, Kanada, Neuseeland, den Philippinen und den Niederlanden gingen einander oft an die Kehle. Durch den Prozess werden einige der Gründe dafür deutlich, warum in Asien trotz der Wünsche einiger amerikanischer Strategen keine regelbasierte Ordnung (*liberal international order*) entstand.[28] Bei den Meinungsverschiedenheiten zwischen den Alliierten ging es nicht nur um die amerikanische Vorherrschaft oder die Ziele der Sowjetunion, sondern um viele verschiedene gegensätzliche Anliegen.

Weit davon entfernt, in Asien einen neuen Aufstieg der von den USA unterstützten liberalen Demokratie einzuleiten, fand der Tokioter Prozess vor dem chaotischen Hintergrund eines wachsenden antikolonialen Nationalismus in Indien, Indonesien, Vietnam und anderswo und der Erfolge der kommunistischen Revolutionäre in China statt. Der Krieg hatte dem Japanischen Kaiserreich ein Ende gesetzt, aber Millionen Menschen in ganz Asien hatten auch nach dem Krieg noch mit Armut, Unterernährung, Analphabetismus, Korruption und Tyrannei zu kämpfen und zudem mit aggressiven westlichen Imperien, die zu alten Gewohnheiten zurückkehren wollten.[29] »Der Krieg Amerikas hatte sich blind mit der größten Revolution in der Geschichte der Menschheit überschnitten, der Revolution Asiens«, schrieb Theodore H. White, der führende Kriegskorrespondent des Nachrichtenmagazins *Time*.[30] Die asiatischen Länder wurden in den ersten Tagen der Konfrontation zwischen dem amerikanischen und dem sowjetischen Goliath doppelt bedrängt. Hatten die Amerikaner zunächst alles in ihrer Macht Stehende getan, um Japan zu zerstören, versuchten sie, es nun als wichtiges Bollwerk gegen die Sowjetunion und die in China kurz vor der Machteroberung stehenden kommunistischen Aufständischen wieder aufzubauen. All diese Strömungen würden das Tribunal untergraben und sein Vermächtnis in Frage stellen.

Für die amerikanischen Besatzer war die Bestrafung der Kriegsverbrecher ein wichtiges Element ihrer Anstrengungen, dem japanischen Militarismus die Zähne zu ziehen. Der Befehl, mit dem General MacArthur, der Oberkommandierende der Alliierten Mächte, den Gerichtshof etablierte, hatte die bedeutungsschwangere Bezeichnung »General Order No. 1«.[31] Die Vereinigten Staaten waren, nachdem sie die Japaner mit ihren scheinbar unerschöpflichen industriellen und technologischen Mitteln zermalmt hatten, offensichtlich Erster unter Ungleichen. Aber dank der Vielzahl alliierter Länder, die bei dem Prozess als Kläger und Richter fungierten, war dieser dennoch eine ideale Gelegenheit für eine internationale moralische und juristische Abrechnung.

Die internationale Zusammensetzung des Tokioter Gerichtshofs ist für seine Bedeutung entscheidend.[32] Zusammengenommen repräsentierten die elf alliierten Regierungen eine Mehrheit der Menschheit.[33] In Nürnberg gab es keinen jüdischen oder polnischen Richter, in Tokio dagegen drei asiatische Richter, je einen aus China, Indien und den Philippinen. Sie waren in der Lage, für einige der asiatischen Opfer zu sprechen. (Ein eklatantes Versäumnis bestand darin, dass es keinen koreanischen und keinen taiwanischen Richter gab, da das Gericht den japanischen Imperialismus erst ab einem Zeitpunkt nach der Annexion dieser Länder untersuchte.)[34] Zwar versuchten die Amerikaner, den Prozess anfänglich stark auf Pearl Harbor auszurichten, aber MacArthur verlor schnell die Geduld und ließ zu, dass das Tribunal von den anderen alliierten Regierungen gesteuert wurde. Unter dem Einfluss asiatisch-pazifischer Mächte wie China und den Philippinen sowie Australien sammelte das Gericht eine Menge Material über Japans Angriff auf China, seine Verbrechen gegen die Menschlichkeit von Indonesien bis zu den Philippinen und seinen Einsatz sexueller Gewalt als Kriegswaffe. Einige der eindrucksvollsten Überlegungen kamen von dem chinesischen und dem indischen Richter, deren Bewertungen des Krieges in diametralem Gegensatz zueinander standen, und außerdem vom Richter der Philippinen. Wegen dieser bemerkenswerten chinesischen, indischen und philippinischen Richter gab es im Tokioter Prozess nach einem asiatischen Krieg wenigstens ein gewisses Maß an asiatischem Recht.

Für die siegreichen Länder der Alliierten war klar, dass sie im Recht waren. Aber für viele Japaner, die in Trümmern lebten, und für andere Skeptiker in ganz Asien wirkten die Ansprüche des Tokioter Gerichtshofs zweifelhaft. Der hohe moralische Anspruch des Gerichts wurde unübersehbar durch den Totalitarismus der Sowjetunion unterminiert, deren Streitkräfte in der Mandschurei *nach* der japanischen Kapitulation im August 1945 noch eine Viertelmillion japanischer Kriegsgefangener töteten oder umkommen ließen. Sie entsandten einen Generalmajor der Roten Armee als Richter nach Tokio, zu dessen makellos stalinistischen Qualifikationen unter anderem die Teilnahme an den Moskauer Schauprozessen gehörte. Zu alledem kam der hartnäckige europäische Kolonialismus in den heute unabhängigen Staaten Indien, Vietnam, Indonesien und weiteren Ländern. Auch die amerikanischen Atombombenangriffe gegen Zivilisten in Hiroshima und Nagasaki, die Brandbombenangriffe auf Tokio und Dutzende anderer Städte und die schrecklichen Verluste an Zivilisten bei den Schlachten um Saipan und Okinawa schadeten dem Ansehen des Gerichts. »Wenn ich den Krieg verloren hätte, wäre ich vermutlich als Kriegsverbrecher vor Gericht gestellt worden«, sollte Curtis LeMay später sagen, der US-amerikanische General, der Tokio und 66 weitere japanische Städte für die Vernichtung aus der Luft ausgewählt hatte. »Zum Glück, haben wir gewonnen.«[35] In einem Vieraugengespräch mit Harry Truman im Weißen Haus brachte der amerikanische Kriegsminister Henry L. Stimson sein Unbehagen wegen der Luftangriffe auf Japan zum Ausdruck: »Ich wollte nicht, dass die Vereinigten Staaten den Ruf bekamen, schlimmere Gräueltaten als Hitler zu begehen«, schrieb er danach in sein Tagebuch.[36]

Der Tokioter Prozess schlug fehl und seine intendierte Wirkung verpuffte. Im Gegensatz zum Nürnberger Prozess, dessen Urteile im Lauf der Jahrzehnte in Deutschland und seinen Nachbarstaaten einen geradezu heiligen Status erwarben, ist der in Tokio bis heute in ganz Ostasien heftig umstritten. Zwar haben sich führende japanische Politiker wiederholt für die Verbrechen des Zweiten Weltkriegs entschuldigt, doch es gibt kein Äquivalent für die nahezu universelle nationale Reue und Trauer, die bis heute den Kern der deutschen Politik und Gesellschaft bilden.[37] Im Vergleich zu den emotionalen, detaillierten und selbstkritischen Reuebekenntnissen von Willy Brandt, Richard von Weizsäcker oder Angela Merkel sind die offiziellen Entschuldigungen der Japaner blass und vage.[38] Wenn deutsche Abgeordnete heute einige der Meinungen über den Zweiten Weltkrieg äußern würden, die japanische Politiker routinemäßig zum Besten geben – etwa: Manche Gräueltaten sind nie passiert; die andere Seite war genauso schlimm; die historische Überlieferung ist unklar; es gibt nichts, wofür wir uns entschuldigen müssten –, würden sie öffentlich angegriffen und geächtet – und möglicherweise angeklagt.[39] Der Tokioter Prozess war keineswegs das Ende der nationalistischen Klagen, sondern ist bis heute Anlass für patriotisch motivierte Konflikte in der gesamten Region.

Im Vergleich zu dem befriedeten und einigen Westeuropa, das in den

Jahren nach dem Nürnberger Prozess entstand, zeichnete sich Asien nach dem Krieg durch gefährliche Zerrissenheit aus.[40] Es ist unmöglich, die heutigen Spannungen in Ostasien zu verstehen, ohne das zu berücksichtigen, was man unheilverkündend als das nach dem Zweiten Weltkrieg verbliebene »Geschichtsproblem« bezeichnet.[41] Südkoreanische Nationalisten wettern gegen ein offiziell pazifistisches Japan, das kaum darauf brennen dürfte, wieder sein altes imperialistisches Verhalten an den Tag zu legen.[42] Xi Jinping, der Oberste Führer Chinas, trägt mit Japan Gebietsstreitigkeiten aus und klagt zugleich endlos über den Zweiten Weltkrieg: »Die Chinesen, die ein so großes Opfer gebracht haben, werden nicht zögern, eine Geschichte zu verteidigen, die mit Blut und (solchen) Opfern geschrieben ist.«[43] Siebzig Jahre nach Kriegsende hielten laut einer Umfrage des Meinungsforschungsinstituts Pew drei Viertel der Chinesen die Japaner für gewalttätig, und nur zehn Prozent waren der Ansicht, dass sich Japan für sein Verhalten während des Krieges angemessen entschuldigt hatte.[44] Immer wenn konservative japanische Politiker – wie Abe Shinzo und Koizumi Junichiro es zu tun pflegten – im Yasukuni-Schrein in Tokio der Kriegstoten gedenken, wo auch Tojo Hideki und 13 weitere verurteilte Kriegsverbrecher der Klasse A verehrt werden, explodieren chinesische Patrioten vor staatlich geförderter Wut. Nur wer sich der Nachwehen des Zweiten Weltkriegs in Ostasien bewusst ist, kann wenigstens ansatzweise das ansonsten verblüffende Schauspiel begreifen, wie eine friedliebende Demokratie ihre moralische Überlegenheit an eine nationalistische kommunistische Diktatur verliert.

Das spektakuläre Verfahren des Tokioter Kriegsverbrecherprozesses ist bis heute eine Obsession der japanischen, der chinesischen und der koreanischen Politik, und dasselbe gilt auch für viele benachbarte Länder. Das Urteil ist bis heute eine Grundlage des internationalen Rechts und im innenpolitischen Leben in Japan, China, Südkorea und anderen asiatischen Ländern verinnerlicht, aber kaum je so, wie es die amerikanischen Besatzer wünschten.[45] Selbst laut Wladimir Putin, der in jeder vernünftigen Welt in Den Haag vor Gericht stünde, sind die japanischen Anstrengungen, »Kriegsverbrecher und ihre Handlanger zu glorifizieren und zu entlasten, eine unverschämte Missachtung der Prozesse in Nürnberg und Tokio«.[46]

Viele Japaner, auch ein Großteil der herrschenden konservativen Partei des Landes und eine lange Reihe nationalistischer Ministerpräsidenten, lehnen das Tokioter Urteil als »Siegerjustiz« ab und betrachten viele der Angeklagten als irregeleitete Patrioten. Sie verehren das ausführliche Sondervotum des indischen Richters als das wahre moralische Urteil.[47]

Kishi Nobusuke, der als mutmaßlicher Kriegsverbrecher der Klasse A im Gefängnis saß, aber später japanischer Ministerpräsident wurde, schrieb, der Tokioter Prozess sei »im Wesentlichen eine unilaterale, willkürliche Bestrafung einer besiegten Nation durch siegreiche Nationen« gewesen.[48] In Südkorea, das die meiste Zeit, die der Prozess dauerte, noch nicht unabhängig war, ist das Urteil eine wichtige Grundlage der öffentlichen Empörung über die Unterdrückung durch das imperiale Japan.[49] Womöglich am wichtigsten ist jedoch, dass die kommunistischen Herrscher Chinas blutgetränkte Kriegsgeschichten verbreiten, um Japan in die Defensive zu treiben und einen gemeinsamen Nenner mit den Koreanern und anderen Opfern des Japanischen Kaiserreichs zu finden, um die Macht der Vereinigten Staaten in Asien zu untergraben und um die chinesischen Opfer der Vergangenheit als Rechtfertigung für ihr heutiges Gehabe als aufsteigende Großmacht zu benutzen.[50] In einer Rede von 2014, lobte Xi die Militärtribunale in Tokio und Chinas eigene Militärtribunale für rangniedrigere japanische Kriegsverbrecher und sagte: »Der gerechte Charakter der Prozesse ist unerschütterlich und unangreifbar.«[51]

Der Nürnberger Prozess symbolisiert heute einen großen Moment moralischer Klarheit, dagegen ist der Tokioter Prozess gerade deshalb faszinierend, weil er bis in die Gegenwart so umstritten ist. Nürnberg feiern heute Rechtsanwälte und Menschenrechtler als Vorlage für neuere Anstrengungen, von Bosnien über Ruanda bis zum Internationalen Strafgerichtshof Gerechtigkeit herzustellen, wohingegen Tokio als eine Peinlichkeit gilt, die man am besten vergisst. Das Leid der Asiaten bekommt in den USA und Westeuropa kaum Aufmerksamkeit. Wenn Nürnberg eine Metapher für ethische Reinheit ist, dann steht Tokio für einen Kopfsprung ins Trübe. Der Tokioter Prozess stellt einen triumphalistischen Blick und den Glauben an die Überlegenheit der eigenen Seite auf den Zweiten Weltkrieg in Frage. Insbesondere in Japan, aber auch sonst überall in Asien, gibt es nagende Zweifel an der Legitimität fast aller Aspekte des Prozesses: seiner Entstehung, seiner Funktion, seiner Finanzierung, seinen Urteilen und seinem Vermächtnis. Weil der Tokioter Prozess durch die Grenzen der alliierten Macht bestimmt und durch die Heuchelei der Alliierten und die Unsicherheit seines Ergebnisses gekennzeichnet war, ist seine Geschichte ein viel weniger heroischer Gegenstand als die Nürnbergs, aber ein Gegenstand, der vielleicht für die heutige Zeit, in der die Macht der Vereinigten Staaten schwindet, ihr moralischer Einfluss stark abgenommen hat und ihre Demokratie in der Krise ist, eine passendere Geschichte des Zweiten Weltkriegs darstellt.[52]

Angesichts der Tatsache, dass Japan ein ausgesprochen friedliches und demokratisches Land wurde, ist es verwirrend, dass der Tokioter Prozess, in dem Japans kriegerische Vergangenheit am ausführlichsten angeprangert wurde, bei den Japanern so wenig Ansehen genießt – ganz im Gegensatz zu Deutschland, wo der Nürnberger Prozess eine Art Prüfstein für die fest verankerten Nachkriegsideale des Pazifismus und der Menschenrechte wurde. Das geringe Ansehen beruht nicht, wie einige Kulturrelativisten vermuten, darauf, dass die Japaner den Prozess nicht verstanden hätten. Vielmehr hatte die begrenzte Wirkung des Prozesses eher politische Gründe: die Hartnäckigkeit, mit der die rechtskonservativen politischen Führer, die in den ersten Jahren des Kalten Krieges wieder an die Macht gelangten, daran arbeiteten, den Prozess in Frage zu stellen; die Tatsache, dass man vor den fern der japanischen Hauptinseln begangenen Kriegsverbrechen bewusst die Augen verschloss (was vermuten lässt, dass der Gerichtshof besser daran getan hätte, sich stärker auf die detaillierte Schilderung dieser Verbrechen zu konzentrieren); und das schreckliche Leid durch die amerikanische Bombardierung der japanischen Städte, das es den Japanern sehr schwer machte zu akzeptieren, dass die Sieger über sie zu Gericht saßen.

Heute ist der unvollkommene Versuch des Tokioter Prozesses, Recht zu sprechen, wichtiger denn je. Asien, das amerikanische und europäische Politiker einst arrogant als Peripherie abtun konnten, ist inzwischen ins Zentrum der Weltpolitik gerückt. Da heute schon die Vorstellung absurd wäre, elf zerstrittene Länder für ein kollektives Urteil über den Zweiten Weltkrieg zu gewinnen, ist der Tokioter Prozess, verdreht und verzerrt, wie er war, als entscheidende, aber verpasste Gelegenheit zu betrachten, die Beziehungen zwischen Japan und seinen Nachbarstaaten wieder auf eine normale Grundlage zu stellen, die Japaner zu einer tieferen Selbstreflexion zu ermutigen, den Opfern ein stärkeres Gefühl der Wiedergutmachung zu vermitteln und dadurch die Zukunft Ostasiens auf einen hoffnungsvolleren Weg zu bringen.

Dies ist ein langes Buch, und das muss so sein. Es versucht, die inneren Mechanismen des Tokioter Prozess zu dokumentieren, sein Recht und seine Politik und den langen Schatten, den er warf. Der Prozess war ein gewaltiges Unternehmen. Er dauerte zweieinhalb Jahre, in denen 4335 Beweisstücke berücksichtigt, 419 Zeugen vernommen, eidesstattliche Erklärungen von weiteren 779 Zeugen abgegeben und ein Prozessprotokoll von 49 858 Seiten erstellt wurde.[53] Dieses Buch versucht, seinen Stellenwert in der breiteren asiatischen Geschichte und in der Weltgeschichte zu bestimmen, nicht nur im Zusammenhang mit der Transformation Japans, sondern auch im Zusammenhang mit dem antikolonialistischen Nationalismus in Indien und anderen asiatischen Ländern, mit der Revolution in China und mit dem Beginn des Kalten Krieges.

Es soll seinen Lesern ermöglichen, sich über die Funktionsweise und Bedeutung des Prozesses ihre eigene Meinung zu bilden. Sie werden bestimmt ihre eigenen Schlüsse ziehen, denn dies ist schließlich ein Buch, in dem es um Urteile geht. Doch die Realität der damaligen Zeit ist nur selten befriedigend für die Nationalisten und Parteigenossen, die in Japan, China, den Vereinigten Staaten und anderswo die Debatten über den Krieg dominieren. Und es ist zu einfach, den Tokioter Prozess in Anbetracht unserer heutigen Kenntnisse zu verurteilen – Wissen, das die Beteiligten noch nicht haben konnten. Hätte man Mei Ruao oder Douglas MacArthur in einer Kristallkugel zeigen können, wie Japan heute aussieht, wären sie womöglich vor Erleichterung ohnmächtig geworden.

Meine Darstellung der Geschichte hat ihre eigenen zentralen Anliegen. Sie ist so erweitert, dass sie nicht nur die Amerikaner und Japaner, sondern auch das restliche Asien umfasst, und dadurch ergeben sich drei Hauptthemen, die auf den folgenden Seiten durchgehend entwickelt werden: Der Tokioter Prozess wird am besten verstanden als das Produkt eines Kampfs der Armeen, eines Kampfs der Imperien und eines Kampfs der Ideale.

I. Ein Kampf der Armeen

In beinahe jedem Gespräch, das man in Japan über den Tokioter Prozess führt, lautete die erste Bemerkung, dass es sich um Siegerjustiz gehandelt habe. »Ich glaube, es war ein Prozess, den die Sieger den Besiegten gemacht haben«, sagt Santo Akiko, eine Abgeordnete der nationalkonservativen Liberaldemokratischen Partei im japanischen Oberhaus, die mich 70 Jahre nach dem Ende des Krieges in ihrem Büro im Parlament empfing. Ihre Bemerkung ist offensichtlich in mehrfacher Hinsicht wahr: Es gab keine Anklagen wegen der amerikanischen Bombenangriffe auf japanische Städte – weder jener mit konventionellen Waffen, noch solcher mit atomaren; es gab sieben alliierte Richter und keinen einzigen japanischen, und das gesamte Verfahren war durchsetzt von Ressentiments aus der Kriegszeit und Heucheleien der siegreichen Nationen.

Genauer gesagt, die japanische Kritik an der Siegerjustiz ist richtig, wenn sie darauf hinweist, dass die Amerikaner militärische Macht über ihre besiegten Feinde hatten. Der Tokioter Prozess war sowohl ein kriegerischer als auch ein friedensstiftender Akt. Der richtige Ausgangspunkt für ein Verständnis des Prozesses sind nicht die erhabenen Prinzipien des internationalen Rechts, sondern die blutigen Realitäten der letzten Monate des Zweiten Weltkriegs, denn trotz des ganzen bombastischen juristischen Apparats bedurfte es der Gewalt der alliierten Waffen, um seine Gerechtigkeitsversprechen einzulösen.

Aber der Vorwurf der Siegerjustiz kann sowohl das Ausmaß der japanischen Macht und Handlungsfähigkeit am Ende des Krieges und in der Nachkriegsperiode untertreiben als auch das Ausmaß, in dem die Alliierten die Ereignisse beherrschten, übertreiben. Tatsächlich wurde die Entwicklung des Prozesses durch drei unterschiedliche, aber miteinander verbundene Konflikte geprägt: durch das Ende des Zweiten Weltkriegs, durch den Chinesischen Bürgerkrieg zwischen Nationalchinesen und revolutionären Kommunisten und durch die ersten Jahre des Kalten Krieges.

Erstens hatte der besondere Charakter des alliierten Sieges im Pazifikkrieg – überwältigend und eindeutig nach jedem historischen Maßstab, aber nicht so vollständig wie die Kapitulation, zu der Deutschland gezwungen wurde – dauerhafte Konsequenzen, was die Besatzung Japans durch die Alliierten und das japanische Nachkriegsverständnis des Krieges betraf. Der Sieg im Pazifikkrieg wurde um einen entsetzlich hohen Preis errungen: einen totalen Krieg, der sich auf China, auf die Inseln im Pazifik und auf Japan selbst erstreckte und fast drei Millionen Japaner das Leben kostete.[54] Dennoch war die japanische Niederlage nicht ganz die bedingungslose Kapitulation, die die Alliierten gefordert hatten.

Anfang 1945 akzeptierte die Regierung unter Franklin D. Roosevelt zähneknirschend die Tatsache, dass die Deutschen »bis zum Ende kämpfen« und ihren Gegnern dadurch die Gelegenheit verschaffen würden, die Nazibarbarei ein für alle Mal auszurotten. Die sowjetischen, amerikanischen, britischen und anderen alliierten Truppen eroberten das gesamte deutsche Territorium bis nach Berlin.[55] Doch die Regierung von Roosevelts Nachfolger Harry S. Truman wollte in Japan nicht ein zweites Mal bis zum Ende kämpfen. Trotz der verheerenden Belagerung durch die Alliierten und der Zerstörung seiner Städte verfügte Japan immer noch über eine Armee von vier Millionen Soldaten zur Verteidigung des Landes.[56] Führende amerikanische Politiker fürchteten, dass eine Invasion der japanischen Hauptinseln noch blutiger werden könnte als die erbitterten Kämpfe um Iwo Jima und Okinawa und mit erheblicher Wahrscheinlichkeit noch schlimmer als die Invasion in Deutschland. Truman entschied sich stattdessen dafür, den Pazifikkrieg letztlich durch Verhandlungen zu beenden: Verhandlungen, die durch Brandbombenangriffe, vorrückende Armeen und Atombomben herbeigeführt wurden, aber nichtsdestotrotz Verhandlungen waren.

Nach dem Abwurf der beiden Atombomben und dem späten Kriegseintritt der Sowjetunion auf dem asiatischen Kriegsschauplatz beschloss die Truman-Administration, Japan durch den Verzicht auf eine Absetzung oder Anklage Kaiser Hirohitos zur Kapitulation zu bewegen. Falls der Kaiser gestürzt oder als Kriegsverbrecher angeklagt worden wäre, hätten die Japaner, wie die Amerikaner befürchteten, womöglich auch nach Hiroshima und Nagasaki noch weitergekämpft und gegen die Invasion durch Bodentruppen erbitterten Widerstand geleistet, die laut Trumans Befehl nach dem Abwurf der Atombomben beginnen sollte. Obwohl Hirohito an fast allen Beratungen seiner Regierung über die Expansion in Asien und über den Angriff auf Pearl Harbor beteiligt gewesen war, obwohl der Kaiser in der japanischen Verfassung und in der militärischen Befehlskette formell eine überragende Position innehatte, und obwohl die Alliierten ausdrücklich eine bedingungslose Kapitulation gefordert hatten, saß Hirohito nach dem Ende des Krieges immer noch im Kaiserpalast, während seine Untergebenen vor Gericht gezerrt wurden. Es geschah auf Hirohitos Befehl, dass die Japaner die Waffen niederlegten, und es war mit seiner Duldung, dass die Vereinigten Staaten die japanischen Hauptinseln besetzten.[57]

Trumans Entscheidung, so verständlich sie auch war, sollte noch jahrzehntelang einen Schatten auf die Rehabilitierung Japans werfen.[58] Man hatte das Land zu einer schmerzhaften Kapitulation gezwungen, aber nicht vollständig besiegt, und seine friedliche Besetzung hing in einem gewissen Ausmaß vom Wohlwollen der japanischen Behörden ab. Ohne diese offizielle Kooperation hätten die Amerikaner den Widerstand der Bevölkerung und die endlose Besatzung eines 70-Millionen-Volkes zu fürchten gehabt.

Da jedoch der Kaiser für seine Zusammenarbeit mit den Militaristen der Kriegszeit nicht bestraft wurde, konnte man vom Rest der Japaner, die in einem sehr viel geringeren Ausmaß dasselbe getan hatten, kaum erwarten, dass sie sich schuldig fühlten.[59] Ein Großteil des konservativen Establishments, darunter viele Männer, die mit den Ultranationalisten zusammengearbeitet oder ihnen nachgegeben hatten, durfte schon in den frühen Fünfzigerjahren wieder am öffentlichen Leben teilnehmen. Die Konservativen konnten ihre nationalistische Sicht des Krieges propagieren, diverse Verbrechen rechtfertigen, die japanische Soldaten im Krieg begangen hatten, und die Legitimität des Tokioter Prozesses in Frage stellen.[60] Dass der Kaiser weiterhin auf dem Thron saß und die konservativen Eliten in seinem Umfeld wieder erstarkten, führte in den Nachkriegsdebatten über die Kriegsschuld Japans zu einer permanenten Verwirrung, in der auch der Standpunkt, dass Japan einen patriotischen und womöglich auch legitimen Krieg geführt hatte, wieder salonfähig wurde.[61]

Der zweite prägende Faktor war die Tatsache, dass sich der Tokioter Prozess vor dem Hintergrund des Chinesischen Bürgerkriegs entfaltete. Im Gegensatz zu Nürnberg, wo es keinen offiziellen jüdischen Vertreter gegeben hatte, war in Tokio ein Platz auf der Richterbank für China reserviert, einem wichtigen Land, das am schlimmsten unter den von den Achsenmächten begangenen Verbrechen gegen die Menschlichkeit gelitten hatte. Dies eröffnete die gewaltige Chance eines völkerrechtlichen Urteils zugunsten der Chinesen, die unter den Japanern gelitten hatten.

Auch in diesem Fall war die Gerechtigkeit von einem Krieg abhängig – in diesem Fall dem Chinesischen Bürgerkrieg. Mei Ruao, den die Republik China unter Chiang Kai-shek als Richter benannt hatte, vertrat eine Regierung, die kurz davor stand, ausgelöscht zu werden. Obwohl China einige bemerkenswert fähige Vertreter nach Tokio entsandte, war die Verfolgung japanischer Kriegsverbrecher für Chiang Kai-shek weniger wichtig als die tödliche Bedrohung durch den Bürgerkrieg im eigenen Land. China passt schlecht in die Kategorie der Siegerjustiz. Denn kaum dass sich Chiang zu den Siegern des Zweiten Weltkriegs zählen konnte, war er schon zum Verlierer des Chinesischen Bürgerkriegs geworden.[62]

Der dritte Faktor, der den Tokioter Prozess entscheidend prägte, war der Beginn des Kalten Krieges.[63] Als die alliierten Richter in Tokio eintrafen, hielt Winston Churchill gerade in Fulton, Missouri, die Rede, in der er vor dem »Eisernen Vorhang« warnte, der sich über Europa senkte; und als die Richter in Tokio über die Urteile berieten, wurde Berlin durch eine Luftbrücke versorgt. Je weiter der Prozess fortschritt, umso stärker vertraten die Amerikaner einen heftigen Antikommunismus, der dem vieler japanischer Angeklagter nicht ganz unähnlich war. In den Augen der Amerikaner hatte sich die Sowjetunion vom Bündnispartner der Kriegszeit in einen globalen Feind verwandelt, und China war nicht mehr Alliierter und Cause célèbre, sondern ein vertrauensunwürdiges, kommunistisch verseuchtes Land geworden.

Durch den Kalten Krieg entstand die Notwendigkeit, Japan gegen die Ausbreitung des revolutionären Kommunismus in Asien zu wappnen, die der damals noch mit der Sowjetunion befreundete Mao Zedong vorantrieb. Als sich der Tokioter Prozess seinem Ende näherte, machte George F. Kennan, ein ranghoher Beamter im amerikanischen Außenministerium, großer Stratege und maßgeblicher Vordenker der Containment-Doktrin, einen medial breit begleiteten Besuch bei MacArthur und ermahnte ihn, den japanischen Staat zu einer Festung gegen die sowjetische Bedrohung auszubauen. Zu diesem Zweck war es notwendig, die Säuberungsaktion gegen die Militaristen zu beenden, die Verfolgung rangniedrigerer Kriegsverbrecher einzustellen, auf einen zweiten Prozess gegen weitere führende Politiker zu verzichten und sogar als Kriegsverbrecher der Klasse A verdächtigte Politiker und Militärs freizulassen und zu rehabilitieren. Bei alledem stützten sich die Amerikaner mindestens ebenso stark wie in Westdeutschland auf konservative Mitglieder der herrschenden politischen Klasse, die in die Verbrechen der Kriegszeit verwickelt gewesen waren.[64] Shigemitsu Mamoru, der vergleichsweise unschuldige Außenminister Japans von 1943 bis 1945, der im Tokioter Prozess zu sieben Jahren Gefängnis verurteilt worden war, wurde 1954 erneut Außenminister. Kishi Nobusuke, ein wichtiges Mitglied des japanischen Marionettenstaats Mandschukuo und ehemaliger Minister in Tojo Hidekis Kabinett, saß mehr als drei Jahre als mutmaßlicher Kriegsverbrecher der Klasse A im Sugamo-Gefängnis. Dann jedoch wurde er ohne Anklageerhebung freigelassen und schon 1957 Premierminister. In dieser Eigenschaft legte er wichtige Grundlagen für eine größere japanische Autonomie im Bündnis mit den Vereinigten Staaten.[65] Später wurde sein Enkelsohn Abe Shinzo ein stramm nationalistischer Premierminister. Er versuchte die pazifistische Verfassung des Landes zu ändern, um sich besser gegen die wachsende Macht Chinas rüsten zu können. Laut Abe, einem der einflussreichsten Premierminister des modernen Japan, der im Juli 2022 – zwei Jahre nach seinem Rücktritt – einem schockierenden Attentat zum Opfer fiel, ist es »das wichtigste Problem Japans, dem nach dem Krieg etablierten Regierungssystem wahrhaft zu entrinnen«.[66]

II. Ein Kampf der Imperien

Für die japanische Rechte ist ein Aspekt des Tokioter Prozesses ein Lichtblick: die abweichende Meinung, die der brillante indische Richter Radhabinod Pal verfasst hat. Heute wird Pal im Yasukuni-Kriegsschrein geehrt. Dort legen Besucher an seinem Denkmal Blumen nieder, einem vielbesuchten Ort in der Nähe des zum Schrein gehörigen, stark nationalistisch geprägten Museums. Japanische Konservative neigen dazu, Pals Stellungnahme nicht als Sondervotum, sondern als »Urteil« zu bezeichnen und damit anzudeuten, dass es sich um den eigentlichen Urteilsspruch handelt. Pals Votum ist ein starker Ausdruck des Antikolonialismus, der damals Indien und andere Länder ergriff. Heute wird er von den japanischen Konservativen als Beweis dafür interpretiert, dass die Länder der sogenannten »Großostasiatischen Wohlstandssphäre« den Japanern in Wirklichkeit dankbar waren und sie nicht als Invasoren, sondern als asiatische Bundesgenossen betrachteten, die für die Befreiung der asiatischen Völker vom europäischen Imperialismus kämpften.[67]

Der Tokioter Prozess war auf Schritt und Tritt vom Problem der Imperien geplagt. Die meisten Richter stammten aus Kolonialmächten, die, wie insbesondere die Sowjetunion, Großbritannien, Frankreich und die Niederlande, aber auch die Vereinigten Staaten mit ihren Interessen auf Hawaii und den Philippinen, in ganz Asien verhasst waren. Der britische Einfluss auf der Richterbank wurde durch das Weltreich vergrößert, weil auf dieser weiße probritische Richter aus Australien, Kanada und Neuseeland saßen. Dagegen hatte man auf Richter aus den betroffenen Ländern Korea, Indonesien, Vietnam oder Singapur verzichtet. Insgesamt stammten sieben der elf Richter in dem Prozess aus verschiedenen imperialistischen Mächten Europas. Selbst die verspätete Ernennung eines indischen und eines philippinischen Richters war ein nachträglicher Einfall, der mehr als Gefälligkeit gegenüber Briten und Amerikanern als gegenüber Indern und Filipinos gedacht war.

Viele der tiefgreifendsten Brüche, die im Gerichtssaal sichtbar wurden, betrafen das Thema der Imperien, während bei den Beratungen der Richter im Hinterzimmer britische und sowjetische Imperialisten mit chinesischen und indischen Antiimperialisten stritten.[68] Das stillschweigende strukturelle Einverständnis mit dem europäischen Imperialismus war eine schwere Belastung für die Legitimität des Tokioter Prozess. Als die größtenteils weißen Richter am Ende ihr Urteil verkündeten, das vom australischen Richter verlesen wurde, klang es weniger wie die Stimme der universellen Gerechtigkeit als vielmehr wie die vertrauter Herren.[69]

Während der Nürnberger Prozess hauptsächlich Angriffe auf souveräne Staaten im Herzen Europas verhandelte, musste sich der Tokioter Prozess mit Angriffen auf kolonialisierte Länder in Asien befassen. Ein Großteil der japanischen Kriegsanstrengungen hatte sich gegen britische, französische, niederländische und amerikanische Kolonien gerichtet, und das sah weniger nach einem klaren Fall ausländischer Eroberungen als vielmehr nach einem Kampf zwischen Imperien aus.[70] Als die Briten in Europa Freiheit forderten, beherrschte das Britische Weltreich in Indien, Burma, Ceylon und Malaya nahezu 400 Millionen Menschen; und die Niederlande hatten im heutigen Indonesien mehr als 75 Millionen unter ihrer Herrschaft.[71] Was hatte der Begriff Angriffskrieg zu bedeuten, wenn die eroberten Territorien keine selbstregierten Länder, sondern ausgebeutete imperiale Besitzungen waren?

Der Anspruch des Tokioter Prozesses, Recht zu sprechen, war für viele Menschen in ganz Asien, durch den Schatten des Imperialismus stark beeinträchtigt. »Die Japaner verteidigten die Handlungen Japans in diesem asiatischen Land und in der Welt als Mittel, um Asien zu befreien und die Welt zu verändern«, erinnerte sich der niederländische Richter. »Und sie hatten in dieser Beziehung recht.«[72] Im Nachkriegseuropa vertraten die Vereinigten Staaten und ihre Verbündeten massiv die Prinzipien der Atlantik-Charta mit dem doppelten Zweck, eine sowjetische Aggression abzuwehren und im Westen eine liberale Ordnung aufzubauen.[73] In Asien jedoch bedeutete dasselbe Projekt einer Verteidigung Großbritanniens, Frankreichs oder der Niederlande gleichzeitig eine Konsolidierung jeweiliger Kolonialreiche.[74] Die Sowjetunion, Großbritannien, Frankreich und die Niederlande, die die Kontrolle über ihre eigenen imperialen Besitzungen wiederherstellen wollten, stellten die japanischen Angeklagten an den Pranger, weil sie ein eigenes Reich aufgebaut hatten.

Wenngleich sich die japanischen Nationalisten heute vorwiegend über die amerikanische Siegerjustiz beschweren, war das Gericht damals in einem überraschenden Ausmaß vom British Empire getrieben. Als der amerikanische Chefankläger schwächelte, übernahm der britische Anklagevertreter hinter den Kulissen einen Großteil seiner Aufgaben. Auf der Richterbank war das Trio der Richter des Commonwealth aus Großbritannien, Kanada und Neuseeland der verlässliche Kern der Mehrheit – eine gut koordinierte Gruppe, die großen Einfluss auf die Beratungen des Gerichts und das Urteil nahm. Zweimal versuchte die britische Regierung heimlich, die direkte Kontrolle zu übernehmen: Sie verlangte, den glücklosen amerikanischen Chefankläger zu entlassen und ihn durch den britischen Anklagevertreter zu ersetzen, und sie drängte darauf, den australischen Gerichtspräsidenten zu feuern und stattdessen einen aus ihrem eigenen Block einzusetzen. Beide Anstrengungen scheiterten nur deshalb, weil MacArthur wutentbrannt Einspruch erhob.

Die Imperiumsfrage war auch für die japanischen Angeklagten ein Problem. Japan war zweifellos eine imperiale Macht, aber es war erst spät zu seinem Imperium gekommen. Als Japan während der Meiji-Ära in den 1870er Jahren Korea und Taiwan annektierte, befand sich das viktorianische England in Indien und anderswo bereits auf dem Höhepunkt seiner

Macht. Japan ahmte in vieler Hinsicht seine europäischen Vorgänger nach, auch was eine Art *mission civilisatrice* des Hauses Yamato betraf. In anderen wichtigen Aspekten jedoch war Japan eine imperiale Macht, die einen antikolonialistischen Standpunkt einnahm.[75]

Dennoch empfanden Millionen Asiaten, von Korea bis Taiwan und von Burma bis zu den Philippinen, ihre neuen japanischen Herren, die verzweifelt versuchten, Rohstoffe für ihre Kriegsanstrengungen zu gewinnen, im Vergleich zu den Europäern als noch grausamer und ausbeuterischer. Nur wer die schreckliche Realität der japanischen Unterdrückung von Chinesen, Koreanern, Filipinos und Indonesiern übersieht, kann den Pazifikkrieg als einen Krieg des Ostens gegen den Westen neu definieren. Kein Geringerer als der leidenschaftliche Antikolonialist Jawaharlal Nehru, der sowohl für die Befreiung Indiens von Herrschaft des Britischen Weltreichs als auch gegen die Herrschaft des imperialen Japan gekämpft hatte, übte heimlich Kritik an Pals Sondervotum: »In diesem Urteil werden wilde und pauschale Behauptungen aufgestellt, mit denen wir in vielen Fällen überhaupt nicht einverstanden sind.«[76]

Während des Tokioter Prozesses waren die japanischen Befürchtungen in Bezug auf den amerikanischen Imperialismus alles andere als theoretisch. Natürlich betrachteten sich die Vereinigten Staaten als eine seit 1776 konsequent antikolonialistische Macht, und es gab tatsächlich ein erhebliches Maß an Antikolonialismus im politischen Denken Amerikas und in seiner Außenpolitik während des Zweiten Weltkriegs und in der Nachkriegszeit.[77] Dennoch zeigten die Vereinigten Staaten den meisten Asiaten in der gesamten Ära auch das Gesicht einer weiteren Kolonialmacht, die sich in ihrer Region ausbreitet.[78]

In China hatten die Vereinigten Staaten bei der Durchsetzung der verhassten »Ungleichen Verträge« mit den europäischen Imperien gemeinsame Sache gemacht und exterritoriale Rechte beansprucht, nach denen amerikanische Staatsbürger der eigenen und nicht der chinesischen Strafverfolgung unterworfen waren. Die Nationalchinesen waren schon lange über die Arroganz empört, die sich sowohl 1844 in dem chinesisch-amerikanischen Vertrag von Wangxia manifestiert hatte (in dem die Vereinigten Staaten dem britischen Beispiel folgten und sich in China exterritoriale Rechte zusichern ließen) als auch 1858 in dem Vertrag von Tianjin (in dem die Vereinigten Staaten gemeinsam mit Großbritannien, Frankreich und Russland die Eröffnung weiterer Vertragshäfen durchsetzten), als auch in dem sogenannten »Boxerprotokoll« von 1901 (in dem die Vereinigten Staaten gemeinsam mit allen wichtigen europäischen Kolonialreichen und

Japan China Entschädigungen für den gleichnamigen Aufstand auferlegten, während sie zum Schutz ihrer Gesandtschaften in Beijing Truppen stationierten).[79] Auf den Philippinen und auf Guam hatten die Vereinigten Staaten 1898 Spanien als imperiale Macht abgelöst.[80] Und sie hatten von 1899 bis 1902 auf den Philippinen den Kampf für die Unabhängigkeit durch einen bemerkenswert brutalen Kolonialkrieg unterdrückt, bei dem sie Gefangene hinrichteten, Dörfer zerstörten, Zivilisten in krankheitsverseuchten Lagern internierten und gefangene Aufständische systematisch folterten.[81] Zu dem Zeitpunkt, als Japan im Dezember 1941 Hawaii und die Philippinen angriff, herrschten die USA über das bevölkerungsmäßig fünftgrößte Imperium der Welt, und in ihren überseeischen Territorien lebten beinahe 19 Millionen Menschen.[82]

MacArthur besaß eine Machtvollkommenheit, um die ihn jeder Kolonialherrscher beneidet hätte. Doch die Amerikaner erwiesen sich als widersprüchliche Herren. Sie nahmen die von ihnen kolonisierten Inseln im Pazifik zwar wieder in Besitz, machten Hawaii jedoch letztlich zu einem ihrer Bundesstaaten. Und sie entließen 1946 ihre größte Kolonie, die Philippinen, symbolträchtig am 4. Juli, dem amerikanischen Unabhängigkeitstag, in die Unabhängigkeit. Japan durfte sich (wie die unter amerikanischer Verwaltung stehenden Teile Deutschlands, Österreichs und Koreas) schon bald wieder selbst regieren; die einzige Beinahe-Annexion eines ehemals japanischen Territoriums war Mikronesien, das als Treuhandgebiet der Vereinten Nationen jahrzehntelang von den Vereinigten Staaten verwaltet wurde. Statt für direkte imperiale Kontrolle entschieden sich die Vereinigten Staaten für eine unbestimmtere Hegemonie, die auf einem globalen Netz von Bündnissen, Handelsverträgen und überseeischen Stützpunkten von Guam bis Guantánamo beruhte.[83]

Die Geschichte der Imperien ist immer auch eine Geschichte des Rassismus. Der europäische und der amerikanische Imperialismus stützten sich auf die Überzeugung von der Minderwertigkeit der Asiaten. Im Jahr 1903 warnte der amerikanische Historiker W. E. B. Du Bois davor, »dass sich die Vereinigten Staaten neuerdings schwächeren und dunkleren Völkern auf den Westindischen Inseln, Hawaii und den Philippinen zuwenden«.[84] Viele Japaner empfanden den Tokioter Prozess nicht nur als ungerecht, sondern auch als rassistisch: als einen Gerichtshof von Weißen, die voreingenommene Urteile fällen. Aus ihrer Sicht war der Prozess eher eine Manifestation von weißer Vorherrschaft als von Gerechtigkeit – untrennbar verbunden mit einer rassistischen Einstellung, die schon die europäische

Kolonisierung eines Großteils von Asien geprägt hatte und es den Amerikanern erlaubte, japanische Zivilisten gnadenlosen Brandbombenangriffen auszusetzen und zwei Atombomben auf sie abzuwerfen.[85] In seinem Sondervotum vertrat der indische Richter Pal denn auch die Ansicht, dass es der Rassismus des Westens gewesen sei, der die japanische Führung dazu getrieben habe, »ihre Rasse zu schützen, indem sie ihren Jugendlichen den Glauben an die eigene rassische Überlegenheit einimpften«.[86]

Die Themen Rasse und Rassismus lauerten tendenziell immer im Hintergrund des Verfahrens. Während sich amerikanische Reporter mitunter verächtlich über »kleine braunhäutige« Angeklagte äußerten, waren die Richter klug genug, so etwas nicht laut zu sagen.[87] Lediglich in Pals Sondervotum standen diese Themen im Mittelpunkt. Dennoch ist es nicht möglich, die Geschichte des Tokioter Prozesses zu erzählen, ohne immer wieder den Rassismus zu thematisieren.

Wie der Historiker John W. Dower eindrücklich zeigt, war der Pazifikkrieg stark von rassistischem Hass geprägt. Im Jahr 1923 hatte Franklin D. Roosevelt sich dagegen ausgesprochen, Japanern dieselben Bürger- und Eigentumsrechte wie Weißen zu gewähren: »Was die Amerikaner betrifft«, sagte er, »muss man einräumen, dass sie – genau wie die Völker Australasiens und Kanadas insgesamt aufrichtig überzeugt davon sind, dass die Vermischung von weißem und orientalischem Blut in einem extensiven Ausmaß für unsere künftige Bürgerschaft schädlich ist.«[88] Während des Zweiten Weltkriegs wurden die Japaner in der entmenschlichenden amerikanischen Propaganda als primitiv, affenartig, rückständig, kindisch, verrückt und geistig minderbemittelt dargestellt – als eine letztlich menschenunwürdige Rasse, die kein Pardon verdiente. Paradoxerweise jedoch wurden sie wegen ihrer militärischen Siege in und nach Pearl Harbor manchmal auch zugleich als seltsam übermenschlich angesehen.[89] Bei Kriegsende war der Hass der Amerikaner so stark, dass der amerikanische Kriegsminister Henry L. Stimson Truman drängen musste, sich gegen die Vernichtung des japanischen Volkes auszusprechen. Das ist der Grund, warum die kurz vor dem Abwurf der Atombomben veröffentlichte Potsdamer Erklärung, in der auch die Bedingungen für die bedingungslose Kapitulation Japans aufgelistet sind, den Satz enthält: »Wir beabsichtigen nicht, die Japaner zu versklaven oder sie als Nation auszulöschen.«[90]

Seit der Meiji-Ära propagierten die japanischen Nationalisten und Imperialisten die Solidarität der asiatischen Rasse gegenüber den Weißen. Die japanische Kultur galt ihnen im Vergleich zum korrupten, materialistischen und gierigen Westen als überlegen. Es gab unübersehbar rassistische Untertöne in den Äußerungen vieler japanischer panasiatischer Denker, in deren Augen die Japaner die Aufgabe hatten, ähnliche, aber minderwertigere Rassen zu beschützen. Die panasiatischen Pläne Japans wurden oft in rassischen Begriffen formuliert und beruhten auf der Ansicht, dass die »Yamato-Rasse« anderen asiatischen Rassen überlegen sei. Deshalb stigmatisierten die japanischen Imperialisten die Chinesen, Inder, Indonesier, Malaien, Burmesen und andere Völker als korrupt, primitiv oder faul.[91] Während des Krieges erklärte die japanische Führung ihrem Volk, dass die Japaner eine besonders reine Rasse seien, und stellte die amerikanischen und europäischen Feinde als widernatürliche Monster und böse Dämonen dar.[92]

Mei und Pal stritten zwar über Schuld oder Unschuld der japanischen Angeklagten, aber sie waren sich in ihrer Verachtung für den europäischen Kolonialismus einig. Mei äußerte sich in seinem Tagebuch empört über das British Empire und den »Schwachsinn dieser imperialistischen weißen Suprematisten«.[93] Seltsamerweise sind japanische Konservative heute auf das Sondervotum des indischen Richters fixiert und betrachten ihn als echte asiatische Stimme, wohingegen sie die wütenden Anschuldigungen des chinesischen und des philippinischen Richters ignorieren, die genauso authentisch für sich in Anspruch nehmen konnten, über die asiatischen Erfahrungen der Kriegszeit zu sprechen.

All diese rassischen Ängste und Stereotypen, die bei den Alliierten kaum weniger stark präsent waren als bei den Japanern, waren ein wichtiger Bestandteil des Tokioter Prozesses. Pal schrieb in seinem Sondervotum, dass die alliierten Richter womöglich »durch rassische oder politische Faktoren bedingte Vorurteile« hätten, »die tatsächlich unbewusst sogar wirken könnten«.[94] Und viele japanische Nationalisten sehen den Tokioter Prozess bis heute nur als ein weiteres scheinheiliges, heuchlerisches Kapitel bei der Schaffung einer Welt der Weißen.

III. Ein Kampf der Ideale

Nach dem Ende der Zweiten Weltkriegs entstand ein, wenn auch nur kurzer und unvollkommener, Moment des Idealismus. Nach der Kapitulation des nationalsozialistischen Deutschen Reiches erklärte Truman: »Wir müssen uns anstrengen, um die Wunden einer leidenden Welt zu verbinden, damit wir einen nachhaltigen Frieden schaffen, einen Frieden, der auf Recht und Gesetz beruht.«[95] Diese juristischen Vorsätze sollten durch eine neue Weltordnung und neue Formen der internationalen Zusammenarbeit verwirklicht werden. Statt Kriegsverbrechen wie im 18. und frühen 19. Jahrhundert durch Vergeltungsmaßnahmen zu bestrafen, wollten die Alliierten das Strafrecht nutzen.[96] In einem Leitartikel der *New York Times* hieß es dazu: »Diese Verfahren in Tokio sollten für den ganzen Orient denselben Prinzipien Geltung verschaffen, die beim Nürnberger Prozess bestätigt wurden (...) [S]ie sollten die Tatsache, dass ein Angriffskrieg ein Verbrechen gegen die Menschheit ist, in das gesamte menschliche Denken einbinden.«[97]

Trotz des weit verbreiteten amerikanischen Hasses auf die Japaner als Rasse, hatte die alliierte Besatzung nicht das Ziel, Japan zu zerstören oder auszuplündern, sondern es als ungefährliche Demokratie wieder aufzubauen. Japan wurde zusammen mit der Bundesrepublik einer der extrem seltenen Fälle einer erfolgreich aufgezwungenen Demokratie. Das in vieler Hinsicht außergewöhnliche Japan steht mit seiner fortgeschrittenen Wirtschaft, hochqualifizierten Arbeitskräften, einer mächtigen Staatsbürokratie, einer Geschichte demokratischer Kabinettsregierungen in der Taisho-Ära am Beginn des zwanzigsten Jahrhunderts und der Schock-Wirkung der verheerenden Niederlage 1945 in positivem Kontrast zu den zahlreichen gescheiterten Versuchen der USA, in Staaten wie Nicaragua, Haiti, der Dominikanischen Republik, dem Irak und Afghanistan mit Waffengewalt die Demokratie einzuführen.[98] MacArthur verkündete umfassende Maßnahmen zur Liberalisierung der japanischen Gesellschaft.[99]

Wenigstens in diesem Sinne war der Tokioter Prozess eine asiatische Manifestation des hitzigen Nachkriegsidealismus, der 1945 die Vereinten Nationen, 1948 die Allgemeine Erklärung der Menschenrechte und 1949 Trumans Antrittsrede hervorbrachte, in der er die Demokratie als Allheilmittel gegen die kurz zuvor erfolgten »beispiellosen und brutalen Angriffe auf die Menschenrechte« propagierte.[100] In einer wichtigen Rede vor führenden lateinamerikanischen Politikern in Rio de Janeiro erklärte Truman 1947: »Eine weltweite Respektierung der wichtigsten Menschenrechte ist synonym mit der Erlangung des Weltfriedens.«[101] Solche Ideale besaßen im Herbst 1948 in Japan eine beträchtliche Anziehungskraft. Togo Shigenori, der ehemalige japanische Außenminister, der versucht hatte, den Krieg zu verhindern, vertrat die Ansicht, dass die »Japaner (...) ausgehend von der Idee der Achtung der Menschenrechte (...) einen neuen Anlauf nehmen müssten«.[102] Diese Vorsätze waren Teil einer großen internationalen Demokratisierungs- und Liberalisierungswelle, die sich von Brasilien über die Türkei bis Botswana erstreckte und in den frühen Sechzigerjahren ihren Höhepunkt erreichte.[103]

Natürlich waren es nicht die Amerikaner, die Japan demokratisierten, sondern die Japaner selbst. Um eine Wendung des großen Historikers John W. Dower zu gebrauchen: Sie fanden sich mit der Niederlage ab und distanzierten sich von ihren alten militaristischen Machthabern. Dennoch musste Japans alte kriminelle Führung gesamtgesellschaftlich geächtet und diskreditiert werden, wenn das Land eine friedliebende, rechtsstaatliche Demokratie werden sollte. Der Tokioter Prozess verschaffte den Japanern selbst eine formelle Gelegenheit, die Extremisten abzulehnen, die ihr Land in den Untergang geführt hatten.

Die Tatsache, dass ein Prozess veranstaltet wurde, dürfte ein Licht auf ein von Dower angesprochenes Paradox werfen. Er zeigt auf, dass der Pazifikkrieg ein von rassistischem Hass getriebener gnadenloser Konflikt war, weist jedoch darauf hin, dass der Hass der Kriegszeit überraschend schnell verflog und die geschlagenen Japaner und die siegreichen Amerikaner erstaunlich konstruktiv zusammenarbeiteten.[104] Menschenrechtler vertreten heute die Ansicht, ein Vorteil von Kriegsverbrecherprozessen bestehe darin, dass sie den Vorwurf der Kollektivschuld abschwächen. Anstatt alle Japaner als barbarische Wilde in einen Topf zu werfen, wie es während des gesamten Krieges getan wurde, klagte der Tokioter Gerichtshof nicht die ganze Nation, sondern nur führende Entscheidungsträger an.

Im Tokioter Prozess versuchte man, das internationale Recht zu nutzen, um dem japanischen Volk grundlegende Ideale zu vermitteln, nämlich dass ein Angriffskrieg kein legitimes Mittel staatlicher Politik, sondern das schlimmste denkbare internationale Verbrechen, dass das Kriegsvölkerrecht sakrosankt sei und dass es systematische Grausamkeiten gegen Zivilisten, wie sie in China, auf den Philippinen und anderswo begangen wurden, verbiete. Und dass Minister und Generale persönlich wegen ihrer Kriegsverbrechen angeklagt werden sollten, ohne dass sie sich darauf berufen könnten, im Auftrag des Staates gehandelt zu haben. Denn, wie es im Nürnberger Urteil heißt, ist es »ja gerade der Wesenskern des Statuts, daß Einzelpersonen internationale Pflichten haben, die über die nationalen Verpflichtungen hinausgehen, die ihnen durch den Gehorsam zum Einzelstaat auferlegt sind«.[105] Am Ende waren die Richter in Tokio mehr als ihre Kollegen in Nürnberg geneigt, Angeklagte wegen des Verbrechens gegen den Frieden zu verurteilen.[106]

Schon dass es überhaupt einen Prozess gab, war bemerkenswert.[107] Die rachsüchtige amerikanische, chinesische und australische Bevölkerung hätte es vorgezogen, wenn man ihre japanischen Feinde kurzerhand hingerichtet hätte. »Übergebt sie den Chinesen!« oder: »Bringt sie nach Pearl Harbor und versenkt sie«, schlugen sie stattdessen vor.[108] Als anschauliches

Beispiel für eine radikalere Form der Rache kann das gelten, was MacArthur mit General Yamashita Tomoyuki, seinem Gegner auf den Philippinen anstellte. Er ließ ihn durch ein mit fünf juristisch unerfahrenen Generalen besetztes Militärtribunal, dessen Verfahrensregeln nicht einmal sieben Seiten umfassten, im Schnelldurchlauf an den Galgen bringen. Statt eines internationalen Prozesses für die wichtigsten japanischen Führer hätte MacArthur Tojo und sein Kabinett gern im Schnellverfahren von einem rein amerikanisch besetzten Tribunal allein für den Angriff auf Pearl Harbor verurteilen lassen.[109]

Einen fairen Prozess abzuhalten war schwierig: Die Anklagevertreter brauchten Beweise für die Aggression und die Kriegsverbrechen der Japaner, die sie oft nicht beschaffen konnten. Die japanische Regierung hatte so viel belastendes Material wie möglich verbrannt, und die Chinesen waren zu sehr damit beschäftigt gewesen, um ihr Überleben zu kämpfen, als dass sie systematisch Beweise für ihr Martyrium hätten sammeln können. Dennoch bekamen die Alliierten seltsam legalistische Gewissensbisse. Auch die Verbündeten der Amerikaner wollten etwas zu sagen haben, und so setzte sich Truman gegen MacArthur durch.[110] Statt die Japaner nur wegen des Angriffs auf Pearl Harbor anzuklagen, wurde aus den spezifischen Beschwerden der elf Alliierten eine gewaltige Anklageschrift zusammengestoppelt. Der Prozess gewann durch die elf Richter an Legitimität, von denen die meisten sich auch wie solche benahmen. Sie hatten gegensätzliche Ansichten, und einige waren sich sogar uneinig darüber, worum es in dem Krieg überhaupt gegangen war. Aber: Bei elf Richtern konnte kein Land das Urteil allzu stark beeinflussen, und der Einfluss der Sowjets war dadurch, sehr zu ihrem Verdruss, erheblich schwächer, als er es im Nürnberger Prozess mit seinen vier Richtern gewesen war.

Trotz aller Einschränkungen erfuhr die japanische Öffentlichkeit durch den Tokioter Prozess, über den die japanische Presse, wenn auch unter MacArthurs Zensur, täglich berichtete, entscheidende Tatsachen, die von der japanischen Regierung während des Krieges vertuscht worden waren: das grausame Vorgehen in Nanjing und Manila, die Misshandlung alliierter Kriegsgefangener, die Massenvergewaltigung von Zivilistinnen. Etwas weniger intensiv beachtet, warf der Prozess auch ein Licht auf katastrophale Entscheidungen wie die Invasion in China und den Angriff auf die Vereinigten Staaten. Insgesamt bestärkte die neue Sicht auf die Geschichte der Kriegszeit die Japaner in ihrer Ablehnung des Militarismus.

»Es war ein ziemlich fairer Prozess«, schloss der niederländische Richter, ein skeptischer Jurist, der ein nachdenkliches Sondervotum abgab.[111]

Die Richter mussten die Überlegungen darlegen, die zu Verurteilung oder Freispruch der Angeklagten führten. Die Angeklagten erhielten ein ordentliches Verfahren. Sie durften ihre eigene Argumentation vorbringen, dass man Japan zu einem Krieg gezwungen hätte, der der Selbstverteidigung diente. Sie erhielten begabte amerikanische Verteidiger, oft in Militäruniform – Männer, die als einzige im Gerichtssaal wirklich von ihren »nationalen Drehbüchern« abwichen und ihre japanischen Klienten bemerkenswert engagiert vertraten. Zum Schluss, nach Verkündung der Urteile, hielt der Oberste Gerichtshof der Vereinigten Staaten eine Anhörung mit aufsehenerregenden Aussagen über die Legitimität des Prozesses.

Soweit die Ideale, denen die chaotische Realität bei weitem nicht gerecht wurde. Trotz aller Beteuerungen blieb es allerdings eine zentrale alliierte Selbsttäuschung, dass sowohl Nürnberg als auch Tokio gänzlich für richterliche Unabhängigkeit standen, mit frei denkenden Richtern, die nach der Faktenlage und Gesetz und nicht nach den parteilichen Geboten eines Präsidenten oder Premierministers entschieden.

Als die Alliierten den Prozess planten, war es für Anhänger des New Deal und Progressive nicht abwegig zu glauben, dass eine radikal andere Welt möglich sei; als der Prozess zu Ende war, war es das. Zwar hatten Rechtsgrundsätze durchaus einen Einfluss auf das Geschehen, doch die Alliierten hatten noch ganz andere Dinge im Sinn: Sie mussten einen Krieg gewinnen und den Frieden sichern. Deshalb wagten sie es nicht, die Japaner so gegen sich aufzubringen, dass die Besetzung Japans undurchführbar wurde. Wenn diese strategischen Überlegungen mit dem Recht in Konflikt gerieten, zog das Recht den Kürzeren.

Die Blütezeit der reformorientierten New Dealer war nur kurz. Bei einigen der wichtigsten Entscheidungen gewannen die Konservativen die politische Debatte in Washington, und ihnen ging es nicht darum, hehre Grundsätze des Völkerrechts durchzusetzen, sondern die nationale Sicherheit der USA zu verbessern oder eine amerikanische Nachkriegshegemonie aufzubauen. Konservative Realpolitiker wie Henry L. Stimson, Joseph C. Grew und George F. Kennan setzten sich damit durch, eine Invasion in Japan zu vermeiden, die Bedingungen für die japanische Kapitulation zum Schutz der Monarchie aufzuweichen, den Kaiser und seine Umgebung für die Legitimation der Besatzung zu instrumentalisieren und auf das Ziel einer Liberalisierung Japans zu verzichten, damit es im Kalten Krieg zu einem Bollwerk des Westens wurde. Dies war besonders bemerkenswert, weil Stimson und Grew Republikaner in einer Regierung der Demokratischen Partei waren. Der strategische Imperativ, Japan zu besiegen, zu besetzen und wiederaufzubauen, war so überwältigend stark, dass selbst ein leidenschaftlicher New Dealer wie Truman sich den Anforderungen der Realpolitik beugte.

Dieselbe Desillusionierung fand auch während des Prozesses statt. Die Verteidiger, und spätere Generationen japanischer Nationalisten, vertraten die Ansicht, dass ein Gerichtshof der Alliierten definitionsgemäß unfair sei. Schließlich sei es seit dem 17. Jahrhundert in den Vereinigten Staaten und Europa ein elementarer Rechtsgrundsatz, dass niemand in seinem eigenen Fall Richter sein dürfe.[112] Schon John Locke hatte die Ansicht vertreten, »es sei unvernünftig, daß die Menschen Richter in eigener Sache seien«. Denn es sei wohl kaum vorstellbar, dass »jemand, der so ungerecht war, seinem Bruder einen Schaden zuzufügen, jemals so gerecht sein wird, sich selbst dafür zu verurteilen«.[113] Und der Gründervater James Madison hatte geschrieben: »Niemand darf Richter in eigener Sache sein, weil sein Interesse mit Sicherheit sein Urteil beeinflussen und mit großer Wahrscheinlichkeit seine Integrität beeinträchtigen würde.«[114] Es war nicht gerade vertrauenerweckend, dass zwei der Richter, der Chinese Mei Ruao und Delfín Jaranilla von den Philippinen, beim Bombardement von Chongqing beziehungsweise dem Todesmarsch von Bataan selbst Opfer des japanischen Militärs gewesen waren. Aber nach dem Zweiten Weltkrieg bestand keine realistische Möglichkeit, dass neutrale Länder ein unparteiisches Tribunal geschaffen hätten, das über dem Hass und den strategischen Interessen der kriegsbeteiligten Mächte gestanden hätte. Vielleicht hätte dem Tokioter Gerichtshof auch ein japanischer Richter angehören müssen, wie es MacArthur zu einem bestimmten Zeitpunkt vorschlug, aber das hätte das Urteil nicht wesentlich verändert. Dennoch ist der von Locke und Madison formulierte Einwand auch dann schwerwiegend, wenn schwer zu erkennen ist, welche internationalen Alternativen es gegeben hätte.

Obendrein wurden die Tokioter Richter den Idealen ihres juristischen Amtes nur selten gerecht. Das spektakulärste Versagen kam gleich am Anfang des Verfahrens, als die Verteidiger in einem geistreichen Angriff die Zuständigkeit des Gerichts in Frage stellten und die Richter untereinander heftig über das Problem debattierten, sich aber nicht auf eine Antwort einigen konnten. Sie verfielen in ein peinliches Schweigen und gaben keine Erklärung, die ihre Zuständigkeit untermauerte, bis sie zweieinhalb Jahre später das Urteil sprachen und damit den Einwand de facto abwehrten. Kein Wunder, dass viele Japaner all das hochtrabende Gerede über das Recht mit der Zeit für reine Augenwischerei hielten.

Auch dem zentralen Ideal der richterlichen Unabhängigkeit wurden die meisten alliierten Regierungen nicht gerecht. Am schlimmsten war die Sowjetunion, deren stalinistischer Kommissar auf der Richterbank in jedem Punkt die Parteilinie durchzusetzen trachtete. Auch Mei hielt engen Kontakt mit seinen politischen Patronen in China und vertrat die Anliegen seiner Regierung, soweit es die rechtlichen Beschränkungen des Gerichts erlaubten. Sir William Webb, der australische Gerichtspräsident, arbeitete privat eng mit MacArthur zusammen und hielt in der Öffentlichkeit spontane Ansprachen über die Gerechtigkeit der alliierten Sache. Auch die meisten anderen Richter waren eng an den Willen ihrer Regierungen gebunden, ein Zustand, für den der US-amerikanische Richter ein ausgezeichnetes Beispiel war. Nach dem langjährigen totalen Krieg brauchte es weder Zwang noch Belehrung, damit die Richter wussten, auf welcher Seite sie zu stehen hatten. Weder der britische noch der kanadische, noch der neuseeländische Richter, die die Mehrheit des Gerichts dominierten, brauchten direkte Befehle von daheim; sie nahmen stets dieselbe Haltung ein.

Zu ihrer Entlastung muss gesagt werden, dass selbst formell unabhängige Richter sich in Kriegszeiten ihrer Regierung beugen. So etwa war der Oberste Gerichtshof der USA während des Zweiten Weltkriegs nicht nur politisiert, sondern militarisiert. Er beugte sich, als er die Ausgangssperren für Amerikaner japanischen Ursprungs und 1944 in dem berüchtigten Fall *Korematsu* auch ihre Internierung billigte. Im Jahr 1946 war der Gerichtshof (sieben von zehn Mitgliedern waren noch von Roosevelt ernannt worden) erneut willfährig, als er das zweifelhafte Todesurteil gegen Yamashita absegnete.[115] Danach hatte es kurz den Anschein, als wäre er bereit, sich kritischen Fragen in Bezug auf die Legitimität des Tokioter Prozesses zu stellen, als er sich vor der Hinrichtung der sieben zum Tod verurteilten Japaner zu einer mündlichen Anhörung bereit erklärte. Doch er machte einen Rückzieher und erklärte, dass amerikanische Gerichte für die Prüfung von Urteilen eines internationalen Tribunals nicht zuständig seien, selbst wenn dieses Tribunal von den Vereinigten Staaten angeordnet und größtenteils von ihnen zusammengestellt worden sei.[116]

Dennoch stellten mehrere Richter in Tokio ihre juristische Integrität unter Beweis. So schrieben der australische und der philippinische Richter eigene zustimmende Urteilsbegründungen, in denen sie trotzdem ihre Bedenken zum Ausdruck brachten, aber am meisten taten der indische, der niederländische und der französische Richter, um die Legitimität des Gerichts zu retten, und zwar gerade deshalb, weil sie die Regierungen in ihrer

Heimat zur Weißglut trieben. Der niederländische Richter, der heimlich von seiner Regierung überwacht wurde, verweigerte ihr den Gehorsam, um seinem eigenen Verständnis des internationalen Rechts zu folgen. Am sensationellsten jedoch war das monumentale Sondervotum des indischen Richters Radhabinod Pal, in dem er für Tojo und alle anderen Angeklagten Freisprüche forderte in Kombination mit der Tatsache, dass ihm die Regierung des gerade erst unabhängig gewordenen Indien keinen Maulkorb verpasste, wenngleich sich viele indische Regierungsbeamte des Votums schämten und selbst Indiens erster Premierminister Jawaharlal Nehru insgeheim entsetzt darüber war.

Diese richterliche Unabhängigkeit war durchaus zweischneidig. Insgesamt wurde die Legitimität des Urteils durch die Vielfalt gegensätzlicher Meinungen: die Sondervoten, die kritische Zustimmung und die halbherzige Entscheidung des Supreme Court, eine Anhörung zuzulassen, aber die Entscheidung zu verweigern, schwer beeinträchtigt. Dem Nürnberger Urteil war dieses Schicksal erspart geblieben, obwohl der sowjetische Richter ein Sondervotum verfasste, weil ihm das Urteil nicht hart genug war. Wie sollten die Japaner ein Urteil akzeptieren, an dessen Richtigkeit so viele Richter aus verschiedenen Ländern der Alliierten zweifelten?

Was die rechtlichen Ideale anbelangte, die das Tribunal durchsetzen wollte, wurden auch sie untergraben. Die juristischen Argumente für die Illegalität von Angriffskriegen waren schwach, wie die kompetenten Sondervoten des indischen und des niederländischen Richters zeigten. Als die Angeklagten darauf bestanden, dass sie in Selbstverteidigung gehandelt hätten, verzettelte sich der Prozess zwischen den uralten historischen Ansprüchen der europäischen Mächte und den Gegenansprüchen der japanischen Imperialisten.[117] Selbst bei einer makellosen Rechtsgrundlage wäre die Vorstellung naiv gewesen, insbesondere im geteilten, brodelnden Asien, allein durch ein internationales Rechtssystem Angriffskriege vermeiden zu können. Bestenfalls war ein internationales Recht vorstellbar, das, womöglich mit Unterstützung mächtiger Staaten, Angriffe stigmatisierte und Staaten delegitimierte, die sich solcher Handlungen schuldig machten.[118] Doch die seit alters bestehenden Bedürfnisse in einer gefährlichen, anarchischen Welt verführten Staaten auch weiterhin zur Gewaltanwendung, was sich schon bald in den großen Kriegen in Korea und Vietnam zeigen sollte.

Übrig blieb eine abgeschwächte Version des Völkerrechts, die lediglich herkömmliche Kriegsverbrechen und Verbrechen gegen die Menschlichkeit ächtete und die Täter persönlich verantwortlich machte.[119] Aber auch diese Aspekte wurden geschwächt. Das Prinzip der persönlichen Verantwortung, das seit den Neunzigerjahren eine Wiederaufwertung erfahren hat, wurde durch die Strafbefreiung Kaiser Hirohitos massiv untergraben. In Tokio wurden Männer verurteilt, die weniger mächtig und stärker gegen den Krieg gewesen waren als er. Was Verbrechen gegen die Menschlichkeit betraf, so würdigte der Prozess das Leiden der Chinesen und anderer asiatischer Zivilisten, und die Berichte über die Schrecken von Nanjing hatten erheblichen Einfluss auf die japanische Öffentlichkeit. Doch die Anklagevertreter waren so auf den Angriffskrieg fixiert, dass konventionelle Kriegsverbrechen zu wenig beachtet wurden.[120]

Abb. 2 *Foto eines US-amerikanischen Nachrichtendienstes von der Tokioter Trümmerlandschaft, September 1945*

Schließlich waren die vom Tokioter Prozess propagierten Ideale eine Einladung zum Vorwurf der Heuchelei. Warum wurden die Japaner vor Gericht gestellt, weil sie Zivilisten getötet hatten, wenn die Amerikaner ungestraft Brand- und Atombomben auf japanische Städte werfen konnten? Die Regierung Truman traf die makabre Entscheidung, General Ishii Shiro, den berüchtigten Kommandeur der japanischen Einheit 731, die in Nordchina geheime Versuche mit biologischen Waffen durchgeführt hatte, nicht zu verfolgen, weil sich seine grausigen Erfahrungen im kommenden Wettrüsten mit der Sowjetunion als nützlich erweisen konnten. Was die Sowjetunion betraf, so hatte sie im Zweiten Weltkrieg offensichtlich Angriffskriege geführt und Kriegsverbrechen und Verbrechen gegen die Menschlichkeit begangen. Während des Prozesses zwang sie acht europäischen Staaten, die ganz oder teilweise von der Roten Armee besetzt waren, eine totalitäre Herrschaft auf, etablierte eine Geheimpolizei und konsolidierte ihre Kontrolle über die baltischen Staaten, die sie dank des geheimen Zusatzprotokolls des Hitler-Stalin-Pakts übernommen hatte.[121] Angesichts der schockierenden Grausamkeiten der Sowjets gegen japanische Kriegsgefangene in der Mandschurei, an die japanische Konservative heute noch die Erinnerung wachhalten, wohingegen sie in den USA und anderen Ländern nur allzu leicht vergessen wurden, waren sie kaum dafür qualifiziert, über mutmaßliche japanische Kriegsverbrecher zu richten.

Natürlich ist es keine Überraschung, dass weder Truman noch Churchill, noch Stalin neben Tojo auf der Anklagebank saßen. Im demokratischen Deutschland gibt es dennoch kaum jemand, der den Nürnberger Prozessen deshalb ihre Berechtigung absprechen würde. In Wirklichkeit geht es darum, dass die Siegermächte kaum Anstrengungen machten, ihr eigenes Verhalten während des Krieges überhaupt einer kritischen Bewertung zu unterziehen, geschweige denn, es nach denselben rechtlichen Maßstäben zu beurteilen, die sie in Nürnberg und Tokio vertraten. Kein führender amerikanischer Politiker oder Militär hatte in den Jahrzehnten seit den beiden Prozessen je eine Verfolgung wegen Kriegsverbrechen zu fürchten, obwohl das Kriegsvölkerrecht in Vietnam, Kambodscha, dem Irak, Afghanistan und anderswo häufig verletzt wurde.[122] Als im Jahr 1993 für das frühere Jugoslawien das nächste Internationale Kriegsverbrechertribunal geschaffen wurde, sorgten die Vereinigten Staaten, China und Russland alle dafür, dass ihre eigenen politischen Führer und Offiziere vor Strafverfolgung sicher waren. Heute sind sowohl die USA als auch China und Russland gegen den Internationalen Strafgerichtshof.

Außerdem haben die Amerikaner nie eine ernsthafte nationale Aufarbeitung der Brandbombenangriffe auf japanische Städte und ihres Einsatzes von Atombomben vorgenommen. Erst im Jahr 2016 wagte es ein amtierender amerikanischer Präsident – Barack Obama –, Hiroshima zu besuchen, und bis heute haben sich die Vereinigten Staaten nicht für den beispiellosen Einsatz von Atomwaffen entschuldigt.[123] Die Sieger vergaßen gar zu schnell, was der Chefankläger Robert H. Jackson in seiner Eröffnungsansprache beim Nürnberger Prozess gesagt hatte: »[W]ir dürfen niemals vergessen, dass nach dem gleichen Maß, mit dem wir die Angeklagten heute messen, auch wir morgen von der Geschichte gemessen werden. Den Angeklagten einen Giftbecher reichen, heißt, ihn auch an unsere eigenen Lippen setzen.«[124]

ERSTER TEIL

GENESIS

1.

Von Nürnberg nach Tokio

Am 9. April 1942 ergaben sich die amerikanischen und philippinischen Truppen auf Bataan ihren japanischen Feinden. Die Männer auf der schwülen, grünen Halbinsel der zentralen philippinischen Insel Luzon hatten trotz hartnäckiger Verteidigung eine Niederlage erlitten und hatten nun keine Ahnung, was sie erwartete. Dennoch waren viele erleichtert, wie sich ein amerikanischer Offizier erinnerte. Wenigstens hatten sie keinen Tod im Kampf mehr zu fürchten.

Eine Gruppe zerlumpter Filipinos und Amerikaner sammelte sich auf einem Flugplatz an der Südspitze der Halbinsel an der Manilabucht. Ein paar japanische Piloten machten sich einen Spaß daraus, die versammelten Amerikaner mit ihren Zero-Jägern im Tiefflug anzufliegen, als ob sie sie unter Beschuss nehmen wollten, aber sie schossen nicht. Flankiert von japanischen Wachen, die sie mit Gewehren vorwärtstrieben, wurden etwa 76 000 Kriegsgefangene unter der sengenden Sonne nach Norden getrieben. Sie sollten etwa 100 Kilometer weiter nördlich in Gefangenenlagern interniert werden.

Viele von ihnen waren während des monatelangen Dschungelkriegs an Malaria und Durchfall erkrankt. Sie schleppten sich mit schmerzenden Füßen und wackligen Knien mühsam voran. Schon am ersten Nachmittag des Marsches brachen die ersten Männer zusammen. »Wir waren einfach schon von Anfang an körperliche Wracks«, erinnerte sich ein amerikanischer Überlebender. Er hörte Gewehrfeuer beim Marschieren. Die Japaner schlugen die Gefangenen mit dem Gewehrkolben oder mit der offenen Hand, oder sie traten sie mit ihren Stiefeln. Als ein Gefangener die Orientierung verlor und vom Weg abkam, erschoss ihn einer der Bewacher. Ein anderer japanischer Soldat packte mit beiden Händen eine Eisenstange und schlug damit einem Amerikaner ins Gesicht. »Ich konnte an der Wucht und dem Klang des Schlages erkennen, dass er dem Gefangenen den Schädel zerschmetterte«, erinnerte sich ein amerikanischer Soldat. »Der Mann fiel um, ohne einen Ton von sich zu geben.«

Wenn die Gefangenen bei einer der seltenen Trinkpausen in Panik gerieten und einander stießen und schoben, stellten die japanischen Bewacher mit Schlägen die Ordnung wieder her. »Wir konnten mit unseren schmerzgequälten, sonnenverbrannten, staub- und schweißbedeckten Körpern kaum noch mehr von dieser endlosen Tortur ertragen«, sagte einer der amerikanischen Überlebenden. Während die Gefangenen fünf bis zehn Tage die Halbinsel der Länge nach hinaufmarschierten, verloren sie jedes Zeitgefühl, bis sie schließlich in stickigen, stinkenden Viehwaggons in ein Gefangenenlager transportiert wurden.

Abb. 3 *Amerikanische Kriegsgefangene auf dem Todesmarsch von Bataan mit auf den Rücken gefesselten Händen*

Schätzungen zufolge starben auf dem Todesmarsch von Bataan etwa 2500 Filipinos und 500 Amerikaner. Wenn ein Gefangener zusammenbrach, ließ man ihn am Straßenrand liegen. Die Männer stolperten an Leichen vorbei, die von der Hitze aufgequollen im Graben lagen. Einmal sahen sie entsetzt einen plattgequetschten Leichnam, den offenbar ein Panzer überrollt hatte. Er war schon ganz ausgetrocknet, weil er tagelang in der brennenden Sonne gelegen hatte – nur noch ein paar Zentimeter dick. Dennoch war die menschliche Form noch gut zu erkennen.[1]

Diese Truppen gehörten zu den ersten, die begriffen, dass es sich nicht um einen normalen Krieg handelte. Für die Amerikaner war der Pazifikkrieg nicht so sehr ein Konflikt von beispiellosem Ausmaß zwischen zwei fortgeschrittenen Industriegesellschaften und ihren Armeen, als vielmehr ein moralischer Kampf gegen eine böse Macht in Japan. Die Berichte über japanische Kriegsverbrechen bestärkten die Amerikaner in ihrem Entschluss, eine bedingungslose Kapitulation zu fordern. Die Japaner waren bei den

Amerikanern allgemein verhasst und galten als eine wilde, fanatische und verräterische Rasse, die sie verächtlich als »gelbe Affen« bezeichneten.[2]

Das grundlegende Verbrechen war in den Augen der Amerikaner der Angriff auf Pearl Harbor gewesen, gepaart mit den Angriffen auf die Philippinen und die britischen Besitzungen Malaya, Singapur und Hongkong, die am gleichen Tag erfolgten.[3] In einer Radioansprache zwei Tage nach Pearl Harbor versprach Franklin D. Roosevelt, die »Urheber dieser Verbrechen zu bestrafen«.[4]

Während des gesamten Krieges wuchs bei den amerikanischen Regierungsvertretern die Empörung über die Misshandlung amerikanischer Kriegsgefangener, aber sie fürchteten, dass öffentliche Kritik deren Lage wegen japanischer Vergeltungsmaßnahmen noch verschlimmern konnte.[5] Obwohl die Japaner das Genfer Abkommen über die Behandlung der Kriegsgefangenen von 1929 nicht unterzeichnet hatten, gelang es der Regierung Roosevelt, ihnen das Versprechen abzuringen, sich an sie zu halten. Es zeigte sich jedoch bald, dass die Zusage nicht eingehalten wurde, was das amerikanische Außenministerium mit zahlreichen Protestnoten quittierte. Als die Japaner im Schnellverfahren drei amerikanische Flieger exekutierten, die unter dem Befehl des todesmutigen Generalobersten James H. Doolittle im April 1942 einen Luftangriff auf Tokio und andere japanische Städte geflogen hatten, schwor Roosevelt, dass »die amerikanische Regierung für diese teuflischen Verbrechen alle beteiligten Offiziellen der japanischen Regierung persönlich und offiziell zur Verantwortung ziehen und zu gegebener Zeit vor Gericht stellen wird«.[6] (Zwar wurden die Urteile bei fünf weiteren Fliegern in Haftstrafen umgewandelt, aber sie wurden geschlagen und gefoltert, und einer starb durch Krankheit und Unterernährung.)[7] Im Jahr 1943 warnte der amerikanische Generalstabschef des Heeres General George C. Marshall heimlich »vor dem Sturm von Bitterkeit«, der zu erwarten sei, wenn die amerikanische Öffentlichkeit »von der Brutalität und Grausamkeit [erführe], mit der die Japaner unsere Gefangenen behandeln«.[8]

Für einige US-Militärs wurde die japanische Grausamkeit zu einer grotesken Ausrede für die schlimmsten Handlungen des US-Militärs in den späteren Kriegsjahren. Es ist nicht verwunderlich, dass in den Regeln, die die Vereinigten Staaten für die Kriegführung propagierten, das Verbot von Bombenangriffen auf Städte durch auffällige Abwesenheit glänzte.[9] Wenn führende amerikanische Politiker überhaupt nach den 1944/45 erfolgten Brandbombenangriffen auf Dutzende japanischer Städte gefragt wurden, kamen sie sofort auf Pearl Harbor und Bataan zu sprechen. Der kommandierende General auf Okinawa erklärte die Tötung von Zivilisten gegenüber seiner Frau rational wie folgt: »Wenn wir es nicht täten, würden sie es mit der charakteristischen barbarischen Grausamkeit in unserem Land tun.«[10]

Auch Roosevelt hielt die Japaner für einen ausgesprochen ehrlosen Feind. Als er über ein berüchtigtes Kriegsverbrechen informiert wurde, das die Deutschen an Amerikanern verübt hatten – eine Einheit der Waffen-SS hatte während der Ardennenoffensive mehr als 80 wehrlose amerikanische Kriegsgefangene mit Maschinengewehren niedergemäht –, sagte er: »Naja, das wird bei unseren Soldaten nur das gleiche Gefühl gegenüber den Deutschen auslösen, wie sie es jetzt schon bei den Japsen zu haben gelernt haben.«[11]

Das womöglich Bemerkenswerteste am Tokioter Prozess ist, dass er überhaupt stattfand. Heute ist unser Denken so stark von der moralischen Autorität des Nürnberger Prozesses beherrscht, dass es unvorstellbar scheint, die siegreichen Alliierten könnten die geschlagenen Führer der Achse nicht vor Gericht gestellt haben. Tatsächlich jedoch hätte die überwältigende Mehrheit der alliierten Bevölkerung einem viel einfacheren Verfahren den Vorzug gegeben: »Bringt sie einfach um.«

Umfragen spiegeln die rachsüchtige Wut nur ansatzweise wider, die die amerikanische Öffentlichkeit während des Krieges beherrschte. Im Juli 1942 ergab eine Gallup-Umfrage, dass nur zwei Prozent der Amerikaner die führenden Nazis vor ein Kriegsgericht gestellt sehen wollten und nur ein Prozent diesen Wunsch in Bezug auf Adolf Hitler hatte. Dagegen wollten 39 Prozent, dass er erhängt oder erschossen wurde, 23 wollten ihn im Gefängnis oder in einer Irrenanstalt sehen, 6 wollten ihn ins Exil schicken, 5 wollten, dass er behandelt wurde, wie die Nazis andere behandelt hatten, und 3 Prozent waren dafür, ihn langsam zu Tod zu foltern.[12] Als die Briten im Oktober 1944 gefragt wurden, wie Hitler, Himmler und Göring bestraft werden sollten, sprachen sich 53 Prozent für eine Hinrichtung aus, 25 Prozent waren für Exil und 22 Prozent zogen weitere Strafen vor, bei denen es sich, wie Gallup anmerkte, »größtenteils um Folter« handelte.[13] Zwar gibt es keine verlässlichen Umfragen, was die Meinung der chinesischen Öffentlichkeit über die Japaner betrifft, aber ein Lied chinesischer Guerillaeinheiten vermittelt ein Gefühl von ihr:

»Zehn Jahre der Beleidigungen, werden nun gerächt;
Zehn Jahre der Schande, sind nun reingewaschen;
Wer uns beschimpft hat, den häuten wir nun;

Wer uns geschlagen hat, dem reißen wir nun die Adern heraus (…);
Wer unsere Häuser verbrannt hat,
Wird nun keine Grabstätte haben;
Wer unsere Mädchen vergewaltigte,
Dessen Frauen werden Witwen sein.«[14]

Die Wut der Amerikaner auf die Japaner war sogar noch größer als die auf die Deutschen. Ein ganzes Drittel wollte Japan als politisches Gemeinwesen zerstört sehen, 28 Prozent wollten, dass es überwacht und kontrolliert wurde, und nur 8 Prozent waren für einen Wiederaufbau, Demgegenüber waren 13 Prozent dafür, »alle Japaner zu töten«. Neun von zehn Amerikanern fanden, dass die japanischen Warlords bestraft werden müssten, aber nur vier Prozent sagten, sie sollten gerecht behandelt oder nach internationalem Recht abgeurteilt werden – also das, was der Tokioter Prozess gewährleisten sollte. Bei der Frage, wie man die Japaner bestrafen sollte, erwiesen sich die Amerikaner als erschreckend einfallsreich:

»Wir sollten sie aufhängen und kleine Stücke von ihnen abschneiden, schön nacheinander.«
»Foltert sie, damit sie einen langsamen und schrecklichen Tod sterben.«
»Steckt sie in einen Tank und erstickt sie.«
»Tötet sie, aber vergesst nicht, sie vorher zu foltern, wie sie unsere Jungs gefoltert haben.«
»Bringt sie alle um, jeden Einzelnen von ihnen.«
»Bringt sie nach Pearl Harbor und versenkt sie.«
»Schickt sie nach Sibirien und lasst sie erfrieren.«
»Übergebt sie den Chinesen.«
»Steckt sie in Unterstände und schmeißt Brandbomben und Granaten rein.«
»Tötet sie wie Ratten.«[15]

Angesichts dieses heftigen Volkszorns waren die New Dealer, die die Regierungen Roosevelt und Truman führten, nicht geneigt, sich mit Kriegsverbrecherprozessen abzugeben. Mit schwindender Gesundheit, sichtbar erschöpft und grau im Gesicht, empörte sich Roosevelt über die Vorstellung, dass »nicht das deutsche Volk als Ganzes für die Geschehnisse verantwortlich ist und nur ein paar führende Nazis die Verantwortung tragen. Das entspricht leider nicht den Tatsachen. Man muss dem ganzen deutschen Volk klarmachen, dass die ganze Nation an einer gesetzlosen Verschwörung gegen die Errungenschaften der Zivilisation beteiligt war.«[16] Gegenüber Japan war er nicht weniger hart. »Es ist erstaunlich, wie viele Leute weich werden, was die künftigen Bedingungen [für] Deutsche und Japse betrifft«, schrieb er.[17] Cordell Hull, der Außenminister, war für standrechtliche Hinrichtungen: »Ich würde Hitler und Mussolini und Tojo und ihre schlimmsten Komplizen nehmen und sie vor ein Standgericht stellen. Und zum Sonnenaufgang des folgenden Tages gäbe es dann ein historisches Ereignis.«[18]

Wir sollten nicht brutal zu den Deutschen sein

Die treibende Kraft, was eine mildere Behandlung von Deutschland und Japan nach dem Krieg betraf, war Henry L. Stimson, der amerikanische Kriegsminister. Er spielte die tragende Rolle bei der folgenschweren Entscheidung, die Kapitulationsbedingungen für Japan in aller Stille abzumildern und in Nürnberg und Tokio internationale Kriegsverbrechertribunale zu schaffen.

Er war der Außenseiter in den Kriegskabinetten von Roosevelt und Truman, ein einsamer Republikaner unter Demokraten. Mit seinen 78 Jahren war er vor demokratischen Idealisten auf der Hut und hatte sich den kalten Blick des Machtpolitikers zu eigen gemacht.[19] Mit seinem sauber getrimmten weißen Schnurrbart, dem akkuraten Mittelscheitel in den grauen Haaren, den Tränensäcken unter den Augen, die seine randlose Brille nicht verbergen konnte, war er jeden Zentimeter der honorige Rechtsanwalt. Nachdem er 1911 bis 1913 unter William Howard Taft Kriegsminister gewesen war, hatte er im Ersten Weltkrieg gedient und es zum Oberst gebracht. Später war er Generalgouverneur der Philippinen gewesen und unter Herbert Hoover Außenminister geworden.[20] Wie damals die meisten Männer mit seinem sozialen Hintergrund war er sich der Überlegenheit der Weißen gegenüber Haitianern, Malaien, Afroamerikanern, Juden und Japanern sicher.[21] Obwohl er sich primär mit der Bedrohung Europas (»des Kontinents der weißen Rasse«) beschäftigte, betrachtete er die japanische Invasion in China als gefährlichen Angriff auf eine rechtsstaatliche Weltordnung.[22]

Stimson war in mehrfacher Hinsicht ein seltsamer Kandidat, um sich für ein rechtsstaatliches Verfahren gegen Kriegsverbrecher einzusetzen. Am offensichtlichsten war es für die Japaner, die nach den amerikanischen Brandbombenangriffen auf ihre Städte noch lebten, dass der amerikanische

Kriegsminister kein Recht hatte, irgendjemanden als Kriegsverbrecher zu bezeichnen.[23] Außerdem legte Stimson angesichts verschiedener Gräueltaten der Achsenmächte eine völlige Gleichgültigkeit an den Tag: Er war selbst 1944 noch dagegen, jüdische Flüchtlinge in die Vereinigten Staaten zu lassen, und zugleich weigerte sich sein Kriegsministerium, die Infrastruktur des Genozids zu zerstören.[24] Er verfügte, dass keinerlei militärische Mittel für die Bombardierung der Gaskammern in Auschwitz verwendet wurden, obwohl er die amerikanischen Kriegsanstrengungen in anderer Hinsicht durchaus begrenzte, als er etwa auf die Zerstörung der mittelalterlichen Architektur der deutschen Stadt Rothenburg ob der Tauber verzichtete oder persönlich intervenierte, damit die Heiligtümer von Kyoto verschont blieben.[25] Zudem fehlte ihm jede rechtsstaatliche Sensibilität, als sein Ministerium mehr als 100 000 amerikanische Bürger der Westküste der Vereinigten Staaten internierte, weil sie japanischer Herkunft waren, und das obwohl er persönlich eingestand, dass eine solche, auf »rassischen Kriterien« beruhende Verfolgung »ein hässliches Loch in unsere Verfassungsordnung« reißt.[26]

Nach Stalingrad und der Schlacht um Midway bereitete Stimson Kriegsverbrecherprozesse gegen die Japaner vor, bei denen die Führung eines Angriffskriegs und die Misshandlung amerikanischer Kriegsgefangener im Vordergrund stehen sollten.[27] Kurz vor der Invasion in der Normandie fand die US-Armee bei einem toten japanischen Soldaten schockierende Fotos: Japanische Soldaten standen mit erhobenen Schwertern über ausgemergelten, knienden Australiern und waren offensichtlich im Begriff, sie zu köpfen.[28] Erschüttert berichtete Stimson in seinem Tagebuch von »diesen schrecklichen Bildern [, die zeigen], wie die Japaner unsere Jungs von der Luftwaffe behandeln, wenn sie sie in die Finger bekommen«.[29]

Erst nach der Invasion in der Normandie, als alliierte Truppen auf dem Weg nach Berlin waren, entschieden die Vereinigten Staaten, wie sie Deutschland und Japan nach dem Krieg neu aufbauen wollten.

Die Entscheidung für die Nürnberger Prozesse, durch die ein paralleler internationaler Gerichtshof in Tokio erforderlich werden sollte, fiel hastig und chaotisch. Im August 1944 eröffnete Stimson die Debatte, indem er an Roosevelt schrieb, man werde Deutschland demilitarisieren, seine Betriebe noch jahrzehntelang kontrollieren und seine Kinder umerziehen müssen. Dennoch habe er Angst vor einer Teilung oder Deindustrialisierung des Landes – ein weitreichendes Vorhaben, von dem er glaube, dass es für die deutsche Bevölkerung schreckliche Folgen haben werde. Die vielleicht schwierigste Frage war der Umgang mit den deutschen Kriegsverbrechern, zu dem Stimson mit brutaler Deutlichkeit notierte: »Eine Politik, die auf die Liquidierung von Hitler und seiner Bande abzielt.«[30]

Die erste Lösung, die allen einfiel, war die einfachste: Erschießt sie! Die Begründung für schnelle Hinrichtungen wurde Roosevelt von seinem alten Freund, dem Finanzminister Henry Morgenthau jr., geliefert. In einer Regierung, die kaum etwas tat, um den Holocaust zu stoppen, hatte Morgenthau mit dem gleichgültigen Stimson und seinem untätigen Kriegsministerium häufig Auseinandersetzungen über die Rettung jüdischer Flüchtlinge gehabt. Stimson ließ sich in seinem Tagebuch mit dem in seinen gehobenen Kreisen durchaus gängigen sozialen Antisemitismus routinemäßig über das unangenehm Jüdische seines Rivalen im Kabinett aus, bemerkte aber auch, dass dieser »verständlicherweise sehr erbittert« sei.[31] Morgenthau, der unbedingt verhindern wollte, dass Deutschland je wieder einen Krieg führen konnte, hatte die Befürchtung, dass die Nazis in einem Kriegsverbrecherprozess durch juristische Tricks ihrer Strafe entgehen könnten und außerdem in letzten Worten an das deutsche Volk ihre rassistische Ideologie rechtfertigen würden.[32]

Also schickte er am 5. September 1944 dem Präsidenten das, was als Morgenthau-Plan in die Geschichte einging: eine vom Wunsch nach Vergeltung geprägte Blaupause für die völlige Demilitarisierung und politische Dezentralisierung Deutschlands, für die Internationalisierung des Ruhrgebiets und für Reparationen und Umerziehung. Der Plan sah außerdem vor, die »schlimmsten Verbrecher dieses Krieges, deren offensichtliche Schuld von den Vereinten Nationen [also den Alliierten] festgestellt worden ist«, durch einen General identifizieren zu lassen und »umgehend durch Erschießungskommandos« alliierter Soldaten »hinzurichten«.[33] Bei einer Sitzung des Finanzministeriums zogen führende Beamte die Hinrichtung von etwa 2500 Deutschen in Erwägung.[34]

Stimson war zunächst offen für solche Hinrichtungen. Er schrieb: »Unsere Offiziere müssen den Schutz klarer Instruktionen haben, falls Erschießungen erforderlich« werden, und forderte damit ironischerweise gerade die Berufung auf Befehle von oben, die in Nürnberg und Tokio nicht als Rechtfertigung anerkannt werden sollten.[35] Doch er sah die Sache schon bald kritischer. Er war entsetzt gewesen, als er erfuhr, dass Stalin auf der Teheraner Konferenz im November 1943 vorgeschlagen hatte, mindestens 50 000 oder 100 000 Deutsche zu töten – viel mehr als alles, was man in Morgenthaus Finanzministerium in Erwägung zog.[36] Er erinnerte Roosevelt an Stalins Vorschlag »50000 deutsche Offiziere zu liquidieren«, und warnte ihn, dass die Sowjets »bei der Liquidation der militärischen Clique Methoden einsetzen werden, an denen die USA nicht direkt beteiligt sein wollen«.[37] Er bat Roosevelt inständig, sich fernzuhalten, wenn die mordenden Streitkräfte der Sowjetunion nach Deutschland vorstießen: »Lassen Sie die die Drecksarbeit machen, aber werden Sie nicht selbst ihr Urheber.«[38]

Stimsons Zweifel führten schon bald dazu, dass er für eine mildere Behandlung Nachkriegsdeutschlands eintrat. Er fürchtete, dass Roosevelts verbitterte Regierungsmannschaft einen weiteren Krieg auslösen könnte.[39] Als Ausgleich für seine nachsichtigere Haltung gegenüber dem deutschen Volk schlug er vor, für einzelne Deutsche Kriegsverbrecherprozesse abzuhalten: »Wir können die Abscheu der Welt vor einem solchen System am besten demonstrieren und den Deutschen unsere Entschlossenheit, dieses System und alle seine Auswüchse für immer auszurotten, am besten vor Augen führen, wenn wir alle führenden Nazis und Mitarbeiter des nationalsozialistischen Terrorsystems, wie etwa der Gestapo, so schnell wie möglich festnehmen, verhören und vor Gericht stellen und sie so rasch und streng wie möglich bestrafen.«[40]

Die New Dealer kämpften für eine harte Bestrafung. Laut Stimson war Cordell Hull »genauso verbittert über die Deutschen wie Morgenthau«. Hull und Morgenthau wollten mit dem Saarland und dem Ruhrgebiet die wichtigsten deutschen Industriegebiete ausschalten, und Roosevelts alter Berater Harry L. Hopkins gedachte die Stahlproduktion zu verbieten.[41] Im Gespräch mit Stimson »zeigte Roosevelt ein gewisses Interesse an einer harten Behandlung der Gestapo«.[42] Bei anderer Gelegenheit sah der Präsident Stimson direkt an – so erinnerte sich dieser in seinem Tagebuch –, als er vorschlug, die Deutschen könnten »von Suppe aus Suppenküchen« leben, damit ihnen ihre nationale Niederlage klar werde. Stimson versuchte, seinen Einwand bildlich zu formulieren. Er antwortete, eine Zerstörung der Industrie im Saarland und im Ruhrgebiet wäre, als würde man ein ganzes Haus niederbrennen, um ein Schwein zu braten.[43]

Als Stimson sich in seinem riesigen Büro im Pentagon den Kopf über das weitere Vorgehen zerbrach, wurde er von zwei amerikanischen Institutionen bestärkt, die angeblich auf die Befolgung von Regeln fixiert waren: dem Heer und dem Obersten Gerichtshof. Zuerst besprach er sich mit General George C. Marshall, der mit ihm darin übereinstimmte, dass die Deutschen ein faires Gerichtsverfahren erhalten sollten. Danach notierte er befriedigt: »Offiziere haben in diesen Dingen mehr Respekt vor dem Gesetz als Zivilisten (…) Die wollen alle möglichst schnell ohne Prozess oder Anhörung einen Kopf kürzer machen.«[44]

Als Nächstes fand Stimson Unterstützung bei Felix Frankfurter, einem Richter am Obersten Gerichtshof. Trotz seiner ehrfurchtgebietenden Macht und seines erwiesenen Scharfsinns war der Richter für Stimson in erster Linie ein extrem loyaler Protegé und Freund. (Was Stimsons Abneigung gegen Juden betraf, so machte er bei Frankfurter eine Ausnahme, weil er ihn als so assimiliert empfand, dass er gesellschaftlich unbedenklich war.)[45] Der Richter war ein alter Freund und Bewunderer von Roosevelt. Er pflegte einen lockeren Briefwechsel mit dem Präsidenten und war ein treuer Befürworter seiner Kriegspolitik.[46]

Wie Stimson bewusst war, hatte der Oberste Gerichtshof einige der schlimmsten Maßnahmen, die im Rahmen der Kriegsanstrengungen erfolgt waren, für rechtens erklärt. Bereits 19 Jahre vor Pearl Harbor hatte das Gericht geurteilt, dass die Japaner »eindeutig eine Rasse sind, die nicht kaukasisch ist« und ihre Angehörigen deshalb nicht US-amerikanische Staatsbürger werden könnten.[47] Im Jahr 1943 hatte das überwiegend mit Anhängern Roosevelts besetzte Gericht eine Ausgangssperre für japanischstämmige Amerikaner für rechtens erklärt. Diese Entscheidung hatte die anlasslose Internierung von 120 000 Amerikanern japanischen Ursprungs zur Folge gehabt, die größtenteils US-amerikanische Staatsbürger waren.[48] Im Fall des Schweißers Fred Korematsu, eines jungen japanischstämmigen Amerikaners, den man in ein Internierungslager in Utah deportiert hatte, war dem Gerichtshof bewusst gewesen, dass es sich um einen patriotischen Bürger handelte, der keine Gefahr darstellte.[49] Dennoch hatte der Richter Hugo L. Black 1944 im Fall *Korematsu* für die Mehrheit der Richter das schändliche Urteil formuliert, mit dem das Aufenthaltsverbot an der Westküste für »alle Bürger mit japanischen Vorfahren« aufrechterhalten wurde. Black beugte sich damit dem Willen des Präsidenten und des Kongresses in Zeiten des Krieges und schrieb, ein »Aufenthaltsverbot [sei gerechtfertigt], weil wir uns mit dem Japanischen Kaiserreich im Krieg befinden und die ordentlich verfassten Militärbehörden eine Invasion der Westküste fürchten und sich gezwungen sehen, entsprechende Sicherheitsmaßnahmen zu ergreifen«.[50] Obwohl Richter Robert H. Jackson in einem Sondervotum warnte, dass damit »das Gericht für alle Zeiten das Prinzip der Rassendiskriminierung im Strafverfahren für rechtsgültig erklärt hat«, zweifelte Black nie an seiner Entscheidung. Die Menschen hätten sich »zu Recht vor den Japanern in Los Angeles gefürchtet« erklärte er Jahre später. »Sie sehen alle gleich aus für einen Menschen, der kein Japs ist.«[51]

Am hilfreichsten war für Stimson, dass das Gericht 1942 in einem Fall, der in der amerikanischen Politik gegenüber feindlichen Kombattanten bis

Abb. 4 *Japanischstämmige Amerikaner werden in Internierungslager gebracht, Arcadia, Kalifornien, 5. April 1942*

heute nachwirkt, für verfassungsmäßig befunden hatte, dass deutsche Saboteure von einem amerikanischen Militärtribunal verurteilt worden waren, weil dies eine rechtmäßige Ausübung der Machtbefugnisse des Präsidenten sei.[52] In einem Schreiben an seine Richterkollegen hatte Frankfurter die Saboteure heftig beschimpft: »Ihr verdammten Gauner seid schon verdammt dreist, um ein Schriftstück zu bitten, das euch aus den Händen des Militärtribunals befreien und das Recht geben soll, wenn überhaupt, vor ein Bundesbezirksgericht gestellt zu werden. Ihr seid nichts anderes als stinknormale feindliche Spione.«[53]

Nun versorgte er Stimson genau mit der juristischen Munition, die er brauchte. Als Stimson die von Morgenthau geplanten Strafmaßnahmen skizzierte, reagierte der Verfassungsrichter mit einem missbilligenden Schnauben. Er teilte Stimsons Ansicht, dass den NS-Kriegsverbrechern ein möglichst fairer Prozess gemacht werden müsse. »Obwohl er wie Morgenthau ein Jude ist, ging er das Thema mit perfekter Distanz und großer Hilfsbereitschaft an.«[54]

Für eine entscheidende Sitzung zu dieser Frage im Weißen Haus am 9. September 1944 schrieb Stimson ein Memorandum, in dem er grundsätzlich für das plädierte, was später die Nürnberger Prozesse und in der Folge auch der Tokioter Prozess werden sollte. Er schlug vor, die wichtigsten deutschen

Führungspersönlichkeiten vor ein internationales Tribunal zu bringen und bestand auf ein »klar definiertes Verfahren«, das »wenigstens rudimentäre Aspekte der Bill of Rights« wie das Recht auf Verteidigung berücksichtigte. Er hoffte, auf diese Weise eine schriftliche Bestandsaufnahme des nationalsozialistischen Systems zu schaffen. Auch vertrat er unter Bezug auf sein Gespräch mit Frankfurter die Ansicht, der Oberste Gerichtshof habe für ein solches Verfahren die Rechtsgrundlage geschaffen, als er auf die Beachtung des Kriegsvölkerrechts bestanden habe, womit Stimson sich offenbar auf den Fall der deutschen Saboteure bezog. Er drängte heftig darauf, die an amerikanischen Kriegsgefangenen begangenen Verbrechen zu ahnden, meinte aber, das NS-Regime könne innerhalb der deutschen Grenzen tun, was es wolle, solange seine Gräueltaten nichts mit der Kriegführung zu tun hätten – eine Position, nach der der Holocaust nicht strafbar gewesen wäre. Wie Stimson in einer verstörenden Passage erklärte, seien internationale Gerichte dafür »genauso wenig zuständig, wie irgendein ausländisches Gericht für die in unserem Land begangenen Lynchmorde oder deren Duldung zuständig wäre«.[55]

Sein Vorschlag stieß auf massive Ablehnung. Wie Stimson sich erinnerte, gab Morgenthau bei der Sitzung eine neue »Schimpftirade auf die Nazis« zum Besten und Roosevelt erklärte erneut, die Deutschen sollten durch Suppenküchen ernährt werden. Nach der Sitzung konnte sich Stimson kaum noch beherrschen.[56] Kurz darauf sei der Präsident zu einem Gipfel mit Churchill »stolziert« – zur zweiten Québec-Konferenz –, schrieb er in sein Tagebuch.[57] (Was immer Roosevelt getan haben mag – er stolzierte nicht.) Stimson klagte außerdem in seinem Tagebuch, Morgenthau sei »wegen seiner semitischen Gefühle so parteiisch, dass er in dieser Zeit wirklich ein gefährlicher Berater für den Präsidenten ist«,[58] und kommentierte dies mit den Worten »ein wildgewordener Semitismus, der auf Rache aus ist.«[59]

Stimson ermahnte Roosevelt, dass die geplante Strafaktion die Atlantik-Charta und die Grundsätze der amerikanischen Unabhängigkeitserklärung verletzen würde, und bezeichnete den Morgenthau-Plan als »genau das Verbrechen, das die Deutschen an ihren Opfern begehen wollten – ein Verbrechen gegen die Zivilisation selbst«.[60] In Québec unterzeichneten Roosevelt und Churchill eine Erklärung, in der sie sich formell darauf einigten, die Rüstungsindustrie im Ruhrgebiet und im Saarland zu eliminieren. Und Stimson notierte verzweifelt, dass »der Präsident sehr darauf beharrt, die Naziführer ohne Prozess zu erschießen«.[61]

Nach dieser Niederlage griff Stimson (oder einer seiner Untergebenen im Kriegsministerium) offenbar in die altbewährte Trickkiste Washingtoner Politik: zu einem Leak. Am 24. September brachte die *New York Times* auf der ersten Seite eine Meldung von *Associated Press*, dass das Kabinett in Bezug auf die Nachkriegspolitik gegenüber Deutschland gespalten sei. Und sie meldete auch, dass Stimson dagegen sei, Deutschland wieder zu einem Agrarland zu machen.[62] In dem Leak wurde die Erschießung von Kriegsverbrechern, die in Amerika populär war, klugerweise nicht erwähnt, und stattdessen die Deindustrialisierung angegriffen, die die meisten Amerikaner ablehnten, weil die deutschen Truppen mit dieser Aussicht vielleicht härter kämpfen würden.[63] Die Zeitungen nahmen, wie Stimson zufrieden notierte, gegen Morgenthau Stellung, und die Republikaner witterten ein Wahlkampfthema.[64]

Keine drei Tage später korrigierte sich Roosevelt mit der beiläufigen Nonchalance des meisterhaften Politikers. Er informierte Stimson, dass er Deutschland eigentlich doch nicht wieder zu einem Agrarland machen wolle.[65] Ein paar Tage darauf sagte der Präsident bei einem Versöhnungsessen im Weißen Haus mit einem schelmischen Grinsen zu Stimson: »Henry Morgenthau hat einen Bock geschossen.«[66] Als Roosevelt seine Verantwortung für den Morgenthau-Plan zu leugnen suchte, zog Stimson ein Exemplar des Plans heraus und zeigte dem Präsidenten seine Paraphe auf dem Papier.[67] Stimson schrieb später erbittert, er habe sich gegen »die leidenschaftliche Rachsucht des jüdisch-amerikanischen Staatsmanns« durchsetzen müssen.[68]

Angriff und Verschwörung

Als sich Stimson entschieden hatte, ein ordentliches Gerichtsverfahren der standrechtlichen Hinrichtung vorzuziehen, beschäftigte er sich damit, was genau das Recht eigentlich war.

Er und seine Juristen im Kriegsministerium wollten durch die Prozesse eine umfangreiche Dokumentation der Verbrechen des Feindes aufbauen, damit es künftigen Generationen nicht mehr möglich wäre, die Geschehnisse zu leugnen.[69] Der Kriegsminister plante daher Militärtribunale, die die Alliierten gemeinsam führen sollten, und genau das passierte in Nürnberg und Tokio, wobei die Gerichte »lediglich über das Skelett dessen verfügen, was man als die Anforderungen an einen fairen Prozess bezeichnet«.[70]

Stimson wollte Anklagen wegen Verschwörung erheben, eine Besonderheit des Bundesrechts und des bundesstaatlichen Rechts der Vereinigten

Staaten. Dabei stützte er sich auf seine eigenen Erfahrungen bei der Strafverfolgung von Monopolisten als U.S. Attorney für den Southern District von New York. Den Angeklagten wurden bei diesem Verfahren nicht nur spezifische Kriegsverbrechen, sondern auch die Beteiligung an einer kriminellen Vereinigung vorgeworfen. So konnten sie für alle Handlungen verantwortlich gemacht werden, die irgendeiner der Beteiligten im Rahmen der Verschwörung begangen hatte. Verteidiger hassen Verschwörungsanklagen aus all den Gründen, warum Anklagevertreter sie lieben: Bei einer Verschwörungsanklage ist es viel leichter, Angeklagte zu verurteilen, und die Verschwörung selbst wird zusätzlich zu den tatsächlich geplanten Taten als weiteres Verbrechen behandelt.[71] Die Verschwörungsvorwürfe waren eines der eigenartigsten Elemente der Anklagen in Nürnberg und Tokio, weil sie nicht nur dem deutschen und japanischen Rechtssystem, sondern auch dem der anderen Alliierten fremd waren.[72]

Sowohl der Nürnberger Hauptkriegsverbrecherprozess als auch der Tokioter Prozess sollten vor allem die Aggression der Achsenmächte bestrafen.[73] Obwohl man den Nürnberger Prozess in der Regel als einen Prozess wegen des Holocausts in Erinnerung hat, kamen Verbrechen gegen die Menschlichkeit dort erst an vierter Stelle – nach den Anklagen wegen ebenjener Verschwörung, der Führung eines Angriffskriegs und konventioneller Kriegsverbrechen. Es blieb Israel und Deutschland überlassen, in späteren Jahren ihre eigenen Verfahren wegen des Holocausts durchzuführen – am spektakulärsten war darunter der Prozess gegen Adolf Eichmann in Jerusalem.[74] Es gibt eine alte Tradition der politischen Philosophie, die militärische Aggression als grundsätzliches Unrecht betrachtet, doch die Vereinigten Staaten wurden in ihrem Handeln vom japanischen Überraschungsangriff auf Pearl Harbor mit der darauffolgenden Kriegserklärung des Deutschen Reiches getrieben.[75] Zu den »Vergehen, die Hitler und den Hauptkriegsverbrechern zur Last gelegt werden«, schrieb Roosevelt: »Die Anklage sollte auch eine Verurteilung wegen der Einleitung eines Angriffskriegs enthalten, als Verletzung des Kellogg-Pakts.« Den Kellogg-Briand-Pakt von 1928, in dem auf Krieg als Mittel nationaler Politik verzichtet wurde, hatten sowohl das Deutsche Reich als auch Japan unterzeichnet.[76] Stimson schloss dabei letztlich auch die Gräueltaten gegen Zivilisten im Rahmen der deutschen Kriegsanstrengungen mit ein.[77]

Wie mit Deutschland verhielt es sich auch mit Japan. Nachdem die Vereinigten Staaten vollmundig versprochen hatten, die deutschen Verantwortlichen für den Krieg vor Gericht zu stellen, konnten sie sich kaum weigern, auch den Japanern den Prozess zu machen. Dank dem knappen, hart erkämpften Sieg von Stimsons Legalismus über Morgenthaus gerechte Rache hatten die Vereinigten Staaten im Umgang mit den Achsenmächten, die sie schon bald besetzen sollten, nun einen neuen Weg bestritten. Denn auch in Bezug auf Japan setzte sich Stimson für einen milderen Frieden ein, indem er eine Kernforderung Roosevelts und seiner New Dealer abschwächte: die bedingungslose Kapitulation Japans. Dass er damit Erfolg hatte, sollte für die Regierenden in Japan und die Zukunft des Landes weitreichende Folgen haben.

Am Morgen des 12. April 1945 hatte Stimson wieder einmal ein Gespräch im Pentagon über die Strafverfolgung nationalsozialistischer Kriegsverbrecher. So weit, so üblich. Später am Nachmittag allerdings bekam er einen wichtigen Anruf aus dem Weißen Haus: Roosevelt war gestorben.[78]

2.

Bedingungslose Kapitulation

Harry Truman wurde in den Tagen eines verzweifelten Endkampfs Präsident. Am 12. April, als amerikanische Soldaten immer noch sowohl in Europa als auch in Asien kämpften, wurde der Vizepräsident dringend ins Weiße Haus bestellt. Man führte ihn in Eleanor Roosevelts Arbeitszimmer im Obergeschoss. Dort legte sie ihm den Arm um die Schultern und sagte: »Der Präsident ist tot.« Truman hatte keine Ahnung, dass Franklin D. Roosevelt in Warm Springs, Georgia, eine plötzliche Gehirnblutung erlitten hatte. Fassungslos fragte er, was er tun könne. »Was können wir für Sie tun?«, antwortete Eleanor Roosevelt.[1]

Der Präsident hatte gewusst, wie viel sein Vizepräsident noch über die weite Welt zu lernen hatte. »Harry ist ein guter Mann, intelligent, fähig und integer«, schrieb er einmal privat. »Er hat wenig Ahnung von Außenpolitik, aber er lernt schnell.« Truman, der bald schon Entscheidungen treffen sollte, die das Schicksal von Millionen Asiaten änderten, war nie in Japan, China, Indien oder sonst irgendwo in Asien gewesen.[2] Und er hatte erst einen Tag zuvor über die Nutzlosigkeit der Vizepräsidentschaft gemurrt.[3]

Nach der von Trauer überschatteten Vereidigung durch den Vorsitzenden Richter des Obersten Gerichtshofs mit irgendeiner Bibel, die man aus einem Regal im Weißen Haus gegriffen hatte, und nachdem er gerade noch den Außenminister in Tränen gesehen hatte, wurde Truman bewusst, dass er nun Oberbefehlshaber Krieg führender Armeen war. Er war schockiert, weil »die Last der Regierung auf meinen Schultern gelandet war. Ich wusste nicht, wie das Land auf den Tod eines Mannes reagieren würde, den praktisch alle angebetet hatten.« An jenem sorgenvollen ersten Tag konnte Truman die respektvolle Gewohnheit nicht ablegen, Roosevelt als den Präsidenten zu bezeichnen.[4] Er sah grau und verhärmt aus.[5]

Truman war seine eigene Unwissenheit peinlich bewusst, er machte sich Sorgen, wie das Militär auf ihn reagieren würde, und er war eingeschüchtert von dem Gedanken, wie sich die erfahrenen politischen Führer in London und Moskau ihm gegenüber verhalten würden. »Ich wusste, dass der

Präsident sehr viele Treffen mit Churchill und Stalin gehabt hatte«, schrieb er in sein Tagebuch. »Ich war mit nichts von alledem vertraut, und das war wirklich etwas, worüber man nachdenken musste. Doch ich kam zu dem Schluss, dass es das Beste sei heimzugehen, sich so gut wie möglich auszuruhen und dann die Suppe auszulöffeln.«[6]

Seine Untergebenen hatten sogar noch mehr Zweifel, ob ihr neuer Chef der Aufgabe gewachsen war. Henry L. Stimson, der bei einigen der wichtigsten Entscheidungen Trumans über Japan eine zentrale Rolle spielen sollte, war damals schon ein Wrack. Total überarbeitet und vorsichtig geworden, weil er Roosevelt mit seinen unverblümt ausgesprochenen Ansichten verärgert hatte, wollte er von seinem Amt zurücktreten, sobald die Kämpfe aufhörten. Er war alt und griesgrämig, hatte Herzbeschwerden und räumte privat ein, dass er mit Depressionen zu kämpfen hatte.[7]

Während Truman im Weißen Haus darauf wartete, als Präsident vereidigt zu werden, hatte er seinen Kriegsminister beiseitegenommen und ihm gesagt, dass er den Krieg fortsetzen wolle, wie Roosevelt ihn geführt habe.[8] Stimson, schwer getroffen vom Tod eines Mannes, den er als seinen Freund und als den besten Kriegspräsidenten der amerikanischen Geschichte zu sehen gelernt hatte, trauerte um den Verlust von Roosevelts Weitblick in den kommenden entscheidenden Monaten. »Keiner weiß, was der neue Präsident für Ansichten hat«, klagte er in seinem Tagebuch. »Ich wenigstens weiß es nicht.«[9] Truman wirkte durchaus sympathisch, »aber es war total klar, dass er wenig von der Aufgabe verstand, die er übernahm«.[10]

Als Truman seinen Amtseid schwor, überquerten amerikanische Truppen die Elbe und sowjetische Divisionen stießen rasch auf Berlin vor. Die Vereinigten Staaten befanden sich in den ersten Tagen ihres massiven Okinawa-Feldzugs, und japanische Kamikaze-Flugzeuge griffen amerikanische Schiffe an und versenkten an diesem Tag einen Zerstörer.[11] Wie ein japanischer Oberst auf Okinawa schrieb, versetzte die »wunderbare Nachricht« von Roosevelts Tod die Stabsoffiziere auf der Insel in Begeisterung und weckte die Hoffnung, dass der Krieg doch noch zu gewinnen sei.[12] Der neue Präsident beriet sich so schnell wie möglich mit seinen außenpolitischen Beratern, Admiralen und Generalen sowie mit dem Außenminister und dem Kriegsminister.[13] »Wir sprachen über Stalin, Churchill, de Gaulle, Kairo, Casablanca, Teheran und Jalta«, vermerkte Truman ironisch in seinem Tagebuch. »Das ist alles.«[14]

Stimson und die Militärs informierten ihn über den europäischen und den pazifischen Kriegsschauplatz, und er hörte intensiv zu. Der Kriegsminister gewann den Eindruck, dass der Präsident »unbedingt lernen und sein Bestes tun will«, aber mit den Informationen zu kämpfen hatte, die sich nur »bei langer Vertrautheit« richtig einordnen ließen. Nach der Besprechung meinte der Stabschef des Heeres, General George C. Marshall zu Stimson: »Wir werden erst wissen, wie er wirklich ist, wenn der Druck spürbar wird.«[15]

Auf der Zugfahrt nach Hyde Park in Upstate New York, wo Roosevelt beerdigt wurde, war der neue Präsident über die Trauer der Nation erschüttert. Die feierliche Beerdigung war vom Krieg geprägt: eine Militärparade, Salutschüsse aus 21 Kanonen, Roosevelts Sarg von Kadetten der nahegelegenen Militärakademie West Point eskortiert und von Soldaten und Seeleuten getragen.[16] Truman sah auf den Straßen alte und junge Männer und Frauen weinen und war ergriffen über eine »alte Negerin, die mit der Schürze vor den Augen auf dem Randstein saß (…) und weinte, als ob sie ihren Sohn verloren hätte.« Laut seinem Tagebuch sagte er zu einer Gruppe Reporter: »Wenn Sie je beten würden, woran ich große Zweifel habe, dann sollten Sie jetzt besser für mich beten«.[17]

»Es ist ein extrem harter Posten, um ihn so plötzlich anzutreten wie ich«, schrieb er. »Wenn es je einen Mann gab, der dazu gezwungen wurde, Präsident zu werden, bin ich es.«[18] Als Trumans Mutter gefragt wurde, was sie davon halte, dass ihr Sohn Präsident werde, gab sie, wie Truman schrieb, »ein Juwel« von einer Antwort: »Ich kann mich nicht wirklich darüber freuen, dass er Präsident ist, weil es mir leidtut, dass Präsident Roosevelt tot ist. Wäre er gewählt worden, würde ich mit einem Fähnchen auf der Straße stehen, aber heute kommt es mir nicht richtig vor, glücklich zu sein oder irgendwelche Fahnen zu schwenken. Harry wird gut zurechtkommen.«[19]

»Tokio wankt unter der Last unserer Bomben«

Truman hatte von Anfang an eine Abneigung gegen vieles, was mit dem Amt des Präsidenten verbunden war: die ständige Aufmerksamkeit der Öffentlichkeit, kriecherische Untergebene, die tiefe Isolation. »Ich bin immer so einsam, wenn meine Familie geht«, schrieb er in sein Tagebuch.[20] Er hasste es, im Weißen Haus zu wohnen, »dem großen weißen Gefängnis«.[21] Seine Augen taten ihm weh vom vielen Lesen, und in jedem Memorandum lauerte ein versteckter Haken.[22] Außerdem war er über die Vergötterung der Macht befremdet: »Es ist ein höchst erstaunliches Schauspiel, diese Anbetung hoher Ämter.«[23]

Er hatte keine Routine in auswärtigen Angelegenheiten, aber er war gescheit und sorgfältig. Er interessierte sich schon lange für militärgeschichtliche Werke, von den Memoiren Napoleon Bonapartes bis zu Studien über den amerikanischen Bürgerkrieg, und er profitierte von seinen Erfahrungen als Artillerieoffizier im Ersten Weltkrieg.[24] Er hatte im Schlamm von Südfrankreich entdeckt, dass sich Maschinengewehrkugeln anhören wie ein Bienenschwarm, wenn sie über einen hinwegfliegen, und er hatte Glück gehabt, das er überlebte, als eine deutsche Granate viereinhalb Meter von ihm entfernt explodierte.[25] In der großen Maas-Argonnen-Offensive in den letzten Wochen des Krieges rückte er mit seinen Geschützen vor, während überall um ihn herum deutsche Granaten einschlugen. Sie verwundeten einige seiner Männer, und andere erlitten ein Kriegstrauma, aber er selbst blieb verschont.[26] Einmal schlugen deutsche Granaten in der Nähe seiner Stellung ein und schleuderten Überreste französischer und deutscher Soldaten in die Luft, die in einer früheren Schlacht dort gefallen waren. Da war er, wie er seiner Frau gestand, glücklich, dass er keine Angst vor Geistern hatte.[27]

Der neue Kriegspräsident wollte Roosevelts kompromisslosen Kampf gegen Japan anfangs fortsetzen. Er war schon lange auf einen totalen Sieg aus und hatte bereits 1942 an seine Frau geschrieben: »Wir müssen das zu Ende bringen und von Berlin und Tokio aus die Bedingungen *diktieren.*«[28] Als sich das Blatt schließlich 1943 zu wenden schien, hatte sich Roosevelt auf der Konferenz von Casablanca zu einer Politik der bedingungslosen Kapitulation verpflichtet und geschworen, die schuldigen Führer der Achsenmächte zu bestrafen. Um nicht wie nach dem Ersten Weltkrieg den Keim für einen neuen Militarismus zu legen, strebte er die völlige Zerstörung von Faschismus und Autoritarismus an, um den Weg für friedliche Demokratien zu bahnen.[29] Nun sprach sich auch Truman in seiner ersten großen Rede, die er am 16. April vor beiden Kammern des Kongresses hielt und die im Radio übertragen wurde, für eine bedingungslose Kapitulation aus.[30]

Aus Respekt vor Roosevelts Vermächtnis machte er alle Hoffnungen der Deutschen oder Japaner zunichte, dass er mildere Bedingungen als sein Vorgänger stellen könnte: »Unsere Forderung war und ist bedingungslose Kapitulation! Wir werden mit denen, die den Frieden gebrochen haben, nicht über die Bedingungen des Friedens verhandeln.« Einen Monat nach dem großen Brandbombenangriff auf die japanische Hauptstadt donnerte Truman: »Tokio wankt unter der Last unserer Bomben.«

In seiner prägenden und im Rundfunk übertragenen ersten Rede vor einer gemeinsamen Sitzung des Kongresses am 16. April, verpflichtete sich der neue Präsident fest zur Bestrafung der Kriegsverbrecher: »Die Gesetze Gottes und der Menschheit sind verletzt worden, und die Schuldigen dürfen nicht ungestraft davonkommen. Nichts kann unsere Entschlossenheit erschüttern, die Kriegsverbrecher zu bestrafen, selbst wenn wir sie bis ans Ende der Welt verfolgen müssen.« Er setzte sich für die neu gegründeten Vereinten Nationen ein: »Ohne eine solche Organisation können die Rechte des Menschen auf der Erde nicht geschützt werden.« Und er setzte unter Berufung auf die »Grundrechte« der Freiheit sein Vertrauen in das Recht: »Wirkliche Sicherheit bieten nur Recht und Gesetz.«[31]

Truman hatte den Entschluss, die führenden Nazis vor Gericht zu stellen, von seinem Vorgänger als präsidentielles Erbe übernommen. Da er anfangs unbedingt Roosevelts Politik fortsetzen wollte, dehnte er das juristische Verfahren automatisch auch auf die japanischen Kriegsverbrecher aus.

Er war ein ausgesprochener Legalist. So schrieb er in einem privaten Brief: »Wir haben die strenge Pflicht, dem deutschen Volk die harte Lehre zu erteilen, dass es sein Verhalten ändern muss, bevor es wieder in den Kreis der friedlichen, zivilisierten Nationen aufgenommen werden kann.«[32] Er wollte die Filipinos vor Gericht stellen, die mit den japanischen Invasoren kollaboriert hatten, bestand allerdings darauf, dass die kurz vor der Unabhängigkeit stehenden Philippinen den Prozess selbst durchführten.[33] Entsetzt, weil die Japaner amerikanische Kriegsgefangene misshandelten, sorgte er persönlich dafür, dass General Douglas MacArthur angemessen auf das Verbrechen reagierte: »Ich will unbedingt sicherstellen, dass diese Japaner vor Gericht gestellt werden, wenn sie es verdienen.«[34]

Truman bediente sich oft der Sprache des Strafrechts, wenn er von den Anführern der Achsenmächte oder den Deutschen generell sprach. Er verdammte »die Verbrechen der Gangster, die sie an die Macht gebracht haben und denen sie vollen Herzens zustimmten und gehorsam folgten«.[35] Für den neuen Präsidenten war das Gesetz eine sauberere Alternative zum groben politischen Prozess, den er nur allzu gut kannte. Er fürchtete allerdings, dass die Gerichte korrumpiert werden könnten.[36] Er erklärte den Krieg reflexhaft in juristischer Sprache, als er sagte, dass »es keinen Frieden geben wird, bis die Tyrannei geächtet ist«.[37] Später bezeichnete er den »fairen Prozess« von Nürnberg als »eine der größten Errungenschaften dieses Krieges«.[38]

Der Respekt des Präsidenten vor dem Gesetz wurde durch seine Mitarbeiter noch verstärkt. Besonders gern mochte er Samuel I. Rosenman, einen cleveren Juristen im Weißen Haus, den Roosevelt mit der Vorbereitung der Nürnberger Prozesse beauftragt hatte. Truman bezeichnete ihn privat als »einen der fähigsten Männer in Washington, scharfer Verstand, glänzende Feder, ein loyaler Roosevelt-Mann und ein ebenso loyaler Truman-Mann«.[39] Und er verehrte Robert H. Jackson, den Richter am Obersten Gerichtshof, den er zum Chefankläger des Internationalen Militärtribunals gegen die Hauptkriegsverbrecher in Nürnberg machen sollte. »Hat einen großartigen Beitrag zum internationalen Recht geleistet«, sollte er später in seinem Kalender notieren, »ein guter Mann«.[40]

Im Kabinett hatte Truman fast sofort einen Zusammenstoß mit Henry Morgenthau Jr., der ohne Roosevelts Protektion Anfang Juli zum Rücktritt getrieben wurde.[41] Damit verlor die Regierung ihren größten Befürworter standrechtlicher Hinrichtungen von Kriegsverbrechern der Achse. Stimson dagegen blieb während des gesamten Entscheidungsprozesses über die Kapitulation Japans und die Bestrafung seiner führenden Politiker als Kriegsminister im Amt.

Stimson informierte Truman über die britische Initiative, die führenden Nazis ohne Prozess hinzurichten, und war erleichtert, dass sich der Präsident stattdessen entschieden für Kriegsverbrecherprozesse aussprach.[42] Er sagte zu Truman in Bezug auf den »Prozess gegen Kriegsverbrecher: Sie sollten bestraft werden, und wenn sie bestraft sind, sollte der Rest des Landes rehabilitiert werden.« Ein darüber hinausgehendes ungehemmtes Rachebedürfnis, so erklärte er dem neuen Präsidenten, beruhe auf »dem Problem der jüdischen Menschen hier«, und er warnte ihn vor Morgenthau und Bernard M. Baruch, einem weiteren jüdischen Berater Roosevelts. Wie Stimson in sein Tagebuch schrieb, »sagte Truman, sie seien alle gleich, sie könnten es nicht lassen, sich einzumischen«.[43]

Der neue Präsident war voll des Lobes, was den Nürnberger Prozess betraf: »Ich glaube, er wird große Auswirkungen auf künftige Kriege haben. Wenigstens hoffe ich, dass er hilft, sie zu verhindern«, schrieb er 1946.[44] Er pries das Verfahren, weil es den Tod von sechs Millionen Juden dokumentierte: »Dieses Verbrechen wird juristisch geahndet werden.«[45] Stolz schrieb er: »Ein unbestreitbarer Gewinn, den Nürnberg bringt, ist die formelle Anerkennung, dass es Verbrechen gegen die Menschlichkeit gibt«, und: »Ich hoffe, dass wir für alle Zeiten den Grundsatz etabliert haben, dass ein Angriffskrieg ein Verbrechen ist und so behandelt wird.«[46]

Truman verschrieb sich einem weltweiten »Frieden freier Menschen«, der auf den Menschenrechten beruhte. Wie er 1947 in einer Rede vor lateinamerikanischen Staats- und Regierungschefs in Rio de Janeiro erklärte, war sein Land der Überzeugung, »dass es grundlegende Menschenrechte gibt, die alle Menschen überall genießen sollten«. Dies könne nur erreicht werden, »wenn der Bedrohung des Krieges für immer ein Ende gesetzt ist«.[47] In seiner Antrittsrede 1949 plädierte er für die Demokratie als Korrektiv für »beispiellose und brutale Angriffe auf die Menschenrechte«.[48]

Okinawa

In den endlos scheinenden Jahren seit Pearl Harbor hatten die amerikanischen Streitkräfte im Pazifik eine Insel nach der anderen erobert, bis sie nun die nach der Landung in der Normandie größte Landungsoperation des Zweiten Weltkrieges unternahmen.[49] Durch die Eroberung der großen Insel Okinawa im Südwesten Japans konnten sie sich wichtige Flugplätze sichern. Sie konnten ihre Bombenangriffe auf die japanischen Hauptinseln intensivieren und sie gewannen eine Basis für deren Eroberung.[50]

Um »unser Möglichstes für die finale Entscheidungsschlacht um das eigentliche Japan zu tun«, wie es ein führender japanischer Oberst ausdrückte, planten die Japaner einen Abwehrkampf mit massivster Abnutzung.[51] Die Truppen, die die Amerikaner für den Angriff konzentrierten, standen hingegen schon viel zu lang im Gefecht und hatten, wie es ein Marineinfanterist formulierte, einen »leeren, hohlen Blick, der typisch ist für Männer, die erst kürzlich die Schrecken der Schlacht durchlebt haben«.[52] »Man geht davon aus, dass dies der verlustreichste amphibische Feldzug des Kriegs sein wird«, sagte ein amerikanischer Lieutenant bei einem Briefing, woraufhin die Truppe aufstöhnte. »Wir greifen eine Insel an, die etwa 560 Kilometer von den japanischen Hauptinseln entfernt ist, ihr könnt also davon ausgehen, dass der Feind mit mehr Entschlossenheit kämpfen wird als jemals zuvor.«[53]

Zur Überraschung der Amerikaner hatten sich die Japaner in das Landesinnere zurückgezogen; einer der Marines fand die kleinen Farmgrundstücke schön wie einen Flickenteppich. Die Soldaten kamen an zivilen Bewohnern der Insel vorbei, größtenteils alte Männer, Frauen und Kinder, die verwirrt und entsetzt auf sie reagierten und hinter der Front in Lagern interniert wurden.[54] Als die Truppen jedoch weiter vorstießen, begannen die Japaner von ihren Stellungen auf den Hügeln und in den Kalksteinhöhlen des Landesinneren aus eine brutale Verteidigungsschlacht. »Das wunderschöne, friedliche, ländliche Gebiet der Amekudai-Ebene war nun getränkt mit dem Blut Tausender Soldaten – amerikanischer und japanischer«, schrieb ein japanischer Offizier. Schlamm- und schweißbedeckt schrieb er in einem Gedicht:

In der Nacht
als der Mond wunderbar über dem Hügel von Shuri scheint,
denke ich an den Tod und werfe Granaten.[55]

In den folgenden Wochen steigerte sich der Schrecken immer weiter zu einem der heftigsten Kämpfe, die die Amerikaner bis dahin im Pazifik erlebt hatten.[56] Unzählige Zivilisten starben durch Beschuss oder gerieten ins Kreuzfeuer. Oder sie begingen Selbstmord, weil ihnen das japanische Militär eingeredet hatte, die Amerikaner würden sie foltern und vergewaltigen.[57] »Es ist erbarmungswürdig, was die modernen Waffen in den zivilen Gemeinden anrichten, in denen sich der Feind festgesetzt hat«, schrieb ein amerikanischer General an seine Frau, »aber es ist notwendig, den Feind aus allen Stellungen, die er hält, herauszuschießen«.[58] Verwundete japanische Soldaten töteten sich mit Handgranaten, Sprengladungen oder Cyaniden selbst und schrien dabei: »Lang lebe der Kaiser!«[59] Als japanische Geschütze einen schlammigen Erdwall trafen, flogen nicht nur Erdklumpen, sondern auch Leichenteile japanischer Soldaten, die dort begraben waren, durch die Luft. Amerikanische Marines, die in dem Matsch ausrutschten, waren danach von fetten Maden bedeckt. Sie erbrachen sich vor Ekel, während sie sie abschüttelten. Solche Ereignisse machten selbst kampferprobte amerikanische Soldaten zu schreienden Verrückten. Ein Veteran der Marines schrieb später: »[F]ür mich war Krieg der blanke Wahnsinn.«[60]

In den 82-tägigen Kämpfen um Okinawa starben 12 510 Amerikaner und etwa 70 000 japanische Soldaten, und es kamen 100 000 zivile Bewohner Okinawas ums Leben.[61] Einem japanischen Oberst grauste es vor den kommenden Verlusten, vor dem Verlust von womöglich Millionen Menschenleben statt einer Kapitulation. »Die Entscheidungsschlacht wird im eigentlichen Japan stattfinden«, hatte das japanische Oberkommando seine Offiziere informiert. »Okinawa ist nur eine Aktion an vorderster Front.«[62]

Sieg in Europa

Der Druck auf Japan verstärkte sich, als die Niederlage des Deutschen Reiches näher rückte, weil es den Alliierten danach allein gegenüberstehen würde. Als die deutschen Streitkräfte unter dem gemeinsamen Vormarsch der sowjetischen, amerikanischen und britischen Truppen zusammenbrachen, machte Truman bei der Kapitulation keine Kompromisse. »Deutschland hatte natürlich vor, die drei Großmächte zu spalten, um seine Lage zu verbessern«, erklärte er Eleanor Roosevelt, aber er bestand auf einer »absolut bedingungslosen Kapitulation an allen Fronten«.[63]

Truman hatte einen heimlichen Grund für die Erwartung, dass man Japan in die Kapitulation bomben könnte. Im ersten Drittel des Okinawa-Feldzugs, am 25. April 1945, informierte Stimson einen schockierten Truman, die Vereinigten Staaten würden binnen vier Monaten »über die schrecklichste Waffe der Menschheitsgeschichte verfügen, eine Bombe, die eine ganze Stadt zerstören könnte«. Diese Atomwaffen seien so gefährlich, »dass sie die moderne Zivilisation vollständig zerstören könnten«.[64] Stimson jedoch sah in der Atombombe die Möglichkeit, eine blutige Invasion der japanischen Hauptinseln zu vermeiden.[65] Wie er später erklärte, strebte er »einen gewaltigen Schock« an, »der einen überzeugenden Beweis dafür lieferte, dass wir die Macht hatten, das Reich zu zerstören«.[66]

Nach dem Tod von Adolf Hitler und Benito Mussolini Ende April 1945 sagte Truman unverblümt: »Die beiden Hauptkriegsverbrecher müssen nicht vor Gericht gestellt werden; und ich bin sehr glücklich, dass sie aus dem Weg sind.«[67] Einige Tage darauf, am 8. Mai, verkündete er, flankiert von Mitgliedern seines Kabinetts, führenden Kongressabgeordneten, hohen US-amerikanischen und britischen Generalen sowie seiner Frau und seiner Tochter, im Oval Office, dass die Deutschen die bedingungslose Kapitulation unterzeichnet hatten.[68]

Nach dem Sieg in Europa konnten die Alliierten ihre gesamte militärische Feuerkraft auf Japan konzentrieren.[69] »Es war Unsinn, den Krieg in dieser Ecke des Pazifiks fortzusetzen, nachdem unser einziger wirklicher Verbündeter zusammengebrochen war«, schrieb ein klarsichtiger japanischer Oberst.[70] Truman erklärte: »Der Westen ist frei, aber der Osten ist noch immer der verräterischen Tyrannei der Japaner unterworfen.« Er bekräftigte die amerikanische Forderung nach einer bedingungslosen Kapitulation, die schon Roosevelt in der Kairoer Erklärung erhoben hatte, einem harten Dokument, das die Bestrafung der japanischen Aggression und die Rückgabe aller seit dem Ersten Weltkrieg eroberten Inseln verlangte und die Befreiung der japanischen Kolonie Korea sowie die Rückgabe der Mandschurei und Formosas (heute: Taiwans) an China forderte.[71] Vor dem im Weißen Haus versammelten Pressekorps betonte Truman, dass »wir erst halb durch sind«.[72]

Er warnte die japanische Öffentlichkeit, dass »die Schlagkraft und Intensität unserer Angriffe stetig zunehmen wird« und die industriellen und militärischen Einrichtungen des Landes »völlig zerstört« würden. »Unsere Schläge werden erst aufhören, wenn die japanischen Land- und Seestreitkräfte in einer *bedingungslosen Kapitulation* die Waffen niederlegen«, sagte er. Angesichts der kriegsbedingten Wut der Amerikaner sah sich Truman zu der Zusage gezwungen, dass die Japaner nicht vernichtet würden.[73] Und er milderte seine harten Drohungen durch Legalismus ab, als er die Hoffnung auf einen »Frieden, der in Recht und Gesetz wurzelt«, zum Ausdruck brachte.[74]

Winston Churchill schloss seine Siegesrede bei der *BBC* in London, indem er seine kriegsmüden Landleute ermahnte, nicht zu vergessen, dass »in der Ferne immer noch Japan lauert, bedrängt und längst von schwindender Kraft, aber immer noch ein Hundertmillionenvolk, für dessen Krieger der Tod nur wenig Schrecken birgt«. Großbritannien werde diese »teuflische Macht« zwingen, »für ihre Heimtücke und ihre Grausamkeit« zu bezahlen. Und so mahnte er: »Vorwärts, stahlhart, unbeirrbar, unüberwindlich, bis das Werk getan ist und auf der ganzen Welt Vernunft und Sicherheit herrschen.«[75]

»Kampf bis zum Ende«

Truman stand nun vor einer schweren Entscheidung: Sollte er die Friedensbedingungen aufweichen, um Japan zu einer Aufgabe des Kampfes zu bewegen? Sollte er von seinem harten Kurs abweichen und die Erhaltung des Kaisertums anbieten? Eine neue Strategie, deren wichtigster Vertreter Henry L. Stimson war, der einzige Republikaner im Kabinett, der sie teilweise unter dem Einfluss von Herbert C. Hoover vertrat.

Stimson verband eine lange gemeinsame Geschichte mit Japan, die von einer hellen Vergangenheit bis in die finstere Gegenwart reichte. Er hatte das Land 1928 während der ersten Wahlen mit allgemeinem Wahlrecht für Männer besucht und war von den Liberalisierungsanstrengungen nach der Taisho-Ära beeindruckt gewesen, durch die Japan »ein guter Bürger der Welt« zu werden versprach.[76] Im Jahr 1931 jedoch hatte er als Hoovers Außenminister heftig kritisiert, dass Japan die drei nordöstlichen Provinzen Chinas eroberte, aus denen die Mandschurei bestand.[77] Er hatte sich zu einem strikten Gegner der japanischen Expansion entwickelt, die er als eine Gefahr für eine friedliche, verrechtlichte Weltordnung unter der Regie des Völkerbunds empfand.[78]

Im Umgang mit dem nationalsozialistischen Deutschen Reich war die Regierung Roosevelt nicht von ihrer Forderung nach einer bedingungslosen Kapitulation abgewichen, bis das Land in einem blutigen Bodenkrieg in Trümmer gelegt und Berlin erobert war. Roosevelt und Stimson waren sich darüber einig gewesen, dass es mit der Nazibarbarei keinen »sogenannten Verhandlungsfrieden« geben konnte, und hatten sich zähneknirschend auf einen »Kampf bis zum Ende« eingelassen – mit den Worten des Kriegsministers ein »langes schreckliches Ringen, für das wir unsere gesamte militärische Stärke mobilisieren mussten«.[79] Stimson hatte auch die führenden Militärs im Pentagon informiert, dass es weder in Europa noch in Asien einen Verhandlungsfrieden geben würde: »Es gibt *keine Gemeinsamkeit* zwischen Zivilisation und Barbarei. Der Krieg muss bis zum Ende geführt werden.«[80]

Aber seine Besorgnis wuchs, als die japanischen Streitkräfte entschlossen weiterkämpften, obwohl sich das Blatt zu ihren Ungunsten gewendet hatte.[81] Er hoffte, einen zweiten blutigen Kampf bis zum Ende und eine Invasion der japanischen Hauptinseln vermeiden zu können. Zu diesem Zweck wollte er einerseits den Willen der Japaner mit Atomwaffen brechen und andererseits Konzessionen machen, die sie womöglich zur Aufgabe bewegten. Nach dem Gemetzel auf Okinawa erwartete er bei einem Kampf um die japanischen Hauptinseln noch viel Schlimmeres. »Glücklicherweise wird die eigentliche Invasion erst stattfinden, wenn mein Geheimnis aufgedeckt ist«, schrieb er in sein Tagebuch. Das Geheimnis war die Atombombe.[82]

Zum Handeln angespornt wurde er durch ein »recht dramatisches und radikales« Memorandum des Expräsidenten Herbert Hoover – einem der von den New Dealern am schlimmsten diskreditierten Männer in den Vereinigten Staaten, aber gleichermaßen einem alten Freund Stimsons, den dieser wegen seines scharfen Verstands bewunderte.[83] Der frühere Präsident riet ihm dringend, die Forderung nach einer bedingungslosen Kapitulation fallen zu lassen, um die Verluste des von Stimson oft so bezeichneten »Kampfes bis zum Ende« zu vermeiden.[84]

Der Kriegsminister half dabei, seinem alten Chef eine Besprechung mit dem neuen Chef zu vermitteln, bei der Hoover, sehr zur Empörung einiger demokratischer Mitarbeiter Trumans, das Weiße Haus nach einem Dutzend Jahren erstmals wieder betrat.[85] Zurück im Oval Office hielt der durchaus selbstbewusste Hoover Truman einen Vortrag, dass man Japan als Gegengewicht zur Sowjetunion – Russen hätten »die Merkmale von Asiaten« – stärken und deshalb den Krieg schnell beenden müsse. Er befürwortete eine totale Entwaffnung Japans für Jahrzehnte und Gerichtsverfahren wegen Verletzung des Kriegsvölkerrechts, schlug aber vor, die Erklärung abzugeben, dass die Vereinigten Staaten weder die Absicht hätten, das japanische Volk zu vernichten noch sein Regierungssystem zu zerstören. Danach verließ der frühere Präsident das Weiße Haus in der Überzeugung, dass der neue lediglich nett zu ihm gewesen sei und seine Ratschläge ignorieren werde.[86]

Aber dem war nicht so. Truman gab die Politik Franklin D. Roosevelts allmählich auf und übernahm die Herbert C. Hoovers. Und er bat den früheren Präsidenten, ihm ein Memorandum über Japan zu schicken.[87] Dieser antwortete, wenn man Japan zum Friedensschluss auffordere, könne man das Leben von einer Million junger Amerikaner retten und müsse sich nicht der »unmöglichen Aufgabe« stellen, eine neue japanische Regierung zu schaffen. Dabei betonte er den »Wunsch der Japaner, den Mikado [Kaiser] zu erhalten, der das spirituelle Oberhaupt der Nation ist«.[88]

Just an dem Tag von Hoovers Besuch hatte auch der wichtigste Japanexperte der Administration Truman gedrängt, sich die Kapitulationsbedingungen noch einmal zu überlegen.

Der Stellvertretende Außenminister Joseph C. Grew war zehn Jahre lang Botschafter in Tokio gewesen, bevor man ihn nach dem Angriff auf Pearl Harbor ausgewiesen hatte. Der konservative Republikaner, ein steifer Bostoner mit spitzen Augenbrauen und gestutztem Schnurrbart, war schon von Hoover zum Botschafter ernannt worden.[89] Im Gegensatz zum neu ins Amt gekommenen Truman, war er nach Brandbombenangriffen durch die Straßen japanischer Städte gegangen und hatte die japanische Führung persönlich kennengelernt. »Japan brauchte keinen Hitler« schrieb er einmal. »In gewissem Sinne sind seine Militaristen eine Oligarchie von Hitlers.«[90] Er hatte sich mit Kaiser Hirohito, der eine Militäruniform trug und eine hohe eintönige Stimme und ein freundliches Lächeln hatte, über gute Golfplätze unterhalten.[91] Grew war überzeugt davon, dass der Kaiser einen mäßigenden Einfluss auf seine kriegerische Regierung hatte.[92]

Er sagte zu Truman, das größte Hindernis auf dem Weg zu einer Kapitulation der Japaner sei deren Furcht, dass die Monarchie zerstört würde. Wenn die Japaner die Grundlagen ihrer politischen Struktur nicht retten könnten, werde dieses »fanatische Volk« womöglich kämpfen bis zum letzten Mann. Nach dem Krieg könne der Kaiser helfen, eine neue Führung zu legitimieren, wenngleich Grew überzeugt war, dass »das Beste, was wir für Japan erhoffen können, die Entwicklung einer konstitutionellen Monarchie ist, da die Erfahrung gezeigt hat, dass eine Demokratie in Japan niemals funktioniert«.[93] Laut Grews Bericht über das Gespräch sagte Truman, dass er in dieselbe Richtung denke.[94] Der Präsident wies ihn an, seine Ansichten auch Stimson, Marshall und anderen hohen Militärführern vorzutragen.[95]

Nachdem Truman im Projection Room des Weißen Hauses vom Marineminister gebrieft worden war, notierte er: »Offenbar sehr detaillierter Plan mit dem Gedanken einer Invasion in Japan ausgearbeitet.«[96] Trotz dieser schrecklichen Aussicht vertraute Truman auf seine Fortune. »Bei Glücksspielen und in der Politik habe ich offenbar immer ein glückliches Händchen«, schrieb er in sein Tagebuch. »Niemand hat je mehr Glück gehabt als ich, seit ich Regierungschef und Oberbefehlshaber geworden bin. Alles ist so gut gelaufen, dass ich nicht verstehe, warum – es sei denn, dass ich es auf Gottes Hilfe zurückführe. Er leitet mich, glaube ich.«[97]

»Hitler an Gräueltaten übertreffen«

Truman prahlte wiederholt mit den Brandbombenangriffen auf Tokio und Dutzende weitere japanische Städte. »Erhebliche Teile von Japans wichtigsten Industriezentren wurden in einer Serie beispielloser Brandbombenangriffe dem Erdboden gleichgemacht«, verkündete er. »Was Tokio bereits passiert ist, wird allen japanischen Städten passieren, deren Betriebe für die japanische Kriegsmaschinerie arbeiten. Ich fordere die japanischen Zivilisten auf, diese Städte zu verlassen, wenn sie ihr Leben retten wollen.«[98] Andere amerikanische Offizielle zogen extremere Schritte in Erwägung. So machte General Joseph W. Stilwell, Kommandeur der 10. US-Armee in der Schlacht um Okinawa, den geheimen Vorschlag, bei der Invasion der japanischen Hauptinseln Giftgas gegen das japanische Militär einzusetzen.[99]

Trotz der entsetzlichen Verluste in der Zivilbevölkerung war Stimson unter den hochrangigen nicht-militärischen Mitgliedern der amerikanischen Regierung eine Ausnahme, als er wegen der Bombenangriffe auf japanische Städte Gewissensbisse einräumte. Er machte Truman den Vorschlag, bei den sogenannten Präzisionsangriffen zu bleiben, die man in Europa geflogen hatte, und als Demonstration von »Fairplay und Humanismus« den Versuch zu machen, japanische Zivilisten zu schonen. Derselbe Maßstab sollte seiner Ansicht nach »so weit als möglich auch für den Einsatz eventueller neuer Waffen«, also der Atombomben, gelten.[100]

Diese Vorstellung von einem schonenden Luftkrieg war völlig realitätsfremd. Bei den Angriffen der amerikanischen B-29-Bomber nicht nur auf Japans Großstädte, sondern auch auf kleine und mittelgroße Städte, war kein Stadtbewohner sicher. Die Amerikaner gaben den Versuch auf, aus großer Höhe Präzisionsangriffe gegen militärische und industrielle Ziele zu fliegen, und begannen Anfang 1945 mit einer verheerenden Serie von Brandbombenangriffen aus niedriger Flughöhe gegen Städte, in denen die Zivilbevölkerung größtenteils in Holzhäusern wohnte. Nach dem Luftangriff auf Tokio am 9. und 10. März legten die B-29-Bomber noch etwa 66 weitere Städte im ganzen Land in Schutt und Asche: Zuerst Nagoya, dann Osaka, dann Kobe und anschließend viele weitere, wobei sie viele Städte mehrmals bombardierten.[101] Tokio erlitt im Mai zwei weitere große Brandbombenangriffe, von denen einer die meisten westlichen und nordöstlichen Teile der Stadt und in den weitläufigen Palastanlagen des Kaisers auch Hirohitos Residenz zerstörte.[102]

Ab Juni verstärkten die Alliierten ihre Angriffe und setzten auch die Blockade fort, mit der sie das Land zu ersticken suchten.[103] Brandbombenangriffe gegen die Zivilbevölkerung wurden alltäglich.[104] Japanische Studenten aßen Heuschrecken; Kinder mussten Tannenwurzeln zur Treibstoffgewinnung ausgraben.[105] In panischem Schrecken flohen acht Millionen Menschen aufs Land. Das Transport- und das Fernmeldesystem kamen zum Erliegen. Mehr als die Hälfte der drei städtischen Regionen, die das Rückgrat der japanischen Wirtschaft ausmachten, die Gebiete Tokio-Kawasaki-Yokohama, Osaka-Kobe und Nagoya, wurden bis zum totalen wirtschaftlichen Stillstand verbrannt. Laut einem japanischen Bericht starben bis Ende Juni allein in diesen drei Gebieten mehr als 120 000 Menschen eines gewaltsamen und qualvollen Todes.[106] Später kam die U. S. Strategic Bombing Survey zu dem Ergebnis, dass schätzungsweise 210 000 Japaner durch konventionelle Luftangriffe ums Leben gekommen waren. Die japanische Nachkriegsregierung ging von 205 685 Toten aus.[107]

Die japanische Regierung erhob offiziell Protest, weil die Bombardierung nichtmilitärischer Ziele das Völkerrecht verletzte. In Tokio, Nagoya, Osaka, Kobe und anderen Städten hätten die Angriffe »ausschließlich darauf abgezielt, unschuldige Zivilisten zu töten und zu verwunden«. Bei der Bombardierung gingen heilige Stätten, Schulen, Krankenhäuser und Wohngebiete in Flammen auf, und es wurden unzählige Frauen, Kinder und alte Menschen getötet. Wie schon bei einer früheren Beschwerde der Japaner wegen der Bombardierung von Zivilisten auf Okinawa, reagierten die Vereinigten Staaten auch diesmal nicht.[108]

Stimson war entsetzt, als Presseberichte bewiesen, dass die Brandbom-

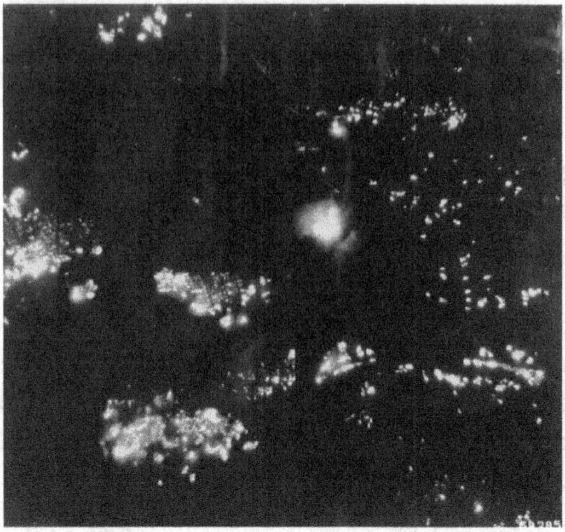

Abb. 5 *Foto eines US-Nachrichtendiensts von Tokio, das nach einem amerikanischen Bombenangriff in Flammen steht, August 1945*

benangriffe auf Tokio sehr viel zerstörerischer waren als die »Präzisionsangriffe«, die man ihm versprochen hatte. Aber sein Luftwaffenberater erklärte ihm, die Industrieanlagen der Japaner seien weit verstreut, weshalb die japanische Kriegsmaschine nicht ohne den Tod von Zivilisten zerstört werden könne.[109] Stimson bestand darauf, dass wenigstens Kyoto verschont blieb, weil ihn dessen Heiligtümer zutiefst beeindruckt hatten.[110]

Als das Militär die Wichtigkeit von Brandbombenangriffen für die Zerstörung industrieller Ziele in dicht besiedelten Städten wie Tokio, Kobe, Osaka, Kawasaki, Nagoya, Amagasaki, Yawata und anderswo betonte,[111] gab Stimson relativ schnell seine Zustimmung und sagte später, die Zerstörung der Industriekapazität von etwa 59 japanischen Städten und die Aussicht auf die »komplette Verwüstung« ihrer Heimat hätten mit dazu beigetragen, den Willen der japanischen Führung zu brechen.[112]

Am 6. Juni, ein Jahr nach der Invasion in der Normandie, gestand Stimson bei einer Sitzung im Weißen Haus Truman sein Unbehagen wegen der »Flächenbombardements« in Japan, die er wegen der weit verstreuten industriellen Basis der Japaner dennoch für notwendig gehalten habe. »Ich wollte nicht, dass die Vereinigten Staaten den Ruf bekommen, Hitlers Gräueltaten noch zu übertreffen«, lautete seine schonungslose Formulierung.

Stimson ging noch eine weitere gnadenlose Überlegung durch den Kopf. Er schrieb: »Ich hatte ein wenig Angst, dass die Air Force Japan so gründlich zerbombte, dass die neue Waffe [die Atombombe], wenn wir mit ihrer Entwicklung fertig waren, nicht mehr den richtigen Rahmen hätte, um ihre Stärke zu zeigen.« Truman sagte lachend, das verstehe er.[113]

Der sowjetische Hammer

Die Amerikaner sollten Japan nicht allein zerschlagen. Im November 1943, auf der Konferenz von Teheran hatte Roosevelt Stalin das Versprechen abgerungen, dass die Sowjetunion dem Krieg gegen Japan beitreten würde, sobald das Deutsche Reich besiegt war.[114] Auf der Konferenz von Jalta im Februar 1945 hatte sich Stalin bereit erklärt, Japan binnen drei Monaten nach der deutschen Niederlage anzugreifen, obwohl er 1941 einen Nichtangriffspakt mit den Japanern geschlossen hatte.[115] Danach pflegten sich sowjetische Soldaten von amerikanischen mit den Worten zu verabschieden: »Bis dann in Tokio.«[116]

Für seine Zusage hatten Churchill und der kränkliche Roosevelt Stalin die in japanischem Besitz befindlichen Kurilen und den südlichen Teil Sachalins versprochen und ihm außerdem gewisse Rechte und Flottenstützpunkte in der China gehörenden Mandschurei zugesagt.[117] Churchill warnte Truman privat: »Ein eiserner Vorhang ist vor Ihrer Front niedergegangen«, und beschwor ihn, die Freiheit in Mitteleuropa nicht zu gefährden.[118]

Das im Krieg geschlossene Bündnis zwischen den Vereinigten Staaten und der Sowjetunion löste sich schnell auf.[119] Truman, der die Sowjets schon als Senator für »genauso wenig vertrauenswürdig wie Hitler und Al Capone« gehalten hatte, empfand sie als überempfindlich und misstrauisch.[120] Er kochte insgeheim vor Wut wegen der verlogenen Sowjetpropaganda, während sich seine Regierung mit Stalin erbittert über den sowjetischen Zugriff auf Polen stritt.[121] »Ich habe keine Angst vor Russland«, schrieb er in sein Tagebuch. »Sie sind immer unsere Freunde gewesen, und ich sehe keinen Grund, warum sie es nicht immer bleiben sollten.« Kurz darauf schrieb er jedoch, dass »die Diktatur des Proletariats auch nicht anders ist als der Zar oder Hitler«.[122]

Truman schickte seinen zuverlässigen Berater Harry L. Hopkins mit der Anweisung nach Moskau, er solle »einen Baseballschläger benutzen, wenn er denke, dass das bei Mr. Stalin der richtige Ansatz sei«.[123] Stalin hielt sich in beeindruckender Genauigkeit an seine Zusagen von Jalta und erklärte Hopkins, dass er bis zum 8. August zuschlagen könne. Als Hopkins sagte, er hoffe, die Russen würden Hitlers Leiche finden, kam ihm Stalin mit der Verschwörungstheorie, dass Hitler in einem U-Boot nach Japan geflohen sein könnte.

Stalin wusste offensichtlich, dass die Amerikaner mit dem Gedanken spielten, den Japanern eine bedingte Kapitulation anzubieten, denn er warnte schroff, das werde Japan freuen, weil es sein Militär für spätere Angriffskriege behalten könne. Seiner Ansicht nach waren die Japaner so aggressiv, dass sie nicht ruhen würden, bis sie sich für ihre bevorstehende Niederlage gerächt hätten. Ohne dass ihn der Verlust weiterer sowjetischer Soldaten gekümmert hätte, erklärte er, ein solcher Krieg könne nur einmal in 100 Jahren stattfinden und die Alliierten sollten ihn ausnutzen, um »Japan vollständig zu schlagen« und so 50 oder 60 Jahre den Frieden zu sichern. Er forderte die Abschaffung der japanischen Monarchie und war dagegen, ihre Erhaltung als Tauschgut für eine Kapitulation einzusetzen. Wenngleich er Hirohito verächtlich als Galionsfigur bezeichnete, wollte er die Monarchie für den Fall, dass eines Tages ein fähigerer Herrscher den Thron bestiege, dennoch zerstören.[124]

Invasion oder Strangulation

Truman fühlte sich im Weißen Haus nicht wohl. Er empfand es als alt und knarrend und »musste immer den Geistern zuhören, die den Gang auf und ab gehen und sogar hier im Arbeitszimmer« spuken. »Die Böden wölben sich, und die Vorhänge schwingen vor und zurück«, schrieb er klagend an seine Frau, »so dass ich das Gefühl habe, der alte Andy würde mit Teddy über Franklin streiten.« Dann kamen ihm unwillkürlich die am schlimmsten gescheiterten Präsidenten in den Sinn: »Oder James Buchanan und Franklin Pierce entscheiden, wer nutzloser für das Land war. Wenn dann noch Millard Fillmore und Chester Arthur dazukommen, ist der Krach fast unerträglich. Aber ich kriege trotzdem etwas Arbeit zustande.«[125]

An den Abenden stattete der geplagte Präsident dem Map Room des Weißen Hauses einen Besuch ab, dem geheimen Lageraum, den Roosevelt geschaffen hatte, und ließ sich über die Verluste des Tages informieren: die gesunkenen Schiffe und die toten oder verletzten Soldaten und Seeleute.[126] Im Juni musste er seine schwerste Entscheidung treffen. Obwohl Japan in den Schlachten von Saipan, Luzon, Leyte und Iwo Jima geschlagen worden und im Begriff war, auch Okinawa zu verlieren, kämpfte es immer noch weiter. »Ich muss in Bezug auf Japan über die Strategie entscheiden: Sollen wir das eigentliche Japan erobern oder sollen wir bombardieren und blockieren?«, schrieb er in sein Tagebuch. »Das ist bis jetzt meine härteste Entscheidung.«[127]

Es war klar, dass Japan letztlich besiegt werden würde. Weder seine Luftwaffe noch seine industrielle Basis waren so stark wie die des geschlagenen

Deutschland. Die einst ehrfurchtgebietende Flotte war stark geschwächt und litt unter schwerem Treibstoffmangel. Im entscheidenden Jahr 1943 hatten die Vereinigten Staaten fünfmal so viele Flugzeuge wie Japan gebaut.[128] In den ersten Monaten der Schlacht um Okinawa hatten die Japaner mit etwa 61000 Soldaten fast sechsmal so viele Männer verloren wie die Amerikaner.[129] Während der verheerenden Straßenkämpfe in Manila im Februar hatte der einflussreiche Prinz Konoe Fumimaro Hirohito heimlich dazu gedrängt, den Krieg zu beenden.[130] Die Generalstabschefs der USA konnten zwar keine Anzeichen für einen unmittelbar bevorstehenden Zusammenbruch Japans erkennen, waren aber so optimistisch, dass sie General Douglas MacArthur und Admiral Chester W. Nimitz befahlen, sich für den Fall einer plötzlichen Kapitulation auf eine sofortige Besetzung vorzubereiten.[131]

Dennoch wusste niemand in Washington, wann oder wie Japan letztlich kapitulieren würde. Das Land hatte immer noch mehr als vier Millionen Soldaten unter Waffen und konnte für die verzweifelte Verteidigung der eigenen Heimat vermutlich noch viel mehr mobilisieren. Wenngleich die japanische Bevölkerung erschöpft war, plante die Regierung eine umfangreiche neue Mobilisierung und vermehrte Kamikaze-Angriffe und wollte mit allen körperlich gesunden Männern und Frauen eine Guerilla zur Verteidigung des Vaterlands bilden.[132] Um diesen Widerstand zu brechen, wollte die U.S. Army für die Eroberung der japanischen Hauptinseln etwa sieben Millionen Mann entsenden – eine etwas kleinere Streitmacht als die neun oder zehn Millionen Soldaten, die Roosevelt bereit gewesen war, bei der Invasion in Deutschland einzusetzen.[133] Nach den schweren Verlusten auf Saipan und Iwo Jima und als es auf Okinawa jeden Tag mehr Tote gab, vermerkte Truman grimmig »die zunehmende Härte dieses Krieges, je näher unsere Truppen Tokio kommen«.[134]

In einer kämpferischen Rede zum Thema Japan erklärte er im Kongress, dass »es auf der Welt keinen Frieden geben kann, bevor die militärische Macht Japans zerstört ist – mit derselben Vollständigkeit, wie dies mit der Macht der europäischen Diktatoren geschehen ist.« Er war jedoch ernüchtert, als er eine Bestandsaufnahme der dafür notwendigen nationalen Ressourcen machte: Millionen Soldaten mussten zu einem 22000 Kilometer entfernten Feind entsendet werden; für jeden kämpfenden Mann waren sechs Tonnen Ausrüstung erforderlich, und für die Luftunterstützung der Landungsoperationen mussten Flugzeugträger eingesetzt werden. Also erklärte er, um das kriegsmüde Land noch einmal zu mobilisieren: »Dies sind dieselben Japaner, die vor dreieinhalb Jahren den schändlichen Angriff auf

Pearl Harbor begangen haben; dieselben Japaner, die den Todesmarsch von Bataan befahlen; und dieselben Japaner, die die barbarischen Massaker in Manila verübt haben.«[135]

Hoovers Vorschlag, die Bedingungen für die Kapitulation abzuschwächen, löste in Washington großes Echo aus. Grew schrieb an Truman, die Verschonung des Kaisers und die Bewahrung des Throns seien »unverhandelbare japanische Bedingungen«.[136] Am 18. Juni riet er dem Präsidenten bei einem Gespräch im Weißen Haus, die Forderung nach einer bedingungslosen Kapitulation zu modifizieren und nach dem Fall Okinawas eine entsprechende Erklärung abzugeben.[137] Truman legte sich nicht fest. Er sagte, der Gedanke gefalle ihm, aber er wolle ihn zuerst auf der bevorstehenden Potsdamer Konferenz mit Stalin und Churchill besprechen.[138]

Später am selben Tag informierten Stimson und der Vereinigte Generalstab den Präsidenten über die Pläne für die Invasion in Japan. (Grew hatte sein eigenes Gespräch schlauerweise davor terminiert.) Auf der wichtigen Sitzung schlugen die Generale einen massiven Angriff zur Eroberung der südwestlichen japanischen Insel Kyushu vor, die als Aufmarschgebiet für die eventuelle Eroberung der Hauptinsel Honshu mit der Hauptstadt Tokio dienen sollte. Truman war mit einer einschüchternden Front von Militärs konfrontiert, die den Plan alle befürworteten.

George C. Marshall, selbst General und Generalstabschef des Heeres, erklärte, dass sie jetzt schon alles gegen Japan einsetzten, was sie hätten: Bombenangriffe und eine Seeblockade mit einer »Strategie der Strangulation«. Eine Invasion von Kyushu sei unverzichtbar, um »durch den Einmarsch in der Ebene von Tokio [Kanto-Ebene] die Kapitulation zu erzwingen«. Er schlug vor, die Insel schon im November zu stürmen. Bis dahin, sagte er, wäre die japanische Flotte vermutlich bis zur Irrelevanz dezimiert, und »unsere Luftangriffe werden so gut wie alle industriellen Ziele, die zu treffen sich lohnt, vernichtet und riesige Gebiete in den Städten der Japse zerstört haben«. Die Invasion werde hart sein, räumte er ein, aber nicht schlimmer als die Landung in der Normandie.

Allein für den ersten Monat rechnete Marshall mit etwa 31 000 toten oder verwundeten Amerikanern.[139] Bei den Japanern wäre der Blutzoll viel schlimmer: Das US-amerikanische Militär hatte ausgerechnet, dass in den Monaten zuvor auf jeden toten Amerikaner 22 tote Japaner gekommen waren, also insgesamt mehr als 300 000 in den vergangenen zehn Monaten. Flottenadmiral Nimitz war weniger optimistisch: Er warnte, dass die amerikanischen Verluste wie auf Okinawa eher bei etwa 35 Prozent liegen könnten. Bei einer amerikanischen Streitmacht von mehr als 700 000 Mann würde das eine Viertelmillion toter oder verwundeter Amerikaner bedeuten und noch mehr, wenn die Japaner zur Verteidigung ihrer Heimat zusätzliche Truppen mobilisierten. Am Ende starben etwa 300 000 Amerikaner im Zweiten Weltkrieg; durch die geplante Invasion hätte sich diese Zahl beträchtlich erhöht.[140]

Damit Truman Haltung bewahrte, belehrte ihn Marshall über seine Aufgaben: »Es ist eine unangenehme Tatsache, dass es in einem Krieg keinen leichten, unblutigen Weg zum Sieg gibt und seine Führer die undankbare Aufgabe haben, nach außen unerschütterlich zu erscheinen, weil dies die Entschlossenheit ihrer Untergebenen aufrechterhält.«

Truman, der aus dem Ersten Weltkrieg wusste, was es bedeutet, unter Artilleriebeschuss vorzurücken, war schockiert. Er behauptete später, Marshall habe gesagt, bei einer Invasion mit Bodentruppen könne eine halbe Million Amerikaner sterben.[141] Er fürchtete, dass die Japaner Verstärkungen für die Verteidigung Kyushus mobilisieren könnten (die tatsächlich schon unterwegs waren), und schlug vor, jede Entscheidung über eine Invasion auf der Hauptinsel Honshu bis zum eventuellen Kriegseintritt der Sowjetunion zu verschieben.[142] Aber kein Mitglied des Vereinigten Generalstabs widersprach Marshall, und Douglas MacArthur, der Fünf-Sterne-General des Heeres im Pazifik, hatte ein Telegramm geschickt, in dem er die Ansicht vertrat, die Invasion werde letztlich Leben retten, weil damit nutzlose Verluste in kleineren Schlachten anderswo in Asien vermieden würden.[143]

Stimson war skeptisch. Wie er in seinem Tagebuch vermerkte, hatte Truman ihn gebeten, über »die große politische Frage« zu sprechen, ob es »einen liberal gesinnten Teil der japanischen Bevölkerung [gebe], mit dem wir ordentliche Bedingungen aushandeln können«.[144] Der Kriegsminister sah zwar ebenfalls keine Alternative zu einer Invasion auf Kyushu, sagte aber, er wolle »die große untergetauchte Gruppe« von Japanern unterstützen, die nicht für den Krieg sei. Aber selbst diese kriegsmüden Japaner würden gewiss hartnäckigen Widerstand leisten, wenn man sie auf ihrem eigenen Boden angriffe. Truman fragte ihn scharf, ob eine Invasion von Weißen die Japaner nicht einigen werde. Und Stimson stimmte zu: Ja, das werde sie.

Nur *ein* Militärführer sprach sich für Konzessionen aus, um die Japaner zur Kapitulation zu bewegen. William D. Leahy, der Flottenadmiral, der als Mittelsmann zwischen dem Weißen Haus und den Streitkräften diente, sprach sich leidenschaftlich dagegen aus, amerikanische Leben für eine bedingungslose Kapitulation der Japaner zu opfern. Er akzeptierte zwar die

Invasion Kyushus, schrieb aber später, er habe jedoch keine Rechtfertigung für die Eroberung »eines bereits gründlich geschlagenen Japan« gesehen.[145]

Truman sagte grimmig, er habe dieses Treffen in der Hoffnung anberaumt, »ein Okinawa von einem bis zum anderen Ende Japans zu verhindern«. Er war unübersehbar ernüchtert und traf noch keine Entscheidung über die Eroberung Honshus, befahl jedoch, die militärischen Vorbereitungen für die geplante Invasion Kyushus im November zu treffen.[146]

Am folgenden Tag schrieb er an seine Frau, er wünschte, er könnte seinen Job sofort an Dwight D. Eisenhower abgeben.[147]

3.

»Absoluter Ruin«

Henry L. Stimson war verzweifelt darum bemüht, den drohenden Bodenkrieg in Japan zu vermeiden.[1] »Es wäre bedauerlich, wenn wir das ganze militärische Programm durchziehen müssten, mit diesem ganzen hartnäckigen Kampf bis zum Ende«, schrieb er in sein Tagebuch.[2] Stattdessen wollte er Japan eine letzte Warnung zukommen lassen. Wenn sie missachtet wurde, sollten die Bombenangriffe verstärkt werden und »ein Angriff mit S-1« (dem Codenamen für die Atombombe) erfolgen.[3]

Am 21. Juni 1945 hatten die US-amerikanischen Streitkräfte Okinawa endlich erobert.[4] Truman bezeichnete die Eroberung mit einer Art saloper Brutalität als »die Basis, von der aus wir die Lage für die Japaner in Japan ›angenehmer‹ gestalten werden«.[5] Mittels neu angelegter Flugplätze auf Okinawa und von anderen Stützpunkten auf Iwo Jima, den Marianen und den Philippinen aus sollte der Vereinigte Generalstab die Verwüstung Japans durch Luftangriffe intensivieren und die Bodenoffensive in Kyushu im November vorbereiten. Danach sollte die für März 1946 geplante entscheidende Invasion in Honshu, dem industriellen Kern Japans, stattfinden.[6]

Die Eroberung Kyushus wäre für die dortige Bevölkerung entsetzlich gewesen. Das japanische Militär hatte die Schaffung von Dorfeinheiten für den direkten Guerillakrieg gegen die Angreifer befohlen, und die Regierung hatte ein Korps aufgestellt, das alle Männer im Alter von 15 bis 60 und alle Frauen zwischen 17 und 40 anwerben sollte. Obwohl es auch Pläne für eine Evakuierung frontnaher Gebiete gab, hätten Millionen Zivilisten und Zivilistinnen zur Unterstützung von Kampfhandlungen gezwungen werden können, oder sie hätten, mit Speeren oder Bajonetten, sogar selbst kämpfen müssen. Die amerikanischen Invasoren, die nicht gerade vor Sympathie für die Japaner brannten, hätten vermutlich nur sehr unvollkommen zwischen Kombattanten und Nichtkombattanten unterschieden. Und wenn im Norden Japans sowjetische Armeen einmarschiert wären, hätten sie zahllose Japaner umgebracht. Die riesigen Verluste an

Zivilisten auf Okinawa hätten dann rückblickend nur wie ein Vorspiel zu den in ganz Japan angerichteten Schrecken gewirkt.[7]

Auf einer Sitzung mit ranghohen Mitgliedern der Marine und des State Departments drängte Stimson darauf, Japan durch eine Warnung zur Kapitulation zu bringen, »nachdem es, möglicherweise mit S-1, ausreichend bombardiert worden war«.[8] Um dem Widerstand der New Dealer zu begegnen, die das Land nach dem Krieg radikal umgestalten wollten, gewann Stimson Joseph C. Grew und den Marineminister James V. Forrestal als Unterstützer.[9] Dann zog er sich für ein paar Tage auf seinen vornehmen Landsitz auf Long Island zurück und bereitete sich darauf vor, Truman umzustimmen.[10]

Am 2. Juli trat er im Weißen Haus leidenschaftlich für sein Anliegen ein und riet dem Präsidenten dringend, den Japanern vor dem Sturm auf Kyushu eine letzte Chance zur Kapitulation zu geben.[11] So heftig die Kämpfe auf Iwo Jima und Okinawa auch gewesen seien, schrieb Stimson in einem überzeugenden Memorandum, der Feldzug gegen die japanischen Hauptinseln werde viel schlimmer werden. »Die Japaner sind extrem patriotisch und bestimmt sehr empfänglich für Aufrufe, gegen eine Invasion fanatischen Widerstand zu leisten«, warnte er. »Wenn wir erst mit der Invasion begonnen haben, werden wir meiner Ansicht nach einen noch heftigeren Endkampf als in Deutschland durchstehen müssen.« Die Japaner würden in »fanatischer Verzweiflung« bis zum Tod kämpfen. Stimson verstärkte Trumans Furcht vor einem Krieg der Rassen noch zusätzlich durch die Warnung: »Der Versuch, die Armeen und die Bevölkerung [Japans] durch Geschützfeuer oder andere Mittel zu vernichten, wird tendenziell zu einer Mischung aus rassisch motivierter Solidarität und Feindseligkeit führen, für die es in Deutschland keine Entsprechung gab.«

Er belehrte Truman, der nie einen Fuß nach Japan gesetzt hatte, dass dieses im Gegensatz zu den Aussagen amerikanischer Zeitungen »kein Land ist, das nur aus wahnsinnigen Fanatikern besteht, die eine völlig andere Mentalität als wir haben«. Die Japaner, schrieb er mit einer verblüffenden Mischung aus Respekt und Herablassung, seien intelligent und für vernünftige Argumente zugänglich: »Ich glaube, das Land hat in seiner Bevölkerung genug liberale Führungspersönlichkeiten (wenngleich diese momentan von den Terroristen in den Untergrund gedrängt sind), auf die man sich verlassen kann, wenn es als verantwortungsbewusstes Mitglied der Völkerfamilie wiederaufgebaut werden soll.«

Stimson riet stark dazu, Japan durch ein Ultimatum zur Kapitulation zu drängen. Es sollte sein Imperium verlieren sowie besetzt und entmilitarisiert werden, und seine militaristischen Führer sollten für immer ausgeschaltet werden. Doch die Vereinigten Staaten sollten »von jedem Versuch Abstand nehmen, die Japaner als Rasse auszurotten oder sie als Nation zu zerstören«, und man sollte ihnen für die Zeit nach der Besetzung eine Zukunft versprechen: eine wieder aufgebaute Wirtschaft und eine eigene friedliche, repräsentative Regierung. Besonders wichtig war es Stimson, in dem neuen politischen System »eine konstitutionelle Monarchie mit der heutigen Dynastie zu erhalten«.[12]

Die amerikanische Öffentlichkeit wäre über Stimsons Vorschlag, den Kaiser zu verschonen, empört gewesen. Ein Großteil des Kongresses wollte Hirohito wegen Kriegsverbrechen vor Gericht stellen. So sagte etwa der demokratische Senator aus Tennessee: »Zum Teufel mit dem Kaiser, er ist ein Kriegsverbrecher, und ich möchte, dass man ihn an den Zehen aufhängt.«[13] Die Amerikaner hassten Hirohito, wenngleich Umfragen ergaben, dass ihn nur die Hälfte bei seinem Namen nennen konnte. Etwa fünf Prozent glaubten, Tojo Hideki sei der Kaiser, und andere waren der Ansicht, der Monarch heiße Harakiri. In einer Gallup-Umfrage im Juni befürworteten 70 Prozent der Amerikaner eine harte Strafe für den Kaiser: Ein Drittel sprach sich für seine Hinrichtung aus, 17 Prozent wollten, dass er vor Gericht gestellt wurde, 11 Prozent waren für eine lebenslange Gefängnisstrafe und 9 Prozent für Verbannung. Nur magere 3 Prozent wollten ihn als Marionettenherrscher behalten – die Option, für die Stimson eintrat.[14]

Truman war von Stimsons Memorandum beeindruckt. Bei der Besprechung im Weißen Haus drängte der Kriegsminister den Präsidenten außerdem im Gegensatz zu den meisten New Dealern, die eher rachsüchtig waren, auch Nachkriegsdeutschland nicht zu hart zu behandeln. Als Stimson den Präsidenten mit der Bitte um Nachsicht gegenüber beiden führenden Achsenmächten konfrontierte, empfand er ihn als »einen Mann, der angestrengt versucht, die Balance zu halten«. Truman war mit einer Bestrafung der NS-Kriegsverbrecher und einer Rehabilitierung der restlichen Deutschen einverstanden. Auch was die Kapitulation Japans betraf, die Stimson für eines der wichtigsten Themen hielt, dem er sich als Kriegsminister je gegenübergesehen hatte, schien der Präsident einverstanden zu sein. »Ich musste mich dem Kampfeswillen des Soldaten stellen und ihn überwinden«, schrieb Stimson nach dem Gespräch in sein Tagebuch. »Ich muss der Kriegsleidenschaft und der Hysterie entgegentreten, die eine Nation wie die unsere beim Führen eines derart erbitterten Krieges erfasst.«[15]

In einen Entwurf für die Erklärung der Alliierten, die von der unmittelbar bevorstehenden Potsdamer Konferenz abgegeben werden sollte, schrieb der stellvertretende Außenminister Grew die explizite Zusage, dass Japan als Bestandteil eines friedlichen, repräsentativen Regierungssystems »eine konstitutionelle Monarchie unter der gegenwärtigen Dynastie« behalten könne.[16] Aber prominente New Dealer wehrten sich heftig gegen diesen Versuch, den Thron zu verschonen.[17]

Truman hatte in Bezug auf den Kaiser von Franklin D. Roosevelts Regierung einen harten Kurs geerbt. Da man fanatischen Widerstand fürchtete, wenn die Vereinigten Staaten die Monarchie sofort abschafften, wollte man Hirohito und die kaiserliche Familie zunächst aus dem Kaiserpalast entfernen und isolieren. Die Besatzungskräfte sollten sich der Autorität des Kaisers ein Stück weit bedienen und seine spätere Zukunft in der Hoffnung offenlassen, dass ein freies Japan die Monarchie letztlich abschaffen werde.[18]

»Harry Hopkins«, klagte Stimson in seinem Tagebuch, »ist sehr gegen den Kaiser, obwohl er sonst viel gesunden Menschenverstand besitzt, und dasselbe gilt auch für Archibald MacLeish und Dean G. Acheson – drei außerordentliche Männer, denen man eine solche Haltung eher nicht zutrauen würde«.[19] Hopkins war in auswärtigen Angelegenheiten Roosevelts engster Vertrauter gewesen, und seine Position entsprach vermutlich der, die Roosevelt, wäre er noch am Leben gewesen, eingenommen hätte.[20]

Für Acheson, kommender stellvertretender Außenminister, bedeutete eine Erhaltung des Throns, dass man in letzter Minute den Vorsatz aufgab, Japan von Grund auf zu erneuern. Er verachtete Hirohito als schwache, nicht vertrauenswürdige Figur, die sich der Kriegshetze des Militärs gebeugt hatte.[21] In einer hitzigen Sitzung im Außenministerium vertrat er die Ansicht, die Monarchie sei ein feudaler Anachronismus, ideal geeignet, damit die japanischen Reaktionäre mit ihm die Gesellschaft manipulierten.[22] Als Grew behauptete, Hirohito sei für den Krieg nicht verantwortlich, erwiderte Acheson, die japanischen Militaristen hielten den Kaiser bei ihren Kriegsanstrengungen offenbar für unverzichtbar, sonst würden sie nicht so sehr darauf bestehen, ihn zu behalten.[23]

Der Dichter Archibald MacLeish, ein hochgebildeter früherer Leiter der Library of Congress, der damals die Propagandaabteilung des Kriegsministeriums führte, vertrat die Ansicht, es lohne sich, mehr amerikanische Soldaten nach Japan zu schicken, um Hirohito zu entthronen. Obwohl er sich nur ein paar Monate mit Japan befasst hatte, vertrat er die Ansicht, dass der Kaiserkult den Militaristen und Industriellen ermögliche, ihre Herrschaft über das Volk zu erhalten: »Die bis heute verlorenen Leben werden ein vergebliches Opfer sein, und in Zukunft werden erneut Leben verlorengehen, wenn sich wie bisher japanische Chauvinisten und industrielle Expansionisten des Throns bedienen.[24]

Der prominenteste Hardliner war James F. Byrnes, der zu Roosevelts engstem Kreis gehört hatte. Er war kurz zuvor Außenminister geworden, hatte aber größere politische Ambitionen. Truman bezeichnete ihn privat als »einen unterhaltsamen Schweinehund« und als »meinen fähigen und hinterhältigen Außenminister. Aber was hat er doch für einen scharfen Verstand!«[25] Byrnes befürwortete eine strenge Bestrafung von Kriegsverbrechern: »Es würde wohl die Freude am Krieg verringern, wenn die Leute, die damit anfingen, statt eines Lorbeerkranzes um das Haupt eine Schlinge um den Hals bekämen.«[26] Er wurde von Cordell Hull, seinem vornehmen Vorgänger als Außenminister, angestachelt, der ihn telefonisch warnte, dass eine Erhaltung der Monarchie wie ein »Appeasement Japans« aussehen und eine Abweichung von Roosevelts Forderung nach einer bedingungslosen Kapitulation bedeuten würde. Er mahnte, der Kaiser und die herrschende Klasse müssten ihrer Privilegien beraubt und genau wie alle anderen dem Gesetz unterstellt werden.[27] Bald darauf sagte Hull zu Byrnes, niemand wisse, ob eine Beibehaltung der Monarchie wirklich helfen werde, den Krieg zu beenden, und warnte, dass, »die Japse ermutigt würden«.[28] Byrnes war gegen jeden Vorschlag, Japan seine Dynastie behalten zu lassen.[29]

Vom amerikanischen Militär bekamen Stimson und Grew eine gewisse Unterstützung: Admiral William D. Leahy, der Verbindungsmann zwischen dem Weißen Haus und dem Militär, wollte den Kaiser verschonen und hoffte, er werde als Friedensstifter nützlich sein.[30] »Wir waren uns sicher, dass der Mikado [Kaiser] den Krieg mit einem kaiserlichen Wort beenden konnte«, sollte er später schreiben.[31] Und der Vereinigte Generalstab bat Truman, nichts zu tun, was verhindern konnte, dass der Kaiser seine Autorität nutzte, um allen im asiatischen Raum stationierten japanischen Truppen die Kapitulation zu befehlen.[32]

Nach mehreren Zyklen der Meinungsbildung und Diskussion gab es immer noch keine ausdrückliche amerikanische Zusage, die japanische Monarchie zu erhalten, wenngleich Stimson und Grew ihr Möglichstes taten, um die New Dealer niederzuschreien.

Von Karthago bis Potsdam

»Wie ich diese Reise hasse!«, schrieb Truman privat, als er sich erstmals, seit er im Ersten Weltkrieg in Frankreich gekämpft hatte, wieder auf dem Weg nach Europa befand.[33] Am 7. Juli reiste er, auf dem ganzen Weg murrend, zu jenem berühmten alliierten Gipfel in Potsdam bei Berlin, »um Mr. Russland und Mr. Großbritannien zu treffen«. Er, Josef Stalin und Winston Churchill, der gegen Ende der Konferenz durch Clement Attlee ersetzt wurde, machten Pläne für die Niederlage Japans und eine europäische Nachkriegsordnung.[34] »Seit Julius Caesar«, notierte Truman, um sich auf das Kommende einzustellen, verfügten Männer wie Karl der Große, Kardinal Richelieu, Karl V., Franz I. von Frankreich, der große König Heinrich IV. von Frankreich und Friedrich Barbarossa, um nur ein paar zu nennen, und Woodrow Wilson und Frank D. Roosevelt, über die Mittel und konnten das Problem dennoch nicht lösen.«[35]

Der Präsident fand die eroberte Hauptstadt des »Tausendjährigen Reichs« verbrannt und geschwärzt vor, übersät mit zerstörten Fahrzeugen und Waffen, die großartigen Gebäude in Trümmer gelegt oder von Kugeln und Bomben gezeichnet. Ströme von Menschen zogen, ihre Habseligkeiten auf dem Rücken tragend, die Straßen entlang.[36] Als er, flankiert von nervösen Beamten des Secret Service und militärischen Sicherheitskräften unangekündigt nach Berlin hineinkam, fuhr ihm ein Wagen als Lockvogel voraus, »um sie hereinzulegen, falls sie irgendwelche Zielübungen veranstalten wollen«. In der Stadt sah er »absolute Zerstörung. Hitlers Wahnsinn ... Er hatte keine Moral, und seine Leute unterstützten ihn. Nie war ich mit einem schlimmeren Anblick konfrontiert, nie war ich Zeuge einer Vergeltung bis zum xten Grad«, schrieb Truman schockiert. »Ich dachte an Karthago, Baalbek, Jerusalem, Rom, Atlanta, Beijing, Babylon, Ninive; an Scipio, Ramses II., Titus, Hermann [Arminius], Sherman, Dschingis Khan, Alexander, Dareios den Großen.«

Obwohl Truman in seinen Reden gelegentlich mit den Bombenangriffen auf Städte prahlte, wurde er durch den Anblick der Realität am Boden in eine apokalyptische Stimmung versetzt. »Ich hoffe auf irgendeine Art Frieden, aber ich fürchte, die Maschinen sind der Moral um Jahrhunderte voraus.« Und er fügte hinzu: »Wir sind nur Termiten auf einem Planeten, und vielleicht gibt es eine Abrechnung, wenn wir zu tief in den Planeten hineinbohren, wer weiß?«[37]

Der gefürchtete Gipfel fand in Cecilienhof, dem Schloss der Hohenzollern in Potsdam statt, einer Stadt im Berliner Ballungsraum, die durch die alliierten Bombenangriffe nicht in Schutt und Asche gelegt worden war. Truman war während des Gipfels in dem von den Amerikanern Berlin White House genannten Haus Erlenkamp untergebracht. Er war perplex, als er feststellte, dass es in einem grellen Gelb und Rot gestrichen und – wie der Rest der Stadt – von den Sowjets geplündert worden war: »Nicht einmal ein Löffel war mehr übrig.«[38] (Es war außerdem verwanzt.)[39] Auf der Konferenz hetzte Truman durch die Tagesordnung. »Ich bleibe nicht den ganzen Sommer an diesem schrecklichen Ort, nur um mir Reden anzuhören«, schrieb er in sein Tagebuch. »Das kann ich auch zu Hause im Senat tun.«[40]

»Ich hatte schreckliche Angst«, gestand er seiner Frau.[41] Er fand Churchill faszinierend, trotz »einer Menge Unsinn, wie großartig mein Land ist und wie gern er Roosevelt hatte und wie gern er mich haben würde usw. usw.«.[42] Anfänglich fand er auch Stalin sympathisch, der eine unmilitärisch weiße Uniform trug und, wie sich herausstellte, etwas kleiner war als er. »Ich mochte den kleinen Hurensohn«, erinnerte er sich und bedauerte, dass er dem »gewissenlosen russischen Diktator« vertraut hatte. Später bezeichnete er sich als »einen unschuldigen Idealisten«, der sich in Potsdam durch Stalins wertlose Versprechungen hatte hereinlegen lassen.[43]

In Potsdam konferierten die Großen Drei das letzte Mal als gemeinsame Front. Truman und Churchill stritten mit Stalin über Polen und den Wiederaufbau Deutschlands, und der amerikanische Präsident klagte privat über den »bolschewistischen Landraub (…) Russland hat sich einfach ein Stück Polen genommen.«[44] In seinem Tagebuch wird deutlich, dass ihm sehr bewusst war, dass die Sowjets in den von der Roten Armee besetzten Ländern eine Geheimpolizei installierten und gewaltsam vorgingen, und er verabscheute den Sowjetkommunismus: »Die russische Variante, die überhaupt kein Kommunismus, sondern schlicht und einfach ein Polizeistaat ist. Ein paar Obermacker nehmen sich einfach Knüppel, Pistolen und Konzentrationslager und herrschen über die Menschen auf den weiter unten liegenden Ebenen.«[45]

In der Öffentlichkeit demonstrierten die Großen Drei weiterhin eine gemeinsame Haltung gegenüber Japan.[46] Von Stimson überzeugt, wollte Truman den Japanern ein Ultimatum stellen, in dem er der japanischen Führung eine letzte Chance zur Kapitulation anbot.[47] »Ich kann mit Stalin umgehen«, schrieb er nach seiner ersten Begegnung mit dem sowjetischen Diktator in sein Tagebuch, nachdem er beim Mittagessen eine Serie russischer Trinksprüche hatte über sich ergehen lassen. »Er ist aufrichtig, aber schlau wie der Teufel.« Stalin wiederholte das Versprechen, dass er Japan bald angreifen werde. Truman dachte, dadurch könnte der Krieg ein Jahr

Abb. 6 *Winston Churchill, Harry S. Truman und Josef Stalin in Potsdam, Juli/August 1945*

früher als erwartet zu Ende sein. »Er wird am 15. August in den Krieg mit den Japsen eintreten«, notierte der Präsident privat. »Mit den Japsen ist es aus, wenn das passiert.«[48]

»Ich habe bekommen, für was ich gekommen bin«, schrieb Truman an seine Frau, »Stalin zieht am 15. August in den Krieg, ohne weitere Bedingungen.«[49] Aber Stalin versuchte natürlich doch, einen hohen Preis herauszuholen. Führende Amerikaner fürchteten, dass die Sowjets die Mandschurei behalten und in Korea ein prosowjetisches Regime installieren würden.[50] Besonders aber fürchtete Trumans Regierungsmannschaft die Pläne, die die Sowjets für Japan selbst hatten. Also planten die Amerikaner, den Briten, Sowjets und Chinesen bei der Besetzung Japans lediglich eine unterstützende Rolle zuzugestehen, aber selbst eindeutig die Führung zu übernehmen.[51]

Am 16. Juli zündete das sogenannte Manhattan Project auf einem Militärstützpunkt in New Mexico seinen ersten nuklearen Sprengsatz: das vernichtende gelbweiße Licht von 80 Sonnen, ein kolossaler Feuerball, der sich in einen Pilz verwandelte und elf Kilometer hoch stieg. Der Atompilz war noch in Albuquerque, Santa Fe und anderen bis zu 290 Kilometer weit entfernten Städten zu sehen.[52] Truman war, wie Stimson notierte, »höchst entzückt«, als er in Potsdam über den erfolgreichen Test benachrichtigt wurde.[53] Als man ihn über die furchterregende Kraft von Atombomben informierte, schien ihm das »enormen Auftrieb zu geben«, und er sagte, »er habe nun ein ganz neues Gefühl der Zuversicht.«[54]

Truman brauchte die Rote Armee nun plötzlich weniger dringend. Am folgenden Tag übergab Stimson Churchill einen Zettel mit der Botschaft: »Geburt der Kinder glücklich verlaufen.«[55] Stimson, der erwartete, dass die Bombe schon in wenigen Wochen zum Einsatz käme, wollte auch Stalin informieren, damit er nicht überrascht würde.[56] Der Kriegsminister schrieb erleichtert in sein Tagebuch: »Mit unserer neuen Waffe würden wir die Unterstützung der Russen bei der Eroberung Japans nicht brauchen.«[57] Einen Tag darauf aß Truman mit Churchill zu Mittag, und dieser schrieb in sein Tagebuch: »Diskutierten Manhattan (es ist ein Erfolg). Beschlossen, Stalin darüber zu informieren.«[58]

Churchill, in einer Militäruniform mit zahlreichen Orden auf der Brust, war hocherfreut. Die britische Regierung hatte dem Einsatz von Atombomben gegen Japan bereits zugestimmt.[59] Nach Berichten über japanische Soldaten, die sich auf Okinawa lieber mit Handgranaten in die Luft sprengten, als sich zu ergeben, war es für Churchill eine entsetzliche Vorstellung, die japanischen Hauptinseln zu erobern, wenn sich die Japaner »mit der traditionellen Aufopferung der Samurai bis auf den Tod schlagen würden«. Wie er später schrieb, wurde diese albtraumhafte Vorstellung ersetzt durch »die helle und tröstliche Aussicht, ein oder zwei zerschmetternde Schläge könnten den Krieg beenden«. Denn der Einsatz »dieser beinahe übernatürlichen Waffe mochte (...) dem japanischen Volk, dessen Mut ich stets bewundert hatte, den Vorwand liefern, die Waffen zu strecken, indem es seine Ehre gerettet und sich der Verpflichtung entbunden sah, bis zum letzten waffenfähigen Mann auf dem Schlachtfeld zu fallen«.[60]

Churchills Ansicht nach war es dank der Atombombe nicht mehr nötig, die Sowjets zu einem Feldzug in der Mandschurei zu bewegen, durch den man bei Stalin in der Schuld stehen würde.[61] Die Atomexplosionen würden »ein gigantisches Gemetzel von unbestimmter Dauer« verhindern und dadurch sowohl japanische als auch amerikanische und britische Leben retten. Mit derselben Wendung, die Churchill schon bei der Evakuierung von Dünkirchen gebraucht hatte, bezeichnete er die Atombombe als »ein Wunder der Erlösung«.[62]

»In internationalen Beziehungen gibt es keine Gnade«

Am Morgen nach einem der Brandbombenangriffe auf Tokio eilten große Mengen von Zivilisten – von ihren Männern, Frauen oder Kindern getrennt – zum Bahnhof Ueno, um aufs Land zu fliehen. Togo Shigenori, der japanische Außenminister, war über die fliehenden Menschenmassen entsetzt.[63]

Er hatte darum gekämpft, den Krieg zu verhindern. Der nachdenkliche, offene und weltgewandte Mann war ein erfahrener Diplomat, der schon im Nordosten Chinas, in den Vereinigten Staaten und Deutschland und zuletzt als Botschafter in der Sowjetunion gedient hatte. Im Gegensatz zu den uniformierten Militärs, die die japanische Regierung dominierten, trug er elegante Anzüge mit breitem Rockaufschlag und eine große, runde Brille. Als einer der wenigen zivilen Regierungsbeamten, der auch Generalen und Admiralen zu widersprechen wagte, glaubte er an die friedliche Lösung von Konflikten und die Einhaltung von Verträgen. Sein Enkelsohn Togo Kazuhiko, selbst ein erfolgreicher japanischer Diplomat, erinnert sich an seine Überzeugung, dass »man nie nachgeben sollte, wenn man glaubt, ein logisches Argument zu haben«. Sein anderer Enkel, Togo Shigehiko, der eine Biografie über ihn schrieb, sagt: »Er glaubt daran, sich stets mit Logik rüsten zu können.«

In einer Zeit, in der die japanischen Nationalisten die Überlegenheit der reinblütigen Yamato-Rasse priesen, kam Togo aus einer Familie koreanischen Ursprungs, die schon seit Jahrhunderten erfolgreich in Japan lebte, also lange vor der japanischen Annexion Koreas im Jahr 1910 dort eingewandert war.[64] Bei seiner Geburt hatte sein Familienname noch Park gelautet, aber man hatte den erkennbar koreanischen Namen in einem japanischen umgewandelt, als er fünf war. Er hielt seinen koreanischen Hintergrund sorgfältig geheim und erwähnte ihn niemals bei der Arbeit. Laut seinem Enkel Togo Kazuhiko herrschte in der Regierung eine leichte antikoreanische Voreingenommenheit: »Sie hatten sie irgendwo im Hinterkopf, aber sie kam nie in irgendeiner Form von Diskriminierung zum Ausdruck.«

Der in seinen persönlichen Angelegenheiten weltoffene Togo Shigenori hatte an der Kaiserlichen Universität Tokio deutsche Literatur studiert und eine hochgebildete deutsche Frau geheiratet, die er in der Zeit nach dem Ersten Weltkrieg als Angestellter der japanischen Botschaft in Berlin kennengelernt hatte. Er hatte sich im Studium intensiv mit Schiller befasst und war ein Verehrer von Goethe. Sich selbst sah er als einen Mann des Friedens, der die westliche und östliche Zivilisation womöglich integrieren könnte. Als er 1937 japanischer Botschafter im Deutschen Reich wurde, war er angewidert vom Mief der nationalsozialistischen Emporkömmlinge, die sich von den kultivierten Deutschen, die er gekannt hatte, stark unterschieden. Als Gegner der deutsch-japanischen Achse verlor er seinen Posten schon nach weniger als einem Jahr.[65]

Togo hatte den eskalierenden Nationalismus in einer Zeit beklagt, als kritische Zivilisten in Gefahr schwebten, ermordet zu werden. Er hatte Ende 1941 als Außenminister vergeblich gekämpft, um den Angriff auf Pearl Harbor zu verhindern. Als er nun, in der katastrophalen Endphase des damals begonnenen Krieges wieder Außenminister wurde, hoffte er, endlich Frieden schließen zu können. Er war sich darüber im Klaren, dass Japan geschlagen und sein Reich aufgelöst würde und hoffte lediglich, seine industrielle Basis erhalten und Reparationen vermeiden zu können.[66] Denn, wie er später schreiben sollte: »[E]s ist sinnlos, Friedenswille und Kriegsabscheu zu bekennen, wenn man lediglich auf den eigenen Forderungen besteht und keine Zugeständnisse macht (…) Lediglich auf den eigenen Vorteil zu schauen, ohne die Stellung der anderen Seite in Betracht zu ziehen, kann nicht ein Wirken für den Frieden genannt werden«.[67]

Kurz vor dem Gipfel der Alliierten in Potsdam stärkte der Kaiser persönlich Togo den Rücken. Am 22. Juni traf sich Hirohito in einem formellen Treffen mit der Bezeichnung Kaiserliche Konferenz, der wichtigsten politischen Zusammenkunft der japanischen Regierung, mit den führenden Politikern des Landes. In einer beispiellosen Intervention setzte sich der Kaiser, der die Kriegsanstrengungen jahrelang unterstützt hatte, nun dafür ein, einen Plan zur Beendigung des Krieges zu entwerfen. Dies markierte den Beginn seiner unmittelbaren Anstrengungen, die Kämpfe zu beenden. Dabei sollte zunächst versucht werden, einen Waffenstillstand zu erreichen.[68] Hirohito drängte seine saumseligen Minister, einen Gesandten nach Moskau zu schicken in der Hoffnung, dass die Sowjetunion zugunsten Japans intervenieren werde. Selbst die Hardliner waren damit einverstanden, sich um eine Vermittlung durch die Sowjetunion zu bemühen, bevor der entscheidende Kampf zur Verteidigung der japanischen Hauptinseln begann.[69]

Die Kosten des letzten Kriegsjahrs waren unerträglich hoch gewesen: Wie ein japanischer Historiker schätzt, starben im letzten Jahr der Pattsituation 1,5 Millionen Japaner, etwa 50000 Amerikaner und sehr viel mehr Ostasiaten im japanischen Herrschaftsbereich.[70] Wenngleich buchstäblich in jeder Stunde Menschen umkamen, konnte Togo erst nach wochenlangem internem Gerangel einen von Hirohito persönlich unterzeichneten Brief mit einem Friedensangebot an die Sowjetunion schicken.[71] Da der amerikanische Geheimdienst die Verschlüsselung der japanischen Nachrichten schon lange geknackt hatte, waren Truman und die führenden Politiker in Potsdam sofort im Bilde.[72]

Togo hoffte, dass die Sowjetunion, die sich mit Japan noch nicht im

Krieg befand, einen mit weniger strengen Bedingungen verknüpften Frieden vermitteln könnte.[73] In seinem Brief schrieb Hirohito, dass er sich »von ganzem Herzen eine schnelle Beendigung des Krieges« wünschte. Er machte den Vorschlag, Prinz Konoe Fumimaro, einen prominenten früheren Premierminister, der ihn kürzlich gewarnt hatte, dass der Krieg verloren sei, als Sondergesandten in die Sowjetunion zu schicken.[74] Aber er schrieb auch: »Solange Amerika und England auf einer bedingungslosen Kapitulation bestehen, hat unser Land keine andere Möglichkeit, als mit äußerster Anstrengung für sein Überleben und die Ehre des Heimatlandes durchzuhalten«.[75]

Dieses Angebot war illusionär. Ohne Zugeständnisse, die einer bedingungslosen Kapitulation nahekamen, war es unwahrscheinlich, dass die Alliierten nachgeben würden. Und es war ohnehin ein fruchtloses Unterfangen, auf Stalins Gnade zu bauen, was einigen japanischen Politikern mit schmerzlicher Klarheit bewusst war. Es gab keine reale Chance, dass der sowjetische Tyrann seine vorrückenden amerikanischen und britischen Alliierten vor den Kopf stoßen würde, um Japan einen erträglicheren Frieden zu vermitteln, zumal diese schon in Jalta versprochen hatten, die Sowjetunion an den Knochen des japanischen Reiches nagen zu lassen.[76]

Sato Naotake, der japanische Botschafter in Moskau, der das Land, in dem er diente, nur allzu gut kannte, hatte begriffen, dass bei den in Jalta und Potsdam von Stalin hinter verschlossenen Türen geführten Gesprächen ein sowjetischer Angriff auf Japan ausgebrütet wurde.[77] Als sich die amerikanischen Bombenangriffe weiter intensivierten, drängte er seine Regierung, sich auf eine nahezu bedingungslose Kapitulation einzulassen, und fragte, ob es »irgendeinen Sinn« habe, »das Leben von Hunderttausenden Wehrpflichtigen und Millionen unschuldigen Bewohnern von Städten und Ballungsgebieten zu opfern«. Denn »in internationalen Beziehungen gibt es keine Gnade«.[78]

Truman notierte in seinem Tagebuch, dass Stalin Churchill sofort über »ein Telegramm des Japsenkaisers mit einem Friedensangebot« informiert habe.[79] Stimson sagte zu Truman, es sei an der Zeit, Japan zu warnen, dass es »die ganze Schlagkraft unserer neueren Waffen« zu spüren bekommen werde, wenn es den Krieg nicht beende.[80] Churchill, der die Notwendigkeit einer bedingungslosen Kapitulation schon seit Monaten in Frage stellte, drängte Truman, seine Bedingungen abzumildern, um britische und japanische Leben zu retten. Er schlug vor, den Japanern ihre militärische Ehre zu lassen und ihnen »gewisse Sicherheit für ihre nationale Weiterexistenz« zu bieten. Truman entgegnete, er glaube nicht, dass die

Japaner nach Pearl Harbor noch eine militärische Ehre hätten. Churchill antwortete ganz ruhig, sie seien bereit, in riesiger Zahl für etwas zu sterben. Da wurde Truman milder und sprach von seiner entsetzlichen Verantwortung für so viel vergossenes amerikanisches Blut. Churchill sollte später schreiben: »Meiner Ansicht nach gibt es kein starres Beharren auf einer ›bedingungslosen Kapitulation‹ abseits der nötigen Garantien für Weltfrieden und zukünftige Sicherheit und der Bestrafung einer verwerflichen und verräterischen Tat.«[81]

Hirohitos Friedensappell krankte daran, dass er keine spezifischen Bedingungen für einen Frieden enthielt.[82] Die Sowjets reagierten mit einer unverbindlichen Antwort, was Truman freute.[83] Togo Shigenoris Friedensbemühungen wurden durch eine auf Betreiben der Armeefraktion in Tokio formulierte unnachgiebige japanische Reaktion sabotiert, die die Amerikaner abfingen.[84] Gebunden durch die Weigerung der militärischen Hardliner, weitgehende Zugeständnisse in Erwägung zu ziehen, musste Togo eine offizielle Linie vertreten, die die Alliierten kaum zufriedenstellen konnte. Er erklärte, Japan werde den Krieg beenden, wenn die Vereinigten Staaten und Großbritannien »Japans Ehre und Existenz anerkennen« würden, warnte jedoch, dass »unser Land und Seine Majestät einstimmig beschließen werden, bis zum bitteren Ende einen Widerstandskrieg zu führen, falls der Feind ganz bis zum Ende auf einer bedingungslosen Kapitulation besteht«.[85]

Der japanische Botschafter in Moskau empfand die Widerspenstigkeit Tokios als Wahnsinn. Unter Missachtung der Etikette schickte er ein scharfes Telegramm nach Tokio, dass er es selbst »als großes Verbrechen [empfand], solche Erklärungen abzugeben«. Angesichts der gnadenlosen Bombenangriffe und der bevorstehenden Invasion mit Bodentruppen graute es ihm vor einem Guerillakrieg: »Glauben Sie wirklich, dass die Sicherheit des Kaisers gewährleistet werden kann, indem man 70 Millionen Staatsbürger opfert?« Er drängte auf schmerzhafte Zugeständnisse, um Hunderttausende Leben zu retten und wollte nur die Grundlagen des japanischen Regierungssystems erhalten und »das Überleben unserer Rasse sichern«.[86]

Das Telegramm der Hardliner »hat mich schrecklich deprimiert« sollte Byrnes später schreiben. »Es bedeutete den Einsatz der Atombombe; es bedeutete vermutlich den russischen Kriegseintritt«.[87]

»Ich glaube, die Japse werden zusammenbrechen, bevor Russland eingreift«, schrieb Truman zuversichtlich in sein Tagebuch. »Ich bin mir sicher, dass sie es tun, wenn Manhattan über ihrer Heimat erscheint.«[88] Am 20. Juli hisste er feierlich eine amerikanische Flagge über Berlin: dieselbe, die am Tag von Pearl Harbor vor dem Weißen Haus geweht hatte. Sie war zuvor schon in Nordafrika, Rom und Paris gehisst worden. »Wird auch über Tokio gehisst werden«, schwor er sich.[89]

Die Potsdamer Erklärung

Während Truman, Churchill und Stalin in Potsdam berieten, saß Chiang Kai-shek in den Bergen in der Umgebung von Chinas provisorischer Kriegshauptstadt Chongqing.[90] Dem von den Amerikanern misstrauisch betrachteten und von Churchill verachteten Generalissimus war es schon schmerzhaft vertraut, dass er von den wichtigsten Beratungen der Alliierten ausgeschlossen wurde.[91] Ein amerikanischer Regierungsbeamter, der den Entwurf für ein Ultimatum an Japan schrieb, fügte handschriftlich folgende Nachbemerkung hinzu: »Sollte China konsultiert werden?«[92]

Truman schickte Chiang eine vollständige Potsdamer Erklärung und bat »den Generalissimus, uns unverzüglich über seine Zustimmung zu informieren«.[93] Als Chiang nicht sofort antwortete, beeilte sich Truman, ihn zu warnen, dass er und Churchill die Erklärung auch ohne ihn herausgeben würden.[94] In seiner etwas zu späten Antwort bat der Generalissimus lediglich, seinen Titel zu Präsident der Republik China aufzublasen, eine kleine Lobhudelei, mit der er sein angekratztes Ansehen in China aufbessern wollte.[95] Truman notierte handschriftlich den Wechsel des Titels und verschob Chiangs Namen, so dass er vor dem Churchills stand.[96]

Stimson empfahl Truman dringend, die alliierte Erklärung durch einen Passus zu ergänzen, der »den Japanern die Weiterführung ihrer Dynastie« versprach, weil »genau das über Annahme oder Ablehnung entscheiden könnte«. Doch er stieß auf scharfen Widerstand bei Byrnes, der die Japaner nicht vor einer Weiterführung des Krieges warnen wollte und ihnen schon gar nicht den Erhalt des Kaisertums zusichern wollte.[97] Am Ende verzichteten Truman und Churchill auf die Zusage, die Dynastie zu erhalten.[98] Sowohl Stimson als auch Grew sollten später behaupten, dass Japan vielleicht auch ohne den Atombombeneinsatz kapituliert hätte, wenn ihm die Vereinigten Staaten die konstitutionelle Monarchie garantiert hätten.[99]

Als Truman Stalin am 24. Juli über eine neue amerikanische »Waffe mit ungewöhnlicher Zerstörungskraft« informierte, meinte Stalin kühl, er hoffe, sie werde gegen Japan gut eingesetzt.[100] Er war durch seine Spione gut informiert und verstand offenbar, dass Truman eine Atombombe meinte. Allerdings war nicht ganz klar, ob er die Bedeutung der Waffe in ihrer ganzen Tragweite verstanden hatte.[101]

Am folgenden Tag schrieb Truman in sein Tagebuch, was ihm schon seit Wochen klar vor Augen stand: Er würde auf Japan Atombomben abwerfen. »Diese Waffe muss zwischen heute und dem 10. August gegen Japan eingesetzt werden«; ein Schritt, der Stalins Kriegseintritt gegen Japan vorausgehen würde. »Wir haben die schrecklichste Bombe der Weltgeschichte entdeckt«, schrieb Truman in sein Tagebuch. »Sie könnte die nach Noah und seiner fabelhaften Arche die für das Gebiet des Euphrat-Tals prophezeite Verwüstung durch Feuer sein.«[102]

Von Trumans Beratern wurde der Einsatz der Atombombe kaum ernsthaft in Frage gestellt. Zwar sollte General Douglas MacArthur später sagen, ihr Einsatz sei »von einem militärischen Standpunkt aus völlig unnötig gewesen«, doch er war weit weg in Manila und wurde über die Existenz der Waffe erst Tage vor ihrem Einsatz informiert.[103] General Dwight D. Eisenhower war so ziemlich der Einzige unter den ranghöchsten Militärs, der sich gegen die Atombombenabwürfe aussprach.[104] Er sagte er, er sei extrem deprimiert und habe »schwere Bedenken«, wenn die Vereinigten Staaten eine so schreckliche Zerstörung verursachten. Japan sei beinahe geschlagen, deshalb sei die Atombombe »völlig unnötig«, um amerikanische Leben zu retten, und die Welt werde entsetzt sein, wenn sie gegen Menschen zum Einsatz käme, die versuchten, sich ohne allzu großen Gesichtsverlust zu ergeben.[105] Diese Ansichten waren so ketzerisch, dass sie Stimson zur Weißglut brachten und andere Militärführer erschreckten.[106]

Wie fast alle Mitglieder von Trumans Regierungsmannschaft war auch Stimson für den Einsatz der Bombe. Er sprach sich emotional gegen eine Vernichtung Kyotos aus, und Truman war damit einverstanden, dieses alte Zentrum der japanischen Zivilisation nicht dem Erdboden gleichzumachen.[107] Stimson war mit seinen Gedanken bereits in der Nachkriegszeit: »Wegen der Bitterkeit, die durch eine so abscheuliche Tat entstehen könnte, werden sich die Japaner in der langen Zeit nach dem Krieg vielleicht eher mit den Russen als mit uns versöhnen.«[108]

An das Leben unschuldiger japanischer Zivilisten wurden nur wenige Gedanken verschwendet. Stimson hatte zwar davor gewarnt, den Schlag auf ein ziviles Zielgebiet zu konzentrieren, doch er hatte sich geweigert, die Bewohner zu warnen. Er hatte sich für eine kriegswichtige Fabrik als Ziel ausgesprochen, mit vielen Arbeitern, deren Häuser sich in der unmittelbaren Umgebung befanden. Er wollte, dass die Bombe »bei möglichst vielen

Einwohnern einen nachhaltigen psychologischen Eindruck« hinterließ, was offensichtlich bedeutete, eine riesige Zahl von Zivilisten zu töten.[109]

Die amerikanische Öffentlichkeit stimmte völlig mit Truman überein. In einer Gallup-Umfrage unmittelbar nach dem Abwurf der Bomben auf Hiroshima und Nagasaki war die überwältigende Mehrheit von 85 Prozent für den Einsatz von Atombomben und nur eine Minderheit von 10 Prozent dagegen.[110]

Truman war über die erschreckende Stärke des Tests in New Mexico erschüttert. Er zählte die Details der apokalyptischen Auswirkungen der Detonation sorgfältig auf und war erleichtert, dass weder Hitler noch Stalin eine solche Waffe entwickelt hatten. In schauriger Selbsttäuschung, versuchte er, die massenhafte Tötung von Zivilisten zu leugnen, die auf seinen Befehl stattfinden würde. »Ich habe dem Kriegsminister Mr. Stimson mitgeteilt, sie so einzusetzen, dass militärische Ziele und Soldaten und Seeleute das Ziel sind und nicht Frauen und Kinder«, schrieb er in sein Tagebuch. »Selbst wenn die Japaner skrupellose, gnadenlose und fanatische Wilde sind, können wir als die für das Gemeinwohl zuständige führende Macht der Welt die Bombe nicht auf die alte Hauptstadt [Kyoto] – »oder die neue« [Tokio] – abwerfen.«

Trumans klares Verständnis von der Wirkung der Bombe ist mit keiner denkbaren Form der Illusion zu vereinbaren, dass er sie einsetzen könnte, ohne Zivilisten abzuschlachten. »Er & ich sind uns einig«, schrieb der Präsident über Stimson. »Das Ziel wird ein rein militärisches sein, und wir werden eine Warnung herausbringen, in der wir die Japse auffordern, sich zu ergeben und ihre Leben zu retten. Ich bin sicher, dass sie das nicht tun werden, aber wir werden ihnen die Chance gegeben haben.« Indem er seine übliche Beleidigung »die Japse« verwendete, verwischte er grausam die Trennlinie zwischen der Führung und den Zivilisten, die ganz gewiss sterben würden. Er schloss: »Es scheint das schlimmste Ding zu sein, was je entdeckt wurde, aber es kann zum nützlichsten werden.«[111]

Togo Shigenori hoffte immer noch, dass sich die Vereinigten Staaten auf Bedingungen einlassen würden, die nicht ganz so hart wie eine bedingungslose Kapitulation wären und vielleicht auf den idealistischen Bestimmungen der Atlantik-Charta beruhten.[112]

Am 26. Juli brachten die Vereinigten Staaten, Großbritannien und China die Potsdamer Erklärung heraus, eines der brutalsten Dokumente, die je von einer demokratischen Regierung verfasst worden sind, das aber nach den Maßstäben des totalen Kriegs im Pazifik dennoch eine leichte Aufweichung der amerikanischen Position darstellt.[113] (Die Sowjetunion war noch nicht in den Krieg eingetreten und offiziell nicht an der Erklärung beteiligt.) Einige aus Trumans Regierungsmannschaft empfanden die Erklärung als relativ gemäßigt, weil sie andeutete, dass die japanische Regierung nicht vollständig zerstört werden würde.[114]

Die Erklärung gab den Japanern eine letzte Chance, den Krieg zu beenden, warnte jedoch, dass die Alliierten »Land, Industrie und Lebensform des ganzen deutschen Volkes« vernichtet hätten. »Der volle Einsatz unserer Kriegsmacht, zu dem wir fest entschlossen sind, bedeutet also nicht nur die unvermeidliche, vollkommene Vernichtung der japanischen Streitkräfte, sondern ebenso unvermeidlich die völlige Verwüstung der japanischen Hauptinseln.«

Die Alliierten verlangten vollständige Abrüstung, die dauerhafte Absetzung der expansionistischen japanischen Führung, die nach »Welteroberung« gestrebt habe, und die Auflösung des Japanischen Kaiserreichs, einschließlich Koreas. Die japanischen Hauptinseln sollten vorübergehend besetzt werden, bis diese Forderungen erfüllt waren »und in Übereinstimmung mit dem frei zum Ausdruck gebrachten japanischen Volkswillen eine verantwortliche, friedliebende Regierung gebildet ist«. Eine neue Nachkriegsregierung sollte eine Wiederbelebung der demokratischen Tendenzen in Japan und die Achtung der »grundsätzlichen Menschenrechte« einschließlich der Rede-, Religions- und Gedankenfreiheit »garantieren«.

Der Kaiser wurde in dem Dokument an keiner Stelle erwähnt, so dass seine Zukunft unklar blieb. Eine eingeschränkte Monarchie war mit einer demokratischen Regierung vereinbar, aber die Alliierten gaben keine Garantien. MacArthur war verärgert, weil er von den Potsdamer Bedingungen nur aus dem Radio erfuhr; auch er hätte die Zusicherung befürwortet, dass die Japaner ihren Kaiser behalten durften.[115]

Die Potsdamer Erklärung bestand auf der Bestrafung einer riesigen Zahl von Japanern aller Ränge für Kriegsverbrechen, was, wie ein britischer Offizieller kühl bemerkte, »praktisch die Eliminierung der Militär-Clique bedeutete«.[116] Diese Forderung war mit einer unverhohlenen Drohung kombiniert: »Wir … werden alle Kriegsverbrecher einschließlich derer, die sich Grausamkeiten an Kriegsgefangenen zuschulden kommen ließen, streng zur Verantwortung ziehen.«

Der Verzicht auf die Versklavung oder Auslöschung einer Nation kann nur im Kontext des Zweiten Weltkriegs als relative Milde betrachtet werden. Die Erklärung, die durch Kurzwellensender auf Japanisch ausgestrahlt und so weit wie möglich in der japanischen Öffentlichkeit verbreitet wurde, forderte zum Schluss die »bedingungslose Kapitulation« aller japanischen Streitkräfte.[117] In ihrem letzten Satz, einem Vorboten des Atombombeneinsatzes, wurde die neue Technologie der Massenvernichtung nicht erwähnt. Er lautete: »Widrigenfalls trifft Japan eine sofortige und vollständige Zerstörung.«[118]

4.

Atomares Feuer

Vielen Vertretern der Alliierten ging die Potsdamer Erklärung trotz ihrer Härte nicht weit genug. So fürchtete der stellvertretende amerikanische Außenminister Dean G. Acheson, sie sei eine riskante »Einladung zum Verhandeln«, durch die der Krieg unentschieden enden und die herrschenden Japaner an der Macht bleiben könnten.[1] Cordell Hull wurmte es, dass die Erklärung »überhaupt den Fortbestand einer japanischen Regierung« erlaubte.[2] Australien wurde trotz seiner großen Opfer auf dem Schlachtfeld und den Leiden der australischen Kriegsgefangenen kaum konsultiert. Seine Regierung erfuhr den Inhalt der Potsdamer Erklärung aus der Zeitung. Und der australische Außenminister erklärte wütend, sein Land werde keinen Kapitulationsbedingungen zustimmen, die milder seien als die über das nationalsozialistische Deutsche Reich verhängten.[3]

Japans Außenminister Togo Shigenori begriff die Erklärung als kostbare Chance, den Krieg zu beenden. Doch die entscheidende Stimme hatten die japanischen Militärs, und sie waren weder bereit einer Demobilisierung und Entwaffnung durch die Alliierten noch einer Besetzung Japans, noch alliierten Prozessen gegen japanische Kriegsverbrecher zuzustimmen.[4] Die Hardliner waren wegen der harten Haltung alarmiert, die die Alliierten gegenüber den nationalsozialistischen Kriegsverbrechern einnahmen. Der Heeresminister und die Generalstabschefs des Heeres und der Marine setzten den zögernden Premierminister Suzuki Kantaro unter Druck, damit er die Potsdamer Erklärung ablehnte. Suzuki war ein älterer General im Ruhestand, der schlecht hörte und nur widerwillig in die Politik zurückgekehrt war.[5] Er hatte selbst erfahren, wie gefährlich es war, sich der Armee entgegenzustellen, als er 1936 von einem militärischen Fanatiker angeschossen und beinahe getötet worden war.[6] Also verkündete er am 28. Juli 1945 auf einer Pressekonferenz, dass seine Regierung der Potsdamer Erklärung keinen großen Wert beimesse. Sie werde sie »ignorieren« und bis zum bitteren Ende weiterkämpfen, was einer Ablehnung gleichkam.[7]

Harry S. Truman reagierte verstimmt.[8] »Als wir sie in Potsdam zur Kapitulation aufforderten, gaben sie uns eine ausgesprochen patzige Antwort«, sagte er später. »Sie fragten nicht nach dem Kaiser. Ich sagte, wenn sie sich nicht ergäben, werde sie der absolute Ruin treffen. Sie sagten, ich solle mich zum Teufel scheren, sinngemäß jedenfalls.«[9]

Hiroshima, 6. August

An diesem warmen Morgen mit einer klaren, hellen Morgendämmerung gab es einen Fliegeralarm, dem wie üblich eine Entwarnung gefolgt war. In der kompakten, mit viel Grün bewachsenen Stadt, waren Anblick und Geräusch anfliegender B-29-Bomber schon sehr vertraut. Die Stadt war gelegentlich von solchen Maschinen bombardiert worden, wenn auch nicht so schwer wie einige größere japanische Städte.[10] Der nun anfliegende Bomber wurde weder von Flak beschossen noch von japanischen Jägern angegriffen.[11] Die Bewohner der Stadt gingen weiter ihrer morgendlichen Beschäftigung nach: Die meisten Industriearbeiter waren schon in ihren Fabriken, andere waren auf dem Weg zur Arbeit, und viele Schulkinder arbeiteten im Rahmen einer landesweiten Kampagne, Wertsachen von der Stadt aufs Land zu schaffen, im Freien.

Hiroshima liegt zwischen niedrigen Hügeln eingebettet im Südwesten Honshus im Delta des Ota-Flusses. Er mündet im Seto-Binnenmeer – seine vielen Arme hätten eine normale Feuersbrunst vielleicht verhindert. Es war damals die siebtgrößte Stadt Japans, mit bescheidenen ein- oder zweistöckigen Holzhäusern, die in Gruppen eng beieinander standen. Die Industriegebäude waren nicht sonderlich stabile, schlecht verfugte Bedarfskonstruktionen.[12]

Um 8.15 Uhr, etwa 45 Minuten nach der Entwarnung, erstrahlte ein gelbes, unglaublich grelles Licht über der Stadt, das einen Beobachter an den Magnesiumblitz einer Kamera erinnerte.[13] Menschen, die sich direkt unter der Explosion befanden, wurden sofort dunkelbraun oder schwarz verkohlt und starben nach Minuten oder höchstens Stunden.[14] Inokuchi Takeshi, ein vierzehnjähriger Schüler, der in einer Fabrik etwa eine Meile vom Hypozentrum der Detonation entfernt arbeitete, erinnerte sich an einen grellen orangefarbenen Lichtblitz. Er wurde durch die Druckwelle der Bombe zu Boden geworfen und schaffte es, in einen anderen Raum zu kriechen, in dem es stockdunkel und erstickend heiß war. Dort wurde er bewusstlos. Als er wieder zu sich kam, hörte er die Schreie und das angestrengte Atmen von über hundert anderen Schülern, die in den Trümmern des brennenden Gebäudes gefangen waren, um Hilfe riefen und nach ihren Müttern schrien. Die Fabrik brannte und Inokuchi war von einem Flammenmeer umgeben, doch er schaffte es aus einem Fenster ans Flussufer zu entkommen. Dort trat er auf ein Brett, aus dem noch Nägel ragten, die sich schmerzhaft durch seine Stiefelsohlen in die Füße bohrten. Als er sich mit einem Taschentuch das Gesicht abwischte, war es blutverschmiert, und er stellte entsetzt fest, dass Glasscherben und andere Materialien in seinem Schädel und Gesicht steckten.

Seine Augen waren durch den Lichtblitz verletzt, weshalb er nur undeutlich sehen konnte. Überall um ihn herum war die Stadt ein brennendes, rauchendes Trümmerfeld, in dem Gebäude, Brücken und Bäume in Flammen standen. »Wo die Stadt war«, schrieb ein anderer Überlebender, »ist jetzt eine gigantische Brandwunde.« Ein anderer Augenzeuge erinnert sich an den Gestank brennender Haare. Menschen waren blutüberströmt und hatten Verbrennungen am ganzen Körper. Überall waren Gebäude zusammengebrochen und hatten so viel Schutt hinterlassen, dass man kaum noch erkennen konnte, wo die Straßen gewesen waren. Vor Inokuchis Fabrik war eine Mannschaft von 100 Arbeitern der Explosion im Freien ausgesetzt gewesen. Viele waren bewusstlos, manche schrien nach Wasser. »Die Haut auf ihren Rücken war ganz abgeschält und hing ihnen um die Hüften und die Sehnen waren freigelegt«, erinnerte sich Inokuchi noch sieben Jahrzehnte später mit ungemildertem Entsetzen. »Die Gesichter der Leute waren so verbrannt, dass sie nicht mehr wie menschliche Gesichter aussahen.« Wie viele *Hibakusha* (Überlebende der Atombombenabwürfe) erinnerte sich auch er: »Diese Menschen sahen mehr wie Gespenster als wie menschliche Wesen aus.«[15]

Wie ein umfassender Bericht der U.S. Strategic Bombing Survey nüchtern feststellt, hatte Hiroshima »eine beispiellose Verlustrate« zu verzeichnen. Die Atomexplosion traf keineswegs nur Kommandozentralen oder kriegswichtige Industrie, sondern machte fast die gesamte Innenstadt dem Erdboden gleich, und sie war gefolgt von einem Feuersturm, in dem mehr als zehn Quadratkilometer Stadtgebiet nahezu komplett niederbrannten.[16] In dem Bericht wird geschätzt, dass etwa 70 000 bis 80 000 Menschen getötet und etwa ebenso viele verwundet wurden. Die unmittelbare Opferzahl in Hiroshima entsprach ungefähr der des Brandbombenangriffs auf Tokio am 9. und 10. März, obwohl die Amerikaner mit ihren Brandbomben ein viermal größeres Gebiet betroffen hatten.[17] Am Ende des Jahres waren, laut einer japanischen Untersuchung, durch die Strahlenkrankheit bereits 140 000 Menschen tot.[18] Der Anteil von Militärpersonal bei den am 6. August Getöteten betrug weniger als zehn Prozent.[19]

»Große Bombe auf Hiroshima abgeworfen«, informierte Henry L. Stimson Truman knapp. »Erste Berichte lassen totalen Erfolg vermuten, der sogar noch offensichtlicher war als der frühere Test.«[20]

Truman war am 2. August aus Berlin abgereist, erleichtert, »dieser schrecklichen Stadt« zu entkommen. Er bekam die Nachricht über Hiroshima auf dem Atlantik an Bord der *USS Augusta*, einem Kreuzer der US-Navy, der bei der Landung in der Normandie beteiligt gewesen war und jetzt als Flaggschiff des Präsidenten diente.[21] Begeistert verkündete der Präsident der jubelnden Mannschaft des Schiffes:[22] »Dies ist das größte Ding der Weltgeschichte. Es ist höchste Zeit für uns, dass wir nach Hause kommen.«[23]

Der Präsident rechtfertigte den Abwurf der Bombe öffentlich als Vergeltung: »Die Japaner haben den Luftkrieg in Pearl Harbor begonnen. Sie haben vielfache Vergeltung erhalten.« Er sprach von einer geradezu kosmischen Vergeltung: »Die Macht, aus der die Sonne ihre Kraft bezieht, ist auf diejenigen losgelassen worden, die den Krieg in den Fernen Osten gebracht haben.« Er bedauerte, dass die japanische Führung die Potsdamer Erklärung abgelehnt hatte, und warnte sie, dass »ein Regen der Vernichtung aus der Luft, wie ihn die Welt noch nicht gesehen hat«, auf sie niedergehen werde, wenn sie nicht kapitulierte.[24]

Bemüht, Hiroshima als rein militärisches Ziel zu beschreiben, bezeichnete das Weiße Haus die Stadt ausschließlich als »wichtigen japanischen Militärstützpunkt« oder als eine strategisch und industriell wichtige »Militärstadt«.[25] Truman behauptete in seinen Memoiren, er habe in Übereinstimmung mit dem Kriegsrecht ein militärisches Ziel gewählt. Dies war entweder unaufrichtig oder es beruhte auf Selbsttäuschung.[26] Tatsächlich hatten die mit der Zielauswahl beschäftigten Teams zur Brechung des japanischen Kampfeswillens eine militärische Einrichtung oder Fabrik, die von Wohnhäusern umgeben war, zerstören wollen.[27] Wie Admiral William D. Leahy, Trumans Verbindungsmann zum Militär, einräumte, war »die Zerstörung zivilen Lebens fürchterlich gewesen«.[28] In der Stadt befand sich tatsächlich ein bedeutendes militärisches Kommandozentrum, aber wie es in der U. S. Strategic Bombing Survey hieß, wurden die meisten Industriebetriebe in den Randbereichen der Stadt nur leicht beschädigt, wohingegen der völlig zerstörte Kern der Stadt größtenteils aus Gewerbe- oder Wohngebieten bestanden hatte.[29]

Die japanische Regierung protestierte formell gegen die Atombombe »als unmenschliche Waffe«, die unterschiedslos Frauen, Kinder und alte Menschen töte. Sie sei schlimmer als Gas oder andere verbotene Kriegswaffen. Die Amerikaner hätten zuvor schon »in völliger Missachtung der wichtigsten Prinzipien des humanitären Rechts und des Völkerrechts« in ganz Japan Zivilisten bombardiert und nutzten »nun diese neue Bombe, die eine viel größere unkontrollierbare und grausame Wirkung hat als alle anderen bis heute eingesetzten Waffen oder Geschosse. Dies stellt ein neues Verbrechen gegen die Menschheit und gegen die Zivilisation dar.«[30] Die Vereinigten Staaten reagierten nie auf den japanischen Protest.[31]

Selbst Josef Stalin war aufgeschreckt. »Krieg ist barbarisch«, sagte er, »aber der Einsatz der Atombombe ist eine extreme Barbarei«.[32] Der Marineoffizier Leahy gelangte zu der Überzeugung, dass »diese barbarische Waffe« im Kampf gegen Japan »keine wesentliche Hilfe« gewesen war, weil das Land wegen der konventionellen Bombenangriffe und der Blockade ohnehin im Begriff war zu kapitulieren. Er war entsetzt, dass der Krieg durch die Tötung von Frauen und Kindern gewonnen wurde, und schrieb später: »Wir hatten uns den ethischen Maßstab zugelegt, wie er für die Barbaren des finsteren Mittelalters normal war.«[33]

Der nächste Schock für Japan war ein Angriff Stalins, der jede Illusion zerstörte, dass der Sowjetführer so nett sein könnte, für Japan einen Frieden zu vermitteln.

In makelloser formaler Korrektheit las der sowjetische Außenminister Wjatscheslaw Molotow dem japanischen Botschafter in Moskau am 8. August die offizielle Kriegserklärung vor, die am nächsten Tag in Kraft trat. Truman bestellte eilig Reporter ins Oval Office und rief unter Applaus und Gelächter: »Russland hat Japan den Krieg erklärt! Das ist alles!«[34] Die Rote Armee stieß rasch in die japanisch kontrollierte Mandschurei vor und marschierte nach Süden auf Korea und die japanischen Hauptinseln zu.[35] Die Sowjets rechtfertigten ihren späten Eintritt in den Pazifikkrieg mit der Ablehnung der Potsdamer Erklärung durch Japan und den Verpflichtungen, die sie gegenüber ihren Verbündeten hatten; der 1941 mit Japan geschlossene Nichtangriffspakt blieb unerwähnt.[36]

Das ohnehin schon verzweifelte Japan musste nun noch an einer zweiten Front kämpfen. Der Kaiser sagte zu seinem engsten Berater: »Es ist notwendig, über die Beendigung des Kriegs nachzudenken und über sie zu entscheiden«.[37]

Am 8. August informierte Stimson Truman über den Atombombenabwurf, zeigte ihm ein Foto der »totalen Zerstörung« und erläuterte ihm den Explosionsradius. Der Kriegsminister war zufrieden mit der Effizienz der

Atombombe und zeigte in seinem Tagebuch kein Anzeichen von Reue. Der Präsident sprach von der »schrecklichen Verantwortung«, die auf ihm lastete. Stimson drängte nun in einer Sprache, die die Japaner als herablassend empfunden hätten, auf ein großzügiges Friedensangebot: »Wenn Sie ihren Hund bestrafen, vergällen Sie ihm nach der Strafe auch nicht den ganzen Tag (…) Genauso ist es mit den Japanern. Sie sind von Natur aus ein freundliches Volk, und zu einem solchen Verhältnis müssen wir wieder mit ihnen kommen.«[38]

Privat war Truman offenbar aufgewühlt über das, was er getan hatte. Als ihn ein Senator aus Georgia drängte, mehr Atombomben einzusetzen, antwortete er: »Ich weiß, dass die Japaner, was die Kriegführung betrifft, eine schrecklich grausame und unzivilisierte Nation sind, aber ich glaube nicht daran, dass wir, weil sie Tiere sind, genauso handeln sollten. Was mich betrifft, so bedaure ich natürlich die Notwendigkeit, nur wegen der ›Dickköpfigkeit‹ einer nationalen Führung, ganze Bevölkerungsgruppen auszulöschen (…) Ich mache das nur, wenn es absolut notwendig ist.« Obwohl er das Ziel habe, amerikanische Leben zu retten, habe er auch »ein Mitgefühl für die Frauen und Kinder in Japan«.[39]

Japan hatte immer noch nicht kapituliert. Und Truman verzichtete trotz seiner privaten Skrupel nicht auf den Abwurf weiterer Atombomben, und blieb auch in der Öffentlichkeit unnachgiebig. »Unsere Warnung wurde nicht beachtet, unsere Bedingungen wurden abgelehnt«, erklärte er in einer Radiosendung, nachdem er in einem Hafen in Virginia gelandet war. »[D]ie Japaner haben gesehen, was unsere Atombombe anrichten kann. Sie können voraussehen, was sie in Zukunft anrichten wird.« Er schwor, die Bombe weiter einzusetzen, bis Japan kapitulierte. Erneut behauptete er, die Vereinigten Staaten hätten versucht, die Tötung von Zivilisten zu vermeiden, indem sie Hiroshima als Ziel ausgewählt hätten. Er tat so, als ob es sich um einen bloßen »Militärstützpunkt« gehandelt habe, und warnte, künftige Angriffe würden die kriegswichtige Industrie treffen und Zivilisten töten. Er berief sich auf die japanischen Kriegsverbrechen, als ob jeder Fischer, jede Hausfrau und jedes Schulkind in Hiroshima einen Angriffskrieg geplant oder Gefangene geschlagen hätte. »Wir haben [die Bombe] gegen Menschen eingesetzt, die uns ohne Vorwarnung in Pearl Harbor angegriffen haben, die amerikanische Kriegsgefangene schlugen, verhungern ließen und hinrichteten und nicht einmal mehr so taten, als würden sie das Kriegsvölkerrecht beachten.«[40]

Derselben Art von nachträglicher Rationalisierung machte sich auch William L. Laurence schuldig, ein Wissenschaftsreporter der *New York*

Times, der heimlich vom Manhattan Project bezahlt wurde, als er an Bord einer amerikanischen B-29-Superfortress Richtung Nagasaki flog.[41] Eingelullt vom Brummen der Motoren versank der verdeckte Propagandist in einen Tagtraum, in dem er sich wie ein einsamer Reisender in irgendeinem interplanetaren Raum fühlte. »Irgendwo hinter den gigantischen weißen Wolkenbergen vor mir liegt Japan, das Land unserer Feinde«, schrieb er. »Und in etwa vier Stunden wird eine ihrer Städte, die Kriegswaffen für den Einsatz gegen uns produziert, durch die größte Waffe, die der Mensch je gemacht hat, von der Landkarte getilgt werden.« Er war bei dem Test in Mexiko dabei gewesen und wusste, dass Zehntausende getötet würden.

»Spürt man irgendein Bedauern oder Mitleid für die armen Teufel, die bald sterben werden? Nicht, wenn man an Pearl Harbor und den Todesmarsch von Bataan denkt.«[42]

Unter der Maschine herrschte ein besonders wolkiger Tag in dem im äußersten Südwesten von Kyushu gelegenen Nagasaki. Die Hafenstadt befindet sich in zwei Flusstälern, ist viel kleiner als Hiroshima und war ebenfalls aus kleinen Holzhäusern erbaut.

Ganze drei Tage nach dem Inferno von Hiroshima waren die Bewohner von Nagasaki kaum besser vorbereitet. Sie wussten nicht, dass ihre Stadt in letzter Minute zum Ziel auserkoren worden war. Obwohl Nagasaki im Jahr zuvor fünf Bombenangriffe erlebt hate, war es noch weitgehend intakt. An jenem Morgen hatte es einen Luftalarm gegeben, dem zur erheblichen Erleichterung der Bevölkerung schon bald die Entwarnung gefolgt war. Als erneut anfliegende feindliche Flugzeuge gesichtet wurden, erfolgte der Luftalarm erst Minuten nach dem Abwurf der Bombe. Zwar besaß die Stadt unterirdische Tunnel, die als Luftschutzkeller dienten, aber nur etwa 400 Menschen befanden sich dort.[43]

Kurz nach 11 Uhr morgens gab es einen grellen Blitz. Über der verbrannten Erde schoss auf einer Feuersäule ein riesiger Feuerball in die Höhe. Laurence bezeichnete ihn als »ein lebendes Wesen, eine neue Art des Seins, die vor unseren ungläubigen Augen entstand«. Für ihn wirkte die Säule wie ein Totempfahl, aus dem groteske Gesichter herausstarrten. Dann erwuchs daraus ein monströser Pilz, der »sogar noch lebendiger wirkte als die Säule und siedend und brodelnd in einer weißen Wut cremigen Schaums nach oben zischte«.[44]

Wieder erinnerte die Detonation die Menschen an einen Magnesiumblitz, gefolgt von einer Wolke weißen Rauchs. Gleich darauf ein entsetzlich brüllendes Geräusch, eine Druckwelle von überirdischer Gewalt und sengende Hitze. In mehr als 800 Metern Umkreis wurden Menschen und Tiere durch eine »unvorstellbar große Kraft« getötet, wie es in einem fassungslosen japanischen Bericht heißt. Menschen wurden bis zur Unkenntlichkeit verbrannt oder schwarz verkohlt oder von einstürzenden Gebäuden zerquetscht. Holzhäuser fielen der Druckwelle und dem Feuer zum Opfer; armierte Betonbauten brannten aus oder ihre Wände wurden eingedrückt. Bahnhöfe wurden weggeblasen, Stahl verbog sich wie Wachs.

Abb. 7 *Die verbrannten Überreste von Nagasaki etwa zwei Monate, nachdem die Vereinigten Staaten am 9. August 1945 dort eine Atombombe abgeworfen hatten.*

Weil sich Nagasaki auf unebenem Terrain befindet, blieb der schlimmste Schaden auf das Tal des Urakami beschränkt, über dem die Bombe detonierte. Laut der U.S. Strategic Bombing Survey war der Schaden, den sie anrichtete, etwas geringer als der in Hiroshima: knapp 2,5 Quadratkilometer waren völlig zerstört, zwischen 35 000 und 40 000 Tote und etwa ebenso viele Verwundete. Die zivilen Stadtviertel waren verwüstet. Wie der Bericht kühl vermerkte, »starben viele dieser Menschen zweifellos mehrere Tode – theoretisch, weil jeder von ihnen mehrere Verletzungen hatte, die alle tödlich gewesen wären.« Die ersten Opfer starben an Verbrennungen oder wurden von Trümmern erschlagen, aber binnen einer Woche starben viele weitere einen rätselhaften Tod durch die Strahlenkrankheit: Haarverlust, blutiger Durchfall, Verlust weißer Blutkörperchen, tödliches Fieber. Wie die Behörden in Nagasaki feststellten, war die Stadt plötzlich »zu einem Friedhof geworden, in dem kein einziger Grabstein stand«.[45]

Jeder Krieg hat einmal ein Ende

Am 9. August versammelte sich der innere Führungszirkel Japans in einem Luftschutzbunker im Keller des Kaiserpalasts. In der schweren feuchten Sommerluft schwitzten die führenden Japaner in ihre Anzüge und Uniformen.

Japans Herrscher wurden Tag und Nacht durch amerikanische Bomben getrieben. Während einer ihrer langwierigen Diskussionen früher am Tag hatten sie von der Vernichtung Nagasakis erfahren, und sie hatten keine Ahnung, wann die nächste Atombombe fallen könnte. Dennoch hoffte die Armeeführung immer noch, die Amerikaner durch eine Entscheidungsschlacht auf den japanischen Hauptinseln zu einem qualifizierten Friedensangebot zwingen zu können. Auch nach zwei langwierigen Kabinettssitzungen an diesem Tag bestand zwischen den sechs Mitgliedern des inneren Zirkels immer noch ein hartnäckiges Patt.

Das Lager der Friedensbefürworter stand unter der energischen Führung von Togo Shigenori, dem Außenminister. Er und der Premierminister Suzuki Kantaro wollten, manchmal mit Unterstützung des Marineministers Admiral Yonai Mitsumasa, die Potsdamer Erklärung annehmen, unter der Bedingung, dass dies keine Vorentscheidung über die Stellung des Kaisers bedeutete. (Sie erhoben keine Forderungen, was die humane Behandlung der japanischen Zivilbevölkerung unter der Besatzung betraf.) Ihr Vorbehalt bezüglich des Kaisers hatte eine etwas breitere Bedeutung, als es sich Trumans Regierungsmannschaft vorstellte: Sie wollten das *Kokutai* erhalten.[46] Togos Enkel Togo Kazuhiko erklärte seine Bedeutung wie folgt: »*Kokutai* heißt wörtlich nationales Gemeinwesen. Abstrakt bedeutete es etwas, das für den Kern des japanischen Wesens äußerst wichtig ist. In Wirklichkeit bedeutet es das imperiale System einschließlich des Kaisers.« Für die konservative Führung Japans war das *Kokutai* unverzichtbar, um einen Aufstand im Inneren oder eine linke Revolution zu verhindern.[47] Selbst in dieser dunklen Stunde bestanden alle sechs führenden japanischen Politiker darauf, die Monarchie zu erhalten.

Eine Hälfte ging weiter: Der mächtige Heeresminister Anami Korechika und die Generalstabschefs des Heeres und der Marine bestanden auf drei weiteren Bedingungen für die Kapitulation: Die japanischen Truppen im Ausland sollten freiwillig selbst abziehen und demobilisieren; Japan sollte sich selbst um seine Kriegsverbrecher kümmern; und es sollte keine Besetzung japanischen Territoriums geben.[48] Bedingungen, die die Alliierten höchstwahrscheinlich ablehnen würden.

Um das Patt zu überwinden, berief Suzuki Kantaro eine Kaiserliche Konferenz ein, bei der die ranghöchsten Politiker im Beisein des Kaisers tagten. Normalerweise entschied der Kaiser nicht über das Ergebnis solcher Besprechungen, sondern beugte sich seinen Beratern. Wenn sich jedoch Hirohito entschlossen für eine der beiden festgefahrenen Fraktionen entschied, konnte er das Militär vielleicht von einem Putsch gegen das Friedenslager abhalten.[49]

In Gegenwart des Kaisers vertrat Togo die Ansicht, Japan habe kaum die Macht, Bedingungen zu diktieren. Zwar sei das Kaiserhaus nicht verhandelbar, doch die drei zusätzlichen Bedingungen des Militärs hätten nur mehr nutzlose Todesopfer zur Folge. Er räumte mit sichtlichem Unbehagen ein, dass es zahlreiche Präzedenzfälle für die Verurteilung von Kriegsverbrechern durch Ausländer gebe, und sagte, es bestehe keine andere Möglichkeit, als sie auszuliefern. Diese Tatsache konnte jedem von ihnen mit Ausnahme des Kaisers den Hals brechen – womöglich sogar im Wortsinn.

Der Heeresminister meinte, man müsse selbst dann weiterkämpfen, wenn die 100 Millionen Japaner Seite an Seite im Gefecht sterben sollten. Dann drohte er recht unverhohlen mit einem Militärputsch, indem er sagte, seine im Ausland stationierten Soldaten würden eventuell eine bedingungslose Kapitulation nicht akzeptieren. Außerdem seien viele Menschen in der Heimat bereit, bis zum Ende zu kämpfen, deshalb könne eine Kapitulation einen Bürgerkrieg auslösen.

Baron Hiranuma Kiichiro, ein reaktionärer früherer Premierminister, der als Vorsitzender des Kronrats (*Sumitsu-in*) an der Konferenz teilnahm, sagte, das *Kokutai* und das Kaiserhaus müssten verteidigt werden, selbst wenn die ganze Nation zugrunde gehe. Im Gegensatz zu Togos Vorschlag, in dem der Status des Kaisers auf dem japanischen Gesetz beruhte, vertrat Hiranuma die Ansicht, der Herrschaftsanspruch des Monarchen leite sich aus einer höheren Autorität ab als dem japanischen Recht. Er prägte den Satz, der letztlich an die Alliierten geschickt werden sollte: Nichts dürfe »die Prärogativen seiner Majestät als souveräner Herrscher« beeinträchtigen.

Als sich die erbitterte Debatte bis in die tristen ersten Stunden des 10. August hinzog, bat der Premierminister den Kaiser, seine heilige Entscheidung zu treffen.

Es war nach zwei Uhr morgens. Im Raum wurde es still. Der am Kopf des Tisches sitzende Hirohito lehnte sich vor und sprach mit seiner typischen hohen Stimme stockend, aber entschieden.

Er stimme Togo zu, sagte er. Die Grundlagen für das Überleben der Nation seien das Kaiserhaus, das Volk und das nationale Territorium; das alles würden sie riskieren, wenn sie einen hoffnungslosen Krieg fortsetzten. Seiner Ansicht nach bestand gegen Feinde mit einer solchen technologischen Macht keine Siegeschance mehr. Hirohito machte nicht den Vorschlag, sich selbst und seinen Thron für die Rettung seines Volkes zu opfern. Zur Besänftigung des Militärs, das gegen ihn oder Togo vorgehen konnte, sagte er, er empfinde es als unerträglich, seine loyalen Kämpfer entwaffnen und als Kriegsverbrecher den Alliierten übergeben zu müssen. Aber er werde das »Unerträgliche ertragen« müssen, um das Volk vor der Katastrophe zu retten. Dann wischte er sich mit der weißbehandschuhten Hand die Tränen ab.

Dies, erklärte der Premierminister, sollte die Entscheidung der Regierung sein. Die versammelten Regierungsvertreter weinten. Alle standen auf und machten eine zeremonielle Verbeugung, als der Kaiser langsam den Raum verließ. Seine obersten Untertanen hielten schnell eine Kabinettssitzung ab, um dem Willen des Monarchen Gesetzeskraft zu verleihen. Hirohito ließ ausrichten, wenn sich das Heer oder die Marine als widerspenstig erweisen sollten, werde er ihnen persönlich mitteilen, dass es sein Wille sei, den Krieg zu beenden.[50]

»Wir sagten ihnen, wir würden ihnen mitteilen, wie sie ihn behalten könnten«

Truman wachte am 10. August früh auf und brannte auf den Sieg. Er schrieb in sein Tagebuch, er habe an diesem Morgen »das Kapitulationsangebot der Japse« bekommen.[51]

Die japanische Regierung hatte ihm, wie auch Großbritannien, China und der Sowjetunion, über die schweizerische und die schwedische Regierung eine Note geschickt.[52] Um 7.33 Uhr gab Japan in einer Rundfunksendung auf Englisch bekannt, dass der Kaiser in der Hoffnung, »die Menschheit vor den Katastrophen« weiterer Kriegführung »zu bewahren«, eine Beendigung der Feindseligkeiten anstrebe. Die japanische Regierung werde die Potsdamer Erklärung vollständig akzeptieren, aber nur »unter der Voraussetzung, dass besagte Erklärung keine Forderung enthält, die die Prärogativen seiner Majestät als souveräner Herrscher beeinträchtigen«.[53]

Selbst nach zwei Atombomben, einem sowjetischen Angriff und angesichts einer drohenden Invasion auf den japanischen Hauptinseln war dies immer noch keine bedingungslose Kapitulation. Laut dem Vorschlag sollte nicht nur der Kaiser, sondern auch seine souveräne Herrschaft – die Grundlagen des *Kokutai* – unangetastet bleiben.

Die Entscheidung war für die Japaner extrem schmerzhaft gewesen und konnte dennoch in Washington durchfallen. Stimson warf Truman und dem Außenministerium in seinem Tagebuch vor, aus seinem Entwurf der Potsdamer Erklärung das Angebot gestrichen zu haben, Japan seine Monarchie behalten zu lassen. Und er schimpfte auf die »uninformierte Hetze gegen den Kaiser in diesem Land, und zwar meistens von Leuten, die nicht mehr über Japan wissen, als sie in Gilbert und Sullivans ›Der Mikado‹ [einer englischen Operette von 1885] gelernt haben«.

Truman versammelte hastig eine aufgeregte Schar von Spitzenberatern, einschließlich Stimson, Leahy und Byrnes, im Oval Office. Stimson drängte darauf, die japanischen Bedingungen zu akzeptieren, aber Außenminister Byrnes wollte den Kaiser nicht im Amt lassen, nachdem sowohl Roosevelt als auch Truman eine bedingungslose Kapitulation verlangt hatten. »Natürlich sind in den drei Jahren erbitterten Krieges bittere Bemerkungen über den Kaiser gemacht worden«, schrieb Stimson in sein Tagebuch. »Die plagen uns jetzt.«[54]

Stimson vertrat die pragmatische Ansicht, dass die überragende Autorität des Kaisers unter alliiertem Kommando ohnehin notwendig sei, um die über Ostasien verstreuten japanischen Truppen zur Kapitulation zu bewegen. Das wird uns »vor einem Dutzend blutiger Iwo Jimas und Okinawas überall in China und Niederländisch-Ostindien [heute in etwa Indonesien] bewahren.«[55] Auch Leahy, der fürchtete, dass einige Präsidentenberater eine Hinrichtung des Kaisers wollten, wollte ihn lieber instrumentalisieren. »Ich hatte keine Gefühle für den kleinen Hirohito«, sollte er später schreiben. »Aber ich war überzeugt, dass es notwendig sein würde, ihn für die Herbeiführung der Kapitulation zu benutzen.«[56]

Byrnes konterte, da die Japaner sich unbedingt ergeben wollten, könnten sie keine Bedingungen diktieren.[57] Außerdem warnte der stets über ein gutes politisches Gespür verfügende Politiker, eine Annahme der japanischen Bedingungen werde »zur Kreuzigung des Präsidenten« führen.[58]

Truman wies den Außenminister an, eine Antwort an Japan zu verfassen, während sich vor dem Oval Office eine Meute erregter Reporter versammelte. Stimson verließ Byrnes, als dieser die Reaktion auf die japanische Note ausarbeitete, und kehrte ins Pentagon zurück. Dort sagte er zu seinem Stellvertreter John J. McCloy, er müsse den Krieg beenden, bevor die Sowjets zu weit vordrangen: »Ich hatte das Gefühl, es sei sehr wichtig, dass wir die japanischen Hauptinseln in die Hand bekamen, bevor die Russen irgendeinen begründeten Anspruch darauf erheben konnten, sie zu besetzen und mitzuregieren.«

Byrnes machte keine ausdrückliche Zusage, dass das imperiale System beibehalten werden würde oder Hirohito Kaiser bleiben könnte. Stattdessen stellte er das Herrscherhaus unter die Aufsicht eines militärischen Machthabers, der zweifellos ein amerikanischer General sein würde: »Die Autorität des Kaisers und der japanischen Regierung werden dem Oberkommandierenden der Alliierten Mächte unterstellt, der die seiner Ansicht nach richtigen Schritte zur Erfüllung der Kapitulationsbedingungen veranlassen wird.« Zu Stimsons Genugtuung schloss dies eine sowjetische Einflussnahme aus.[59]

Die anderen amerikanischen Bedingungen waren schlicht und einfach streng. Hirohito und das japanische Oberkommando hatten die Kapitulationsbedingungen persönlich zu unterzeichnen, ihren Streitkräften die Einstellung der Kampfhandlungen zu befehlen und sämtliche Befehle des Oberkommandierenden der Alliierten Mächte auszuführen. Die alliierten Kriegsgefangenen waren freizulassen. Alliierte Truppen würden Japan besetzen, bis die Ziele der Potsdamer Erklärung erreicht wären. Letztlich erlaubte die Regierung Truman die Erhaltung der Monarchie, wenn die Japaner dies wünschten: »Die endgültige Regierungsform Japans wird in Übereinstimmung mit der Potsdamer Erklärung durch den frei ausgedrückten Willen des japanischen Volkes bestimmt.«[60]

Truman war zufrieden; Stimson war entzückt.[61] Der erschöpfte Kriegsminister, der sein Amt nach einem vermuteten Herzanfall dringend niederlegen wollte, empfand den Kompromiss als »ziemlich klug und vorsichtig«.[62] »Sie wollten vor der Kapitulation eine Bedingung stellen«, schrieb der Präsident in sein Tagebuch, als ob er sich selbst im Nachhinein zu dem überreden musste, was er getan hatte. »Unsere Bedingungen sind ›bedingungslos‹.« Sie wollten den Kaiser behalten. »Wir sagten ihnen, wir würden ihnen mitteilen, wie sie ihn behalten könnten, aber zu unseren Bedingungen.«[63]

Als »humanen Zug« schlug Stimson eine sofortige Einstellung der Bombenangriffe auf Japan vor, aber dies wurde mit der kleinlichen Begründung, dass die US-Regierung noch keine offizielle Kapitulation erhalten habe, rundweg abgelehnt.[64] Als ein presbyterianischer Pfarrer die wahllose Zerstörung durch die Atombombe beklagte, brachte Truman unwirsch die japanischen Kriegsverbrechen ins Spiel: »Niemand ist über den Einsatz von Atombomben mehr verstört als ich, aber ich war auch sehr verstört über den unberechtigten Angriff der Japaner auf Pearl Harbor und darüber, dass sie Kriegsgefangene ermordeten. Die einzige Sprache, die sie zu verstehen scheinen, ist, dass wir sie bombardieren. Wenn man es mit einer Bestie zu tun hat, muss man sie wie eine Bestie behandeln.«[65]

Er gab jedoch die Anweisung, eine dritte Atombombe nicht ohne seinen ausdrücklichen Befehl abzuwerfen. Es sei zu schrecklich, weitere 100 000 Menschen auszulöschen, sagte er im Kabinett, und ihm gefalle die Vorstellung nicht, »all diese Kinder« zu töten.[66]

Die anderen Regierungen der Alliierten waren tief gespalten, was die Beibehaltung der Monarchie betraf.[67]

In London stimmten der neue britische Premierminister Clement Attlee und sein Außenminister Ernest Bevin dem amerikanischen Vorschlag in nur wenigen Stunden zu. Obwohl Bevin ein progressiver Gewerkschaftler war, fand er, dass konstitutionelle Monarchien nützlich sein konnten; seiner Ansicht nach hatte die erzwungene Abdankung Wilhelms II. ein Einfallstor für Adolf Hitler geschaffen.[68] Die Labour-Regierung war schon durch die Besatzung Deutschlands sehr in Anspruch genommen und fürchtete, dass eine Absetzung des Kaisers »die Japaner zu einer selbstmörderischen Politik treiben könnte«. Auch hatten die Briten ein koloniales Motiv, sich des Kaisers zu bedienen: Seine Autorität würde entscheidend sein, damit die japanischen Soldaten in den Randbereichen des British Empire ihre Waffen niederlegten. Die Briten schlugen vor, Hirohito die Demütigung einer persönlichen Unterzeichnung der Kapitulation zu ersparen.[69]

Die australische Regierung erklärte öffentlich, eine Erhaltung der Prärogativen des Kaisers sei völlig inakzeptabel, und drängten die Briten hinter verschlossenen Türen, sich die Möglichkeit offenzuhalten, den Kaiser als Kriegsverbrecher vor Gericht zu stellen.[70] Im britischen Außenministerium war man entsetzt. Fest entschlossen, in ihrem autonomen Dominion keine Trugschlüsse aufkommen zu lassen, warteten die Briten mehrere Tage mit einer Antwort, um dann klarzumachen, was für eine geringe Bedeutung die Ansichten Australiens in London hatten, von Washington oder Moskau ganz zu schweigen.[71] In einer geheimen Nachricht warnten die Briten die Australier, dass »es ein kapitaler politischer Fehler wäre, ihn [Hirohito] als Kriegsverbrecher anzuklagen. Wir streben danach, unseren Einsatz von Personal und anderen Ressourcen zu begrenzen, indem wir den Thron des Kaiserreichs als Instrument zur Kontrolle des japanischen Volkes nutzen«.[72]

Chiang Kai-shek, den die Nachricht in Chongqing nach dem Morgengebet erreichte, stimmte den amerikanischen Bedingungen zähneknirschend zu, verlangte jedoch, dass Hirohito und das japanische Oberkommando die Kapitulationserklärung persönlich unterzeichneten. Der Kaiser, schrieb er in sein Tagebuch, solle dem neuen Alliierten Oberkommandierenden unterstellt und die japanische Regierung durch den freien Willen des Volkes bestimmt werden, was er schon seit vielen Jahren fordere.[73]

Der sowjetische Außenminister Wjatscheslaw Molotow meinte schlau, die Sowjetunion werde ihre Offensive in der Mandschurei fortsetzen, da Japan nicht bedingungslos kapituliert habe.[74] Unter amerikanischem Druck akzeptierte er den Entwurf für die Antworten schließlich doch, verlangte aber ein Mitspracherecht bei der Ernennung des Alliierten Oberkommandierenden, der das besetzte Japan führen sollte. W. Averell Harriman, der amerikanische Botschafter in Moskau, weigerte sich rundheraus, den Sowjets in der Sache ein Vetorecht einzuräumen. Molotow schlug vor, ein gemeinsames Oberkommando mit einem amerikanischen und einem sowjetischen General zu bilden. Dies sei undenkbar, entgegnete Harriman; der Oberkommandierende müsse ein Amerikaner sein. Nach einem heftigen Streit verließ der Botschafter den Raum. Kurz darauf wurde er telefonisch informiert, dass Stalin lediglich wegen der Form des amerikanischen Kommandos konsultiert werden wolle.[75]

In Befolgung des britischen Vorschlags verzichteten die Amerikaner darauf, Hirohito die Kapitulation unterzeichnen zu lassen, bestanden aber darauf, dass er dem japanischen Militär den Befehl zur Niederlegung der Waffen erteilte.[76] Chiang, erneut brüskiert, stimmte widerstrebend zu.[77] Die uneinigen Alliierten schickten den Japanern eine gemeinsame Antwort.

Mit jeder Stunde starben Menschen durch Bombenangriffe und im Gefecht. Zwischen dem 10. und dem 15. August töteten die Amerikaner vermutlich etwa 15 000 Japaner.[78] »Wir warten alle gespannt auf eine Antwort der Japse«, schrieb Truman in sein Tagebuch. »Hatte einen höllischen Tag.«[79]

Truman sollte später ganz offen sagen, dass Hirohito »mitgeteilt wurde, dass er nicht angeklagt und als Kaiser behalten werde«.[80] Doch die tatsächliche Note war differenzierter und ihre neunmalklugen Formulierungen lösten in der japanischen Bürokratie ein Rätselraten aus: Was bedeutete es für das *Kokutai*, dass die Regierung Japans vom freien Willen seines Volkes bestimmt werden sollte? Selbst Togo und die Friedensfraktion waren verärgert, weil eine Garantie für den Erhalt des kaiserlichen Systems fehlte. Marquis Kido Koichi, der engste Berater des Kaisers, drängte den zu den Hardlinern gehörenden Heeresminister, die alliierte Note zu akzeptieren:

»Wir müssen uns den Wünschen Ihrer Majestät beugen.« Wieder war der innere Zirkel blockiert, und die Militärs drohten, sich gegen das Friedenslager durchzusetzen.[81]

Nach zahlreichen Putschversuchen und Morden hatten die Befürworter eines Friedens jeden Grund, die militärischen Extremisten zu fürchten.[82] In ganz Tokio hingen Poster mit der Aufforderung: »Tötet den Lordsiegelbewahrer Kido!«[83]

Es bedurfte einer zweiten Intervention des Kaisers, der beschlossen hatte, die amerikanische Note zu schlucken, um Japan aus dem Krieg herauszureißen. Zum Entsetzen der Palastbeamten warfen amerikanische B-29-Maschinen über den größten Städten Japans Flugblätter ab, durch die das geheime Kapitulationsangebot und die Reaktion der Alliierten allgemein bekannt wurden.[84] Kido fürchtete, es werde ein Chaos, eine Revolution oder einen Militärputsch geben. Er beeilte sich, den Kaiser zu warnen, und gestand in seinem Tagebuch, dass ihn Hirohitos Entschlossenheit, Frieden zu schließen, mit Ehrfurcht erfüllte. Am Morgen des 14. August versammelte der Kaiser seine Militärführer, sagte, sie hätten gegen die Atombomben und die sowjetische Invasion keine Chance, und bat sie, ja befahl ihnen beinahe, den Krieg zu beenden. Als man ihn nach dem *Kokutai* fragte, sagte er, die Alliierten hätten das Überleben des Kaiserhauses garantiert.[85]

Angetan mit der Galauniform eines Marschalls und den geziemenden weißen Handschuhen versammelte Hirohito zum letzten Mal die führenden Politiker seiner Regierung – sie standen in einem kleinen Raum zusammengedrängt. Der Heeresminister und die Generalstabschefs des Heeres und der Marine empfanden die amerikanische Antwort als ungenügend und ließen die Möglichkeit weiterzukämpfen offen. Hirohito jedoch war offenbar überzeugt, dass Byrnes nuancierte Formulierungen eine Erhaltung der Monarchie bedeuteten und erklärte, die Note der Alliierten sei »akzeptabel«. Er sagte den Militärs, es sei schwer für ihn, »so viele meiner getreuen Diener an die alliierten Behörden auszuliefern, die sie als Kriegsverbrecher anklagen werden«. Doch er könne es nicht ertragen, sein Volk noch weiter leiden zu lassen und Zehntausende oder Hunderttausende weitere Tote in Kauf zu nehmen: »Die ganze Nation wird zu Asche verbrennen.«

Dann verkündete er den außerordentlichen Schritt, dass er der Nation die Nachricht in einem kaiserlichen Reskript selbst verkünden werde. Er sah seine widerstrebenden Generale an und forderte sie auf, die Soldaten von seiner Entscheidung für den Frieden zu überzeugen. Die Männer in dem überfüllten Raum weinten und verbeugten sich. Der Kaiser selbst weinte, als er die Ereignisse hinterher Kido erzählte, der vor Trauer den

Kopf nicht heben konnte.[86] Endlich konnte das japanische Kabinett kapitulieren.[87]

Ohne Hirohitos Zustimmung hätten viele Militärs womöglich eine Kapitulationsentscheidung der Regierung missachtet.[88] Selbst nach zwei direkten Interventionen des Kaisers für einen Friedensschluss planten einige Armeeführer immer noch einen Putsch, um weiterzukämpfen. Es gab Mordpläne gegen den Premierminister und Kido. Der Heeresminister war zutiefst gespalten und erwog ernsthaft einen Putsch, auf den er schließlich verzichtete. Doch er ging nicht gegen die Clique junger Offiziere vor, die selbst einen Putsch plante, sondern schlitzte sich, statt sich die Kapitulationsrede des Kaisers im Radio anzuhören, die Kehle und den Bauch auf.[89]

Der Putsch fand in der Nacht vom 14. auf den 15. August statt. Einer der Putschisten erschoss einen General und einen weiteren Offizier, die sich ihnen in den Weg stellten. Dann rasten sie durch den Kaiserpalast und suchten vergeblich mehrere Stunden lang die für die Sendung auf eine Schallplatte aufgezeichnete Kapitulationsansprache des Kaisers. Kido erwachte und versteckte sich. Dann eilte er in sein Büro, wo er wichtige Dokumente schredderte und in die Toilette warf, um schließlich im Tresorraum Schutz zu suchen. Nach einigen entsetzlich angsterfüllten Stunden, in denen sich der Kaiser hinter eisernen Rollläden in seiner Residenz verbarg, hatten die Putschisten die Aufzeichnung immer noch nicht gefunden. Die Armee schlug den Putsch nieder, und die beiden führenden Verschwörer begingen vor dem Palast Selbstmord.[90]

Am 14. August gegen 16 Uhr saß Byrnes in seinem Büro im Executive Office Building in Washington und plauderte mit dem Duke of Windsor, der ihm gerade einen Besuch abstattete. Da klingelte das Telefon: Japan hatte das Kapitulationsangebot akzeptiert. Der Außenminister eilte in das benachbarte Weiße Haus und platzte ins Oval Office, wo er Truman informierte.[91]

Der Kaiser hatte erklärt, dass er die Potsdamer Erklärung annahm, und gesagt, er werde seinen Streitkräften befehlen, die Kampfhandlungen einzustellen und ihre Waffen zu übergeben. Endlich war der Zweite Weltkrieg zu Ende.[92]

Truman versammelte eine Schar freudig erregter Reporter im Oval Office, ließ die Türen schließen und holte Byrnes, Leahy, Hull und einige weitere Regierungsbeamter an seine Seite. Er sprach um Punkt 19 Uhr im grellen Licht der Jupiterlampen, feierlich hinter seinem Schreibtisch stehend in einem dunklen Zweireiher mit silbern und blau gestreifter Krawatte,

Abb. 8 *Harry Truman verkündet den sich im Oval Office drängenden Reportern die Kapitulation Japans, 14. August 1945.*

und verkündete, langsam von einem einzelnen Blatt ablesend, die »bedingungslose Kapitulation Japans«. Die Türen wurden wieder geöffnet und die Reporter eilten hinaus, um die Nachricht in die Welt hinauszutragen.

Draußen versammelte sich eine jubelnde Menschenmenge und skandierte: »Wir wollen Truman! Wir wollen Truman!« Eine halbe Million Menschen überschwemmte tanzend und jubelnd die Straßen der Hauptstadt. Während in Washington und im ganzen Land mit Hupkonzerten und Glockengeläut ausgelassen gefeiert wurde, ging Truman in den Wohnbereich des Weißen Hauses, wo er seine alte Mutter in Missouri anrief und ihr sagte, was geschehen war.[93]

»Nicht unbedingt zu Japans Vorteil«

Überall in Asien hörten die Offiziere der Alliierten auf, Japaner zu töten, und nahmen stattdessen deren Kapitulation an.[94] Fronten wurden zu politischen Demarkationslinien.[95] »Ich bin so dankbar, dass wir Ben nicht auch in den Topf werfen müssen«, schrieb General Joseph Stilwell, der damals

Soldaten für den Sturm auf Kyushu drillte, über seinen jüngsten Sohn, der gerade 18 geworden war, und »dass es mir egal ist, was sie mit dem gottverdammten Kaiser machen.«[96]

Stimson notierte trocken, er könne nun endlich seinen Urlaub fortsetzen, »der diese Woche von einigen Ereignissen unterbrochen worden ist«.[97] Er freute sich, dass Hirohitos Befehl von den japanischen Armeen befolgt wurde, was »riesige Verluste an Menschenleben« durch eine Invasion mit Bodentruppen ersparte.[98] Seine Arbeit war getan, und der alte Kriegsminister konnte Truman nun erleichtert seinen Rücktritt anbieten.[99]

Am 15. August wurde im japanischen Radio plötzlich verkündet, dass der Kaiser um die Mittagszeit zu seinen Untertanen sprechen werde. In Bürogebäuden, Schulen und Bauernhöfen wurden Lautsprecher aufgestellt, und um die Mittagszeit wurde es unheimlich still im Land, als sich die Menschen um ihre Radios versammelten. An der Front hörten die Soldaten angestrengt zu, um ihr Schicksal zu erfahren; einige erwarteten einen trotzigen Aufruf zum Widerstand gegen die Invasoren. Viele Untertanen verbeugten sich vor dem ungewohnten Ton der kaiserlichen Stimme, »der Stimme des Kranichs«, die noch nie zuvor im ganzen Land vernommen worden war und nun ertönte, als das Radio die Schallplattenaufnahme übertrug, auf der Hirohito den kaiserlichen Erlass zu Beendigung des Krieges verlas.[100]

Hirohitos Stimme war dünn, sein Ton düster. »Seine Stimme war langsam und beherrscht, mit einer unverwechselbaren Intonation«, erinnerte sich eine Frau, die die Brandbombenangriffe auf Tokio überlebt hatte. Was er sagte, war schwer verständlich, ja beinahe kryptisch. Er rechtfertigte den Krieg und entschuldigte sich nicht: Japan hatte den Vereinigten Staaten und Großbritannien zur eigenen Selbsterhaltung den Krieg erklärt und die »Emanzipation Ostasiens« angestrebt. Der Kaiser erwähnte weder die Untaten, die den Chinesen und anderen asiatischen Völkern zugefügt worden waren, noch die Misshandlung alliierter Kriegsgefangener. Nur gegenüber den Marionettenregimen, die zusammen mit Japan geherrscht hatten, drückte er sein Bedauern aus.

Obwohl das Land sein Bestes gegeben habe, habe sich der Konflikt »nicht unbedingt zu Japans Vorteil entwickelt« – einer der größten Euphemismen der Militärgeschichte. Der Feind habe »eine neue und ungeheuer grausame Bombe« eingesetzt, der viele unschuldige Menschen zum Opfer gefallen seien; wenn Japan weiterkämpfe, werde dies nicht nur die Vernichtung des Landes, sondern die »völlige Auslöschung der menschlichen Zivilisation« bedeuten. Er warnte seine Untertanen vor inneren Konflikten und versicherte ihnen, dass es Japan gelungen sei, »die Struktur des kaiserlichen Staates zu retten und aufrechtzuerhalten«. Auch beklagte er die Opfer des Krieges und forderte seine Zuhörer auf, »das Unerträgliche zu ertragen«.[101]

Für Hirohitos Untertanen, die sich anstrengen mussten, um seinen klassischen Dialekt zu verstehen, kam seine kurze Ansprache überraschend und verwirrend: Die Ikone des Krieges und der Opferbereitschaft hatte sich plötzlich in einen Befürworter der Kapitulation verwandelt. Sie reagierten mit Trotz, Resignation oder Erleichterung. In der Hauptstadt gingen die Leute zum Kaiserpalast und verbeugten sich, oder sie versammelten sich zu Ehren der Kämpfer, die nie heimkehren würden, im Yasukuni-Schrein.[102] Eine Überlebende der Brandbombenangriffe, die sich bei der Ansprache in einer Militärfabrik in Yokohama befand, hörte nur noch sehr schlecht, aber die schockierten Menschen neben ihr sagten ihr, dass der Krieg verloren sei. In Nagasaki war eine junge Frau, die ein paar Tage zuvor durch die Atomexplosion und die Druckwelle kurz das Bewusstsein verloren hatte, zu sehr mit dem Verbrennen von Leichen beschäftigt, um zuzuhören.

Der amerikanische Militärgeheimdienst hatte befürchtet, dass Hirohito nach der Kapitulation abdanken könnte.[103] Er tat nichts dergleichen. Am 16. August um 16 Uhr befahl er dem Militär, die Kampfhandlungen sofort einzustellen. Um sicherzugehen, dass dem Befehl Folge geleistet wurde, entsandte er Mitglieder der kaiserlichen Familie zu fernen japanischen Truppenteilen in der Mandschurei, China und Indochina.[104]

Truman hatte durch eine Spezialdirektive General Douglas MacArthur, den einzigen Fünfsternegeneral des Heeres, der zu diesem Zeitpunkt verfügbar war, bereits zum kommenden Oberkommandierenden der Alliierten Mächte ernannt. »Vom Zeitpunkt der Kapitulation an ist die Autorität des Kaisers und der japanischen Regierung, den Staat zu regieren, Ihnen unterworfen«, hieß es in der Direktive. Der Kaiser musste eine von ihm signierte Proklamation herausgeben, durch die er seine Untergebenen autorisierte, eine offizielle Kapitulationsurkunde zu unterzeichnen.[105]

Statt sich durch Kyushu und Honshu den Weg freizuschießen, besetzten die alliierten Soldaten Japan nun sorgfältig koordiniert mit den japanischen Behörden. Togo Shigenori ermahnte die Alliierten im Namen seiner geschlagenen Regierung, sich auf ein Minimum an Soldaten zu beschränken, diese so unauffällig wie möglich zu stationieren und sie ganz aus Tokio herauszuhalten. Er schlug vor, dass Millionen Japanern erlaubt werde, sich unter dem Kommando des Kaisers selbst zu entwaffnen.[106] Byrnes antwortete ungerührt, MacArthur werde den Japanern sagen, wie sie ihre Kapitulation durchführen sollten.[107]

Australien verkündete, außer den Vereinigten Staaten habe in dem Krieg kein Land einen größeren Beitrag geleistet, und trübte den Sieg erneut durch öffentliche Beschwerden, dass es wegen der Kapitulationsbedingungen nicht konsultiert worden sei. Am selben Tag, als die Ansprache des Kaisers übertragen wurde, verkündete der australische Außenminister, dass Hirohito ein Kriegsverbrecher sein könnte, der vor Gericht gestellt werden müsse.[108]

Als die Amerikaner die Herrschaft übernahmen, gaben sie sich kaum Mühe, ihre Rachegelüste zu zügeln. Das Pazifische Flottenkommando gab daher einen Befehl heraus, in dem es hieß, wenngleich »die Japaner immer noch die Nation sind, die den Krieg mit einem hinterhältigen Angriff auf die Pazifikflotte begann und unsere gefangenen Waffenbrüder Folter, Hunger und Mord unterwarf«, sei es dennoch ungehörig für die Offiziere der U.S. Navy, sie als Rasse oder als Einzelpersonen mit »beleidigenden Schimpfwörtern« zu belegen. Weder Vertraulichkeiten und offene Vergebung noch Misshandlungen und Beschimpfungen seien erlaubt.[109]

Für die Sowjets war die japanische Kapitulation kein Grund, die Feindseligkeiten einzustellen. Nachdem sie die meiste Zeit des Pazifikkriegs nicht gekämpft hatten, attackierten sie nun im Frieden. Sowjetische Truppen stürmten in der Mandschurei nach Süden, besetzten Nordkorea und bedrohten Hokkaido, die nördlichste der japanischen Hauptinseln.

Stalin wollte den Norden Hokkaidos besetzen und informierte Truman, dass »die russische Öffentlichkeit ernsthaft brüskiert wäre, wenn die russischen Truppen nicht irgendwo auf dem ursprünglichen Territorium Japans eine besetzte Region hätten«.[110] Er tischte Truman damit eine Rechnung für den sowjetischen Kriegseintritt auf, die weit über das hinausging, was man ihm in Jalta versprochen hatte. Sie hätte letztlich dazu führen können, dass auch Japan in eine westliche und eine sowjetische Zone geteilt worden wäre, wie es in Deutschland und Korea geschehen sollte. Truman jedoch weigerte sich schroff und informierte Stalin kühl, dass sich die Japaner auf allen Hauptinseln einschließlich Hokkaidos nur MacArthur ergeben würden. Er erlaubte dem Sowjetführer allerdings, die gesamten Kurilen einschließlich der Südkurilen (die die Japaner als Nördliche Territorien bezeichnen) zu annektieren – ein Zugeständnis, das die Japaner empörte und das zu einem heute noch schwelenden Territorialstreit mit Russland geführt hat.[111] Stalin reagierte mit der beleidigten Erklärung, »dass ich und meine Kollegen eine solche Antwort nicht von Ihnen erwartet hätten«, verzichtete jedoch auf seine Hokkaido-Pläne.[112]

Die Japaner beschwerten sich zwei Tage nach ihrer Kapitulation heftig bei MacArthur, dass die Sowjets ihre Offensive in der Mandschurei fortsetzten, und es ihnen schwermachten, dem kaiserlichen Befehl zur Niederlegung der Waffen zu folgen. Besorgt, dass der sowjetische Angriff die »unblutige Kapitulation« gefährden könnte, setzte MacArthur das sowjetische Oberkommando unter Druck, ohne allerdings auf die japanische Beschwerde zu antworten.[113]

Stalin ließ sich von MacArthur nichts befehlen. Er gab zu, dass seine Truppen bereits 400 000 Japaner gefangengenommen hatten, behauptete jedoch, nur zum Schein kapitulierende Truppen in der Mandschurei hätten heimtückisch die Rote Armee angegriffen – die daraufhin 40 000 Japaner getötet oder verwundet habe.[114] Diese Art von Brutalität blieb kennzeichnend für den sowjetischen Vorstoß und besonders für die Behandlung der japanischen Kriegsgefangenen, von denen zwei Drittel Zivilisten waren. Bis heute trauern die Japaner um ihre Landsleute, die nach dem Feldzug in der Mandschurei in schockierend hoher Zahl in sowjetischer Gefangenschaft umkamen: Bei mehr als einer Viertelmillion ist der Tod bestätigt, und etwa 93 000 weitere sind verschollen und vermutlich tot.[115]

Als die Rote Armee am 5. September, lange nach der japanischen Kapitulation, endlich die Kämpfe einstellte, hatte sich die Sowjetunion geholt, was man ihr in Jalta versprochen hatte, auch Südsachalin und die Kurilen.[116] Hilflos beschwerte sich die japanische Regierung, dass die Sowjets auf Sachalin plünderten und nicht nur Frauen, sondern auch 15-jährige Mädchen vergewaltigten und sie erschossen, wenn sie sich wehrten.[117] In Korea besetzten die Sowjets alle Gebiete, die nördlich des 38. Breitengrads lagen, und legten damit den Grundstein für das heutige stalinistische Regime in Nordkorea.[118]

Japanische Truppen waren von den Philippinen bis Korea, von Thailand bis Singapur und von Malaya bis Java stationiert.[119] Einige ihrer Offiziere beharrten, sie wollten weiterkämpfen, und Admiral Chester Nimitz und andere ranghohe amerikanische Militärs fürchteten, dass das japanische Militär dem Krieg auf eigene Faust weiterführen könnte.[120] Der Chef des amerikanischen Heeresnachrichtendienstes warnte, die japanischen Armeen seien groß, gut bewaffnet und ungeschlagen.[121]

Tausende japanischer Soldaten begingen unter Tränen Selbstmord, weil sie nicht glauben konnten, dass sie verloren hatten, oder nicht bereit waren, in einer amerikanischen Zukunft zu leben. Aber obwohl diese grausigen Ausnahmen große Aufmerksamkeit erregten, war die tatsächliche Zahl meuternder Soldaten ausgesprochen klein für eine so riesige Armee. Trotz der organisierten Propaganda vom Kampf bis zum Tode waren zahllose Zivilisten, die aus ihren ausgebrannten Städten geflohen waren, außer sich vor Freude, dass sich ihre Lebenserwartung wieder drastisch vergrößert hatte. Auch viele Soldaten waren sich ihrer aussichtslosen Lage voll bewusst und gerne bereit, die Waffen zu strecken.[122]

Allerdings war die Kapitulation in China besonders schwierig, da dort mehr als eine Million japanischer Soldaten mit Vergeltungsmaßnahmen der wutentbrannten Chinesen rechnen mussten.[123] »Die kampflose Kapitulation von mehreren Millionen Soldaten ist in der militärischen Geschichte der Welt beispiellos«, funkte General Okamura Yasuji, der Befehlshaber der japanischen Streitkräfte in China, wutentbrannt an den Heeresminister.[124] Er verkündete erst zwei Tage nach der Radioansprache des Kaisers widerstrebend eine Feuerpause.[125] An zahlreichen Orten in China weigerten sich die Truppen aufzugeben, drohten mit dem Einsatz von Giftgas oder schworen, bis zum Schluss zu kämpfen und danach Selbstmord zu begehen.[126] Hirohito persönlich bat MacArthur um Hilfe.[127]

Chiang Kai-shek plädierte am 15. August, als er im Radio den Sieg verkündete, für Großzügigkeit. Auch wenn er ausdrücklich Jesus erwähnte, war das Motiv nicht reine christliche Nächstenliebe. Er versuchte, sich mit Mao Zedong in Verbindung zu setzen, um die kommunistischen Kräfte unter nationalchinesische Kontrolle zu bringen, und hoffte, Nachkriegsjapan könne ein Bollwerk gegen den Kommunismus werden. Er verkündete, dass »die imperialistischen Pläne des Feindes China betreffend« vereitelt seien, und appellierte an seine Soldaten, sich nicht an den kapitulierenden japanischen Truppen zu rächen: »Wir haben schon immer gesagt, dass unser Feind der gewaltsame Imperialismus Japans ist, aber nicht das japanische Volk.« Deshalb schloss er Racheakte »an den unschuldigen japanischen Menschen« aus. »Wir können sie nur bedauern, weil sie so schlimm betrogen und irregeleitet worden sind, und hoffen, dass sie sich von den Missetaten und Verbrechen ihrer Nation distanzieren.«[128]

In Indien, auf den Philippinen, in Indochina und in anderen kolonisierten Ländern bedeutete das Kriegsende eine Wiederaufnahme des Kampfes gegen den westlichen Imperialismus.[129] Frankreich wollte unbedingt seine Herrschaft über Indochina wiederherstellen, das heute aus den unabhängigen Staaten Vietnam, Kambodscha und Laos besteht. Als sich die Regierung Truman stillschweigend weigerte, bei der Wiedereroberung zu helfen, ärgerte sich Charles de Gaulle über Trumans Haltung, die er als allzu simple Fixierung auf Demokratie und Unabhängigkeit betrachtete.[130] Bei einem Besuch im Weißen Haus warnte der Präsident der Provisorischen Regierung der Französischen Republik Truman, dass es bei den »immer noch primitiven Völkern« zu Ausländerfeindlichkeit, Armut und Anarchie führen werde, wenn man die kolonisierten »Asiaten und Afrikaner« zu schnell in die Unabhängigkeit entlasse. Als Truman sagte, seine Regierung werde sich der Rückkehr der französischen Armee und der französischen Herrschaft in Indochina nicht entgegenstellen, antwortete de Gaulle hochmütig, Frankreich habe es nicht nötig, um Erlaubnis zu bitten.[131]

De Gaulle war es peinlich, dass Frankreich kaum etwas getan hatte, um die Japaner aus Indochina zu vertreiben. Zwei französische Divisionen hatten sich noch auf ihren Einsatz vorbereitet, als die Atombomben fielen. Nach der Besatzung durch die Japaner fand der General zu seinem Entsetzen keine Spur mehr von französischer Autorität in seinen Kolonien, auch nicht in Kambodscha und Laos. Frankreich stationierte etwa 70 000 Mann in Indochina, eine Machtdemonstration, die, wie de Gaulle offen zugab, die kurz zuvor erlittenen Demütigungen vergessen machen sollte. Weil die vietnamesischen Kommunisten und Nationalisten nach Unabhängigkeit strebten, äußerte de Gaulle den finsteren Verdacht, dass sie von den japanischen Truppen aufgestachelt würden. Als Ho Chi Minh in der nordvietnamesischen Provinz Tonkin eine unabhängige Regierung ausrief, war offenbar die gesamte Bevölkerung Indochinas den Franzosen feindlich gesinnt. Als diese im September nach Saigon zurückkehrten, brachen wegen ihrer Anwesenheit Unruhen aus, und ihr Expeditionskorps hatte Probleme, Kambodscha wieder einzunehmen.[132]

Ganz ähnlich erging es den Niederlanden. Zwei Tage nach der Kapitulation Japans erklärten indonesische Nationalisten auf Java und Sumatra die Unabhängigkeit einer neugegründeten Republik. Die aus dem Londoner Exil zurückgekehrte niederländische Regierung wollte ihr Vorkriegsimperium wieder aufbauen und unterschätzte die Macht der indonesischen Revolution. Bei vielen indonesischen Aufständischen war der japanische Einfluss unübersehbar: Junge Männer trugen Stirnbänder und einfache Hosen aus Sackleinen und waren mit gebogenen japanischen Schwertern bewaffnet. Offiziell verkündete die niederländische Regierung gerne, dass sie nur eine stabile indonesische Regierung auf die Füße stellen wolle. Die neue Republik war, wie die Niederländer nachdrücklich behaupteten, nicht fähig, sich zu einem selbstregierten Staat zu entwickeln, den man in die Unabhängigkeit entlassen konnte. Ihre Führer, einschließlich des jungen Sukarno, wurden als Kollaborateure Japans diffamiert. Die Niederlande behaupteten, sie seien von der Republik auf Java und Sumatra angegriffen worden und würden ab 1947 mit Hilfe britischer Truppen zwei Kriege führen, die sie absurderweise als »Polizeiaktionen« bezeichneten, da sie angeblich Ruhe und Ordnung wiederherstellen wollten. In der Folge kämpften die indonesischen Nationalisten jahrelang gegen die Wiederherstellung des niederländischen Kolonialismus.[133]

In Südostasien sollten sich die japanischen Streitkräfte bedingungslos den Briten unter dem Oberbefehlshaber der alliierten Streitkräfte in Südostasien, Admiral Lord Louis »Dickie« Mountbatten, ergeben.[134] Aber einige japanische Kommandeure wollten, angesichts der ausgebombten Städte auf den japanischen Hauptinseln und weil sie fürchteten, von den Alliierten als Kriegsverbrecher angeklagt zu werden, weiterkämpfen. Es bedurfte eines persönlichen Befehls von Hirohito, der von einem kaiserlichen Prinzen überbracht wurde, damit der verantwortliche General in Malaya kapitulierte.[135] In Burma waren die britischen Streitkräfte zahlenmäßig arg unterlegen und standen Hunderttausenden trotziger Japaner gegenüber. Mountbatten registrierte gereizt, die Japaner hätten das Gefühl, dass »ihre Armeen ungeschlagen sind, aber der Kaiser ihre Kapitulation befohlen hat«.[136] Diese Japaner gingen so sehr auf Konfrontation, dass ein ranghoher britischer Diplomat in Rangun in einem Brief berichtete: »Ich begann mich zu fragen, ob wir oder die Japaner den Krieg gewonnen hatten.« Derselbe Beamte bemerkte, die Japaner »halten sich nicht für geschlagen und sagen das ganz offen. Ihrer Auffassung nach hat ihnen der Kaiser wegen der Atombombe befohlen, die Waffen niederzulegen, und sie müssen dem Kaiser gehorchen, auch wenn sie nicht so genau wissen, warum.« Und er fügte hinzu: »Wir haben, glaube ich, eine sehr schwierige Zeit vor uns.«[137]

5.

Der Oberkommandierende

In der strahlenden Nachmittagssonne des 30. August 1945 näherte sich General Douglas MacArthur einer japanischen Landebahn, die vor Hitze flimmerte. Sein C-54-Transportflugzeug hieß *Bataan*. Seit seiner Niederlage auf den Philippinen und dem darauffolgenden Todesmarsch seiner in Gefangenschaft geratenen Soldaten hatte er sich die traurige Gewohnheit zugelegt, all seinen persönlichen Flugzeugen diesen Namen zu geben.[1]

Theoretisch landete MacArthur in einem Land, das er als der Oberkommandierende der Alliierten Mächte mit absoluter Macht regierte.[2] Aber so fühlte es sich nicht an, als sich das Flugzeug im Landeanflug befand. Der Flugplatz von Atsugi bei Yokohama war den Amerikanern als Trainingsbasis für Kamikaze-Piloten bekannt. MacArthurs Offiziere hatten ihn gewarnt, dass die C-54 mit ihren paar Dutzend Passagieren in einer Gegend mit etwa 300 000 japanischen Soldaten landen würde.

Die nervösen Amerikaner machten unter sich Flugabwehrkanonen aus, die sie hätten vom Himmel holen können. Nach der Landung wäre es ein Leichtes gewesen, MacArthur und seine kleine Begleitmannschaft zu erschießen oder das nächste Steak, das er aß, zu vergiften. Seine Offiziere warnten ihn, dass die Japaner den Krieg mit einem Überraschungsangriff begonnen hätten und das Ende nun vielleicht mit einem Mord markieren würden. Er behauptete zwar, Vertrauen in die Ritterlichkeit der Japaner zu haben, tatsächlich jedoch landeten er und die anderen alliierten Besatzer voller Wut, in schrecklicher Unterzahl, und mit der sehnsüchtigen Hoffnung auf eine Kooperation der Japaner.

Die *Bataan* hätte fast die Baumwipfel gestreift, als sie landete. Ein paar weitere amerikanische Flugzeuge waren schon da, aber nicht genug, um sich wirklich verteidigen zu können. MacArthur verließ das Flugzeug mit einer Ray-Ban-Sonnenbrille und seiner typischen Maiskolbenpfeife zwischen den Zähnen, durch die jeder halbwegs informierte Scharfschütze ihn locker hätte identifizieren können. Er blieb kurz für die wartenden Fotografen stehen – bei MacArthur gab es immer Fotografen. Dann quetschte sich seine kleine Mannschaft in einen klapprigen Konvoi verbeulter Fahrzeuge mit MacArthur in einem alten Lincoln. Als einer der Motoren mit einer knallenden Fehlzündung startete, zuckten einige der Amerikaner zusammen.

Auf der Fahrt stellten sie erstaunt fest, dass die Straße nach Yokohama zu beiden Seiten von etwa 30 000 bewaffneten japanischen Soldaten flankiert war, die den Besatzern den Rücken zuwandten. Einige der Amerikaner hielten die Geste für ehrerbietig, andere fanden sie bedrohlich.[3]

MacArthur war weder der beste noch der wichtigste amerikanische Kommandeur des Zweiten Weltkriegs, aber er war unübertrefflich, was die Pflege seines Ruhms betraf. Seine eigene Frau sagte »General« zu ihm. Er war theatralisch und kleinlich, pathetisch und großspurig, selbstverliebt und ein großer Selbstdarsteller, aber mindestens fast so tapfer und intelligent, wie er es seiner eigenen Ansicht nach war. Außerdem wurde er von der schmerzhaften Erinnerung verfolgt, dass er durch einen japanischen Angriff, der parallel zu Pearl Harbor erfolgte, von seinen geliebten Philippinen vertrieben worden war.

Die Eroberung der Philippinen war ein zentrales frühes Kriegsziel der Japaner gewesen: Die größte amerikanische Kolonie konnte die Seewege zu dem unbedingt benötigten Öl und anderen natürlichen Ressourcen in Niederländisch-Ostindien (heute Indonesien) und Malaya blockieren. Zu Beginn des Krieges hatte MacArthur in Manila und Davao japanische Männer, Frauen und Kinder interniert und einige von ihnen Gräben ausheben lassen, was möglicherweise eine Verletzung der Genfer Konvention darstellte.[4] Als gut ausgebildete japanische Soldaten die philippinische Hauptinsel Luzon gestürmt und Manila erobert hatten, hatten sich die philippinischen und amerikanischen Truppen auf die dschungelbedeckte Halbinsel Bataan zurückgezogen. MacArthur hatte sich selbst meistens auf das nahegelegene Corregidor verzogen, eine extrem stark befestigte Insel (genannt »the Rock«) unmittelbar südlich von Bataan, und sich kaum mehr auf der Halbinsel blicken lassen. Dies hatte einige seiner halbverhungerten, kranken und ungeschützten Soldaten so demoralisiert, dass sie zur Melodie von »The Battle Hymn of the Republic« folgende Verse dichteten: »Dugout Doug MacArthur lies ashaking on the Rock / Safe from all the bombers and from any sudden shock.«[5] Der Spitzname Dugout Doug sollte ihn für immer verfolgen.[6]

Corregidor war bald unter heftigen japanischen Beschuss geraten, den MacArthur mit seiner Frau und seinem vierjährigen Sohn in kühler Tapferkeit überstanden hatte. (Der Sohn hieß gemäß der Familientradition selbstverständlich ebenfalls Arthur.) Aus der Insel war, wie es ein Soldat ausdrückte, »ein sonnenverbranntes, gottverfluchtes Land geworden, in dem Bomben und Granaten das Leben zur Hölle machten und der Tod überall war«. Dann hatte ihm Roosevelt sehr zu seinem Verdruss befohlen, Corregidor zu verlassen. Er war in einem von vier klapprigen alten Patrouillenbooten aufgebrochen und auf der stürmischen See japanischen Kriegsschiffen ausgewichen, bis er eine sichere Insel erreichte und von dort aus nach Australien geflogen wurde. Dort hatte er einen dramatischen Auftritt vor einem australischen Publikum und sagte: »Ich bin durchgekommen, und ich werde zurückkehren.«

Einer der Amerikaner, die nach MacArthurs Abreise gefangengenommen und gefoltert wurden, war davon nicht beeindruckt. Er dichtete: »Our leader has vanished like last summer's rose. / ›Gone to get help‹, he would have us suppose«.[7] Voller Zorn wegen des Todesmarschs seiner Soldaten auf Bataan hatte MacArthur so heftig auf einen entschlossenen Feldzug zur Rückeroberung der Philippinen gedrängt, dass andere Generale fürchteten, er werde mehr von Emotionen als von strategischen Beweggründen geleitet.[8]

Im Oktober 1944 hatten Truppen unter seinem Kommando voller Rachsucht die Philippinen überrannt. Er landete auf Leyte und watete in einem sorgfältig choreografierten Moment mit Geschütz- und Gewehrfeuer im Hintergrund für eine Schar wild fotografierender Reporter durch tiefes Wasser. »Volk der Philippinen, ich bin zurückgekehrt!«, rief er in die laufenden Kameras. »Durch die Gnade des allmächtigen Gottes stehen unsere Truppen wieder auf philippinischem Boden!«

»Die Führung des heiligen Gottes weist uns den Weg«, hatte er die Filipinos ermahnt und den Krieg als christlichen Feldzug behandelt. MacArthur mochte eitel sein, aber er zuckte nicht mit der Wimper, als er wiederholt unter japanischen Beschuss geriet. Als ihn einer seiner Adjutanten drängte, nicht weiter vorzurücken, grinste er und riet ihm, zum Schiff zurückzukehren und Eiscreme zu holen.[9] Er wollte unbedingt einer der Ersten in Manila sein, einer Stadt, die bei den letzten Kämpfen dem Erdboden gleichgemacht werden würde.[10]

Am 2. September wurde der Zweiten Weltkrieg mit einer Zeremonie auf dem Achterdeck der *USS Missouri*, einem massigen vor Yokohama in den ruhigen Wassern der Bucht von Tokio ankernden Flaggschiff formell beendet. Die *Missouri* war von einer gewaltigen Armada von mehr als 200 alliierten Kriegsschiffen begleitet, eine Machtdemonstration, die den Japanern ihre Niederlage vor Augen führen sollte.[11] Keines der Symbole war dezent: die Wahl der *Missouri* war eine Verbeugung vor Trumans Heimatstaat; eine der bewusst auf dem Schiff gehissten Flaggen hatte auf Commodore Matthew C. Perrys Flaggschiff geweht, als er mit seiner amerikanischen Flotte 1853/54 die Öffnung Japans für die Welt erzwang.[12] Für den ranghohen Viersternegeneral des Heeres Joseph W. Stilwell (mit dem Spitznamen »Vinegar Joe«) und viele andere Amerikaner war die Zeremonie ein erhabener Moment der Vergeltung. »Harte, grausame, verhasste Fressen extrem gedemütigt, als wir sie anstarrten«, schrieb er in sein Tagebuch. »Was für ein Spaß.«[13]

Die kleine japanische Delegation bestand aus neun steifen Männern mit versteinertem Gesichtsausdruck in olivgrüner Paradeuniform, leichtem Sommeranzug oder vornehmem Gehrock mit Zylinder und weißen Handschuhen. Auf Theodore H. White, den führenden Korrespondenten des Nachrichtenmagazins *Time* im Pazifik, wirkten die Japaner wie für eine Beerdigung gekleidet – die ihres Reiches oder vielleicht sogar ihres Volkes.[14] Einer der japanischen Delegierten sollte später schreiben: »Waren wir nicht sorgenvolle Männer, gekommen, um ein Grab für ein gefallenes Reich zu suchen?«[15] Ihre formelle Kleidung stand in starkem Gegensatz zu den Scharen gut gelaunter Amerikaner in zwanglosen Khaki-Uniformen mit offenem Kragen oder zu den britischen Marineoffizieren mit ihren kurzen Hosen und Kniestrümpfen, die in mehreren Reihen dicht an dicht auf dem Deck standen oder von den Masten und Geschütztürmen hingen. Hunderte von Reportern drängten sich auf dem Schiff.[16] »Alle standen einfach nur herum und starrten sie an«, erinnerte sich Stilwell. »Eine schreckliche Erfahrung für diese Schweinehunde. Der Untergang Japans in einer kompletten Katastrophe, und sie konnten nur dastehen und ihn akzeptieren.«[17]

MacArthur spielte die Hauptrolle. Laut White war die Zeremonie »ein lahmer Abschluss, ein veralteter Ritus, vollzogen mit primitiven Förmlichkeiten für einen Frieden, der keinen Anfang, und einen Krieg, der kein Ende hatte«.[18] MacArthur hielt eine kurze, erstaunlich versöhnliche Rede, in der er Sieger und Besiegte aufforderte, »mehr Würde« zu zeigen.[19] Seine Hände und Beine zitterten, was laut einem seiner Offiziere von einer Parkinsonerkrankung herrührte, aber seine Stimme war fest.[20]

Die Kapitulationsurkunden aus Pergament waren für die Japaner auf einem großen, mit einem schwarzen Tuch bedeckten Tisch ausgelegt, der auf dem schmucklosen Deck eines Kriegsschiffs überkorrekt wirkte. Der Kaiserpalast hatte darauf bestanden, dass kein Mitglied des Kaiserhauses unterzeichnen musste.[21] Stattdessen humpelte Shigemitsu Mamoru, der bebrillte japanische Außenminister, der in Shanghai durch eine von einem koreanischen Aufständischen geworfene Bombe verletzt worden war, am Stock zu dem Tisch, nahm den Zylinder ab und zog den weißen Handschuh von der rechten Hand, um im Namen von Kaiser Hirohito und der japanischen Regierung zu unterschreiben. Als Nächster beugte sich General Umezu Yoshijiro, der als Hardliner geltende Generalstabschef der japanischen Armee in seiner grünen Uniform über den Tisch und unterzeichnete widerstrebend die Kapitulationsurkunde.[22] Auf der anderen Seite des Tischs stand MacArthur, der die Japaner weit überragte.[23] »Sie standen still und steif da und litten«, freute sich Stilwell. »Oh, wie uns das gefiel!«[24]

Josef Stalin war noch rachsüchtiger. Ganz entgeistert von MacArthurs Plänen für die Kapitulation, warnte er, die Japaner seien lauter Verräter mit vielen »verrückten Halsabschneidern« in ihren Reihen, und er schlug vor, nur zur Sicherheit japanische Geiseln zu nehmen.[25]

»Eine Million Augen schien auf uns zu zielen mit einer Million Schäfte eines prasselnden Hagels feuerbewehrter Pfeile«, erinnerte sich einer der japanischen Delegierten. »Ich spürte, wie sie mit einem scharfen physischen Schmerz in meinen Körper einschlugen.« Die *Missouri* war mit kleinen Abbildern der japanischen Flagge mit der roten Sonne übersät, die die amerikanischen Seeleute Fleischbälle nannten. Jeder einzelne symbolisierte einen Abschuss: ein abgeschossenes japanisches Flugzeug oder ein versenktes japanisches Kriegsschiff. Als der Delegierte sie zählte, kamen ihm die Tränen.[26]

MacArthur drehte die Dokumente herum, damit sie auf dem Tisch vor ihm lagen. Bei ihm selbst vermischte sich, wie er später schrieb, die Traurigkeit wegen der Verluste in den Schützenlöchern von Bataan mit überwältigendem Stolz, weil »mein eigenes geliebtes Land jetzt die Welt führt«.[27] Er nahm als Oberkommandierender der Alliierten Mächte die Kapitulation der Japaner an. Hinter ihm standen zwei ausgemergelte Generale der Alliierten. Sie waren gerade erst aus japanischen Gefangenenlagern in der Mandschurei befreit worden, wo man sie wiederholt geschlagen hatte: Lieutenant General Jonathan M. Wainwright, den MacArthur für die Kapitulation auf den Philippinen zurückgelassen hatte, und Lieutenant General Arthur E. Percival, der britische Kommandeur, der sich in Singapur ergeben hatte (und den Stilwell verächtlich als »hinterhältiges, Frettchen mit fliehendem Kinn, das irgendwie verrückt aussieht« charakterisierte).[28] MacArthur hatte die beiden persönlich für die Zeremonie nach Tokio geholt und war entsetzt gewesen, wie mager Wainwright war – die Uniform viel zu groß für den ausgemergelten Körper, die Augen tief in den Höhlen

Abb. 9 *General Umezu Yoshijiro, der Generalstabschef der japanischen Armee, unterzeichnet auf der USS Missouri die formelle Kapitulation. Bucht von Tokio, 2. September 1945. Am Mikrofon steht General Douglas MacArthur.*

und die Wangen eingefallen.[29] MacArthur benutzte sechs Stifte; den ersten gab er an Wainwright zurück und den zweiten an Percival, als würde ihre Niederlage mit einem Federstrich getilgt.[30]

Auch an der Parade der Würdenträger, die für die neun alliierten Mächte, also für seine Seite, unterzeichneten, hatte Stilwell einiges auszusetzen: Der Kanadier unterschrieb an der falschen Stelle, der Brite war ein »fetter roter Kloß«, der Australier ein »Fettsack«, insgesamt »ein Haufen von Karikaturen in den Augen der Japaner. Die menschliche Rasse war schlecht vertreten«.[31] Als MacArthur den Vorgang für abgeschlossen erklärt hatte, flogen amerikanische Flugzeuge über das Schiff, Welle auf Welle mit ohrenbetäubendem Dröhnen, um der Einschüchterung der Japaner durch den größten Vorbeiflug der Geschichte die Krone aufzusetzen – mit dabei 400 der B-29-Maschinen, die die Brandbombenangriffe auf Japans Städte durchgeführt hatten.[32]

Unmittelbar nach der Übertragung der Kapitulation aus der Bucht von Tokio hielt Truman im Weißen Haus eine Radioansprache. »Wir werden Pearl Harbor nicht vergessen«, sagte er. »Die japanischen Militaristen werden die *USS Missouri* nicht vergessen.«[33]

Aber selbst auf dem Höhepunkt des amerikanischen Triumphs gab es immer noch Gesten der Versöhnung gegenüber einigen Japanern. Marquis Kido Koichi, der mächtigste und treueste Berater des Kaisers, schrieb in seinem Tagebuch, er sei »sehr erleichtert« über die sich abzeichnende »liberale Haltung der USA«.[34] Kaiser Hirohito blieb die Demütigung erspart, auf der *Missouri* Papiere unterzeichnen zu müssen. Er durfte stattdessen eine Proklamation herausgeben, in der er die Bedingungen der Potsdamer Erklärung akzeptierte und seinem Volk befahl, die Waffen niederzulegen.[35] Wie Truman verfügte, waren Hirohito und die japanische Regierung unter der Aufsicht des Oberkommandierenden für die Erfüllung der Bedingungen der Potsdamer Erklärung verantwortlich.[36]

Shigemitsu kehrte am Nachmittag für eine Audienz mit dem besorgten Kaiser nach Tokio zurück.[37] Der Bericht des Außenministers für den Kaiser wurde teilweise von Kase Toshikazu, einem seiner klügsten Diplomaten, verfasst. Er war auf der *Missouri* von dem »großzügigen Ton« der Rede MacArthurs »beeindruckt und gebannt« gewesen. Kurz darauf behauptete Kase, er habe in dem Bericht für den Kaiser Folgendes geschrieben: »Ich frage mich, ob wir eine ebenso große Rede gehalten hätten wie der Oberkommandierende, wenn wir die Sieger gewesen wären und unseren besiegten Feinden Bedingungen auferlegt hätten.« Nach dieser Version der Ereignisse hatte Hirohito ihm zugestimmt und MacArthurs »überragende Staatskunst, tiefe Menschlichkeit und Weitsicht«, gepriesen.[38]

»Mr. Primadonna, hohes Tier, Fünf-Sterne-MacArthur«

Seit MacArthur als eigensinniger junger Offizier dreimal beinahe vors Kriegsgericht gekommen wäre, hatte er Schwierigkeiten, sich höheren Autoritäten zu beugen.[39] Nach einem hässlichen Vorfall im Jahr 1932, bei dem er Veteranen des Ersten Weltkriegs gewaltsam vertrieb, die aus Protest, weil ihre Boni nicht eingelöst wurden, in Washington kampierten, hatte Roosevelt ihn privat als »einen der beiden gefährlichsten Männer des Landes bezeichnet« – mit dem anderen war der Demagoge Huey Long gemeint.[40] Henry L. Stimson vermerkt kühl, dass »seine Persönlichkeit sehr unerfreulich ist« und er »alle Männer, mit denen er beim Heer und in der Marine zusammenarbeiten muss, brüskiert hat«.[41]

Truman war nur der letzte in der langen, ungewöhnlich vielfältigen Reihe seiner Feinde. Jahre bevor der Präsident MacArthur während des Koreakriegs spektakulär entließ, konnte er den Mann schon nicht mehr ausstehen, den er privat des Öfteren Dugout Doug nannte.[42] Schon als der Weltkrieg zu Ende ging, hatte er genörgelt, »was wir mit Mr. Primadonna, hohes Tier, Fünf-Sterne-MacArthur tun sollen«.

Er hasste die Arroganz des ungehorsamen Offiziers, der Roosevelt herausgefordert hatte, und glaubte, dass er nichts und niemanden achtete: »Mac weist sogar Gott zurecht.« MacArthur war für ihn kein »wirklicher General und Kämpfer«, sondern »ein Schauspieler und Trickbetrüger«. Und er fügte hinzu: »Es ist wirklich sehr schade, dass wir aufgeblasene Nullen wie diese auf Schlüsselpositionen haben.« Weiter sagte er: »Unfassbar, dass das gleiche Land sowohl Männer wie Robert E. Lee, John J. Pershing, Eisenhower & Bradley als auch Custers, Pattons und MacArthurs hervorbringen kann.« Truman bedauerte, dass Roosevelt MacArthur befohlen hatte, von Corregidor zu fliehen, und schrieb gehässig, dass »ich keinen Grund sehe, warum zum Teufel Roosevelt (...) MacArthur nicht zum Märtyrer machte«, indem er ihn zwang zu bleiben und sich zu ergeben, was vermutlich drei schreckliche und möglicherweise tödliche Jahre in einem japanischen Gefangenenlager in der Mandschurei bedeutet hätte.[43]

Eher unwichtig war für Truman, dass MacArthur erwog, gegen ihn für die Präsidentschaft zu kandidieren. Laut seinem Tagebuch warnte ihn ein einflussreicher demokratischer Senator, dass er »einen Fehler mache, wenn ich Dugout Doug zum Oberkommandierenden mache und die japanische Kapitulation annehmen lasse. Besagter Doug werde 1948 gegen mich kandidieren, wenn ich ihn aufbaue.« Truman hatte dem Senator ruhig geantwortet, »dass ich ’48 nicht kandidieren wollte und mich Doug in dieser Hinsicht nicht kümmerte.«[44]

Seit seinen ersten Tagen in Japan sträubte sich MacArthur gegen die Oberaufsicht der Regierung Truman. Er beklagte sich bei General George C. Marshall, dem Generalstabschef des Heeres, dass Direktiven aus Washington »16000 Kilometer vom Geschehen entfernt, ein Ausmaß an Kontrolle darstellen, das die erfolgreiche Durchführung des Auftrags, für den ich verantwortlich bin, ernsthaft behindern und womöglich verhindern wird.«[45] Er schimpfte darüber, dass öffentliche Erklärungen von Trumans Regierungsmannschaft nicht von ihm abgesegnet waren. Die Strategie, mit der Japan regiert wurde, sollte seiner Ansicht nach von seiner Behörde im Allgemeinen Hauptquartier in Tokio entwickelt werden, nicht in Washington.[46]

Japan falsch eingeschätzt

Es herrschte eine schreckliche Unsicherheit, als die ersten kleinen Einheiten von Amerikanern in Tokio, Yokohama und anderen Städten eintrafen. Die Besetzung hatte etwas von einem leichtsinnigen Bluff. Oder wie einer von MacArthurs Beratern Truman warnte: »Die gesamten amerikanischen Besatzungskräfte könnten über Nacht ausgelöscht werden.«[47]

In den letzten Monaten des Krieges war in der japanischen Presse heftig Propaganda für einen Guerillakrieg gemacht worden. Die gesamte Bevölkerung sollte bewaffnet werden; die Zivilbevölkerung sollte mit Bambusspeeren kämpfen, und die Streitkräfte sollten in den Bergen im Landesinneren weiterkämpfen.[48] MacArthur jedoch gab sich unbeeindruckt und sagte öffentlich, es sei nicht möglich, japanische Zivilisten für einen effektiven Guerillakrieg zu bewaffnen; schlimmstenfalls könnten sie lediglich Tausende von Amerikanern umbringen.[49] Da die Betriebe und die wirtschaftliche Basis Japans durch Brandbomben zerstört seien, seien die Menschen auf Subsistenz zurückgeworfen; das Land sei nicht in der Lage, einen modernen Krieg zu führen.[50] MacArthur empfand Japans Militärführer bei der Demobilisierung ihrer riesigen Armeen als »gehorsam und offenbar aufrichtig«.[51] Nur amerikanisches Ungeschick konnte dazu führen, dass sich Guerillabanden in die Berge zurückzogen und Widerstand leisteten.[52]

MacArthurs unbegrenzte Vollmachten waren durch eine begrenzte Zahl Soldaten abgesichert. Truman wusste, dass sich die erschöpften Amerikaner gegen neue Truppenstationierungen sträuben würden.[53] Die anderen Alliierten hätten vielleicht mehr Truppen stellen können, doch die Vereinigten Staaten wollten die Beute nicht teilen. Etwa drei Viertel der Besatzungsarmee bestanden aus Amerikanern, und alle Soldaten waren MacArthur unterstellt.[54] Dies hatte vor allem den Sinn, sowjetische Ambitionen zunichte zu machen, sollte aber auch verhindern, dass Großbritannien oder China Unheil anrichteten.[55] »Ein geteiltes Kommando wäre tödlich«, schrieb MacArthur.[56]

Die amerikanische Vorherrschaft war von größter Bedeutung. Es war nicht möglich gewesen, die Sowjetunion an der Übernahme Mitteleuropas und des Ostteils Deutschlands zu hindern, doch den Kampf um Japan hatten die Amerikaner geführt, und sie wollten es nun auch regieren.[57] Deshalb bestand die von Truman abgesegnete höchst geheime Strategie darin, anders als in Deutschland und Korea, eine Teilung Japans in von verschiedenen Alliierten geführte Zonen zu verhindern. Japan sollte von einer einzigen amerikanisch dominierten Administration regiert werden und die Vereinigten Staaten »die dominierende Stimme in der Okkupationsbehörde der japanischen Hauptinseln sein«.[58]

MacArthur ärgerte sich über die sowjetischen Ambitionen im nahegelegenen Korea und der Mandschurei und rechnete mit einem künftigen Zusammenstoß zwischen den Vereinigten Staaten und der Sowjetunion.[59] Er fürchtete, dass die Sowjets planten, Japan zu spalten, wie sie es in Korea getan hatten.[60] Er warnte vor »kommunistischer Agitation im Untergrund« und verdächtigte zahlreiche japanische Liberale, in Wirklichkeit Kommunisten zu sein.[61] In dieser Hinsicht stimmte er mit dem Kaiserpalast überein, wo Kido den Ambitionen der Sowjetunion ähnlich misstrauisch gegenüberstand.[62]

China hatte eine beträchtliche Besatzungsstreitmacht von 30 000 Soldaten angeboten, doch die Amerikaner bestanden darauf, dass die Kontingente der nicht-amerikanischen Alliierten nur von symbolischer Größe waren und die Stärke amerikanischer Truppen stets größer sein sollte als die Gesamtzahl aller Soldaten aus anderen Ländern.[63] Dennoch bestand wegen der Rassensymbolik dringender Bedarf an chinesischen Truppen.[64] Cordell Hull, der frühere Außenminister, hatte einen kleinen Anteil »anderer asiatischer Völker« bei den Besatzungstruppen haben wollen, um »den Japanern klarzumachen, dass es sich nicht nur um einen Krieg des weißen Mannes gegen sie gehandelt hatte«.[65] Und das amerikanische Militär legte großen Wert auf die Beteiligung asiatischer Länder, um zu demonstrieren, dass »der Pazifikkrieg kein Rassenkrieg ist«.[66]

Der Vereinigte Generalstab dachte an eine zweieinhalb Millionen Mann starke Armee, um über etwa 70 Millionen Japaner zu herrschen, MacArthur jedoch schlug eigenmächtig ein Minimum von nur 200 000 amerikanischen Soldaten vor.[67] Und er informierte schon nach wenigen Tagen in Tokio Marshall, dass dementsprechend binnen einigen Monaten amerikanische Soldaten nach Hause zurückkehren könnten.[68]

Als MacArthur öffentlich verkündete, dass sich die Besatzungskräfte in einem halben Jahr auf jene 200 000 Mann reduzieren ließen, distanzierten sich das Weiße Haus und das Außenministerium von dieser Zusage. Truman versprach zwar, die amerikanischen Truppen »keinen Tag länger als notwendig« in Japan zu lassen, sagte aber, er könne nicht voraussagen, wie sich die Besatzung entwickeln werde.[69] Marshall tadelte den ungewöhnlich zerknirschten MacArthur, weil seine Erklärung im Senat wie eine Bombe eingeschlagen und die amerikanische Position in Asien geschwächt habe; er solle künftig nicht mehr mit der Presse sprechen, ohne sich zuvor eine Genehmigung zu holen.[70] Dennoch musste Truman, durch MacArthurs Erklärung unter Zugzwang gesetzt, Pläne verkünden, bis Weihnachten mehr als zwei Millionen Soldaten heimzuholen.[71]

Tatsächlich hatten die Japaner, lange bevor die dünne Stimme des Kaisers im Radio ertönte, vom Krieg mehr als genug gehabt. Schon vor den Atombombenabwürfen und dem sowjetischen Kriegseintritt war laut der U. S. Strategic Bombing Survey beinahe die Hälfte der Japaner sicher gewesen, dass ein japanischer Sieg nicht mehr möglich war, und ein Drittel war der Ansicht gewesen, dass sie den Krieg nicht mehr fortsetzen könnten.[72] »Bei einer Besetzung Japans wird es keine Probleme geben«, hatte General Yamashita Tomoyuki vorausgesagt, den die Amerikaner wegen Kriegsverbrechen auf den Philippinen interniert hatten. »Die Japaner bewundern die Amerikaner. Die Japaner werden die Amerikaner mögen.« Selbst nach Hiroshima und Nagasaki? »Selbst nach den Atombomben.«[73]

Es gab extrem offensichtliche Gründe für die Japaner, die Niederlage zu akzeptieren. »Das Land ist *ruiniert*«, schrieb Stilwell, nachdem er durch das verregnete Tokio gefahren war. »Total ausgebrannt. Ein wirklich befriedigender Anblick.« Nur noch Bauten aus Stein, Ziegeln oder Beton waren übrig, alles andere war niedergebrannt, und die die rostfarbene Landschaft war mit Baracken übersät. Metallene Safes standen unheimlich einsam in der Landschaft, weil die Läden, zu denen sie gehört hatten, niedergebrannt waren. Trotz der riesigen Zahl frisch demobilisierter japanischer Soldaten salutierten die Polizisten höflich, wenn sie einem Amerikaner begegneten, und die Bevölkerung wirkte apathisch. »Es ist ein Wahnsinnsvergnügen«, schrieb Stilwell, »diese arroganten, krummbeinigen Schweinehunde mit ihren schmutzigbraunen Gesichtern und ihren vorstehenden Zähnen anzustarren und zu erleben, was das mit ihnen macht.«[74]

Als MacArthur aus Yokohama nach Tokio hineinfuhr, um dort in dem klobigen Gebäude der Dai-Ichi-Lebensversicherung sein Allgemeines Hauptquartier aufzuschlagen, war er entsetzt über »siebenundfünfzig Quadratkilometer Verwüstung und gewaltige Haufen verkohlten Schutts«.[75] Tokio und seine Nachbarstädte erstreckten sich über mehr als 540 Quadratkilometer; von diesen waren, wie der Präsident des Massachusetts Institute of Technology, ein Physiker, Truman berichtete, etwa 220 Quadratkilometer »nur noch ein flacher Aschehaufen«. Von neun Millionen Einwohnern waren nur noch zwei Millionen in der Stadt.[76]

Die amerikanischen Vorurteile über die Japaner als gedankenlose, todessehnsüchtige Fanatiker wurden schon durch die ersten Kontakte mit dem geschlagenen, bedrückten Volk widerlegt. Weit davon entfernt, sich zum Guerillakrieg in die Berge zurückzuziehen, zeigten die japanischen Zivilisten massive Verachtung für ihre uniformierten Soldaten.[77] Es gab praktisch kein Anzeichen für organisierten Widerstand. Die amerikanischen Soldaten gingen unbehelligt an Land, verteilten sich und konnten sich zur Erleichterung Trumans und MacArthurs, aber auch Kido Koichis, überall ungehindert und ohne Angriffe bewegen.[78] MacArthur verkündete stolz, dass die Japaner total fügsam seien und es in den entscheidenden ersten Wochen der Besatzung keinen einzigen Zusammenstoß mit den alliierten Truppen gegeben habe.[79] Er war überzeugt davon, dass niemals in der Geschichte ein Volk so vernichtend geschlagen worden war wie die Japaner.[80]

Was die Japaner betraf, so waren sie erleichtert, dass das falsche Bild der Kriegspropaganda nicht stimmte, nach dem die barbarischen Invasoren Mörder und Vergewaltiger waren. MacArthur ermahnte seine Soldaten wiederholt, dass ihre Selbstbeherrschung über den Verlauf der Besatzung entscheiden werde.[81] Natürlich waren die alliierten Besatzer oft stümperhaft und unfähig, und manche amerikanische Soldaten benahmen sich schrecklich daneben, indem sie etwa Kimonos oder Armbanduhren stahlen.[82] »Die U.S. Army macht sich zum Affen«, sorgte sich Stilwell.[83] Aber selbst wenn die ausländischen Soldaten nicht ganz die Botschafter des guten Willens waren, die MacArthur gern gehabt hätte, waren sie doch keineswegs die Dämonen, die die Behörden des Japanischen Kaiserreichs angekündigt hatten.

Truman schickte MacArthur eine Direktive, in der die Umgestaltung Japans skizziert wurde. Sie wurde zum wichtigsten Plan für die alliierte Besatzung.[84] Ihr bedeutendstes Ziel bestand darin zu verhindern, dass Japan je wieder den Frieden bedrohte. Das Reich, einschließlich Formosas (heute: Taiwans) und Koreas, wurde aufgelöst.[85] Japan wurde von heute auf morgen seines Heeres, seiner Marine, seiner Luftwaffe und seiner Geheimpolizei beraubt. Sein berühmter Generalstab, seine undurchsichtigen militaristischen Organisationen und das Heeresministerium, das Marineministerium und das Großostasien-Ministerium wurden aufgelöst.[86] Die *Kempeitai*, die gefürchtete militärische Geheimpolizei, entließ Tausende von Offizieren überall im Land.[87] Mutmaßliche Kriegsverbrecher wurden insbesondere dann festgenommen und verhört, wenn sie alliierte Kriegsgefangene misshandelt hatten.[88]

Die wichtigsten Aufgaben des alliierten Besatzungsregimes waren Entwaffnung und Demilitarisierung.[89] MacArthur machte eine Bestandsaufnahme, die ergab, dass das Japanische Kaiserreich knapp sieben Millionen Soldaten hatte: Etwa zweieinhalb Millionen waren auf den Hauptinseln stationiert, die anderen irgendwo zwischen der Mandschurei und dem

Südwestpazifik.[90] Die gewaltige Aufgabe, sie alle zu demobilisieren, überließ man den Befehlshabern des japanischen Heeres und der Marine. Sie mussten die Trümmer ihrer über Kontinentalasien und die Pazifischen Inseln verstreuten Kriegsmaschinerie aufsammeln. Dabei bestand bei einem Militär, das sich seit Jahrzehnten durch seine Abneigung gegen die Befolgung von Befehlen ziviler Instanzen auszeichnete, das offensichtliche Risiko einer Meuterei. Doch es »waren die Japaner selbst, die die Aufgabe erledigten«, wie MacArthur prahlerisch verkündete. Im Allgemeinen Hauptquartier vermerkte man erleichtert, dass Japans Heer und Marine »jetzt bereit und willens sind, die Wünsche des Kaisers für sein Volk zu erfüllen«.[91]

Der rassistische Hass, den die amerikanische Öffentlichkeit während des Krieges entwickelt hatte und die Forderung der New Dealer nach einer revolutionären Transformation Japans hätten leicht zu einem harten Frieden führen können. Aber, getrieben von der Notwendigkeit, mit einer relativ dünnen militärischen Präsenz auszukommen, nahm die Besatzung eine lockerere Form an.

MacArthur erwies sich trotz seines persönlichen Grolls wegen Bataan schon bald als Gegner eines von ihm selbst so genannten »gnadenlosen Friedens«. Dies wurde sowohl von den maximalistischen New Dealern als auch von Stalin und seinem Außenminister Wjatscheslaw Molotow mit frostiger Ablehnung aufgenommen. Sie fanden, dass der Oberkommandierende weich geworden sei. MacArthur verachtete, »vorgefasste Pläne, die aus Hass geboren und auf Rache aus sind«. Stattdessen wollte er die Japaner für Freiheit und Demokratie gewinnen.[92] »Es stimmte, dass wir Japan als militaristische Macht zerstören wollten«, erklärte er später. »Es stimmte, dass wir für die Untaten der Vergangenheit Strafen verhängen wollten (…) Aber wir waren auch der Ansicht, dass wir unser Ziel durch den Aufbau eines neuen Japan erreichen konnten, das dem japanischen Volk Freiheit und Gerechtigkeit und eine gewisse Sicherheit geben würde.«[93]

MacArthurs Herrschaft entfaltete sich weniger auf der revanchistischen Linie der linksliberalen New Dealer oder der »China Crowd«, die das Außenministerium dominierte, sondern mehr auf einer Linie, die den Vorstellungen von Henry L. Stimson, Joseph C. Grew und anderen konservativen Befürwortern besserer Friedensbedingungen entsprach.[94] Stimson hatte Truman davor gewarnt, Japan genauso umzugestalten, wie es die Vereinigten Staaten mit Deutschland planten. »Ich fürchte, wir würden die Sache vermasseln, wenn wir das versuchten«, schrieb er. »Die Japaner sind ein orientalisches Volk mit einem orientalischen Geist und einer orientalischen Religion.« Einer grundlegenden Umgestaltung zog der republikanische Minister eine begrenzte Besatzung vor, die »sich auf das beschränkt, was (a) notwendig ist, um den Japanern und dem gesamten Orient die Tatsache der japanischen Niederlage klarzumachen, (b) um das Land zu demilitarisieren und (c) um die Kriegsverbrecher, einschließlich der Verantwortlichen für die Niederträchtigkeit von Pearl Harbor, zu bestrafen«.[95]

Grundsätzlich sollte die vergleichsweise geringe amerikanische Militärpräsenz auf die künftige Entwicklung der japanischen Politik und Gesellschaft großen Einfluss haben. Sie machte eine kontinuierliche Zusammenarbeit mit den konservativen japanischen Behörden und dem Kaiserhof erforderlich, die auch nach der Niederlage noch erhebliche Macht ausübten.[96] Die Autorität des Allgemeinen Hauptquartiers war der der japanischen Regierung vorgelagert. Angesichts der geringen Truppenstärke der Alliierten sollte MacArthurs Macht, wie es in einer wichtigen Direktive der Regierung Truman hieß, »durch den japanischen Regierungsapparat und die japanischen Behörden einschließlich des Kaisers ausgeübt werden«. Die Vereinigten Staaten bedienten sich des japanischen Staates wann immer möglich für ihre eigenen Zwecke. Oder wie es in Trumans Direktive eindeutig hieß: »Unsere Politik besteht darin, die bestehende Regierung zu nutzen, nicht sie zu unterstützen.«[97]

Dies führte zu einer wachsenden Abhängigkeit vom Kaiser und den Reaktionären in seinem Umfeld.[98] Sowohl Stimson als auch Grew vertraten die Ansicht, dass die Japaner dank Hirohitos Erlaubnis die Befehle der Amerikaner befolgen würden.[99] Oder, wie es einer von MacArthurs zivilen Beratern Truman erklärte: Dass die Japaner sich mit einer ausländischen Besatzung abfanden, beruhte auf einem Minderwertigkeitskomplex und »der Tatsache, dass der Kaiser ihnen die Zusammenarbeit befohlen hatte, weshalb sie sich auf sie einlassen konnten, ohne dies als Schmach oder Illoyalität zu empfinden«.[100] MacArthur war wütend, als eine hitzige Kampagne im amerikanischen Radio und in der amerikanischen Presse die Absetzung oder Anklage des Kaisers forderte, und verkündete öffentlich, dass seine Politik »durch den Kaiser und den Apparat der kaiserlichen Regierung« umgesetzt werde.[101]

Hirohitos Hof beeilte sich, seine Nützlichkeit zu demonstrieren. Der Kaiser mahnte zur Ruhe und versuchte in der wackligen neuen zivilen Nachkriegsregierung Vertrauen aufzubauen. Zwar hatte er immer noch nicht den Mumm, die japanischen Militaristen öffentlich zu kritisieren, aber er brachte in einem Brief an seinen ältesten Sohn und späteren Nachfolger Akihito seine Bedenken wegen der »zügellosen« Armee zum Ausdruck. »Unsere Leute glaubten zu sehr an das Reich und verachteten Großbritannien und die Vereinigten Staaten«, notierte er, und weiter hieß es in dem Schreiben: »Unser Militär legte zu viel Wert auf die Spiritualität und vergaß die Wissenschaft.«[102]

Am 4. September hielt er auf einer Sondersitzung des Parlaments eine außerordentlich persönliche Ansprache und ermahnte sein Volk, »das Vertrauen der Welt zu gewinnen« und ein friedliches Land aufzubauen.[103] Diese Rede setzte, wie das Allgemeine Hauptquartier erleichtert feststellte, den Tenor der japanischen Reaktion auf die amerikanische Besatzung.[104] Auf Kidos Rat hatte Hirohito Prinz Higashikuni Naruhiko, der mit einer Tochter des Meiji-Kaisers Mutsuhito (postumer Name: Meiji) verheiratet war, zum Übergangspremier ernannt, der Demilitarisierung und die Ankunft der Besatzer bewältigen sollte, obwohl er seinen älteren Verwandten für dessen weichliche Ansichten heimlich verachtete.[105] Higashikuni, General und Mitglied des erweiterten Herrscherhauses und dessen einziges Mitglied, das je als Premierminister diente, nutzte seine Glaubwürdigkeit als Mitglied der kaiserlichen Familie, um seinem Land dringend zu raten, den Frieden im Namen des Kaisers zu akzeptieren.[106]

Gleichzeitig widmete er sich einem Projekt, das in der Besatzungszeit ein großes Thema werden sollte: der Umschreibung der Geschichte zur Entlastung Hirohitos. Die gesamte Kriegsschuld sollte den Militaristen aufgebürdet und der Kaiser völlig ahistorisch als tapferer Befürworter des Friedens dargestellt werden. Statt die Rolle des Kaisers bei der Entfesselung eines nicht zu gewinnenden Krieges zu hinterfragen, ersuchte Higashikuni vor dem Parlament, den Militärführern »in seiner kaiserlichen Großzügigkeit unsere unverzeihliche Dummheit und Inkompetenz« bei der Niederlage zu verzeihen.[107] Nachdem er den Kaiser von jeder Kriegsschuld freigesprochen hatte, führte er das Ende des Krieges auf das »gnädige Gefühl des Wohlwollens seiner Majestät zurück, der den Weg zur Schaffung eines ewigen Friedens bahnte, um das Volk vor Not zu bewahren«.[108]

Nur ein paar Tage nach der Zeremonie auf der *Missouri* fanden die amerikanischen Besatzer und die japanischen Behörden eine gemeinsame Linie: Der für eine friedliche Besatzung so nützliche Kaiserliche Hof durfte nicht für den Krieg verantwortlich gemacht werden.

»Genauso wenig für die Selbstregierung in einer modernen Welt geeignet wie irgendein afrikanischer Stamm«

Wie viel Freiheit und Demokratie waren im neuen Japan wohl möglich? Die Amerikaner, unwissend und verwirrt, konnten da nur raten.

Die ersten Direktiven der Regierung Truman verlangten pauschal ein »nicht militaristisches und demokratisches Japan«. Nach der Aufhebung der Gesetze des Japanischen Kaiserreichs, die die bürgerlichen Freiheiten einschränkten, und nach der Ausrottung des Feudalismus sollten die Japaner »dazu ermutigt werden, ein Bedürfnis nach individuellen Freiheiten und der Respektierung der grundlegenden Menschenrechte, insbesondere der Religions-, Versammlungs-, Rede- und Pressefreiheit« zu entwickeln.[109] Trotz der demokratischen Erfahrungen Japans in der Taisho-Ära vor dem Aufstieg des Militarismus wusste niemand, ob diese Reformen unter den neuen Bedingungen Bestand haben konnten. Oder wie MacArthur später schrieb: »Japan war das größte Labor der Welt für das Experiment der Befreiung eines Volkes von einer totalitären Militärherrschaft und für die Liberalisierung einer Regierung von innen heraus geworden«.[110]

Truman, mit der Abneigung des Soldaten gegen überlange Truppenstationierungen im Ausland, war eher skeptisch, was die Fähigkeit der Vereinigten Staaten zur Umgestaltung anderer Länder betraf. Als Woodrow Wilson 1919 in Paris die Massen begeisterte, hatte Truman krank vor Heimweh in einem öden Militärstützpunkt bei Verdun gesessen und geschrieben: »Mir ist es (milde ausgedrückt) völlig schnurz, ob es einen Völkerbund gibt oder ob Russland eine rote oder eine violette Regierung hat und ob der Präsident der Tschechoslowaken dem König von Böhmen den Thron unter dem Hintern wegziehen will. Soll er ruhig ziehen, aber schickt uns nach Hause«.[111]

Als frischgebackener Präsident war er noch in seine eigenen Ansichten verstrickt. »Die Amerikaner sind schon komische Vögel«, schrieb er wenige Tage nach dem Amtsantritt in sein Tagebuch. »Sie stecken ständig die Nase in anderer Leute Angelegenheiten, die sie überhaupt nichts angehen. Wir schicken Missionare und politische Propagandisten nach China, in die Türkei, nach Indien und sonstwohin, damit sie den Leuten sagen, wie sie leben sollen. Die meisten von ihnen wissen genauso viel wie oder mehr als wir.«[112] Dieser Skeptizismus stand freilich in Konkurrenz zu seinem idealistischen Glauben an »ein freies Japan«.[113] In diesem Punkt orientierte sich Truman an seinen demokratischen Parteigenossen im State Department, die eine umfassende Demokratisierung des Landes empfahlen. Letztlich blieb er häufig passiv, was die Besatzungspolitik betraf, und erlaubte MacArthur, die Initiative zu ergreifen.

Er war freilich in guter Gesellschaft, was seine weitgehende Ignoranz in Sachen Japan betraf. Die führenden Experten der US-Regierung analysierten das Land in einem Nebel von Stereotypen und Klischees. Selbst Optimisten waren ähnlich herablassend und voreingenommen wie der Oberst, der seine Ansicht, dass die Japaner sich an eine Demokratie amerikanischen Stils anpassen könnten, wie folgt begründete: »Die Japaner sind in ihrem Kern ein imitatives Volk. Wie alle Orientalen haben sie großen Respekt vor Macht.«[114] Selbst Grew, der wichtigste Japanexperte der Regierung, kam zu keiner grundlegenderen Erkenntnis, als dass die Japaner wie disziplinierte Schafe oder wie ein Bienenschwarm seien, der seiner Königin folgt.[115] »Jeder Versuch, ihnen eine regelrechte Demokratie aufzuzwingen, hätte ein politisches Chaos zur Folge und würde potenziellen Diktatoren eine große Chance für die Machtübernahme eröffnen«, schrieb er in den ersten Tagen der Besatzung im Brustton der Überzeugung. »Man kann nicht zehn Jahre in einem Land leben, ohne solche Dinge zu wissen.«[116]

Auch der Rassenhass des Krieges spielte in den Diskussionen über die japanische Selbstregierung noch eine Rolle. »Die Umgestaltung Japans ist in erster Linie ein Kolonialproblem«, schrieb ein ranghoher britischer Regierungsbeamter in Tokio. »Nach den Maßstäben der modernen Demokratie, die die Alliierten zu implantieren hoffen, sind die Japaner ein hoffnungslos rückständiges Volk mit der typischen Sklavenmentalität – genauso wenig für die Selbstregierung in einer modernen Welt geeignet wie irgendein afrikanischer Stamm, aber viel gefährlicher.« Nach dieser rassistischen Diagnose empfahl er eine entsprechend imperiale Politik: »Wenn wir sie als Verbrecher behandeln, werden sie das verstehen, und wenn wir sie danach mit einer wohlwollenden Autokratie regieren, der einzigen Regierungsform, für die sie geeignet sind, können sie in einem friedlichen Asien der Zukunft vermutlich eine nützliche untergeordnete Rolle spielen.«[117]

Obwohl sich MacArthur für eine Demokratie einsetzte, hatte auch er höchst herablassende Ansichten über die Japaner. Für ihn waren sie immer noch eine im Grunde heidnische Feudalgesellschaft, die etwa vier Jahrhunderte hinter dem Westen zurücklag, eher mit dem antiken Sparta vergleichbar als mit irgendeinem modernen Land.[118] Irgendwann am Anfang der Besatzung sagte er in einem Privatgespräch, »die Japse« seien eine »orientalisches« Volk mit einem Minderwertigkeitskomplex, der sie im Krieg zu »kindischer Brutalität« und nach der Niederlage zu sklavischer Unselbstständigkeit getrieben habe.[119]

Für einen leidenschaftlichen Konservativen, der sich als republikanischer Präsidentschaftskandidat ins Spiel brachte, war seine Agenda in Japan dennoch in mancher Hinsicht erstaunlich progressiv: Gleichberechtigung der Frauen, Bürgerrechte für alle, Landreform, Stärkung der Gewerkschaften.[120] Laut seinem eigenen Bericht wollte er die Verfassung modernisieren, demokratische Wahlen abhalten, die politischen Gefangenen freilassen, die Bauern befreien, die Arbeiter ermutigen, die Macht der Polizei beschneiden, die politische Macht dezentralisieren und Kirche und Staat trennen. Zwar hatte er kaum eine andere Wahl, als die Anordnungen der Regierung Truman weitgehend zu akzeptieren, aber er war entsetzt über das, was er als das feudale japanische Defizit in der Sorge für das Individuum betrachtete, und äußerte sich voller Abscheu über die Geheimpolizei, die von 1937 bis 1940 etwa 60 000 Menschen wegen staatsgefährdender Gedanken ins Gefängnis gebracht hatte. »Von Bürgerrechten keine Spur«, schrieb er. »Es gab nicht einmal Menschenrechte.«[121]

Weil die Alliierten den Japanern nicht zutrauten, langfristig eine freie Regierung zu etablieren, schränkten sie deren neue Freiheiten bei jedem Schritt ein. Die Religionsfreiheit durfte nicht zum Deckmantel für kriegerische Shinto-Organisationen werden; die Versammlungsfreiheit konnte zur Sicherheit der alliierten Soldaten aufgehoben werden; die Meinungsfreiheit wurde durch eine umfassende Zensur geschmälert.[122] Eine frühe Direktive aus Washington besagte, dass die Japaner aus dem Ausland nur Nachrichten erhalten sollten, die entweder offizielle US-Propaganda oder vom Allgemeinen Hauptquartier abgesegnet waren. Die japanische Presse durfte über das Land berichten, solange sie die Besatzung nicht kritisierte, solange nichts auf die offensichtliche Zwietracht der vier alliierten Mächte hindeutete und solange sie »weder Lob noch Mitleid« für die von den alliierten Besatzern festgenommenen Japaner artikulierte.[123]

MacArthur musste mit dem Fluch fertigwerden, dass er bekam, was er wollte. Wusste er trotz all seiner festen christlichen Überzeugungen wirklich genau, was er tat? Er hatte sich mit den Besatzungsregimen Alexanders des Großen, Julius Caesars und Napoleon Bonapartes, aber auch mit der Zeit seines Vaters als Militärgouverneur der Philippinen und seinen eigenen Erfahrungen bei der Besatzung von einem Teil des Rheinlands nach dem Ersten Weltkrieg auseinandergesetzt und war zu dem Schluss gekommen, dass eine militärische Besatzung nie erfolgreich ist. »[D]ie Krankheit der Macht« korrumpierte die Besatzer und brachte eine Art »rassistisches Überlegenheitsgefühlt« hervor. Und, wie er sich später mit uncharakteristischer Bescheidenheit erinnerte: Ich war »immer noch von meinen eigenen Zweifeln und Ängsten beherrscht. Man wird nicht über Nacht zum obersten Beamten eines großen Staates, ohne viele Zweifel zu haben, es sei denn die eigene egozentrische Eitelkeit hat einen zum Narren oder zum Schurken gemacht.«[124]

6.

Befürchtungen

Japan und sein Reich wurden plötzlich wie ein riesiger Tatort behandelt. In dem gespenstischen Zeitraum zwischen der Kapitulation und der Ankunft der alliierten Armeen verbrannten japanische Beamte systematisch Dokumente, die bei den bestimmt zu erwartenden Kriegsverbrecherprozessen gebraucht worden wären – eine der größten Beweisvernichtungsaktionen der Rechtsgeschichte.[1]

Beamte des Außenministeriums hatten schon im Juni 1945 in Erwartung einer alliierten Invasion mit Bodentruppen begonnen, Geheimdokumente zu verbrennen, und sie maximierten im August ihre Anstrengungen.[2] Als Erstes gingen die Dokumente über China in Flammen auf, dann die über die Sowjetunion und danach die über die Achse.[3] Im Kaiserpalast eilte Marquis Kido Koichi, der führende Berater des Kaisers, während des Putschversuchs am 15. August morgens um vier zurück in sein Zimmer, wo er alle wichtigen Dokumente zerriss und in die Toilette warf.[4] Um den Thron zu schützen, wies das Heeresministerium außerdem die Truppen an, die kaiserlichen Reskripte und alle anderen schriftlichen Dokumente Kaiser Hirohitos zu verbrennen.[5] Überall im Land wurden mit weithin sichtbaren Rauchwolken Dokumente verbrannt. Eine Einheit der Militärpolizei im Süden Kyushus erhielt den Geheimbefehl, alle Dokumente über Außenpolitik, Gegenspionage und Putschversuche zu zerstören, sollte aber alles behalten, was als Belastungsmaterial gegen Linke dienen konnte. Benzin, wurde ihr geraten, verlangsame die Verbrennung; es sei besser, für eine gute Luftzufuhr zu sorgen.[6] In China füllten die japanischen Truppen in einem Kriegsgefangenenlager im Stadtviertel Fengtai in Beijing einen Lastwagen nach dem anderen mit Berichten, Büchern und Fotografien und warfen alles in eine Feuergrube.[7] Laut einem amerikanischen Bericht verbrannte die japanische Garnison in Nanjing ebenfalls ihre Papiere und verschleierte damit eines der schlimmsten Kriegsverbrechen des Krieges.[8] Bis heute sind mehr als 70 Prozent der offiziellen Dokumente der japanischen Militäreinheiten, die Nanjing stürmten, nicht gefunden oder veröffentlicht.[9]

An einem versteckten Standort bei Harbin in der Mandschurei wurden ebenfalls Dokumente vernichtet. Japan hatte mit der Einheit 731 des Heeres ein geheimes Projekt biologischer Kriegführung betrieben und dabei an Chinesen tödliche Menschenexperimente vorgenommen. Nun vernichteten die Verantwortlichen etwa 400 Kilogramm getrocknete Milzbrandsporen, Beweise für die bakteriologische Kriegführung gegen mehrere chinesische Städte, und zerstörten Laboratorien und Forschungszentren in China, Burma und Singapur.[10] Bevor sowjetische Truppen Harbin erreichten, sprengte die Einheit 731 ihr Hauptquartier in die Luft und brachte mehrere hundert noch lebende chinesische Arbeiter und für die Versuche vorgesehene Chinesen für immer zum Schweigen, indem sie ihnen die Wahl zwischen Selbstmord durch Erhängen oder durch die Einnahme von Zyanid ließ.[11]

Auch durch die alliierten Bombenangriffe waren Dokumente vernichtet worden, etwa als das Außenministerium getroffen wurde.[12] Japanische Regierungsbeamte beeilten sich, in großem Umfang Dokumente über die von ihnen verübte Misshandlung alliierter Kriegsgefangener zu vernichten.[13] Das Office of Strategic Services, der Geheimdienst des amerikanischen Kriegsministeriums, setzte tief im japanisch besetzten Territorium in China und anderswo Kommandoeinheiten ab, die Kriegsgefangene finden und die Vernichtung von Beweismaterial verhindern sollten.[14] Wütend verlangten die alliierten Besatzer von der japanischen Regierung eine vollständige Liste aller vom Heeres- und vom Marineministerium vernichteten Dokumente über alliierte Kriegsgefangene und die Namen der Regierungsbeamten, die die Vernichtung des Beweismaterials geleitet hatten.[15]

Das ganze Schreddern und Verbrennen hatte schlimme Folgen für die Rechtsprechung. Da viele der schlimmsten Befehle in Flammen aufgegangen waren, mussten sich die alliierten Strafverfolger stark auf die Doktrin der Befehlshaberverantwortlichkeit stützen. Sie mussten beweisen, dass die Kriegsverbrechen weit verbreitet oder systematisch gewesen waren und das angeklagte Führungspersonal von ihnen gewusst und die Macht besessen hatte, ihnen ein Ende zu setzen. Außerdem beeinträchtigte die überall in Japan stattfindende Beweismittelvernichtung eine der wichtigsten Leistungen, die durch Kriegsverbrecherprozesse erbracht werden sollten: die Akkumulation einer wahrheitsgemäßen, unangreifbaren historischen Dokumentation. Ein Großteil dieser Dokumentation war bereits in Rauch aufgegangen.

Die alliierten Truppen entdeckten bei ihrem Einmarsch in Japan und den von ihm besetzten Gebieten frische Beweise für die weit verbreitete Misshandlung von Kriegsgefangenen, da sie diese krank, halb verrückt vor Hunger oder mit sichtbaren Spuren von Schlägen vorfanden.[16] Aus Singapur berichtete ein britischer Diplomat, die befreiten Gefangenen hätten »allzu viele hässliche Geschichten über die Grausamkeit und Unmenschlichkeit der Japaner« zu erzählen gehabt.[17] Auf der Insel Hainan in China, wurden 400 britische und niederländische Kriegsgefangene gefunden, die kurz davor waren, an Unterernährung und Krankheiten zu sterben.[18]

In einem Lager bei Tokio schätzte ein US-amerikanischer Offizier, dass etwa die Hälfte der Insassen so schwer misshandelt worden war, dass sie im Krankenhaus behandelt werden musste.[19] In zwei anderen befreiten Lagern waren fast alle 700 Gefangenen unterernährt; 80 Prozent litten unter schwerer Unterernährung, und viele mussten operiert werden. Ein Lager in der Nähe von Yokohama glich laut einem Bericht der US-amerikanischen Dritten Flotte einer »Gestapo-Zentrale schlimmster Sorte«.[20] Bei einem Treffen mit freigelassenen amerikanischen Kriegsgefangenen sagte der amerikanische Flottenadmiral William F. Halsey wutentbrannt, der Krieg habe »zu früh geendet, weil noch zu viele Japse übrig sind«.[21]

Kurz nach Kriegsende verkündete Truman pathetisch: »Wir alle freuen uns auf den Tag, an dem das Gesetz statt der Gewalt die internationalen Beziehungen bestimmen wird.«[22] Dennoch erhielt MacArthur in einer wichtigen Direktive der Regierung Truman den Auftrag, mutmaßliche Kriegsverbrecher zu verhaften, noch bevor er Instruktionen über die gegen sie erhobenen Vorwürfe erhielt. Er sollte das gemeinsame Oberkommando des japanischen Heeres und der Marine, alle Beamten der berüchtigten Geheimpolizei *Kempeitai*, die wichtigen Mitglieder der verschiedenen ultranationalistischen und terroristischen Organisationen und sämtliche Führungspersönlichkeiten in Regierung und Wirtschaft, die an der japanischen Aggression beteiligt gewesen waren, verhaften lassen. Außerdem sollte er, auch ohne jede juristische Grundlage für eine Anklage, »sämtliche Personen festnehmen lassen, bei denen Sie Grund haben, sie für Kriegsverbrecher zu halten«.

Da jedoch die Alliierten ihre Besatzung weitgehend von der japanischen Regierung durchführen lassen wollten, konnten sie unmöglich alle Personen verhaften, die begründet der Kriegsverbrechen verdächtig waren. Das schiere Ausmaß der Verbrechen der Achsenmächte ging weit über die Kapazität jedes strafrechtlichen Systems hinaus. Das Ergebnis war eine amerikanische Politik, die bei der Verfolgung von Kriegsverbrechen zwischen Nachsicht für viele und Härte für wenige schwankte. Die Regierung Truman konzentrierte sich auf die Bestrafung von Tojo Hideki und anderen führenden Militärs. »Mit den angemessenen Mitteln werden Sie allen Schichten der japanischen Bevölkerung die Tatsache ihrer Niederlage klarmachen«, instruierte die Regierung MacArthur. »[N]ur wenn der Militarismus aus dem japanischen Leben und den japanischen Institutionen verbannt ist, wird Japan in die Familie der Nationen aufgenommen werden.«[23]

Auf diese Weise entstand letztlich ein Bild von der jüngeren Geschichte, das alle Schuld einer relativ kleinen Gruppe ranghoher Offiziere zuwies und unangenehme Fragen nach der Mittäterschaft der zivilen Eliten, der Mehrheit der Konservativen, des kaiserlichen Palasts und der Großindustrie, aber auch der breiten Gesellschaft vermied. Diese selektive Schuldzuweisung war historisch und moralisch zweifelhaft, hatte aber für das Allgemeine Hauptquartier ihre Vorteile. Sie delegitimierte die putschbereiten Offiziere, die die größte Bedrohung für die Demokratie darstellten, und stellte sie kalt; sie erleichterte es den Japanern, sich öffentlich von ihrer Führung im Krieg zu distanzieren und eine neue, den Vereinigten Staaten willkommene verfassungsmäßige Ordnung zu akzeptieren, sie passte hervorragend zu MacArthurs persönlicher Fixierung auf die japanische Armee. Und sie sollte die Rehabilitierung Japans auf der Weltbühne beschleunigen und es im Kalten Krieg zu einem Verbündeten Amerikas machen.[24]

Angesichts der breiten Unterstützung, die der Militarismus beim konservativen Establishment genossen hatte, wusste anfangs niemand, wer alles zur Rechenschaft gezogen würde. Insbesondere hatte die Regierung Truman eine Absetzung des Kaisers noch nicht ausgeschlossen, wenngleich sie MacArthur angewiesen hatte, ihn nicht zu stürzen, ohne vorher den Vereinigten Generalstab zu konsultieren.[25] Gegen mehrere prominente Mitglieder der kaiserlichen Familie hätte durchaus wegen mutmaßlicher Kriegsverbrechen ermittelt werden können, insbesondere gegen Prinz Asaka Yasuhiko, den angeheirateten Onkel des Kaisers, der als Generalleutnant die japanischen Truppen bei der entsetzlich grausamen Eroberung Nanjings kommandiert hatte. Dasselbe galt vielleicht auch für seinen Bruder Prinz Chichibu Yasuhito, einen Berufsoffizier des Heeres, der in China gekämpft hatte. Die Mitglieder des Hofes hielten sich bedeckt, um den Feind nicht zu provozieren.[26]

Der wichtigste Höfling des Kaisers war Kido Koichi, als Lordsiegelbewahrer der engste Berater des Kaisers – und mögliches Ziel einer Verhaftung. Kido war im japanischen Zentrum der Macht geboren: Sein Vater war Oberhofmarschall des künftigen Taisho-Kaisers gewesen, und zu seinen Kindheitsfreunden hatten spätere hohe Tiere wie der künftige Premierminister Prinz Konoe Fumimaro gehört.[27] Der undurchschaubare und konservative Beamte (Mandarin) und Meister der Hofintrige gehörte zu der Sorte Mensch, die »freier und offener Meinungsaustausch« sagt, wenn sie Schreiduell meint.[28] In einem Nachkriegsbericht wurde er als »jenes immer vorsichtige politische Lackmuspapier Marquis Kido« bezeichnet.[29] Er sah Hirohito routinemäßig eine Stunde pro Tag,[30] und obwohl er zehn Jahre älter war als der Kaiser, hatte er größte Ehrfurcht vor dem Kaiserhaus. Als Hirohito einmal in dem alten Großschrein von Ise betete, der größtenteils der Sonnengöttin Amaterasu, der angeblichen Ahnherrin des Kaiserhauses geweiht ist, war Kido überwältigt von dem Privileg, am Besuch des Heiligtums teilnehmen zu dürfen, und empfand große Ehrfurcht für die tiefgründigen Gedanken, die der Kaiser vermutlich hegte.[31]

Kurz nach seiner Radiorede zur Kapitulation vertraute der Kaiser Kido an, dass er es »unerträglich« finde, mutmaßliche Kriegsverbrecher den Alliierten zu übergeben und er »lieber selbst alle Verantwortung übernehmen und abdanken würde«. Kido jedoch drängte ihn durchzuhalten. Ein Rücktritt, sagte er, werde nicht nur seine Herrschaft beenden, sondern könne auch die Legitimität seiner Nachfolger zerstören und letztlich zu einer republikanischen Regierungsform führen. Dieses kaisertreue Plädoyer bewegte Hirohito dazu, im Amt zu bleiben.[32]

Gefangene im Sugamo-Gefängnis

Sobald MacArthur am 11. September genügend Soldaten im Land hatte, befahl er die Verhaftung von 40 Kriegsverbrechern. Tausende weiterer Verdächtiger wurden in Militärgefängnissen interniert.[33]

Der wichtigste Fang war General Tojo Hideki mit der frischen Brustwunde, die er sich bei seinem gescheiterten Selbstmordversuch mit einer Pistole zugezogen hatte. Ebenfalls zur ersten Gruppe gehörten das gesamte für Pearl Harbor verantwortliche Kabinett und die ranghöchsten Offiziere einschließlich General Homma Masaharus, der für den Todesmarsch von Bataan verantwortlich gemacht wurde.[34] Tojo und 20 weitere wurden zunächst in einem renovierten Gefangenenlager auf Omori in Tokio interniert, in dem es von Ratten und Ungeziefer wimmelte. Trotz des kalten Herbstes bekamen sie dieselben dünnen, wenn auch entlausten Decken, die die amerikanischen Kriegsgefangenen erhalten hatten. Zum Essen erhielten sie einfache Mahlzeiten aus Reis und Fisch mit amerikanischem Kaffee und Kandiszucker. Der seiner Militäruniform beraubte Tojo trug ein einfaches weißes Hemd und eine dunkle Weste. Sein Gewicht sank auf 42 Kilogramm. Die meisten anderen Gefangenen mieden ihn und ignorierten ihn in stiller Verachtung, wenn er beim Essen versuchte, ein Gespräch anzufangen. Er verbrachte seine Tage allein in einer kleinen Kabine, schrieb und rauchte Zigaretten und wartete auf seine Hinrichtung. »Ich will ein guter Verlierer sein«, sagte er zu einem amerikanischen Fotojournalisten.[35]

Togo Shigenori wurde festgenommen, weil er in der Zeit von Pearl Harbor Außenminister gewesen war, obwohl er in Wirklichkeit heftig gegen den Krieg argumentiert hatte. Da er an einer Herzkrankheit litt, wurde er zunächst nur unter Hausarrest gestellt, aber auch er kam später in das Sugamo-Gefängnis in Tokio.[36] Seine Frau Edith Togo versuchte die alliierten Ermittler verzweifelt von seiner Unschuld zu überzeugen: »Dies ist ein Verbrechen gegen die Menschlichkeit«, sagte sie.[37]

Das Sugamo-Gefängnis füllte sich schnell mit mehr als 1000 mutmaßlichen Kriegsverbrechern der verschiedensten Ränge. Es war ein finsteres Gebilde gedrungener und hässlicher moderner Gebäude aus hellbraunem Beton, die hinter abschreckenden zwölf Meter hohen Mauern mit Wachtürmen in einem ruhigen Wohngebiet lagen. In der von Anfang an als Gefängniskomplex gebauten Anlage waren zuvor zunächst politische Gefangene wie mutmaßliche Kommunisten, Spione oder Oppositionelle und später alliierte Kriegsgefangene interniert worden. Unter der Verwaltung der 8. US-Armee konnten die Gefangenen als Disziplinarmaßnahme in Einzelhaft kommen; sie durften pro Woche nur einen Brief schreiben, und ihre Post wurde zensiert. Dennoch pflegte der Colonel aus Missouri, der die Anstalt jetzt leitete, zu sagen, die Männer seien erst schuldig, wenn sie verurteilt seien, und selbst dann seien sie noch menschliche Wesen.

Die verdächtigen Japaner wurden unabhängig von ihrem Rang alle gleichbehandelt. Ihrer Stellung und ihrer Würde beraubt, wurden Generale, Premierminister und Adlige in Sugamo zusammen mit Männern eingesperrt, die zuvor ihre Untergebenen gewesen waren. Sie bekamen pro Tag drei einfache Mahlzeiten mit Fisch, Gemüse und Reis – besseres Essen, als viele normale Japaner damals hatten. Jede kleine Zelle besaß eine elektrische Lampe, eine Bodenmatte aus Stroh zum Schlafen, einen Tisch, einen Stuhl und eine Toilette mit Deckel. Auf dem Gelände gab es Bäume und einen Gemüsegarten. Die Angeklagten durften Körperübungen machen und mussten nicht arbeiten, solange sie auf den Prozess warteten; sie mussten mindestens zweimal in der Woche baden; und sie durften einen buddhistischen, protestantischen oder katholischen Gottesdienst besuchen, aber keinen shintoistischen. Einer der christlichen Geistlichen richtete für die Gefangenen eine Bibliothek ein. Der buddhistische Priester sagte, im Vergleich zu den von den Japanern für die alliierten Gefangenen betriebenen Lagern sei Sugamo »ein Fenster zum Himmel«.[38] Das Viertel jenseits der Mauern war wegen der Brandbombenangriffe allerdings eine Wüste aus Schutt und Asche.[39]

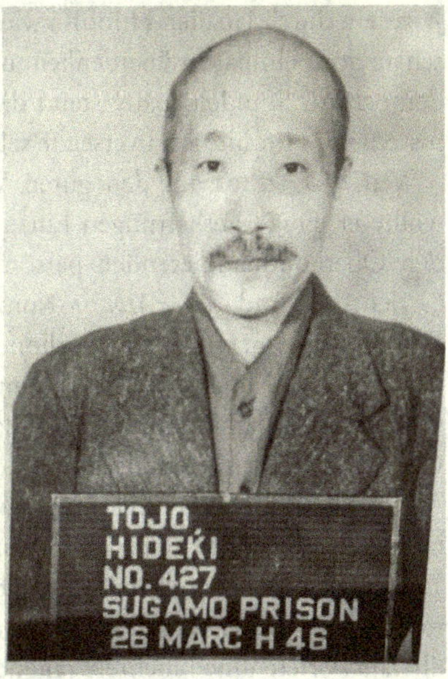

Abb. 10 *Erkennungsdienstliches Foto von Tojo Hideki im Sugamo-Gefängnis, 26. März 1946*

MacArthur wurde insgeheim autorisiert, eine Vielzahl von Generalen, Admiralen, (Premier-)Ministern, Diplomaten und Propagandisten festzunehmen.[40] Kurz darauf fügte das Büro für Kriegsverbrechen der Regierung Truman dieser Liste noch weitere berühmte Personen hinzu, die MacArthur nach eigenem Ermessen verhaften konnte – auch prominente zivile Politiker wie Hirota Koki, einen älteren ehemaligen Premierminister und Außenminister, und Prinz Konoe Fumimaro, einen einflussreichen früheren Premierminister mit engen Verbindungen zum Kaiserpalast.[41] Die Besatzer verhafteten auch weniger ranghohe Japaner, wobei es MacArthur besonders wichtig war, die Offiziere zu bestrafen, die für die Hinrichtung der kriegsgefangenen amerikanischen Flieger nach dem Doolittle Raid – einem amerikanischen Überraschungsangriff auf Tokio – verantwortlich waren.[42]

Die neue japanische Regierung versuchte der alliierten Rechtsprechung zuvorzukommen, indem sie beschloss, selbst ein Kriegsverbrechertribunal einzurichten.[43] Der Vorschlag wäre ziemlich sicher vom Allgemeinen Hauptquartier abgelehnt worden, wurde aber vorher schon von Hirohito abgewürgt. Am Tag nach Tojos Verhaftung sagte der Kaiser unverblümt zum japanischen Premierminister, dass »die sogenannten mutmaßlichen Kriegsverbrecher seine treuesten Untertanen seien und der Nation wertvolle Dienste geleistet hätten«. Deshalb bringe er es nicht übers Herz, sie in seinem Namen zu bestrafen. Auch Kido war gegen die Bestrafung von Japanern durch Japaner. Hirohito wies den Premierminister an, seinen Vorschlag noch einmal zu überdenken, und Kido verlangte eine Erklärung für den Schritt. Stunden später stand der Premier mit seinen führenden Ministern vor Hirohito und versetzte seinem eigenen Plan den Todesstoß.[44]

Weil MacArthur auf den guten Willen der Japaner angewiesen war, wollte er einige Verhaftungen hinausschieben, auch die von Konoe, der den Oberkommandierenden persönlich gebeten hatte, den kaiserlichen Gerichtshof und die *Zaibatsu*-Konzerne – mächtige und finanzstarke Firmenkonglomerate – zu verschonen, weil sie als stabilisierende Kräfte den Kommunismus abwehren konnten.[45] MacArthur machte die Regierung Truman darauf aufmerksam, dass er bisher einige der verdächtigen Generale bei der Demobilisierung der japanischen Streitkräfte einsetze.[46] Truman jedoch drängte MacArthur verärgert, unverzüglich mit Militärtribunalen zu beginnen und dabei »dem flexiblen Verfahren, das in Europa angewandt wird«, zu folgen.[47] Deshalb führten die Amerikaner am 21. September eine zweite Verhaftungswelle durch, und die japanische Regierung überantwortete ihnen mehrere ranghohe Verdächtige.[48]

Als die Regierung Truman endlich die Direktive herausbrachte, wie mit den verhafteten Verdächtigen zu verfahren sei, empfand MacArthur sie als entsetzlich weitschweifig und vage.[49]

Das amerikanische Militär wurde autorisiert, seine eigenen Militärtribunale einzurichten, aber auch der Oberkommandierende konnte zusammen mit anderen alliierten Ländern besondere internationale Militärgerichte schaffen.[50] Auch die vornehmsten Angeklagten sollten interniert werden, »wie es sich für gewöhnliche Kriminelle gehört«. Und MacArthur war als Oberkommandierender befugt, die Verfahrensregeln zu bestimmen, die Urteile zu überprüfen und die Strafen abzumildern.

Den japanischen Angeklagten konnten drei Arten von Kriegsverbrechen vorgeworfen werden, über die auch bei den unmittelbar bevorstehenden Nürnberger Prozessen verhandelt wurde. Der erste, wichtigste und umstrittenste Vorwurf war die Planung und Durchführung einer Aggression oder die Teilnahme an einer Verschwörung mit diesem Ziel. Dies bedeutete nichts Geringeres als die Kriminalisierung des Angriffskriegs selbst. Wie es Truman in den Tagen vor den ersten Verhaftungen in Japan erklärt hatte: »Der Krieg muss vom Angesicht der Erde getilgt werden, wenn die Erde, wie wir sie kennen, Bestand haben soll.«[51] Getrieben von der amerikanischen Wut wegen Pearl Harbor, wurde die Ächtung des Angriffskriegs sowohl in Nürnberg als auch in Tokio zum wichtigsten Anliegen der Anklage – aber auch ein Anliegen, dessen Berechtigung von internationalen Juristen und japanischen Konservativen bis heute in Frage gestellt wird.

Der zweite, am wenigsten umstrittene Anklagepunkt waren Verstöße gegen die Gesetze und das Kriegsrecht. Er deckte eine Vielzahl von Kriegsverbrechen ab, die im Völkerrecht bereits festgeschrieben waren: die Misshandlung von Kriegsgefangenen, die Ermordung oder Misshandlung von Zivilisten und die Zerstörung von Städten, wenn diese nicht durch militärische Notwendigkeit gerechtfertigt ist.

Der dritte Bereich waren Verbrechen gegen die Menschlichkeit. Sie waren den Amerikanern am wenigsten wichtig, spielten aber eine große Rolle für die Chinesen, die Filipinos und andere Völker, die unter der japanischen Herrschaft gelitten hatten. Unter diese Kategorie fielen Mord, Genozid, Versklavung, Deportation oder andere unmenschliche, an Zivilisten verübte Handlungen, die zum Teil schon vor Kriegsbeginn verübt worden waren. Indem man auch die Verfolgung aus politischen, rassischen oder religiösen Gründen mit einbezog, stellte man eine Verbindung zwischen den suprematistischen Ansprüchen des Japanischen Kaiserreichs und der Rassenideologie seines nationalsozialistischen Verbündeten her.[52]

Der Kaiser und der General

Bis Ende September hatten die Amerikaner etwa 70 mutmaßliche Kriegsverbrecher interniert. Sie waren entweder von der 8. US-Armee festgenommen worden, oder das XI. Corps in Yokohama hatte sie in Militärgefängnissen interniert. Unter den gefangenen Generalen, Ministern und *Kempeitai*-Führern war auch Kishi Nobusuke, ein früherer mächtiger Regierungsbeamter der besetzten Mandschurei. Er wurde interniert, weil er unter Tojo in dem Kabinett, das den Angriff auf Pearl Harbor angeordnet hatte, als Handels- und Industrieminister gedient hatte.[53]

In der Direktive der Regierung Truman hieß es, MacArthur solle »gegen den Kaiser als Kriegsverbrecher nichts unternehmen«, bis er spezielle Befehle bekäme.[54] Im Kaiserpalast wurde die Spannung unerträglich. War der Kaiser der Festnahme endgültig entgangen? Oder prüften die Amerikaner nur die Reaktionen der japanischen Öffentlichkeit, bevor sie den größten aller Fische fingen?

Der Hof ersann eine Publicity-Kampagne, um Hirohito zu entlasten. Der Kaiser machte den beispiellosen Schritt, zwei Reportern der *New York Times* ein Interview zu geben. Da der Kaiserpalast durch Brandbomben beschädigt war, fand die Audienz in einem improvisierten Thronsaal im Ministerium des kaiserlichen Haushalts auf dem Palastgelände statt. Mit leicht zitternden Händen und sich vor Nervosität windend, beantwortete der Kaiser schriftlich Fragen, um sich als schuld- und gefahrlos darzustellen. Er erhob schwere Beschuldigungen gegen Tojo Hideki und behauptete, er sei überrascht gewesen, dass der Premierminister etwas so Harmloses wie ein kaiserliches Kriegs-Reskript genutzt habe, um einen Überraschungsangriff auf die Vereinigten Staaten durchzuführen.[55]

Auch privat hielt sich Hirohito an diese Version. So sagte er zu Kido, er habe gedacht, »sein Herz werde brechen«, als er Tojo das Kaiserliche Reskript mit der Kriegserklärung an die Vereinigten Staaten übergeben habe. Auch behauptete er, er habe zu Tojo gesagt, es sei »sehr bedauerlich in Feindschaft zum englischen Königshaus zu geraten«, als ob es möglich gewesen wäre, das Britische Weltreich anzugreifen, ohne das Haus Windsor gegen sich aufzubringen.[56]

Die *New York Times* als Propagandainstrument war nur von beschränktem Nutzen. Um sich seines Throns wirklich sicher zu sein, brauchte Hirohito Garantien von MacArthur persönlich. Die beiden Männer standen vor einem Dilemma, das in den Annalen der internationalen Justiz gar nicht selten ist: Wie einigt man sich in einem unentschiedenen Konflikt (wie etwa in Südafrika oder Chile) auf eine Amnestie, wenn beide Seiten keine Lust mehr auf weitere Kämpfe haben?[57] Da man im Allgemeinen Hauptquartier Unruhen fürchtete, war der Inhalt der Einigung klar umrissen: Wenn Hirohito und die Führer der japanischen Konservativen die Besatzung akzeptierten, würde MacArthur den Kaiser verschonen und dadurch die künftige Verfolgung von Kriegsverbrechern beschneiden. Dennoch bedurfte es eines Balzrituals von bizarrer Komplexität, bis beide Granden ihr Arrangement festgeschrieben hatten.

Laut MacArthurs Bericht wollte dessen Stab den Kaiser als amerikanische Machtdemonstration ins Allgemeine Hauptquartier zitieren, das unmittelbar jenseits des Palastgrabens lag. MacArthur lehnte dies ab, weil er weder das japanische Volk noch den Kaiser beleidigen wollte.[58] Stattdessen übermittelte er Hirohito ohne jedes öffentliche Aufsehen die Botschaft, dass er ihn treffen wollte – und der Kaiserpalast schickte laut einem der Adjutanten MacArthurs heimlich die Nachricht, dass man sich jederzeit und an jedem Ort mit dem Oberkommandierenden treffen werde.[59] Also entschied sich der Oberkommandierende für die amerikanische Botschaft und sagte: »Höchste Zeit, dass er anerkennt, das ich in der Stadt bin.«

Am 27. September um Punkt 10.30 Uhr hielt die für den Kaiser sonderangefertigte Limousine, gefolgt von zwei Wagen mit Personal aus dem Kaiserpalast, vor der amerikanischen Botschaft. Informiert, dass der Kaiser rauchte, steckte MacArthur eine Packung *Lucky Strike* in die Hosentasche. Wie schon die gedemütigten japanischen Diplomaten auf der *Missouri* erschien auch der Kaiser overdressed in einem schwarzen Cutaway mit gestreifter Hose und Zylinder. Zu seinem Gefolge gehörte ein angsterfüllter Kido, der sich darüber im Klaren war, dass ihn die Amerikaner vielleicht bald als Kriegsverbrecher verhaften würden. Empfangen wurde der Kaiser von einer kleinen Gruppe staunender US-Offiziere in schlichten Uniformen, zu denen auch MacArthurs militärischer Sekretär, Brigadegeneral Bonner F. Fellers gehörte. Fellers salutierte vor dem Monarchen, während sein amerikanischer Adjutant dem deswegen beunruhigten Kaiser den Zylinder abnahm. Hirohito verbeugte sich und schüttelte Hände. Wie sich einer von MacArthurs Offizieren später erinnerte, schoss der Oberkommandierende auf den Kaiser zu und sagte: »Sie sind wirklich sehr willkommen, Sir!« Es war das erste Mal, dass der Offizier MacArthur jemanden mit »Sir« anreden hörte.

Mit den Händen immer noch fest in denen MacArthurs machte Hirohito eine tiefe Verbeugung, durch die seine Hände unbeholfen über seinem Kopf schwebten. Als sich die beiden entwirrt hatten, überragte MacArthur den Kaiser fast um Haupteslänge. Er war älter, größer und muskulöser als der lebende Gott. Und er war viel zu lässig gekleidet, trug also so ziemlich das, was er immer trug: eine ausgebeulte Khaki-Uniform ohne Orden und mit offenem Kragen; immerhin hatte er auf die Maiskolbenpfeife und die Sonnenbrille verzichtet. Auf MacArthur wirkte der Kaiser offensichtlich nervös und vom Stress der vergangenen Monate erschöpft.

Der General bat den Kaiser in den großen Salon, wo ein Fotograf wartete; MacArthur ließ derart außergewöhnliche Ereignisse nie ohne ein

Blitzlicht verstreichen. Auf dem Foto steht der Kaiser steif da, während MacArthur lässig die Hände in die Hintertaschen seiner Hose steckt.[60] Danach schloss der General die Tür und blieb mit dem Kaiser und einem kaiserlichen Dolmetscher allein. Draußen machten seine Leute mit denen des Kaisers quälenden Smalltalk über Kabuki – japanisches Theater – und Entenjagd.

Dies war das erste von elf Treffen zwischen Hirohito und MacArthur, die ein eigentümliches, heimlichtuerisches Verhältnis zueinander entwickelten. Bei den Gesprächen waren nur Hirohito, MacArthur und der Dolmetscher anwesend, und sie wurden streng geheim gehalten; erst Jahre später tauchten die Notizen des Dolmetschers auf.[61]

MacArthur pflegte in seinen Memoiren sorgfältig die Legende des friedliebenden Kaisers.[62] Um die Agonie der Demütigung abzumildern, bot der General dem Monarchen eine tröstende Zigarette an, die der mit zitternden Händen dankbar annahm. Laut MacArthur erklärte Hirohito: »Ich komme zu Ihnen, General MacArthur, um mich dem Urteil der Mächte, die Sie repräsentieren, zu unterwerfen, und um für jede einzelne politische und militärische Entscheidung und Handlung meines Volkes bei der Führung des Krieges die Verantwortung zu übernehmen.« MacArthur behauptete, dies habe ihn zutiefst bewegt, insbesondere, weil er sich sicher war, dass der Kaiser die Schuld für Taten auf sich nahm, für die er nicht verantwortlich war.[63] Allerdings ist Hirohitos Erklärung in den Notizen des Dolmetschers nirgends zu finden, und es fehlt ihr an Plausibilität. Wenn der Kaiser als Einziger die Verantwortung übernahm, warum hatte er die Schuld dann gerade öffentlich auf Tojo geschoben? Und warum hatte er dann nicht einfach abgedankt?

Die japanischen Notizen waren nicht für die Öffentlichkeit bestimmt und blieben jahrzehntelang verschwunden. Sie sind plausibler als die selbstdarstellerischen Memoiren des Generals und machen deutlich, um was für einen Handel es ging. MacArthur beklagte die hasserfüllte öffentliche Meinung in den Vereinigten Staaten, Großbritannien, China und anderswo und versicherte dem Kaiser ganz offen, dass er ihn nicht vor Gericht stellen wollte. Er lobte den Monarchen für die »sehr heroische Entscheidung«, einen Krieg zu beenden, der das Land hätte auslöschen und Millionen Menschenleben kosten können. Hirohito sagte: »Ich persönlich wollte alles tun, um [den Pazifikkrieg] zu vermeiden, und was ich an meinem Verhalten am bedauernswertesten finde, ist, dass es zum Krieg führte.« MacArthur brachte »sein größtes Mitgefühl für den leidenschaftlichen Wunsch Eurer Majestät, auf einen Frieden hinzuarbeiten« zum Ausdruck und fügte hinzu, es sei für eine Einzelperson sehr schwierig, gegen den Willen der Mehrheit zu führen, womit er Hirohito auf Kosten aller anderen Beteiligten entlastete. Dann versicherte er dem Monarchen, das endgültige Urteil werde, wenn sie beide tot seien, von künftigen Historikern und der öffentlichen Meinung gefällt werden, womit er implizit die Berechtigung der Alliierten, Kriegsverbrecher vor Gericht zu stellen, in Frage stellte.

Hirohito versprach, seinen Teil des Handels zu erfüllen und bei der Umsetzung der Potsdamer Erklärung zu helfen, in der auch die Verfolgung von Kriegsverbrechern gefordert wurde. »Ich und das japanische Volk haben die Realität der Niederlage voll verstanden«, sagte Hirohito und versprach, ein friedliches Japan aufzubauen. MacArthur erwiderte, er sei höchst beeindruckt, wie die Regierung, das Militär und das Volk eine kaiserliche Entscheidung buchstabengetreu befolgten. Dies lasse auf eine größere Autorität als bei den Führern anderer Nationen schließen. Der Kaiser versicherte, er glaube, dass MacArthur Asien Frieden, Stabilität und Wohlstand bringen wolle, und bete, dass er damit Erfolg haben möge. Beide Männer waren erleichtert, dass die Besatzung so glatt verlaufen war. Dann leistete sich der Fünfsterne-General eine massive Illoyalität gegenüber dem Präsidenten der Vereinigten Staaten, indem er sagte, »es stehen Leute über mir, und ich bin nur einer, der sie an der Front vertritt. Ich wünschte, dass ich selbst anstelle dieser Leute wäre.«

Zum Schluss meinte MacArthur unverblümt, dass »die Verwüstung überall so schrecklich ist, dass man das alte Tokio nicht mehr spürt«, und die beiden Männer gaben einander zum Abschied noch einmal die Hand.[64] Sie hatten einen stillschweigenden Pakt geschlossen. Laut einem seiner Adjutanten sagte MacArthur, er habe ein väterliches Gefühl gegenüber dem mehr als 20 Jahre jüngeren Kaiser. »Ich wurde als Demokrat geboren und als Republikaner aufgezogen«, sagte er, »aber zu erleben, dass ein Mann, der einst so hoch stand, nun so tief unten ist, das schmerzt mich.«[65]

Ein Dokument ist unumstritten: die Fotografie der beiden Männer. Der amerikanische Fotograf hatte drei Fotos gemacht, von denen zwei aus praktischen Gründen aussortiert wurden: Auf dem einen hatte MacArthur wegen des Blitzlichts geblinzelt, und auf dem anderen hatte Hirohito den Mund offen. Das dritte Bild machte Furore und wurde sofort zum Sinnbild der Besatzung. Auf den Fotos des Palasts war der Kaiser stets so abgelichtet, dass er größer erschien, als er war, aber auf diesem Foto überragte ihn der Oberkommandierende deutlich. MacArthur hatte einen Großteil seines Lebens der Demonstration der eigenen Dominanz gewidmet und war nun auf dem Höhepunkt angelangt. Henry R. Luces Zeitschrift *Life* war so gehässig, das Foto mit dem offenen Mund des Kaisers zu verwenden.[66]

Das Bild eines massigen amerikanischen Generals, der den Kaiser überragt, war der amtierenden japanischen Regierung peinlich, und sie versuchte seine Veröffentlichung in den Zeitungen zu verhindern. Dieses eine Mal jedoch lehnte das Allgemeine Hauptquartier die Zensur ab und erlaubte den japanischen Zeitungen einen Tag später die Veröffentlichung.[67] Die amerikanische Presse freute sich diebisch, wie lässig MacArthur »den kleinen japanischen Kaiser« und »Ex-Gott« beherrschte. Die *New York Times* schrieb in einem Leitartikel, dass »das ganze gegenwärtige japanische Regime letztlich abdanken muss, auch der Gottkaiser«, und in der *New York Herald Tribune* hieß es: »Entweder hat Hirohito die militaristische Politik aktiv autorisiert und unterstützt, dann ist er ein größerer Kriegsverbrecher als Tojo, oder er war einfach ein passives Instrument der Militaristen, dann wird er, wie nützlich er jetzt auch noch sein mag, wie alle anderen gefährlichen Unzeitgemäßen letztlich abtreten müssen.«[68]

Abb. 11 *Die sensationelle Fotografie von Kaiser Hirohito in formeller Kleidung, wie er am 27. September 1945 in der amerikanischen Botschaft in Tokio neben dem übermächtig wirkenden General Douglas MacArthur steht*

Hirohito verließ das Treffen ermutigt. Zwei Tage darauf bestellte er Kido zu sich und klagte über den Hass des amerikanischen Volkes auf das kaiserliche System. Er fragte sich, ob er die Angriffe in der Presse ignorieren oder sie durch ein privates Gespräch mit MacArthur bekämpfen sollte, weil er zu Recht meinte, dass der Oberkommandierende für ihn Partei ergreifen werde. Kido versicherte dem Kaiser, dass die würdelosen Angriffe in der amerikanischen Presse nicht den Ansichten der amerikanischen Regierung oder denen MacArthurs entsprächen. Also beschloss der Kaiser, seine Gefühle für sich zu behalten, zu schweigen und auf MacArthur zu vertrauen.[69]

Das stillschweigende Abkommen

Sofort nach dem Treffen ging MacArthurs Team daran, den Kaiser zu schützen. Offenbar war kein Mensch im Allgemeinen Hauptquartier geneigt, die paradoxe Vorstellung von einem Kaiser in Frage zu stellen, der angeblich zu schwach war, um den Ausbruch des Pazifikkriegs zu verhindern, aber stark genug, um ihn zu beenden.

Ganz im Gegenteil: Ein Major des amerikanischen Militärgeheimdienstes bekam den Auftrag, Hirohito vor Beschuldigungen wegen des Angriffs auf Pearl Harbor zu schützen. Der Major äußerte sich sehr deutlich, was das überragende »Interesse einer friedlichen Besatzung und Rehabilitation Japans und der Verhinderung von Revolution und Kommunismus« betraf. Er behauptete, Hirohito habe, bedroht durch eine militaristische Clique, nicht aus freiem Willen gehandelt, als er der japanischen Kriegserklärung an die Vereinigten Staaten zustimmte. Er befahl, ausreichend Beweise für Betrug oder Druck aufzutreiben, damit der Kaiser von einem demokratischen Gericht nicht verurteilt werden konnte, und empfahl »aktiv darauf hinzuwirken (…) eine Anklage und Verfolgung des Kaisers als Kriegsverbrecher zu verhindern«.[70]

Bonner F. Fellers, der ehemalige Leiter von MacArthurs Abteilung für psychologische Kriegführung, führte diverse Gespräche im Kaiserpalast und drängte danach MacArthur, Hirohito vor dem Zorn der Regierung Truman und der Sowjets zu schützen. »Ihr Kaiser ist das lebende Symbol der Rasse, in dem die Tugenden ihrer Vorfahren verkörpert sind«, sagte er über die Japaner. »Ihre demütige Verehrung für ihn läuft auf eine Selbstverleugnung hinaus, die von religiösem Patriotismus untermauert ist und eine Westlern unverständliche Tiefe hat.« Die Japaner, sagte Fellers, seien der Ansicht, ihre Kapitulation bedeute »die Erhaltung der staatlichen Struktur, die den Kaiser mit einschließt« – ein Bezug auf den *kokutai,* das nationale Gemeinwesen. »Auf seinen Befehl legten sieben Millionen Soldaten die Waffen nieder«, was »unsere unblutige Invasion« ermöglicht hat.

Fellers warnte, dass es einen allgemeinen Aufstand geben werde, wenn man Hirohito wegen Kriegsverbrechen vor Gericht stellte. Zur Niederschlagung einer solchen Revolte sei ein großes Expeditionsheer gegen eine aufgebrachte, feindlich gesinnte Nation und die langwierige Besatzung erforderlich.[71] Eine Okkupation würde äußerst gefährlich werden: »Außer in streng bewachten Gebieten wäre der weiße Mann ständig von Morden bedroht.«[72]

MacArthur war leicht zu überzeugen. Aber ein paar Tage darauf erklärte Truman öffentlich, es wäre »ein guter Plan«, wenn man die Japaner durch freie Wahlen über Hirohitos Schicksal bestimmen ließe.[73]

Angesichts solcher Drohungen machte sich Fellers daran, zum Schutz des Kaisers die Beweislage zu manipulieren. Er traf sich im März 1946 mit Admiral Yonai Mitsumasa, der 1940 wegen seiner moderaten Haltung als Premierminister abgesetzt, 1944 als Marineminister rehabilitiert worden war und am Ende des Krieges für die Kapitulation gestimmt hatte. Er warnte ihn, dass die Sowjets Hirohito vor Gericht stellen wollten, und teilte ihm mit, dass es »am günstigsten wäre, wenn uns die japanische Seite beweisen könnte, dass der Kaiser völlig unschuldig ist (...) Insbesondere Tojo sollte bei seinem Prozess für alles verantwortlich gemacht werden«.[74]

Während das Allgemeine Hauptquartier mutmaßliche Kriegsverbrecher festnahm, befreite es die anderen Japaner, damit sie ihr Schicksal selbst bestimmen konnten. Diese Reformen sind, was ihr Ausmaß und ihren Erfolg betrifft, bis heute herausragend in der Geschichte erzwungener Liberalisierungsmaßnahmen und werden nur von dem parallelen Demokratisierungsprojekt im Westen Deutschlands übertroffen.

Am 4. Oktober 1945 erließ MacArthur Bestimmungen, die in Japan als Bürgerrechtsdirektive berühmt wurden: Er hob die Beschränkungen der Versammlungs- und Meinungsfreiheit auf; holte die politischen Gefangenen, auch viele Linke und Kommunisten, aus den Gefängnissen; und schaffte die Geheimpolizei ab, die jede Opposition ausgemerzt hatte.[75] Freilich unterdrückten die Alliierten immer noch Kritik an der Besatzung und zensierten heimlich auch Bücher und Presseartikel über die Atombomben.[76] Dennoch führte die Direktive zu dramatischen Veränderungen in der japanischen Politik, weil sie Liberalen, Progressiven und Kommunisten freie Meinungsäußerung ermöglichte. Die wenigstens teilweise entfesselten Journalisten Japans starteten nun einen Frontalangriff auf die Führung während des Krieges und auf den Shintoismus, die offizielle Staatsreligion seit der Meiji-Ära, und das auf eine Art, die früher selbstmörderisch gewesen wäre.[77] Einer der mutmaßlichen Kriegsverbrecher der Klasse A im Sugamo-Gefängnis kommentierte die neue Stimmung folgendermaßen: »Die Nation, die auf dem Höhepunkt von Tojos Militärregime blindlings

›*Banzai Tojo!*‹ geschrien und die Militaristen gelobt hatte, begann Tojo zu hassen und zu verabscheuen, sobald der Krieg zu Ende war.«[78] Bald schon veranstaltete die Kommunistische Partei erstmals seit 20 Jahren wieder eine Kundgebung in Tokio, auf der sie die Abschaffung der Monarchie forderte.[79]

Die teilweise Einführung der Pressefreiheit war nach Ansicht des Allgemeinen Hauptquartiers besonders nützlich, was die Diskreditierung von Kriegsverbrechern betraf. Die Zensur des Kaiserreichs hatte die von den Japanern begangenen Grausamkeiten sorgfältig vor der japanischen Öffentlichkeit geheim gehalten. Dabei hatte sie besonders darauf geachtet, dass das Massaker in Nanjing nicht ans Licht kam, und stattdessen Geschichten über die Grausamkeit der Briten veröffentlicht. Ein politischer Analytiker im Allgemeinen Hauptquartier erwartete, dass die Japaner entsetzt sein würden, wenn sie erfuhren, wie sich ihre Soldaten in Wirklichkeit verhalten hatten: »Wenigstens in dieser Hinsicht braucht die japanische Bevölkerung keine ›Umerziehung‹, damit sie die offensichtlichen Schlüsse ziehen kann.« Als in Yokohama der Prozess gegen einen japanischen Offizier begann, der alliierte Kriegsgefangene gefoltert hatte, schrieb eine führende konservative Zeitung, die Japaner seien »in den Augen der Welt entehrt«.[80]

Auf den Paukenschlag der Bürgerrechtsdirektive folgte schon bald der Rücktritt der schwachen Interimsregierung unter Prinz Higashikuni Naruhiko. Nun kam das stillschweigende Abkommen zwischen Hirohito und MacArthur zum Tragen. Der Kaiser tat den Alliierten einen Gefallen, indem er den bekannten Liberalen Baron Shidehara Kijuro zu seinem neuen Premierminister machte. »Was immer die Motive in seinem orientalischen Verstand auch sein mögen«, schrieb ein Mitarbeiter des Allgemeinen Hauptquartiers, »alle offensichtlichen Handlungen deuten auf einen [für amerikanische Wünsche] empfänglichen Kaiser hin, der wiederum einen liberal gesinnten Premierminister mit großer Erfahrung in westlichen Bräuchen und auswärtigen Angelegenheiten ernannt hat.«[81] Als Gegenleistung schützte MacArthur das Kaiserhaus. Als ein führender Beamter des amerikanischen Außenministeriums in Tokio vorschlug, Prinz Higashikuni als mutmaßlichen Kriegsverbrecher zu verhaften, was den Weg für die strafrechtliche Verfolgung weiterer Mitglieder des Kaiserhauses geebnet hätte, blockierte MacArthur offensichtlich den Vorschlag. Der Prinz wurde nie festgenommen.[82]

Am 11. Oktober instruierte das Allgemeine Hauptquartier Shideharas Regierung, eine neue liberale (und pazifistische) Verfassung zu schreiben und zu verabschieden, das Frauenwahlrecht einzuführen, die Gewerkschaften zu fördern die Unverletzlichkeit der Menschenrechte zu garantieren und die Macht der *Zaibatsu* zu beschneiden, der mächtigen Familienunternehmen, die die industrielle Basis der japanischen Kriegsmaschine finanziert und aufgebaut hatten.[83] Die Macht der Militaristen und Kriegsverbrecher war – mindestens auf dem Papier gebrochen. Die Verfassung der Meiji-Ära sollte durch eine der großen, dauerhaften freiheitlichen Verfassungen der Welt ersetzt werden. Zusammen mit der Bürgerrechtsdirektive sollte die Anordnung des 11. Oktober für eine so tiefgreifende Transformation sorgen, wie sie sonst nur eine Revolution hätte bewirken können, ein wichtiger Schritt auf dem Weg zu dem erstaunlich freien Land, das Japan bis heute ist.

Man machte Nägel mit Köpfen: Anfang November begann die Auflösung der *Zaibatsu.*[84] Bis zum September war die Staatsreligion des Shintoismus abgeschafft, die die Amerikaner als staatlich geförderte ausländerfeindliche und kriegstreibende Kraft betrachteten.[85] Kurz darauf verabschiedete das Parlament ein progressives neuer Gewerkschaftsgesetz, durch das die Arbeiter das Recht erhielten, zu streiken und Tarifverhandlungen zu führen.[86]

Die Festnahme mutmaßlicher Kriegsverbrecher war trotz all der dabei zu Tage tretenden Parteilichkeit und Ungerechtigkeit ein integraler Bestandteil dieses großen Reformunternehmens. Erst als die strukturelle Macht der gefährlichsten Nationalisten und Offiziere gebrochen war, hatte die japanische Bevölkerung wenigstens eine Chance, ihre eigene Zukunft zu gestalten. Im Grunde war der Triumph der japanischen Demokratie nicht dem Allgemeinen Hauptquartier, sondern der japanischen Bevölkerung selbst zu verdanken. Es waren die Japaner, die debattierten, organisierten, Leitartikel schrieben, mobilisierten, partizipierten und wählten. Sie brandmarkten ihre Kriegsführer laut einem japanischen Admiral als blutrünstige Totalitaristen, Putschisten und Faschisten.[87] Nachdem das Allgemeine Hauptquartier lange ein denkbar schlimmes Bild von den Japanern gepflegt hatte, wirkte es nun bisweilen geradezu bestürzt darüber, wie sie tatsächlich waren: »Die Presse ist entfesselt, der Mann auf der Straße hat keine Angst, seine Meinung zu sagen, die Regierung bricht mit alten Traditionen, eine neue Bildungsphilosophie entwickelt sich, der politische Status der japanischen Untertanen wurde verbessert, und im ganzen Land machen sich die Prinzipien der Demokratie bemerkbar.«[88]

Kurzer Prozess

Bei aller Nachsicht gegenüber Hirohito kannte MacArthur bei zwei seiner alten japanischen Feinde keine Gnade: General Yamashita Tomoyuki, der bei Kriegsende den Oberbefehl über die japanischen Truppen auf den Philippinen hatte und Generalleutnant Homma Masaharu, der MacArthur zu Anfang des Krieges von den Philippinen vertrieben und seine philippinischen und amerikanischen Gefangenen auf den Todesmarsch von Bataan getrieben hatte. »Meiner Ansicht nach war der Marsch gar nicht so hart«, sagte Homma einmal.[89] MacArthur hatte noch immer nicht verwunden, dass er seine Soldaten in zerlumpten Uniformen und blass vor Erschöpfung und Schrecken auf Corregidor im Stich gelassen hatte. »Ich werde die grimmigen, ausgemergelten, totenblassen, aber immer noch furchtlosen Männer stets vor mir sehen«, sagte er einmal.[90]

Wenngleich beide Generale das Kaliber schwerer Kriegsverbrecher hatten (Yamashitas Stabschef sollte später als Angeklagter beim Tokioter Kriegsverbrecherprozess landen), wollte MacArthur seine Rache nicht einem unberechenbaren internationalen Tribunal überlassen. Stattdessen organisierte er ein Schnellverfahren vor einem amerikanischen Militärtribunal in Manila, das mit schlampig begründeten Todesurteilen endete – ein Prozess, den MacArthur als mögliches Modell für den Umgang mit Tojo betrachtete.[91]

Yamashita war ein weltgewandter, aber nationalistischer Soldat, den viele für den besten japanischen General im Pazifik hielten,[92] ein großer, kräftiger Mann mit kurzgeschorenem Haar und einem mürrischen Gesichtsausdruck.[93] Seine größte Eroberung war die britische Festung Singapur gewesen, die er mit einem unerwarteten Angriff durch den dichten Dschungel der malaiischen Halbinsel eingenommen hatte, eine taktische Meisterleistung, die so unwahrscheinlich war, dass einige Briten vermuteten, die Japaner hätten sich wie Affen von Baum zu Baum geschwungen.[94] Gegen Ende des Krieges hatten Yamashitas Truppen einen grausamen Feldzug gegen die philippinischen Guerilleros geführt, der in der verheerenden Schlacht um Manila endete. Durch den Beschuss und die Straßenkämpfe wurde die Stadt im Lauf von drei Wochen in Schutt und Asche gelegt. Die Zerstörung war fast so schlimm wie in Warschau, und den Kämpfen fielen unglaubliche 100 000 Zivilisten zum Opfer.[95] MacArthur war entsetzt, als er in Manila eintraf, das einer seiner Adjutanten als »die tote Stadt« bezeichnete. »Das Manila, das ich kannte, ist nicht mehr«, sagte er.[96] Er hatte eine große Wut auf »den Tiger von Malaya« und schickte Yamashitas

Schwert nach der Kapitulation des Generals als Erinnerungsstück an seine Alma Mater nach West Point.[97]

Am 24. November befahl er die Aufstellung von Militärtribunalen zur Aburteilung japanischer Kriegsverbrecher auf den Philippinen und sorgte dafür, dass Homma und Yamashita sofort angeklagt wurden. Er war nicht bereit, sich den Beschränkungen zu unterwerfen, denen ein normales US-amerikanisches Militärgericht unterlag, und formulierte die nur sieben Seiten umfassenden Regeln für die rudimentären Strafverfahren selbst. Sie waren der Traum jedes Anklagevertreters: kurzer Prozess, lockere Beweisregeln und keine Berufungsinstanz außer dem US-amerikanischen Militär.[98]

In seinem Verfahren in Manila wurde Homma für den Tod von Kriegsgefangenen auf dem Todesmarsch von Bataan durch fünf US-Generale im Schnellverfahren zum Tod verurteilt.[99] Yamashita stellte die größere Herausforderung dar: Er wurde nicht angeklagt, weil er selbst Kriegsverbrechen befohlen hatte, sondern weil er seinen Truppen auf den Philippinen in den letzten Monaten des Krieges erlaubt hatte, Kriegsverbrechen zu begehen.[100] Er bekam nur ein paar Tage Zeit für eine hastige Beratung mit seinen US-amerikanischen Militärverteidigern. »Ihr seid also die Typen, die diese Affen verteidigen müssen, oder?«, sagte einer der Gefängniswärter zu den Verteidigern.[101]

Yamashita wurde am 8. Oktober in einem imposanten Palast, der einst dem amerikanischen High Commissioner gehört hatte, angeklagt. Der Ballsaal des Palasts wurde als einfacher Militärgerichtssaal verwendet – mit Blick auf die Trümmer von Intramuros, der ummauerten Altstadt Manilas, die bei den Kämpfen zerstört worden war. Vor dem Gebäude tobten Scharen wütender Filipinos.[102] MacArthur hatte die fünf Generale des Tribunals persönlich ausgesucht, von denen keiner auch nur die geringste juristische Erfahrung besaß.[103] In dem Gerichtssaal, in dem fast alle Anwesenden – Richter, Anklagevertreter, Verteidiger und andere Offizielle –, die gleichen hellen Uniformen der U. S. Army trugen, war Yamashita in seiner dunkelgrünen japanischen Uniform und der mit Bandschnallen bedeckten Brust ein Exot. Vergeblich beantragten seine Verteidiger, die Anklage fallen zu lassen, weil er mit seinen Taten das Kriegsrecht nicht verletzt habe. Auch er selbst plädierte laut auf »nicht schuldig« und sagte, er könne ebenso wenig verurteilt werden, wie Truman oder MacArthur für Kriegsverbrechen amerikanischer Soldaten verurteilt werden könnten. »Wie kann ich für Verbrechen verurteilt werden, von denen ich nicht einmal wusste?«, fragte er.[104]

Der Prozess begann am 29. Oktober und dauerte sieben Wochen, bis zum 5. Dezember. Unter grellen Jupiterlampen hörte Yamashita mit versteinertem Gesicht, wie die amerikanischen Anklagevertreter eine entsetzliche Liste von Gräueltaten präsentierten, die unter seinem Kommando stehende japanische Truppen begangen hatten. Statt zu beweisen, dass Yamashita diese Taten befohlen oder sie sich ausgedacht hatte, rief die Anklage fast 300 Zeugen auf, die die Verbrechen beschrieben: ein Massaker in einem psychiatrischen Krankenhaus, das Niederbrennen eines Stadtviertels und die Tötung seiner Einwohner, Folter, einschließlich der Wasserfolter, zahlreiche Vergewaltigungen, die Tötung von Priestern und sogar das Erstechen von Babys.[105] An einem Punkt griff eine schluchzende chinesische Frau, deren Familie und Baby getötet worden waren, den reglosen Yamashita an und schrie auf Chinesisch: »Tötet den Japs.«[106] Eine narbenbedeckte zehnjährige Filipina berichtete in Tränen aufgelöst, dass ihre Eltern mit dem Bajonett erstochen worden waren und auch sie mehrere Stiche abbekommen hatte.[107]

Yamashitas fähige Verteidiger gaben zu bedenken, er sei zwar formell verantwortlich, in der Praxis jedoch von seinen über die Inselgruppe verstreuten Truppen abgeschnitten gewesen. Und er habe weder Grausamkeiten erlaubt noch von ihnen gewusst.[108] Als Yamashita widerstrebend aussagte, funkelten seine Augen im Licht der hellen Scheinwerfer, und seine Stimme klang laut und zuversichtlich. Ohne geeignete Kommunikationsmittel habe er all seine Anstrengungen der Koordination der Kämpfe gewidmet, sagte er ruhig. »Ich stellte fest, dass ich auf die konkrete Situation vor Ort keinen Einfluss hatte.«[109] Er behauptete, er habe überhaupt nichts von der Misshandlung von Zivilisten und Kriegsgefangenen gewusst, doch das war schwer zu glauben. Im Lauf von mehr als sieben Monaten waren bei Dutzenden von Vorfällen im ganzen Land Zehntausende philippinischer Zivilisten getötet worden. Das konnte von ihm nicht unbemerkt geblieben sein.[110]

Das Nachrichtenmagazin *Time* hatte die rassistische Gewohnheit noch nicht abgelegt, die Japaner mit Ungeheuern und Affen zu vergleichen, und berichtete, dass Yamashita »wie ein Oger aussah, eine vierschrötige affenartige Figur mit kahlrasiertem Schädel in einer grünen Uniform«.[111] Eine typische Karikatur in *Stars and Stripes*, die von der *New York Times* wiederabgedruckt wurde, zeigte einen schlitzäugigen Yamashita mit vorstehenden Zähnen und einem bluttriefenden Baseballschläger, der sagte: »Das Tennisspiel [sic!] ist aus, wir schütteln uns jetzt die Hand.«[112] Wie einer von Yamashitas Verteidigern später sagte, betrachteten Amerikaner und Filipinos alle japanischen Offiziere als »›fanatische Samurai‹, ›Vertreter Großostasiens‹ oder ›Imperialisten‹ usw., deren Hände vom Blut wehrloser und unschuldiger Frauen und Kinder trieften«.[113]

An jenem trüben wolkigen 7. Dezember, genau vier Jahre nach dem Angriff auf Pearl Harbor – einem Termin, von dem man nicht glauben mag, dass er zufällig war –, fällten die fünf US-Generale das Urteil, dass »ein Kommandeur für die gesetzlosen Handlungen seiner Soldaten verantwortlich, ja strafrechtlich haftbar gemacht werden kann«, wenn in großem Umfang Kriegsverbrechen begangen wurden und er keine effektiven Anstrengungen gemacht hat, diese aufzuklären und zu unterbinden.[114] Als Yamashitas Dolmetscher dem General das lang erwartete Urteil »Tod durch den Strang« zuflüsterte, das ihm sogar die militärische Respektsbezeigung eines Erschießungskommandos verwehrte, reagierte der mit einem kurzen Nicken, das Gesicht ausdruckslos und die Lippen aufeinandergepresst. In den Straßen Manilas schrien fröhliche Menschenmengen: »Yamashita wird sterben!«[115]

MacArthur freute sich schon. Doch Yamashitas hartnäckige Verteidiger reichten vor dem Obersten Gerichtshof der Philippinen eine Revisionsklage ein, wo sie jedoch eine Abfuhr erhielten; der Vereinigte Generalstab hatte das amerikanischen Militärtribunal bereits klar instruiert, dass philippinische Gerichte in dem Fall nicht zuständig seien.[116] Nun wandten sich die Verteidiger mit einem Rechtsbehelf zur Überprüfung der Inhaftierung von Personen durch amerikanische Behörden an den Obersten Gerichtshof der USA und stellten das Urteil und die Zuständigkeit des Militärtribunals von Manila in Frage.[117] In der Folge rief der Vorsitzende des Obersten Gerichtshofs den Generalstaatsanwalt an, dieser telefonierte mit dem Kriegsminister, und dieser schickte ein Telegramm an MacArthur mit dem Vorschlag, die Einschaltung des Obersten Gerichtshofs zu akzeptieren. MacArthur bekam einen Wutanfall und bestritt empört die Zuständigkeit des Gerichts. Daraufhin formulierte der Kriegsminister seinen Vorschlag als Befehl, und MacArthur knickte ein.[118]

Das Gericht war nur eine schwache Hoffnung. Die Richter, sieben von Roosevelt und einer von Truman ernannt, waren auffallend respektvoll, was das Recht des Präsidenten, Krieg zu führen, betraf.[119] Der Vorwurf, die Verfassungsrichter seien in Wirklichkeit Politiker in Roben, traf in ihrem Fall noch mehr zu als üblich: Nur einer von ihnen, Wiley B. Rutledge verdankte seinen Ruf primär seiner Tätigkeit als Richter, wohingegen die anderen unter anderem zuvor Senator, Justizminister und Gouverneur gewesen waren. Der Vorsitzende Harlan F. Stone zeigte sich privat besorgt, dass Japan eine dauerhafte Bedrohung für den Frieden bleiben könnte und fürchtete, dass »die weiße Rasse« womöglich »im fernen Osten gänzlich eliminiert werden könnte«.[120] Schon 1942 hatte der Gerichtshof einstimmig entschieden, dass ein Prozess gegen deutsche Saboteure vor einem Militärtribunal, das Roosevelt per Präsidentenverfügung gegründet hatte, rechtens war.[121] Außerdem hatten die Richter 1943 im Fall *Hirabayashi* und 1944 im Fall *Korematsu* die Kriegsgerichte selbst dann keinen Beschränkungen unterworfen, als antijapanische Voreingenommenheit gegen loyale amerikanische Staatsbürger offizielle amerikanische Politik wurde. Robert H. Jackson, einer der Titanen des Gerichts, war damals amerikanischer Chefankläger in Nürnberg.

Yamashitas Anwälte verfassten in weniger als einer Woche einen Schriftsatz für den Obersten Gerichtshof. Darin vertraten sie die Ansicht, ihr Klient sei nicht der Verletzung des Kriegsvölkerrechts angeklagt worden, und wiesen darauf hin, dass ein Kommandeur ohne Beweise für seine eigene Beteiligung noch nie für Verbrechen seiner Untergebenen verurteilt worden sei. Außerdem seien die Verfahrensregeln des Militärtribunals von Manila so lax gewesen, dass Yamashita keinen fairen Prozess bekommen habe. Ein solcher müsse jedoch jedem Gefangenen im Gewahrsam der US-Regierung gewährt werden, da der 5. Zusatzartikel der amerikanischen Verfassung den Angeklagten eines Strafverfahrens einen fairen Prozess garantiere. Selbst ein ausländischer Soldat habe »grundlegende Menschenrechte, die ihm einfach deshalb zu eigen sind, weil er ein Mensch ist«.[122]

Bei der mündlichen Verhandlung Anfang Januar 1946 waren Yamashitas Verteidiger ganz überwältigt, als sie neben dem Generalstaatsanwalt in seinem formellen Gehrock standen und die neun Richter in ihren schwarzen Roben hinter dem Samtvorhang hervorkamen. Einer der Anwälte erinnerte sich an seine Ehrfurcht vor »der weltweit höchsten Apotheose von Vernunft und Logik dieser höchst sorgfältig geschmiedeten menschlichen Maschine«.[123]

Als die Richter jedoch am 4. Februar das Urteil sprachen, war das weder für Truman noch für MacArthur ein Grund zur Sorge. Der Vorsitzende Richter Stone betonte in der Mehrheitsentscheidung, dass sich das Gericht insbesondere in militärischen Angelegenheiten zur Zurückhaltung verpflichtet sah. Da der Kongress der U.S. Army die Gründung von Militärtribunalen gestattet habe, sei das Gericht in Manila rechtens. Amerikanische Zivilgerichte seien keine Berufungsinstanz für die Urteile solcher Militärtribunale, wenn diese über umstrittene Fakten eine falsche Entscheidung träfen, als solche könne nur das Militär selbst fungieren. Da also nur das Militär den Fall Yamashita erneut beurteilen könne, sei es »unnötig«, dass der Oberste Gerichtshof entscheide, was gemäß dem 5. Zusatzartikel rechtens sei.[124] In Bezug auf Yamashitas Verantwortung urteilte Stone, das Versäumnis, seine Untergebenen zu kontrollieren, sei tatsächlich »eine Verletzung des Kriegsvölkerrechts«. Da das Kriegsvölkerrecht sinnlos wäre, wenn die Offiziere ihre Soldaten nicht im Zaum hielten, lautete Stones kühne Schlussfolgerung, habe ein Kommandeur »die Pflicht, alle unter den gegebenen Umständen in seiner Macht stehenden und angemessenen Maßnahmen zu treffen, um Kriegsgefangene und die Zivilbevölkerung zu schützen«.[125]

Stone hatte für die Entscheidung eine solide Mehrheit gewonnen, auch Felix Frankfurter, der sich bereits im Fall *Korematsu* der Mehrheit angeschlossen hatte. Jackson war an beiden Entscheidungen nicht beteiligt. Nur die Richter Wiley B. Rutledge und Frank Murphy gaben scharfe Sondervoten ab. Der unrasierte Rutledge hatte zweimal die Nacht durchgearbeitet und sollte später bedauern, dass er seinen Kollegen »im Fall Yamashita die Hölle nicht so heiß machte, wie ich es gern getan hätte«.[126] Er hatte privat zu Murphy gesagt: »Sie übernehmen den Angriff, und ich ziehe die Bilanz.«[127]

Die Vertreter der Minderheit verlasen ihre bitteren Sondervoten auf der Richterbank. Rutledge vertrat die Ansicht, dass ein Militärtribunal, das den 5. Zusatzartikel verletze, nicht das Recht haben könne, Yamashita zu bestrafen. Die Verfahrensregeln des Tribunals in Manila seien so dünn gewesen, dass das Verfahren nur dann habe stattfinden können, »wenn ein feindlicher Kriegsteilnehmer keine verfassungsmäßigen Rechte hat«. In einer Zeit, in der die USA für das Völkerrecht einträten, so der Richter, sei Yamashitas Prozess eine Verletzung der Genfer Konvention von 1929, die durch Unterzeichnung und Ratifikation amerikanisches Gesetz geworden sei und laut der feindliche Kriegsgefangene nur durch dasselbe Verfahren wie die eigenen Truppen bestraft werden könnten.[128] Die Mehrheit des Gerichts, betonte er, habe nie zuvor entschieden, dass das im 5. Zusatzartikel garantierte Recht auf einen fairen Prozess für irgendein menschliches Wesen nicht gelte. »Es ist gefährlich, diese Tür zu öffnen«, sagte er. »Ich werde mich an ihrer Öffnung nicht beteiligen.«[129] Und privat schrieb er: »Meiner Ansicht nach war die Entscheidung die schlechteste in der Geschichte des Gerichtshofs, selbst *Dred Scott* war weniger schlimm.«[130]

Murphy war zuvor ein populärer Generalgouverneur und späterer High Commissioner der Philippinen gewesen. Er liebte die Filipinos und wusste über ihre Leiden in der Kriegszeit gut Bescheid. Dennoch war er der Ansicht, dass die Bill of Rights – die Zusammenstellung der ersten zehn Zusatzartikel der amerikanischen Verfassung – zu gelten habe, wo immer die amerikanische Flagge gehisst wurde.[131] Er vertrat die Ansicht, dass der 5. Zusatzartikel schlicht und einfach für jede Person gelte, die von der Regierung der Vereinigten Staaten eines Verbrechens bezichtigt werde und dass die schludrigen Verfahrensregeln des Tribunals in Manila diesen eklatant verletzten. Wenn man einem feindlichen Kriegsteilnehmer die Rechte des 5. Zusatzartikels verweigere, stehe das »im Widerspruch zu der gesamten Philosophie der Menschenrechte, die die Verfassung zu dem großen lebendigen Dokument macht, das sie ist«. Die »unabänderlichen Rechte des Individuums«, einschließlich des rechtsstaatlichen Verfahrens, wie es im 5. Zusatzartikel vorgeschrieben ist, »besitzt jede Person auf der ganzen Welt, ob Sieger oder Besiegter, und unabhängig von ihrer Rasse und Hautfarbe oder ihren Überzeugungen«.

Während Stone die Ansicht vertrat, dass US-amerikanische Gerichte nicht befugt seien, über Militärtribunale zu urteilen, wollte Murphy sich »durch die traditionellen Berufungsmöglichkeiten nicht beschränken lassen«, die für mutmaßliche Kriminelle in militärischem Gewahrsam galten, die keinen Zugang zu Bundesgerichten hatten. Obwohl die Militärtribunale rechtens waren, konnten sie Verdächtige nur für die Verletzung des bestehenden Kriegsvölkerrechts anklagen, und dass Yamashita angeklagt wurde, weil es ihm nicht gelungen war, Verbrechen zu verhindern, war beispiellos. Eigentlich, schrieb Murphy, habe das amerikanische Militär gekämpft, um Yamashitas Kontrolle über seine Truppen zu zerstören und nun verurteile es ihn, weil er angab, dass genau dies geschehen war. Dank der rachsüchtigen Anklage könne das Militärtribunal »das Verbrechen beliebig definieren«, was Murphy vernichtend als »eine Praxis« kritisierte, »die in den letzten Jahren in gewissen weniger respektierten Nationen Anwendung fand«. Eines Tages, warnte er, könnte ein künftiger Präsident der Vereinigten Staaten mit seinen militärischen Beratern nach dem von dem Militärtribunal gepflegten Verständnis der Verantwortung eines Kommandeurs verurteilt werden. Der durch das Gericht gesetzte Präzedenzfall werde gigantische Ausmaße annehmen, weil »wir es hier mit den Menschenrechten auf einer internationalen Ebene zu tun haben«. Murphy schloss mit der Warnung vor einem »unbeschränkten Geist der Rache und Vergeltung unter der Maske eines formellen Rechtsverfahrens«.[132]

MacArthur hingegen war begeistert von dem Urteil und beeilte sich, Yamashita an den Galgen zu bringen.[133] Nachdem er das Gnadengesuch des japanischen Generals hastig durchgesehen hatte, stellte er die neue Doktrin der Befehlshaberverantwortlichkeit als völlig unbedeutend dar. »Weder auf nationaler noch auf internationaler Ebene spielen neue oder rückwirkende

Rechtsprinzipien eine Rolle«, lautete seine unglaubwürdige Behauptung.[134] Truman weigerte sich, Yamashita zu begnadigen.[135]

Am 23. Februar wurde Yamashita in einer kleinen Stadt südlich von Manila an einem grob zusammengezimmerten Galgen in einer Arbeitsuniform der U. S. Army gehängt. Er ging mit der Erklärung in den Tod, er habe sein Möglichstes getan, um seine Armee zu kontrollieren, und wirkte sehr gefasst, als er die 13 Stufen zum Galgen hinaufstieg. Seine letzten Worte waren: »Ich werde für immer für ein langes Leben des Kaisers und sein Wohlergehen beten!«[136]

Kurz darauf wurde auch Homma nach einer vergeblichen Petition an den Obersten Gerichtshof hingerichtet. Rutledge und Murphy widersprachen erneut – erfolglos. Murphy beklagte die »offensichtlich verfassungswidrigen« Verfahrensweisen des Militärtribunals und warnte, was man heute verachteten Feinden zufüge, könne morgen andere treffen: »Entweder wir führen einen solchen Prozess im edlen Geist und der edlen Gesinnung unserer Verfassung, oder wir geben überhaupt nicht mehr vor, Recht zu sprechen, ignorieren den Fortschritt und kehren auf das Niveau blutiger Säuberungen zurück.«[137]

Am 3. April wurde Homma in derselben kleinen Stadt wie Yamashita durch ein Erschießungskommando hingerichtet. »Ich werde für das Ereignis in Bataan hingerichtet«, hatte der General einige Wochen zuvor gesagt. »Was ich gerne wüsste, ist, wer für den Tod Zehntausender unschuldiger Zivilisten in Hiroshima und Nagasaki verantwortlich war? MacArthur oder Truman?«[138]

Die Hinrichtung Yamashitas hätte vermutlich als harte Vergeltungsmaßnahme nach dem Krieg durchgehen können, wenn sie weniger folgenschwer gewesen wäre. Sein Schicksal ist in die Annalen des nationalen und internationalen Rechts eingegangen, nicht nur weil der Oberste Gerichtshof der USA zum ersten Mal über einen Kriegsverbrecher urteilte, sondern auch als epochemachender Präzedenzfall für eine internationale Doktrin der Befehlshaberverantwortlichkeit. Dieser Präzedenzfall ist bis heute zu einem wichtigen Element der Entwicklung der Rechtsprechung internationaler Strafgerichte geworden, obwohl einer seiner juristischen Befürworter ihn als »in Sünde geboren« bezeichnet.[139]

Tokio im Jahr null

Truman und MacArthur waren sich uneins, was die Bestrafung von Kriegsverbrechern betraf. MacArthur war trotz seiner Wut wegen Bataan dafür, an lediglich einer kleiner Gruppe von Militaristen schnelle Vergeltung zu üben. Dagegen stand er einem riesigen Ausmaß an strafrechtlicher Verfolgung von Kriegsverbrechen, das möglicherweise sowohl die Amerikaner, Chinesen und Filipinos als auch die Australier zufriedengestellt hätte, schon bald skeptisch gegenüber. Als die Regierung Truman voller Stolz vorschlug, ihre Direktive über die Verfolgung von Kriegsverbrechen zu veröffentlichen, warnte MacArthur, nach einer solchen Demütigung werde er zu einer Militärherrschaft gezwungen sein.[140] Der Präsident nahm den Vorschlag zurück.[141]

Nach den ersten Festnahmen im September und Anfang Oktober ließ der skeptische MacArthur fast keine mehr folgen. Ermutigt durch die schwache Reaktion der Japaner auf die ersten Verhaftungen, drängte ihn sein politischer Berater George C. Atcheson weiterzumachen, solange die japanische Öffentlichkeit über ihre militärischen Führer enttäuscht sei und sich ihr Hass noch nicht gegen die Amerikaner richte.[142] MacArthur jedoch beschwerte sich bitter über die vagen Anweisungen aus Washington, wo man anscheinend versuche, die Durchführung seiner Anweisungen zu verzögern. Seiner Ansicht nach war es nicht zu verantworten, Männer mit vagen Vorwürfen zu verhaften, nur um später herauszufinden, dass man sie nicht anklagen konnte. Gereizt bat er das Außenministerium um eine Liste von Kriegsverbrechern, die man verhaften sollte.[143]

Von der Regierung zum Handeln gedrängt, befahl das Allgemeine Hauptquartier im November 1945 der japanischen Regierung, Hunderte weniger ranghoher Soldaten auszuliefern, die mutmaßlich Grausamkeiten gegen alliierte Kriegsgefangene verübt hatten.[144] MacArthur drängte darauf, die Prozesse gegen sie möglichst bald abzuschließen.[145]

Alle Besatzungsmächte wurden autorisiert, eigene nationale Militärgerichte für rangniedrige Kriegsverbrecher einzurichten.[146] Die amerikanische 8. US-Armee stellte in Yokohama ein vereinfachtes Militärtribunal zusammen, das über die Misshandlung von amerikanischen Kriegsgefangenen verhandelte.[147] In Shanghai verhängte ein weiteres amerikanisches Militärtribunal die Todesstrafe gegen fünf japanische Soldaten einschließlich eines Generalmajors, weil sie drei gefangene amerikanische Flieger durch die Straßen von Hankou geführt und schließlich erdrosselt hatten.[148] In Manila verurteilte ein amerikanisches Tribunal den Chef der lokalen *Kempeitai* (Militärpolizei) zum Tode, weil er Filipinos gefoltert und getötet hatte.[149] Bei einem der Verfahren in Yokohama führte ein japanischer Zeuge den Militärrichtern vor, wie ein amerikanischer B-29-Pilot aus Colorado geköpft worden war. Man hatte das Schwert mit Wasser angefeuchtet, bevor es auf den entblößten Nacken des Mannes herabsauste.[150]

Die Regierung Truman bombardierte MacArthur mit mehr als 70 Namen von Hauptkriegsverbrechern, die der Verbrechen gegen den Frieden und anderer Taten beschuldigt wurden, darunter auch mehrere Männer, die am Ende vor dem Tokioter Kriegsgericht stehen sollten.[151] Das löste eine erneute Verhaftungswelle aus, indem MacArthur die japanische Regierung anwies, zahlreiche Führungspersönlichkeiten der Kriegszeit festzunehmen, auch General Matsui Iwane, den Kommandeur der Truppen, die das Massaker in Nanjing angerichtet hatten.[152] Honjo Shigeru, der 1932 die aufsässige Kwantung-(Guandong-)Armee kommandiert hatte, beging lieber rituellen Selbstmord, als sich einem Prozess zu stellen, doch die anderen ließen sich widerstandslos gefangen nehmen.[153]

Zwei Tage darauf bekamen die inhaftierten japanischen Führungspersönlichkeiten einen Vorgeschmack auf ihre Zukunft, als der Chefankläger Robert H. Jackson in Nürnberg in seiner hervorragenden Eröffnungsrede heftige Kritik an 24 führenden Vertretern des NS-Regimes übte: von Hermann Göring, dem mächtigen Reichsmarschall, über Rudolf Hess, den Stellvertreter des Führers, bis zu Julius Streicher, dem Propagandisten und fanatischen Judenhasser.[154] »Die Zivilisation fragt«, sagte Jackson, »ob das Recht so zaudernd und träge sei, dass es gegenüber so schweren Verbrechen, begangen von Verbrechern so hoch im Rang, völlig hilflos ist.«[155]

Die Verhaftungen drohten sich auch auf den Kaiserpalast auszuweiten. Australien wollte den Kaiser als Kriegsverbrecher anklagen, und seine Höflinge in Tokio fürchteten, dass China dieselbe Absicht verfolgte.[156] Die Gerüchte über eine Abdankung des Kaisers wurden so stark, dass Hirohito persönlich verlauten ließ, er sei sich des Problems bewusst.[157]

Prinz Konoe Fumimaro, der prominente frühere Premierminister mit Vorfahren in der kaiserlichen Familie, kam unter anderem wegen seiner Verbindungen zum Palast auf die Liste.[158] Peinlicherweise war ausgerechnet er vom Palast ausgewählt worden, um die neue Verfassung zu schreiben. Obwohl er versucht hatte, Pearl Harbor zu verhindern, und Anfang 1945 heimlich den Kaiser gebeten hatte, den Krieg zu beenden, bevor das *Kokutai* durch eine linksgerichtete Revolution zerstört würde, war er in den Vereinigten Staaten immer noch als Premierminister bekannt, unter dem Japan 1937 in China einmarschiert war.[159]

In der Regierung Truman erwog man immer noch ernsthaft, den Kaiser vor Gericht zu stellen. Nach Ansicht der New Dealer, die das politische System ausmerzen wollten, das Japan während des Krieges geprägt hatte, sollte der Kaiser bei einer erfolgreichen Fortsetzung der Besatzung letztlich überflüssig werden. In der Folge wurde MacArthur von Außen-, Kriegs- und Marineministerium, wenn auch diskret, angewiesen, Beweise gegen den Kaiser zu sammeln. »Die US-Regierung vertritt den Standpunkt, dass Hirohito, was Verhaftung, Prozess und Bestrafung als Kriegsverbrecher betrifft, keine Immunität genießt«, hieß es in der geheimen Anweisung.[160]

Im Dezember brachte das Allgemeine Hauptquartier umfassendere Listen mit Verdächtigen heraus, die die japanische Regierung verhaften sollte. Neben der üblichen Auswahl von Generalen, Admiralen und Ministern stand auf dieser Liste erstmals auch ein Prinz der kaiserlichen Familie: der damals schon mehr als 70-jährige Prinz und Feldmarschall Nashimoto Morimasa.[161] Japanische Zeitungen gaben hastig Spezialausgaben mit Berichten über die Verhaftungen heraus und brachten ihre Sympathie mit dem Prinzen zum Ausdruck.[162] Obwohl er am Ende wieder freigelassen wurde, war seine Verhaftung ein Schock für das Land, weil sie bewies, dass auch das Kaiserhaus ins Visier der Ermittler geraten konnte. Prinz Konoe Fumimaro, ein leidenschaftlicher Monarchist, explodierte, als er in einer Zeitung ein Foto des alten Prinzen sah, wie er mit einer Decke ins Gefängnis gebracht wurde: »Sie haben Redefreiheit und Pressefreiheit und schau dir bloß an, wie indiskret diese Zeitungen Gebrauch davon machen! Unternimmt die Regierung denn gar nichts, wenn ein Prinz des Reiches ins Gefängnis geworfen wird? So wie die Dinge stehen, würde die Regierung nicht einmal dann etwas unternehmen, wenn der Kaiser verhaftet würde!«[163]

Hirohitos engster Berater Marquis Kido Koichi erkannte, dass er selbst vermutlich ebenfalls auf einer Liste der Alliierten stand – ein weiterer Schritt zur Verhaftung des Kaisers selbst. Um den Monarchen zu schützen, bereitete Kido deshalb seinen Rücktritt als Lordsiegelbewahrer vor.[164] In dem Gefühl, dass seine Tage gezählt seien, machte er eine feierliche Pilgerreise zum Ise-Schrein in der Präfektur Mie südwestlich von Tokio, um der Sonnengöttin Amaterasu zu danken, die gemäß der Shinto-Religion eine direkte Vorfahrin Hirohitos war.[165] Er zog sich ganz auf sich selbst zurück, blieb zu Hause, las Bücher, machte Spaziergänge. Schließlich, am 6. Dezember hörte er im Radio, dass er auf einer neuen Liste mit einem Dutzend ranghoher Japaner stand, die verhaftet werden sollten.[166] Sein alter Freund Konoe stand ebenfalls darauf, also waren die amerikanischen Ermittlungen gefährlich tief in den Hof des Kaisers vorgedrungen. »Da ich auf die Nachricht vorbereitet war, hörte ich sie unbekümmert«, schrieb er in sein Tagebuch.[167]

Kido verfügte über einen Gegenstand, der für die Alliierten von unschätzbarem Wert war und von dem sie nichts wussten: Er hatte seit 1930 Tagebuch geführt und in der Regel täglich, aber manchmal auch einen Tag später mehr als 6000 Einträge vorgenommen. Er wusste, dass es in dem Tagebuch viele Abschnitte gab, die »seiner Majestät Schwierigkeiten machen könnten«. Sollte er es verbrennen oder zu seiner eigenen Verteidigung benutzen? Wie Kido später bemerkte, wollten einige treue Anhänger Hirohitos behaupten, dass der Kaiser über die Taten des Militärs im Krieg nichts gewusst habe, und alle gegenteiligen Informationen in der Versenkung verschwinden lassen. Doch die Behauptung, der Kaiser sei ahnungslos gewesen, war Kidos Einschätzung nach kaum plausibel, und sein Tagebuch konnte zeigen, dass der Kaiser sich eher für den Frieden eingesetzt hatte. Ich »rieb ich mich auf, indem ich über all diese Dinge nachdachte«, schrieb Kido über seine letzten Tage in Freiheit. Schließlich kam er, ermutigt durch MacArthurs erfolgreiches Treffen mit dem Kaiser, zu dem Schluss, dass sein Tagebuch »das einzige Dokument war, das dem System des Kaisers Akzeptanz verschaffen konnte«.[168]

Wenige Tage nachdem er die Nachricht im Radio gehört hatte, stellte Kido sich freiwillig. Er parkte standesgemäß in einer schwarzen Limousine mit dem kaiserlichen Wappen vor dem Sugamo-Gefängnis.[169] Dann verblüffte er die Amerikaner, indem er sie über sein Tagebuch informierte und es ihnen freiwillig übergab. Der gewaltige Bericht über die Abläufe im innersten Zentrum der japanischen Regierung sollte während des Tokioter Prozesses die Anklage leiten.[170] Kidos Mitangeklagte waren entsetzt, dass er ihre geheimsten Überlegungen dokumentiert und dem Feind übergeben hatte.[171]

Nach der Verhaftung von Prinz Nashimoto und den Haftbefehlen gegen Kido und Konoe hatte die japanische Führung das Gefühl, dass die Sache außer Kontrolle geriet. Wo war das Ende? Wer war der Nächste? Würde man auch den Kaiser ins Gefängnis werfen?

Tatsächlich hatte auch das Allgemeine Hauptquartier genug. Laut MacArthurs politischem Berater George Atcheson waren führende japanische Politiker über die Entwicklung so entsetzt, dass sie in Erwägung zogen, die Zusammenarbeit mit den Besatzern einzustellen. Er riet dem Oberkommandierenden dringend, dem Premierminister Shidehara mitzuteilen, dass die Verhaftung mutmaßlicher Kriegsverbrecher im Großen und Ganzen beendet sei. MacArthur waren die Verhaftungen im Dezember ohnehin nicht recht gewesen, und er hatte kein Problem damit, sie abzuschließen.[172]

Konoe, der sich als einsamer, von Tojo Hideki beschimpfter Friedensstifter betrachtete, war entsetzt, als Kriegsverbrecher abgestempelt zu werden. Er hatte eine komplexe Rolle gespielt: Trotz seiner führenden Rolle bei der Invasion in China, hatte er versucht, den Angriff auf die Vereinigten Staaten zu verhindern, war aber als Premierminister durch Tojo ersetzt worden, der ihn verachtete.[173] Nun hatte er sich in der winterlichen Kälte in sein Landhaus zurückgezogen und fragte sich, ob es nach dem Völkerrecht zulässig war, dass die Sieger die Besiegten vor Gericht stellten. Er trank viel. Als seine Vertrauten ihn drängten, seinen Prozess zur Verteidigung des Kaisers zu nutzen, entgegnete er bitter, die Amerikaner seien nicht daran interessiert, Schuld zu beweisen. Er sagte zu einem Freund, im Allgemeinen Hauptquartier wimmle es nur so von Japanern, die die kaiserliche Familie zerstören wollten, und MacArthurs Team plane offenbar eine kommunistische Übernahme Japans.[174]

In den ersten Morgenstunden des 16. Dezember, dem Tag, an dem er sich im Gefangenenlager in Omori melden sollte, vergiftete er sich mit Natriumcyanid.

Der spektakuläre Selbstmord eines der bekanntesten japanischen Politiker bestärkte MacArthur und andere Vertreter des Allgemeinen Hauptquartiers in ihrem Entschluss, weitere Verhaftungen zu vermeiden. Doch die japanischen Medien veröffentlichten ihre eigenen Einschätzungen über ihren früheren Premierminister. Die liberale Zeitung *Asahi Shimbun* verurteilte ihn, weil er für den Krieg gegen China nicht die Verantwortung übernommen und keinen Widerstand gegen die Militaristen geleistet hatte.[175] Das ebenfalls liberale Blatt *Mainichi Shimbun* griff ihn wegen des Einmarschs in China und wegen des Bündnisses mit dem nationalsozialistischen Deutschen Reich heftig an, fügte aber hinzu, dass auch das japanische Volk für diese Entwicklungen mitverantwortlich war.[176]

In einem hastig verfassten Abschiedsbrief an seinen Sohn hatte Konoe geschrieben: Er habe zwar »viele politische Fehler« gemacht, »für die ich mich zutiefst verantwortlich fühle. Dennoch hätte ich nie gedacht, dass ich einmal als Kriegsverbrecher vor einem amerikanischen Gericht stehen würde.« Er fühle sich zwar für den »China-Schlamassel« verantwortlich, habe aber gerade deshalb mit aller Macht versucht, den Krieg mit den Vereinigten Staaten zu verhindern. Die beißenden letzten Worte des Briefes fielen auf Anweisung des Allgemeinen Hauptquartiers der Zensur zum Opfer. Sie lauteten: »Aufregung und Erbitterung wegen des Krieges, eitle

Übertreibungen der Sieger, exzessive Demütigung der Besiegten, böswillige Verleumdungen, Gerüchte und Falschmeldungen, die auf Missverständnissen beruhen, usw. – aus alledem setzt sich die öffentliche Meinung zusammen, die freilich früher oder später zu Ruhe und Normalität zurückkehren wird. Und genau zu dieser Stunde wird Gottes Gericht ein gerechtes und faires Urteil in meinen Fall sprechen.«[177]

Der Prozess, den es nie gab

Als die Alliierten den Prozess gegen die mutmaßlichen Hauptkriegsverbrecher vorbereiteten, hoffte MacArthur den genesenden Tojo verurteilen zu können, bevor ihm Washington ein komplexes internationales Gerichtsverfahren aufzwang. Sein bevorzugtes Modell war das US-amerikanische Militärtribunal, das Yamashita so schnell an den Galgen gebracht hatte. Am 7. Oktober bat MacArthur die Regierung Truman um die Erlaubnis, Tojo sofort den Prozess zu machen.[178]

Doch das Weiße Haus pfiff ihn energisch zurück. Schließlich stand man in Nürnberg kurz vor der Anklageerhebung. Dort wurde von einem internationalen Gerichtshof verhandelt, und die Vereinigten Staaten wünschten dasselbe Verfahren in Tokio.[179] MacArthur bekam die Anweisung, nichts zu tun, bevor er nicht mit John J. McCloy, dem stellvertretenden Kriegsminister und Vertrauten Stimsons, gesprochen hatte, der etwa zehn Tage darauf nach Tokio reisen sollte.[180] Nach McCloys Ankunft skizzierte ihm MacArthur seinen Plan, Tojo und sein Kabinett wegen des Angriffs auf Pearl Harbor durch ein US-amerikanisches Militärtribunal schnell aburteilen zu lassen. McCloy wies MacArthur an, noch zu warten, weil Truman im Begriff sei, der Ernennung eines amerikanischen Chefanklägers für den internationalen Gerichtshof zuzustimmen, der gegen Tojo verhandeln werde.[181] MacArthurs Plan war damit vereitelt, und er bat McCloy dringend, sich die Sache noch einmal zu überlegen.[182]

Die Regierung Truman vertrat die Ansicht, dass bei einem internationalen Prozess auch das Leiden der amerikanischen Verbündeten mit einbezogen werde und die Vereinigten Staaten dem Vorwurf der Siegerjustiz nicht allein ausgesetzt wären.[183] Das State Department schickte MacArthur eine neue Anweisung für die Einrichtung eines internationalen Gerichtshofs, die ihm höchst unwillkommen sein musste. Die Vereinigten Staaten sollten in dem Tribunal dasselbe Gewicht wie Großbritannien, China und die Sowjetunion haben, und darüber hinaus wollte man auch Frankreich, die Niederlande, Australien, Kanada und Neuseeland beteiligen. Dagegen waren die Philippinen, ein Land, das MacArthur bewunderte, ausgeschlossen.[184] Bonner F. Fellers verstärkte MacArthurs Befürchtungen noch, indem er finstere Warnungen vor sowjetischen Plänen und dem Einfluss amerikanischer Juden aussprach und mit der säuerlichen Erklärung aufwartete, die Washingtoner Bürokratie sei mehr daran interessiert, führende deutsche Naziverbrecher zu bestrafen als Japaner, obwohl diese laut dem amerikanischen Militär die meisten Verbrechen gegen Amerikaner begangen hätten.[185]

MacArthur drängte stark darauf, Tojo und sein Kabinett ohne weiteren Aufschub wegen Pearl Harbor anzuklagen. Er schlug vor, die Anklage darauf zu stützen, dass die Japaner illegal und ohne Kriegserklärung die Vereinigten Staaten angegriffen hätten »und dabei die Bürger eines Landes ermordet hatten, mit dem sich ihr Volk noch im Frieden befand«. Die Auffassung, die in Pearl Harbor getöteten Amerikaner seien ermordet worden, sollte den gesamten Tokioter Prozess überschatten. »Meiner Ansicht nach sollte das Tribunal aus Personal der Vereinigten Staaten bestehen, da das Verbrechen allein an den Vereinigten Staaten begangen wurde«, schrieb MacArthur, obwohl Tojos Kabinett gleichzeitig mit Pearl Harbor auch britische und niederländische Gebiete angegriffen hatte.[186]

Um MacArthur im Zaum zu halten, ernannte Truman einen Chefankläger für die Japaner, die wegen der Führung eines Angriffskriegs als Kriegsverbrecher der Klasse A angeklagt waren. In Nürnberg hatten alle vier Mächte der Alliierten – die Vereinigten Staaten, die Sowjetunion, Großbritannien und Frankreich – einen Chefankläger ernannt; in Tokio gab es nur einen amerikanischen Chefankläger und die anderen Nationen entsandten lediglich Anklagevertreter. Joseph B. Keenan, der Chefankläger in Tokio war ein früherer stellvertretender Justizminister, der für die Kriminalabteilung des Ministeriums verantwortlich war. Er war ein alter Freund Trumans und besaß weder das Format noch den Intellekt, noch die Integrität seines Nürnberger Kollegen, des Verfassungsrichters Robert H. Jackson.[187] Der bullige Mann mit der gepunkteten Krawatte und dem breiten Rockaufschlag, den feisten Wangen und dicken Fingern und den zurückgekämmten grauen Haaren war zwar eine durchaus imposante Figur, erwies sich aber als schwülstig und uneffektiv, hatte keine Ahnung von Asien und litt unter einem Alkoholismus, der am Gerichtshof bald zum Klatschthema wurde.[188] Der führende britische Diplomat in Japan bezeichnete Keenan privat als »einen ehrgeizigen, aber ineffizienten und vulgären Mann«, der andere einzuschüchtern versucht und das oft deutlich erkennbar »besonders vehement, weil er betrunken ist«.[189] Mit der gedankenlosen Entscheidung für Keenan verspielte Truman den amerikanischen Einfluss auf den Tokioter Prozess.[190]

Da MacArthur mit seinen Einwänden die Geduld des Vereinigten Generalstabs gründlich überstrapaziert hatte, informierte ihn der neue Kriegsminister Robert P. Patterson über Keenans Ernennung, obwohl dieser offiziell von MacArthur hätte bestellt werden müssen und in seinem Stab diente.[191] Der Vereinigte Generalstab belehrte MacArthur mit wachsendem Ärger über die offizielle Position der Vereinigten Staaten, dass sich Tojo und die anderen mutmaßlichen Kriegsverbrecher der Klasse A vor einem internationalen Tribunal verantworten müssten. Er selbst jedoch war berechtigt, Prozesse gegen Angeklagte zu organisieren, die konventioneller Kriegsverbrechen der Klasse B oder Verbrechen gegen die Menschlichkeit verdächtig waren, die der Klasse C zugeordnet waren.[192]

MacArthur widersprach mit wachsendem Ärger, dass er Tojo nicht wegen der Führung eines Angriffskriegs, sondern wegen konventioneller Kriegsverbrechen anklagen und als Verdächtigen der Klasse B behandeln wolle. Das war Unsinn. Wenn Amerikaner in Pearl Harbor im strafrechtlichen Sinn ermordet worden waren, dann nur weil der Angriff völkerrechtswidrig gewesen war, und dann war er ein Verbrechen der Klasse A. »Ich bekräftige noch einmal meine feste Überzeugung, dass es einer der schlimmstmöglichen psychologischen Fehler wäre, nicht zu erlauben, dass diese Gruppe sofort vor Gericht gestellt wird«, mahnte MacArthur. »Es ist offensichtlich, dass hier in naher Zukunft keine internationale Aktion zu bewerkstelligen ist. Dieser Fall sollte definitiv der erste Prozess in Japan sein.«[193]

Schließlich musste Truman persönlich MacArthur auf die Finger klopfen, und das tatsächlich zweimal, weil der erste Klaps nicht ausreichte. Der erste Rüffel des Präsidenten wurde durch Patterson übermittelt. Er informierte MacArthur, dass Truman persönlich entschieden habe, dass die Anklage gegen die Hauptkriegsverbrecher durch Keenan und einen internationalen Gerichtshof erfolgen werde: »Dies ist meiner festen Überzeugung nach der Wunsch des Präsidenten und des Justizministeriums.«[194]

Selbst diesen Befehl des Präsident ignorierte MacArthur. Nach ein paar Tagen eisernen Schweigens schrieb Patterson erneut und fragte frostig, wann man ihn einer Antwort würdigen werde.[195] MacArthur protestierte gegen die »schwere Ungerechtigkeit«, seine eigene Abteilung für Kriegsverbrechen im Allgemeinen Hauptquartier zu brüskieren: »Ich glaube nicht, dass der Präsident oder das Justizministerium ein solches Vorgehen in Erwägung zögen, wenn sie die Faktenlage in diesem Fall verstanden hätten.«[196]

Die zweite Rüge des Präsidenten wurde durch McCloy übermittelt. Nach seinem Besuch in Tokio hatte der stellvertretende Kriegsminister in Washington die Runde gemacht und MacArthurs Position erklärt, dass Tojo von einem amerikanischen Tribunal abgeurteilt werden müsse. Aber Truman hatte nicht nachgegeben. »Das Außenministerium und der Präsident«, berichtete McCloy, »beharren auf der Position, dass sie die anderen Mächte auffordern wollen, an dem Prozess gegen Tojo und sein Kabinett teilzunehmen.« Und dann erklärte er, wie der Präsident dachte: »Wir haben den Weg beschritten, *internationale* Verantwortung für die Art von Verschwörung herzustellen, die den Angriff auf Polen durch Deutschland und den auf Pearl Harbor und Malaya durch Japan zur Folge hatte.« Indem Truman gemeinsam mit den Alliierten handelte, brachte er seinen Glauben an eine globale Vision von der Ächtung des Krieges zum Ausdruck.[197]

Da MacArthur Keenans Ernennung nicht verhindern konnte, machte er sich daran, ihn auf seine Seite zu ziehen. Er schaffte es, dem genervten Patterson die Zusage abzuringen, dass der Chefankläger »ein unabhängiger Akteur sein wird, der direkt unter meinem unmittelbaren Kommando dient«, und versprach Keenan »maximalen Spielraum und maximale Unterstützung«.[198] Als der Chefankläger am 6. Dezember in Tokio eintraf, startete MacArthur eine Charmeoffensive und schmierte dem »reizenden Gentleman« Honig ums Maul.[199]

Der Oberkommandierende stellte schnell fest, dass Truman einen kleinlichen und prahlerischen Mann ohne viel Rückgrat ausgewählt hatte. Keenan versuchte, sich im Allgemeinen Hauptquartier als Teamplayer zu beweisen, und machte vage Andeutungen, dass er seine Arbeit der größeren Aufgabe unterstellen werde, ein selbstregiertes Japan aufzubauen.[200] Er buckelte während des gesamten Verfahrens vor MacArthur, und lobte privat dessen »inspirierende« Leistung, wie er den Japanern Demokratieverständnis beibrachte.[201] Als MacArthur später seine unglückliche Präsidentschaftskandidatur plante, schickte ihm Keenan bereitwillig die Ergebnisse der republikanischen Vorwahlen von New York bis South Dakota.[202]

Am wichtigsten war es MacArthur, den Gerichtshof unter amerikanischer Kontrolle zu halten. Keenan war damit einverstanden und strebte die Einrichtung eines schnell arbeitenden Gerichtshofs an, der primär von den Vereinigten Staaten gestaltet und, so wie er war, von den anderen Alliierten übernommen werden sollte.[203] Das Außenministerium schlug eine Besetzung mit neun Richtern vor, die die alliierten Länder vertraten, die auf der *Missouri* die Kapitulationsurkunde unterzeichnet hatten. Die Richter Chinas, Großbritanniens, Frankreichs, der Niederlande und Australiens trafen schnell in Tokio ein.[204] Damit hatte sich die Regierung Truman statt des von MacArthur angestrebten schnellen amerikanischen Verfahrens für einen gewaltigen Prozess entschieden, der sich mit allen Kontroversen auseinandersetzen sollte, die es während des Krieges in Asien gegeben hatte.

7.

»Wenn der Kaiser das Recht verletzt«

Mei Ruao war die ideale Persönlichkeit, um ein neues China aufzubauen. Er war ein ausgezeichneter Wissenschaftler und ein Jurist mit glänzenden Zukunftsaussichten. Der Mann mit dem kräftigen Kinn und den sauber frisierten schwarzen Haaren trug am liebsten westliche Anzüge und eine runde Brille. Sein Aufstieg war so schnell, dass ihm seine geringes Alter peinlich war und er einen Schnurrbart trug, um älter zu wirken. Für die Modernisierer, die das verwundbare China vorwärtstreiben wollten, war er genau der richtige Staatsbürger: tief verwurzelt in den nationalen Traditionen, hervorragend ausgebildet, neugierig auf die Außenwelt. Auf einem alten Schwarzweißfoto in einer Akte der Republik China, die in einem Archiv im grünen Hinterland der wuchernden Hauptstadt Taipeh vor sich hin modert, blickt er direkt und ernst in die Kamera, wie gewappnet für das, was kommen wird. Sein Leben und sogar sein Nachleben sollten das turbulente 20. Jahrhundert Chinas überspannen.

Als chinesischer Richter war es Meis Aufgabe beim Tokioter Prozess, dafür zu sorgen, dass die chinesischen Leiden während der Kriegszeit angemessen vergolten wurden. China war die einzige unabhängige nichtwestliche Macht unter den Alliierten und der einzige asiatische Staat, der bei der Bestrafung der japanischen Verbrechen garantiert eine führende Rolle spielen würde.[1] Im Jahr 1944 hatten die Alliierten in Chongqing, der Kriegshauptstadt der Nationalchinesen, eine Kommission gegründet, die Beweise für japanische Kriegsverbrechen sammelte.[2] Und nun preschte China vor, indem es auf eigene Faust rangniedrigere japanische Kriegsverbrecher verfolgte.

Nach der Verhaftung wichtiger japanischer Führer, einschließlich des berüchtigten Generals Matsui Iwane, der die japanischen Truppen in China während der blutigen Belagerung und Eroberung Nanjings kommandiert hatte, erweiterte General Douglas MacArthur die Verfolgung der Kriegsverbrecher, indem er sie internationalisierte. Am 21. September 1945 ersuchte das Allgemeine Hauptquartier die Alliierten, insbesondere jedoch die führenden Mächte China, Sowjetunion und Großbritannien, geeignete

Beamte für die Besetzung des neuen internationalen Militärtribunals zu benennen, deren Bestellung von MacArthur abgesegnet wurde.[3]

Mei, der umtriebige junge Aufsteiger der Republik China, sollte im Tokioter Prozess eine zentrale Figur werden. Er sorgte mehr als jeder andere dafür, dass in den Urteilen des Gerichtshofs das Leiden der Asiaten berücksichtigt wurde und er nicht nur den Angriffskrieg gegen die Vereinigten Staaten verurteilte, wie es MacArthur lieber gesehen hätte. Indem er geschickt seinen persönlichen Zorn und den seines Landes mit seinen Aufgaben als internationaler Richter ausbalancierte, konnte er viele seiner Richterkollegen dazu bewegen, gemeinsam mit ihm für die Verurteilung und Hinrichtung der für das Massaker von Nanjing und andere in China verübte Verbrechen verantwortlichen führenden Japaner zu stimmen. Aber während er in Tokio arbeitete, wurde sein Land durch einen Bürgerkrieg zwischen Nationalchinesen und Kommunisten zerrissen. Und bald schon sollte er sich zwischen ihnen entscheiden müssen.

Ein Stern geht auf

Mei Ruao wurde 1904 in einem Dorf nahe der Stadt Nanchang in der feucht-subtropischen südöstlichen Provinz Jiangxi geboren. Wie viele Bauern trug er den Namen seines Dorfes als Familiennamen. Der Bauernsohn wuchs in bescheidenen Verhältnissen, aber mit gewaltigen Erwartungen auf. Sein Vater, dem Bildung sehr wichtig war, konnte kaum das Geld zusammenkratzen, um eines seiner neun Kinder zur Schule zu schicken, und als ältester Sohn war der kleine Ruao der Auserwählte. Auf Betreiben seines Vaters besuchte er eine besonders fortschrittliche Grundschule in Jiangxi, wo er so gut abschnitt, dass er mit zwölf einen der begehrten Studienplätze an der Tsinghua-Schule im fernen Beijing bekam.

Die Tsinghua-Universität, heute mit großem Abstand die führende technische und naturwissenschaftliche Hochschule Chinas, war damals eher ein Eliteinternat. Mit ihrem straff organisierten, geradezu militärischen Lehrplan war sie für den heimwehkranken Jungen aus der Provinz ein Schock. Bei seiner Ankunft herrschte eine revolutionäre Stimmung, da die Republik China nur wenige Jahre zuvor die veraltete Qing-Dynastie weggefegt hatte. Mei sprach Dialekt und hatte schwer zu kämpfen, als er das für höhere Bildung erforderliche Mandarin lernen musste. Schlimmer noch: Viele Stunden wurden in Englisch gegeben. Die meisten Schüler konnten es, aber Mei war es völlig unbekannt. Also stand er im Morgengrauen auf und machte zusätzliche Sprachübungen an einem Lotosteich. Mit extremer Anstrengung tat er sich im Unterricht hervor, wurde Chefredakteur der Schulzeitung und gründete eine progressive Organisation zusammen mit mehreren Klassenkameraden, die schon früh Mitglieder der Kommunistischen Partei wurden und später wichtige Regierungsämter bekleideten.[4]

»Er war sehr streng mit sich«, erinnert sich sein Sohn Mei Xiaoao, ein sympathischer Mann mit einer grauen Igelfrisur, der in einer Regierungszeitung als Redakteur arbeitet. »Er wollte etwas erreichen.« Die Tsinghua-Schule hatte das Ziel, ihre Schüler nach dem Abschluss zum Studium in die Vereinigten Staaten zu schicken. 1924 verließ Mei Ruao erstmals China und studierte an der Stanford University. Dort machte er einen allgemeinbildenden grundständigen Abschluss mit *magna cum laude*, wurde Mitglied der Ehrengesellschaft Phi Beta Kappa und erwarb 1928 an der University of Chicago einen zweiten Abschluss als Jurist.

Abb. 12 *Mei Ruao, der chinesische Richter, vor dem früheren Heeresministerium, in dem der Tokioter Prozess stattfand*

Über seine amerikanischen Jahre ist nur wenig bekannt, doch er hatte gute Gründe, die Vereinigten Staaten kritisch zu sehen. Trotz ihres Bekenntnisses zu den unveräußerlichen Rechten aller Menschen hatten die USA ganz wie die räuberischen Imperien Europas exterritoriale Rechte in China gehabt. Im Chinese Exclusion Act von 1882 waren die Chinesen wegen ihrer Nationalität explizit von der Einwanderung in die Vereinigten Staaten ausgeschlossen worden; das diskriminierende Gesetz wurde mehrmals verlängert und blieb bis weit in den Zweiten Weltkrieg hinein in Kraft. Durch ein weiteres rassistisches Gesetz hatten die Vereinigten Staaten 1917 die Einwanderung sämtlicher Menschen verboten, die, mit Ausnahme von Japanern und Filipinos, in einer sogenannten »Asiatischen Sperrzone« geboren waren.[5] Trotz alledem entwickelte Mei bei seinem Aufenthalt in Amerika eine enorme Liebe zu dem Land, seinem verfassungsrechtlichen System und seinen Menschen, die er als freundlich, offen, fair, gebildet, demokratisch, wissenschaftlich und effizient schätzte, auch wenn er sie manchmal als kindlich naiv empfand.[6] Die politisch nicht genehme Tatsache seiner Zuneigung zu Amerika ist im chinesischen Gedenken an ihn heute ausgemerzt.

Zusammen mit Schulfreunden aus Tsinghua, die ebenfalls in den Vereinigten Staaten studierten, warb er bei anderen chinesischen Auslandsstudenten für die Revolution, und er gründete eine Forschungsgruppe, die sich ernsthaft mit den Theorien von Sun Yat-sen (Sun Yixian) auseinandersetzte, dem revolutionären Nationalchinesen, der bei der Gründung der Republik China die Führung innehatte. Nachdem Mei sein Studium in Chicago beendet hatte, erweiterte er seinen Horizont durch eine große Europareise, die ihn nach London, Paris, Berlin und Moskau führte, wo er an den Universitäten eifrig Vorlesungen besuchte. Als er 1929 nach fast fünf aufregenden Auslandsjahren nach China zurückkehrte, war aus ihm ein zuversichtlicher und weltgewandter junger Mann geworden, sehr belesen in internationalen und nationalen Zeitschriften, ein Liebhaber der chinesischen Oper, der sich mit Tai-Chi fit hielt und ein liebenswürdiger Mensch mit einem sanften Humor war.[7]

Mei war überzeugt, dass die chinesische Regierung besondere Pflichten gegenüber ihrer Bevölkerung hatte. »Meiner Ansicht nach ist die Politik in China immer passiv gewesen«, schrieb er später in sein Tagebuch. »Solange niemand einen Aufstand macht und versucht, den Kaiser zu stürzen, spricht man von einer friedlichen und glücklichen Zeit. Was Bildung und Hygiene betrifft, bleibt das Volk seinem Schicksal und seinen eigenen Anstrengungen überlassen.«[8] In dem Bestreben, das Volk besser zu bilden, startete er eine glänzende akademische Karriere als Juraprofessor an der Nankai-Universität und danach an der Universität Wuhan. Er lehrte und publizierte über eine breite Auswahl an Gegenständen, vom US-amerikanischen und britischen Recht über den Code civil Napoleons bis zu den sowjetischen Revolutionstribunalen und den konstitutionellen Debatten, die in der Republik China tobten.[9]

Sein Leitbild war die Rechtsstaatlichkeit, die er als entscheidend für den Fortschritt des neuen China betrachtete. Seine Rechtsphilosophie legte er 1932 in einem mit Herzblut geschriebenen Aufsatz in seinem hart erarbeiteten, eleganten Englisch dar. Im Vorgriff auf einige seiner Gedanken beim Tokioter Prozess entwickelte er eine Theorie des Naturrechts und plädierte für individuelle strafrechtliche Verantwortlichkeit. Er setzte sich für eine rechenschaftspflichtige, progressive, an das Gesetz gebundene Regierung ein, ein Ideal, das ihn zunächst mit den regierenden Nationalchinesen und letztlich auch mit den Kommunisten in Konflikt bringen sollte.

Mei vertrat die Ansicht, dass das chinesische Recht aus zwei sich ergänzenden Strängen bestand: *fa,* das er mit dem positiven Recht verglich und bei dem es sich vor allem um Strafrecht handelte, und *li,* das sich gewöhnlich auf das zivile Verhalten bezog und oft als Konvention oder moralische Disziplin betrachtet wurde. Zu letzterem vertrat er jedoch die provokante Ansicht, dass es dem Naturrecht entspreche. »Für einen Chinesen«, schrieb er, »war eine Verletzung von *li* sogar noch ernster und schändlicher als eine Verletzung des Gesetzes.« Wenn eine friedliche Gesellschaft nicht allein durch das Naturrecht gewährleistet werden konnte, musste dieses durch das positive Recht mit Zwangsgewalt ausgestattet werden, eine Anforderung, aus der sich in mehreren aufeinanderfolgenden Dynastien ein umfassendes Strafrechtssystem entwickelte. Jahrzehnte bevor Lon Fuller und H. L. A. Hart ihre berühmte Debatte über Rechtspositivismus führten, trat Mei für eine moralische Fundierung der Rechtsordnung ein.[10]

Meis Ansicht nach hatte die konfuzianische Philosophie eine Rechtsstaatlichkeit entwickelt, die sowohl auf dem positiven Recht als auch auf dem Naturrecht beruhte. Für ihn bestand das konfuzianische Ideal darin, die Notwendigkeit des Rechts durch den Einsatz von Erziehung und moralischer Disziplin zu transzendieren, um die polarisierenden Konflikte aufzulösen, die zu Prozessen oder Verbrechen eskalierten. Allgemein bestand, wie er schrieb, der gesellschaftliche Fortschritt in »dem großen Gewicht, das die Chinesen sowohl in der Theorie als auch in der Praxis auf die Rechtsstaatlichkeit legen«.

Er verwies stolz darauf, dass »das Prinzip der Gleichheit vor dem Gesetz« seit dem frühen 18. Jahrhundert ein wichtiges Merkmal des chinesischen Rechtssystems gewesen sei, selbst wenn die Mächtigen oft das Gesetz missachtet hätten. »Es war ein populärer Grundsatz in China, dass ›der Kaiser bestraft wird wie ein gewöhnlicher Staatsbürger, wenn er das Recht verletzt‹ (…) Dieser Grundsatz war allen Chinesen bekannt und tief im chinesischen Bewusstsein verankert.« Mei stand damit in der Tradition von

Konfuzius' bedeutendem Nachfolger Menzius, der Jahrhunderte zuvor geschrieben hatte, dass ein Tyrann wie ein gemeiner Dieb oder Verbrecher bestraft werden könne.[11]

Mei blieb seinen Grundsätzen treu, als er später die Ansicht vertrat, dass auch Kaiser Hirohito neben seinen Untertanen auf der Anklagebank hätte sitzen müssen.[12] Über das Schicksal der japanischen Premierminister, einschließlich Tojo Hidekis, sollte also ein Richter mitentscheiden, der folgenden Satz geschrieben hatte: »Der Premierminister war demselben Rechtsstaatsprinzip unterworfen wie ein gewöhnlicher Ackermann.«[13]

»Hohe Ansprüche«

Mei stieg auf, während sein Land fiel. Als er im September 1931 seine Rechtsphilosophie formulierte, okkupierten – acht Jahre bevor mit dem nationalsozialistischen Einmarsch in Polen der Zweite Weltkrieg begann – japanische Truppen die Mandschurei.[14]

China wehrte sich mit einer Strategie, die Generalissimus Chiang Kai-shek, der nüchterne und berechnende Führer der Nationalchinesen, als »langen Abnutzungskrieg« bezeichnete.[15] Die grundlegenden Zahlen dieses Krieges überschreiten jede Vorstellungskraft: Etwa 14 Millionen Chinesen starben und etwa 80 Millionen wurden aus ihren Häusern vertrieben. Selbst wenn man die gewaltige Größe der chinesischen Bevölkerung berücksichtigt – sie betrug damals etwa 400 Millionen –, entsprachen die Verluste etwa denen Polens oder der Sowjetunion.[16] Einige Wissenschaftler beziffern die Zahl der toten Chinesen sogar auf 20 bis 30 Millionen.[17]

In der Kriegszeit erregte Meis auffällige Begabung die Aufmerksamkeit der nationalchinesischen Regierung. 1934 wurde er trotz gewisser persönlicher Bedenken Mitglied der Kuomintang (Guomindang), der von Chiang Kai-shek geführten Nationalen Volkspartei. Weil ihm Sun Ke (auch bekannt als Sun Fo), ein führendes Parteimitglied und Sohn Sun Yat-sens, eine große Karriere zutraute, hatte er ihn für die Mitgliedschaft vorgeschlagen. In seiner Personalakte wurde Mei geradezu euphorisch gelobt: »Integre Ideen, hohe Ansprüche und Ziele, fähig und erfahren, mit würdevollem und elegantem Auftreten, gesprächig, kontaktfreudig, gebildet und mit großem Potenzial in den Sozialwissenschaften.« Darüber hinaus enthielt die Akte noch den rätselhaften Vermerk, sein einziger Mangel seien »mittelmäßige Tugenden«.[18]

Stark gefördert von den Nationalchinesen lehrte Mei amerikanisches, britisches und internationales Recht an der Zentralen Politischen Hochschule in Nanjing, einer Parteihochschule, an der führende Beamte ausgebildet wurden. Er arbeitete in der Richterausbildung für das Ministerium für Justizverwaltung, wurde zum Rechtsberater des Innenministeriums ernannt und arbeitete für eine Zeitschrift für internationale Politik, die den Widerstand gegen die japanische Aggression befürwortete. Er wurde Abgeordneter im Legislativ-Yuan der Republik China in der Hauptstadt Nanjing – einer Art Parlament –, wo er es bis zum geschäftsführenden Vorsitzenden des Auswärtigen Ausschusses brachte.[19]

Wie Mei in einer einflussreichen Shanghaier Zeitschrift erklärte, betrachtete er sich als Teil einer jahrhundertealten Reformbewegung, die nach der schrecklichen Erfahrung des Ersten Opiumkriegs zu der Überzeugung gelangt war, dass China dem Angriff des britischen und japanischen Imperialismus nur widerstehen konnte, wenn es, insbesondere, was den Verfassungsstaat betraf, von der Kultur des Westens lernte. In einer Zeit, als viele eine Parteidiktatur verlockend fanden, vertrat er die Ansicht, dass ein Faschismus deutscher oder italienischer Prägung in China vermutlich keinen Erfolg haben werde. Stattdessen engagierte er sich für das Vorhaben seiner Partei, »die fundamentalen Rechte und Pflichten des Volkes« zu sichern, und vertrat die Ansicht, China werde durch eine konstitutionelle Regierung, die die »Rechtsstaatlichkeit« etablierte, zu einem »voll entwickelten modernen Staat« werden.[20]

Nach einem Zusammenstoß zwischen chinesischen und japanischen Truppen an der jahrhundertealten Marco-Polo-Brücke in Fengtai, einer Vorstadt Beijings, begann das Japanische Kaiserreich im Juli 1937 eine massive Invasion des restlichen China.[21] Danach kämpften die Chinesen mehr als vier Jahre lang fast völlig allein, bis die Vereinigten Staaten nach dem Angriff auf Pearl Harbor in den Krieg eintraten. Die chinesische Regierung wurde während des gesamten Krieges von Chiang geführt, den die amerikanische Kriegsreporterin Martha Gellhorn als »ungeheuer intelligent, wohlwollend und, wie mir schien, unmenschlich« empfand. Seine »Machtwille war wie Stein: eine massive Größe, die man im Raum spürte«.[22]

Trotz der Verachtung, die Chiang für die »japanischen Zwerge« empfand, war ihr Militär viel moderner und besser ausgerüstet als das chinesische, da sie über Panzerfahrzeuge, Artillerie und Bombenflugzeuge verfügten.[23] Sie eroberten Beijing (das damals eine Zeit lang Beiping hieß), Tianjin und die wichtige Hafenstadt Shanghai. Der Kampf um Shanghai, der weltweite Aufmerksamkeit für den chinesischen Widerstand erregte, war der blutigste seit den Schlachten von Verdun oder an der Somme.[24] Nach ihrem Sieg ließen die Japaner die französische Konzession größtenteils stehen, machten aber, wie der britische Dichter W. H. Auden und der britische Romanautor Christopher Isherwood Monate später bei einem Besuch feststellten, aus den chinesischen Vierteln eine »mit Kratern übersäte, kahle Mondlandschaft«.[25] Ein paar Wochen nach dem Beginn der Invasion begannen japanische Bomber die chinesische Hauptstadt Nanjing zu bombardieren und hielten die Luftangriffe monatelang aufrecht. Chiang und seine Regierung waren gezwungen, nach Westen zu fliehen, und die chinesischen Truppen erhielten den Befehl, die Hauptstadt zu verlassen. Am 13. Dezember fiel die große Stadt unter japanischem Artillerie- und Maschinengewehrfeuer.[26]

Einen Monat lang wüteten die japanischen Truppen in einer Orgie von Vergewaltigung, Brandstiftung, Plünderung und Massenmord in der Stadt. Viele chinesische Soldaten hatten in der Hoffnung, verschont zu werden, schon vor dem Einmarsch der Japaner die Waffen niedergelegt; aber auch diese unbewaffneten Männer wurden in riesiger Zahl zusammengetrieben und getötet.[27] Tatsächlich konnte praktisch jeder chinesische Mann zur Zielscheibe werden. Einige japanische Soldaten schickten, offenbar in der Überzeugung, dass ihre Taten zu Hause gut ankommen würden, Schnappschüsse an ihre Lieben, die japanische Soldaten zeigten, wie sie grinsend neben nackten chinesischen Frauen standen oder chinesischen Gefangenen mit dem Schwert den Kopf abschlugen.[28] Im Krankenhaus starb ein vielleicht sieben Jahre alter kleiner Junge an vier Bajonettstichen.[29] Sexuelle Gewalt war schockierend alltäglich.[30] Laut einem chinesischen Arzt »färbten sich die Straßen rot, und Leichen behinderten die Strömungen des Flusses«.[31]

Die Gräueltaten ebbten mit der Zeit zwar etwas ab, dauerten aber noch ein halbes Jahr an. Es handelte sich weder um einige Chaostage noch um berserkerhafte Wut; japanische Offiziere, deren Autorität durch Besuche ranghoher Offiziere, einschließlich des Generals Matsui Iwane zusätzlich verstärkt wurde, prahlten damit, wie gut sie ihre Männer im Griff hatten.[32] Frühe Schätzungen westlicher Beobachter bezifferten die Zahl der Toten auf 40 000, aber durch Berechnungen, die auf der Zahl der Beerdigungen beruhten, erhöhte sie sich bald auf nahezu 200 000. Heute geht die chinesische Regierung offiziell von 300 000 Toten aus, wohingegen japanische Extremisten zu Unrecht bestreiten, dass es überhaupt ein Massaker gab. Trotz ihrer Behauptungen kann kein ernsthafter Zweifel bestehen, dass Nanjing eines der grausamsten Ereignisse des Zweiten Weltkriegs war.[33]

Die japanischen Streitkräfte stießen bis in die Provinzen Shanxi, Henan

Abb. 13 *Vertriebene chinesische Zivilisten haben sich vor dem Hauptquartier des Internationalen Komitees für die Sicherheitszone von Nanjing versammelt, um Unterstützung zu erhalten. Das Komitee wurde von Ausländern gegründet, um Zivilisten vor den japanischen Truppen zu schützen. Die schlimmsten Massaker waren schon vorüber, als das Foto im Februar 1938 gemacht wurde, aber das Morden in der Stadt ging immer noch weiter.*

und Hunan weit im Landesinneren vor und eroberten auch Teile des Südens. Da Japan den Chinafeldzug eher als »Zwischenfall« denn als Krieg bezeichnete, behandelten seine Truppen gefangene chinesische Soldaten nicht als vom Kriegsvölkerrecht geschützte Kriegsgefangene, sondern als »Banditen«, die sie in großer Zahl töteten oder schwer misshandelten. Chinesische Zivilisten wurden zusammengetrieben und als Zwangsarbeiter eingesetzt.[34] Vergewaltigungen waren weit verbreitet und wurden im besetzten China durch 280 sogenannte »Troststationen« institutionalisiert, die überall im Land für die sexuelle Befriedigung japanischer Soldaten eingerichtet wurden.[35] Ab Januar 1938 verweigerte Japan jegliche Verhandlungen mit den Nationalchinesen und forderten zum Sturz von Chiang Kai-sheks Regierung und Schaffung einer »neuen Ordnung« in Asien auf.[36] 1941 begann insbesondere in den kommunistisch besetzten Gebieten eine extrem brutale Kampagne zur Aufstandsbekämpfung, die unter der Bezeichnung »Drei Alles« bekannt wurde: Tötet alle(s), verbrennt alle(s), plündert alle(s). Um reale oder vermeintliche Guerillas zu bekämpfen, wurden Dörfer abgebrannt, das Getreide angezündet und zahllose Männer getötet.[37]

Chiang beschuldigte Japan jahrelang eines Verbrechens, das wir heute als Genozid bezeichnen würden. Er warnte, dass Japan »die Absicht hat, unser Land zu zerstören und unsere Rasse zu vernichten« oder »dass die Japaner planen, unsere Rasse auszurotten«.[38] Diese übertriebene Zuschreibung schaffte es weder in die Anklageschrift noch in das Urteil des Tokioter Prozesses. Dennoch bahnte Chiang mit der Forderung, die »japanischen Banditen« nicht ungestraft davonkommen zu lassen, und indem er die »enorme Wichtigkeit (…) der Erfüllung von Verträgen und des Völkerrechts« betonte, den Kriegsverbrecherprozessen den Weg.[39]

Einige der größten Katastrophen des Krieges beruhten auf einer Kombination japanischer Angriffe und verheerender Fehler der chinesischen Regierung.[40] So traf Chiangs Regierung, um die japanischen Soldaten aufzuhalten, die verzweifelte und rücksichtslose Entscheidung, die Dämme des Gelben Flusses (Huang He) in Zentralchina zu durchstechen. Sie löste damit eine Überschwemmung aus, die Krankheiten verbreitete, eine Hungersnot verursachte und einer halben Million chinesischer Bauern das Leben kostete.[41] Am schlimmsten jedoch war eine entsetzliche Hungersnot, die 1942 in der Provinz Henan ausbrach und durch eine Dürre in Kombination mit einer in Form von Getreide zu entrichtenden neuen Kriegssteuer ausgelöst war.[42] Sie kostete letztlich etwa vier Millionen Menschen das Leben. »Im Gebiet der Hungersnot von Henan sterben die Menschen; Hunde und andere Tiere fressen Leichen«, schrieb ein erschütterter Chiang in sein Tagebuch.[43]

Chinas Not weckte bei den Alliierten großes Mitgefühl. Henry R. Luce, Sohn amerikanischer Missionare in China, nutzte seinen Einfluss als Herausgeber der Nachrichtenmagazine *Time* und *Life*, die in der Kriegszeit über eine Gesamtauflage von etwa 5 Millionen Exemplaren verfügten, um China und Chiang zu rühmen.[44] Das amerikanische Kriegsministerium bewegte den Filmregisseur Frank Capra dazu, einen der Propagandafilme in seiner Serie *Why We Fight* dem chinesischen Widerstand zu widmen. Der Film *The Battle of China*, den etwa vier Millionen Amerikaner ansahen, verherrlichte China als alte, friedliche und freiheitsliebende Republik, die von den fanatischen Legionen des japanischen Gottkaisers besetzt worden war. Er appellierte auf eine für Capra typische Weise an das amerikanische Nationalgefühl, indem er Sun Yat-sens Ideale mit denen von George Washington und Abraham Lincoln vermischte.[45] W. H. Auden, der auf seiner Reise durch Shanghai, Nanchang und weitere südchinesische Städte mehrere japanische Bombenangriffe überstanden hatte, schrieb mehrere elegische Gedichte, *Sonnets from China*, von denen eines mit folgendem Dreizeiler endet: *»And maps can really point to places / Where life is evil now. / Nanking. Dachau.«*[46]

Meis Eltern und Großeltern flohen wie Millionen anderer chinesischer Zivilisten ins Landesinnere. Kurz bevor die Japaner Nanjing eroberten, musste auch Mei mit den Überresten der chinesischen Regierung ins Landesinnere fliehen.[47] Er ging in die provisorische Kriegshauptstadt Chongqing in den feuchten, nebligen Bergen der Provinz Sichuan. Doch die schlecht verteidigte Stadt, in der es von verzweifelten Vertriebenen wimmelte, war keine sichere Zuflucht, denn sie erlebte einige der schlimmsten japanischen Bombenangriffe des Krieges. Von Februar 1938 bis August 1943 kosteten die Luftangriffe etwa 12000 Chinesen – fast ausschließlich Zivilisten – das Leben. Die Japaner setzten Splitter- und Brandbomben ein, die Menschen zerfetzten und in der Stadt Flächenbrände verursachten. Die Bewohner lebten in ständiger Furcht vor dem Heulen der Luftschutzsirenen und dem Dröhnen japanischer Kampfflugzeuge und sie erzitterten vor dem ohrenbetäubenden Krachen detonierender Bomben und dem Donnern der alten chinesischen Flakgeschütze.[48]

»In Chongqing gab es schreckliche Bombenangriffe«, erinnert sich Mei Ruaos Tochter Xiaokan, eine erfolgreiche Anwältin. »Sie mussten oft in die Schutzräume fliehen. Deshalb hasste er die japanische Invasion.« Sein Sohn Xiaoao berichtet, dass sein Vater nicht über den Krieg sprach, aber andere Verwandte, die mit ihm in Chongqing waren, hatten entsetzliche Erinnerungen. Viele Flüchtlinge, die das feuchte Klima in Sichuan nicht gewohnt waren, starben an Infektionskrankheiten. Menschen versuchten, sich vor den Bombern in Höhlen zu verstecken, die in Felsen gebohrt waren.[49] »In den Höhlen starben viele Menschen, weil es für die vielen Leute nicht genug Sauerstoff gab«, sagt Mei Xiaoao in einer offenbar abgemilderten Version einer noch viel schlimmeren Realität: Manchmal wurden bei der panischen Flucht in die Schutzräume Menschen zertrampelt. »Manche starben, weil durch das Bombardement Gebäude über ihnen zusammenstürzten.«

Einen Trost gab es für Mei Ruao im schwer getroffenen Chongqing: Ein Freund stellte ihm eine fähige, strebsame, fleißige junge Frau aus einer Kleinstadt vor. Sie hatte eigentlich studieren wollen, doch als Kind einer großen Familie keine Chance gehabt; aber immerhin hatte sie in Shanghai ein Gymnasium besucht. Nun arbeitete sie am Schalter einer Bank; Meis Freund riet ihm, er solle so tun, als wolle er ein Bankkonto eröffnen, um sie kennenzulernen. Die beiden sollten später heiraten und bekamen nach dem Krieg zwei Kinder, denen sie ein gutes und lehrreiches Vorbild waren. »Er hielt uns nicht zum Lernen an«, erinnert sich Mei Xiaokan, »aber er las die ganze Zeit.«

Der vierte Polizist

Nach Pearl Harbor lieferte *Life* seinen Lesern eine rassistische Anleitung, »wie man Japaner von Chinesen unterscheidet«, damit ein Amerikaner, der einen japanischen Amerikaner zusammenschlagen wollte, »freundliche Chinesen von feindlichen Japsen« unterscheiden konnte. Als pädagogisches Mittel stellte Luces Magazin das Foto eines finster blickenden Tojo Hideki dem freundlichen Gesicht des chinesischen Wirtschaftsministers Wong Wenhao gegenüber: »Sein Teint ist pergamentfarben, sein Gesicht lang und feinknochig, und er hat den schmaleren Nasenrücken«, verkündete die Zeitschrift. »Die Chinesen haben die natürliche Ruhe toleranter Realisten«, hieß es da. »Japse wie General Tojo haben die humorlose Anspannung skrupelloser Mystiker.«[50]

Als die Vereinigten Staaten endlich in den Krieg eintraten, betrachteten sie China als entscheidend, um ihn zu gewinnen und in der Nachkriegszeit erfolgreich zu sein.[51] Das riesige, verarmte Land wurde für die Japaner zu einem Fass ohne Boden. Die Amerikaner schickten etwa eine Million Soldaten nach China, ohne dass ein Ende absehbar war. Der strategische Albtraum der Alliierten bestand darin, dass eine kriegsmüde chinesische Regierung einen Separatfrieden mit Japan abschließen oder einfach zusammenbrechen könnte; Japan hätte dann seine ganze Macht auf die Amerikaner konzentrieren können. Vier Jahre nach Pearl Harbor war es der verzweifelte und hartnäckige Widerstand der Chinesen, der es den Alliierten ermöglichte, an anderen Fronten in Europa und im Pazifik Fortschritte zu machen.[52]

In der neuen Welt, wie sie sich die Amerikaner für die Zeit nach dem gewonnenen Krieg vorstellten, sollte ein erneuertes China Japans Platz als dominierende Macht in Asien einnehmen. China – ein nicht-europäisches, nichtweißes, antikolonialistisches Land – sollte zusammen mit den Vereinigten Staaten, Großbritannien und der Sowjetunion als einer von Franklin D. Roosevelts »vier Polizisten« die Nachkriegsweltordnung garantieren.[53] Winston Churchill jedoch, ein glühender Verfechter des British Empire, hielt diese Fixierung auf ein antikolonialistisches China für »die große Illusion«.[54] Auch Chiang Kai-shek empfand die amerikanische Vorstellung als Wunschdenken: »China ist der schwächste der vier Alliierten«, schrieb er in einer beißenden Einschätzung seiner Verbündeten. »Es ist, als würde sich ein schwacher Mensch mit einem Entführer, einem Halbstarken und einem Schläger zusammentun.«[55]

Die Amerikaner versorgten und trainierten Chinas zusammengewürfelte Armeen und leisteten Militär- und Wirtschaftshilfe. Im Jahr 1943 unterzeichnete die Regierung Roosevelt einen Vertrag, in dem sie auf die US-amerikanischen exterritorialen Rechte in China verzichtete, und sicherte China einen Platz unter den vier Großmächten zu, die für eine neue Weltorganisation zur Stabilisierung des Nachkriegsfriedens eintraten.[56] Auf Betreiben des Weißen Hauses begann der Kongress mit der Abschwächung der Gesetze, die die Einwanderung und Einbürgerung von Chinesen verboten, und ließ eine kleine Zahl von ihnen in die Vereinigten Staaten immigrieren.[57]

Insgeheim war man in den Regierungen Roosevelt und Truman frustriert über Chiangs korrupte, uneffektive und autokratische Herrschaft und seine schlecht ausgebildeten, manchmal meuternden Armeen. Dennoch wurde er eingeladen, Ende 1943 mit Roosevelt und Churchill an der Kairoer Konferenz teilzunehmen, die eine Vision für Nachkriegsasien entwickelte. Er fiel als einziger Nichtweißer unter den alliierten Staats- und Regierungschefs auf, die in einem alten Hotel in Gizeh mit Blick auf die Pyramiden tagten. Dort drängte Chiang mit Roosevelts freundlicher Unterstützung und gegen Churchills empörten Widerstand darauf, Asien nach dem Krieg vom europäischen Imperialismus zu befreien.[58] Der Generalissimus bekam Roosevelts Zusicherung, dass alle von Japan besetzten chinesischen Gebiete zurückgegeben würden, auch Formosa (heute: Taiwan) und die Mandschurei.[59] Nach der Abreise aus Kairo betonte Chiang insbesondere, dass sich die Alliierten auf »eine Bestrafung der Kriegsverbrecher in Ost und West« geeinigt hatten.[60]

Während des gesamten Krieges positionierte China sich von allen Alliierten am stärksten antikolonialistisch, was oft zu Konflikten mit Großbritannien führte. Chiang mobilisierte die asiatischen Völker nicht nur gegen den japanischen, sondern auch gegen den westlichen Imperialismus.[61] Kurz nach Pearl Harbor besuchte er Indien, wo er Jawaharlal Nehru und andere antikolonialistische Inder drängte, gemeinsam mit China ein antiimperialistisches Asien aufzubauen.[62] Er drängte Roosevelt, Großbritannien und den Niederlanden das Versprechen abzuringen, ihre Kolonien nach dem Krieg in die Unabhängigkeit zu entlassen, was die USA in Bezug auf die Philippinen bereits zugesagt hatten. Dies, so Chiang, sei der einzig gangbare Weg, um die Unterstützung des kolonisierten Asien für die Kriegsanstrengungen der Alliierten zu gewinnen.[63]

Anfang 1944 startete Japan eine gewaltige neue Offensive, um China als Kriegsgegner auszuschalten.[64] Einer plausiblen Schätzung zufolge kamen im letzten Jahr des Krieges jeden Monat mindestens 100 000, vermutlich aber eher 250 000 asiatische Zivilisten ums Leben. Unter ihnen dürften jeden Monat 100 000 Chinesen gewesen sein.[65]

Roter Stern über China

Chiang Kai-shek führte in Wirklichkeit zwei Kriege: einen gegen den äußeren und einen gegen den inneren Feind. Außer mit den Japanern hatten seine Nationalchinesen auch einen heftigen Konflikt mit den chinesischen Kommunisten, der schnell zu einem Bürgerkrieg eskalierte.[66] Der Generalissimus beschimpfte die Kommunisten als subversive Opportunisten, die Sun Yat-sens Revolution usurpiert hätten, als Schakale, die sich die militärischen Erfolge der nationalchinesischen Armee auf die Fahnen schrieben, und als Fanatiker, die für eine Politik einträten, die in der Sowjetunion Hunderttausende Menschenleben gekostet habe und in China Millionen kosten werde.[67]

Chiang hatte zehn Jahre lang versucht, »die kommunistischen Banditen« zu vernichten, bis ihn die japanische Bedrohung 1937 zwang, einen prekären Waffenstillstand zu schließen.[68] Dank der japanischen Invasion hatte sich Mao Zedong gegenüber mehreren anderen bekannten kommunistischen Führungspersönlichkeiten als oberster Führer durchsetzen können.[69]

Gegen die Japaner kämpften die Kommunisten in einer für sie unbehaglichen nationalen Anstrengung unter dem nominellen Oberbefehl der Nationalchinesen.[70] Dennoch waren sie für den Generalissimus immer noch eine mindestens ebenso schwere Bedrohung wie die Japaner oder deren chinesische Kollaborateure.[71]

Die Kommunisten kritisierten die japanischen Invasoren ebenso heftig wie die Nationalchinesen.[72] In den Jahren der Einheitsfront übernahmen die kommunistischen Medien oft Nachrichten über japanische Grausamkeiten von der Nachrichtenagentur der Nationalchinesen.[73] So publizierte die kommunistische Tageszeitung *Xinhua Ribao* genau wie die nationalistischen Medien eine Geschichte, die trotz ihres zweifelhaften Wahrheitsgehalts bis heute im kollektiven chinesischen Gedächtnis verankert ist und sogar ihren Weg in die Schulbücher gefunden hat, nämlich dass zwei japanische Leutnants während der Plünderung von Nanjing mit ihren Schwertern einen Wettkampf austrugen, den der Offizier gewann, der mit 106 Chinesen ein Opfer mehr als sein Gegner köpfte.[74] Nach dem Fall von Nanjing schrieben die beiden ranghöchsten Militärs der Kommunisten General Zhu De und General Peng Dehuai, der Feind habe »vergewaltigt und geplündert, die Jungen und Gesunden getötet und Fleisch und Knochen zu Asche verbrannt«.[75]

Mao gefiel es überhaupt nicht, dass er seine revolutionären Truppen als Teil der nationalchinesischen Armee Chiang unterstellen musste. Er drängte seine Anhänger, die Zusammenarbeit mit den Nationalchinesen zu beenden und plante einen landesweiten proletarischen Widerstand gegen Japan.[76] Bis 1941, als die Einheitsfront von Chiang und Mao weitgehend zerbrach, waren die beiden größten Armeegruppen der Kommunisten, die traditionsreiche 8. Feldarmee und die Neue 4. Armee auf etwa 440 000 Mann angewachsen.[77] Bei den Kommunisten in der Stadt Yan'an wurde die Parole »Kampf gegen Japan *und* Chiang Kai-shek« ausgegeben.[78] Von da an bis Mitte 1944 war es den Kommunisten und den Nationalchinesen oft wichtiger, gegeneinander zu kämpfen als gegen die Japaner.[79]

Chiang verließ sich zunehmend auf brutale Zwangsmaßnahmen und versäumte es, die Basis der Nationalchinesen zu verbreitern.[80] Klarsichtige Beobachter wie Theodore H. White von der Zeitschrift *Time* verzweifelten an den Nationalchinesen mit ihrer Geheimpolizei und ihrer Zensur, wenngleich Whites Chef Henry R. Luce die gegenteilige Position vertrat.[81] Auden kam nach seinem Besuch in China zu dem Schluss, dass die Zukunft des Landes bei Mao lag (auch wenn er dies später bereuen sollte). Er schrieb: »Es ist gewiss die erste Maxime der Realpolitik, dass man unabhängig von seinen ideologischen Vorlieben nie einen sicheren Verlierer unterstützen sollte.«[82]

Mei stellte sich auf die Seite des Verlierers.

Stolz auf die Nationalchinesen, weil sie das Land vom europäischen Imperialismus befreit hatten, bekannte er sich zur Philosophie Sun Yat-sens. Unter der Führung seines mächtigen Förderers Sun Ke verabschiedete das Parlament eine Verfassung, die Mei in einer öffentlichen Ansprache im Jahr 1944 ausdrücklich verteidigte – just in dem Moment, als Japan seine neue Offensive zur Ausschaltung Chinas als Kriegsgegner startete. Meis patriotische Überzeugungen entsprachen der herrschenden nationalistischen Parteilinie. Als sein Bekanntheitsgrad im Dienst der autoritären Regierung wuchs, wurden auch seine Reden zunehmend von den Plattitüden eines nationalchinesischen Parteifunktionärs infiziert.

Viele Ausländer zweifelten daran, dass China sein demokratisches System erhalten könnte. So höhnte die amerikanische Kriegsreporterin Martha Gellhorn: »Ich hatte das Gefühl, dass es die absolute Verdammnis war, Chinese zu sein; kein größeres Missgeschick konnte einen Menschen ereilen, als dort geboren zu werden und leben zu müssen.«[83] Mei jedoch präsentierte China als eine der großen Demokratien der Welt. Sun Yat-sen, sagte er, »hat das Ziel, aus China einen Staat ›des Volkes, durch das Volk und für das Volk‹ zu machen«, ein Zitat aus Abraham Lincolns Rede in Gettysburg.

Seiner Ansicht nach war das Recht absolut daheim in China, nichts vom Ausland Aufgezwungenes, was mit den kulturellen Traditionen des Landes oder seiner sozioökonomischen Entwicklung nicht vereinbar gewesen wäre.[84] Er war stolz auf die geplanten verfassungsmäßigen Grundrechte der Rede-, Presse-, Religions- und Koalitionsfreiheit, der Freizügigkeit und weiteren Grundrechten: »Wir haben alles, was Europa und Amerika auch haben. Wir haben einfach alles.« Tatsächlich empfand er den chinesischen Republikanismus sogar als umfassender: »Die Demokratie im Westen ist nur auf politische Gleichheit ausgerichtet, aber die Drei Prinzipien des Volkes« – Sun Yat-sens Credo von Nationalismus *(minzu zhuyi),* Volksrechten *(minquan)* und Volkswohlfahrt *(minsheng)* – »sollen auch internationale, interrassische, politische und wirtschaftliche Gleichheit herstellen«.[85]

Das war übertrieben. Für Chiang Kai-shek mit seinen unübersehbar autoritären Neigungen stand der individualistische westliche Liberalismus im Widerspruch zum »Geist der chinesischen Kultur«.[86] Und auch Mei hatte wie viele führende Mitglieder der Nationalchinesen eine paternalistische Vorstellung, wie die noch unmündigen Massen regiert werden sollten.[87] Er schrieb: In einer »Periode der politischen Vormundschaft fungiert unsere Partei als Kindermädchen, übt für das Volk politische Macht aus und bildet Menschen dafür aus, dass sie ihre politische Macht nutzen. Wenn die Menschen vorbereitet sind, wird eine parlamentarische Demokratie entstehen. Unsere Partei wird dann natürlich aufhören, diktatorisch zu sein und die Position des Kindermädchens aufgeben.« (Die Periode der politischen Bevormundung sollte sich Jahr für Jahr verlängern.)[88] Auch in diesem Zusammenhang griff Mei auf ein amerikanisches Beispiel zurück, wenngleich er das von ihm benutzte Zitat verstümmelte und falsch zuordnete: »Erinnern Sie sich daran, dass Madison und Jefferson, als die US-amerikanische Verfassung gerade verabschiedet war, einander mit einem Seufzer anschauten und sagten: ›Wir haben eine schwierige Aufgabe vor uns. Verschwenden wir keine Zeit, um unsere Herren zu erziehen‹. Diese Aussage ist heute auf uns höchst anwendbar.«[89]

Als im August 1945 endlich der Frieden kam, kämpfte die angeschlagene chinesische Regierung darum, die Kontrolle über die japanisch besetzten Gebiete wiederherzustellen, die ungeheure Zahl chinesischer Kollaborateure zu bestrafen oder zu begnadigen, Millionen Flüchtlinge wieder heimzuholen, die zerstörten Städte und Dörfer wieder aufzubauen, einen demokratischen Rechtsstaat zu etablieren und eine traumatisierte Gesellschaft zu heilen.[90]

In den chinesischen Kriegsverbrecherprozessen wurde scharf zwischen den japanischen Verbrechern und den unschuldigen japanischen Massen unterschieden. »Auch wenn wir die japanischen Militaristen noch so sehr hassen«, hatte Chiang während des Krieges erklärt, »haben wir nicht die Absicht, einen unsterblichen Hass auf das japanische Volk zu hegen.«[91] Weil die Nationalchinesen nicht auf einer umfassenden Säuberung Japans bestanden, hatten sie nichts dagegen, als Gegengewicht zu den chinesischen Kommunisten einen funktionierenden japanischen Staat zu erhalten. Wenn die japanischen Militaristen ausgerottet seien, erklärte der Generalissimus, solle die Entscheidung über die neue Regierung nach dem Krieg »dem erwachten und reuigen japanischen Volk selbst überlassen bleiben«.[92]

Die Republik China verhaftete japanische Soldaten, Industrielle, Expatriates und sogenannte Ronin (herrenlose Samurai), die sie als Kriegsverbrecher verdächtigte und in Lagern internierte. Was die höchsten Führer betraf, war China froh, dass es an dem internationalen Gerichtsverfahren mitwirken durfte, das als Tokioter Prozess in die Geschichte einging. Für die »gewöhnlichen Kriegsverbrecher« richtete China an der Front Militärtribunale ein. Die angeklagten Japaner standen gewöhnlich fünf (uniformierten und schwerttragenden) Militärrichtern und einem militärischen Anklagevertreter gegenüber, denen manchmal von zwei Justizbeamten der jeweiligen Provinz assistiert wurde. Die Angeklagten konnten sich Verteidiger aussuchen, wenn sie darauf verzichteten, bekamen sie einen Pflichtverteidiger. Prozess und Bestrafung vollzogen sich auf der Grundlage des chinesischen Militärstrafrechts und des Völkerrechts, einschließlich der Haager Landkriegsordnung, der Genfer Konventionen – und des internationalen Opiumverbots.[93]

Chinas bekanntestes Gericht war ein Militärtribunal in Nanjing, das wegen des dortigen Massakers mehrere japanische Offiziere hastig verurteilte und hinrichten ließ. Bei den Prozessen schrie das Publikum: »Nieder mit dem japanischen Imperialismus!« und »Wir wollen, dass unsere Blutschuld mit gleicher Münze heimgezahlt wird!«[94] Das Gericht schätzte die Zahl der Toten in der Stadt auf 300 000, die offizielle Zahl, die heute auch vom kommunistischen China benutzt wird.[95] In Übereinstimmung mit den Alliierten behandelte die Republik China Planung und Führung eines Angriffskriegs als verbrecherischen Verstoß gegen internationale Verträge oder Garantien und übernahm sogar das amerikanische Konzept der kriminellen Verschwörung. Auch die Kategorie der Verbrechen gegen die Menschlichkeit übernahm es rasch. In Übereinstimmung mit dem Prinzip, das in Nürnberg etabliert werden sollte, wurden Kriegsverbrecher nicht dadurch entlastet, dass sie Befehlsempfänger waren, ihre Pflicht taten oder eine staatlich verordnete Politik umsetzten. Die japanischen Verdächtigen wurden einer schwindelerregenden Vielfalt von Kriegsverbrechen beschuldigt: Mord und Massenmord, Vergewaltigung, Folter, Hinrichtung von Geiseln, Entführung von Frauen, um sie als Zwangsprostituierte zu missbrauchen, Versklavung von Menschen, Einsatz von Giftgas, Opiumhandel und Bombardierung von Krankenhäusern. Wer für schuldig befunden wurde, konnte mit dem Tod oder lebenslanger Haft bestraft werden.[96]

Letztlich gelang es Nationalchina jedoch nur, einen Bruchteil der japanischen Soldaten anzuklagen, die es hätte anklagen können. Als Japan kapitulierte, strandeten 1,2 Millionen Soldaten in der Mandschurei und 1,5 Millionen im restlichen China. Doch die Nationalchinesische Regierung musste diese gefährlichen japanischen Truppen dringend aus dem Land bekommen – eine Aufgabe, die durch eine umfassende Justizkampagne verzögert worden wäre. Vor chinesischen Gerichten wurden etwa 850 Personen wegen konventioneller Kriegsverbrechen und Verbrechen gegen die Menschlichkeit angeklagt. Von diesen wurden 350 freigesprochen, 355 zu unterschiedlichen Strafen verurteilt und 149 verurteilt und hingerichtet. (Die meisten Angeklagten waren Japaner, aber es standen auch 173 Taiwanesen und einige Koreaner vor Gericht, Untertanen des Japanischen Kaiserreichs, die für Japan am Krieg teilgenommen hatten.) Die Gerichtsverfahren fanden 1949 ihr Ende, als die Kommunisten die Nationalchinesen politisch verdrängten. Trotz des gewaltigen Ausmaßes der chinesischen Leiden verfolgten sowohl die Amerikaner und als auch die Australier insgesamt mehr Japaner wegen Kriegsverbrechen oder Verbrechen gegen die Menschlichkeit als die Chinesen. Dasselbe galt auch für Briten und Niederländer, die ihre Kolonialherrschaft in Asien wieder konsolidierten. China hatte nur einen kleinen Anteil an den insgesamt 5700 Japanern, die vor Gerichte der Alliierten gestellt, und an den 984, die hingerichtet wurden.[97]

»Idiotische Tugend«

Die Kommunistische Partei Chinas (KPCh) verkündete, der Krieg sei dank ihrer »Führungsrolle« gewonnen worden, und schmähte die Nationalchinesen als feige Versager oder regelrechte Verräter.[98] Chiang machte sich durch seine Großzügigkeit gegenüber Japan für die Kommunisten angreifbar. Maos Anhänger warfen den Nationalchinesen vor, bei der Verhaftung und Verfolgung von Kriegsverbrechern zu langsam gehandelt und vor den Japanern gebuckelt zu haben.[99]

Die meiste Zeit während der japanischen Invasion waren die Kommunisten freilich vorsichtiger gewesen. Sie hatten zwar eine üble japanische Clique von Warlords und *Zaibatsu*-Bossen wütend angegriffen, doch das bedeutete nicht, dass sie großen Wert auf Kriegsverbrecherprozesse gelegt hätten.[100] Sie scheuten das Kriegsvölkerrecht und hatten bis zur Kapitulation des Deutschen Reiches fast nie die Möglichkeit von Kriegsverbrecherprozessen erwähnt.

Die Kommunistische Partei Chinas betrachtete das Kriegsvölkerrecht als eine dumme Beschränkung ihrer eigenen revolutionären Art der Kriegführung.[101] In Bezug auf die ritterliche Weigerung eines feudalen Kriegers, eine verwundbare Einheit des Feindes anzugreifen, hatte Mao erklärt: »Wir sind keine Menschen wie der Herzog Hsiang vom Staat Sung (…) und haben für seine törichte Ethik nichts übrig.«[102] In seinen während des Kriegs verfassten Schriften kritisierte der kommunistische General Zhu De die Japaner nur ein einziges Mal für eine mögliche Verletzung des Völkerrechts, als er 1938 davor warnte, sie könnten über Nordchina biologische Waffen einsetzen – offenbar ein Bezug auf Einheit 731, der geheimen japanischen Armeeeinheit in der Mandschurei, die auf einige chinesische Städte Luftangriffe geflogen hatte und offensichtlich weitere vorbereitete.[103]

Den Revolutionären war die Verfahrensgerechtigkeit vor Gericht gleichgültig. Mao wollte zwar die japanischen Grausamkeiten bekannt machen, »um die Aufmerksamkeit der ganzen Welt zu gewinnen und den japanischen Faschismus zu bestrafen«, machte jedoch keine Aussagen, was die Strafverfolgung betraf.[104] In einer wichtigen Rede gegen Ende des Zweiten Weltkriegs klagte er über »den doppelten Druck« der japanischen Aggressoren und der nationalistischen Regierung, äußerte sich aber nicht über Kriegsverbrecherprozesse bei der Neugestaltung Japans.[105] Auch in den nüchternen Berichten Zhou Enlais, des gefürchteten Revolutionsführers und ersten Premierministers der Volksrepublik China, werden die japanischen Kriegsverbrecher kaum erwähnt. Nur einmal werden kommunistische Kader angewiesen, die Grausamkeit anzuprangern, mit der der Feind Journalisten behandelt.[106] General Peng Dehuai, der die chinesischen Streitkräfte im Koreakrieg befehligen sollte, erzählte schreckliche Geschichten, wie die Japaner gefangenen Zivilisten die Eingeweide herausrissen, Menschen lebendig mit Kerosin verbrannten oder ihnen Haken in den Anus stießen. In diesem Zusammenhang wurde die Forderung: »Eine Blutschuld muss mit Blut gesühnt werden«, erhoben.[107]

Die Vorstellungen der Kommunistischen Partei Chinas von der Gerechtigkeit nach dem Krieg waren stark von dem Bedürfnis nach Rache und wenig von dem nach Rechtsstaatlichkeit geprägt. »Die unmenschlichen Täter müssen unsere Rache zu spüren bekommen!«, tobte die Zeitung *Xinhua Ribao.* »Der einzige Weg, die faschistischen Invasoren zu beseitigen, besteht darin, diese Kriegsverbrecher gründlich auszumerzen!«[108] Den Kommunisten ging die gerichtliche Verfolgung der deutschen Kriegsverbrecher durch die Alliierten viel zu langsam. Sie orderten, alle japanischen Faschisten und ihre chinesischen Kollaborateure sofort schwer zu bestrafen. Dabei stellten sie sich eine öffentliche Anklage durch die Massen vor wie in den öffentlichen Prozessen, die sie selbst gegen Abweichler von der Parteilinie veranstalteten. »Mobilisiert die Menschen, gebt ihnen alle Freiheiten und lasst sie Kriegsverbrecher melden und öffentlich verurteilen«, lautete die entsprechende Parole.[109]

Nach der Kapitulation Japans legten die chinesischen Kommunisten ihre eigene Liste von Kriegsverbrechern vor. Sie enthielt viele Namen, die auch auf der Liste der Nationalchinesen standen, etwa Tojo Hideki und General Doihara Kenji, der den Chinesen wegen seiner wichtigen Rolle bei der Eroberung der Mandschurei verhasst war.[110] Hirohito stand zwar nicht auf der Liste, aber die Kommunisten verlangten, ihn zu entmachten, um den Faschismus auszurotten.[111] Regelrecht besessen waren sie von General Okamura Yasuji, »der die sogenannte Drei-Alles-Politik (Tötet alle(s), verbrennt alle(s), plündert alle(s).) gegen Soldaten und Zivilisten durchgeführt hatte«, Gräueltaten, die den ihnen wegen der Auswirkungen auf ihren eigenen Guerillakrieg besonders verhasst waren.[112] Überzeugt, dass die Wurzeln des Faschismus in der kapitalistischen Industrie lagen, stellten sie außerdem eine lange Liste mit »*Zaibatsu*-Führern und Rüstungskapitalisten« zusammen, die entmachtet und bestraft werden sollten, darunter auch die Führungspersonen riesiger Unternehmen wie Mitsubishi, Mitsui und Sumitomo. Einer der Genannten war Kishi Nobusuke, der im japanischen Marionettenstaat Mandschukuo als stellvertretender Industrieminister gedient hatte, einer der vier Männer die zusammen mit Tojo Hideki die japanisch beherrschte Mandschurei dominiert hatten, als dort chinesische Arbeitskräfte brutal misshandelt wurden.[113] Der schlanke Mann mit dem langen Gesicht und dem fliehenden Kinn war in der Zeit von Pearl Harbor Mitglied von Tojos Kabinett gewesen und später stellvertretender Minister für Munition geworden. Über ihn hieß es in einem Presseorgan der chinesischen Kommunisten: »Er war eine führende Person in der radikalen Fraktion der feindlichen Bürokratie und hatte enge Verbindungen zur radikalen Fraktion der jungen Offiziere.«[114]

Nach dem Beginn der alliierten Besatzung Japans beklagte die KPCh die »nachsichtige« amerikanische Haltung gegenüber Japan – eine Kritik, die auch die Nationalchinesen betraf. *Xinhua Ribao* verurteilte die Amerikaner, weil sie mit den japanischen Behörden zusammenarbeiteten: »Die Bestrafung der Kriegsverbrecher kann nicht von einer Regierung durchgeführt werden, die aus Kriegsverbrechern besteht.«[115] Da MacArthur das gesamte für Pearl Harbor verantwortliche Kabinett Tojo Hidekis aufs Korn genommen hatte, verlangten die Kommunisten dasselbe auch für das ganze Kabinett, das 1937 für die Invasion in China verantwortlich gewesen war. *Xinhua Ribao* beschwerte sich, dass die ersten amerikanischen Kriegsverbrecherlisten nur Tojos Kabinett aus der Zeit von Pearl Harbor und die für den Todesmarsch von Bataan verantwortlichen Militärs enthielt, nicht jedoch die für die Aggression in der Mandschurei, in Shanghai und im Rest Chinas verantwortlichen Japaner: »Keiner der Kriegsverbrecher, die seit den Vorfällen vom 18.9., 28.1. und 7.7. auf dem chinesischen Kriegsschauplatz an Plünderung und Brandschatzung, Mord und Vergewaltigung, an willkürlichen Bombenangriffen und der Folterung von Zivilisten und Kriegsgefangenen bis zum Tod beteiligt waren, steht auf der Liste.«[116]

Die ganze Welt ist eine Bühne

Die Ernennung Mei Ruaos zum chinesischen Richter beim Tokioter Prozess war ein Zufall, typisch für die schludrige Nachkriegspolitik der Republik China. Das nationalchinesische Militär beeilte sich einzugestehen, dass es in seinen Reihen nicht so schnell jemand finden konnte, der sowohl ein guter Jurist war als auch hervorragend Englisch konnte. Stattdessen schlug es einen 35-jährigen Oberst ohne juristische Ausbildung vor und einen Kavalleriemajor, dessen größtes Verdienst offenbar darin bestand, dass er einmal eine persönliche Audienz bei Chiang Kai-shek gehabt hatte.[117]

Das militärische Oberkommando fragte immerhin, ob »Vertrautheit mit dem Gesetz eine notwendige Qualifikation ist, wenn wir diesen Offizier auswählen?«[118] Und das Außenministerium antwortete gereizt, dass für ein Kriegsverbrechertribunal »juristische Sachkenntnis eine notwendige Qualifikation sein sollte«. Zu seiner Schande jedoch konnte auch das Außenministerium statt der fünf angeforderten Kandidaten nur zwei benennen.[119]

Der erste Name, der in Umlauf gebracht wurde, war Xiang Zhejun. Er stammte aus der Provinz Hunan und hatte zuerst in Tsinghua und dann in Yale studiert. Dort war er Präsident des Yale Cosmopolitan Club gewesen, einer idealistischen Gruppe, die sich mit dem Problem beschäftigte, internationale Konflikte friedlich zu lösen. Er hatte, in einer Zeit, als die amerikanische Diskriminierung der Chinesen überall spürbar war, an der juristischen Fakultät der George Washington University seinen Abschluss gemacht. Nach seiner Heimkehr war er zum Chefankläger am Obersten Gerichtshof von Shanghai aufgestiegen. Als die Japaner die Stadt stürmten, war er aufs Land geflohen und hatte, als Papierhändler getarnt, mit seiner Familie in Hunan Schutz gesucht.[120]

Der zweite Name war Mei Ruao, ein Akademiker, der sich im Gerichtssaal noch keinerlei Verdienste erworben hatte.[121] Trotz dieses eklatanten Mangels an praktischer juristischer Erfahrung wurde er vom Außenministerium unterstützt, da es Namen haben wollte, die amerikanischen Anwälten gut bekannt waren.[122] Die chinesische Regierung hatte zunächst keine Ahnung, wer von den beiden als Anklagevertreter und wer als Richter dienen sollte, aber es war ihr auch völlig gleichgültig. Beide Männer wurden von Chiang Kai-shek persönlich ausgesucht.[123]

Es ist womöglich verzeihlich, dass die nationalchinesische Regierung zunächst Zweifel hatte, ob juristische Qualifikationen erforderlich waren. V. K. Wellington Koo (Gu Weijun), ein ehemaliger Premierminister und Außenminister, der inzwischen als Botschafter in Großbritannien diente, war nie über die juristischen Grundlagen des Tokioter Prozesses informiert worden. Er war frustriert, weil die Vereinigten Staaten nie eine Absprache den Gerichtshof betreffend anberaumt hatten, denn dabei hätte er für ein asiatisches Äquivalent des Londoner Viermächteabkommens plädiert, das, unterzeichnet von Großbritannien, Frankreich, der Sowjetunion und den Vereinigten Staaten, die Rechtsgrundlage für die Nürnberger Kriegsverbrecherprozesse gebildet hatte. Mit einem solchen Abkommen hätte China bessere Chancen gehabt, die Gestaltung des Verfahrens mitzubestimmen. »Auf welcher Rechtsgrundlage der von der amerikanischen Regierung vorgeschlagene internationale Gerichtshof beruht und was für Zuständigkeiten er hat, ist immer noch eine offene Frage«, schrieb Koo. Und er brachte die weitblickende Befürchtung zum Ausdruck, dass es, »was Verbrechen gegen den Frieden und die Menschlichkeit betrifft, vermutlich eine chaotische Debatte über die Zuständigkeit des Gerichtshofs geben wird«.[124]

Im Jahr 1946 verfrachtete die chinesische Regierung Xiang Zhejun mit einem amerikanischen Transportflugzeug eilends von Shanghai nach Tokio.[125] Mei dagegen zögerte, das Richteramt anzunehmen. Nach den Vertreibungen des Krieges stand seine Familie kurz davor, in ihre Heimatstadt zurückzukehren, und er wollte sie nicht schon wieder wegen eines Auslandsaufenthalts verlassen. Außerdem machte er sich wegen seiner mangelnden juristischen Erfahrung Sorgen.

»Es besteht keine Notwendigkeit, sich (…) zu weigern«, ermahnte ihn der stellvertretende chinesische Außenminister. Mei wurde nach Chongqing beordert, um mit seinem Mentor Sun Ke, dem Chef des Legislativ-Yuan, zu sprechen.[126] Wie sich Mei später erinnerte, bekniete ihn Sun mit den Worten: »Eine solche Gelegenheit bekommt man nur einmal in tausend Jahren, und sie ist nicht nur interessant und wertvoll, sondern ermöglicht es Ihnen auch, sich einen Namen in der Geschichte zu machen.« Nur ein halbes Jahr zuvor seien Gebiete in der Nähe der Hauptstadt Chongqing an Japan gefallen, sagte Sun, und es sei ihnen schwergefallen, so wie jetzt stolz auf sich zu sein. Mei antwortete philosophisch, Aufstieg und Fall von Nationen seien unvorhersehbar, fast wie ein Drama. Sun entgegnete in shakespeareschem Ton, die Welt sei immer eine Bühne und die Geschichte nur eine Serie von Dramen. »Da sie ein Drama ist«, fragte er, »Warum können Sie dann nicht in dieser Szene eine Rolle spielen?« Schließlich gab Mei nach und erklärte sich bereit, nach Tokio zu gehen.[127]

Er eilte zurück nach Shanghai und flog nach rascher Zustimmung des Allgemeinen Hauptquartiers mit einer amerikanischen Transportmaschine weiter nach Tokio.[128] »Ich habe tatsächlich eine Rolle übernommen«, schrieb er in sein Tagebuch, »und die Szene wird sehr bald beginnen.«[129]

8.

Der Gott, der versagte

Kaiser Hirohito nutzte den kalten und trüben Neujahrstag 1946 für die Erklärung, dass er letztlich doch kein Gott sei.

Japans Städte lagen in Trümmern und das Volk litt unter winterlicher Nahrungsmittelknappheit und extremer Arbeitslosigkeit. Die Linken verlangten die Abschaffung der Monarchie. Auf riesigen Demonstrationen vor dem kaiserlichen Palast hatten hungrige Bürger in Sprechchören ihren Kaiser gefragt: »Was wirst du zu Mittag essen?«[1] Seine erste Botschaft für sein verzweifeltes Volk seit der Niederlage war ein kaiserliches Reskript, in dem er seine Autorität für einen umfassenden politischen Wandel einsetzte. Die Demokratie, hieß es in dem kaiserlichen Schreiben, sei keineswegs vom Ausland aufgezwungen, sondern seit dem Meiji-Kaiser gepflegt worden.[2] In Bezug auf die Kriegsschuld verkündete der Kaiser er wolle sich »entschlossen für eine Abschaffung der fehlgeleiteten Praktiken der Vergangenheit einsetzen«.

Hirohito erklärte, dass die Verbindung mit seinem Volk »nicht auf der falschen Vorstellung beruhe, dass der Kaiser göttlich sei und die Japaner anderen Rassen überlegen und vom Schicksal dafür bestimmt seien, die Welt zu beherrschen«.[3] Privat äußerte er sich nicht so klar, was seine Göttlichkeit betraf. Er räumte zwar ein, den gleichen Körper wie alle Menschen zu haben, lehnte aber eine frühere Erklärung ab, in der seine direkte Abstammung von der Shinto-Göttin Amaterasu bestritten wurde. Er hatte seine zentrale Rolle im *Kokutai* akzeptiert: »Wenn man die Nation als menschlichen Körper betrachtete, war der Kaiser meiner Ansicht nach das Gehirn.«[4] Dennoch stellte er durch sein Reskript die Japaner mit einem Schlag auf dieselbe Stufe wie alle anderen Nationen und sich selbst auf die eines normalen Menschen.

Das sensationelle Bekenntnis zur Menschlichkeit war ganz darauf zugeschnitten, sich selbst vor der Verhaftung als Kriegsverbrecher zu bewahren.[5] Der Monarch hatte, in der Uniform des Oberkommandierenden der japanischen Streitkräfte, zwanzigmal den Yasukuni-Schrein besucht, um die Toten des Krieges zu ehren.[6] Die Formulierungen seines Reskripts erinnerten nun an General Douglas MacArthurs kürzlich herausgegebenes Verbot des Shintoismus. Den hatten die Alliierten als einen militaristischen Kult verurteilt, der das japanische Volk als göttlich und von einem Gottkaiser regiert verherrlicht hatte.[7] Die amerikanischen Zeitungen gingen anschließend unter dem Einfluss des Allgemeinen Hauptquartiers allmählich dazu über, den nunmehr sterblichen Kaiser als reuig, unterwürfig und hilfsbereit darzustellen.[8]

Als Mensch war er neuen Formen öffentlicher Kritik ausgesetzt. So forderte ihn der bekannte japanische Dichter Miyoshi Tatsuji zur Abdankung auf, was er wie folgt begründete: »Eure Hoheit, die Ihr kein Gott seid, solltet als Sohn eines Menschen der Logik der Menschenwelt gehorchen.« Der Kaiser solle für die Niederlage im Krieg Verantwortung übernehmen. Der Dichter beschuldigte Hirohito schwerer Pflichtvergessenheit, weil er die Militaristen nicht im Zaum gehalten hatte, und erinnerte ihn an die Soldaten, die mit ihrem letzten Schrei auf dem Schlachtfeld den Kaiser gepriesen hatten.[9]

Während sich der Kaiser isolierte, wurden seine Untertanen hart und manchmal willkürlich für ihre Taten in der Kriegszeit bestraft. Durch eine umfassende Säuberung versuchte MacArthur sämtliche Befürworter von Nationalismus und Aggression wie etwa einflussreiche Mitglieder ultranationalistischer Organisationen und terroristischer Gruppen, Lehrer, die aktiv für den militanten Nationalismus eingetreten waren, und Personen, die das Besatzungsregime ablehnten, aus öffentlichen Ämtern und ökonomisch mächtigen Positionen zu entfernen.[10] Nachdem sich die Säuberung zunächst auf Politiker, Beamte sowie Topmanager der *Zaibatsu* erstreckt hatte, fielen ihr in den ersten 18 Monaten außerdem fast 7000 Richter, Geschäftsleute, Verleger, Redakteure und Reporter zum Opfer. Wenngleich sie quantitativ und qualitativ weniger umfassend war als die Entnazifizierung in Nachkriegsdeutschland, kostete sie doch zahlreiche Gouverneure von Präfekturen, Bürgermeister großer und kleiner Städte und sogar Vorstände von Stadtteilorganisationen ihre Ämter. Die erhebliche Zahl von 120 000 Lehrern wurde entweder entlassen oder kündigte vorbeugend. In einer Erweiterung der Säuberung im Juli 1947 wurden mehr als 150 000 Offiziere des Heeres und der Marine sowie Beamte des öffentlichen Dienstes und der Geheimpolizei vom öffentlichen Leben ausgeschlossen.[11]

Die Säuberungen waren den Mitgliedern der japanischen Eliten verhasst, weil sie nie wussten, ob sie auf der nächsten Liste stehen würden, und es kaum Verfahren – wie die in den westlichen Besatzungszonen Deutschlands eingerichteten Spruchkammerverfahren – gab, um seine Unschuld zu beweisen. Viele Opfer der Säuberung waren tatsächlich nationalistische Fanatiker, aber viele waren auch relativ harmlos. Japanische Konservative klagten, die Säuberung sei von einer sowjetisch inspirierten Abneigung gegen Finanziers und Industriemagnaten geprägt. Obwohl angeblich Pressefreiheit herrschte, verloren auch nationalistische Chefredakteure und Journalisten ihre Jobs. Führende japanische Politiker räumten später ein, dass die Säuberungen tatsächlich einen Bruch mit den Hierarchien der Kriegszeit herbeigeführt und neuen Generationen Zutritt zum demokratischen öffentlichen Leben verschafft hätten. Doch die willkürliche und von Unkenntnis geprägte Auswahl führte auch zu zahllosen Ungerechtigkeiten in allen Bereichen des japanischen Lebens.[12]

Die üblichen Verdächtigen

In Zusammenarbeit mit dem Allgemeinen Hauptquartier brachte die japanische Regierung eine bemerkenswert liberale neue Verfassung auf den Weg. Sie beschränkte die Macht des Kaisers auf eine symbolische Rolle, verankerte die Demokratisierung, garantierte die »grundlegenden Menschenrechte«, verzichtete für immer auf das nationale Recht, Krieg zu führen, und schaffte die Streitkräfte ab. MacArthur verkündete zwar, er habe weitgehend mit seinen Reformedikten abgeschlossen, hatte aber noch eine Sache zu erledigen.[13] Am 19. Januar 1946 erließ er die, angeberisch General Order No. 1 genannte, besondere Proklamation, durch die das Internationale Kriegsverbrechertribunal gegründet wurde, das er so lange zu verhindern versucht hatte.[14]

Die Alliierten hatten bereits zuvor begonnen, darüber zu streiten, welche führenden Japaner bei dem Prozess angeklagt werden sollten. Die Regierung Truman trieb die Auswahl voran, indem sie die anderen Mächte bat, ihre eigenen Listen mit Hauptkriegsverbrechern einzureichen, damit die Gruppe groß genug wurde, um die amerikanische Öffentlichkeit zufriedenzustellen.[15]

Die Briten, die auf einen reibungslosen Prozess hofften, schickten eine kurze Liste von elf Verdächtigen: größtenteils Militärs, die die Amerikaner auch schon im Visier hatten.[16] Wenngleich einige chinesische Offizielle mehr als 100 Verdächtige vorgeschlagen hatten, schickte auch Chiang Kai-shek nur 30 Namen von berühmt-berüchtigten Personen wie Feldmarschall

Hata Shunroku, General Doihara Kenji und General Itagaki Seishiro.[17] Hirohito blieb verschont, weil man ihn im Kampf gegen den Kommunismus gut brauchen konnte.[18] Die Australier reichten eine unangenehm lange Liste mit 61 Namen ein, ergänzt durch einen umfangreichen Bericht. Außer Tojo Hideki und anderen Militärs stand auch der Lordsiegelbewahrer Marquis Kido Koichi auf ihrer Liste, und Konoe Fumimaros Name war – nach seinem Selbstmord – mit Rotstift durchgestrichen. Der siebte Name auf der sorgfältig alphabetisierten Liste war Hirohito.[19]

Die Australier bestanden auf einer Anklage des Kaisers, dem sie die Autorisierung eines verbotenen Krieges und die Duldung von Verbrechen gegen die Menschlichkeit vorwarfen: »[E]r war zu keinem Zeitpunkt durch irgendeinen Zwang genötigt, seine schriftliche Zustimmung zu geben. Er hätte sie verweigern und seinen Protest durch Abdankung oder Harakiri unterstreichen können.«[20] Die Briten waren über das australische Ansinnen beunruhigt, und MacArthur sah seine schlimmsten Befürchtungen in Bezug auf ein unkontrollierbares internationales Gerichtsverfahrens wahr werden.[21]

Er reagierte mit einer massiven Verteidigung des Kaisers und teilte dem inzwischen zum Generalstabschef des Heeres beförderten General Dwight D. Eisenhower mit, dass gegen Hirohito keine konkreten Beweise vorlägen. Der Monarch habe den Entscheidungen seiner Berater automatisch zugestimmt, behauptete MacArthur, und wäre in großer Gefahr gewesen, wenn er der herrschenden militärischen Clique getrotzt hätte. Gestützt auf die Analyse von Brigadegeneral Bonner F. Fellers warnte MacArthur, eine Anklage des Kaisers werde ein »gewaltiges Erdbeben« mit höchst unangenehmen Folgen auslösen. »Er ist ein Symbol, das alle Japaner vereinigt. Zerstört ihn und die Nation wird sich auflösen.« In einer Sprache, die selbst für seine Verhältnisse extrem dramatisch war, warnte er, dass fast alle Japaner den Kaiser verehrten und überzeugt seien, dass sich die Alliierten verpflichtet hätten, ihn auf dem Thron zu lassen:

> Sie werden ein gegenteiliges Verhalten der Alliierten als den größten Verrat ihrer Geschichte betrachten, und der Hass und die Ressentiments, die dieser Gedanke hervorruft, wird zweifellos für alle Zeit anhalten. Der Rachefeldzug, den dies hervorruft, wird, wenn überhaupt, vermutlich erst in Jahrhunderten zu Ende sein.
>
> Meiner Ansicht nach ist zu erwarten, dass sich ganz Japan entweder durch passiven oder durch semi-aktiven Widerstand gegen die Maßnahme wehren wird. Die Japaner sind entwaffnet und stellen deshalb für

> ausgebildete und ausgerüstete Truppen keine besondere Bedrohung dar, doch es ist durchaus vorstellbar, dass alle Behörden die Arbeit einstellen, dass zivilisierte Verhaltensweisen fast gänzlich aufhören und dass im Untergrund ein Zustand von Chaos und Unordnung entsteht, der bis zu einem Guerillakrieg in den Bergen und abgelegenen Regionen führen kann. Meiner Ansicht nach wäre damit jede Hoffnung auf die Einführung demokratischer Prinzipien geschwunden und, wenn die militärische Kontrolle schließlich aufhört, werden die misshandelten Massen wahrscheinlich irgendeine Form intensiver Reglementierung entwickeln, die sich in einem kommunistischen Rahmen bewegen dürfte.

Ein solches Chaos hätte laut MacArthur eine massive Vergrößerung der Besatzungstruppen erforderlich gemacht; er rechnete mit mindestens einer Million Soldaten, die auf unbestimmte Zeit in Japan stationiert würden. Nachdem er ausführlich Panik gemacht hatte, gab er schließlich den gehorsamen Soldaten, der sich demütig jeder abartigen Verrücktheit beugt, für die der Präsident sich entscheiden mag: »Die Entscheidung, ob der Kaiser als Kriegsverbrecher vor Gericht gestellt werden sollte, ist eine politische Abwägung auf so hoher Ebene, dass ich es nicht für angemessen erachte, eine Empfehlung abzugeben.«[22]

Truman war kein Narr und verstand natürlich sofort, wie der Hase lief. Er wäre das Risiko eingegangen, in einem kriegsmüden Amerika Soldaten rekrutieren und sie in einem brandgefährlichen Japan stationieren zu müssen, nachdem MacArthurs Team dafür gesorgt hatte, dass man ihm die ganze Schuld dafür geben würde.

Also beerdigten die amerikanische und die britische Regierung in stiller Zusammenarbeit den australischen Vorschlag. Und Hirohito blieb, wenigstens vorläufig, verschont.[23]

Ein blutiger Thron

Während Hirohito ängstlich auf den Beginn des Tokioter Prozesses wartete, forderte man in China, Australien und den Vereinigten Staaten lautstark seinen Kopf.[24] Bei einer Palastintrige wurde deutlich, dass auch Mitglieder der kaiserlichen Familie seine Abdankung wünschten: Prinz Higashikuni Naruhiko sagte öffentlich, er habe bereits im Vorjahr vorgeschlagen, dass der Kaiser entweder während der Unterzeichnung der Kapitulation auf der *USS Missouri* oder, wenn Japan seine neue Verfassung bekäme, bei der Unterzeichnung eines formellen Friedensvertrags mit den Alliierten abdanken solle.[25] In der Folge begann Hirohito Schulen, Krankenhäuser und Fabriken zu besuchen, um sein Ansehen wieder zu verbessern.[26]

Aus Angst, beim Tokioter Prozess angeklagt, verhört oder als Zeuge vernommen zu werden, legte der Kaiser eine eigene Version der Ereignisse vor. In einer Serie von fünf Monologen, die sich über drei Wochen erstreckten, gab er einer Gruppe vertrauter Berater einen geheimen Rechenschaftsbericht, um sich von der Schuld am Krieg reinzuwaschen.[27] Die gesamte Chronik kam erst nach seinem Tod im Jahr 1989 ans Licht, als sie zufällig in den Papieren eines Hofbeamten entdeckt und von einer bekannten japanischen Zeitschrift veröffentlicht wurde.[28] Die achtstündigen Monologe sind das sensationellste Geständnis, das nie gemacht wurde.

Am Sonntag, dem 18. März um 10.30 Uhr versammelte der Kaiser fünf seiner vertrautesten Höflinge um sich. Da er an einer Erkältung litt, ließ er ein Bett in seine Bibliothek oder vielleicht auch in einen Luftschutzbunker auf dem Gelände des Kaiserpalastes bringen. Dort lag er halb aufgerichtet auf weißen seidenen Betttüchern in seinem exquisiten weißen Seidenpyjama. Einer der Berater empfand ihn als deprimiert, ja sogar depressiv, und fragte sich, wie er das heikle Thema der Abdankung zur Sprache bringen sollte.

In jener Woche hielt der Kaiser die ersten drei seiner Monologe auf seinem Bett im Palast, und später hielt er zwei weitere in der Abgeschiedenheit der kaiserlichen Villa in Hayama, südlich von Tokio. Er sprach ohne Notizen. In einer der Sitzungen beantwortete er Fragen seiner Berater, wie sie vielleicht auch bei einem Verhör durch die Alliierten gestellt worden wären. Einer der Hofbeamten machte Notizen, während die anderen gebannt zuhörten; die einzigen Unterbrechungen gab es, wenn der stellvertretende Großkämmerer um Erläuterungen bat.[29]

Ein Berater schrieb eine teilweise englische Zusammenfassung und überreichte sie Bonner F. Fellers, der ein so wichtiges Dokument zweifellos direkt an MacArthur weitergeben würde. In der Folge wurde es im Allgemeinen Hauptquartier wie ein explosives Geheimnis gehütet.[30] In dem englischen Dokument behauptete der Kaiser, es hätte ein »schreckliches Chaos« gegeben, wenn er den Plan, die Vereinigten Staaten anzugreifen, blockiert hätte. »Meine engsten Vertrauten wären getötet worden, und ich selbst hätte ebenfalls getötet oder entführt werden können. Tatsächlich war ich praktisch ein machtloser Gefangener.«[31]

Der liegende Kaiser zeigte mit dem Finger in alle Richtungen, nur nicht auf sich selbst. Obwohl er laut der Meiji-Verfassung eine große Machtfülle besaß, auch das Recht, Krieg zu erklären, sowie den Oberbefehl über Armee und Flotte, präsentierte er sich als ein bescheidener konstitutioneller Monarch, der sich stark zurückgehalten und seine Regierung durch diskrete Anstöße gelenkt hatte. Er behauptete, seinen Willen nur zweimal direkt durchgesetzt zu haben: Als er im Februar 1936 die Niederschlagung einer Militärrevolte anordnete, und als er im August 1945 das Patt in seiner Regierung aufhob und die Kapitulation anordnete. Dennoch bewies sein Rechenschaftsbericht, dass er über erhebliche Autorität verfügte: Er äußerte seine Meinung bei kritischen Entscheidungen, sorgte mit dafür, dass Männer hohe Posten bekamen oder nicht bekamen, er machte von seiner Autorität Gebrauch, indem er Minister auswählte und den neuen Premierminister ernannte, wenn ein Kabinett zusammenbrach. Und er erklärte: »Wenn sich Regierungsbeamte schlecht benahmen, trug ich dafür die Verantwortung und sollte mich bei den Göttern entschuldigen«.

Obwohl der Hirohito die Erwähnung von Gräueltaten sorgfältig vermied, belastete er sich bezüglich eines offensichtlichen Kriegsverbrechens selbst: der Hinrichtung der gefangenen amerikanischen Flieger nach dem Doolittle Raid. Als Kompromiss zwischen Tojo Hideki und dem Generalstab hatte der Kaiser fünf der acht Todesurteile öffentlich in lebenslange Gefängnisstrafen umgewandelt, und wenn er die Autorität besaß, fünf Leben zu verschonen, warum dann nicht auch die anderen drei? Obwohl die Flieger in Schauprozessen für die Bombardierung von Zivilisten verurteilt worden waren, hielt der Kaiser sie für unschuldig: »Es gab offenbar Flugabwehrkanonen und Flugabwehrmaschinenkanonen an dem angegriffenen Ort, deshalb glaube ich, dass auch diese drei Männer nicht verantwortlich waren.«[32]

Obwohl Tojo Hideki für die Rolle des Sündenbocks ausersehen war, sprach der Kaiser seinem Premierminister doch vorsichtiges Lob aus. »Tojo arbeitete sehr hart und überlegte normalerweise sehr sorgfältig, was er sagte; er hatte seine guten Seiten.« Der Kaiser räumte zwar ein, dass sich Tojo zu stark auf die *Kempeitai* stützte und den Ruf »eines Tyrannen« hatte, erklärte jedoch, er habe zu viele Ministerien übernommen und nicht die Zeit gehabt, mit seinen Untergebenen zu kommunizieren. Trotz der Verheerungen überall in der Umgebung des Palasts rechtfertigte der Kaiser auch weiterhin seine Zustimmung zum Pazifikkrieg nicht nur aus Rücksicht auf Tojos Kabinett, sondern auch weil er ihn selbst für richtig hielt.

Wie durchaus angemessen, war der Kaiser der erste führende japanische Politiker, der über den Ausbruch des Krieges Zeugnis ablegte. Später präsentierten seine Untergebenen, insbesondere Tojo, Marquis Kido Koichi und Togo Shigenori, ihre eigenen kaleidoskopischen Versionen vor Gericht. Dabei kamen sie alle auf die verhängnisvollen Schritte der Eskalation zu sprechen.

Hirohito argumentierte ausführlich, dass die rassistische Ungerechtigkeit des Friedensvertrags am Ende des Ersten Weltkriegs die grundlegende Ursache des Pazifikkriegs gewesen sei. Die Japaner seien über die andauernde »gelb-weiße Diskriminierung« empört gewesen, die sich zwischen den Kriegen in Brüskierungen wie der Ablehnung des japanischen Vorschlags, im Völkerbund die Gleichberechtigung der Rassen zu sichern, und dem Einwanderungsverbot für asiatische Immigranten in Kalifornien manifestiert habe. Angesichts der öffentlichen Empörung über diese Sachverhalte, sei es schwer gewesen, das Militär im Zaum zu halten.[33]

Nach seiner Thronbesteigung im Jahr 1926, als radikale Militärs versuchten, die Mandschurei zu erobern, hatte Hirohito schnell gelernt, seine Meinung zu sagen, aber kein Veto gegen politische Maßnahmen einzulegen.[34] Die eine große Ausnahme kam im Februar 1936, als junge Offiziere mit mehr als 1000 Soldaten die Residenz des Premierministers angriffen, einen Teil des Tokioter Stadtzentrums besetzten und den Innenminister, den Finanzminister und den Lordsiegelbewahrer töteten. Dies war so erschreckend, dass Hirohito befahl, die Aufständischen unter Kontrolle zu bringen.[35] Obwohl er behauptete, dass »ich stets dafür plädiert habe, bei gleichzeitiger Drohung mit militärischen Maßnahmen Friedensangebote zu machen«, hatte er kaum etwas getan, um zunächst die Eroberung der Mandschurei und dann die Invasion im gesamten restlichen China zu verhindern. Er machte die Hardliner beim Militär für den daraus folgenden »China-Schlamassel« verantwortlich, und bezeichnete den Heeresminister General Itagaki Seishiro verächtlich als »einen kompletten militärischen ›Roboter‹«. Den Fall von Nanjing erwähnte er zwar, sagte aber nichts über die dort und anderswo in China verübten Gräueltaten. Auch ging er nicht auf die Rolle ein, die sein Onkel, Generalleutnant Prinz Asaka Yasuhiko, gespielt hatte, als er die japanischen Streitkräfte während des dortigen Massakers kommandierte.

Hirohito vermittelte den Eindruck, er sei in Bezug auf Konflikte mit der Sowjetunion besonders vorsichtig gewesen und beschuldigte den kriegslüsternen Itagaki, er habe ihn 1938 durch eine List dazu bewegt, einem Angriff auf sowjetische Truppen an der mandschurischen Grenze zuzustimmen. Er machte die Armee für den Dreimächtepakt mit dem nationalsozialistischen Deutschen Reich und Italien verantwortlich und behauptete, er habe seinem Bruder Prinz Chichibu, einem Offizier, den die Militaristen als ihre wichtigste Stimme bei Hofe – und vielleicht sogar als möglichen Ersatz für Hirohito betrachteten –, eine Abfuhr erteilt.[36] Obwohl er das Bündnis der Achsenmächte als Katastrophe für Japan bezeichnete, räumte er ein, dass er »es letztlich unterstützte (…) Ich stimmte dem Bündnis zu, an das ich halb glaubte und das ich halb bezweifelte«.

Er schob die Eroberung des südlichen Französisch-Indochina auf das Militär und behauptete, er habe Tojo vergeblich gedrängt, den Einmarsch abzublasen.[37] Das durch die Invasion verursachte amerikanische Ölembargo sei der wirkliche Grund für den Pazifikkrieg gewesen: »Man könnte sagen, dass der Krieg zwischen Japan und den USA wegen des Öls begann und wegen des Öls endete.«

Der Kaiser erweckte den Anschein, als habe er dafür gekämpft, einen Krieg mit den widerspenstigen Vereinigten Staaten zu vermeiden. Als die Spannungen zunahmen, habe er seine führenden Militärs einbestellt und ihnen eine Stunde lang skeptische Fragen gestellt: Wenn die Armee in China nicht siegen könne, wie könne sie dann im gesamten Pazifik siegen? Er erinnerte sich, dass er sich in einer Kaiserlichen Konferenz am 6. September 1941 für Diplomatie ausgesprochen und ein Tanka-Gedicht des Meiji-Kaisers vorgelesen hatte, um zu zeigen, dass er für den Frieden war. Dennoch habe die »höchst besorgniserregende« Kaiserliche Konferenz erstmals beschlossen, in den Krieg zu ziehen, wenn es bis Mitte Oktober keine diplomatische Lösung gebe. Das habe ihn »mit Angst erfüllt (…) Weil so wenige für den Frieden waren, fand ich die Lage sehr schwierig.«

Tatsächlich tadelte Hirohito seinen um die Erhaltung des Friedens bemühten Premierminister Prinz Konoe Fumimaro, weil es ihm an Entschlussfähigkeit und Mut gefehlt habe. Als Konoe nach einem Konflikt mit den militärischen Hardlinern unter Führung des kriegsbereiten Tojo Hideki zurücktrat, ließ ihn Hirohito durch Tojo ersetzen, und er zeigte absolut keine Reue wegen dieser katastrophalen Wahl. Er hatte sich gegen Prinz Higashikuni Naruhiko entschieden, einen General, der mit einer Tochter des Meiji-Kaisers verheiratet war, weil er fürchtete, dass dann »die kaiserliche Familie für den Beginn eines Krieges verantwortlich wäre«. Damit war nur noch Tojo übrig, und Hirohito gefiel es, wie er die Sache anpackte: »Er hatte ein gutes Gefühl für die Stimmung in der Armee, also dachte ich (…) dieser Mann wäre in der Lage, die Armee unter Kontrolle zu halten und die Dinge reibungslos zu managen.«

Nachdem er einen der größten ›Falken‹ der Armee zum Premierminister gemacht hatte, sagte er ihm, er solle den Kriegsbeschluss vom 6. September

Abb. 14 *Tojo Hideki (rechts), damals Heeresminister und Generalleutnant, verbeugt sich bei einer kaiserlichen Zeremonie in Tokio vor Hirohito, 21. Oktober 1940.*

missachten und eine friedliche Lösung anstreben. Wenngleich er seiner eigenen Aussage nach glaubte, dass Japan den Krieg verlieren würde, machte er Tojo keine Vorwürfe wegen des Angriffs auf Pearl Harbor. Stattdessen gab er den Amerikanern wegen ihrer Unnachgiebigkeit bei den Verhandlungen und dem Ölembargo die Schuld daran. Später wurde behauptet, die Verhandlungen seien durch eine harsche Note des amerikanischen Außenministers Cordell Hull gestört worden, doch der Kaiser sagte, dass sich das Kabinett bereits für den Krieg entschieden hatte, als die Note eintraf.[38]

Hirohito erklärte, man hätte ihm vorgeworfen, dass er den Vereinigten Staaten zu leicht nachgäbe, wenn er sich dem Krieg widersetzt hätte: »Die Öffentlichkeit wäre empört gewesen und es hätte vermutlich einen Staatsstreich gegeben.«[39] Als ihm einer seiner jüngeren Brüder, ein Marineoffizier, dringend riet, den Krieg zu verhindern, bestand er darauf, dass er lediglich ein konstitutioneller Monarch sei, der die Entscheidungen der Regierung und des Militärs respektieren müsse. »Hätte ich es nicht getan, wäre Tojo zurückgetreten, es hätte einen großen Staatsstreich gegeben, und es wären die extremen Kriegsbefürworter an die Macht gekommen, also habe ich auf die Bitte, den Krieg zu verhindern, nicht reagiert.«

Fatalistisch akzeptierte der Kaiser, dass die letzte Kaiserliche Konferenz wenige Tage vor Pearl Harbor das Datum für den Angriff festsetzte: »Widerspruch wäre sinnlos gewesen, also sagte ich nichts.« Er hatte dem letzten persönlichen Appell Franklin D. Roosevelts kaum Aufmerksamkeit geschenkt, den er kurz vor dem Termin für den Angriff der japanischen Streitkräfte erhalten hatte. Er behauptete, er habe antworten wollen, aber Togo Shigenori, der Außenminister, der so hart gegen den Krieg gekämpft hatte, habe ihm davon abgeraten, weil in der Nähe von Hawaii bereits zwei japanische U-Boote versenkt worden seien. Wie er sich erinnerte, hatte er schweren Herzens einem kaiserlichen Reskript zugestimmt, mit dem er den Vereinigten Staaten und dem British Empire den Krieg erklärte.

Er erklärte außerdem, er habe wiederholt die Forderung des Militärs abgelehnt, kaiserliche Reskripte zur Verherrlichung des Krieges zu erlassen. Tatsächlich jedoch hatte er Reskripte erlassen, die die Schlachten um Singapur, Burma und das Korallenmeer bejubelten; und vor dem Krieg hatte er den japanischen Austritt aus dem Völkerbund und den Abschluss des Dreimächtepakts durch Reskripte begrüßt. Laut dem Tagebuch von Marquis Kido Koichi hatte sich der Palast erst im Juni 1942 nach der folgenschweren Niederlage in der Schlacht um Midway erstmals geweigert, ein solch unterstützendes Reskript zu erlassen.

Der Kaiser räumte ein, dass er nicht einmal dann versucht hatte, Tojos Regierung zu Fall zu bringen, als sie unpopulär wurde, da er fürchtete, die Anhänger des Premierministers gegen sich aufzubringen. »Ich hatte Mitleid mit Tojo«, sagte er, »aber ich machte keine besonderen Anstrengungen, ihn zu verteidigen.« Freilich war er von Tojo erkennbar mehr begeistert als von einigen seiner anderen Premierminister.[40]

Als das Militär begann, selbstmörderische Kamikaze-Angriffe zu fliegen, war Hirohito nach eigenem Bekunden der Ansicht, dass die jungen Männer umsonst geopfert wurden. Doch wie die militärischen Führer Japans setzte auch er auf die Illusion, dass eine entscheidende Schlacht auf Okinawa oder anderswo die Amerikaner zwingen würde, ein vorteilhaftes Friedensabkommen auszuhandeln. »Ich wollte die Amerikaner auf Leyte hart treffen«, sagte er – und war dann verzweifelt über die verheerende Niederlage. »Ich fühlte in meinem Herzen, dass uns nur kein anderer Weg mehr blieb, als um Frieden zu bitten.« Eine noch härtere Wahrheit erwähnte er nicht, nämlich, dass die unrealistischen Hoffnungen auf ein Patt den schon verlorenen Krieg um ein ganzes Jahr verlängert hatten und in dieser Zeit mehr als eine Million Japaner und noch viel mehr andere Asiaten umgekommen waren.[41]

In dem Bemühen, sich selbst das Verdienst an der Beendigung des Krieges anzurechnen, spielte er herunter, dass sich Shigenori mehrfach deutlich gegen den Krieg geäußert hatte und sagte, Togo und andere Tauben hätten zwar Frieden gewollt, »aber keiner von ihnen traute sich, das auch zu sagen.« Im Juni 1945 befahl Hirohito seinen ranghöchsten Untertanen, die Fühler hinsichtlich eines Friedens auszustrecken in der Hoffnung, durch sowjetische Vermittlung eine bedingungslose Kapitulation vermeiden zu können – eine Hoffnung, die sich durch Hiroshima und den Angriff der Sowjetunion zerschlug.[42]

Als der Kaiser die Notwendigkeit einer bedingungslosen Kapitulation endlich einsah, unternahm er seine zweite direkte politische Intervention: die Beendigung des Krieges. Bei seinem Bericht über die entscheidende Kaiserliche Konferenz vom 9. bis zum 10. August 1945 war es ihm offenbar nicht peinlich, dass sich seine Regierung sogar nach der Vernichtung von Hiroshima und Nagasaki noch darin einig war, die Erhaltung seines Throns zur Bedingung der Kapitulation zu machen. Als die Konferenz um zwei Uhr morgens einen toten Punkt erreichte, sah der Kaiser keine Möglichkeit mehr, eine Invasion amerikanischer Bodentruppen abzuwehren und teilte den Anwesenden mit, dass er mit Togo darin übereinstimme, Japan endlich die Kapitulation zu erlauben.

Sein Entschluss, sagte er, habe erstens auf der Befürchtung beruht, dass »das japanische Volk untergehen würde, wenn sich die Lage nicht änderte; ich konnte das Volk nicht beschützen.« Aber er hatte auch befürchtet, dass sich die einmarschierenden Amerikaner rasch in den Besitz von zweien der drei heiligen Schätze bringen könnten, eines Spiegels und eines Schwerts, die zusammen mit einem Juwel die Insignien des japanischen Throns waren. Sie symbolisierten den göttlichen Ursprung des Kaiserhauses und wurden im Ise-Schrein südwestlich von Tokio sowie im Atsuta-Schrein im Nagoya aufbewahrt. Hirohito sagte: »Ich dachte, ich muss Frieden stiften, selbst wenn ich mich selbst dafür opfern muss.«

Er erinnerte sich in seinen Monologen lebhaft an den blutigen Versuch, die Übertragung seiner Kapitulationsbotschaft zu verhindern, bei dem die Telefonleitungen unterbrochen worden waren und aufständische Soldaten die Kaiserliche Bibliothek umstellt hatten. Glücklicherweise waren die Fenster zum Schutz gegen Bombenangriffe mit stählernen Läden verschlossen, so dass die Aufständischen nicht herausfanden, wo der Kaiser sich aufhielt. Er erinnerte sich, dass ihn ein tapferer Offizier gerettet hatte, der sich den Soldaten entgegengestellt und sie zum Aufgeben überredet hatte.

Bis zum Schluss brachte Hirohito kein Bedauern wegen des Angriffs auf Pearl Harbor zu Ausdruck: »Meine Zustimmung zum Beschluss der Regierung Tojo war etwas, was ich als konstitutioneller Monarch in einer konstitutionellen Monarchie tun musste.« Wenn Japan nicht gekämpft hätte, wäre es mit unmöglichen Forderungen der Amerikaner konfrontiert gewesen; das Öl wäre ihm ausgegangen, und seine Flotte wäre bewegungsunfähig geworden. Hätte Hirohito den Krieg verboten, »hätte es schwere innere Unruhen gegeben, enge Vertraute, die mir nahestanden, hätten den Tod gefunden und auch für mein Leben hätte niemand mehr garantieren können«. Dann kam er zu dem übertriebenen Schluss, dass Tojo auch ohne seine Zustimmung angegriffen und dann einen noch viel grausameren Krieg geführt hätte. »Am Ende wäre es nicht mehr möglich gewesen, den Krieg zu beenden, und ich denke, Japan hätte zu existieren aufgehört.«[43]

Der Kaiser im weißen Seidenpyjama machte sich zu Recht Sorgen um seine Zukunft. Einige Tage, nachdem er seinen letzten Monolog gehalten hatte, verurteilte ein amerikanisches Militärgericht die für die Hinrichtung der drei Flieger des Doolittle Raid verantwortlichen japanischen Offiziere zu Haftstrafen. Danach forderte die Mutter eines der toten amerikanischen Flieger, Hirohito vor Gericht zu stellen und hinzurichten.[44]

An dem Tag als der Kaiser seinen letzten Monolog hielt, berichtete der chinesische Anklagevertreter dem chinesischen Richter Mei Ruao, einer der anderen Anklagevertreter (vermutlich der australische) habe vorgeschlagen, den Kaiser als Kriegsverbrecher anzuklagen und damit bei den Anklagevertretern ein heftige, aber ergebnislose Debatte ausgelöst. Mei fand, dass es sich um »ein politisches Problem« handelte, meinte jedoch: »Rein rechtlich gesehen, kann ich nicht erkennen, wie der Kaiser für den japanischen Angriffskrieg keine Verantwortung übernehmen kann. Die Frage ist vertraulich von den Richtern diskutiert worden, und viele Menschen sind der gleichen Meinung wie ich.«[45]

Dies lässt vermuten, dass der Kaiser im Fall einer Anklage vielleicht tatsächlich verurteilt worden wäre. Er hatte Glück, dass er unter amerikanischem Schutz stand. Kurz nachdem er seine Monologe beendet hatte, wurde MacArthur von der Regierung Truman unter Geheimhaltung informiert, dass seine Befehle »irgendeine Verfolgung des Kaisers als Kriegsverbrecher nicht autorisieren«.[46]

9.

Das Imperial Hotel

Dem chinesischen Richter Mei Ruao war unbehaglich zumute und er brannte auf Rache, als er »in der Heimat der Feinde landete, die wir in den letzten acht Jahren mit Schweiß und Blut bekämpft haben«. Als er am 20. März 1946 von der Luftwaffenbasis Atsugi nach Tokio hineinfuhr, war er von der zerbombten Stadt benommen: »Ich verstand endlich was die alte chinesische Redewendung ›Die Häuser sind niedergebrannt, und es sind nur noch Ruinen übrig.‹ bedeutete.« Ein amerikanischer Oberst, dessen Haus in Manila von den Japanern zerstört worden war, sagte, er freue sich über die Trümmerlandschaft, und Mei antwortete, ihm gehe es genauso. Auch sein Haus in Nanjing war niedergebrannt worden. »Die Kriegsverbrecher, die wir vor Gericht stellen werden, sind für all das verantwortlich!« schrieb Mei in sein Tagebuch.[1]

Von seiner Unterkunft in Tokio, wo er sich, wie er glaubte, nur für ein paar Monate einrichtete, war der Richter wenig begeistert. Das Imperial Hotel war ein verwitterter Bungalow, der den Hochhäusern von Shanghai nicht das Wasser reichen konnte. Er fühlte sich in seinem neuen Umfeld nicht wohl und versuchte, seine Stimmung durch Tai-Chi zu verbessern.[2] Unfähig, sich über seine geräumige Drei-Zimmer-Suite mit Balkon zu freuen, ärgerte er sich über die Kosten, während China bankrott zu gehen drohte. Selbst eine geschlagene Nation wie Japan versucht, Lösungen zu finden, »aber wir als siegreiche Nation, die angeblich zu ›den großen Vier‹ gehört, sind mit unserem Latein am Ende. Es ist wirklich beschämend.«

Die anderen Richter, die man ebenfalls in dem Hotel untergebracht hatte, erwiesen sich als eine fröhliche Gruppe.[3] Auch Mei, heimwehkrank und besorgt wegen seiner Familie, suchte bei seinen neuen Kollegen Gesellschaft.[4] Sie tranken zusammen an der Hotelbar und fühlten sich sofort wohl miteinander, wenngleich Mei einmal von einer einzigen Cola mit Rum zusammenbrach.[5] »Die von den einzelnen Nationen entsandten Kollegen sind allesamt erfahrene, ehrenwerte Richter«, schrieb er ernst in sein Tagebuch, »also muss ich mit der Situation gewissenhaft und ernsthaft umgehen und darf auf keinen Fall fahrlässig sein.«[6]

Mei hatte keine Ahnung, wie die Richter ausgewählt worden waren. Alle alliierten Nationen waren nach den eingespielten Normen ihrer eigenen Rechtssysteme verfahren. Die Demokratien hatten besonders verdiente Richter aus ihrem eigenen Justizwesen gewählt. Zwar war es für die liberalen Regierungen wegen der Tradition der richterlichen Unabhängigkeit schwierig, die Entscheidungen des Gerichts offen zu beeinflussen, aber auch die demokratischen Richter hatten sich, was Recht und Unrecht im Pazifikkrieg betraf, die Sichtweisen ihrer Heimatländer zu eigen gemacht.

Neuseeland hatte als erstes einen Richter nominiert: Justice Erima Harvey Northcroft vom neuseeländischen Obersten Gerichtshof. Der weißhaarige Mann mit den vornehmen Nadelstreifenanzügen war ruhig und verlässlich und nahm unter den Richtern schon bald eine führende Stellung ein.[7] Kurz danach hatte China Mei ernannt.[8]

Australien bemühte sich darum, das Gericht zu kontrollieren, indem es den ehrfurchtgebietenden Sir William Webb als Richter nominierte. Der Vorsitzende Richter am Supreme Court von Queensland war einer der drei Richter, aus denen die australische Kriegsverbrecherkommission bestand.[9] Dem energischen, etwas cholerischen Mann – er hatte eine schwere Kindheit gehabt und drei seiner Brüder als Kleinkinder verloren – diente sein katholischer Glauben als moralische Richtschnur.[10] Insbesondere jedoch hatte er ein gutes Verhältnis zu MacArthur, der ihn bei der Untersuchung japanischer Kriegsverbrechen unterstützt hatte.[11] Der General hatte Webb zum Vorsitzenden Richter des Gerichtshofs ernannt, damit das Gericht in der Öffentlichkeit nicht von einem Amerikaner repräsentiert wurde.[12]

In Großbritannien hielt man es »aus Gründen des britischen Prestiges für sehr wichtig«, dass die britische Delegation weder kleiner noch weniger hochkarätig war als die amerikanische.[13] Deshalb entsandte Großbritannien den imposanten Lord William Donald Patrick, Richter am Court of Session in Edinburgh, dem höchsten Zivilgericht Schottlands, nach Tokio. Der strenge und meinungsstarke Mann sollte während des gesamten Prozesses eine dominierende Rolle spielen. Er führte den Block von Richtern des British Commonwealth und koordinierte sich eng mit der britischen Regierung.[14] Großbritannien verstärkte seinen Zugriff auf das Gericht noch zusätzlich, indem es Arthur Comyns Carr, einen klugen, in Oxford ausgebildeten Anwalt zum Anklagevertreter ernannte.[15] Der gutaussehende Mann mit dem scharfen, aufgeweckten Blick, sollte zur dominanten Figur der Anklage werden.[16] In Reaktion auf die Machtdemonstration des

Britischen Reiches schmähte Mei Ruao die Briten in seinem Tagebuch als »imperialistische Befürworter der weißen Vorherrschaft«.[17]

Die Niederlande benannten Bernard Victor Röling (genannt Bert), einen intellektuellen Rechtswissenschaftler, früheren Richter in Utrecht und Universitätsdozenten mit dem Spezialgebiet indonesisches Recht.[18] Der sehr große Mann war mit 39 Jahren der jüngste Richter des Tribunals und hätte ohne die früh ergrauten Haare jugendlich gewirkt.[19] Er war erschüttert, als die Niederlande von den Deutschen besetzt wurden und so nahe an seinem Haus ein Gefecht stattfand, dass er »den Krieg in unserem Garten« sah.[20] Er hatte Zweifel an der Juristerei: »Es ist dumm, wenn man sich in dieser Welt dafür entschieden hat herauszufinden, was recht ist – wie ich es getan habe –, wenn man auch herausfinden könnte, was möglich ist.« Schon bevor er in Tokio eintraf, hatte er sich mit Morden und bösen Königen befasst: Er las gerade ein Buch über Kriminologie und *Macbeth* zu Ende.[21]

Henri Bernard, der französische Richter, hatte im Ersten Weltkrieg 18 schreckliche Monate an der Front an der Aisne, in der zweiten Schlacht an der Somme und in Italien verbracht. Danach hatte er als Kolonialbeamter in Französisch-Togo (Mandatsgebiet), im Senegal (Französisch-Westafrika) im Kongo (Französisch-Äquatorialafrika) bei Prozessen mitgewirkt, die von Debatten über den Imperialismus geprägt waren. Nach der Befreiung Frankreichs war er zunächst im Kongo und dann im Nahen Osten und in Österreich Militärstaatsanwalt für die Provisorische Regierung der Französischen Republik gewesen.[22] Obwohl sein Englisch eingerostet war, nahm er in Tokio keinen Dolmetscher in Anspruch, sondern versuchte tapfer, den auf Englisch geführten Debatten zu folgen. Er wurde zu einer Randfigur unter den Richtern. Mei regte sich über sein »sehr seltsames und schwer nachvollziehbares juristisches Denken« auf und schrieb einmal: »Er ist in Paris geboren und aufgewachsen, kein Wunder, dass er anders ist.«[23]

Die Regierung Truman ernannte neben Joseph B. Keenan noch einen weiteren ausgesprochen schwachen Vertreter: MacArthur hatte einen wenig bemerkenswerten Politiker und Vorsitzenden der Anwaltskammer von Carolina als Richter vorgeschlagen, der vermutlich leicht eingeschüchtert werden konnte.[24] Truman jedoch wählte John P. Higgins, einen Richter des Obersten Gerichtshofs von Massachusetts – einen wesentlich weniger bedeutender Mann als Francis B. Biddle, der amerikanische Richter in Nürnberg, der zuvor amerikanischer Justizminister gewesen war.[25] Joseph B. Keenan beklagte sich, dass Higgins eine »ausgesprochene Peinlichkeit« sei, und plädierte für einen früheren Dekan der juristischen Fakultät aus Harvard oder den Richter eines amerikanischen Court of Appeals.[26] Aber Trumans Justizminister teilte MacArthur herablassend mit, dass der Präsident seine Entscheidung getroffen habe.[27] Mit seinen Ernennungen hatte der Präsident den Einfluss weitgehend verspielt, den die Vereinigten Staaten beim Tokioter Prozess hinter den Kulissen hätten nehmen können.

Gleich nach ihrer Ankunft in Tokio waren die Richter mit ihrer demütigenden Abhängigkeit vom Allgemeinen Hauptquartier konfrontiert; es war, von der Ausführung von Haftbefehlen bis zur Unterbringung der Richter, für alles verantwortlich. MacArthur verhätschelte die willfährigeren Richter, und viele pflegten verdächtig enge Beziehungen zu den Besatzungsbehörden.

Gerichtspräsident Webb zeichnete sich durch persönliche Eitelkeit und eine Vorliebe für leibliche Genüsse aus; er sicherte sich die beste Suite im Imperial Hotel und Limousinen mit einem militärischen Chauffeur, die eines US-Generals würdig gewesen wären.[28]

Die richterliche Unabhängigkeit des australischen Gerichtspräsidenten wurde gleich zu Beginn einer Prüfung unterworfen, als es wegen der Interpretation des an Nürnberg orientierten Statuts des Gerichthofs einen Konflikt gab, da MacArthur den Gerichthof nach seinen eigenen Vorstellungen zu steuern versuchte. Webb explodierte und teilte MacArthur mit, nur die Richter könnten das Statut interpretieren, und er werde zurücktreten, wenn dies nicht beachtet werden.[29] MacArthur knickte ein und versicherte Webb, dass er die Unabhängigkeit des Gerichts respektierte.[30] Nach seinem Sieg teilte Webb MacArthur treuherzig mit, dass er wie alle Australier »enorme Bewunderung und unsterbliche Dankbarkeit« für ihn hege.[31]

Bei den Mahlzeiten und Drinks im Imperial Hotel war Mei von Webbs Energie und Zuversicht beeindruckt, wohingegen Röling wie ein ernster und engagierter Wissenschaftler auf ihn wirkte.[32] Besonders mochte er Higgins, der zu ihm sagte, dass China und die Vereinigten Staaten Bruderländer seien und normale Amerikaner China liebten.[33] Dies bestätigte Mei in seiner generellen Sympathie für die Amerikaner in Tokio. Er empfand sie als gebildet und fair und hatte den Eindruck, sie seien entschlossen, Japan als eine friedliche Nation wiederaufzubauen.[34] Er war gerührt, wie gut die amerikanischen Offiziere über China informiert waren, sah schrecklich gern Hollywood-Filme und trank mit Vorliebe Cola, weil beides zuckersüße Erinnerungen an seine Studentenzeit in Chicago und Stanford weckte.[35] Auch war er begeistert, als MacArthur ihm einen persönlichen Willkommensgruß schickte, den er nicht als unangebrachte Einflussnahme, sondern als Symbol des Respekts empfand, der Richtern in einem

Rechtsstaat erwiesen wird.[36] In seinem Tagebuch schwärmte er: »Wer hätte nicht die Zeit, mit General MacArthur zu speisen?«[37]

So freundlich Mei den Amerikanern gegenüberstand, so eisig war sein Verhältnis zu den Sowjets. Er war wütend, weil sie immer noch Truppen in der Mandschurei stehen hatten, und beleidigt, als der stramme sowjetische Richter Generalmajor Iwan Michejewitsch Sarjanow meinte, dass er nicht älter als Anfang Dreißig aussehe. Eine Bemerkung, die den zweiundvierzigjährigen Mei, der sich extra einen Bart hatte wachsen lassen, um gewichtiger zu wirken, sehr ärgerte. Chinesen seien klein und schwarzhaarig, schrieb er wütend in sein Tagebuch, weshalb sie in westlichen Augen jung aussähen.[38]

Mei war in bester Gesellschaft, was seine Abneigung gegen Sarjanow betraf. Man hatte die Sowjets nicht aus dem Prozess ausschließen können, aber Amerikaner und Briten betrachteten sie mit kaum verhohlener Sorge.[39] Als der Tokioter Gerichtshof zusammengestellt wurde, schrieb George F. Kennan, der scharfblickende amerikanische Gesandte in Moskau, gerade sein berühmtes »Long Telegram« mit der Warnung, dass die Sowjetunion, getrieben von »einem typisch russischen Gefühl der Unsicherheit« sowie marxistischem Dogmatismus und einer »Atmosphäre orientalischer Heimlichtuerei und Verschwörung« danach streben werde, die Vereinigten Staaten und andere kapitalistische Mächte zu destabilisieren.[40] Während die Richter auf dem Weg nach Tokio waren, sagte Churchill am 5. März in einer mit Truman abgesprochenen Rede, die er in der Heimat des Präsidenten an einem College in Missouri hielt, dass sich »ein eiserner Vorhang (...) quer durch Europa zieht«. Und er warnte, dass die Sowjetunion auch Asien bedrohte.[41]

Da sich die Sowjetunion in der Mandschurei festgesetzt hatte und ihren Zugriff auf Polen und die baltischen Staaten verstärkte, bedauerte Truman den Eifer, mit dem er sich für eine Beteiligung der Sowjetunion am Krieg gegen Japan eingesetzt hatte, und klagte privat, dass ihm das seither Kopfschmerzen bereite.[42] »Wenn Russland nicht mit eiserner Faust und klaren Aussagen konfrontiert wird, ist ein weiterer Krieg in der Entstehung begriffen«, überlegte er im Stillen. »Die verstehen nur eine Sprache: ›Wie viele Divisionen habt ihr?‹« In Reaktion auf die sowjetischen Versuche, das von den Amerikanern geleitete Besatzungsregime zu beeinflussen, bestand er darauf, dass »wir die vollständige Kontrolle über Japan und den Pazifik aufrechterhalten sollten«.[43]

Die Sowjetunion brachte den Vorschlag ins Spiel, Japan in verschiedene Einflusssphären aufzuteilen, aber MacArthur widersetzte sich energisch jeder Struktur, die den deutschen Besatzungszonen geglichen hätte und die letztlich zur Teilung Deutschlands führen sollte. Als Kompromiss gründeten die Alliierten die schwerfällige Far Eastern Commission mit Sitz in Washington D.C., die MacArthur nominell beaufsichtigen sollte. Sie bestand aus Repräsentanten aller elf Alliierten, die gegen Japan gekämpft hatten – auch der Sowjetunion. MacArthur kochte vor Wut, weil Truman diese Verstärkung des sowjetischen Einflusses zugelassen hatte und streute das Gerücht, dass er mit Rücktritt drohe.[44]

»Die Russen werden offiziell bei internationalen Organisationen mitmachen, wo sie die Gelegenheit sehen, die Macht der Sowjetunion zu erweitern oder die anderer Staaten zu schwächen«, warnte Kennan in seinem langen Telegramm.[45] Natürlich nahm die Sowjetunion, nachdem man sie von den wichtigsten Entscheidungen beim Wiederaufbau Japans ausgeschlossen hatte, die widerwillige Einladung zur Teilnahme am Tokioter Prozess im leninistischen Sinne als Gelegenheit wahr, den amerikanischen Einfluss zu untergraben.[46] Sie entsandte eine große Delegation mit 63 Mitgliedern, deren Tätigkeitsbezeichnungen sich so oft wiederholten, dass sich der Verdacht aufdrängte, sie hätten eigentlich andere Aufgaben.[47] Die sowjetische Heerschar wurde von Beamten aus Stalins innerem Zirkel überwacht und stand unter Führung von Andrei Wyschinski, dem berüchtigten Generalstaatsanwalt der Moskauer Schauprozesse.[48]

In Nürnberg hatte Stalin seine Delegation mit Anklagevertretern aus diesen Prozessen vollgestopft, und ganz ähnlich verhielt es sich auch in Tokio.[49] Sarjanow war in den Dreißigerjahren bei den Schauprozessen gegen die Trotzkisten und die Anhänger Bucharins Richter gewesen. Im Krieg hatte er als Staatsanwalt an der Front gedient, war Mitglied im Militärkollegium des Obersten Gerichtshofs der Sowjetunion und hatte einen Abschluss am Institut der Roten Professur, der sozialwissenschaftlichen Kaderschmiede der KPdSU, erworben. Während fast alle anderen Richter in Anzug und Robe arbeiteten, trug er seine Rote-Armee-Uniform mit Leninorden und Orden des Roten Sterns.[50] Der stämmige, joviale Mann war eigentlich kein Richter, sondern ein Vertreter des sowjetischen Staates, der den Willen dieses Staates durchsetzen sollte.[51] Oder wie es Wladimir Iljitsch Lenin einst formuliert hatte: Die Diktatur des Proletariats »ist nicht an das Gesetz gebunden«.[52]

Da Sarjanow der Moskauer Parteilinie folgte, schenkte er den Verfahrensvorschriften des Prozesses wenig Aufmerksamkeit. Wie in Nürnberg betrachteten die Sowjets auch in Tokio alle Angeklagten von vornherein als schuldig; das Gericht sollte nur das Maß der Schuld klären und die Urteile verhängen.[53] Wie Mei angewidert bemerkte, verstand der sowjetische Richter kein Wort Englisch, und sein Dolmetscher konnte es auch nicht viel besser, was in den Besprechungen der Richter ein Chaos auslöste.[54] (Das war unfair: Sarjanow war die englische Wendung »Bottoms up!« – »Hoch die Tassen!«, geläufig.)[55] Dem chinesischen Richter war die russische Jurisprudenz zu Recht verdächtig: »Angeblich weiß er eine Menge, aber das Rechtsverständnis der Klasse des Proletariats unterscheidet sich sowohl vom englischen als auch vom kontinentaleuropäischen Recht. Deshalb finden die anderen Richter, dass er auf dem falschen Dampfer ist, obwohl er sich bei den Treffen sehr ausführlich äußert.«[56]

»Meinem Hass ein Ventil verschaffen«

Mei war von den Japanern fasziniert und abgestoßen zugleich: »Ich habe keine Ahnung, was sie wirklich denken, wie es ihnen geht, weil sie den Krieg verloren haben, was sie von den Chinesen halten und was sie hinter all diesem Lächeln verstecken.«[57] Schon normales Verhalten kam ihm unheimlich vor. Als eine Bedienung lächelte und sich verbeugte, witterte er eine »Sexfalle«.[58] Und als er im Ueno-Park mit zwei chinesischen Generalen aus seinem mit der chinesischen Flagge geschmückten Dienstwagen stieg und die Japaner keine Feindseligkeit zeigten, hatte er den finsteren Verdacht, dass sie sich entweder in Selbstmitleid suhlten oder auf den richtigen Zeitpunkt für ihre Rache warteten: »Unsere alliierten Freunde sollten vorsichtig sein.«[59]

Wenngleich nominell unabhängig, war Mei eng mit der chinesischen Regierung verbunden. Er machte mit dem chinesischen Anklagevertreter Xiang Zhejun häufig Barbesuche oder ging mit ihm ins Kino, schickte Telegramme mit Berichten über seine Arbeit an das chinesische Außenministerium und beriet die chinesischen Offiziellen in Tokio inoffiziell in Bezug auf die Besatzungspolitik.[60] Auch pflegte er weiterhin eine enge Beziehung zu seinem Förderer Sun Ke, der inzwischen Präsident des Legislativ-Yuan geworden war, und tauschte mit ihm lesenswerte Artikel aus. So schickte er ihm bezeichnenderweise einen Artikel mit der These, dass Japan seine Industriekapazität wieder aufbauen und China dominieren könnte.[61] Mei und die eng miteinander verbundene chinesische Gruppe in Tokio tranken in Ermangelung ordentlichen chinesischen Schnapses australischen Whiskey und japanischen Sake miteinander und sprachen dabei aufgewühlt über ihre Angst vor Japan.[62]

Wie Mei entsetzt feststellen musste, ging es dem geschlagenen Japan besser als dem siegreichen China, denn es war industrialisiert, effizient und frei von Kriminalität, »anders als wir, deren Lebensgrundlage Jahr für Jahr durch die Katastrophe des Krieges vernichtet wird, und wo haufenweise Diebe und Einbrecher ihr Unwesen treiben«.[63] Die Japaner schienen ihm besser als der durchschnittliche Chinese gekleidet und ernährt zu sein. Er entwickelte eine Besessenheit für die abstruse Idee, dass Zeitungsberichte über Mangelerscheinungen japanische Propaganda sein mussten.[64]

Wenngleich er die Amerikaner sehr mochte, verabscheute er ihre Nachsicht gegenüber den Japanern.[65] Er hatte die Vorstellung, dass die Japaner wegen der »milden amerikanischen Maßnahmen« gegenüber den Amerikanern freundlich eingestellt seien, und hielt das für keine gute Sache.[66] Wenn er durch das Geschäftsviertel Ginza in der Tokioter Innenstadt schlenderte, ärgerte er sich, dass sich die japanischen Shopper in Gegenwart amerikanischer Soldaten so entspannt verhielten, »dass man gar nicht mehr sagen konnte, wer wen besiegt hatte. Ist das ein Erfolg oder ein Fehler von MacArthurs Politik? Das soll die Geschichte entscheiden!«[67]

Mei lag nachts wach, weil er sich schreckliche Sorgen über die Zukunft seines Landes machte. Er war entsetzt, wenn er in britischen Zeitungen Schlagzeilen über verhungernde Chinesen las, die nur noch Rinde zu essen hatten, oder wenn er auf Berichte über Zusammenstöße zwischen Kommunisten und Nationalchinesen stieß.[68] Er machte sich Sorgen, dass Verwandte von ihm in die Kämpfe hineingeraten könnten.[69] »Acht Jahre schmerzhafter Opfer haben gerade zu einem kleinen bisschen internationalem Ansehen geführt«, schrieb er in sein Tagebuch. »Wenn wir uns nicht zusammenraufen und hart an unserer Entwicklung arbeiten, wird auch das, was wir jetzt erreicht haben, wieder verschwinden. Der Gedanke lässt einen schaudern vor Angst.«[70]

Am 29. März kam es zu einem Ereignis, das in China noch heute berühmt ist: Chinesische Offizielle kauften ein elegantes, verziertes Schwert und veranstalteten eine kleine Feier, bei der es Mei verliehen wurde. Er sagte bescheiden, edle Schwerter seien etwas für Helden, und er sei kein Held. Einer der Offiziellen antwortete, Mei repräsentiere 450 Millionen Chinesen und weitere Millionen, die im Krieg umgekommen seien. Was könne heldenhafter sein, als in die Hauptstadt der Invasoren zu kommen, um die Übeltäter zu bestrafen? Angeregt erinnerte sich Mei an traditionelle chinesische Dramen, in denen der Beamte mit dem Schwert des Kaisers umstandslos Verbrecher hinrichten darf: »Heute ist das Zeitalter der Rechtsstaatlichkeit, und wir müssen Prozesse abhalten, bevor wir Verbrecher hinrichten können, sonst hätte ich wirklich Lust, zunächst einmal ein paar von den Kriegsverbrechern hinzurichten, um meinem Hass ein Ventil zu verschaffen!«[71]

Am folgenden Tag nahm er an einer Besichtigungstour mit dem Flugzeug teil, die Generalleutnant Robert L. Eichelberger für sechs Richter arrangiert hatte.[72] Sie flogen mit Eichelbergers persönlicher B-17 Flying Fortress, einer Bezeichnung, die Mei furchterregend fand. Der imposante viermotorige Bomber hatte im Krieg Tod und Verderben auf Japan herabregnen lassen. Als sie über Yokohama und dann über Nagoya kreisten, schätzte Mei, dass etwa 80 Prozent der Städte durch Bomben zerstört waren. In Kobe war es noch schlimmer. Kyoto, das Henry L. Stimson wegen seiner Kulturschätze verschont hatte, war die einzige Stadt ohne sichtbare Zerstörung. Osaka, eine ausgedehnte Metropole, die so groß wie Chicago wirkte, wo Mei Jura studiert hatte, war etwa zu einem Drittel zerstört. Er fragte, warum ein Teil von Nagoya offenbar nicht zerstört war, und ein amerikanischer Offizier erklärte, das sei ein Wohngebiet. »Dadurch bekamen wir einen Eindruck von der humanitären Kriegführung der Amerikaner und von der Genauigkeit, mit der die Piloten bombardierten«, schrieb Mei in sein Tagebuch. »Ich hoffe, er hat es nicht erfunden.«

Schließlich flog der große Bomber über Hiroshima. Die Richter sprachen darüber, was die Strahlung angerichtet hatte und tauschten sich über die teils absurden Gerüchte aus, die im Umlauf waren: Blinde waren wieder sehend geworden, unfruchtbare Frauen konnten plötzlich schwanger werden, Hähne legten Eier. »Aus der Ferne betrachtet, sah Hiroshima wie eine Trümmerlandschaft aus«, schrieb Mei in sein Tagebuch. Große Gebäude waren dem Erdboden gleichgemacht und die Innenstadt war platt. Außer Gebäudeskeletten »war alles verbrannte Erde und kein einziger Baum und keinerlei Gras mehr zu sehen. Wer hätte gedacht, dass eine »eiergroße« Atombombe eine solche Kraft hätte? Wenn es je einen dritten Weltkrieg geben sollte, wird die Menschheit vermutlich ganz ausgerottet.«[73]

»Von allen Sünden gereinigt«

Die Anklage wurde massiv durch die alliierte Staatsgewalt unterstützt. Es war kaum ein angemessener Ausgleich, dass die Angeklagten engagierte und erfahrene japanische und amerikanische Anwälte erhielten.[74] Tojo Hideki zum Beispiel hatte zwei hervorragende japanische Anwälte: einer war der frühere Präsident der Tokioter Anwaltskammer, und der andere hatte

Kenntnisse in chinesischer, amerikanischer und europäischer Jurisprudenz, bei denen selbst ein Oxfordprofessor vor Neid erblasst wäre.[75]

Da ein Gerichtshof, der eher nach britischen und amerikanischen Regeln als nach japanischen funktionierte, den japanischen Anwälten nicht vertraut sein würde, schlug die japanische Regierung vor, auch amerikanische und britische Anwälte zu ernennen, die mit den japanischen zusammenarbeiten sollten. Mit Zustimmung der Richter und MacArthurs fand das Büro des Judge Advocate General der US-Armee 25 begabte militärische und zivile Verteidiger, die bei der Verteidigung aller Angeklagten mitwirkten.[76] Viele Angeklagte waren ihren Anwälten für immer dankbar. Marquis Kido Koichi wunderte sich privat, dass der amerikanische Anwalt »tatsächlich die Partei der Angeklagten ergriff«. Dank »der großen Professionalität« dieser Anwälte, schrieb er später, »hat der Prozess meiner Ansicht nach eine erhebliche Wendung zum Besseren genommen.«[77]

Einige Japaner wollten sich nicht nur als Verteidiger an dem Prozess beteiligen. Viele wären gern über ihre früheren Herren zu Gericht gesessen. Die wiedererstarkten Liberalen im Parlament hatten kurz zuvor gefordert, Japan solle selbst einen Gerichtshof zur Verfolgung seiner Kriegsverbrecher gründen, was die Konservativen und der Premierminister Shidehara Kijuro freilich abgelehnt hatten.[78] Im Februar brachte der Chefankläger Joseph B. Keenan den spannenden Gedanken ins Spiel, Japan an dem Tribunal in Tokio zu beteiligen. Allerdings ist nicht klar, ob Truman oder MacArthur die Initiative abgesegnet hatten. Im ersten US-amerikanischen Entwurf der Anklageschrift wurde jedenfalls »die Regierung des Japanischen Kaiserreichs« zusammen mit den Alliierten als Anklagende gegenüber den Kriegsverbrechern genannt.[79]

Natürlich erwog die Regierung Truman lediglich, Japaner durch Japaner anklagen zu lassen. Sie sollten keineswegs von den Alliierten begangene Verbrechen verfolgen. Die Regierung Truman gab MacArthur strengste Anweisung, kein japanisches Gericht je ein Strafverfahren gegen einen Staatsbürger der Alliierten durchführen zu lassen. Niemand sollte für solch schwerwiegende Handlungen wie die Brandbombenangriffe auf japanische Städte zur Rechenschaft gezogen werden.[80]

Die britische Gesandtschaft in Tokio erwärmte sich für den Gedanken, einen japanischen Anklagevertreter oder Richter einzusetzen. Dies würde zeigen, »dass die Prozesse nicht nur eine Vergeltungsmaßnahme der Sieger gegenüber den Besiegten sind«, schrieb ein hochrangiger britischer Diplomat.[81] Die Japaner hatten durchaus hervorragende Juristen, die sich für diese Rolle geeignet hätten, etwa Yokota Kisaburo, den künftigen Vorsitzenden des japanischen Obersten Gerichtshofs, der schon früh gegen die Militaristen die Stimme erhoben hatte und sich zu einem eloquenten Befürworter des Tokioter Prozesses entwickeln sollte.[82]

Doch die Entscheidungsträger in London stellten sich quer. Ein führender britischer Regierungsbeamter vertrat die Ansicht, die Japaner seien viel zu »rückständig«, um bei den Kriegsverbrecherprozessen eine gleichberechtigte Rolle zu spielen. »Wir beurteilen sie nach den Regeln einer Party für Erwachsene, zu der man sie gar nicht erst hätte einladen sollen.«[83] Briten, deren Angehörige durch die Japaner gelitten hatten, wären empört gewesen. Das Foreign Office warnte, dass die Japaner »den Eindruck erwecken würden, dass Japan ein unschuldiger Beteiligter ist, dem eigentlich Unrecht geschieht. Sobald die Prozesse vorüber sind, wären wir mit dem Argument konfrontiert, dass die Schuldigen nun bestraft sind, Japan von allen Sünden gereinigt ist und jetzt nur aus einer Bevölkerung von 75 Millionen völlig unschuldiger Menschen besteht, denen auf jede erdenkliche Art zu helfen, wir die Pflicht haben«.[84] Der führende Japan-Experte der britischen Regierung, der Diplomat und Wissenschaftler Sir George Sansom, wollte die Japaner nicht zu der Behauptung ermutigen, sie seien von ihren Führern betrogen worden, und er wollte jene Politiker nicht von Mitschuld freisprechen, die gesehen hatten, dass ihre Regierung einen gefährlichen Weg einschlug, aber den Mund gehalten oder kollaboriert hatten.[85]

Also entschlossen sich die Briten, Keenans Vorschlag abzuwehren. Das Gericht in Tokio würde am Ende – wie das in Nürnberg –, nur aus den Siegern bestehen.[86]

Japan wählt

Am 10. April, einen Tag nach dem letzten geheimen Monolog Hirohitos, entschied die japanische Bevölkerung in einer historischen landesweiten Wahl, der ersten unter der Besatzung, in eigener Sache. Mei war verblüfft über die Kunstfertigkeit der überall angeklebten Wahlplakate und ihrer Slogans, als er an diesem strahlenden Frühlingstag durch die Innenstadt schlenderte, und besonders beeindruckt war er von den Aushängen der Kommunistischen Partei.[87]

Viele Amerikaner, die die Japaner während des ganzen Krieges als diabolische, gewalttätige Rasse geschmäht hatten, fürchteten sich davor, sie wählen zu lassen. In einer von MacArthur unterstützten Analyse erklärten

Mitarbeiter des Allgemeinen Hauptquartiers, »die Psychologie der Japse« sei »grundsätzlich anders als die irgendeines westlichen Volkes.« Deshalb sei es unmöglich »ihr Verhalten auf der Grundlage westlicher Logik vorherzusagen«.[88] Im Hauptquartier fürchtete man, dass die schon lang etablierten Reaktionäre siegen würden und eine Regierung von Hardlinern stellen würden, mit der man nicht arbeiten könnte. Die Far Eastern Commission hatte eine Verschiebung des Wahlgangs empfohlen.[89] Andere in Washington fürchteten einen Sieg der Kommunisten und anderer Linker.[90] Mei machte sich über die Vorstellung lustig, dass die Japaner eine echte Demokratie anstreben könnten: »Das japanische Volk, das so lange mit faschistischem Denken indoktriniert worden ist, hat bestimmt noch keine Ahnung, was eine Wahl bedeutet und was für Vorteile sie bringt.«[91]

Keineswegs: Etwa 27 Millionen Menschen gaben ihre Stimme ab; junge Leute wählten zuhauf. Die japanischen Frauen, die das erste Mal wählen durften, erwiesen sich als Vorboten einer neuen Gesellschaft: Zwei Drittel wählten, und zeigten ihre Macht; sie wählten progressive Frauen ins Parlament, die für Gleichheit und Geburtenkontrolle eintraten.[92] Zahllose alte Politiker oder Reaktionäre verloren ihre Sitze oder durften dank der Säuberungen nicht antreten. So entstand Platz für neue Meinungen im Parlament. MacArthurs Mannschaft war mit dem Ergebnis zufrieden: Eine beherrschbare konservative Partei hatte die meisten Sitze erobert, eine Koalitionsregierung mit einer anderen rechtsgerichteten Partei gebildet und den englisch sprechenden Konservativen Yoshida Shigeru zum neuen Premierminister gemacht. Die Wahlen bewiesen, dass die Japaner sich selbst regieren konnten, ohne ihre Nachbarn zu bedrohen.[93]

»Laut Lincoln sind die Menschen gescheiter als ihre Herrscher«, sagte MacArthur. »Die Japaner sind da keine Ausnahme.« Das neue Parlament, sagte er, werde, »diejenigen aus dem öffentlichen Leben entfernen, die mit Kriegsschuld behaftet sind«.[94]

Auch viele sozialistische und linke Kandidaten schnitten recht gut ab, was der Regierung Truman einige Kopfschmerzen bereitete.[95] Durch das Wahlergebnis ermutigt, organisierten japanische Linke im Rahmen der Kampagne »Gebt uns Reis« Massenveranstaltungen, und strebte nicht nur eine bessere Nahrungsmittelversorgung, sondern eine revolutionäre Umgestaltung an, um eine wirklich demokratische Regierung an die Macht zu bringen.[96] Die Mitarbeiter des Allgemeinen Hauptquartiers beklagten sich, dass die »Kommunistische Partei der Japsen« ein »höchst diszipliniertes Instrument der Sowjetpolitik sei«, hofften aber mit Liberalen und Konservativen als stabilisierenden antikommunistischen Kräften zusammenzuarbeiten.[97] MacArthur betonte, dass die japanischen Wähler sowohl Rechts- als auch Linksextremisten eine Abfuhr erteilt hatten.[98]

Während die Amerikaner nach den Wahlen einen Seufzer der Erleichterung ausstießen, empfand Mei ihre positive Sicht der japanischen Demokratie als naiv.[99] Er schäumte: »Großzügigkeit ist natürlich eine Tugend, aber Appeasement und Furcht sind nichts als Feigheit.«[100] Chinesische Regierungsvertreter in Tokio warnten ihn: Die meisten neuen konservativen Parlamentarier seien in Wirklichkeit »Hunde von Warlords und Industriellen oder Opportunisten. Mit ein bisschen Verstellung und einer demokratischen Maske hielten sie die Amerikaner leicht zum Narren.«[101]

Zwei Tage nach der Wahl lud MacArthur im Rahmen einer Charme-Offensive, durch die er wichtige Akteure im Tokioter Prozess gewinnen wollte, Mei mit einigen anderen Richtern und dem chinesischen Anklagevertreter in seine Residenz in der amerikanischen Botschaft zum Mittagessen.[102] Mei war fasziniert von Jean M. MacArthur, der eloquenten und offenherzigen Frau des Generals, die sich sehr positiv über Kunstobjekte der chinesischen Kultur äußerte. MacArthur selbst war sogar noch beeindruckender: groß, stämmig, stark, politisch ausgezeichnet informiert und mit der Haltung eines Soldaten. Voller Ehrfurcht schwärmte Mei später in seinem Tagebuch: »Das Eindrucksvollste an ihm sind seine leuchtenden Augen und seine Fähigkeit, einem das Gefühl grenzenloser Aufrichtigkeit und Attraktivität zu vermitteln, wenn er einem die Hand schüttelt oder mit einem spricht.«

In den zwei Stunden auf dem Ehrenplatz neben MacArthur erlebte Mei den Oberkommandierenden auf Hochtouren: MacArthur redete hemmungslos und machte sich dabei augenzwinkernd über den eigenen undiplomatischen Stil lustig. Er interessiere sich sehr für China und sei ein eifriger Bewunderer von Chiang Kai-shek, erklärte der General und würdigte den chinesischen Beitrag im Pazifikkrieg. Einen Großteil des Essens jedoch redete er über seine Befürchtung, dass die Erde auf einen atomaren Dritten Weltkrieg zusteuerte, der die ganze Menschheit vernichten könne.

Voller Begeisterung über die Wahl freute er sich über die hohe Wahlbeteiligung, das Frauenwahlrecht und das schlechte Abschneiden der Kommunisten. Mei jedoch empörte sich innerlich, als der General sagte, es sei lobenswert, dass die Chinesen die Koexistenz mit Japan akzeptierten. Später schimpfte er: »Aus General MacArthurs Sicht ist die verzeihende Haltung Chinas das, was er am meisten will und am meisten braucht. Wir jedoch müssen, wenn wir verzeihen, auch wachsam sein! Wir sollten unsere Wachsamkeit in Bezug auf Japan verstärken![103]

Wie Mei ehrfürchtig in seinem Tagebuch notierte, spürte er, als er und MacArthur sich zum Abschied die Hand reichten, »dieselbe Energie und Macht, die ich bei unserer ersten Begegnung gespürt habe. Meinem Eindruck nach ist General MacArthur nicht nur ein militärisches Genie, sondern auch ein großartiger Politiker.« Trotz dieser denkwürdigen Audienz mit dem Oberkommandierenden, seinen fünf Sternen und alledem, fürchtete Mei immer noch, dass die Besatzung für China schlecht ausgehen könnte: »Ich kann mich immer noch nicht entscheiden, ob die Herrschaft General MacArthurs über Japan etwas Positives oder eine Sünde ist.«[104]

Anklage

Während die Richter untätig und zunehmend ärgerlich warteten, rangen die Anklagevertreter um die finale Entscheidung, welche Japaner angeklagt werden sollten.[105] Sie konzentrierten sich auf die Namen derer, die an der entscheidenden Kaiserlichen Konferenz vor Pearl Harbor teilgenommen hatten, oder in dem unentbehrlich gewordenen Tagebuch Kidos eine wichtige Rolle spielten.[106] Die meisten mutmaßlichen Angeklagten saßen im Sugamo-Gefängnis, aber einige befanden sich unangenehmerweise auch in sowjetischem Gewahrsam. Wie es ein amerikanischer Anklagevertreter formulierte, bestand die Herausforderung darin, eine Liste mit prominenten Angeklagten zusammenzustellen, die für alle Phasen der japanischen Aggression repräsentativ waren, verschiedene Teile der japanischen Regierung umfassten und gegen die so viele Beweise vorlagen, dass ihre Verurteilung nahezu sicher war.[107]

Auf Betreiben der Amerikaner wurden die ursprünglichen Listen der alliierten Regierungen sorgfältig gekürzt. Was übrig blieb, waren größtenteils ranghohe Militärs, wohingegen zahlreiche Offiziere mittleren Ranges und viele Zivilisten – führende Geschäftsleute, Propagandisten, Richter, shintoistische oder buddhistische Priester – verschont blieben, die auf einer längeren Liste vermutlich gestanden hätten. Ab und zu gab es Überraschungen: Generalleutnant Ishiwara Kanji, ein Heißsporn, der mit der Kwantung-Armee die Eroberung der Mandschurei begonnen hatte, blieb erstaunlicherweise verschont.[108] Dasselbe galt auch für General Ishii Shiro, der im besetzten China das unheilvolle Biowaffenprogramm der Einheit 731 geleitet hatte. Auch von der *Kempeitai*, der Geheimpolizei, wurde kein führendes Mitglied angeklagt. Und sehr zum Missfallen der Sowjets kamen auch die wirtschaftlichen und finanzpolitischen Führer der *Zaibatsu* nicht vor Gericht.[109]

Die Anklagevertreter einigten sich zunächst auf 13 Angeklagte, angefangen mit Tojo Hideki. Dazu kamen Hirota Koki, der Premierminister von 1936/37, General Itagaki Seishiro, ein militärischer Führer der Invasion Chinas und Togo Shigenori, der Außenminister, der in Wirklichkeit versucht hatte, den Angriff auf die Vereinigten Staaten zu verhindern. Er war nur weil er in Tojos Kabinett gesessen hatte, auf die Liste gekommen. Allerdings waren bei der ersten Kürzung der Listen auch mehrere prominente Führungspersönlichkeiten weggefallen, die später doch noch angeklagt werden sollten, so etwa der Gewährsmann aus dem Palast, Marquis Kido Koichi, und General Matsui Iwane, der Kommandeur der japanischen Streitkräfte in Zentralchina während des Massakers von Nanjing.[110] Schließlich wollte der sowjetische Anklagevertreter, als bereits alles beschlossen zu sein schien, noch einige weitere Namen auf der Liste haben.[111] Shigemitsu Mamoru, der ehemalige Außenminister im Kabinett Tojo Hidekis, der in London als Stimme des Friedens bekannt war, stellte zu seinem Erstaunen fest, dass er, nicht zuletzt auf sowjetischen und chinesischen Druck, nun doch zu den Angeklagten gehörte.[112]

Obwohl zunächst die Hoffnung bestand, nicht mehr als 15 Personen anklagen zu müssen, hatten die Alliierten am Ende 28 Angeklagte der Klasse A auf der Liste.[113] In Übereinstimmung mit MacArthurs Kernziel einer Ausrottung des japanischen Militarismus klagte das Tribunal 16 Militärs und 12 Zivilisten an. Die relative Schuld der verschiedenen Organe der japanischen Regierung wurde neu bewertet: 13 Angeklagte stammten aus dem Heer, 3 von der Marine, 5 aus dem Außenministerium, einer war Finanzminister gewesen und einer Propagandist, und nur einer stammte aus dem Kaiserlichen Palast – und das war natürlich Kido Koichi und nicht der Kaiser. »Unter ihnen [den Angeklagten] sind frühere Premierminister, Außenminister, Admirale, Generale und andere Führer der Nation«, schrieb der Australier Sir Webb privat. »Die gegen sie vorgebrachten Anklagen sind die schwersten, die je gegen Menschen erhoben wurden.«[114]

Die Briten stellten sicher, dass die Anklage ihren Anspruch auf ein Weltreich untermauerte. Als der britische Anklagevertreter vorsichtig anfragte, ob die Angriffe beispielsweise auf Burma und Malaya in der Anklage eine eigene Berücksichtigung finden sollten, bestand das britische Außenministerium auf »dem allgemeinen Vorwurf Krieg gegen das British Commonwealth of Nations geführt zu haben«. Während des Krieges hatten die britischen Beamten nicht einmal separate Aufzeichnungen über die Verbrechen an Indern geführt.[115] So wurde die japanische Führung nicht für die Angriffe auf einzelne abhängige Gebiete eingesperrt, sondern für einen Angriff auf das British Commonwealth.[116]

Andere Nationen verfolgten dieselbe Strategie. Nur Indien und die Philippinen, die an der Schwelle zur Unabhängigkeit standen, wurden in der Anklageschrift eigens erwähnt. Für die Indonesier sprachen die Niederländer, für die Vietnamesen die Franzosen und für die Koreaner überhaupt keiner.

Mei war dennoch erleichtert, als die Anklagevertreter ihre Anklagen erhoben. »Gott sei Dank!« schrieb er in sein Tagebuch. »Es kann endlich losgehen.«[117]

Am 29. April 1946, dem 45. Geburtstag des Kaisers, gab Keenan schließlich die gewaltige Anklageschrift gegen die 28 wichtigsten japanischen Führungspersönlichkeiten heraus – eine überwältigende Ansammlung von Anklagen wegen Angriffen und Gräueltaten in ganz Asien.[118] Die Schrift war größtenteils das Werk des fleißigen britischen Anklagevertreters Arthur Comyns Carr, sichtbar sogar daran, dass die britische Schreibweise »Pearl Harbour« verwendet wurde.

In 55 scharf formulierten Punkten wurden die Angeklagten einer kriminellen Verschwörung zur Vorbereitung oder Führung eines Angriffskriegs gegen die Vereinigten Staaten, China, das British Commonwealth, die Sowjetunion, Australien, Kanada, Frankreich, die Niederlande, Neuseeland, Indien und die Philippinen sowie gegen Portugal und Thailand bezichtigt; sie wurden beschuldigt Kriegsgefangene und internierte Zivilisten »schlecht behandelt, verstümmelt und ermordet« zu haben und »an der hilflosen Zivilbevölkerung der eroberten Länder Massenmord, Vergewaltigung, Plünderung, räuberische Erpressung, Folter, und andere barbarische Grausamkeiten« verübt zu haben.[119]

Mit dem, auch in Nürnberg sehr wichtigen, Vorwurf der Verschwörung wurde ein Konzept des US-amerikanischen und britischen Strafrechts nach Tokio exportiert, das in Japan fast gänzlich unbekannt war. Ohne dass die Anklagevertreter, die Beteiligung einer Einzelperson an einem ganz bestimmten Verbrechen zu beweisen hatten, mussten sie nur noch belegen, dass sie sich an einer Verschwörung beteiligt hatte. Als Beteiligte an einer solchen Verschwörung wurden die Angeklagten »für alle Handlungen, die sie selbst oder irgendeine andere Person zur Verwirklichung dieses Plans begangen hatten« verantwortlich gemacht.[120]

Die japanischen Verschwörer wurden als skrupellos dargestellt: Sie hatten den Verstand des japanischen Volkes mit der Vorstellung rassischer Überlegenheit vergiftet, 1931 die Mandschurei erobert, waren 1937 auch im restlichen China einmarschiert, hatten sich im September 1940 der Achse angeschlossen, waren danach nach Französisch-Indochina weitermarschiert, hatten 1941 Pearl Harbor angegriffen und schließlich die Philippinen, Singapur, Hongkong, Malaya und Niederländisch-Ostindien erobert. Zusammen mit den Annexionen Deutschlands und Italiens hatte die japanische Dominanz über Asien der Achse die weltweite Vorherrschaft sichern sollen.[121]

Die Anklage wurde durch eine lange Liste internationaler Verträge untermauert. In Bezug auf die Genfer und die Haager Konventionen, die eine anständige Behandlung von Kriegsgefangenen vorschrieben, war dies relativ eindeutig. Was jedoch das neue Konzept der Verbrechen gegen den Frieden betraf, wurden die Verträge stark und manchmal sogar unverschämt stark interpretiert. Zu den relevanten Abkommen gehörten die III. Haager Konvention von 1907, laut der Japan ohne Kriegserklärung keinen Krieg hätte beginnen dürfen, der Neun-Mächte-Vertrag von 1922, in dem sich die Vertragspartner verpflichtet hatten, die Souveränität Chinas zu achten, und das Abkommen über den Völkerbund, laut dem territoriale Integrität und politische Unabhängigkeit seiner Mitglieder geschützt werden sollten. Das wichtigste Abkommen jedoch war der idealistische Kellogg-Briand-Pakt von 1928, durch den die damals internationalistische japanische Regierung formell auf den Krieg als Instrument der nationalen Politik verzichtet hatte. Allerdings war weder im Kellogg-Briand-Pakt noch in der Satzung des Völkerbunds der Angriffskrieg als Verbrechen definiert, geschweige eine individuelle strafrechtliche Sanktionierung dafür vorgesehen.[122]

Die Anklageschrift war mit ihren Anklagen wegen Verbrechen gegen den Frieden, gegen das Kriegsvölkerrecht und gegen die Menschlichkeit weitgehend an Nürnberg orientiert. Sie folgte der Nürnberger Definition von Verbrechen gegen die Menschlichkeit: »Mord, ethnische Ausrottung, Versklavung, Deportation und andere unmenschliche Akte gegen die Zivilbevölkerung«, sowie Verfolgung aus politischen oder rassistischen Motiven, selbst dann, wenn diese schon vor Beginn des Krieges begangen wurden und auch wenn sie nach dem Recht eines einzelnen Staates legal waren.[123] Da das Völkerrecht, was die Zulässigkeit von Bombenangriffen betraf, immer noch unklar war und dies zu einer peinlichen Untersuchung der amerikanischen Brandbombenangriffe auf japanische Städte hätte führen können, wurden die willkürlichen japanischen Bombenangriffe auf chinesische Städte in der Anklageschrift auffällig beschwiegen. Sie befasste sich zwar mit der »schändlichen Zerstörung von Groß- und Kleinstädten und Dörfern ohne irgendeine vernünftige Rechtfertigung durch militärische Notwendigkeit«, aber Luftangriffe fanden keine Erwähnung.[124]

Klarer war eine Kategorie von Mordvorwürfen, deren Erhebung auf MacArthurs Idee, mit Tojo kurzen Prozess zu machen, zurückzuführen war. Durch sie ließ sich das Problem kultureller Unterschiede umschiffen, da Mord laut der Anklagevertretung in der Gesetzgebung aller Länder ein Verbrechen war.[125] Die Überraschungsangriffe im Dezember 1941 auf die amerikanischen Marinesoldaten in Pearl Harbor, auf die Soldaten der britischen Streitkräfte in Hongkong sowie Malaya und die Amerikaner und Filipinos auf den Philippinen, wurden demzufolge nicht als Verbrechen gegen den Frieden, sondern als Mord behandelt.[126]

Die Anklageschrift hatte trotz ihres gewaltigen Umfangs erhebliche Lücken: Nicht erwähnt wurde Korea, das schon vor dem Krieg zum Japanischen Kaiserreich gehört hatte und noch keine unabhängige Regierung besaß, die am Tokioter Prozess hätte mitwirken können. (Zusätzlich verschärft wurde die Empörung der Koreaner dadurch, dass die Alliierten einige rangniedrigere Koreaner und Taiwanesen, die dem Japanischen Kaiserreich als Gefängniswärter gedient hatten, als Kriegsverbrecher anklagten).[127] Schockierenderweise tauchte der Begriff der Vergewaltigung nur einmal auf, und niemand wurde ausdrücklich wegen erzwungener sexueller Handlungen bei den Frauen angeklagt, die man euphemistisch als »Trostfrauen« bezeichnete.[128] Auch wegen des streng geheimen Biowaffenprogramms der Japaner wurde niemand angeklagt, weil sich sowohl die USA als auch die Sowjetunion unbedingt die finsteren Erkenntnisse von Einheit 731 aneignen wollten.[129]

Die Anklageschrift hatte in ganz Japan eine erhebliche Wirkung; sie gab der Bevölkerung die Möglichkeit, die Führung der Kriegszeit zu verurteilen. Eine junge Frau, die an der prestigeträchtigen Meiji-Universität studierte, warf Tojo vor, dass er den Krieg begonnen hatte, und brachte die Hoffnung zum Ausdruck, dass die Kriegsverbrecher in dem Prozess auch für die Ausbeutung und Versklavung sämtlicher japanischer Frauen bestraft würden.[130] In der konservativen Zeitung *Yomiuri Shimbun* verdammte ein Journalist den japanischen Imperialismus, weil er den Krieg ausgelöst hatte, und drängte darauf, alle für den Krieg Verantwortlichen zu bestrafen.[131] Ein anderer Journalist der Zeitung verlangte, die japanischen Imperialisten rücksichtslos zu verhören, damit die japanische Jugend nicht glaubte, der Krieg sei Selbstverteidigung gewesen und die Kriegsverbrecher seien Märtyrer.[132]

Einige japanische Reaktionen waren differenzierter. Hatoyama Ichiro, ein prominenter Konservativer, der entmachtet worden war, aber später Premierminister wurde, sagte: »Wenn man von der Ausnahme Tojo absieht, verdienen einige andere unser Mitgefühl.« Und ein rechtsgerichteter Parlamentsabgeordneter bat die Verteidigung und die Zeugen: »Bitte sagt nicht, dass ihr es ›hasst, Tojo zu verteidigen‹, sondern tut es offen und ohne zu wanken.«[133]

In den amerikanischen Zeitungen fand die Anklageschrift großen Beifall, wenngleich sich viele darüber beschwerten, dass der Kaiser nicht auf der Anklagebank saß. »Ist man zu dem Schluss gekommen, dass er, abgesehen von seiner Rolle als Gallionsfigur, als einziger führender Japaner nicht an dem Plan beteiligt war?«, fragte die *New York Times*. »Oder hat man die Entscheidung getroffen, dass seine Hilfe bei der Durchführung der Besatzung und der derzeitigen Reformen so deutlich zu seinen Gunsten ins Gewicht fällt, dass er nicht einmal genannt wird?«[134]

Wie Millionen anderer in ganz Asien las Mei die Anklageschrift mit einem Gefühl bitterer Vertrautheit. Chinesische Frauen und Kinder würden die Namen erkennen, dachte er. Besonders empört war er über zwei Generale: Doihara Kenji war »ein Experte darin, durch zahlreiche Verschwörungen und Betrügereien in China Spaltungen zu verursachen und Konflikte zu provozieren« und Matsui Iwane, der Kommandeur, dessen Truppen das Massaker von Nanjing begangen hatten, »ist ein Henker, den das chinesische Volk nie vergessen wird«. Er schrieb in sein Tagebuch, dass »der Hass des chinesischen Volkes auf diese Namen tief verwurzelt ist«. Kurz vor dem Beginn des Prozesses schien er weit weg von dem Rechtsgrundsatz, dass man einen Angeklagten als unschuldig betrachtete, bis seine Schuld bewiesen war: »Je mehr ich las, umso zorniger wurde ich.«[135]

ZWEITER TEIL

KATHARSIS

10.

Die Anatomie des Tokioter Prozesses

Als Mei Ruao am Eröffnungstag des Tokioter Prozesses seinen Platz auf der Richterbank einnahm, jubilierte er innerlich und war doch wütend. In sein Tagebuch schrieb er: »Millionen und Abermillionen unserer Landsleute bezahlten mit ihrem Fleisch und Blut dafür, dass ich hier oben auf der Richterbühne stehen kann, um diese Übeltäter zu bestrafen. Ich muss wachsam sein! Ich muss ernsthaft sein!«[1]

Mei Ruao und seine Richterkollegen trafen am frühen Morgen des 3. Mai 1946 mit dem festen Entschluss am Verhandlungsort ein, sich ihren großen Augenblick nicht von irgendeinem Zufall verderben zu lassen. Das Allgemeine Hauptquartier hatte sich für die Renovierung eines riesigen Vortragssaals im ehemaligen Heeresministerium fast zwei Monate Zeit gelassen, um einen angemessen eindrucksvollen Gerichtssaal zu schaffen. Das wuchtige Gebäude stand auf der Spitze eines Hügels in Ichigaya, nur etwas mehr als drei Kilometer vom Kaiserpalast in der Stadtmitte Tokios entfernt. (Joseph B. Keenan, der amerikanische Chefankläger, hatte das Parlamentsgebäude des Unterhauses als Verhandlungsort in Erwägung gezogen, sich aber dann gegen diese ganz besondere Schmähung der japanischen Demokratie entschieden.) Ein Grund für die Entscheidung zugunsten des Heeresministeriums war, dass die amerikanischen Bombenangriffe es kaum beschädigt hatten; tiefer gelegene Gebiete in der näheren Umgebung waren durch Angriffe der B-29-Bomber verwüstet worden. Die Symbolik, die sich mit der Umwidmung gerade dieses Ministeriums verband, war offenkundig – obwohl nur wenige der versammelten Zuschauer wissen konnten, dass ein Ruheraum im Obergeschoss für den Kaiser persönlich reserviert blieb. Die Allgemeinheit konnte außerdem nicht wissen, dass der im Saal befindliche Balkon so gestaltet worden war, dass kein einfacher Bürger von einem höher gelegenen Ort freie Sicht auf den Monarchen hatte und dass Tojo Hidekis altes Büro jetzt als Treffpunkt und Besprechungszimmer für die Richter diente.[2]

Der Gerichtssaal ist imposant und hoch, mit schwindelerregend hohen

Decken: ein gewaltiger Raum für einen gewaltigen Prozess. Der leere Raum ist dunkel und selbst an schwülen Tokioter Frühlings- und Sommertagen relativ kühl und von einem angenehmen Geruch nach Holz und den mit Möbelpolitur gepflegten mehr als 7000 dekorativen Eichenholzkacheln erfüllt.[3] Ein beeindruckter chinesischer Beamter sagte zu Mei, kein anderer Gerichtssaal der Welt könne es mit diesem Raum aufnehmen, mit Ausnahme des Obersten Gerichtshofs der Vereinigten Staaten.[4]

Die Richter saßen an einem erhöhten Tisch auf der Ostseite des Gerichtssaals, etwa sechs Meter von den japanischen Angeklagten entfernt. Hinter den Angeklagten standen wachsame Militärpolizisten. Den Rest des mehr als 930 Quadratmeter großen Raumes nahmen die Tischreihen ein, an denen die Ankläger und Verteidiger ihren Platz hatten, hinzu kam noch eine große Zahl von Dolmetschern und Stenografen und die Sitzplätze für die den Prozess verfolgenden Würdenträger. Der ganze Raum war neu gestaltet, die Stromleitungen, die Heizung, die Teppichböden und die Vorhänge, hinzu kamen noch die schalldämpfende Deckenverkleidung und die modernen Kopfhörer für die Simultandolmetscher, die ins Japanische und Englische übersetzten. Der Raum bot Platz für die Präsentation riesiger Landkarten, ein Arrangement, das einer der Verteidiger als »Barnum&Bailey-Wanderzirkus« bezeichnete.[5] Die Richter und Staatsanwälte, die nur bei Gericht zusammenkommen sollten, betraten und verließen den Verhandlungssaal durch getrennte Korridore; in Wirklichkeit pflegten sie nach Dienstschluss einen regelmäßigen freundschaftlichen Umgang miteinander.[6]

Das für die Organisation des Spektakels verantwortliche Allgemeine Hauptquartier hatte eine große Zahl von Telefonleitungen verlegen und etwa 100 Sitzplätze für japanische und ausländische Journalisten einrichten lassen. Es gab eine Radiokabine für die Hörfunkreporter und drei Kabinen für Filmaufnahmen: eine auf der Empore, eine in der Nähe der Anklagebank und eine am südlichen Ende des Raums. Mit Umschaltknöpfen versehene Kopfhörer boten entweder die englische oder die japanische Übersetzung der Verhandlung. Für japanische Zuschauer des öffentlichen Prozesses standen mehr als 200 Sitzplätze zur Verfügung.[7] An der Decke waren sechs lange Reihen von Jupiterlampen angebracht, die den Raum so stark erhellen sollten, dass die Fotografen auf Blitzlichter verzichten konnten. In Tokio war es im Mai bereits warm; wenn diese Batterien von Jupiterlampen und Scheinwerfern eingeschaltet waren, wurde es im Saal rasch unangenehm heiß und erbarmungslos hell.[8] »Junge Amerikaner lieben das Schauspiel«, schrieb Mei in sein Tagebuch. »Man könnte meinen, wir seien in Hollywood.«[9] Das Nachrichtenmagazin *Time* kam auf denselben Gedanken: »Die Jupiterlampen ließen die Vorstellung von einer Hollywood-Premiere aufkommen.«[10]

Es war ein Frühlingstag, morgens war es zunächst bewölkt, Azaleen blühten in leuchtenden Farben auf dem grünen Rasen vor dem Gerichtsgebäude.[11] Als die Richter ihre schwarzen Roben anlegten, wurde ihnen mitgeteilt, dass Tojo und 25 weitere Angeklagte aus dem Sugamo-Gefängnis bereits am Verhandlungsort eingetroffen seien. Ein Konvoi von Jeeps der Militärpolizei bewachte die Angeklagten, die mit einem blauen Bus, dessen Fenster verhängt worden waren, durch die zerbombte Stadt gefahren wurden.[12] Die älteren Beschuldigten schlurften in den Gerichtssaal und sahen ausgezehrt, bleich und müde aus. In den Händen hielten sie Kopien der Anklageschrift, das Sprechen oder Rauchen war ihnen verboten. »Sie wirkten wie ganz gewöhnliche, abgemagerte alte Männer«, hielt General MacArthurs politischer Berater fest.[13] Tojo trug eine graugrüne Armeeuniform, die Rangabzeichen und die zahlreichen Orden und Auszeichnungen hatte man ihm abgenommen. Ein Admiral hatte seine blaue Marine-Galauniform angelegt, war aber ebenfalls ohne Ehren- oder Rangabzeichen. Togo Shigenori, der versucht hatte, den Angriff auf die Vereinigten Staaten zu stoppen, behielt durchweg eine so ausdruckslose Miene bei, dass ein amerikanischer Reporter meinte, der Mann würde einen guten Pokerspieler abgeben.[14] Zwei ebenfalls angeklagte Heeresoffiziere wurden erst an jenem Tag aus Thailand eingeflogen und kamen deshalb zu spät zur Prozesseröffnung; die Richter gaben das Warten schließlich auf und beschlossen, sie erst in die Nachmittagssitzung einzubeziehen.[15]

Die Richter stellten sich in einer Reihe hinter den Kulissen auf, während ein Gerichtsmarschall[16] die aufgeregten Zuschauer anbellte, sie sollten Ruhe halten. Der ursprüngliche Plan hatte gelautet, die Sitzordnung der Richter entsprechend der Reihenfolge festzulegen, in der die Vertreter der einzelnen Staaten die Kapitulationsurkunde auf dem Schlachtschiff *USS Missouri* unterzeichnet hatten.[17] Aber Mei hatte hartnäckig auf einer zentralen Position in der Richterriege bestanden, wie es nach seiner Auffassung Chinas Rolle im Krieg entsprach. Er erhielt einen Platz unmittelbar neben dem Vorsitzenden Richter Sir William Webb zugewiesen, was ihm ermöglichte, dem Vorsitzenden durchgehend seine Vorschläge zuzuflüstern. Webbs anderer Nebenmann war der von den Vereinigten Staaten gestellte Richter. »Diese Position wurde hart erkämpft, sie ist das Ergebnis einer Auseinandersetzung mit offenen wie auch mit geheimen Mitteln«, prahlte Mei später.[18] Im Gespräch mit einem chinesischen Reporter erklärte er,

Abb. 15 *Die Angeklagten in dem Bus, der sie am 3. Mai 1946, dem ersten Verhandlungstag des Tokioter Prozesses, vom Sugamo-Gefängnis zum ehemaligen Heeresministerium brachte. Dort wurde ihnen die Anklage vorgelesen. Alle Fenster des Fahrzeugs waren verhängt. Tojo Hideki sitzt in der zweiten Reihe links, während Marquis Kido Koichi auf der Gangseite in der dritten Reihe rechts Platz genommen hat.*

diese Ehre sei »ein Ergebnis des blutigen achtjährigen Widerstands unseres Landes und keineswegs meine persönliche Leistung«.[19]

Als der Gerichtsmarschall mit durchdringender Stentorstimme das Publikum im bis auf den letzten Platz besetzten Saal aufforderte, sich zu erheben, betrat der stolze Chinese unmittelbar hinter dem stämmigen Webb den Saal.[20] Die Kameras der Wochenschauen summten.[21] Ringsum flackerten Blitzlichter auf, die den Raum taghell erleuchteten. Mei staunte über die Dimensionen des Gerichtssaals und die Höhe der Bühne, die die düstere Prozession der Richter endlos wirken ließ. Die Zuschauerränge waren voll besetzt, auch hochrangige Vertreter der Alliierten, wie etwa Generalleutnant Robert L. Eichelberger von der 8. US-Armee, zeigten Präsenz – nicht aber MacArthur, der den Prozess niemals persönlich verfolgte, weil sich das seiner Ansicht nach für den Oberkommandierenden nicht schickte. Die Richter stellten sich hinter ihren Stühlen auf, bis die restlichen schwarzgewandeten Robenträger an den für sie vorgesehenen Plätzen angekommen waren, und setzten sich dann gleichzeitig, die jeweilige Nationalflagge hinter sich. Dann nahmen auch die Anklagevertreter, die Mitarbeiter des Gerichts und das Publikum respektvoll Platz. Der japanische Teil des Publikums – Arbeiter, Studierende, Vertreterinnen und Vertreter des öffentlichen Dienstes, einige Frauen in Kimonos – beobachtete das Geschehen aufmerksam.[22]

Der Gerichtsmarschall verkündete von der Bühne aus offiziell: »Die Sitzung des Internationalen Militärtribunals für den Fernen Osten ist eröffnet, und das Tribunal ist bereit, über alle Angelegenheiten zu verhandeln, die ihm vorgetragen werden.«[23] Webb begann seine Einführung in seinem Queensland-Akzent leise, aber selbstbewusst vorzutragen: »Es hat in der bisherigen Geschichte noch kein wichtigeres Strafverfahren gegeben.« Während die hier versammelten Richter nur »ein aus einfachen Männern bestehendes Gericht« seien, das aus hohen Gerichten ausgewählt worden sei, seien die Angeklagten »über ein Jahrzehnt lang die Anführer Japans auf dem Höhepunkt der Macht und des Wohlstands des Landes« gewesen. Er verwies auf die vor ihm sitzenden ehemaligen Premierminister, Minister und Stabschefs und sagte streng: »Der ehemals hohe Rang der Anklagten berechtigt sie nicht zu einer Sonderrolle, sondern sie erfahren die gleiche Behandlung wie sie auch dem einfachsten japanischen Soldaten oder koreanischen Wachposten zuteilwürde.« Die Angeklagten saßen mit versteinerten Mienen da. Der Vorsitzende erklärte: »Wir gehen unsere große Aufgabe unvoreingenommen an, das gilt sowohl für die Tatsachen als auch für das Gesetz.«[24]

Mei – dessen Gedanken keineswegs unvoreingenommen waren – betrachtete im Verlauf von Webbs Ansprache zerstreut das Geschehen, das sich ihm dort unten bot. Er konnte es kaum erwarten, die Angeklagten zu überprüfen, war sich aber zugleich bewusst, dass dabei Hunderte von Augenpaaren auf ihn gerichtet waren. Er erinnerte sich, wie es noch vor kurzem, während des Vormarschs der japanischen Truppen, unvorstellbar gewesen war, dass Chinesen jemals wieder so etwas wie Nationalstolz empfinden könnten. Auf seinem Tisch hatte er Fotos der Angeklagten, die entsprechend ihrer Sitzordnung sortiert waren. Von den gleißenden Jupiterlampen geblendet, konnte er Tojo und den dicklichen General Doihara Kenji kaum ausmachen. Die japanischen Angeklagten saßen zusammengesunken da und verzogen keine Miene – sie geben sich ungerührt, dachte Mei. »Diejenigen, die mich ansahen, sorgten für einen grenzenlosen Groll und entsprechende Gefühle in meinem Herzen«, schrieb er in sein Tagebuch. »All diese Menschen sind alte Hasen der Invasion in China, die

China jahrzehntelang vergifteten. Dutzende Millionen unserer Landsleute starben von ihrer Hand, und folglich ist mein Groll auch der Groll meiner Landsleute.«[25]

Bert Röling, der niederländische Richter, inspizierte die Beschuldigten mit nur wenig mehr Sympathie. Einem Freund schrieb er: »Sie sehen müde und ein bisschen verzweifelt aus, weil ihnen der Kaiser verboten hat, den einzigen für sie ehrenhaften Ausweg zu nehmen und Harakiri zu begehen. Der Kaiser und das Volk haben sie im Stich gelassen, und das nicht, weil sie einen Krieg angefangen, sondern weil sie ihn verloren hatten.«[26]

Zunächst erhoben sich die Anklagevertreter und die Verteidiger, um sich vorzustellen, dann verlasen die Ankläger viele Stunden lang die einzelnen Anklagepunkte, ein Vorgang, der durch die japanische Übersetzung weiter in die Länge gezogen wurde. Durch die taghelle Beleuchtung wirkte Keenans Gesicht »puterrot«, wenn er »die Beschuldigten wie die Capones von Japan« anfunkelte, wie ein Reporter von *Asahi Shimbun* schrieb.[27] Die Würde des Prozessverlaufs an diesem Tag wurde durch Okawa Shumei durchbrochen, einen der Angeklagten, einen populären Propagandisten und Putschisten. Dieser Angeklagte betete und zitterte, er war entweder verrückt geworden oder, wie Mei vermutete, er simulierte. Okawa schlug Tojo unvermittelt von hinten auf die Glatze und brüllte, er werde ihn töten. Eine Wache riss Okawa zurück. Der zunächst verblüffte Tojo grinste amüsiert. Der vor sich hin brabbelnde Okawa wurde aus dem Gerichtssaal entfernt, um psychiatrisch untersucht zu werden.[28]

Nachdem die Ruhe im Saal wiederhergestellt war, wandte sich Mei wieder der hasserfüllten Begutachtung der Angeklagten zu und konzentrierte sich dabei auf einen der Spätankömmlinge: auf General Itagaki Seishiro, einen kahlköpfigen Mann mit Schnauzbart, den er als Anführer der Invasion in China verabscheute. »Sobald ich diese Gruppe zu Gesicht bekam, konnte ich nicht anders, als überbordende Wut zu empfinden, als ob der gesammelte Hass meiner Landsleute sich aus meiner Brust einen Weg bahnen musste!«, schrieb er in sein Tagebuch. »Zum Glück war das immer noch zu einem frühen Zeitpunkt. Es war erst der Anfang. Da diese Übeltäter in der Hand des Gesetzes waren, konnten sie der harten Bestrafung durch die Rechtsprechung keinesfalls entgehen.«

Schließlich vertagte sich das Gericht. Nicht alle Anwesenden waren von dem Spektakel beeindruckt. Die im Staatsradio vertretene sowjetische Parteilinie lautete, Kaiser Hirohito und japanische Industrielle sollten Tojo auf der Anklagebank Gesellschaft leisten.[29] Ein Korrespondent des Nachrichtenmagazins *Time* höhnte, die Prozesseröffnungs-Gala habe gewirkt wie »ein drittklassiges Tourneetheater der Nürnberg-Show«. Der Reporter schrieb, dass Keenan, der ihn an den versoffenen Komiker W.C. Fields erinnere, sich alle Mühe gebe, mit dem »Opera-buffa-Element« umzugehen, »auf das der Westen im japanischen Charakter so oft stößt«. Die japanischen Angeklagten seien Schuljungen mit schlechten Manieren, die dem Ernst und der Bedeutung des Verfahrens mit Gleichgültigkeit begegneten. Während Nürnberg an Wagner habe denken lassen, mute Tokio eher wie Gilbert und Sullivan an, war in *Time* zu lesen.[30]

Doch Mei war bei der Rückkehr ins Imperial Hotel in Hochstimmung. »Heute war der Tag, an dem die Sache Fahrt aufgenommen hat«, schrieb er in sein Tagebuch. »Ich empfand eine Freude, die nur schwer in Worte zu fassen war.«[31]

Die Staatsanwälte fuhren am nächsten Tag mit der Verlesung der ausführlichen Anklageschrift fort. Mei nahm jeden einzelnen Angeklagten genau unter die Lupe. »Ihre Namen und Gesichter führten bei mir zu vielen Erinnerungen und großem Abscheu«, ist in seinem Tagebuch nachzulesen.

Ohne die Insignien der Macht wirkten die Angeklagten wie Fahrgäste in einem beliebigen Bus in Tokio – eine bunt zusammengewürfelte Gruppe ohne besonders herausstechende Eigenschaften, die »einfach ganz gewöhnlich« anmutete. Nur Tojo bewahrte Haltung, er saß »nahezu regungslos, wie eine Skulptur.« Der ältliche General Matsui Iwane, angeklagt wegen des Massakers von Nanjing, war »eine armselige Kreatur, so zahm wie ein Schaf«. General Doihara Kenji versuchte die Fassung zu bewahren, zitterte aber mitunter vor offenkundiger Furcht. Die kläglichste Figur gab der kränkelnde Matsuoka Yosuke ab, ein ehemals als Hardliner geltender Außenminister, der, wie Mei sich mit Bitterkeit erinnerte, China einst als bloßen geografischen Begriff bezeichnet hatte. Er war hager, schmächtig und bleich und trug einen sehr ungepflegten Bart; sein Rechtsanwalt versuchte sein Verfahren aus dem Prozess herauszulösen, bevor er kollabierte.

Als Meis Zorn schließlich nachließ, verlegte er sich auf eine Art von rassenbiologisch begründeter Empathie. Diese japanischen Kriminellen, sinnierte er, ähnelten den Chinesen. China und Japan hätten schließlich gemeinsame nationale und kulturelle Wurzeln; nur diese Bande hätte sich mit ihrem »absurden Argument der nationalen Überlegenheit« von der gemeinsamen Bestimmung losgesagt. Diese Leute seien nicht nur Feinde Chinas und der Welt, sondern auch des japanischen Volkes. »Ich empfand natürlich einerseits eine nationale Wut in meinem Herzen und konnte mich doch andererseits eines Gefühls der Trauer um die rassischen Gemeinsamkeiten nicht erwehren«, schrieb er in sein Tagebuch. »Ich hoffe, dass meine Bemühungen um eine Mitwirkung an diesem historischen Ereignis nützlich sein können bei der Entwicklung eines neuen Prinzips des gegenseitigen Respekts, des gegenseitigen Verständnisses, der Koexistenz und des auf wechselseitigem Austausch beruhenden Wohlstands aller Nationen!«[32]

Webb forderte alle Angeklagten in dem Englischen folgender alphabetischer Reihenfolge einzeln auf, sich schuldig oder nicht schuldig zu bekennen. Als der erste derart aufgeforderte Angeklagte aufstand, ein General und ehemaliger Heeresminister, und auf Japanisch eine Erklärung zu schreien begann, mit der er alle Anschuldigungen zurückwies, drängte Mei den Kollegen Webb, ihm das Wort zu entziehen. Der australische Vorsitzende Richter ging barsch dazwischen: »Wir wollen ein Bekenntnis, keine Rede.« Der aufgebrachte General erwiderte, er habe nie im Leben auch nur eine der Gräueltaten begangen, die ihm vorgeworfen würden. Die anderen Angeklagten erhoben sich alle der Reihe nach, um sich für nicht schuldig zu erklären, »wie ein kontinuierlicher Strom«, hielt Mei fest. Mehrere Generale und Admirale klangen bei ihren Einlassungen so, als würden sie wütend Befehle brüllen. Die Zeitung *Asahi Shimbun* berichtete, alle angeklagten Militärs hätten sich in arroganter Manier und rundheraus für nicht schuldig erklärt, während die Zivilisten sich zwar auf die gleiche Weise eingelassen hätten, aber »in einem zurückhaltenden und feigen Tonfall«.[33] Als Tojo Hideki aufstand, richteten sich die Kameras auf ihn, Blitzlichter flammten auf, und der Angeklagte sprach laut, aber in ruhigem Ton: »Ich erkläre mich in allen Anklagepunkten für nicht schuldig.«[34]

Außerhalb des Gerichtssaals sah sich Tojo zur Zielscheibe des Abscheus und des Hohns degradiert. Einfache japanische Bürger überhäuften ihn mit Schmähungen. Seine Familie wurde gesellschaftlich geächtet, mit Hassbriefen und Drohungen von Japanern überschüttet, die wegen des Krieges verbittert waren. Einige dieser Menschen drängten Tojos Frau, Selbstmord zu begehen. Sie floh aus Tokio, um im abgelegenen Zuhause ihrer Eltern in Fukuoka ein bäuerliches Leben zu führen, und überließ es ihrer ältesten Tochter, dem Vater Bücher, Zeitungen und Zigaretten ins Gefängnis zu bringen.[35]

Mei merkte voller Verachtung an, die japanischen Zeitungen würden das Gericht nur loben, um die Verantwortung für den Krieg »dieser Gruppe Übeltäter« zuzuschieben.[36] Doch die einflussreichsten Zeitungen unterstützten den Tokioter Prozess überschwänglich. Ein Autor des liberalen Blattes *Jiji Shimpo* lobte den Versuch, sich der Justiz zu bedienen, um »den Krieg ein für allemal auszurotten«.[37] Ein Kommentator von *Asahi Shimbun* empörte sich über das »dreiste und skrupellose« Leugnen von Tojo und seinen Mitangeklagten, die Japan in die Niederlage geführt hätten, und nahm nur Okawa von der Kritik aus, weil dieser sich zumindest auf eine syphilitisch bedingte Geistesgestörtheit berufen könne.[38]

»Aus Gründen, die später zu benennen sind«

Mei betrachtete die japanischen Rechtsanwälte mit Widerwillen. Er war zwar ansonsten überaus empfänglich für prestigeträchtige akademische Referenzen, an denen es diesen Leuten nicht mangelte, aber er hielt sie für mittelmäßig. Tojos Anwalt Kiyose Ichiro – ein eindrucksvoller ehemaliger Abgeordneter des Unterhauses, der später die Ämter des Bildungsministers und des Sprechers des Unterhauses einnehmen sollte – war ein grauhaariger Brillenträger mit einem schmuddeligem Hemdkragen und kam Mei vor wie »ein alter Pedant«.[39]

Die japanischen und amerikanischen Verteidiger waren – auch ohne dass der chinesische Richter sie grimmig musterte – massiv im Hintertreffen. Die Anklageeröffnung war für einige von ihnen die erste Gelegenheit, sich mit ihren Mandanten zu besprechen, für die es in diesem Prozess um Leben und Tod ging.[40] Die unterbesetzte und überarbeitete Verteidigerriege flehte MacArthur um mehr Ressourcen an, vor allem um weitere amerikanische Anwälte.[41] Die Verteidiger waren sich untereinander uneinig, ob sie es mit einer einzelnen Entlastung ihrer Mandanten versuchen oder lieber einer allgemeinen Verteidigung der japanischen Politik den Vorzug gehen sollten. Personell überwältigt von Keenans internationaler Anklägergruppe, die vom Allgemeinen Hauptquartier zusätzlich unterstützt wurde, traten schon bald darauf acht Verteidiger unter Protest von ihrem Mandat zurück.[42] Mehrere japanische Verteidiger erhielten kein Honorar und ihnen gingen die Lebensmittel aus. Da sie sich keine Hotelzimmer im Tokioter Stadtzentrum leisten konnten, kamen sie abends erst um 22 Uhr nach Hause und mussten sich um vier Uhr morgens wieder auf den Weg zum Gericht machen. Webb befürchtete einen völligen Zusammenbruch der Verteidigung und musste sich deshalb an MacArthur wenden, um den Anwälten zumindest ein bescheidenes Honorar und einen Hotelkostenzuschuss zu sichern, beides sollte von der japanischen Regierung übernommen werden.[43]

Die Verteidigung erwies sich, all diesen Hindernissen zum Trotz, als bemerkenswert kämpferisch. Tojo plante, seine Verteidigung zu einer Rechtfertigung von Japans gerechtem Krieg zu machen.[44] Er studierte die Anklageschrift sehr genau, machte sich ausführliche Notizen dazu und wollte ein angriffslustiger Angeklagter sein.[45] Ein Vorstoß von Kiyose beunruhigte Mei und mehrere andere Richter: Er stellte einen Befangenheitsantrag, in dem er darauf hinwies, es sei unangemessen, wenn Webb, ein ehemaliger australischer Ermittler zu Kriegsverbrechen, als Vorsitzender Richter amtiere. Im Gericht machte sich Anspannung breit. Keenan war äußerst ungehalten. Webb bat seine Richterkollegen um eine Entscheidung und erklärte, dass er sich nicht an dem Beschluss beteiligen werde, bei dem es »um meine angebliche mangelnde Eignung als Richter wegen des Berichts über Gräueltaten in Neuguinea und andernorts« gehe.[46]

Die Richter zogen sich in ihren Beratungsraum zurück und gaben dort ihrer Sorge Ausdruck, dass sie alle der Reihe nach mit Befangenheitsanträgen konfrontiert werden würden. Sie kehrten mit einer eindeutigen Entscheidung zurück: MacArthur habe sie offiziell in ihr Amt eingesetzt, und sie hätten gar nicht die Befugnis, sich aus eigenem Entschluss zurückzuziehen. Dies blockierte eventuelle weitere Befangenheitsanträge der Verteidigung, die sich mit einer gewissen Berechtigung gegen Mei, Generalmajor Iwan Sarjanow oder andere Richter hätten wenden können, aber es wich der grundlegenden Beschwerde über Richter aus, die zutiefst voreingenommen waren. »Im Publikum entstand eine gewisse Unruhe, man flüsterte untereinander«, schrieb Mei in sein Tagebuch. »Die Leute schienen irgendetwas zu erwarten.«[47]

Ein nicht aus der Fassung zu bringender Kiyose ging ans Rednerpult und setzte zu einer energischen Attacke auf die grundsätzliche Legitimation des Gerichts an. In ruhigem Tonfall beklagte er, dass Verbrechen gegen den Frieden und Verbrechen gegen die Menschlichkeit noch nicht als anerkannte Tatbestände ins Völkerrecht eingeführt gewesen seien, als die kapitulierende japanische Regierung die Potsdamer Erklärung akzeptiert habe. Weder MacArthur noch das Gericht hätten die Befugnis, Mitglieder einer Regierung für ihr Handeln vor dem Beginn eines Krieges strafrechtlich zu verfolgen. In einer enger gefassten Kritik führte die Verteidigung zudem aus, dass die Anklageschrift auch Handlungen umfasse – zum Beispiel Grenzgefechte mit der Sowjetunion in der Mandschurei –, die Jahre vor dem Ausbruch eines umfassenden Krieges in Asien erfolgt seien.[48]

Die Richter aus den USA und aus China wollten diesen Vorstoß umgehend zurückweisen.[49] Doch MacArthur und Keenan zogen es vor, die Verteidigung ungekürzt vortragen zu lassen.[50] Ein mit dieser Entscheidung unzufriedener Mei machte sich auf eine »gewaltige Debatte« gefasst.[51]

Die Verteidigung trat am 13. und 14. Mai mit der Aussage vor das Gericht, es sei überhaupt kein richtiges Gericht. Kiyose und weitere Verteidiger, japanische und amerikanische, stellten einen Grundsatzantrag, nach dem das Gericht erklären sollte, es sei gar nicht befugt, über die Anklage ein Urteil zu sprechen. Die Verteidigung trug zwingende, miteinander verknüpfte Argumente vor, in denen festgestellt wurde, dass das Gericht selbst nicht ordnungsgemäß eingesetzt worden sei und einige der in seiner Satzung festgehaltenen Straftaten keine Verbrechen seien; dass das Führen eines Krieges eine staatliche Handlung sei, für die es keine individuelle strafrechtliche Verantwortung gebe; dass die Potsdamer Erklärung und die auf der *USS Missouri* unterzeichneten Kapitulations-Dokumente nur die Verfolgung nachgewiesener Kriegsverbrechen legitimierten, nicht aber neu konstruierte Tatbestände, etwa das Führen eines Angriffskriegs; dass der berühmte Kellogg-Briand-Pakt von 1928, den Japan unterzeichnet habe, den Krieg als Mittel der Politik zwar abgelehnt, aber nicht zum Verbrechen erklärt habe; dass die Satzung des Gerichts lediglich ein Ex-post-facto-Gesetz sei, mit dem zum Zeitpunkt ihrer Begehung nicht strafbare Handlungen nachträglich zu Verbrechen erklärt worden seien (was Juristen nach dem Grundsatz *nullum crimen sine lege* zurückweisen); und dass die Angeklagten von einem Gericht, dass aus Richtern aus den Siegernationen bestehe, kein gerechtes Verfahren zu erwarten hätten.[52] Kiyose behauptete, Japan habe, im Gegensatz zu Deutschland, eine bedingte, durch Verhandlungen entstandene Kapitulation unterzeichnet, deren Bestimmungen von den Alliierten anerkannt werden müssten.[53] In Zeitungsartikeln trug er sein Plädoyer der japanischen Öffentlichkeit direkt vor und hielt dabei an der Behauptung fest, die Alliierten könnten neu erdachte Verbrechen gegen den Frieden oder gegen die Menschlichkeit nicht anklagen – zum Beispiel, wie von ihm angeführt, die Verfolgung der Juden in Deutschland.[54]

»Der Prozess kann weder fair noch rechtmäßig noch unparteiisch sein«, erklärte ein amerikanischer Hauptmann, der als Verteidiger fungierte. Major Ben B. Blakeney, ein energischer junger Rechtsanwalt aus Oklahoma City mit dunklem, sorgfältig zurückgekämmtem Haar, erklärte selbstbewusst, er habe ebenso wie die Anklage das Recht, »für Amerika zu sprechen. Wir unterstützen eine amerikanische, (...) eine angloamerikanische, eine demokratische Rechtsauffassung, ein gerechtes Verfahren. Wir vertreten die Auffassung, dass die Beachtung von Rechtsformen bei gleichzeitigem Ignorieren von Rechtsgrundsätzen der schlimmste Verstoß gegen das Recht ist.« Blakeney bestritt den in der Anklageschrift erhobenen Vorwurf, die Tötung amerikanischer Soldaten in Pearl Harbor sei nichts weiter als Mord gewesen, und verblüffte das Gericht mit dem Argument, Harry Truman könne genauso angeklagt werden: »Wenn die Tötung von Admiral Kidd« – gemeint war damit Konteradmiral Isaac Kidd, der auf dem Schlachtschiff *USS Arizona* ums Leben kam – »durch die Bombardierung von Pearl Harbor ein Mord ist, dann kennen wir im Vergleich dazu auch den Namen des Mannes, dessen Hände den Abwurf der Atombombe auf Hiroshima auslösten.« Er hielt kurz inne, um das kühne Argument sacken zu lassen, bevor er fortfuhr: »Wir kennen den Stabschef, der jene Tat plante, wir kennen das Oberhaupt des verantwortlichen Staates.«[55]

Die japanischen Angeklagten waren von einer derart standhaften Verteidigung angenehm überrascht. Togo Shigenori und Shigemitsu Mamoru wirkten zufrieden. Tojo, der das Geschehen aufmerksam beobachtete, machte sich sorgfältige Notizen.[56]

Diese geschickt und schwungvoll vorgetragenen Behauptungen machten auf die aufgeschlosseneren unter den Richtern einen großen Eindruck. Röling war sich nicht sicher, ob ein Angriffskrieg als Verbrechen anzusehen war.[57] Auch Webb war persönlich nicht davon überzeugt, dass das Führen eines Angriffskriegs unzweifelhaft als Verbrechen einzustufen war, und erwog ernsthaft, stattdessen einen Prozess zu führen, der sich nur mit konventionelleren Kriegsverbrechen befasste.[58]

Keenan legte bei seiner Erwiderung auf den Vortrag der Verteidigung inhaltlich wie auch stilistisch einen katastrophalen Start hin. Als der amerikanische Hauptankläger fragte, ob die Alliierten zur Bestrafung der Verantwortlichen für das »beklagenswerte und unermessliche Blutvergießen (…) völlig unfähig« seien, unterbrach ihn der sichtlich erboste Webb: »Herr Hauptankläger, halten Sie diese phrasenhafte Ausdrucksweise an dieser Stelle für angemessen?«

Keenan lief rot an. Einige der Staatsanwälte fragten sich, ob sich bei ihm wohl ein Schlaganfall abzeichnete.[59] In einem vagen, von bunter Metaphorik geprägten Vortrag begehrte der zornige Keenan zu wissen, »ob die Menschheit sich selbst in ein Korsett von Rechtsvorschriften begeben wird (die jeder Grundlage oder Logik entbehren), indem sie sich der Macht solcher Worthülsen beugt«. Als er dann auch noch Franklin D. Roosevelt und Josef Stalin zitierte, schnitt ihm der aufgebrachte Webb das Wort ab und rügte ihn für das Vortragen hetzerischer Erklärungen.[60]

Mei, der Webbs Reaktion für überzogen hielt, wollte verhindern, dass der australische Vorsitzende Richter dem Hauptankläger Keenan, der bereits »sehr viel von seinem Ansehen verloren hatte«, einen Maulkorb verpasste. Mei schrieb in sein Tagebuch, der Gerichtssaal sei nicht der geeignete Ort für Vergeltungsmaßnahmen jeglicher Art, woher auch immer die Spannungen zwischen Webb und Keenan rühren mochten. Mei fiel auf, dass Keenans gerötetes Gesicht und seine rote Nase während des Schlagabtauschs zwischen den beiden nahezu purpurrot nachdunkelten.[61]

Keenan brachte vor, Japan habe, wie in der Potsdamer Erklärung verlangt worden war, bedingungslos kapituliert – und übersah dabei, dass man Japan zugestanden hatte, seinen Kaiser zu behalten.[62] Der britische Beigeordnete Ankläger Arthur Comyns Carr, ein weltmännisch auftretender, in Oxford ausgebildeter Jurist, half ihm mit einem wahrhaft substanziellen Vortrag aus der Klemme. Die Einstufung eines Angriffskriegs als Verbrechen sei nichts Neues, brachten die Ankläger vor. Durch die Unterzeichnung des Kellogg-Briand-Pakts, der den Krieg ächtete, des Versailler Vertrags, in dem ein Prozess gegen Kaiser Wilhelm II. gefordert wurde, sowie anderer Verträge habe Japan die Rechtswidrigkeit des Angriffskriegs bestätigt – und das sei bereits vor Kriegsbeginn ein etablierter Grundsatz des Völkerrechts gewesen. Zu Hiroshima und den Brandbombenangriffen auf Japan sagte Keenan: »Wir entschuldigen uns dafür genauso wenig wie ein anständiger, unbescholtener Bürger, der auf dem Heimweg (…) zum Mittel der Gewalt greift, um zu verhindern, dass ihm ein Gesetzloser das Leben nimmt.«[63]

Viele Richter waren über Keenans Auftritt entsetzt. Der Hauptankläger war von allen anderen Beteiligten in den Schatten gestellt worden: vom furchtlosen Kiyose; von Comyns Carr, der sich klar und sachlich zutreffend äußerte; vom energischen Blakeney, der in Harvard studiert hatte, fließend Japanisch sprach und sich über Keenans »rhetorische Höhenflüge, die ich nicht nachahmen kann« lustig machte.[64] Mei, der sich über Comyns Carrs (aus seiner Sicht) affektierten britischen Akzent aufregte (»die antibritische Stimmung in meinem Herzen ist in diesen Tagen sehr ausgeprägt«), war widerstrebend beeindruckt. »Keenan hielt eine Ansprache an die ganze Welt«, schrieb Mei in sein Tagebuch. »Comyns Carrs Vortrag war ein handfester Beitrag zur Rechtfertigung des Tribunals.«[65]

Webb war entsetzt über Keenans langatmige Ausführungen, in denen sich der Hauptankläger über die Schrecken des Angriffskriegs ausließ und so zu beweisen suchte, dass dieser als Verbrechen einzustufen sei. Kriege waren schon immer etwas Furchtbares gewesen, dachte Webb, aber das bedeutete nicht, dass sie schon immer gegen das Gesetz verstießen. Privat spottete Webb: »Mr. Keenans gesamter, auf die Schrecken des Krieges ausgerichteter Vortrag führt zu keinen juristisch brauchbaren Ergebnissen, seine politischen Auswirkungen sind allerdings erheblich.«[66]

Der im Gerichtssaal ausgetragene Konflikt beeindruckte japanische Beobachter aus dem gesamten politischen Spektrum, die Zeitungsredakteure waren sich allerdings der von den Zensoren im Allgemeinen Hauptquartier gesetzten Rahmenbedingungen zweifellos bewusst. Ein Reporter des konservativen Blattes *Yomiuri Shimbun* staunte über das hitzige Rededuell. Dieser Journalist stellte sich ganz und gar auf Keenans Seite und betrauerte »den schrecklichen Verlust naher Verwandter und Heimstätten – und den Hunger, den der Angriffskrieg verursacht hatte und den diese Gruppe von Kriegsverbrechern plante und führte«. Tojo und seine Gefolgsleute müssten für die in ganz Asien an unschuldigen Menschen begangenen Massaker »unbedingt zur Verantwortung gezogen werden«. Im jetzt angebrochenen Atomzeitalter »ist der Angriffskrieg ein Feind des Friedens, der Menschheit und der Zivilisation«, schrieb der *Yomiuri*-Reporter – der Text war ein frühes Anzeichen für den Pazifismus, der im Japan der Nachkriegszeit Fuß fassen sollte. »Wir müssen den von Tojo und seinen Anhängern begangenen Verbrechen direkt ins Auge blicken, uns damit auseinandersetzen, ihre Verbrechen gegen den Frieden, die Menschlichkeit und die Kultur ohne Umschweife einräumen und dem Geist zivilisierter Gerichtsverfahren eine konkrete Form geben, damit dieser ein neues Völkerrecht prägen kann.«[67] Ein weiterer *Yomiuri*-Mitarbeiter, der Japan des »Verbrechens des Angriffskriegs« von der Mandschurei bis nach Pearl Harbor für schuldig befand, zeigte sich von der Tatsache beeindruckt, dass die siegreichen Alliierten den Angeklagten gestatteten, jede von den Angeklagten gewünschte Verteidigung in einem offenen Verfahren vorzubringen.[68]

Doch zurück zum Bestreiten der rechtlichen Zuständigkeit des Gerichts. Das war natürlich ein naheliegender Eröffnungs-Schachzug gewesen, wie er von einem kompetenten Verteidiger vor einem neuen Gerichtshof zu erwarten war. Das hatte sich bereits in Nürnberg so abgespielt; es geschieht so bei der Eröffnung nahezu eines jeden internationalen Verfahrens wegen Kriegsverbrechen, wenn der wacklige Anspruch, über die vor Gericht stehenden Angeklagten zu urteilen, in Frage gestellt wird. Doch die Richter hatten erstaunlicherweise keine einheitliche Antwort auf diesen unvermeidlichen Angriff. Sie stritten erbittert sowohl über die Begründung für ihre rechtliche Zuständigkeit wie auch über die Frage, ob der Angriffskrieg tatsächlich ein Verbrechen im Sinne des Völkerrechts sei. Der französische Richter Henri Bernard ließ durchblicken, dass man es hier mit einem äußerst schwierigen Sachverhalt zu tun habe, und vertrat die Ansicht, dass »das universelle Gewissen« Angriffskriege schon seit langem als strafwürdig betrachtet habe, er glaube allerdings auch nicht, dass eine Handvoll in

Potsdam versammelter Staatschefs der Alliierten befugt gewesen sei, internationale Rechtsnormen für alle Nationen zu formulieren.[69]

Nach mehrtägigen Beratungen einigten sich die Richter auf eine gemeinsame Stellungnahme, nach der sie ihre Entscheidungsgründe zu einem späteren Zeitpunkt vorlegen wollten.[70] Webb gab in der Sitzung des Gerichts vom 17. Mai bekannt, die Anträge der Verteidigung zur rechtlichen Zuständigkeit seien »abgelehnt, aus Gründen, die später zu benennen sind« – ein Ergebnis, das nicht überraschte, das aber auf eine schockierende Art und Weise ohne nachvollziehbare schriftliche Begründung blieb.[71]

Unterdessen kam ein flammendes Plädoyer für die rechtliche Zuständigkeit des Gerichts von einem Mann mit höchster Glaubwürdigkeit: von Yokota Kisaburo, einem zukünftigen Obersten Richter Japans. Er hatte einst, in seiner Eigenschaft als liberaler Professor der Rechtswissenschaft an der Kaiserlichen Universität Tokio, die Invasion in der Mandschurei mutig als rechtswidrig kritisiert, was ihm öffentliche Schmähungen als Verräter und Morddrohungen eingebracht hatte.[72] In einem Zeitungsbeitrag, in dem er den Tokioter Prozess rechtfertigte, setzte er sich für eine weit gefasste Auslegung des sich entwickelnden Völkerrechts ein. Yokota plädierte für eine individuelle Verantwortung für Kriegsverbrechen und spottete zugleich über die von der Verteidigung praktizierte »mechanische Anwendung« des Grundsatzes, ohne bestehendes Gesetz könne es auch keine Bestrafung geben. Der zukünftige Oberste Richter vertrat sogar die Ansicht, Tötungshandlungen in einem rechtswidrigen Krieg seien als Morde zu bewerten.[73] In den Folgemonaten erweiterte er seine Argumentation zu einem Buch, in dem er sich für den Prozess einsetzte und kühn die Ansicht vertrat, bei Handlungen, die grundsätzlich kriminell seien, sollten formaljuristische Gesichtspunkte die Strafverfolgung nicht verhindern. Yokota sollte letztlich sogar bei der amtlichen Übersetzung des Urteils des Gerichtshofs ins Japanische mitarbeiten.[74]

Die Richter trugen jetzt interne Streitigkeiten über ihre eigene rechtliche Zuständigkeit aus.[75] Webb gelang es nicht, eine Mehrheit der Richter dazu zu bewegen, ihr Versprechen, die eigenen Entscheidungsgründe noch darzulegen, auch einzulösen. Was zunächst wie eine gut zu bewältigende Ausgabe anmutete, entwickelte sich zu einer hitzigen, mehr als zwei Jahre anhaltenden Dauerdebatte. Schließlich brachten die Richter nicht mehr zustande als jene »Gründe, die später zu benennen sind«, als Teil des im November 1948 verkündeten abschließenden Urteils des Gerichtshofs darzulegen. Der gesamte Tokioter Prozess sollte geführt werden, ohne dass sich das Gericht zu seiner eigenen Legitimität erklärte.

Eine holprige Angelegenheit – von Anfang an

Das Gericht vertagte sich und legte als nächsten Sitzungstag den 3. Juni fest. Die Verteidiger protestierten dagegen und erklärten, dieser Termin lasse ihnen nur einen Monat Vorbereitungszeit, während die Ankläger acht Monate Zeit für die Erarbeitung der Anklageschrift gehabt hätten.[76]

Während dieser Sitzungspause legte der Richter aus den Vereinigten Staaten überraschend sein Amt nieder. Ihm war klar geworden, dass der Prozess sehr viel mehr Zeit in Anspruch nehmen würde als nur ein paar Monate, und er beschloss – einer wütenden Ermahnung durch den US-Justizminister zum Trotz –, dass er an seinem bisherigen Arbeitsplatz, dem Obersten Gerichtshof von Massachusetts, dringender gebraucht wurde.[77] Das war skandalös: Wie konnten die Japaner von einem Gerichtshof, dessen personelle Zusammensetzung sich ständig änderte, ein ordentliches Verfahren erwarten? Es drohte der peinliche Zustand, einen Prozess ohne einen Richter aus den USA führen zu müssen, deshalb suchten MacArthur und Webb fieberhaft nach einem Ersatz.[78] Innerhalb von zwei Wochen entschieden sie sich für Generalmajor Myron C. Cramer, einen Absolventen der Harvard Law School, der zuletzt als US Judge Advocate General (Oberster Militärjurist) fungiert hatte.[79] Er hatte bei der Vorbereitung des Nürnberger Prozesses gegen die Hauptkriegsverbrecher mitgewirkt und sich für einen »groß angelegten internationalen Prozess gegen die Rädelsführer« eingesetzt, um vor aller Welt einen »überzeugenden Nachweis der Schuld« zu führen.[80]

Cramer eilte nach Tokio.[81] Er war dort jetzt der älteste Richter, war ein leidenschaftlicher Trinker, seiner Frau treu ergeben und neigte als Zuschauer bei Ballspielen zu lautstarken Beifallskundgebungen. Mei, der wegen seiner Körpergröße immer etwas unsicher war, gefiel es, dass der neue Kollege klein von Gestalt war. Mei schrieb, dass bei Gericht gescherzt werde, sie beide würden ein gutes Paar abgeben, wenn sie Seite an Seite dort einträfen.[82] Niemand schien zu wissen, dass der neue US-Richter im Jahr 1944 ein umfassendes Rechtsgutachten gutgeheißen hatte, in dem der Gedanke, dass ein Angriffskrieg nach dem Völkerrecht als Verbrechen zu bewerten sei, auseinandergenommen worden war.[83]

Die Regierungen Großbritanniens und Neuseelands beschwerten sich offiziell bei den Vereinigten Staaten über die nach ihrer Ansicht unangemessene Ernennung eines neuen Richters inmitten des laufenden Verfahrens.[84] Als Cramer erstmals im Gericht auftrat, legten die amerikanischen Verteidiger umgehend Einspruch gegen die Ernennung ihres Landsmannes ein und sprachen von einem Verfahrensfehler. Ein amerikanischer Verteidiger trug dazu vor, Cramer könne in seiner Eigenschaft als General der siegreichen US Army im Umgang mit dem besiegten Feind wohl kaum unparteiisch agieren. Er sei bei den Zeugenvernehmungen, bei den juristischen Auseinandersetzungen zwischen Anklage und Verteidigung und bei den Beratungen mit den anderen Richtern nicht dabei gewesen. Der chinesische Beigeordnete Ankläger hielt dagegen, indem er betonte, dass China ein besonderes Interesse an einem amerikanischen Richter im Richterkollegium habe. Eine Mehrheit der Richter war sich, persönlichen Bedenken zum Trotz, in der Bewertung einig, dass Cramer als US-Richter amtieren könne.[85]

Eine weitere Peinlichkeit war, dass dem Gericht zwei Angeklagte abhandenkamen. Okawa Shuwei, der Mann, der Tojo geschlagen hatte, landete in der Psychiatrischen Station des Kaiserlichen Universitätskrankenhauses von Tokio und plapperte dort unzusammenhängend in zahlreichen Sprachen.[86] Das Allgemeine Hauptquartier gab in einer boshaften Pressemitteilung bekannt, dass er wegen einer Geschlechtskrankheit behandelt werde.[87] Okawa erklärte später, geschwächt durch eine Tuberkulose und eine von einer Syphilis ausgelöste Herzkrankheit, er habe sich neun Jahre lang danach gesehnt, Tojo auf seinen Kahlkopf schlagen zu können.[88] Die Anklage gegen Okawa sollte schließlich mit dem Verweis auf eine Geisteskrankheit in allen Punkten fallengelassen werden.[89]

Bei Matsuoka Yosuke, der im Krankenhaus lag, lautete der Befund auf eine zum Tode führende Krankheit. Der Mann, der die Achse geschmiedet und bei Japans Austritt aus dem Völkerbund die Führungsrolle innegehabt hatte, sollte wenig später auf einer Isolierstation des Kaiserlichen Universitätskrankenhauses in Tokio an Tuberkulose, Nierenversagen und weiteren Krankheiten sterben. Er wurde 66 Jahre alt.[90]

Keenan klagt an

Das Gericht hatte noch mit diesen Katastrophen auf diversen Nebenschauplätzen zu kämpfen, als Keenan sich am 4. Juni erhob, um den Eröffnungsvortrag der Anklage zu halten. Für viele Japaner war dies die erste Gelegenheit, bei der sie eine Darstellung der jüngeren Geschichte zu hören bekamen, die der zu Kriegszeiten verkündeten regierungsamtlichen Linie widersprach.

Es war ein zu den Ereignissen passender düsterer und regnerischer Tag. Keenan, dessen plumpes Gesicht von runden Brillengläsern umrahmt wurde, bemühte sich in seiner dreistündigen Eröffnungsrede darum, den Eindruck von Autorität zu vermitteln.[91] Zur Verblüffung der japanischen Zuschauer wandte er sich bei seinem Vortrag an die Richter und kehrte den Angeklagten den Rücken zu. Seine gestelzte Wortwahl ließ nicht nur die Dolmetscher zum Wörterbuch greifen.

»Dies ist kein gewöhnlicher Prozess«, hob er an, »denn wir führen hier einen Teil des entschlossenen Kampfs der Zivilisation um die Bewahrung der ganzen Welt vor der Zerstörung.« Er sagte, die Angeklagten hätten die Vernichtung der Demokratie und der Freiheit beabsichtigt. Dieser Lobgesang auf die Freiheit wurde durch die Anwesenheit von Richtern und Anklägern konterkariert, die das sowjetische, britische, französische und niederländische Kolonialreich vertraten. Nicht weniger peinlich kam sein Versuch daher, die Zerstörung rings um das Gerichtsgebäude den Angeklagten und nicht etwa den Bomberflotten der Alliierten zuzuschreiben: »Wir müssen nur (…) die wenigen Stufen bis zum Dach dieses Gebäudes hinaufsteigen, um zu sehen, was diese Leute über ihr eigenes Volk gebracht haben.«

Da die Richter sich nicht zur rechtlichen Zuständigkeit des Gerichtshofs geäußert hatten, versuchte Keenan es auf eigene Faust. Verbrechen gegen den Frieden oder Verbrechen gegen die Menschlichkeit seien keine Neuigkeiten. Japans militante Staatsführung habe gewusst, dass sie gegen ihre eigenen vertraglichen Verpflichtungen verstoße, behauptete er. Dann bezog er sich auf eine ganze Reihe von internationalen Abkommen – auf den Versailler Vertrag, das nicht ratifizierte »Genfer Protokoll für die friedliche Regelung internationaler Streitigkeiten« von 1924, auf eine Erklärung des Völkerbunds von 1927, eine Resolution der Panamerikanischen Konferenz von 1928 und vor allem auf den Kellogg-Briand-Pakt von 1928 –, die insgesamt den Angriffskrieg zu einem Verbrechen im Sinn des Völkerrechts gemacht hätten.

Um die Verurteilung eines Angriffskriegs als Kriegsverbrechen zu erleichtern, behandelte die Anklage das Völkerrecht als ein lebendiges und sich weiterentwickelndes Rechtssystem, das letztlich in einem höheren Naturrecht wurzelte – einem zivilisierten Völkern innewohnenden Gefühl für Recht und Unrecht. Keenan verstieg sich sogar zu der Behauptung, es habe seit »prähistorischen und Urzeiten« Strafen für Angriffskriege gegeben. Das Völkerrecht, hielt er fest, beruhe nicht allein auf Verträgen, sondern auf Gewohnheiten – beständigen internationalen Verfahrensweisen von Staaten, die aus einem Gefühl von rechtlicher Verantwortung heraus Anwendung fänden. »Wenn zahlreiche zivilisierte Nationen in einer Angelegenheit des allgemeinen Wohlergehens in freiwilliger Übereinstimmung

Abb. 16 *Alliierte Richter sitzen im Gerichtssaal vor den elf Nationalflaggen der Beteiligten. Von links: Lord Patrick (Großbritannien), Generalmajor Myron C. Cramer (Vereinigte Staaten), Sir William Webb (Australien), Mei Ruao (China), Generalmajor Iwan Sarjonow (Sowjetunion). Die zivilen Richter tragen schwarze Richterroben, aber der amerikanische und der sowjetische Richter zogen ihre Militäruniformen vor. Die Flagge Britisch-Indiens legt nahe, dass das Foto zwischen Cramers Eintreffen im Juli 1946 und der Unabhängigkeit Indiens im August 1947 entstand.*

gehandelt haben, wird dies als Grundsatz des Völkerrechts anerkannt«, lautete seine Behauptung.

Keenan brachte außerdem vor, dass Mord auch nach dem japanischen Strafgesetzbuch ein Verbrechen sei, um Klagen zu verhindern, dass den Japanern fremde westliche Gesetze aufgenötigt würden. Das Führen eines Angriffskriegs, sagte er, bringe es mit sich, dass Menschen ohne Rechtsgrundlage das Leben genommen werde, was – erneut holte er weit aus – »seit Anbeginn der Geschichte (…) als Mord bewertet worden ist«. Diese weitreichende Rechtstheorie bedeutete potenziell, dass jeder im Zweiten Weltkrieg getötete Soldat der Alliierten ermordet worden war.

Auf das japanische Publikum machte Keenans Vortrag mit seiner Darstellung der jüngsten Vergangenheit großen Eindruck, er eröffnete eine Perspektive, die auf schockierende Art und Weise von dem abwich, was die japanische Bevölkerung in den langen Kriegsjahren zu hören bekommen hatte. Die japanischen Zeitungen berichteten in aller Ausführlichkeit über die Rede – druckten sie in einigen Fällen sogar wörtlich nach –, und die vollständige japanische und englische Fassung der Anklageschrift wurde schon bald veröffentlicht und zum Kauf angeboten.[92] Keenans Tonfall war leidenschaftlich, und er fuchtelte mit der Hand wie »ein Löwe, der mit großem Zorn für die Sache der Gerechtigkeit streitet«, berichtete das einflussreiche Blatt *Jiji Shimpo*.[93]

Er begann mit Japans Eroberung der Mandschurei im Jahr 1931 und sprach dann über die Invasion im verbliebenen Teil Chinas 1937. Er beschrieb Japans Bündnis mit Adolf Hitlers nationalsozialistischem Deutschland und Benito Mussolinis faschistischem Italien als Versuch, die Demokratie weltweit zu beseitigen. Nach Keenans Darstellung richtete die japanische Staatsführung ihre Ambitionen zunächst auf Groß-Ostasien, das für sie Indochina, Thailand, Burma und Indonesien und schließlich sogar Australien, Neuseeland, Indien und Sibirien umfasste. Dafür musste Krieg gegen die Vereinigten Staaten geführt werden. Tojos Kabinett habe daher heimtückisch, »in wohlüberlegter krimineller Absicht«, Pearl Harbor, die Philippinen und das von Großbritannien beherrschte Hongkong angegriffen. Das seien nicht nur aggressive Handlungen gewesen, stellte Keenan fest, sondern habe zur Ermordung von mehr als 5000 Staatsbürgern der Alliierten geführt.

Keenans grauenerregende Geschichten waren für ein japanisches Publikum, das noch von der Kriegspropaganda der eigenen Regierung durchdrungen war, schockierende Neuigkeiten – er berichtete von australischen Gefangenen, die als Zwangsarbeiter beim Eisenbahnbau durch den Dschungel von Burma und Thailand zu Tode geschunden wurden, von chinesischen Zivilisten, die zum Bau militärischer Einrichtungen in der Mandschurei gezwungen und anschließend aus Gründen der Geheimhaltung getötet wurden, von australischen Krankenschwestern, die vor der Küste von Sumatra massakriert wurden. Genauso schockierend wirkte der Vorwurf, dass die Massaker von Nanjing, Manila und an anderen Orten Teil einer systematisch betriebenen Politik der Kriegführung durch Gräueltaten gewesen seien. Keenan widersprach der Darstellung des Kaiserreiches Japan, nach der die eigenen Soldaten ehrenhaft gekämpft hätten, und behauptete, dass »in allen Gebieten unter japanischer Besatzung gleichartige Maßnahmen zur Folterung von Kriegsgefangenen und Zivilisten angewendet wurden, zum Beispiel die ›Wasserkur‹, ›Elektroschocks‹, das Aufhängen an den Beinen, das Ausreißen von Fingernägeln und Schläge auf den ganzen Körper«.[94]

Einige der angeklagten Generale gaben sich weiterhin äußerlich unbekümmert, aber Keegans Vortrag erzeugte eine sichtbare Wirkung bei Shigemitsu Mamoru, einem prowestlich eingestellten ehemaligen Außenminister, der ernst dreinschaute.[95] Ein *Yomiuri*-Reporter beschrieb die Mienen der Angeklagten als »so finster wie der regnerische Himmel draußen«. Als der Ankläger von der Vernichtung der Jugend der Welt sprach, starrte Tojo, der die Brille abgenommen hatte, regungslos an die Decke, und der Reporter vermutete, dass er dies entweder aus Verzweiflung oder aus Scham tat.[96]

Viele Japaner – und vor allem die junge Generation – waren von dieser historischen Darstellung beeindruckt. »Der Tokioter Prozess ist in den Augen des Anklagevertreters Keenan das Schlachtfeld der Zivilisation«, schrieb die Zeitung *Asahi Shimbun*.[97] Das konservative Blatt *Yomiuri Shimbun* sprach vom beklemmenden Gefühl der historischen Bedeutung des Tokioter Prozesses.[98] Die Presseagentur *Jiji* zeigte sich von der Tatsache beeindruckt, dass das Tribunal Funktionsträger des Staates aufgrund ihres Handelns in Kriegszeiten anklagte: »Die handelnden Personen müssen zur Rechenschaft gezogen werden können, betonte der Hauptankläger Keenan.«[99]

Einige progressive japanische Intellektuelle warfen sogar die Frage auf, was diese Gräueltaten über sie selbst als Rasse aussagen würden, und verinnerlichten damit auf schmerzhafte Art die während des Krieges gepflegte amerikanische Sichtweise, mit der die Japaner als eine auffällig grausame Spezies wahrgenommen wurden.[100] Ein *Jiji-Shimpo*-Autor, der bei der Betrachtung der in der Anklageschrift enthaltenen Liste von Morden, Folterungen und Versklavungen »stumme Tränen« vergoss, fragte sich, wie »die japanische Rasse in eine so schändliche und niederträchtige Mentalität verfiel«. Er fügte hinzu, dass »wir Japaner in Verbindung mit den jetzt eingeleiteten Gerichtsverfahren gründlich über die typischen Merkmale unserer Rasse nachdenken müssen. (…) Wir müssen begreifen, dass das erste Erfordernis für die Erneuerung der japanischen Rasse lautet, sich um das Erreichen eines sehr viel höheren Niveaus von Moral zu bemühen, und das in vollständiger Kenntnis des wirklich niedrigen eigenen zivilisatorischen Standards.«[101]

Ein japanischer Zuschauer bei Gericht, ein Büroangestellter, der den Krieg satt gehabt hatte, zeigte sich beeindruckt davon, dass die Angeklagten Verantwortung übernahmen. Ein Student der Waseda-Universität betrat das Gerichtsgebäude mit einem unbestimmten Gefühl des Mitleids mit den Angeklagten, verließ es jedoch in der Überzeugung, dass die Verantwortlichkeit der Angeklagten dort offengelegt worden sei.[102] Und ein

Student der Wirtschaftswissenschaften an der Kaiserlichen Universität in Tokio hoffte, dass die angeklagten Verbrecher »eindringlich über sich selbst nachdenken« würden.[103]

Die Ausnahme

Keenan, der zuvor energisch auf einer individuellen strafrechtlichen Verantwortlichkeit ohne Ansehen von Rang oder Funktion bestanden hatte, machte umgehend eine spektakuläre Ausnahme. Bei einem Besuch in Washington sagte er zu Journalisten, dass auf »hoher politischer Ebene« die Entscheidung getroffen worden sei, Hirohito nicht als Kriegsverbrecher vor Gericht zu stellen, und fügte hinzu, es sei seine »offizielle Überzeugung«, dass es »ein schwerer Fehler« wäre, »dem Kaiser den Prozess zu machen«.[104] Der Marquis Kido Koichi frohlockte im Sugamo-Gefängnis: »Damit ist mein Auftrag erfüllt.«[105]

Die anderen Ankläger der Alliierten zeigten sich verblüfft, wie ein beunruhigter Xiang Zhejun, der chinesische Ankläger, seinem Außenminister berichtete. Comyns Carr fragte sich, ob es noch angemessen sei, seine Arbeit als britischer Anklagevertreter fortzusetzen. Die australischen, kanadischen und neuseeländischen Ankläger waren ob dieser peinlichen Stellungnahme außerordentlich wütend auf Keenan.[106]

Auch mehrere Richter waren persönlich der Ansicht, dass Hirohito vor Gericht gehörte. Webb war, wie viele Australier, von der zentralen Bedeutung des Kaisers überzeugt und ließ seinen Premierminister wissen, dass »Kido und Tojo meiner Meinung nach die beiden wichtigsten Angeklagten sind, der Erstere als Lordsiegelbewahrer und der Letztere als Premierminister zum Zeitpunkt des Angriffs auf Pearl Harbor«.[107] Wie Mei festhielt, hatte Australien hartnäckig darauf gedrängt, dass der Kaiser der Liste der Hauptkriegsverbrecher hinzugefügt wurde; die staatlich kontrollierten sowjetischen Medien forderten seine strafrechtliche Verfolgung; amerikanische Zeitungen bezeichneten ihn als Japans führenden Kriegsverbrecher. Die Sowjetunion forderte in der Far Eastern Commission, den Kaiser vor Gericht zu stellen, aber die Vereinigten Staaten bildeten mit den meisten anderen alliierten Ländern eine Mehrheit, die dies ablehnte.[108] Mei schrieb in sein Tagebuch: »Auch wenn der Kaiser aus politischen Gründen diesmal einer Strafverfolgung entgangen ist, bin ich der Meinung, dass unweigerlich der Tag kommen wird, an dem man dieses alte Thema wieder diskutiert. Er kann zumindest nicht der Möglichkeit entgehen, als Zeuge vor das

Tribunal geladen zu werden – das ist jedoch nur mein eigenes Gefühl und meine Vermutung.«[109]

Die amerikanische Strategie, Hirohito jede Strafverfolgung zu ersparen, gewann – während der Tokioter Prozess in Gang kam – zusätzliches Ansehen durch eine ganze Reihe patriotisch gesinnter Japaner, von denen Tojo der prominenteste war. Diese Personen wollten ihren Monarchen unbedingt schützen. Kaisertreue loyale Persönlichkeiten konnten die pazifistische Haltung des Monarchen überbetonen, weil es an einer vollständigen archivalischen Dokumentation oder an zuverlässigen Memoiren fehlte. Kase Toshikazu, ein weltgewandter, in Amherst ausgebildeter japanischer Diplomat, der zu einem späteren Zeitpunkt als Japans Gesandter bei den Vereinten Nationen dienen sollte (und dessen Nichte Yoko Ono ist), teilte dem Allgemeinen Hauptquartier mit, dass »ohne die entschlossene Führung durch den Kaiser die Einstellung der Feindseligkeiten zu jenem Zeitpunkt völlig unmöglich war«.[110] Der Chefkabinettssekretär schilderte in einem weiteren maßgeblichen Geheimverhör, wie der Kaiser die letzte kaiserliche Konferenz in Kriegszeiten mit einem emotionalen Appell beherrscht hatte.[111]

Etwa zur gleichen Zeit kam der hochkarätig besetzte U.S. Strategic Bombing Survey – eine Kommission, die die Auswirkungen von amerikanischen Luftangriffen untersuchte – zu ähnlich schmeichelhaften Schlussfolgerungen über die Rolle des Kaisers bei der Kapitulation Japans.[112] Dem Gremium gehörten bedeutende Persönlichkeiten wie John K. Galbraith und Paul H. Nitze an (Letzterer hatte die Japaner einst als »das abscheulichste unter allen Völkern der Erde« bezeichnet). Das Gremium konnte Hirohito nicht persönlich vernehmen, und ein wütender MacArthur verhinderte ein Treffen mit Tojo.[113] Die ganze Untersuchung, die das Denken des US-Regierungsapparats über das Japan der Nachkriegszeit dominieren sollte, beruhte in hohem Maß auf Interviews, die mit prominenten Royalisten geführt wurden – mit Männern wie Kido Koichi, dem engen Vertrauten des Kaisers –, und diese Leute bemühten sich nach Kräften darum, den Thron zu schützen.[114] Die bekannteste Einzelaussage der Untersuchung ist zwar die Schlussfolgerung, dass Japan auch ohne die Atombombenabwürfe oder eine Invasion mit Bodentruppen schon wenig später zusammengebrochen wäre, aber sie enthielt auch die Behauptung, dass die letztliche Befürwortung der Kapitulation durch den Kaiser einen Aufstand der Militärs verhindert habe.[115]

Auf diese Weise prägten japanische Royalisten und amerikanische Besatzer gemeinsam das beschönigende Bild vom Kaiser als einer friedliebenden, wenn auch passiv gebliebenen Persönlichkeit.[116] Trumans Außenminister James F. Byrnes schrieb einen großen Teil der erfolgreichen Demokratisierung Japans der Entscheidung zu, an der Institution des Kaisertums festzuhalten und sie für die Umsetzung von MacArthurs Politik zu benutzen.[117] Was auch immer im Tokioter Prozess noch ans Licht kommen würde, in amerikanischen Regierungskreisen wuchs die Zuversicht, dass der Kaiser bei der Legitimierung einer neuen Verfassungsordnung in Japan sehr nützlich sein könnte.[118]

11.

»Asien den Asiaten«

Radhabinod Pal kam 1886 als Untertan von Königin Victoria, der Kaiserin von Indien, im unter britischer Herrschaft stehenden Bengalen zur Welt.[1]

Er wuchs in einer bitterarmen, einer niederen Kaste angehörenden Familie in einem Dorf in Ostbengalen auf, dem heutigen Bangladesch. Sein Vater – ein dem Vishnuismus verpflichteter Hindu, der eine asketische Frömmigkeit praktizierte – verließ die Familie, als der Junge drei Jahre alt war, und überließ es der unbeugsamen Mutter, ihn und seine zwei Schwestern alleine aufzuziehen. Während seiner Schulzeit war er auf wohltätige Hilfe angewiesen. Als er im späteren Leben dann wohlhabend wurde, vergaß er nie, wie es sich anfühlte, in größter Armut zu leben, in der fürchterlichen Unsicherheit eines Lebens am Rand des Bettlerdaseins. »Er hatte eine Schwäche für die Armen«, erinnert sich seine Tochter Smriti Kana Pal. »Er versuchte immer, ihnen zu helfen.«

Der erweiterte Familienkreis – in der Überzeugung, Pal sei für niedere Tätigkeiten bestimmt – versuchte den auffallend begabten kleinen Jungen vom Schulbesuch fernzuhalten. Seine Mutter hielt konsequent dagegen. Von ihr angespornt, erwarb Pal zwei akademische Grade am illustren Presidency College in Kalkutta und setzte sein Studium dann an der juristischen Fakultät der Universität von Kalkutta fort. Mit der Tätigkeit als Jurist fand er nicht nur einen Weg aus der Armut, sondern eine Berufung.

Er ging eine arrangierte Ehe ein, was für jene Zeit typisch war. Sie entwickelte sich zu einer tiefen Liebesbeziehung, aus der 14 Kinder hervorgingen, die ihm eine große Zahl von Enkelkindern bescherten. Einer der Enkel, Satyabrata Pal – der einer der bekanntesten indischen Diplomaten wurde und als Botschafter in Pakistan und Südafrika diente –, erinnert sich an die tiefe Liebe und Verehrung seines Großvaters für seine kluge und tüchtige Ehefrau Nalinibala.[2]

»Angesichts des familiären Hintergrunds, dem er entstammte«, erinnert sich Satyabrata Pal, »war er zu einem völlig unkonventionellen Mann geworden. Er war ein Hindu, aber ohne die gängigen Merkmale des Hindu-

Konservatismus.« Er nahm seine Mahlzeiten gemeinsam mit den Dienstboten ein, Kastenzugehörigkeiten oder persönlicher Status interessierten ihn nicht, und er brachte Dutzende von Studenten nach Hause mit, um sie dort zu beköstigen. Seine Kinder und Enkelkinder haben einen leise sprechenden, höflichen, ruhig und standhaft auftretenden und liebevollen Großvater in zärtlicher Erinnerung. Zu Hause trug er Dhoti und Kurta, im Berufsleben griff er allerdings auf Anzüge nach europäischer Art zurück. In Ostbengalen war er unter Muslimen aufgewachsen, hatte zahlreiche muslimische Freunde und Weggefährten und für Vorurteile, die mit der Zugehörigkeit zu bestimmten Gemeinschaften verbunden waren, nicht das Geringste übrig. Er hatte keine Bedenken gegen den Verzehr von Rindfleisch und verleitete seine Assistentin, eine strikte Hindu-Vegetarierin, die sich bei der Ernährung im Ausland vor nahezu unüberwindliche Schwierigkeiten gestellt sah, einmal zu einer Rinder-Kraftbrühe. Diese Geschichte amüsierte ihn auch in der Rückschau so sehr, dass er sie seiner Familie noch jahrelang auftischte.

Bengalen wurde zu einem Zentrum des Freiheitskampfes, auch wenn die Briten die Bengalen schon seit langem als besonders unangenehme Untertanen betrachteten. Der Historiker und Kolonialverwalter Thomas Babington Macaulay hatte sie bereits 1841 auf unvorteilhafte Art mit mittelalterlichen Juden verglichen:

> Der Körperbau des Bengalen ist schwächlich bis hin zur Verweiblichung. Ihn umgibt ein beständiger Dunst. Er geht sitzenden Tätigkeiten nach, seine Glieder sind zierlich, die Bewegungen träge. (…) Was die Hörner für den Büffel sind, die Pranke für den Tiger, der Stachel für die Biene, was die Schönheit nach dem alten griechischen Lied für die Frauen ist, das ist für den Bengalen die Täuschung. Große Versprechungen, aalglatte Ausreden, ein feines Gemisch aus den jeweiligen Umständen angepasster Unehrlichkeit, Täuschung, Meineid und Fälschung sind die Offensiv- und Defensivwaffen des Volkes am Unterlauf des Ganges.[3]

Bis in die letzten Tage ihrer ausbeuterischen Herrschaft hielten die Briten an diesen bigotten Klischeevorstellungen über die Bengalen fest, die angeblich so geschwätzig, radikal, verweichlicht und unregierbar waren.[4] Der Gouverneur des British Empire in Bengalen war aufgebracht über »den leicht erregbaren Charakter des Volkes«.[5]

Pal stieß zur Rechtswissenschaft in einer Zeit, in der diese Berufsgruppe einige der glühendsten Gegner der britischen Herrschaft anzog, die bekanntesten unter ihnen waren Jawaharlal Nehru und Mohandas Karamchand Gandhi. Generationen von japanischen Nationalisten gingen fest davon aus, dass Pal ein unerschrockener Gegner des britischen Imperialismus und, wie die Zeitung *Asahi Shimbun* 1966 in einem Leitartikel schrieb, »ein Anhänger von Gandhi« gewesen sei.[6] Einige westliche Rechtswissenschaftler ordnen ihn ebenfalls der großen, an Gandhi orientierten Tradition des antikolonialen Widerstandes zu.[7] In späteren Jahren beklagte er wiederholt, dass der westliche Imperialismus »imstande« sei, »verschiedene koloniale und semikoloniale herrschende Klassen für seine eigenen Zwecke zu prostituieren«.[8] Doch trotz Pals berühmter Kritik am europäischen Imperialismus, die er in seinem abweichenden Votum beim Tokioter Prozess vortrug, gibt es kaum einen Beleg für kritische Bemerkungen von seiner Seite über das British Empire im unbeständigen Bengalen. Vielmehr arbeitete er während des größten Teils seiner Laufbahn unter dem Raj und behielt dabei seine eigenen Ansichten für sich.

Das rückt das Bild von ihm als kühnem Helden im Geiste Gandhis zwar etwas zurecht, aber Kompromisse dieser Art waren weit verbreitet: Eine enorme Zahl von indischen Angehörigen freier akademischer Berufe und von Beamten im öffentlichen Dienst arbeitete unter britischer Herrschaft und hegte dabei insgeheim antikolonialistische Ansichten. Seit der außerordentlich blutigen Unterdrückung des Aufstands im Jahr 1857 und dem Massaker in Amritsar von 1919 gab es für die indische Bevölkerung schließlich gute Gründe, sich vor dem zu fürchten, was die Briten tun könnten.[9] Ein gewisser Teil von Pals Tätigkeit als Rechtswissenschaftler, Richter und Vizepräsident der Universität von Kalkutta stand nicht unbedingt im Gegensatz zum Freiheitskampf; auch engagierte indische Aktivisten wussten um die Vorzüge des Rechtsstaates und um die Notwendigkeit, die nächste Generation für die Selbstverwaltung auszubilden. Dennoch erinnert sich keines von Pals Kindern oder Enkelkindern bei den in Kolkata und Uttar Pradesh geführten Interviews an irgendeine Beteiligung ihres Vorfahren am Unabhängigkeitskampf oder auch nur an ein Gespräch mit ihm über dieses Thema. Sein Enkel Satyabrata Pal sagt, niemand in der Familie wisse etwas über ein Engagement dieser Art. »Mit Politik hatte er nichts zu tun«, sagt seine Enkelin Ruby Pal.

Der Aufsteiger hatte rasch Karriere gemacht, war 1921 als Anwalt beim High Court in Kalkutta zugelassen worden und hatte bald darauf eine juristische Lehrtätigkeit an der Universität von Kalkutta aufgenommen, einer der besten Universitäten des Landes.[10] Dort hielt er die prestigeträchtigen Tagore Law Lectures, bei denen er eine umfassende Geschichte der Primo-

Abb. 17 *Radhabinod Pal in seinem Amtszimmer beim Tokioter Prozess, 6. August 1946*

genitur vortrug, die räumlich und zeitlich von Altägypten über Japan bis zum von Großbritannien beherrschten Indien reichte. 1932 schrieb er ein elegantes akademisches Werk über hinduistisches Recht, das er als bis ins Altertum zurückreichende bedeutende Rechtsquelle pries. In seinem Stolz auf Indiens Rechtstradition führte er darin aus, dass »Institutionen, die den in modernen Demokratien vorherrschenden ähnlich sind, sich bereits in den antiken indischen Gesellschaften entwickelten«. Er bot also eine Synthese von indischen und britischen Werten und vertrat die Ansicht, dass britische Ideale wie beispielsweise eine effektive Verwaltung, Gleichheit vor dem Gesetz und Freiheit sich in der indischen Kultur gut entwickeln würden.[11]

Pal war überzeugt davon, dass das Recht in der menschlichen Vernunft wurzelte, gemeinsame, nationenübergreifende Elemente der gesellschaftlichen Ordnung aufwies und keineswegs ein alleiniges Produkt bestimmter Gesellschaften war. Er war fasziniert – wenn auch nicht überzeugt – von hinduistischen Gelehrten, die glaubten, dass das Recht »göttlicher Vernunft« entstamme und von Menschen zu deuten sei. Das käme einer Theorie des Naturrechts sehr nahe und wies grobe Parallelen zu Mei Ruaos Denken auf.[12] Doch der indische Rechtsgelehrte hatte dabei etwas Versöhnlicheres im Sinn. Unter Verweis auf hinduistische Quellen führte Pal aus, dass der Richter wie auch der Verbrecher – ebenso wie der Sieger und der Besiegte – durch eine ethisch grundierte Philosophie miteinander verbunden seien. Er vertrat die Ansicht, dass das Gesetz die Zurückweisung willkürlicher Rache verlange, und betonte ausdrücklich, dass die Strafjustiz nicht von den Opfern eines Verbrechens ausgeübt werden dürfe.[13]

Heutzutage ist es in konservativen Kreisen in Japan eine gängige Annahme, dass Pal der einzige in Fragen des Völkerrechts kompetente Richter im Tokioter Prozess gewesen sei. »Richter Pal war der einzige Völkerrechtsexperte im Kreis der Richter«, sagt beispielsweise Fujioka Nobukatsu von der geschichtsrevisionistischen Japanischen Gesellschaft für die Überarbeitung von Geschichtsbüchern (*Japan Society for History Textbook Reform*). »Aus Expertensicht fällte er das Urteil, dass Japan unschuldig sei.« Das ist Unsinn. Die am besten gerüsteten Richter waren in Wirklichkeit der Australier Sir William Webb, Henri Bernard aus Frankreich und Myron C. Cramer aus den Vereinigten Staaten, die sich allesamt bereits mit den mit Kriegsverbrechen verbundenen Problemen beschäftigt hatten. In Pals offizieller, für das Tribunal von Tokio verfasster Biografie finden sich als einzige einschlägige Qualifikationen die Mitgliedschaft in einem internationalen Juristenverband und die einmalige Teilnahme an einer internationalen Konferenz zu Fragen der vergleichenden Rechtswissenschaft in Den Haag.[14] Seine juristische Expertise lag auf den Gebieten der hinduistischen und indischen Jurisprudenz. Als Rechtsanwalt am High Court in Kalkutta machte er sich einen Namen durch die Mitautorschaft bei einer monumentalen Abhandlung zur Einkommensteuer in Britisch-Indien, deren beide Bände zusammen 2351 Seiten umfassten.[15]

Fest in der hinduistischen Rechtslehre verankert, sprach er von einer Art substanzieller Übereinstimmung zwischen der indischen Gesellschaft und dem Recht. Er schrieb, das Hauptproblem der Rechtsgelehrten sei immer gewesen, »wie man es bewerkstelligen konnte, die Rechtsordnung so zu gestalten, dass sie fest gefügt, begründet und fraglos gültig anmutete und dennoch gleichzeitig imstande war, auf die Erfordernisse der unendlich vielfältigen menschlichen Ansprüche einzugehen«. Doch er wusste, dass es eine umfassende juristische Literatur gab, die motiviert wurde von »einem Bestreben, den grundsätzlich politischen Charakter der Frage zu verbergen, die hinter der juristischen Auseinandersetzung steckt«. Er befürchtete immer, dass die Mächtigen »das Recht als Herrschaftsinstrument benutzen« würden.[16]

Panasianismus

In Pals wissenschaftlichen Schriften findet sich nur wenig Neugier in Bezug auf ein Thema, das zu jener Zeit eine weitverbreitete Faszination auf bengalische und indische Denker ausübte: Japan.

Für unter Kolonialherrschaft stehende Asiaten, die von den Armeen, der Technologie und mit den finanziellen Mitteln westlicher Imperien unterdrückt wurden, war Japan das leuchtende Vorbild einer asiatischen Macht, die den arroganten Vertretern einer weißen Vorherrschaft widerstand.[17] Nach dem Schock, den die in den Jahren 1853 und 1854 von der US-Marine gewaltsam erzwungene Öffnung der japanischen Häfen für die Außenwelt ausgelöst hatte, reformierte das Land in der Meiji-Ära sein Regierungssystem, seine Wirtschaft und seine Streitkräfte mit atemberaubender Geschwindigkeit.[18] Bereits 1894 und 1895 war es stark genug, um China in einem Krieg um die Vorherrschaft über Korea eine vernichtende Niederlage beizubringen, und eroberte in diesem Konflikt auch Taiwan.[19] Und dann, im Jahr 1905, versenkte die von Admiral Togo Heihachiro geführte japanische Marine in einer spektakulären Entscheidungsschlacht in der Straße von Tsushima den größten Teil der russischen Flotte und errang einen Sieg, den Menschen in ganz Asien als ersten modernen Triumph einer asiatischen Militärmacht über ein europäisches Imperium bejubelten.[20] Der damals 15-jährige Nehru war zu diesem Zeitpunkt auf dem Weg in das englische Internat Harrow und schrieb an einen Verwandten: »Ein dreifaches Hoch auf Togo.«[21] Selbst Gandhi, damals ein junger Rechtsanwalt, der in Südafrika die weiße Vorherrschaft bekämpfte, schrieb, dass »im Osten die Sonne aufging«, als Japans »tapfere Helden dafür sorgten, dass die Russen auf dem Schlachtfeld dran glauben mussten. Und jetzt scheint sie auf alle Nationen Asiens. Die Völker des Ostens werden sich nie wieder den Beleidigungen durch die anmaßenden Weißen unterwerfen.«[22]

Rabindranath Tagore, der große bengalische Dichter und Pädagoge, begab sich wenige Jahre, nachdem er 1913 als erster asiatischer Autor den Literatur-Nobelpreis erhalten hatte, auf eine Vortragsreise durch Japan, wo er das Land pries, weil es »den Bannfluch gebrochen hat, unter dem wir eine Ewigkeit in Apathie verharrten und es dabei für gegeben hielten, dass es der Normalzustand bestimmter Rassen sei, innerhalb bestimmter geografischer Grenzen zu leben«.[23] Rash Behari Bose, ein prominenter bengalischer Revolutionär, flüchtete nach Japan und wirkte dort beim Aufbau der Indian National Army mit, die gegen die Briten kämpfen sollte (und dabei, als nachhaltigerer Einfluss, mithalf, Curry zu einem in Japan beliebten Gewürz zu machen).[24]

Panasiatische Denker in Japan entwickelten wiederum eine Begeisterung für Indien, wenn auch nur auf der Grundlage sehr vager Kenntnisse über den riesigen und vielfältigen Subkontinent.[25] Eine Gruppe japanischer Nationalisten und ausländischer Intellektueller, zu denen auch Rash Behari Bose zählte, gründete 1933 die Großasienvereinigung (Greater Asia Association), die rasch an Einfluss gewann. Zum frühen Mitgliederkreis gehörten Generalleutnant Matsui Iwane, der später japanische Soldaten beim Massaker von Nanjing befehligen sollte, und zwei zukünftige japanische Premierminister, Prinz Konoe Fumimaro und Hirota Koki.[26] Matsui erklärte, dass die »Kultur des weißen Mannes« den Asiaten fremd sei und Japan der »göttliche Auftrag« zufalle, die Völker Asiens anzuführen.[27]

Als Japan in die Mandschurei einmarschierte, begrüßte die Großasienvereinigung die Schaffung des Marionettenstaates Mandschukuo als »großes Wunder«.[28] Matsui versprach, »den 400 Millionen Menschen in China die gleiche Hilfe und tiefe Sympathie zuteilwerden zu lassen, die wir bereits der Mandschurei gegeben haben«, und dann all »die asiatischen Völker, die gleicher Rasse und Herkunft sind wie wir« zu unterstützen. Er gelobte: »Selbst wenn unser Heimatland vollständig niedergebrannt werden sollte, können wir die Gerechtigkeit nicht preisgeben.«[29] Als Premierminister erhob Konoe den Panasianismus zu einer offiziellen Rechtfertigung für die Invasion in China im Jahr 1937. In einer großen Radioansprache in der Anfangsphase des Krieges verkündete er, Japan verstehe »Chinas rassische Ambitionen und Gefühle«.[30]

Viele Inder fanden den japanischen Eroberungszug allerdings entsetzlich. Tagore liebte die japanische Kultur sehr, aber nach der Annexion Koreas warnte er: »Das Land ist hungrig – es verspeist gerade Korea, hat die Zähne bereits in China geschlagen, und es wird ein böser Tag für Indien sein, wenn Japan dort seine Gelegenheit erhält.« Bei drei Reisen durch Japan rügte er sein Publikum: »Das neue Japan ist nur eine Imitation des Westens. Das wird Japan ruinieren.«[31] Tagore ließ einen alten japanischen Freund abblitzen, der seine Feder für die Verteidigung der Invasion in China gewinnen wollte, und verband damit eine mahnende Warnung: »Japan verstößt mit dem Beginn eines machtgierigen Krieges gegen die Menschen in China, der mit all den tödlichen, dem Westen abgeschauten Methoden geführt wird, gegen alle moralischen Grundsätze, auf denen die Zivilisation beruht. (…) Ihr baut an eurer Vorstellung von Asien, die auf einem Turm von Totenschädeln errichtet werden soll.«[32]

»Ein Kampf zwischen Rassen«

Japanische Truppen rückten im Januar 1942 gegen die britische Kolonie Singapur vor. Sie bombardierten die Hafenstadt und den Marinestützpunkt bei Tag und bei Nacht. Wenige Tage vor den Ereignissen, die Winston Churchill als »schlimmste Katastrophe und größte Kapitulation der britischen Geschichte« bezeichnen sollte, erschütterte einen Studenten der Universität Singapur der Anblick hochgewachsener australischer Soldaten, die einen mutlosen und verängstigten Eindruck machten; einer von ihnen bot dem Studenten sogar seine Waffen an. Frühmorgens schreckte er aus dem Schlaf hoch, als die Erde von einer gewaltigen Explosion erschüttert wurde. Der junge Mann – sein Name war Lee Kuan Yew, und er sollte später der mächtige Herrscher über ein unabhängiges Singapur werden – rief spontan aus: »Das ist das Ende des Britischen Weltreichs!«[33]

Lee hatte es immer für selbstverständlich gehalten, dass die weißen Briten in besseren Häusern in besseren Stadtbezirken lebten, einen anspruchsvolleren Lebensstil pflegten und besseres Essen zu sich nahmen, zu dem auch Fleisch und Milchprodukte gehörten. »Der höhere Rang der Briten in der Regierung und in der Gesellschaft war einfach eine Tatsache«, erinnerte er sich. »Schließlich waren sie das bedeutendste Volk der Welt.« Doch als die japanischen Soldaten Singapur einnahmen, staunte er über die kleinen, untersetzten Sieger mit ihren Tabi-Stiefeln aus Segeltuch, die für Fußmärsche durch die tropische Landschaft gut geeignet waren. Die Eroberer stanken nach ihrem monatelangen Vormarsch durch die äquatoriale Dschungellandschaft auf eine Art und Weise, die Lee nie mehr vergessen sollte.[34]

Für Millionen andere Asiaten, die unter britischer, französischer und niederländischer Kolonialherrschaft standen, war es genauso spannend, zu beobachten, wie ihre imperialen Herren von Asiaten ihre wohlverdiente Strafe erhielten. Britische Propagandafilme verspotteten die Japaner zwar als schielende, o-beinige, unfähige Feiglinge, aber Menschen in ganz Asien erlebten sie als kühne und kampfstarke Streitmacht. Japan strafte die europäischen Behauptungen von rassischer Überlegenheit Lügen. Das gelang mit einer Serie von spektakulären Siegen auf dem Schlachtfeld in Hongkong, in Niederländisch-Ostindien, auf den Philippinen und an anderen Orten.

Das Kaiserreich Japan stellte sich selbst als Befreiungsarmee dar, es vertrieb die niederträchtigen weißen europäischen Imperien mit dem Kampfruf »Asien den Asiaten«.[35] Kaiser Hirohito interessierte sich aktiv für eine Zusammenarbeit mit Indien.[36] »Großbritanniens Operationsbasis im Fernen

Osten ist beseitigt und vernichtet«, erklärte er in einem kaiserlichen Reskript, mit dem die Eroberung von Singapur gefeiert wurde. »Ich begrüße dies von ganzem Herzen.«[37] Anstatt jedoch ein neues Imperium auszurufen, nahm Japan für sich die Gründung einer Großostasiatischen Wohlstandssphäre in Anspruch. Ein einflussreicher japanischer Oberst, der in Malaya diente, sollte sogar behaupten, Japan habe Indien, Pakistan, Ceylon, Burma, Indochina, Indonesien, Malaya und die Philippinen endlich die Unabhängigkeit gebracht. »Eine Herrschaft, die auf Gewalt beruht, muss gewaltsam gestürzt werden«, erklärte er.[38]

Japanische Intellektuelle versprachen eine neue Ordnung, die sich grundsätzlich von den Verhältnissen unter den vertriebenen Statthaltern der weißen Vorherrschaft unterscheiden sollte: Abzulehnen sei eine rationalistische, materialistische, kapitalistische und imperialistische westliche Welt, die jetzt durch eine gefühlvolle, ganzheitliche und traditionelle asiatische Kultur ersetzt und unter der göttlichen Herrschaft des Kaisers vereinigt werde.[39] Bei einer von sehr viel Publicity begleiteten Großostasiatischen Konferenz in Tokio erklärte der burmesische Nationalist Ba Maw: »Jetzt ist die Zeit gekommen, um mit unserem Blut zu denken.«[40] General Aung San, der führende Vertreter der Unabhängigkeitsbewegung in Burma (und der Vater von Aung San Suu Kyi), der davon überzeugt war, dass militärische Hilfe durch Japan dringend notwendig war, besuchte Tokio, um sich von Hirohito einen Orden anheften zu lassen.[41] Burma wie auch den Philippinen wurde 1943 unter japanischer Besatzungsherrschaft offiziell eine Scheinunabhängigkeit zugesprochen.[42] (Tojo Hideki, der damalige Premierminister, war der Ansicht, Japan müsse es den Vereinigten Staaten, die den Philippinen spätestens für den 4. Juli 1946 die Unabhängigkeit versprochen hatten, gleichtun oder sie noch übertreffen.[43]) In Indochina, wo die französischen Kolonialherrscher des Vichy-Regimes beiseitegeschoben wurden, warben die Japaner mit dem Slogan »Asien den Asiaten« und mit Judokursen für sich.[44] In den von Japan eroberten Gebieten Chinas errichtete Wang Jingwei, ein ehemals führender patriotischer Revolutionär der Republik China, eine Kollaborationsregierung. Sein Regime, das seinen Sitz in der von den Japanern eroberten und geplünderten Stadt Nanjing hatte, verlieh dem japanischen Anspruch Nachdruck, für ganz Asien zu sprechen.[45]

Die ideologischen Appelle Japans sorgten dafür, dass die Asiaten im Aufbegehren gegen ihre Kolonialherren zueinander fanden.[46] Eine amerikanische Studie zur psychologischen Kriegführung hielt besorgt fest, dass Japan aufgrund von Insiderkenntnissen die »orientalische Psychologie« beherrsche, die Philippinen nicht nur durch Repressionen, sondern auch mit eingängigen Slogans wie der Rede vor einer »universellen Bruderschaft« und von »Asien den Asiaten« für sich zu gewinnen.[47] Kein geringerer als der herausragende Experte für Propaganda und Kolonialismus George Orwell sorgte sich, dass die Inder und Burmesen die Japaner als Befreier vom britischen Imperialismus akzeptieren könnten: »Die Menschen [glauben] einem immer, wenn man ihnen etwas verspricht, was sie wollen.«[48]

Japans Appelle waren ein massives Problem für Großbritannien, das für seine Kriegsanstrengungen im Zweiten Weltkrieg auf die Gesellschaften und Volkswirtschaften seines weltweiten Empires angewiesen war.[49] Doch der britische Vizekönig hatte sich nach dem Einmarsch der Deutschen in Polen nicht einmal mit den führenden Vertretern der indischen Gesellschaft beraten, bevor er verkündete: »Indien wird seinen Beitrag auf der Seite der Freiheit des Menschen und gegen die Gewaltherrschaft leisten.« Indien wurde zu einem entscheidenden Teil der alliierten Kriegsanstrengungen; es stellte 2,5 Millionen Soldaten, die nicht nur im relativ nahegelegenen Singapur, in Hongkong und Burma, sondern im gesamten Nahen und Mittleren Osten, in Nordafrika, ja sogar in Italien kämpfen sollten. Die chinesische Regierung stützte sich auf Indien, als es galt, die Burma Road für Nachschublieferungen offenzuhalten, anstatt den gefährlichen Luftweg über den Himalaya nehmen zu müssen (den die Piloten als »the Hump«, »den Buckel«, bezeichneten). Indische Fabriken und Farmen sorgten dafür, dass die britische Kriegsmaschinerie weiterlief. All dies brachte für die indische Bevölkerung, die bei der Entscheidung, in den Krieg zu ziehen, keinerlei Mitspracherecht hatte, schwere Entbehrungen mit sich. Gandhi, der Anführer der Quit-India-Kampagne im Jahr 1942, schrieb, dass Indiens Teilnahme am Krieg »eine rein britische Handlung war. Würde Indien befreit, wäre der erste Schritt möglicherweise, Verhandlungen mit Japan aufzunehmen.«[50]

Die Ideologie des Panasianismus bot den Japanern eine Einheit stiftende gemeinsame Sache und motivierte die Soldaten.[51] Den in Südostasien kämpfenden japanischen Infanteristen wurde in einer weitverbreiteten Propagandabroschüre versichert, dass man sie an ihren Einsatzorten als Befreier begrüßen werde. Das Pamphlet erklärte, wie »die Engländer, die Amerikaner, die Niederländer, die Portugiesen und andere im Fernen Osten landeten, als wäre dieser ihr natürlicher Besitz, und wie sie die kulturell rückständigen Einheimischen terrorisierten und unterjochten«. Japan kämpfe gegen diese Kolonialisten, war in der Schrift zu lesen, und es habe bereits »die Mandschurei vor den Ambitionen der Sowjets gerettet und China von der Erpressung durch die Anglo-Amerikaner befreit. Sein nächster großer Auftrag lautet, auf dem Weg zur Unabhängigkeit der Thais, der Annamesen (Teil der Vietnamesen) und der Filipinos mitzuhelfen und den einheimischen Bewohnern Südasiens und dem indischen Volk die Segnungen der Freiheit zu bringen.«

Es gehe nicht nur um Antikolonialismus, sondern um einen Rassenkrieg. »Der gegenwärtige Krieg ist ein Kampf zwischen Rassen«, erklärte das Pamphlet den Soldaten. Sie sollten gnadenlos die Europäer bekämpfen, natürlich mit Ausnahme der Deutschen und Italiener. Einhundert Millionen Asiaten würden »von dreihunderttausend Weißen tyrannisiert«. Die »weiße Invasion«, die sich die Ölreserven angeeignet habe, die Japan so dringend benötige, sei nur erfolgreich gewesen, weil es den Asiaten »an jeglichem Bewusstsein für eine Eigenwahrnehmung als eine Gruppe, als Völker Asiens« fehle. Das Pamphlet mahnte, dass »wir es gedankenlos dazu kommen ließen, Europäer als überlegen zu akzeptieren und die Chinesen und die Völker des Südens zu verachten. Das fühlt sich so an, als würden wir uns gegenseitig ins Gesicht spucken. Mit dem Wissen, dass wir Japaner, als Volk des Ostens, selbst für einen langen Zeitraum Seite an Seite mit den Chinesen und den Indern als minderwertige Rasse eingestuft und auch entsprechend behandelt worden sind, müssen wir zumindest hier in Asien diese Leute aus dem Westen besiegen und unterwerfen, damit sie ihre arrogante und ungehobelte Einstellung ändern.«

Der Panasianismus hatte allerdings seine Grenzen. Japanische Theoretiker pflegten ihre eigene rassistische Hierarchie, sie waren der Ansicht, dass die Yamato-Rasse über geringerwertige asiatische Rassen herrschen sollte.[52] Viele japanische Nationalisten hegten Vorurteile, die man sehr gut auch bei einem Gin Tonic im britisch dominierten Pegu Club in Rangun hätte vortragen können. Das Pamphlet für die Hand des Infanteristen sprach herablassend über »die von Natur aus faulen Einheimischen« und erklärte mit höflichem Entsetzen, dass die meisten von ihnen Muslime seien, die streng an ihrem Brauchtum festhielten. Die Broschüre hob die chinesischen Minderheiten in der gesamten Region, die über einen langen Zeitraum hinweg unter Diskriminierung gelitten hatten, besonders hervor und bezeichnete sie als korrupte Kollaborateure der Europäer, die über »keinerlei Rassen- oder Nationalbewusstsein und keine Begeisterungsfähigkeit« verfügten, »außer der fürs Geldverdienen«. Sie spottete über tropische und malariaverseuchte Gebiete, »wo große, aus Müßiggängern bestehende Bevölkerungen (…) im Zustand der Nacktheit leben und (…) essen«, »ohne zu arbeiten. Mehr noch, nach Jahrhunderten der Unterwerfung unter Europa und der

Ausbeutung durch die Chinesen haben diese Einheimischen einen Zustand der nahezu vollständigen Verweichlichung erreicht.« Außerdem »sind die einheimischen Frauen fast alle mit Geschlechtskrankheiten infiziert«.[53]

Viele japanische Führungspersönlichkeiten handelten, außerhalb offizieller Erklärungen, eher nach passenden strategischen Gesichtspunkten als nach antikolonialen Grundsätzen. In einem Augenblick der Ehrlichkeit und Aufrichtigkeit in Bezug auf die japanischen Repressionen erörterte der Marquis Kido Koichi bei einem privaten Gespräch mit dem Kaiser »die Leitlinie für die Unterwerfung Großostasiens«.[54] Oberst Hashimoto Kingoro, ein Armeeoffizier und Putschist, der später als Angeklagter vor dem Tokioter Tribunal stand, vertrat die Ansicht, dass Japan »diejenigen Gebiete, deren Bewohner zur Unabhängigkeit nicht fähig sind, oder strategisch wichtige Gebiete« annektieren sollte.[55] Prinz Mikasa, Hirohitos jüngerer Bruder, der in China kämpfte, hegte keine Illusionen über Wang Jingweis Kollaborationsregierung: »Man kann nicht sagen, dass Japan diese Regierung aus dem aufrichtigen Wunsch heraus einsetzte, China etwas Gutes zu tun oder den Chinesen bei der Bildung eines Einheitsstaates zu helfen. Vielmehr sollte man sie als eine behelfsmäßige Täuschung betrachten, die von dem Bestreben motiviert wurde, Japans Politik der Aggression zu vertuschen.«[56]

Die japanische Regierung schmähte zwar den britischen, französischen und niederländischen Imperialismus, doch für die deutsche Variante machte sie eine Ausnahme. Adolf Hitler teilte im März 1941 dem japanischen Außenminister Matsuoka persönlich mit, dass »Deutschland (…) seine Kolonialansprüche in Afrika befriedigen würde«.[57] Japan versprach insgeheim, dass die ehemaligen deutschen Kolonien im Südpazifik von Japan verwaltet oder an das Deutsche Reich zurückgegeben würden.[58] Der wichtigste Punkt war, dass nur der deutsche Sieg über die Niederlande und Frankreich und der deutsche Bombenkrieg gegen Großbritannien es ermöglichten, dass Japan die europäischen Kolonialreiche in Südost- und Südasien so schnell überrennen konnte.[59] Tojo Hideki umriss im Gespräch mit Kido die Pläne Hitlers und konzentrierte sich dabei auf die Zerstörung des Britischen Weltreichs. Sobald Deutschland die sowjetischen Streitkräfte vernichtet habe, werde es Britisch-Indien angreifen und danach nötigenfalls auch auf den Britischen Inseln selbst landen.[60]

Die Grausamkeit der japanischen Herrschaft war in allen davon betroffenen Teilen Asiens offensichtlich. Während ihrer kurzen Besatzungszeit in Indonesien demonstrierten die Japaner erstmals die Macht eines militarisierten Staates und unterrichteten die indonesischen Nationalisten im Einsatz von Folterpraktiken und Kollektivstrafen.[61] Sie hielten indonesische Frauen gefangen, die japanischen Soldaten für sexuelle Dienstleistungen zur Verfügung stehen mussten, vergewaltigten und misshandelten sie. Sie beschlagnahmten die Reisernten, was 1944 zu einer Hungersnot beitrug, der möglicherweise allein auf Java mehr als zwei Millionen Menschen zum Opfer fielen.[62] In Singapur behandelten die japanischen Besatzer Inder und Malaien als rassisch minderwertig, verhafteten und töteten Tausende ethnischer Chinesen, standen in »Trosthäusern« Schlange für erzwungenen Sex mit dort gefangengehaltenen koreanischen Frauen, sie enthaupteten Plünderer und stellten ihre Köpfe auf Brücken und an Straßenrändern als Warnung zur Schau. Lee Kuan Yew erinnerte sich, dass die Japaner »ihren asiatischen Mitmenschen schon bald demonstrierten, dass sie grausamer, brutaler, ungerechter und bösartiger waren als die Briten.«[63]

Die Japaner brachten schon nach kurzer Zeit einige ihrer stärksten Unterstützer gegen sich auf. In Indonesien wandte sich Sukarno, der Anführer der Unabhängigkeitsbewegung gegen die niederländische Herrschaft und spätere erste Präsident des unabhängigen Landes, gegen den Einsatz von Wasserfolter und gegen Enthauptungen und beschwerte sich bei einem *Kempeitai*-Offizier über die japanische Gewohnheit, Indonesier zu schlagen.[64] In Burma entweihten japanische Soldaten Klöster, misshandelten Zivilisten und Mönche und erschossen mutmaßliche Unruhestifter. Ba Maw räumte später ein, dass die Japaner sich wie arrogante Kolonisatoren mit »rassistischen Allüren« aufführten, die darauf hofften, über Burma so herrschen zu können, wie sie zuvor über Korea oder die Mandschurei geherrscht hatten, angetrieben von einem »empörenden Herrenrassen-Komplex«, den viele Japaner pflegten.[65] Die lang ersehnte Befreiung von grausamen europäischen Imperialisten gerann in ganz Asien zu einer bitteren Realität aus Repression, Folter und wirtschaftlicher Ausbeutung, die so schrecklich war, dass bis zum Kriegsende Hunderttausende von asiatischen Arbeitern ums Leben kamen.[66]

Japans antikolonialistische Haltung vergrößerte dennoch die Kluft zwischen den Alliierten: China stand dabei gegen die Kolonialisten in Großbritannien, Frankreich und den Niederlanden, während die Vereinigten Staaten gewisse Sympathien für das antikoloniale Lager zeigten. Chiang Kai-shek war ein entschiedener Gegner des westlichen Imperialismus, und Franklin D. Roosevelt war der Ansicht, dass die Unabhängigkeit Indiens unvermeidlich sei. Außerdem versuchte er, Frankreichs Zugriff auf Indochina zu lockern. Chiang sagte seinem chinesischen Radiopublikum, wie sehr ihn Roosevelts »feste Entschlossenheit, alle unterdrückten Völker der Welt zu befreien«, beeindruckt habe.[67] Roosevelts und Churchills mit der Atlantik-Charta im Sommer 1941 formulierte Vorstellungen von den Kriegszielen erfreuten die asiatischen Gegner des Kolonialismus, weil die beiden Staatsmänner versicherten, dass sie »das Recht jedes Volkes, sich die Regierungsform, unter der es leben will, selbst zu wählen«, respektierten und »territoriale Veränderungen, die nicht mit den frei geäußerten Wünschen des beteiligten Volkes übereinstimmen«, missbilligten.[68] Roosevelt, der dabei weiter ging als ein zurückhaltender Churchill, versprach den Philippinen letztlich die Unabhängigkeit und drängte die Briten und Franzosen, über ein ähnliches Vorgehen in ihren Kolonien nachzudenken.[69] Bei der Konferenz von Teheran Ende 1943 rügte er Churchill scharf wegen der schrecklichen Folgen des britischen und französischen Kolonialismus.[70] Er erklärte, es widerspräche der mit der Atlantik-Charta abgegebenen Zusicherung der Selbstbestimmung der Völker, wenn Großbritannien und Frankreich ihre imperialen Besitztümer nach dem Krieg zurückerobern würden, und ließ Reporter bei einer anderen Gelegenheit in heiterer Unbeschwertheit wissen, dass Churchill sich »bei allen Fragen dieser Art noch mitten im Viktorianischen Zeitalter befindet«.[71] Schon während der Konferenz von Casablanca hatte er zu seinem Sohn gemeint: »Glaub nicht, Elliott, dass Amerikaner heute Nacht im Pazifik sterben müssten, wenn da nicht die kurzsichtige Gier der Franzosen, der Briten und der Holländer gewesen wäre.«[72]

Hungersnot und Krieg

Der Krieg kam schnell nach Bengalen. Nach der Besetzung Burmas durch die Japaner griffen japanische Bomber umgehend Kalkutta und den Südosten Bengalens an.[73] Bis zu 800 000 verängstigte Menschen flüchteten aus Kalkutta, etwa ein Drittel der Gesamtbevölkerung der Stadt. Es gab Gerüchte über eine unmittelbar bevorstehende Invasion, eine Zukunftsperspektive, die viele Bengalen begrüßten.[74] Die britischen Kolonialbehörden, durch die unter den Bengalen zunehmenden Sympathien für die Japaner alarmiert, beeilten sich mit der Verbreitung von Propaganda über den japanischen Imperialismus und Gräueltaten in China, Malaya und Burma, und zugleich zensierten und schikanierten sie indische Zeitungen, die Texte veröffentlichten, die von den Briten als Antikriegs-Propaganda eingestuft wurden.[75]

Der Krieg verschaffte den Indern, die nach Befreiung strebten, eine großartige Gelegenheit.[76] Die Indische Kongresspartei (Indian National Congress), die führende für die Freiheit kämpfende Partei, verkündete, dass Großbritannien nicht für Demokratie und Freiheit kämpfen und zugleich den kolonisierten Indern genau dies verweigern könne.[77] »Was in Indien und China geschieht, ist für Amerika und Europa genauso wichtig«, hatte Jawaharlal Nehru schon 1940 vor einer Menschenmenge in Bombay erklärte. »Der Krieg ist jetzt unteilbar.«[78]

Der Indische Nationalkongress sah sich vor die nahezu unlösbare Aufgabe gestellt, den goldenen Mittelweg zu finden: Man wollte dem British Empire nicht helfen, ohne dafür glaubwürdige Freiheitsversprechen zu erhalten, und zugleich wollte man nicht, dass die westlichen Mächte den Achsenmächten unterlagen. Was brachte die Freiheit von der britischen Herrschaft, wenn man dafür unter die Hegemonie Japans geriet? Nehru, der den Nationalsozialismus und Militarismus verabscheute, hatte die Angriffskriege der Achsenmächte in der Mandschurei, in Abessinien und in der Tschechoslowakei angeprangert. Falls Indien als nächstes Land an die Reihe käme, wollte er einen Guerillakrieg gegen die Japaner führen. »Die Japaner mögen Indien vom britischen Joch befreien, aber nur, um ihm ihr eigenes Joch aufzuzwingen«, schrieb Gandhi.[79]

Der Krieg und die antikolonialistische Unruhe hatten nur einen geringen wahrnehmbaren Einfluss auf Pals Aufstieg im System der Rechtspflege. Im Januar 1941 wurde er Richter am Calcutta High Court, der seinen Sitz in der britischen Festung Fort William hatte, saß dort Seite an Seite mit britischen Richtern und war in diesem Amt einem britischen Obersten Richter unterstellt.[80] Sein Sohn Pratip Bijoy Pal erinnert sich: »Zur damaligen Zeit galt ein Richteramt als eine würdevolle, sehr prestigeträchtige Angelegenheit.« Dass er sich relativ ruhig verhalten hatte, war seiner Karriere dienlich gewesen: Dieser Posten war so wichtig, dass ihn das Raj wohl kaum an einen bekannten Unruhestifter vergeben hätte.

Pal diente im Fort William dem Recht, während die Straßen sich mit Anhängern der Quit-India-Kampagne füllten – ein Volksaufstand mit dem Ziel, die Briten aus Indien zu vertreiben. Die mit seiner richterlichen Arbeit verbundenen Tätigkeiten sagten ihm zu, er verfasste konzentriert argumentierende Urteilsbegründungen über ein breites Themenspektrum, das von hinduistischen philosophischen Vorstellungen über muslimische religiöse Institutionen bis zu Drogenhändlern reichte.[81] In einem besonders schillernden Rechtsstreit, bei dem sich die faszinierende Frage ergab, ob ein hinduistisches Götterbild nach Ansicht des Gerichts als Person zu bewerten sei, räumte er ein, dass Götterbilder sowohl klagen als auch verklagt werden könnten, bestand aber darauf, dass die Rechte eines Götterbildes tatsächlich von denjenigen eines menschlichen Wesens abhängig seien.[82] Bei einem Richter, dessen Ruhm schließlich auf ein abweichendes Votum zurückgehen sollte, verblüfft es hingegen, dass in den Akten des Calcutta High Court keinerlei Hinweis auf eine abweichende Stellungnahme aus seiner Feder zu finden ist.

Die inflationäre Finanzierung des Krieges verdoppelte, verdreifachte oder vervierfachte den Preis so wichtiger Grundnahrungsmittel wie Kartoffeln oder Milch – mit verheerenden Folgen für verarmte Menschen in ganz Indien, vor allem auf dem Lande. In Kalkutta vervierfachte sich der Preis für Reis, das wichtigste Lebensmittel von allen, was einem Todesurteil für die Mittellosen gleichkam. Die Besetzung Burmas durch Japan verhinderte Reisimporte von dort, was die Situation weiter verschlechterte. Die Konsequenz war eine katastrophale Hungersnot in Bengalen, die 1943 und 1944 insgesamt rund drei Millionen Todesopfer durch Unterernährung oder damit verbundene Krankheiten forderte. Die britische Kolonialverwaltung registrierte allein im Dezember 1943 rund 325 000 Todesfälle.[83] Arme Menschen auf dem Land wie etwa Fischer, Reisschäler oder Feldarbeitskräfte in der Landwirtschaft litten am meisten unter dieser Not. Überall sah man bis auf die Haut abgemagerte Menschen mit hervorstehenden Knochen und ausdruckslosem Blick. Die Hungernden waren besonders anfällig für die Ansteckung mit Cholera und Malaria. Leichname verwesten auf offener Straße oder in Flüssen. Ein kampferfahrener, aus Nordafrika zurückkehrender Soldat war zutiefst entsetzt über den Anblick »eines kaum zwei Jahre alten Babys, das im Schoß seines etwa sechsjährigen Bruders liegt, beide sind so geschwächt, dass sie sich nicht einmal mehr von der Straßenecke wegbewegen können«.

Das Raj versagte bei seiner Reaktion auf diese Zustände in jedem einzelnen Punkt. Die britische Pressezensur und Propaganda behinderten eine angemessene Handlungsweise der Regierung.[84] Die Hungersnot hätte durch neue Importe vielleicht gelindert werden können, aber die Frachtschiffe wurden für den Krieg eingesetzt. Der Vizekönig räumte im nichtöffentlichen Rahmen ein, dass die Briten die Probleme Indiens »mit Nachlässigkeit, manchmal sogar mit Feindseligkeit und Verachtung« behandelten.[85] Winston Churchill, der dazu neigte, Indien für die Kosten seiner Verteidigung gegen die japanische Invasion bezahlen zu lassen, sagte einmal: »Ich hasse die Inder. Sie sind ein abscheuliches Volk mit einer abscheulichen Religion.«[86]

Falls Pal das British Empire wegen seiner räuberischsten und inkompetentesten Handlungsweisen radikal kritisierte, hielt er das ganz gewiss aus seiner richterlichen Tätigkeit heraus. Sein Sohn Pratip Bijoy Pal, der zum damaligen Zeitpunkt acht Jahre alt war, erinnert sich, dass die Familie wohlhabend genug war, um von der verheerenden Lage nicht in Mitleidenschaft gezogen zu werden. »Ich erinnere mich an sehr viele Bettler auf den Straßen«, sagt er. Während der Hungersnot führte Pal den Vorsitz in einer Verhandlung über eine Mietstreitigkeit, in der es seltsamerweise um die örtlichen Preise für Grundnahrungsmittel ging. Es wäre wohl eine Erweiterung des Verhandlungsgegenstands gewesen, aber der Richter hätte darauf hinweisen können, welche Folgen die Vervierfachung des Preises für Reis für arme Bengalen gehabt hatte; stattdessen zitierte er belehrend den *Economist* und John Maynard Keynes und ließ die massive Hungersnot, die durch das Schröpfen Bengalens durch Großbritannien ausgelöst worden war, vollkommen unerwähnt.[87]

Netajis Krieg

Während Pal in Fort William hart arbeitete, kämpfte ein ganz anderer Typ eines bengalischen Juristen um japanischen Beistand: Subhas Chandra Bose, ein mutiger Aktivist, der von breiten Bevölkerungskreisen als Netaji (Verehrter Anführer) bezeichnet wurde. Er gilt in Indien bis zum heutigen Tag als nationale Symbolfigur, wird als einer der Verfechter des Freiheitskampfes verehrt, und seine Statuen werden mit immer neuen Girlanden geschmückt. Nelson Mandela bezeichnete ihn ehrfürchtig als einen Helden des militanten Antikolonialismus, und der Hindu-Nationalist Narendra Modi, der seit Mai 2014 Indiens Premierminister ist, ergeht sich an Boses Geburtstag routinemäßig in Lobreden: »Der Heldenmut von Netaji Subhas Chandra Bose macht jeden Inder stolz.«[88] In heutiger Zeit ist er für Modis regierende Bharatiya Janata Partei zur bevorzugten Gründungsfigur des unabhängigen Indien geworden. Der Premierminister enthüllte erst vor wenigen Jahren eine gigantische Bose-Statue – aus schwarzem Marmor geformt, zeigt sie ihn uniformiert und salutierend – hinter dem India Gate, einem monumentalen Kriegsdenkmal in Delhi. Dort steht Boses Statue heute unter dem Baldachin, unter dem zuvor eine Statue von König George V. zu sehen gewesen war.

Boses Legende ist in Westbengalen am deutlichsten präsent, wo der geschäftige internationale Flughafen von Kolkata (dem ehemaligen Kalkutta) nach ihm benannt ist. Sein Gesicht – freundlich, kindlich, mit schütterem

Haaransatz und von einer Gelehrtenbrille mit runden Gläsern umrahmt – ist heutzutage überall in der Stadt plakatiert und damit so allgegenwärtig wie die Porträts von Tagore und Mutter Teresa. Im alten Haus seiner Familie in Kolkata, das heute als Netaji Bhavan (»Netajis Residenz«) bekannt ist, hat man ein ansehnliches Museum eingerichtet, in dem an prominenter Stelle auch ein sehr bekanntes Foto zu sehen ist, das Bose beim Handschlag mit Hitler zeigt. Abe Shinzo, Japans früherer nationalistischer Premierminister, besichtigte im Jahr 2007 Netaji Bhavan und sein Museum und erklärte dabei, wie angesehen Bose in Japan sei.[89]

Wenn Gandhi Indiens Prophet der idealistischen Gewaltlosigkeit war, war Bose der führende Verfechter einer berechnenden Kriegführung.[90] Als die Briten ihn 1941 zum elften Mal ins Gefängnis sperrten, gelang ihm eine spektakuläre Flucht, und er machte sich in der Überzeugung, dass nur militärische Gewalt zur Unabhängigkeit führen würde, auf den Weg nach Berlin. Bei einem Treffen mit Hitlers Außenminister Joachim von Ribbentrop schlug er vor, indische Kriegsgefangene, die deutschen und italienischen Truppen in die Hände gefallen waren, in ein Expeditionsheer der Achsenmächte einzugliedern, das Britisch-Indien angreifen sollte. Letztlich verpflichteten sich 1943 nur 2000 von 15 000 indischen kriegsgefangenen Soldaten im Gewahrsam der Achsenmächte für ein solches Unternehmen; Deutschland setzte sie für Polizeiaufgaben in den besetzten Niederlanden und an der Atlantikküste ein.[91]

Zur großen Freude des deutschen Propagandaministers Joseph Goebbels begann Bose seine Radiosendungen von Berlin aus mit der Erklärung, dass die militärische Macht der Achse bei der Befreiung Indiens hilfreich wäre, obwohl er sich privat besorgt darüber zeigte, dass die Invasionen der Nationalsozialisten den Indern Angst einjagten.[92] Boses zahlreiche Bewunderer brachten in Bengalen Flugblätter in Umlauf, mit denen zum Aufstand gegen das British Empire und zur Zusammenarbeit mit Japan aufgefordert wurde.[93] Als Premierminister Tojo Hideki dem Slogan »Indien den Indern« öffentlich beipflichtete, hielt Bose eine Radioansprache, in der er »die prophetische Äußerung eines weitblickenden Staatsmannes« pries. Er versprach, dass Indien und Japan beim Aufbau eines neuen Asien »aufs Engste zusammenarbeiten« würden.[94]

»Hitler und Japan müssen zur Hölle fahren«, hielt Nehru dagegen. »Ich werde sie bis zum Ende bekämpfen, und das ist meine Politik. Ich werde auch Mr. Subhas Chandra Bose und seine Partei ebenso wie Japan bekämpfen, wenn er nach Indien kommt.«[95]

Bose konnte in Berlin die mörderische rassistische Ideologie seiner Nazi-Verbündeten nicht entgangen sein. Er wusste vermutlich nicht über alle Details der gegen die Juden gerichteten Vernichtungspolitik Bescheid, die damals im nationalsozialistischen Deutschland und in den von Deutschland besetzten Gebieten Europas eskalierte, aber die allwöchentlich gezeigten antisemitischen Wochenschaufilme, die Propaganda in den Zeitungen, Hitlers Reden, in denen die Auslöschung der Juden angedroht wurde, wie auch die Segregation und die massenhafte Deportation von Juden aus den deutschen Städten konnten seiner Aufmerksamkeit wohl kaum entgangen sein.[96] Bose forderte die Inder auf, Gräueltaten der Achsenmächte zu ignorieren, was auf einen gewissen Kenntnisstand schließen lässt: »Die Innenpolitik Deutschlands oder Italiens oder Japans betrifft uns nicht – sie betrifft die Menschen in jenen Ländern.«[97] In einer aus dem Deutschen Reich gesendeten Radioansprache – Boses Gastgeberland hatte bis zu diesem Zeitpunkt die Tschechoslowakei, Polen, Dänemark, Norwegen, Frankreich, die Niederlande, Belgien, Luxemburg, Großbritannien, Jugoslawien, Griechenland, die Sowjetunion und die Vereinigten Staaten angegriffen oder befand sich ihnen gegenüber im Kriegszustand – bezeichnete er es als »moralische Tragödie«, dass »fehlgeleitete Menschen von Aggression vonseiten Japans oder Deutschlands oder Italiens sprechen«.[98]

Bose wusste mit Sicherheit, dass die Inder in Hitlers rassistischer Kosmologie als abscheuliche Rasse galten, die es verdiente, vom überlegenen englischen Blut beherrscht zu werden.[99] Als Bose sein Anliegen dem Diktator im Mai 1942 persönlich erläuterte, verlief dieses Gespräch vorhersagbar ungünstig. Hitler drängte Bose im Verlauf eines längeren Monologs, das British Empire durch einen indischen Aufstand zu zerschlagen, und übte zugleich heftige Kritik an Nehru und Gandhi. Er riet Bose, auf Japan zu setzen, wenn es galt, den Kampf nach Indien zu bringen, weil die deutschen Armeen an anderen Orten kämpften. Bose bat Hitler seinerseits eindringlich um moralische und diplomatische Unterstützung, entlockte dem Nazityrannen damit jedoch nur eine nicht überzeugende Lüge, mit der dieser sich von den offenkundig gegen Indien gerichteten Passagen in *Mein Kampf* distanzierte. Hitler beendete das Gespräch mit einem Angebot an Bose, das nicht mehr umfasste als eine Fahrt mit einem deutschen U-Boot bis nach Bangkok.[100]

Bose legte mit dem deutschen U-Boot nur die halbe Strecke bis nach Japan zurück und stieg unterwegs auf ein japanisches um. In Tokio wurde er von Tojo empfangen und nahm als Ehrengast an einer Sondersitzung des Unterhauses teil, bei der der Premierminister versprach, »alles, was nur möglich ist«, zu tun, um Indien bei der Erlangung der Unabhängigkeit zu unterstützen.[101] Dann reiste er nach Singapur weiter, wo Tojo ihn unterstützte, als er sich 1943 als Oberkommandierender einer selbsternannten Indian National Army präsentierte, einer Truppe, die Khakiuniformen mit Jodhpurhosen trug. Boses Soldaten wurden aus den Reihen der indischen Kriegsgefangenen rekrutiert, die Japan beim Fall Singapurs gemacht hatte, hinzu kamen noch in Malaya, Thailand und Burma lebende Inder, so dass die Truppe schließlich auf mehr als 30 000 Mann anwuchs – und auch nach Gandhi und Nehru benannte Brigaden sowie Soldaten umfasste, die an der Gewohnheit festhielten, sowohl Gandhi als auch Bose hochleben zu lassen.[102] Von den 65 000 indischen Soldaten, die in Singapur Gefangene der Japaner waren, schlossen sich rund 20 000 Boses Streitmacht an.[103]

Tojo besuchte diese Soldaten der Indian National Army in Singapur persönlich, während Bose ihm »unsere unerschütterliche Entschlossenheit, Schulter an Schulter mit euch zu kämpfen«, zusicherte.[104] Im Oktober 1943 rief Bose sich selbst zum Führer einer indischen Exilregierung aus, die als Azad Hind (»Freies Indien«) firmierte.[105] Er erklärte Großbritannien und den Vereinigten Staaten den Krieg und schwor, sich innerhalb von Monaten den Weg nach Indien freizukämpfen.[106] Im darauffolgenden Monat sprach er bei einer mit großem Aufwand beworbenen Großostasiatischen Konferenz in Tokio, wo er von Tojo begrüßt und im Kaiserpalast von Hirohito empfangen wurde, der ihn seiner Bewunderung für die Bemühungen um Indiens Unabhängigkeit versicherte. Bose tönte: »Nur wenn unser Blut fließt und sich bei der Arbeit für die gemeinsame Sache vermischt, wird die Einheit Asiens – wirkliche, dauerhafte Einheit – geschaffen werden.«[107]

Bose drängte die Japaner, einen Marsch durch Burma bis nach Bengalen zu wagen, in der Hoffnung, dass seine Ankunft einen Aufstand auslösen würde, der das British Empire zerstörte. Diese Initiative führte zu einer peinlichen japanischen Schlappe in der Schlacht von Imphal im Rahmen der Burma-Kampagne.[108] Selbst noch am Tag der japanischen Niederlage im Zweiten Weltkrieg erklärte Bose trotzig: »Viele Straßen führen nach Delhi, und Delhi bleibt nach wie vor unser Ziel.«[109] Er floh von Singapur nach Saigon und wollte anschließend in die Sowjetunion gelangen – das Vorhaben scheiterte, als er bei einem Flugzeugabsturz kurz nach dem Start in Taipeh ums Leben kam.[110]

Boses Legende wurde nach seinem Tod nur noch größer.[111] Sein dramatisches Ende wurde zum Auslöser für eine Vielzahl von Verschwörungstheorien. Heute ist man in Indien überwiegend skeptisch. Dass eine Persönlichkeit, die für das British Empire so einzigartig bedrohlich war, durch einen Unglücksfall starb, scheint unwahrscheinlich. »Nach wie vor glauben 99 Prozent der Inder nicht, dass er bei einem Flugzeugabsturz starb«, sagt Jibananda Pal, der Schwiegerenkel von Radhabinod Pal.[112]

Es wird immer wieder behauptet, Pal sei ein Anhänger Boses gewesen, vielleicht sogar ein geheimer Aktivist. Bert Röling, der niederländische Richter in Tokio, der Pal ein Leben lang freundschaftlich verbunden blieb, sollte später behaupten, dass dieser Bose unterstützt habe. Röling erinnerte sich, dass Pal »sogar mit der indischen Armee zu tun hatte, die mit den Japanern gegen die Briten kämpfte. Er war von Kopf bis Fuß ein Asiat.« Und Röling führte aus, dass Pal »koloniale Verhältnisse wirklich ablehnte. Ihn ärgerte das Vorgehen Europas in Asien, das es vor einigen Jahrhunderten erobert und danach aus großer Entfernung beherrscht und herumkommandiert hatte. Das war seine Einstellung. Deshalb fand dieser Krieg Japans für die Befreiung Asiens von den Europäern, samt der Parole ›Asien den Asiaten‹, bei ihm so großen Anklang.«[113]

Doch es gibt kaum einen Beleg dafür, dass Pal irgendetwas unternahm, um Bose oder dessen National Indian Army zu unterstützen. Angesichts der langen Vorgeschichte, in der Pal mit dem Raj zusammenarbeitete, wirkt das auch nicht plausibel. Nach Auskunft der Archivare gibt es in Boses gut sortiertem Nachlass im Netaji Research Bureau in Kolkata auch keinerlei Dokumente zu Kontakten mit Pal. Die Kreise der juristischen Elite in der Stadt waren übersichtlich und gesellig, deshalb ist es gut möglich, dass Pal den prominenten Rechtsanwalt Sarat Chandra Bose kannte, den Bruder und Vertrauten Subhas', einen weiteren kompromisslosen antikolonialistischen Aktivisten, den die Briten ins Gefängnis warfen.[114] »Mein Vater war mit Sarat Bose sehr gut bekannt«, erinnert sich Pratip Bijoy Pal. »Sie hatten immer ein gutes Verhältnis zueinander.«

Es ist vorstellbar, dass Pal eine gewisse stille Sympathie für Subhas Chandra Bose und seine Sache hegte. Nach den Schilderungen von Pals Familie wäre es angesichts der damaligen politischen Stimmung in Bengalen eher überraschend, wenn dem nicht so gewesen wäre. Dennoch ist sich sein Enkel Satyabrata Pal sicher, dass da nicht mehr als Bewunderung vorlag, was für Bengalis zur damaligen Zeit typisch war. »Es war damals mehr oder weniger selbstverständlich, dass Bengalen das Gefühl hatten, mit Netaji Bose gehe es voran«, sagte er.

Doch Pals Ansichten über das Britische Weltreich – wie auch immer sie sich weiterentwickelten – verhinderten seine fortdauernde Kooperation nicht. Nach seiner Dienstzeit am Calcutta High Court wurde Pal 1944 zum Rektor der Universität von Kalkutta ernannt. Er entwickelte eine gute Arbeitsbeziehung mit dem Gouverneur von Bengalen, einem gutmütig-derben Australier namens Richard Casey, der privat der Ansicht war, dass Nehru eine Revolution und Diktatur anstrebte. Casey setzte wiederholt die britische Armee für die Niederschlagung von Demonstrationen ein, bevorzugte allerdings den Einsatz von Knüppeln gegenüber Gewehren. »Ich will diese armen fehlgeleiteten Kreaturen nicht töten«, schrieb er in sein Tagebuch. »Ich will ihnen nur Angst einjagen und sie so daran hindern, die Dummheiten zu begehen, zu denen aufwieglerische Politiker sie angestiftet haben.«[115]

Pal traf sich mit Casey, um zu erörtern, wie man Inder für eine Tätigkeit im Dienst der britischen Behörden anwerben konnte, und nahm den Gouverneur dann auf den Universitätscampus mit, um ihm dort den Fachbereich für Physik vorzuführen. Der Gouverneur lud Pal zu einer noblen Dinnerparty ein, bei der auch britische Lords und führende Militärs präsent waren. Der bengalische Gelehrte klärte den Gouverneur bei dieser Gelegenheit über die Ursprünge einer kleinen Hindu-Sekte auf.[116]

Während die Agitation für die Unabhängigkeit eskalierte, setzte sich Pal für den Dialog ein. Um die Spannungen auf dem Campus zu entschärfen, arrangierte er in aller Stille eine Zusammenkunft Caseys mit einigen handverlesenen Studenten und Professoren, von denen niemand vorab wusste, wen sie bei dieser Gelegenheit treffen würden, um die Sicherheitsrisiken zu mindern. Die Studenten fragten den Gouverneur kühn, ob die Briten etwas dagegen einzuwenden hätten, wenn sie *»Jai Hind«* sagten – einen Ausdruck, der seine größte Bekanntheit als Wahlspruch der Indian National Army und als Boses Schlachtruf erlangte. Casey erwiderte darauf besänftigend, dass dies »Sieg für Indien« bedeute und er sich diesem Motto gerne anschließe. Pal meinte, es wäre von allergrößter Bedeutung, mehr Begegnungen dieser Art zu haben.[117]

In den letzten Tagen des Zweiten Weltkriegs machte sich Pal für die Unabhängigkeit Indiens stark, obwohl er sich insgeheim vom Raj einen Maulkorb verpassen ließ. Casey lud Pal im Juli 1945 vor, nachdem er dessen Redemanuskript für die bevorstehende Abschlussfeier (Convocation) der Universität von Kalkutta gelesen hatte. Der Gouverneur des Empires verwies auf mehrere »hochgradig politische Anspielungen«, die er nicht stillschweigend hinnehmen könne. Casey drohte, darauf in aller Öffentlichkeit zu antworten, falls Pal seine Bemerkungen nicht überarbeite. Glaubt man dem Tagebuch des Gouverneurs, war Pal damit einverstanden, seinen Ton zu mäßigen.

Die Convocation verlief ohne Zwischenfälle. Pal hielt im prachtvollen

Senate House, wo er, der brütenden Sommerhitze Kalkuttas zum Trotz, einen akademischen Talar trug, eine eindrucksvolle Rede, in der er die indische Unabhängigkeit nachdrücklich unterstützte, verzichtete dabei jedoch auf die direkten Attacken, vor denen Casey gewarnt hatte. Freiheit sei die wesentliche Voraussetzung für das Erlangen »der grundlegenden Menschenrechte«, sagte er. Er forderte die frischgebackenen Absolventen auf, beim Erreichen der »Freiheit für euer Mutterland (...) im echten Geist eines Kämpfers« mitzuhelfen, fügte allerdings klugerweise hinzu, dass sie sich nicht zu einem Kampf verleiten lassen sollten, »der euren wahren Interessen oder der nationalen Sache eher abträglich ist«.[118]

Bei eben diesem privaten Treffen vor der Abschlussfeier, von dem oben die Rede war, versuchte Pal erstaunlicherweise, sich die Unterstützung des Gouverneurs bei der Unterdrückung einiger seiner indischen Landsleute zu sichern. Er wandte sich dabei mit emotionalen Worten gegen das Wirken einer mächtigen Fraktion konservativer Hindu-Nationalisten an der Universität, die von Syama Prasad Mukherjee angeführt wurde. Pals Feind sollte sich noch zu einem Star unter den Hindu-Nationalisten in Indien entwickeln: Er war Minister unter Nehru und einer der Gründer einer bedeutenden Partei von Hindu-Nationalisten, einer Vorläuferorganisation der heutigen regierenden Bharatiya Janata Partei. Heutzutage wird er von Narendra Modi persönlich als Held gepriesen.[119]

Für den toleranteren Pal stellte Mukherjee einen mächtigen Feind dar: Er entstammte einer höheren Kaste, hatte in Cambridge studiert und war selbst einmal Rektor der Universität gewesen. Caseys Tagebuch ist zu entnehmen, dass Pal ihn gewarnt habe, Mukherjee und seine Gruppe übten »an der Universität einen unguten und unangenehmen Einfluss aus – der nicht innerhalb eines kurzen Zeitraums beseitigt werden könne«.[120] Er tue sein Bestes, um diese Lage zu meistern, aber es sei keine angenehme Situation.[121] Casey warnte den Vizekönig von Indien unmittelbar nach Pals Denunziation. Casey ließ den Vizekönig und andere britische Gouverneure in benachbarten Regionen ebenso wissen, dass die Universitätsverwaltung ein Machtzentrum für Mukherjee sei, der diese Institution geschickt mit Anhängern und Verwandten durchsetzt habe, »die auf die Universitätsgeschäfte einen solchen Einfluss ausüben, dass diejenigen, die nicht seiner Fraktion angehören, nicht hochkommen«.[122] Selbst als Pal sich öffentlich als Gegner des Kolonialismus bekannte, sah er Hindu-Nationalisten als eine derartige Bedrohung an, dass er insgeheim und wiederholt Vertreter des Britischen Empires dazu aufforderte, die Vorläufer der heutigen indischen Regierung zu unterdrücken.

Richter aus Zufall

Als der Zweite Weltkrieg zu Ende ging, bezweifelten die Inder, dass dies das Ende der rassistischen Herrschaft und der imperialistischen Ausbeutung sei.[123] Ein großer Teil der indischen Presse zeigte sich nach der Vernichtung Hiroshimas und Nagasakis schockiert und fragte sich, wie Deutschland und Japan jetzt für die von beiden Ländern begangenen Gräueltaten verurteilt werden könnten.[124]

Da Pals anhaltender Ruhm auf seiner heftigen Kritik am Kolonialismus des Westens beruht, ist es irritierend, dass das British Empire überhaupt darauf bestand, ihn nach Tokio zu entsenden. Als die Amerikaner die Alliierten um die Nominierung von Richtern und Anklägern für den Tokioter Prozess baten, wandten sie sich mit diesem Anliegen auch an Großbritannien und dessen Dominions Australien, Kanada und Neuseeland, aber nicht an Indien. Doch britische und indische Beamte, die sich bereits auf die unmittelbar bevorstehende Ausrufung eines selbstverwalteten Indien mit einer Bevölkerung von rund 400 Millionen Menschen einstellten, verlangten die Berufung eines indischen Richters.[125]

General Douglas MacArthur, der überhaupt kein internationales Tribunal wollte, hasste den Gedanken einer zusätzlichen Erweiterung. Das US-Außenministerium zauberte zur Erreichung dieses Ziels einen kasuistischen Standard hervor, nach dem die Richter nur aus den neun Ländern kommen durften, die die japanische Kapitulationserklärung auf dem Schlachtschiff *USS Missouri* mit ihrer Unterschrift besiegelt hatten. Nach dieser Vorgabe sollten weder Indien noch die Philippinen einen Richter stellen, beide Länder sollten jeweils nur einen Ankläger entsenden.[126]

Die britischen Kolonialbehörden in London und Delhi reagierten empört.[127] Britische Beamte in Delhi schäumten, es sei »absurd«, Indien auszuschließen, weil es auch von der Zeremonie auf der *Missouri* ausgeschlossen worden war, und das nicht zuletzt, weil niemand zu wissen schien, warum das so abgelaufen war; Indien war bei den Zeremonien anlässlich von Japans Kapitulation in Singapur und Burma vertreten gewesen.[128] Und Indien hatte mit Sicherheit ebenso viel Anspruch darauf wie Australien oder Neuseeland.[129] Zweieinhalb Millionen indische Soldaten hatten Opfer gebracht und gekämpft, von Burma bis nach Sizilien; 24000 indische Soldaten waren im Krieg gestorben; zahllose indische Kriegsgefangene waren von japanischen Aufsehern misshandelt worden.[130] »Weder Frankreich noch die Niederlande hatten einen ebenso berechtigten Anspruch wie Indien auf die Nominierung [eines] Richters«, schrieb Sir Girija Shankar

Bajpai, der von Großbritannien ernannte indische Generalbevollmächtigte in Washington.[131]

Der eindrucksvoll agierende Bajpai, der zudem Indiens Vertreter in der Far Eastern Commission war, rügte in Washington die Amerikaner mit der Unterstützung der britischen Regierung.[132] Indien verdiene »die Beteiligung am Prozess gegen die japanischen Kriegsverbrecher auf der Grundlage der Gleichberechtigung mit den anderen Mächten, die am Krieg gegen Japan beteiligt waren«. Mit der Forderung nach Gleichberechtigung ließ er die Vereinigten Staaten auf höfliche Art wissen, dass die Inder eine rassistische Diskriminierung nicht hinnehmen würden. Er wies darauf hin, dass indische Soldaten und Zivilisten in Südostasien und Burma von den Japanern misshandelt worden seien, dass indische Soldaten zum Sieg über die Japaner in Burma beigetragen hätten und dass Indien über eine große Zahl herausragender Juristen verfüge, die in der westlichen Jurisprudenz gut ausgebildet worden seien.[133] Bajpai, der selbst ein Oxford-Absolvent war, erklärte dem Raj ungehalten, dass »grundlegende Fakten über Indien in Amerika noch zum Bereich des Unbekannten zählen«.[134]

Das State Department dachte sich eine neue Begründung aus: Neun Richter seien bereits eine sehr hohe Zahl. Es sei besser, das Gericht so klein wie möglich zu halten und idealerweise nur mit amerikanischen, britischen, chinesischen und sowjetischen Richtern zu besetzen. Da man Indien und die Philippinen gleichberechtigt behandeln müsste, würde die Ernennung zweier weiterer Richter das Richtergremium auf die unpraktische Zahl von elf Personen anwachsen lassen.[135] Bajpai reagierte mit Spott: Warum seien denn elf unpraktischer als neun?[136] Der britische Botschafter in Washington bedrängte den amerikanischen Außenminister James F. Byrnes, der ihm zwar wohlwollend, aber zugleich auch unverbindlich begegnete.[137]

Großbritannien brachte Indiens Anliegen vor die Far Eastern Commission, was die Tür für sowjetische Störaktionen öffnete. Die Sowjets schlugen die Hinzunahme der von ihnen abhängigen Mongolischen Volksrepublik vor, zusätzlich zu Indien und den Philippinen – ein Vorschlag, den sowohl die Amerikaner wie auch die Briten energisch zurückwiesen.[138] Bajpai, der Vertreter und Fürsprecher Indiens, erklärte inoffiziell, dass die Briten es wohl darauf anlegten, die Amerikaner »vor der Weltöffentlichkeit ins Unrecht« zu setzen.[139] Großbritannien gewann seine Commonwealth-Dominions Kanada, Neuseeland und Australien mühelos für den Vorschlag, Indien hinzuzunehmen.[140] Der Raj wies darauf hin, dass Indien »ebenso viel erlitten hatte wie jede andere Nation, die japanischen Kriegsverbrechern ausgesetzt war«, und mehr kriegsgefangene Landsleute verloren habe als die Franzosen oder die Niederländer. Der rassistische Subtext sei klar: Die Alliierten würden damit unausgesprochen mitteilen, dass das Leben von Weißen mehr zähle als das von Indern und Filipinos.[141]

Im State Department verstand man diese Anschuldigung ohne Weiteres und räumte inoffiziell ein, dass es »politisch wünschenswert« sei, »nicht so hingestellt zu werden, dass man asiatische Länder diskriminiere«. Die Amerikaner gaben ihren Widerstand gegen einen indischen Richter auf, verlangten aber gleichzeitig auch die Ernennung eines Richters von den Philippinen.[142] Damit waren sämtliche Alliierten einverstanden.[143] Nach dreimonatigem Widerstand stimmte MacArthur der Ernennung eines indischen Richters zu.[144] Er und Sir William Webb ergänzten das Statut des Tribunals um die Hinzunahme je eines Richters aus Indien und von den Philippinen und forderten die neuen Mitglieder auf, sich unverzüglich nach Tokio zu begeben.[145]

Den erfolgreichen Briten wurde jetzt bewusst, dass sie noch gar keinen indischen Richter hatten, den sie nach Tokio schicken konnten. Hohe indische Behördenvertreter kamen zu dem Schluss, dass der ideale Kandidat ein pensionierter High-Court-Richter wäre. Das würde der Personalie das nötige Gewicht verleihen, ohne die unangenehme Nebenwirkung, für diese Aufgabe einen noch aktiven Richter abstellen zu müssen.[146] Pal war nicht ihre erste oder zweite, vielleicht sogar nicht einmal ihre fünfte Wahl. Die Briten fragten als Ersten einen ehemaligen Richter des High Court von Bombay, der seine Absage mit gesundheitlichen Problemen begründete, als zweiten dann einen Richter in Allahabad (heute: Prayagraj), der sich der Anfrage mit Ausflüchten entzog.[147] MacArthur setzte die Inder mit der Vorgabe unter Druck, bis spätestens zum 20. April 1946 einen Richter nach Tokio zu bringen – es blieben also nur noch zwei Tage. Der Raj versuchte jetzt innerhalb einer Woche einen Richter zu nominieren, denn man hatte die Sorge, dauerhaft vom Prozess ausgeschlossen zu bleiben, falls dieser ohne einen indischen Richter begann.[148]

Die Kolonialbürokratie erkundigte sich hektisch, ob es irgendwelche – pensionierte oder noch im aktiven Dienst stehende – High-Court-Richter in Bombay, Madras, Lahore oder Kalkutta gab, die bereit waren, einen solchen Auftrag auch kurzfristig anzunehmen und sich auf den Weg zu machen. Die Briten würden dabei das gegenwärtige Gehalt des Richters bezahlen, 500 Rupien monatlich für Nebenausgaben drauflegen und Flugkosten, Unterkunft und Verpflegung für einen Sonderauftrag übernehmen, der mutmaßlich in weniger als einem halben Jahr zu erledigen wäre.[149]

Radhabinod Pal ergriff die Gelegenheit. Alle Fragen wurden innerhalb von vier Tagen geklärt. Pal war ranghöher als zwei Richter auf Zeit in Lahore, die ebenfalls Interesse zeigten, und stach auch einen herausragenden Richter am High Court in Lahore aus, der noch im aktiven Dienst stand, während Pal bereits im Ruhestand war. (Es bleibt ungeklärt, ob aus Sicht der Briten gegen den Mann aus Lahore sprach – der später zum zweiten Obersten Richter von Pakistan aufstieg –, dass er Muslim war.)[150]

Pal wurde für das Richteramt nicht begutachtet. Dem Raj blieb keine Zeit, seine Kompetenz oder seine politischen Ansichten auch nur kursorisch zu überprüfen, von seiner umfangreichen Publikationsliste ganz zu schweigen. Wäre er ein bekannter Unruhestifter gewesen, hätten die britischen Beamten seinen Namen gekannt. Offensichtlich bestand das gesamte britische Wissen zur Personalie Pal aus der Information, dass er ein ehemaliger Richter am High Court und ihnen bisher nicht unangenehm aufgefallen war. Das sollte genügen. Die britische Kolonialbehörde schickte ihm am 27. April ein Geheimtelegramm, mit dem er als Indiens Richter für das Tribunal von Tokio nominiert wurde.[151] MacArthur segnete die Ernennung ohne weitere Überprüfung ab.[152] Pal kümmerte sich eilends um die Ausstellung eines Reisepasses, um Flugtickets und Impfungen und flog acht Tage später von Kalkutta aus nach Japan.[153]

Als er am 14. Mai in Tokio eintraf, hatte der Prozess bereits begonnen.[154] Bei Gericht schaute er ernst durch seine schwarzumrandeten Brillengläser, zur Richterrobe trug er einen gestärkten Kragen, wie es in den Gerichtssälen in seiner Heimat üblich war. An seinem ersten Tag bei diesem Tribunal bekam er zu hören, wie Webb kurz angebunden erklärte, die Anträge der Verteidigung zur rechtlichen Zuständigkeit des Gerichts seien aus vagen Gründen abgelehnt – ein Vorgang, der wohl kaum einen guten ersten Eindruck auf ihn machte.[155]

Während Pals Richterrobe ihn als gleichberechtigtes Mitglied des Richterkollegiums auswies, nahmen ihn einige Prozessbeobachter wegen seiner Hautfarbe ins Visier. Eigentlich stand auch dem indischen Richter zu, gemeinsam mit all seinen Kollegen im Imperial Hotel zu wohnen, doch sein Name fehlte auffälligerweise in einem Erlass des Allgemeinen Hauptquartiers zum Personal aus den Ländern des British Commonwealth, in dem ausdrücklich festgehalten wurde, dass die Richter aus Großbritannien, Australien, Kanada und Neuseeland während der Gesamtdauer des Tokioter Prozesses im Imperial Hotel bleiben konnten. Erst nachdem diese vier weißen Richter energisch gegen »diese Diskriminierung« protestiert hatten, wurde es Pal gestattet, ebenfalls dort einzuziehen.[156] Ein australischer Journalist, der ihn bei Gericht beobachtete, bezeichnete ihn als »Hindu-Giganten« und schrieb: »Richter Pal war eine würdevolle Erscheinung – wie eine Statue aus dunklem Marmor ganz rechts auf der hoch aufragenden Bank von elf internationalen Richtern.«[157]

12.

Die erste Eroberung

Delfín Jaranilla war bei seinem Einsatz in Bataan knapp 60 Jahre alt gewesen. Er war schmächtig und von wenig eindrucksvoller Gestalt. Er war Oberst und der ranghöchste Jurist der Armee der Philippinen und wurde wenige Wochen nach Pearl Harbor in die Reihen der US Army aufgenommen.[1] Seine philippinische Armeeeinheit wurde auf die Halbinsel Bataan für einen Einsatz zurückgezogen, den er später mit Bitterkeit als »meine Feuertaufe« bezeichnen sollte.

Jaranilla war zwar selbst ein meisterhafter Gewehrschütze, aber seine Aufgabe an dieser Front bestand aus der Leitung von Kriegsgerichtsverhandlungen gegen philippinische Deserteure, bei denen die Beschuldigten zur Rückkehr an die Front verurteilt wurden. Als die besiegten Filipinos und Amerikaner sich im April 1942 schließlich ergaben, hoffte er, als hochrangiger Offizier, auf eine anständige Behandlung.[2] Doch »ein bärtiger Japs« nahm ihm seine Schuhe und anderes persönliches Eigentum weg, wie er sich später erinnerte, und schlug ihn mit einem Gewehrkolben. Bevor Jaranilla wieder bei voller Besinnung war, zerrte ihn der japanische Offizier mit sich, zum Marsch von Bataan, der nach Norden führte.

Barfuß und auf einen Bambusstab gestützt schleppte sich der alte Mann dahin. »Wer in die Knie ging, wurde von den erbarmungslosen Japanern geschlagen und mit Bajonetten traktiert«, erinnerte er sich. Bereits am zweiten Tag waren Hunderte von Filipinos tot, an Krankheiten oder an den Misshandlungen gestorben. Gefangene, die nicht mehr gehen konnten, »wurden kaltblütig ermordet«. Einige, die zu fliehen versucht hatten, wurden gefasst und enthauptet. Als Jaranilla versuchte, einem philippinischen Offizier zu helfen, der vor Erschöpfung zusammengebrochen war, schätzte er sich »glücklich, weil die Japse mich nur traten«.

»Ich humpelte und konnte die Schmerzen kaum ertragen«, berichtete er. Hungrig und entkräftet wurde er schließlich auf offener Straße ohnmächtig. Er überlebte, weil ein japanischer Offizier es zuließ, dass eine philippinische Krankenschwester ihn in ein nahegelegenes Krankenhaus brachte.

Anschließend hielt man ihn einige Monate lang in einem ehemaligen Stützpunkt der philippinischen Armee fest und brachte ihn danach ins Bilibid-Gefängnis in Manila, wo er zusammen mit Hunderten von Kriegsgefangenen in eine Zelle gesperrt wurde, die für 20 Männer ausgelegt war. Nachdem Jaranilla noch während der japanischen Besetzung der Philippinen aus der Haft entlassen worden war, blieb er so antijapanisch gesinnt, dass er 1943, nach einem Attentat auf den mit der Besatzungsmacht kollaborierenden Präsidenten der Philippinen, der diesen fast das Leben kostete, vom japanischen Geheimdienst verhört wurde. Man verdächtigte den bekannten Meisterschützen.[3] Beim entscheidenden Kampf um Manila wurde sein Haus zerstört. Die Erinnerung an Bataan begleitete ihn bis an sein Lebensende, war jedoch auch mit einem Trost verbunden: Er heiratete die Krankenschwester, die ihn gerettet hatte.[4]

Das also war der Mann, den die Philippinen als ihren Richter zum Tokioter Prozess entsandten. Jaranilla war der letzte Neuzugang im Kreis der elf auserwählten Richter, gemeinsam mit Radhabinod Pal aus Indien. Seine Ernennung erfolgte noch in den letzten Tagen der amerikanischen Kolonialherrschaft, nur einen Monat, bevor die Philippinen zu einem unabhängigen Land wurden. Er wurde von Manuel Roxas, dem aristokratischen Präsidenten der Philippinen, eilends ausgewählt.[5] Roxas hatte das Glück, nicht vor ein Tribunal der Alliierten gestellt zu werden, er durfte vielmehr selbst einen Richter dorthin entsenden; er hatte während der japanischen Besatzungszeit der Kollaborateurs-Regierung angehört, was einige Mitglieder von Roosevelts Regierungsapparat zu Aufrufen veranlasste, ihn zu hängen. Aber er wurde von General Douglas MacArthur persönlich entlastet, der ihn zum »großen Patrioten« erklärte, der insgeheim für die Widerstandsbewegung spioniert habe.[6] Jaranilla hatte, im Unterschied zu Roxas, die Übernahme hochrangiger Ämter in der projapanischen Verwaltung mit der Begründung verweigert, nach Bataan sei er zu krank, um noch zu arbeiten.[7]

Seine Treue zu den Vereinigten Staaten war tief in seiner Persönlichkeit verankert. Als kleiner Junge hatte er in seiner Heimatstadt Iloilo Englisch gelernt, indem er sich in der Nähe seiner katholischen Seminarschule mit amerikanischen Soldaten unterhielt, und hatte es dabei so weit gebracht, dass die philippinische Regierung ihn an eine Highschool in Kalifornien schickte. Nach dem Schulabschluss schrieb er sich an der University of Tennessee und schließlich, 1907, an der juristischen Fakultät der Georgetown University ein.[8] Antiasiatische Diskriminierung war in den Vereinigten Staaten allgegenwärtig; bei einer studentischen Diskussionsveranstaltung in Georgetown zum Thema japanische Einwanderung wurde unter anderem behauptet, dass die Japaner als Rasse den Chinesen überlegen seien. Jaranilla trat bei dieser Gelegenheit im Rahmen eines musikalischen Zwischenspiels mit einem Geigensolo auf.[9] Wieder zurück auf den Philippinnen, arbeitete er sich hoch, stieg vom Angestellten bei Gericht bis ins Amt des Justizministers auf und diente ab 1925 in dieser Funktion unter sechs amerikanischen Generalgouverneuren.[10] In den letzten Tagen des Zweiten Weltkriegs wurde Jaranilla an den Obersten Gerichtshof der Philippinen berufen, bevor man ihn schließlich nach Tokio entsandte.[11]

Er teilte von ganzem Herzen die amerikanische Sichtweise auf den Krieg.[12] Er war außerdem ein eifriger Bewunderer von MacArthur und bestärkte ihn in seiner Selbsteinschätzung als christlicher Retter der Philippinen. Jaranilla schrieb während des Tokioter Prozesses an MacArthur: »Mit Ihrer langen Dienstzeit auf den Philippinen und mit Ihrem glänzenden Sieg über den Feind haben Sie dem philippinischen Volk bei der Erringung seiner ersehnten Freiheit ganz gewiss eine unschätzbare Hilfe geleistet.«[13] Als Jaranillas Frau gesundheitliche Probleme hatte, zeigte er sich gegenüber MacArthur überschwänglich dankbar, weil dieser dafür gesorgt hatte, dass sie ins amerikanische Militärkrankenhaus in Manila aufgenommen wurde.[14] Voller Stolz auf das Tokioter Gericht vertrat er die Ansicht, es werde aufgrund des dort vertretenen breiteren Spektrums von Rechtstraditionen mehr zum Völkerrecht beitragen als Nürnberg.[15]

Jaranilla, der japanische Kriegsverbrechen am eigenen Leib erlitten hatte, wurde zu einer Stimme für die Asiaten, die unter der japanischen Eroberungspolitik gelitten hatten – das war ganz besonders dringend, weil es in Tokio keinen koreanischen Richter gab. Er ging durchgehend hart mit den Angeklagten um.[16] Sobald er mit Verfahrensfragen konfrontiert wurde, drängte er instinktiv auf eine zügige Prozessführung.[17] Er war außerordentlich wütend auf Richter wie Bert Röling, die eine eher unparteiische Herangehensweise pflegten.[18]

Mei Ruao mochte ihn, er fand ihn gesellig und kontaktfreudig, trotz seiner Leidenszeit in Bataan, und erlebte ihn oft als Gastgeber von Dinner Partys, bei denen der Alkohol reichlich floss.[19] Doch weder Jaranillas Freundlichkeit noch das Leid, das er erlebt hatte, trugen ihm den Respekt seiner europäischen Kollegen ein. »Der philippinische Richter war vollkommen amerikanisiert«, sagte Röling später. »Er gehörte zur herrschenden Klasse auf den Philippinen, die mit den Amerikanern zusammenarbeitete. In seinem Verhalten und seiner Einstellung war nichts Asiatisches mehr feststellbar.«[20] Lord Patrick, der britische Richter, hielt ihn für einen rachsüchtigen Idioten, der in diesem Gericht nichts verloren hatte. »Der phillipinische [sic] Richter, auf amerikanisches Drängen hin ernannt, weil wir darauf bestanden, dass Indien vertreten sein müsse, versteht einfach nicht, um was es geht«, schrieb er. »Das liegt nicht an fehlenden Englischkenntnissen, es fehlt ihm an grauen Zellen.« Und er höhnte: »Nur eins ist sicher, er wird mit irgendeiner Begründung für die Verurteilung stimmen. ›Denkt an Bataan‹[.] Er war beim ›Todesmarsch von Bataan‹ dabei.«[21]

Sobald die Verteidiger herausfanden, dass Jaranilla ein Überlebender des Todesmarsches war, stellten sie einen Antrag auf Ausschluss vom Verfahren gegen ihn und begründeten dies mit »persönlicher Befangenheit«. (Aus irgendeinem Grund kam die Verteidigung nicht darauf, dass Mei wegen der Bombardierung von Chongqing ebenfalls befangen sein könnte.) Wie konnte er als unparteiischer Richter über japanische Kriegsverbrechen befinden, wenn er sie selbst am eigenen Leib erfahren hatte?[22] Die Richter drückten sich erneut vor einem berechtigterweise aufgeworfenen Problem, indem sie wieder erklärten, sie seien nicht befugt, eine Ernennung aufzuheben, die vom Oberkommandierenden ausgesprochen worden war. Jaranilla nahm am 13. Juni seinen Platz neben den anderen alliierten Richtern ein.[23]

MacArthur bat Jaranilla nur drei Wochen später bei einer am 4. Juli in Manila abgehaltenen Zeremonie zur Feier der Unabhängigkeit der Philippinen als seinen Gast auf die Tribüne. Jaranilla schrieb euphorisch an MacArthur, dieses denkwürdige Datum stehe künftig nicht mehr nur für »die Geburt der großartigsten amerikanischen Republik der Welt«, sondern auch für den Tag, an dem »die Flagge der unabhängigen Republik der Philippinen gehisst wurde, als Symbol für eine wahrhaft unabhängige Nation«.[24]

Mandschurei

In der Anfangsphase des Vortrags der Anklage wurden hinter den japanischen Angeklagten zwei riesige Leinwände aufgestellt, auf denen Kartendarstellungen Asiens zu sehen waren. Für jedes Jahr ab 1931 zeigten blassrote Überblendungen das von Japan beherrschte Gebiet. Was 1931 mit der Invasion in der Mandschurei begann, sollte bis 1941 stetig voranschreiten und schließlich weite Teile Südostasiens und der pazifischen Inselwelt umfassen. Tojo Hideki wie auch weitere Angeklagte strapazierten ihre Halsmuskeln, um sich mit grimmigen Mienen anzusehen, wie hinter ihrem Rücken ihre nach und nach hinzukommenden Eroberungen dargestellt wurden.[25]

Vor allen anderen Ländern wurde China in rote Farbe getaucht. Die Ankläger brachten vor, dass das Streben der Achsenmächte nach der Weltherrschaft mit der Besetzung der Mandschurei, der drei riesigen modernen Provinzen im Nordosten des Landes, ernsthaft begonnen habe.[26] Die Mandschurei war eine lukrative Beute: ein in der Industrialisierung begriffenes Land, das so groß war wie Großbritannien und Frankreich zusammen und über ein gewaltiges wirtschaftliches Potenzial verfügte, an die Sowjetunion grenzte und in verlockender Nachbarschaft zu dem von den Japanern bereits kolonisierten Korea stand. Die Anklage beschuldigte Japan, ein innerlich instabiles, widerstrebendes China so lange unter Druck gesetzt zu haben, bis man Sonderrechte in der Mandschurei eingeräumt bekam, etwa die direkte Verwaltung der Gebiete im Besitz der Südmandschurischen Eisenbahn, Japans mächtiger kolonialer Eisenbahngesellschaft. Als nächsten Schritt dachten sich japanische Extremisten eine Provokation aus, mit der die Eroberung des gesamten Territoriums angestrebt wurde. Damit verband sich die Hoffnung, die üppigen Ressourcen der Mandschurei und Nordchinas für die Stärkung der eigenen Armee und den weiteren Ausbau der japanischen Schwerindustrie ausbeuten und so die expansionistischen Vereinigten Staaten abwehren zu können.[27] Der Zündfunke war eine Explosion an einer Gleisstrecke der Südmandschurischen Eisenbahn in der Nähe der Stadt Mukden (Shenyang) am 18. September 1931, ein Vorfall, der laut dem Vortrag der Anklage von Offizieren der abtrünnigen japanischen Kwantung-Armee inszeniert worden war. Dieser sogenannte Mukden-Zwischenfall wurde zum Vorwand für einen Angriff japanischer Truppen auf einen nahegelegenen chinesischen Stützpunkt, auf den rasch eine Invasion von mehr als 40 000 japanischen Soldaten folgte. Japan eroberte schnell die gesamte Mandschurei und verlor dabei nicht mehr als 3000 Soldaten, hinzu kamen noch 5000 Verwundete und 2000 Mann mit Erfrierungen.[28] Obwohl der Vortrag der Anklage beim Tokioter Prozess sich nur gegen eine kleine Militärclique richtete, war dennoch ein großer Teil der japanischen Bevölkerung von der Kriegsbegeisterung erfasst worden. Anstatt das eroberte Gebiet zu annektieren, setzte Japan 1932 ein Marionettenregime ein, das als unabhängiger Staat Mandschukuo (Manzhouguo) firmierte und in den Kreisen japanischer Imperialisten utopische Träume beförderte. Japan hatte, um Mandschukuo den Anschein von Legitimität zu verleihen, als nominellen Herrscher Puyi eingesetzt, den letzten Kaiser aus der chinesischen Qing-Dynastie, der im Knabenalter von der Revolution entthront worden war, aus der die Republik China hervorging.[29]

Zum nächsten »Zwischenfall« kam es im Juli 1937: Japan benutzte ein Gefecht an der Marco-Polo-Brücke am Stadtrand von Beijing als Vorwand, um Truppen ins chinesische Kernland einmarschieren zu lassen, Shanghai und Nanjing, die Hauptstadt Nationalchinas, zu erobern und innerhalb kurzer Zeit einen großen Teil des chinesischen Küstengebiets zu besetzen. Es klang wie ein Echo der Opiumkriege des 19. Jahrhunderts, als die Ankläger Japan beschuldigten, Opium als militärische Waffe eingesetzt zu haben, um die Kampfmoral der Chinesen zu untergraben. Einem Jahrbuch des Kaiserreichs Japan ist zu entnehmen, dass von Juli 1937 bis Juni 1941 mehr als zwei Millionen chinesische Zivilisten umgebracht und fast vier Millionen chinesische Soldaten getötet, verwundet oder gefangen genommen worden waren.[30]

Abb. 18 *Eine lange Schlange von Japanerinnen und Japanern, die auf einen Zuschauerplatz im Prozess gegen ihre ehemaligen Staats- und Militärführer warten, 1946*

Der chinesische Ankläger Xian Zhejun erhob sich, um die regierungsamtliche japanische Behauptung zu entlarven, dass diese Konflikte nur ein »mandschurischer Zwischenfall« und ein »chinesischer Zwischenfall« gewesen seien, undurchsichtige Konfrontationen mit Schuldanteilen auf beiden Seiten, die nicht die Ausmaße eines Krieges angenommen hätten. Japan habe »kriegsähnliche Handlungen« in der Mandschurei vorgenommen und dabei Tausende von chinesischen Soldaten und Zivilisten getötet, sagte er. Japan habe »an der Marco-Polo-Brücke einen Krieg begonnen. (...) Anschließend setzte Japan seine Soldaten in ganz China ein, sie töteten Millionen und Abermillionen von Soldaten ebenso wie Kinder, Frauen und hilflose Zivilisten. (...) Wenn das kein Krieg wäre, was ist dann ein Krieg?« Er unterstützte Keenans Vortrag und fügte hinzu, dass der Tokioter Prozess »keine neuen Gesetze schafft«, sondern »einfach nur das Recht und die bereits bestehenden Rechtsgrundsätze verkörpert«.[31]

Der Tokioter Prozess begann seine Argumentation in der Beweiserhebung mit der Militarisierung der japanischen Gesellschaft im Jahr 1928, nicht berücksichtigt wurden die früheren imperialen Eroberungen von Korea oder Taiwan in der Meiji-Ära. »Wir haben nicht das Recht, die sachlich-rechtliche Bedeutung der Annexion von Korea zu beurteilen«, schrieb der französische Richter Henri Bernard und hielt dabei fest, dass die Richter sich wiederholt weigerten, so weit zurückzugehen.[32] Nach der Darstellung der Anklage legte sich Japan in der Mandschurei auf einen ruinösen Expansionsdrang fest, folgte Trugbildern von Unabhängigkeit und wirtschaftlicher Autarkie durch eine sich ständig erweiternde Abfolge von Eroberungen – als nächstes in Südostasien, und schließlich in einem furchtbaren Krieg mit den französischen, britischen und niederländischen Imperien und den Vereinigten Staaten.[33]

»Sie wedeln mit dem Schwanz und betteln um unsere Zuneigung«

Während im Gerichtssaal in Ichigaya die Verhandlungsphase zur Mandschurei begann, schloss sich die Republik China dem alliierten Wiederaufbau eines friedlichen Japan an. Dieses Vorhaben war für China von außerordentlicher Dringlichkeit. Ein in Japan stationierter chinesischer Diplomat warnte: Falls »Japan wieder zum alten, antidemokratischen, gegen den Frieden gerichteten Kurs zurückkehrt, wird unser Land die Hauptlast zu tragen haben.«[34]

China drängte die Vereinigten Staaten, die Sowjetunion und Großbritannien, Japan vollständig zu entwaffnen. Der chinesische Außenminister Wang Shijie sagte zu General George C. Marshall, dass das Risiko einer erneuten Aggression nur durch »die vollständige Entmilitarisierung Japans« beseitigt werden könne.[35] Japan könne eine Wiederbewaffnung für einen Zeitraum von mindestens drei Jahrzehnten nicht erlaubt werden, bis sich seine Bevölkerung die Grundsätze von Frieden und Demokratie zu eigen gemacht habe.[36] Ein einflussreicher chinesischer General warnte seine Regierung mit dem Hinweis, Deutschland sei es nach dem Ersten Weltkrieg gestattet worden, einen kleinen Kernbestand von Streitkräften zu behalten, die es schließlich wieder zu einer ungeheuer kampfkräftigen Armee ausgebaut habe. Der General hegte nicht den Wunsch, die Japaner, »die der gleichen Rasse und Kultur angehören wie wir«, zu versklaven oder auszubeuten, warnte jedoch davor, dass »Japan die Demütigung der amerikanischen Besatzung nur hinnimmt und Amerika nur deshalb umschmeichelt, um seine nationale Macht für eine Revanche im nächsten großen Krieg zu erhalten«.[37]

Chinas Ziel war, in Japan einen Wandel herbeizuführen und es zu einem demokratischen Land zu machen, von dem keine Bedrohung mehr ausgeht. In einem Bericht, der von Guo Taiqi, einem Spitzendiplomaten und ehemaligen chinesischen Außenminister, abgesegnet worden war, beschrieben die chinesischen Behörden, wie das auszurotten sei, was sie als kulturelle Quellen der japanischen Aggression im Shinto-Staat ansahen. Ihrer Ansicht nach galt es, die Machtbefugnisse der Polizei zu beseitigen, die eingesetzt worden waren, um das Denken der Menschen zu versklaven, außerdem forderten sie eine umfassende Bodenreform und die Neufassung eines Schullehrplans, der bisher die nationale Überlegenheit propagiert hatte.[38] Der chinesische General schlug vor, die besiegten Japaner darin zu bestärken, »ihre Hoffnung auf persönliche Freiheit und die Achtung der Menschenrechte zu verwirklichen«, weil die Demokratie für den Frieden förderlich wäre.[39]

Während die Verhandlungsphase zum Geschehen in der Mandschurei in Gang kam, teilte ein chinesischer Ermittler, der mit den alliierten Anklägern zusammenarbeitete, seiner Regierung inoffiziell mit: »Der Prozess wird das wahre Gesicht von Japans Angriffskrieg und Brutalität enthüllen und dadurch die japanische Nation dazu erziehen, aggressives Gedankengut abzulegen.«[40] Doch chinesische Regierungsvertreter sorgten sich, dass das Programm des Allgemeinen Hauptquartiers den Militarismus des Landes noch nicht beseitigt haben könnte. Die Asien-Abteilung des Außenministeriums wollte eine gründliche Säuberung verwirklicht sehen, während das Verteidigungsministerium ein Verbot von Kriegsfilmen anstrebte und den Japanern das Betreiben von Judo, Kendo und allen Kampfsportarten, die sich an der Bushido-Ethik orientierten, untersagen wollte.[41] Ein chinesischer Beamter in Tokio warnte, dass – allen Säuberungen zum Trotz – »der aggressive Geist in der japanischen Politik und Gesellschaft so vorherrschend und tief verankert ist«, dass er nur schwer auszurotten wäre. Dieser

Beamte wollte, wie viele andere Chinesen auch, dass die alliierten Besatzer härter vorgingen: Anzustreben sei die Hinrichtung oder Enteignung der wichtigsten Militaristen, während die übrigen zu Haftstrafen oder Zwangsarbeit verurteilt werden sollten.[42]

China strebte japanische Entschädigungszahlungen für die Zerstörungen der Kriegszeit an, inklusive Rentenleistungen für die Angehörigen der Toten oder für die Verwundeten. Die Gesamtrechnung belief sich auf die erstaunliche Summe von 1 045 972 697 570 744 (rund 1,046 Billiarden) Yuan, was rund 87 Milliarden Dollar entsprach – zum damaligen Zeitpunkt eine gewaltige Summe, wenn man zum Vergleich etwa die Kreditsumme von 3,75 Milliarden Dollar heranzieht, mit der die Vereinigten Staaten in der Nachkriegszeit Großbritannien unterstützten.[43] Das ungeheure Ausmaß der Verluste wurde mit unheimlicher bürokratischer Genauigkeit aufsummiert: mehr als 800 000 Gewehre, 63 000 Maschinengewehre, 5,7 Millionen Mörsergranaten, 3,6 Millionen Geschützgranaten, 1,3 Millionen Flakgranaten, knapp 20 Millionen Handgranaten, 1,7 Milliarden Patronen, 267 Krankenhäuser und mehr als 200 000 Pferde und Maulesel. Die chinesische Luftwaffe hatte eine Gesamtzahl von 1813 Kampfflugzeugen, Abfangjägern, Bombern und anderen Flugzeugtypen verloren. Die schmerzlichsten Verluste konnten niemals wiedergutgemacht werden: fast 3,4 Millionen Tote beim Heer und mehr als 14 000 bei der Luftwaffe.[44]

Chiang Kai-sheks Regierung verhielt sich in der Frage der Abschaffung der Monarchie vorsichtig, obwohl die chinesischen Beamten glaubten, dass der Kaiser in die japanische Aggression zutiefst verwickelt gewesen war.[45] »Hirohito ist für im Verlauf des japanischen Angriffskriegs begangene Kriegsverbrechen verantwortlich«, in unzähligen Fällen, erklärte ein chinesischer Diplomat. Nach der Meiji-Verfassung sei der Monarch das Oberhaupt des Reiches und habe den Oberbefehl über das Heer und die Marine. Die Machtbefugnisse des Kaisers seien benutzt worden, um Japan auf den Krieg einzustellen und im September 1940 den Dreimächtepakt mit dem nationalsozialistischen Deutschland und dem faschistischen Italien zu schmieden; er habe die Invasion in der Mandschurei und die Besetzung Chinas gutgeheißen; er habe bei den kaiserlichen Konferenzen den Vorsitz geführt, bei denen über die Angriffe auf die Vereinigten Staaten und das British Empire beraten worden war; er habe kaiserliche Reskripte veröffentlicht, mit denen Japans Austritt aus dem Völkerbund gutgeheißen, der Dreimächtepakt gepriesen, im Kampf gefallene Soldaten geehrt und den Vereinigten Staaten und dem Britischen Weltreich der Krieg erklärt worden sei.[46]

Viele chinesische Beamte wollten die Monarchie sofort abschaffen, bevor rechtsgerichtete Kräfte den Thron dazu benutzen konnten, Japan in neue Kriege zu führen.[47] Die politischen Mitarbeiter der Asien-Abteilung des Außenministeriums wollten das kaiserliche System dauerhaft beseitigt wissen; falls sich dies als unmöglich erwies, sollte der Kaiser zum König degradiert und außerdem sollten ihm alle Privilegien genommen werden, die einer Entwicklung hin zur Demokratie im Weg stehen könnten.[48]

Die chinesische Regierung hielt sich, all diesen Überlegungen zum Trotz, zurück. Als Australien auf seine Liste der Kriegsverbrecher auch Hirohito setzte, wollte Chinas Außenministerium dieselbe politische Linie wie die Vereinigten Staaten verfolgen und keine festen Einschätzungen formulieren, bevor man herausgefunden hatte, was MacArthur wollte.[49] Letztlich nahm China den Kaiser rücksichtsvoll nicht in die eigene Kriegsverbrecherliste auf.[50] Die chinesische Regierung zog es zu einem späteren Zeitpunkt vor, das Schicksal des Kaisers der kollektiv getroffenen Entscheidung der alliierten Mächte zu überlassen. Falls die Monarchie beibehalten würde, sollte die Verfassung demokratisiert werden, »um dem japanischen Volk die Macht des Kaisers zurückzugeben«.[51]

Viele chinesische Beamte machten sich, trotz allen Geredes über eine Demokratie, dennoch Sorgen, welche Richtung ein demokratisches Japan wohl einschlagen könnte.[52] Chinesische Diplomaten favorisierten Japans Sozialdemokraten – zum damaligen Zeitpunkt waren sie in der Sozialistischen Partei Japans organisiert –, deren Grundsätze denen der Nationalchinesen ähnelten, in der Hoffnung, sie aufbauen und, ohne viel Aufhebens, insgeheim steuern zu können.[53] Aber die anderen politischen Parteien waren – wie ein Beamter der chinesischen Botschaft in Tokio schrieb – entweder gewalttätige Linke oder Rechte, die einer Bestrafung entgangen waren.[54] Chiangs Regierung fürchtete ganz besonders die Aussicht, dass die japanischen Kommunisten an die Macht gelangen und eine Regierung bilden könnten, die gute Beziehungen zu Mao Zedong knüpfte.[55]

Ein mit Kriegsverbrechen befasster chinesischer Ermittler warnte das Außenministerium, dass die Strafverfolgung bei den Japanern keine Reuegefühle ausgelöst habe: »Ich bin mir vollkommen darüber im Klaren, dass sie nicht nur nicht aufgewacht sind, sondern dass sich die Verachtung, mit der sie unserem Land begegnen, sogar noch vertieft hat.«[56] Ein chinesischer Geheimdienstler warnte eindringlich, dass die Japaner jetzt zwar unterwürfig zu sein schienen, aber dennoch eine derart starrsinnige Nation seien, dass sie sich, ähnlich wie die Deutschen, wieder erheben könnten: »Wir müssen Japans Nationalkultur durch kollektive Kontrolle zerstören.«[57] Er bediente sich eines gängigen chinesischen Schimpfnamens für die Japaner und schrieb: »Die *Wo*« – ›die Zwerge‹ – »sind von Natur aus grausam und außergewöhnlich verschlagen. Nach ihrer Niederlage sind sie wie wilde Tiere im Käfig. Sie wedeln mit dem Schwanz und betteln um unsere Zuneigung, um zu überleben. Sie zu töten ist von unserer Seite nicht geboten. Es ist besser, sie zu assimilieren und mit unserer Moral zu beeinflussen, um China vor künftigen Heimsuchungen zu schützen.«[58]

Drei Premierminister und ein Geist

Während chinesische Beamte ihre Sorgen formulierten, riefen die alliierten Ankläger die erste Person aus einer langen Liste von spektakulären Zeugen, die den Tokioter Prozess prägen sollten, in den Zeugenstand. Die Ankläger stützten sich weniger auf Ausländer mit einer feindseligen Einstellung gegenüber Japan, sondern setzten massiv auf die Aussagen zentristisch-gemäßigter japanischer Staatsmänner. Das Geschehen in Ichigaya wirkte oft weniger wie ein internationales, sondern eher wie ein rein japanisches Gerichtsverfahren, bei dem liberale Staatslenker gegen ihre Hardliner-Nachfolger antraten. Zivile Politiker, die zuvor nicht gewagt hatten, den großspurig auftretenden Generalen und Obristen die Stirn zu bieten, konnten diese Leute jetzt hart kritisieren, ohne sich dabei fürchten zu müssen.

In der Verhandlungsphase zur Mandschurei zählten zu den hochrangigen Zeugen drei japanische Premierminister, die über die vertraulichsten Dispute in den Reihen ihrer Regierungsmannschaften Auskunft gaben – ein beispielloser Insider-Einblick, der dazu beitrug, die kriegerischen Nationalisten in den Augen eines großen Teils der japanischen Öffentlichkeit zu diskreditieren.[59]

Der erste ehemalige Regierungschef war Baron Shidehara Kijuro, der bis vor etwa einem Monat als Premierminister die Entmilitarisierung des Landes beaufsichtigt hatte und jetzt als Staatsminister der aktuellen Regierung angehörte. Er war für seinen friedlichen Kurs als Außenminister in den 1920er Jahren bekannt, gegen Ende der internationalistischen und liberalisierenden Taisho-Ära, ebenso wie für seine Ablehnung der Invasion in der Mandschurei. Shidehara, ein gut aussehender Mann, der einen gut sitzenden Anzug, einen adretten Schnurrbart und eine Brille mit runden Gläsern trug, war eine herausragende Persönlichkeit, ein Mann von Stand. Mit seinen 73 Jahren ging er langsam, aber sein Verstand war scharf. Ein japanischer Zeitungsreporter bewunderte seine gewandten Antworten, die nach seiner Einschätzung sehr gut zu einem hochrangigen Staatsmann passten.[60] Doch nichts davon brachte ihm die Achtung von Sir William Webb ein, der einmal, als der ehemalige Premier aufgefordert wurde, in seinem recht guten Englisch zu sprechen, dazwischenbellte: »Sein Englisch ist unmöglich. Lassen Sie ihn zum Japanischen zurückkehren.«[61]

Shidehara musterte die Angeklagten mit finsterem, eisigem Blick.[62] Seine versöhnlich-vermittelnde »Shidehara-Diplomatie« war 1931, als er das Amt des Außenministers innehatte, von einem friedlichen Asien ausgegangen, das auf wechselseitige Abhängigkeiten zwischen koexistierenden souveränen Ländern setzte.[63] Für diesen Kurs war er von mehreren der jetzt vor Gericht stehenden Angeklagten geschmäht worden, zu denen auch General Doihara Kenji zählte. Shidehara hatte vergeblich versucht, die unnachgiebige Kwantung-Armee zum Rückzug aus den 1931 in der Mandschurei eroberten Gebieten zu bewegen, und er war ein erbitterter Gegner ihres Plans gewesen, dort Puyi, den letzten Qing-Kaiser, als kaiserliche Galionsfigur eines von Japan kontrollierten Regimes in der Mandschurei einzusetzen. Shidehara hatte energisch die Position vertreten, dass dies eine Torheit sei: Die Schaffung eines offensichtlich künstlichen Staatsgebildes Mandschukuo werde nur den Völkerbund gegen Japan aufbringen; Puyi selbst sei ein undemokratischer Anachronismus; die Han-Chinesen in der Mandschurei würden einen Mandschu-Kaiser nicht annehmen; und seine Einsetzung würde es unmöglich machen, mit China zu einer friedlichen Konfliktlösung zu gelangen.[64]

Shidehara zeichnete ein furchterregendes Bild von einer Armee, die der zivilen Kontrolle entglitten war. Er lieferte den Hauptteil seines Berichts in Form einer eidesstattlichen Erklärung, was im Verlauf des Prozesses häufig so gehandhabt wurde. Es war eine zeitsparende Maßnahme, bevor der Zeuge einem Kreuzverhör unterzogen wurde. Shidehara überraschte mit der Aussage, dass das japanische Kabinett den Streitkräften keine direkten Befehle erteilen könne. Nach der Verfassung unterstanden die Streitkräfte dem Kaiser, und das Militär konnte sich zu allen praktischen Zwecken über eine Regierung hinwegsetzen, indem es den von der Politik benannten Heeres- oder Marineminister ablehnte; das Kabinett konnte im günstigsten Fall die eigenen Ansichten zur Militärpolitik über den Heeresminister weiterleiten. Der Zeuge erklärte unverblümt: »Das Kabinett hatte nicht die Möglichkeit, die Armee in der Mandschurei oder irgendeine Armee an einem beliebigen anderen Ort zu disziplinieren.« Kurz vor der Invasion in der Mandschurei habe er versucht, »die Militärclique« an diesem Überfall zu hindern; als es dem Kabinett nicht gelungen sei, die Armee zu stoppen, sei es zurückgetreten.[65] Bei einem strengen Kreuzverhör, das einen japanischen Reporter an Maschinengewehrfeuer erinnerte, ließ Shidehara eine weitere Bombe platzen: Japanische Truppen aus der Kolonie Korea hätten, ohne Wissen des Kabinetts und ohne die Genehmigung des Kaisers, die japanischen Streitkräfte in der Mandschurei verstärkt.[66]

Der nächste Premierminister im Zeugenstand war Baron Wakatsuki Reijiro, der zentristische Regierungschef, unter dem Shidehara zu Beginn der Mandschurei-Krise als Außenminister gedient hatte. Mittlerweile war Wakatsuki ein hagerer, weißhaariger Achtzigjähriger mit schwindendem Gedächtnis.[67] Seine Erläuterungen und seine Aussage bekräftigten das Bild von einem unregierbaren Militär. General Minami Jiro, sein damaliger Heeresminister – und jetzt einer der Angeklagten –, hatte das widerstrebende Kabinett ignoriert, als japanische Truppen auf chinesisches Staatsgebiet vordrangen. Einen Tag nach dem anderen hatte Minami dem hilflosen Wakatsuki versichert, dass die Truppen nicht weiter vorrücken würden, und Tag für Tag hatten sie den Vormarsch dennoch fortgesetzt.

Der ältliche Wakatsuki schwächelte im Kreuzverhör, oft konnte er sich nicht mehr an Einzelheiten erinnern, während Minamis Verteidiger ihn bedrängte, er solle doch einräumen, dass sein Kabinett die Behauptung der Kwantung-Armee hingenommen habe, man handele in Notwehr gegen chinesische Provokationen.[68] Ein amerikanischer Verteidiger machte sich über die Anklage lustig, indem er fragte: »Wissen Sie von irgendeinem Plan oder von einer Verschwörung (…) zur Planung und Führung von Angriffskriegen, zur Eroberung Chinas und der pazifischen Inselwelt, letztlich zur Eroberung der Welt?« Wakatsuki musste antworten: »Ich habe niemals von irgendetwas in dieser Art gehört.«[69]

Bezeichnenderweise erschien ein ehemaliger Premierminister nicht vor Gericht. Seine Abwesenheit war der deutliche Beleg für die ständige Furcht vor Staatsstreichen und Mordanschlägen, die das Land in den 1930er Jahren schwer erschüttert hatten. Inukai Tsuyoshi, Wakatsukis Nachfolger im Amt des Regierungschefs, war bei dem berüchtigten Putschversuch im Mai 1932 von jungen Offizieren niedergeschossen worden. Dem Fürsprecher einer Kabinettsregierung hatte es nicht an Tapferkeit gemangelt; er hatte sich geweigert, aus den Amtsräumen des Premierministers zu fliehen, und selbst nachdem er mehrmals angeschossen worden war, hatte er noch gesagt, er wolle weiterhin mit den jungen Offizieren sprechen.[70] Jetzt, im Gerichtssaal im vormaligen Heeresministerium, behauptete Inukais Sohn, der einst als Privatsekretär für seinen Vater gearbeitet und ihn an jenem furchtbaren Tag gedrängt hatte, vor den Mördern zu fliehen, emotional sichtlich bewegt, dass sein Vater versucht habe, die japanischen Truppen aus der Mandschurei abzuziehen, was einen Anhaltspunkt dafür lieferte, dass er ein Gegner der Ultranationalisten gewesen war.[71]

Inukais Sohn sagte aus, sein Vater habe sich mit Hirohito persönlich getroffen, um einen kaiserlichen Erlass zu erwirken, mit dem der Armee der Rückzug aus der Mandschurei befohlen wurde, er sei aber zurückgewiesen worden. An diesem Punkt wurde Marquis Kido Koichis Anwalt aktiv, um den Kaiser zu verteidigen. Auf die Frage, ob er der Ansicht sei, dass der Kaiser für das Ausbleiben des Rückzugs aus der Mandschurei verantwortlich sei, ruderte Inukais Sohn zurück – er sollte es später noch zum Justizminister bringen – und versicherte dem Gericht: »Seine Majestät war ein starker Befürworter des Friedens und hatte einen sehr ausgeprägten Wunsch nach einer gütlichen Beilegung des mandschurischen Zwischenfalls.«

Webb, der Hirohito während des gesamten Prozesses im Visier behielt, war wütend. Am darauffolgenden Tag, an dem er erstmals einen Zeugen direkt befragte, ging er Inukais Sohn an: Wenn der Kaiser ein solcher Friedensfreund sei, warum habe er sich dann geweigert, einen Erlass herauszugeben, der die Armee wieder unter Kontrolle brachte? Inukais Sohn erklärte verlegen, dass »es die Einstellung der Japaner ist, zu vermeiden, dass der Name unseres Kaisers in diese Auseinandersetzung hineingezogen wird«. Weiterhin auf dem Rückzug, sagte er, er sei sich mittlerweile nicht mehr sicher, ob sein Vater direkt nach einem solchen Erlass gefragt habe oder ob er sein Ansinnen über Kido oder auf anderen Wegen vorgebracht habe. Hirohito, ergänzte er, habe Inukai eine Audienz gewährt und dabei seiner Hoffnung auf ein Ende der Krise und einen dauerhaften Frieden mit China Ausdruck gegeben. Webb schnitt dem Zeugen jetzt verächtlich das Wort ab und sagte, das Gericht habe genug gehört.[72]

Ungesagt blieb bei dieser Gelegenheit, dass Hirohito, trotz seiner eigenen Befürchtungen, dass die Invasion in der Mandschurei Japan isolieren werde, tatsächlich einen kaiserlichen Erlass zur *Unterstützung* des Treibens der Kwantung-Armee herausgegeben hatte. Der Kaiser, dem die unregierbare Kwantung-Armee offiziell unterstand, hatte am 4. Januar 1932 – dem 15. Jahrestag des berühmten, an Soldaten und Seeleute gerichteten Kaiserlichen Reskripts, mit dem die Streitkräfte dem ewigen Oberbefehl des Kaisers unterstellt wurden – die Kwantung-Armee für ihren tapferen Kampf in »Notwehr« gegen chinesische »Banditen« gelobt.[73] Kido hatte in seinen in diesem Zeitraum entstandenen Tagebuchaufzeichnungen festgehalten, dass der Kaiser mit seinem Wunsch, die Invasion in der Mandschurei zu zügeln, die Armee in Rage gebracht hatte, und das so sehr, dass Kido und andere zivile Spitzenpolitiker übereingekommen waren, Hirohito sollte überhaupt nichts mehr zur Mandschurei-Politik sagen, sofern er das nicht unbedingt musste.[74]

Der dritte Premierminister war Okada Keisuke, der selbst nur knapp der Ermordung entgangen war. Während eines großen Teils der Mandschurei-Krise war er zunächst Marineminister und anschließend Mitglied des Obersten Kriegsrats gewesen, bis er 1934 zum Premierminister avancierte. Im Gerichtssaal im Heeresministerium gab Okada eine Erklärung ab, nach der ihm zahlreiche Berichte über Pläne der Armee zugegangen seien, einen Zwischenfall zu inszenieren, der ihr den Vorwand für den Einmarsch in die Mandschurei liefern sollte. In seiner Eigenschaft als Marineminister war er davon informiert worden, dass die Explosion an der Trasse der Südmandschurischen Eisenbahn »von einer Clique in der Kwangtung-Armee geplant und arrangiert wurde«. Er erinnerte an den Schock, den es in den Reihen der zivilen Regierung ausgelöst hatte, als japanische Truppen in Korea »die Grenze überschritten und an dieser Besetzung ohne kaiserliche Erlaubnis teilgenommen« hatten. Er sagte, die Kwantung-Armee habe die tatsächliche Macht in der Mandschurei ausgeübt, ohne Kontrolle durch die Regierung.[75]

Okada schilderte anschaulich die Gefahren, denen man sich durch Widerstand gegen die Militärs aussetzte. Er gab eine eidesstattliche Erklärung zum großen Putschversuch im Februar 1936 ab, bei dem eine Gruppe von 20 Offizieren und mehr als 1000 Soldaten »Tokio dreieinhalb Tage lang terrorisierten«. Sie hatten seine offizielle Residenz als Premierminister, das Unterhaus, das Polizeihauptquartier und das Heeresministerium besetzt – genau den Ort, an dem jetzt der Prozess geführt wurde. Die Putschisten hatten seinen Finanzminister und mehrere andere hohe Beamte mit Maschinengewehren getötet. Er war ihnen nur knapp entkommen. Sein Schwager war mit ihm verwechselt und erschossen worden. Nach dem Gemetzel waren er und sein Kabinett unter dem Eindruck der Herrschaft der Armee über das Land zurückgetreten.[76]

Nicht alle japanischen Zeugen waren in ihren Aussagen so ergiebig. Die Anklage hoffte darauf, die Arbeitsweise und die Machtstruktur der japanischen Regierung offenlegen zu können, und traf die überstürzte Entscheidung, dazu den Generalmajor Tanaka Ryukichi zu befragen, einen ehemaligen Berater von Tojo. Tanaka, ein beleibter, rundgesichtiger Mann mit leidenschaftslosem, kühlem Blick, trug bei seiner Aussage zivile Anzüge. Er war darauf aus, offene Rechnungen mit Tojo und anderen alten Widersachern zu begleichen.[77] Hirohito hatte sich nichtöffentlich über Tanakas schlechten Ruf beschwert und dabei gesagt, dass Tojos eigenes Ansehen durch die Beschäftigung einer solchen Person befleckt worden sei.[78] Als ihn ein Verteidiger zu seinem Spitznamen »das Ungeheuer« befragte, stieß er ein sinistres Lachen aus, das offensichtlich fröhlich klingen sollte. Obwohl sich Tanaka bei diesem Auftritt als unzuverlässiger Zeuge erwies, sollte er später auch noch für die Verteidigung aussagen. Den Chinesen war er besonders verhasst durch seine frühere Funktion als Befehlshaber von Japans Regionalarmee Nordchina, die 1940 unter seinem Kommando Pläne für die Verwüstung von Gebieten entwickelt hatte, in denen es Widerstand durch Partisanen gab.[79] Doch dem General wurde es gestattet, sich tagelang im Zeugenstand mit lautstarken Aussagen über Intrigen in den Reihen der japanischen Armee zu verbreiten und Tojo wie auch weitere Angeklagte aus dem Militär damit zu belasten.[80]

Die persönliche Aussage war zwar wichtig, aber die Anklage erzielte einige ihrer wirkungsvollsten Treffer mit nicht für den öffentlichen Gebrauch bestimmten japanischen Dokumenten. Während des gesamten Prozessverlaufs war Kidos Tagebuch das wichtigste Beweisstück der Anklage: ein gewaltiges Dokument der internen Beratungen der japanischen Regierung und des Kaiserhofs, das insgesamt 15 Bände umfasst und mehr als 5000 Seiten füllt.[81] Diese Aufzeichnungen belasteten nicht nur ihren Autor, sondern auch viele der Angeklagten, auch wenn auf diesen Seiten mehr Hinterhältigkeiten und Intrigen beschrieben werden als eine reibungslos funktionierende Verschwörung. Kido hatte im September 1931 aufgeschrieben, dass die Armee zur Landnahme in der Mandschurei so fest entschlossen sei, dass sie Anweisungen vonseiten der Regierung möglicherweise nicht befolgen werde.[82]

Die Anklage legte an Shidehara gerichtete Telegramme von erdrückender Beweiskraft vor, die von mehreren japanischen Konsuln stammten und den Bruch offenlegten, zu dem es zwischen gemäßigten Kräften in Japan und den hier vor Gericht stehenden Heißspornen gekommen war. Der japanische Konsul in Mukden (heute: Shenyang) hatte gewarnt, dass die Kwantung-Armee kurz vor dem Beginn einer Offensive entlang der Südmandschurischen Eisenbahn stehe. Andere Telegramme enthüllten, dass führende japanische Militärs die Gründung von Mandschukuo und die Einsetzung Puyis, des gestürzten Qing-Kaisers, planten, begleitet von einer formellen Unabhängigkeitserklärung, mit der man den Völkerbund hinters Licht zu führen versuchte. Es wurde beschrieben, wie Doihara, Spitzname: »Lawrence der Mandschurei«, sich die größte Mühe gab, um Puyi dazu zu bringen, als Werkzeug Japans zu dienen, während der General gleichzeitig überlegte, wie man behaupten konnte, dass Japan mit der Wiedereinsetzung des Kaisers nicht das Geringste zu tun hatte. Falls irgendwelche chinesische Truppen es wagen sollten, den Marionettenstaat anzugreifen, werde die Kwantung-Armee sie abwehren, versicherte Doihara einem nervösen Puyi, der sich vor Mordanschlägen fürchtete.[83]

In den Telegrammen überführten sich die Angeklagten mit ihren eigenen Worten selbst. In einer Mitteilung vom Januar 1936 skizzierte Hirota Koki, der damalige Außenminister, Pläne zur Förderung von Kollaborationsherrschaft in Nordchina unter der Kontrolle japanischer Truppen und der Kwantung-Armee. Im August 1936 gab das Kabinett des mittlerweile zum Premierminister in einer vom Militär dominierten Regierung aufgestiegenen Hirota eine wichtige kriegsorientierte Direktive aus, nach der »die grundlegende vom Reich durchzusetzende nationale Politik lautet, die Stellung des Reichs auf dem ostasiatischen Kontinent vermittels diplomatischer Politik und nationaler Verteidigung zu sichern (…) und außerdem vorzurücken und das Reich in Richtung des Südchinesischen Meeres zu erweitern«.[84]

Die Ankläger erinnerten das Gericht daran, wie die Invasion Japans die idealistischen Hoffnungen des Völkerbunds in der Zwischenkriegszeit zunichtegemacht hatte, und legten einen bedeutenden Untersuchungsbericht des Völkerbunds – den Lytton-Report – vor, der im Februar 1933 der jährlichen Vollversammlung der Weltorganisation vorgestellt wurde. (Hirohito behauptete später in seinen geheimen Monologen im Kaiserpalast, er habe damals dem Bericht vollständig zustimmen wollen, aber einen Konflikt mit dem Kabinett befürchtet, das eine Ablehnung abstrebte.)[85] Der Völkerbund war in diesem Bericht zu der vorsichtigen Schlussfolgerung gelangt, dass der militärische Vorstoß der japanischen Truppen nach dem sogenannten Mukden-Zwischenfall »nicht als Selbstverteidigung betrachtet werden könne«. Puyis großspurigen Behauptungen zum Trotz, er habe den Thron eingenommen, »nachdem die Mandschumassen mich gewählt haben«, war ganz und gar offensichtlich, dass Japan die tatsächliche politische Macht in Mandschukuo ausübte.[86] Die Untersuchungskommission des Völkerbunds hatte scharf resümiert: »Es ist (…) unbestreitbar, dass ein großer Teil des chinesischen Staatsgebiets von japanischen Truppen ohne vorherige Kriegserklärung gewaltsam erobert und besetzt und als Konsequenz dieser Operation vom übrigen China abgetrennt und für unabhängig erklärt worden ist.«[87] Letztlich hatte beim Völkerbund nur Japan gegen den Bericht gestimmt, wobei Matsuoka Yosuke aus dem Sitzungssaal stürmte.[88]

Die Marshall-Mission

Harry S. Truman nahm unter all den unwissenden Amerikanern, die von der großartigen Geschichtsstunde, die sich im Gerichtssaal in Ichigaya darbot, hätten profitieren können, den ersten Rang ein. Sein unzureichender Kenntnisstand zeigte sich allgemein, wenn es um Asien, und ganz besonders, wenn es um China ging. »Ich weiß nur wenig über chinesische Politik«, schrieb der Präsident Anfang 1946 in einer privaten Mitteilung. »Die eine Sache, die mich interessiert, ist ein starkes China mit einem demokratischen Regierungssystem, das uns freundlich gesinnt ist. Das ist unsere einzige Rettung für eine friedliche Politik im Pazifikraum.«[89] In Bezug auf den größten Teil Asiens blieb er uninformiert und begnügte sich stattdessen mit Ideologie, Mythen oder bornierten Stereotypen, wie er später einräumte: »Ich dachte, Indien sei ziemlich voll mit armen Menschen und mit Kühen, die auf den Straßen unterwegs sind, mit Wunderheilern und Menschen, die auf glühenden Kohlen sitzen und im Ganges baden, und so weiter, aber ich habe nicht verstanden, dass irgendjemand das Land für wichtig hielt.«[90]

Zumindest war er sich seiner Unzulänglichkeiten schmerzlich bewusst: »Mein Kopf hätte größer und besser proportioniert sein sollen. Es hätte da mehr Hirn und ein größerer Anteil Ego oder etwas in der Art sein sollen, um mir eine Vorstellung davon zu geben, dass es einen Nr.–1-Mann in der Welt geben kann.« Er fühlte sich nach wie vor mit seiner Aufgabe nicht wohl. »Na gut, ich bin hier im Weißen Haus, dem großen weißen Grab von Ehrgeiz und gutem Ruf«, schrieb er in einem nicht abgeschickten Brief an seine Frau. »Ich fühle mich wie ein Vogelnest vom letzten Jahr, das noch einmal genutzt wird.«[91]

Truman stieg in die Asien-Politik ein, indem er Nationalchinas Regierung unterstützte, obwohl er Chiang Kai-shek mit Skepsis betrachtete und befürchtete, in Chinas innenpolitische Konflikte hineingezogen zu werden. Er dachte, dass »Chiangs Regierung Seite an Seite mit uns gegen unseren gemeinsamen Feind kämpfte und dass wir Grund zu der Annahme haben, dass die sogenannten Kommunisten in China uns nicht nur nicht geholfen, sondern gelegentlich sogar die Japse unterstützt haben.«[92] Er gelobte öffentlich, er werde der chinesischen Nation helfen, »die von Dr. Sun Yatsen für das Land formulierten demokratischen Ziele zu erreichen«.[93]

Doch Truman zeigte sich schon bald alarmiert vom sich anbahnenden chinesischen Bürgerkrieg – die Unruhe war so stark, dass er Ende 1945 keinen Geringeren als George C. Marshall, der zuvor unter anderem als

Stabschef der US Army gedient hatte, als Vermittler zwischen Nationalchinesen und Kommunisten entsandte.[94] Truman gab zwar vor, an »ein starkes, vereintes und demokratisches China« zu glauben, drängte aber auf einen Waffenstillstand zwischen Nationalchinesen und Kommunisten und eine daran anschließende nationale Konferenz zur Beilegung der innenpolitischen Konflikte im Land. Er erkannte weiterhin nur Chiangs nationalchinesische Regierung als rechtmäßig an, versprach aber, keine amerikanischen Truppen zur Unterstützung einer Seite im innerchinesischen Konflikt zu entsenden.[95] »Wir sind alle froh darüber, Sie wieder in der Welt der Probleme und des Streits begrüßen zu dürfen«, stand in MacArthurs sarkastischem Glückwunschtelegramm zur unlösbaren Aufgabe.[96] Während Marshall 13 frustrierende Monate in China verbrachte, verzweifelte Truman angesichts der Erfolgsaussichten seines in den Medien sehr präsenten Sondergesandten. »Sieht so aus, als ob Marshall in China scheitern wird«, schrieb er an seine Frau.[97]

Man macht es sich zu leicht, wenn man im Nachhinein zu dem Schluss kommt, dass der Sieg der Kommunisten unvermeidlich war. Die Regierung Nationalchinas litt zwar noch unter den Folgen ihres langen Krieges gegen Japan, doch sie unterlag nur durch eine Reihe von Fehlleistungen. Sie brachte wichtige lokale Anführer, führende Vertreter der Wirtschaft und Intellektuelle gegen sich auf. Sie setzte auf brutale Gewalt, anstatt kritische Köpfe in den Städten und den einzelnen weit entfernten Teilen des riesigen Landes auf ihre Seite zu bringen. Chiang, außer sich vor Wut über kommunistische Provokationen in der Mandschurei, schlug 1946 mit einer militärischen Offensive zurück, die sich für sein schwaches Staatsgebilde als zu große Belastung erwies.[98]

Richter Mei Ruao empfand es in Tokio als Demütigung, dass eine amerikanische Vermittlung notwendig wurde. »Es ist unentschuldbar, dass unsere inneren Angelegenheiten einer ausländischen Intervention bedürfen«, schrieb er, als er von Marshalls Mission erfuhr. »Noch erschreckender ist zugleich unsere Wirtschaftskrise.«[99] Während der ersten Monate des Prozesses verfolgte er bedrückt Marshalls Vermittlungsbemühungen zwischen den Nationalchinesen und den Kommunisten.[100] Das Chaos in China, einem der Siegerländer des Krieges, empfand er als peinlich und furchterregend. Der Zerfall seines Landes stand in einem erbärmlichen Kontrast zur Lage in Japan, wo MacArthurs freundliche Politik »Japan viele wirtschaftliche Vorteile bot und das Land nach und nach auf den Weg zu einer Modernisierung brachte«.[101]

Der Fall der Mandschurei wurde, als Zeichen der Schwäche des chinesischen Staates, nicht vom chinesischen Ankläger, sondern vom australischen, amerikanischen und anderen Anklägern vorgetragen. Das chinesische Team wirkte überfordert oder irrelevant. Mei machte Chinas schwindender Status zu schaffen. »Was für ein kläglicher Auftritt«, schrieb er in sein Tagebuch.[102]

»Mord im Sinn«

Nach dem großen Drama der Eröffnungstage fand der Gerichtshof zu einer unruhigen Routine. »Den Ausländern in Tokio bot der Prozess all die Verlockungen eines glanzvollen gesellschaftlichen Ereignisses«, schrieb der indische Spitzendiplomat K. P. S. Menon. »Männer und Frauen kamen in Scharen dorthin, ohne sich der Tatsache bewusst zu sein, dass hier über große Fragen, die Menschenleben wie auch das Völkerrecht betrafen, verhandelt wurde. Die angeklagten Japaner agierten mit der stoischen Würde tragischer Figuren.«[103]

Tojo folgte den Aussagen sehr aufmerksam, trug fast durchgehend seinen Kopfhörer und beugte sich dabei vor, als würde er einen Widersacher studieren.[104] Als ein Verteidiger einmal klagte, hier würden die Sieger über die Besiegten Recht sprechen, hob Tojo plötzlich den Kopf.[105] Während einige der Generale an ihrem großspurigen Auftreten festhielten, war den meisten Angeklagten nicht wohl in ihrer Haut. Ein Reporter der Zeitung *Asahi Shimbun* schrieb, Kido Koichis »gewaltige Unruhe seiner inneren Gefühle« lasse sich an seinen roten Ohren ablesen.[106] Zwei ehemalige Außenminister fühlten sich sichtlich unbehaglich: Shigemitsu Mamoru, scheinbar nicht bei der Sache, starrte auf den Boden, und Togo Shigenori machte sich mit einem Bleistift Notizen.[107]

Während Mitarbeiter des Gerichts hinter vorgehaltener Hand wissen ließen, der Prozess könnte neun Monate dauern, suchte Webb nach Mitteln und Wegen, mit denen sich das Verfahren beschleunigen ließ: Er nahm eidesstattliche Erklärungen entgegen, ermahnte die Anwälte wegen Verfahrensfragen und Förmlichkeiten, schnauzte einen Verteidiger wegen Fragen an, die er als zu lang empfand, rügte die Dolmetscher. Das tat er mit einer allumfassenden Grobheit, die die Angeklagten, die Ankläger, die Richter und alle anderen Beteiligten beleidigte. Wenn japanische Verteidiger sich mit höflichen Worten an das Gericht wandten, forderte er sie brüsk auf, »jedes unnötige Wort wegzulassen«.[108] Er ermahnte die Anwälte wiederholt, sich nur an die Fakten zu halten und nicht bei günstigen Beweisen zu verweilen, was bei einem normalen Strafprozess das übliche Vorgehen wäre.[109] Einmal unterbrach er die Aussage eines ehemaligen japanischen Ministers und Kabinettsmitglieds mit folgenden Worten: »Das reicht; wir haben genug gehört. Wir haben in diesem Gericht einige geschwätzige Zeugen gehört, aber niemanden, der so geschwätzig war wie Sie.«[110] Als der Verteidiger sich einmal über die Verwendung schriftlicher eidesstattlicher Erklärungen anstelle von Aussagen vor dem Gericht beschwerte, bellte er: »Halten Sie hier keine Predigten. Die Bestimmungen für Aussagen gelten nicht; das sollten Sie mittlerweile wissen.«[111] Bei einer anderen Gelegenheit tat er die großen Unterschiede zwischen den einzelnen nationalen Rechtssystemen mit einem Schulterzucken ab: »Eine Erörterung der Unterschiede zwischen dem amerikanischen System, dem britischen System, dem niederländischen System oder dem russischen System ist nutzlos; wir haben hier keine Zeit für so etwas, noch würde es uns in irgendeiner Form weiterbringen.«[112]

Webb zog sich rasch den Unmut seiner Richterkollegen zu. Er war der einzige Richter, der über ein Mikrofon verfügte; die anderen saßen in stiller Verärgerung auf ihren Plätzen oder plauderten mit ihren Nebenmännern. »Unser Vorsitzender war ein Diktator«, erinnerte sich Röling.[113] Äußerst bezeichnend war, dass sich die Richter aus Großbritannien, Kanada und Neuseeland in ihrer Frustration über Webbs Verhalten zusammentaten und einen britischen Block bildeten, der schließlich der Mehrheit des Gerichts die Richtung weisen sollte. Der neuseeländische Richter Erima Harvey Northcroft schrieb vertraulich an seinen Premierminister, Webb habe »eine unglückliche Art, sich auszudrücken, ist allgemein querköpfig, durchgehend streitsüchtig und oft unvernünftig«. Wenn ihm die anderen Richter handgeschriebene Notizen zukommen ließen, »ist er oft entweder feindselig und unempfänglich für unsere Vorschläge oder nicht in der Lage, ihren Sinn oder Zweck zu verstehen – und manchmal auch beides«.[114]

Die Animositäten beim Umgang mit Webb wurden so intensiv, dass E. Stuart McDougall, der höfliche kanadische Richter, ihn mit einer freundlichen Unterhaltung zu besänftigen suchte. Webb zeigte sich im privaten Rahmen wütend über den britischen und den niederländischen Richter.[115] Der britische Richter wiederum versuchte Webbs vollkommen zutreffende Einschätzung, dass »die Richter aus dem British Commonwealth Ihre Verhandlungsführung im Tribunal kritisch sehen und von ihr enttäuscht sind«, zu entschärfen. Der britische Kollege versicherte Webb mit zusammengebissenen Zähnen seiner Wertschätzung und seines Vertrauens.[116]

Die Richter lebten im bequemen Schonraum des Imperial Hotels bei freier Kost und Logis in einem Luxus, der für die einfache japanische Bevölkerung Tokios angesichts der von Brandbomben zerstörten Infrastruktur unvorstellbar war.[117] Doch die meisten von ihnen wollten zurück nach Hause. Selbst Mei, der anfangs von seinen Kollegen sehr angetan gewesen war, räumte in seinem Tagebuch ein, das »es ziemlich langweilig war, am Tag wie am Abend immer die gleichen Richter zu sehen«.[118] Andere fühlten sich im Rampenlicht der öffentlichen Aufmerksamkeit nicht wohl in ihrer Haut, der britische Richter beispielsweise entsetzte sich über die Fotografen: »Die Leute würden in ihrem Gedränge die eigene Mutter niedertrampeln, wenn sich dadurch die Chance auf ein sensationelles Bild ergäbe.«[119]

Die Richter in ihren schwarzen Roben schwitzten in der brütenden Sommerhitze Tokios bei greller Kamerabeleuchtung und ohne Klimaanlage unerträglich. Der kanadische Richter, der an das kühl-gemäßigte Klima in Montreal gewöhnt war, litt ganz besonders.[120] Selbst Mei, der die Backofenhitze von Chongqing ertragen hatte, wurde schwindlig.[121] Webb vertagte den Prozess im Juli um eine Woche wegen der fehlenden Klimaanlage und dachte über eine Verlegung des Prozesses an einen kühleren Ort nach, falls ihm zu viele Leute im Verhandlungssaal umkippten.[122] Er schrieb an das Allgemeine Hauptquartier: »Solange die Mitglieder des Tribunals, die Ankläger oder die Angeklagten nicht in nennenswerter Zahl zu kollabieren drohen, müssen wir weitermachen.«[123] Röling schrieb in einer privaten Nachricht im drückend heißen Imperial Hotel, dass er »in meiner Hotelunterkunft als gemäßigter Nudist lebe, gerade hinreichend bekleidet, um nicht die Gefühle der japanischen Engel zu verletzen, die mir Eistee oder ›hotte cowee‹ bringen (wie sie ihn nennen)«.[124]

Vor allem aber fühlten sich die meisten Richter in Japan nicht wohl. Röling war von Japan wechselweise fasziniert und abgestoßen. Am besten gefielen ihm die Frauen, insgeheim schmachtete er die jungen Japanerinnen wegen ihrer »Pfirsichhaut« und ihren »rätselhaft lächelnden Augen« an. Wie ein gewöhnlicher Tourist schwärmte er für die Kirschblüten und war – im Gegensatz zu dem stärker von der Politik besessenen Mei – von der alten Vorstellung bezaubert, sie stünden für Japans jugendliche Krieger, die »wild für den einen Augenblick leben, alles dafür geben, schön zu sein, und sich in der Blüte des Lebens aufopfern und dabei nichts hinterlassen als eine bewunderte Erinnerung«. Ansonsten empfand Röling das Land als seltsam und beunruhigend. »Ich verstehe dieses Volk nicht«, schrieb er an einen Freund. Japan sei ein Land, »in dem sich die Männer verbeugen und lächeln und dabei Mord im Sinn haben, das aber gut verbergen«.[125]

Die Richter begriffen außerdem, wie mühsam sich ihr Unternehmen in den Gesamtrahmen der Besatzungsherrschaft einfügte. Sie waren mehrheitlich ausländische Zivilisten in einem Umfeld, das von US-Soldaten beherrscht wurde. Röling räumte ein, dass er sich unter den hochrangigen Militärs, die im Imperial Hotel residierten, »als Zivilist in diesem Generals-Hotel, unter all diesen Sternen, ein bisschen wie eine wolkenverhangene Nacht fühlte«.[126] Mei schrieb in sein Tagebuch, dass andere Länder von der amerikanischen Dominanz und von MacArthurs großzügiger Politik gegenüber Japan frustriert seien.[127] Einige der Richter teilten wohl die Gefühlslage der grantigen Soldaten der British Commonwealth Occupation Force (BCOF), die ihr Hauptquartier in der Marinewerft in Kure im Süden Japans hatten und ihre Respektlosigkeit gegenüber MacArthur in eine eigene Version des Vaterunsers packten:

DAS BCOF-GEBET

Unser General, der Du bist in Tokio,
Douglas sei Dein Name,
Dein Königreich bleibe den BCOF-Soldaten verschlossen,
Dein Wille geschehe bei der BCOF,
So wie er in Tokio geschieht,
Und gib uns heute unsere tägliche Direktive,
Und vergib uns unser Eindringen in die amerikanische Besatzungszone,
Wie wir Deinem Postdienst vergeben, dass er unsere Briefe wegwirft,
Und führe uns nicht in den Wahnsinn,
Sondern erlöse uns aus Kure,
Denn Dein ist das Königreich, und Du bist allmächtig
Während der Zeit der Besatzung,
Sallaam.[128]

Der letzte Kaiser

Auf die Parade japanischer Ministerpräsidenten folgte ein noch spektakulärerer Zeuge: Puyi, der letzte Kaiser aus der chinesischen Qing-Dynastie, in jüngster Zeit der Marionettenkaiser von Mandschukuo.[129] Seine Anwesenheit im Gerichtssaal verblüffte die Zuschauer, selbst diejenigen, die seine Handlungsweise abstoßend fanden. Zeitungen in aller Welt übernahmen die Berichterstattung über den Mann, den sie Henry Puyi nannten. (Er hatte sich den englischen Namen aus einer noblen Liste englischer Königsnamen ausgesucht.) Röling staunte im privaten Rahmen über »die Tatsache, dass man täglich auf dem Korridor dem Kaiser von China begegnet und dabei sagt: ›Hallo, wie geht es Ihnen heute Morgen‹. Ich dachte früher, dass man dem Kaiser von China nur in Märchen begegnet. Und ich bin mir immer noch nicht ganz sicher, ob diese Meinung falsch war.«[130]

Über Puyis Schicksal war gerätselt worden, seit sowjetische Truppen in den letzten Tagen des Zweiten Weltkriegs die Mandschurei eingenommen hatten. Jetzt räumten die Sowjets ein, dass er seitdem in ihrer Hand gewesen war. Die Sowjets hatten ihn insgeheim den Chinesen ausliefern wollen, aber die Chinesen und die Sowjets einigten sich in aller Stille darauf, dass er zuerst seine Rolle erfüllen und als Zeuge im Tokioter Prozess aussagen sollte.[131] Während des Zeitraums, in dem er vor Gericht auftrat, hielten ihn die Sowjets in ihrer Botschaft fest.[132]

Puyi sah hager und ausgemergelt aus, als er auf dem Flugplatz Atsugi bei Tokio aus einem sowjetischen Flugzeug stieg, bewacht von sowjetischen Geheimdienstagenten. Der 40-jährige Sohn des Himmels trug eine Brille mit runden Gläsern, ein Barett und einen schlecht sitzenden Anzug, sah dabei entschieden schlicht aus und schaute ängstlich drein.[133] Sein alter britischer Erzieher hatte sich einst an die Doppelnatur des Kindkaisers erinnert: Er war ein intelligentes Kind, das möglicherweise einen fortschrittlichen konstitutionellen Monarchen abgegeben hätte, war aber zugleich ein entschiedener Bewunderer von Benito Mussolini, obwohl er darum wusste, dass er nicht aus dem gleichen harten Holz geschnitzt war.[134]

Puyi war ganz in der düsteren, niedergedrückten Stimmung eines Mannes gefangen, der seinen Thron nicht weniger als dreimal verloren hatte: zunächst als fünfjähriger Junge, als die Qing-Dynastie mit dem revolutionären Eifer, aus dem die Republik China entstand, gestürzt worden war, dann war er von einem Warlord wiedereingesetzt, von einem weiteren erneut gestürzt und jetzt von den Sowjets aus seinem Amt entfernt worden. Er war mit Niederlagen gut vertraut, doch die sowjetische Variante sagte ihm überhaupt nicht zu. Er betrachtete sich selbst immer noch als höheres Wesen und schwankte innerlich zwischen einem Gefühl des Beleidigtseins und der Verängstigung.[135]

Für diejenigen Japaner, die Puyi für einen legitimen Herrscher von Mandschukuo gehalten hatten, war die wohlverdiente Behandlung, die ihm in Tokio widerfuhr, ein unangenehmer Präzedenzfall: ein Kaiser, der vor ein Kriegsverbrecher-Tribunal gezerrt wurde. Gewiss, er war kein Angeklagter – auch wenn er später dann, im kommunistischen China, selbst als Kriegsverbrecher angeklagt werden sollte –, aber diese royale Demütigung konnte bei japanischen Monarchisten nicht gut ankommen. Seine Verbindungen zum japanischen Thron waren eng. Puyi war begeistert gewesen, als die Kwantung-Armee ihn 1935 zu einem Staatsbesuch bei Hirohito nach Tokio geschickt hatte, um dem Marionettenkaiser etwas Respektabilität zu verschaffen. Der Kaiser von Japan hatte den Kaiser von Mandschukuo am Bahnhof in Empfang genommen, ein Bankett für ihn ausgerichtet und an seiner Seite eine Militärparade abgenommen. Die beiden Monarchen hatten ähnliche, mit Orden und Ehrenzeichen geschmückte militärische Paradeuniformen, Stiefel und Kopfbedeckungen getragen. Puyi hatte einen Schrein der Meiji-Kaiser und ein Militärkrankenhaus besucht, in dem beim Einsatz in der Mandschurei verwundete japanische Soldaten behandelt wurden. Bei der Rückkehr in seinen Palast im Umland von Changchun hatte Puyi ein kaiserliches Reskript ausgegeben, in dem er erklärte: »Wir und Seine Majestät, der Kaiser von Japan, sind von dem gleichen Geist beseelt.« Puyi war 1940 ein zweites Mal nach Tokio gereist, in einer Zeit, in der er die Shinto-Verehrung der Sonnengöttin Amaterasu – der göttlichen Vorfahrin Hirohitos – als offizielle Staatsreligion von Mandschukuo übernahm. Diese himmlische Fusion hatte ein spannungsgeladenes Treffen mit Hirohito erforderlich gemacht, der sich dabei die gezwungene Erklärung abrang, er akzeptiere in dieser Angelegenheit den Willen seines Qing-Vasallen.[136]

Seine Aufseher von der Kwantung-Armee hatten Puyi mit Vorstellungen von einer glorreichen Rückkehr in Beijings Verbotene Stadt nach dem Triumph der unbesiegbaren japanischen Streitkräfte begeistert. Der erste Gedanke bei seinen Tagträumen vom verlorenen Reich war, dass er für diesen Fall einige kaiserliche Drachengewänder auftreiben müsste. Puyi, der stattdessen im abgelegenen Changchun festsaß, hatte seinen Ersatzthron am kalten, regnerischen Morgen des 1. März 1934 bestiegen, und das mit so viel billigem royalem Pomp – tiefroten Teppichen, seidenen Vorhängen, einem Thronsessel mit hoher Rückenlehne und mit Lakaien, die den »neunfachen Stirngruß (…) vollzogen« – wie nur möglich. Kurze Zeit später wurde ihm die Gunst eines Besuchs von Prinz Chichibu, einem Bruder Hirohitos, zuteil, der ihm die Glückwünsche des Kaisers und dazu noch eine prächtige Chrysanthemen-Medaille überbrachte. Aber seine tatsächlichen Machtbefugnisse hatten sich auf die Bestrafung von Hausangestellten durch Peitschenhiebe oder Prügel beschränkt, die in mindestens einem Fall zum Tod führten. In allen anderen Angelegenheiten hatte Puyi seine

Anweisungen direkt von der Kwantung-Armee erhalten. Das übernahm ein japanischer Militärattaché, der ihm seine Reden in fehlerhaftem Chinesisch schrieb, seine Post zensierte und ihn anwies, wohin er zu reisen, wen er zu empfangen, was er seinen Untertanen zu sagen und wann er zu lächeln und wann zu nicken hatte.[137]

Als der Krieg für Japan eine ungünstige Wendung nahm, bekam Puyi es mit der Angst zu tun: Falls ihn seine eigenen Soldaten nicht töteten, würden das die Sowjets erledigen. Bei Abschiedszeremonien zu Ehren von Kamikaze-Piloten, die in den Einsatz geschickt wurden, um für ihr dem Untergang geweihtes Reich zu sterben, erschrak er zutiefst über die aschfahlen Gesichter und die Tränen, die den Piloten über die jugendlichen Wangen liefen. Er entfloh seinem schäbigen Palast und setzte sich in Richtung der Berge ab. Als er über die Kapitulation Japans unterrichtet wurde, fiel er auf die Knie und dankte dem Himmel dafür, dass die Amerikaner Hirohito verschonen würden – bis man ihm sagte, dass diese Vereinbarung nicht für ihn galt. Er versuchte verzweifelt, Japan zu erreichen, mit so vielen Juwelen im Gepäck, wie er rasch zusammenraffen konnte, und schaffte es noch bis zum Flughafen von Mukden, wo ihn sowjetische Soldaten festnahmen. Man brachte ihn in ein schlecht beheiztes Hotel in Chabarowsk, das zum Gefangenenlager umgewidmet worden war. Dort verbrachte er lange, von Trübsinn geprägte Tage, hütete die ihm noch verbliebenen Juwelen und memorierte unablässig Bücher über den Leninismus. Das war immer noch besser, als an die Chinesen ausgeliefert zu werden, dachte er.[138]

Die Zuschauerränge waren bis auf den letzten Platz besetzt, als Puyi an einem schwülen Augusttag den Gerichtssaal in Ichigaya betrat. An gaffende Zuschauermengen war er gewöhnt, und der im Saal herrschende Tumult beeindruckte ihn nicht, als sowjetische Wachposten ihn zum Zeugenstand geleiteten. Der magere Mann trug immer noch seinen schlecht sitzenden Anzug, sein Kragen hing zuweilen schief, und er war zunächst nervös, fing sich aber und wurde zuversichtlich. Er strich sich nachdenklich mit dem Zeigefinger übers Kinn, lehnte sich im Zeugenstand zurück und sagte mit königlicher Autorität aus.

Die alliierten Ankläger wollten ihren royalen Zeugen nutzen, um den japanischen Plan zur Eroberung Nordostchinas zu entlarven. Der Qing-Potentat sollte dabei bekennen, dass er ohne jede Einschränkung genau die Marionette gewesen sei, als die ihn die Zeitungen bezeichnet hatten. Durch die Offenlegung der japanischen Oberherrschaft über die Mandschurei hofften die alliierten Ankläger darauf, die anderen vorgeblich autonomen Staaten – wie Ost-Hebei und die Innere Mongolei – bloßstellen zu können, die später zu Bestandteilen des japanischen Kolonialplans werden sollten. Außerdem sollte die von Wang Jingwei angeführte projapanische Kollaborationsregierung in China diskreditiert werden. Die Ankläger wollten all diese Akteure – ebenso wie die Kollaborationsregierungen auf den Philippinen, in Burma und anderswo – als Werkzeuge der japanischen Aggression brandmarken.[139]

Puyi zeigte im nichtöffentlichen Rahmen, während er zwischen der sowjetischen Botschaft und dem Gerichtssaal in Ichigaya hin- und herchauffiert wurde, keinerlei Reue.[140] »Über meine Verantwortung machte ich mir nicht die geringsten Gedanken, noch weniger untersuchte ich die Motive, die mich zu meiner Schuld bestimmt hatten. Und noch nie hatte ich in meinem Leben davon gehört, dass es so etwas wie eine Umerziehung im Denken geben könnte«, schrieb er Jahre später, nachdem er sich selbst zum Musterbürger des kommunistischen China gewandelt hatte, zur letzten Figur in seinem von Wandlungsfähigkeit geprägten Leben.

Die echte Gefahr ging für ihn jetzt von rachsüchtigen Sowjets und Chinesen aus, nicht von einem relativ sanftmütigen Gremium ausländischer Richter. »Ich habe mit Eifer und Ausführlichkeit die japanischen Kriegsverbrechen angeklagt«, schrieb er. »Dabei habe ich aber kein einziges Mal von meiner eigenen Schuld gesprochen, im Gegenteil, ich war auf jede Weise bemüht, mich zu entlasten, um nicht auch selbst noch verurteilt zu werden.« Er erklärte später, er schäme sich für seine Zeugenaussage, bei der

Abb. 19 *Ein argwöhnischer US-Chefankläger Joseph B. Keenan und ein lächelnder Puyi, früherer Qing-Kaiser von China, Tokio, August 1946*

er jede Selbstbezichtigung vermieden habe, aus Angst vor einer Bestrafung durch die Chinesen.[141]

Joseph B. Keenan übernahm die Befragung von Puyi. Der gebildete Monarch musste sich zwar, weil er im Englischen außer Übung war, eines unbeholfenen chinesischen Dolmetschers bedienen, manövrierte den amerikanischen Hauptankläger aber dennoch mühelos aus. Während die japanischen Angeklagten ihn mit ihren Blicken zu durchbohren suchten und der chinesische Ankläger wiederholt versuchte, ihn zum Schweigen zu bringen, stellte sich der Qing-Potentat geschickt als hilflose Galionsfigur dar, die sich gezwungen sah, der japanischen Armee zu dienen oder zu sterben.[142]

Puyi sagte aus, er habe erst dann zugestimmt, einem mandschurischen Regime vorzustehen, als man ihm drohte, die Kwantung-Armee könnte ihn töten, falls er nicht einlenke. Später räumte er allerdings ein, dass er schon lange vorher mit Japan zusammengearbeitet habe.[143] »Auf dem Papier, um die Menschen in aller Welt zu täuschen, lassen sie« – die Japaner – »Mandschukuo wie einen unabhängigen Staat aussehen«, sagte er. »Aber in Wirklichkeit wurde Mandschukuo von der Kwantung-Armee regiert.« Die Mandschurei sei tatsächlich eine japanische Kolonie gewesen und er selbst praktisch ein Gefangener im eigenen Palast: »In Wirklichkeit ist der Kaiser ohne Rechte und ohne jede Macht.«[144]

Puyi zeigte mit seiner Ehrerbietung gegenüber den Sowjets, die ihn gefangen genommen hatten, dass er jetzt neuen Herren diente. Als Keenan ihn fragte, ob er irgendwelche Belege für sowjetische Pläne hinsichtlich der Mandschurei gesehen habe, gab der sowjetische Gefangene die einzige mögliche Antwort: »Die sowjetische Nation hat keinen aggressiven, gegen die Mandschurei gerichteten Plan.«[145] Das war zu viel für Röling, der den Sowjets während des gesamten Prozesses mit Feindseligkeit begegnete. Er ging zutreffenderweise davon aus, dass die Sowjets versprochen hatten, den Ex-Kaiser an China auszuliefern, damit er dort als Kriegsverbrecher angeklagt werden konnte.[146]

Die absurdeste Wendung des langjährigen Werkzeugs der Japaner bestand aus der Behauptung, er sei die ganze Zeit auf der Seite des Widerstands gewesen. Seine junge Ehefrau habe ihn mit Plänen getröstet, wie sie sich an den Japanern rächen könnten, sagte er, vor Aufregung lauter werdend, aber sie hätten sie vergiftet. (Er sollte später schreiben, dass er keine Beweise für diese Behauptung gehabt und seinen Schmerz hochgespielt habe, um Sympathien zu wecken.[147]) Er sagte aus, dass er in der Hoffnung abgewartet habe, dass die Chinesen und die Mandschu eines Tages gegen die Japaner zurückschlagen könnten. »Das war meine Idealvorstellung, und so begab ich mich in den Rachen des Tigers«, erklärte er.

Webb warf ein, dass Todesangst keine Entschuldigung für Landesverrat sei. »Den ganzen Morgen lang haben wir jetzt Rechtfertigungen dieses Mannes für seine Gründe zur Kollaboration mit den Japanern gehört«, bellte der australische Vorsitzende. »Ich meine, wir haben genug gehört.« Keenan versuchte seinen kaiserlichen Zeugen zu schützen und erwiderte gereizt, er sei sich nicht darüber klar gewesen, dass außer den japanischen Angeklagten noch jemand anderes vor Gericht stehe. Webb keilte zurück, dass Keenan mehr hören würde, wenn er seinen Kopfhörer aufsetzen würde.[148]

Puyi war nicht von seinem Kurs abzubringen. »Der japanische Plan sieht zuerst die Versklavung der Mandschurei vor, dann ist China an der Reihe, dann Ostasien und schließlich die ganze Welt«, behauptete er, ohne Beweise anzugeben, begleitet von Protestlauten der Verteidiger. Der Zeuge beschuldigte Japan einer Art von religiös motivierter Aggression und sagte: »Tief in meinem Herzen war ich absolut gegen die Invasion des japanischen Shintoismus« – eine Behauptung, die Aufmerksamkeit für die Frage weckte, wie die Förderung des staatlichen Shintoismus zu einem Teil der japanischen Kolonisierung in Taiwan, Korea, Singapur, Thailand, China und anderswo wurde.[149] Er erhob die spektakuläre, aber unglaubwürdige Behauptung, dass Hirohito, der den Shintoismus zur Staatsreligion von Mandschukuo erhoben hatte, ihm ein heiliges Schwert und einen Spiegel übergeben habe, zwei der drei kaiserlichen Insignien, die von der Sonnengöttin Amaterasu ihrer göttlichen Linie verliehen worden waren. Puyi behauptete, er habe geweint: »Das war die schlimmste Demütigung, die mir je widerfahren ist.«[150]

Major Ben B. Blakeney, einer der klügste Köpfe unter den Verteidigern, hatte zuvor für die Zeitschrift *Life* ein vernichtendes Porträt Puyis geschrieben, in dem er ihn als »bloße Marionette« abtat, der ein »Gefangener in seinem Reich« sei, »ein bemitleidenswerter, bescheidener Niemand von einem Kaiser mit einem Reich, das ein Schwindel ist«.[151] Als Blakeney die einzigartige Gelegenheit erhielt, die von ihm porträtierte Person vor Gericht zu befragen, führte er ein hartes Kreuzverhör, bei dem er zeigen wollte, dass Puyi begierig auf das japanische Angebot eingegangen war, ihn erneut mit glanzvoller Macht auszustatten. »Ihre größte Sorge war dann abermals, ihr eigenes Leben zu retten, nicht wahr?«, fragte er spöttisch. Der Ex-Kaiser hieb auf die Umrandung des Zeugenstands oder fuchtelte mit den Händen, als er sich verteidigte oder Fragen auswich; durch Blakeneys

Impertinenz fühlte er sich beleidigt und erwiderte: »Das ist lächerlich.« Er parierte die Fragen so gut, dass bei den Verteidigern der Verdacht aufkam, sein Englisch sei besser, als er vorgab.

Blakeney führte aus, dass Puyi die Republik China, die ihn vom Thron gefegt hatte, lange abgelehnt habe, und legte nahe, dass er nur allzu gern mit der japanischen Kwantung-Armee zusammengearbeitet habe, um ihn wiederzuerlangen. Puyi bestritt jegliche Ambitionen dieser Art. Der amerikanische Verteidiger erklärte unverblümt, dass der frühere Qing-Kaiser jetzt ein sowjetischer Gefangener sei, der von Bewaffneten bewacht werde und in China strafrechtlich verfolgt werden solle. Blakeney hakte nach. Da Puyi bereits unter Eid ausgesagt habe, dass er die Wahrheit verzerrt dargestellt habe, als die Japaner ihn bedrohten: Warum sollte er so etwas nicht auch für die Sowjets und die Chinesen tun? Auf die Frage, was die Sowjets ihm als Konsequenz angekündigt hätten, falls er nicht aussagte, erwiderte Puyi abermals gereizt: »Das ist lächerlich.« Er sei aufgrund einer eigenen, freien Willensentscheidung hier, log er.[152]

Nachdem Puyi zehn Tage lang ausgesagt hatte, schrieb Keenan eine private Mitteilung an den Häftling in der sowjetischen Botschaft, mit der er ihm für das Erdulden einer »sehr harten Nervenprobe« als Zeuge dankte.[153] Der chinesische Ankläger berichtete seiner Regierung mit Genugtuung, dass Puyi »überzeugende Erklärungen« zu Japans Marionettenregierung in der Mandschurei abgegeben habe, ebenso wie zur militärischen, politischen, wirtschaftlichen und religiösen japanischen Aggression ebendort.[154]

Puyi war nicht der einzige berühmte japanische Kollaborateur, der als Zeuge beim Tokioter Prozess in Frage gekommen wäre. Subhas Chandra Bose und Wang Jingwei waren beide tot, aber mehrere führende Vertreter von Japans panasiatischen Ambitionen saßen in alliierter Haft. Ba Maw, ein antibritisch gesinnter Politiker, der ein vorgeblich unabhängiges Burma unter japanischer Herrschaft regiert hatte, war von den Briten gefangen genommen worden und schließlich im Sugamo-Gefängnis gelandet. Das US-Außenministerium, inoffiziell peinlich berührt, weil seine Inhaftierung bei burmesischen Nationalisten für wachsenden Unmut sorgte, schob ihn zu den Briten zurück. Die Briten wollten sich den Ärger ersparen, der mit seinem Auftritt im Tokioter Zeugenstand verbunden gewesen wäre, begnadigten ihn stattdessen und flogen ihn nach Burma zurück.[155] Die philippinischen Ankläger hatten den Wunsch geäußert, José P. Laurel vorzuladen, den Präsidenten der Philippinen unter japanischer Besatzung, ebenso wie Jorge B. Vargas, einen weiteren prominenten philippinischen Kollaborateur. Aber nach Puyis eindrucksvollem Auftritt vor Gericht befürchteten andere alliierte Ankläger, dass die beiden sich selbst entlasten könnten, wenn man ihnen vor dem Tribunal die Gelegenheit dazu bot.[156] Auf diese Weise wurde Puyi zum alleinigen Gesicht der panasiatischen Kollaboration.

Die Sowjets brachten ihn nach seiner Aussage mit einem Sonderflug nach Wladiwostock, von wo sie ihn eigentlich nach Mukden überstellen und an die für die Strafverfolgung zuständigen Behörden der Republik China ausliefern sollten.[157] Doch letztlich wurde er in der Gefangenschaft in der Sowjetunion belassen, wo er von Mitgliedern seiner Familie erwartet wurde; weil diese es nicht wagten, ihn mit »Majestät« anzureden, sprachen sie ihn diskret als »Oberer« an. Nachdem Mao Zedong 1949 nach seinem Sieg im Bürgerkrieg an die Macht gelangte, beschlossen die Sowjets, dass jetzt der richtige Zeitpunkt für die Auslieferung Puyis an ein neues, kommunistisches China gekommen sei.

Im Juli 1950 wurden Puyi und weitere mandschurische Kollaborateure mit dem Zug nach China gebracht. Puyi war wie versteinert. Er wagte nicht einmal, auf einen schmerzlosen Tod zu hoffen. Seine letzten Jahre beschreibt er in Memoiren, die er verfasste, um seinem letzten Herrn in der Kommunistischen Partei Chinas zu gefallen. Er berichtet, er sei während des Transports in ein Umerziehungs-Straflager von den Soldaten der Volksbefreiungsarmee gut, wenn auch schroff, behandelt worden. Dieses Lager war für 1000 japanische und mandschurische Kriegsverbrecher in Fushun im Nordosten Chinas eingerichtet worden. Das düstere Lager mit seinen hohen, aus dunklen Ziegelsteinen errichteten Mauern, Wachtürmen und Stacheldrahthindernissen wirkte einschüchternd auf Puyi.[158]

Eine offizielle Darstellung des Gefangenenlagers Fushun durch den chinesischen Staatsapparat schwadroniert, dass die Gefangenen »in diesem humanitären chinesischen Gefängnis einen hochgradig am Internationalismus orientierten friedlichen Wandlungsprozess durchliefen, sie begannen in den Tiefen ihres Gedächtnisses mit einer Innenschau auf ihre eigenen Kriegsverbrechen, untersuchten die Schändlichkeit ihres Seelenlebens«.[159] Puyis autobiografischer Bericht über seine Umerziehung hört sich weniger begeistert an, folgt aber letztlich den Vorgaben der Kommunistischen Partei Chinas. Überzeugen ließ er sich durch gute medizinische Versorgung und schmackhafte »Bao-dze« (Fleischklößchen im Teig); er vertiefte sich in Bücher mit Titeln wie *Über die Neue Demokratie*; er lernte, sein Bett selbst zu machen, sich die Zähne selbst zu putzen und auch die Schuhe selbst zu binden. Ganz langsam dämmerte ihm, dass andere Leute, Insassen wie Bewacher, über ihn lachten.

Nach zwei Monaten in Fushun verlegte man ihn in eine schäbige Gefängniszelle in einem ehemaligen Gefängnis des Mandschukuo-Staates in Harbin. Dort verbrachte er mehrere unruhige Jahre, in denen man ihm eintrichterte, die gütige Kommunistische Partei sei der Ansicht, dass sogar Kriegsverbrecher sich selbst zu neuen Menschen wandeln könnten. Er schrieb: »Eine Tatsache trat mir deutlichst vor Augen: Die Kommunisten gewinnen die Menschen durch Vernunft.« Später schickte man ihn nach Fushun zurück, wo er Kohlen schleppen und den historischen Materialismus studieren musste. Er war begeistert, als Mao persönlich im Jahr 1959 – inmitten der durch Terror ausgelösten Hungersnot des sogenannten »Großen Sprungs nach vorn« – eine Sonderamnestie für Kriegsverbrecher und Feinde der Revolution verfügte. Nach zehn Jahren der Umerziehung stand er auf der Seite des chinesischen Volkes, dessen Gesichter vor Freude über die maoistische Wahrheit leuchteten. Er schrieb, sein Heimatland habe einen Menschen aus ihm gemacht.[160]

13.

Die Schändung von Nanjing

Das schiere Ausmaß der von Japan in China angerichteten Zerstörungen erwies sich im Tokioter Prozess groteskerweise als Segen für die japanischen Angeklagten. Die stark geschwächte Regierung der Republik China war nicht in der Lage gewesen, Beweise für Kriegsverbrechen zu sammeln oder den Tatbeständen angemessene strafrechtliche Ermittlungen aufzunehmen. Das wurde auf schmerzhafte Weise deutlich, als die alliierten Ankläger in Tokio sich nach der Erörterung der Ereignisse in der Mandschurei der japanischen Invasion im übrigen chinesischen Staatsgebiet zuwandten.

Die amerikanischen Ankläger wollten das China und seiner Bevölkerung zugefügte Leid in den Mittelpunkt ihrer Anklagen von Verbrechen gegen die Menschlichkeit stellen – einem neu eingeführten Straftatbestand, der definiert wurde als Mord, Vernichtung, Deportation oder andere unmenschliche, gegen eine Zivilbevölkerung gerichtete Handlungen.[1] Doch als unausgesprochenes Zeichen des mangelnden Vertrauens in die chinesischen Bemühungen setzte man amerikanische Mitarbeiter auf die Beschaffung von Beweisen an, und sie drängten den chinesischen Außenminister höflich, aber bestimmt, mehr Material beizubringen.[2] Chiang Kai-shek selbst teilte vertraulich mit: »Wir hörten, dass das Allgemeine Hauptquartier nicht der Ansicht ist, es gebe genügend Beweise zu den Gräueltaten des Feindes in China.«[3]

Als Joseph B. Keenan nach China flog, um die Beweise zu sichten, ermahnte ein besorgter Chiang seine Regierung, sich auf Keenans Besuch vorzubereiten und die Anklagevertreter zu unterstützen.[4] Die Chinesen taten ihr Bestes, um den amerikanischen Hauptankläger zu umgarnen. Der chinesische Ankläger Xiang Zhejun verwöhnte ihn mit seiner Gastfreundschaft in Shanghai, Beijing und Chongqing.[5] Xiang und der chinesische Außenminister vermittelten ein kurzes, aber symbolisches Treffen mit Chiang persönlich in Chongqing.[6] In Shanghai traf sich Keenan mit Chiangs Ehefrau Soong Meiling, einer wichtigen und eigenständig handelnden politischen Persönlichkeit, die ihn fröhlich wissen ließ, dass sie gern als blinde Passagierin mit ihm nach Tokio zurückkehren würde.[7] Und dennoch war das Beweismaterial, das die chinesische Regierung Keenan vorlegte, nur von begrenztem Wert, was Chiangs private Befürchtungen bestätigte: Präsentiert wurden eine offizielle Zusammenfassung japanischer Kriegsverbrechen in der Mandschurei, chinesische diplomatische Noten, in denen bei der japanischen Botschaft gegen die Invasion in chinesischen Küstengebieten protestiert wurde, und offizielle chinesische Überblicksdarstellungen zu japanischen Gräueltaten und der Verbreitung von Opium im besetzten Teil Chinas.[8]

Xiang brauchte dringend gerichtsfeste Beweise, deshalb drängte er eine Reihe von chinesischen Ministerien und Behörden, Dokumente beizubringen, die japanische Verschwörungen zum Bruch internationaler Verträge, von japanischen Truppen begangene Gräueltaten sowie Handlungen belegten, mit denen China ausgeplündert und geschwächt werden sollte. Mit anwaltlicher Präzision suchte er nach Listen zu japanischen Vertragsverletzungen, Schätzungen von zivilen Todesopfern und der Zerstörung öffentlichen und privaten Eigentums infolge der japanischen Invasion sowie nach Dokumenten zum Handel mit Drogen.[9] Bei der Suche nach Dokumenten zu japanischen Gräueltaten gegen die Diaspora ethnischer Chinesen in Hongkong, Singapur, Hanoi und an anderen Orten in Asien bat er eindringlich um gesicherte Beweise, anhand derer die Verantwortung für die Gräueltaten hochrangigen Militärs oder Politikern zugeordnet werden konnte.[10]

Die von den Kriegsfolgen überwältigte nationalchinesische Regierung legte sich stark ins Zeug, um ihren Ankläger in Tokio zu unterstützen. Chinesische Beamte sichteten mit großer Sorgfalt die Archivbestände der Regierung.[11] Einige Mitarbeiter des Außenministeriums hoben unter hohem Druck die wichtigsten Dokumente zu einer Vielzahl von Ereignissen aus. Sie belegten die Invasion in der Mandschurei, Angriffe auf die Provinzen Hebei und Chahar, Attacken auf Shanghai und den Zusammenstoß an der Marco-Polo-Brücke zu Beginn des umfassenden Angriffs auf ganz China.[12] Ein chinesischer Generalmajor leitete in Shanghai ein Team von Ermittlern, die, unterstützt von amerikanischen Transportflugzeugen, Beweisstücke für japanische Kriegsverbrechen sammelten.[13] Chinesische Diplomaten in Indochina und Thailand trugen in monatelanger sorgfältiger Arbeit Berichte von Menschen zusammen, die selbst Opfer von Kriegsverbrechen geworden waren, Augenzeugen solcher Taten waren oder Narben mit verifizierbaren Ursachen hatten.[14] Doch ein chinesischer Beamter warnte, dass die Formulare, die sie ausfüllten, »keine soliden Beweise darstellten«.[15]

Überarbeitete chinesische Bürokraten befassten sich allzu oft weniger mit der Erfüllung der von den Anklägern gestellten Anfragen, sondern wollten die Dinge einfach vom Tisch haben.[16] Die Streitkräfte hatten zwar militärische Verluste dokumentiert, aber das Leid der Zivilbevölkerung hatten sie nicht erfasst; das Innenministerium untersuchte nach wie vor das Ausmaß der Zerstörungen; der Ausschuss für die Entschädigung für Verluste in Kriegszeiten, der dem Exekutiv-Yuan – Chinas Regierung – zugeordnet war, war noch mit dem Sammeln von Informationen beschäftigt; chinesische Diplomaten in Singapur, Hanoi und andernorts brachten nichts Nützliches bei.[17]

China musste seine Klage – angesichts der unzureichenden Dokumentation – durch Zeugenaussagen unterstützen. Ein chinesischer Ermittler sorgte sich im privaten Rahmen, dass zu viel von solchen Aussagen abhänge. Er warnte, dass Chinas Justizbehörden die Zeugen nicht auf ihre Aussage vorbereitet hätten und dass nur einer oder zwei der benannten Zeugen bekannte Persönlichkeiten seien: »Die Regierung weiß nichts über den persönlichen Hintergrund der anderen. Es ist eine Schande, dass es unserer Seite bei der Benennung von Zeugen an Initiative fehlte.«[18] Ein anderer chinesischer Beamter mahnte, dass zweifelhafte Zeugenaussagen »unserem nationalen Ansehen irreversiblen Schaden zufügen« könnten.[19]

Es gefiel Xiang, dass er eine relativ große Zahl von Zeugen zusammengebracht hatte, aber zugleich hatte er Bedenken wegen der Verwendung von Aussagen hochrangiger nationalchinesischer Beamter. Er bezweifelte, dass es sich für führende Vertreter Chinas schickte, eine weite Reise zu unternehmen, um »wiederholt Erklärungen abzugeben und sich immer wieder befragen zu lassen«. Xiang legte hohen chinesischen Beamten eindringlich nahe, mit einem ganzen Packen von Dokumenten beladen anzureisen und sich systematisch ein Verständnis der Fakten zu erarbeiten.[20] Dennoch zeigte sich ein chinesischer General peinlich berührt, als er vertraulich zugeben musste: »Einigen Berichten zufolge gingen die Feinde nach der Besetzung Nordchinas bei ihren grauenhaften Taten und in ihrer Drogenpolitik sogar noch brutaler vor. Weil ich an mehreren Fronten kämpfte, bin ich nicht in der Lage, exakte Beweise vorzulegen. Das ist eine Schande.«[21]

Die Nationalchinesen ignorierten auch einige japanische Gräueltaten. Japans berüchtigter »Tötet alle, verbrennt alles, plündert alles«-Feldzug von 1941 hatte sich vor allem gegen Gebiete mit kommunistischen Stützpunkten in Nordchina gerichtet und wurde von den Nationalchinesen auffällig vernachlässigt. Dieser Feldzug sollte beim Tokioter Prozess trotz seiner Bedeutung und der entsetzlichen Zahl von Todesopfern kaum eine Rolle spielen.[22]

Der Tokioter Prozess hatte gerade begonnen, als ein Ermittler des chinesischen Außenministeriums mürrisch festhielt: »Wir litten am längsten und verloren am meisten, doch die Menge an Beweisen, die wir zusammentrugen, ist geringer als die aller anderen«, ließ er seine Vorgesetzten wissen. »In unserem Land mangelt es eindeutig an der Sammlung wichtiger Dokumente.« China brauche mehr diplomatische Unterlagen und Aussagen prominenter Persönlichkeiten. Er hatte von Guangxi über Wuhan bis Shanghai 60 Beweisstücke gesammelt, darunter Fotos, Briefe und Tagebücher japanischer Soldaten und Befehle für den Kampfeinsatz, aber »[d]iese scheinen noch nicht auszureichen. Amerika war zutiefst überrascht vom Mangel an Aufmerksamkeit für die Sammlung von Beweisen seitens unserer lokalen Behörden.«[23]

Amerikanische Ankläger übernahmen die Klagevertretung für China in Tokio zu großen Teilen. Während zum Thema Mandschurei verhandelt wurde, war unter den fünf mit der Mandschurei befassten Mitarbeitern der Anklagevertretung kein einziger Chinese; zwei nicht aus China stammende Ankläger taten sich mit Xiang und seinem Assistenten Henry Chiu zusammen, um den japanischen Angriffskrieg gegen China zu dokumentieren; und fünf nichtchinesische Ankläger befassten sich mit Verbrechen gegen die Menschlichkeit ebendort, während nur Xiang und Chiu aus dem Land stammten, um das es ging.[24] Auf dem Höhepunkt ihrer Tätigkeit verfügte die chinesische Anklagevertretung neben Xiang gerade einmal über vier Mitarbeiter im Sekretariat und vier Rechtsberater, einen allenfalls bescheidenen Anteil an der Gesamtzahl von 72 Mitarbeitern.[25] Eine Gruppe von alliierten Anklägern flog nach Nanjing, um Fotos und statistische Informationen über die an diesem Ort begangenen Massaker zu sammeln und chinesische und ausländische Zeugen aufzutreiben, die glaubwürdige Aussagen machen konnten.[26]

Mei Ruao beklagte privat, dass »die Beweise, die wir für den Prozess gegen die Kriegsverbrecher haben, einfach unzureichend sind«. Wenn man einen Rechtsstreit austrage, seien das Wichtigste die Beweise, das Zweitwichtigste die Beweise, und an dritter Stelle folgten immer noch die Beweise, sagte er gerne.[27] Dem chinesischen Richter war das Scheitern seiner Regierung bei der Beschaffung von Beweisen peinlich, während Xiang deswegen regelrechte Qualen litt. »Wir haben nicht viele Beweise und Dokumente«, schrieb Mei in sein Tagebuch. »Kann die Anklagevertretung diese Anklagepunkte zukünftig hinreichend glaubhaft machen?« Nach 14 Kriegsjahren »sollten wir in der Lage sein, viel mehr Beweise vorzulegen«, resümierte er.[28]

Der Gerichtshof in Tokio konnte sicherlich keine vollständig auf beweiskräftigen Dokumenten beruhende Schilderung jedes wichtigen Beispiels für japanische Mordtaten beibringen, die an chinesischen Zivilisten verübt worden waren; so etwas hätte viele Jahre in Anspruch genommen. Doch er erhielt eine überzeugende Reihe von stichprobenartigen Darstellungen zu den Massakern, Vergewaltigungen und Plünderungen in Nanjing, die klare Muster von militärischem Vorgehen aufwiesen. Das wiederum ließ zwingende Schlüsse auf die zugrundeliegende Methode und ein schuldhaftes Verhalten der Kommandeure zu. Der neuseeländische Richter war überzeugt, die Einschätzung sei vertretbar, dass die Misshandlung von Gefangenen und Zivilisten in China »in der unmittelbaren Verantwortung von General Matsui Iwane und in der indirekten Verantwortung anderer Angeklagter« liege.[29] Die Zeugenaussagen vor Gericht und die schriftlichen eidesstattlichen Erklärungen lieferten, entgegen Meis Befürchtungen, ein klares Bild vom kriminellen Vorgehen der japanischen Armee in Nanjing, das durch Schilderungen aus vielen anderen Orten in China bestätigt wurde, wenn auch mit weniger verfügbaren Belegen als im Fall Nanjings.

Um eine Verurteilung hochrangiger militärischer Führungskräfte zu erreichen, suchten die Ankläger nach Beweisen für deren persönliche Verantwortlichkeit bei der Anordnung oder Duldung von Verbrechen in Nanjing oder andernorts. Doch japanische Beamte hatten in den letzten Kriegstagen einen großen Teil jenes Beweismaterials vernichtet. Die japanische Garnison in Nanjing hatte ihre gesamten Akten verbrannt, war einem US-Bericht zu entnehmen, während Japans diplomatische Unterlagen zu China zu den ersten Dingen gezählt hatten, die die Besatzer verbrannt hatten.[30] Bei ihren Nachforschungen an der Spitze der Befehlskette erhofften sich die chinesischen Ankläger vergeblich einen Einblick in die von den Kommandeuren ausgegebenen Befehle. Am Ende dieser Kette fehlte es den Anklägern weitgehend am Zugang zu solch belastenden Materialien wie Tagebüchern aus den Reihen japanischer Kampftruppen. In vielen Dokumenten dieser Art wurde berichtet, wie solche Einheiten Tausende von chinesischen Gefangenen erschossen.[31] Der Mangel an geeigneten Beweisen zu japanischen Entscheidungen war ein Segen für hochrangige japanische Kommandeure in Nanjing, von denen einige niemals juristisch verfolgt wurden.[32]

Dem Tokioter Prozess lagen die Dokumente nicht vor, die Kasahara Tokushi, ein führender japanischer Historiker, ein halbes Jahrhundert später auswertete, um zu zeigen, dass japanische Divisions- und Regimentskommandeure die Hinrichtung unbewaffneter chinesischer Soldaten anordneten und Soldaten für an chinesischen Zivilisten begangene Gräueltaten nicht bestraften. Das Tokioter Gericht wusste nicht, dass – wie Kasahara gezeigt hat – General Matsui Iwane auf einen schnellen Angriff auf Nanjing drängte, weil er hoffte, damit die Kapitulation der chinesischen Regierung zu erzwingen. Diese Informationslücke ermöglichte es dem General, sich selbst beim Prozess als passiv und tatterig darzustellen und nicht als tatkräftiger Befehlshaber. Eine vollständige Untersuchung hätte hochrangige Offiziere des Heeres, Heeresführer und vielleicht sogar Kaiser Hirohito selbst betreffen können, behauptet Kasahara.[33]

Der Tokioter Prozess verfügte auch nicht über angemessenes Beweismaterial über Prinz Asaka Yasuhiko, den älteren Schwiegeronkel des Kaisers, der als Generalleutnant das Kommando über die japanischen Streitkräfte in Nanjing erhalten hatte, während der erkrankte Matsui nicht einsatzfähig war.[34] Der Prinz hatte im Heer zwar eine eindrucksvolle Karriere gemacht, hatte aber kein besonders enges Verhältnis zu Hirohito, der ihn später privat als »Kriegs-Hardliner bis zum Ende« bezeichnete.[35] Die Karriere des Prinzen erfuhr durch seinen blutigen Sieg in Nanjing dennoch einen weiteren Schub, denn sein Name machte jetzt in Verbindung mit wichtigen Kommandeursposten im Heer die Runde. Gemäß den geheimen Monologen des Kaisers sollte der Prinz unter den in militärischen Laufbahnen aktiven Mitgliedern des Kaiserhauses weiterhin erheblichen Einfluss ausüben, zum Beispiel auf Prinz Mikasa, den jüngsten Bruder des Kaisers. Prinz Asaka sollte später in Verbindung zu einem Befehl gebracht werden, mit dem die Hinrichtung chinesischer Kriegsgefangener angeordnet wurde, aber das Tokioter Tribunal verfügte über keinerlei Beweise für diese Behauptung.[36]

Letztlich sollte der kaiserliche Prinz, der das Kommando über die Truppen hatte, die Nanjing erstürmten, niemals wegen Kriegsverbrechen angeklagt werden. Als die Vernehmungsbeamten der Alliierten Matsui fragten, ob der Prinz sich wegen seiner Zugehörigkeit zum Kaiserhaus der Verantwortung für das Massaker von Nanjing zu entziehen suche, bekannte sich Matsui energisch zur Monarchie. Der Prinz, erklärte er, habe das Kommando erst etwa zehn Tage davor übernommen. »Angesichts der kurzen Zeit, in der er mit dieser Armee verbunden war, kann er meiner Meinung nach nicht verantwortlich gemacht werden«, sagte Matsui. »Ich würde sagen, dass die Divisionskommandeure der verantwortliche Personenkreis sind.«[37] Prinz Asaka sollte später mit dem Kaiser Golf spielen.[38]

Verglichen mit der detaillierten Dokumentation der internen japanischen Beratungen, die von der Anklagevertretung beispielsweise zur Entstehung der Achse oder zu Pearl Harbor vorgelegt wurden, wirkten die Informationen zum Thema China dürftig. Die nackten Tatsachen der japanischen Aggression und Massaker in China waren deutlich genug, aber die Anklagevertreter konnten – auch wegen der japanischen Vertuschungsmaßnahmen – nur einen enttäuschend dünnen Vortrag zu den Beratungen, Befehlen und Absichten der japanischen Kriegsherren auf der Anklagebank bieten.

Zur Marco-Polo-Brücke

Die grundlegenden Abläufe der japanischen Aggression waren unstrittig. Nach dem Zusammenstoß an der Marco-Polo-Brücke bei Beijing am 7. Juli 1937 waren die japanischen Streitkräfte in China einmarschiert, hatten Nanjing, die Hauptstadt Nationalchinas, eingenommen und Verhandlungen mit der Regierung Chiang Kai-sheks abgelehnt.

Der Brennpunkt war Beijing. Die nationalchinesische Regierung hatte von ihrer Hauptstadt Nanjing aus eine stärkere Kontrolle über den Süden Chinas, während der Norden jener Landesteil war, wo Japan seine Vorstöße unternahm – Truppen stationierte, Forderungen stellte, Abmachungen mit örtlichen Kriegsherren traf. Auf der Grundlage eines schwierigen kolonialen Arrangements waren japanische Truppen bereits jahrzehntelang auf chinesischem Territorium stationiert gewesen. Nach der Niederschlagung des Boxer-Aufstands durch ausländische Mächte hatte Chinas wankende Qing-Dynastie 1901 ein Protokoll unterzeichnet, das genau diesen ausländischen Mächten – zu denen auch die Vereinigten Staaten und Großbritannien zählten, ebenso wie Japan – die Stationierung von Truppen rund um Beijing erlaubte, die den Zugang zum Meer sichern und weitere Aufstände gegen Ausländer verhindern sollten. Dieses Protokoll, ein Dokument in einer langen Reihe von vielgeschmähten »Ungleichen Verträgen«, die nur unter dem Druck ausländischer Imperialisten unterzeichnet worden waren, verschaffte Japan einen Brückenkopf im nördlichen chinesischen Festland.

Die Anklagevertreter hatten die unkluge Entscheidung getroffen, mit einer haarkleinen Untersuchung des Gefechts an der Marco-Polo-Brücke (chinesische Bezeichnung: Lugouqiao) einzusteigen, anstatt die umfassendere strategische Geschichte der massiven Invasion zu erzählen, die anschließend folgte. Noch unklüger war, dass sie den Bericht über den Kriegsbeginn am 7. Juli hochrangigen nationalchinesischen Beamten überließen, die dabei pflichtschuldig Chiangs Parteilinie folgten. Xiang Zhejun, der chinesische Ankläger, sorgte sich vertraulich wegen der Aussage des chinesischen Hauptzeugen Qin Dechun, eines Generals, der zugleich Bürgermeister Beijings war. Qin war ein scharfsichtiger Mann mit einem sorgfältig getrimmten militärischen Schnurrbart. Xiang drängte ihn, sich auf die Aussage gut vorzubereiten, und irgendjemandem gelang es, zumindest einige der unterwürfigsten Passagen im Entwurf zu seiner schriftlichen Aussage zu streichen.[39]

Xiang lag mit seiner Besorgnis richtig. Der kahlköpfige Qin trat in seiner Armeeuniform auf und schwankte im Zeugenstand vor und zurück. Der Bürgermeister, der als General unter Chiangs Befehl gedient hatte, sagte über japanische Intrigen während des Zusammenstoßes an der Marco-Polo-Brücke aus, obwohl er keinerlei Insider-Kenntnisse über die Denkweise der Japaner besaß. Das trug nichts zu einem Schuldnachweis bei, ließ aber die chinesische Anklage besonders schlecht aussehen.[40] Überzeugender wirkte dagegen die Aussage eines zum damaligen Zeitpunkt in Beijing stationierten US-Militärbeamten, dass die Chinesen keinerlei Anzeichen für aggressive Absichten hätten erkennen lassen, während sich die Japaner provokativ verhalten hätten.[41]

Der Konflikt hatte damit begonnen, dass die in Fengtai in den südwestlichen Randbezirken Beijings stationierte japanische Garnison den Wunsch angemeldet hatte, eine Kaserne und einen Flugplatz zu errichten, eine Anlage, mit der sie ihren Einfluss im Norden Chinas zu festigen suchte. Nach Aussage des Bürgermeisters Qin hatte China die japanischen Forderungen, chinesische Truppen aus dem für den neuen Stützpunkt vorgesehenen Gebiet zurückzuziehen, scharf zurückgewiesen.[42] Der japanische Kommandeur Matsui Iwane hatte schließlich am Abend des 7. Juli die chinesische Seite telefonisch davon unterrichtet, dass ein japanischer Soldat vermisst werde und dass chinesische Soldaten in der nahegelegenen Festung Wanping Schüsse abgefeuert hätten. Matsui verlangte den Zutritt zur Festung für die japanischen Streitkräfte, um dort eine Durchsuchung vornehmen zu können. Die Chinesen lehnten das ab.

Der Bürgermeister sagte aus, dass die japanischen Truppen die Festung eingekreist und mit Maschinengewehren das Feuer eröffnet hätten. Nach einem harten Kampf hatten die Japaner um einen Waffenstillstand gebeten, was nach Qins Vermutung nur ein Vorwand gewesen sei, um unbehelligt Verstärkung aus den Reihen der Kwantung-Armee heranführen zu können. Einige Tage später flammten die Kämpfe wieder auf, wobei die Japaner die Festung jetzt unter Artilleriebeschuss nahmen. Sie forderten die Chinesen auf, sich zu ergeben, und drohten für den Fall einer Weigerung mit einem Großangriff, doch die Chinesen gingen in Fengtai in die Offensive. Qin bezog sich loyal auf Chiang und sagte: »Sie dachten keinen Augenblick lang, dass alle Chinesen, einem Aufruf unseres obersten Anführers folgend, sich erheben und den Widerstandskrieg an allen Fronten beginnen würden.[43]

Im Kreuzverhör wurde Qin dann von der Verteidigung auseinandergenommen – wie Xiang befürchtet hatte. Ein amerikanischer Verteidiger stellte den chinesischen Zeugen als einen Parteigänger der Nationalchinesen hin und fragte ihn dann, ob er »eine einzige Tatsache« als Beleg für seine Beschuldigung anführen könne, dass sein Mandant, General Doihara Kenji, die Eroberung der Mandschurei und Nordchinas betrieben habe. Das konnte der Zeuge nicht. »General, Sir«, insistierte der Verteidiger, »ich habe um Tatsachen im Gerichtssaal gebeten.«[44] Sir William Webb stimmte ihm zu: »Die ganze Befragung besteht im Wesentlichen aus Schlussfolgerungen.«[45]

Das Verfahren verkam zu einem konfusen, unproduktiven Gerangel um Fragen wie: Welche Seite traf die Schuld für die Verlegung von Truppen, für Geplänkel und Feuergefechte und für die ersten Schüsse rund um die Marco-Polo-Brücke? Ein Reporter der Zeitung *Yomiuri Shimbun* hielt fest, der General habe sich standhaft dagegen gewehrt, von der Verteidigung manipuliert zu werden, und »hartnäckig ausgesagt, dass die Verantwortung einzig und allein bei Japan liege«.[46] Die Kommunistische Partei Chinas, die es darauf abgesehen hatte, die Nationalchinesen straucheln zu lassen, zeigte sich weniger beeindruckt. Ein Leitartikel in der kommunistischen Parteizeitung *Renmin Ribao* wütete, dass Qin »nicht nur nicht imstande war, wirkungsvolle Anklagepunkte zu benennen, sondern, mit Doiharas Arroganz konfrontiert, auch ängstlich wirkte und für ein merkwürdiges Schauspiel sorgte, bei dem der Kriegsverbrecher den Zeugen verhörte«.[47]

Dieser eingeschränkte Blick auf das Geschehen an der Marco-Polo-Brücke verdunkelte das wichtigere strategische Panorama. Der bewaffnete Zusammenstoß hatte Chinas Regierung eine fürchterliche Entscheidung aufgezwungen: Japans neuerliches Vordringen im Norden hinzunehmen oder zu kämpfen, um der überlegenen Macht eines zentralisierten, industrialisierten und kampferprobten Japan zu widerstehen. Der entscheidende Punkt war Japans anschließender massiver Angriff in ganz China, unterstützt von der bereits bestehenden eigenen Truppenpräsenz in der Nähe von Beijing.[48]

Die Anklage musste sich, in Ermangelung einer umfassenden Dokumentation der japanischen Aggression und Grausamkeit, mit den Unterlagen behelfen, die der Vernichtung durch japanische Beamte zufällig entgangen waren. Die Anklage enthüllte beispielsweise ein Dokument des japanischen Außenministeriums, in dem berichtet wurde, dass nur vier Tage nach dem Kampf an der Marco-Polo-Brücke »die Kaiserliche Regierung bei einer Kabinettssitzung am 11. Juli einen wichtigen Beschluss fasste und entschied, die notwendigen Schritte in Verbindung mit einer Entsendung von Truppen nach Nordchina zu unternehmen«.[49] Die japanische Regierung erklärte im Januar 1938, dass sie die Regierung Nationalchinas, die nach ihrem Eindruck mit den Kommunisten zusammenarbeitete, nicht mehr anerkenne und stattdessen die Errichtung einer neuen Regierung in China anstrebe, die mit dem japanischen Kaiserreich kooperiert und Mandschukuo anerkennt.[50] Noch im selben Jahr schrieb ein Diplomat, der sich auf einen Informationsvortrag bei Kaiser Hirohito vorbereitete, unverblümt, dass Japan weiter an »der Zerstörung des Regimes von Chiang Kai-shek« arbeiten werde.[51] Am Ende jenes Jahres, nachdem alle Verhandlungen ergebnislos geblieben waren, rief der japanische Premierminister Prinz Konoe Fumimaro offen zur vollständigen Beseitigung der nationalchinesischen Regierung auf.[52]

All diese Ereignisse legten zusammengenommen den Schluss nahe, eine geplante japanische Invasion in China verfolge das Ziel, die Beseitigung der Regierung Nationalchinas zu erzwingen. Das mochte zwar zu einer allgemeinen Verurteilung der japanischen Regierung führen, aber die Anklage wollte unbedingt den entscheidenden – bei Kriegsende verbrannten oder in Fetzen gerissenen – Beweis für interne Beratungen vorlegen, der die persönliche Verantwortung einzelner Angeklagter für diese Entscheidungen belegen würde.

Es gab nur wenige Dokumente, in denen die Angeklagten namentlich vorkamen. Auf Hirota Koki, der während der Invasion Außenminister gewesen war, stieß man in einem Dokument zu einer Besprechung im Oktober 1937 mit dem Premierminister und anderen wichtigen Ministern, bei der erdrückende Forderungen an China aufgestellt wurden, etwa die nach der Anerkennung Mandschuokos und dem Abschluss eines antikommunistischen Paktes mit Japan.[53] Mehrere Angeklagte, unter ihnen auch Marquis Kido Koichi, hatten an einer Sitzung teilgenommen, bei der einstimmig für den Abbruch der noch bestehenden Verbindungen Japans zum Völkerbund votiert wurde, weil dieser den Krieg Japans in China verurteilt hatte.[54] Tojo Hideki, damals Stabschef der Kwantung-Armee, lieferte das dramatischste Dokument. Einen Monat vor dem Zwischenfall an der Marco-Polo-Brücke hatte er geschrieben: »Ich bin überzeugt davon, dass wir, wenn unsere militärische Macht es gestattet, zuallererst einen Schlag gegen das Nanjing-Regime führen sollten, um uns der Bedrohung in unserem Rücken zu entledigen.«[55] Dies zeigte zwar, dass Tojo einen Angriff auf die nationalchinesische Regierung begrüßt hatte, um sich auf einen möglichen Zusammenstoß mit der Sowjetunion vorzubereiten, aber es belegte nicht, dass er einen Angriffskrieg befohlen hatte.

»Das moderne danteske Inferno«

Jetzt näherte man sich dem Herzen der Finsternis. Die Anwesenden im Gerichtssaal erschauderten, als die Anklagevertretung auf die Massaker und Vergewaltigungen in Nanjing zu sprechen kam. Das berüchtigtste Ereignis des Krieges in China, der blutige Fall der Hauptstadt Nationalchinas im Dezember 1937, bildete den Kern der chinesischen Anklage. Menschen aller Nationalitäten – nicht zuletzt die japanischen Zuschauer auf den Besucherplätzen – hörten tagelang wie gebannt die grausigen Aussagen von Augenzeugen aus der dem Untergang geweihten Stadt. Die Angeklagten starrten unentwegt auf den Fußboden.[56]

Die nachdenklichen Richter verarbeiteten, innerlich zutiefst bewegt, das Gehörte mitunter auf seltsame Art und Weise. Bert Röling, der neben Radhabinod Pal saß, schrieb später privat über seinen während der Aussagen zu Nanjing Ablenkung suchenden Freund: »Wenn uns die Verhandlung langweilt, rezitiert er auf Bengali Gedichte über die Liebe, schüchterne Liebe. Es ist einer der seltsamsten Kontraste – ein Ohr ist mit den Vergewaltigungen von Nanjing und all den damit verbundenen schrecklichen Dingen befasst, das andere hört eine langsame und dunkle Stimme, die Worte rezitiert, die übersetzt bedeuten: ›Ich werde kommen, wenn du mich anlächelst‹, oder ›Wenn du nicht bei mir bist, entsteht kein Gedicht in meinem Herzen‹.«[57]

General Matsui Iwane war der Angeklagte, der am tiefsten in das Morden in Nanjing verwickelt war. Ein amerikanischer Freund hatte ihn aus der Zeit des Krieges als »kleinen, schmächtigen alten Mann« in Erinnerung, als angenehm, wohlmeinend, hager, mit einem unwillkürlichen Zucken am rechten Arm und in der rechten Gesichtshälfte.[58] Der mittlerweile 68-jährige Mann trug einen zivilen Anzug und war nicht gesund: Die Ärzte im Sugamo-Gefängnis sorgten sich um ihn wegen seiner Arterienverkalkung und einer Herzerkrankung, die auf eine alte Syphilisinfektion zurückging.[59] Während der Aussagen zu Nanjing saß er teilnahmslos und mit verschränkten Armen zurückgelehnt auf seinem Platz, als befände er sich in einer unangenehmen Besprechung mit seinen Stabsoffizieren.[60] Einem Reporter von *Yomiuri Shimbun* fiel der harte Gesichtsausdruck des zuhörenden Generals auf.[61]

Die Ankläger waren bestrebt, für Nanjing und auch darüber hinaus ein systematisches Muster aufzuzeigen, nach dem japanische Kommandeure gegen das Kriegsrecht verstoßen hatten. Auf diese Weise wollten sie auch die hochrangigen japanischen Politiker und Militärs, die auf der Anklagebank saßen, miteinbeziehen. Die japanischen militärischen Dienstvorschriften hatten – weil Japan den Konflikt in China nicht als Krieg, sondern als »Zwischenfall« bezeichnete – gefangene chinesische Soldaten nicht als Kriegsgefangene, sondern als »Banditen« bezeichnet, denen kein Schutz nach den Bestimmungen des Kriegsrechts zustehe, was zu einer enormen Zahl von Tötungen oder Misshandlungen führte.

Der andere Angeklagte in Tokio, der ganz offensichtlich in das Massaker von Nanjing verwickelt war, General Muto Akira, hatte 1937 unter Matsui als Adjutant des Stabschefs der japanischen Armee in China gedient. Er hatte den alliierten Ermittlern im Verhör unter Verweis auf eine Entscheidung von 1938 bestätigt, dass »chinesische Gefangene nicht als Kriegsgefangene betrachtet wurden, (…) weil man den Konflikt in China offiziell als ›Zwischenfall‹ bezeichnete«.[62] Es galt zu zeigen, dass die Gräueltaten weitverbreitet waren und nach bestimmten Mustern abliefen, und die Aussagen fielen entsprechend scheußlich aus und waren zugleich voller Wiederholungen: Es war jene beunruhigende Mischung aus Grauen und Monotonie, die für Prozesse wegen Kriegsverbrechen typisch ist.

Nach dem Debakel bei der Aussage von Qin Dechun waren die Richter von drei nicht aus China stammenden Augenzeugen, die zur Zeit des Massakers in Nanjing gearbeitet hatten, stärker beeindruckt. Es handelte sich um drei amerikanische Staatsbürger von untadeligem Ruf, die von der Verteidigung nicht so leicht der Voreingenommenheit bezichtigt werden konnten und dem gleichen gesellschaftlichen Milieu entstammten wie viele der Richter.[63] So schrecklich diese Aussagen für die Zuhörer auch waren, sie waren zugleich so umfassend und inhaltsreich wie von der Anklage benötigt. Die ruhig und Respekt einflößend auftretenden Zeugen gaben einen qualvollen Überblick zur Grausamkeit der japanischen Armee.

Der erste Zeuge war Robert O. Wilson, ein an der Harvard University ausgebildeter Chirurg, der mittlerweile in Kalifornien lebte und eine derart makellose Herkunft und Ausbildung vorzuweisen hatte, dass selbst der schroff auftretende Webb ihm mit Ehrerbietung begegnete. Der etwa 40 Jahre alte Arzt war kahlköpfig und trug eine Brille mit runden Gläsern.

Er war in Nanjing geboren worden, war nach dem Abschluss seines Medizinstudiums dorthin zurückgekehrt und hatte im Universitätskrankenhaus gearbeitet, als die Stadt am 13. Dezember 1937 von den Japanern eingenommen wurde. Gegen den Einspruch der Verteidigung berichtete er ruhig und leidenschaftslos, was er gesehen hatte, während das Krankenhaus sich mit Patienten füllte.

Abb. 20 *Die Leichen von Chinesen, die von japanischen Soldaten kurz nach der Einnahme der Stadt im Dezember 1937 in der Nähe eines Tempels in Nanjing getötet worden waren*

Einer Chinesin mittleren Alters war die gesamte Halsmuskulatur durchtrennt worden. Ein 60 Jahre alter Mann kam mit einer tiefen Bajonettwunde in der Brust. Ein Mann, den Wilson wegen einer Schusswunde an der Schulter behandelte, berichtete ihm, er habe zu einer Gruppe von Männern gehört, die zum Jangtse-Ufer gebracht und dort niedergeschossen worden seien, die leblosen Körper seien anschließend in den Fluss geworfen worden; er selbst habe überlebt, indem er sich tot gestellt und später in der Dunkelheit davongeschlichen habe. Ein Polizist mit einer tiefen Stichwunde war der einzige Überlebende aus einer anderen großen Gruppe, die man aus der ummauerten Stadt hinausgebracht hatte, um sie dort mit Maschinengewehren niederzumähen; wer nach den Schüssen noch lebte, wurde mit dem Bajonett erstochen. Ein anderer Mann hatte schwere Verbrennungen von etwa zwei Dritteln seiner Hautfläche und einen Kieferdurchschuss erlitten; man hatte ihn mit Benzin übergossen und angezündet, was Wilson berichtete, so gut es ihm möglich war. Der Mann starb zwei Tage später.

Zum Entsetzen des Gerichts berichtete Wilson über den Anblick eines achtjährigen Jungen mit einer tiefen, den Bauchraum durchdringenden Wunde. Ein kleines Mädchen von sieben oder acht Jahren hatte eine schlimme Armverletzung; es berichtete dem Arzt, dass japanische Soldaten seinen Vater und seine Mutter vor seinen Augen getötet hätten.

Der amerikanische Chirurg schilderte, wie viele andere Augenzeugen auch, zahlreiche Fälle von Vergewaltigungen durch japanische Soldaten. Ein 15 Jahre altes Mädchen war vergewaltigt worden und musste später wegen einer Syphilisinfektion behandelt werden, was durch eine medizinische Untersuchung bestätigt wurde. Wilson saß zu Hause gerade beim Mittagessen, als aufgeregte Nachbarn zu ihm kamen und berichteten, japanische Soldaten würden in ihrem Haus Frauen vergewaltigen. Er eilte mit ihnen zu ihrem Haus zurück, wo sie auf zwei japanische Soldaten trafen, die zwei Chinesinnen vergewaltigten. Sie brachten die traumatisierten Frauen in die zweifelhafte Sicherheit, die der Campus der Universität von Nanjing unter diesen Umständen bot. Dort schlossen sie sich einer großen Gruppe von Flüchtlingen an.[64]

Wilsons Aussage fiel, so furchtbar ihr Inhalt war, in Wirklichkeit milder aus als das, was er seiner Familie in privaten Briefen nach Hause geschrieben hatte. Das verleiht seiner Aussage vor Gericht zusätzliche Glaubwürdigkeit. Seine Briefe sind voller weiterer Beispiele für Gräueltaten, über das hinaus, was er in seinen Erklärungen im Gerichtssaal enthüllte. Wilson hatte geschrieben, dass er sich in einem »modernen dantesken Inferno« befinde, »geschrieben mit riesigen Buchstaben, mit Blut und Vergewaltigung. Massenmord und Vergewaltigung in Tausenden von Fällen. Für die Grausamkeit, die Lust und den Atavismus der Bestien scheint es kein Halten zu geben.«[65]

Miner Searle Bates, der zweite amerikanische Augenzeuge, war ein Missionar aus Ohio, der an der Yale University in chinesischer Geschichte promoviert hatte. Er trug eine randlose Brille und hatte kurz geschorenes Haar. In seiner Eigenschaft als Professor für Geschichte an der Universität von Nanjing hatte er sich dem Schutz von Chinesen vor japanischen Soldaten verschrieben. Er war Gründungsmitglied des Internationalen Komitees für die Sicherheitszone von Nanjing gewesen, die eine kleine Gruppe von Ausländern in großer Eile und im Bestreben geschaffen hatte, einen Zufluchtsort zu bieten, an dem chinesische Zivilisten den Kämpfen entrinnen konnten. »Ich habe selbst eine ganze Reihe von Erschießungen einzelner Zivilisten beobachtet, ohne irgendeine vorausgegangene Provokation oder irgendeinen offensichtlichen Grund«, berichtete er. Den Japanern sei so gut wie kein Widerstand geleistet worden, sagte er aus. Ein Chinese aus seinem eigenen Wohnhaus wurde getötet. Zwei seiner Nachbarn hatten sich gewehrt, als ihre Ehefrauen vergewaltigt wurden; dafür wurden sie aus dem Haus geführt und erschossen.

Bei Razzien in der Sicherheitszone suchten japanische Soldaten nach Männern, die man verdächtigte, chinesische Soldaten in Zivil zu sein. Männer wurden zum Tod verurteilt, weil sie Schwielen an den Händen oder Abdrücke auf der Stirn vom Tragen einer Mütze hatten. Bates räumte ein, dass sich unter den Flüchtlingen auch einige ehemalige Soldaten befunden hätten, sagte zugleich aber aus, dass die Mehrheit der bei solchen Razzien verhafteten Männer Arbeiter gewesen seien, deren Schwielen an den Händen von ihrer Erwerbsarbeit herrührten. Diese Männer mussten bis zum Stadtrand marschieren, wo es dann zu Massenerschießungen kam.

Die Stimme des Zeugen wurde leiser, als er über Hunderte von Vergewaltigungsfällen sprach, zu denen es unter den 30 000 auf dem Universitätsgelände zusammengedrängten Flüchtlingen kam. Nicht einmal junge Mädchen und alte Frauen wurden verschont. Bei fünf verschiedenen Vorfällen war er auf Soldaten beim Akt der Vergewaltigung getroffen und hatte sie von ihren Opfern weggezerrt. In seinen eigenen zur damaligen Zeit verfassten Briefen dokumentierte er eine große Zahl von Vergewaltigungs- und Entführungsfällen. Bates schätzte die Zahl der Vergewaltigungen allein für den Bereich der Sicherheitszone auf rund 8000.

Bates unternahm eigene Nachforschungen und Überprüfungen zur Zahl der Bestattungen und kam so auf mindestens 12 000 getötete Zivilisten innerhalb der Stadtmauern – und außerhalb dieser Mauern waren noch viele weitere Zivilisten hingerichtet worden, ebenso wie Zehntausende ehemalige chinesische Soldaten. Das Internationale Komitee für die Sicherheitszone von Nanjing hatte Begräbnisse für mindestens 30 000 dieser Soldaten arrangiert, aber weitere Leichen waren vom Fluss fortgetragen oder an anderen Orten beerdigt worden: »Das gesamte Ausmaß dieser Tötungen war so enorm, dass niemand ein vollständiges Bild davon geben kann.«

Bates stellte sorgfältig eine Verbindung zwischen den hemmungslose Gewalt ausübenden Soldaten und ihren Kommandeuren her. Er berichtete, hochrangige Offiziere hätten schon in einem frühen Stadium dieses Geschehens ihre Untergebenen beim Morden und Vergewaltigen beobachtet, hätten sie aber nicht diszipliniert. In ein paar Fällen sahen ausländische Zeugen, wie Soldaten Zivilisten erschossen oder mit dem Bajonett erstachen oder vergewaltigten; den Soldaten widerfuhr nichts Schlimmeres als ein eilig ausgesprochener Tadel oder ein Befehl, extra zu salutieren. Nachdem Ausländer sich bei der japanischen Botschaft beschwert hatten, wurde ihnen später versichert, aus Tokio seien Befehle verschickt worden, die öffentliche Ordnung in Nanjing wiederherzustellen – woraus sich schließen ließ, dass die Staats- und Militärführung von den Gräueltaten wusste und ihre Truppen unter Kontrolle hatte.[66]

Als einer der Verteidiger behauptete, Bates habe keine Ahnung davon, wer in Tokio diese Telegramme von der japanischen Botschaft in Nanjing erhalten habe, erwiderte dieser, dass Joseph C. Grew, der langjährige US-Botschafter in Tokio, ihm Telegramme gezeigt habe, die Grew selbst an Hirota Koki und andere Beamte im japanischen Außenministerium geschickt habe.[67] Hirota richtete sich auf seinem Stuhl ruckartig auf.[68]

Bates' Aussage brachte mehrere andere Angeklagte aus der Fassung. Matsui starrte den Zeugen unentwegt an und zuckte zusammen, sobald sein Name genannt wurde. Tojo Hideki, der sich sonst meist ausführliche Notizen machte, schrieb nicht mit.[69]

Reverend John G. Magee, der letzte amerikanische Augenzeuge, war ein höflicher, bebrillter, freundlicher, in Yale ausgebildeter Geistlicher der Episkopalkirche in Nanjing. Auch er war Mitglied des Internationalen Komitees für die Sicherheitszone von Nanjing gewesen.[70] Er sagte mit ruhiger Stimme aus, dass japanische Soldaten unmittelbar nach der Einnahme der Stadt mit »der organisierten Tötung« einer großen Zahl von Männern begonnen hätten. »Bald darauf lagen überall die Leichen von Männern, und ich kam an Kolonnen von Männern vorbei, die ausgesucht und zur Hinrichtung bestimmt worden waren.« In einer Gruppe von Hunderten von chinesischen Männern sah er nicht einen, der eine Militäruniform trug. Überlebende berichteten, dass man sie zum Ufer des Jangtse geführt und dort mit Maschinengewehren niedergeschossen habe. Nach ein paar Tagen kam Magee an Leichenhaufen mit mehr als 300 Opfern vorbei, von denen viele verbrannt worden waren. Er sah einen chinesischen Mann in Panik vor zwei japanischen Soldaten fliehen, die ihm aus kurzer Entfernung ins Gesicht schossen: »Sie lachten beide und redeten dabei, als ob nichts geschehen wäre. (…) Sie töteten ihn und zeigten dabei nicht mehr Gefühle als jemand, der auf eine Wildente schießt, und dann gingen sie weiter.«

Magee, ein begeisterter Amateurfotograf, hatte in Nanjing grauenhafte Fotos und Kurzfilme aufgenommen, unter anderem auch Bilder von Frauen mit durchschnittenen Kehlen und Stichwunden.[71] Dutzende von Frauen berichteten ihm, dass sie vergewaltigt worden seien. Eine Witwe im mittleren Alter sagte, sie sei mehr als ein Dutzend Mal vergewaltigt worden. In einem Haus, sagte Magee aus, vertrieb er drei japanische Männer aus der Wohnung einer Frau. Dann kam er in ein anderes Zimmer, wo er einen japanischen Soldaten vorfand, der eine Chinesin vergewaltigte, und vertrieb den Soldaten aus dem Haus. Ein paar Monate später überraschte er zwei japanische Soldaten im Bett eines 15-jährigen Mädchens und jagte die beiden davon. Der Vater des Mädchens sagte ihm später, dass seine Tochter vergewaltigt worden sei; es sei das fünfte Mal gewesen.[72]

Nicht weniger eindrucksvoll fielen die Berichte einer Reihe von chinesischen Überlebenden aus, die ihre eigenen Darstellungen des grauenhaften Geschehens in ihrer gefallenen Hauptstadt gaben – obwohl sie vom Gericht weniger freundlich behandelt wurden als die Amerikaner. Ihre furchtbaren Geschichten entsprachen weitgehend denen der ausländischen Zeugen und fügten sich zu einem Gesamtbild von systematischer Kriminalität.

Hsu Zhuanying, ein 62-jähriger Eisenbahnbeamter, hatte einen Doktortitel der University of Illinois. Mit Ausnahme eines Berichts aus zweiter Hand über eine Vergewaltigung, die ihm ein vertrauenswürdiger Bootsführer erzählt hatte, bezog er sich bei nahezu seiner gesamten Aussage auf eigene Erfahrungen. Er sagte aus, dass japanische Soldaten auf alle Menschen geschossen hätten, die sich auch nur zeigten. Am dritten Tag nach dem Fall der Stadt hatte er überall Leichen gesehen, von denen viele verstümmelt waren. Er konnte die Hunderte von Toten nicht mehr zählen. Unter ihnen waren viele ältere Menschen und Kinder. Und keiner der Toten trug eine Uniform. Hunderte von chinesischen Arbeitern waren damit beschäftigt, die immer zahlreicher anfallenden Leichname zu bestatten. Hsu sagte aus, er habe mehrere Male gesehen, wie japanische Soldaten chinesische Frauen und Mädchen vergewaltigten, von denen manche erst 13 Jahre alt gewesen seien. Er hatte ein Haus besucht, in dem zwei junge Frauen im Teenageralter vergewaltigt und getötet worden waren; er konnte als Beweis Fotografien der Leichname vorlegen, die sichtbare Spuren von Misshandlungen aufwiesen.

Matsuis Verteidiger behauptete, als er Hsu im Kreuzverhör befragte, dass auch chinesische Soldaten vergewaltigt und geplündert hätten – was jedoch japanische Kriegsverbrechen in Nanjing weder widerlegt noch gerechtfertigt hätte. Hsu räumte in seiner unparteiischen und ebenso ruhigen wie effektiven Widerlegung dieses Vorwurfs ein, dass es auch Fälle von Plünderungen durch chinesische Soldaten gegeben habe, wies aber zugleich darauf hin, dass die japanischen Kommandeure in den langen Wochen nach dem Fall von Nanjing nicht versucht hätten, die Gräueltaten zu stoppen. Das lenkte die Aufmerksamkeit auf hochrangige Offiziere wie Matsui. Und Webb ergänzte die Aussage mit der scharfen Bemerkung, dass die Vergewaltigung und Ermordung von Zivilistinnen niemals legitime Repressalien sein könnten, ganz unabhängig davon, was chinesische Soldaten anderswo vielleicht getan haben könnten.[73]

Shang Deyi, ein Ladenbesitzer, berichtete bei seiner Aussage, wie er eine Massenhinrichtung überlebt hatte. Gemeinsam mit Nachbarn und Verwandten war er von japanischen Soldaten in der Sicherheitszone verhaftet worden. Die mit Seilen aneinandergebundenen Gefangenen wurden zum Jangtse geführt, wo sie auf 1000 weitere Männer, offensichtlich Zivilisten, trafen, die dort in Todesangst vor schussbereit aufgestellten Maschinengewehren saßen. Nach etwa einer dort in Todesangst verbrachten Stunde traf ein japanischer Heeresoffizier ein und ordnete ihre Erschießung an. Shang ließ sich zu Boden fallen und wurde von Leichen bedeckt. Er fiel in Ohnmacht, und als er wieder zu sich kam, schlich er sich davon.[74]

Zhen Fubao, ein junger Mann aus Nanjing, hatte beobachtet, wie etwa 40 Männer aus der Sicherheitszone verschleppt worden waren. Wer Schwielen an den Händen hatte, wurde mit dem Maschinengewehr hingerichtet. Zhen sagte aus, dass er einige der Männer gekannt habe und dass sie Zivilisten gewesen seien; einer der Getöteten sei Polizist gewesen. Am gleichen Tag hatte er auch gesehen, wie drei japanische Soldaten in einem Schulgebäude ein 16-jähriges Mädchen vergewaltigten. In dem Haus, in dem er wohnte, sah er, wie ein japanischer Soldat eine Nachbarwohnung betrat, die Männer hinausjagte und mit einer schwangeren verheirateten Frau in ein Zimmer ging und die Tür hinter sich schloss; der Soldat ging etwa zehn Minuten später wieder, und die Frau weinte.[75]

Viele chinesische Überlebende konnten es sich nicht leisten, nach Tokio zu kommen, um dort auszusagen, so dass die Anklage sich auch auf rund 70 eidesstattliche Erklärungen stützen musste. Diese von Anklägern im Gerichtssaal laut vorgetragenen Erklärungen konnten die Richter nicht anhand eines persönlichen Auftritts der Zeugen auf ihre Glaubwürdigkeit überprüfen. Sie entwickelten auch nicht die gleiche Wucht wie die von persönlich anwesenden Zeugen vorgetragenen eigenen Erlebnisse. Die Verteidiger protestierten sofort: Sie würden nicht die Gelegenheit haben, die Zeugen einem Kreuzverhör zu unterziehen. Webb wollte die eidesstattlichen Erklärungen dennoch verwenden, um das Verfahren zu beschleunigen; in späteren Phasen des Prozesses sollte er noch Hunderte weitere eidesstattliche Erklärungen zulassen.[76]

In einer dieser Erklärungen berichtete ein chinesischer Reiskaufmann, wie er beobachtet hatte, dass Männer und Frauen sich an einem Flussufer aufstellen mussten und dort im Verlauf von etwa einer Stunde erschossen wurden. Ein junger Chinese war von japanischen Soldaten gefangen genommen worden, die seine Hände und die anderer verängstigter männlicher Gefangener überprüften; fünf der Gefangenen hatten Schwielen an den Händen und wurden sofort mit Bajonetten erstochen. Ein anderer junger Chinese erinnerte sich ebenfalls an ein solches furchteinflößendes Erlebnis einer Überprüfung der eigenen Hände durch japanische Soldaten; bei einem Verkäufer hatten die Soldaten Schwielen festgestellt – von der Herstellung von Nudeln, nicht vom Umgang mit einem Gewehr – und ihn erschossen. Andere chinesische Zeugen erinnerten sich, wie japanische Soldaten vier Zivilisten getötet, dabei eine Frau zu Tode getreten und die drei anderen mit Schüssen und Bajonetten umgebracht hatten.[77]

Es war irritierend, dass das Gericht nur durch diese schriftlichen eidesstattlichen Erklärungen Aussagen der weiblichen Opfer sexueller Gewalt bei den Ereignissen hörte, die allgemein als »die Schändung von Nanjing« bezeichnet wurden. Unter den wichtigen Zeugen chinesischer oder anderer Herkunft, die im Gerichtssaal auftraten, um ihre Geschichten aus Nanjing und anderen Orten in China zu erzählen, waren keine Frauen. An den Nanjing gewidmeten Verhandlungstagen waren keine weiblichen Stimmen zu hören; die Aussagen chinesischer Frauen wurden stattdessen von Männern laut vorgelesen, mehrheitlich von amerikanischen Männern.

In einer eidesstattlichen Erklärung berichtete so die chinesische Wohnheimleiterin in einem christlichen Frauencollege in Nanjing über den Versuch, mehr als 10 000 geflohenen Frauen und Kindern Schutz zu gewähren. Sie sagte aus, mehr als einen Monat lang seien japanische Soldaten an jedem Abend auf das Schulgelände vorgedrungen, angeblich auf der Suche nach Soldaten, aber in Wirklichkeit mit dem Ziel, junge Frauen zu entführen. Bei einem nächtlichen Überfall seien elf junge Frauen mitgenommen worden; zwei der Entführten blieben dauerhaft verschwunden, aber die anderen neun berichteten bei ihrer Rückkehr von Vergewaltigungen und Misshandlungen. Eine dieser Überlebenden »konnte nicht mehr gehen, sie hatte schreckliche Blutergüsse und Schwellungen und berichtete, sie sei von vier oder fünf Soldaten wiederholt vergewaltigt und misshandelt worden. Sie war ein nervliches Wrack.« Andere Soldaten versuchten Frauen auf dem Schulgelände zu vergewaltigen, wurden aber von chinesischen und amerikanischen Frauen, die das College leiteten, vertrieben. Eine Witwe erinnerte sich, dass drei japanische Soldaten ihr die Kleidung teilweise vom Leib gerissen hatten und sie vergewaltigen wollten, als ihr Mann dazukam und sie zu beschützen versuchte. Die japanischen Soldaten traten ihn vor den Augen seines Babys und seines Kleinkinds zu Tode.[78]

Aus diesen sich wechselseitig überlappenden Berichten ergaben sich plausible Hinweise auf einen organisierten, systematischen Angriff. Allein die Rote-Swastika-Gesellschaft, eine chinesische wohltätige Hilfsorganisation, hatte 43 071 Menschen bestattet. Der Oberstaatsanwalt am Bezirksgericht für Nanjing hatte die Gesamtzahl der Todesopfer auf rund 260 000 geschätzt.[79]

»Die Flagge der aufgehenden Sonne weht hoch über Nanjing«

Die Vertreter der Anklage hatten, den überwältigenden Beweisen für das grauenhafte Geschehen in Nanjing zum Trotz, weniger Erfolg beim Nachweis, dass einzelne japanische Kommandeure diese Kriegsverbrechen angeordnet oder gebilligt hatten, und das lag teilweise an der Vernichtung von Beweisen in der unmittelbaren Nachkriegszeit.

Das Internationale Komitee für die Sicherheitszone von Nanjing hatte bei der japanischen Botschaft Dutzende von detaillierten Protestnoten eingereicht, mit denen es die japanische Regierung aufforderte, die Armee in ihrem Vorgehen zu zügeln.[80] Das Komitee schrieb: »Wir hoffen, dass die japanische Armee eine Lösung finden wird, mit der sie die Soldaten daran hindern kann, die Zivilbevölkerung auszurauben, zu vergewaltigen und zu töten.« Das Komitee hatte nur über Fälle berichtet, in denen eine sorgfältige Prüfung möglich gewesen war: harmlose Zivilisten, wie etwa mehrere Straßenfeger oder ein blinder Friseur, waren getötet worden; Frauen in der Bibliothek der Universität von Nanjing vergewaltigt worden; Ehemänner waren ermordet worden, nachdem man ihre Frauen vergewaltigt hatte; überall in der Stadt war es zu Plünderungen und Brandstiftungen gekommen. Das Komitee hatte der japanischen Regierung versichert, dass sich unter den Flüchtlingen in der Sicherheitszone keine entwaffneten chinesischen Soldaten befanden.[81] Diese Berichte waren eindeutig glaubwürdige zeitgenössische Belege für Gräueltaten: Es wäre gefährlich und sinnlos zugleich gewesen, die japanischen Streitkräfte Taten zu bezichtigen, die gar nicht stattgefunden hatten. Noch wichtiger war, dass die mit solchen Dokumenten konfrontierten Angeklagten unmöglich behaupten konnten, kein hochrangiger Entscheidungsträger habe gewusst, was in Nanjing vor sich ging.

Matsui war als maßgeblicher Kommandeur aufgefallen. Einige Tage nach dem Eindringen seiner Truppen in die chinesische Hauptstadt begab er sich für eine Woche dorthin, hielt eine Truppenparade und eine Gedenkfeier für gefallene Soldaten ab.[82] Und er gab die stolze Erklärung eines Kommandeurs seiner Streitkräfte ab: »Die Armee nahm Nanjing entschlossen ein und hielt gestern einen triumphalen Einzug in die Stadt.« Er äußerte Mitgefühl für die chinesischen Toten, warnte aber zugleich das chinesische Volk, dass seine Armee so lange weiterkämpfen werde, bis die chinesische Regierung kapitulierte. Er prahlte: »Jetzt weht die Flagge der aufgehenden Sonne hoch über Nanjing, und der Kaiserliche Weg leuchtet in den südlichen Teilen des Jangtsekiang.«[83]

Matsui hatte bei Verhören in der Nachkriegszeit gegenüber seinen alliierten Vernehmern zugegeben, »fast zeitgleich mit meiner Ankunft in Nanjing« von Exzessen seiner Soldaten gehört zu haben. Als er in die Stadt kam, seien die Leichname bereits entfernt gewesen, behauptete er, nur in der Nähe eines Eingangstores habe er einige tote chinesische Soldaten gesehen. Japanische Diplomaten hätten ihm von Übergriffen berichtet, erinnerte er sich – womit er durchblicken ließ, dass zumindest die Hauptpunkte der Beschwerden des Internationalen Komitees für die Sicherheitszone von Nanjing über das Außenministerium bis zu ihm durchgedrungen waren. Nach der Disziplin seiner Soldaten in Nanjing gefragt, räumte er ein: »Ich hielt die Disziplin für ausgezeichnet, aber das Vorgehen und Verhalten waren es nicht. (…) Ich meine, dass es in der Armee einige gesetzlose Elemente gab.« Was seine Soldaten anbetraf, so missbilligte er das »Verhalten gegenüber der chinesischen Bevölkerung und ihre Handlungsweise allgemein«. Dennoch konnte er sich nur an geringfügige Disziplinarmaßnahmen erinnern: ein Kriegsgericht gegen einen Offizier und möglicherweise drei Mannschaftsdienstgrade wegen der Vergewaltigung von Chinesinnen in Nanjing. In seinem Tagebuch habe er vielleicht noch mehr Bestrafungen festgehalten, aber es sei verbrannt, als sein Haus durch einen alliierten Bombenangriff zerstört wurde.

Als Matsui direkt nach Gräueltaten gefragt wurde, stritt er alles nur noch ab. Lag irgendeine Schuld bei Prinz Asaka Yasuhiko, Hirohitos Schwiegeronkel, der die Truppen nach Nanjing hineingeführt hatte? Nein. Hatte er seinen Vorgesetzten über das Verhalten seiner Soldaten in Nanjing Bericht erstattet? »Nein, ich wurde nicht gebeten, einen Bericht zu verfassen.« Was war dran an chinesischen Behauptungen, mehrere Hunderttausend Zivilisten seien getötet worden? »Das ist absolut unwahr. Es gab keine, absolut keine Grundlage für solche Beschuldigungen. Das kann ich bei meiner Ehre feststellen.«[84]

General Muto Akira, ein weiterer Angeklagter, der 1937 unter Matsuis Kommando gedient hatte, berichtete alliierten Vernehmern, dass er vom Stabschef jener Armee über »Fälle von Diebstahl, Tötung, körperlicher Gewalt und Vergewaltigung« gehört habe. Er erinnerte sich, dass Matsui über diese Handlungsweisen wütend gewesen sei und seine Untergebenen zusammengestaucht habe. Anschließend habe er der Militärpolizei den Befehl erteilt, solche Handlungen zu unterbinden und Straftäter zu verhaften. Doch Muto behauptete, es habe nur zehn bis zwanzig solcher Vorfälle gegeben. Als die alliierten Ermittler ihm das nicht abnahmen, nachbohrten und ihm vorhielten, es habe Tausende solcher Fälle gegeben, erwiderte er, das könne er niemals glauben.[85]

Nanjing war zwar der berüchtigtste Fall, aber die Anklagevertretung wollte die Angeklagten für das »japanische Muster der Kriegführung« verurteilt sehen.[86] Ortschaften in ganz China waren durch Luftangriffe oder Artilleriebeschuss verwüstet und in Brand gesetzt, Zivilisten waren erschossen worden.[87]

Von Nanjing einmal abgesehen, war das China betreffende Beweismaterial jedoch sehr dünn, oft fehlte es an einer Bestätigung für eine vorliegende Information oder an vertiefenden Details. Dem Gericht zur Verfügung stehende Erklärungen enthielten weder Befehle von Kommandeuren, noch stellten sie Verbindungen zwischen Kriegsverbrechen und auch nur einem der Angeklagten her. So bestätigten sich Mei Ruaos Befürchtungen, das von den nur noch bedingt einsatzfähigen Behörden der Republik China zusammengetragene Beweismaterial könnte unzureichend sein. Zu Nanjing stellte die Anklage ein Kompendium zusammen, das nur Fanatiker ablehnen konnten; auf dem übrigen chinesischen Staatsgebiet war es zwar verbreitet zu Gräueltaten gekommen, aber die Einzelheiten waren strittiger, und manchmal genügten sie auch nicht für eine Verurteilung ohne einen berechtigten Zweifel.

Das Gericht hörte wahllos zusammengestellte eidesstattliche Erklärungen, die aus ganz China stammten. Chinesische Zeugen sagten über das Schicksal von Studenten in Beijing aus, die erschossen oder zu Tode gefoltert worden waren, über Vergewaltigungen von Frauen und Mädchen in der Provinz Hebei, und sie berichteten auch über Tötungen und Vergewaltigungen in Changsha in der Provinz Hunan.[88] Ebenfalls zu einem Vorgang in Changsha legten die Ankläger eine eidesstattliche Erklärung eines japanischen Obergefreiten vor. Er sagte aus, japanische Soldaten hätten rund 200 chinesische Kriegsgefangene gezwungen, Reis- und Weizenvorräte zu plündern, und den Diebstahl anschließend vertuscht, indem sie die Chinesen durch Artilleriebeschuss töteten.

Webb begegnete diesen eher skizzenhaften Beweisen mit Argwohn.[89] Er zeigte offen seine Geringschätzung für Beweise zu den Ereignissen in der Provinz Hubei in Zentralchina im Jahr 1943 und verwarf kurzerhand zwei knappe eidesstattliche Erklärungen chinesischer Zeugen zur Tötung von Zivilisten in der Provinz Jiangsu im Jahr 1937. »Das ist wohl kaum beweiskräftig«, spottete er. »Es fehlen die Einzelheiten. Welches Gericht könnte auf der Grundlage von Beweisen dieser Qualität tätig werden?«[90]

Ein markanter Aspekt der Verhandlungsphase zu China weckte Erinnerungen an die koloniale Vergangenheit des Landes: die Anklage gegen Japan wegen der Verbreitung von Opium in der Absicht, die chinesische Gesellschaft zu schwächen. Das beschwor quälende Erinnerungen an die Unterwerfung der im Niedergang befindlichen Qing-Dynastie durch die Briten herauf, am bekanntesten ist heute noch der Erste Opiumkrieg von 1839 bis 1842. An dieses Geschehen erinnern sich chinesische Nationalisten bis heute als Teil des von ihnen so bezeichneten »Jahrhunderts der nationalen Erniedrigung«.[91] Puyi, der letzte Qing-Kaiser, sagte aus, die Kwantung-Armee habe Opium verteilt, um die Moral und die Gesundheit der Chinesen zu schwächen, so dass sie den Japanern keinen Widerstand mehr leisten konnten.[92] Nachdem die Japaner 1937 Shanghai erobert hatten, eröffneten sie dort Opiumhäuser; Heroinsüchtige wurden dort schnell ausgezehrt, schmutzig und krank.[93] Der amerikanische Chirurg Wilson sagte aus, dass er in Nanjing vor der Eroberung der Stadt durch die Japaner niemals Opiumhöhlen gesehen habe; nach einem Jahr Besatzungsherrschaft zählte er allein auf einer Wegstrecke von gut eineinhalb Kilometern an einer der Hauptstraßen der Stadt 21 Stück.[94]

Zur großen Enttäuschung der chinesischen Ankläger wurde eine gesamte Kategorie von Beweismitteln niemals zum Gegenstand rechtlicher Bewertung: Luftangriffe. Japanische Bomber hatten Städte aller Größenordnungen in ganz China angegriffen, am bekanntesten ist das Beispiel Chongqing. Nanjing wurde, bevor die Stadt fiel, über einen Zeitraum von einem halben Jahr hinweg wiederholt von japanischen Bombern angegriffen.[95] Die Anklagevertretung war bei ihrer engagierten Suche auf einen Bericht der japanischen Armee aus dem Jahr 1939 gestoßen, in dem unverblümt die Bombardierung chinesischer Zivilisten aus der Luft als terrorisierende Methode der Kriegführung befürwortet wurde. Solche Bombardements sollten das »sehr tief verankerte und ausgeprägte Rassenbewusstsein und die antijapanische Stimmung« des chinesischen Volkes brechen. Im weiteren Verlauf des Krieges werde sich das chinesische Volk dann schließlich gegen die eigene Regierung wenden: »Von den gegen das Landesinnere gerichteten offensiven Operationen erwarten wir den psychischen Schrecken, den diese unter den feindlichen Streitkräften und Zivilisten erzeugen werden und der stärker wirkt als der materielle und körperliche Schaden, der den feindlichen Kräften oder ihrer Ausrüstung zugefügt wird. Wir werden abwarten und sehen, wie sie in eine nervöse Erschöpfung und in ein Übermaß an Angstzuständen verfallen und wilde, gegen Chiang gerichtete und pazifistische Bewegungen ins Leben rufen.«[96] Doch weil solche Bombardements aus der Luft durch das Völkerrecht damals noch nicht eindeutig verboten waren – und vielleicht auch, weil die Alliierten keine Diskussionen über ihre eigenen Luftangriffe auslösen wollten –, sollte dieses Beweisstück bei der Urteilsfindung im Tokioter Prozess niemals eine wichtige Rolle spielen.

»Unauslöschliche historische Sünden«

Das japanische Volk war entsetzt und schockiert über die aus China vorgelegten Beweise. Die eigene Presse hatte in Kriegszeiten jegliche Berichte über diese ungeheuerlichen Verbrechen unterdrückt, so dass weltweit bekannte Ereignisse in Japan weitgehend unbekannt waren. Einfache japanische Menschen, die sich mit einem radikal anderen Bild vom Verhalten der eigenen Armee konfrontiert sahen, nahmen sich das, was sie da erfuhren, weitgehend zu Herzen.

Die Tageszeitung *Yomiuri Shimbun* erschien auf der Basis der Aussage des Augenzeugen Wilson mit niederschmetternden Schlagzeilen: »Sogar Frauen und Kinder mit Maschinengewehren erschossen – Berge von Leichen in den Fluss geworfen«. Ein japanischer Reporter schrieb: »Der voll besetzte Gerichtssaal hörte schweigend die zahllosen Beispiele von Gemetzeln, Überfällen, Vergewaltigungen und anderen Gräueln, die nur schwer mit offenen Augen zu ertragen sind.«[97]

Yomiuri Shimbun, über die vorgelegten Beweise entsetzt, verurteilte in einem scharfen Leitartikel »das Böse des japanischen Imperialismus« und eine »Grausamkeit, wie es sie nie zuvor in den mehr als zehn Jahrhunderte umfassenden japanisch-chinesischen Beziehungen gegeben hat«. Der Leitartikel forderte, dass »wir die unauslöschlichen historischen Sünden der Barbarei der Militärclique erkennen müssen, deren wichtigstes Einzelereignis die Schändung von Nanjing war«. Das Blatt äußerte »bittere Reue« und geißelte selbstkritisch die nationalistisch gesinnten japanischen Reporter der Kriegszeit, die die Barbarei als unvermeidlichen Teil der Kriegführung akzeptiert hätten: »Wir waren blind für unser höheres Empfinden von Menschlichkeit und weigerten uns ganz bewusst, einfach nur das zu berichten, was wir sahen.« Japan habe alles andere als einen heiligen Krieg, nämlich einen Angriffskrieg geführt; allein die Schändung von Nanjing hinterließ ein Gefühl der Schuld, das niemals getilgt werden könne.[98]

Nach den Erkenntnissen eines runden Tisches von japanischen Reportern, die über den Tokioter Prozess berichteten, zeigte sich die japanische Öffentlichkeit unbeeindruckt von Behauptungen über die Strafbarkeit des Führens eines Angriffskriegs, war aber schockiert von den Enthüllungen über Nanjing. Man hatte der japanischen Öffentlichkeit erzählt, dass die eigenen Truppen in diesem Krieg ritterlich gekämpft hätten, deshalb waren die Beweise zum Massaker von Nanjing so bedrückend.[99]

Die Aussagen über die Vergewaltigungen in Nanjing waren auch eine schmerzliche Erfahrung für die japanischen Frauen auf den Besucherplätzen im Gerichtssaal. Eine von ihnen sagte, der Prozess habe Gerüchte bestätigt, die sie bei einem Besuch in Nanjing sechs Monate nach dem Fall der Stadt gehört habe. Eine 18-jährige Japanerin sagte: »Heute kam ich zu der Überzeugung, (…) dass die Prahlereien der japanischen Armee, die eigenen Soldaten seien ein weltweites Vorbild an Ehre und Disziplin, vollkommener Unsinn sind.«[100]

Gerechtigkeit und Gnade

Der konservative Premierminister Yoshida Shigeru sprach während der Aussagen über Nanjing von »unserer nationalen Dankbarkeit« für Chiang Kai-sheks Großmut gegenüber Japan in der Nachkriegszeit.[101] Die japanische Presse äußerte sich ähnlich und hielt fest, dass das eigene Land für Chiangs großzügige Haltung dankbar sein sollte, mit der er einer demokratischen Wiedergeburt Japans den Vorzug vor einer nach Vergeltung strebenden Gewalt gab.[102]

Diese Aussage kam der Wahrheit näher, als Yoshida selbst bewusst war. Nur wenige Monate nach den Aussagen über Gräueltaten in China beim Tokioter Prozess suchte die nationalchinesische Regierung insgeheim nach Möglichkeiten, wie sich Prozesse wegen japanischer Kriegsverbrechen vermeiden ließen.

Der General und chinesische Verteidigungsminister Bai Chongxi, ein angesehener Stratege, rief im Oktober 1946 hochrangige Beamte zusammen, um die Linie in dieser Angelegenheit festzulegen. Er war eine der wenigen Persönlichkeiten mit einer noch strikteren antikommunistischen Gesinnung als Chiang. Nach einem Sieg der nationalchinesischen Truppen über die Kommunisten im Nordosten Chinas hatte Bai bei Chiang erfolglos darauf gedrängt, die kommunistischen Streitkräfte zu verfolgen und zu vernichten. Diese zielstrebige Konzentration auf die Auslöschung der chinesischen Kommunisten zeigte sich besonders deutlich in seiner nachsichtigen Einstellung zu japanischen Kriegsverbrechern. Wie viele andere Nationalchinesen hoffte auch er, dass ein wiederaufgebautes Japan als Bollwerk gegen den Kommunismus in Asien dienen könnte.[103]

Bai Chongxi führte bei dieser Besprechung aus, Chiang selbst habe erklärt, Chinas Nachkriegspolitik gegenüber Japan sollte auf dem Geist von »Wohlwollen und Toleranz« beruhen und »Böses mit Gutem vergelten«. Er lobte MacArthurs bewusstes Bestreben, die japanische Öffentlichkeit für sich zu gewinnen, ebenso wie »unseren Geist der Toleranz« und pries Nürnberg als nicht nur an Bestrafung orientiertes, sondern zugleich erzieherisches Vorhaben. Er verwies ausdrücklich auf seine Erinnerung an eine Besprechung mit dem Generalissimus, bei der es um den Umgang mit den wichtigsten japanischen Kriegsverbrechern gegangen sei: Mitarbeiter aus dem gesamten Regierungsapparat hätten dabei mehr als 100 Namen von Personen genannt, die es anzuklagen gelte, doch Chiang habe dem nur in etwa 30 Fällen zugestimmt. »Wir können seine Großzügigkeit und Sorgfalt spüren«, sagte Bai und drängte die Beamten zu einem Politikentwurf, der »milde, aber nicht übermäßig nachsichtig und von Fairness und internationaler Freundlichkeit geleitet sein sollte«.

Solche Milde zeigte sich deutlich in Chinas im eigenen Land geführten Prozessen gegen japanische Kriegsverbrecher aus den unteren Entscheidungsebenen. Noch während der Kriegszeit hatte China in einer sehr großen Zahl von Fällen ermittelt – 67774 Fällen kamen vor den Regierungsausschuss für Kriegsverbrechen –, aber nur ein Bruchteil davon hatte bisher zu einem Gerichtsprozess geführt. Bei den 36902 Fällen, die das Außenministerium dem Ermittlungsausschuss der Alliierten zu Kriegsereignissen zugeleitet hatte, waren die Delegierten auf nur rund 2000 nach internationalen Maßstäben Verdächtige gekommen. Im eigenen Land hatte die Regierung Nationalchinas nach Angaben eines Mitarbeiters im Verteidigungsministerium bereits 3215 Verdächtige vor Gericht gestellt – nahezu ausnahmslos Japaner, bis auf wenige Dutzend Koreaner und Taiwaner – und ging jetzt gegen weitere 1575 Personen vor, von denen 464 nach wie vor auf freiem Fuß waren. Ein weiterer Mitarbeiter des Verteidigungsministeriums hielt fest, dass dessen Abteilung für Militärjustiz bis dahin nur insgesamt fünfzig Fälle geprüft, bei zehn davon das Todesurteil und bei sieben weiteren eine Haftstrafe bestätigt habe, während zwei Fälle mit einem Freispruch endeten und bei den restlichen auf Freilassung oder

Neuverhandlung entschieden worden sei. Das war kein unbedeutendes Arbeitsergebnis angesichts der Tatsache, dass die Militärgerichte auf Nanjing, Shanghai, Guangzhou, Beijing, Taipeh und fünf weitere Städte verteilt waren, aber es war insgesamt wie ein Tropfen im Ozean im Vergleich zur Zahl der japanischen Soldaten, die tatsächlich Kriegsverbrechen verübt hatten.

Diese relative Nachsicht war nicht einfach nur eine strategische Entscheidung, um zu einer Versöhnung mit Japan zu kommen, sondern auch ein Ergebnis der Handlungsunfähigkeit eines geschwächten chinesischen Staates. Ein aufgebrachter Ermittler warnte, dass ohne angemessenen Ermittlungsaufwand »viele Personen, die als Kriegsverbrecher geführt werden, nicht vor Gericht gestellt werden können.«[104] Der Minister für die Justizverwaltung musste betreten einräumen, dass bei zwei Dritteln aller bearbeiteten Fälle noch nicht einmal die Namen der verdächtigten Verbrecher erfasst wurden. Die chinesischen Behörden in Guangzhou hatten zum Beispiel Japaner verhaftet, die man beschuldigte, in Diensten der Militärpolizei *Kempeitai* Kriegsverbrechen begangen zu haben, konnten aber gegen 476 Verdächtige keine Beweise beibringen und mussten sie deshalb nach Japan entlassen. Ein Beamter des Verteidigungsministeriums hielt fest, nur wenige chinesische Richter hätten Völkerrecht studiert, aber wenn ihre Verhandlungsführung im Gerichtssaal auch nur leichte Unzulänglichkeiten aufweise, sähen sie sich heftiger Kritik durch ausländische Regierungen ausgesetzt. Die gesammelten Beweise seien »größtenteils unvollständig«. Die Richter und Mitarbeiter der Militärgerichte waren stark unterbezahlt. Noch schlimmer war, dass viele Häftlinge keine Winterkleidung hatten und aufgrund von Unterkühlung und unzureichender Ernährung krank geworden waren, und einige von ihnen starben, weil es an Medikamenten und medizinischer Ausrüstung und Versorgung mangelte: »Kriegsverbrecher sollten natürlich strafrechtlich belangt werden, aber es scheint gegen die Menschlichkeit zu verstoßen, sie an Kälte und Hunger sterben zu lassen.«

Einige chinesische Beamte waren erbost über die Art und Weise, mit der ihr Land bei der Strafverfolgung der Täter auf den unteren Entscheidungsebenen ins Schwimmen geriet.[105] Ein chinesischer Ermittler schrieb zu einem anderen Zeitpunkt, man habe von rund einer Million japanischer Kriegsgefangener in chinesischem Gewahrsam weniger als 2000 als Kriegsverbrecher verdächtigte Personen festgenommen, von denen die meisten »unbedeutende, nur kleinerer Vergehen schuldige Kriegsverbrecher« seien. Diejenigen, die tatsächlich eine Bestrafung verdient hätten, seien schon längst in ihr Heimatland geflüchtet. Weniger als 20 Personen seien verurteilt worden. Er beklagte sich privat darüber, dass das Ministerium für die Justizverwaltung immer noch nicht auf die 140 000 Anklagen gegen mutmaßliche Kriegsverbrecher reagiert habe. China scheitere sowohl bei der Rechtsprechung als auch bei der Weckung eines geeigneten Rechtsbewusstseins auf japanischer Seite.[106]

Doch die Regierung sah ihre Grenzen, allen Zweifeln und Bedenken zum Trotz. Bai und die anderen nationalchinesischen Funktionäre waren sich darin einig, dass »bedeutende Kriegsverbrecher, die in Massentötungen, wie zum Beispiel das Nanjing-Massaker, verwickelt waren, streng bestraft werden sollten«, kamen aber auch zu dem Schluss, dass mit »gewöhnlichen« japanischen Kriegsverbrechern »auf der Grundlage der Prinzipien der Milde und Schnelligkeit« umgegangen werden sollte. China solle gegen die aussichtsreichen Fälle schnell vorgehen, aber dort, wo es keine Beweise gebe, »sollten wir sie ohne weitere Untersuchung und Anklage bestrafen, freilassen und nach Japan zurückschicken«. China setzte einerseits die Verfolgung der schlimmsten Übeltäter fort, konnte aber andererseits nur wenig tun, um die gewaltige Zahl von Japanern niedriger Dienstgrade einer ordentlichen Gerichtsbarkeit zu unterziehen. Es war das beste Ergebnis, das der von harten Kriegsjahren gezeichnete chinesische Staat erreichen konnte, denn inzwischen kämpfte er erneut, diesmal gegen eine Revolution, und er war bestrebt, seine verunsicherten Verbündeten zu beruhigen.

14.

Denkt an Pearl Harbor

Der glühend heiße Kern der amerikanischen Anklage war der japanische Angriff auf Pearl Harbor. Dieser Blitz aus heiterem Himmel bildete den Rahmen für den Tokioter Prozess und machte ihn zu einer politischen Notwendigkeit für die amerikanischen Sieger. Franklin D. Roosevelt hatte bei seiner Rede vor dem Kongress aus Anlass eines »Datums, das in Schande fortleben wird«, gelobt, dass die Amerikaner »diese vorbedachte Invasion« niemals vergessen würden.[1] Hätte General MacArthur seinen Willen bekommen, wäre es bei diesem Prozess ausschließlich um Pearl Harbor gegangen – seiner Ansicht nach hätte das mehr als genug Gründe geliefert, um Tojo Hideki und sein Kabinett zu hängen.[2]

Eine Reihe von Anklägern der Alliierten stellte in monatelanger Ermittlungsarbeit eine Chronik zusammen, die zu den im Dezember 1941 ausgeführten koordinierten japanischen Angriffen auf Pearl Harbor, Guam, Wake Island, die Philippinen, Malaya, Singapur und Hongkong führte. Eine japanische Zeitung schrieb in einem Leitartikel, dass der Prozess den Japanern erstmals eine Lektion zu ihrer wahren Geschichte erteilte.[3] Doch trotz aller Bemühungen der Anklage, eine geradlinige Geschichte der japanischen Aggression zu erzählen, erwies sich der Weg nach Pearl Harbor als sehr viel gewundener. Das Bild wurde komplizierter durch Zerwürfnisse innerhalb des Bündnisses der Alliierten, durch den Konflikt der Imperien, bei dem das kaiserliche Japan versuchte, die westlichen Kolonialreiche aus Asien zu vertreiben, und durch die peinlichen Versuche der Sowjetunion, sich selbst als eines der Hauptopfer der japanischen Aggression darzustellen. Ein amerikanischer Verteidiger warf dagegen ein, dass die inhaltlich aufgeblähte Darstellung der Anklage zur Aggression gegen die Vereinigten Staaten und das British Empire »den Geist und die Handlungen der anklagenden Nationen glorifiziert«.[4]

Japans verhängnisvolle Entscheidung, die Vereinigten Staaten ebenso anzugreifen wie das britische und das niederländische Kolonialreich, unterschied sich nach der Darstellung der Anklage ganz erheblich von der fixen ideologischen Vorstellung der Nationalsozialisten von Rassereinheit und »Lebensraum« in Osteuropa.[5] Die Anklagevertretung stellte Pearl Harbor im Gerichtssaal in erster Linie als einen außergewöhnlich schlecht durchdachten Akt verzweifelter Improvisation dar. Japan, das sich zuvor auf eine imperiale Expansion in China und Südostasien festgelegt hatte, sei sich nicht sicher gewesen, wie es mit den Gegenreaktionen der Vereinigten Staaten und ihrer europäischen Verbündeten fertigwerden sollte; mit den Angriffen im Dezember 1941 habe Japan die Absicht verfolgt, sich die Erträge aus der eigenen kolonialen Landnahme zu sichern und den Amerikanern einen solchen Schock zu versetzen, dass sie zu Verhandlungen über für Japan günstigere Bedingungen bereit waren. Japans Schlag gegen Pearl Harbor sei weniger durch genozidale Vorstellungen als von der nüchternen Tatsache motiviert gewesen, dass der eigenen Marine der Treibstoff ausging.[6] Hätte Japan seine imperialen Pläne gemäßigt, hätte es vielleicht sogar den Krieg mit den Vereinigten Staaten vermeiden können.[7]

Japans ruinöse Entscheidung erwuchs – den unverblümten Warnungen eines engagierten Togo Shigenori vor der militärisch-industriellen Macht der Vereinigten Staaten zum Trotz – aus aberwitzig vorsichtigen, ergebnislosen Gesprächen, die harte Debatten in den entscheidenden Momenten vermieden. Die führenden Männer des Kaiserreiches hatten ihre widersprüchlichen Vorstellungen von den Vereinigten Staaten nie miteinander in Einklang gebracht, denn einerseits hielten sie diesen Gegner für so unnachgiebig aggressiv, dass Japan keine andere Wahl blieb, als ihn anzugreifen, andererseits aber auch für so unterwürfig, dass er an den Verhandlungstisch geschlichen käme, sobald man ihn hart treffen würde.[8] Sie konnten auch nicht erklären, auf welchen Wegen ein Überraschungsangriff das amerikanische Volk zu respektvollen Verhandlungen nach anerkannten Regeln zurückführen würde – und nicht in einen umfassenden Krieg mit allen Mitteln, den Japan verlieren würde.[9] Das Ausmaß des sich daraus ergebenden Fehlers war einem erleichterten Winston Churchill sofort klar. Churchill war sich nach Pearl Harbor sicher, dass »die Japaner« von der überlegenen amerikanischen Rüstungsproduktion »wie zwischen Mühlsteinen zerrieben werden«, und dasselbe galt für Charles de Gaulle, der schrieb: »Nichts wird in diesem industriellen Krieg der amerikanischen Macht widerstehen können.«[10]

Pearl Harbor gibt einen einfacheren, besser darstellbaren Präzedenzfall für eine Verurteilung des Angriffskriegs ab als das, was in Nürnberg offengelegt wurde. Japans Entscheidung, einen letztlich zur Selbstopferung führenden Krieg zu beginnen, den es nicht gewinnen konnte – trotz einer vorausschauenden Warnung des später als Planer und Befürworter des Angriffs geltenden Admirals Yamamoto Isoroku, dass die Amerikaner über die Fähigkeit verfügten, Tokio und andere Städte zu zerstören –, sollte während des Kalten Krieges ein furchterregendes Beispiel dafür liefern, was geschehen könnte, falls die atomare Abschreckung scheitern würde. Pearl Harbor war für ganze Generationen von Atomwaffen-Strategen eine Vorschau auf das Ende der Welt.[11]

Die Achse

Als beim Tokioter Prozess die Phase begann, in der über den japanischen Angriffskrieg verhandelt wurde, war beim teils parallelen Tribunal in Nürnberg bereits der Tag gekommen, an dem die zum Tod verurteilten Angeklagten gehängt wurden. Generalfeldmarschall Wilhelm Keitel hatte mit dem Ruf »Alles für Deutschland! Deutschland über alles!« den Gang zum Galgen angetreten; der antisemitische Propagandist Julius Streicher »kreischte (…) ›Purimfest 1946‹«; die letzten Worte von Fritz Sauckel, der als »Generalbevollmächtigter für den Arbeitseinsatz« die Deportation und Ausbeutung von Zwangsarbeitern organisiert hatte, waren: »Gott helfe Deutschland und mache es wieder groß.«[12] Der Berg von Dokumenten, der für das Nürnberger Tribunal aus dem Aktenbestand des Naziregimes zusammengetragen worden war, erwies sich für die alliierten Ankläger in Tokio als großer Gewinn. Ihr Ziel war, aufzuzeigen, wie Japan mit dem nationalsozialistischen Deutschen Reich und dem faschistischen Italien Benito Mussolinis bei der Führung von Angriffskriegen zusammengearbeitet hatte.

Japan hielt für Adolf Hitler die Alliierten im Pazifik nieder, was die Chancen für die Durchsetzung rassistischer Utopien in Europa verbesserte; durch die Unterstützung der anderen Achsenmächte gestärkt, wurde Japan zu seinen Eroberungszügen in Asien ermutigt. Die Anklagevertretung versuchte zwar das Bild einer bedrohlich geschlossenen Front für weltweite Angriffskriege zu zeichnen, doch ihre eigenen Funde von geheimen Beweisdokumenten offenbarten tiefe Risse im Bündnis der Achsenmächte: Für Japan war die Abwehr der Sowjetunion und der Vereinigten Staaten von größter Dringlichkeit, während das nationalsozialistische Deutsche Reich auf seinen Rassenkrieg gegen die von ihm so bezeichnete »jüdisch-bolschewistische« Sowjetunion fixiert war.[13]

Die japanische Staatsführung hatte wenig Bedenken gezeigt, als es darum ging, sich auf Gedeih und Verderb mit dem Dritten Reich zusammenzutun, obwohl die gesammelten Beweise zeigten, dass die Japaner sehr viel über die Vernichtungs-Obsessionen der Nationalsozialisten wussten. Generalmajor Oshima Hiroshi, der weltgewandte und fanatische Botschafter in Deutschland – und einer der späteren Angeklagten in Tokio –, zeigte sich erfreut von Hitlers berüchtigter Rede im Reichstag vom 30. Januar 1939, in der dieser ankündigte, dass ein vom »internationalen Finanzjudentum« ausgelöster neuerlicher Weltkrieg zur »Vernichtung der jüdischen Rasse in Europa« führen würde, und zugleich prahlte, damit wolle er »heute wieder ein Prophet sein«.[14] Einen Tag später sagte Oshima bei einer Unterhaltung mit Reichsführer-SS Heinrich Himmler, die genozidale Rede Hitlers habe ihm »sehr gut« gefallen, »besonders weil sie geistig in jeder Form begründet gewesen wäre«.[15]

Der Keim der Achsen-Partnerschaft lag in einer gemeinsamen Antipathie gegenüber der Sowjetunion.[16] Japan schloss am 25. November 1936 in Berlin während der Amtszeit von Premierminister Hirota Koki den Antikominternpakt mit dem Deutschen Reich, der sich offiziell gegen die Kommunistische Internationale richtete, aber auch die geheime Abmachung enthielt, die Sowjetunion nicht zu unterstützen, falls sie das jeweils andere Land angreifen würde.[17] Doch für die Nationalsozialisten war die Partnerschaft mit Japan immer nur ein vorteilhaftes Bündnis mit einer geringerwertigen Rasse. Hitler hatte in *Mein Kampf* die von ihm als »gelbe Asiaten« bezeichneten Japaner als rassisch geringerwertig verächtlich gemacht, was die Ankläger unerwähnt ließen.[18]

Die Nationalsozialisten erwiesen sich als unzuverlässige Partner. Die japanische Staatsführung war verblüfft, als das Deutsche Reich inmitten von Verhandlungen über ein Bündnis mit Japan im August 1939 einen Nichtangriffspakt mit der Sowjetunion schloss. Der von Joachim von Ribbentrop und Wjatscheslaw Molotow, den Außenministern der beiden totalitären Staaten, ausgehandelte Pakt war natürlich nur ein taktisches Täuschungsmanöver zur Ablenkung von Hitlers unerbittlichem Drang nach Osten zur Gewinnung von »Lebensraum«.[19] Doch für die Japaner war der Hitler-Stalin-Pakt ein spektakulärer Bruch der gemeinsamen und gegen die Sowjetunion gerichteten Verpflichtungen.

Japan unterzeichnete dennoch im September 1940 bei einer aufwändigen Zeremonie in Berlin, an der ein großspurig auftretender Hitler sowie Scharen von NS-Würdenträgern teilnahmen, ein offizielles Bündnis mit dem nationalsozialistischen Deutschen Reich und Italien: einen Dreimächtepakt, der gegenseitigen militärischen Beistand vorsah, falls einer der Unterzeichnerstaaten von irgendeinem Land angegriffen wurde, das nicht bereits in den europäischen oder chinesischen Krieg verwickelt war. Deutschland und Italien akzeptierten mit diesem Pakt Japans Vorherrschaft in Asien. Wie die Ankläger im Prozess belegten, versuchte Tojo Hideki, zum damaligen Zeitpunkt Heeresminister, Skeptiker in den Reihen der japanischen Regierung zum Schweigen zu bringen, indem er darauf hinwies, dass Kaiser Hirohito den Vertragsentwurf wohlwollend gebilligt habe.[20] Der Dreimächtepakt wurde bei einer Sitzung des Kronrats, an der auch Hirohito teilnahm, einstimmig gutgeheißen.[21] In einem kaiserlichen Reskript zeigte sich Hirohito »hoch erfreut« über den in Berlin geschlossenen Pakt und erklärte, dass Deutschland und Italien hinsichtlich der Wiederherstellung des Friedens »ähnliche Ziele wie das Kaiserreich« hätten.[22]

Abb. 21 *Tojo Hideki (rechts neben dem Mikrofon), zu diesem Zeitpunkt Heeresminister, erhebt das Glas auf den soeben unterzeichneten Dreimächtepakt zwischen dem nationalsozialistischen Deutschen Reich, dem faschistischen Italien und dem Kaiserreich Japan, Tokio, 27. September 1940.*

Japanische Extremisten feierten das Bündnis der Achsenmächte als eine Ablehnung des Individualismus, des Liberalismus und der Demokratie – fremder Vorstellungswelten, die den Asiaten von demokratischen Mächten des Westens aufgenötigt worden seien – zugunsten eines virilen japanischen Totalitarismus, mit dem der Souverän und seine Untertanen zu einem organischen Ganzen vereinigt wurden.[23] Die Ankläger enthüllten, dass Matsuoka Yosuke in seiner Eigenschaft als Japans Außenminister zu Hitler gesagt hatte, Japan müsse seine kollektivistischen Traditionen von einem »durch den vom Westen eingeführten Liberalismus, Individualismus und Egoismus« befreien. Das System des Kaisertums, das »Wesen des Tenno«, sei »gewissermaßen die japanische Version eines totalitären Staatsgebäudes«, allerdings wies er Hitler wehmütig darauf hin, dass das »japanische Volk seinen Führer noch nicht gefunden habe«.[24] Einer der Angeklagten von Tokio, der ehemalige Premierminister Baron Hiranuma Kiichiro, hatte in einem Schreiben an Hitler dessen Bemühungen um »einen internationalen Frieden, der auf die Grundsätze der Gerechtigkeit gegründet ist«, gepriesen.[25]

Wenige Wochen nachdem der Überfall Deutschlands auf Polen am 1. September 1939 den Zweiten Weltkrieg ausgelöst hatte, sagte Hitler zu einem hochrangigen japanischen Regierungsvertreter, Deutschland und Japan seien beide junge Kriegernationen auf dem Weg nach oben.[26] Tojo hegte weniger Illusionen über Japans neue Verbündete; als amerikanische Vernehmer ihn später fragten, welchen Grund es für die Annahme gegeben habe, dass das nationalsozialistische Deutschland und das faschistische Italien eine von Rechtschaffenheit bestimmte Einstellung zur neuen Ordnung in Europa entwickeln würden, brach er in schallendes Gelächter aus.[27]

Deutsche Siege in Europa führten zu Chancen für Japan in Asien, behaupteten die Ankläger. Die japanische Staatsführung begrüßte die rasche Eroberung der Niederlande durch das Deutsche Reich im Mai 1940 als eine Gelegenheit, sich Niederländisch-Ostindien einzuverleiben.[28] Nach dem verblüffenden Sieg Deutschlands über Frankreich im Juni 1940 sah sich Japan dazu ermutigt, jetzt Französisch-Indochina ins Visier zu nehmen. Thailand war zwar unabhängig, stand aber unter britischem Einfluss und schien, während Großbritannien sich deutscher Luftangriffe erwehren musste, verwundbar zu sein, entweder durch politischen Druck Japans oder durch die direkte Eroberung.[29]

Vom zähen britischen Widerstand überrascht, drängte Ribbentrop im Gespräch mit Oshima auf einen vernichtenden Angriff auf das British Empire, durch den britische Truppen weit weg vom europäischen Kriegsschauplatz gebunden würden, »mit einem entscheidenden Schlag wie dem Angriff auf Singapore [sic]«, die »Schlüsselstellung Englands in Ostasien«.[30] Hitler erteilte im März 1941 dem Oberkommando der Wehrmacht eine Weisung, mit der er verlangte, Japan bei der Eroberung der Festung Singapur, die so bald wie möglich erfolgen sollte, zu unterstützen.[31]

Bei einer Unterredung zwischen Hitler und dem Kriegsbefürworter Matsuoka – die Anklage hielt an diesem Dokument fest, obwohl der ehemalige Außenminister kurz zuvor in einem Krankenhaus verstorben war – drängte der Nazityrann auf einen Angriff Japans auf Singapur und verband dies mit der absurden Behauptung, das damit verbundene Risiko sei »außerordentlich gering in einem Augenblick, in dem Russland und England ausgeschaltet sind und Amerika noch nicht bereit«. Matsuoka versprach, er werde sich gegen »die zaghaften Politiker in Japan« durchsetzen und für einen Angriff zum frühestmöglichen Zeitpunkt eintreten. Er sagte zu Hitler, Japan müsse »manchmal mit starker Hand die von dieser neuen Ordnung betroffenen Völker leiten«.[32] Bei einer zweiten Zusammenkunft sagte Hitler wenige Tage später zu, Deutschland werde, falls zwischen Japan und den Vereinigten Staaten ein Krieg ausbreche, »keinen Augenblick zögern, auf jede Kriegsausweitung (…) sofort zu antworten«. Als Matsuoka erwähnte, dass Japans Militärs einen langen Krieg gegen die Amerikaner befürchteten, erinnerte Hitler selbstbewusst an seine dreiste Besetzung des entmilitarisierten Rheinlands im März 1936 und tönte, »die Vorsehung liebe denjenigen, der die Gefahren nicht über sich kommen ließe, sondern ihnen mutig entgegensähe«.[33]

Wenige Tage nach dem Überfall Deutschlands auf die Sowjetunion am 22. Juni 1941 änderte Ribbentrop seinen Kurs vollständig und riet den Japanern dringend, den Angriff auf Singapur zu verschieben und stattdessen sofort eine weitere Front gegen die Sowjetunion zu eröffnen.[34] Doch Japan wollte unbedingt seine Flanken sichern, bevor es den Kampf gegen die Amerikaner begann, deshalb hatte das Land erst vor kurzem einen eigenen Neutralitätspakt mit der Sowjetunion abgeschlossen. Japan unterlief die deutsche Bitte, zog es vor, sich auf den noch andauernden Krieg in China zu konzentrieren und zugleich einen Vorstoß nach Süden vorzubereiten, der auf Singapur, Französisch-Indochina und Thailand zielte, anstatt sich auf ein Abenteuer im Norden gegen die Sowjetunion einzulassen.[35]

Das nationalsozialistische Deutschland stand zu seinen Zusagen für Japan bei dessen Krieg gegen die Vereinigten Staaten. Ribbentrop, der Japan zum Zuschlagen drängte, versprach, dass das Deutsche Reich sofort in den Krieg gegen die Vereinigten Staaten eintreten werde. Er sagte, Hitler sei entschlossen, keinen Separatfrieden des Dritten Reiches mit den Vereinigten Staaten abzuschließen.[36] Auch Mussolini versprach, er werde den Vereinigten Staaten den Krieg erklären, um Japan zu unterstützen. »Ich bin fest davon überzeugt, dass Japan jedes Recht hat, in Großostasien die Führungsrolle zu übernehmen«, sagte er, während der Dolmetscher dabei zitterte wie Espenlaub.[37]

Hitler freute sich über Pearl Harbor. Vier Tage später erklärten die drei Achsenmächte Deutschland, Italien und Japan in einem neuen Abkommen, dass sie »den ihnen von den Vereinigten Staaten von Amerika und England aufgezwungenen Krieg mit allen ihnen zu Gebote stehenden Machtmitteln gemeinsam bis zum siegreichen Ende führen« würden, ohne separate Waffenstillstands- oder Friedensverträge abzuschließen.[38] Hitler verlieh dem japanischen Botschafter Oshima bei einem Empfang in Berlin das »Großkreuz des Verdienstordens vom deutschen Adler in Gold« und ließ ihn wissen: »Sie haben die richtige Kriegserklärung gegeben!« Japan habe so lange verhandelt, »wie es irgend geht«, sagte der Tyrann, aber wenn die andere Seite es nur auf eine Demütigung abgesehen habe, solle man »zuschlagen, und zwar so hart, wie es gehe, und nicht erst lange Krieg erklären«. Über die Versenkung der amerikanischen Flotte erfreut, sagte Hitler laut Gesprächsprotokoll: »Wie sollten auch Truppen bis zum Äußersten standhalten, die als Gott den Dollar hätten?«

Doch selbst im Krieg konnten sich die Achsenmächte nicht auf gemeinsame Ziele verständigen. Nach der Einnahme von Singapur werde Japan Indien angreifen, erklärte Oshima gegenüber Hitler und sagte, es wäre »sehr vorteilhaft«, wenn »die deutschen Truppen Indien von Westen her angriffen«. Hitler ging darauf nicht ein und erklärte, sein erstes Ziel sei der Vorstoß zum Kaukasus, »auch mit Rücksicht auf das Öl«, und dann der Vormarsch zum Irak und Iran, »womit (…) auch die Bedrohung Indiens verbunden« sei.[39] Als Hitler die Japaner drängte, sich seinem Überfall auf die Sowjetunion im Juni 1941 anzuschließen, verweigerte sich die japanische Führung diesem Ansinnen und sparte sich die eigene Feuerkraft für die Vereinigten Staaten auf.[40] Im privaten Gespräch zeigte Hitler, ohne dass die alliierten Anklagevertreter in Tokio davon gewusst hätten, unverändert geringe Sympathien für seine Waffenbrüder im Dreimächtepakt: »Die Japaner sind gelbhäutig und schlitzäugig«, sagte Hitler zu seiner Sekretärin, »aber sie kämpfen gegen die Amerikaner und Engländer, und damit sind sie Deutschland nützlich.«[41]

Der Kampf um Asien

Die alliierten Anklagevertreter präsentierten die japanische Eroberung von französischen, britischen und niederländischen Kolonien erbost als eine frühe Phase eines aus illegalen Angriffskriegen bestehenden Feldzugs. Japanische Angriffe auf die kolonialen Besitzungen Französisch-Indochina,

Niederländisch-Ostindien, die britischen Kolonien Singapur, Hongkong und Malaya sowie die von den Vereinigten Staaten beherrschten Philippinen wurden so dargestellt, als unterschieden sie sich nur geringfügig von direkten Überfällen auf Großbritannien, Frankreich, die Niederlande und die Vereinigten Staaten selbst, auf die Mutterländer: Es gehe um kriminelle Angriffe auf Souveränität und territoriale Integrität.[42]

Doch die europäischen Anklagevertreter wagten es nicht, in Erwägung zu ziehen, dass der Aufstieg Japans auch als Ersatz älterer Reiche durch ein neues Reich gedeutet werden könnte. Die alliierten Ankläger verurteilten zwar japanische Übergriffe zum Nachteil der Franzosen und Niederländer im 20. Jahrhundert, waren aber nicht bereit, auch nur zu fragen, inwiefern sich dieses Vorgehen von dem unterschied, was Frankreich und die Niederlande im 19. Jahrhundert den Vietnamesen und Indonesiern angetan hatten.

Außerhalb des Gerichtssaals waren die Alliierten allerdings wegen der französischen kolonialen Besitzansprüche massiv zerstritten. Die Freien Franzosen hatten von den mit der französischen Exilregierung verbündeten Kolonien aus gekämpft – Französisch-Indochina blieb allerdings unter Kontrolle des Vichy-Regimes. Charles de Gaulle war entschlossen, Frankreichs imperiale Bedeutung wiederherzustellen. Doch Chiang Kai-shek war ein entschiedener Gegner des Kolonialismus, und Roosevelt begegnete dem britischen, französischen und niederländischen Imperialismus mit Argwohn. Als Harry S. Truman in der Nachkriegszeit Frankreichs Souveränität über Indochina anerkannte – es war eine übereilte Entscheidung, unter der Vietnamesen und Amerikaner noch jahrzehntelang zu leiden haben sollten –, reagierte Chiang bedrückt.

Indochina, von Frankreich im Verlauf der zweiten Hälfte des 19. Jahrhunderts besetzt, war der Stolz des französischen Kolonialreichs gewesen. Das Gebiet, das die heutigen Staaten Vietnam, Kambodscha und Laos umfasste, war der wichtigste französische Stützpunkt in Asien und ein führender Produzent von Kautschuk und Reis. Während der japanischen Invasion in China gewann das benachbarte Indochina eine neuerliche Bedeutung, weil die japanische Staatsführung bestrebt war, zu verhindern, dass die Franzosen die Regierung Nationalchinas unterstützten.[43]

Nach Frankreichs Niederlage gegen das Deutsche Reich im Juni 1940 ließ das nationalsozialistische Deutsche Reich Japan in Indochina freie Hand. Die Anklagevertreter enthüllten, dass Shigemitsu Mamoru, der damalige japanische Botschafter in London, wenige Tage vor der Siegesparade der Wehrmacht auf den Champs-Élysées unter den Augen des triumphierenden

Hitler schrieb, dass es »sehr vorteilhaft ist, den europäischen Krieg zur Stärkung der japanischen Position in Asien zu nutzen«.[44] Während Vichy-Frankreich sich verzweifelt an seine Kolonien klammerte, musste sich die kleine französische Kolonialstreitmacht in Indochina einer ganzen Reihe von japanischen Forderungen beugen. Japanische Truppen marschierten im September in den Norden Indochinas ein, obwohl die Herrschaft Vichy-Frankreichs über das Gebiet offiziell noch bestehen blieb. Nach einer Warnung von Marquis Kido Koichi, der Kaiser Hirohito wissen ließ, dass die Vereinigten Staaten und Großbritannien Indochina für vermehrtes »Unruhestiften« bei der Unterstützung Chinas nutzen könnten, entschloss sich der Monarch zur Intervention.[45] Japan forderte im Juli 1941 die Einrichtung von Stützpunkten im Süden Indochinas und kündigte an, dass seine Truppen dies nötigenfalls auch gewaltsam durchsetzen würden; Vichy-Frankreich gab erneut nach. Wenige Monate vor Kriegsende, im März 1945, verlangte Japan die vollständige Kontrolle über die französischen Truppen in Indochina. Der französische Gouverneur Decoux weigerte sich, und Japan besetzte ganz Indochina. Trotz einer Warnung de Gaulles, dass man japanische Kriegsverbrecher zur Rechenschaft ziehen werde, töteten, folterten und misshandelten die japanischen Streitkräfte französische und aus Indochina stammende Kriegsgefangene und Zivilisten.[46]

Die Ankläger in Tokio gingen nicht weiter auf die unangenehme Tatsache ein, dass es sich, wenn in Indochina irgendeine französische Autorität und Amtsgewalt mit Füßen getreten worden war, um die Autorität von Vichy-Frankreich gehandelt hatte. Das brachte die alliierte Anklagevertretung in die unangenehme Lage, an den imperialistischen Gebietsansprüchen von Kollaborateuren der Deutschen festhalten zu müssen. Niemand erwähnte auch nur, dass britische Soldaten auf Madagaskar und in Dakar bei Kämpfen gegen Vichy-Frankreich getötet worden waren.

Der französische Vortrag wurde durch ein lächerliches Gezänk um die Gerichtssprache unterbrochen. Für den sowjetischen Richter, Generalmajor Iwan Sarjanow, gab es in der IBM-Anlage für die Simultandolmetscher einen eigenen Kanal. Als Joseph B. Keenan diesen russischen Kanal befürwortete, bat die auf dieses Vorrecht neidische chinesische Regierung Mei Ruao, eine chinesische Übersetzung hinzuzufügen.[47] Der beleidigte französische Außenminister wies daraufhin die französischen Richter an, bei Sir William Webb geltend zu machen, dass das Französische die traditionelle Sprache der Diplomatie sei.[48] Als Webb, dem es gar nicht zustand, den Sowjets Einhalt zu gebieten, auf diesen Hinweis nur mit einem Achselzucken reagierte, trug der französische Ankläger kurzerhand auf Französisch vor, obwohl er ein passables Englisch sprach.[49] Webb rügte ihn mit der Bemerkung, dies grenze an eine Missachtung des Gerichts; der französische Ankläger fuhr dennoch *en français* fort. Daraufhin erhob sich Webb und rauschte, gefolgt von den anderen Richtern, aus dem Gerichtssaal, was den französischen Ankläger dazu veranlasste, einer leeren Richterbank laut zuzurufen, dass er gehört werden würde.[50] Nach einem vergeudeten Tag, an dem sich Keenan und Webb hasserfüllt anstarrten, ließ der australische Richter den Ankläger auf Französisch vortragen.[51]

Jetzt kam die Reihe an den niederländischen Ankläger, dem es oblag, »die territoriale Integrität Niederländisch-Indiens« zu verteidigen. Als das Deutsche Reich im Mai 1940 unter anderem die Niederlande angriff, sah Japan die Gelegenheit gekommen, sich der natürlichen Ressourcen Sumatras, Javas und des übrigen riesigen Archipels zu bemächtigen.[52]

Der niederländische Vortrag zur Sache fiel dürftiger aus, weil es keinen Vertrag gab, der Japan zur Anerkennung der niederländischen Herrschaft über das Ostindische Inselreich verpflichtete; das Beste, was die niederländische Seite vorzubringen hatte, war eine offizielle Erklärung Japans aus dem Jahr 1922, dass man die Inselbesitzungen der Niederlande im Pazifik respektieren werde. Dennoch wusste die Regierung der Niederlande nur zu gut, dass Japan das Erdöl – Millionen Tonnen – und andere Rohstoffe des indonesischen Archipels für seine eigenen Kriegsanstrengungen in China und als Treibstoff für die Kriegsmaschinerie seiner Achsen-Bündnispartner benötigte. Das nationalsozialistische Regime billigte unmittelbar nach der Besetzung der Niederlande insgeheim die Expansion Japans nach Süden und die Eroberung Niederländisch-Ostindiens. Japanische Truppen landeten in den Monaten nach Pearl Harbor dann auch prompt in Niederländisch-Ostindien.

Noch komplizierter wurde die Angelegenheit, weil die niederländische Exilregierung in London Japan unmittelbar nach Pearl Harbor den Krieg erklärt hatte – und sich damit an die Seite und unter den Schutz ihrer amerikanischen und britischen Verbündeten gestellt hatte, auch im Bestreben, sich zugleich für einen Angriff auf ihre kolonialen Besitztümer in Indonesien zu wappnen. Das gab einem amerikanischen Verteidiger der japanischen Angeklagten das Argument an die Hand, dass »es gewiss eine Tatsache ist, dass Japan den Niederlanden niemals den Krieg erklärte«.[53]

Die niederländische Anklagevertretung arbeitete intensiv an der Enthüllung der Grausamkeiten, die während der dreieinhalb Jahre dauernden japanischen Besatzung begangen worden waren, und konzentrierte sich dabei auf die bevölkerungsreiche Insel Java. Viele Indonesier hatten sich von den japanischen Befreiungsversprechungen locken lassen, doch die niederländischen Ankläger verwiesen eindringlich darauf, wie die Japaner eine autokratische Regierung durchgesetzt hatten, die sich auf die *Kempeitai* stützte, die gefürchtete japanische Militärpolizei. Die einheimischen politischen Parteien waren aufgelöst und jegliche politische Betätigung verboten worden. Hunderttausende von Indonesiern mussten Zwangsarbeit für die japanischen Streitkräfte leisten – und viele von ihnen starben aufgrund unzureichender Ernährung, Unterbringung und medizinischer Versorgung. Die Schulen wurden zunächst geschlossen und später als Brutstätten für antiwestliche Ressentiments wiedereröffnet, mit Pflichtunterricht in japanischer Sprache und Kultur. Die Repräsentanten der muslimischen Religion wurden genötigt, einen heiligen Krieg gegen die Westmächte auszurufen. Niederländische Staatsbürger wurden interniert, selbst Frauen und Kinder. Wie mehrere Wissenschaftler im modernen Indonesien festgestellt haben, wandelte die japanische Besatzungsmacht das ganze Land in ein militarisiertes, ideologisch geprägtes Staatswesen um und unterrichtete die einheimischen Nationalisten in Foltertechniken und Kollektivstrafen, in Vorwegnahme späterer politischer Gewalt in diesem Teil der Welt.[54]

Der niederländische Vortrag unterminierte die Behauptungen von Tojo und anderen japanischen Angeklagten, man habe einen von antikolonialen Überzeugungen geleiteten Krieg geführt. Als Japan 1943 Burma und den Philippinen offiziell die Unabhängigkeit gewährte, behielt es das indonesische Archipel unverändert unter direkter japanischer Kontrolle, damit widerspenstige Indonesier die Kriegsanstrengungen nicht behindern konnten. Erst nachdem sich das Kriegsglück längst gewendet hatte, sagte Japan Indonesien die Unabhängigkeit für einen nicht genau bestimmten Zeitpunkt in der Zukunft zu. Schließlich ordneten die Besatzer im Mai 1945 Vorbereitungen für die Unabhängigkeit an, die immer noch im Gang waren, als der Zweite Weltkrieg endete.[55]

So opportunistisch motiviert Japans Unterstützung der Unabhängigkeit Indonesiens auch gewesen sein mag, der leidenschaftliche Antikolonialismus der Bewohner des Archipels war zweifellos real. Indonesische nationale Kräfte unter der Führung Sukarnos – der zuvor mit den Japanern kollaboriert hatte – riefen bereits wenige Tage nach der Kapitulation Japans die Unabhängigkeit aus. Während der Gerichtshof in Tokio zusammentrat, führten die Niederländer, die im November 1945 zurückgekehrt waren, einen erbitterten, brutalen Feldzug zur Wiedererlangung der Herrschaft über das Archipel, das sie als ihr Eigentum beanspruchten. Die Vereinigten Staaten, von den Rückkehrbestrebungen der alten Kolonialmacht desillusioniert, brachten die Niederlande erst 1949 durch verstärkten Druck so weit, die Schaffung eines neuen Indonesien zu akzeptieren.[56]

Denkt an Port Arthur

Die Peinlichkeiten beim Tokioter Prozess, die mit dem Vortrag der französischen und niederländischen Anklagevertreter verbunden waren, erfuhren noch eine Steigerung, als das Gericht zu hören bekam, was die sowjetischen Ankläger zu sagen hatten.

Josef Stalins Regime war genau der Typ des skrupellosen Aggressors, der eigentlich von den Institutionen des Völkerrechts in die Schranken gewiesen werden sollte. Der dem Untergang geweihte Völkerbund hatte Ende 1939 den Überfall der Sowjetunion auf Finnland für rechtswidrig erklärt und die Sowjetunion aus seinen Reihen ausgeschlossen.[57] Polen, Finnen, Esten, Letten und Litauer hätten gleichermaßen Zeugnis ablegen können über die sowjetische Aggression und die von den Invasoren begangenen Gräueltaten; überlebende Ukrainer hätten berichten können, wie die von Stalins Terror ausgelöste und begleitete Hungersnot (Holodomor) rund vier Millionen ihrer Landsleute das Leben gekostet hatte und zugleich die politische und intellektuelle Elite des Landes brutal verfolgt wurde, in der Absicht, die nationale Identität auszulöschen.[58] Die Sowjets hielten nach dem Bruch des Neutralitätspakts mit Japan immer noch die Mandschurei besetzt und hatten dort mehr als eine Million japanische Gefangene in ihrer Gewalt, ebenso wie – nach japanischen Angaben – 700 000 weitere Gefangene in Sibirien. Nach Schätzungen der aufgebrachten japanischen Regierung waren im vergangenen Winter in der sowjetisch besetzten Mandschurei mehr als 100 000 japanische Staatsbürger an Kälte, Unterernährung und Seuchen gestorben.[59]

Doch im Gerichtssaal in Ichigaya bemühten sich die Sowjets nach Leibeskräften um internationales Ansehen. Sie entsandten eine kleine Delegation von Militärstaatsanwälten nach Tokio, die sich dort um eine Verschmelzung der eigenen Sache mit den Anliegen ihrer verstimmten Alliierten zu Kriegszeiten bemühen sollten. Diese uniformierten Offiziere der Roten Armee präsentierten ihr eigenes politisches System hartnäckig als Demokratie, die den politischen Verhältnissen bei den Alliierten gleichrangig sei. In blumigen Vorträgen, die mit bolschewistischen Worthülsen wie »nazistische Aggression« und »nazistische Banditen« und »japanische Imperialistenclique« gespickt waren, beteuerten die sowjetischen Ankläger mit Nachdruck, die Sowjetunion sei ein besonders schlimm betroffenes Opfer der japanischen Aggression gewesen.

Die staatlich gelenkte Presse der Sowjetunion widmete die Hälfte ihrer Auslandsberichterstattung der wörtlichen Wiedergabe des ausführlichen Vortrags von Sergei Golunski, dem sowjetischen Ankläger, was die Bedeutung des Tokioter Prozesses für den Kreml belegte.[60] Golunski trug eine sowjetische Militäruniform, hatte aufmerksame, kluge Augen und schütteres Haar; beim Sprechen verschränkte er die Hände auf dem Rücken. Er war kein kleiner Apparatschik, sondern die rechte Hand von Andrei Wyschinski, dem Chefankläger der Moskauer Schauprozesse, und sollte später als sowjetischer Richter an den Internationalen Gerichtshof in Den Haag entsandt werden.[61]

Golunski warf einen Blick zurück in der Geschichte, der ihn bis zu Russlands demütigender Niederlage gegen Japan im Krieg von 1904 bis 1905 führte. Dieser Krieg begann mit einem japanischen Überraschungsangriff, der gegen Port Arthur (heute: Teil von Dalian) auf der Halbinsel Liaodong geführt wurde, und der Ankläger behauptete: »Der Angriff auf Pearl Harbor ist eine exakte Kopie des Angriffs auf Port Arthur.« Er verurteilte den von den Achsenmächten geführten »totalen Krieg«, für den es einen Staat brauche, der auf der »Unterdrückung jeglicher Proteste im eigenen Land durch Terror« beruhe, und prangerte ihre »Geheimpolizei« und »Konzentrationslager« an – all dies kam natürlich einer Beschreibung des Sowjetstaats und seines Straflager-Systems, des Gulags, gleich.[62]

Auf sowjetisches Drängen hin wurden in der Tokioter Anklageschrift mehrere der japanischen Angeklagten der Aggression bei zwei Schlachten im Grenzgebiet beschuldigt: zunächst im Juli und August 1938 am Chasansee, später dann, im Frühling und Sommer 1939, am Fluss Chalchin Gol. Selbst in der Darstellung der sowjetischen Seite waren diese Kämpfe bei weitem nicht so folgenreich wie Japans Angriffe auf China, die Vereinigten Staaten oder das British Empire. Die Kämpfe am Chasansee waren ein zweiwöchiger Grenzkonflikt, der für Japan ungünstig endete. Die durchaus heftig geführten Gefechte hatten sich weder ausgeweitet noch eine umfangreichere Invasion ausgelöst, denn die japanische Regierung steckte zurück; viele führende japanische Militärs und Politiker wurden durch diese Erfahrung anschließend von weiteren Abenteuern im Norden abgeschreckt.[63]

Die zweite Schlacht, die Japan gegen die Äußere Mongolei führte, einen Satellitenstaat der Sowjetunion, erlangte Bedeutung als beispielhafter sowjetischer Sieg. Sie hatte als weiterer Vorstoß der nicht mehr zu bändigenden japanischen Kwantung-Armee begonnen, der von einem Streit wegen weidender mongolischer Kavalleriepferde zu einem Einfall in mongolisches Territorium eskalierte. Da die Mongolische Volksrepublik mit der Sowjetunion einen militärischen Beistandspakt abgeschlossen hatte, wurde Japan eines vorsätzlichen militärischen Angriffs beschuldigt, der schließlich zum Konflikt mit der Sowjetunion führen sollte. Doch dieses eine Mal hatte sich die japanische Regierung, die mit dem Chaos in China vollauf beschäftigt war, gegen die Kwantung-Armee durchgesetzt und die von den Militärs verlangte Gegenoffensive verweigert. Die Kämpfe endeten mit 8000 japanischen und 9000 sowjetischen Todesopfern, aber einem eindeutigen Sieg der Roten Armee. Für Stalin war das eine erfreuliche Gelegenheit gewesen, Japan eine Lehre zu erteilen.[64]

Viele der Richter, allen voran Bert Röling, waren über die sowjetische Darstellung offensichtlich verblüfft, die so schlampig zusammengeschustert worden war, als ginge es um einen stalinistischen Schauprozess. Kein Wunder, dass es zu diesen Anklagepunkten mehr Freisprüche gab als zu allen anderen. Ein amerikanischer Verteidiger rügte, die sowjetischen Behauptungen seien dürftig, spekulativ, umstritten und hetzerisch. Die japanischen Angeklagten, hielt er fest, stünden nicht wegen Port Arthur vor Gericht, und ein Kampf in der Äußeren Mongolei sei kein Angriff auf die Sowjetunion. Webb verweigerte zwar die Streichung selbst der gewagteren sowjetischen Behauptungen aus dem Verhandlungsprotokoll, er wies die Richter jedoch an, nur die Teile zu berücksichtigen, die durch Beweise gestützt würden.[65]

Die sowjetische Anklage, so dürftig sie nach historischen und rechtlichen Maßstäben auch ausfiel, passte bestens zu Stalins Vorgehensweise am Beginn des Kalten Krieges. Die vom Staat kontrollierte sowjetische Presse beschwerte sich heftig darüber, dass die Amerikaner die Wurzeln des japanischen Imperialismus nicht gründlich beseitigten. Kurze Zeit nach dem Vortrag der sowjetischen Ankläger in Tokio spottete W. Averell Harriman, der aristokratisch auftretende frühere US-Botschafter in Moskau: »Es fällt schwer, zu glauben, dass der sowjetische Generalstab und das POLITBÜRO nachts wachliegen und sich wegen eines Wiederauflebens von Japs-Imperialismus und -Aggression sorgen.« Die wahre Sorge dieser Gremien bestehe darin, erklärte der in der Zeit der japanischen Aggression gegen die Sowjetunion amtierende Botschafter, dass ein von Amerika beherrschtes Japan »eines Tages von westlichen Mächten als Sprungbrett für einen Angriff auf die UdSSR genutzt werden [könnte]. Japan gehört ebenso sehr wie Osteuropa zur sowjetischen Zone von entscheidendem strategischem Interesse«.[66]

Krieg ohne Gnade

Nach diesen schwierigen Präliminarien wandten sich die Ankläger den Angriffen Japans auf die Vereinigten Staaten und das British Empire zu. Diese Angriffe wurden nicht als rechtmäßige Akte staatlichen Handelns, sondern als vorsätzlich begangene Verbrechen dargestellt.

Die Anklage verwies in ihrem Bestreben, aufzuzeigen, dass das Völkerrecht in den Jahren vor Pearl Harbor Angriffskriege für rechtswidrig befunden hatte, auf eine ganze Reihe von Verträgen und Konventionen. Japan war dem I. Haager Abkommen von 1899 zur friedlichen Beilegung von internationalen Streitfällen beigetreten, das vorsah, sich um Vermittlung zu bemühen, bevor man in den Krieg zog. Es gehörte auch zu den Unterzeichnerstaaten des III. Haager Abkommens von 1907 über den Beginn von Feindseligkeiten, nach dem vor der Eröffnung von Kampfhandlungen eine Kriegserklärung erfolgen musste, und hatte sich auch dem Kellogg-Briand-Pakt von 1928 zur Ächtung des Krieges als Mittel der zwischenstaatlichen Auseinandersetzung angeschlossen. Die Satzung des Völkerbunds, aus dem Japan 1933 aus- und dem die Vereinigten Staaten nie beigetreten waren, verpflichtete die Mitgliedsstaaten zur Achtung der territorialen Integrität und politischen Unabhängigkeit der anderen Mitglieder und zu einem Bemühen um Vermittlung oder eine Untersuchung durch den Völkerbund, bevor man den Krieg erklärte. Im 1922 in Washington unterzeichneten Neun-Mächte-Vertrag hatte sich Japan verpflichtet, die Souveränität und Unabhängigkeit Chinas zu achten.[67] Doch keiner dieser Verträge sah für den Fall von Verstößen verbindliche Sanktionen vor.

Die Unterstützung, die die Vereinigten Staaten China während des Zweiten Weltkrieges gewährt hatte, hatte ihre Beziehungen zu Japan grundsätzlich beschädigt.[68] Die US- und die britische Regierung hatten sich wiederholt darüber beschwert, dass einzelne amerikanische und britische Staatsbürger in China im Verlauf der japanischen Invasion erschossen worden waren oder Eigentum verloren hatten.[69] Ein amerikanischer Ankläger aus North Carolina beschuldigte Japan zu einem Zeitpunkt, der im eigenen Land von starken Spannungen zwischen den ethnischen Gruppen geprägt war, eines systematischen Plans »zur Vertreibung aller Weißen, insbesondere aller Amerikaner und Briten, aus China«.[70]

Japan und die Vereinigten Staaten trieben 1941 bereits auf eine kriegerische Auseinandersetzung zu, als beide Länder mit hinhaltenden Verhandlungen begannen. Die Washingtoner Gespräche waren vor allem wegen des immer noch andauernden japanischen Krieges gegen China ins Stocken geraten. Roosevelts Außenminister Cordell Hull hatte im April angesichts der Lage in China auf vier Prinzipien bestanden: auf der Souveränität und territorialen Integrität aller Länder, auf der Nichteinmischung in die inneren Angelegenheiten anderer Länder, auf wirtschaftlicher Chancengleichheit und auf einem Verzicht auf eine gewaltsame Änderung des Status quo.[71] Japan hatte Verhandlungen über einen Rückzug aus China vorgeschlagen, insistierte aber unverändert auf der Anerkennung Mandschukuos und auf Truppenstationierungen in Nordchina – für die Amerikaner war das nahezu inakzeptabel.[72]

Die Anklage wies nach, dass Tojo Hideki, zu diesem Zeitpunkt Heeresminister, auf die Einberufung einer Kaiserlichen Konferenz für den 2. Juli gedrängt hatte. Bei dieser folgenschweren Besprechung wurde ein »Vormarsch im Süden« auf den Süden Indochinas und auf Thailand beschlossen. Sollte es sich für diesen Vorstoß im Süden als notwendig erweisen, »wird Japan nicht zögern, einen Krieg gegen Großbritannien und die Vereinigten Staaten zu führen«, lautete der schicksalhafte Beschluss der Konferenz.[73]

Doch der Anklagevertretung lagen nur die Beschlüsse dieser entscheidenden Kaiserlichen Konferenz vom 2. Juli vor, keine Dokumente zu den vorausgegangenen Debatten. Diese Unterlagen sind mittlerweile aufgetaucht, und sie belegen, wie die Bedenken und Einwände ziviler Politiker von den Militärs geradezu niedergebrüllt wurden. Der Stabschef des Heeres hatte die Ansicht vertreten, dass die Einnahme Französisch-Indochinas notwendig sei, um die amerikanischen und britischen Nachschublieferungen für Nationalchina zu unterbinden. Der Stabschef der Marine hatte seinerseits »sofortige Schritte für einen stetigen Vorstoß nach Süden« verlangt, unbeeindruckt von der Aussicht, dadurch in einen Konflikt mit den Vereinigten Staaten und dem British Empire zu geraten. Während Premierminister Prinz Konoe Fumimaro, der es eher mit den Gemäßigten im Kabinett hielt, sich für eine Beendigung des Krieges in China ausgesprochen hatte, hatte sich Tojo für eine gewaltsame Einnahme der von Ausländern bewohnten sogenannten »Konzessionen« ausländischer Mächte in Shanghai, Tianjin und anderswo in China stark gemacht, weil sie seiner Ansicht nach den japanischen Kriegsanstrengungen schadeten. Der Vorsitzende des Kronrats, dessen Rolle darin bestand, zuweilen Fragen im Namen des Kaisers zu stellen, hatte eine friedliche diplomatische Vorgehensweise in Französisch-Indochina vorgeschlagen und damit die Warnung verbunden, dass eine Besetzung der französischen Kolonie mit größter Sicherheit zum Krieg mit den Vereinigten Staaten und Großbritannien führen würde. Bald darauf hatte Tojo seine Zustimmung erklärt, obwohl dabei nicht ganz deutlich wurde, welchen Punkten er jetzt zustimmte.[74]

Die Amerikaner hatten die Washingtoner Verhandlungen angesichts der drohenden Besetzung Französisch-Indochinas ausgesetzt, und Japan wies einen Vorschlag Roosevelts zurück, Indochina zu einem neutralen Land zu erklären, ohne sich auch nur die Mühe zu machen, dem Präsidenten eine Antwort zu geben.[75] Japan war im Juni 1941 durch den Überfall des Deutschen Reiches auf die Sowjetunion ermutigt worden, denn diese Entwicklung dämpfte Befürchtungen zu einem möglichen sowjetischen Angriff auf die von Japan beherrschte Mandschurei. In der zweiten Julihälfte waren die Japaner schließlich in Französisch-Indochina einmarschiert.[76]

Roosevelt hatte am 26. Juli mit einem Straferlass des Präsidenten zurückgeschlagen, durch den japanische Vermögenswerte eingefroren wurden. Großbritannien und die Niederlande trafen ähnliche Entscheidungen. Das US-Außen- und das Finanzministerium machten daraus innerhalb weniger Tage einen fast vollständigen Stopp jeglichen Handels mit Japan, einschließlich eines Embargos für Ölexporte. Die japanische Regierung wurde davon überrascht. Diese harten amerikanischen Sanktionen sollten später zum zentralen Argument für die Behauptung der japanischen Führungsspitze werden, man habe in Notwehr gehandelt: weil dieses Embargo für Japan eine tödliche Bedrohung gewesen sei, seine Marine lahmgelegt und das Land gezwungen habe, den Angriff gegen Pearl Harbor zu führen.

Der vom Embargo erschütterte Konoe hatte Roosevelt um ein Treffen gebeten. Dabei hatte der Premierminister erklärt, dass Japan keine weiteren militärischen Vorstöße plane, und einen Truppenabzug aus Indochina angeboten, sobald der Krieg in China beendet oder eine gerechte Friedenslösung in Asien erreicht worden sei. Roosevelt antwortete mit dem Vorschlag, zunächst vorbereitende Gespräche zu führen. Der japanische Botschafter hatte neue Vorschläge unterbreitet: Seine Regierung bat die Vereinigten Staaten, das Embargo aufzuheben und in Asien »sämtliche militärische Maßnahmen auszusetzen«. Im Gegenzug wurde zugesagt, dass Japan von Indochina aus nicht weiter vorrücken und ohne Rechtfertigung auch nicht weiter nach Süden vorstoßen werde. Das bedeutete, dass Japan Indochina behalten und auch weiter nach Süden vorstoßen konnte, wenn es das selbst für gerechtfertigt hielt, und hätte zugleich das Ende der amerikanischen Hilfe für China bedeutet.

Konoes wankende Regierung hatte für den 6. September eine zweite schicksalhafte Kaiserliche Konferenz einberufen, an der unter anderem auch Tojo und mehrere hochrangige – und jetzt gemeinsam mit ihm angeklagte – Vertreter des Heeres und der Marine teilnahmen. Bei dieser Gelegenheit hatte der Kaiser seinen dramatischsten Versuch unternommen, den Krieg zu stoppen, indem er seine eigene vorsichtige Haltung durch das Rezitieren eines Antikriegs-Gedichts des früheren Kaisers Meiji deutlich machte. Das hatte die Pläne für die Umsetzung eines Vorstoßes nach Süden gebremst und eine kostbare Pause ermöglicht, die für weitere Verhandlungen genutzt werden konnte. Die Kaiserliche Konferenz einigte sich jedoch darauf, schnell einen Krieg gegen die Vereinigten Staaten, das British Empire und das Niederländische Kolonialreich zu führen, wenn es bis Mitte Oktober keine diplomatischen Fortschritte geben sollte.[77]

Die Ankläger trugen nur einen kleinen Ausschnitt aus den japanischen Debatten bei dieser entscheidenden Sitzung vor. Die vollständigen Diskussionsprotokolle, die heute verfügbar sind, belegten eine brüske Weigerung, die Zugeständnisse zu machen, mit denen sich ein Krieg hätte abwenden lassen. Die Konferenz hatte sich nach kurzer Debatte zum Thema China auf harte Forderungen festgelegt: Die Vereinigten Staaten sollten jegliche militärische, politische und wirtschaftliche Unterstützung für Nationalchina einstellen, während Japan unverändert auf der Stationierung von Truppen in China beharrte, die es nach einem noch zu schließenden und vorläufig nicht näher bezeichneten Abkommen im Land belassen wollte. Als Gegenleistung würde Japan davon absehen, seine Stützpunkte in Französisch-Indochina für Angriffe auf andere Länder als China zu nutzen, die Neutralität der Philippinen garantieren und aus Indochina abziehen, sobald »ein gerechter Friede im Fernen Osten geschaffen worden ist«. Die Anklagevertreter hoben einerseits hervor, dass die Vereinigten Staaten die Besetzung Französisch-Indochinas als ein nicht zu duldendes Vorspiel für weitere Aggressionen wahrnahmen, und außerdem wollte sich die japanische Staatsführung erst von dort zurückziehen, nachdem der Krieg in China beigelegt worden war, wann immer es so weit sein mochte.

Wie Konoe ausgeführt hatte, drohte das Japanische Kaiserreich in seiner Machtentfaltung hinter die Vereinigten Staaten und Großbritannien zurückzufallen, weshalb Japan es für erforderlich hielt, »den letzten Schritt zu tun«, wenn die Diplomatie scheiterte. Der Stabschef des Heeres hatte auf einen Erstschlag gedrängt, bevor die Amerikaner und Briten noch stärker würden. (Er stand in Tokio nicht vor Gericht, weil er sich nach der Kapitulation Japans vier Kugeln in die Brust geschossen hatte.) Der Stabschef der Marine, der unter den Angeklagten war, hatte damals die Ansicht vertreten, falls die Diplomatie scheitere, sei es besser, »mit Entschlossenheit aggressive militärische Operationen zu unternehmen«, bevor der Marine der Treibstoff ausgehe. Dennoch hielt er weitblickend fest: »Selbst wenn unser Reich einen entscheidenden Seesieg erringen sollte, werden wir dadurch nicht in der Lage sein, den Krieg zu einem Ende zu bringen. Wir können damit rechnen, dass Amerika versuchen wird, den Krieg in die Länge zu ziehen, und dabei seine uneinnehmbare geografische Lage, seine überlegenen Industriekapazitäten und seine reichen Ressourcen nutzen wird.«

Hirohito hatte seinen höchsten Militärs noch vor der Konferenz seine Zweifel mitgeteilt und sie mit untypischer Direktheit gefragt, wie ein Krieg in den unendlichen Weiten des Pazifiks innerhalb von drei Monaten siegreich beendet werden könnte, während der Krieg in China nach mehreren Jahren immer noch weiterging. Der Vorsitzende des Kronrats sprach bei der Kaiserlichen Konferenz im Namen des Kaisers, als er den dringenden Appell an die Diplomatie richtete, einen Krieg zu vermeiden, erwähnte dabei aber nicht die bedeutsamen Zugeständnisse in China oder Indochina, die solche Bemühungen vielleicht mit Leben hätten erfüllen können. In den Briefing-Unterlagen war von Überlegungen zu einem Truppenabzug aus China nicht die Rede, vielmehr wurde dort behauptet, dass neue offensive Schritte – die Besetzung Hongkongs und die Unterbrechung der durch Burma führenden Nachschubroute – die nationalchinesische Regierung zur Kapitulation zwingen würden. Der Vorsitzende des Kronrats warnte vor der Gefahr, dass Ultranationalisten diejenigen Zivilisten, die eine geringere Kriegsbegeisterung zeigten, ermorden würden. Vor diesem Hintergrund sprach letztlich dann der Kaiser selbst – ein Augenblick, der im Nachkriegsjapan Berühmtheit erlangte, weil sich in dieser Situation vermeintlich die erleuchtete Friedfertigkeit des Monarchen gezeigt habe. In seinem Tanka-Gedicht aus der Feder des Meiji-Kaisers offenbarte sich ein eindeutiges Unbehagen: »Über die vier Meere / Alle sind Brüder. / Warum rasen die Wellen, / donnert der Wind / In solch einer Welt?«[78]

Die Verschwörung gegen Amerika

Kidos Tagebuch, das beste Beweisstück der Anklagevertretung, zeigte, dass Konoe insgeheim das Schlimmste befürchtet hatte, »falls das Militär darauf bestehen würde, am 15. Oktober einen Krieg zu beginnen«. Kido hatte die Ansicht vertreten, dass es wegen der geringen Siegchancen »nicht ratsam« wäre, »den USA sofort den Krieg zu erklären«. Er hätte es stattdessen vorgezogen, den China-Feldzug zu Ende zu bringen, und das möglicherweise, indem man die gesamten japanischen Streitkräfte bei einer neuen Großoffensive in China einsetzte, mit der die strategisch wichtige Stadt Kunming im Süden des Landes ebenso eingenommen werden sollte wie Chongqing, die provisorische Hauptstadt in Kriegszeiten.

In seinen eigenen Aufzeichnungen hielt Konoe fest, dass der Heeresminister Tojo schon mehrere Tage vor dem kritischen Datum Mitte Oktober erklärt habe, es gebe keine Hoffnung auf eine diplomatische Lösung mehr. Der Marineminister wollte lieber die Verhandlungen fortsetzen als einen Krieg riskieren. Die Gespräche hatten sich festgefahren, da die Amerikaner auf einem vollständigen japanischen Truppenabzug aus China bestanden und Tojo sich diesem kategorisch verweigert hatte, weil er nicht bereit war, die in einem blutigen vierjährigen Krieg gebrachten Opfer nutzlos erscheinen zu lassen. In einer Kabinettssitzung hatte Tojo die Ansicht vertreten, dass die Vereinigten Staaten tatsächlich die Herrschaft über ganz Asien anstrebten und eine japanische Konzession immer nur zum nächsten Zugeständnis führen würde. Auch die Gespräche im Kabinett hatten in einer Sackgasse geendet. Vor die schicksalhafte Entscheidung gestellt, hatte Konoe gespürt, wie er eine Gänsehaut bekam.

Er und sein gesamtes Kabinett waren zurückgetreten. In seinem Rücktrittsschreiben hatte Konoe dem Kaiser mitgeteilt, er könne es nicht »ertragen, die Nation abermals in einen titanischen Krieg zu stürzen, dessen Ausgang nicht vorhergesagt werden kann, wenn selbst der Zwischenfall in China noch nicht beigelegt worden ist«. Das ermöglichte die Bildung einer neuen Regierung, die erneut über die Entscheidung für einen Krieg nachdenken konnte.[79]

Die Auswahl des nächsten Premierministers durch den Kaiser sollte von entscheidender Bedeutung sein. Die Anklagevertreter machten mit dramatischer Geste Konoes Rücktrittsschreiben öffentlich, mit dem er den Monarchen auch gewarnt hatte, Tojo vertrete die Ansicht, dass »die Zeit gekommen ist, den Krieg gegen die Vereinigten Staaten zu beginnen«.[80] Eine friedfertigere Option wäre Prinz Higashikuni Naruhiko gewesen, ein

Armeeoffizier, der mit einer Tochter des Meiji-Kaisers verheiratet war. Aber wie Konoes Aufzeichnungen zeigten, war Hirohito vor der Aussicht zurückgeschreckt, dass ein Mitglied der Kaiserfamilie sich entweder für den Frieden entschied und damit den Widerstand der Armee herausforderte, oder den Krieg wählte und dadurch den Sturz der Monarchie riskierte.[81]

Der Kaiser ernannte stattdessen Tojo Hideki zum Premierminister. Kido – so ließ es das Tagebuch erkennen – hatte zwar darauf gehofft, eine Entscheidung für einen drohenden Krieg rückgängig machen zu können, aber der Lordsiegelbewahrer hatte dennoch emsig die Einsetzung des engagiertesten ›Falken‹ in dieses mächtige Amt organisiert. Tojo behielt außerdem das Amt des Heeresministers und blieb während seiner gesamten Zeit als Regierungschef im aktiven Militärdienst. Die Ankläger warfen Kido vor, Hirohito dazu überredet zu haben, die Ernennung Tojos lohne das Risiko, in der Hoffnung, dass ein Repräsentant des Heeres auch das Militär im Griff behalten könne. Doch dem Kaiser war vollkommen klar, welches Risiko er damit einging. Er sagte zu Kido: »Sie kennen doch die Redensart ›Wer sich nicht in die Höhle des Tigers wagt, wird das Tigerjunge nicht bekommen‹.« Der Kaiser hatte seinen neuen Premierminister dennoch gedrängt, die zuvor getroffene Entscheidung der Kaiserlichen Konferenz – im Oktober den Krieg zu beginnen, falls die Verhandlungen scheiterten – nicht zu beachten und sich stattdessen um eine friedliche Lösung zu bemühen.[82]

Die Alliierten gelangten durch den Aufstieg Tojos zu der Einschätzung, dass Japan sich zu einer Militärdiktatur entwickelte, um den Krieg vorbereiten zu können.[83] In Amerika herrschte zwar in Kriegszeiten die beliebte Vorstellung von Tojo als unumschränktem Diktator, vergleichbar mit Hitler oder Mussolini, aber der neue Premierminister hatte die japanische Praxis der konsultativen Debatten im Kabinett fortgeführt und den Stichtag für einen Angriff in den November hinein verschoben. Gleichwohl blieb Tojo selbst weiterhin fest zum Krieg entschlossen. Nach seiner Verhaftung hatte er zu amerikanischen Vernehmern gesagt: »Meine Ansicht war, dass praktisch keine Hoffnung mehr auf einen diplomatischen Durchbruch bestand, und ich wies darauf hin, dass der Zeitpunkt gekommen sei, an dem wir uns, vor die Wahl gestellt, für den Krieg entscheiden sollten.«[84] Er war der Ansicht, Japan müsse jetzt losschlagen, da ihm das Öl auszugehen drohte, oder zu einem späteren Zeitpunkt einer Niederlage entgegengehen.[85]

Die Ankläger trugen ihr Plädoyer anhand eines unvollständigen Dokumentenbestands vor, deshalb wussten sie nicht, wie hart einer der Angeklagten daran gearbeitet hatte, die sich verstärkende Kriegsstimmung zu stoppen. Togo Shigenori, einer der Beschuldigten im Gerichtssaal von Ichigaya, war als Außenminister in Tojos Kabinett eingetreten und in innerem Aufruhr, hin- und hergerissen zwischen Gefühlen von Ehre, Stolz und Selbstmitleid. Die bloße Tatsache, dass er zum Zeitpunkt des Angriffs auf Pearl Harbor Außenminister gewesen war, hatte ihn auf die Anklagebank gebracht. Er war persönlich außerordentlich wütend auf die Militärs wegen ihrer Torheit, die sie zum Angriff auf die Vereinigten Staaten geführt hatte, und gab ihnen wegen ihrer unbesonnenen Offensiven gegen Midway und an anderen Orten auch die Schuld daran, dass der Krieg verloren worden war.[86]

Die Ähnlichkeit der Familiennamen war so ziemlich die einzige Gemeinsamkeit, die zwischen dem weltgewandten und kosmopolitisch gesinnten Togo Shigenori und dem Premierminister bestand. Er hatte dem Eintritt in das Kabinett erst zugestimmt, nachdem Tojo Hideki ihm zugesichert hatte, dass er selbst zu echten Zugeständnissen bereit sei, um ein Abkommen mit den Vereinigten Staaten zu ermöglichen – insbesondere in der Frage des Truppenabzugs aus China. Er hätte sich mit Freuden aus dem Bündnis der Achsenmächte zurückgezogen und hielt die Invasion in Französisch-Indochina für eine Zeitbombe mit aktiviertem Zünder. Er entsetzte sich über das Unvermögen der Regierung, das amerikanische Ölembargo vorherzusehen, das nach der Invasion verhängt wurde. In seiner Gefängniszelle in Sugamo schrieb er, »dass ich nicht mit dem Bestreben in das Kabinett eintrat, einen Krieg zu beginnen, sondern dass ich ihn abwenden wollte«.[87]

Die Fakten zu Togos Eintreten gegen den Krieg sollten erst Jahre später aus Mitschriften von Heeresoffizieren erschlossen werden. Bei einer Besprechung hochrangiger Entscheidungsträger hatte Togo am 30. Oktober die Vertreter des Heeres gegen sich aufgebracht, weil er die Ansicht vertrat, ein schneller Rückzug aus China würde die japanische Wirtschaft nicht ruinieren. Da die Militärführung sich energisch gegen die bloße Erwähnung eines Rückzugs aus China selbst nach 25, 50 oder 90 Jahren aussprach, hatte Togo erwidert, dass »es besser wäre, die Truppen sofort abzuziehen«. Während die Militärs im Chor tönten, die Anerkennung der amerikanischen Bedingungen würde das Kaiserreich zu einem drittrangigen Land machen, hatte Togo die Ansicht vertreten, alles würde sich zum Besseren wenden, wenn Japan auf diese Forderungen einginge. Ein empörter Protokollant aufseiten der Militärs schrieb, der Außenminister habe sich von der Wirklichkeit verabschiedet: »Er machte auf alle Anwesenden einen merkwürdigen Eindruck.«[88]

Zu Togos dramatischstem Versuch kam es bei einer erregt und erbittert geführten 17-stündigen Debatte der japanischen Führungsspitze, die am 1. November begann. Bei dieser Besprechung – einem informellen Koordinierungstreffen zwischen der Regierung und den eigensinnig auftretenden Militärs – war, im Unterschied zu den nach einer steifen Etikette ablaufenden Kaiserlichen Konferenzen, leidenschaftlich und direkt gestritten worden. Die vollständigen Aufzeichnungen zu dieser bemerkenswerten Sitzung hätten den Richtern gezeigt, dass Togo – unterstützt von Kaya Okinori, dem Finanzminister, der ebenfalls vor Gericht stand – sich energisch gegen einen Angriff auf die Vereinigten Staaten ausgesprochen hatte.

Togo hatte um eine letzte Chance für Verhandlungen gebeten und die eindringliche Warnung ausgesprochen, dass das Schicksal Japans mit seiner 2600-jährigen Geschichte mit diesem Wendepunkt verbunden sei. Auch der Finanzminister hatte gemahnt, dass es keinerlei Siegchance gebe. »Das genügt nicht«, hatte Togo die kompromisslosen Militärs schroff gewarnt. »Wir können nicht allein auf die Diplomatie setzen, doch die beste Lösung ist, keinen Krieg zu führen.« Er hatte gesagt: »Ich (…) kann nicht glauben, dass die amerikanische Flotte kommen und uns angreifen würde. Ich glaube nicht, dass es irgendeine Notwendigkeit gibt, jetzt Krieg zu führen.«

Togo und der Finanzminister waren dennoch von den führenden Militärs niedergeschrien worden, die lautstark behaupteten, Japan müsse jetzt entweder kämpfen oder untergehen. Als der stellvertretende Stabschef des Heeres sich während dieser Debatte darauf versteifte, der Krieg müsse spätestens am 30. November beginnen, hatte selbst Tojo Hideki dies für absurd erklärt und gefragt, warum nicht auch noch einen Tag länger verhandelt werden könne; man hatte sich schließlich auf Mitternacht geeinigt. Ein führender Admiral hatte auf die Frage, wann Japan den Krieg beginnen und siegen könne, gebrüllt: »Jetzt! Die Zeit für den Krieg wird nicht später kommen!«

Togo Shigenori war abgestoßen von der »empörenden« Aussicht auf »diplomatische Tricksereien«, mit denen die Amerikaner vor einem Angriff eingelullt werden sollten, und hatte den Militärs erwidert, sie müssten »den Gedanken aufgeben, in den Krieg zu ziehen«. Um sie nicht zu sehr zu reizen, hatte er diesmal dafür plädiert, den Verhandlungsrahmen auf Südostasien zu begrenzen und den neuralgischen Punkt des Krieges in China wegzulassen: »Wir können den Vereinigten Staaten kein Mitspracherecht in der Chinafrage einräumen.« Das allein hätte die Verhandlungen mit den Vereinigten Staaten scheitern lassen können.

Die Heeresführung hatte den Vorschlag des Außenministers, sich aus Indochina zurückzuziehen, mit zornigem Gebrüll als katastrophal für die japanischen Verteidigungsinteressen zurückgewiesen. Togo hatte hitzig dagegengehalten und gedroht, jede Entscheidung für den Krieg zu blockieren – das fiel so heftig aus, dass seine Ministerkollegen befürchteten, er werde zurücktreten und damit den Sturz des Kabinetts herbeiführen. Nach einer bis zwei Uhr nachts geführten Debatte hatte Togo den Rücktritt erwogen, während Kaya nachgegeben und den Konsens akzeptiert hatte. Letztlich war Togo jedoch im Namen der nationalen Einheit im Kabinett verblieben. Er pflichtete der Entscheidung der Versammlung bei: Man würde den Amerikanern zwei letzte diplomatische Vorschläge unterbreiten, und wenn dieser Vorstoß scheiterte, würde das Krieg bedeuten.

Tojo Hideki und seine Regierung waren daraufhin am 5. November zu einer ungewöhnlich hitzig verlaufenden Kaiserlichen Konferenz zusammengekommen, die in Anwesenheit Hirohitos stattfand.[89] Einmal mehr hatten den Anklägern auch in diesem Fall nur die Beschlüsse dieser wichtigen Zusammenkunft vorgelegen und nicht das Protokoll mit den Redebeiträgen. Das Kabinett hatte beschlossen, Krieg gegen die Vereinigten Staaten und Großbritannien zu führen, wenn die Verhandlungen mit den Vereinigten Staaten nicht schon bald zu einem Durchbruch führten, möglichweise nach Ende November. Die Ankläger hielten korrekt fest, wer dabei im Raum gewesen war – unter anderem Tojo und Togo, neben einigen weiteren Angeklagten –, aber sie wussten nicht, dass Togo und Kaya sich gegen einen Krieg ausgesprochen hatten.[90]

In geheimen Dokumenten des Heeres, die dem Tokioter Gericht nicht bekannt waren, hatte Tojo Hideki erklärt: »Wir sind zu dem Schluss gekommen, dass wir uns jetzt dafür entscheiden müssen, Krieg zu führen«, gemeint war Anfang Dezember, falls die Verhandlungen scheiterten. Er erklärte, offiziell werde der Krieg für die »Selbsterhaltung und Selbstverteidigung« des Kaiserreiches und für die »Errichtung einer neuen Ordnung in Großostasien« geführt.

Dagegen hatte Togo Shigenori in letzter Minute noch auf Zugeständnisse gedrängt, während Kaya vor den finanziellen Schwierigkeiten warnte. Diesmal hatte Togo sein Plädoyer für die allmählich die Oberhand gewinnende Fraktion der Kriegsbefürworter akzeptabler gestaltet, denn er befürwortete die Großostasiatische Wohlstandssphäre und sprach von Japans »heiligem Krieg in China«. Doch er warnte eindringlich davor, dass Japan sich einer katastrophalen Einkreisung durch die Vereinigten Staaten, Großbritannien, China und die Niederlande, vielleicht auch noch durch die Sowjetunion, ausgesetzt sehen würde. Diese düstere Einschätzung hatte sich stark von den selbstsicheren Behauptungen des Heeres abgehoben, dessen

Vertreter erklärt hatten, sie könnten auch einen längeren Krieg so lange durchhalten, wie sie über die strategisch wichtigen Stützpunkte in Hongkong, Manila und Singapur sowie über die Ölvorkommen und natürlichen Ressourcen Niederländisch-Ostindiens verfügten.

Togo gelang es, die eigene Regierung dazu zu bewegen, dass man dem Kabinett Roosevelt zwei letzte Vorschläge unterbreitete. Der erste davon war ambitionierter: Togo erklärte der Kaiserlichen Konferenz, er versuche damit, den amerikanischen Wünschen nach einem Rückzug japanischer Truppen aus China einige Zugeständnisse zu machen, ergänzt durch vorsichtige Absetzbewegungen vom Dreimächtepakt mit dem Deutschen Reich und Italien. Sollte das bei den Amerikanern nicht ankommen, womit Togo insgeheim rechnete, hatte er einen zweiten Kompromissvorschlag in der Hinterhand, der im Wesentlichen zu der Situation zurückführen würde, die vor der Besetzung Französisch-Indochinas durch Japan bestanden hatte.

Togo hatte den vor Wut schäumenden führenden Vertretern des Heeres erklärt: »Wenn wir so viele Zugeständnisse anbieten, wie wir uns nur leisten können, und die Vereinigten Staaten darauf nicht eingehen, werden wir wissen, dass sie Krieg im Sinn haben, und zugleich wird unsere moralische Haltung im eigenen Land wie auch im Ausland deutlich gemacht werden.« Diesmal hatte er klugerweise nicht gewagt, seinen eigenen Wunsch nach einem Rückzug aus China zu erwähnen: »Die Vereinigten Staaten verlangen, dass wir den Abzug aller Truppen erklären, aber wir können diese Forderung nicht akzeptieren.«

Tojo Hideki hatte vehement kritisiert, dass die Vereinigten Staaten keinerlei Zugeständnisse gemacht hatten. Er hatte davor gewarnt, dass die von den Vereinigten Staaten erhobene Forderung einer Anerkennung der territorialen Integrität und Souveränität anderer Länder Japans Gebietsgewinne in China wie auch sein Marionettenregime in der Mandschurei beseitigen könnte, und dass eine von den Amerikanern verfügte Nichteinmischung in innere Angelegenheiten anderer Staaten auch zum Untergang der chinesischen Kollaborationsregierung in Nanjing führen könnte. Er weigerte sich, die US-Forderung zu akzeptieren, den Status quo nicht durch Gewalt zu verändern, vor allem nicht für China oder für Gebiete, die für Japans Landesverteidigung oder für die Beschaffung von Ressourcen von entscheidender Bedeutung waren. »Die Vereinigten Staaten verlangen, dass wir diese Prinzipien akzeptieren«, sagte er. »Das können wir nicht, weil wir den Mandschurei- und den China-Zwischenfall auf uns genommen haben, um das Joch abzuschütteln, das auf diesen Prinzipien beruht.« Nachdem über eine Million Mann nach China entsandt worden seien, nach Verlusten von mehr als 100 000 Gefallenen und Verwundeten und der Trauer, die das in den davon betroffenen Familien verursacht habe, und nach Ausgaben in Höhe von Dutzenden Milliarden Yen wollte er nicht abziehen, ohne für diese Opfer Ergebnisse vorweisen zu können. Er schloss mit der Bemerkung: »Eine Vergrößerung unseres Landes können wir nur durch die Stationierung von Truppen erwarten.«

Der Vorsitzende des Kronrats ging die Frage eines Angriffs auf die Vereinigten Staaten vorsichtig an. Er war eine der wenigen japanischen Führungspersönlichkeiten, die sich fragten, wie die amerikanische Öffentlichkeit wohl auf einen japanischen Angriff reagieren würde: »Ihre Empörung über die Japaner wird größer sein als ihr Hass auf Hitler.« Doch in der Hoffnung auf einige schnelle Anfangserfolge hatte er es für unvermeidlich gehalten, dass Japan angriff. In seinem bemerkenswerten Schlusswort hatte er schließlich davor gewarnt, dass die Anwesenden mit ihrer Entscheidung in einen katastrophalen Krieg zwischen den Rassen eintreten könnten. Die Vereinigten Staaten, Großbritannien und das Deutsche Reich, hatte er gesagt, seien »allesamt Länder, deren Bevölkerung der weißen Rasse angehört«. Sie befänden sich zwar derzeit im Kriegszustand gegeneinander, doch der »Hass auf die gelbe Rasse« könnte sie alle zu einem Rassenkrieg gegen Japan vereinen.

Tojo hatte ihm eine nichtssagende Zusicherung gegeben: »Ich werde sorgfältig darauf achten, dass der Krieg nicht zum Rassenkrieg wird.« Der Premierminister, der ein gewisses Unbehagen wegen eines möglicherweise lange andauernden Konflikts einräumte, hatte gewarnt, es wäre für ein unter einem Embargo stehendes Japan schlimmer, abzuwarten, wie die Vereinigten Staaten ihre Präsenz im Pazifikraum ausbauten und ihre Flotte vergrößerten. »In zwei Jahren werden wir kein Öl für militärische Zwecke mehr haben«, hatte er gewarnt. »Unsere Schiffe werden festsitzen.« Auf dem Fortbestand des Kaiserreichs bestehend, hatte er gemahnt: »Ich befürchte, dass wir innerhalb von zwei oder drei Jahren zu einer drittklassigen Nation werden würden, wenn wir einfach nur stillhalten würden.« Nachdem die Kaiserliche Konferenz mit ihrer verhängnisvollen Entscheidung beendet worden war, versicherte er den Teilnehmern: »Amerika mag eine Zeit lang wütend sein, aber später wird es zu verstehen wissen.«[91]

Die japanische Regierung war Togo Shigenoris miteinander verbundenen Vorschlägen gefolgt und hatte den Vereinigten Staaten ein letztes Verhandlungsangebot gemacht. Mit dem ersten Vorschlag hatte Japan nur angeboten, seine Streitkräfte nach einem noch auszuarbeitenden Friedensabkommen zwischen Japan und China nach Nordchina und auf die Insel Hainan im Süden zu verlegen, wo sie mindestens zwei Jahre und möglicherweise bis zu 25 Jahre verbleiben sollten, was nach Tojo Hidekis privatem Eingeständnis »nahezu für immer« bedeutete.[92] Dem japanischen Kaiserreich sollte es überlassen bleiben, zur Sicherung Mandschukuos und des in Nanjing residierenden japanischen Kollaborationsregimes in Nordchina Garnisonen zu unterhalten. Damit wollte man eine Einflusssphäre wahren, die in der Zukunft einen neuerlichen Vorstoß mit Eroberungsabsicht ermöglichte.[93]

Togo wusste, dass die Amerikaner so etwas niemals schlucken würden. Dem Außenminister war es gelungen, ein Kompromissangebot für die Amerikaner mitzuliefern, um einen Aufschub für die schwierige Frage des Abzugs aus China zu erwirken. Dieser maßvollere – und den Vereinigten Staaten am 20. November unterbreitete – Vorschlag zielte nur auf die Wiederherstellung des Zustands vor der Besetzung Französisch-Indochinas durch Japan ab.[94] Japan bot an, seine Truppen aus Französisch-Indochina nach Norden abzuziehen, im Gegenzug für die Aufhebung des Embargos durch die Vereinigten Staaten und deren Unterstützung bei der Beschaffung von Rohstoffen aus Niederländisch-Ostindien. Der Vorschlag stellte einen vollständigen japanischen Rückzug aus Indochina in Aussicht, im Anschluss an ein Friedensabkommen dort oder an ein Ende des Krieges in China. Besonders folgenreich war, dass Japan sich hierbei an Tojos Linie hielt, dass es nach vier enorm opferreichen Jahren in China seine Truppen nicht einfach abziehen konnte.[95]

Für die US-Ankläger im Gerichtssaal von Ichigaya waren die letzten Schachzüge der Verhandlungen nahezu bedeutungslos. Die beiden diplomatischen Vorschläge Togos waren weiter gegangen, als die Vertreter des Heeres gewollt hatten, aber nicht weit genug, um die Vereinigten Staaten zufriedenzustellen.[96] Die Regierung Roosevelt schlug zwar vor, sich auf einen zeitlich befristeten Modus Vivendi zu verständigen, aber auch dieses bescheidenere Ziel schien außer Reichweite zu sein.[97] Ein großer japanischer Kampfverband, der aus Flugzeugträgern, Zerstörern und Kreuzern bestand, machte sich am 26. November mit dem Ziel auf den Weg, am Stichtag 8. Dezember gefechtsbereit zu sein – auch wenn sowohl Tojo Hideki als auch Togo Shigenori an der Behauptung festhielten, dass sie über die Flottenbewegung nicht informiert gewesen seien.[98] Am Tag des Aufbruchs dieses Kampfverbands hatte ein besorgter Kido sich mit Hirohito getroffen, der ihm mitteilte, die Gespräche mit den Vereinigten Staaten seien vollständig gescheitert, und ihre Entscheidung für den Krieg solle nach einer abschließenden Konsultation mit einem aus ehemaligen Premierministern bestehenden Ratsgremium umgesetzt werden.[99]

Roosevelts Außenminister Cordell Hull hatte am selben Tag, am 26. November, Japan einen harten Brocken offeriert. Das in Japan unter der Bezeichnung »Hull-Note« bekannte Schriftstück ist von Generationen von japanischen Nationalisten als unerhörtes Diktat dargestellt worden, das den Krieg verursacht habe. In Wirklichkeit hatte Roosevelt in den Monaten vor Pearl Harbor seine allgemein bekannte Flexibilität bewiesen. Zur Enttäuschung Churchills und Chiangs hatte er den britischen und chinesischen Aufrufen widerstanden, im Umgang mit Japan auf harte Konfrontation und Abschreckung zu setzen.[100] Die Hull-Note war mit keiner Deadline versehen und ließ die Tür für neuerliche Verhandlungen offen. Die Note war sicherlich hart in der Sache: Sie forderte eine rechtsstaatliche Achtung der Souveränität und territorialen Integrität aller Nationen, Nichteinmischung in die inneren Angelegenheiten anderer Länder und wirtschaftliche Chancengleichheit – was für Japans Kaiserreich durchweg Verzicht bedeutete. Die Note hätte Japan mit ihrem Vorschlag eines ambitionierten Nichtangriffspakts zwischen den Vereinigten Staaten, Japan, China, Großbritannien, den Niederlanden, der Sowjetunion und Thailand aus dem Dreimächtepakt herausgelöst. In der Kernfrage beharrte die Hull-Note streng darauf, dass Japan »alle Boden-, Marine-, Luftwaffen- und Polizeikräfte aus China und Indochina abziehen« und sich außerdem von Mandschukuo und der Kollaborationsregierung in Nanjing lossagen sollte. Im Gegenzug würden die Vereinigten Staaten den Handel wiederaufnehmen und die eingefrorenen japanischen Vermögenswerte freigeben.[101]

Togo Shigenori war tief getroffen, als Vertreter seiner Nation und auch als Person beleidigt. Bedrückt teilte er Japans Botschafter in Washington mit, Verhandlungen auf der Basis der »überraschenden und bedauerlichen« Hull-Note seien unmöglich.[102] Als Gefangener im Sugamo-Gefängnis erinnerte er sich nach dem Krieg an die damals empfundene überwältigende Verzweiflung: »Ohne Schwanken hatte ich bis zu diesem Zeitpunkt gekämpft und gearbeitet; aber ich konnte nun keine innere Antriebskraft für den Kampf verspüren. Ich versuchte die Hull-Note nach dem Prinzip ›Augen zu und durch‹ als Alternative zum Krieg zu schlucken, aber sie blieb mir in der Kehle stecken.« Kompromisslose Militärs, die er in »gehobener Stimmung« antraf, weil für sie die Hull-Note die Nutzlosigkeit der Diplomatie gezeigt hatte, trugen zu seiner Verbitterung bei, »als wollten sie sagen: ›Haben wir es Ihnen nicht gesagt?‹«[103]

Die amerikanischen Ankläger erklärten im Gerichtssaal von Ichigaya kühl, die Hull-Note habe sich nur geringfügig von Hulls im April vorgelegten vier Prinzipien unterschieden. Das war absurd. Die Hull-Note war diesen Prinzipien zwar gefolgt, bedeutete aber eindeutig eine Eskalation. Dennoch galt, dass die japanische Staatsführung sich bei ihrer Kaiserlichen Konferenz am 5. November bereits weitgehend von der Diplomatie verabschiedet hatte. Die japanische Führung hätte – schon bevor die Hull-Note Togo ihnen die Arbeitsgrundlage nahm – niemals die schmerzlichen Kompromisse in Indochina und vor allem in China akzeptiert, die die Vereinigten Staaten dazu gebracht hätten, ihr Öl-Embargo zu beenden. Den Japanern standen immer noch andere Entscheidungen offen, allerdings keine guten: Um den Krieg zu vermeiden, hätten sie harte Zugeständnisse machen und eine von ihnen selbst gesetzte Frist kippen müssen. So qualvoll das auch gewesen wäre, es hätte dennoch einen Krieg abgewendet, dessen Konsequenzen diese Führungspersönlichkeiten jetzt zu tragen hatten.[104]

Unter dem gesammelten Beweismaterial der Anklage begraben lag ein erdrückendes Beweisstück, das auch Hirohito betraf. Prinz Takamatsu, der jüngere Bruder des Kaisers, ein Offizier der Marine, hatte den Monarchen am 30. November gewarnt, die Marine sei hinsichtlich des drohenden Krieges pessimistisch. Der besorgte Kaiser hatte sich daraufhin mit dem Marineminister, dem Generalstabschef der Marine und mit Tojo Hideki besprochen. Doch laut Kidos Tagebuchbericht hatte der Kaiser, nach einem beruhigenden Bescheid der Marineführung, Tojo »angewiesen, wie vorgesehen zu handeln«.[105] Das war ein Beweisstück von einzigartiger Sprengkraft, eine einmalige Entdeckung: eine private Aufzeichnung eines der engsten Mitarbeiter des Kaisers, die belegte, wie er persönlich seinen Premierminister anwies, die Vereinigten Staaten anzugreifen. Aus der Sicht des Allgemeinen Hauptquartiers konnte es gar nichts Unangenehmeres geben. Doch die Ankläger nahmen diese Tatsache nur zu Protokoll und fuhren dann kommentarlos fort.

Am 1. Dezember legte die japanische Regierung bei einer in düsterer Grundstimmung abgehaltenen letzten Kaiserlichen Konferenz den Angriffstermin auf den 7. Dezember, Ortszeit Pearl Harbor, fest. »Japan wird den Vereinigten Staaten, Großbritannien und den Niederlanden den Krieg erklären«, beschloss die Konferenz. Neben Tojo, Hirohito und mehreren jetzigen Angeklagten gehörte zu den bei diesem Beschluss anwesenden Personen auch Kishi Nobusuke, der damalige Handels- und Industrieminister im Kabinett Tojo – ein zukünftiger Premierminister und der Großvater von Abe Shinzo, einem noch einflussreicheren Premierminister.[106]

Die alliierten Ankläger verfügten einmal mehr über keinerlei Dokumente zu dem, was bei dieser letzten Kaiserlichen Konferenz vor Kriegsbeginn gesagt worden war. Tojo war äußerst aufgebracht über die Hull-Note, die seiner Ansicht nach einen bedingungslosen Rückzug Japans aus China, ein Lossagen vom projapanischen Regime in Nanjing und eine Aufkündigung des Dreimächtepakts bedeutet hätte. Sie könnten es nicht länger aufschieben: »Unser Reich hat keine Alternative mehr zum Führen eines Krieges gegen die Vereinigten Staaten, Großbritannien und die Niederlande.« Er hatte darauf gedrängt, im eigenen Land gegen eine den Krieg ablehnende öffentliche Meinung vorzugehen, und dabei die Kommunisten, religiöse Führungspersönlichkeiten und »rebellische Koreaner« als Zielgruppen herausgegriffen.

Togo Shigenori hatte sich schließlich unter die Kriegsbefürworter eingereiht. Er hätte zwar zurücktreten und damit eine Kabinettskrise auslösen können, aber das hätte zu diesem späten Zeitpunkt den Kriegskurs wohl kaum noch beeinflusst. Bei seiner Kritik an der Hull-Note wies er ebenfalls auf die bekannten Gründe hin. In seiner Verzweiflung sagte er: »Ich glaube, dass Amerikas Politik gegenüber Japan durchgehend davon bestimmt war, die Errichtung einer Neuen Ordnung in Ostasien zu vereiteln, die unsere unveränderliche Politik ist.« Hätte die japanische Regierung die Hull-Note akzeptiert, lautete seine Warnung, »wäre die internationale Stellung unseres Reiches auf einen geringeren Status reduziert worden, als er vor dem Mandschurei-Zwischenfall bestanden hatte, und unser bloßes Überleben wäre unweigerlich gefährdet gewesen.«

Tojo hatte abschließend erklärt: »Unser Reich steht an der Schwelle von Ruhm oder Bedeutungslosigkeit. Wir zittern vor Furcht in der Gegenwart Seiner Majestät.« Der Kaiser hatte während des gesamten Verlaufs der Konferenz bei verschiedenen Erklärungen zustimmend genickt, keinerlei Anzeichen von Unbehagen erkennen lassen und seine Untertanen mit seiner offenbar ausgezeichneten Stimmung beeindruckt.[107]

Ein besorgter Roosevelt hatte am Abend des 6. Dezember einen letzten Friedensappell an den Kaiser persönlich gerichtet und ihn aufgefordert, in China Frieden zu schließen und aus Indochina abzuziehen. Der Präsident hatte den Kaiser an die gemeinsame »heilige Pflicht« erinnert, »weiteres Sterben und Zerstörung in der Welt zu verhindern«.[108] (Er hatte, was dem Tokioter Gericht nicht bekannt war, auch noch düster gewitzelt: »Dieser Menschensohn hat gerade eben seine letzte Botschaft an den Gottessohn geschickt.«)[109]

Die Zustellung von Roosevelts Note war von der japanischen Bürokratie um mehrere Stunden verzögert worden, sie kam zu spät an, um noch irgendetwas bewirken zu können, aber die US-Ankläger behaupteten, bei sofortiger Überbringung hätte sie »den Lauf der Geschichte vielleicht verändern können«.[110] Die japanischen Angeklagten waren über diese Behauptung erbost, die selbst Togo Shigenori als Propaganda bezeichnete, mit der Roosevelts starker Friedenswille belegt werden solle, die aber in der Sache nichts Substanzielleres beinhalte als die hinlänglich bekannte Aufforderung zu einem japanischen Abzug aus Indochina. Während Roosevelt einerseits auf Zeit gespielt und versucht habe, der amerikanischen Bevölkerung die Aussicht auf einen Krieg in einem günstigeren Licht erscheinen zu lassen, habe er andererseits Bedenken gehabt, eine letzte Chance auf eine Vermeidung des Krieges zu verpassen.[111] »Es ist gut, dass das Telegramm spät angekommen ist«, sagte Tojo Hideki, wie Togo sich in seinen Memoiren erinnerte: »Wäre es einen Tag oder zwei früher eingegangen, so hätten wir mehr Scherereien gehabt.«[112]

Die US-Ankläger legten keinen besonderen Wert auf eine Tatsache, die mittlerweile geklärt worden ist: dass nämlich die Vereinigten Staaten Japans hochgeheimen diplomatischen Verschlüsselungscode geknackt hatten. Das trug mit dazu bei, die Regierung Roosevelt davon zu überzeugen, dass die japanische Regierung nicht in guter Absicht verhandelte. Das MAGIC-Entschlüsselungsprogramm hatte gezeigt, dass Tojos neues Kabinett aggressiv war, dass Japan Truppen zusammenzog und Japans Diplomaten mit dem 25. November einen Abschlusstermin für ihre Verhandlungen mit den Amerikanern vorgesetzt bekommen hatten, der später bis zum 29. November verlängert worden war. Es mochte sehr wohl etwas im Gange sein, aber was und wo? Roosevelt hatte sich verweigert, als sein Vertrauter und früherer Handelsminister Harry L. Hopkins ihn zu einem Präventivschlag gegen Japan gedrängt hatte: »Nein, das können wir nicht tun. Wir sind eine Demokratie und ein friedliebendes Volk. Und wir haben einen guten Ruf.«[113]

Es hätte auf der amerikanischen Seite einer seltenen Hellsichtigkeit bedurft, um die Warnsignale von den Störgeräuschen zu trennen, bevor der japanische Trägerkampfverband am 7. Dezember morgens um 7.55 Uhr zuschlug. Japan hatte in ganz Asien eine Welle von Überraschungsangriffen gestartet, bei denen Tausende von land- und trägergestützten Flugzeugen, Schiffe und U-Boote in einem Tausende von Meilen umfassenden Einsatzbereich koordiniert zusammenwirkten. Japan griff nicht nur die US-Pazifikflotte in Pearl Harbor an, sondern bombardierte auch US-Stellungen in Guam und auf Wake Island, attackierte die Philippinen und Malaya,

Abb. 22 *Der von japanischen Flugzeugen angegriffene Zerstörer USS Shaw explodiert, Pearl Harbor, Hawaii, 7. Dezember 1941.*

bombardierte britische Befestigungsanlagen in Singapur und Hongkong und marschierte in Thailand ein. Den Hunderten von den Flugzeugträgern gestarteten Bombern und Kampfflugzeugen gelang es, vier amerikanische Schlachtschiffe zu versenken und vier weitere Schlachtschiffe sowie mehrere Zerstörer und Kreuzer schwer zu beschädigen und fast 200 Flugzeuge zu zerstören.[114]

Die Ankläger führten aus, dass der japanische Botschafter die Vereinigten Staaten erst etwa eine Stunde nach Beginn des Angriffs unterrichtet habe, obwohl Japan die III. Haager Konvention von 1907 ratifiziert hatte, mit der die Vertragsmächte anerkennen, dass »die Feindseligkeiten unter ihnen nicht beginnen dürfen ohne eine vorausgehende unzweideutige Benachrichtigung, die entweder die Form einer mit Gründen versehenen Kriegserklärung oder die eines Ultimatums mit bedingter Kriegserklärung haben muss«.[115] Die Ankläger räumten ein, dass Togo Shigenori wegen eines Bruchs der Haager Konvention besorgt gewesen sei, doch die führenden Admirale der Marine hätten nicht einmal eine Nachricht übermitteln wollen. (Togo sollte später dann behaupten, Japans hart formulierte Note, mit der der Abbruch der Verhandlungen mit den Vereinigten Staaten verkündet worden sei, solle als juristisches Äquivalent einer Kriegserklärung betrachtet werden.)[116] Churchill hatte sich in einem Brief vom 8. Dezember 1941 an den japanischen Botschafter, der die britische Kriegserklärung enthielt, offiziell darüber beschwert, dass Japans »mutwillige, unprovozierte Angriffshandlung« eine »Verletzung des Völkerrechts und insbesondere des Artikels 1 der III. Haager Konvention« sei.[117]

Stunden nach dem Beginn der japanischen Angriffe hatte Hirohito einen kaiserlichen Erlass veröffentlicht: »Wir erklären hiermit den Vereinigten Staaten und dem British Empire den Krieg.« Das Reskript – das auch von Tojo und seinen Ministern, unter ihnen auch Togo und Kishi, unterschrieben worden war – stellte fest, dass es »bei weitem nicht unseren Wünschen entsprach, dass Japan jetzt mit Amerika und Großbritannien die Klinge kreuzt«. Doch er stellte den Krieg als Selbstverteidigung dar und behauptete, der Konflikt sei »wahrhaft unvermeidlich« aufgrund der Unterstützung der Vereinigten Staaten und Großbritanniens für Nationalchina, wegen ihres »ungeheuerlichen Ehrgeizes, den Orient zu beherrschen«, und wegen ihrer Wirtschaftssanktionen, die »die Existenz Unseres Reiches aufs Schwerste bedrohen«. Der Erlass schloss mit folgenden Worten: »Unserem Reich bleibt zur Sicherung seiner Existenz und Selbstverteidigung kein anderes Mittel, als zu den Waffen zu greifen und jedes Hindernis zu vernichten, das sich ihm in den Weg stellt.«[118]

15.

Der schmale Pfad nach Norden

Colin Fleming Brien berichtete, wie es sich anfühlt, wenn jemand versucht, einem den Kopf abzuschlagen. Der intelligente, aus Sydney stammende australische Soldat hatte einen kräftigen Kiefer und eine Falte zwischen den Augenbrauen, die ihm einen sorgenvollen Gesichtsausdruck verlieh.[1] Er war schmächtig und hatte eingefallene Wangen. Im Tokioter Gerichtssaal machte er seine eindrucksvolle Aussage in einem breiten australischen Akzent.[2] Im Februar 1942 war er 19 Jahre alt gewesen und gehörte zu einem in der Wildnis vor Singapur eingesetzten Infanteriebataillon, als ihm ein japanisches Schrapnell die Haut aufriss. Im Gefecht von seinen Kameraden getrennt, verband er seine Verletzungen, so gut er konnte. Seine Wunden stanken. Seine linke Hand sollte nie wieder die frühere Beweglichkeit erlangen. Als er einige Tage später in halb bewusstlosem und geschwächtem Zustand von japanischen Soldaten aufgegriffen wurde, leistete er keinen Widerstand, als sie ihn zu ihrem Hauptquartier brachten, das in einer katholischen Klosterschule in einem Vorort Singapurs eingerichtet worden war. Eines Morgens musste er vor einem bewaffneten japanischen Offizier her in den Dschungel marschieren.

Als sie auf eine Lichtung gelangten, sah Brien dort einen Zug japanischer Soldaten in Paradeaufstellung und ein flaches, nur etwa zwei Fuß tief ausgehobenes Grab. Ihm war sofort klar, dass er getötet werden sollte, noch bevor ein japanischer Offizier zu ihm sagte, dass er bald vor seinen Gott treten werde. Man band ihm die Hände auf den Rücken, er musste sich an das Grab setzen, und seine Augen wurden mit einem Tuch verbunden.

An dieser Stelle hielt der junge Zeuge im Tokioter Gerichtssaal inne, einen Augenblick lang fehlten ihm die Worte. »Sprechen Sie weiter«, redete ihm der australische Ankläger zu.

Er spürte, wie sein Hemd aufgeknöpft und heruntergezogen wurde, um den Hals freizulegen. Er dachte: Das ist das Ende. Er betete. »Mein Kopf war nach vorne geneigt«, sagte er, »und nach ein paar Sekunden spürte ich einen schweren, dumpfen Schlag im Nacken.«

Aus irgendeinem Grund tötete ihn der Schwertstreich nicht. Er ließ sich zur Seite fallen, stellte sich tot und wurde ohnmächtig. Als er schließlich wieder zu sich kam, lag er im Grab ganz unten, von auf ihn geschaufelter Erde und von seinem eigenen getrockneten Blut bedeckt, das aus einer tiefen Schnittwunde in seinem Nacken geflossen war. Seine Hände waren immer noch auf den Rücken gefesselt. Nach etwa einer Stunde wagte er es endlich, sich zu bewegen. Es gelang ihm, sich wieder nach oben zu arbeiten, wo er für den Rest des Tages liegenblieb. Im Lauf der Nacht bekam er die Hände frei. (Australische Ärzte sollten ihm später sagen, dass die von seiner Nackenwunde angelockten zahllosen Fliegen ihn vor dem Wundbrand bewahrt hatten.) Schmutz- und blutverkrustet schleppte er sich nach drei Tagen zurück nach Singapur, wo er sich auf einer Polizeiwache ergab. Die Polizisten reichten ihn an verblüffte japanische Soldaten weiter, die ihn in ein Krankenhaus brachten. Die Japaner erkannten entweder nicht, woher er seine auffällige Wunde hatte, oder sahen keinen Grund, die misslungene Hinrichtung zu Ende zu bringen. Brien verbrachte den Rest des Krieges in Gefangenenlagern in der Umgebung von Singapur.

Im Gerichtssaal war es sehr still. Dann bat der australische Ankläger den Zeugen Brien, dem Tribunal seine Nackenwunde zu zeigen. »Einer meiner Kollegen fragt, ob so etwas notwendig ist«, sagte Sir William Webb. »Meiner Ansicht nach ist es das; aber ich werde die Haltung all meiner Kolle-

Abb. 23 *Colin Fleming Brien, ein australischer Soldat und Zeuge der Anklage in Tokio zu einem Hinrichtungsversuch mit dem Schwert, den er überlebt hatte, hier in Darwin, September 1945*

gen abfragen.« Die Richter hielten eine kurze Beratung ab. »Sie dürfen Ihre Wunde zeigen«, sagte Webb schließlich. Der australische Ankläger forderte Brien auf, sich umzudrehen und seinen Nacken herzuzeigen. Die Zuschauer zuckten auf ihren Plätzen zusammen, als der Zeuge seine Jacke ablegte. Er streifte die Hosenträger über seinem weißen Hemd ab, dann öffnete er die oberen Hemdknöpfe und drehte sich um. Es wurde noch stiller. Der junge Mann setzte sich, sobald er konnte. Webb vertagte die Verhandlung.[3]

Briens Aussage war ein kleiner Teil der Bemühungen der Anklagevertretung, den eigenen Vortrag durch eine Chronik von an gefangenen alliierten Soldaten sowie an Zivilisten begangenen Kriegsverbrechen abzuschließen. Strafmaßnahmen für solche Taten waren ausdrücklich in die Potsdamer Erklärung vom 26. Juli 1945 aufgenommen worden, die »strenge Bestrafung« für »diejenigen« ankündigte, »die Grausamkeiten gegen unsere Gefangenen begangen haben«. Der Todesmarsch von Bataan und die »Eisenbahn des Todes« von Burma nach Thailand waren Schlagworte, die in den Ländern der Alliierten jeder kannte. Aber weil alle Informationen über solche Gräueltaten in Japan während des Krieges streng zensiert worden waren, trafen diese Enthüllungen die japanische Öffentlichkeit wie ein Schock – sie waren ein verheerender Schlag für die Behauptungen der Militärs, man selbst habe im Krieg ehrenhaft gekämpft.[4]

Rein rechtlich stellten diese Anklagepunkte kein Neuland dar, im Unterschied zu den Kontroversen, die sich um die Strafbarkeit des Angriffskriegs oder die Definition von Verbrechen gegen die Menschlichkeit entwickelten. Die Rechtstradition des Schutzes von Gefangenen hatte eine jahrhundertelange Vorgeschichte. Eine beispielhafte schriftliche Form hatte sie mit der bahnbrechenden IV. Haager Konvention von 1907 gefunden, dem »Abkommen, betreffend die Gesetze und Gebräuche des Landkriegs«, dessen als »Haager Landkriegsordnung« bekannte Anlage vorsah, dass Kriegsgefangene »mit Menschlichkeit behandelt werden sollen« (Artikel 4) und »nicht übermäßig« und »in keiner Beziehung zu den Kriegsunternehmungen« zur Arbeit herangezogen werden dürfen (Artikel 6); Japan hatte diese Konvention im Jahr 1911 ratifiziert.[5] Dem Genfer Abkommen über die Behandlung der Kriegsgefangenen vom 27. Juli 1929 war Japan zwar nicht beigetreten, hatte aber den Alliierten zugesagt, dessen Bestimmungen mit den nötigen Abänderungen – Änderungen, die den unterschiedlichen örtlichen Bedingungen und dem japanischen Recht geschuldet seien – auf in Gefangenschaft geratene amerikanische, australische, britische, kanadische, niederländische und neuseeländische Soldaten anzuwenden.[6]

Eine jede Armee hätte sich schwergetan mit der Aufgabe, mehr als 300 000 alliierte Gefangene, die sich zu Jahresbeginn 1943 in ihrem Gewahrsam befanden, mit einer relativ geringen Zahl von Bewachern durchweg unter Kontrolle zu halten.[7] Doch die Behandlung, die das Kaiserreich Japan den alliierten Kriegsgefangenen bereits ab dem Kriegsbeginn angedeihen ließ, war von Unfähigkeit, Unerfahrenheit und Härte geprägt. Der Verpflichtung des Landes auf das Genfer Abkommen zum Trotz, erhielten die japanischen Offiziere nicht die Ressourcen zugewiesen, die sie für die Einhaltung der strengen Bestimmungen brauchten. Japan, das mit gewaltigen logistischen Anforderungen zu kämpfen hatte und durch Inkompetenz und Unordnung geschwächt war, stufte seine militärischen Prioritäten sehr viel höher ein als die eigenen Verpflichtungen gegenüber Gefangenen nach dem Völkerrecht. Manche seiner Soldaten hatten sich an die Kampfesweise in China gewöhnt, wo Hinrichtungen von als »Banditen« bezeichneten chinesischen Gefangenen – die man des Schutzes durch das Kriegsrecht für unwürdig erachtete – weit verbreitet waren. Die allgemeine Einstellung des japanischen Militärs war bestenfalls eine unqualifizierte, schlecht geplante Grausamkeit, auch wenn die alliierten Regierungen zu beweisen suchten, es habe sich um ein zielgerichtetes und systematisches Vorgehen gehandelt.[8]

In einer von Hass, Entbehrung und logistischem Chaos bestimmten Kriegsatmosphäre zeigten nur wenige japanische Offiziere ein besonderes Interesse an der Einhaltung der Bestimmungen der Genfer Konvention, die im Offizierskorps auch nicht zum festen Gedankengut gehörten. Das Außenministerium erwies sich in der Führung des Krieges als ebenso machtlos wie bei dessen Einleitung. Das Heeresministerium, das in Fragen der Behandlung von feindlichen Kriegsgefangenen das Heft fest in der Hand hatte, indoktrinierte seine eigenen Soldaten mit der Feststellung, dass es unehrenhaft sei, sich zu ergeben. Ein Teil der japanischen Heeresoffiziere empfand Abscheu vor alliierten Soldaten, die sich lebend gefangennehmen ließen. Die Verwendung von alliierten Gefangenen für Zwangsarbeiten war außerdem eine verlockende Teillösung für einen Arbeitskräftemangel, der durch den Personalbedarf des japanischen Heeres und der Marine entstand – ein Mangel, der ansonsten durch die oft unter Zwang erfolgte Verpflichtung von Millionen von Arbeitern aus ganz China, Taiwan, Korea, Indonesien, von den Philippinen und aus anderen Gebieten Asiens ausgeglichen wurde.[9] Außerdem war, wie immer im Pazifikkrieg, eine rassistische Komponente im Spiel. Mit der Einrichtung von Lagern für alliierte Kriegsgefangene in China, Korea, Taiwan, Thailand, Malaya, auf den Philippinen und anderswo verfolgte das Kaiserreich Japan oft die Absicht, seine weißen Gefangenen zu demütigen und asiatische Völker zu ermutigen.

Die Folgen dieses Vorgehens waren entsetzlich. Japan hatte bei seinen frühen Siegen eine riesige Zahl von alliierten Soldaten gefangen genommen: 50016 Briten, rund 37000 Niederländer, 21726 Australier und 21580 Amerikaner und Soldaten anderer Nationalitäten, eine Gesamtzahl von 132134 Seelen. Das Tokioter Tribunal kam mit Hilfe erklärt konservativer Schätzungen auf eine Zahl von 35756 in Gefangenschaft gestorbener Soldaten, rund 27 Prozent der Gesamtzahl. Jeder dritte australische und amerikanische Gefangene kam ums Leben. Zum Vergleich: Nur vier Prozent der westlichen Kriegsgefangenen starben in deutschem und italienischem Gewahrsam.[10]

Die Richter waren sich ohne Weiteres einig, dass es sich hier um Kriegsverbrechen handelte, selbst die vehementesten abweichenden Stimmen schlossen sich dem an. Die schwierigere Frage war, ob es eine Verbindung zwischen diesen hochrangigen Angeklagten und den einzelnen Verbrechen ihrer Untergebenen gab. Einen Teil der Akten, mit dem solche Verbindungen vielleicht nachzuweisen gewesen wären, hatten die Japaner gegen Kriegsende verbrannt. Es gab eine Vielzahl von Beweisen für Kriegsverbrechen, aber viel weniger Dokumente zu einer mutmaßlich systematisch betriebenen Politik, die von den Beschuldigten angeordnet oder geduldet worden war.

Der neuseeländische Richter warnte während der düsteren Monate, die der Vorstellung des Beweismaterials zu Misshandlungen von alliierten Kriegsgefangenen gewidmet waren, dass er »keinerlei Grundlage für eine Verantwortung irgendeines der Angeklagten für die Vergehen einzelner japanischer Offiziere und anderer für Kriegsgefangene zuständiger Dienstgrade« erkennen könne. Falls das Tribunal eine bestandskräftige historische Dokumentation japanischer Grausamkeiten anstrebe, könne das durch nachrangige Gerichte, die gegen Japaner niedrigerer Rangstufen verhandelten, oder durch die Berichte von Ermittlern geleistet werden, lautete sein Vorschlag.

Lord Patrick, der britische Richter, fing den Abweichler wieder ein, indem er zu bedenken gab, dass bei den Befehlshabern Krieg führender Armeen die Verantwortung liege, dafür zu sorgen, dass ihre Untergebenen sich an das geltende Recht für bewaffnete Konflikte hielten. Wenn die Anklage nachweisen könne, dass es auf verschiedenen Kriegsschauplätzen verbreitet zu Kriegsverbrechen gekommen sei, könnte das Gericht daraus ein Versäumnis der Befehlshaber bei der Wahrnehmung ihrer Dienstpflichten ableiten.[11]

Also arbeiteten die Ankläger am Nachweis eines Verhaltensmusters für Kriegsverbrechen, die auf ähnliche Art und Weise in ganz Asien verübt worden waren, damit die Richter aus diesem Beweismaterial schließen konnten, dass hier eine von der Regierung betriebene Politik am Werk war.[12]

Die Eisenbahn des Todes

Diese intensive Darstellung verbreiteter Methoden von Misshandlungen führte zur einer Prozessphase, die aus ähnlichen Gründen fast ebenso belastend war wie die Schilderung der in China begangenen Gräueltaten. Eine Reihe von Anklägern trug grauenerregende, inhaltlich einander gleichende Berichte über Grausamkeiten vor, die an Kriegsgefangenen, internierten Zivilisten und unter Besatzungsherrschaft stehenden Bevölkerungen in ganz Asien begangen worden waren: Folter, Prügelstrafe, Überbelastung, Hunger, Mangelversorgung, Ansteckung mit Krankheiten, Vergewaltigung. Das Ausmaß der Gräueltaten – Belege gab es für Singapur, Malaya, Burma, Thailand, Hongkong, Taiwan, Niederländisch-Ostindien, Indochina und weitere Gebiete – sollte beweisen, dass die japanischen Übergriffe das Ergebnis einer systematischen, übergeordneten Politik waren und weder eine Abfolge von zusammenhanglosen Ereignissen noch die Konsequenz eines unkontrollierten Wütens. Die Ankläger untersuchten nicht die erheblichen Unterschiede bei der Art des Umgangs der Japaner mit ihren Gefangenen in ganz Asien, auch wenn Japan nur in China eine eindeutige Politik der Tötung und Misshandlung gefangener »Banditen« verfolgt hatte.[13] Die Anklagevertretung behauptete dennoch, dass solche weitverbreiteten Ungeheuerlichkeiten entweder auf den Befehl kommandierender Offiziere hin oder zumindest mit ihrem Wissen und ihrer Zustimmung begangen worden sein mussten.

Der ob der Dauer des Verfahrens besorgte Joseph B. Keenan brachte die Ankläger aus den Commonwealth-Ländern und von den Philippinen in Rage, als er sie fragte, ob sie sich bei der Schilderung von Gräueltaten und Misshandlungen kürzer fassen könnten. Für den amerikanischen Hauptankläger hatten die den Angriffskrieg betreffenden Anklagepunkte Vorrang. Doch die Australier und Filipinos widersprachen so erbittert, dass Keenan einen Rückzieher machen musste.[14] Im Anschluss an diese hinter den Kulissen ausgetragenen Konflikte beherrschten die Commonwealth-Länder diese Prozessphase. Eine lange Liste von australischen, britischen und kanadischen Zeugen berichtete über die eigene Leidenszeit.

Das Gericht hörte die schmerzliche Aussage eines britischen Obersten über die Ereignisse in Singapur nach der Kapitulation im Februar 1942. In der Stadt hielten sich rund 3500 Menschen europäischer Herkunft auf, darunter viele Frauen und Kinder. Sie alle wurden in ein Gefängnis gesperrt, das bestenfalls für 700 Insassen ausgelegt war; dort hielt man sie über zwei Jahre lang fest, bis sie in ein nahegelegenes Lager verlegt wurden. Dann wurden die britischen und australischen Kriegsgefangenen zu Fuß aus Singapur hinausgeführt, wobei die indischen Soldaten beiseite genommen und von japanischen Offizieren aufgefordert wurden, sich der Indian National Army anzuschließen, die gegen das British Empire kämpfte. Wer sich weigerte, wurde in ein überfülltes Arbeitslager gesperrt, meist auf der Insel Singapur, und dort misshandelt und verprügelt. Chinesische Staatsbürger wurden schlimmer behandelt: Hunderte von ihnen wurden vor dem Changi-Gefängnis in Singapur mit Maschinengewehren hingerichtet.[15]

Die britischen und australischen Gefangenen, die in Lagern ohne sanitäre Einrichtungen schutzlos dem strömenden Regen ausgesetzt waren, litten schon bald an Durchfallerkrankungen. Von den rund 15 000 Männern, die bis zum Jahresende 1942 in zwei Lagern festgehalten wurden, mussten mehr als 3000 ins Lazarett gebracht werden. Die Gefangenen mussten schwere körperliche Arbeit leisten, wurden immer wieder geschlagen, oft mit Gewehrkolben. Wenn neue alliierte Offiziere eintrafen, brachten sie neue Geschichten mit, die von Bajonettstichen, tätlichen Angriffen und Folter handelten, auch von einer *Kempeitai*-Foltertechnik des Beinahe-Ertränkens, die als »Wasserbehandlung« bekannt ist. Ein japanischer Offizier erwiderte auf die Frage, wie Japan nach dem Krieg seinen Umgang mit Kriegsgefangenen rechtfertigen werde: »Ein siegreiches Japan wird nichts erklären müssen.«[16] Ein japanischer Major antwortete auf den Hinweis, dass erkrankte Gefangene ohne medizinische Behandlung sterben würden: »Da kann man nichts machen; wenn sie sterben, sterben sie eben.«[17]

Unter den Australiern galt die sogenannte »Eisenbahn des Todes« als das schlimmste Grauen. Nach der verheerenden Niederlage bei Midway hatte Tojo Hideki, der damalige Premier- und Heeresminister, beschlossen, die alliierten Kriegsgefangenen zur Unterstützung der Kriegsanstrengungen als Arbeiter einzusetzen, obwohl das nach der Genfer Konvention verboten war.[18] Etwa im August 1942 ordneten die Japaner den Bau einer Eisenbahnlinie an, die durch Thailand bis nach Burma führen sollte, um dort eine gegen Ostindien gerichtete Front eröffnen und Chinas Nachschublinie durch Burma angreifen zu können. Diese Eisenbahnlinie musste durch eine dichte, insektenverseuchte, hügelige Dschungellandschaft geführt werden.

Japan setzte hierfür Zwangsarbeiter aus seinen asiatischen Eroberungen – vor allem Burmesen und Malaien, ebenso wie Javaner, Tamilen, Inder, Chinesen und weitere Nationalitäten ein – und rund 60 000 alliierte Kriegsgefangene. Sie errichteten letztlich eine Eisenbahnstrecke von mehr als 400 Kilometern Länge.[19] Die Asiaten, viele von ihnen zum Wehrdienst verpflichtet, wurden noch schlechter behandelt als die alliierten Kriegsgefangenen. Ihre genaue Zahl ist noch nicht einmal bekannt, eine grobe Schätzung geht von rund 200 000 Personen aus.[20] Ein britischer Oberst schätzte die Zahl der umgekommenen alliierten Kriegsgefangenen auf rund 16 000, bei den Asiaten nannte er eine Zahl von 60 000 bis 150 000. Die verlässlichsten aktuellen Darstellungen gehen heute davon aus, dass es unter den Burmesen und Malaien zehn- bis zwanzigmal so viele Todesfälle gab wie bei den alliierten Soldaten.[21]

Die ausgehungerten und kranken alliierten Gefangenen trugen nur zerlumpte Shorts oder provisorische Sackleinenkilts, fast keiner besaß Stiefel, und sie schufteten ab dem ersten Tageslicht bis nach Einbruch der Dunkelheit. In zweieinhalb Wochen mussten sie eine Strecke von 320 Kilometern marschieren. Beim Einsetzen des Monsunregens bestand für viele von ihnen der einzige Schutz aus Bananenblättern. Japanische oder koreanische Bewacher schlugen die Gefangenen mit Bambusstäben, Offiziersstöcken oder Draht. Beim Bau einer einzigen Holzbrücke über eine Felsschlucht starben 1000 Briten.

Krankheiten waren die schlimmste Bedrohung: Cholera, Malaria, Typhus, Durchfall, Beri-Beri (eine Vitamin-B-Mangelerkrankung), Pocken, Diphterie, oft als Mehrfacherkrankungen auftretend. Wunden eiterten. Die asiatischen Dienstverpflichteten waren die ersten, die an Cholera starben, sie verließen die Lager beschmutzt mit Erbrochenem, mit wässrigem Durchfall und dicht von Fliegen bedeckt. Die an Malaria erkrankten Männer wurden nicht von der Arbeit befreit. Hunderte litten an Tropengeschwüren, ein fauliger Geruch umgab sie. In einem der Lager wurden 70 alliierten Soldaten die Beine amputiert. Die Operationen fanden unter freiem Himmel und unter Moskitonetzen statt, die Fliegen fernhalten sollten.[22]

Nach dem britischen Obersten machte ein australischer Oberstleutnant aus dem Sanitätsdienst eine weitere Aussage über die Arbeit an der Eisenbahnstrecke. Japanische Soldaten hatten ihn im März 1942 auf Sumatra gefangen genommen. Zusammen mit 500 britischen Kriegsgefangenen war er zunächst nach Burma gebracht worden, wo man die Männer mit 1000 weiteren Australiern in ein Schulgebäude sperrte. In dem überfüllten und unter unhygienischen Bedingungen betriebenen Lager verbreitete sich die Amöbenruhr schnell. Die an Fieber und blutigem Durchfall leidenden, in ihrem eigenen Schmutz liegenden Männer starben an Dehydrierung oder an Darmdurchbrüchen.

Der Oberstleutnant wurde im Frühjahr 1943 zur Baustelle der Burma-Eisenbahn gebracht, wo die Arbeiten bereits in vollem Gange waren. Der Sanitätsoffizier hatte 2000 kranke Kriegsgefangene zu betreuen, die ihm in Scharen unter den Händen wegstarben, an Amöbenruhr, Malaria, partieller Blindheit, am Gopalan-Syndrom (Burning-Feet-Syndrom, ebenfalls eine Vitaminmangel-Erkrankung) und an Durchfall. Der Monsunregen durchweichte die Hütten, und die Männer waren kaum bekleidet. In einem anderen Lager erwiderte ihm ein japanischer Arzt auf den Hinweis, die Männer seien ausgezehrt: »Sie müssen die Eisenbahnlinie fertigstellen, und danach werden sie sich lange ausruhen können.« Koreanische Wachen schlugen die Patienten und manchmal auch die Ärzte. An einem durchschnittlichen Arbeitstag kürettierte der australische Arzt 70 Beingeschwüre oder mehr und amputierte 9 oder 10 Beine. In einem Lager an der Bahnlinie nahm er in einem Bambushütten-Provisorium 120 Beine ab und verwendete dabei lediglich etwas Kokain als Spinalanästhetikum. Von 1600 in einem Lager zusammengepferchten Männern starben 330. Der Arzt sagte aus: »Der Anblick der ausgemergelten, zu Skeletten abgemagerten Männer, die in ihrem Schmerz und Elend dalagen, (...) viele von ihnen mit nekrotischen, brandigen Geschwüren an den Beinen, von denen ein Brechreiz erzeugender Gestank ausging, so etwas möchte ich nie wieder erleben.«[23]

Den Anklägern fehlte es zwar an Beweisen zu den Entscheidungsprozessen auf japanischer Seite, aber sie beschrieben die »Eisenbahn des Todes« als ein extremes Beispiel für ein allgemeines, in ganz Asien feststellbares Muster. Ein australischer Brigadegeneral sagte zu seinen Erfahrungen mit ähnlichen Missständen – Prügel, Krankheiten, Schmutz – in drei verschiedenen Lagern auf Java, Taiwan und in der Mandschurei aus. Die Verteidiger konnten im Gegenzug wenig mehr tun, als bei Details nachzubohren oder zu beantragen, dass über diese Kriegsverbrechen, die einen genauen geografischen Bezug aufwiesen, vor alliierten Gerichten verhandelt werden sollte, die für Kriegsverbrechen der konventionellen Klasse B zuständig waren.[24] Die Verteidigung sprach nicht über die erhebliche Zahl alliierter Gefangener, die ums Leben kamen, als die japanischen Transportschiffe, mit denen sie verlegt werden sollten, von alliierten Kriegsschiffen versenkt wurden. Das hätte zwar das Bild von der japanischen Grausamkeit etwas komplizierter gestaltet, aber wenig zur Entlastung ihrer Mandanten beigetragen.[25]

Ein Militärgeistlicher des kanadischen Heeres schilderte in seiner für die Zuhörer qualvollen Aussage über ein Massaker in einem Krankenhaus in Hongkong eine weitere Art von japanischen Verstößen gegen das Kriegsrecht – ein bemerkenswertes Beispiel für eine mutmaßliche Verletzung der durch Ratifizierung bestätigten Verpflichtung Japans auf die Bestimmungen der Haager Konventionen von 1899 und 1907 sowie der Genfer Konvention von 1929 zum Schutz der kranken und verwundeten Soldaten im Feld stehender Heere. Der kanadische Kaplan erlebte am Morgen des 25. Dezember 1941 die Besetzung des Krankenhauses St. Stephen's College in Hongkong, wo er verletzte alliierte Soldaten betreute, durch japanische Truppen. Er sagte aus, dass die Angreifer mehr als 15 verwundete Männer in ihren Betten mit Bajonetten erstachen. Zusammen mit 90 anderen Männern, unter denen auch Krankenhauspersonal und verwundete Soldaten waren, wurde er in einen winzigen Raum gesperrt. Zweimal betraten japanische Soldaten den Raum und zerrten einen alliierten Soldaten hinaus; beide Male hörte er anschließend Schreie. Als sie den Raum wieder verlassen durften, sah er zu seinem Entsetzen, dass etwa 70 verwundete britische, indische und kanadische Männer in ihren Betten mit Bajonetten getötet und viele weitere verwundet worden waren. Die beiden Männer, deren Schreie er gehört hatte, waren nicht einfach getötet worden, sondern man hatte ihnen Ohren, Zunge und Nase abgeschnitten und die Augen ausgestochen. Der Kaplan half bei der Verbrennung von 170 Leichnamen.

Mehrere Krankenschwestern britischer oder chinesischer Staatsangehörigkeit waren getötet worden – einer von ihnen hatte man dabei fast den Kopf abgetrennt –, obwohl sie Schwesternuniformen und Armbinden mit dem Roten Kreuz trugen. Die überlebenden Krankenschwestern sagten, sie seien vergewaltigt worden. (Spätere Studien schätzten, dass in Hongkong nach der Kapitulation bis zu 10 000 Frauen und Mädchen vergewaltigt worden waren.) Die Aussage des Kaplans wurde durch die eidesstattliche Erklärung einer Krankenschwester des Hospitals bestätigt, die berichtete, dass sie von drei japanischen Soldaten vergewaltigt worden sei und zwei andere Krankenschwestern ebenfalls vergewaltigt worden seien.[26]

Eine der zuverlässigsten Zeuginnen war Schwester Vivian Bullwinkel, eine Krankenschwester des australischen Heeres und eine der wenigen Frauen, die beim Tokioter Prozess aussagten. In besseren Zeiten hatte sie ein fröhliches Lächeln, das ihre Grübchen sichtbar werden ließ, aber jetzt trat sie ruhig und gefasst auf und trug ihre Militäruniform, das zurückgekämmte, dunkle Haar war von ihrem Hut bedeckt. Die Zeugin sprach nüchtern-sachlich, in einer Hand hielt sie einen Kopfhörer. Sie sagte aus,

Abb. 24 *Schwester Vivian Bullwinkel, eine Krankenschwester des australischen Heeres, sagt aus, wie sie ein Massaker in Indonesien überlebte, Tokio, 20. Dezember 1946.*

im Februar 1942 seien sie und ihre Krankenschwestern-Kolleginnen aus einem australischen Krankenhaus in Singapur mit einem kleinen Schiff und Kurs nach Süden evakuiert worden. An Bord waren 65 Krankenschwestern, etwa 250 weitere Frauen und Kinder und wenige ältere Männer. Auf hoher See bombardierten drei japanische Flugzeuge das Schiff. Während das Schiff sank, wurden die Rettungsboote von den japanischen Flugzeugen mit Bordkanonen beschossen. Sie sprang mit einem Dutzend anderer Schwestern ins Wasser und schwamm um ihr Leben zu einem beschädigten Rettungsboot. Etwa acht Stunden lang trieben sie im Meer, bis sie auf Bangka Island vor Sumatra anlandeten. Dort stießen sie auf weitere Überlebende, viele von ihnen waren durch den japanischen Beschuss verwundet worden: 30 bis 40 Frauen und Kinder, etwa 50 Männer und 10 weitere Krankenschwestern.

Am nächsten Morgen ergab sich die hilflose Gruppe. 15 japanische Soldaten trafen ein und brachten die Männer sofort in Gruppen weg. Bullwinkel hörte Gewehrschüsse. Die Japaner kamen zurück und reinigten ihre Gewehre und Bajonette. (Ein australischer Historiker hat vor kurzem die Ansicht vertreten, dass die japanischen Soldaten die Krankenschwestern in dieser Situation vergewaltigten, das war allerdings nicht Gegenstand der

Aussage beim Tokioter Prozess.[27]) Dann befahlen die Japaner den 22 überlebenden Krankenschwestern, ins Wasser zu gehen. Sie hatten erst wenige Meter zurückgelegt, als die Japaner von hinten mit Maschinengewehren auf sie feuerten. »Ich sah die Mädchen eine nach der anderen fallen«, sagte die Zeugin in sachlichem Tonfall, »bis ich selbst getroffen wurde.« Die Kugel durchschlug ihren Körper an der Hüfte, die Wucht brachte sie zu Fall.

Die Wellen trugen Bullwinkel zum Strand zurück, wo sie sich totstellte. Nach zehn oder fünfzehn Minuten wagte sie es, den Blick zu heben. Die Japaner waren fort. Der Strand war von Leichen bedeckt. Sie schleppte sich in den Dschungel, wo sie ohnmächtig wurde. Bewohner eines nahegelegenen Dorfes gaben ihr zu essen, und sie und ein verwundeter britischer Soldat versteckten sich mehrere Tage lang, bevor sie sich den Japanern stellten. Sie wagte es nicht, den Japanern von ihrer Schusswunde zu berichten, wurde deshalb nicht medizinisch behandelt und hatte das Glück, zu überleben. Die restliche Kriegszeit verbrachte sie in stinkenden, überfüllten Lagern, in denen bis zu drei Viertel ihrer Mitgefangenen an Malaria und tropischem Fieber litten. Sie kümmerte sich um sie, so gut sie konnte, oder hob ihre Gräber aus.

Als Bullwinkel ihre Aussage beendete, war es im Gerichtssaal still. Die Verteidigung versuchte nicht, sie ins Kreuzverhör zu nehmen. Dieses eine Mal verhielt Webb sich respektvoll. »Sie sind eine vorbildliche Zeugin, Schwester Bullwinkel«, sagte er. »Sie haben eine untadelige Aussage gemacht.«[28]

Zur Bestätigung und Unterstützung der erschütternden Aussage von Colin Fleming Brien trugen die Ankläger Auszüge aus dem Tagebuch eines japanischen Soldaten vor, der aus japanischer Perspektive über die Enthauptung eines australischen Gefangenen berichtete. Die Japaner sahen sich im März 1943 auf Neuguinea häufigen Bombardements ausgesetzt, aber dieser abgeschossene 23-jährige Flight Lieutenant der australischen Luftwaffe war hilflos. Nach mehrtägigen Verhören erhielt der Australier einen letzten Schluck Wasser und wurde, begleitet von einigen japanischen Offizieren, die Schwerter mitführten, in der Abenddämmerung auf einen Lastwagen verfrachtet. Der zur Hinrichtung bestimmte Mann blickte gedankenverloren auf die Berge und auf das Meer. Der japanische Tagebuchschreiber wandte mitleidsvoll den Blick ab.

Nachdem die Gruppe in der Nähe eines Bombenkraters angehalten hatte und vom Lastwagen gestiegen war, sagte der Kommandeur der japanischen Einheit zum Gefangenen: »Wir werden dich jetzt töten.« Man werde ihn nach den Vorschriften des Bushido mit einem japanischen Schwert töten, und er habe jetzt noch zwei oder drei Minuten Zeit, um sich vorzubereiten.

Der junge Mann, besiegt, mit geneigtem Kopf, aber tapfer im Angesicht des Todes, erwiderte: »Einer« – und bat sich aus, mit einem Hieb getötet zu werden. Von Bewachern umringt, wurde er im Wasser des Bombenkraters auf die Knie gezwungen. Der japanische Augenzeuge schrieb: »Wenn ich mich an die Stelle des Gefangenen versetze und mir vorstelle, dass ich in einer Minute dieser Welt Lebewohl sage, lassen mich einfache menschliche Gefühle Mitleid mit ihm haben, obwohl mich die täglichen Bombenangriffe mit Hass erfüllt haben.«

Der Kommandeur der Einheit zog sein Schwert, dessen Klinge im schwindenden Tageslicht glänzte. Er tippte mit der Waffe den Nacken des Australiers leicht an, dann hob er die Klinge mit beiden Händen und schlug zu. Der japanische Tagebuchschreiber schloss im Augenblick der Tötung die Augen; als das Blut spritzte, hörte er ein zischendes Geräusch. Der Körper fiel vornüber. Der abgeschlagene Kopf rollte davon. Dunkles Blut strömte. »Es ist vorbei«, schrieb der japanische Soldat in sein Tagebuch. »Der Kopf ist ganz weiß, wie bei einer Puppe. Die Grausamkeit, die ich noch vor wenigen Augenblicken empfand, ist verschwunden, und jetzt spüre ich nur noch das echte Mitgefühl des japanischen Bushido. Ein Unteroffizier lacht laut, ›Naja, jetzt geht er ins Nirwana ein!‹« Ein anderer japanischer Soldat drehte den kopflosen Leichnam um und schlitzte ihm hasserfüllt den Bauch auf. Der verstümmelte junge Mann wurde dann eilends verscharrt. »Sollte ich jemals lebendig heimkehren, wird das eine gute Geschichte abgeben, die ich erzählen kann«, schloss der japanische Soldat, »also habe ich sie aufgeschrieben.«[29]

Rassenkrieg

Mit der Misshandlung alliierter Gefangener war ein eindeutig rassistischer Aspekt verbunden: Die Verantwortlichen auf japanischer Seite wussten sehr genau um den Effekt, den die Verpflichtung weißer Männer zur Zwangsarbeit in sich barg. Die Genfer Konvention vom 27. Juli 1929, das »Abkommen über die Behandlung der Kriegsgefangenen«, sah im Artikel 2 zwar vor, dass Kriegsgefangene gegen »Beleidigungen und öffentliche Neugier« zu schützen seien, aber es gab einiges Beweismaterial dafür, dass das japanische Militär seine weißen Gefangenen öffentlich vorführen wollte, um sie zu demütigen – und damit zugleich ihre Heimatländer und ihre Rasse.[30] Japan untersagte zwar jegliche Zeitungsberichte über diese Zurschaustellungen, aber das Militär zeigte sich erfreut über ihre Wirksamkeit.

Das Kaiserreich Japan behandelte seine Gefangenen zuweilen unterschiedlich, nicht nach Staatsangehörigkeit, sondern nach Hautfarbe getrennt. Der Gouverneur der Präfektur Kanagawa hatte im Oktober 1942 festgehalten, die japanischen Staatsbürger in der Präfektur seien einst wohl probritisch oder proamerikanisch eingestellt gewesen, aber jetzt schienen sie »mit Dankbarkeit den Ruhm des Kaiserlichen Throns zu erkennen, wenn sie mit eigenen Augen britische und amerikanische Kriegsgefangene bei der Arbeit sehen«. Der Stabschef des japanischen Heeres in Korea erreichte im März 1942 beim Heeresministerium die Abstellung von 2000 »weißen Kriegsgefangenen«, Amerikanern und Briten, dorthin, weil »das sehr wirkungsvoll zur Beseitigung des Respekts und der Bewunderung des koreanischen Volkes für Großbritannien und Amerika beitragen würde, ebenso wie zur Erzeugung eines starken Glaubens an den Sieg«. General Itagaki Seishiro, einer der Angeklagten in Tokio, der damals den Oberbefehl über das japanische Heer in Korea innehatte, erklärte in einem Brief an Tojo Hideki, dass das Festhalten von amerikanischen und britischen Gefangenen ebendort »die Koreaner die wahre Macht unseres Reiches eindeutig erkennen lässt und ebenso einen Beitrag zur psychologischen Propagandaarbeit für die Beseitigung jeglicher Vorstellungen von Verehrung für Europa und Amerika leistet, die der größere Teil der koreanischen Bevölkerung immer noch tief in sich trägt.«

Der Stabschef des japanischen Heeres in Korea tönte im August 1942, die Demütigung alliierter Gefangener sei ein großartiger Erfolg gewesen, der »einen großen Beitrag zur Herrschaft über Korea leisten« werde. Als 1000 britische Gefangene durch Seoul und Busan marschieren mussten, säumten rund 120 000 Koreaner und 57 000 Japaner die Straßen, um sich das Schauspiel anzusehen. Die Zuschauer »spotteten über das würdelose Verhalten« der wehrlosen, durchnässten und verdreckten britischen Gefangenen, kamen zu dem Ergebnis, dass es »ganz normal« sei, »dass eine Armee, der es so offensichtlich an Patriotismus mangelt, vom Kaiserlichen Heer besiegt wird, und erkannten aufs Neue das Ausmaß des vom Kaiserlichen Heer errungenen Sieges«. Das Spektakel »war sehr erfolgreich darin, ihnen jegliche Bewunderung für die Briten und Amerikaner auszutreiben.«

Ein japanischer Zuschauer habe gesagt: »Ihr geistiger Zustand ist erbärmlich. Sie empfinden es nicht als Schande, öffentlich vorgeführt zu werden.« Das japanische Heer prahlte, die Koreaner hätten einen neu empfundenen Stolz darauf gezeigt, ein Teil des japanischen Reiches zu sein. Ein Koreaner habe gemeint: »Als ich junge koreanische Soldaten sah, Angehörige des Kaiserlichen Heeres, die die Gefangenen bewachten, vergoss ich Freudentränen.« Ein anderer Koreaner bemerkte wohl: »Es kommt einem wie ein Traum vor, Briten und Amerikaner, die uns lange nicht für voll nahmen und für ein minderwertiges Volk hielten, als Gefangene zu sehen.« Ein Koreaner, der zuvor die japanische Siegespropaganda bezweifelt hatte, schien jetzt beruhigt. »Der Krieg dauert ihretwegen länger«, sagte ein weiterer koreanischer Zuschauer. »Man sollte sie zu Tode schinden.«[31]

Bataan

Diese Prozessphase betraf zwar in erster Linie das British Empire, aber es gab auch mehrere amerikanische Zeugen, die über Verelendung, willkürliche Erschießungen und Folter aussagten. US-Ankläger legten Beweise vor, die zeigten, dass japanische Soldaten im Oktober 1943 auf dem strategisch bedeutenden Wake Island 96 amerikanische Gefangene erschossen hatten, deren Hände gefesselt waren. Zwei japanische Admirale enthaupteten zwei weitere Amerikaner.[32] Die US-Strafverfolger beklagten auch die Versenkung des amerikanischen Kanonenbootes *Panay*, das in der Nähe von Nanjing kurz vor dem Fall der Stadt vernichtet worden war.[33]

Die amerikanische Öffentlichkeit hatte sich während des gesamten Pazifikkrieges mit der japanischen Folterpraxis beschäftigt, und Folter wurde für die Vereinigten Staaten auch beim Tokioter Prozess zu einem wichtigen Thema.[34] Nach amerikanischen Aussagen würgten Bewacher auf einem eroberten amerikanischen Luftwaffenstützpunkt südlich von Manila einem amerikanischen Gefangenen einen Wasserschlauch in den Hals, dehnten ihm den Magen auf schmerzhafte Art mit Wasser und sprangen ihm dann auf den Bauch. Oder sie banden einem Gefangenen die Hände auf den Rücken und rissen ihm die Arme mit einem über einen Baumast geworfenen Seil zwischen den Schultern in die Höhe, wodurch meist beide Arme ausgekugelt wurden. Ein amerikanischer Gefangener erinnerte sich, dass man ihn in dieser Stellung 24 Stunden lang zunächst unter sengender Sonne und anschließend im strömenden Regen hängen ließ und ihn dabei mit einem Flechtseil und einem Pistolenknauf schlug.[35]

Ein US-Oberstleutnant sagte über Misshandlungen und Folter in einem Gefängnis in Iloilo City auf den Philippinen aus. Er beobachtete, wie Filipinos – die schlechter behandelt wurden als die Amerikaner – die Fingernägel ausgerissen wurden und wie sie mit glühenden Kohlen verbrannt wurden, die man ihnen unter das Kinn hielt oder unter die Fußsohlen legte. Er selbst wurde mit Bambusstäben und Schlagringen geschlagen. In einem kahlen Raum ohne jede Möblierung, der als Folterkammer benutzt wurde, schlug man ihn mit einem Bambusstab und einem Kantholzstück auf den Brustkorb, die Rippen und den Rücken, bis er schließlich durch einen Kantholzhieb auf den Kopf bewusstlos wurde. Der Offizier sagte aus, dies seien keine den Launen der Soldaten entsprungenen Einzelfälle gewesen. Er beschrieb die japanische Befehlskette bei Einsätzen, vom einfachen Soldaten über den Hauptmann bis zum Obersten.[36]

Der Tiefpunkt für die Amerikaner war der Todesmarsch von Bataan, zu dem mehrere amerikanische Überlebende aussagten. Samuel Moody, ein schroffer Staff Sergeant (Oberfeldwebel) der US Army aus einem Arbeiterstädtchen in Massachusetts, berichtete mit Bitterkeit in der Stimme, am Straßenrand hätten zahlreiche Leichen gelegen – in den meisten Fällen philippinische oder amerikanische Soldaten, aber er hatte auch zwei Filipinas und einige philippinische Priester so liegen sehen. Der stämmige Mann trug Uniform, sein Haar war kurz geschnitten; im Zeugenstand presste er voller Anspannung die Finger zusammen. »Viele Male sah ich vor mir, wie auf meine Freunde eingestochen und wie sie geschlagen wurden«, sagte er in seinem ausgeprägten Massachusetts-Akzent. Einer seiner besten Freunde hatte an Durchfall gelitten und war deshalb bis ans Ende der Marschkolonne zurückgefallen, wo er mit Bajonettstichen und Schlägen malträtiert wurde und später seinen Verletzungen erlag. Nach einem siebentägigen Marsch auf der Bataan-Halbinsel wurde der Zeuge einem Arbeitstrupp zugewiesen, in dem 37 Männer ums Leben kamen. »Ich habe selbst die Kreuze bemalt, die wir auf die Gräber stellten«, sagte er in den Gerichtssaal hinein, in dem kein Laut zu hören war. »Ich legte jeden Mann eigenhändig in den Sarg. Das waren 37 Männer.«

Donald Ingle, einen Soldaten aus Illinois, hatte man zu dem Marsch in Bataan gezwungen, obwohl er eine Schulterverletzung erlitten hatte. Er hatte beobachtet, wie 16 Männer mit Bajonetten erstochen wurden. Ein an Durchfall leidender Geistlicher der US-Armee hatte sich am Straßenrand erleichtern müssen; dafür wurde ihm mit dem Bajonett eine Wunde beigebracht. Ein amerikanischer Verteidiger fragte den Soldaten Ingle, ob er wisse, wer für diesen Marsch verantwortlich gewesen sei. »Woher sollte ich das wissen?«, gab Ingle zurück. Der Verteidiger fragte ihn, ob er verbittert sei. Ingle legte eine lange Pause ein, bevor er antwortete: »Es gibt mehrere Tausend Kameraden, die heute nicht hier sind, die aber hier wären, wenn es so etwas nicht gegeben hätte. Urteilen Sie selbst.«[37]

Die ekelhaftesten unter all den grauenhaften Ereignissen, mit denen es Amerikaner zu tun bekamen, waren die Fälle von Kannibalismus. Es gab vereinzelte Berichte über Japaner, die auf den Philippinen und auf Neuguinea das Fleisch alliierter Kriegsgefangener gegessen hatten, aber der am nachhaltigsten wirkende Vortrag – das Gericht war sichtbar abgestoßen – verwendete die Aussage japanischer Offiziere, die in der Nachkriegszeit vor einem US-Militärtribunal gestanden hatten.[38] Die Ankläger trugen entsetzliche Ausschnitte daraus laut im Gerichtssaal vor.

Neun amerikanische Flieger wurden Ende 1944 über Chichi Jima abgeschossen, einer südlich der japanischen Hauptinseln gelegenen Inselfestung. Einer von ihnen, der aus einer Kopfwunde blutete und sich daran erinnerte, wie amerikanische Gefangene auf Bataan behandelt worden waren, hatte das Glück, von einem amerikanischen U-Boot gerettet zu werden, bevor er mit seinem Rettungsboot ans Ufer dieser Insel trieb. Die anderen acht gerieten dort in Gefangenschaft und wurden nacheinander hingerichtet.

Der japanische Stützpunktkommandeur, der die Insel unbedingt verteidigen wollte, sagte zu seinen Offizieren, dass sie das Fleisch ihrer gefallenen Kameraden essen müssten, ebenso wie das »scheußliche« Fleisch des Feindes. Ein japanischer Major sagte aus, dass eine Gruppe von Offizierskollegen, die bei einer alkoholseligen Feier Appetit auf Fleisch entwickelt hatte, Menschenfleisch gegessen habe, das von einem der amerikanischen Flieger stammte. Dazu hatte man Sake getrunken. »Alle Anwesenden haben davon probiert«, erinnerte sich der Major. »Natürlich schmeckte es niemandem.«

Der Major hatte vor dem US-Marinegericht ausgesagt, dass japanische Offiziere bei mehreren anderen Gelegenheiten die Lebern hingerichteter amerikanischer Gefangener aßen. Menschliche Lebern galten ihnen als eine Art Medizin. Der Major sagte aus, dass auch er mindestens dreimal Menschenfleisch gegessen habe, zuletzt eine aus einer menschlichen Leber hergestellte Tablette, die man ihm in Singapur gegeben hatte. Auf Chichi Jima hatte dieser Major einen förmlichen Befehl ausgegeben:

BEFEHL BETREFFS VERZEHR VON
FLEISCH AMERIKANISCHER FLIEGER

I Das Bataillon will das Fleisch des amerikanischen Fliegers Lieutenant (Junior Grade) Hall essen.

II Oberleutnant Kanmuri ist für die Rationierung dieses Fleisches zuständig.

III Kadett Sakabe (Sanitätskorps) ist bei der Hinrichtung anwesend und entnimmt die Leber und die Gallenblase.[39]

Den Richtern in Tokio wurde der Name des einen US-Marinepiloten nicht mitgeteilt, eines Lieutenant Junior Grade, der glücklicherweise von einem U-Boot vor Chichi Jima gerettet wurde: George H. W. Bush. Als Präsident der Vereinigten Staaten sollte Bush 1989 an der Beisetzung von Kaiser Hirohito teilnehmen, bei der er höflicherweise mitteilte, dass ihn die Trauerfeier berühre.[40] Bei einem am 7. Dezember 1991 in Pearl Harbor abgehaltenen Gedenkgottesdienst sagte Bush dann vor amerikanischen und japanischen Veteranen: »Ich hege keinen Groll in meinem Herzen gegen meinen ehemaligen Feind.«[41]

»In Asche verwandelt«

Der Vortrag der amerikanischen Anklagevertreter enthielt einen besonders schwierigen Aspekt: Einige dieser US-Kriegsgefangenen waren unter dem Vorwurf hingerichtet worden, Kriegsverbrechen gegen japanische Zivilisten begangen zu haben. Hier zeigte sich die Anklage gleichgültig gegenüber dem Leid, das der japanischen Bevölkerung durch die Brandbombenangriffe auf ihre Städte und Ortschaften zugefügt worden war. Da Bombenangriffe aus der Luft nicht eindeutig zu Kriegsverbrechen erklärt worden waren, was die US-Bomberbesatzungen entlastete, konnte die Anklage ein einseitiges Plädoyer halten.

Die japanischen Behörden begannen in Gefangenschaft geratene alliierte Luftwaffensoldaten nach dem Doolittle Raid von 1942 als Kriegsverbrecher vor Gericht zu stellen. Als die amerikanischen Luftangriffe in der späteren Kriegsphase zunahmen, wurden einige abgeschossene US-Soldaten standrechtlich exekutiert, während andere vor rasch einberufene Kriegsgerichte gestellt und der willkürlichen Bombardierung japanischer Städte beschuldigt wurden. Bei diesen Verfahren wurde nur ein minimaler Aufwand betrieben. Vor einem Kriegsgericht in Osaka wurden zwei US-Flieger im Juli 1945 nur nach ihrem Namen, ihrer Einheit und nach den Städten gefragt, die sie angegriffen hatten. In diesem Fall waren das Tokio, Osaka und Kobe gewesen. Einer der Amerikaner räumte ein, Bomben abgeworfen zu haben, sagte aber, er habe dabei »nur Befehle seiner vorgesetzten Offiziere befolgt«. Beide Männer wurden für schuldig befunden und zum Tod durch Erschießen verurteilt.

Anderen war nicht einmal diese Art von Verfahren zuteilgeworden. Viele von ihnen wurden, wie es in einem japanischen Bericht hieß, »beseitigt«, nachdem »entschieden« worden war, »dass diese Männer unmenschlicher und wahlloser Bombardierungen eindeutig schuldig waren«. In der Präfektur Chiba wurde ein schwer verwundeter B-29-Pilot auf Befehl eines japanischen Hauptmanns enthauptet. Ein japanischer Bericht hielt fest, dass die feindseligen Empfindungen von Militär, Regierung und Bevölkerung zugenommen hätten, nachdem Fukuoka durch einen Angriff mit Brandbomben im Juni 1945 »in Asche verwandelt« worden sei. Das habe am darauffolgenden Tag zur standrechtlichen Hinrichtung von acht abgeschossenen alliierten Fliegern geführt.[42] Nach den Atombombenabwürfen auf Hiroshima und Nagasaki »scheint das allgemeine Gefühl der Feindseligkeit noch einmal einen Höhepunkt erreicht zu haben«: Acht weitere Flieger wurden getötet. Nach dem Kriegsende sorgte ein falsches Gerücht, die US-Streitkräfte hätten bereits mit der Landung begonnen, für Chaos und »die Flucht des schwachen Geschlechts an Zufluchtsorte«, was für die Militärs veranlasste, 15 weitere in Gefangenschaft geratene Fliegersoldaten hinzurichten.

In Japans zentralem Militärbezirk wurden im Juni 1945 41 gefangene Flieger ohne Gerichtsverfahren getötet, während 2 weitere vor ein Kriegsgericht gestellt wurden, bevor man sie hinrichtete. Weitere gefangene alliierte Fliegersoldaten wurden im Juli und August 1945 von Exekutionskommandos erschossen. Ein japanischer Bericht kommentierte, dass die Intensivierung amerikanischer Brandbombenangriffe auf japanische Städte nach März 1945 »die Empörung der Nation – die besonders den Fliegersoldaten galt – auf ein außerordentlich hohes Niveau gesteigert« habe. Der Bericht bot als Erklärung für den Verzicht auf Kriegsgerichtsverfahren nach den Brandbombenangriffen auf Tokio, Nagoya und andere Städte an, dass »die wahllose Bombardierung durch alliierte Flugzeuge mit zunehmender und unaufhörlicher Gewalt verbunden war, und das Verlangen des Volkes nach Vergeltung erreichte einen Höhepunkt«.

Bald nach dem großen Bombenangriff auf Nagoya am 14. Mai 1945 – einem von vielen Luftangriffen, die diese bedeutende Stadt verwüsteten – nahmen die Japaner Gruppen von abgeschossenen alliierten Flugzeugbesatzungen gefangen. Unter dem Druck des eskalierenden Bombardements schlossen die Japaner ein Kriegsgerichtsverfahren aus und entschieden sich stattdessen für die Hinrichtung der Gefangenen. In einem offiziellen japanischen Bericht war zu lesen: »Die durch die wahllose Bombardierung entstandenen Schäden waren gigantisch, und die feindseligen Gefühle erreichten den Höhepunkt. (…) Die Regionalarmee entschied, dass unter diesen Umständen eine Überstellung dieser Männer an ein Kriegsgericht für ein kompliziertes und langwieriges Verfahren nicht mit der gegenwärtigen Lage zu vereinbaren wäre.« Im Juni und Juli 1945 wurden 27 alliierte Fliegersoldaten hingerichtet.[43]

Webb, offenbar mit Gewissensbissen kämpfend, fuhr die Anklagevertreter bei einer Diskussion über die amerikanischen Bombenangriffe auf Tokio und Osaka an: »Das ist keine ernsthafte Frage.« Und ergänzte: »Die Anklage kann nicht behaupten, dass die Amerikaner im Verlauf der Angriffe auf Tokio und Osaka keine Wohngebiete bombardierten.«[44]

Die amerikanischen Ankläger lagen zwar richtig mit der Feststellung, dass auch als Kriegsverbrecher angeklagte Gefangene Anspruch auf ein ordentliches Verfahren hätten, aber damit wichen sie der zentralen japanischen Behauptung aus: dass die wahllose Tötung von Zivilisten ein Kriegsverbrechen sei, selbst wenn das Völkerrecht bei seiner juristischen Bewertung des Luftkriegs noch etwas rückständig sei. Die Anklage führte anhand eines erschütternden Beispiels für einen Konflikt zwischen diesen beiden Prinzipien Klage im Namen alliierter Kriegsgefangener, die bei einem Bombenangriff der Alliierten getötet wurden. Am Abend des 25. Mai 1945 verbrannten 62 alliierte Fliegersoldaten, die in Tokio in einem japanischen Militärgefängnis festgehalten wurden, bei einem Luftangriff. Ein nicht gekennzeichnetes Kriegsgefangenenlager in Osaka wurde im Juni 1945 mit seiner gesamten Umgebung bei einem Angriff von B-29-Bombern völlig zerstört.[45] Doch wenn alliierte Gefangene einen Anspruch darauf hatten, von solchen Zerstörungen verschont zu bleiben, stellte sich die Frage: Warum nicht auch die japanischen Zivilisten?

»Eine kriegerische Herrenrasse«

So grausig die Aussagen über Schicksale von Kriegsgefangenen aus Commonwealth-Ländern auch ausfielen, der Tiefpunkt wurde erst mit den von der Anklagevertretung vorgelegten Beweisen über Gräueltaten auf den Philippinen erreicht. Da die Koreaner beim Tokioter Prozess nicht vertreten waren, war dies eine seltene Chance für die Asiaten, über das in der Kriegszeit erlittene Leid zu berichten. Die Intensität dieser Prozessphase war nur mit der vor wenigen Monaten vorgebrachten chinesischen Klage über das Massaker von Nanjing vergleichbar. Ein hochrangiger britischer Diplomat bezeichnete sie als Teil eines »Monats des Grauens« mit »äußerst drastischen« Aussagen.[46] »Die Atmosphäre im Gerichtssaal war kalt und drückend«, schauderte es einen amerikanischen Reporter, »wie die Luft unter einem Leichentuch.«[47]

Filipinos erhielten im Verlauf des Tokioter Prozesses nur wenige Gelegenheiten, für sich selbst zu sprechen. Das Land wurde erst am 4. Juli 1946, in einer frühen Phase des Prozesses, von den Vereinigten Staaten unabhängig. Sein Anklagevertreter stand immer noch auf der Gehaltsliste des U. S. Department of the Army.[48] Harry S. Truman hatte zwar angeordnet, dass die neuerdings souveräne Republik der Philippinen den Prozess gegen Kollaborateure der japanischen Besatzungsmacht im eigenen Land führen sollte, aber die Amerikaner in Tokio hatten ihre herablassende Haltung noch nicht abgelegt.[49] Der Angriff auf die Philippinen war zwar, im Unterschied zum japanischen Vorgehen gegen andere kolonisierte Länder, unter einem eigenen Punkt in der Anklageschrift aufgeführt, aber dennoch im Rahmen des amerikanischen Vortrags zu Pearl Harbor untergebracht worden.[50]

Delfín Jaranilla, der philippinische Richter, fehlte auffälligerweise. Er hatte sich aus eigenem Entschluss für diese Prozessphase abgemeldet, kehrte zwischenzeitlich nach Manila zurück, um dort seine Familie zu besuchen, und zog es offensichtlich vor, seinen Richterkollegen diesen Teil des Verfahrens ohne seine Beteiligung zu überlassen.[51]

Noch bevor Pedro Lopez, der elegante stellvertretende Anklagevertreter von den Philippinen, sich erheben konnte, bekam er es mit einem amerikanischen Verteidiger zu tun, der das demütigende Argument vortrug, das neue Land verfüge beim Tokioter Prozess über keinen rechtlichen Stand. Die kolonisierten Philippinen seien bei den Abkommen, deren Bruch Japan jetzt vorgeworfen werde, noch keine Vertragspartei gewesen: »Der Republik der Philippinen ist es nur gestattet, das Souveränitätsrecht auszuüben, das ihr vom Kongress der Vereinigten Staaten gewährt wird.« Ein zorniger Webb lehnte den Antrag des Verteidigers ab.

Lopez erhob sich zu einer mit großer Leidenschaft vorgetragenen Anklage. Er sprach ausgezeichnetes Englisch mit philippinischem Akzent. Der erst 40 Jahre alte Jurist hatte während der Besatzungszeit, in der mehr als eine Million Filipinos getötet oder verwundet worden waren, als Guerillero gegen die Japaner gekämpft.[52] In einem Prozess, in dem ein albtraumhafter Vortrag auf den anderen folgte, ragte sein Beitrag gleichwohl heraus. Webb, der mit den Anklagevertretern normalerweise einen nachsichtigen Umgang pflegte, sagte, dass Lopez' Rede »die gebotenen Grenzen eines Eröffnungsvortrags überschreitet und in diesem Umfang vom Tribunal nicht berücksichtigt werden wird«.[53] Lopez stellte die an Chinesen verübte Gewalt wiederholt den Übergriffen gegen Filipinos gegenüber und versuchte auf diese Weise eine systematisch praktizierte Methode aufzuzeigen, die von Nanjing bis nach Manila führte – ein in ganz Asien durchgehend feststellbares Muster von »Massenmorden und massenhafter Folter und Vergewaltigung«. Er verwies nachdrücklich auf den vom Kaiserreich Japan erhobenen Anspruch rassischer Überlegenheit über Chinesen und Filipinos und erklärte, die japanischen Behörden hätten »das Hervorbringen einer kriegerischen Herrenrasse im Sinn gehabt, die entschlossen nach der Weltherrschaft strebt«.

Dann trug er eine Reihe von Berichten über Massaker vor, die das Publikum zusammenzucken oder entsetzt den Saal verlassen ließ.[54] Sein Vortrag enthielt erdrückendes Beweismaterial, das besonders ungünstig für General Muto Akira war, den damaligen Stabschef von General Yamashita Tomoyuki auf den Philippinen. Im St. Paul College in Malate, Manila, waren etwa 800 Männer, Frauen und Kinder in einen vermeintlich sicheren Saal gelockt und dort mit Handgranaten getötet worden – im sogenannten Manila-Massaker. Die Ankläger legten immer wieder Berichte des US-Militärs über die Ermordung Hunderter von Zivilisten vor, die Dutzende von grauenhaften Schilderungen der Tötung von Kindern und Babys mit Bajonetten enthielten. Ganze Dörfer waren vollständig niedergebrannt worden. Ein Augenzeuge beschrieb die Kreuzigung eines 40-jährigen Filipinos, der mit durch die Handgelenke und die Schädelbasis getriebenen Sechs-Zoll-Nägeln am Boden fixiert worden war – ein offensichtlicher Ausdruck der Ablehnung einer mit überwältigender Mehrheit christlichen Nation.[55] Mit ihrer Beschreibung der Plünderung und Zerstörung von Manila im Februar 1945 lieferten Lopez und ein US-Ankläger entsetzliche Berichte über Erschießungen, Enthauptungen, Folterungen und Vergewaltigungen, die zu den schlimmsten im Pazifikkrieg verübten Gräueltaten zählten.[56] Mit unerbittlicher Präzision hielt Lopez fest, dass nach Berechnungen des US-Kriegsministeriums 131 028 Filipinos und Amerikaner direkt oder durch Nahrungsentzug getötet worden seien – wobei diese Zählung nur Zivilisten und gefangen genommene Soldaten erfasste, die durch Mord, Folter, Verhungernlassen oder Vernachlässigung gestorben waren.

Mit seinem Bericht über den Todesmarsch von Bataan verband Lopez die Schätzung, dass 16 000 Filipinos »ermordet und auf der staubigen und blutgetränkten Straße der Verwesung überlassen« worden waren – im Vergleich zu gängigen Annahmen der Nachkriegszeit entsprach das etwa der sechsfachen Zahl. Die Todesraten der Filipinos waren erheblich höher als die Opferzahlen unter den Amerikanern. Der Ankläger erinnerte im Gerichtssaal auch an weniger bekannte Gewalttaten, zum Beispiel an einen weiteren erzwungenen Marsch Hunderter philippinischer und amerikanischer Kriegsgefangener auf Mindanao am 4. Juli 1942, bei dem viele Gefangene ums Leben kamen.[57]

Abb. 25 *Pedro Cerono, ein Filipino, der acht Schädel entdeckte, menschliche Überreste eines Massakers, das mehrere Monate zuvor in der Provinz Cagayan auf Luzon verübt worden war. Aufnahme vom 23. November 1945*

Er schilderte grauenvolle Details von Folterungen: das Herausreißen von Zungen, Finger- und Zehennägeln; Elektroschocks; das Ohrenabschneiden und Augenherausdrücken; und »die Wasserkur in verschiedenen Varianten, abhängig von der grausamen Veranlagung und Phantasie des Folterers«. (Solche Arten von Wasserfolter waren auf den Philippinen nach 1898 von den amerikanischen Eroberern häufig verwendet worden, eine Tatsache, die Lopez nicht erwähnte.)[58] Fort Santiago, ein prachtvolles altes spanisches Gebäude, wurde in eine Folterkammer verwandelt, in der »Hunderte von Gefangenen in dunklen, schmutzigen, verlausten Zellen einen langsamen und schmerzhaften Tod erlitten«. Dieser Ort, sagte Lopez mit unangebrachtem rhetorischem Schwung, sei schlimmer gewesen als Dachau.

Bei der Schilderung sexueller Gewalt wurde der Vortrag des philippinischen Anklägers so bedrückend, dass er sich, während die Richter sich auf ihren Stühlen wanden, zu folgender Erklärung veranlasst sah: »Die Verbrechen, die gegen mein Land und mein Volk begangen wurden, waren so schockierend, so brutal und so abstoßend, dass man, suchte man Zuflucht bei Euphemismen, der Wahrheit nur Gewalt antun würde.« Am Beispiel mehrerer Hotels in Manila während des dort ausgetragenen finalen

Kampfes schilderte Lopez die Vergewaltigung zahlreicher Filipinas, die anschließend oft getötet wurden. Frauen wurden die Brüste abgehauen oder abgeschnitten. Er erzählte eine grässliche Geschichte von einer schwangeren Frau in Manila, die ein elf Monate altes Baby im Arm hielt und erschossen wurde; der japanische Soldat hörte das Kleinkind weinen und kam zurück, um es mit zwei weiteren Schüssen zu töten.[59]

Diese Prozessphase bot – mehr als jede andere – Frauen die Möglichkeit, dem Gericht ihre Geschichte vorzutragen. Wanda Werff, eine 25 Jahre alte Filipina, die in Manila als Sekretärin für das US-Kriegsministerium gearbeitet hatte, war eine Überlebende zweier Internierungslager. Sie sagte aus, die Gefangenen hätten in einer überfüllten Baracke oft vier oder fünf Tage lang keinen Zugang zu fließendem Wasser gehabt und pro Tag nur eine kleine Portion Reis oder Mais erhalten; es war ihnen verboten gewesen, die in unmittelbarer Nähe wachsenden Bananen oder Kokosnüsse zu pflücken. Die ausgehungerten Häftlinge suchten nach Schnecken, Kakerlaken und Ratten. Die Zeugin hatte bei der Einlieferung ins Lagersystem 69 Kilo gewogen; als sie freikam, wog sie noch 40 Kilo. Sie erinnerte sich, wie ein junger Amerikaner, der in der Nähe eines Außenzauns nach essbarem Unkraut suchte, wegen eines angeblichen Fluchtversuchs hingerichtet wurde.[60]

Die japanischen Angeklagten starrten mit grimmiger Miene geradeaus, als die Ankläger Beispiele für Vergewaltigungen und sexuelle Gewalt vortrugen – es waren so viele, dass dies auf eine Politik der Genehmigung und Duldung von Übergriffen gegen Frauen schließen ließ.[61] Ein Augenzeuge hatte in Davao gesehen, wie vier japanische Soldaten sich in einem Luftschutzbunker eine verängstigte, weinende Filipina aussuchten, sie ins Freie zerrten, ihr die Kleider vom Leib rissen, sie zu Boden zwangen und dann nacheinander vergewaltigten. Ein Bericht des US-Militärs schilderte eine berüchtigte Episode, die sich während der letzten Kämpfe in Manila abgespielt hatte. Japanische Soldaten hielten Dutzende von jungen Filipinas mehrere Tage lang in drei Wohngebäuden und einem Hotel fest, wo die Frauen wiederholt vergewaltigt wurden. Japanische Soldaten gaben an, sie hätten sich zu einem letzten irdischen Vergnügen berechtigt gefühlt, bevor sie im Kampf den Tod fanden. Easter Garcia Moras erinnerte sich in einer eidesstattlichen Erklärung, wie sie betete und weinte, als ihre Schwestern in einen anderen Raum gezerrt wurden, um dort vergewaltigt zu werden. Eine von ihnen sagte, als sie zurückkam, sie wolle sterben. Moras selbst wurde von japanischen Marineinfanteristen weggeschleppt, in einem Raum auf den blanken Boden niedergezwungen und geschlagen, bis sie ganz benommen war. »In jener Nacht wurde ich zwölf- bis fünfzehnmal vergewaltigt«, schrieb sie in ihrer eidesstattlichen Erklärung. »Ich erinnere mich nicht mehr genau, wie oft. Ich war so müde und von Ekel erfüllt, dass alles zu einem furchtbaren Albtraum zusammenschmolz.[62]

Die beschlagnahmten Tagebücher japanischer Offiziere erwiesen sich als eines der wirkungsvollsten – und ernüchterndsten – Beweismittel des gesamten Tokioter Prozesses, denn sie zeigten, dass an diese Männer Befehle mit der Aufforderung ergangen waren, Kriegsverbrechen zu begehen. Ein japanischer Unterleutnant (Warrant Officer) schrieb 1944: »Unser Befehl lautet, alle Männer zu töten, die wir vorfinden.« In einem anderen Tagebucheintrag hielt er fest: »Unser Ziel ist es, alle Männer zu töten oder kampfunfähig zu machen und Informationen zu sammeln. Frauen, die zu fliehen versuchen, sind zu töten. Insgesamt ist unser Ziel die Vernichtung von militärischem Personal.« Ein anderer Soldat notierte im Frühjahr 1945, dass alle Bewohner einer Stadt getötet worden seien: »Weil 90 Prozent der Filipinos nicht projapanisch eingestellt sind[,] erteilte das Armee-Hauptquartier am 10. des Monats den Befehl, sie zu bestrafen. In verschiedenen Einsatzgebieten haben wir mehrere Tausend von ihnen getötet (auch Junge und Alte, Männer und Frauen und Chinesen).«

Viele der bei Hinrichtungen eingesetzten Japaner waren bedrückt. Ein Obergefreiter schrieb in sein Tagebuch: »Im Schutz der Dunkelheit rückten wir aus, um Einheimische zu töten. Mir fiel es schwer, sie zu töten, weil sie gute Menschen zu sein schienen. Die Angstschreie von Frauen und Kindern waren furchtbar. Ich selbst stach auf mehrere Personen ein und tötete sie.« Ein anderer japanischer Soldat erinnerte sich an die Misshandlung mutmaßlicher Guerillakämpfer, die später dann erschossen oder mit Bambusspeeren durchbohrt wurden. »Es war schrecklich, und ich konnte nicht zusehen. (…) Das japanische Heer geht wirklich extrem vor.« Ein weiterer Japaner schrieb 1945, dass er mehr als 100 philippinische Guerillakämpfer und einheimische Zivilisten getötet habe: »Die Naivität, die mir damals, als ich die Heimat verließ, zu eigen war, ist schon längst verschwunden. Jetzt bin ich ein hartgesottener Mörder, und mein Schwert ist immer blutgetränkt. Alles geschieht zwar im Namen meines Landes, aber es ist die reine Brutalität. Möge Gott mir vergeben! Möge meine Mutter mir vergeben!«

Andere Mörder zeigten weniger Skrupel. Ein japanischer Soldat erinnerte sich 1944, wie er etwa 30 wehrlose philippinische Guerillakämpfer mit dem Bajonett getötet hatte: »Mir fiel auf, dass einige von ihnen wie kleine Kinder waren. Sie hatten überhaupt keine Kraft mehr, weil sie in den letzten drei Tagen seit ihrer Gefangennahme nichts mehr gegessen hatten. (…) Ihre Hände waren auf den Rücken gebunden, und sie standen mit leicht geneigtem Kopf vor den Löchern« – den für sie ausgehobenen Gräbern. »Es sah so aus, als hätten sie sich bereits darauf eingestellt, dass sie getötet werden würden, und sie sagten nichts. Ihr Haar war sehr buschig. Ich war gereizt.« Der Tagebuchschreiber bemerkte zwar die Hilflosigkeit, machte aber dennoch mit, als einer nach dem anderen erstochen wurde. »Ich war beim Zweiten an der Reihe. In dem Augenblick, als ich das Opfer mit dem Bajonett erstach, schrie der Mann ›Ah‹ und fiel in das Loch hinter ihm. Er litt, aber ich empfand keinerlei Gefühl. Das mag so gewesen sein, weil ich so aufgeregt war.«[63]

Das Beweismaterial zu den Ereignissen auf den Philippinen ragte – bei allem Grauen, das es enthielt – heraus, weil hier der Schwerpunkt auf den asiatischen Opfern lag. Die französischen und niederländischen Ankläger legten hingegen Beweise vor, die sich stärker auf französische und niederländische Staatsbürger als auf die Vietnamesen oder Indonesier bezogen. Es wurden beispielsweise keine Indonesier nach Tokio gebracht, um dort auszusagen, aber das Gericht hörte die Berichte einer ganzen Reihe von niederländischen Überlebenden. Doch selbst ein kurzer und sehr zügig vorgetragener niederländischer Bericht zeigte, dass die Indonesier fürchterliche Gräueltaten erlitten hatten, die offensichtlich viel schlimmer gewesen waren als die Übergriffe gegen Europäer.

Das Kaiserreich Japan hatte während der Besatzungszeit rund 270 000 Indonesier, die meisten von ihnen kamen aus Java, als Zwangsarbeiter eingesetzt.[64] Das Gericht hörte eidesstattliche Erklärungen mehrerer Indonesier, die eine Haft in für Asiaten eingerichtete Lager überlebt hatten, in denen die Todesrate viel höher war als in den Lagern für Europäer. Die Japaner hatten sich für diese unterernährten und gequälten Indonesier die euphemistische Bezeichnung »romusha« ausgedacht, »Arbeiter«; das Tokioter Tribunal bezeichnete sie herablassend kolonial geprägt als »Kulis«. In einem der Arbeitslager wurden die Indonesier geschlagen und gefoltert, übermäßiger Arbeitsbelastung und Krankheiten ausgesetzt; innerhalb eines Jahres starben zwei Drittel der Gefangenen, etwa 500, bei einer Gesamtzahl von 750. In einem anderen Lager starben nach dem Bericht eines indonesischen Überlebenden aus einer Gruppe von 500 Gefangenen mehr als 200.

Die *Kempeitai*-Polizisten waren fleißige und einfallsreiche Folterer von Indonesiern, unter ihnen gab es Spezialisten für elektrische Stromstöße, Schläge auf die Nieren und eine Methode, die als »die Wasserprobe« bezeichnet wurde – ein langsames Ertränktwerden mit Wasser, das durch ein Handtuch über das Gesicht gegossen wird. Ein indonesischer Zeuge hatte gesehen, wie man einen seiner Kameraden umbrachte, indem man ihn in eine Matte wickelte, die dann angezündet wurde. Ein anderer Indonesier sah, wie ein Zwangsarbeiter bei lebendigem Leib begraben wurde. Der Bürgermeister von Semarang, einem Ort in Zentraljava, gab eine eidesstattliche Erklärung ab, in der er berichtete, wie er von den *Kempeitai* geschlagen worden war, bis seine Schultern grün und blau waren, wie er mit schweren Armeestiefeln in die Rippen und vors Schienbein getreten, mit Zigarettenglut verbrannt und an »elektrischen Strom« angeschlossen wurde, »der einen wie einen Frosch hüpfen und tanzen und schreien ließ, bis man ohnmächtig wurde; all dies nur, um die begehrten Geständnisse zu bekommen«.[65]

Auch der französische Ankläger hob das Leid der Europäer hervor und berichtete ausführlich über die Folterung französischer Gefangener und die Vergewaltigung französischer Frauen in Indochina.[66] Der Ankläger ging zwar auch auf das Leid der Vietnamesen ein – er berichtete über ein im Norden Indochinas begangenes Massaker an Vietnamesen und Franzosen, über die Misshandlung vietnamesischer Arbeiter und die Zwangsprostitution vietnamesischer Frauen –, doch seine Priorität waren Franzosen. In einer eidesstattlichen Erklärung beklagte sich ein von den Japanern in Haiphong inhaftierter Franzose darüber, dass er und ein französischer Landsmann gemeinsam mit »einigen von Ungeziefer und von der Krätze befallenen Annamiten« – Vietnamesen – eingekerkert worden seien, »die innerhalb weniger Tage dafür sorgten, dass wir voller Läuse waren«.[67]

Das Gericht hörte aus verschiedenen Regionen stammende Berichte über extreme Grausamkeiten im Umgang mit anderen asiatischen Völkern. Einheimischen burmesischen Arbeitern wurde Desinfektionsmittel in die Augen gesprüht, sie wurden vergiftet, als Untermenschen bezeichnet, die es nicht wert seien, von einem japanischen Arzt behandelt zu werden. Ehemänner und -frauen und ihre Kinder wurden voneinander getrennt und in verschiedene Arbeitslager gebracht. Ihre zerlumpten Kleidungsstücke waren voller Ungeziefer. Man gab ihnen Reis zu essen, der von Rüsselkäfern befallen war. Wer an Cholera erkrankte, wurde in Massengräbern abgelegt und bei lebendigem Leib begraben.[68] Ein Thai-Mann erklärte unter Eid, er sei furchtbar gefoltert worden: Er berichtete über Verbrennungen mit Zigaretten, zwei Tage andauernde Quälereien mit elektrischem Strom, bis seine Handgelenke und Beine verkohlt waren, über Wasserzufuhr unter Zwang und einen rotglühenden Draht, der in seinen Penis eingeführt worden war.[69]

Die japanische Regierung hatte an einer strengen Zensurpraxis über den Einsatz von Asiaten als Sklavenarbeiter festgehalten, um weiterhin öffentlich über panasiatische Solidarität schwadronieren zu können. Japan untersagte bereits jede Art von Berichterstattung über den Arbeitseinsatz von Kriegsgefangenen »für Zwecke, die nicht der Allgemeinheit dienen«, doch bei Asiaten ging man noch weiter. Eine Zensurrichtlinie verbot »jegliche Berichte, aus denen die Festnahme von Asiaten und deren Einsatz als Arbeitskräfte hervorgeht«.[70]

Die Befehlskette

Die Anklagevertretung verfügte einerseits über ein schreckliches Übermaß an Beweisen für konventionelle Kriegsverbrechen, mehr Schwierigkeiten bereitete jedoch die Verbindung dieser Taten mit den Angeklagten. Im Unterschied zur Pearl Harbor gewidmeten Phase des Verfahrens verzichtete die Anklagevertretung hier auf eine genauere Analyse belastender Besprechungen hochrangiger japanischer Funktionsträger. Die Ankläger konnten auch nicht auf bestimmte Befehle verweisen, mit denen die Tötung oder Folterung von Kriegsgefangenen angeordnet wurde, weil es sie entweder nicht gegeben hatte oder weil sie bei Kriegsende vernichtet worden waren. Vielmehr ergab sich aus der punktuellen Beschreibung von Verbrechen ein umfassendes Muster, aus dem die Richter die Schuld der Angeklagten ableiten konnten.[71] Der australische Ankläger erklärte, die zahlreichen von den Alliierten ans japanische Außenministerium gerichteten offiziellen Beschwerden belasteten zwölf der Angeklagten: Sie hätten entweder von diesen Verstößen gegen das Kriegsrecht gewusst und versäumt, etwas zu deren Vermeidung zu unternehmen, oder sie hätten es unterlassen, ernsthaft zu untersuchen, ob tatsächlich Kriegsverbrechen begangen wurden.

Die Anklagevertretung zeichnete sorgfältig die Befehlskette nach, die sie bis zu den höchsten Stellen in Tokio führte.[72] General Doihara Kenji und General Itagaki Seishiro hatten Armeen befehligt, die Singapur beherrschten; General Umezu Yoshijiro war der Kommandeur der Kwantung-Armee gewesen, die Mandschukuo kontrollierte; und General Muto Akira war der Direktor des für die Kriegsgefangenen verantwortlichen Büros für militärische Angelegenheiten gewesen.[73] Diese Kette führte weiter nach oben bis zu Tojo Hideki, dem Heeres- und Premierminister, der beschlossen hatte, die alliierten Kriegsgefangenen als wichtige Arbeitskräfte für die Kriegsanstrengungen zu benutzen, und, was die Anklagevertretung nicht festhielt, bis zum Kaiser in seiner Eigenschaft als Oberhaupt des Reiches und – nach den Bestimmungen der Meiji-Verfassung – Oberbefehlshaber von Heer und Marine.[74]

In manchen Fällen gab es noch besondere Verbindungen. General Hata Shunroku hatte den Befehl zur Einberufung des Kriegsgerichts gegeben, das für die Hinrichtung von drei der acht beim Doolittle Raid abgeschossenen amerikanischen Flieger sorgte.[75] Den Beschluss zum Einsatz von alliierten Kriegsgefangenen beim Bau der Burma-Thailand-Eisenbahn hatte der Generalstab gefasst, was mehrere Angeklagte, unter anderem Tojo und Admiral Nagano Osami, zugleich belastete.[76] Und ein australischer Infanterie-Hauptmann sagte aus, er habe Doihara bei der Inspektion eines berüchtigten Lagers im Westen von Honshu gesehen, in dem australische Gefangene an Unterernährung gestorben waren. Nach der Inspektion durch Doihara hatten sich die Lebensbedingungen dort nicht verbessert. Webb fragte den australischen Hauptmann, ob der General im Gerichtssaal anwesend sei. »Dort drüben, das ist er«, sagte der Zeuge und zeigte auf Doihara.[77]

Ein in dieser Befehlskette weit oben stehender Mann sollte die Urteilsverkündung nicht mehr erleben. Der 68 Jahre alte Nagano starb am 5. Januar 1947 an Bronchopneumonie, Arteriosklerose und Lungentuberkulose, wie eine amerikanische Autopsie ergab. Eine Woche vor seinem Tod war er aus dem Sugamo-Gefängnis weggebracht und ins Krankenhaus der 8. US-Armee eingewiesen worden, nicht rechtzeitig genug, um ihn noch zu retten. Nachdem also nach Matsuoka Yosuke nun ein weiterer Beschuldigter tot und ein weiterer – Okawa Shumei – für unzurechnungsfähig erklärt worden war, blieben von ursprünglich 28 Angeklagten noch 25 Männer übrig.[78]

Die Befehlskette führte in den meisten Fällen zu Offizieren des Heeres, aber sie umfasste auch zwei Außenminister. Togo Shigenori machte einen niedergeschlagenen Eindruck. Als Außenminister nach Pearl Harbor war er der Mann gewesen, der im Januar 1942 versprochen hatte, dass Japan die Bestimmungen der Genfer Konvention mit den erforderlichen Änderungen auf alliierte Kriegsgefangene anwenden werde.[79] Im Außenministerium hatte er Dutzende von offiziellen Beschwerden der Alliierten über Hinrichtungen, Folter und Krankheiten unter den Gefangenen erhalten und sie an das Heer und die Marine weitergegeben. Er behauptete später, er habe von Tojo Hideki »eine strengere Aufsicht über die Gefangenenbehandlung« verlangt. Er beteuerte mit Nachdruck, das Außenministerium habe vom Marsch von Bataan und von der »Eisenbahn des Todes« nichts gewusst, und machte für die Hinrichtung der drei amerikanischen Flieger des Doolittle Raids das japanische Heer verantwortlich.[80] Die Ankläger blieben dennoch bei der Einschätzung, Togo müsse gewusst haben, dass das Heeresministerium nichts unternahm, um die Haftbedingungen der Kriegsgefangenen zu verbessern.[81]

Shigemitsu Mamoru beugte sich während der Aussagen über Gräueltaten nach vorn und barg den Kopf in beiden Händen.[82] Als Außenminister in der späteren Kriegsphase hatte auch er weitere alliierte Proteste erhalten und bearbeitet, ebenso wie dringende Gesuche des Internationalen Komitees vom Roten Kreuz zu Misshandlungen von Kriegsgefangenen in Burma und Thailand.[83] Die Anklagevertretung sagte, der Außenminister müsse sich darüber im Klaren gewesen sein, dass das Heeresministerium nichts zur Verbesserung der Lage unternahm. Shigemitsu hatte sich zuweilen ausweichend geäußert und beispielsweise den Briten während der Bauzeit der Eisenbahn geantwortet, dass Kriegsgefangene in Thailand nach geltendem Recht behandelt und alle kranken Gefangenen in Lazaretten angemessen versorgt würden, zugleich aber jede Besuchserlaubnis für die heruntergekommenen Lager verweigert.[84]

Die Anklagevertretung arbeitete hart daran, Tojo Hideki konventionelle Kriegsverbrechen nachzuweisen. Dafür setzten die Anklagevertreter abermals, jedoch mit geringstem Nutzen, auf Generalmajor Tanaka Ryukichi, den ehemaligen Leiter des Büros für den Militärdienst im Heeresministerium, der mit Tojo und anderen Widersachern immer noch offene Rechnungen zu begleichen hatte.[85] Tanaka behauptete, Tojo bei zahlreichen Besprechungen zur Behandlung der Kriegsgefangenen gesehen zu haben. Nach Tanakas Darstellung hatte Tojo bei einer Besprechung kurz nach dem Ende der Kämpfe auf der Halbinsel Bataan entschieden, dass alle Kriegsgefangenen als Zwangsarbeiter eingesetzt werden würden, und das trotz der Einwendungen eines japanischen Beamten, dass ein Arbeitseinsatz von Offizieren gegen die Genfer Konvention verstoßen könnte.[86]

Die Verteidigung zerlegte Tanakas Motive und seinen Charakter. Unter strengem Kreuzverhör gab er zu, dass er ein führender Mann der *Kempeitai* gewesen sei, was die Verteidigung zu der Andeutung veranlasste, ihm werde wohl als Gegenleistung für seine wacklige Aussage Straffreiheit angeboten. Er räumte ein, dass er sich nach dem Abschied vom Heeresministerium wegen einer psychischen Erkrankung in einem Krankenhaus habe behandeln lassen. Ein Verteidiger fragte ihn unter Anspielung auf seine Vergangenheit als hoher *Kempeitai*-Offizier: »Herr General, sind Sie beim japanischen

Volk nicht als ›das Ungeheuer‹ bekannt?« Webb ließ die Frage zu, dem wütenden Einspruch der Anklagevertretung zum Trotz. Tanaka räumte ein: »Es gibt ein paar Leute, die mich als ›Ungeheuer‹ bezeichnen«.[87]

Sehr viel überzeugender waren Tojos eigene Direktiven als Heeresminister – ein reichhaltiger Dokumentenschatz an Beweismitteln, der irgendwie der Vernichtung entgangen war. Diese Papiere zeigten, dass er sich über den Umgang mit den Kriegsgefangenen stets gut auf dem Laufenden gehalten hatte, und das bis in die Einzelheiten hinein, etwa bei der Arbeitsleistung in Fabriken oder beim Entladen von Kohle.[88] Seine Befehle waren darauf ausgerichtet, den alliierten Gefangenen die maximale Arbeitsleistung abzupressen, und die Exekutiven hatten deshalb die japanischen Heeresoffiziere nahezu angebettelt, die offiziellen Einschränkungen von missbräuchlicher Verwendung zu übergehen. Diese belastenden Dokumente waren so zahlreich, dass ein erschöpfter Webb bei verschiedenen Gelegenheiten fragte, ob es wirklich notwendig sei, dies alles bei Gericht laut vorzulesen.[89]

Tojo hatte eine japanische Heeresdivision im Mai 1942 angewiesen, ihre Gefangenen einer »strengen Disziplin« zu unterwerfen, »sofern das nicht dem Gesetz der Menschlichkeit widerspricht. Es muss darauf geachtet werden, sich nicht einer falsch verstandenen Humanität zu unterwerfen oder von persönlichen Gefühlen leiten zu lassen.« Mit einem weiteren Befehl hatte Tojo im Juni 1942 die Leiter von Gefangenenlagern in Japan, Korea, Mandschukuo und Formosa ins Bild gesetzt: »In Japan haben wir unsere eigenen Vorstellungen in Bezug auf Kriegsgefangene, weshalb sich ihre Behandlung mehr oder weniger stark von der Praxis in Europa und Amerika unterscheidet.« Die Arbeitskraft von Gefangenen sollte für die Produktion und die Kriegsanstrengungen »vollständig genutzt« und zugleich die »faire und gerechte Haltung des Reiches deutlich« gezeigt werden.

Mit einer anderen Direktive hatte Tojo im Juli 1942 neu eingesetzten Leitern von Gefangenenlagern mitgeteilt, sie müssten sich einerseits zwar an die Gesetze und Bestimmungen halten, sie aber andererseits »so streng überwachen, dass sie nicht unmenschlich werden, und ihnen nicht einen einzigen Tag des Müßiggangs gestatten«. Tojo hatte den Kommandanten der Lager mitgeteilt, dass »sie durch die Behandlung der Kriegsgefangenen dafür sorgen müssen, dass die einheimische Bevölkerung die Überlegenheit der japanischen Rasse erkennt und es außerdem als die größte Ehre begreift, mit der Kaiserlichen Armee bei der Errichtung der Großostasiatischen Wohlstandssphäre zusammenarbeiten zu können«.[90]

Bei Verhören durch Ermittler der Alliierten in der Nachkriegszeit machte Tojo keinerlei Anstalten, seine Zuständigkeit als Heeresminister für den

Umgang mit alliierten Kriegsgefangenen zu bestreiten. »Ja«, antwortete Tojo schlicht. »Ich war für ihre Behandlung verantwortlich.« Er gab zu, dass er mit den Bestimmungen der Genfer und Haager Konventionen zur angemessenen Behandlung von Kriegsgefangenen vertraut gewesen sei, und teilte die Ansicht, dass diese während des Krieges auch für Japan gegolten hätten. Er erklärte, dass er die Einrichtung der unglückseligen Behörde für die Aufsicht über die alliierten Kriegsgefangenen angeordnet habe – und fügte hinzu, dass für den Krieg in China keine Behörde dieser Art notwendig gewesen sei, weil dieser in Japan als »Zwischenfall« und nicht als Krieg behandelt worden sei, in dem den chinesischen Kombattanten Schutz nach den Bestimmungen des Kriegsrechts zugestanden hätte. Er gab außerdem zu, dass die Proteste der Alliierten bei den alle 14 Tage stattfindenden Besprechungen jener Behörde behandelt und ihm auch routinemäßig übermittelt worden seien: »Der Kriegsminister erhielt täglich einen beinahe halbmeterhohen Papierstapel, und ich nehme an, dass diese Dinge dazugehörten.«

Tojo beharrte sorgfältig auf der Aussage, dass der Kaiser niemals über diese Beschwerden der Alliierten unterrichtet worden sei: »Nein, das wurde er nicht. Ich übernahm das in eigener Verantwortung.« Warum wurde der Kaiser in seiner Eigenschaft als Oberbefehlshaber der Streitkräfte nicht informiert? »Ich hielt es für richtig, sie in die eigene Verantwortung zu übernehmen«, teilte Tojo seinen Vernehmern mit. »Der Kaiser war sehr beschäftigt und hatte eine Menge zu tun, also erledigte ich das selbstständig. Folglich ist der Kaiser bezüglich dieser Angelegenheit nicht verantwortlich. Ich bin verantwortlich.«

Doch als man zu den Kriegsverbrechen kam, ersetzte Tojo die Offenheit durch Ausreden. »Über Gräueltaten wurde mir überhaupt nicht berichtet«, erzählte er seinen skeptischen alliierten Vernehmern. »Ich bin erstaunt über das, was jetzt an Tatsachen über Gräueltaten in den Zeitungen berichtet wird. Hätten die Japaner die Anweisungen des Kaisers befolgt, wäre es niemals zu solchen Gräueltaten gekommen.« Er hatte von Beschwerden über »Verpflegung und so weiter« gewusst, aber nichts Schlimmeres sei ihm zugetragen worden.[91] »Wir hatten nicht einmal den Verdacht, dass solche Dinge passierten«, beteuerte er. »Besonders der Kaiser hätte aufgrund seiner Mildtätigkeit eine gegenteilige Einstellung gehabt. Solche Handlungen sind in Japan nicht zulässig. Der Charakter des japanischen Volkes ist so beschaffen, dass es der Ansicht ist, weder Himmel noch Erde würden solche Dinge gestatten. Es wäre bedauerlich, wenn Menschen in aller Welt glaubten, dass solche unmenschlichen Taten dem japanischen Charakter entsprächen.«

Tojo bemühte eine Reihe von Ausreden, von denen viele darauf verwiesen, wie diese Kriegsverbrechen zugelassen worden sein könnten. »Die japanische Vorstellung von einer Gefangennahme unterscheidet sich von der in Europa und Amerika«, erklärte er. »In Japan wird sie als Schande betrachtet.« (Niemand musste daran erinnert werden, dass er sich selbst in die Brust geschossen hatte, um einer Gefangennahme durch die amerikanischen Besatzer zu entgehen.) Indem er Verachtung für alliierte Gefangene äußerte, weil sie sich ergeben hatten, informierte er die Ankläger höchstselbst über ein mögliches kriminelles Motiv für die Anordnung oder Zulassung ihrer Misshandlung aus.

Zur Rechtfertigung der Misshandlung von Ausländern sagte er, Schläge ins Gesicht seien in japanischen Familien mit geringem Bildungsstand üblich. Offiziell war die Prügelstrafe in den Streitkräften verboten, aber Tojo räumte ein, dass sie in Wirklichkeit weiter praktiziert würde. Er sagte, dieser Gewohnheit hätte zwar ein Ende gesetzt werden müssen, »aber ich bin nicht der Ansicht, dass es ein Verbrechen ist. Hier handelt es sich um etwas, das zum Brauchtum gehört.« Dieses Argument hätte dennoch nur dann zur Erklärung herangezogen werden können, wenn es in der japanischen Unterschicht üblich gewesen wäre, Familienangehörige zu Tode zu prügeln.

Tojo sagte, er sei davon ausgegangen, dass alliierte Gefangene ebenso behandelt würden wie japanische Soldaten: »Die Bedingungen, unter denen japanische Soldaten lebten, waren schlimm, und in diesem Ausmaß war die Behandlung, die Kriegsgefangenen widerfuhr, ebenfalls schlimm.« Auch in diesem Punkt hätte das Argument einer Prüfung nur dann standgehalten, wenn japanische Soldaten sich gegenseitig zu Tode geprügelt und gefoltert hätten. Japan habe einen niedrigeren Lebensstandard, sagte Tojo, deshalb hätten Amerikaner und Europäer, denen übliche japanische Essensrationen zugeteilt worden seien, diese als »sehr, sehr unappetitlich« empfunden – obwohl alliierte Gefangene wiederholt aussagten, dass ihre Verpflegung schlechter gewesen sei als diejenige ihrer japanischen Bewacher.

Bei Fragen nach den scheußlichsten Kriegsverbrechen erwies sich Tojo als sehr wortkarg. Er sagte, erst mehrere Monate nach dem Todesmarsch von Bataan habe er Gerüchte gehört, dass man amerikanische Kriegsgefangene gezwungen habe, sich in der Hitze weiterzuschleppen. Er habe diese Gerüchte bei einem eigenen Besuch auf den Philippinen im Gespräch mit dem dortigen japanischen Stabschef erwähnt, aber die Erklärung seines Untergebenen akzeptiert, dass »der ›Marsch‹ wegen des Mangels an Transportmitteln angeordnet wurde und nicht mit Gräueltaten verbunden war«.

Er habe es damit bewenden lassen, in der Annahme, dass es eine gewisse Zahl von Standgerichten gegeben habe, sei dem aber nicht gemeinsam mit anderen hochrangigen Offizieren nachgegangen: »Ich amtierte als Premierminister und als Kriegsminister und war nicht in der Lage, mich um Details dieser Art zu kümmern.« Und er fügte noch hinzu: »Jedermann dachte, der japanische Charakter werde solch grausame Handlungen nicht zulassen.«[92]

Tojo versuchte gar nicht erst zu bestreiten, dass er den Arbeitseinsatz von Kriegsgefangenen für den Bau einer Bahnlinie mit militärischer Zielsetzung genehmigt hatte, was als Kriegsverbrechen bewertet werden konnte, obwohl er selbst behauptet hatte, es sei nicht kriminell, so zu verfahren.[93] »Mir kam zu Ohren, dass Gefangene beim Bau der Eisenbahnlinie zwischen Thailand und Burma von Offizieren schlecht behandelt wurden«, gab er zu, »dass Gefangene, die krank waren, zur Arbeit gezwungen wurden, und auf dieser Grundlage ordnete ich ein Kriegsgerichtsverfahren an«. In einer eidesstattlichen Erklärung zu seiner Verteidigung sollte er noch hinzufügen, dass er außerdem einige Militärärzte entsandt und einen für den Eisenbahnbau verantwortlichen General entlassen habe.[94] Außerdem habe es in China »zwei oder drei Fälle« gegeben, die ihm zur Kenntnis gebracht worden seien, aber er sei damit zufrieden gewesen, dass die Offiziere vor Ort ein Kriegsgericht einberufen hätten, dessen Ergebnisse ihm in seiner Eigenschaft als Heeresminister zugegangen seien. Bei den wenigen Fällen, mit deren Ergebnissen er nicht zufrieden gewesen sei, habe er die Unterlagen zur Revision zurückgeschickt.

In dem einen Fall, in den der Kaiser direkt verwickelt war, übernahm Tojo trotzig die Verantwortung für die Hinrichtung der gefangen genommenen Soldaten des Doolittle Raids. Er bezeichnete sie als Kriegsverbrecher, die nach einem ordentlichen Verfahren vor einem Militärgericht rechtmäßig hingerichtet worden seien. Dieser Angriff, erklärte er, »verstieß gegen das Völkerrecht. Er richtete sich nicht gegen Soldaten, sondern gegen Nichtkombattanten, vor allem gegen Schüler und so weiter.« Er hatte ein Kriegsgerichtsverfahren für die US-Flieger angeordnet. (Eine im Jahr 2003 von Wissenschaftlern in Verbindung mit Japans Selbstverteidigungsstreitkräften vorgenommene Untersuchung sollte zu dem Ergebnis kommen, dass einige der Doolittle-Bomben tatsächlich Zivilisten getroffen hatten.)[95] »Japan war zum ersten Mal bombardiert worden, und das war ein großer Schock«, erklärte er seinen Vernehmern. »Die öffentliche Erregung war sehr groß. Heute natürlich, nach den wahllosen Bombardierungen unverteidigter mittelgroßer und kleiner Städte und nach dem Einsatz der Atombombe, allesamt Handlungen, die das Völkerrecht nicht erlaubt, lässt der tragische Anblick, den dieses Land heute bietet, den ersten Angriff wie eine ganz unbedeutende Angelegenheit aussehen, aber damals war er für die Menschen ein großer Schock.« Er gab zu, dass er einen Befehl zur »strengen Bestrafung« der amerikanischen Flieger ausgegeben hatte, in der Hoffnung von künftigen Luftangriffen abzuschrecken, räumte allerdings ein, dass es sich hierbei um eine Ex-post-facto-Rechtsauslegung – eine erst nach der Tat rückwirkend verfügte Rechtsfolge – gehandelt habe.

Tojo gab sich große Mühe, Hirohito zu entlasten, der das Todesurteil gegen fünf der acht amerikanischen Flieger umgewandelt hatte. Dieses Zeichen der Machtausübung stellte den Kaiser allerdings nicht nur an die Spitze der Befehlskette, es legte auch nahe, dass er an der Entscheidung, drei der acht Gefangenen hinzurichten, beteiligt gewesen war. »Der Kaiser hat mit diesem Problem überhaupt nichts zu tun gehabt«, erklärte Tojo zunächst gegenüber seinen Vernehmern. Dann widersprach er sich selbst, indem er behauptete, er habe einige der Flieger aus Ehrerbietung gegenüber »der Güte des Kaisers« verschont. Tojo sagte, »aufgrund seiner Gefühle wollte [ich] nur die Mindestzahl der Männer hinrichten lassen«. Nachdem er sich so verrannt hatte, musste er zugeben: »Das wurde mit dem Kaiser besprochen. (…) Dieser eine Punkt war der einzige Bezug des Kaisers zu der Angelegenheit.«[96]

Damit endete eine besonders aufreibende Phase des Prozesses. Die erschöpfte Anklagevertretung beendete ihren Vortrag. Einer der amerikanischen Ankläger teilte dem Gericht am 24. Januar 1947 in einem fern der Heimat erklingenden North-Carolina-Akzent mit, dass »die Anklagevertretung sich jetzt ausruhen wird«.[97]

16.

Elf zornige Männer

Einem jeden Menschen wäre es schwergefallen, sich monatelang die quälenden Zeugenaussagen aus Nanjing und Manila anzuhören. Die Richter gingen dieser Aufgabe in einem besonders merkwürdigen Gemütszustand nach: Durch ihr surreales, klösterliches Leben waren sie zutiefst verwirrt.

Wenn sie nicht unter den Jupiterlampen des Gerichtssaals saßen, waren sie, wie Mei Ruao schrieb, »eine ganz besondere, rätselhafte Gruppe«.[1] Gleich nach den Sitzungen zog sich die verschwiegene Richterschar ins Imperial Hotel zurück. Sie tranken gemeinsam an der Hotelbar, lernten Reisschnaps zu kippen und kanpai zu sagen, den Sowjets mit »wasche sdorowje« und den Briten mit »to your very good health« zuzuprosten. Sie eilten, von der japanischen Gesellschaft isoliert, durch eine endlose Abfolge von internationalen Zeremonien, diplomatischen Empfängen und Expat-Partys im Smoking – Abend für Abend abwechselnd zu Gast bei einem Kapitän der französischen Marine, dem politischen Vertreter Indiens, einem US-Generalmajor, beim britischen Anklagevertreter oder einem hochrangigen sowjetischen Regierungsvertreter.[2] Der niederländische Richter Bert Röling schrieb in einer privaten Mitteilung: »Wir leben in einer mehr oder weniger eigenen Welt, in einer internationalen Gesellschaft, die das tut, was alle internationalen Gesellschaften tun.«[3]

Selbst Röling, einer der anpassungsfähigsten Richter, beklagte sich bei einem Freund über »[d]ieses verdammte Land«. Japanische Musik klang in seinen heimwehkranken Ohren wie »das Miauen eines Paars nicht allzu vitaler Katzen im Mondschein«; die Japaner »haben offensichtlich keine eigenständige Kunst (die wahre Kunst in diesem Land kommt aus China«); und »meine ganze Natur stellt sich gegen eine Mentalität, die ›Was lesen Sie gerade?‹ mit ›Welch ehrenwerte Lektüre‹ und ›Ich gehe jetzt‹ mit ›demütig gehen‹ wiedergibt«. Er kam nicht über unbekümmerte stereotype Eindrücke hinaus, als er schloss: »Ich bin nur zu bereit, Japan nicht zu verstehen, denn der Osten ist der Osten, und der Westen ist der Westen.«[4]

Die Frauen gefielen ihm immer, und für das ganze Volk erwärmte er sich langsam. »Ich muss gestehen, dass mir die Japaner sympathischer werden, je mehr ich über sie lerne«, schrieb er. »Sie haben etwas Kindliches an sich, und das ist bezaubernd. Was nun die Frauen anbelangt, so gilt die Kindlichkeit als ihre besondere Tugend, nehme ich an. (…) Die Männer dagegen, die von den Frauen bedient und verdorben werden, sehen hässlich, düster und unzufrieden aus.«[5] Er erinnerte sich zwar an die Feindseligkeit, mit der die Niederländer den deutschen Besatzern begegnet waren, erlebte aber seinerseits, dass er, der ausländische Besatzer, in japanischen Haushalten willkommen geheißen wurde. Er spielte regelmäßig in einem Streichquartett mit drei Japanern zusammen.[6]

Seine klischeehaften Vorstellungen von einem ganzen Volk konnte er allerdings immer noch nicht hinter sich lassen, er behauptete, die Japaner hätten ein »sehr tief sitzendes Minderwertigkeitsgefühl«, das sie dazu veranlassen würde, »sich zu verstecken und Dinge aufzubauschen und Geschichten über Göttlichkeit zu erfinden«. An einen Freund schrieb er: »Die Japaner sind die Deutschen, und die Chinesen sind wie die Engländer. Chinesen haben das innere Empfinden der Überlegenheit (aber verlieren das vielleicht in der letzten Generation, also hoffe ich, dass der Vergleich an dieser Stelle endet), und die Japse leben von der Meinung der Außenwelt und wären wunderbare Leute, wenn sie es nicht nötig hätten, anzugeben.«[7]

Es war ein Blick auf die Japaner durch einen feinen Schleier aus Selbstgerechtigkeit und Klischees. Die Richter seien bestenfalls, so formulierte es Röling, unbeteiligte Zuschauer in einem fremden Land. Er schrieb: »Man kann hier spazierengehen und über all die wunderschönen Dinge staunen, die man zu sehen bekommt. Aber auf lange Sicht kann man mit seiner Umgebung nicht in Kontakt treten. Sie sind in spiritueller Hinsicht ›unzugänglich‹. Und man erlebt das als Zuschauer, der nicht mitspielt und sich zumindest etwas einsam und unglücklich fühlt.«[8] Von einer sich wandelnden japanischen Gesellschaft in ihrem Umfeld verwirrt, vertieften sich die Richter in das angenehm vertraute Reich der Juristerei. Wenn ihnen das Land außerhalb ihrer Hotelsuiten Rätsel aufgab, konnten sie immer noch im eigenen beruflichen Scharfsinn Trost finden, in einer wissenschaftlichen Abhandlung, Doktrin und Interpretation. Darin waren sie schließlich nach wie vor Meister ihres Fachs.

Zuständigkeit

Während die Anklagevertretung ihren Vortrag beendete, hatten die Richter immer noch nicht ihre »Gründe, die später zu benennen sind«, formuliert, mit denen die rechtliche Zuständigkeit des Gerichts für Anklagen gegen die Beschuldigten wegen Führung eines Angriffskriegs, Verbrechen gegen die Menschlichkeit und Kriegsverbrechen belegt werden sollte.[9] Es sollte sich noch herausstellen, dass damit ›sehr viel später‹ gemeint war. Die Richter führten untereinander und insgeheim eine lange, erbitterte Debatte, die erst mit dem Abschluss des Prozesses selbst ein Ende finden sollte.

Die Richter mussten sich mit zwei Kernfragen auseinandersetzen. Die erste lautete: Was verlieh dem Gericht die rechtliche Zuständigkeit für diese einzelnen Angeklagten? Die zweite Frage war: Waren die Anklagepunkte im Gründungsstatut – vor allem die Punkte Angriffskrieg und Verschwörung – tatsächlich Verbrechen im Sinne des bestehenden Völkerrechts? Im Dauerstreit über diese grundlegenden Fragen, den sie oft gemeinsam mit Hilfe der Kurzformel der rechtlichen Zuständigkeit (»jurisdiction«) verwischten, führten ihre zornig geführten internen Kämpfe beinahe zum Kollaps des Gerichts. Mindestens drei der Richter drohten im privaten Rahmen mit ihrem Rücktritt; zwei von ihnen beschlossen, ein Sondervotum zu formulieren; und die meisten von ihnen waren wütend auf Sir William Webb. Nur der sowjetische Richter, der keine juristischen Argumente benötigte, die über die in Moskau formulierte Parteilinie hinausgingen, war mit der Haltung des Vorsitzenden Richters zufrieden.[10] Die Richter erwiesen sich als hartnäckig unkooperativ und als politisch unsensibel. Sie verhedderten sich in ihrer lebhaft geführten intellektuellen Auseinandersetzung und bemerkten dabei nicht, wie ungünstig es möglicherweise selbst auf die reumütigsten Japaner wirken könnte, dass der alliierte Gerichtshof jahrelang ohne eine öffentlich vorgetragene Begründung der eigenen Legitimität verhandeln konnte. Einige der Argumente, einschließlich der Begründung für die Wertung eines Angriffskriegs als Verbrechen, waren in ihrem sachlichen Kern zweifelhaft. Und die Auseinandersetzungen sorgten für bleibende Wunden im Verhältnis zwischen den Richtern, sie waren ein Vorzeichen für die letztlich formulierten abweichenden Stellungnahmen zum Schlussurteil des Gerichts.

»Unsere Gründe für dieses Urteil hätten sofort benannt werden sollen«, schrieb der britische Richter in einer vertraulichen Mitteilung. »Die Meinungen der noch Unentschlossenen hätten sich nicht zur Überzeugung verfestigt.«[11] Mehrere andere Richter waren von Webb genauso enttäuscht.

»Ein starker oder ein sensibler Vorsitzender hätte die Frage nach der Rechtmäßigkeit zu dem Zeitpunkt geklärt, zu dem wir das Argument hörten«, zürnte der neuseeländische Richter Erima Harvey Northcroft.[12]

Die Richter waren sehr viel widerspenstiger, als der jeweiligen Regierung in der Heimat oder dem Allgemeinen Hauptquartier bewusst war. In Tokio wusste so gut wie niemand, dass es in Den Haag eine offizielle, aus vier niederländischen Juristen bestehende Kommission gab, deren Auftrag lautete, den idealistischen Röling zu kontrollieren.[13]

Doch der entledigte sich umgehend ihrer Leine, allerdings ohne seine Aufseher über seine nagenden Zweifel zu unterrichten.[14] »Ich frage mich, ob die internationalen Beziehungen ein Entwicklungsstadium erreicht haben, in dem der Angriffskrieg als Verbrechen betrachtet werden kann«, notierte er skeptisch. »Ist das Verbrechen des Krieges kompatibel mit der nationalen Souveränität, wie sie heutzutage besteht, steht es im Einklang mit dem Gesetz des Dschungels, das in der internationalen Gesellschaft zu existieren scheint?«[15]

Rölings eigensinnige Tendenzen wurden durch die Ankunft des eindrucksvollen Radhabinod Pal aus Kalkutta noch verstärkt. Die beiden Männer, die nebeneinander am Rand des Richtertisches saßen, wurden enge Freunde, plauderten und scherzten fröhlich. Ein paar Monate nach der Ankunft des indischen Richters schrieb Röling voller Zuneigung an eine Freundin, dass »Richter Pal (...) in seinem Herzen ein Dichter ist«.[16] Er war außerdem ein unberechenbarer Einzelgänger. Nach der Einschätzung mehrerer anderer Richter war der indische Kollege dem aus Kalkutta eintreffenden Flugzeug bereits mit der vorgefassten Absicht entstiegen, eine abweichende Meinung zu vertreten. »Nichts konnte seine Meinung ändern«, knurrte Lord Patrick, der britische Richter. »Er hatte sie sich bereits gebildet, bevor er hierherkam. Er kam, um sie auszusprechen.«[17] Selbst Röling stellte später fest, dass Pal »von Anfang an wusste, dass er niemanden irgendeines Vergehens für schuldig befinden würde«.[18]

Mei Ruao entwickelte eine intensive Abneigung gegen Pal, obwohl ihre Lebensläufe in vielerlei Hinsicht Parallelen aufwiesen. Der chinesische und der indische Richter waren beide blitzgescheite Selfmademen aus ländlichen Gebieten ihrer riesigen Herkunftsländer; beide waren mit Hilfe des Bildungssystems und des Studiums der Rechtswissenschaft in die oberen Gesellschaftsschichten aufgestiegen; beide hatten sich das Englische als die Sprache der weltweiten Macht angeeignet; beide hatten sich für ihren gesellschaftlichen Aufstieg der bestehenden herrschenden Machtstruktur bedient – in Meis Fall war das die Regierung Nationalchinas, bei Pal war es das British Empire. Mei stellte respektvoll fest, sein indischer Kollege sei »kenntnisreich in Rechtsangelegenheiten und ein außerordentlich harter Arbeiter«, außerdem »ein fleißiger Leser, der immer ein Buch in Händen hält«. In einem anderen Umfeld wären sie vielleicht Freunde geworden.[19] Doch in Tokio wurden die beiden Richter und Vertreter bedeutender asiatischer Mächte zu Gegnern. Mei schimpfte, Pal sei der konservativste juristische Denker und der Anführer der Minderheit, der sich oft intensive Debatten mit den anderen Richtern liefere. Einmal bezeichnete Mei in grober Manier den indischen Kollegen als schwerfällig, langsam und ungesellig.[20] Der chinesischen Regierung berichtete Mei, der indische Richter sei »konservativ und stur« und darauf festgelegt, eine Minderheitsmeinung zu formulieren: »Er weigerte sich hartnäckig, mit der Mehrheit zusammenzuarbeiten.«[21]

Weder Pal noch Röling bekamen mit, dass es in der Mehrheitsfraktion des Gerichts zwei wichtige Mitglieder gab, die privat bezweifelten, dass ein Angriffskrieg ein Verbrechen sei. Generalmajor Myron Cramer, der zweite US-Richter, hatte 1944 ein Papier gutgeheißen, in dem bestritten wurde, dass der Angriffskrieg ein Verbrechen sei.[22] Und Webb selbst teilte als Privatmann diese Ansicht weitgehend.[23] Daraus ergab sich die Aussicht, dass bis zu vier Richter das Tribunal scheitern lassen konnten, und das zu einem Zeitpunkt, als es eben erst in Gang gekommen war.

Der Tokioter Prozess hat zwar im heutigen Japan den Ruf einer von Amerika durchgesetzten Siegerjustiz, aber die Mehrheit des Gerichts wurde effektiv vom British Empire dominiert. Deren aus drei Personen bestehenden Kern bildeten die Richter aus Großbritannien, Kanada und Neuseeland. Sie hielten zusammen, vereint durch das gemeinsame Band der Traditionen des englischen Common Law, die Empörung über Japans Krieg, die Verehrung für das Empire und die kulturelle Perspektive; außerdem waren sie alle auch wütend auf Webb.[24] Die britische Regierung befürchtete, dass ein handwerklich schlechtes Urteil in Tokio die mit dem Nürnberger Urteil gegen die Hauptkriegsverbrecher verbundenen Errungenschaften zunichtemachen könnte. Die kanadische Regierung war wegen der Misshandlung von Kriegsgefangenen empört über Japan und plädierte für energische Maßnahmen zur Demokratisierung des Landes.[25] Neuseeland fürchtete ebenso wie Australien eine Wiederbewaffnung Japans.[26] Dieser Block setzte sich hinter den Kulissen über den offiziellen Vorsitzenden des Gerichts hinweg, umwarb die anderen Richter und führte sie an.[27]

Der von Lord Patrick angeführte britische Block wurde so zum verläss-

Abb. 26 *Die streitbaren Richter in Tokio auf einem mit ihren Unterschriften versehenen Gruppenfoto vom 6. August 1946. Vorne, von links: Lord Patrick (Großbritannien), Generalmajor Myron C. Cramer (Vereinigte Staaten), Sir William Webb (Australien), Mei Ruao (China), Generalmajor Iwan Sarjanow (Sowjetunion). Hintere Reihe: Radhabinod Pal (Indien), Bert Röling (Niederlande), E. Stuart McDougall (Kanada), Henri Bernard (Frankreich), Erima Harvey Northcroft (Neuseeland), Delfin Jaranilla (Philippinen)*

lichen Kern der gestrengen Mehrheit des Gerichts, der sich Mei und Delfín Jaranilla von den Philippinen und oft auch Generalmajor Iwan Sarjanow aus der Sowjetunion anschlossen. Der amerikanische Richter, der angesichts der Macht der Vereinigten Staaten leicht die Rolle des Primus inter Pares hätte einnehmen können, erwies sich als einer der zurückhaltendsten und am wenigsten einflussreichsten Richter – was vielleicht teilweise an den möglichen Zweifeln lag, die Cramer insgeheim hegte. Patrick nahm ihn mit Sicherheit nicht ernst, er schrieb geringschätzig über ihn, dass er sich im Gerichtssaal oder auch in nichtöffentlichen Besprechungen kaum zu Wort gemeldet habe.[28]

Nachdem Joseph B. Keenan seine völlig unzureichende Begründung der Anklagevertretung für die rechtliche Zuständigkeit des Tribunals vorgetragen hatte, bemühten sich die von diesem Vorgang alarmierten Richter aus

Großbritannien, Kanada und Neuseeland um eine solidere Legitimation. Patrick empörte sich privat über den damit verbundenen Streit – den er mit schottischem Flair als »ein langes ›Gerangel‹« (»a long ›collieshangie‹«) bezeichnete. Er war der Ansicht, dass das auf dem gleichnamigen Dokument von Nürnberg basierende Statut des Gerichts seine Rechtfertigung in einer Reihe von regierungsamtlichen Erklärungen gegen den Krieg finde, die mit dem Versailler Vertrag begonnen und im Kellogg-Briand-Pakt von 1928, mit dem der Krieg als Mittel zur Durchsetzung politischer Ziele völkerrechtlich geächtet wurde, ihren Höhepunkt gefunden hatten.[29] Der wahre Grund für die »bedeutungsvolle Einsetzung« des Tokioter Gerichts sei, wie er der britischen Regierung vertraulich mitteilte, die Durchsetzung zweier Rechtsgrundsätze, nämlich dass das Planen oder Führen eines Angriffskriegs ein Verbrechen sei und dass einzelne Führungspersönlichkeiten für Handlungen zur Verantwortung gezogen werden sollten, die früher als staatliche Handlungen betrachtet worden waren.[30]

Als Privatmann war Patrick bei der Frage, in welchem Ausmaß die rechtliche Zuständigkeit des Gerichts auf der Macht der Alliierten beruhe, außergewöhnlich offen und ehrlich. »Die Machtbefugnisse des Tribunals wurden nicht aus irgendeiner Verfassung oder einem Statut abgeleitet, aus denen sich etwa die Machtbefugnisse des einzelnen Richters herleiten, wenn er auf eigenem Staatsgebiet tätig ist«, belehrte er Webb. »Die Machtbefugnisse des Tribunals leiten sich von der Macht ab, von der Macht, Anordnungen wirksam werden zu lassen, so wie sich das mit der Macht eines jeden Richters verhält.« Das Völkerrecht habe schon seit langem die Befugnis eines Militärbefehlshabers anerkannt, Militärgerichte einzusetzen, hielt er fest, und genau das habe General Douglas MacArthur mit dem Statut getan. Die Richter könnten sich nicht über das von den alliierten Regierungen erlassene Statut hinwegsetzen, das den Angriffskrieg zu einem Verbrechen erklärte: »Es ist Unsinn, zu behaupten, dass die alliierten Mächte den Mitgliedern des Tribunals stillschweigend das Recht verliehen hätten, die Handlungen der alliierten Mächte für null und nichtig zu erklären.«[31]

Patrick und die beiden oben erwähnten Richter aus den britischen Dominions eröffneten mit einem simplen Argument: Nachdem man die Ernennung zum Richter nach Maßgabe des Statuts akzeptiert habe, wäre es als »offensichtlicher Trotz« zu betrachten, wenn Richter sich weigern würden, die Bestimmungen ebendieses Statuts anzuwenden.[32] Der entrüstete Patrick schrieb insgeheim an britische Regierungsbeamte, es sei eine »widerliche Unehrlichkeit« von Abweichlern wie Pal, »ein Mandat mit dem Vorsatz zu akzeptieren, dessen erstrangigen Zweck zu vereiteln«. Ohne die mit dem Statut verbundene Amtsgewalt hätten die Richter »nicht die rechtliche Zuständigkeit für eine Verhandlung in Japan«, sagte er.[33] Der neuseeländische Richter vertrat die Ansicht, jeder Richter, der das Statut ablehne, hätte eine Mitarbeit bei diesem Gericht ablehnen müssen – eine Spitze, die sich gegen Pal und Röling richtete.[34]

Die nächste Aufgabe für den britischen Block war die Antwort auf die Frage, ob die im Statut aufgeführten Kriegsverbrechen tatsächlich Verbrechen im Sinn des Völkerrechts waren. Wenn ein Angriffskrieg nicht bereits als Kriegsverbrechen galt, konnten die alliierten Regierungen ihn dann plötzlich als solches bewerten, indem sie ihn in das Statut des Gerichtshofs aufnahmen? Hier war Patrick unschlüssig. Privat war er der Ansicht, dass Experten für Völkerrechtsfragen vor dem Zweiten Weltkrieg nahezu einmütig verneint hätten, dass es für Angriffskriege eine individuelle strafrechtliche Verantwortung gebe. Vielleicht konnten sich die Richter einfach auf die Kapitulationsbedingungen stützen und daraus ableiten, dass Japan akzeptiert habe, dass ein Angriffskrieg ein Verbrechen sei, aber diese Rechtfertigung würde dann für keinen späteren Krieg gelten, der nicht zu ähnlichen Bedingungen endete. Er warnte die britische Regierung, dass eine so engumrissene Entscheidung für die Zukunft wertlos wäre und nichts zum Aufbau des Völkerrechts beitragen würde.[35]

Patrick und der kanadische und neuseeländische Richter vertraten stattdessen die Ansicht, dass das Statut einfach nur den Stand des Völkerrechts nach dem Ersten Weltkrieg wiedergebe. Sie entwarfen ein progressives, dynamisches Bild des Völkerrechts und zitierten aus dem Nürnberger Urteilsspruch: »Kriegsrecht leitet sich nicht nur von Verträgen ab, sondern von den Gebräuchen und Gewohnheiten der Staaten, die allmählich allgemeine Anerkennung gefunden haben, und von den allgemeinen Rechtsgrundsätzen, die von Juristen ausgearbeitet und von Militärgerichtshöfen angewendet werden. Dieses Recht ist kein starres, sondern folgt durch ständige Angleichung den Notwendigkeiten einer sich wandelnden Welt.«[36]

Hierbei stützten sie sich nicht nur auf Verträge, sondern auf eine weitere zentrale Quelle des Völkerrechts, das sogenannte Völkergewohnheitsrecht (»customary international law«).[37] Recht dieser Art entsteht aus der allgemeinen, folgerichtigen Praxis von Staaten, wie sie aus einem Gefühl rechtlicher Verpflichtung heraus betrieben wird – was Patrick zuversichtlich als »Praxis, die sich zu Recht verfestigt« bezeichnete.[38] Natürlich führte die Berufung auf das Völkergewohnheitsrecht zu mühseligen Debatten über die Frage, was genau mit einer staatlichen Praxis gemeint ist und ob Regierungen nach einem Gefühl für rechtliche Verpflichtung agieren.[39] Wie das so oft der Fall ist, folgte hier die Gewohnheit praktischerweise dem Willen der mächtigen Staaten.[40]

Die drei Commonwealth-Richter räumten ein, dass es vor dem 20. Jahrhundert nach dem Völkerrecht das souveräne Recht der Staaten gewesen sei, Krieg zu führen, auch Angriffskriege. Aber nach der Katastrophe des Ersten Weltkriegs sei der Angriffskrieg durch eine Reihe von internationalen Abkommen in der Zwischenkriegszeit geächtet worden, argumentierten die Richter. Allerdings waren diese Abkommen nicht ganz so eindeutig ausgefallen, wie das Trio ausgemacht haben wollte. Der Völkerbund, dessen Mitglied Japan gewesen war, beruhte auf Verpflichtungen, nicht zum Mittel des Krieges zu greifen. Mit dem Versailler Vertrag stellten die Alliierten, zu denen auch Japan zählte, im Paragrafen 227 den deutschen Kaiser Wilhelm II. »wegen schwerer Verletzung des internationalen Sittengesetzes und der Heiligkeit der Verträge unter öffentliche Anklage«. (Der Kaiser war nach Holland ins Exil geflohen, aber, wie die drei Richter zutreffend feststellten, hätte man ihn geschnappt, wäre einer seiner fünf Richter ein Japaner gewesen.)[41] Dieser Trend, Staatslenkern, die einen rechtswidrigen Krieg führten, eine individuelle strafrechtliche Verantwortung zuzuschreiben, habe 1928 mit dem Kellogg-Briand-Pakt, der Krieg als Mittel staatlicher Politik ablehnte, seinen Höhepunkt erreicht, argumentierte das Trio. Für den Commonwealth-Richterblock »sorgte« dieser bahnbrechende Pakt – dem Japan später beigetreten war – »eindeutig dafür, dass der Grundsatz der Strafbarkeit des Angriffskriegs allgemeine Anerkennung gefunden hatte«. Der Angriffskrieg, behaupteten sie, sei sowohl durch Verträge als auch durch Gewohnheit zum Verbrechen geworden; der Tokioter Prozess, von der Anwendung nachträglich erlassener Gesetze weit entfernt, »arbeite nur an der Auslegung des bereits bestehenden Rechts«. Es treffe zwar zu, dass der Kellogg-Briand-Pakt und all die anderen gegen den Krieg gerichteten Konventionen und Resolutionen keine Strafbestimmungen für Verstöße enthielten, aber die Commonwealth-Richter vertraten die Ansicht, dass all diese Abkommen und Vereinbarungen ohne die Bestrafung von Rechtsbrechern bedeutungs- oder nutzlos wären.

Im Vergleich zu Nürnberg sollte es in Tokio relativ wenige Auseinandersetzungen über die Anklagen wegen Verbrechen gegen die Menschlichkeit geben. Die Verteidiger behaupteten zwar, dass MacArthur mit der Aufnahme von Verbrechen gegen die Menschlichkeit in das Statut des Gerichts seine Befugnisse überschritten habe, doch der Commonwealth-Richterblock erklärte, dass solche Untaten, wenn sie im Kriegsverlauf begangen würden, einfach nur Kriegsverbrechen nach dem herkömmlichen

Verständnis seien. Angriffe auf die Zivilbevölkerung seien schon seit langem rechtswidrig gewesen.[42] »Die Aufnahme von Verbrechen gegen die Menschlichkeit« in die Anklageschrift sei nicht »ernsthaft in Frage gestellt« worden, stellte Webb fest.[43]

Zu der Behauptung, die Angeklagten könnten für Handlungen, die im Namen des japanischen Staates erfolgt seien, gar keine individuelle strafrechtliche Verantwortung tragen, erklärte das Trio der Commonwealth-Richter: »Ein Staat oder eine andere juristische Person kann nur vermittels einer Rechtsfiktion Verbrechen begehen. Verbrechen werden von Individuen begangen.« Es gebe keine Immunität für einen Akt staatlichen Handelns, wenn die Handlung selbst kriminell war. Die Richter verwiesen auf die Klausel des Versailler Vertrags, mit der der Kaiser und andere Akteure des deutschen Staates als Kriegsverbrecher angeklagt wurden, auf die aktuelle Entscheidung des Obersten Gerichtshofs der Vereinigten Staaten, mit der die Militärgerichtsbarkeit für deutsche Saboteure beibehalten wurde, und auf das Nürnberger Urteil im Prozess gegen die Hauptkriegsverbrecher, mit dem Individuen für Kriegsverbrechen zur Rechenschaft gezogen wurden.[44]

Schließlich widmete sich das Commonwealth-Richtertrio dem Argument, dass die japanischen Angeklagten von Richtern aus den Reihen der siegreichen alliierten Mächte unmöglich einen fairen Prozess zu erwarten hätten. Die Richter boten zwei Widerlegungen an. Zum einen trat bei Prozessen im eigenen Land der Staat selbst als Ankläger auf, aber seine ernannten Richter durften nicht in Frage gestellt werden. Bei Krieg führenden Staaten sei es ein gängiges Verfahren, feindliche Ausländer wegen Verstößen gegen das Kriegsrecht vor Gericht zu stellen. Zweitens seien fast alle Staaten in den Zweiten Weltkrieg verwickelt gewesen. Wollte man alle diese Staaten pauschal für befangen erklären, kämen sämtliche Kriegsverbrecher unbestraft davon. Es war einerseits sicherlich unmöglich, auf dieser Welt irgendeinen ernstzunehmenden Richter zu finden, der nicht über eine fundierte Meinung zu Recht und Unrecht im Zweiten Weltkrieg verfügte, doch die drei Richter gingen an keiner Stelle auf die Kernsubstanz des Vorhalts der Verteidigung ein: dass sie und ihre Richterkollegen aufgrund ihrer eigenen patriotischen Loyalitäten und Vorurteile zutiefst befangen seien.[45]

»Mörder im Richteramt«

Es waren zwar bereits neun Richter – noch vor der Ankunft des indischen und philippinischen Kollegen – einstimmig zu dem Ergebnis gekommen, dass sie für dieses Verfahren rechtlich zuständig seien, aber Webb erwies sich in seiner Funktion als Vorsitzender Richter auf schmerzliche Weise als unfähig, diese Einigkeit in eine gemeinsame Erklärung der Gründe für diese Feststellung umzusetzen. Ein pragmatischer Kurs wäre für Webb gewesen, so viele davon für sich zu vereinnahmen, wie einer Prüfung standhielten, den Rest dann zu verbessern und aus dem Ergebnis eine Mehrheitsmeinung zu formen, die so viele Richter wie möglich einschloss. Doch anstatt auf den Argumenten der Commonwealth-Richter aufzubauen, formulierte er seine eigene konkurrierende Einschätzung, offensichtlich in der Hoffnung, damit ein Urteil zu schreiben, das Bestand haben und in die Geschichte eingehen würde.[46] Er scheiterte an dieser Aufgabe und verschärfte die Meinungsverschiedenheiten unter den Richtern, anstatt sie beizulegen.

Webb war nicht imstande, eine eigene Position zu entwickeln, er schwankte zwischen der Unterstützung der japanischen Verteidiger und der Berufung auf das Naturrecht, mit der er die Anklage stärken wollte, hin und her und mühte sich damit ab, eine eigene Entscheidung zusammenzuflicken, die alle Richter unterschreiben konnten. Er war sich seiner eigenen Amtsgewalt nicht sicher und lehnte sich deshalb bei der Begründung der eigenen rechtlichen Zuständigkeit an das Nürnberger Internationale Militärtribunal an.[47] Mit seinen ins Stocken geratenen Bemühungen eröffnete er einen Spielraum für ehrgeizige, eigensinnige oder pedantische Richter, die, wie Richter Northcroft aus Neuseeland es formulierte, »der Meinung sind, dies sei eine Gelegenheit zur Niederschrift gelehrter Abhandlungen über das Völkerrecht, um das Statut zu verteidigen, aber jeweils auf einer anderen Grundlage«.[48] Während Webb selbst um eine eindeutige Haltung rang, tadelte er diejenigen Kollegen, die ihm nicht zustimmten. »Zwischenzeitlich brachte er alle Mitglieder seines Tribunals gegen sich auf«, schrieb Patrick.[49]

Privat hielt Webb einen Angriffskrieg erstaunlicherweise nicht für ein Verbrechen. In einem unveröffentlichten Entwurf für eine Erklärung stimmte er Tojo Hidekis Verteidiger zu, indem er schrieb, dass die Alliierten nicht über das bestehende Völkerrecht hinausgehen könnten: »Die Behauptung, General MacArthur könne tatsächlich neue, bisher nicht bekannte Straftatbestände schaffen, bedeutet, ihm die Macht einzuräumen, gewissermaßen sein eigenes Recht zu formulieren.«[50] Er selbst hielt es für unmöglich, dass sich aus den vom Commonwealth-Richterblock so zuversichtlich angeführten Verträgen tatsächlich ableiten ließ, dass der Angriffskrieg ein Verbrechen sei. Webb behauptete, das 1924 erarbeitete »Genfer Protokoll für die friedliche Regelung internationaler Streitigkeiten«, in dem der Angriffskrieg zu einem Verbrechen im Sinn des Völkerrechts erklärt wurde, sei ein Blindgänger, der von Großbritannien bekämpft und nie von der erforderlichen Zahl von Regierungen ratifiziert worden sei; der Kellogg-Briand-Pakt vermeide bewusst jeden Hinweis auf die Strafbarkeit und setze stattdessen auf die schwächeren Ausdrücke ›Verzicht‹ (›renunciation‹) und ›Verurteilung‹ (›condemnation‹); Japans Annahme der Potsdamer Erklärung und die Kapitulation an Bord der *USS Missouri* reichten nicht aus, um den Angriffskrieg zu einem Kriegsverbrechen zu machen.[51] Die Gegenreaktion seiner Kollegen nahm er durch die Behauptung vorweg, das Fallenlassen des Anklagepunktes Angriffskrieg bedeute nicht, dass auf den Prozess ganz verzichtet werden solle; er solle mit einer Anklage wegen konventioneller Kriegsverbrechen fortgesetzt werden. Aber bei diesem Sachstand einfach weiterzumachen, sorgte er sich privat, könnte bedeuten, dass die Richter »von einem großen Teil der Welt für alle Zukunft als Mörder im Richteramt verurteilt werden«.[52]

Hätte Webb an diesen Einschätzungen festgehalten, wäre der Tokioter Prozess vielleicht ganz geplatzt. Wie hätte das Allgemeine Hauptquartier wohl weitermachen können, wenn der Vorsitzende Richter selbst der Meinung war, dass die Kernpunkte der Anklage gar keine Verbrechen seien und Hinrichtungen aufgrund von Schuldsprüchen in diesen Punkten nichts anderes als Justizmorde wären? Wie würden die alliierten Regierungen auf die Aussicht reagieren, dass von den Richtern aus Australien, Indien und den Niederlanden – und vielleicht noch von weiteren Richtern – Sondervoten zu erwarten waren?

Doch Webb knickte ein. Er spürte offensichtlich das Gewicht seiner Rolle als Vorsitzender Richter des Prozesses und zeigte sich im Umgang mit MacArthur während des gesamten Verfahrens eifrig bemüht. Als der Augenblick kam, in dem es galt, sein eigenes Rechtsverständnis darzulegen, auch wenn dies das Allgemeine Hauptquartier in Rage brachte, hängte er sein Fähnlein nach dem Wind, allen Behauptungen richterlicher Unabhängigkeit zum Trotz.

Als wollte er sein Gewissen beruhigen, begann Webb seine Ausführungen mit der Zusicherung an seine Richterkollegen, dass die Alliierten »die Kriegsverbrecher [nicht] ohne Prozess zum Tode verurteilen« können, denn

»das würde meiner Meinung nach auf Mord hinauslaufen«. Der australische Richter hielt zur Beruhigung fest, dass man der Nürnberger Auslegung des Rechts folgen könne, allerdings mit einer großen Ausnahme: »Die Doktrin der Immunität eines Staatsoberhaupts ist hier fehl am Platz, weil der Kaiser gar nicht angeklagt wird.« Webb bot dann eine Kostprobe seines unvoreingenommenen Denkens, indem er betonte, dass MacArthur das »internationale [Recht] nicht ergänzen oder verändern« könne und dass die Richter, sollten sie feststellen, dass das Statut des Tokioter Gerichts vom Völkerrecht nicht gedeckt sei, die Pflicht hätten, sich über es hinwegzusetzen: »Wir können uns nicht dazu verpflichten, einen Justizmord zu begehen.« Er bestritt, dass der Angriffskrieg im 19. und 20. Jahrhundert als Verbrechen gegolten habe; wenn es ein Verbrechen sei, einen Krieg zu beginnen, müsse sich diese Auffassung in der Zeit nach dem Ersten Weltkrieg entwickelt haben. Er hielt unumwunden fest, dass im Kellogg-Briand-Pakt der Krieg nirgendwo als Verbrechen bezeichnet werde. Und er spottete über Keenans Argument, das Grauen des Krieges zeige, dass er ein Verbrechen sei, weil »Krieg immer furchtbar gewesen ist«.

An diesem Punkt klang Webb so, als stehe er selbst kurz davor, eine abweichende Meinung zu verfassen. Doch trotz seiner eigenen offenkundigen Skepsis schreckte er vor der logischen Schlussfolgerung zurück: seinen Richterkollegen nahezulegen, dass sie sich MacArthur widersetzen und sich weigern sollten, das Führen eines Angriffskriegs als Kriegsverbrechen zu bewerten. Stattdessen behauptete er – unter Verwertung von Papieren, die ihm der kanadische Richter hatte zukommen lassen –, die diplomatische Korrespondenz im Vorfeld des Kellogg-Briand-Pakts zeige, dass dieser darauf abziele, mehrere vorhergehende Abkommen gegen den Krieg zu bestätigen, einschließlich eines nicht ratifizierten Vertrags von 1923, der Völkerbund-Resolution von 1927 und einer Resolution der Panamerikanischen Konferenz von 1928, und deshalb »dürfen wir sicherlich die Ansicht vertreten, dass der Angriffskrieg ein Verbrechen ist und im Gegensatz zu den Geboten der Menschlichkeit steht«.[53] Die Richter sollten letztlich vielleicht doch zu Mördern im Richteramt werden.

Nachdem er so für einige Verwirrung gesorgt hatte, bat Webb alle Richter um ihre Meinung zur Frage der rechtlichen Zuständigkeit des Tribunals.[54] Die drei Commonwealth-Richter bemühten sich fieberhaft, das leckgeschlagene Schiff zu retten. Der Neuseeländer Northcroft drängte Webb zur Abgabe eines zügigen, eindeutigen Urteils, das einfach nur feststellte, die rechtliche Zuständigkeit des Gerichts ergebe sich aus dem Statut.[55]

Der kanadische Richter E. Stuart McDougall verteidigte entschieden das Mandat des Tribunals und seine Anklagen wegen des Führens eines Angriffskriegs. Seiner Ansicht nach wurde der Angriffskrieg durch eine ganze Reihe von Verträgen und internationalen Abkommen kriminalisiert, und er zählte auf, was sich anschließend zu einer gängigen Litanei entwickeln sollte: die Anklage gegen den deutschen Kaiser im Versailler Vertrag, das Genfer Protokoll für die friedliche Regelung internationaler Streitigkeiten von 1924, eine Resolution des Völkerbunds von 1927, die den Angriffskrieg zum Verbrechen im Sinn des Völkerrechts erklärte, eine 1928 verabschiedete Resolution ähnlichen Inhalts der Panamerikanischen Konferenz und den Kellogg-Briand-Pakt. Während der Kellogg-Briand-Pakt es in auffälliger Manier unterlassen hatte, den Angriffskrieg zum Verbrechen zu erklären, behauptete der kanadische Richter, eine rechtswidrige Handlung, die den Tod von Menschen verursache, müsse strafrechtlich verfolgt werden. Weiterhin brachte er vor, dass der Angriffskrieg vom Völkergewohnheitsrecht als Verbrechen behandelt werde: »Nationen jeder Rasse, Religion und Hautfarbe kritisierten, ächteten und verabscheuten seit 1919 den Angriffskrieg und erklärten ihn zum Verbrechen. (…) Die Meinung oder das Gewissen der zivilisierten Welt hätte wohl kaum deutlicher sichtbar werden können.«[56]

Der einzige Richter, der meinte, alles sei in bester Ordnung, war Sarjanow. Die Grundsätze des sowjetischen Richters, der verlässlich straforientiert war und an bourgeoisen Spitzfindigkeiten wie Tatsachen und Gesetzen kein Interesse hatte, tendierten in die Richtung eines bolschewistisch geprägten Wortsalats.[57] Als einziger Richter in Tokio, dem es in den Sinn kam, Josef Stalin als Autorität in Rechtssachen zu zitieren, bestand er auf der Feststellung, der Angriffskrieg gelte mindestens seit 1928 als Verbrechen. Doch er bediente sich dabei einer eigenen Vorstellung von Aggression, die sorgfältig so definiert wurde, dass sie Japans Grenzkonflikte mit den Sowjets mit einschloss, nicht aber die sowjetischen Überfälle auf Polen, Litauen, Lettland, Estland oder Finnland. Er folgte damit der noch vor Nürnberg vom sowjetischen Juristen Aron N. Trainin, einem Untergebenen von Andrei Wyschinski, festgelegten Parteilinie, nach der ein Angriffskrieg das gefährlichste Verbrechen im Sinn des Völkerrechts war, obwohl »es sich von selbst versteht, dass dies nicht für gerechte Kriege, Befreiungskriege, gilt«.[58] Für Sarjanow waren revolutionäre Kriege ihrer Natur nach defensive Kriege, die zur Verteidigung der Rechte der Völker geführt wurden. Dabei kam es nicht darauf an, wer den Krieg begann, sondern wie dessen Ziele lauteten. Wenn Kriege der Verteidigung der nationalen Existenz oder der

Rechte des Volkes galten, konnten sie nicht als Angriffskriege betrachtet werden; wenn Kriege für die Versklavung von Völkern oder für die Verletzung ihrer natürlichen Rechte geführt wurden, waren sie Angriffskriege.

Nach dieser Neudefinition des Angriffskriegs konnte Sarjanow umstandslos allem zustimmen, was die Anklage wollte, und das war letztlich die übliche Rolle der stalinistischen Rechtsprechung. Er akzeptierte eine lange Liste von Verurteilungen von Angriffskriegen nach dem Ersten Weltkrieg – den Versailler Vertrag, die Völkerbundsatzung, den Kellogg-Briand-Pakt und weitere Dokumente – als Beleg dafür, dass die öffentliche Meinung weltweit den Angriffskrieg einmütig zum Verbrechen erklärt hatte. (Sarjanow nahm in seine Liste zwar auch eine Völkerbund-Resolution von 1927 auf, mit der Angriffskriege zu einem Verbrechen im Sinn des Völkerrechts erklärt wurden, aber er übersah geflissentlich die Resolution von 1939, mit der die Sowjetunion wegen ihres Überfalls auf Finnland aus dem Völkerbund ausgeschlossen wurde.)[59] Er beharrte auf der »strikten persönlichen Verantwortung der kriminellen Führungspersönlichkeiten staatlicher Politik«. Er nahm sogar widerspruchslos das Argument der Anklagevertretung hin, dass das Töten in einem Angriffskrieg als Mord zu bewerten sei. Sarjanow, weit entfernt davon, die Unparteilichkeit nachtragender Sieger beim Gerichtsurteil über die Besiegten in Frage zu stellen, behauptete, die »moralische Bereitschaft, strenge Strafen zu verhängen«, qualifiziere diejenigen, die im Krieg gegen den Faschismus gelitten hätten, in idealer Weise dafür, über die Täter zu richten.[60]

»Die früheste Gelegenheit, meine abweichende Meinung auszudrücken«

Der spät zum Richter im Tokioter Prozess ernannte Radhabinod Pal war noch nicht vor Ort gewesen, als die anderen neun Richter ihre rechtliche Zuständigkeit verkündet hatten. »Anfangs dachte er, er könne das Geschehen vielleicht auch beeinflussen, indem er seine Bedenken zur Sprache brachte«, sagt sein Enkel Satyabrata Pal. »Aber als er erkannte, dass alles in Stein gemeißelt war, konnte er nur noch sein Amt niederlegen oder seine abweichende Meinung ebenfalls zur Sprache bringen.« Er mag wie viele andere Bengalis abgelehnt haben, wie die Briten ihre in der Nachkriegszeit an der projapanischen Indian National Army geübte Vergeltung in juristische Formen kleideten, am dramatischsten im öffentlichen Prozess gegen aufständische Offiziere im Roten Fort in Delhi, die Jawaharlal Nehru persönlich vor Gericht verteidigte.[61] Bereits im Juli 1946 – einen Tag nach der Unabhängigkeit der Philippinen und nur wenige Tage nach dem ersten Atomwaffentest der Vereinigten Staaten in der Nachkriegszeit, der auf dem Bikini-Atoll auf den Marshall-Inseln stattfand – markierte Pal mit einer schriftlichen Note eine Trennlinie. Mit diesem kühnen Vorstoß teilte er Webb mit, dass er sich weigere, einen Angriffskrieg als völkerrechtswidriges Verbrechen einzustufen, und deshalb die Angeklagten auch nicht als schuldige Verbrecher verurteilen werde, wenn sie im Auftrag der japanischen Regierung gehandelt hätten.[62]

Pal bestritt rundheraus, dass der Angriffskrieg während der japanischen Eroberungszüge völkerrechtlich als Verbrechen gegolten habe. Im Unterschied zu seinen Kollegen verzichtete er auf eine Analyse internationaler Abkommen oder allgemeiner Übung und Rechtsüberzeugung, stattdessen verwies er ganz allgemein auf »die Beschaffenheit des Völkerrechts selbst«. Er schrieb, der allseits gepriesene Kellogg-Briand-Pakt »könne das Völkerrecht nicht so weitgehend verändern, dass er den Krieg zum Verbrechen erkläre, und habe es im Rechtsempfinden nicht so weit gebracht, dass er im internationalen System anerkannt wird«. Er schrieb, selbst wenn das Statut des Tokioter Tribunals den Angriffskrieg zum Verbrechen erkläre, könne ein neues Recht dieser Art nicht rückwirkend angewendet werden, »um Handlungen, die zum Zeitpunkt ihrer Ausführung vollkommen rechtmäßig waren, jetzt für rechtswidrig zu erklären«. Das Gericht könne rechtliche Zuständigkeit nur für den Krieg beanspruchen, der mit Japans vor kurzem erfolgter Kapitulation beendet worden sei – also für den in Pearl Harbor begonnenen Pazifikkrieg, nicht aber für früher erfolgte Invasionen wie etwa die in der Mandschurei.

Der indische Richter mahnte, die alliierten Mächte könnten das Urteil des Gerichts nicht festlegen. Mit dem Beschluss der Siegermächte, das Schicksal der Angeklagten in die Hände des Tribunals zu legen, hätten sie ihren Vorteil als Sieger in diesem Krieg aufgegeben und »die ganze Rechtssache weiterer Ermittlung und Entscheidung« überlassen. Sollten sich die Sieger in den Ausgang des Verfahrens einmischen, wäre solch ein Scheinprozess schlimmer als standrechtliche Erschießungen, mit Ergebnissen, »die das Gewissen der zivilisierten Welt belasten können«.

Pal zog nicht in Zweifel, dass die Kriegführung durch herkömmliche Gesetze für bewaffnete Konflikte geregelt wurde. Aber er vertrat die Ansicht, dass die Handlungen der Angeklagten nicht als Verbrechen im Sinne des Völkerrechts bewertet werden könnten, solange die Akteure im staatlichen Auftrag agiert hätten. Das würde den Freispruch aller Angeklagten nach sich ziehen. Pal kündigte ein Sondervotum von historischem Format an und schloss mit einem Donnerschlag: »Zu diesem Punkt bereite ich ein detailliertes eigenes Urteil vor.«[63]

Die anderen Richter führten die Auseinandersetzung hinter verschlossenen Türen. Webb registrierte bedrückt »die größte Meinungsverschiedenheit unter Experten, was den Rahmen« des Rechts, »ja sogar, was sein bloßes Vorhandensein betraf«.[64]

Der aufgebrachte britische Richter verlangte den Rücktritt seines indischen Kollegen – er schien dabei nicht zu sehen oder nicht weiter darüber nachzudenken, wie imperialistisch das vielleicht klang. Patrick beharrte darauf, dass die Macht der Richter auf dem Statut des Gerichts beruhte, in dem eindeutig erklärt wurde, dass es Einzelpersonen wegen Verbrechen gegen den Frieden anklagen könne. Das Tribunal habe nicht die Kompetenz zu hinterfragen, ob MacArthur mit der Abfassung des Statuts sein Mandat unzulässig erweitert habe: »Kein Richter dieses Tribunals hat die Macht, zu verkünden, dass diese Handlungen keine Verbrechen sind oder dass es keine persönliche Verantwortung für diese Handlungen gibt.« Ein Richter, der nicht akzeptieren könne, dass es sich um Verbrechen handle, die mit persönlicher Verantwortung verbunden sind, sollte eine Berufung an dieses Gericht gar nicht erst angenommen haben. Er wütete gegen Pal:

> Wenn ein Richter, der eine Ernennung nach den Bestimmungen des Statuts angenommen hat, sich zu einem bestimmten Zeitpunkt nicht in der Lage sieht, der im Statut enthaltenen Erklärung zuzustimmen, dass diese Handlungen Verbrechen sind, für die eine individuelle Verantwortung besteht, sollte er den alliierten Mächten seinen Rücktritt anbieten. Er sollte erklären, dass er ihr Mandat nicht wahrnehmen kann, und es ihnen überlassen, das zu tun, was sie für richtig halten. Falls er in der Absicht weiter amtiert, am Ende des Prozesses der Erklärung des Statuts die Gültigkeit zu versagen und seinem ausdrücklich erklärten Zweck zuwiderzuhandeln, begeht er einen »Betrug« am Statut und an den alliierten Mächten.[65]

Pal zeigte sich davon unbeeindruckt und erwiderte: »Ich nutzte die früheste Gelegenheit, meine von der Mehrheit abweichende Meinung auszudrücken.« Er beharrte auf der Feststellung, dass es den Richtern freistehe, das Statut auszulegen, und behauptete sogar, dass es kein einziges Verbrechen definiere. Eine Siegernation könne zwar rechtmäßig ein Kriegsverbrecher-Tribunal einsetzen, aber »ein solcher Sieger ist nicht befugt, nach dem Völkerrecht Recht zu sprechen«. Hier sagte Pal nicht mehr, als Webb bereits gesagt hatte: Wenn ein Angriffskrieg nach dem Völkerrecht nicht bereits als Verbrechen galt, konnte ihn MacArthur nicht nachträglich zu einem solchen machen.

Pal erteilte dem britischen Richter eine höflich formulierte grundsätzliche Rüge: »Ich stimme der Auffassung nicht zu, dass ein Richter, der zu einer anderen Einschätzung des Statuts kommt als mein geschätzter Kollege, dadurch einen ›Betrug‹ am Statut oder an den alliierten Mächten begehen würde. Ich glaube, dass niemand von uns eine Unfehlbarkeit für die eigene Ansicht beanspruchen kann, und solange wir uns der Richtigkeit einer bestimmten Ansicht nicht absolut sicher sind, sollten wir anderen möglichen Sichtweisen nicht intolerant gegenüberstehen.« Mit kühler Überlegung forderte er Patrick heraus, sich für die schlimmste Lösung einzusetzen, denn er war sich darüber im Klaren, wie schlecht der britische Richter dastehen würde, wenn er es fertigbrächte, dass der indische Richter gefeuert wurde: »Ich weiß nicht, ob mein geschätzter Kollege der Ansicht ist, dass es ebenfalls dem Tribunal obliegt, zu entscheiden, ob ein Richter seinen Rücktritt anbieten und wann er dies tun sollte. Trifft das nicht zu, wären seine diesbezüglichen Bemerkungen meiner Ansicht nach in einer Mitteilung an das Tribunal etwas deplatziert.«[66]

Die anderen Richter schreckten vor der Option zurück, Pal aus dem Gerichtshof zu drängen. Webb schrieb kurz darauf, es bestehe zu diesem Zeitpunkt keine Notwendigkeit, festzustellen, ob ein Richter, der das Statut für ungültig befand, von seinem Amt zurücktreten sollte.[67]

Dennoch versuchte Pal auf dem Höhepunkt dieses Konflikts mit Patrick, entnervt zurückzutreten. »Er hatte das Gefühl, dass es ihm nicht möglich sein werde, Recht zu sprechen«, sagt sein Enkel Satyabrata Pal. »Er war einfach ganz auf sich allein gestellt.« Außerdem war seine geliebte Frau schwer erkrankt, wie sich Pratip Bijoy Pal, der Sohn des Ehepaars, erinnert. Der indische Richter bat MacArthur um eine Reiseverbindung in die Heimat und erklärte dazu, seine Ernennung habe nur für sechs Monate gegolten und er wolle wieder in seiner eigenen Anwaltskanzlei in Kalkutta arbeiten. MacArthur hatte nicht vor, diese Gelegenheit zu nutzen, den unabhängigen Denker Pal loszuwerden, er meinte vielmehr, dass dessen Abgang dem Prozess schaden würde und dass es »zu diesem späten Zeitpunkt unmöglich wäre, ihn zu ersetzen«.[68] Die britischen Herrscher Indiens waren sich einig, dass sein Rückzug eine Katastrophe wäre.[69] Der Raj wies ihn an, an Ort und Stelle zu bleiben.[70] Nach ein paar Tagen voller Anspannung war Pal damit einverstanden, bis zum Ende des Prozesses im Amt zu bleiben.[71]

Wenige Wochen später kehrte ein angeschlagener Pal Tokio für einen Monat den Rücken, um sich in Kalkutta um seine Frau zu kümmern.[72] Nur drei Monate vor seiner Rückkehr hatte in seiner Heimatstadt ein gezielt organisierter Zusammenstoß von Muslimen und Hindus mindestens 4000 Todesopfer gefordert. Ladengeschäfte und Wohnhäuser waren geplündert worden; an den Konflikten völlig unschuldige Rikschafahrer und Ladenbetreiber wurden bei lebendigem Leib verbrannt; eine muslimische Miliz hatte Lastwagen drei Fuß hoch mit Leichen beladen.[73] Er blieb in dieser furchterregenden, traurigen Zeit für die Stadt, die er so liebte, so lange, dass die britischen Behörden in Indien anregten, er könne vielleicht dauerhaft bleiben, ohne dass dies den Prozess beeinträchtigen würde.[74] Pal erwiderte, eine zeitweilige Abwesenheit sei nach dem Statut des Gerichts zulässig, ergänzte aber eisig, dass ein dauerhafter Rückzug eine Entscheidung der Regierung wäre. Kühn bot er dem Raj die Gelegenheit, ihn zu feuern, indem er mitteilte, dass er in Bezug auf die rechtliche Zuständigkeit des Gerichts »meine von den übrigen Mitgliedern des Tribunals abweichende Meinung in einer Note bereits übermittelt habe«. »Im Unterschied zu den anderen Richtern schlug ich vor, den Einspruch der Verteidigung zu unterstützen.« Für den Fall, dass das zerfallende British Empire ihn entlassen wolle, bat er darum, dass dies schnell geschehen möge.[75]

Die Briten entschieden, Pal im Amt zu belassen, obwohl er ihnen ausdrücklich mitgeteilt hatte, dass er sich der Auffassung der Verteidigung anschließen werde. Pals Frau erholte sich so weit, dass ihr Mann wieder nach Tokio zurückkehren konnte, und MacArthur zeigte sich hoch erfreut über den Erholungsprozess der Frau des Richters.[76] Der dem ganzen Geschehen in Tokio gründlich entfremdete Pal setzte sich, in Sorge um seine Familie und sein Land, in der Abgeschiedenheit seiner Räumlichkeiten im Imperial Hotel an seinen Schreibtisch, um sein kolossales Sondervotum zu verfassen, mit dem er die rechtliche Zuständigkeit des Gerichts verneinte, dem er selbst angehörte.

Naturrecht

Wenn Pal und andere Skeptiker es nicht akzeptieren konnten, dass der Angriffskrieg nach den Bestimmungen des Kellogg-Briand-Pakts oder des Statuts des Tokioter Gerichts ein Verbrechen war, gab es dann irgendeine andere höhere Autorität, die über den Dingen stand? Gab es alternative Rechtfertigungen für die Zuständigkeit des Gerichts für diese Angeklagten? Die drei wichtigsten Fragen reichten von der praktischen Ebene bis zu himmlischen Sphären.

Erstens hatte sich der britische Richter bereits für die einfachste, positivistische Lösung entschieden: Die Machtbefugnisse des Gerichts ergaben sich aus dem von den alliierten Regierungen verfassten Statut. Zweitens verwies der französische Richter auf eine eher abstrakte Amtsgewalt, das Völkergewohnheitsrecht, das er als das Ergebnis des »universellen Gewissens« bezeichnete. Es habe sich entwickelt, noch bevor diese Grundsätze in Verträgen festgehalten worden seien. Der Richter schlug eine progressive, dynamische Sicht auf das Recht vor, das sich gemeinsam mit der internationalen Gesellschaft entwickle. Er vertrat die Ansicht, die Verurteilung des Angriffskriegs durch das »Weltgewissen« würde es dem Tribunal gestatten, die Angeklagten zu verurteilen und hinrichten zu lassen, ohne sich auf Rechtsquellen wie etwa die Potsdamer Erklärung berufen zu müssen.[77] Und drittens ließ Webb, nach wie vor auf der Suche nach einer höheren Autorität, einen weiteren Entwurf in der Richterrunde herumgehen, mit dem er diesmal den bis in die Antike zurückreichenden Begriff des Naturrechts in die Diskussion einführte.[78]

Nach der Theorie des Naturrechts beruht das Völkerrecht auf einem universell vorhandenen menschlichen Empfinden für Recht und Unrecht oder auf einem höheren Naturgesetz, das über bestimmte Kulturen und Länder hinausweist.[79] Für Naturrechtler beruht das Recht auf moralischen Überlegungen.[80] Diese Behauptung ist offensichtlich umstritten, und im Lauf der Jahrhunderte sind unter Berufung auf das Naturrecht höchst unterschiedliche politische Vorgehensweisen gerechtfertigt worden, zum Beispiel die Ablehnung wie auch die Befürwortung kolonialer Eroberungen.[81] Das Statut von Tokio würde seine Rechtskraft nach diesem Verständnis nicht nur aus der Erklärung zum Gesetz, sondern auch durch die Berufung auf die moralische Autorität beziehen.

Im Japan und im Deutschland der Nachkriegszeit sollte das Naturrecht eine universelle Grundlage für die Strafbarkeit von Angriffskriegen und von Verbrechen gegen die Menschlichkeit liefern. Es sollte Gegenreden ausschließen, die davon ausgingen, dass die japanische Kultur für ein rechtsgültiges Urteil nach westlichem Verständnis zu verschieden sei. Wie schon Cicero geschrieben hatte, galt das Naturrecht in Athen und Rom gleichermaßen.[82] Das Naturrecht war für die alliierten Planer der Nachkriegszeit verlockend, weil es die Strafbarkeit von Handlungen zuließ, die nach den blutrünstigen Gesetzen des nationalsozialistischen Deutschlands rechtmäßig gewesen waren. Auf diesem Weg rechtfertigte 1946 auch der liberale deutsche Philosoph Karl Jaspers die Nürnberger Prozesse: »Im Sinne der Menschlichkeit, der Menschenrechte und des Naturrechts, und im Sinne der Ideen der Freiheit und Demokratie des Abendlandes sind Gesetze schon da, an denen gemessen Verbrechen bestimmbar sind.«[83]

Es gibt eine ehrwürdige katholische Tradition des Naturrechts, die unter Rückgriff auf Thomas von Aquin das moralische Weltgesetz auf der Grundlage des göttlichen Gesetzes betrachtet.[84] Die anderen Richter wussten, dass Webb und seine Frau – wie Mei in seinem Tagebuch festhielt – »fromme, gläubige Katholiken« waren, was wohl als Hinweis darauf gewertet werden kann, dass der chinesische Richter glaubte, Webbs Glaube könnte seine Rechtsauslegung durchdringen.[85] Der australische Jurist hatte Freundschaft mit einem Jesuitenpater der Sophia-Universität, einer katholischen Institution in Tokio, geschlossen. Dieser Mann vertrat die Ansicht, das Naturrecht könne die Rechte des Einzelnen in Japan schützen, und hoffte darauf, dass die amerikanische Besatzungsmacht das Land für das Christentum gewinnen könnte.[86] Er unterstützte Webb offensichtlich bei seinem Textentwurf und sollte ihm eine umfassende Abhandlung über die Bestrafung von Kriegsverbrechen zur Verfügung stellen, die stark von katholischen Theologen beeinflusst war.[87]

Doch was immer Webb tief in seinem Inneren glaubte, keine seiner öffentlichen oder privaten Erklärungen trug sichtbare Spuren des Einflusses katholischer Dogmatik. Er wollte nicht, dass die Legitimation des Gerichts auf dem Statut beruhte, glaubte vielmehr, dass das Statut sich am Völkerrecht orientieren müsse. Deshalb galt ihm das Naturrecht zwar als eine höhere, aber nicht als göttliche Autorität: »Das Völkerrecht beruht auf dem Naturrecht; das heißt, auf dem Gespür der Menschheit für Recht und Unrecht.« Unter Berufung auf Hugo Grotius und eine ganze Reihe weiterer Autoritäten vertrat er die Ansicht, ungerechte Kriege seien schon immer rechtswidrig gewesen.[88] Dieses Empfinden der Rechtswidrigkeit des Krieges habe jahrhundertelang geruht, bis es durch den Kellogg-Briand-Pakt erneut bekräftigt worden sei, einen Vertrag, den er nicht als eigenständiges Völkerrecht betrachtete, sondern als ein Zeichen für das Vorhandensein des Rechts gegen einen ungerechten Krieg. Da das Völkerrecht für ihn als erhabenes Naturrecht zu verstehen war, das sich in internationalen Beziehungen manifestierte, war der Angriffskrieg seiner Ansicht nach mit Sicherheit ein Verbrechen.[89]

Diese kühne Behauptung stellte niemanden zufrieden. Webb hegte zwar einen rührenden Stolz auf seine klassische Ausbildung in öffentlichem Völkerrecht für die Rechtspflege in Queensland, aber sein Text war ein gründlicher Fehlschlag, er überzeugte Pal nicht und löste sogar ein Zerwürfnis unter jenen Richtern aus, die mit Webb am stärksten übereinstimmten.[90]

Während Webbs Entwurf die Runde machte, übernahm Mei die Führung beim Einschlagen eines harten Kurses im Umgang mit den japanischen Angeklagten. Er wusste sehr genau, dass das Urteil des Gerichts zu einem langfristig wirksamen historischen Präzedenzfall werden konnte, und stellte sich auf eine große Debatte ein. Sein schnörkelloses Argument in einem energisch formulierten Papier ähnelte der Gedankenführung des Blocks der Commonwealth-Richter: »Ich glaube nach wie vor, wie ich es immer gehalten habe, dass die rechtliche Zuständigkeit dieses Tribunals von dem Statut eindeutig definiert wird, nicht mehr und nicht weniger.« Während einige der auf der intellektuellen Ebene weniger selbstsicheren Richter es vorzogen, sich hinter der Nürnberger Argumentation für die eigene rechtliche Zuständigkeit zu verschanzen, strebte Mei, der nicht »den Eindruck« vermitteln wollte, »dass wir ein weniger kompetenter Gerichtshof sind«, das Ziel an, dass die beiden Tribunale unabhängig voneinander arbeiten sollten. Sollten das asiatische und das europäische Gericht letztlich zu ähnlichen Schlüssen für die Rechtsgrundsätze kommen, dann »umso besser! Denn dann hätten diese Grundsätze eine ›doppelte Grundlage‹, die von beiden Gerichten, die zu den großartigsten Militärtribunalen zählen, die die Welt je einberufen hat, getrennt und unabhängig voneinander bestätigt worden ist. Deshalb bin ich der Überzeugung, dass wir bei der Entwicklung des Völkerrechts und bei der Festigung der Grundlage derjenigen seiner Prinzipien, die sich auf Kriegsverbrechen beziehen, Nürnberg nicht sklavisch folgen dürfen, zumindest nicht dem äußeren Anschein nach.«

Der Privatmann Mei glaubte zwar, dass an den komplexen Behauptungen der japanischen Verteidiger einiges dran war, aber bei Auftritten vor seinen Kollegen bestritt er diese mit unerschütterlichem Selbstvertrauen: »Ich habe nicht einen Augenblick lang gedacht, dass die Zuständigkeit unseres Tribunals, wie sie in unserem Statut festgelegt worden ist, einer Anfechtung unterliegt«, schrieb er seinen Richterkollegen. Die Richter seien vollkommen an das Statut gebunden, nicht zuletzt bei der Verfolgung von Verbrechen gegen den Frieden. Und die Alliierten seien uneingeschränkt im Recht »bei der durch das Statut ausgesprochenen Erklärung des Angriffskriegs zu einem Verbrechen. (...) Ich bin der festen Überzeugung, dass das Statut ganz und gar vernünftig ist und seine Bestimmungen zu Kriegsverbrechen einfach nur Rechtsgrundsätze verkünden, die bereits vorhanden sind, anstatt neue zu schaffen.«[91]

In seinen rechtswissenschaftlichen Schriften hatte Mei das Naturrecht als wichtigen Teil der chinesischen Jurisprudenz akzeptiert.[92] Dennoch lehnte er jetzt Webbs Rückgriff auf das Naturrecht ab. Er war der Ansicht, dass der australische Richter einen konfusen Umgang mit der Literatur gepflegt und so verschiedene Autoritäten wie Platon, Aristoteles, mittelalterliche Theologen, Jean-Jacques Rousseau und Gelehrte des 20. Jahrhunderts wahllos miteinander vermischt hatte. Er genoss offensichtlich die Gelegenheit, sein Fachwissen bei europäischen Quellen zur Schau zu stellen, und schrieb mit belehrendem Unterton: »Es wäre absurd zu behaupten, dass die neue Theorie des Naturrechts von französischen Vorkämpfern wie etwa Charmont oder Saleilles identisch wäre mit dem Gedankengut solcher deutscher Neukantianer wie zum Beispiel Stammler.« Da Mei außerdem glaubte, dass das Statut des Tribunals als Begründung seiner rechtlichen Zuständigkeit ausreiche, würde es nur zu unnötigen Auseinandersetzungen führen, wenn man das »höchst umstrittene« Naturrecht bemühte.[93]

Meis Papier wirkte durchschlagend. Northcroft, der Mei bis dahin meist als »sanftmütigen, nahezu passiven« Richter wahrgenommen hatte, war von der »vernichtenden Kritik« des chinesischen Richters begeistert.[94] Die anderen Richter kamen nahezu einmütig zu dem Schluss, dass ihnen das Naturrecht nicht als Grundlage für ihre Amtsgewalt dienen konnte.[95] Webbs Berufung auf einen vollkommen fremden Pantheon europäischer Geistesgrößen trug nicht im entferntesten zur Besänftigung von Zweifeln bei. Womöglich würden die Japaner umso mehr glauben, hier sollte ihnen westliches Gedankengut zum Nachteil oktroyiert werden. Eine solche Argumentation hätte das Gericht genauso gut noch fremder wirken lassen können. Als der kanadische Richter McDougall im Bestreben, Einigkeit unter den Richtern herzustellen, Webb freundlich einige konstruktive Vorschläge machte, schnauzte der ihn nur an und weigerte sich kurz angebunden, sein Kompromisspapier auch nur zu lesen – eine verbale Ohrfeige, die beim britischen Richterverbund einen nachhaltigen Schock bewirkte.[96] Patrick, der sich mit unverhohlener Freude auf Meis gelehrte Kritik bezog, beklagte sich bei der britischen Regierung, dass Webbs Papier *»zwanzig Seiten* mit Zitaten von Autoren wie Aristoteles, Polybios, dem Apostel Paulus, Ambrosius von Mailand, Augustinus, Isidor von Sevilla, Thomas von Aquin, Ayala, Molina, Suárez, Grotius, Emer de Vattel, Sylvester Maurus, Colonna, John Gerson und zahlreichen anderen enthielt«.[97] Northcroft bezeichnete es privat als »ein unmögliches Dokument«, das junge Mitarbeiter für Webb zusammengestoppelt hätten: »Es las sich wie ein nicht besonders gelungener Essay eines Studenten zum Thema Völkerrecht.«[98]

Mei zerlegte Webbs Essay mit untadeliger Höflichkeit und bezeichnete dabei die anderen Richter als die »charmanten Kollegen«. Sein erstklassiges Englisch war zwar besser als das einiger seiner Kollegen, aber er bezeichnete sich liebenswürdigerweise als für Kommentare zu Sprache und Stil von Webbs Texten »vollkommen unqualifiziert und inkompetent«.[99] Webb war dennoch außer sich vor Wut auf den chinesischen Richter, der ihm im intellektuellen Sparring eine kräftige Abreibung verpasst hatte.[100] Der Augen- und Ohrenzeuge Northcraft war schockiert, als Webb »den armen Chinesen in seinem Amtszimmer in Anwesenheit anderer Richter mit vulgären Beschimpfungen überzog«.[101]

Der fachlich und sachlich blamierte Webb sah von weiteren Ausführungen zum Naturrecht ab. Kurze Zeit nach Meis Kritik schrieb Webb, er würde es, wenn es nach ihm ginge, vorziehen, aus Texten zum Naturrecht zu zitieren, wie es von Aristoteles, Cicero, Augustinus und anderen entwickelt worden sei, aber das werde er nicht tun: »Ein Völkerrecht, das auf dem unveränderlichen Naturrecht beruht, hat eine große Anziehungskraft, aber ich fühle mich daran gebunden, der von englischen Gerichten gepflegten Rechtspraxis zu folgen.«

Der australische Vorsitzende Richter, der sich jetzt an Patrick orientierte, vertrat nun die Ansicht, Japan habe durch seine Kapitulation die Amtsgewalt MacArthurs und die in der Potsdamer Erklärung festgehaltenen Bedingungen akzeptiert. Mit einem Zugeständnis an Pals Adresse räumte er ein, dass das Statut nicht die Macht habe, neue Straftatbestände zu schaffen. Plötzlich behauptete er, dass der Angriffskrieg, der jahrhundertelang als rechtmäßig gegolten hatte, durch den Kellogg-Briand-Pakt mit sofortiger Wirkung strafbar geworden sei. Es war eine komplette Abkehr von seiner früheren Überzeugung, mit der er die Ansicht vertreten hatte, dass ungerechtfertigte Kriege schon immer rechtswidrig gewesen seien, und die Bedeutung ebenjenes Paktes heruntergespielt hatte. Er versteckte sich hinter dem Nürnberger Urteil, mit dem nach seiner Auffassung entschieden wurde, dass »praktisch die gesamte zivilisierte Welt, einschließlich Japans, übereinkam, den Angriffskrieg mit solchen Bestimmungen und unter solchen Begleitumständen zu stigmatisieren, dass die damit verbundene Absicht gewesen sein muss, ihn als Verbrechen einzustufen«. Zum Problem der Ablehnung von Siegerjustiz vertrat Webb die Auffassung, dass die Richter keine persönliche Befangenheit gegenüber den Angeklagten zeigen sollten.

Damit beließ er es bei einer niedrigen Hürde, doch Mei und Jaranilla, die nach ihrem Martyrium unter japanischer Besatzung verbittert waren, sollten sie dennoch nicht überwinden. Der australische Vorsitzende Richter zeigte sich bei der Feststellung, an einem Urteil durch alliierte Richter sei nichts zu beanstanden, vollständig einer Meinung mit Sarjanow: »Dies ist ein Militärtribunal, (...) das sich unweigerlich aus Staatsangehörigen der Siegerländer zusammensetzt.«[102]

Ausgerechnet Sarjanow erwies sich als Webbs zuverlässigster Verbündeter. Er unterstützte den australischen Vorsitzenden Richter mit seiner Erklärung, dass er nicht an der Strafbarkeit von Angriffskriegen zweifle. Er machte die Leitlinien der sowjetischen Politik zum Kern seiner Argumentation, indem er behauptete, die wahre rechtliche Grundlage des Gerichts sei die »historische Gerechtigkeit des Sieges der demokratischen Staaten und freiheitsliebenden Nationen über die Kräfte der Reaktion und Aggression im Zweiten Weltkrieg«. Die Aufgabe des Gerichts sei, »diesen Sieg [zu] konsolidieren«.[103] Webb tat diese Unterstützung gut, und er bedankte sich beim sowjetischen Kollegen salbungsvoll – im Gegensatz zu der Überheblichkeit, die er im Umgang mit den Richtern aus China, Großbritannien und Kanada an den Tag legte – für dessen »gelehrte und liebenswürdige Kritik«, die er als »für Ihre Haltung während des gesamten Prozesses typisch« bezeichnete.[104]

Webb verabschiedete sich vom Ziel der Einstimmigkeit. Erschöpft verschickte er eine neue Textfassung, in die er mehrere Vorschläge Sarjanows eingearbeitet hatte und mit der er die Meinungen von acht Richtern abrufen wollte, die sich teilweise untereinander nicht einig waren.[105] Darin schlug er vor, mehrere einander widersprechende Argumente der Mehrheit unter den Richtern in den Text aufzunehmen – auf Japans Kapitulation oder auf der allgemeinen Zustimmung der Kulturnationen, wie sie sich in den Abkommen der Zwischenkriegszeit gezeigt habe, oder auf dem Naturrecht beruhende Rechtfertigungen –, verbunden mit einer öffentlichen Vorwarnung, dass die Richter nicht alle den gleichen Standpunkt vertreten würden. Er stellte sich auf Ärger ein, sobald Außenstehende feststellen sollten, wie außerordentlich zerstritten das Gericht war. »Ich weiß nicht, wie die Welt ein Urteil einschätzen wird, zu dem eine bestimmte Zahl von Richtern aus unterschiedlichen Gründen gekommen ist«, teilte er den anderen Richtern mit. »Das ist jedoch eine politische Überlegung.«[106]

Die nächsten Abweichler

Webb verlor sofort die Hälfte seiner Mehrheit von acht Stimmen. Zunächst beschloss der Commonwealth-Richterblock, eine eigene Meinung zu verfassen. Webb erklärte kurz angebunden, er werde es genauso halten, und verfasste einen Text, in dem er am Naturrecht als einer Möglichkeit, den Angriffskrieg zu kriminalisieren, festhielt, aber zugleich feststellte, der Kellogg-Briand-Pakt habe den Krieg zum Verbrechen erklärt.[107] Northcroft schrieb in einer vertraulichen Mitteilung, er und Patrick hätten »kurze, bockige Briefe« von Webb erhalten, die gezeigt hätten, dass er ihre Ansichten zwar nicht verstanden habe, aber dennoch ablehne.[108]

Als Nächster gab Röling, den Webb optimistisch seiner eigenen Mehrheit zugerechnet hatte, seinen Einstand als abtrünniges Mitglied des Gerichts. Mit einer langen schriftlichen Erklärung schockierte er seine Richterkollegen, indem er bestritt, dass der Angriffskrieg ein Verbrechen sei. Das erforderte eine vom Urteil des Gerichts abweichende Stellungnahme, weil Röling niemanden für eine Handlungsweise verurteilen konnte, die er selbst nicht für ein Verbrechen hielt. »In diesem Prozess ist das Schicksal der Angeklagten relativ unwichtig«, schrieb er hochmütig. »Es kommt auf die Entscheidung über das Völkerrecht an.«

Die niederländische Regierung versuchte, ihn an die Kandare zu nehmen. Später schrieb er, die Kommission in Den Haag habe ihm mitgeteilt, dass ein Angriffskrieg nach dem Völkerrecht als Verbrechen gelte. »Ich war es gewohnt, als unabhängiger Richter zu arbeiten, der sich nur von Recht und Gesetz leiten lässt, ohne Einmischung von außen«, erinnerte er sich. Er sagt, er habe mit seinem Rücktritt gedroht und sei erleichtert gewesen, als seine Regierung nachgab.[109] Röling wollte keinen epochemachenden Prozess wegen des Führens eines Angriffskriegs, wie ihn seine eigene Regierung anstrebte. Er hätte es vorgezogen, die japanischen Staats- und Militärführer nur wegen herkömmlicher Kriegsverbrechen und Gräueltaten anzuklagen, wenn auch mit härteren Vorwürfen und entsprechendem Strafrahmen für diese Verbrechen, wenn sie an der Auslösung des Krieges beteiligt gewesen waren. Das Statut des Gerichts erklärte zwar dessen Zuständigkeit für die Planung oder Führung eines Angriffskriegs, aber Röling vertrat die Ansicht, das Führen eines solchen Krieges könne nur bestraft werden, wenn es nach dem bestehenden Völkerrecht als Verbrechen gelte.[110] Also »sind die Gefangenen und ihr Leben nur Schachfiguren bei der Auslegung von Recht und Gerechtigkeit nach dem Stand der Dreißigerjahre«.

Nach ausführlichen Studien zur Zwischenkriegszeit kam Röling zu dem Schluss, dass die Nationen nach wie vor das »souveräne Recht« hätten, einen Krieg zu beginnen. Er tat die Behauptung, dass der Angriffskrieg in den Jahren nach dem Ersten Weltkrieg schlagartig zum Verbrechen geworden sei, als unsinnig ab. Verbrechen gegen den Frieden, wie sie die Alliierten in das Nürnberger Statut hineingeschrieben hätten, seien »aus dem Nichts« aufgetaucht. Selbst der berühmte Kellogg-Briand-Pakt war für ihn »nur der Ausdruck einer pazifistischen Stimmung«. Regierungen, die für ihr Land das Recht auf Selbstverteidigung in Anspruch nahmen, hätten den Pakt schnell zur Bedeutungslosigkeit verurteilt, indem sie in Eigenregie darüber entschieden, was als Selbstverteidigung galt. Der Kellogg-Briand-Pakt habe auch keine Bestimmungen für eine persönliche strafrechtliche Verantwortung enthalten.

Der niederländische Richter brachte seine Kollegen außerdem mit der Behauptung gegen sich auf, dass Japan gute Gründe gehabt habe, Einschränkungen der eigenen Fähigkeit zur Kriegführung zurückzuweisen. Er schrieb, Japan sei zwar dem Kellogg-Briand-Pakt beigetreten, doch seine Nachbarn hätten darauf nicht mit echten Zugeständnissen bei den strittigen Themen reagiert. Und der Pakt, schrieb er, »mutet wie ein schlaues Manöver zur Fortschreibung der bestehenden Bedingungen an, und zwar nicht nur durch Gewalt, sondern auch vermittels einer Quasi-Gerechtigkeit. Er sollte ein Ausdruck verschleierter Machtpolitik sein, eine Demonstration von ›Gerechtigkeit‹ im Dienst der Macht, anstatt die Macht in den Dienst der Gerechtigkeit zu stellen.«

Wenn die Verträge den Angriffskrieg nicht zum Verbrechen erklärten, was war dann mit dem Naturrecht? Röling hielt sich, im Unterschied zu Mei, gar nicht erst mit Höflichkeiten auf, sondern verspottete Webb offen mit der Bemerkung, dass das Naturrecht – falls es jemals »mehr als ein bloßes Desiderat« war – im 19. und frühen 20. Jahrhundert kein Teil des positiven Völkerrechts gewesen sei. »Ich habe auch nicht das Gefühl, dass ich Grotius, Gentili und Vattel im Prozess zum japanischen Angriffskrieg zitieren kann«, schrieb er, weil ihre Ideale in ihren eigenen, von imperialer Gewalt geprägten Zeitaltern kein »lebendes Recht« gewesen seien. Der niederländische Richter distanzierte sich von den Eroberungen seines Heimatlandes in Indonesien und prangerte den europäischen Kolonialismus mit überzeugenden Worten an: »Ich habe Bedenken, mich dem Fernen Osten bei unserem Versuch, über die Strafbarkeit eines Angriffskriegs zu entscheiden, mit Zitaten von Idealisten und Philosophen aus genau jener Epoche anzunähern, in der unsere Helden und Soldaten seine Territorien mit einem Vorgehen eroberten, dass man wohl kaum als Verteidigungskrieg bezeichnen könnte.«

Er schreckte vor der Behauptung der Anklagevertretung zurück, dass die Tötungshandlungen, mit denen ein Angriffskrieg begonnen wurde, strafrechtlich als Morde verfolgt werden sollten. Tötungshandlungen in einem Krieg mochten rechtswidrig, vielleicht sogar kriminell sein, aber solange sie nicht unter die konventionellen Kriegsverbrechen fielen, seien sie keine Morde.[111] Er fragte: Wenn die Japaner ihre Kriegserklärung eine Minute vor dem Angriff auf Pearl Harbor übermittelt hätten, wäre das ein grundsätzlicher Unterschied zu einer Erklärung eineinhalb Stunden danach?

Röling war der Ansicht, das Allgemeine Hauptquartier habe das uneingeschränkte Recht zur Inhaftierung bedrohlicher japanischer Führungspersönlichkeiten; es sei kein echter Unterschied zu erkennen, wenn man »einen gefährlichen Verrückten oder einen gefährlichen Politiker daran hindert, Schaden anzurichten«. Doch er warnte davor, dass »die Verwendung von Kriegsverbrecherprozessen zum Zwecke der Beseitigung unerwünschter Elemente einer Verwechslung von Gerechtigkeit und Zweckdienlichkeit gleichkäme und beides nicht erreichen würde«. Er bezweifelte, dass eine Verurteilung nach dem Strafrecht künftige Aggressoren abschrecken würde, denn Menschen, die Kriege führten, würden entweder auf einen Sieg hoffen oder sich über das eigene Schicksal im Fall einer Niederlage keine Gedanken machen.

Im Unterschied zu Pal, der die Ansicht vertrat, dass die Beschuldigten für Handlungen des eigenen Staates nicht angeklagt werden könnten, war Röling bereit, diese Männer für alle Arten von konventionellen Kriegsverbrechen wie auch für Verbrechen gegen die Menschlichkeit schuldig zu sprechen. Er hoffte, dass ein Prozess ausschließlich wegen solcher Grausamkeiten das politische Ziel der Alliierten erreichen würde, die japanische Öffentlichkeit über die wahren Kriegsursachen zu unterrichten. Bei diesem Verfahren müsste die Schuldfrage für den Kriegsbeginn geklärt werden, wobei den Befürwortern eines Angriffs ein größerer Schuldanteil an den darauffolgenden Kriegsverbrechen zufallen würde. Weil ein großer Teil der Wut in der Bevölkerung der Länder der Alliierten sich gegen die Gräueltaten der Achsenmächte richtete, würde ein solcher Prozess dem »Wunsch nach Vergeltung« genügen.

Dies war, auch wenn das Wort nicht auftauchte, eine abweichende Meinung, die den größten Teil von Rölings späterem Minderheitsvotum bereits vorwegnahm. Er schien sich jedoch in der sich abzeichnenden Rolle als Rebell unwohl zu fühlen und rief zur Einheit auf. Er schlug vor, die kontroversen Debatten über die Zuständigkeit des Gerichts bis zum Urteil aufzuschieben, und hoffte, dass sich bis dahin eine Einmütigkeit entwickeln würde. Er schrieb, dass er es vorziehe, Minderheitsmeinungen nicht im Rampenlicht der Öffentlichkeit zu diskutieren, wie es in niederländischen Gerichten üblich sei. Dennoch fügte er noch hinzu, dass er selbst, falls einer der anderen Richter auf einem Minderheitsvotum bestehen würde – was Pal bereits angekündigt hatte –, ebenfalls ein kurzes eigenes Votum verfassen würde. Es war also bereits jetzt sicher, dass es beim Tokioter Prozess zwei offizielle Minderheitsvoten geben würde.[112]

Webb wurstelte sich weiter mit geringfügigen Änderungen durch seinen groben Textentwurf, der immer noch einen Abschnitt zum Naturrecht enthielt, und stellte missmutig fest, er habe »meine Gründe umgeschrieben, ohne meine Ansicht zu ändern«.[113] Bei einer Analyse des Diskussionsstandes kam er zu der Einschätzung, dass sechs von elf Richtern der Ansicht waren, der Kellogg-Briand-Pakt habe den Angriffskrieg zu einem Verbrechen im Sinn des Völkerrechts erklärt.[114]

Doch der Schaden war bereits angerichtet. Jaranilla, der unbedingt vermeiden wollte, dass die Wirkung des Endurteils in diesem Verfahren durch abweichende Minderheitsvoten geschwächt wurde, drängte seine sich zankenden Kollegen, entweder nur ein Minimalurteil zu fällen, das sich ausschließlich auf die Rechtskraft des Statuts berief – oder sich bis zum Ende des Prozesses über die Frage der rechtlichen Zuständigkeit auszuschweigen. Ein Schweigen sei besser als eine Kakophonie.[115]

Sarjanow mahnte die Richter, ihre Entscheidung zur Frage der rechtlichen Zuständigkeit rasch zu veröffentlichen. Er zeigte sich aber mehr oder weniger uninteressiert an den Gründen, die dafür sprachen. Nahezu alle Richter, lautete seine vage Behauptung, seien sich bei den Grundsätzen einig, Meinungsunterschiede gebe es »nur in der Argumentation und bei Aspekten gewisser Details«. Durch die baldige Veröffentlichung einer endgültigen Entscheidung könne das Gericht den Spielraum der Verteidigung einengen, noch bevor diese richtig in Gang gekommen sei. Er sah keine Notwendigkeit, abweichenden Stimmen eine Gelegenheit zum Vortragen ihrer Ansichten zu bieten; falls Pal oder Röling nicht überzeugt werden könnten, könne man sie zum Schweigen verdonnern.[116]

Der amerikanische Richter Myron C. Cramer erbleichte, als er das las. Als Unterstützer Jaranillas drängte er darauf, mit der Entscheidung über die rechtliche Zuständigkeit bis zum Endurteil zu warten. Die Mitglieder des Gerichts waren für die Veröffentlichung einer Mehrheitsmeinung viel zu zerstritten. Cramer sorgte sich, dass die juristischen Fachzeitschriften und die Tagespresse, die gegenwärtig noch eifrig die wesentlichen Punkte des Nürnberger Urteils erörterten, sich kritisch mit dem Tokioter Gericht befassen würden, falls an die Öffentlichkeit käme, wie uneinig sich die Richter dort untereinander waren.[117]

Zwei abweichende Stimmen in einem Gericht mögen noch als Missgeschick angesehen werden; verliert man aber drei, sieht das ganz nach Fahrlässigkeit aus. Doch jetzt ließ der französische Richter Henri Bernard – das fünfte Mitglied von Webbs vorgeblicher Mehrheit von acht – durchblicken, dass auch er zu einer anderen Meinung kommen könnte.

Seine Einwände waren eine maßvollere Angelegenheit. Im Unterschied zu Pal bestritt der französische Richter nicht, dass MacArthur das Recht hatte, ein Tribunal zur strafrechtlichen Verfolgung eines Angriffskriegs einzusetzen, er stimmte der Feststellung zu, dass Einzelpersonen für staatliches Handeln persönlich zur Verantwortung gezogen werden konnten, und war sogar überzeugt davon, dass Verbrechen gegen den Frieden und Verbrechen gegen die Menschlichkeit nach »dem Naturrecht und dem universellen Recht« strafbar waren. In Ermangelung eines tatsächlich für die ganze Welt zuständigen Gerichtshofs hätten die Alliierten »nicht nur das Recht, sondern sogar die Pflicht«, ein Kriegsverbrechertribunal einzusetzen. Bernard hatte stattdessen einen eher doktrinären Einwand: »Es ist sinnlos, abzuwägen, ob und in welchem Ausmaß Verletzungen von Verträgen als Straftaten zu bewerten sind.« Er hoffte, dass die Mehrheit des Gerichts dieser Frage ausweichen würde, aber wenn nicht, würde er ein Sondervotum verfassen. Dies war ein Bruch, den ein kollegialer eingestelltes Richtergremium oder ein geschickter agierender Vorsitzender Richter möglicherweise vermieden hätte.[118]

Diese Zerwürfnisse sollten letztlich niemals beigelegt werden. Einer von den drei Commonwealth-Richtern zusammengehaltenen Mehrheit der sich befehdenden Richter gelang es, sich darauf zu einigen, dass man die juristische Zuständigkeit hatte, aber die Gruppe war nicht imstande, eine Begründung für die Ablehnung der Anträge der Verteidigung auf eine Einstellung des Verfahrens zu liefern.[119] Mei, der zunächst gehofft hatte, dass Pal der einzige Abweichler sein würde, war eifrig bemüht, im Umgang mit Außenstehenden »den Eindruck [zu] vermeiden, dass das Tribunal zwangsläufig zerstritten ist«.[120] Der neuseeländische Richter schrieb in seiner Verzweiflung: »Dieses Problem hat sich verschärft, und der Unglückstag ist bis zum Endurteil verschoben worden.«[121]

Das Ringen des Tokioter Gerichts um die Begründung der eigenen

Rechtmäßigkeit ist bis zum heutigen Tag ein Ansatzpunkt für erbitterte Proteste japanischer Nationalisten geblieben. Für Aso Taro, einen populistischen Haudegen der regierenden Liberaldemokraten, der 2008 bis 2009 das Amt des Premierministers innehatte, ist dieses Thema zur fixen Idee geworden. In seiner Eigenschaft als Außenminister kritisierte er im Februar 2006 bei einer Befragung durch einen Ausschuss des Unterhauses unverblümt das »Fehlen einer klaren Antwort« von Webb auf die von Tojos Anwalt Kiyose Ichiro vorgebrachten Argumente, mit denen er die Rechtmäßigkeit des Gerichts in Frage stellte.[122]

17.

Die Verteidigung erhebt sich

Der Tokioter Prozess schleppte sich dahin, und die im Sugamo-Gefängnis einsitzenden Männer witzelten untereinander sarkastisch, was für ein Glück es doch sei, dass sie ein so schönes Gefängnis gebaut hatten. Selbst Marquis Kido Koichi, der ein buchstäblich palastartiges Wohnumfeld gewohnt war, erklärte, er habe es in seiner kleinen Zelle mit den drei Strohmatten bequem genug. Die Männer beschäftigten sich mit Lesen und Schreiben, und viele der Angeklagten verfassten traditionelle japanische Gedichte. Tojo Hideki, der jetzt bei Gottesdiensten auftauchte, die vom buddhistischen Gefängnisgeistlichen angeboten wurden, vermischte die neu entdeckte Spiritualität mit altem Trotz: »Selbst wenn die ewige Wahrheit mein Gesicht bescheint, ich fürchte mich nicht.«[1]

Als die Verteidigung im Januar 1947 mit ihrem Vortrag begann, erwartete Mei Ruao eine scharfe Auseinandersetzung.[2] Die Richter hatten sich bis dahin noch nicht zu ihrer rechtlichen Zuständigkeit erklärt, und die resoluten Verteidiger, die Japaner wie auch die Amerikaner, mussten jetzt die grundsätzlichen Fragen stellen, ob der Angriffskrieg nach dem geltenden Völkerrecht ein Verbrechen war und ob das Gericht selbst überhaupt befugt war, Recht zu sprechen. Doch dies alles vollzog sich in einer krisenhaften Situation, die sich außerhalb des Gerichtssaals entwickelt hatte. Nach eindrucksvollen Protestaktionen von Gewerkschaften und linken Aktivisten vor dem Kaiserpalast gab General MacArthur bekannt, dass er einen landesweiten Streik von Arbeitern im öffentlichen Dienst und Gewerkschaften in den kommunalen Versorgungsbetrieben verbieten werde, die damit drohten, die konservative, proamerikanische Regierung von Yoshida Shigeru zu stürzen. Amerikanische Soldaten wurden in Alarmbereitschaft versetzt, um dieses Dekret notfalls durchzusetzen, dann gaben die Gewerkschaften nach.[3] Diese Ereignisse markierten einen Kurswechsel im Alliierten Hauptquartier und standen für eine Abkehr von den radikaleren Plänen für eine gesellschaftliche Liberalisierung.[4]

Die Verteidigung stellte eine Reihe von Anträgen auf ein Fallenlassen der

Anklage gegen die Beschuldigten. In einem Gemeinschaftsantrag brachten die Verteidiger vor, ihre Mandanten sähen sich vagen Anklagepunkten ausgesetzt, die noch nie zuvor als Verbrechen definiert worden seien, denn die Handlungen der Beschuldigten seien in Wirklichkeit die Taten eines souveränen Staates gewesen, und ein Angriffskrieg sei kein Verbrechen. Sir William Webb erklärte in seiner Ablehnung des Antrags: »All diese Punkte wurden bereits im Mai letzten Jahres und danach von der fachkundigen Verteidigung vorgetragen« – dabei erwähnte er nicht einmal, dass die Richter diese Punkte immer noch nicht beantwortet hatten.[5] Als einige Verteidiger einen Antrag wegen Prozessfehlern stellen wollten, weigerte sich Webb, ein solches Dokument vor dem Ende des Verfahrens zur Kenntnis zu nehmen. Trotz der internen Rangeleien hinter den Kulissen erklärte er überheblich, eine »überwältigende Mehrheit« der Richter habe bereits entschieden, dass sie aus später zu benennenden Gründen zuständig seien. »Diese Gründe werden zu gegebener Zeit mitgeteilt.«

Kämpferische amerikanische Verteidiger stellten einen Antrag, in dem sie behaupteten, dass MacArthur ohne ein vom Kongress verabschiedetes Gesetz keine rechtliche Befugnis für eine Einberufung des Tokioter Gerichts habe. Dieser Vorstoß beleidigte Webb offensichtlich: »Es besteht keine Notwendigkeit, die Position des Oberkommandierenden öffentlich in Frage zu stellen. (...) [S]ie werden das in Form eines respektvollen juristischen Vorbringens tun und nicht als politische Brandrede. Dies ist nicht der Sitzungssaal des Kongresses oder der Sitzungssaal des Senats der Vereinigten Staaten oder irgendeines anderen Parlaments.« Die Rechtmäßigkeit von US-Gerichtsverfahren sei eine Frage, die die Vereinigten Staaten betreffe, sagte der australische Vorsitzende Richter: »Wir sind kein Gericht irgendeines der von diesem Verfahren betroffenen Länder.« Ein amerikanischer Verteidiger erwiderte, die Verteidigung habe die Absicht, sich an die US-Bundesgerichte in Washington zu wenden. Webb forderte ihn höhnisch auf, in Washington, Ottawa oder Moskau sein Bestes zu geben.[6]

Ein Chor von amerikanischen Anwälten erhob sich mit Anträgen auf Freilassung ihrer Mandanten und begründete dies mit der Behauptung, dass sämtliches Beweismaterial der Anklage, selbst wenn es nicht zu widerlegen wäre, die Schuld der Angeklagten nicht belegen könne, ohne dass begründete Zweifel blieben.[7] Ein amerikanischer Verteidiger brachte vor, es sei unmöglich, eine Verschwörung unter sich erbittert streitenden japanischen Politikern zu beweisen, die in 17 verschiedenen Kabinetten in dem von der Anklageschrift erfassten Zeitraum aufeinander losgegangen seien. Einige der Heeresgenerale erklärten, die Beweismittel der Anklage zeigten einzig und allein, dass sie selbst nur die Befehle noch ranghöherer Offiziere ausgeführt hätten.[8] General Matsui Iwanes Anwalt sagte, die Vorgesetzten seines Mandanten hätten entschieden, dass Nanjing angegriffen werden solle, außerdem gebe es keinen unwiderlegbaren Beweis dafür, dass der General selbst die Massaker an Zivilisten und bereits entwaffneten Soldaten angeordnet oder zugelassen habe.[9]

Selbst Tojo schloss sich diesem Vorgehen an, kompetent vertreten durch einen philippinischen Verteidiger, der von der American Bar Association – einem amerikanischen Berufsverband von Juristen – entsandt worden war, um sicherzustellen, dass die Angeklagten einen fairen Prozess bekamen.[10] Dieser Anwalt lenkte das Aufbrausen seines Mandanten in geeignete Bahnen und betonte, es gebe kein ausreichendes Beweismaterial für eine Verurteilung des ehemaligen Premierministers wegen des Führens eines Angriffskriegs, und die Anklagevertretung habe keinen Beweis dafür vorgelegt, dass Tojo irgendeinem Offizier im Feld oder einem Lagerkommandanten »auch nur einen einzigen ausdrücklichen Befehl erteilt« habe, Kriegsverbrechen zu begehen oder zu erlauben.[11] Tojos klug argumentierender amerikanischer Anwalt sagte, dass das Beweismaterial der Anklage seinen Mandanten in Wirklichkeit entlaste. Er trug geschickt ausgesuchte Stichproben aus dem Tagebuch des Lordsiegelbewahrers vor, um Tojo als probritisch eingestellten Politiker zu präsentieren, als Gegenspieler des Heeres beim Thema Mandschurei und als Befürworter der Diplomatie in der Phase vor Pearl Harbor.[12] Die eindrucksvollste Unschuldsbehauptung in eigener Sache kam von Togo Shigenori, dem ehemaligen Außenminister. Major Ben B. Blakeney, sein amerikanischer Anwalt, trug vor, dass Togo sich hartnäckig für Frieden mit den Vereinigten Staaten eingesetzt habe; Japans Angriffe auf die Vereinigten Staaten und das British Empire seien »trotz und gewiss nicht aufgrund von Togos Bemühungen erfolgt«.[13]

Diese Anträge der Verteidigung boten den Anklagevertretern eine neue Gelegenheit, ihre Erwiderungen pointierter zu formulieren. Sie waren auf eine eher ungewöhnliche Art zu einem Vorteil gekommen: Ihr amerikanischer Chefankläger Joseph B. Keenan war außer Gefecht, weil er sich in Washington einer größeren Operation unterziehen musste. Seine Abwesenheit wurde in den Reihen der Richter und Anklagevertreter mit allgemeiner Erleichterung aufgenommen, denn niemand vermisste Keenans polternde Unbeholfenheit und seine offen ausgetragene Fehde mit Webb in der Frage der Kriegsschuld des Kaisers.[14] In seiner Abwesenheit wurde der britische Ankläger Arthur Comyns Carr zur dominanten Persönlichkeit in den Reihen der Ankläger. Er arbeitete Hand in Hand mit Frank S. Tavenner jr. zusammen, einem US-Bundesanwalt aus Virginia, der sich als eiskalt und effizient erwies. Comyns Carr war froh, Keenan los zu sein, und fürchtete nur noch dessen Rückkehr oder einen eventuellen Versuch, die Geschäfte von Washington aus per Fernschreiben zu führen.[15]

Mit unverhohlenem Vergnügen trug Comyns Carr eine knappe, treffende Zusammenfassung der Beweise gegen jeden einzelnen Angeklagten vor. Er spottete über die Behauptung der Verteidigung, Japan habe in Notwehr gehandelt. Ganz im Gegenteil seien sämtliche alliierten Mächte – was die Sowjetunion einschloss – durch die verschiedenen aggressiven Vorgehensweisen Japans provoziert worden: »Es gibt nicht den geringsten Beweis für eine Absicht irgendeiner dieser Mächte, Japan anzugreifen.« Unter Bezug auf das Urteil des Obersten Gerichtshofs der USA im Fall Yamashita vertrat er die Ansicht, dass Japans führende Militärbefehlshaber entweder für die Anordnung von Kriegsverbrechen oder für das Unterlassen von Maßnahmen zur Verhinderung solcher Verbrechen durch die eigenen Soldaten zur Verantwortung gezogen werden konnten. Sein vielleicht wirkungsvollstes Argument war, dass Japans Staatsführung oft an einer Änderung der Politik des eigenen Landes gearbeitet habe, was den Gedanken mit einschloss, dass sie auch Wege zur Abwendung eines Krieges hätte finden können, entweder durch entsprechende Beeinflussung ihrer Kollegen, Mobilisierung der Öffentlichkeit oder durch einen Rücktritt unter Protest. Er sagte: »Es ist die Pflicht selbst eines Soldaten oder Seemanns, und natürlich ebenso auch eines Zivilisten, einem Befehl nicht zu gehorchen, von dem er weiß, dass er gegen das Völkerrecht verstößt.«[16]

Er nahm sich jeden Beschuldigten vor, einen nach dem anderen. Heftige Vorwürfe erhob er gegen Tojo Hideki als Kopf der mutmaßlichen Verschwörung und General Matsui Iwane wegen seiner Rolle als Kommandeur beim Massaker von Nanjing.[17] Hirota Koki, angeklagt, weil er den Zwischenfall an der Marco-Polo-Brücke als Vorwand für den Einmarsch in China genutzt hatte, sei »von Anfang bis Ende ein Aggressor« gewesen, »und der Kontrast zwischen seinen öffentlichen und privaten Worten und Taten zeigt, dass er ein besonders schlauer Vertreter dieser Art war«. Comyns Carr sagte, dass sich Shigemitsu Mamoru in seiner Eigenschaft als Außenminister »taub gestellt habe« gegenüber Protesten der Alliierten wegen der Behandlung ihrer in Gefangenschaft geratenen Soldaten. Und er habe gelogen, als es um Misshandlungen ging, sowie Bitten um Möglichkeiten zur Inspektion von Lagern abgewiesen.[18]

Comyns Carr machte Togo Shigenori, den der nationalsozialistische Totalitarismus angewidert hatte, für den Aufbau der Beziehungen Japans zum Deutschen Reich verantwortlich. Togo wurde wegen Pearl Harbor getadelt und fälschlicherweise der Zustimmung zu den einen Krieg befürwortenden Entscheidungen bei wichtigen Sitzungen beschuldigt, bei denen er sich in Wirklichkeit gegen einen Krieg ausgesprochen hatte.[19] In einer kompliziert formulierten Anschuldigung wurde Togo vorgehalten, er habe Beschwerden der Alliierten über die Behandlung von Kriegsgefangenen weitergegeben, aber nichts unternommen, um sicherzustellen, dass Japan seine Zusage einhielt, die Genfer Konvention zu respektieren. »Jeder der Beschuldigten muss sich des fürchterlichen Rufs der japanischen Armee bewusst gewesen sein, der sich mit den in Nanjing und anderswo in China begangenen Gräueltaten verband, und der Gefahr, dass so etwas erneut geschehen könnte.« Ihre Pflicht sei es gewesen, dem Kabinett von den Misshandlungen zu berichten und, falls keine Verbesserungen erreicht wurden, zurückzutreten.[20]

Der heikelste Fall für die alliierten Anklagevertreter war Kido. Comyns Carrs Zusammenfassung ging davon aus, dass der Kaiser jene Persönlichkeit war, auf deren Entscheidungen es ankam, was die Frage offenließ, warum sein wichtigster Berater jetzt vor Gericht stand, er selbst aber nicht. Der Lordsiegelbewahrer, sagte Comyns Carr, habe Kaiser Hirohito davon abgeraten, die Streitkräfte zu zügeln, ebenso habe er davor gewarnt, »in irgendeiner Frage eine feste Linie zu verfolgen, und zwar aus Furcht, er könne sich dadurch in Kontroversen verstricken«. Sein Tagebuch »beweist, dass er im Grunde seines Herzens ein Aggressor war«. Kido habe vor Pearl Harbor »für Tojos Ernennung zum Premier gesorgt«, anstatt einen friedliebenden Premierminister ins Amt zu bringen. Doch wenn das ein Verbrechen sei, dann sei es mit Sicherheit ein Verbrechen, das auch der Kaiser begangen habe, weil dieser letztlich die Ernennung ausspreche. Kido »wusste sehr gut Bescheid über die Pläne für den Überraschungsangriff« auf die Vereinigten Staaten, doch er habe weder den Mund aufgemacht, noch sei er zurückgetreten. Comyns Carr erklärte zu Kidos Verhalten während der Krieges: »Von Anfang bis Ende liegt kein Anhaltspunkt dafür vor, dass er jemals die Aufmerksamkeit des Kaisers (…) auf den moralischen Aspekt entweder der Auslösung des Pazifikkriegs oder auf die Art lenkte, in der dieser Krieg geführt wurde.« Auch das legte den Schluss nahe, dass der Kaiser etwas zur Verhinderung der Invasionen und Gräueltaten hätte unternehmen können, die seine Streitkräfte in seinem Namen begingen.[21]

Generalmajor Iwan Sarjanow, der sowjetische Richter, wurde wütend, als er die Verteidiger das tun sah, was Verteidiger von Berufs wegen tun.

Er wütete gegen die Behauptung, Japan habe in Notwehr gekämpft, und prangerte »[d]iesen absolut unzulässigen Versuch, zu beweisen, dass demokratische Mächte im Zweiten Weltkrieg die Aggressoren waren«, heftig an. Die japanischen Angeklagten seien durch die Führung eines Angriffskriegs »für dieses schwerste aller Verbrechen verantwortlich«.[22]

Webb ermahnte im privaten Rahmen die anderen Richter, dass »jenseits aller berechtigten Zweifel klar ist«, dass Japan sein asiatisches Reich durch das Führen von Angriffskriegen enorm erweitert, Zivilisten brutal behandelt und mit »der größten Barbarei und unter Übertretung so gut wie jeder Regel für die Kriegführung und unter vollständiger Missachtung von Menschenrechten, Würde, Ehre und Gefühlen« gekämpft habe. Jeder der Angeklagten habe bei diesen berüchtigten Feldzügen eine führende Rolle gespielt, schrieb er. Keiner von ihnen habe irgendwelche wirksamen Schritte zur Verhinderung von Übergriffen oder Gräueltaten unternommen, von denen sie aber gewusst haben mussten: »Es würde dem gesunden Menschenverstand widersprechen, zu behaupten, dass solche Personen von derart bekannten Tatsachen nichts wussten.«[23]

Den energischen Bemühungen der Verteidiger zum Trotz ließen die Richter die Anklagen gegen alle Gefangenen zu – auch die gegen Togo und Shigemitsu, bei denen der Vortrag der Anklage ganz offensichtlich auf wackligen Beinen stand. Sie entschieden rasch, dass das Verfahren fortgesetzt werden konnte.[24] Die Ankläger kamen im privaten Austausch zu dem Schluss, dass sie genügend Beweise vorgelegt hätten, um sieben oder acht Generale an den Galgen zu bringen, unter ihnen Tojo und Matsui, während Shigemitsu möglicherweise freigesprochen werde.[25]

Waffenungleichheit

Nach Comyns Carrs Rede beantragte die erschöpfte Verteidigung, die Mühe hatte, mit dem umfangreichen Tatsachenmaterial und der komplexen Rechtslage Schritt zu halten, eine Vertagung um einen Monat zur Vorbereitung der eigenen Erwiderung. Webb, der seine Irritation nicht verbarg, gab ihr zwei Wochen.[26]

Die Verteidigung war im Vergleich zu den Ressourcen, über die die Anklage verfügte, erheblich im Nachteil. Hinter den Anklägern stand die Macht der alliierten Armeen; sie konnten bei Japans besiegter Regierung Beweismaterial sammeln und hatten elf alliierte Regierungen, die ihnen Mitarbeiter, Rechercheure und juristisches Fachwissen zur Verfügung stellten. Die Verteidigung war eine denkbar schlecht ausgestattete Zusammenstellung von japanischen und amerikanischen Rechtsanwälten, die unter unmöglichen Begleitumständen ihr Bestes gaben.

Sie baten Webb wiederholt um mehr Mitarbeiter, Dolmetscher, Ressourcen und Zeit.[27] Viele der unterbezahlten japanischen Anwälte hatten ihre reguläre Berufstätigkeit ausgesetzt und sorgten sich um den eigenen Lebensunterhalt; sie mussten das Gericht um bessere Bezahlung bitten, was ihnen äußerst peinlich war. Ihre Vergütung reichte für die Deckung der Bürokosten nicht aus.[28] Das Allgemeine Hauptquartier hatte zwar genügend amerikanische Rechtsanwälte engagiert, um sicherzustellen, dass jeder Angeklagte zumindest einen amerikanischen Rechtsbeistand hatte, doch eine Gruppe von etwa 100 Verteidigern war schwer zu koordinieren. Während die Anklagevertretung vor Gericht weitgehend einheitlich auftrat, konnte die Verteidigung eines Angeklagten auch einen weiteren Beschuldigten betreffen, was unweigerlich zu einer Zersplitterung in der Gruppe der Verteidiger führte.[29]

Die meisten Verteidiger waren Japaner, die übrigen waren Amerikaner, und das bedeutete, dass die meisten Rechtsanwälte mit den Verfahrensweisen eines Prozesses, »der weitgehend nach angelsächsischen Rechtsgrundsätzen geführt wurde« – wie es der neuseeländische Richter beschrieb –, nicht vertraut waren.[30] Ein führender japanischer Verteidiger erklärte, dass Japan über ein inquisitorisches Strafjustizsystem verfüge, bei dem die Richter die Beschuldigten ins Kreuzverhör nehmen, im Unterschied zu dem in Ichigaya praktizierten Parteienprozess nach amerikanischem oder britischem Vorbild, bei dem Anklagevertretung und Verteidigung vor einem unparteiischen Richter aufeinandertrafen.[31] (Beim Tokioter Prozess sah das dann so aus, dass die Richter häufig Zwischenfragen stellten.)

Noch bevor die Verteidigung mit ihrem Vortrag beginnen konnte, unternahm die Sowjetunion einen massiven Versuch, sie zum Schweigen zu bringen. Sarjanow, der sich im Verlauf der hitzigen Debatte um die Legitimität des Gerichts bei Webb beliebt gemacht hatte, wollte, dass die Verteidigung ihre Erklärungen vorab zur Zensur bei den Richtern einreichte, um zu verhindern, dass die japanischen Verteidiger »das Tribunal als ein offenes Forum für die Verbreitung von faschistischem und militaristischem Gedankengut und von imperialistischen Vorstellungen nutzen«. Als seine Kollegen dies ablehnten, beantragte er als nächstes, dass die Verteidigung ihren einleitenden Vortrag den Richtern zur Verfügung stellen sollte. Damit wollte er ausschließen, dass die japanischen Verteidiger neue Angriffe zur rechtlichen Zuständigkeit des Gerichts oder zur Strafbarkeit von Angriffskriegen vortrugen: »Der Angriffskrieg wurde von bestimmten Personen geplant, vorbereitet, begonnen und geführt, die damit für dieses schwerste unter allen Verbrechen persönlich verantwortlich sind.« Die anderen Richter blockierten dieses Ansinnen zwar, dennoch blieb die Tatsache, dass mit Sarjanow eine Hauptstütze der Richtermehrheit alles unternahm, was in ihrer Macht stand, um die Verteidigung zu unterdrücken.[32]

Vor diesem bedrückenden Hintergrund ergriff die Verteidigung das Wort für ihre Eröffnungsvorträge. Es lief schlecht für sie. William Logan jr., der amerikanische Verteidiger, der Kido vertrat, erklärte, dass es den Angeklagten nicht möglich sei, sich auf eine gemeinsame einleitende Stellungnahme zu verständigen, weil sie uneins seien über »einige Erklärungen zu Tatsachen, Beweisführungen, Philosophien, Schlussfolgerungen und Mittäterschaften«. Mehrere Angeklagte distanzierten sich vom gesamten anstehenden Eröffnungsplädoyer der Verteidigung, während andere an einzelnen Teilen Anstoß nahmen.[33]

Nach diesem Vorlauf erhob sich Kiyose Ichiro, der grauhaarige Verteidiger, der Tojo und einige andere Angeklagte vertrat. Die Tageszeitung *Yomiuri Shimbun* hatte Kiyose einmal als Advokat des Militarismus und Imperialismus verhöhnt, was ihn zu einem »ganz idealen Verteidiger für als Kriegsverbrecher verdächtigte Personen« machte.[34] Aus der Richterriege missbilligte Mei das pedantische Auftreten, die dünne Stimme und die nachlässige Kleidung des Anwalts, aber er musste einräumen, dass der Mann ruhig und überzeugend sprach und dabei bescheiden auftrat.[35] Ein Reporter der *Asahi Shimbun* beschrieb Kiyose ähnlich: unrasiert, kleinwüchsig, in Alltagskleidung auftretend, aber er kenne sich mit dem englischen Recht aus und beweise Kampfgeist, wenn er seine Einsprüche vorbringe.[36] Er zeigte, so die Prozessakten, seine Gelehrsamkeit deutlich und hielt mit sonorer Stimme Vorträge in gediegenem Oberschicht-Englisch.[37]

Kiyose trug eine ausführliche Stellungnahme vor, die späteren Generationen nationalistisch gesinnter Japaner als Mustervorlage für Rechtfertigungen der Kriegsbilanz des eigenen Landes dienen konnte. Er präsentierte ein Japan, das die eigene Macht im Namen der asiatischen Mitmenschen einsetzte, die von westlichen Kolonialisten unterdrückt wurden. Vom imperialistischen Westen umzingelt, habe Japan keine andere Wahl gehabt, als einen berechtigten Krieg zur Selbstverteidigung zu führen. Sollte der Verteidigung der Nachweis gelingen, dass das Handeln der Beschuldigten von argloser Selbstverteidigung motiviert worden war, wären sie möglicherweise keines Verbrechens schuldig, da ein Verbrechen üblicherweise aus einer kriminellen Handlungsweise und einer kriminellen Absicht bestehe. Webb sagte zu den anderen Richtern, falls die Angeklagten »zeigen [könnten], dass sie diese Ansicht ernsthaft und vernünftigerweise teilten, *kann* das eine Verteidigung ermöglichen, selbst wenn das Gericht mit ihrer Ansicht nicht übereinstimmt.«[38]

Die Verteidigung stand vor einer sehr schweren Aufgabe. Der klassische Maßstab für eine Selbstverteidigungshandlung – von Daniel Webster 1841/42 in der gleichnamigen Formel niedergelegt und mit dem Nürnberger Urteil kurz zuvor aufs Neue bestätigt – lautete, dass eine Regierung eine »unaufschiebbare und unabwendbare Notwendigkeit der Selbstverteidigung« nachweisen muss, »die keine Wahl der Mittel und keinen Augenblick Zeit zur Überlegung lässt«. Außerdem darf die sich verteidigende Regierung »nicht unvernünftig oder unangemessen« handeln, »denn die Handlung, die durch die Notwendigkeit der Selbstverteidigung gerechtfertigt ist, muss durch jene Notwendigkeit begrenzt werden und eindeutig in dem durch sie gesetzten Rahmen bleiben«. Der Nachweis, dass Japans jüngste Kriege diesen beiden Kriterien der Notwendigkeit und Angemessenheit standhielten, sollte keine leichte Aufgabe werden.[39]

Webb hatte zwar darauf bestanden, dass der Eröffnungsvortrag der Verteidigung sich auf Tatsachen und Beweismittel beschränkte und auf grundsätzliche Bemerkungen zu Rechtsfragen verzichtete, doch Kiyose umging dieses Verbot sorgfältig. Er bestritt, dass Einzelpersonen für ihre politischen Handlungen nach dem Strafrecht verurteilt werden konnten, wenn sie »im Namen des Staates und seiner Souveränität handelten«. Er beharrte darauf, dass die Tötungen in Pearl Harbor wie auch bei Japans zu Kriegsbeginn erfolgten Angriffen auf Hongkong und die Philippinen keine Morde, sondern einfach Verluste von Leben in Kriegszeiten gewesen seien. Er lehnte die Anklage wegen einer verbrecherischen Verschwörung als einen dem japanischen Recht fremden Tatbestand ab und erklärte, dass »die Doktrin der Verschwörung, wie sie im Rechtsraum von England und Amerika entwickelt worden ist, keine völkerrechtliche Gültigkeit beanspruchen kann«. Es sei falsch, »eine bestimmte Rechtstheorie, die sich in einem bestimmten Land unter dessen besonderen historischen Voraussetzungen entwickelt hat, bei diesem Tribunal anzuwenden, als handele es sich dabei um einen allgemeinen Rechtsgrundsatz von universeller Gültigkeit«.

Kiyose behauptete, das japanische System der Kabinettsregierung sei zu Verschwörungen gar nicht imstande. Das Kabinett beziehe seine Amtsgewalt aus Japans Geschichte der Herrschaft eines Konsortiums erfahrener Staatsmänner, das unter der Bezeichnung *Genro* bekannt sei. Mit seiner Behauptung, dass der für Nürnberg entwickelte Vorwurf der Verschwörung nicht zum japanischen Kontext passe, befand er sich in guter Gesellschaft. Webb selbst teilte dem australischen Premierminister privat mit: »Unter all diesen Angeklagten befindet sich keine Führungspersönlichkeit wie Hitler oder Göring. In verschiedenen Zeiträumen gab es verschiedene Anführer.«[40] Japan hatte es an einem Äquivalent zum »Führer« und zum »Führerprinzip« seiner deutschen Verbündeten gefehlt, stattdessen hatte das Land im Verlauf des vom Gericht untersuchten Zeitraums 17 Kabinette erlebt. Tojo hatte in seiner Amtszeit als Premierminister mehr Macht ausgeübt als jede andere Einzelperson in Japan in einem Zeitraum von mindestens einem halben Jahrhundert, aber bei seiner Politik hatte er sich auf viele andere Führungspersönlichkeiten gestützt. Als er im Juli 1944 zum Rücktritt gedrängt wurde, hatte er sein Amt in aller Stille und auf eine Art niedergelegt, die bei Adolf Hitler unvorstellbar gewesen wäre. Die für die alliierten Ankläger unangenehme Tatsache war, dass nur eine japanische Führungspersönlichkeit während des gesamten für die Anklage berücksichtigten Untersuchungszeitraums im Amt gewesen war: Hirohito.[41]

Kiyose vertrat die Ansicht, der Kellogg-Briand-Pakt habe nicht festgelegt, dass der Angriffskrieg ein Verbrechen im Sinne des Völkerrechts sei, und könne Japan auch nicht das Recht auf Selbstverteidigung absprechen. Außerdem verfüge ein Staat, der sich auf die Selbstverteidigung berufe, über »die alleinige und absolute Entscheidungsfreiheit, das tatsächliche Vorhandensein eines solchen Rechts festzustellen« – und das bedeute, dass Außenstehende nicht im Nachhinein kritisieren konnten, was eine Regierung im Namen der Selbstverteidigung unternommen habe. Dies war das theoretische Vorspiel zu einer sehr ausführlichen Nacherzählung der japanischen Außenpolitik als legitime Selbstverteidigung, der Handlungsweisen einer friedliebenden, zum Opfer gemachten Nation, die mit großem Einsatz ihre Unabhängigkeit und ihre Kultur verteidigt hatte, seit das Geschwader der US-Marine unter dem Befehl von Commodore Matthew C. Perry im Jahr 1853 in die Bucht von Tokio eingelaufen sei, um die Öffnung des Landes für Ausländer zu erzwingen.

Erstmals im Verlauf des Tokioter Prozesses rückte Kiyoses Vortrag das Thema Rassismus in den Mittelpunkt der Verhandlung. Die gesamte japanische Nation, erklärte der Anwalt, sei der »Abschaffung der Rassendiskriminierung verpflichtet«. Da die westlichen Kolonialreiche einen großen Teil Südasiens dominierten und die Gefahr bestehe, dass sie China unter sich aufteilten, habe Japan eine besondere Verpflichtung, »die gemeinschaftliche Entwicklung aller asiatischen Rassen« zu fördern. Japan und

China »gehören derselben Rasse an«, orientierten sich an derselben konfuzianischen Ethik und benutzten dieselben Schriftzeichen. Stolz führte er aus, dass die Großostasiatische Konferenz im November 1943 in Tokio offiziell die Abschaffung der Rassendiskriminierung gefordert habe. Zwar hatten zahlreiche japanische Nationalisten in dieser Epoche sich selbst als Vertreter einer überlegenen Yamato-Rasse gesehen, doch Kiyose verwarf »jede angebliche Theorie einer rassischen Überlegenheit der Japaner« als eine reine Erfindung der Anklagevertreter.

Nachdem Kiyose Japans Gegnerschaft zu jeder Art von Rassismus gerühmt hatte, bereitete ihm die Erklärung des Bündnisses mit dem nationalsozialistischen Deutschen Reich erhebliche Schwierigkeiten. »Der absichtliche Verstoß gegen den menschlichen Anstand, wie er angeblich gegen die Juden in Deutschland begangen worden ist, war in Japan niemals präsent«, sagte er mit einer äußerst zurückhaltenden Anspielung auf den Holocaust mehr als zwei Jahre nach der Befreiung des Konzentrationslagers Auschwitz. Er beteuerte mit Nachdruck, es gebe »keine Spur eines rassischen Überlegenheitsgefühls in Japan, wie man es in Deutschland findet«, und zugleich beharrte er auf der Behauptung, dass »die japanische Regierung keinerlei Absicht hatte, gemeinsam mit Deutschland und Italien die Welt zu beherrschen«.[42]

Der Erstschlag des Kaiserreichs

Kiyose setzte anschließend zu einer alternativen Darstellung der Geschichte des japanischen Imperialismus an, bei der er jedes Stadium der Expansion als defensive Maßnahme rechtfertigte.

Er behauptete, Japan habe einen legitimen Anspruch auf Sonderrechte in der Mandschurei. Angesichts einer großen und wachsenden Bevölkerung, die die eigenen Hauptinseln überfüllte, und einer durch einen hasserfüllten Nativismus bewirkten Blockade der Auswanderung in die Vereinigten Staaten habe Japan keinen anderen Aufnahmeort mehr gehabt, an den man den eigenen Bevölkerungsüberschuss entsenden konnte. Er stellte die rebellische Kwantung-Armee als eine kleine, mutige Streitmacht dar, die von bedrohlichen Chinesen umzingelt gewesen sei, die ihr das Aufenthaltsrecht in der Mandschurei streitig machten. Und nach dem Mukden-Zwischenfall im September 1931 habe »die Kwantung-Armee zu ihrer Selbstverteidigung und in Erfüllung ihrer Pflicht die chinesischen Streitkräfte besiegen müssen«.

Im übrigen chinesischen Staatsgebiet hätten die feindseligen Chinesen die Japaner in unerträglichem Maß provoziert und beleidigt. Japan habe zwar nichts sehnlicher gewollt als nachbarschaftliche Harmonie und eine gemeinsame Verteidigung gegen den Kommunismus, erzählte er, aber Chiang Kai-shek habe sich mit den chinesischen Kommunisten verschworen. Er gab den Chinesen die Schuld für die Eskalation nach dem Gefecht an der Marco-Polo-Brücke im Juli 1937, während das friedfertige Japan eine »Politik der Entschärfung« betrieben habe. Japan sei Ende August mit drei Heeresdivisionen in den Norden Chinas einmarschiert, »um seine rechtmäßigen Interessen zu schützen«. Bei der Beschreibung der massiven Invasion in China wechselte er in eine unpersönliche Ausdrucksweise: »Die Feindseligkeiten breiteten sich, entgegen Japans Wünschen, überallhin aus.«

Die Gräueltaten in China seien »zugegebenermaßen äußerst bedauerlich«, räumte Kiyosi ein, aber »man glaubt, dass sie unangemessen übertrieben und in einem gewissen Umfang erfunden wurden«. Japan habe sich um eine rassisch begründete Freundschaft mit China bemüht, sagte Kiyosi, deshalb sei es »völlig undenkbar«, dass die Angeklagten solche grauenhaften Taten befohlen oder ignoriert haben sollen. Die gegen die Beschuldigten vorgebrachten Anklagepunkte seien »ohne Grundlage«, und die Verteidigung »wird nichts unversucht lassen, um zu beweisen, dass keiner der Angeklagten jemals solche Handlungen anordnete, autorisierte oder genehmigte oder absichtlich oder leichtfertig seine rechtliche Pflicht missachtete«.

Kiyose, ein strammer Antikommunist, empörte sich über die Anklagen wegen eines japanischen Angriffs auf die Sowjetunion: »Die Beschuldigungen gehen über den Zuständigkeitsbereich dieses Tribunals hinaus.« Er sagte, Japan habe nicht die Absicht gehabt, die Sowjetunion anzugreifen, und die beiden von den Sowjets angeführten Grenzgefechte seien friedlich beigelegt worden. Als Beleg für die fehlenden Angriffsabsichten Japans verwies er auf den 1941 mit der Sowjetunion abgeschlossenen Neutralitätsvertrag. Vielmehr seien es die Sowjets gewesen, die mit ihrem Vorgehen gegen Japan im August 1945 einen Angriffskrieg begonnen und gegen diesen Vertrag verstoßen hätten, wobei die Entscheidung für den Angriff auf Japan bei der Konferenz von Jalta getroffen worden sei – eine Beschuldigung, die sich nicht nur gegen Josef Stalin, sondern auch gegen Franklin D. Roosevelt und Winston Churchill richtete.

Japans Bündnis mit dem Deutschen Reich und Italien stellte Kiyose als Selbstverteidigung gegen die kommunistische Unterwanderung dar. Die Sowjetunion bedrohe mit ihrer Politik des aktiven Exports der Revolution das Kaiserreich Japan. Die Achsenmächte seien »zu ihrem Selbstschutz verpflichtet« gewesen, sich zusammenzuschließen, weil die Kommunisten die Vernichtung Deutschlands und Japans geplant hätten.[43]

Auch der Krieg gegen die Vereinigten Staaten wurde auf »die höchste Notwendigkeit« der Selbstverteidigung zurückgeführt, wobei die Amerikaner als die wahren Angreifer zu gelten hatten. Als die Japaner in China »unabsichtlich« in einen Dauerkonflikt verwickelt wurden, hätten die Vereinigten Staaten sie durch ihre Unterstützung für die nationalchinesische Regierung unter Druck gesetzt und eingeschüchtert. Gemeinsam mit China, Großbritannien und den Niederlanden hätten die Vereinigten Staaten »einen eisernen Ring der Umzingelung« um Japan gelegt. Nachdem die Vereinigten Staaten das Vorgehen, das Kiyose kühl als »Japans friedliche Entsendung von Truppen nach Französisch-Indochina« bezeichnete, vollkommen fehleingeschätzt hätten, seien die anschließend verhängten amerikanischen, britischen und niederländischen Wirtschaftssanktionen der Ausübung von Gewalt sehr nahegekommen: »Dem japanischen Volk wurde das unveräußerliche Lebensrecht genommen.«

Togo Shigenori, der Außenminister, der auf bedeutsame Zugeständnisse in Indochina und China gedrängt hatte, um die Vereinigten Staaten zu beschwichtigen, konnte nur schweigend dasitzen, als Kiyose die Möglichkeit ausblendete, dass Japan sich aus diesen besetzten Gebieten hätte zurückziehen können. Kiyose sagte, das US-Ölembargo habe Japans harmloses militärisches Gerät in seiner Betriebsfähigkeit eingeschränkt: »Japans Marine sollte so ihre Beweglichkeit einbüßen, nachdem ihre Ölvorräte erschöpft waren; die Lösung des China-Zwischenfalls wurde praktisch unmöglich gemacht; Japans Verteidigungsfähigkeit war geschwächt.«

Das Ölembargo kam für Kiyose einer Kriegshandlung gleich. Obwohl Japan »ernsthafte Anstrengungen« für den Frieden unternommen hatte, sei nach der Hull-Note »glasklar« gewesen, dass »kein einziger Faktor, der zu einem Casus Belli beitrug, mit friedlichen Mitteln beigelegt werden konnte«. Letztlich sah sich Japans Regierung »gezwungen, zum Recht auf Selbstverteidigung Zuflucht zu nehmen«.

Kiyose stellte den blitzartigen Überfall auf Pearl Harbor nicht als Überraschungsangriff, sondern als das Ergebnis einer peinlichen bürokratischen Fehlleistung dar. Er sagte, Japan habe versucht, die Vereinigten Staaten mit einer Note zu benachrichtigen, die 25 Minuten vor Beginn des Angriffs ausgehändigt werden sollte, aber die Dechiffrierung und das Abtippen der Reinschrift habe in Washington zu lange gedauert. Und die Amerikaner hätten ohnehin gewusst, dass ein diplomatisches Zerwürfnis eingetreten sei, und hätten den größten Teil der japanischen Note abgefangen, so dass sie kaum noch überrascht gewesen sein konnten.

Kiyose akzeptierte die Rechtmäßigkeit und Gültigkeit der eingeführten Gesetze der Kriegführung, beharrte aber darauf, dass Japan keinen »Terrorismus und [keine] Gräueltaten (…) der von Deutschland begangenen Art« zu verantworten habe. Japan habe sich strikt darum bemüht, die Bestimmungen für bewaffnete Konflikte einzuhalten, sagte er. Er räumte lediglich ein, dass in einer späten Kriegsphase, als den japanischen Truppen die Verpflegung ausging, als die Befehle von der Kommandoebene ausblieben oder als sie es mit »grausamer Guerilla-Kriegführung von Einheimischen« zu tun bekamen, »unmenschliche Taten begangen worden sein könnten«. Keiner der Angeklagten habe Gräueltaten angeordnet oder gestattet, sagte der Anwalt. Was auch immer an gegen alliierte Gefangene oder Zivilisten gerichteten Kriegsverbrechen vorgekommen sei, müsse »zufälligen Irrtümern vonseiten Einzelner« zugeschrieben werden, nicht der nationalen Politik.

Abschließend erklärte Kiyose, dass die Wahrheit »keine Frage des Nachweises ist, dass eine Partei vollständig im Recht und die andere ganz und gar im Unrecht ist«. Den Richtern empfahl er hochmütig, nach den tieferen Ursachen moderner Kriege zu suchen, seien die nun »auf rassistische Vorurteile oder auf die ungleiche Verteilung natürlicher Ressourcen oder auf bloße Missverständnisse zwischen Regierungen zurückzuführen«. Die wahre Ungerechtigkeit, behauptete er, sei die westliche Engstirnigkeit im Umgang mit Asiaten und die Unfairness, die mit der Tatsache verbunden sei, dass andere Länder über die natürlichen Ressourcen verfügten, die Japan benötige.[44]

Die Dreistigkeit von Kiyoses Eröffnungsvortrag schockierte die Amerikaner. »Alle abgedroschenen Propagandalegenden, die von den japanischen Kriegsherren zur Rechtfertigung ihrer Verbrechen vorgetragen wurden, sind beim Kriegsverbrecherprozess in Tokio abermals zu hören«, hieß es in einem Leitartikel der *New York Times*. »Eine solche Verteidigung zu einem so späten Zeitpunkt und dazu noch vor einem alliierten Tribunal vorzutragen, ist eine Unverschämtheit. Die Nazis wagten nichts in dieser Art.«[45]

Manche Japaner fanden Kiyoses Behauptungen abstoßend. Yokota Kisaburo, der es später noch zu Japans Oberstem Richter bringen sollte, hatte sich bereits während der Invasion in der Mandschurei öffentlich gegen fadenscheinige Behauptungen von Selbstverteidigung gewandt und ihnen entgegengehalten, dass eine Auseinandersetzung um eine Eisenbahnlinie wohl kaum als Rechtfertigung für Angriffe der Kwantung-Armee auf chinesische Großstädte dienen könne.[46] Ein Mann aus Tokio, der die Prozessberichte in den japanischen Zeitungen aufmerksam verfolgte, beklagte, dass die Verteidiger imstande seien, schamlos »Schwarz zu Weiß umzuwidmen«, und forderte die »schwersten Strafen« für die Angeklagten.[47]

Kurz nachdem Kiyose seine Erklärung vor Gericht abgeschlossen hatte, wurde Tojo Hidekis 46-jähriger jüngerer Bruder Tojo Tadao bei einer Polizeirazzia gegen Obdachlose in einer U-Bahn-Station in Osaka aufgegriffen. Nach einer halbseitigen Lähmung seiner Körperfunktionen hatte er seine Arbeit verloren und war auf der Straße gelandet. Düstere Geschichten dieser Art waren im Nachkriegsjapan nur allzu vertraut, aber Tojos jüngerer Bruder deutete sein Leid als angemessene Strafe für die Sünden seines Bruders. »Dieses Vagabundenleben ist nur das, was man von einem hätte erwarten können, der das Blut eines Mannes teilt, der viele Menschen auf den Tiefpunkt ihres Lebens gestürzt hat. Es ist eine Entschuldigung gegenüber diesen Menschen«, sagte er.[48]

Die ausgebliebene Erklärung der Richter zur eigenen rechtlichen Zuständigkeit überlagerte die Eröffnung der Verteidigung. Webb hatte zwar Bemerkungen zur Rechtsgrundlage in den einleitenden Erklärungen untersagt, aber nach Kiyose erhob sich Takayanagi Kenzo, ein weiterer japanischer Verteidiger, um die rechtliche Zuständigkeit des Gerichts in Frage zu stellen.

Takayanagi, ein bekannter Rechtsgelehrter, der die Ansicht vertreten hatte, dass Japan auf dem asiatischen Festland expandieren müsse, sollte später Präsident der privaten Seikei-Universität in Tokio werden.[49] Er hatte eine umfangreiche Eröffnungs-Erklärung vorbereitet, in der er das Vorbringen von Anklagen wegen Verschwörung ebenso in Frage stellte wie die Vorstellung, der Angriffskrieg sei ein Verbrechen und die Feststellung individueller Verantwortung für staatliche Handlungen. Er hatte eben erst zu sprechen begonnen, als Webb ihm das Wort abschnitt und erklärte, all diese Themen gingen über den angemessenen Rahmen einer Eröffnung der Verteidigung hinaus; er könne sich diese Punkte für sein Schlussplädoyer aufsparen. Takayanagi wandte ein, dass der Anklagevertretung gestattet worden sei, in Joseph B. Keenans Eröffnung der Anklage eine umfassende Erklärung zur eigenen Rechtsauffassung abzugeben, und brachte vor, dass zahlreiche Angeklagte wünschten, bei ihrer Verteidigung diese grundsätzlichen Rechtsfragen aufzuwerfen. Webb wies das zurück und vertagte die Verhandlung für diesen Tag.[50]

Am darauffolgenden Morgen unternahm Takayanagi einen weiteren Versuch und erklärte, es sei ihm nicht möglich gewesen, seine Erklärung über Nacht zu zerstückeln. Er brachte vor, dass er Mandanten vertrete, die »der Ansicht sind, dass das im Statut des Gerichts formulierte Recht ein wichtiges Element des gegenwärtigen Prozesses ist: Ihr Leben oder Tod, ihre Gefangenschaft oder Freiheit hängen in hohem Maß von dessen Auslegung ab.« Webb war abermals nicht bereit, ihm zuzuhören. Sarjanow lobte Webb vertraulich dafür.[51]

Nachdem Takayanagi zum Schweigen gebracht worden war, fand ein amerikanischer Verteidiger einen raffinierten Dreh, mit dem sich die Ungerechtigkeit eines Verfahrens aufzeigen ließ, bei dem nur eine Seite angeklagt wurde. Major Ben B. Blakeney vertrat die Ansicht, die Vorgehensweisen anderer Staaten würden demonstrieren, dass sie nicht davon ausgingen, dass das Führen eines Angriffskriegs ein Verbrechen sei. Er sagte, der Kellogg-Briand-Pakt sei so oft gebrochen worden, dass er nur noch ein wertloses Stück Papier sei. Wie viele der Richter versuchte er das Völkerrecht nicht nur aus Verträgen, sondern auch aus gewohnten Verfahrensweisen abzuleiten – in seiner Darstellung sah das allerdings so aus, dass das tatsächliche Vorgehen von Staaten keineswegs von Pazifismus geprägt war, sondern eine weit verbreitete Bereitschaft offenbarte, andere Staaten anzugreifen. Blakeneys juristische Argumentation, bei der er sich auf äußerst respektable Texte bezog, ermöglichte ihm die Eröffnung einer peinlichen Untersuchung zu Angriffen, die von den alliierten Mächten ausgegangen waren.[52]

Seine wichtigsten Beispiele für staatliche Vorgehensweisen waren ein sowjetisches Vordringen in die Mandschurei im Jahr 1929, der sowjetische Überfall auf Finnland 1939, die Besetzung der baltischen Staaten durch die Sowjetunion und die sowjetische Besetzung Rumäniens seit 1944. Er sprach auch über die gemeinsame sowjetisch-britische Invasion im Iran 1941 und die Vorstöße der Vereinigten Staaten zur Sicherung der Kontrolle über Grönland, eine dänische Kolonie, die im Anschluss an die Besetzung Dänemarks durch das Deutsche Reich erfolgten.[53] Sein spektakulärstes Beispiel, mit dem er einen Verstoß der Alliierten gegen das Kriegsrecht aufzuzeigen versuchte, war der Antrag, wegen des Abwurfs von Atombomben auf Japan eine Untersuchung gegen die Vereinigten Staaten einzuleiten.

Die Anklagevertreter schäumten. Als Blakeney als weiteres Beweismittel den Ausschluss der Sowjetunion aus dem Völkerbund wegen des Überfalls auf Finnland vorlegte, bezeichnete Comyns Carr das Beweismaterial als »gänzlich irrelevant«. Webbs Feststellung, das Gericht sei nur für die Anklage der wichtigsten japanischen Kriegsverbrechen zuständig, parierte Blakeney mit dem Hinweis, dass »ein Pakt als Folge wiederholter Verletzungen außer Gebrauch kommen kann«. Die Richter waren sich einig, dass dies eine wichtige Frage sei, die eine Diskussion lohne.[54]

Nach einem mit angestrengtem Nachdenken verbrachten Wochenende verweigerte sich Webb weiteren Überlegungen. Sarjanow, der durchweg unter der politischen Anleitung aus Moskau agierte, drängte hinter geschlossenen Türen darauf, dass die anderen Richter die Verteidiger daran hindern sollten, den Gerichtssaal für militaristische Propaganda zu nutzen, damit sie das Verfahren nicht »in den Prozess um den mutmaßlichen Angriff der alliierten Mächte auf Japan umwandeln« konnten. Er beklagte, dass Kiyoses Eröffnungsplädoyer nicht nur »die kriminelle, aggressive Politik der militaristischen und imperialistischen Cliquen, die Japan beherrschen«, verherrlicht habe, sondern zudem »ein Angriffsversuch gegen die alliierten Mächte« war, mit dem Ziel, »zu zeigen, dass der von Japan geführte Krieg defensiver Natur war und von der Aggression der besagten Mächte verursacht wurde«. Nach Blakeneys Salve gegen die sowjetischen Angriffskriege befürchtete Sarjanow, dass die anderen Richter Beweismittel zu den sowjetischen Invasionen in Finnland und Polen zulassen könnten. Für diesen Fall drohte er einen zeitraubenden und peinlichen Exkurs an, denn die Sowjetunion würde dann nachweisen, dass ihre Besetzung Polens »ein legitimer Akt der Selbstverteidigung« gewesen sei.[55]

Webb kehrte mit dem festen Entschluss in den Gerichtssaal zurück, Blakeney und den anderen Verteidigern eine harte Konfrontation mit den Sowjets nicht zu gestatten. Der australische Vorsitzende Richter stellte fest, dass sich mehr als 60 Staaten dem Kellogg-Briand-Pakt angeschlossen hätten; Vertragsverletzungen durch einen oder zwei Staaten »beseitigen nicht das Gesetz«. Blakeney, der die Ansicht vertrat, dass das Völkerrecht von den Großmächten geprägt werde, erwiderte, dass »fünf der großen, mächtigen Siegernationen der Welt, die hier zu den Anklägern zählen«, den Vertrag verletzt hätten. Als Webb erklärte, der Auftrag seines Gerichts laute nicht, das mit jedem Krieg seit dem 1928 erfolgten Abschluss des Kellogg-Briand-Pakts verbundene Recht und Unrecht eingehend zu untersuchen, gab Blakeney zurück, dass »es gefährlich wie zweierlei Maß aussehen wird, wenn das Tribunal einerseits diese Angeklagten schuldig spricht und zugleich anderen großen Nationen für Handlungen der gleichen Art ihre Unschuld bescheinigt«.

Comyns Carr widersprach diesen Aussagen im Namen der alliierten Anklagevertretung energisch. Er gab zu bedenken, dass der Prozess damit in kontroverse Untersuchungen zu Handlungen der Alliierten geraten würde, für die das Gericht nicht zuständig sei. Der Hinweis, dass der Ankläger ebenfalls ein Verbrechen begangen habe, sei keine Verteidigung für jemanden, der wegen eines Verbrechens angeklagt sei. Comyns Carr stellte fest, dass die alliierten Regierungen immer erklärt hätten, zu ihren mit dem Kellogg-Briand-Pakt eingegangenen Verpflichtungen zu stehen. Alle von Blakeney genannten Vorgänge fielen in die Zeit nach der Auslösung des Zweiten Weltkriegs durch den Angriff der Achsenmächte, behauptete er, wobei die Alliierten defensiv vorgegangen seien und Land besetzt hätten, das sonst den Deutschen in die Hände gefallen wäre – ein Argument, das möglicherweise auf den Iran oder Grönland zutraf, aber nicht auf Polen und die baltischen Staaten, vor deren Besetzung sich die Sowjetunion insgeheim mit dem Deutschen Reich zusammengetan hatte, um diese Eroberungen zu Beginn des Zweiten Weltkriegs abzusichern. Der Völkerbund habe die fortdauernde Gültigkeit der völkerrechtlichen Bestimmungen gegen Angriffskriege beweisen, indem er die Sowjetunion wegen deren Angriff auf Finnland verurteilte – »zu Recht oder zu Unrecht«, fügte er mit formelhafter Rücksichtnahme in Richtung des aufgebrachten Sarjanow hinzu.

Die Richter berieten bei einer 15-minüten Verhandlungspause, ob sie das Beweismaterial der Verteidigung zu Finnland, Polen, Rumänien, zum Iran und zu Grönland zulassen sollten. Webb stellte sich auf Sarjanows Seite und rügte Comyns Carr für den Vorschlag, das Gericht könnte die Feststellung des Völkerbunds zur Kenntnis nehmen, dass die Sowjetunion Finnland angegriffen habe. Eine Mehrheit der Richter entschied, Blakeneys Beweismittel zu Angriffskriegen der Alliierten nicht zu hören. »Das sind nebensächliche und irrelevante Themen«, entschied Webb brüsk und ohne weitere Erklärung.

Blakeney blieb nichts anderes übrig, als stur seine Dokumente anzubieten, eines nach dem anderen – die Verurteilung des sowjetischen Überfalls auf Finnland durch den Völkerbund, Winston Churchills Rede, mit der er die Besetzung des Iran durch Großbritannien erklärte –, um jedes Mal abgewiesen zu werden, womit in erster Linie eine theatralische Wirkung verbunden war. Blakeney erreichte mit seinem Auftritt nur, dass einige Presseberichte über die Besetzung der portugiesischen Kolonie Timor durch Australien und die Niederlande geschrieben wurden, einen letztlich erfolglosen Versuch, die Übernahme der Insel durch Japan zu verhindern.

Erfolgreich war Blakeney, indem er eine der beim Tokioter Prozess seltenen Debatten erzwang, die sich in diesem Fall mit der Zerstörung von Hiroshima und Nagasaki befasste. Um zeigen zu können, dass die Alliierten das Kriegsrecht missachtet hatten, versuchte er einen vielbeachteten aktuellen Artikel aus *Harper's Magazine* als Beweismittel durchzusetzen, in dem Henry L. Stimson berichtete, wie die amerikanische Entscheidung für den Einsatz von Atomwaffen zustande gekommen war. Dieser Text war in der japanischen Presse vielfach nachgedruckt worden, und mit ziemlicher Sicherheit hatten ihn alle im Gerichtssaal anwesenden Personen gelesen.[56] Doch Comyns Carr erwiderte, dass das, was er nichtssagend als die amerikanische »Wahl der Waffen« bezeichnete, »in keinem Zusammenhang mit irgendeinem der vor diesem Tribunal verhandelten Themen« stehe. Er sagte, dass »niemand jemals behauptet hat, dass es irgendein Kriegsrecht gibt, das den Einsatz einer solchen Waffe verbot, und wenn es eine solche Bestimmung gäbe, könnte sie (…) keine Entschuldigung für die Verübung von Straftaten durch die Japaner gegen Kriegsgefangene liefern.«

Das war ein schwaches Argument. Natürlich gab es in den Gesetzesbüchern keine ausdrücklichen Regelungen gegen den Einsatz einer gänzlich neuen Waffentechnik, aber nach dem geltenden Kriegsrecht war die willkürliche Tötung von Zivilisten schon seit langem verboten.[57] Die Vereinigten Staaten waren ein Unterzeichnerstaat der IV. Haager Konvention von 1907, des »Abkommens, betreffend die Gesetze und Gebräuche des Landkriegs«, das die Verwendung von Projektilen oder Waffen verbot, »die geeignet sind, unnötig Leiden zu verursachen«. Blakeney bezeichnete es als »Gesetz, das den Einsatz bestimmter Waffentypen verbietet«.[58] Welche Bedeutung hätte es, fragte Webb sachlich, wenn die Atombomben Kriegsverbrechen wären? Blakeney, der sich nicht der Illusion hingab, Stimson vor Gericht bringen zu können, erklärte stattdessen, dass der Einsatz von Atombomben durch die USA zeige, dass die Haager Konvention nicht mehr aktuell sei, was seine Mandanten, die wegen konventioneller Kriegsverbrechen im Landkrieg angeklagt seien, möglicherweise entlaste. Wenn sowohl die Amerikaner als auch die Japaner gegen die Gesetze des Landkriegs verstoßen hätten, hätten die Staaten diese Gesetze völlig neu ausgelegt, oder diese bestünden nur noch auf dem Papier.

Webb lehnte Stimsons *Harper's*-Artikel als Beweismittel ab. Er ging dabei nicht auf die umfassenderen Fragen ein und erklärte nur knapp, man könne zwar die Ansicht vertreten, dass die Atombombenabwürfe die Misshandlung amerikanischer Gefangener durch die Japaner in den letzten Kriegstagen rechtfertige, aber das könne japanische Verbrechen vor Hiroshima nicht entschuldigen.[59]

Der abgewiesene Blakeney versuchte es mit einem letzten Schachzug, und diesmal nahm er sich die Vorstellung von der persönlichen strafrechtlichen Verantwortung vor. Die Verträge zu Fragen des Kriegsrechts verlangten nicht, dass sich irgendjemand als Kriegsverbrecher vor einem internationalen Gericht verantworten müsse, sagte er. Und er behauptete, die IV. Haager Konvention von 1907 zum Landkrieg sehe nur vor, dass diejenigen, die gegen ihre Bestimmungen verstießen, Entschädigungszahlungen zu leisten hätten. Er versuchte listigerweise, ein regierungsamtliches US-Briefing aus der Zeit nach dem Ersten Weltkrieg in die Verhandlung einzubringen. Woodrow Wilsons Außenminister Robert Lansing hatte darin die Ansicht vertreten, dass Staatsoberhäupter und Könige Immunität gegen Strafverfolgung genießen würden.[60]

Webb reichte es jetzt, er schlug vor, dass Blakeneys Fragen nach den Bestimmungen, die als Völkerrecht galten, sich an einem wichtigen Präzedenzfall zu orientieren hätten, über den der Oberste Gerichtshof der USA 1900 entschieden hatte. In jenem Urteil hieß es, das Völkerrecht zeige sich in den »Bräuchen und Gebräuchen zivilisierter Nationen«.[61] Blakeney stimmte ihm freundlich zu und sagte, er tue bereits genau das: Er zeige, dass eine der wichtigsten Weltmächte, die Vereinigten Staaten, sich geweigert hätten, die Grundsätze strafrechtlicher Verantwortung nach dem Völkerrecht anzuerkennen. Webb explodierte und bellte, dass die Praxis von Staaten nicht einem Bericht von Wilsons Außenminister zu entnehmen sei. Blakeney hielt ihm entgegen, dass der Mann Außenminister gewesen sei.[62]

Die Richter entschieden sich mehrheitlich gegen die Zulassung des amerikanischen Berichts.[63] Blakeney, der allerdings einige Treffer gelandet hatte, war vorerst zum Schweigen gebracht.

War der Prozess während des Vortrags der Anklage nur langsam vorangekommen, so lief er mittlerweile nur noch zähflüssig. Als die Verteidiger jetzt mit ihren Einlassungen begannen, war oft kein klarer Plan in ihrer Gegenrede zu erkennen. Sie schienen, wie der neuseeländische Richter kühl notierte, »nur vor sich hin zu wursteln«.[64]

In den ersten Tagen ihres Vortrags las die Verteidigung eine ermüdende Abfolge offizieller Dokumente laut vor, zu denen unter anderen auch die japanische Verfassung und die Potsdamer Erklärung zählten; Insiderberichte zu den Beratungen der japanischen Regierung gehörten nicht dazu – Beweisstücke von der Art, die ihre Mandanten möglicherweise entlastet hätten.[65] Die Verteidigung legte oft auch Beweismaterial vor, das mit den Anklagepunkten gar nichts zu tun hatte. Einige der Zeugen waren Autoren, Hochschullehrer oder Funktionäre aus nachgeordneten Entscheidungsebenen, die nicht einmal an den hochrangig besetzten Besprechungen teilgenommen hatten, bei denen die wichtigen Entscheidungen getroffen worden waren. Als ein ehemaliger stellvertretender Minister im Großostasien-Ministerium vor dem Gericht aussagte, die japanischen Marionettenregime in der Mandschurei und andernorts seien unabhängige Staaten gewesen, zwang ihn Comyns Carr bei einem Kreuzverhör, zuzugeben, dass in Mandschukuo wie auch in Thailand japanische Armeen stationiert gewesen waren. Der britische Beigeordnete Ankläger las offizielle regierungsamtliche japanische Telegramme laut vor, mit denen die Außenpolitik Mandschukuos und des Kollaborationsregimes, das die japanisch besetzten Gebiete Chinas verwaltete, diktiert wurde.[66]

Ein Zeuge der Verteidigung, Generalmajor Okada Kikusaburo, fiel vor Gericht unangenehm auf, weil er in eine typische Gewohnheit japanischer Militärs verfiel: Gebrüll. »Es besteht keine Notwendigkeit, so laut zu sprechen«, sagte Webb, der selbst dazu neigte, laut zu werden. »Sie haben ein Mikrofon vor sich.«[67] Als Webb später im Verlauf eines ausführlichen Kreuzverhörs zu den Kriegsplänen versuchte, dem Zeugen das Wort abzuschneiden, rief dieser: »Ich empfinde es als äußerst bedauerlich, dass diese außerordentlich wichtige Frage nicht zugelassen worden ist.« Webb fuhr ihn an: »Ich meine, dass wir uns mit diesem japanischen Generalmajor befassen müssen. Er spricht hier nicht zum japanischen Heer.« Der Gerichtsmarschall rief: »Ruhe im Gerichtssaal!« Kurz darauf, während ein japanischer Verteidiger den Generalmajor befragte, seufzte Webb: »Der Zeuge ist gänzlich unerträglich.« Der Generalmajor schrie: »Ich bin nicht unerträglich; ich habe noch gar nichts gesagt!« Abermals rief der Gerichtsmarschall zur Ordnung. Der japanische Verteidiger gab auf und entließ seinen Zeugen, der umgehend aus dem Gerichtssaal stolzierte.[68]

Die Anklagevertretung hatte ihre Freude an diesem Chaos. Comyns Carr berichtete zuversichtlich nach London, dass die Verteidigung zu einem sachgerechten Vortrag nicht in der Lage sei. Um das Verfahren zu beschleunigen, verkürzte er das Kreuzverhör von Zeugen der Verteidigung, weil er der Ansicht war, dass sie den höheren Zeitaufwand nicht wert seien.[69] Nach einer besonders irrelevanten Zeugenaussage – sie kam von einem japanischen Arzt, der in der Mandschurei im Rettungsdienst gearbeitet hatte, aber über die Vorgehensweise der Angeklagten nichts zu berichten wusste – erklärte ein erschöpfter Anklagevertreter: »Die Anklage hat keine Fragen.« »Ich bin nicht überrascht«, lautete Webbs Kommentar.[70]

Während das Verfahren immer planloser und unrunder ablief, gab Webb sein leicht reizbares Bestes, um mit den Verteidigern möglichst schnell fertig zu werden. »Wir können diese Verzögerungen nicht dulden«, sagte er.

Abb. 27 *Die Angeklagten in der Zuhörerrolle während des Vortrags der Verteidigung, vor ihnen sitzen die japanischen und amerikanischen Anwälte, 17. November 1947. Togo Shigenori sitzt in der hinteren Reihe ganz links; Marquis Kido Koichi ist der Zweite von rechts in der vorderen Reihe.*

»Dieser Prozess wird bei einem solchen Tempo niemals zu Ende gehen.«[71] Nach einer erneuten Bummelei erklärte er: »Ich rede keinem Verdacht das Wort, aber wenn die Verteidigung verhindern wollte, dass wir jemals zu einem Urteil kommen, wäre das die geeignete Methode.«[72] Voller Ungeduld wies er Beweismaterial der Verteidigung zurück und herrschte den vortragenden Verteidiger an. Marquis Kido Koichi beklagte später: »Der Einstellung der Richter mangelte es an Fairness, und Beweismaterial, das für die Angeklagten vorteilhaft war, wurde nur allzu gern abgelehnt.«[73]

Ein amerikanischer Verteidiger, dem einmal zu oft das Wort abgeschnitten worden war, erhob »Einspruch gegen die unangemessene Unterbrechung« durch Webb. Der australische Vorsitzende Richter explodierte und verlangte, dass der Anwalt den »beleidigenden Ausdruck« zurücknehmen und sich entschuldigen solle, um einen Ausschluss wegen Missachtung des Gerichts zu vermeiden. »Ich werde mir kein weiteres Wort von Ihnen anhören, bis Sie das tun«, bellte er. Der Verteidiger, der Hirota Koki vertrat, weigerte sich ungerührt und sagte, er habe zwanzig Jahre lang an Gerichtsverhandlungen teilgenommen und genau so etwas vor amerikanischen Gerichten gesagt, ohne Schwierigkeiten zu bekommen. Die Richter schlossen ihn aus, bis er sich entschuldigte. Er weigerte sich ruhig und verließ den Gerichtssaal mit einem Packen Dokumente, die er sich unter den Arm geklemmt hatte.

Die schockierten japanischen Verteidiger beschwerten sich, dass sie stärkeren Einschränkungen unterworfen seien als die Anklagevertreter vor ihnen. Doch wenn die Verteidigung so stark an die Kandare genommen werde, dass sie in sich zusammenfiel, werde auch der Prozess scheitern. Also steckte Webb zurück und sagte, er wende sich nur gegen die von ihm so bewertete Beleidigung des amerikanischen Anwalts.[74]

Die Verteidigung bemühte sich mehrere Monate hinter den Kulissen um die Wiederzulassung des ausgeschlossenen Verteidigers, und schließlich kehrte dieser in den Gerichtssaal zurück. Als er dabei sein »tiefes Bedauern« äußerte, unterbrach ihn Webb dabei dreimal und forderte ihn auf, später darauf zurückzukommen und sich in einigen Tagen erneut zu erniedrigen, wenn alle Richter anwesend sein würden. Der verblüffte Verteidiger trat sofort von seinem Mandat zurück und bat das Gericht, einen anderen amerikanischen Anwalt als Rechtsbeistand für Hirota einzusetzen. Webb unterbrach ihn ein letztes Mal: »Es ist nicht nötig, dass Sie noch mehr sagen.« Der Verteidiger räumte das Feld und kehrte nach Washington zurück.[75]

Eines Tages eröffnete Webb die Sitzung mit einer ernsten Ermahnung vonseiten der Richter, keine Zeit mehr zu vergeuden durch die Abgabe von »Erklärungen im Stil von Propaganda«. Nur wenig später äußerte Webb eine selbstgerechte Beschwerde über langatmige eidesstattliche Erklärungen japanischer Zeugen: »Ich weiß, dass es eine japanische Schwäche ist, sich selbst sehr ausführlich zu äußern, und sie ist schwierig unter Kontrolle zu bringen, aber dieser Schwäche nachzugeben hat verheerende Auswirkungen auf den Vorrat an Papier und Tinte.«[76] Der philippinische Richter Delfín Jaranilla drängte seine Kollegen in einer vertraulichen Mitteilung, widerspenstige Verteidiger wegen Missachtung des Gerichts zu disziplinieren, auch wenn Strafen dieser Art in dessen eigenem Statut gar nicht vorgesehen waren.[77]

Ishiwaras Krieg

Die erste große historische Aufgabe der Verteidigung war die Zurückweisung von Anschuldigungen wegen eines Angriffskriegs in der Mandschurei. Die Verteidigung verzichtete auf eine Attacke gegen das Beweismaterial der Anklagevertretung zu diesem Vorwurf, das aus internen japanischen Telegrammen und den Aussagen von drei ehemaligen Premierministern bestand, und konzentrierte sich stattdessen auf die Rechtfertigung von Japans kolonialen Ansprüchen in der Mandschurei.

Das japanische Volk glaube, es habe ein moralisches Anrecht auf die Mandschurei als Rettungsanker gegen die zur Bedrohung gewordene Sowjetunion, brachte die Verteidigung vor. Die Mandschurei sei für Japan zu einer »unentbehrlichen Quelle« für Rohstoffe geworden, stellte ein amerikanischer Verteidiger mit erschütternder Offenheit fest – ein Argument, das genauso gut die Anklagevertretung hätte vorbringen können. Die Verteidigung wiederum trug vor, die in der Mandschurei lebenden Japaner seien von räuberischen Banditen angegriffen worden, während die chinesische Regierung nicht in der Lage gewesen sei, für Ordnung zu sorgen.[78]

Unter Berufung auf offizielle japanische Ermittlungen beschuldigte die Verteidigung chinesische Truppen, einen Sprengstoffanschlag auf die Südmandschurische Eisenbahn in Mukden verübt zu haben. Doch die erst nach mehreren Tagen am Ort des Geschehens eingetroffenen japanischen Ermittler hatten keine überzeugenderen Beweise für die chinesische Urheberschaft vorzuweisen als die Leichen von drei mit Armeeuniformen bekleideten chinesischen Männern in unmittelbarer Nähe. Webb fragte von Richterseite nach, ob die japanischen Ermittler die Erkennungsmarken der Toten überprüft hätten, um sicherzustellen, dass es sich um chinesische Soldaten handelte, und war verstimmt, als er zur Antwort bekam, dass dies nicht geschehen sei.[79]

Die Verteidigung stellte den Einmarsch der Kwantung-Armee in die Mandschurei als Selbstverteidigung dar. Für die Auseinandersetzung mit chinesischen Banditen und Revolutionären habe die Kwantung-Armee, deren Aufgabe gewesen sei, die rund 200 000 Japaner und 800 000 Koreaner, die entlang der Trasse der Südmandschurischen Eisenbahn lebten, zu verteidigen, nur über 10 000 Soldaten verfügt. Die einzige Möglichkeit, all diese Menschen zu beschützen, sei die Eroberung chinesischer Stellungen gewesen, behauptete die Verteidigung. Selbst beim Vormarsch, der sie bis nach Harbin führte, hatten die japanischen Truppen – nach der Darstellung der Verteidigung – nur ihre in diesem Gebiet lebenden Landsleute gegen chinesische Banditen und Terroristen verteidigt.[80] Diese Inanspruchnahme des Rechts auf Selbstverteidigung wurde vom ersten als Zeuge auftretenden Angeklagten, dem hageren, zum fraglichen Zeitpunkt als Heeresminister dienenden General Minami Jiro, noch bekräftigt.[81] Die Richter verbargen ihre Skepsis nicht. »Eine Nation darf den eigenen Staatsangehörigen in einem fremden Land zu Hilfe kommen«, lautete Webbs Kommentar. »Doch es ist sicherlich nicht die übliche Vorgehensweise, sofort in ein fremdes Land einzumarschieren.«[82]

Dem Anliegen der Verteidigung sicherlich nicht dienlich war die Tatsache, dass die von ihr als Zeugen aufgerufenen hohen Militärs vor Gericht auffällig aggressiv auftraten. »Wenn in Zukunft ein weiterer Kampf ausgelöst werden sollte«, warnte ein japanischer Offizier, »werden wir die 10 000 Mann zählende chinesische Einheit bis zum letzten Mann niedermachen, und das ohne eigene Verluste«.[83] Ein japanischer General sagte aus, Befehle für das Führen eines »›Blitzkriegs‹ in den Bergen« in der Mandschurei erhalten zu haben, eine Aussage, die sich als vorzügliches Beweismittel für die Anklage geeignet hätte.[84] Ein Oberst der Kwantung-Armee gab bei seiner aus Sicht der Verteidigung fatalen Aussage zu, dass er von Itagaki Seishiro, damals im Rang eines Obersten, inzwischen als früherer Heeresminister einer der Angeklagten im Tokioter Prozess, eine Genehmigung für sein Vorgehen erbeten habe. Der Zeuge sagte aus, nach dem Bombenanschlag auf die Südmandschurische Eisenbahn pflichtgemäß vorgerückt zu sein, ohne dabei herauszufinden, wer für die Explosion verantwortlich oder wie groß der angerichtete Schaden war. »Ich hatte keine Zeit für die Untersuchung des Schadens«, sagte er. »Sie hatten nur Zeit für die Auslösung eines großen Krieges?«, erwiderte Comyns Carr.[85]

Ein berüchtigter Zeuge der Verteidigung hatte das Glück, nicht selbst unter den Angeklagten bei diesem Prozess zu sein: Generalleutnant Ishiwara Kanji von der Kwantung-Armee, ein intelligenter und als ›Falke‹ auftretender militärischer Denker, der zu den Hauptanstiftern der Eroberung der Mandschurei gezählt hatte. Sein Freund Itagaki hatte nach den ersten paar Kampfwochen privat festgestellt: »Es ist Ishiwaras Krieg.«[86] Kein Mitglied des Gerichtshofs wusste, wie es Ishiwara gelungen war, nicht auf den von den Alliierten zusammengestellten Listen von Kriegsverbrechern aufzutauchen, aber er hatte sich zumindest gegen Pläne zu einer Invasion in China ausgesprochen und war zu einem Gegner von Tojo Hideki geworden, was eine Anklage wegen Verschwörung erschwert haben mochte. Der neuseeländische Richter Erima Harvey Northcroft blieb dem Gerichtssaal einige Tage lang aus unerklärten Gründen fern; es stellte sich heraus, dass er sich mit einem Verteidiger-Team aufgemacht hatte, um in der Nähe von Ishiwaras Bauernhof im Norden Japans eine eidesstattliche Erklärung des schwer erkrankten Ex-Generals einzuholen. Ishiwara war dem Tod nahe, und dies sollte seine letzte große öffentliche Erklärung sein.[87]

Ishiwaras Hardliner-Darstellung klang mittlerweile beinahe vertraut, denn er behauptete, eine zahlenmäßig unterlegene Kwantung-Armee habe einer chinesischen Übermacht gegenübergestanden, die vor antijapanischem Hass gebrannt habe. »Unsere Kwantung-Armee wurde bis zur äußersten Grenze der Empörung getrieben«, sagte er aus und bestritt dabei nicht die eigene Bedeutung beim Zusammenstoß in der Mandschurei. Er gab zu, dass die Politik der japanischen Zivilregierung gewesen sei, den eigenen Truppen Zurückhaltung aufzuerlegen, aber er rechtfertigte den Ungehorsam der Kwantung-Armee, »weil die zentralen Behörden die tatsächliche Lage im Feld nicht verstanden«. Er behauptete, die letztliche Entscheidung zum Angriff nach dem Bombenanschlag auf die Eisenbahn sei vom Oberbefehlshaber der Kwantung-Armee getroffen worden, einem gut geeigneten Schuldigen, der kurz nach dem Kriegsende Selbstmord begangen hatte. Nach Ishiwaras Darstellung war Itagaki nur der Absicht dieses toten Mannes gefolgt, der aus naheliegenden Gründen für eine Befragung nicht mehr zur Verfügung stand. Als die Anklagevertretung Ishiwara einmal wegen seiner Behauptungen zur Selbstverteidigung unter Druck setzte, erwiderte er: »Der Angriff ist eine Methode der Verteidigung – sie ist nur *eine* Methode der Verteidigung.«[88]

»Weit über die Belastungsgrenze hinaus«

Mitten im ungünstig verlaufenden Vortrag zum Thema Mandschurei knickte die Verteidigung unter der eigenen Arbeitsbelastung ein. Außerhalb des Gerichtssaals bat die Verteidigung um mehr Übersetzer und Schreibmaschinen, Stenografen und Schreibkräfte und die kostenlose Benutzung von Militärzügen für japanische Anwälte, damit sie Wegezeiten von zwei oder drei Stunden in überfüllten Zügen aus den Vororten Tokios oder aus anderen Städten vermeiden konnten.[89] Einige der Richter schrieben die Verteidigung in privaten Äußerungen als unfähig, quertreiberisch oder eklatant politisch ab.[90]

Die Verteidiger trafen sich, angeführt vom unbeugsamen Ben B. Blakeney, in nichtöffentlicher Sitzung mit den Richtern, um für die Vorbereitung auf die weitere Verhandlung eine einwöchige Sitzungspause zu beantragen. Sie warnten vor einem Zusammenbruch, falls diesem Ansinnen nicht stattgegeben würde. Einige der Richter waren wütend, aber Webb zeigte sich erschüttert. Eine weitere Verzögerung bei diesem bereits übermäßig in die Länge gezogenen Verfahren würde die alliierten Regierungen verärgern, doch ohne eine funktionierende Verteidigung wäre dieser Prozess zum Scheitern verurteilt. Teilnahmsvoll brachte er »tiefes Bedauern«

und »große Sorgen« um die Verteidiger zum Ausdruck. Wenn ein Ankläger über die Bummelei der Verteidigung murrte, erwiderte Webb: »Sollen wir weitermachen, bis es zum Zusammenbruch kommt? Wird das die Lage verbessern?«[91]

Webb und die anderen Richter gaben dem Antrag der Verteidigung auf eine Verhandlungspause statt, allerdings mit einer ungewöhnlichen Klausel. Sarjanow, immer noch wütend auf die »bösartige« Verteidigung, brachte Webb so weit, darauf zu bestehen, dass die Zeugen der Verteidigung ihre erste Aussage in Form einer schriftlichen eidesstattlichen Erklärung machten, bevor sie ins Kreuzverhör genommen und dann erneut befragt wurden.[92] Auf diese Weise sollten zeitraubende Aussagen vermieden werden, aber man riskierte damit auch einen Missbrauch, wenn befangene alliierte Richter auf unfaire Art und Weise Beweismittel der Verteidigung ablehnten. Der neuseeländische Richter räumte im Vertrauen ein, dies sei »eine ungewöhnliche« Maßnahme, »aber der Prozess ist ungewöhnlich«.[93]

Als die Verteidigung gegen dieses Vorgehen verständlicherweise Einspruch einlegte, explodierte Webb: »Worte, nur Worte.« Sollte die Verteidigung nicht zustimmen, knurrte er, werde sie ihre Verhandlungspause nicht bekommen. Ein amerikanischer Verteidiger erklärte, dass die Zusatzbelastung durch die Erarbeitung eidesstattlicher Erklärungen »uns weit über die Belastungsgrenze hinausführen wird, an der wir uns gegenwärtig befinden«. Die Richter gaben nicht nach, allerdings gewährten sie der geplagten Verteidigung ihre angestrebte einwöchige Pause.[94]

Als Reaktion auf die Beschwerden der Verteidigung über diese eidesstattlichen Erklärungen bildeten Webb und der amerikanische und der kanadische Richter einen Ausschuss zur Untersuchung des langsamen Arbeitstempos.[95] Der kanadische Richter E. Stuart McDougall berichtete grimmig, die Verteidiger seien schlecht organisiert; nur eine Handvoll sei des Englischen mächtig; ihre Mandanten hätten widerstreitende Interessen; sie kämen nicht gut miteinander aus. Während der Anklagevertretung 200 Übersetzer zur Verfügung gestanden hätten, wären es bei der Verteidigung nur 72, von denen lediglich 4 oder 5 kompetent seien. Zur Begleichung der Rechnungen würden die japanischen Verteidiger Geldmittel von Freunden, der japanischen Regierung oder sogar von den Angeklagten zusammenkratzen; sie seien bei einem örtlichen Hotel, das Zeugen beherbergt habe, tief verschuldet. Der kanadische Richter warnte: Wenn die Verteidigung sich nicht zusammenraufe und ihre Geschäfte in Ordnung bringe, könnte sie den Prozess für eine unbestimmte Zahl von Monaten in die Länge ziehen – oder, noch schlimmer, erklären, dass sie so nicht weitermachen könne, und das Feld räumen, ohne all die wichtigen Beweisstücke vorzulegen.[96]

Wenig später schrieb der britische Richter Lord Patrick in einer vertraulichen Mitteilung, dass die Verteidigung in einer »außergewöhnlichen Klemme« stecke, und persönlich sei er »davon überzeugt, dass sie sich niemals irgendwo anders als in der Klemme befinden wird«. Er höhnte: »Ihr einziges System besteht darin, bei jedem einzelnen Thema in der langen Reihe von Aspekten, mit denen sich die Anklage befasst hat und bei denen sie zu einem ›Ja‹ gekommen ist, ein ›Nein‹ anzustreben oder eine äußerst langatmige und gänzlich übertriebene Rechtfertigung für Japans Handlungsweisen zu konstruieren.«[97]

Northcroft, der neuseeländische Richter, schrieb in einer vertraulichen Mitteilung an seine Regierung, ein großer Teil der Beweismittel der Verteidigung sei »völlig nutzlos«. Die amerikanischen Rechtsanwälte seien »nicht von guter Qualität«, verlegten sich auf »zeitraubende Formalitäten, gehen selten auf die wesentlichen Sachverhalte ein, arbeiten weitgehend mit Verzögerung und Obstruktion. (…) Die japanischen Anwälte sind ganz miserabel. Sie haben überhaupt keine Vorstellung von der Anwaltsarbeit und waten durch eine große Masse von irrelevantem und sentimentalem Unsinn, der für das Gericht wertlos und ihren Mandanten überhaupt keine Hilfe ist.« Northcroft warnte davor, dass die Verteidigung mit einer dramatischen Geste aus dem Prozess aussteigen könnte, etwa mit der Behauptung, sie sei daran gehindert worden, den Sachverhalt aus der Sicht ihrer Mandanten vorzutragen, was jede Verurteilung zu »einem Akt schweren Unrechts« machen würde. Geringschätzig hielt er fest, dass »das Ziel der japanischen Verteidigung, sofern sie irgendein Ziel formuliert hat, die Rechtfertigung Japans vor aller Welt zu sein scheint und nicht die Entlastung der Angeklagten vor unserem Gericht.«[98]

Sarjanow drängte Webb, das Beweismaterial der Verteidigung einer Auswahlprüfung zu unterziehen, was das Verfahren beschleunigen könnte, allerdings auf Kosten des grundlegenden Fairnessgebots. Sarjanow wollte von einer Entscheidung der Richter über die Zulassung von Beweismaterial in öffentlicher Sitzung wegkommen. Er schlug vielmehr vor, dass ein neuer Ausschuss – bestehend aus Webb, zwei Richtern, einem Vertreter der Anklage und einem Verteidiger – vorab über die Zulassung von Dokumenten entscheiden sollte, und ein weiterer Ausschuss sollte die eidesstattlichen Erklärungen von Zeugen sichten, bevor diese in öffentlicher Sitzung aussagten. Ein solcher Ausschuss konnte leicht zum Nachteil der Verteidigung ausgerichtet werden.[99] Außerdem schlug der russische Richter vor, dass ein durchschnittlicher Zeitraum von drei Tagen für die individuelle Verteidigung eines jeden Angeklagten genügen sollte. Was man auch immer über die sowjetischen Säuberungsprozesse sagen konnte, langsam kamen sie nicht voran.[100]

Die anderen Richter blockierten diesen harten sowjetischen Vorschlag im Anschluss an eine Sitzung, bei der heftig gestritten worden war.[101] Der aufgebrachte Patrick wies darauf hin, dass ein schottisches Gericht seine Aufgaben bei jedweder Entscheidung, die die Hauptpunkte des Verfahrens betreffen könnte, nicht delegieren könne. Er warnte davor, dass die Angeklagten, wenn sie ihre Urteile dereinst von General Douglas MacArthur überprüfen ließen, sagen würden, dass Beweismittel nicht vom ganzen Tribunal, sondern von einem Ausschuss abgelehnt worden seien, was das Gericht zu »einer grundsätzlichen Nichtigkeit« machen könnte.[102] Webb neigte zunächst dazu, es mit dem von Sarjanow vorgeschlagenen Ausschuss zu versuchen, schreckte aber vor einem Vorschlag des sowjetischen Richters zurück, nach dem die Verteidigung nur dann Anträge an das gesamte Tribunal richten konnte, wenn sich die im Ausschuss vertretenen Richter nicht einig wurden. Das, sagte er, würde gegen das Statut verstoßen, und »der Oberkommandierende könnte das Urteil des Tribunals insgesamt für ungültig erklären«.[103] Die Verteidigung musste weitertaumeln.

18.

A very British coup

Inzwischen fürchtete die britische Regierung, dass der Tokioter Prozess in sich zusammenbrechen könnte. Von Panik ergriffen, versuchten die Briten sowohl den US-amerikanischen Chefankläger als auch den australischen Gerichtspräsidenten zu ersetzen – ein dreister staatlicher Eingriff in die Besetzung eines angeblich unabhängigen Gerichts.

Der britische Anklagevertreter Arthur Comyns Carr warnte nachdrücklich, dass die Anklage nur noch ein Scherbenhaufen sei. Er schrieb aufgebracht an Sir Hartley Shawcross, den britischen Attorney General und cleveren Chefankläger in Nürnberg: »Es ist verblüffend, dass die Amerikaner, die ihn [den Prozess] als ihre Veranstaltung gestartet haben und uns lediglich als untergeordnete Helfer dazu einluden, sich nun damit abfinden, dass er auseinanderbricht.«

Joseph B. Keenan, der amerikanische Chefankläger, war urplötzlich nach Washington abgeflogen, ohne irgendjemanden zu informieren oder Instruktionen zu hinterlassen – angeblich, um sich mit Harry S. Truman zu beraten (»Augenwischerei«, meinte Comyns Carr). Mehrere weitere amerikanische Anklagevertreter waren ebenfalls abgereist, weshalb sich die Anklage stark auf die erschöpften Vertreter des Commonwealth stützen musste. Comyns Carr berichtete deprimiert, dass er nur noch über einige wenige kompetente kanadische, australische und britische Mitarbeiter verfüge. »Keiner der Nicht-Angelsachsen«, mit Ausnahme eines »jungen Holländers«, sei zu irgendetwas nutze. Keenan habe, nach monatelanger Abstinenz, »in den letzten sechs Wochen wieder stark getrunken, mit einigen halböffentlichen Auftritten in jüngster Zeit«. Comyns Carr hatte sich bereit erklärt, Keenan als Chefankläger zu ersetzen, weigerte sich jedoch, »als Kindermädchen für den Alkoholiker Keenan« zu fungieren. Der britische Anklagevertreter warf mittels einer Mitteilung an Shawcross den Amerikanern den Fehdehandschuh hin: »Meiner Ansicht nach ist es an der Zeit, dass Sie die Amerikaner in die Schranken weisen und ihnen mitteilen, dass Sie mich abberufen, wenn sie die Sache nicht in Ordnung bringen.«[1]

Alarmiert drängte Shawcross den britischen Außenminister Ernest Bevin, sich bei der US-Regierung wegen der »großen Unzufriedenheit« der britischen Vertreter mit dem Prozess im Allgemeinen und wegen Keenan im Besonderen zu beschweren. Keenan »ist inzwischen nicht mehr nur berüchtigt wegen seiner Ineffizienz, sondern auch, weil er fast immer betrunken ist«. Shawcross warnte davor, »dass es äußerst unglücklich wäre, wenn der Prozess zusammenbräche oder zahlreiche Angeklagte freigesprochen würden«.[2]

Die britische Labour-Regierung beschloss, für Keenans Absetzung zu sorgen und ihn durch ihren eigenen Mann ersetzen zu lassen. Bevin, ein willensstarker Gewerkschaftler aus der Arbeiterklasse und sowohl ein ausgesprochener Feind der Sowjetunion als auch ein überzeugter Imperialist, war führend beteiligt an den Anstrengungen der Labour Party in der Nachkriegszeit, die britischen Kolonien zu halten.[3] Er übte die britische Macht mit der ganzen Arroganz eines Weltreichs aus und trotzte den Vereinigten Staaten, indem er als einzige Lösung befürwortete, dass Comyns Carr entweder als Chefankläger oder als amtierender Chefankläger die ganze Verantwortung übernahm und Keenan für immer abwesend blieb.[4] Da er wusste, wer den Laden in Wirklichkeit schmiss, wandte er sich zunächst an Douglas MacArthur und wollte erst dann beim Weißen Haus oder dem amerikanischen Außenministerium anklopfen, wenn er mit ihm keine befriedigende Lösung fand.[5]

MacArthur jedoch erstickte die britischen Bemühungen im Keim. Er dachte nicht im Traum daran, den leicht beeinflussbaren Keenan durch einen Briten zu ersetzen. Stattdessen kanzelte er eineinhalb Stunden lang den ranghohen britischen Diplomaten ab, der auf das Himmelfahrtskommando geschickt worden war. Der Oberkommandierende sei »sehr erbost« gewesen und habe »absolut feindselig« auf den aufrührerischen Vorschlag reagiert, meldete der unglückliche britische Beamte an Bevin zurück. MacArthur habe Comyns Carr als ehrgeizigen Schurken gebrandmarkt und es als »eine hinterhältige Aktion [bezeichnet], einem Mann einen Dolch in den Rücken zu stoßen und Beschuldigungen gegen ihn zu erheben, der nicht da sei, um sich gegen sie zu verteidigen«. Er behauptete, Keenan habe nicht unmäßig getrunken und lobte ihn für die »monumentale Leistung«, Anklagevertreter aus elf Ländern zur Kooperation gebracht zu haben. Ziemlich unglaubwürdig erklärte der General, er könne mit der Arbeit des Tokioter Prozesses gar nicht zufriedener sein. Er bestritt, dass die Anklage im Begriff war zusammenzubrechen, und erklärte sie für »hieb- und stichfest« und in vieler Hinsicht für besser als Nürnberg – eine Behauptung, die Shawcross zur Weißglut bringen musste.

»Ich weigere mich absolut, in diesem Fall den Wünschen der britischen Regierung zu entsprechen«, knurrte er. Wenn es einen neuen Chefankläger gäbe, werde es ein Amerikaner sein; er habe dem Commonwealth schon gegeben, was ihm zustehe, indem er Sir William Webb zum Vorsitzenden Richter gemacht habe. Wenn die alliierten Regierungen ihre Anklagevertreter erst einmal ernannt hätten, könnten sie nicht mehr an ihrer Entscheidung herumdoktern. Er wies darauf hin, dass Truman ein besonderes Interesse an Keenans Ernennung gehabt habe und warnte, es könne »unangenehme Folgen« haben, wenn die Briten in dieser »unwillkommenen« Sache Druck machten. Dann mahnte er offiziell zur Vorsicht: »Ich möchte Sie darauf hinweisen, dass die Regierung seiner Majestät, wenn sie sich in der Angelegenheit an die Regierung der Vereinigten Staaten wendet, auf Präsident Trumans persönlichen Widerstand stoßen könnte.«

Als Trostpflaster für die Briten räumte er ein, dass Keenan bei schlechter Gesundheit sei und in den Vereinigten Staaten im Krankenhaus liege. Sein Einsatz in Tokio sei vermutlich beendet und er werde wohl nicht mehr zurückkehren. Der britische Diplomat, der MacArthurs Wutanfall hatte über sich ergehen lassen, riet Bevin dringend, klein beizugeben.[6]

Als MacArthur die Zähne zeigte, war der britische Mut wie weggeblasen. Bevin und Shawcross zogen den Schwanz ein, und Comyns Carr trat nicht zurück.[7] Einen Monat darauf bekamen die Briten die Nachricht, dass Keenan doch nach Tokio zurückkehren werde, was sie zähneknirschend akzeptierten. »Es ist klar, dass Keenan ein politischer Kumpel von Truman ist, und der dürfte sehr negativ auf jede Andeutung reagieren, dass er seinen Freund feuern sollte«, schrieb ein britischer Regierungsbeamter säuerlich. Die Briten beschlossen, die Sache auszusitzen und »unsere eigenen Interessen zu wahren«.[8]

Entwürfe

So schlecht es bei den Anklagevertretern auch stehen mochte, noch schlimmer stand es bei den Richtern. Das Richterkollegium war sich nur in der Ablehnung von Webbs Führung einig und schlitterte nicht nur auf Sondervoten, sondern auch auf den möglichen Rücktritt mehrerer Richter zu. Webb erklärte seien stöhnenden Kollegen, falls sie sich am Ende nicht auf ein Votum einigen könnten, werde er am Hauptureil des Gerichtshofs arbeiten, »wie es meine Pflicht und mein Privileg als Präsident ist«.[9] Er plante, einen umfassenden Bericht zur Entwicklung des internationalen Rechts im Bereich Angriffskrieg zu schreiben und wollte dabei seine Behandlung des Naturrechts zwar beschränken, aber nicht aufgeben.[10]

Die entmutigten und zerstrittenen Richter in Tokio begannen schon im Februar 1947 Entwürfe für Teile ihres Urteils zu schreiben in der Hoffnung, schnell ein Urteil abliefern zu können, wenn der Prozess endlich zu Ende war. Es ist normal, dass Richter in großen, ausufernden Verfahren schon mit der Abfassung ihres Urteils beginnen, solange das Verfahren noch läuft. Dies kann zwar auf Voreingenommenheit hindeuten, doch es wäre unpraktisch, mit den ersten Skizzen bis zum Ende des Verfahrens zu warten, und erfahrene Richter können grob vorausahnen, wie sich ein Prozess entwickelt.[11] Im Gegensatz zu einem gewöhnlichen Strafprozess wussten die Richter, als sie in Tokio eintrafen, schon viel über den Gegenstand des Verfahrens: die Ereignisse des Zweiten Weltkriegs. Wie Webb an einem bestimmten Punkt der Verhandlung in Bezug auf ein Beweisstück der Verteidigung ausführte, »können wir gar nicht anders, als diese Dinge zu wissen. Wir haben sie gelesen, bevor wir nach Japan kamen.«[12]

Damit die Richter ihre Meinung während des Verfahrens noch ändern konnten, wollte Webb mit den grundlegenden Teilen beginnen, die auf jeden Fall notwendig waren, egal wie die Urteile ausfielen, etwa mit einem Überblick über die Rechtslage und allgemeinen Aussagen zu den Beweisen. Da, wie Webb bemerkte, beim Schreiben »einer Geschichte Schlüsse gezogen werden«, betrachtete er die Entwürfe als Vorbereitung auf die schwierigere Aufgabe, die einzelnen Angeklagten ohne begründeten Zweifel zu verurteilen oder freizusprechen. Jeder der Richter sollte für 2 der 25 verbliebenen Angeklagten das Urteil schreiben, nur Webb wollte sich mit 7 befassen, und Radhabinod Pal würde sich überhaupt nicht beteiligen. Webb weckte manchmal das Gefühl, dass das Ergebnis des Verfahrens schon feststand. Etwa als er sagte: »Es ist wünschenswert, dass die Stellungnahme zu jedem Angeklagten schon vorbereitet ist, wenn die Angeklagten mit ihren Aussagen beginnen.«[13]

Webbs Aufgabenverteilung war einigermaßen vorhersehbar: Mei Ruao sollte China übernehmen, Generalmajor Iwan Sarjanow sollte Japans Beziehungen zur Achse behandeln, der einflussreiche Neuseeländer Erima Harvey Northcroft war für die japanischen Angriffe auf die Vereinigten Staaten und das Britische Weltreich zuständig, und der französische Richter sollte Indochina übernehmen. Für andere Richter sah Webb anfangs gemischte Aufgaben vor: Der amerikanische Richter sollte die Mandschurei behandeln, der philippinische Indonesien und der kanadische die Sowjetunion. Röling und Pal wurden aufgefordert, sich mit konventionellen Kriegsverbrechen zu beschäftigten, weil diese als einzige mit Sicherheit strafbar waren.[14]

Die Richter machten sich an die Arbeit, nachdem sie die alliierten Anklagevertreter, nicht jedoch die Gegenseite gehört hatten. Als die Verteidigung noch ihre Sicht von der Invasion Chinas präsentierte, hatte Webbs Assistent bereits einen Überblick über die Militarisierung Japans, seine Kriege in der Mandschurei und im restlichen China und seine Allianz mit der Achse geschrieben.[15] Noch bevor die einzelnen Angeklagten sich zu ihrer Verteidigung äußern durften, verfasste der US-amerikanische Richter seine vorläufigen Tatsachenfeststellungen in Bezug auf die Mandschurei, und Webb setzte eine Studie über die Anklage wegen der Vorgänge in China in Umlauf.[16]

Röling trat trotz seiner Konflikte mit den anderen Richtern für ein gemeinsames Urteil ein. Er sagte, es sei nicht möglich, dass alle Richter sämtliche Beweise prüften, und klagte, das Nürnberger Urteil habe »keine logische Linie« und scheine aus verschiedenen Teilen zusammengeschustert zu sein. Aber sein Hauptmotiv war sein Idealismus:

> Dieser Prozess ist für die ganze Welt von besonderer Wichtigkeit, und das nicht nur, was die bewiesenen Tatsachen oder die Art des verhängten Urteils betrifft. Er ist mehr oder weniger der Prüfstein für die Möglichkeit einer organisierten internationalen Rechtsprechung. Wir müssen, wenn möglich, durch unsere Tätigkeit beweisen, dass die Vertreter von elf Nationen zusammenkommen und zusammenarbeiten können. Wenn es zutrifft, dass die Zukunft der Welt zum Teil von der Möglichkeit abhängt, internationale Gerichte zu schaffen, dann ist es von extremer Wichtigkeit, dass wir die Machbarkeit einer internationalen richterlichen Zusammenarbeit beweisen. Dies wäre nicht der Fall, wenn wir ohne Not mehr als ein Urteil produzierten.[17]

Der niederländische Richter war fasziniert von seiner Aufgabe, er genoss die Enthüllungen durch Geheimtreffen, Regierungstelegramme und Reden. Doch er stellte fest, dass er »mehr auf Verstehen als auf Urteilen aus war«. Mit der Aufgabe betraut, die Schuld der einzelnen Angeklagten zu gewichten, sah er stattdessen, »dass Menschen glauben, Geschichte zu schreiben, aber in Wirklichkeit durch Zeit und Ort bestimmte Marionetten sind, die eine mehr oder weniger notwendige und vorherbestimmte

Funktion erfüllen«.[18] Er fürchtete, dass seine Arbeit seiner Seele schaden könnte und schrieb an einen Freund: »Wer mit Pech umgeht, macht sich die Finger schmutzig!«[19]

»Eine armselige Farce«

Die drei Richter des British Commonwealth waren enttäuscht und niedergeschlagen. Bis zum Frühjahr 1947 hatten die wenig auffälligen Richter aus Kanada und Neuseeland ihre Regierung gebeten, sie nach Hause zu holen, und der britische Richter Lord Patrick erwog ernsthaft zurückzutreten.[20]

Der aus Schottland stammende Patrick machte seinem Ärger in einem wutentbrannten Brief Luft, den er an seinen Freund Thomas Mackay Cooper, den obersten Richter Schottlands in Edinburgh schickte. Patrick wahrte die Form, indem er sich nicht direkt an die britische Regierung wandte, erlaubte Cooper jedoch, den Brief nach eigenem Ermessen weiterzugeben. Und in dem Schreiben hieß es ganz unverblümt, dass »ich das nur schreibe, weil meiner Ansicht nach Menschen wie der Lordkanzler und der Generalstaatsanwalt auf das Scheitern der Hoffnungen gefasst sein sollten, die zur Ernennung dieses Tribunals führten. Falls Sie diese Ansicht nicht teilen, werfen Sie ihn ins Feuer.«

Der Brief landete natürlich keineswegs im Feuer, sondern ging wie beabsichtigt an den britischen Lordkanzler und andere hohe Regierungsbeamte in London. Patrick schmähte darin Webb als »einen leicht erregbaren, hitzigen Tyrannen (…) der auf jede Ansicht, die nicht seine eigene ist, mit Ablehnung reagiert«. Er spottete über den französischen Richter, der meine, dass das internationale Recht aus »le bon coeur« erwachse, und er verhöhnte den philippinischen Richter als ein ausgesprochen rachsüchtigen Mann, der freilich zu dumm sei, um sein eigenes Votum zu verstehen: »Wie sein Urteil lauten wird oder mit welcher Ansicht er übereinstimmt, kann niemand sagen«. Der sowjetische Richter wiederum wollte laut Patrick »eine Menge wutschnaubende Kritik am heimtückischen Angriff der faschistischen Nationen auf die heiligen Rechte der Demokratie« eingefügt haben.

Besonders aufgebracht war Patrick über die Abweichler. Er schmähte Röling, weil der die Ansicht vertrat, dass ein Angriffskrieg kein Verbrechen sei, und die Zuständigkeit des Gerichtshofs dennoch nicht in Frage stellte: »Mit anderen Worten, man verhandelt achtzehn Monate über das Leben dieser armen Teufel, obwohl man die ganze Zeit weiß, dass man sie niemals verurteilen kann.« Er berichtete entsetzt, dass Pal einen mehr als 200 Seiten langen Entwurf für ein Sondervotum in Umlauf gesetzt hatte, in dem er die Ansicht vertrat, dass ein Angriffskrieg kein Verbrechen sei und es für Staatsakte keine individuelle Verantwortlichkeit gebe. Patrick fürchtete, dass Pal seine abweichende Meinung als Buch veröffentlichen wollte und tadelte die eigene Regierung, weil sie dem Gerichtshof den indischen Richter zugemutet hatte: »Er hat seine Position, schon als er ernannt wurde, recht klar gemacht, und es ist schwer zu erkennen, warum ihn die indische Regierung je nominiert hat und warum die britische Regierung – gegen amerikanischen Widerspruch – darauf bestanden hat, dass Indien in dem Tribunal vertreten ist.«[21] Patrick warnte den führenden britischen Diplomaten in Tokio, dass Pals Entwurf einige »kaum verhohlene Ohrfeigen für Großbritannien« enthalte.[22]

Patrick rechnete mit einer Katastrophe, wenn die Richter ihr abschließendes Urteil formulierten. Das Tokioter Urteil, schrieb er, »wird dem Nürnberger Urteil als Präzedenzfall internationalen Rechts keineswegs zusätzliches Gewicht verleihen, sondern Zweifel an dessen Korrektheit wecken. Die Situation ist beklagenswert«. Dann sagte er mit einiger Genauigkeit voraus, was kommen würde:

> Wir werden einen kleinen Kern haben, der auf derselben Linie liegt wie Nürnberg. Der Präsident [Webb] wird das Urteil auf eine spezielle Begründung stützen, die als Präzedenzfall für die Zukunft nutzlos ist, der Franzose wird es mittragen, weil es mit seinem »bon coeur« übereinstimmt. Russland wird es wegen Japans heimtückischem Angriff auf die Demokratie mittragen. Die Phillipinen [*sic*] werden es aus mir unbekannten Gründen mittragen. Und Holland und Indien werden unter Berufung auf das Nürnberger Urteil einen detaillierten Angriff unternehmen.

Der britische Richter übte heftige Kritik an der eigenen Regierung, weil sie die Richter nicht sorgfältig genug durchleuchtet hatte. »Großbritannien sollte nie wieder an einem solchen internationalen Gerichtshof teilnehmen, ohne die Tauglichkeit seiner Mitglieder viel genauer zu prüfen«, schrieb er. »Dieses Tribunal hat vier Mitglieder, die ein vernünftiger Lord Advocate [ein für die Ernennung der obersten Richter Schottlands zuständiger Chefjustiziar] nicht einmal zum Hilfssheriff ernennen würde«. Besonders negativ war sein Urteil über Webb: »Ein Mann der wegen der Länge seines Artikels in ›Who's Who‹ ernannt wird, kann die anderen Mitglieder seines

Gerichts so gegen sich aufbringen, dass das einzige Ziel der Einrichtung des Tribunals vereitelt wird.«

Er erwog zurückzutreten, fürchtete jedoch, dass in diesem Fall mindestens zwei weitere Richter, vermutlich der Kanadier und der Neuseeländer, ihre Regierungen bitten würden, sie ebenfalls zurücktreten zu lassen. »Der Prozess wäre damit völlig diskreditiert«, mit beängstigenden Folgen für »die Weltmeinung und die Besetzung Japans«.[23]

Die britische Regierung war entsetzt. »Die Sache wäre sehr amüsant, wenn sie nicht so tragisch wäre«, schrieb ein führender britischer Justizbeamter, der damalige Lordkanzler William Lovitt. »Es ist tatsächlich beklagenswert, dass dieses Verfahren so viel Gutes von Nürnberg zunichte macht (…) Die Hoffnungen, mit denen wir den Prozess begonnen haben, haben sich offenbar nicht erfüllt.« Dem Lordkanzler wäre es viel lieber gewesen, wenn Patrick statt Webb der Vorsitzende des Tribunals gewesen wäre.[24]

Abb. 28 *Lord Patrick, der britische Richter, in seinem Zimmer beim Tokioter Prozess, 6. August 1946*

Kurz darauf schickte der neuseeländische Richter Erima Harvey Northcroft, zugleich Richter am Obersten Gerichtshof Neuseelands, eine ähnlich dringende Warnung an dessen Vorsitzenden, die dieser an den neuseeländischen Premierminister weiterleiten sollte. »Ich bin ganz verzweifelt«, schrieb Northcroft, und kritisierte Webb, weil er »in seinen Äußerungen selten klug oder diskret [ist] und viel von dem, was er sagt oder tut, genutzt werden kann, und zweifellos auch genutzt werden wird, um den Eindruck zu erwecken, dass der Prozess ungerecht ist.«[25]

Der australische Gerichtspräsident habe sämtliche anderen Richter gegen sich aufgebracht. »Elf derart verschiedene Richter hätten einen Präsidenten mit außerordentlichen Fähigkeiten und Anlagen gebraucht«, aber Webb »hat es von Anfang an vorgezogen ›allein zu marschieren‹. Er verhielt sich wie ein Gerichtspräsident mit einer Jury von Geschworenen und nicht wie ein Primus inter Pares«. Und er hatte Northcroft grob beleidigt. Während die anderen Richter als eine Art »richterliche Familie« oft im Imperial Hotel oder im Gerichtsgebäude in Ichigaya gemeinsam speisten, habe Webb sich angewöhnt, die anderen, manchmal ganz offensichtlich, zu brüskieren. Einmal habe er das Speisezimmer im ehemaligen Heeresministerium betreten und den kanadischen, den neuseeländischen und den sowjetischen Richter zusammen essen sehen, sie jedoch demonstrativ ignoriert und sich zu einer Gruppe amerikanischer Offizieller gesetzt. Laut Northcroft war es nicht möglich, vernünftig mit ihm zu reden: »Er betrachtet jede Äußerung, von wem sie auch kommt, als Kritik, und auf diese reagiert er sehr empfindlich.«

»Wenn das Tribunal«, warnte der neuseeländische Richter, »einen nützlichen Beitrag zum internationalen Recht leisten soll, muss es entweder ganz oder wenigstens größtenteils einer Meinung sein. Die Chance, das zu erreichen, ist, wie ich fürchte, dahin.« Durch Webbs Missachtung seiner Kollegen und seine »Entschlossenheit, der Autor eines monumentalen Urteils zu sein, ist ein Chaos entstanden«. »Alle arbeiten unabhängig voneinander«, klagte Northcroft, »und ich hasse den Gedanken, wie vergeblich der Versuch sein wird, sie zur Aufgabe ihrer kleinen Lieblingstheorien und -schlussfolgerungen zu bringen.« Pal habe bereits einen Entwurf für ein Sondervotum geschrieben, und ein anderer Richter – offenbar Röling – arbeite an einem weiteren vernichtenden Votum. »Ich fürchte, das Ergebnis dieses langen Prozesses wird nutzlos und wertlos oder schlimmer sein«, schrieb Northcroft deprimiert. »Dieses Gericht wird zu keinem einzigen juristischen Tatbestand oder Thema mit einer klaren Stimme sprechen. Wenn ein Gericht dieses Ranges ernsthaft gespalten ist, und ich bin sicher, dass es das sein wird, dann könnten die modernen Fortschritte im internationalen Recht einen ernsthaften Rückschlag erleiden (…) Unterschiedliche Voten dieses Gerichts, einschließlich eines scharfen Widerspruchs gegen Nürnberg, müssen katastrophale Folgen haben.«

Der Richter fand seine Lage »unerträglich« und bat seine Regierung, ihn zurücktreten und heimkommen zu lassen: »Ich habe Unbehagen und Peinlichkeiten akzeptiert und würde dies natürlich auch weiterhin tun, wenn ich dächte, es diente der Sache des internationalen Rechts.« Er drängte darauf, das Gerichtsverfahren irgendwie abzubrechen, um ein katastrophales Ende zu vermeiden. Da er den Gerichtshof nicht überzeugen könne, »fühle ich mich berechtigt, um Befreiung aus der Lage zu bitten, in der ich mich befinde«.[26]

Ohne die übliche Diskretion sagte er zu einem hohen britischen Regierungsbeamten in Tokio, er sei so unzufrieden mit dem Gericht, dass er seine Regierung um seine Abberufung ersucht habe.[27] Er informierte auch einen in Tokio weilenden britischen General, dass Pal und Röling vermutlich ein Sondervotum abgeben würden, und warnte, dass das Ergebnis des Prozesses das in Nürnberg erzielte positive Ergebnis zunichte machen könne. Deshalb wolle er ihn, wenn möglich ohne Gesichtsverlust, »gänzlich abbrechen«.[28]

Das Imperium schlägt zurück

Der britische Richter Lord Patrick drängte seine Regierung, zur Rettung des Tokioter Prozesses schnell zu handeln. Er informierte den ranghöchsten britischen Diplomaten in Tokio, dass Webb mit seinen »autokratischen Methoden und seiner groben, exzentrischen Art« das Richterkollegium gespalten habe und »zwischen Webb und den Richtern des Dominions bezüglich des Urteils fundamentale Uneinigkeit bestehe.[29] In einem weiteren Brief, den er via Edinburgh an Whitehall schickte, forderte er die britische Regierung indirekt auf, Webb als Vorsitzenden Richter zum Rücktritt zu zwingen. Die Regierungen von Kanada und Neuseeland, so warnte er, seien gezwungen, sich aus dem Tribunal zurückzuziehen. Werde Webb gehen, oder würden es die anderen drei Richter sein? Und er fragte unverblümt: »Sollen wir abberufen werden?«

Patrick schrieb, der australische Vorsitzende habe sich »gegenüber vielen von uns oft beleidigend verhalten« und etwa den ehrfurchtgebietenden Northcroft erst kürzlich »mit grob beleidigenden Begriffen« getadelt. (Patrick gab wenig überzeugend vor, dass ihm solche »vulgären persönlichen Streitereien« gleichgültig seien, und bemerkte, dass Webb »bisweilen fast unerträglich ist, aber, wie die Amerikaner sagen: ›Ich verkrafte das‹«.) Wenn die britische Regierung die Richter so weiterwursteln lasse, werde das finale Urteil mit den Sondervoten beschämend ausfallen.

Was tun, überlegte Patrick. Wenn man dem britischen, dem kanadischen und dem neuseeländische Richter erlaubte, den Prozess unter Protest zu verlassen, »wird das unsere Länder von der Verantwortung für das Ergebnis befreien«, aber die von Nürnberg gesetzten Präzedenzfälle stünden dann immer noch auf wackligen Füßen. Die von Patrick bevorzugte Alternative bestand eindeutig darin, dass die britische Regierung »Australien aufforderte, den Präsidenten abzuberufen, der unter uns Zwietracht sät«. Wenn Webb als Vorsitzender Richter durch Northcroft ersetzt werden könne, werde dieser Austausch der Antipoden dazu führen, dass acht Richter das Nürnberger Urteil unterstützten. Obwohl Patrick offensichtlich sehr gern gesehen hätte, dass Webb mit Schimpf und Schande nach Queensland zurückbeordert wurde, teilte er der britischen Regierung höflich mit, dass die Entscheidung von höherer Warte getroffen werden müsse: »Die Sache hat etwas mit Weltpolitik und Staatskunst zu tun.«[30]

Patricks Brief löste in der britischen Regierung Panik aus.[31] Der britische Lordkanzler, einer der höchsten britischen Regierungsbeamten, schimpfte, dass Webb »jede juristische Kompetenz vermissen lässt« und meinte, sein naturrechtsbezogener Urteilsentwurf (den er nicht gelesen hatte) sei ein »wirklich lachhaftes Dokument, wenn die Sache nicht so ernst wäre«. Er schloss mit der Einschätzung, dass es vermutlich notwendig sei, Webb zum Rücktritt aufzufordern. »Es ist tragisch« schrieb der Lordkanzler William Jovitt, der mit dem Londoner Viermächteabkommen die Rechtsgrundlage für den Nürnberger Prozess mitunterzeichnet hatte, »dass ein Prozess, der in Nürnberg so gut lief, nun in Japan zu einer armseligen Farce verkommt.«[32] Und er warnte den Attorney General Hartley Shawcross, dass »die tragische Farce, die in Japan aufgeführt wird«, »einen Großteil des in Nürnberg Erreichten zunichte machen« könnte.[33]

Die Briten hatten den erregten Vorschlag des neuseeländischen Richters, den Prozess abzubrechen, schnell verworfen.[34] Bevin informierte das Büro des Premierministers, dass es »eine Katastrophe wäre, den Prozess jetzt abzubrechen«. Ein solches Verhalten werde »dem Prestige Europas einen verheerenden Schlag versetzen« und »der Welt mitteilen, dass der japanische Militarismus berechtigt war und wir versucht haben, ihn zu verurteilen, aber damit gescheitert sind«.[35]

Stattdessen versuchten die Briten heimlich, den irrlichternden niederländischen Richter wieder auf den rechten Weg zu bringen. Ein ranghoher britischer Beamter informierte einen niederländischen Kollegen, dass Röling vermutlich ein Sondervotum abgeben und das Statut des Tokioter Tribunals in Frage stellen wolle. Der Niederländer fragte bei der Juristenkommission nach, die Röling kontrollieren sollte. Die hatte selbst gewisse Zweifel an dem Statut, behauptete aber, sie habe nichts von einem Sondervotum gehört. »Es ist zu hoffen, dass der holländische Richter nicht abweichen wird, wenn die Zeit kommt«, informierte der britische Beamte das Außenministerium.[36]

Shawcross versammelte den Lordkanzler, verschiedene Diplomaten und andere ranghohe Politiker im House of Lords. Nach einer von schlimmen Befürchtungen geprägten Diskussion beschlossen sie, MacArthur sowohl vor den sich abzeichnenden Sondervoten des indischen und des niederländischen Richters als auch vor der Gefahr zu warnen, dass der Prozess ganz scheitern könnte. Sie hofften, mit MacArthurs Hilfe, einen angesehenen alten britischen Juristen (der im Vorfeld des Nürnberger Prozesses bei einer wichtigen alliierten Kriegsverbrechenskommission den Vorsitz innegehabt hatte) nach Tokio zu entsenden. Er sollte die betroffenen Richter diskret davor warnen, das Statut des Gerichtshofs in Frage zu stellen, und Webb dazu bringen, einen neuen Ton anzuschlagen. Der Lordkanzler schlug vor, Webb mit Hilfe des australischen Außenministers wieder auf Linie zu bringen.[37]

Patrick warnte seine Regierung, dass es sich um einen schrecklichen Plan handelte. Wenn man jenen britischen Juristen nach Tokio entsende, würden die anderen Richter auf den Versuch, ihr Urteil zu beeinflussen, mit heftiger Ablehnung reagieren und »Webb wird völlig ausrasten«. Ein solcher Frontalangriff werde jede Chance, die anderen Richter zur Einsicht zu bringen, zunichte machen; besser wäre es, wenn er selbst sein Möglichstes täte, um seine Richterkollegen von der Einhaltung der Nürnberger Prinzipien zu überzeugen, und zugleich in engem Kontakt mit der britischen Regierung bliebe. Auch wenn MacArthur Webb unter Druck setze, werde dies dessen Ansichten nur verhärten. Ohnehin habe MacArthur nach der Konstitution des Gerichts keine Autorität mehr über dieses und könne es nicht beeinflussen.[38] Wenn der Gerichtshof sein Urteil gesprochen habe, werde MacArthur es zu prüfen haben; es sei unangemessen, warnte Patrick, der plötzlich seine Wertschätzung für die richterliche Unabhängigkeit wiederentdeckte, den Oberkommandierenden über irgendwelche Konflikte unter den Richtern zu informieren oder dass dieser irgendetwas unternähme, um die Überlegungen des Gerichts zu beeinflussen.[39]

In der Folge wurde der ranghöchste britische Diplomat, Alvary Gascoigne, in Tokio vorsichtig instruiert, »den Eindruck zu vermeiden, dass wir einen australischen Richter bei den Amerikanern anschwärzen«, obwohl die Briten genau dies taten. Der Diplomat bekam die Anweisung, MacArthur zu warnen, dass das Tokioter Urteil die Kriminalisierung des Angriffskriegs im Nürnberger Urteil entwerten könne, und ihm zu erklären, dass es »absurd« sei, wenn irgendeiner der Richter ein Urteil in Erwägung zöge, laut dem ein Angriffskrieg völkerrechtlich kein Verbrechen sei.[40]

Zum zweiten Mal bereitete MacArthur einem britischen Plan ein schnelles Ende. Als Gascoigne an ihn herantrat, musste er feststellen, dass sich Webbs sorgfältige Kontaktpflege mit MacArthur ausgezahlt hatte. Natürlich war der Oberkommandierende bedrückt über die komplizierten Zustände am Gerichtshof. Er war sich darüber im Klaren, dass der Tokioter Prozess womöglich seine eigenen Ziele vereiteln könnte, und ärgerte sich über die »amerikanischen Rechtsverdreher«, die als Verteidiger dienten und den besonderen internationalen Charakter des Prozesses seiner Ansicht nach voll ausnutzten, um ihn zu verzögern. Anstatt jedoch Webb zu ermahnen, sagte MacArthur, es sei schade, dass der australische Vorsitzende lediglich primus inter pares sei und nicht die Obergewalt über die anderen Richter erhalten habe und beklagte sich darüber, dass sie ihn manchmal überstimmten.

MacArthur wollte unbedingt Pearl Harbor bestraft sehen, interessierte sich jedoch kaum für die Verbesserung des internationalen Rechts. Er erwartete, dass die meisten Angeklagten verurteilt würden, dies aber nicht unbedingt analog zum Nürnberger Urteil geschehen werde. Und so erklärte er empathisch, die für den Angriff auf Pearl Harbor verantwortlichen Angeklagten seien selbstverständlich schuldig und müssten verurteilt werden, denn sie hätten ohne Kriegserklärung einen Krieg begonnen, als noch Verhandlungen zwischen amerikanischen und japanischen Diplomaten im Gang gewesen seien.[41]

Nach der heftigen Reaktion MacArthurs verzichtete die britische Regierung auf weitere Intrigen gegen Webb, Pal und Röling. Oder wie ein britischer Diplomat den Lordkanzler informierte: »Angesichts der heiklen Position MacArthurs in Bezug auf das Tribunal« habe es »keinen sinnvollen Zweck«, ihn zu belästigen.[42] Der Lordkanzler stimmte widerwillig zu. Danach konnte die britische Regierung nur noch darauf hoffen, dass sich Patrick gegen die anderen Richter durchsetzen würde.[43]

Der britische Außenminister Bevin fürchtete, dass das Erbe des Nürnberger Prozesses auf dem Spiel stehen könnte. Patrick musste im Amt bleiben, um die Richter zu gewinnen, die »in Betracht zogen, in ihren Urteilen zu bezweifeln, dass die Führung eines Angriffskriegs ein Verbrechen ist. Das ist eine ernste Sache, nicht nur wegen seiner Auswirkungen auf den Tokioter Prozess selbst, sondern auch weil es die Wirkung des Nürnberger Urteils schwächen könnte.« Wenn Patrick abberufen werde, werde es »wenn überhaupt, vermutlich nur noch eine knappe Mehrheit für die Nürnberger Grundsätze« geben.[44]

Unter diesem Druck nahmen der britische und der kanadische Richter ihre Rücktrittsdrohungen zurück. Der Kanadier kam zu dem Schluss, dass ein Rücktritt unpatriotisch wäre. Und Patrick, der im Krankenhaus gewesen war und Japan wegen seines Gesundheitszustands dringend hatte verlassen wollen, wurde klar, dass ein Rücktritt nicht möglich war.[45] Als der Oberste Richter Schottlands Thomas Cooper versuchte, Patrick wegen der Überlastung der schottischen Gerichte zu einer Rückkehr zu bewegen, erklärte Bevin, dass dies eine Katastrophe wäre. In diesem Fall würden sich auch der kanadische und der neuseeländische Richter nicht mehr von einem Rücktritt abhalten lassen, was aus dem Prozess »eine Farce« machen könne. Deshalb komme es überhaupt nicht in Frage, den britischen Richter vor dem bitteren Ende aus Tokio abzuziehen.[46] Bevin befahl auch den Kanadiern »durchzuhalten«.[47] Und Patrick versprach, er werde versuchen, Webb, Röling und Pal wieder auf Linie zu bringen, was das Nürnberger Urteil betraf.[48]

Die Pest

Die lange Liste der Kriegsverbrechen, über die die Richter zu urteilen hatten, wäre auch dann grausam genug gewesen, wenn die Vereinigten Staaten nicht vertuscht hätten, was sie über einige der schockierendsten Gräueltaten der Japaner wussten.

Gut versteckt in der Umgebung der eiskalten nordöstlichen Stadt Harbin in der besetzten Mandschurei hatte das japanische Heer seit 1936 eine streng geheime Einrichtung für Menschenversuche mit bakteriologischer Kriegführung betrieben. Einheit 731 hatte bei ihrer teuflischen Arbeit etwa 2000 chinesische und mandschurische Gefangene getötet und Angriffe auf mehrere chinesische Städte durchgeführt. Die Operation war von General Ishii Shiro geführt worden, einem Mikrobiologen, den die Amerikaner gefangen genommen hatten und der sich in ihrem Gewahrsam befand. Laut amerikanischen Nachrichtendiensten hatte Einheit 731 etwa 400 Kilogramm Milzbrandsporen hergestellt, die, richtig vernebelt und per Flugzeug über einer großen Stadt versprüht, Hunderttausende, wenn nicht gar Millionen Menschen hätten töten können.[49]

Japan hatte auch weitere bakteriologische Geheimwaffen gegen chinesische Ziele eingesetzt: In den Jahren 1940 und 1941 war Ishiis Team mit Genehmigung der japanischen Heeresleitung in einem kleinen Flugzeug niedrig über die chinesischen Städte Quzhou, Ningbo, Jinhua und Changde geflogen und hatte mit dem Pestbazillus infizierte Flöhe und Getreidesorten versprüht. In den betroffenen Städten war, mit Ausnahme Jinhuas, bald darauf die Pest ausgebrochen. Im Jahr 1942 setzten Ishiis Teams bakteriologische Bomben und bakteriologische Sprühmittel ein, um die konventionellen Kriegsanstrengungen auf dem Zhejiang-Jiangxi-Feldzug zu unterstützen. Bei den Kämpfen kamen etwa 250 000 chinesische Zivilisten um, doch es ist bis heute nicht klar, wie viele von ihnen Biowaffen wie Pest, Cholera und Milzbrand zum Opfer fielen. Auch im besetzten Singapur betrieb Japan eine geheime Einrichtung, in der Menschenversuche mit Biowaffen gemacht wurden; weitere Zentren befanden sich in China und Burma.[50]

Sowohl im Allgemeinen Hauptquartier als auch im Büro von Dwight D. Eisenhower, dem damaligen Generalstabschef des Heeres wusste man eine ganze Menge über die Arbeit von Einheit 731.[51] Doch die Anklagevertreter des Tokioter Prozesses hatten das Thema stillschweigend vermieden. Ishii wurde weder in Tokio noch vor einem amerikanischen Militärgericht in Yokohama der Prozess gemacht. Und die alliierten Anklagevertreter vermieden es auch, die bereits in Tokio vor Gericht stehenden drei japanischen Generale Umezu Yoshijiro, Araki Sadao und Tojo Hideki, die Ishiis Arbeit unterstützt hatten, der biologischen Kriegführung zu beschuldigen. Tojo Hideki war drei Jahre in der Mandschurei gewesen und kannte das Geheimprogramm gut.[52] Nun jedoch wollten die USA und die Sowjetunion für ihre eigenen militärischen Zwecke mehr wissen und vermieden es deshalb, die Generale der biologischen Kriegführung zu beschuldigen.[53]

Als im Februar 1947 die Beweisaufnahme der Verteidigung begann, bat der sowjetische Anklagevertreter Sergei Golunski die Amerikaner um die Erlaubnis, Ishii und zwei japanische Oberste, die an den Versuchen beteiligt gewesen waren, zu verhören. Das Allgemeine Hauptquartier ließ nicht zu, dass Ishii angeklagt wurde, und seine Beamten hofften, dass die Sowjets nicht viel mehr aus ihm herausbringen würden als die Amerikaner bei ihren eigenen Verhören. Die Amerikaner bezweifelten, dass die Sowjets Ishiis Einheit wegen deren Verbrechen gegen Chinesen anklagen wollten, denn sie interessierten sich, wie MacArthurs Mitarbeiter mit Erschrecken feststellten, für die Massenproduktion von Typhus- und Cholerabakterien und von Typhus übertragenden Flöhen.[54]

Um zu vermeiden, dass die Sowjets lernten, wie man am besten Typhus und Cholera verbreitet, einigten sich das Außen- und das Kriegsministerium der Vereinigten Staaten darauf, den Sowjets nur ein einmaliges, streng vom Allgemeinen Hauptquartier überwachtes Verhör zu gestatten, das sie widerwillig als »freundschaftliche Geste gegenüber einer befreundeten Regierung« deklarierten. Die japanischen Obersten sollten auf Anweisung der US-Regierung zuerst von amerikanischen Verhörspezialisten befragt werden. Wenn sie etwas Verwertbares sagten, sollten sie den Befehl erhalten, es den Sowjets nicht zu verraten, und sie sollten ihnen auch nicht sagen, dass die Amerikaner sie bereits verhört hatten.[55] Im April 1947 entsandte das Kriegsministerium für die Verhöre Norbert Fell nach Tokio, einen Experten für biologische Waffen aus Camp Detrick, dem in einer abgelegenen ländlichen Region von Maryland gelegenen wichtigsten amerikanischen Stützpunkt für die Entwicklung biologischer Waffen, den man 1942 nach Berichten über die bakteriologische Kriegführung der Japaner in China gegründet hatte.[56]

Die US-Regierung brannte darauf, Ishiis unheilvolles Wissen anzuzapfen. Auch die militärischen Nachrichtendienste und Generalmajor Alden H. Waitt, ein Spezialist für chemische Kriegführung, hatten großes Interesse an dem Verhör. Das Kriegsministerium wies Fell an, Ishii zu fragen, wer an dem Programm beteiligt war, wie das Labor gearbeitet hatte, welche Krankheiten und Organismen man studiert hatte und ob die Japaner geplant hatten, die Wirkstoffe durch Bomben oder durch Versprühen aus Flugzeugen zu verbreiten.[57] Wie ein Oberst aus dem Allgemeinen Hauptquartier in einer streng geheimen Notiz schrieb, war es für die Vereinigten Staaten von großem »nachrichtendienstlichem Wert«, mehr über die »Menschenversuche«, »die Erprobung im Feld gegen die Chinesen« und die strategischen und taktischen Anwendungsmöglichkeiten biologischer Waffen zu erfahren, wie auch über die Möglichkeit, dass der japanische Generalstab von dem Programm gewusst und es genehmigt hatte. Die Japaner hatten die Kampfstoffe bei mindestens drei Gelegenheiten gegen die chinesische Armee eingesetzt. Deshalb hoffte der Oberst im Allgemeinen Hauptquartier, dass rangniedere Japaner der Einheit 731, die man seltsamerweise nicht für die Kriegsverbrechen verantwortlich machte, »die meisten der wertvollen, durch Menschenversuche gewonnenen technischen Informationen über BK [biologische Kriegführung]« liefern könnten.[58]

Bis dahin hatten die gefangenen Offiziere der Einheit 731 aus Überzeugung, aus Angst vor den Sowjets oder in der Hoffnung, sich bei den Amerikanern beliebt zu machen, Aussagen gemacht. General Ishii jedoch hatte eingeräumt, dass er Vorgesetzte besaß, die das Programm autorisiert und darüber Bescheid gewusst hatten, wie es bei einem so großen und heiklen Projekt zu erwarten war. Diese hochrangigeren japanischen Offiziere wollten, wie ein Oberst im Allgemeinen Hauptquartier notierte, erst dann aussagen, wenn man ihnen zusagte, dass sie nicht als Kriegsverbrecher angeklagt würden. (Der Oberst setzte das Wort Kriegsverbrechen wiederholt in Anführungszeichen, womit er die Möglichkeit einer Strafverfolgung oder Rechenschaftspflicht herunterspielte.) Ishii erhob keinen Widerspruch gegen die Aussage, dass seine Einheit Menschenversuche durchgeführt hatte, und bot an, das Programm detailliert zu schildern, wenn die Vereinigten Staaten ihm selbst, seinen Vorgesetzten und seinen Untergebenen schriftlich Immunität gegen eine Anklage wegen Kriegsverbrechen zusicherten. Er fügte hinzu, dass er großes Wissen über biologische Waffen besitze, auch was deren Einsatz im kalten nordchinesischen Klima betraf – ein kaum verhohlener Versuch, auf seine Nützlichkeit bei kommenden Konflikten zwischen den Vereinigten Staaten und der Sowjetunion hinzuweisen. In dem eifrigen Bestreben, mehr zu erfahren, wollte das Allgemeine Hauptquartier den Japanern zusichern, dass ihre Enthüllungen auf geheimdienstliche Kanäle beschränkt bleiben und nicht als Beweismaterial für Kriegsverbrecherprozesse benutzt würden.[59]

Um herauszufinden, ob es irgendwelches Beweismaterial gab, das der Immunität für Ishii und die anderen im Weg stehen konnte, gab das Kriegsministerium Oberst Alva C. Carpenter, dem Chef von MacArthurs Rechtsabteilung, und Frank S. Tavenner jr., dem damals amtierenden Chefankläger beim Tokioter Prozess, die dringende Anweisung, ihnen alles Material zu übermitteln, das die US-Regierung gegen die Angeklagten in der Hand hatte. Gehörten Ishii und seine Komplizen zu den noch verbliebenen japanischen Kriegsverbrechern, die auf einen internationalen Prozess warteten und planten andere Alliierte, sie anzuklagen?[60] Carpenter gab dem Kriegsministerium die beruhigende Antwort, dass seine Akten über die japanischen Biokrieger lediglich anonyme Briefe, unbewiesene Anschuldigungen, eidesstattliche Erklärungen aus zweiter Hand und Gerüchte enthielten, also keine ausreichenden Beweise, um eine Anklage wegen Kriegsverbrechen zu rechtfertigen. Auch standen weder Ishii noch seine Komplizen auf der Liste der etwa 50 japanischen Hauptkriegsverbrecher, die noch auf ihren Prozess warteten, und kein anderes alliiertes Land hatte bis dahin einen von ihnen angeklagt. Allerdings waren mehrere Generale angeklagt, die Ishiis Vorgesetzte gewesen waren, auch Tojo Hideki, der 1937 und 1938 als Generalstabschef der Kwantung-Armee gedient hatte.

Tavenner warnte, dass die Sowjetunion vermutlich ihre eigenen Prozesse gegen Einheit 731 veranstalten werde. Die Sowjets hatten nämlich bei ihrer Eroberung der Mandschurei Generalmajor Kawashima Kiyoshi und einen weiteren Untergebenen Ishiis festgenommen und als mutmaßliche Kriegsverbrecher interniert. Kawashimas eidesstattliche Erklärung gegenüber den sowjetischen Ermittlern, die die Anklagevertreter von Tokio in ihren Akten hatten, enthielt die Information, dass die beiden Offiziere auf Befehl des japanischen Generalstabs heimlich Viren für die biologische Kriegführung erforscht und Versuche durchgeführt hatten. Dennoch, so Tavenner, hatten die alliierten Anklagevertreter darauf verzichtet, Ishiis Vorgesetzte beim Tokioter Prozess wegen dieser Verbrechen anzuklagen, weil die Beweise ungenügend waren, die Tojo und die anderen mit Ishiis Geheimprojekt in Verbindung brachten.[61]

Das Kriegsministerium kam schnell zu der Einsicht, dass das Beweismaterial des Allgemeinen Hauptquartiers nicht ausreichte, um Ishii und seine Gruppe als Kriegsverbrecher anzuklagen, wollte aber wissen, ob nach Ansicht der Anklagevertreter beim Tokioter Prozess Beweise dafür vorlagen, dass Ishiis Operation die Landkriegsregeln verletzt hatte.[62] Natürlich verletzen biologische Waffen die Grundprinzipien des Kriegsvölkerrechts: Sie lassen sich nicht gezielt einsetzen und treffen sowohl Zivilisten als auch Soldaten; sie lassen sich nicht kontrollieren, damit sie keinen unverhältnismäßigen Schaden anrichten; und sie töten am wahrscheinlichsten alte Menschen und Kinder.[63] Das IV. Haager Abkommen von 1907 über den Landkrieg verbot den Einsatz von Gift und vergifteten Waffen, und 1925 wurde auf einer Konferenz des Völkerbunds das Genfer Protokoll verabschiedet, das den Einsatz chemischer und biologischer Waffen verbot und auch von Japan unterzeichnet wurde.[64] Der Umstand, dass die Kwantung-Armee ihre streng geheime Anlage zur Produktion und Erprobung von Biowaffen in der fernen Mandschurei versteckte, ließ stark vermuten, dass sie sich der Rechtswidrigkeit des Projekts bewusst war.

Beim Tokioter Prozess prüften Tavenner und seine Anklagevertreter sorgfältig die eidesstattlichen Erklärungen zu Einheit 731, über die die Sowjets verfügten. Dabei kamen sie zu dem Schluss, dass Ishiis Gruppe »tatsächlich die Landkriegsordnung verletzt hatte«, wollten aber weitere Beweise sammeln und Ermittlungen anstellen, bevor sie ihn und sein Team wegen Kriegsverbrechen anklagten. Dennoch war die Tokioter Anklagevertretung gut informiert über die grausigen Details der japanischen biologischen Kriegführung gegen chinesische Städte im Jahr 1940. Im Oktober jenes Jahres hatten japanische Flugzeuge bei einem Experiment von Einheit 731 über der Hafenstadt Ningbo infizierte Weizenkörner verstreut; zwei Tage später war in der Stadt die Beulenpest ausgebrochen und hatte 97 Todesopfer gefordert. Es gab starke Indizien dafür, dass auch in drei weiteren Städten »bakteriologische Kriegführung« stattgefunden hatte. Über einer der Städte hatten japanische Flugzeuge eine Mischung aus Reis,

Weizenkörnern und Flöhen abgeworfen, und einen Monat darauf war die Beulenpest ausgebrochen. Im November 1941 hatte ein japanisches Flugzeug über Changde in der Provinz Hunan Reis- und Weizenkörner, Papier, Baumwollwatte und geheimnisvolle Partikel abgeworfen; auch in diesem Fall wurden vermutlich mehrere Fälle von Beulenpest verursacht. Zum Einsatz gegen die chinesische Armee hatte Ishiis Gruppe 70 Kilogramm Typhusbakterien, 5 Kilogramm Cholerabakterien und 5 Kilogramm pestinfizierte Flöhe produziert. Im Jahr 1942 infizierte das Militär unter Ishiis Kommando Gebiete in Zentralchina mit Typhus- und Pestbakterien, und 1943 und 1944 leitete er sieben oder acht Menschenversuche mit Milzbrand und Beulenpest an Bewohnern der Mandschurei. Bis 1944 hatte sein Team laut den Anklagevertretern Tonnen von Material angesammelt, um diese tödlichen Erreger »in Vorbereitung auf die Massenproduktion von Bakterien« zu züchten.

Ein so gewaltiges, komplexes und kostspieliges Projekt war fast sicher von hohen japanischen Regierungsbeamten genehmigt worden, insbesondere, was die Bombardierung chinesischer Städte mit biologischen Waffen betraf. Doch die US-amerikanischen Anklagevertreter behaupteten immer noch, dass sie keine Verbindungen zwischen den führenden Japanern, die in Tokio vor Gericht standen, und den Aktionen der Biowaffeneinheit beweisen konnten. Als die Amerikaner beschlossen, Einheit 731 aus dem Tokioter Prozess herauszuhalten, machten sie sich Sorgen, dass der sowjetische Anklagevertreter einige Zeugen zur Beweissicherung in der Angelegenheit ins Kreuzverhör nehmen könnte.[65]

Am Ende beschlossen die Sowjets jedoch, ihren eigenen Schauprozess durchzuführen, damit sie die Biokrieger in ihrem eigenen Gewahrsam behalten und gleichzeitig die Vereinigten Staaten vorführen konnten. Im Dezember 1949 wurden in Chabarowsk, der größten sowjetischen Stadt in der Nähe von Harbin, zwölf japanische Offiziere in einem kurzen Prozess von einem sowjetischen Militärtribunal verurteilt.[66] In der stalinistischen Anklageschrift, die die »irrsinnige« antisowjetische Verschwörung der »imperialistischen herrschenden Clique in Japan« anprangerte, wurden die Japaner beschuldigt, »ein verbrecherisches Mittel zur Massenvernichtung von Menschen« eingesetzt zu haben. Die japanischen Angeklagten sagten einer nach dem anderen: »Ich bekenne mich schuldig«, oder: »Ich bekenne mich voll und ganz schuldig.« Das nach nur fünf Tagen verkündete Urteil bezeichnete die Sowjetunion als Hauptopfer des japanischen Programms zur bakteriologischen Kriegführung und behauptete, dass der Tokioter Prozess bereits den zentralen Stellenwert der antisowjetischen Aggression in der japanischen Politik festgesellt habe. Darüber hinaus versuchten die sowjetischen Anklagevertreter auch General Umezu Yoshijiro und Kaiser Hirohito persönlich für das Verbrechen mitverantwortlich zu machen, indem sie behaupteten, der Aufbau von Einheiten für bakteriologische Kriegführung sei auf geheime kaiserliche Anweisung erfolgt.[67]

Anders als in dem Schauprozess von Chabarowsk, trat Einheit 731 im gesamten Tokioter Prozess nicht in Erscheinung. Zwar führte ein sowjetischer Oberst für die Anklage das Kreuzverhör der Zeugen durch, die wegen des Angeklagten Umezu Yoshijiro aufgerufen wurden, aber er stellte keine Fragen über biologische Kriegführung.[68] Auch Jahrzehnte später ist das Versäumnis, die an biologischer Kriegführung beteiligten Japaner anzuklagen, einer der größten Schandflecke des Tokioter Prozesses. »Alles, was damit zusammenhing, wurde dem Tribunal vorenthalten«, sollte sich der niederländische Richter Bert Röling Jahre später bitter beschweren. Diese Vertuschung, schrieb er, habe die Autorität des Tokioter Prozesses »stark beeinträchtigt«.[69] Ishii bekam die Pension eines japanischen Generals und hatte bis zu seinem Tod ein bequemes Leben.[70]

19.

Die Verleugnung von Nanjing

Mei Ruao setzte immer noch große Hoffnungen in den Tokioter Prozess. Wie er einer führenden chinesischen Zeitung erklärte, konnte der Gerichtshof neue internationale Rechtsprinzipien formulieren und eine friedliche Weltordnung etablieren. Er würde die Welt lehren, dass Angriffskriege ein Verbrechen waren und die Kriegsverbrecher persönlich dafür bestraft würden, und er würde die japanischen Massen bilden und ihnen dabei helfen, eine echte Demokratie aufzubauen.[1]

Meis Förderer in der nationalchinesischen Regierung hatten nach wie vor ein starkes Interesse an dem Verfahren. Der chinesische Außenminister Wang Shijie besuchte den Gerichtssaal und traf sich in den Räumen Sir William Webbs mit den Richtern.[2] Nachdem Webb Mei einmal in Anwesenheit der anderen Richter beleidigend heruntergemacht hatte, arbeitete dieser hart daran, bei Webb Sympathie für die Bedingungen in China zu wecken. »Er ist ein sehr angenehmer Mensch«, schrieb Webb in einem privaten Brief. »Wir sind gute Freunde.«[3]

Während jedoch der chinesische Richter in Tokio sein Amt ausübte, brach das Land, das ihn entsandt hatte, zusammen. Noch bevor es sich von dem achtjährigen verheerenden Krieg gegen Japan erholt hatte, stürzte China in einen Bürgerkrieg zwischen kommunistischen Revolutionären und der nationalchinesischen Regierung.[4] Viele Offiziere des chinesischen Heeres, die stolz darauf waren, unermüdlich gegen die Japaner gekämpft zu haben, hatten große Skrupel, dasselbe mit ihren Landsleuten zu tun, als die Kommunisten gegen sie anstürmten. Manche nationalchinesischen Soldaten verzweifelten; manche verstanden nicht, worum es in dem Blutvergießen ging; andere folgten der Aufforderung der Kommunisten und legten die Waffen nieder.[5]

Chiang Kai-sheks Regierung war zerstritten, agierte ungeschickt und korrupt und verlor eine Schlacht nach der anderen, während sie verzweifelt versuchte, ihr Territorium durch polizeiliche Unterdrückung zu halten. K. P. S. Menon, Indiens scharfsinniger Botschafter in China, schrieb an Jawaharlal Nehru, dass »die Aussichten des geschlagenen Japan offenbar sehr viel rosiger sind als die des siegreichen China«.[6] Und Bert Röling kam in einem privaten Brief zu der Einschätzung, dass es trotz der großartigen Begabungen der Chinesen »heute kein korrupteres und elenderes Volk gibt. Sie haben eine Philosophie der Harmonie, doch nirgendwo wird mehr gekämpft als dort.« Es gibt »nirgendwo so viele weise Männer wie in China, und keine Nation verhält sich als Volk so dumm«.[7]

Angefangen bei Harry S. Truman machte sich die amerikanische Regierung auf allen Ebenen heimlich auf einen Sturz von Chiang Kai-sheks Regierung gefasst.[8] Seit dem Ende des Zweiten Weltkriegs hatten die Amerikaner mit ihrer Politik der begrenzten Militärhilfe für das chinesische Heer und die chinesische Luftwaffe schlechte Resultate erzielt.[9] General George C. Marshall, der ein frustrierendes Jahr lang vergeblich versucht hatte, eine Verständigung zwischen den Kommunisten und den Nationalchinesen zu erreichen, wollte als Außenminister keine amerikanische Militärhilfe leisten, die den Bürgerkrieg anheizen konnte.[10] Zwar legten amerikanische Politiker immer noch Lippenbekenntnisse zum Traum einer Mehrparteiendemokratie ab, die auch die chinesischen Liberalen, welche Chiang Kai-sheks Herrschaft verabscheuten, mit eingeschlossen hätte, tatsächlich jedoch waren sie von der Furcht vor einem unmittelbar bevorstehenden Sieg der Kommunisten Mao Zedongs beherrscht.[11]

Für die meisten Mitglieder der Regierung Truman war Maos Revolution Teil einer sowjetisch geprägten internationalen kommunistischen Bewegung. Als die Sowjetunion zuließ, dass die chinesischen Kommunisten Städte in der Mandschurei übernahmen, wurde klar, dass sie den Nationalchinesen feindselig gegenüberstand.[12] Und als sie in Nordkorea ein hartes stalinistisches Regime installierte, fürchteten viele führende Mitglieder von Trumans Regierung, dass auch die Mandschurei ein sowjetischer Satellitenstaat werden könnte. Der Kriegsminister vertrat die Ansicht, dass die Vereinigten Staaten den militärischen Zusammenbruch von Chinas nationalchinesischer Regierung nicht hinnehmen konnten, und ein amerikanischer General, den Truman nach China entsandt hatte, um Informationen über die dortige Lage zu sammeln, warnte, dass eine kommunistische Machtübernahme für die USA eine Katastrophe sein werde.[13] »Die Sowjetunion steuert langsam und umsichtig auf eine Vorherrschaft in China zu«, schrieb der militärische Nachrichtendienst der amerikanischen Marine und warnte, die Sowjetunion sei »ein gewaltiger, amöbenartiger Organismus, der jedes Objekt umschließt und verdaut, das ihm nicht genug Widerstand entgegensetzen kann.«[14]

Es war vor dem dräuenden Hintergrund des chinesischen Bürgerkriegs, dass sich die Verteidigung im Tokioter Prozess der japanischen Invasion zuwandte, die den chinesischen Staat geschwächt und seine Gesellschaft verheert hatte. Ein amerikanischer Verteidiger machte die undiplomatische Beobachtung, dass es »in China tatsächlich zwei Staaten gibt (...) die gegeneinander Krieg führen«.

Webb stahl der Verteidigung mit einem öffentlichen Wutanfall die Schau, der mehr Zweifel an seiner Unparteilichkeit weckte, als es je ein Verteidiger vermocht hätte. Man hatte ihm einen Entwurf für die Eröffnungsansprache von Leutnant Aristides G. Lazarus, einem jungen Anwalt des Marine Corps, gezeigt. Der amerikanische Leutnant hatte sagen wollen, ein Blick auf die Landkarte genüge, um zu wissen, warum die japanische Führung vor der Sowjetunion Angst habe, was sich auf den sowjetischen Einmarsch in Finnland, die Verstümmelung Polens und die Annexion von Estland, Lettland und Litauen bezog. Um die japanische Furcht vor den chinesischen Kommunisten zu erklären, wollte der Verteidiger außerdem eine antikommunistische Äußerung Trumans mit einbeziehen. Nach der Lektüre des Entwurfs explodierte Webb und schrie: »Nutzen Sie die große Toleranz dieses alliierten Gerichtshofs nicht aus, um einer Argumentation zu frönen, die man als Feindpropaganda bezeichnen könnte.«

Der Verteidiger entgegnete, Harry S. Trumans Worte ließen sich schwerlich als japanische Propaganda bezeichnen. Webb schoss zurück, wenn es der Aufklärung diene, dürfe der Verteidiger nicht nur »die großen Vereinigten Staaten von Amerika angreifen«, sondern auch Großbritannien und die Sowjetunion, aber »für Sie ist es offenbar das reine Vergnügen, die Alliierten zu beleidigen«. Er verbot dem amerikanischen Anwalt, den harmlosen Satz mit der Landkarte zu äußern, obwohl alle Anwesenden im Gerichtssaal ein ziemlich genaues Bild davon im Kopf hatten, was die Sowjetunion ihren Nachbarn angetan hatte. »Trotz alledem«, schrie Webb in einem Anfall von Patriotismus, »bleibe ich ein britischer Richter, ein australischer Richter, und werde nie etwas anderes sein. Und ich werde in diesem Gerichtshof keine grundlose Beleidigung meines Landes oder irgendeines anderen in diesem Gericht vertretenen Landes dulden. Ich kenne keine größere Loyalität als die zu meinem Land. Wenn amerikanische Anwälte denken, sie hätten eine größere Loyalität als die zu ihrem eigenen Land, dann steht es ihnen frei, ihr zu frönen.«

Diese Aussagen waren beunruhigend. Empfand der Gerichtspräsident keine größere Loyalität gegenüber dem Recht oder dem Gesetz? Wenn er als Vorsitzender Richter in erster Linie ein australischer Patriot war, wie viel Objektivität konnten die Angeklagten dann von ihm, oder von dem chinesischen, dem philippinischen, dem US-amerikanischen oder dem sowjetischen Richter erwarten?

Es blieb dem amerikanischen Verteidiger überlassen, die Integrität des Gerichts zu verteidigen. Er wies Webb darauf hin, dass die Verteidigung seines Klienten nicht bedeute, dass er sein eigenes Land angreife, und er bestritt, etwas gegen die Sowjetunion zu haben: »Ich vergesse nie, dass wir auf derselben Seite gekämpft haben, und dass es vielleicht daran liegt, wie hart manche russische Soldaten und Offiziere gekämpft haben, dass ich noch am Leben bin und in diesem Gerichtsaal stehe.« Dann gab er eine grundlegende Definition eines fairen Prozesses, die eigentlich hätte selbstverständlich sein sollen: »Denken Sie bitte daran, Sir, dass uns viel von alledem persönlich abstoßend erscheinen mag; aber als Anwälte, die die Vereinigten Staaten auf Verlangen dieses Gerichts ernannt haben, um bei der Verteidigung dieser Menschen zu helfen, haben wir eine hohe Pflicht: Wir müssen alle verfügbaren Beweise vorlegen. Bitte verstehen Sie das, Sir.«[15]

Nach diesem unangenehmen Anfang wandte sich Lazarus seinem Fall zu. In seiner Eröffnungsansprache und auf der Basis der Aussagen der langen Reihe japanischer Offiziere und Regierungsbeamten, die als Zeugen aufgerufen wurden, vertrat die Verteidigung die Ansicht, es seien einzig und allein die Chinesen gewesen, die die Japaner dazu getrieben hätten, in ihr Land einzumarschieren. Lazarus sagte schlicht und einfach: »Japan hat China nicht angegriffen.«

Japan, so die Verteidigung, habe sich nur gegen eine existenzielle Bedrohung durch den Kommunismus verteidigt. »Japan hatte Grund zu der Befürchtung und befürchtete tatsächlich, dass die Ausbreitung des Kommunismus in China und dann auch in Japan selbst die Zerstörung Japans bedeuten könnte«, sagte Lazarus. »Die Kommunistische Partei Chinas war die bewaffnete Vorhut der weltweiten kommunistischen Bewegung.« Die chinesischen Kommunisten hätten in geheimer Zusammenarbeit mit den herrschenden Nationalchinesen so lange zum Hass auf die Japaner aufgestachelt, bis dieser in gesetzwidrige Gewalt umgeschlagen sei.

Nach Ansicht der Verteidigung hatte Japan jedes Recht gehabt, im Norden Chinas Truppen zu stationieren. Bei dem schicksalsschweren Zusammenstoß an der Marco-Polo-Brücke am 7. Juli 1937 hätten japanische Soldaten lediglich ihr Recht wahrgenommen, ein Manöver abzuhalten, als sie von chinesischen Streitkräften beschossen wurden. Nach unerträglichen chinesischen Provokationen wäre die japanische Seite zu der Ansicht gelangt, dass ihr nur noch die Möglichkeit blieb zu kämpfen. Laut der Verteidigung hatten die Japaner versucht, den Zwischenfall lokal zu halten, aber die nationalchinesische Regierung hatte Truppen nach Norden geschickt und Japan dadurch gezwungen mit drei Divisionen in China einzumarschieren: »China hatte eine Reihe von lokalen Zwischenfällen zu einem bewaffneten Konflikt erweitert, der einem großen Krieg entsprach.« Um die Schaffung von Marionettenregimen zu erklären, sagte die Verteidigung, China sei so verarmt und chaotisch geführt gewesen, dass Japan die Gründung zuverlässiger autonomer Regierungen unterstützt habe, um die besetzten Gebiete zu stabilisieren. Was das Opium betraf, so kritisierte die Verteidigung die chinesische Regierung, weil sie es nie geschafft habe, das nationale Drogenproblem zu lösen.

Als die Verteidigung beim Massaker von Nanjing anlangte, wurden ihre Behauptungen extremer, weil sie versuchte zu leugnen, was in der Stadt passiert war. Zwar hatten auch die von der chinesischen Anklagevertretung vorgelegten Beweise ihre Schwächen gehabt, doch die der Verteidigung waren merklich weniger gehaltvoll. Sie konnte lediglich auf die Befehle verweisen, die die japanischen Kommandeure gegeben hatten, bevor ihre Truppen eine chinesische Stadt betraten und darauf, dass nur relativ wenige Vergehen gegen Zivilisten vors Kriegsgericht gekommen waren. Da diese Anstrengungen eindeutig nicht ausgereicht hatten, um eine Unzahl von Grausamkeiten zu verhindern, halfen sich die Verteidiger, indem sie rundweg bestritten, dass es überhaupt Verbrechen gegeben hatte.

Unter Bezug auf die ungenügenden Information, die Lazarus bekommen hatte, vertrat er die Ansicht, dass »die Berichte über Gräueltaten an manchen Orten übertrieben waren, dass es an anderen Orten überhaupt keine Gräueltaten gegeben hatte und dass Japaner für von Chinesen begangene Taten verantwortlich gemacht wurden«. Als Rückzugsposition, die Anwälte als »alternative Argumentation« bezeichneten, vertrat er die Ansicht, falls es doch Tötungen gegeben habe, seien diese gerechtfertigt gewesen. Die toten Chinesen, erklärte er, in einer sowohl faktisch als auch rechtlich zweifelhaften Stellungnahme, sind »Banditen, Freischärler, Guerillas und andere gewesen, die keinen Anspruch auf den Status von Soldaten und den Schutz anerkannter Kombattanten erheben können und die nach dem internationalen Recht Gesetzlose sind und den Kombattanten gewährten Schutz nicht genießen«.

Alles in allem folgte die Verteidigung der offiziellen Linie, die Japan während des Krieges vertreten hatte: Es hatte einen provokativen Angriff chinesischer Soldaten gegeben; Japan hatte versucht, den Konflikt lokal beschränkt zu halten; dann jedoch hätten die japanischen Truppen in Selbstverteidigung handeln müssen; und die japanischen Truppen seien durchweg respektvoll mit der chinesischen Bevölkerung umgegangen.[16] »Die Angeklagten«, fasste Lazarus diese Argumentation zusammen, »waren an keiner Verschwörung beteiligt, sie planten oder initiierten keinen Angriffskrieg gegen China, sie benutzten kein Opium, um die Bevölkerung zu korrumpieren und Geldmittel für den Krieg zu beschaffen, und sie zwangen China auch keine Marionettenregierung auf.«[17]

Als die Verteidigung der Beschuldigung entgegentrat, dass Japan einen Angriffskrieg gegen China geführt hatte, legte sie nicht die Beweise vor, die am überzeugendsten gewesen wären: Unterlagen über interne japanische Beratungen, die bewiesen hätten, dass die Japaner keine feindlichen Absichten gehabt hatten. In diesem Fall profitierte die Verteidigung davon, dass die Japaner vor der Ankunft der alliierten Besatzer Beweismaterial verbrannt hatten. An einem Punkt wiesen die Verteidiger auf eine Serie von Dokumenten hin, die, einschließlich der Pläne für japanische Militäroperationen im Jahr 1937, bei Kriegsende vernichtet worden waren, und das Gericht musste sich auf eidliche Aussagen darüber verlassen, was in diesen Dokumenten gestanden hatte. Die Anklagevertretung beschwerte sich, dass japanische Beamte den Befehl erhalten hatten, das Material selektiv zu verbrennen, um die belastenden Dokumente loszuwerden.[18]

Als Ersatz für die Geheimdokumente lud die Verteidigung zahlreiche japanische Offiziere und Regierungsbeamte vor, die eine vertraute Litanei zum Besten gaben: Japan habe die Erlaubnis erhalten, an bestimmten Punkten in China Truppen zu stationieren; der Zwischenfall an der Marco-Polo-Brücke sei von hasserfüllten Chinesen ausgelöst worden; Japan habe keine Pläne für eine Invasion gehabt; die Japaner seien nur zur Selbstverteidigung weit nach China vorgestoßen; und die Kollaborationsregierung von Wang Jingwei sei legitim und kein japanisches Marionettenregime gewesen.

Dass Japan das Recht für sich beanspruchte, in China Truppen zu stationieren, weckte bei den Chinesen unangenehme Erinnerungen an die Kolonialzeit, in der man ihnen »Ungleiche Verträge« aufgezwungen hatte. So hatten die Westmächte und Japan Beijing und Umgebung nach dem Boxeraufstand ein Abkommen aufgezwungen. Um zu rechtfertigen, dass japanische Truppen 1932 nach Shanghai vorgestoßen waren, zitierte die Verteidigung eine Erklärung der japanischen Regierung, dass sie zum Schutz der Chinesen japanischen Ursprungs und des japanischen Eigentums in der Stadt nur dasselbe getan hätten, was »die führenden Länder« (also die westlichen imperialen Mächte, die in Shanghai und anderen chinesischen Städten Enklaven besaßen) in China schon häufig getan hätten.[19]

Die Verteidigung gab ein berührendes Beispiel dafür, wie gefährdet Menschen japanischer Nationalität in China waren. In Tongzhou, einem Außenbezirk Beijings, waren nach einem Zusammenstoß zwischen japanischen und chinesischen Truppen Ende Juli 1937 Dutzende japanische und koreanische Zivilisten getötet worden.[20] Ein pensionierter japanischer Generalleutnant berichtete in seiner Aussage über den schrecklichen Anblick getöteter Kinder und Frauen, von denen einige vergewaltigt oder mit Bajonetten aufgespießt worden waren. Diesen abscheulichen Anblick, sagte er in seiner knappen, emotionalen Aussage, werde er sein Leben lang nie mehr vergessen. Zwar stimmten die detaillierten und grausigen Aussagen zweier weiterer japanischer Offiziere nicht immer ganz genau überein, aber alle drei Aussagen gaben dennoch einen plausiblen Überblick über das, was man einmal als »Bildband aus der Hölle« bezeichnet hatte. Einer der Zeugen hatte in einem durch Blut getränkten Teich sechs Leichen gesehen: eine ganze Familie, die man gefesselt und erstochen hatte. Ein weiterer Zeuge hatte Fotos von den getöteten Zivilisten gemacht, was die Glaubwürdigkeit der Aussagen erhöhte. Der Anklagevertretung blieb nichts anderes übrig, als den Verdacht zu äußern, dass die Morde in dem Gebiet von japanischen Kollaborateuren und nicht von chinesischen Soldaten verübt worden seien. Webb konzentrierte sich auf die Widersprüche in den Zeitangaben der Zeugen und sagte: »Im Augenblick sind die Aussagen der drei Zeugen höchst widersprüchlich und unbefriedigend.«[21]

So groß die Verwirrung über die Kämpfe an der Marco-Polo-Brücke auch sein mochte, der Verteidigung fiel es ungleich schwerer, den massiven Angriff mit Bodentruppen zu erklären, der auf sie folgte. Japan mochte das Recht gehabt haben, angemessene Maßnahmen zum Schutz seiner Kolonisten zu treffen, doch das hätte kaum eine groß angelegte Invasion erfordert. In einer Zeugenaussage, die sich als kontraproduktiv entpuppte, sagte ein pensionierter Generalleutnant des japanischen Heeres, der 1937 an der Kriegsplanung im japanischen Heeresministerium beteiligt gewesen war, die japanische Regierung habe am 8. oder 9. Juli die politische Entscheidung getroffen, dem Zwischenfall an der Marco-Polo-Brücke keine größere Bedeutung beizumessen. Diese Entscheidung habe jedoch nur bis zum 11. Juli Bestand gehabt, als sich die Regierung »absolut gezwungen sah, Truppen nach Nordchina zu entsenden, um mit den von der chinesischen Seite geplanten bewaffneten antijapanischen Aktionen fertigzuwerden«. Er warf den Chinesen vor, weiter auf die Japaner geschossen zu haben, und sagte, nach einem weiteren Zusammenstoß am 26. Juli habe die japanische Regierung beschlossen, Truppen von den Hauptinseln für den Einsatz in Nordchina zu mobilisieren, »um der Pflicht zur Selbstverteidigung Genüge zu tun«. Japan entsandte anfangs 4 Divisionen, dann 7 weitere im August und weitere 4 im September und Oktober, so dass bis Oktober 1937 15 japanische Divisionen auf fremdem Boden standen. Bis 1938 hatte sich diese Zahl auf 23 Divisionen erhöht. Und das alles, wie der pensionierte Generalleutnant aussagte, zur Selbstverteidigung.[22]

Auch den zweiten japanischen Angriff auf Shanghai, der im August 1937 begann und viele Monate dauerte, rechtfertigten die Verteidiger als Selbstverteidigung. Sie interpretierten ihn als eine notwendige Reaktion auf die Ermordung eines Kapitänleutnants der japanischen Marine in der Stadt. Obwohl bei den Konflikten eine riesige Menge Soldaten zum Einsatz kam, bestand einer der Anwälte der Verteidigung darauf, dass es keinen »bewussten oder systematischen Plan zur Eroberung Chinas« gegeben habe. Arthur Comyns Carr, der britische Anklagevertreter, spottete über diese Behauptung mit der Bemerkung, die Armada von 28 japanischen Kriegsschiffen, die sich in kürzester Zeit hastig im Hafen von Shanghai versammelt hatte, sei »eine der imposantesten Demonstrationen maritimer Stärke [gewesen], die Shanghai je gesehen hat«.[23]

Die Leugnung

In Bezug auf die Anklagen wegen Gräueltaten in Nanjing und anderswo verfolgte die Verteidigung drei Ansätze: Erstens vertrat sie die Ansicht, die japanischen Truppen hätten den Auftrag gehabt, die chinesische Bevölkerung anständig zu behandeln, und die wenigen Soldaten, die dies nicht getan hätten, seien bestraft worden. Zweitens behauptete sie, alle Exzesse seien Fehler rangniedriger Offiziere gewesen und hätten nichts mit den Angeklagten zu tun gehabt, die an der Spitze der Befehlskette standen.[24] Und drittens bestritten sie, wenn sie mit diesen beiden Ansätzen scheiterten, dass es überhaupt Massaker oder Vergewaltigungen gegeben hatte.

Ein Major, der unter General Matsui Iwane gedient hatte, bestritt ganz entschieden, dass er in Nanjing irgendwelche Anzeichen für ein Massaker gesehen hatte. Da die ganze Welt zusah, hätten die Soldaten den Befehl gehabt, strikte Disziplin zu wahren und illegale Handlungen zu vermeiden.

Dennoch habe Matsui einen Bericht über »einige Verbrechen im Zusammenhang mit militärischer Disziplin« erhalten. Deshalb habe er nach dem Einmarsch in der Stadt seinen Offizieren befohlen, bei der Durchsetzung von Disziplin strenger zu sein. Der Major behauptete, die zahlreichen Proteste des Internationalen Komitees für die Nanjing-Sicherheitszone seien nicht zu Matsui durchgedrungen und räumte lediglich ein, dem Kommandeur sei ein »Gerücht« über vage »unrechtmäßige Handlungen« zu Ohren gekommen, das ihn »ziemlich beunruhigt« habe.

Als der Zeuge im Kreuzverhör von einem der Anklagevertreter unter Druck gesetzt wurde, räumte er ein, dass Matsui auch durch andere Offiziere, durch die *Kempeitai* und durch ausländische Diplomaten Berichte erhalten habe. Seiner Aussage nach hatte Matsui durch mündliche Anweisungen illegale Handlungen verboten, die der Ehre des japanischen Heeres schadeten. Und er hatte angeblich gesagt, ehrenhaftes Verhalten sei deshalb besonders wichtig, weil Prinz Asaka Yasuhiko, ein Onkel Kaiser Hirohitos, die Soldaten befehligte. Der Major gab zu, dass es einige Fälle von Vergewaltigung gegeben hatte, bestritt aber, dass in Nanjing irgendwelche Massaker verübt worden waren und bezeichnete den internationalen Aufschrei als eine »Form von Propaganda«.[25]

Ein ranghoher Offizier der japanischen Militärjustiz war etwas mitteilsamer. Er bezeugte in einer eidesstattlichen Erklärung, dass in Nanjing »von den japanischen Truppen ungesetzliche Handlungen begangen wurden«. Er habe die Fälle untersucht und dafür gesorgt, dass die Täter bestraft wurden. Wie er sich erinnerte, hatte Matsui kurz nach der Einnahme der Stadt alle seine Offiziere versammelt, sie über die Taten informiert und ihnen streng befohlen, strikte militärische Disziplin zu wahren. Er behauptete jedoch, die Vergehen seien minimal gewesen: nur vier oder fünf Offiziere seien an den nennenswerten Fällen beteiligt gewesen, darunter ein paar Morde, etwas Plünderung und einige Vergewaltigungen, aber nur wenige Verletzungen. Er habe es nicht mit »kriminellen Massenmördern« zu tun gehabt. In den entscheidenden Monaten von Dezember 1937 bis Januar 1938 habe er vielleicht zehn Fälle behandelt.

In einem extrem scharfen Kreuzverhör durch einen amerikanischen Anklagevertreter distanzierte sich der Militärjurist von seiner eigenen eidesstattlichen Erklärung. Wie er erkannte, ließ sie den Schluss zu, dass Matsui von den Kriegsverbrechen in Nanjing gewusst hatte, deshalb behauptete er nun, der Kommandeur habe sich nicht auf bestimmte Vorkommnisse in Nanjing bezogen, sondern lediglich vergangene Ereignisse an anderen Orten erwähnt und auf schärfere Disziplin gedrängt. In Bezug auf die Be-

Abb. 29 *Matsui Iwane im Tokioter Gerichtssaal, Kommandeur der japanischen Truppen während des Massakers von Nanjing, um 1946*

hauptung, es habe nur eine Handvoll Fälle gegeben, verwies der amerikanische Anklagevertreter spöttisch darauf, dass das Internationale Komitee 425 Fallgruppen japanischer Kriegsverbrechen gemeldet habe, von denen manche aus mehr als 30 Einzelfällen bestanden hätten.

Ob der japanische Offizier wisse, dass zu einem bestimmten Zeitpunkt 1500 Geflüchtete aus der Sicherheitszone geführt und erschossen und ihre Leichen in einen Teich geworfen worden seien? »Ich habe bis heute nie von einer solchen Angelegenheit gehört«, antwortete der Offizier. »Ich glaube, dass sie möglicherweise nicht der Wahrheit entspricht.« Ob er in der Sache der mehr als 1000 chinesischen Zivilisten ermittelt habe, die an das Ufer des Jangtse geführt und mit Maschinengewehren niedergemäht wurden? »Nein«, sagte der Zeuge. Und auf die Frage, ob er von den chinesischen Polizisten gewusst habe, die abgeführt und erschossen wurden, sagte er: »Ich glaube nicht, dass es einen solchen Vorfall gegeben hat.« Auch auf die Frage, ob er japanischen Soldaten geraten habe, ehemalige chinesische Soldaten zu identifizieren, die ihre Waffen weggeworfen hatten, und sie zu erschießen, sagte er: »Ich glaube nicht, dass es einen solchen Fall gegeben hat.« Und auf die Frage, ob er nicht gewusst habe, dass japanische Offizieren systematisch so gehandelt hatten, sagte er: »Davon habe ich nie gehört.«[26]

Leichter war es für die Verteidigung, die spärlichen Beweise für die Morde, Vergewaltigungen und Plünderungen in Changsha in der Provinz Hunan in Frage zu stellen. Sie rief einen japanischen Generalleutnant in den Zeugenstand, der aussagte, er sei dem Befehl: »Liebt das Volk« gefolgt. Die einzigen Gräueltaten waren seiner Ansicht nach von den amerikanischen Bomberpiloten begangen worden, die die Häuser von Zivilisten bombardiert hatten. Er habe seine Männer zur Beachtung »der Grundregeln: ›Begeht keine Verbrechen‹, ›Plündert nicht‹, ›Brennt keine Häuser nieder‹ und ›Tötet nicht‹« angehalten, die allesamt auf dem Grundsatz »Liebe das Volk« beruhten« – eine entlastende Umkehrung der japanischen Aufstandsbekämpfungsstrategie der »Drei Alles«: Tötet alles, verbrennt alles, plündert alles. Die Truppen seien einer Anweisung des Kaisers gefolgt, der ihnen durch seinen, ein Jahr in China kämpfenden jüngeren Bruder Prinz Mikasa einen Brief mit folgender Anweisung habe überbringen lassen: »Da dies ein heiliger Krieg ist, müsst ihr den Feind lieben.«[27]

Jahrzehnte später erzählte der alte Prinz Mikasa, der nach dem Krieg ein überzeugter Pazifist geworden war, eine ganz andere Geschichte. Er enthüllt der Zeitung *Yomiuri Shimbun,* dass er 1944 die japanische »Politik der Aggression« verurteilt habe und entsetzt gewesen sei, dass chinesische Gefangene für Bajonettübungen verwendet wurden, um neue Rekruten abzuhärten. »Es war eine wahrhaft schreckliche Szene, die man nur als Massaker bezeichnen kann«, sagte er. Er kritisierte, dass die Japaner die Angaben über die Zahl der Opfer in Nanjing bezweifelten und sagte: »Wenn man auf grausame Art Gefangene tötet, ist das ein Massaker.«[28]

Mehrere Offiziere versuchten, Feldmarschall Hata Shunroku, den Nachfolger Matsuis als Kommandeur der japanischen Streitkräfte in Zentralchina, zu entlasten. Sein Generalstabschef, ein Generalleutnant mit einem imposanten Schnurrbart, gab eine eidesstattliche Erklärung ab, in der es hieß, Hata habe großen Wert auf strenge Disziplin gelegt: »In Hankou gab es keinen einzigen Fall, in dem, wie bei einem Massaker, gewaltsamen Übergriffen, Plünderung usw., die militärische Disziplin verletzt worden wäre.« Er räumte zwar ein, dass es heftige Kämpfe gegeben hatte, war jedoch »erstaunt« über die »unfassbaren Zeugenaussagen«, in denen von einem Massaker die Rede war.[29] Auch ein japanischer Stabsgefreiter sagte aus, dass seine Einheit »nie etwas tat, das auf irgendeine Weise die Feindschaft der chinesischen Einheimischen geweckt hätte«. Die chinesischen Frauen hätten sich nicht vor den japanischen Soldaten gefürchtet, schwor er, und die chinesischen Kinder hätten sie mit der Zeit so gern gehabt, dass sie bei ihrem Aufbruch zur Front geweint hätten. Einmal hatte der Gefreite Feldmarschall Hata Shunroku persönlich getroffen, und der hatte ihm befohlen »die chinesischen Einheimischen zu lieben«.[30]

Der frühere Chef des Büros für juristische Angelegenheiten beim japanischen Heer, ein Generalleutnant, sagte aus, Hata habe »extrem auf militärische Disziplin und Moral geachtet«. Doch er sagte auch, die Befehle des Heeres, die auf schweren Strafen bestanden, seien gegen Ende des Krieges alle verbrannt, wobei im Unklaren blieb, ob dies durch eine japanische Vertuschungsaktion oder durch die amerikanischen Brandbombenangriffe geschehen war. Webb und Comyns Carr stellten die skeptische Frage, warum die japanische Regierung Beweise hätte verbrennen sollen, die zu ihren Gunsten sprachen? Einer der amerikanischen Verteidiger reagierte mit einem scharfen Verweis auf das Trümmerfeld überall in der Umgebung: »Wenn wir zu diesem Gebäude und wieder zurück fahren, sehen wir jeden Tag alle den stummen Beweis für das, was mit den Gebäuden passierte, die diese Dokumente beherbergten.«

In einem äußerst aggressiven Kreuzverhör entlarvte Comyns Carr die japanische Militärjustiz mit Fragen wie: »Ist es der *Kempeitai* nach dem japanischen Gesetz erlaubt, einen Gefangenen zu foltern, damit er gesteht?« Als der Zeuge gefragt wurde, ob tatsächlich irgendwelche Offiziere wegen des Massakers in Nanjing bestraft worden seien, entschied sich der Zeuge für eine ausweichende Antwort: »Ich bin mit dem sogenannten Fall Nanjing nicht vertraut.« Er gab zwar zu, dass er Berichte über »die sogenannten Gräueltaten von Nanjing« erhalten hatte, konnte sich jedoch nicht erinnern, dass irgendwelche Offiziere von Kriegsgerichten bestraft worden wären. Als Comyns Carr ihn auf die zahlreichen Beschwerden wegen Vergewaltigung hinwies, konnte sich der Zeuge erneut an nichts erinnern. Allerdings hatte er in seiner eidesstattlichen Erklärung zugegeben, dass das Heer etwa fünf Jahre nach den Massenvergewaltigungen in Nanjing das Militärstrafgesetz so geändert hatte, dass Vergewaltigung ein Verbrechen geworden war. Ob diese Änderung nicht vorgenommen worden sei, fragte Comyns Carr, weil das japanische Militär wusste, dass es zahlreiche ungestrafte Vergewaltigungen gegeben hatte? Ja, gab der Zeuge endlich zu, sie hätten »von zahlreichen Vergewaltigungsfällen im Feld« in Nanjing und anderen Teilen Chinas gewusst, und die zentrale Führung habe Befehle herausgegeben, solche Fälle streng zu ahnden. Daraufhin fragte Comyns Carr sarkastisch, warum »es fünf Jahre dauerte, bis Sie sich zu der Entscheidung durchrangen, das Gesetz zu ändern?«[31]

Trotz der heftigen Anstrengung, alles zu leugnen, enthüllten einige Zeugen der Verteidigung unabsichtlich, dass das japanische Heer in China die Grenzen zwischen Soldaten und Zivilisten verwischt und damit zugelassen hatte, dass Menschen getötet wurden, die nach dem Kriegsvölkerrecht hätten geschützt werden müssen.

Ein in Nanjing postierter japanischer Diplomat erklärte, das japanische Heer in der Stadt habe männliche chinesische Zivilisten als potenzielle

Ziele betrachtet: »Viele [chinesische] Militärs bemächtigten sich dreist der Kleidung von Zivilisten (einige Zivilisten wurden ermordet), zogen sie statt der Uniform an und gingen als Zivilisten verkleidet in die ›Sicherheitszone‹ (…) Es war klar, dass das japanische Heer aus diesen Gründen misstrauisch war und Zweifel hegte.« Ein japanischer Diplomat, der in Shanghai gedient hatte, ließ vermuten, dass selbst die verwundbarsten chinesischen Zivilisten nicht unantastbar gewesen waren: »Selbst die wenigen alten Männer, Frauen und Kinder, die sich noch im besetzten Gebiet aufhielten, arbeiteten als Spione, betrieben Sabotage oder griffen in der Dunkelheit japanische Soldaten an (…) die japanischen Soldaten versuchten anfangs, Zivilisten freundlich zu behandeln und unterschieden sie deutlich vom Militär. Tatsächlich jedoch entstand bei den japanischen Soldaten, als sie mit der erwähnten Haltung der Einwohner konfrontiert wurden, ein Gefühl der Feindseligkeit und eine Haltung misstrauischer Wachsamkeit.«[32]

Ein japanischer Generalleutnant sagte aus, dass in Dörfern, die von den chinesischen Kommunisten kontrolliert wurden, »alle Menschen« Widerstand gegen das japanische Heer geleistet hatten. Wenn japanische Soldaten in einen solchen Ort kamen, »konnten wir die Dorfbewohner nicht von Soldaten im Untergrund unterscheiden. In diesen Gebieten blieb uns nichts anderes übrig, als die gesamte Bevölkerung zu bekämpfen.« Einer der Richter, möglicherweise Mei, griff das auf und bat Webb, den Zeugen zu fragen, was genau die japanischen Truppen getan hätten. Da erkannte der Generalleutnant seinen Fehler und sagte, er habe fälschlicherweise davon gesprochen, dass die Bevölkerung bekämpft worden sei.[33]

Schließlich stellten einige Zeugen der Verteidigung genau das her, was die Anklage dringend hatte nachweisen wollen: eine klare Verbindung zwischen dem Massaker von Nanjing und einem bestimmten Angeklagten. Bei dem Versuch, General Matsui Iwane zu entlasten, unterlief einem Diplomaten ein Fehler. Er belastete so Hirota Koki. Der Diplomat räumte ein, dass Ausländer in Nanjing Berichte über Gräueltaten an das japanische Konsulat geschickt hätten, sagte aber, diese hätten hauptsächlich auf Hörensagen beruht und das Konsulat habe nicht die Zeit gehabt, allen Vorwürfen nachzugehen. Die Berichte wurden laut seiner Aussage an das Hauptquartier des Heeres in Nanjing und an das Außenministerium in Tokio geschickt, welches das Heeresministerium über sie informierte. Gestützt auf seine eigenen Beobachtungen und Gespräche mit Ausländern in Nanjing hatte er einen zusammenfassenden Bericht an das Außenministerium geschickt und im Januar 1938 direkt dem damaligen Außenminister Hirota Bericht erstattet. Die Anklagevertretung war entzückt, dass Hirota auf diese Weise direkt mit den Gräueltaten in Verbindung gebracht wurde und machte sich nicht mehr die Mühe eines Kreuzverhörs, sondern verwies stattdessen direkt auf die bereits gesammelten Beweise für Vergewaltigungen und Massaker in der Stadt.[34]

Weitere Hinweise, dass Hirota über das Massaker in Nanjing Bescheid gewusst hatte, lieferte ein Beamter des Außenministeriums. Er sagte aus, der japanische Generalkonsul in Nanjing habe schon bald nach dem Einmarsch der japanischen Truppen in der Stadt über Gräueltaten berichtet. Hirota, erklärte dieser Zeuge der Verteidigung, sei darüber alarmiert und besorgt gewesen, und habe ihn dringend gebeten, schnell etwas zu tun, um den Untaten ein Ende zu setzen. Der Beamte sagte außerdem, Hirota habe einen führenden Beamten des Heeresministeriums gerügt und harte Maßnahmen für eine sofortige Beendigung der Übergriffe gefordert. Und er erinnerte sich daran, dass Hirota zu ihm sagte, er habe den Heeresminister direkt aufgefordert, harte Maßnahmen gegen das Massaker in Nanjing zu ergreifen. Der Beamte sagte aus, dass die Gräueltaten abgeebbt seien.

Nun schlug Comyns Carr zu. Er brachte den Beamten des Außenministeriums zu der Aussage, dass er eine ganze Serie von Berichten aus Nanjing erhalten hatte, darunter viele von den in der Stadt weilenden Ausländern, die bewiesen, dass die Gräueltaten in der Stadt weitergingen. Von Comyns Carr unter Druck gesetzt, gab der Zeuge zu, dass er all diese Berichte an Hirota weitergeleitet hatte. Er sagte außerdem, dass Hirota in der Sache nur ein- oder mit zweimal aus eigenem Antrieb mit dem Heeresminister gesprochen hatte und nie davon die Rede war, sie im Kabinett einzubringen, obwohl aus den Berichten hervorging, dass die Gräueltaten eben doch nicht aufgehört hatten.[35]

Der Bombenkrieg

Die Verteidigung versuchte die Angeklagten zu entlasten, was die Luftangriffe auf China betraf. Obwohl die Anklagevertretung diesen Punkt nicht betont hatte, waren die Angriffe ein wichtiges Element des Krieges gewesen: eine nachhaltige Bombardierung ohne absehbares Ende, Terrorangriffe, bei denen die Trennlinie zwischen militärischen und zivilen Zielen ausgelöscht wurde.

Offenbar war keinem der Verteidiger klar, dass Mei in Chongqing geweilt hatte, als es von japanischen Flugzeugen bombardiert wurde. Es ist nicht bekannt, wie viele der mehr als 200 Bombenangriffe der chinesische

Richter miterlebte, noch wie viele von den 9500 beteiligten Maschinen er sah oder wie viele der 21 600 Bomben er explodieren hörte.[36] Da sein Tagebuch unvollständig ist, wissen wir nicht, was ihm durch den Kopf ging, als er schweigend im Gericht saß und den Hauptverteidiger die Splitter- und Brandbomben wegerklären hörte, die auf angsterfüllte chinesische Zivilisten herabgeregnet waren.

Eigentlich hätte sich die Verteidigung mit der Angelegenheit nicht befassen müssen. Da die Vereinigten Staaten 1944/45 zahlreiche japanische Städte niedergebrannt hatten, wollten sie keinesfalls eine Diskussion über den verbrecherischen Charakter strategischer Bombenangriffe eröffnen. Die Vermeidung des Themas wurde zusätzlich dadurch erleichtert, dass es im internationalen Recht während des Zweiten Weltkriegs kaum Aussagen über Bombenangriffe gab, ein Zustand, der sich erst mit der Verabschiedung der vier Genfer Konventionen von 1949 und ihren zwei Zusatzprotokollen von 1977 änderte. Heute sind Staaten rechtlich verpflichtet, nicht bewusst Zivilisten anzugreifen, sicherzustellen, dass eventuelle Kollateralschäden in einem angemessenen Verhältnis zum direkten militärischen Vorteil der Sprengung eines Ziels stehen und alle realisierbaren Vorkehrungen zu treffen, damit keine Zivilisten zu Schaden kommen. Demgegenüber waren die Krieg führenden Staaten im Zweiten Weltkrieg trotz des grundsätzlichen Verbots, Zivilisten anzugreifen, nur vagen rechtlichen Beschränkungen ausgesetzt. Im total geführten Krieg waren sie ohnehin nicht geneigt, diese Regeln zu beachten. Im Jahr 1899 hatte die erste Haager Friedenskonferenz eine Konvention verabschiedet, die den Abschuss von Projektilen oder den Abwurf von Bomben durch Ballone verbot, aber sie war schon nach fünf Jahren ausgelaufen. Danach hatte es einen ernsthaften Versuch gegeben, gestützt auf 1922/23 formulierte Regeln, ein neues Haager Abkommen zu verabschieden, das Bombenangriffe zur Terrorisierung von Zivilisten verboten hätte. Doch die Verhandlungen waren ergebnislos geblieben.[37] In der Folge unterlagen Krieg führende Staaten kaum anderen Beschränkungen als denen des IV. Haager Abkommens von 1907 über den Landkrieg, das den Beschuss nicht verteidigter Städte verbot.[38] Unter Berufung auf dieses Haager Abkommen hatte ein internationales Schiedsgericht Deutschland für die Bombardierung Thessalonikis im Ersten Weltkrieg verurteilt.[39] Dennoch beklagte ein Dozent der Harvard University 1929 im *American Journal of International Law* »den immer noch nebulösen Zustand des internationalen Luftkriegsrechts«.[40]

Der Oberbefehlshaber der japanischen Heeresluftstreitkräfte General Kawabe Masakazu sagte aus, seine Flieger hätten das Kriegsvölkerrecht strikt eingehalten: »Zu keinem Zeitpunkt haben wir eine Stadt oder Großstadt unüberlegt bombardiert, ohne ein militärisches Ziel im Auge zu haben.«[41] Ein japanischer Kampfpilot sagte aus, sein Auftrag in Shanghai und anderswo sei »die Vernichtung feindlicher Luftstreitkräfte gewesen«; er und seine Untergebenen hätten zivile Gebäude oder die Gebäude nicht-chinesischer Ausländer nicht angreifen dürfen.[42]

Nanjing war vor seinem Fall im Dezember 1937 schwer bombardiert worden, ein Vorgang, den die Verteidiger als ganz normale Kriegführung darzustellen suchten. In Reaktion auf amerikanische Beschwerden wegen der Luftangriffe hatte die japanische Regierung förmlich erklärt, dass Nanjing eine militärische Festung Chinas sei, die bombardiert werden müsse. Ein pensionierter Konteradmiral der japanischen Marine sagte aus, das Marinefliegerkorps unter seinem Kommando habe die chinesischen Nichtkombattanten vor den Luftangriffen gewarnt, damit sie Schutz suchen konnten, als ob das für die Chinesen eine realistische Möglichkeit gewesen wäre.

Wenn Mei sich an die zerfetzten Zivilisten und verbrannten Häuser in Chongqing erinnerte, muss diese Erinnerung eine lebhafte Wiederbelebung erfahren haben, als er die Zeugenaussage eines hohen japanischen Offiziers hörte, der die Bombardierung der Stadt in den Jahren 1940 und 1941 mit anderen zusammen verantwortet hatte. Er behauptete, die Japaner hätten nur sorgfältig ausgewählte militärische Ziele angegriffen und sich dabei von Straßenkarten leiten lassen. In der Annahme, dass Chiang Kai-shek sein Hauptquartier in den Westen der Stadt verlegt hatte, griffen sie diesen Teil der Stadt aus 2000 bis 3000 Metern Höhe an. Der Offizier entschuldigte sich dafür, dass sie beinahe ein im Hafen liegendes amerikanisches Kanonenboot getroffen hatten, erwähnte jedoch nicht, dass irgendwelche chinesische Zivilisten zu Schaden gekommen waren.[43]

Ein namhafter Rechtsberater des japanischen Marineministeriums erklärte, zu Beginn des Kriegs gegen China habe es »kaum anerkannte Regeln« und keine Verträge gegeben, die grausame Luftangriffe ausgeschlossen hätten. Eine von diesem Rechtsberater verfasste Broschüre für Marineoffiziere hatte diesen beträchtlichen Spielraum eingeräumt. Japanische Bomber durften zwar keine Zivilisten angreifen, aber zivile Fabriken bombardieren, die militärische Güter herstellten. Wenn in einer Stadt große Truppenteile konzentriert waren, durften diese bombardiert werden, wobei Vorkehrungen getroffen werden mussten, um die »unvermeidliche« Gefahr für Zivilisten zu minimieren. Da die Broschüre mit der Feststellung begann, dass die internationalen Regeln nicht festgeschrieben seien, war gut zu erkennen, dass taktische Erwägungen schwerer als der Schutz von Zivilisten wiegen konnten.[44]

Die Verteidigung erwähnte nicht, dass Japan nur wenige Monate später den Kurs gewechselt hatte. Laut den militärischen Direktiven, die im Dezember 1938 herausgegeben und von Kaiser Hirohito abgesegnet wurden, wurde in Zentralchina eine Kampagne von Terrorangriffen gestartet, die auch politische und strategische Ziele mit einschloss. Waren Zivilisten zuvor häufig zufällig Opfer der Bomben geworden, ging aus den neuen Anweisungen klar hervor, dass die chinesische Zivilbevölkerung bewusst bombardiert werden sollte. Das Ziel bestand darin, eine so starke allgemeine Furcht zu erzeugen, dass der destabilisierten Regierung der Nationalchinesen nichts anderes mehr übrigbleiben sollte, als sich zu unterwerfen.

Im Januar 1939 erlebte Chongqing den ersten Angriff auf vorwiegend zivile Viertel. Im Mai jenes Jahres warfen japanische Bomber auf Wohn- und Geschäftsviertel der Stadt Bomben und Brandbomben ab und zerstörten ein Marktareal und einen Kinokomplex. Die Stadt war größtenteils aus Holz und Bambus erbaut und deshalb ein ideales Ziel für Brandbombenangriffe. Bei weiteren Luftangriffen im Mai 1940 zerstörten die japanischen Bomber Schulen und Wohnviertel und griffen auch Vor- und Nachbarstädte an. Die Angriffe verloren erst Mitte 1941 an Intensität, als Japan seine Aufmerksamkeit dem bevorstehenden Krieg mit den Vereinigten Staaten zuwandte.[45] Wenn der Gerichtssaal einen Zeugen dafür gebraucht hätte, wie Chongqing damals ausgesehen hatte, hätte einer auf der Richterbank gesessen.

Der Osten ist rot

Die Verteidigung versuchte China als Brutstätte einer kommunistischen Revolution zu porträtieren, was im Gerichtssaal ein unheimliches Gefühl auslöste, weil Maos Kräfte tatsächlich im Vormarsch waren. Dennoch weigerten sich die Richter, einen Schlüsselaspekt der Argumentation der Verteidigung anzuhören: die Selbstverteidigung gegen den Kommunismus. Dass dieser Aspekt kein Gehör fand, war insbesondere deshalb bizarr, weil die Vereinigten Staaten, Großbritannien, Frankreich, die Niederlande und ihre Verbündeten in dieser ersten Phase des Kalten Krieges allesamt offensichtlich eine Politik machten, die durch ihre Furcht vor der Ausbreitung des Kommunismus geprägt war.

Wie es ein Verteidiger aus Iowa ausdrückte, wollte die Verteidigung die

Position vertreten, dass »die Furcht der Japaner vor der Ausbreitung des Kommunismus und der Störung des Friedens in Asien berechtigt war«. Und sie brachte die Vertreter Chinas bei dem Prozess dadurch in Verlegenheit, dass sie die Nationalchinesen beschuldigte, insbesondere in der Zeit, als beide Parteien eine, wenn auch wacklige, gemeinsame Front gegen die Japaner aufgebaut hatten, mit den Kommunisten kollaboriert zu haben.

Die Anklagevertretung trat dieser Argumentationslinie sofort energisch entgegen. Comyns Carr sagte, die Behauptung, dass Japan das Recht gehabt haben könnte, in China einzumarschieren, um den Kommunismus auszurotten, sei absurd. Die richtige Frage in Bezug auf den Krieg laute: »Wer hat ihn effektiv angefangen? Oder, wenn er mit einem eigentlich unbedeutenden Grenzkonflikt begann, wer hat diesen effektiv genutzt, um einen großen Krieg zu beginnen?«

Die Richter zogen sich kurz zur Beratung zurück. Das Thema war offenbar peinlich für mehrere von ihnen: für Mei, dessen Regierung im Begriff war, von Maos Revolutionären gestürzt zu werden; für Generalmajor Myron C. Cramer, den amerikanischen Richter, dessen Land seine Verbündeten bereits für den beginnenden Kalten Krieg um sich scharte; und für Generalmajor Iwan Sarjanow, den sowjetischen Richter, dem die japanischen Klagen über die sowjetischen Versuche, die Revolution zu exportieren, überhaupt nicht gefielen. In der Folge ergriff eine Mehrheit der Richter für die Position der Anklagevertretung Partei und demontierte dadurch weitgehend die Argumentation der Verteidigung.

Webb verkündete, Beweise für die Ausbreitung des Kommunismus in China seien für die allgemeine Verteidigung nicht relevant. Dagegen akzeptierte das Gericht Informationen über spezifische Angriffe der Kommunisten auf Japaner in China, und die einzelnen Angeklagten durften über ihre jeweiligen Ängste vor dem Kommunismus aussagen. Sehr zur Empörung der Verteidigung wiesen die Richter eine Reihe von Dokumenten über den sowjetischen Einfluss und kommunistische Organisationen in ganz China zurück, darunter Telegramme japanischer Diplomaten und Edgar Snows bekanntes, 1937 erschienenes Buch *Roter Stern über China.*[46] Dagegen gelang es der Verteidigung, einen Aufsatz Maos über den Guerillakrieg einzubringen – eine der seltenen Erwähnungen des chinesischen Rebellenführers im Tokioter Prozess.[47]

Dennoch überschattete der Kommunismus den gesamten Prozess. Es war nicht möglich, die Geschichte jener Periode zu erzählen noch die eigene Zeitungslektüre beim Frühstück im Imperial Hotel zu erklären, ohne auf die kommunistischen Revolutionäre in der Sowjetunion, in China und darüber hinaus zu sprechen zu kommen. An einem Punkt gelang es einem Verteidiger in dem Verfahren festzustellen, dass die Kommunistische Partei Chinas im Grunde »eine unabhängige chinesisch-sowjetische Regierung [geworden war], die mit der Regierung der Nationalchinesen zusammenarbeitete«.[48] Etwas später versuchte ein amerikanischer Verteidiger, mehrere Aussagen chinesischer Kommunisten in den Prozess einzuschmuggeln. Dies führte zu der paradoxen Situation, dass Comyns Carr die Kommunistische Partei Chinas mit dem Argument zu entlasten versuchte, dass »nicht nur ein chinesischer Kommunist, sondern auch jeder andere Chinese durchaus das Recht hatte«, gegen die japanischen Aggressoren Widerstand zu leisten. Wenn die Nationalchinesen befristet mit den Kommunisten zusammengearbeitet hätten, um die Invasion abzuwehren, sei das deren Angelegenheit gewesen. In der Folge erklärten Webb und die anderen Richter die Aussagen der Kommunisten für irrelevant in Bezug auf das Verfahren und ließen sie nicht zu.[49]

Als die japanischen und amerikanischen Verteidiger weiter in diesem wunden Punkt herumstocherten, sprang der sowjetische Anklagevertreter immer wieder auf und protestierte. Ein japanischer Verteidiger argumentierte überzeugend, dass die Kommunistische Partei Chinas eine erhebliche militärische Macht darstellte und in dem Krieg eindeutig eine so bedeutende Rolle gespielt hatte, weshalb sie aus der Darstellung der jüngsten Geschichte durch die Verteidigung nicht ausgeschlossen werden dürfe.[50] Kurz darauf wies ein amerikanischer Verteidiger scharf darauf hin, dass es schwierig sei, Beweise über den Beitritt Japans zum Antikominternpakt vorzulegen, ohne über Antikommunismus zu reden, und deutete an, dass die »Politik der amerikanischen Regierung« diese Kommunistenfurcht teilte. Webb bekam einen Wutanfall. »Dies ist kein amerikanisches Gericht«, brüllte er. »Dieser Gerichtshof ist international und nicht politisch, und das sollte ich Ihnen nicht sagen müssen.« Als der amerikanische Anwalt protestierte, knurrte der Gerichtspräsident: »Der Gerichtshof wird sich nicht in den Strudel irgendeiner nationalen Politik ziehen lassen. Ende der Debatte.«[51]

Während der Tokioter Gerichtshof versuchte so zu tun, als würde die Kommunistische Partei Chinas nicht existieren, behandelten ihn die im Aufstieg begriffenen chinesischen Kommunisten mit der ganzen Verachtung, die das Projekt der Nationalchinesen ihrer Ansicht nach verdiente. Sie beschuldigten Chiangs Regierung der Inkompetenz und des Versuchs, die japanischen Kriegsverbrecher zu entlasten. Sie schlugen vor, Mei aus dem

Gerichtshof zu entfernen und ihn durch einen ordentlichen kommunistischen Vertreter des chinesischen Volkes zu ersetzen.

In einem Leitartikel des Parteiorgans *Renmin Ribao* hieß es: »Das seltsame Schauspiel beim Internationalen Militärtribunal für den Fernen Osten steht symbolisch für die Preisgabe nationaler Rechte durch die Regierung Chiang Kai-shek, für die Verletzung unseres Nationalstolzes und für Korruption.« Die nationalchinesischen Reaktionäre hätten die Mandschurei aufgegeben und sich mit japanischen Kriegsverbrechern verbündet, um das chinesische Volk zu unterdrücken; sie hätten gegen die Japaner nur schwachen Widerstand geleistet und mit japanischen Banditen zusammengearbeitet, um das chinesische Volk zu unterdrücken. Chiang habe sich den »absurden Grundsatz« zu eigen gemacht, sich nicht mit den Übeln der Vergangenheit aufzuhalten. »Chinesische faschistische Reaktionäre halten immer noch Kontakt mit den Resten der japanischen Faschisten und pflegen eine verräterische Zusammenarbeit mit ihnen.«[52]

Die kommunistischen Parteiorgane empörten sich über das rechtsstaatliche Verfahren und insbesondere über die Anstrengungen der Verteidigung: »Die Atmosphäre im Gericht ist nicht wie bei einem Prozess gegen Kriegsverbrecher, sondern wie bei einem Dialog zwischen den Alliierten und japanischen Kriegsverbrechern.«[53] »Wie in China jeder weiß«, schrieb ein führender kommunistischer Propagandist, »kann sich [General] Doihara vor dem internationalen Gerichtshof arroganter Spitzfindigkeiten bedienen und den Gerichtssaal als Podium nutzen, um den faschistischen Militarismus Japans zu propagieren.« Derselbe Journalist beschwerte sich auch darüber, das Tojo Hideki delikate Speisen bekomme und im Gefängnis Zeitschriften lesen dürfe.[54] Während *Renmin Ribao* die Aussagen von Chinesen über die Gräueltaten in Nanjing und anderswo thematisierte, verhielt sich die Führung der Kommunistischen Partei Chinas erstaunlich still und verzichtete darauf, den Prozess für die Geißelung Japans zu nutzen.[55]

Dagegen nutzte sie den Prozess, um die Vereinigten Staaten anzuprangern, weil sie »faschistische japanische Kriegsverbrecher verhätscheln, statt sie ernsthaft zu bestrafen«, wie es *Renmin Ribao* formulierte.[56] Die amerikanischen Reaktionäre hätten sich mit der Diktatur der Nationalchinesen verbündet, um das chinesische Volk der Früchte seines Sieges über Japan zu berauben und einen Bürgerkrieg gegen die Kommunisten zu entfesseln.[57] »In Bezug auf den Umgang mit Kriegsverbrechern könnte MacArthur nicht nachsichtiger sein«, schrieb ein führender Propagandist der Kommunistischen Partei.[58]

Die meisten Chinesen hätten Tojo oder Matsui als Japans schlimmste

Verbrecher angesehen. Doch die Propaganda der chinesischen Kommunisten war besessen von dem »Verbrecher Nummer eins«: Okamura Yasuji, dem japanischen General, der in den Gebieten, die mit der Kommunistischen Partei sympathisierten, die blutige »Drei-Alles-Kampagne« befehligt hatte.[59] Okamura entging nicht nur einer Anklage im Tokioter Prozess, sondern wurde auch noch Chiangs Militärberater, nachdem ihn ein von den Nationalchinesen geführtes Militärtribunal bequemerweise entlastet hatte.[60] »Die ganze chinesische Nation hat durch seine Hände unermessliches Leid erlitten und brennt darauf, sein Fleisch zu essen«, sagte ein Sprecher der Volksbefreiungsarmee. »[D]ieser faschistische Kriegsverbrecher Nummer eins unter dem Schutz der amerikanischen Imperialisten und ihres Lakaien Chiang Kai-shek ist nicht nur seinem Prozess und seiner Hinrichtung entgangen, sondern residiert auch noch sicher in Nanjing, wo er die Rolle eines sogenannten ›Verbindungsoffiziers‹ spielt.«[61] *Renmin Ribao* tobte: »Die japanischen Kriegsverbrecher sind die unversöhnlichen Feinde des chinesischen Volkes, aber Chiang Kai-shek behandelt [..., sie] wie gute Freunde (...) Natürlich wissen die amerikanischen Imperialisten und Chiang Kai-shek die ›große Erfahrung‹ Okamura Yasujis im Töten von Chinesen sehr zu schätzen.«[62] Als Okamura schließlich nach Japan zurückgeschickt wurde, verlangte Mao persönlich, ihn der Volksbefreiungsarmee zu übergeben. Wie er schrieb, »verstößt die von der verbrecherischen Regierung der Nationalchinesen und MacArthurs Hauptquartier im Zuge des Versuchs, die aggressive Kraft Japans gegen China wiederzubeleben, getroffene absurde Maßnahme, radikal gegen den Willen des chinesischen Volkes und kann vom chinesischen Volk nicht anerkannt werden«.[63]

Die Verfassung

Während der Prozess sich hinzog, folgte ihm Tojo weiter aufmerksam und machte sich, wie die japanische Zeitung *Mainichi Shimbun* berichtete, »mit religiöser Inbrunst« Notizen. Auch zeigte er, wie es in der Zeitung weiter hieß, trotz eines Anfalls von Bronchialbeschwerden keine Anzeichen körperlicher oder geistiger Schwäche.[64] Eine Gruppe weiterer Angeklagter, zu der Marquis Kido Koichi und Hirota Koki gehörten, folgte dem Prozess ebenfalls brav und aufmerksam. Im Gegensatz dazu schien sich General Itagaki Seishiro nicht für das Verfahren zu interessieren; mehrere Militärs waren besonders unruhig; und der schwerhörige General Minami Jiro schlief immer wieder ein.[65] Shigemitsu Mamoru, der hochgebildete frühere

Außenminister, war unrasiert und ungekämmt, hatte eingefallene Wangen und trug einen fleckigen Anzug. Eines Tages nahm er eine alte Ausgabe der Zeitschrift *Life* in die Hand und schrak zusammen: Er sah zum ersten Mal das berühmte Bild, wie er in Cutaway und Zylinder an Bord der *USS Missouri* die japanische Kapitulation unterzeichnet hatte. »So lang ist das schon her«, murmelte er.[66]

Im Sugamo-Gefängnis stritten sich die Angeklagten, bildeten Fraktionen, versöhnten sich wieder und zerstritten sich erneut. Gelangweilt und leicht reizbar vertrieben sie sich die Zeit, indem sie alte Zeitungen lasen oder, um fit zu bleiben, auf dem fünf Meter langen Gang auf und ab gingen. Shigemitsu widmete sich dem chinesischen Denken und las eine neue Übersetzung der *Analekten* des Konfuzius – gesammelte Aussprüche des Philosophen und ein Buch der alten chinesischen Philosophen Laotse und Zhuangzi. Einige der Angeklagten spielten unaufhörlich das strategische Brettspiel Go, wobei sie statt der klassischen schwarzen und weißen Steine Papier benutzten. Der wichtigste Trost der Angeklagten waren Familienbesuche. Edith Togo, die jeden Tag ins Gericht kam, kümmerte sich mit besonderer Hingabe um ihren kränklichen Ehemann. Tojo Hideki hatte seinen Familienangehörigen während seiner ersten Monate im Gefängnis keine Besuche erlaubt, gestattete dann jedoch seinen zwei Töchtern, ihn zu besuchen.[67]

Das gemächliche Tempo des Prozesses wurde vom hastigen Umbau der japanischen Gesellschaft außerhalb des Gerichtssaals weit übertroffen. Wie K. P. S. Menon dem indischen Ministerpräsidenten Jawaharlal Nehru berichtete, zeichneten sich die amerikanischen Besatzer durch »Jugendlichkeit, großen Schwung, Naivität und einen Hauch von Dollar-Imperialismus« aus. Er fragte sich, ob die Japaner, die seiner Ansicht nach extrem nationalistisch und immer noch potenziell aggressiv waren, es mit den schnellen Veränderungen ernst meinten: »Es hat etwas beinahe Unheimliches, wie die japanische Bevölkerung ihre Ex-Feinde willkommen heißt, wie sie sich mit den drastischen Maßnahmen des SCAP [Supreme Commander for the Allied Powers – Oberkommandierenden für die Alliierten Mächte] abfindet und welche fast an Vergötterung grenzende Hochachtung sie für MacArthur hegt.«[68]

Das Allgemeine Hauptquartier rühmte sich, dass es in zwei Jahren Besatzung die Geheimpolizei zerschlagen, eine feudalistische Regierung modernisiert, Tausende von politischen Gefangenen befreit, das Heeres- und das Marineministerium abgeschafft, die Staatsreligion des Shintoismus und die Vergöttlichung des Kaisers ausgemerzt, die Gleichheit der Frauen vorangebracht und die Rede-, Presse-, Religions- und Organisationsfreiheit eingeführt hatten. In einem Bericht des Hauptquartiers hieß es herablassend, dass die japanischen Massen, einst »zur Fügsamkeit erzogen und durch Furcht terrorisiert«, jetzt die Freiheit garantiert bekämen und sich darauf freuten, »in einer Weltgemeinschaft friedlicher demokratischer Nationen (…) einen würdigen und nützlichen Platz einzunehmen«. Im April 1947 fanden in Japan für alle Regierungsebenen, vom Parlament in Tokio bis hinunter zu den lokalen Volksvertretungen und den Präfekturbeamten, landesweite Wahlen statt, bei denen fast eine Viertelmillion neue Mandatsträger gewählt wurden. Die Sozialistische Partei Japans schnitt dabei erstaunlich gut ab und wurde zu einem mächtigen Konkurrenten der Konservativen.[69]

Am 3. Mai trat, während sich der Gerichtshof in Tokio mit dem zehn Jahre zuvor erfolgten blutigen japanischen Angriff auf Shanghai herumschlug, eine progressive neue Verfassung in Kraft. Der Kaiser unterstützte sie im Rahmen einer nationalen Feier, auf der er mit Jubel und Freudentränen begrüßt wurde, und die überall im Land in den Wochenschauen gezeigt wurde.[70] Die Verfassung war das Produkt eines langen Tauziehens zwischen dem japanischen Parlament und dem Allgemeinen Hauptquartier, und sie war revolutionär. Sie verlieh der Bevölkerung demokratische Macht, garantierte die »allgemeinen Menschenrechte«, erklärte die Gleichheit vor dem Gesetz, verlieh den Arbeitern das Recht auf Arbeit und das Recht, sich in Gewerkschaften zu organisieren, schützte die Freiheit der Rede, der Religion und der Versammlung, verbot die Folter, schuf eine unabhängige Justiz und degradierte den Kaiser zu einer symbolischen Gallionsfigur. Die wichtigste Veränderung jedoch war Artikel 9, in dem »das japanische Volk für immer auf den Krieg als ein souveränes Recht der Nation und auf die Androhung oder Anwendung von Gewalt als Mittel, internationale Streitigkeiten zu regeln« verzichtete, eine Formulierung, bei der sich die Verfasser im Allgemeinen Hauptquartier am Kellogg-Briand-Pakt orientiert hatten, der im Tokioter Prozess eine große Rolle spielte.[71]

Weniger sprach MacArthurs Stab über den unangenehmen Aspekt dieser gesellschaftlichen Generalüberholung, über die vielen Menschen, die man wegsperrte, weil sie die alte Ordnung aufrechterhalten hatten. Die Vereinigten Staaten hatten inzwischen mehr als 2000 weniger ranghohe Japaner verhaftet, die im Verdacht standen, konventionelle Kriegsverbrechen oder Verbrechen gegen die Menschlichkeit begangen zu haben. Sie sollten von den verschiedenen alliierten Ländern vor Gericht gestellt werden. Die amerikanischen Militärgerichte arbeiteten viel schneller als der Tokioter Prozess, als sie Japaner anklagten und zum Tod verurteilten, weil sie

Kriegsverbrechen gegen amerikanische Kriegsgefangene begangen hatten, die in Lagern oder auf »Höllenschiffen« misshandelt oder getötet, beim medizinischen Korps der japanischen Armee chirurgischen Experimenten unterzogen oder von der *Kempeitai* gefoltert worden waren. Einige der von den Vereinigten Staaten gehängten japanischen Offiziere waren in leitender Funktion gewesen. So wurden auf Guam beispielsweise der Vize- und der Konteradmiral der japanischen Marine hingerichtet.[72]

Noch umfassender war die immer noch laufende Säuberung. Die Amerikaner erweckten bewusst den Eindruck, dass die japanische Regierung für die Säuberung verantwortlich war, obwohl das Allgemeine Hauptquartier die japanischen Entscheidungen korrigieren konnte und dies auch tat. Im Januar 1947 hatte die japanische Regierung eine Erweiterung von MacArthurs Säuberungsdirektive herausgebracht, die sich auf alle gewählten Beamten nationaler oder lokaler Regierungen, auf die Vorstände mächtiger Unternehmen und Verbände und auf die Medien erstreckte, und die japanischen Behörden hatten bis Juli jenes Jahres eine halbe Million Fälle geprüft und 1681 Personen aus dem öffentlichen Leben entfernt.[73]

Kurz nachdem die neue Verfassung in Kraft getreten war, verkündete Webb großspurig im Gerichtssaal, dass »es das Ziel des Oberkommandierenden und durchaus auch der Alliierten ist, dass dieser Prozess die größtmögliche Publizität erfährt, und er bekommt sie auch«. Dem entgegnete ein amerikanischer Verteidiger: »Was die Publizität betrifft, bin ich der Ansicht, dass dieser Prozess im herrschenden Atomzeitalter schon so lange auf die hinteren Seiten der Zeitungen verbannt ist, dass man ihn vergessen hat.«[74]

20.

Selbstverteidigung in Pearl Harbor

Im März 1947 stand Harry S. Truman an einem Rednerpult mit klobigen Mikrofonen und sprach bei einer gemeinsamen Sitzung des Kongresses. Er hielt eine düstere Rede, in der er seine Doktrin des Kalten Krieges verkündete. Er versprach darin die Unterstützung »freier Völker, die gegen die versuchte Unterjochung durch bewaffnete Minderheiten oder äußeren Druck Widerstand leisten«. Sie richtete sich gegen die kommunistische Subversion und den sowjetischen Expansionismus, nicht jedoch gegen den europäischen Kolonialismus.[1] Drei Monate darauf hielt der amerikanische Außenminister George C. Marshall an der Harvard University jene Rede, in der er das European Recovery Program verkündete. Das Programm ging als Marshallplan in die Geschichte ein und hatte in erster Linie den Zweck, den sowjetischen Einfluss in Europa zu verringern.[2] Während Marshall seine Rede hielt, machte sich die Verteidigung im Tokioter Prozess daran, die Beschuldigungen der Sowjetunion zu widerlegen.

In einem furiosen Vorspiel des Kalten Krieges mit verkehrten Vorzeichen entbrannte im Tokioter Prozess eine wilde Schlacht zwischen Sprechern mit amerikanischem und russischem Akzent: Die russischen Stimmen sprachen für die Sache der Vereinigten Staaten, und die amerikanischen Verteidiger kämpften für die japanische Seite. Die japanischen Zuschauer wussten, dass die Sowjets immer noch eine große Zahl japanischer Kriegsgefangener interniert hatten. Mit von der feuchten Sommerhitze zusätzlich angefachter Wut bekämpften die sowjetischen Ankläger unter Führung eines Generalmajors und eines Obersts der Roten Armee jedes einzelne Argument der Verteidigung. »Ich hatte mit Beweisen und Indizien gerechnet«, höhnte der neue sowjetische Anklagevertreter Generalmajor Alexander Wassiljew, »aber ich habe nichts als eine lange Rede gehört«.

Wenn die Sowjets erwartet hatten, dass die Richter den Vorgaben von Generalmajor Iwan Sarjanow kollegial folgen würden, hatten sie sich arg getäuscht. Wieder und wieder verbündeten sie sich mit der Verteidigung gegen die sowjetischen Ankläger, und diese gaben sich keine Mühe, ihre

Wut zu verbregen.[3] Als Sir William Webb einem sowjetischen Major das Wort abschnitt, tobte dieser: »Sie haben meinen Einspruch nicht bis zum Ende angehört. Ich wurde mitten in meinem Einspruch unterbrochen und konnte ihn nicht begründen.« »Tja«, sagte Webb, »wir können nicht unbegrenzt Zeit in Einsprüche investieren, die offensichtlich zum Scheitern verurteilt sind.«[4]

Stalins Regime hatte mit dem Tokioter Prozess die Geduld verloren. Offiziell hofften die Sowjets den Prozess zu nutzen, um das Wesen des japanischen Imperialismus zu entlarven, das japanische Volk umzuerziehen und allen späteren Aspiranten für die Weltherrschaft den Schneid abzukaufen – wobei mit letzteren ziemlich eindeutig die Vereinigten Staaten gemeint waren.[5] Doch dem schwerfälligen Verfahren fehlten die Geschwindigkeit, das Zielbewusstsein und die inszenierte Theatralik der sowjetischen politischen Prozesse.[6] Die Sowjets kritisierten den Tokioter Prozess sehr viel heftiger, als sie es je mit dem Nürnberger getan hatten.[7] Sergei Golunski, der vorherige leitende sowjetische Anklagevertreter, war nach Moskau zurückgekehrt und hatte einen einflussreichen Posten im Außenministerium übernommen. Dort beschwerte er sich heftig, dass die Amerikaner den Tokioter Prozess dominierten, wohingegen die vier Alliierten in Nürnberg gleichberechtigt gewesen seien. Er empfand es als skandalös, dass die japanischen Angeklagten von der amerikanischen Regierung bezahlte amerikanische Verteidiger gestellt bekamen, die, oft in der Uniform der US-Armee, Japan als Opfer einer Einkreisung darstellten. Er schrieb: »Viele dieser amerikanischen Anwälte tischen dem Gericht die abgedroschenen Argumente der japanischen Kriegspropaganda auf und sparen nicht mit verleumderischen Angriffen auf die Sowjetunion.«

Er kritisierte, dass die Bosse der kapitalistischen *Zaibatsu* nicht verfolgt wurden, die er als die »treibende Kraft der räuberischen Aggression« bezeichnete. »Immer wenn die japanischen Armeen auf der Bildfläche erschienen, streckten die gigantischen monopolistischen Oktopusse ihre Tentakeln aus.« Weiter beschwerte er sich, dass die Japaner nicht wegen ihres schon 1904 unternommenen Angriffs auf Port Arthur angeklagt wurden, den er »als Prototyp des Angriffs auf Pearl Harbor« bezeichnete. Und er prangerte den japanischen Imperialismus und Antikommunismus an mit der Behauptung, Japan habe Tag und Nacht Angriffe geplant und 1938 and 1939 in zwei Grenzkonflikten die Sowjetunion angegriffen. Er spielte den Bruch des sowjetischen Nichtangriffspakts mit Japan in den letzten Kriegstagen keineswegs herunter, sondern prahlte damit, dass die Sowjetunion »den japanischen Aggressoren den Krieg erklärt« hatte. Ohne die Atombomben auch nur zu erwähnen, schrieb er der Sowjetunion das gesamte Verdienst an der Beendigung des Krieges zu: »Es bedurfte des verheerenden Schlags der Sowjetarmee gegen die in der Mandschurei konzentrierten japanischen Truppen, damit die größenwahnsinnigen japanischen Imperialisten endlich begriffen, dass sie den Krieg verloren hatten.«[8]

Die Hauptaufgabe der Verteidigung bestand in diesem Zusammenhang darin, die beiden Grenzkonflikte von 1938 und 1939 für harmlos zu erklären. Ihr bester Beweis bestand darin, dass beide nicht zum Krieg geführt hatten. In Mukden und an der Marco-Polo-Brücke waren die Japaner nicht davor zurückgeschreckt, eine kleine Krise zu einem großen Krieg zu eskalieren, aber bei den Grenzkonflikten mit der Sowjetunion hatten sie es auffälligerweise nicht getan.

Im Zusammenhang mit dem ersten Grenzzwischenfall, der Schlacht am Chasansee im Sommer 1938 nahe der sowjetischen Grenze der japanisch besetzten Mandschurei, benannte die Verteidigung den notorisch unzuverlässigen Generalmajor Tanaka Ryukichi als Zeugen – einen früheren Berater Tojo Hidekis, der zuvor für die Anklagevertretung ausgesagt hatte. Der korpulente und schlagfertige Zeuge, der viele der Angeklagten verachtete, rechnete damit, für seine Aussagen ermordet zu werden.[9] Er hatte in der Nähe des Chasansees ein Artillerieregiment kommandiert, das zur japanischen Armee in Korea gehörte. Wie andere japanische Zeugen machte auch er die Sowjets für die Kämpfe verantwortlich, weil sie einen Hügel auf der mandschurischen Seite der Grenze besetzt hatten. Selbst unter Beschuss hatten die Japaner, wie er aussagte, darauf geachtet, die Grenze nicht zu überschreiten. Verlässlicher als seine Aussage war das von der Verteidigung vorgelegte Tagebuch eines sowjetischen Diplomaten, aus dem hervorging, dass der japanische Außenminister Shigemitsu Mamoru versucht hatte, einen Waffenstillstand und eine schnelle Lösung des Konflikts zu erreichen.[10]

Der zweite Konflikt war eine Schlacht an der mandschurischen Grenze gewesen, die im Frühjahr und Sommer 1939 stattfand, als der sowjetische Marionettenstaat Mongolische Volksrepublik am Fluss Chalchin Gol in einen Konflikt mit japanischen Truppen geriet. »Japan hatte damals nicht die Möglichkeiten, um einen Angriff auf Sowjetrussland zu erwägen«, sagte ein japanischer Generalmajor aus. »Deshalb tat es sein Möglichstes, um Schwierigkeiten mit Sowjetrussland zu vermeiden.« Ein sowjetischer Anklagevertreter in der Uniform eines Obersts der Roten Armee, der zuvor Mitglied der sowjetischen Anklagevertretung in Nürnberg gewesen war, nahm Anstoß an der Beschuldigung, dass die Grenze durch sowjetische Truppen verletzt worden sei.[11]

Als Wassiljew die Angeklagten leichthin als »die japanischen Kriegsverbrecher« bezeichnete, nahm Webb Anstoß an dieser stalinistischen Kühnheit. »Sie dürfen die Angeklagten nicht als japanische Kriegsverbrecher bezeichnen. Sie sind noch nicht verurteilt«, tadelte ihn der australische Gerichtspräsident. »Wie ich es verstehe, wurden sie als japanische Kriegsverbrecher, bedeutende japanische Kriegsverbrecher, vor dieses Gericht gestellt« konterte Wassiljew verärgert. »Ich mag mich ja irren. Aber bis jetzt habe ich mich nicht geirrt.« »Dem ist nicht so«, entgegnete Webb empört. »Und was uns betrifft, sind sie so lange unschuldig, bis ihre Schuld bewiesen ist.« Der sowjetische Anklagevertreter stimmte ihm widerwillig zu, sagte aber: »Die Verteidigung vertritt die Interessen der japanischen Kriegsverbrecher, deshalb bezeichne ich sie als solche.«[12]

Viele Beweise schafften es nie vor Gericht. Sämtliche Papiere des japanischen Außenministeriums über diese beiden Konflikte, die nicht den amerikanischen Brandbombenangriffen zum Opfer gefallen waren, wurden nach Aussage eines japanischen Archivars nach Kriegsende verbrannt.[13] Die Verteidigung legte eine Bescheinigung vor, dass die nachrichtendienstlichen Telegramme der Kwantung-Armee und der japanischen Armee in Korea über den Kriegseintritt der Sowjetunion am Ende des Zweiten Weltkriegs verbrannt worden waren.[14]

Die Verteidigung hatte zwei strukturelle Nachteile zu verkraften. Erstens war sie stark beeinträchtigt durch den Beschluss der Richter, kein allgemeines Beweismaterial für die japanische Angst vor dem Kommunismus zuzulassen. Solche Beschränkungen waren nicht verhängt worden, als die Anklagevertretung die alliierte Furcht vor dem japanischen Militarismus oder Kolonialismus behandelt hatte. Durch den Beschluss der Richter war es nun nahezu unmöglich, vernünftig über das spannungsgeladene Verhältnis zwischen der Sowjetunion und Japan zu sprechen.

Zweitens beruhte ein Teil der sowjetischen Beweisführung für eine japanische Aggression auf Aussagen, die japanische Offiziere als Gefangene der Sowjets gemacht hatten. Und diese Japaner waren zum Vorteil der Sowjets nicht mehr in der Lage, mit irgendeiner anderen Person zu sprechen, weil sie entweder tot oder krank waren oder in sowjetischer Haft saßen. Major Ben B. Blakeney, der streitbare amerikanische Verteidiger, legte eine Liste mit den Namen von einem Dutzend hochrangiger japanischer Offiziere vor, die die Sowjets in der Mandschurei gefangengenommen hatten. Sie hatten für die sowjetische Anklagevertretung ausgesagt, konnten aber nicht ins Kreuzverhör genommen werden, weil sie immer noch in sowjetischem Gewahrsam oder tot waren. Außer Sarjanow war es allen Richtern unbehaglich bei dem Gedanken, Zeugenaussagen zuzulassen, die die Verteidigung nicht durch eine Befragung überprüfen konnte. Dennoch entschieden sie sich widerstrebend für das Beweismittel, aber Webb sprach für eine Mehrheit der Richter, als er sagte, dass sie seiner Ansicht nach wertlos seien.[15] »Die Anklage«, protestierte Blakeney, »verfügt über die gewaltigen Ressourcen der mächtigsten Nationen der Welt und kann beliebig entscheiden, welche Zeugen sie aussagen lassen will, doch die Verteidigung hat keine solche Macht.«[16]

Erst Monate später erfüllten die Sowjets endlich die richterliche Anordnung, sechs Zeugen, darunter auch einige gefangene Japaner, aussagen zu lassen.[17] Blakeney drängte die Richter, die Aussagen einiger japanischer »Zeugen, die hinter dem Eisernen Vorhang gefangen sind«, aus dem Protokoll zu streichen. Er benutzte dabei Winston Churchills Begriff, der damals kaum mehr als ein Jahr alt war. Es habe keinen Sinn, »von einem Mann mit einer Pistole im Rücken« eine ehrliche Aussage zu erwarten, und die eidesstattlichen Aussagen seien eine wilde Mischung aus Meinungen und Schlussfolgerungen, aus der Bejahung extremer Suggestivfragen und aus Hörensagen über Hörensagen«. Wassiljew protestierte gegen »diese unverschämten Angriffe auf die Sowjetunion«. Und Blakeney konterte: »Die Äußerungen des Anklagevertreters sind nicht nur beleidigend, sondern auch irrelevant.« Webb griff ein, indem er alle Anwälte ermahnte, »Schmähungen« gegen irgendeine der alliierten Mächte zu unterlassen.[18] Am Ende ließen die Richter zu Wassiljews Leidwesen die Aussagen von zwei Zeugen in sowjetischer Gefangenschaft nicht zu und wiesen auch die eidesstattlichen Erklärungen von Zeugen zurück, die nicht zum Kreuzverhör vorgeführt wurden.[19]

Blakeney beschwerte sich, dass die Sowjets die gerichtliche Anforderung von Beweismaterial missachteten. Die Sowjets hatten einer Aufforderung von General Douglas MacArthur nicht Folge geleistet, von der Verteidigung ersuchte Dokumente, wie etwa erbeutete militärische Unterlagen der Japaner und sogar Exemplare einer bestimmten Ausgabe der *Prawda* vorzulegen. Blakeney spottete, dass »die Zeitung *Prawda* (…) offenbar in der UdSSR nicht zu finden ist, obwohl es sich um das Zentralorgan der Kommunistischen Partei handelt und sie in diesem Land angeblich in beträchtlicher Auflage erscheint«.[20]

Wettlauf mit dem Feind

Nach den beiden ohne Krieg gelösten Grenzkonflikten kam die Verteidigung auf den eigentlichen Krieg zu sprechen: den Feldzug der Sowjetunion gegen Japan in den letzten Tagen des Zweiten Weltkriegs, der ihrer Ansicht nach den 1941 von beiden Ländern geschlossenen Nichtangriffspakt verletzte.

Blakeney vertrat die Ansicht, Japan habe den Pakt eingehalten, als es sich der Forderung des Deutschen Reiches verweigerte, sich als Achsenmacht an der Invasion in der Sowjetunion zu beteiligen.[21] Blakeney legte die Nürnberger Aussage des deutschen Außenministers Joachim von Ribbentrop vor: »Nach dem Ausbruch des deutsch-russischen Krieges habe ich auch versucht, Japan zu einem Angriff auf Rußland zu bewegen, weil mir damit eine Beendigung dieses Krieges am schnellsten möglich schien. Japan tat dies nicht; es hat aber dann … es tat weder das eine, möchte ich sagen, noch das andere, was wir wollten; sondern es tat ein drittes, es griff die USA in Pearl Harbor an.«[22]

Wassiljew erhob Einspruch gegen Blakeneys Beweisführung hinsichtlich des sowjetisch-japanischen Krieges. Die Sowjetunion, sagte er, habe die japanische Bitte um Vermittlung ignoriert und als loyaler Verbündeter der Vereinigten Staaten und Großbritanniens »dem japanischen Aggressor den Krieg erklärt«. Blakeney konterte, die Vorstellung, man könne die strafrechtliche Verantwortung für den Bruch eines Abkommens dem Vertragspartner auferlegen, sei etwas Neues, und ihre völkerrechtliche Gültigkeit sei zu erproben, indem man prüfe, ob sich die Sowjetunion an ihre eigenen vertraglichen Verpflichtungen gehalten habe. Wenn die Sowjetunion Japan auf Wunsch der Alliierten angegriffen habe, hätten dann die klagenden Nationen das Verbot des Angriffskriegs wirklich als neuen Grundsatz des Völkerrechts anerkannt? Er schmähte den sowjetischen Anklagevertreter für die Behauptung, »es könne keine andere Meinung geben, als die, dass die Handlungen der UdSSR und ihrer Verbündeten, zu denen meine Nation gehört, richtig und korrekt sind«, mit den Worten: »Das klingt nicht nach einem Argument, das vor einem Tribunal vorgebracht wird.«

Die Richter zogen sich zur Beratung zurück und schlossen den russischen Angriff mit der simplen Begründung von der Beweisaufnahme aus, er sei irrelevant, weil sich keiner der Angeklagten im Zusammenhang mit ihm vor diesem Gerichtshof zu verantworten habe. Blakeney verlor zwar in diesem Punkt, aber es gelang ihm, ein paar entlastende Beweise in das Protokoll des Prozesses zu schmuggeln, so etwa die verzweifelten Telegramme, mit denen der Außenminister Togo Shigenori vergeblich um eine sowjetische Vermittlung zur Beendigung des Krieges gefleht hatte.

Um zu beweisen, dass sich die Sowjetunion eines Angriffskriegs schuldig gemacht hatte, als sie den Nichtangriffspakt verletzte, präsentierte Blakeney die eidesstattliche Erklärung des hervorragenden amerikanischen Zeugen Generalmajor John Russell Deane, der als Chef der US-amerikanischen Militärmission in Moskau in den letzten Kriegsjahren an allen wichtigen alliierten Gipfeltreffen von Kairo bis Jalta teilgenommen hatte. Dieses Mal erhob sich der amtierende US-amerikanische Chefankläger Frank S. Tavenner jr. und verwickelte die Verteidigung in eine dreistündige strapaziöse Debatte. (Als Wassiljew ans Rednerpult treten wollte, schickte ihn Webb sofort wieder zurück, und sagte, er gedenke nur Tavenner zu hören.) Da Japan als erstes Land einen Angriffskrieg begonnen habe, so Tavenner, »stellt es für die Angeklagten keine Rechtfertigung dar, dass die Alliierten die Hilfe einer weiteren Macht oder weiterer Mächte suchten oder erhielten, um sich gegen den Angreifer zu wehren«. Die sowjetische Verletzung des Nichtangriffspakts sei deshalb irrelevant und unterliege nicht der Jurisdiktion des Gerichtshofs.[23]

Ein anderer amerikanischer Verteidiger sagte daraufhin, es seien die Sowjets gewesen, die eine Aggression gegen Japan begangen hätten, und Blakeney schlug vor, alle sowjetischen Anschuldigungen aus der Anklage zu streichen. Nach erneuter Beratung ergriff eine Mehrheit der Richter diesmal Partei für die Verteidigung und ließ Deanes Erklärung zu, in der bezeugt wurde, dass sowohl die Regierung Roosevelts als auch die Trumans die Sowjetunion zum Kriegseintritt gedrängt hatten und dass die Sowjetunion versprochen hatte, diesen unmittelbar nach der Niederlage der Nationalsozialisten in Deutschland zu vollziehen. Deane erinnerte sich außerdem, selbst gehört zu haben, wie Stalin sagte: »Dank unserer gemeinsamen Front werden wir siegen.«[24]

Die Anstrengungen der sowjetischen Anklagevertreter wurden durch einen weiteren Ausbruch Webbs beendet, bei dem er die sowjetischen Beschuldigungen größtenteils ablehnte. Der Ausbruch wurde von dem amerikanischen Verteidiger Owen Cunningham verursacht, der, noch streitlustiger als Blakeney, sagte, dass »Asien damals wie heute unter russischer oder kommunistischer Einmischung in die Schaffung und Sicherung des Friedens leidet«. Webb forderte Cunningham vergeblich auf, darauf zu verzichten, politische Diskussionen auszulösen. »Wie flach und wie hohl das alles klingt, wenn wir wissen, dass die einzige Feindseligkeit, die Japan gegenüber Russland zeigte, im Zusammenhang mit Grenzzwischenfällen erfolgte«, predigte Webb. »Japan hat Russland nicht den Krieg erklärt.« Damit war die Argumentation der sowjetischen Anklagevertreter größtenteils Makulatur.

Danach verfiel Webb in eine eigene politische Tirade, die erneut Zweifel an seiner Unparteilichkeit weckte. Er sagte: »Japan hat zwei große Vorkämpfer der Demokratie angegriffen, Amerika und Großbritannien. Es hat versucht, die einzigen beiden Nationen auf der Welt zu zerstören, die jede Form von Totalitarismus bekämpfen.« Ein weiterer amerikanischer Verteidiger sprang auf und protestierte. Über den japanischen Angriffskrieg sei noch nicht entschieden, erinnerte er die Richter; die Verteidigung habe ihre Sicht der Dinge noch nicht voll dargelegt. Darauf erwiderte Tavenner wutentbrannt: »Ich denke, es ist höchste Zeit, die Verteidigung zu fragen, ob sie behaupten will, dass die Vereinigten Staaten in Pearl Harbor Japan angegriffen haben.«[25]

In Moskau waren die Sowjetführer, die dem Tokioter Prozess ohnehin bereits kritisch gegenüberstanden, außer sich vor Zorn. *Krasnaja Swesda (Roter Stern)*, ein offizielles Organ des sowjetischen Militärs, beschuldigte die Vereinigten Staaten, mit den japanischen Verbrechern unter einer Decke zu stecken. Da weder Hirohito noch irgendwelche Bosse der Wirtschaft oder des Finanzwesens angeklagt worden seien, könne es dem Gericht nicht gelingen, »die wirklichen Wurzeln des japanischen Imperialismus aufzudecken«. Die Verteidigung »predigt die kriminelle Ideologie ihrer Klienten« in aller Öffentlichkeit unter Beihilfe amerikanischer Zeitungen, die ihre Äußerungen abdrucken, und amerikanischer Offiziere und Beamten, die für sie aussagen. Weiter beklagte die Militärzeitung, dass die Verteidigung »sich auf aktuelle Äußerungen bestimmter amerikanischer Kreise stützt, was die Notwendigkeit, ›die Ausbreitung des Kommunismus aufzuhalten‹ betrifft, um damit den vergleichbaren Wunschtraum der Führer des imperialistischen Japan zu rechtfertigen«.[26]

Eine weiteres Presseorgan der Sowjetunion beschwerte sich bitterlich, dass der Tokioter Prozess von angelsächsischem Personal und ebensolchen Verfahrensvorschriften dominiert sei – im Gegensatz zu Nürnberg, wo die Sowjetunion eine von nur vier verbündeten (und anklagenden) Mächten gewesen sei. Die Zeitschrift beschuldigte Kiyose Ichiro, den leitenden japanischen Verteidiger, als einen »militanten Faschisten«, der eine Flut unverschämter Lügen und Verleumdungen von sich gebe. Die kapitalistischen amerikanischen Anwälte waren laut der Zeitschrift von der Notwendigkeit getrieben, für ihre Anwaltsfirmen Werbung zu machen und dadurch Dollars zu verdienen.[27] Weil die sowjetischen Kommissare die Entwicklung des Tokioter Prozesses nicht diktieren konnten, hatten sie keine Verwendung für ihn.

Die Verteidigung des Reiches

Am 3. Juni, als die Verteidigung im Tokioter Prozess gerade mit ihrer Präsentation zum Thema Pearl Harbor beginnen wollte, sendete *All India Radio* die Nachricht von einer unmittelbar bevorstehenden Teilung Indiens. Das Ende des britischen Kolonialismus in seinem größten Herrschaftsgebiet war ein extrem ungünstiger Moment für die Verteidiger, um Japans Kampf um die Erhaltung des eigenen Reiches zu rechtfertigen.

»Vor vielen Jahren haben wir eine Verabredung mit dem Schicksal getroffen«, sagte Jawaharlal Nehru am 14. August kurz vor Mitternacht feierlich vor den zahlreichen Mitgliedern der verfassungsgebenden Versammlung des künftigen unabhängigen Indien. »Schlag Mitternacht, wenn die Welt schläft, wird Indien zu Leben und Freiheit erwachen.« Durch den feierlichen Ton seiner Rede würdigte er die Entstehung der größten Demokratie der Geschichte, ein gewaltiges Experiment menschlicher Befreiung.[28] Aber sogar während er sprach, bedauerte der erste Premierminister Indiens im Stillen das wachsende Blutvergießen, das den Kontinent in Indien und Pakistan zerschnitt. Kurz bevor er seine Rede hielt, hatte ihn ein Freund aus Lahore angerufen und ihm geschildert, dass dort Leichen auf den Straßen lagen, weil wütende Muslime Hindus und Sikhs jagten und ermordeten. Nehru weinte, als er auflegte.[29]

Indiens Unabhängigkeit kam auf den Tag genau zwei Jahre nach der angekündigten Kapitulation Japans durch Hirohitos Radioansprache. Insbesondere im Punjab und in Bengalen, Radhabinod Pals Heimatprovinz, war die Teilung eine der blutigsten Katastrophen des 20. Jahrhunderts. Nach den schlimmsten Gewaltausbrüchen – schon im Vorfeld der Teilung – waren die Flüsse, Kanäle und Straßen von Pals Heimatstadt Kalkutta voller Leichen.[30] Und seine geliebte Stadt wurde bald darauf von mehr als drei Millionen Flüchtlingen überschwemmt. Wie viele Bengalen führte Pal die Teilung später auf das britische Bedürfnis zurück, seine Vorherrschaft mit der Methode »teile und herrsche« zu erhalten.[31] Insgesamt kamen in Indien und Pakistan zwischen einer halben und einer ganzen Million Menschen ums Leben, und etwa 12 Millionen traumatisierter Menschen mussten von einem Land ins andere fliehen. Als Nehru eines der Lager besuchte, schlug ihn ein gramgebeugter Flüchtling ins Gesicht und schrie: »Gib mir meine Mutter zurück! Bring meine Schwestern zu mir!«[32]

Der historische Hintergrund der indischen Unabhängigkeit und Teilung war für viele Parteien beim Tokioter Prozess ausgesprochen beschämend. Die Massaker waren der traurige Beweis dafür, dass das Ende des Zweiten Weltkriegs für die einfachen Menschen in Asien nicht automatisch einen rechtstaatlich geprägten Frieden bedeutete, gleichgültig, was durch den Tokioter Prozess erreicht wurde. Der chaotische Zusammenbruch Britisch-Indiens war eine peinliche Erinnerung an die Tatsache, dass Großbritannien unter einer den Imperialismus befürwortenden Labour-Regierung nach dem Krieg immer noch an Burma, Malaya, Hongkong, Kenia, Nigeria, Südrhodesien (heute Simbabwe), Jamaika, Aden, Palästina, Zypern und anderen Ländern seines Riesenreichs festhielt.[33] Frankreich wollte weiterhin über Indochina, Algerien, Marokko, Madagaskar und viele andere Länder herrschen, und die Niederlande waren im Begriff, wieder die Kontrolle über Indonesien und Suriname zu übernehmen. Unterdessen nahm die Regierung Truman vorsichtig Abstand von der stärker antikolonialistisch orientierten Haltung Franklin D. Roosevelts, um ihre europäischen Verbündeten im beginnenden Kalten Krieg zu stützen.[34] Trumans Regierungsmannschaft hoffte, dass durch eine allmähliche Dekolonialisierung unabhängige prowestliche Staaten entstehen könnten, ohne dass es ihre britischen, französischen und niederländischen Partner allzu sehr aufbrachte, musste aber erkennen, dass die gegen die imperiale Herrschaft kämpfenden Asiaten und Afrikaner darauf nicht warten wollten.[35] Als Indien und Pakistan ihre postkoloniale Souveränität proklamierten, lenkte die vehemente Rechtfertigung der Bedürfnisse von Japans verlorenem Reich durch die Verteidigung beim Tokioter Prozess die Aufmerksamkeit auf eine unangenehme Weise auf die noch bestehenden anderen Reiche.

Im Juni 1947 begannen sich die Verteidiger mit Japans Weg nach Pearl Harbor zu befassen. Sie berichteten über den kühnen Befreiungsschlag eines durch die geballte Macht seiner amerikanischen, britischen, chinesischen und philippinischen Feinde eingekreisten kleineren Reiches. Oder, wie es ein amerikanischer Verteidiger formulierte: »Der Zwerg schlug den Riesen, um sich zu verteidigen.«[36]

Es habe sich um einen verzweifelten Schachzug gehandelt, räumte die Verteidigung ein, einen Schlag, der potenziell einem nationalen Selbstmord nahekam. Ein japanischer Admiral, der als stellvertretender Generalstabschef der Flotte gedient hatte, machte eine bewegende Aussage über seine

Furcht vor den entsetzlichen Feuersbrünsten, die ein Brandbombeneinsatz bei den japanischen Holzhäusern verursachen konnte. Er hatte diese Befürchtung, deren Berechtigung außerhalb des Tokioter Gerichtssaals deutlich zu sehen war, schon vor dem Krieg gehegt.[37]

Die Verteidigung widmete sich zuerst der Achse Berlin – Rom – Tokio, die, wie schon die Anklage gezeigt hatte, eine wacklige Partnerschaft gewesen war. Verteidiger Cunningham fügte hinzu, dass Japan sich »mit dem defensiven und friedlichen Zweck, einen Beitrag zum Weltfrieden zu leisten« ganz unschuldig mit dem nationalsozialistischen Deutschland verbündet habe. Und obwohl das Deutsche Reich unmittelbar nach Pearl Harbor den Vereinigten Staaten den Krieg erklärt hatte, verstieg sich Cunningham zu der abstrusen Behauptung, dass dies nichts mit dem Dreimächtepakt zu tun gehabt habe.[38]

Abb. 30 *Die Richter der Alliierten lauschen in dem Gerichtssaal im Heeresministerium der Verteidigung, 30. März 1948.*

Zum Vergnügen der Zuschauer verzichtete die Verteidigung darauf, in Bezug auf Italien, das sie als »ohnmächtigen und nutzlosen Verbündeten« bezeichnete, irgendwelches Beweismaterial vorzulegen. Ihr makaberstes Beweisstück war das Schlusswort des NS-Außenministers Joachim von Ribbentrop am Tag, bevor er gehängt wurde. Wenngleich der Minister aus offensichtlichen Gründen nicht mehr ins Kreuzverhör genommen werden konnte, billigten die Richter der Aussage eines Mannes, der wusste, dass er bald sterben würde, eine besondere Glaubwürdigkeit zu. Der verurteilte Kriegsverbrecher hatte Japan als einen unzuverlässigen Verbündeten bezeichnet und sich beschwert, es habe sein Möglichstes getan, um sich aus dem Konflikt mit der Sowjetunion herauszuhalten. Pearl Harbor, sagte er, sei eine komplette Überraschung für ihn gewesen; er habe aus dem Radio davon erfahren.[39]

Nach der Vorlage dieses Beweisstücks vertagte sich das Gericht für einen Monat. Die erschöpften Verteidiger, die bereits den zweiten schwülen Tokioter Sommer in Büros ohne Klimaanlage arbeiteten, hatten um eine Pause gebeten. Webb gewährte sie nur widerwillig und verkündete, eine Mehrheit der Richter sei entschieden dagegen gewesen.[40] Wie er MacArthur privat erklärte, hatte er nur zugestimmt, als klar wurde, dass die Verteidigung sonst »zum Erliegen kommen« würde.[41] Sarjanow war ohnehin gegen die Vertagung, und Delfín Jaranilla reagierte empört, weil er den Prozess unbedingt abschließen wollte, bevor Japan durch einen formellen Friedensvertrag mit den Alliierten seine Souveränität wiedergewinnen würde.[42] »Mir ist völlig gleichgültig, wie sich die Rechtsprechung in diesem Verfahren auf den Friedensvertrag auswirkt«, entgegnete Webb dem philippinischen Richter. »Ich bin absolut unempfänglich für solche politischen Erwägungen.«[43]

Als das Gericht wieder zusammentrat, war der amerikanische Chefankläger Joseph B. Keenan zur allgemeinen Bestürzung aus Washington zurückgekehrt.[44] Arthur Comyns Carr, der sich daran gewöhnt hatte, gemeinsam mit Tavenner die Anklage zu führen, drohte erneut mit Rücktritt. Sir Hartley Shawcross war frustriert, weil Keenan eine Truppe stören konnte, die endlich reibungslos zusammenarbeitete.[45] Dennoch reagierte die britische Regierung lediglich mit einer dezenten Klage bei den Amerikanern, weil sie zu dem Schluss gekommen war, dass sie Keenans Rückkehr nicht mehr verhindern konnte. Comyns Carr war zwar todunglücklich, versprach aber dennoch, nicht hinzuschmeißen, es sei denn, dass Keenan sich »absolut unmöglich« verhalten sollte.[46]

Ein nach der Verschiebung besser vorbereiteter japanischer Verteidiger erklärte, die japanischen Angeklagten »haben keinen Angriffskrieg geführt, sondern waren tatsächlich bereits in einen Verteidigungskrieg verwickelt, bei dem ihre nationale Existenz auf dem Spiel stand«. Er beschrieb offen den Rohstoffmangel, der Japan zu seinen imperialen Eroberungen getrieben hatte: »Obwohl Japan für seine zivile Industrie verzweifelt Öl und Material benötigte, wurde es gewarnt, dass es Krieg bedeutete, wenn es nach Süden vorstieß, um es zu beschaffen.« Als sich das Reich nach der Eroberung des südlichen Indochina von einer ökonomischen Notlage bedroht sah, habe es alle denkbaren Anstrengungen unternommen, um auf friedliche Art »der unmittelbaren Gefahr einer Auslöschung als eine Macht zu entrinnen«. Den letzten Ausschlag, sagte er Verteidiger, habe dann das »unnachgiebige Diktat« der Hull-Note vom 26. November 1941 gegeben, die buchstäblich Japans »Auslöschung als militärische, industrielle und wirtschaftliche Macht« bedeutet hätte.

Der Angriff auf Pearl Harbor war, wie der japanische Verteidiger behauptete, für die Amerikaner keine Überraschung gewesen. »Als Japan sich in völliger Hoffnungslosigkeit am 1. Dezember 1941 für den Krieg entschied, war dies eine Entscheidung, die die Vereinigten Staaten schon lange erwartet hatten.« Zwar sei die letzte japanische Note an die US-Regierung tatsächlich erst übergeben worden, als die Angriffe auf Pearl Harbor und andere Orte in Asien bereits begonnen hatten, doch dies sei ein unbeabsichtigter Fehler der Washingtoner Bürokratie gewesen, auf den die Angeklagten keinen Einfluss gehabt hätten.

Deshalb sei Japan »unausweichlich dazu getrieben« worden, »zur Selbsterhaltung und Selbstverteidigung einen Krieg zu führen«. Dabei habe es für sich jedoch nur die Selbstverteidigung eines neuen Reichs im Kampf mit den bereits in Asien etablierten Imperien Europas und der Vereinigten Staaten geltend machen können.[47] Da Japan nicht bereit war, sich aus China zurückzuziehen und auch Indochina nicht räumen wollte, habe es versucht, seine imperialen Eroberungen zu halten und nicht nur seine Hauptinseln zu schützen.

William Logan jr., ein amerikanischer Verteidiger aus New York, war sogar noch radikaler. Er beschuldigte die Westmächte, bewusst und vorsätzlich militärischen und wirtschaftlichen Druck ausgeübt zu haben: »Zur Entlastung werden wir beweisen, dass sich die Lage so sehr zuspitzte, dass Japan schließlich, wie von den Westmächten erwartet und gewünscht, den ersten Schlag führte, da es sich letztlich gezwungen sah, um seine Existenz zu kämpfen.« Er kritisierte die Vereinigten Staaten heftig für ihre entschlossene Unterstützung Chinas, weil dies »buchstäblich bedeutete, dass mehr japanisches Blut auf chinesischem Boden vergossen wurde«. In Wirklichkeit habe der Krieg schon mit dem Embargo der Vereinigten Staaten 1941 begonnen, das Großbritannien und die Niederlande prompt mitgetragen hätten, und nicht mit Pearl Harbor: »Aus japanischer Sicht kamen die Embargos und die Beschlüsse, sämtliches japanisches Kapital einzufrieren, in Schwere und Ausmaß einer Verweigerung des Lebensrechts gleich.«

In einer expliziten Rechtfertigung des japanischen Imperialismus erklärte Logan, Japan habe mehr Land gebraucht und es teilweise in Korea und Taiwan gefunden. Ohne Expansion wäre es total von Öl aus den Vereinigten Staaten, aus Niederländisch-Ostindien und aus dem britisch kontrollierten Burma abhängig gewesen. Es habe ein beklagenswert schwaches Industriepotential gehabt; zum Zeitpunkt des Überfalls auf Pearl Harbor sei seine Jahresproduktion an Eisen und Stahl geringer gewesen als die amerikanische in einem Monat, was freilich – wie der Verteidiger nicht sagte – ein hervorragender Grund gewesen wäre, die Vereinigten Staaten nicht anzugreifen.[48]

Als sich die Verteidigung in eine ermüdende Erörterung von Reis und Stahl, Preisen und Transporten vertiefte, stellte Webb klar, dass er ihrer Beweisführung skeptisch gegenüberstand. Japan sei vielleicht tatsächlich durch die amerikanischen Wirtschaftssanktionen provoziert worden, doch dies bedeute nicht, dass es in Selbstverteidigung gehandelt habe: »Auf eine Provokation zu reagieren und in Selbstverteidigung zu handeln sind zwei verschiedene Dinge«.[49]

In der Auseinandersetzung mit Logan verblüffte Webb den Gerichtshof, als er Hirohito für Pearl Harbor mitverantwortlich machte. Er stellte den verheerenden Tagebucheintrag Kido Koichis vom 30. November 1941 in den Mittelpunkt, den die Anklage mit aller Macht zu übersehen versucht hatte. »Dann verfügte also der Kaiser, dass der Plan durchgeführt würde«, sagte Webb. Die brisante Aussage war gemacht: Der Kaiser hatte den Angriff auf die Vereinigten Staaten *befohlen.*

Als Logan meinte, der Kaiser habe lediglich seine verfassungsmäßige Rolle gespielt, antwortete Webb: »Wenn ein Kabinett einem König rät, ein Verbrechen zu begehen, und der König befiehlt, dass es begangen wird, gibt es keinen verfassungsmäßigen Schutz.« Logan entgegnete, Selbstverteidigung sei eine gute Rechtfertigung für jedes Verbrechen. »Sie wollten nicht in den Krieg ziehen, euer Ehren«, sagte er. »Sie wussten, dass sie den Krieg nicht gewinnen konnten, die Beweise der Anklage zeigen es und unsere ebenfalls. Sie wurden dazu getrieben.« Webb überzeugte das nicht, und er beschuldigte sowohl den Kaiser als auch dessen Berater: »Es gilt immer noch, dass die Männer, die zur Begehung eines Verbrechens raten, wenn es denn eines ist, in keiner schlechteren Position sind als der Mann, der befiehlt, es zu begehen.« Damit hatte der Präsident des Gerichtshofs Hirohito eigentlich für genauso schuldig wie Tojo befunden.[50]

Die Beweismittel der Verteidigung bildeten ein starkes Gegengewicht zu denen der Anklage, aber sie hatten auch ihre Schwächen. So gaben sie den Angeklagten aus dem Militär mehr Schuld als den Zivilisten, da Blakeney betonte, das Heer und die Marine seien »übergeordnet und allmächtig« gewesen.[51] Außerdem wurde in der Argumentation der Verteidigung deutlich, wie unflexibel die von militärischen Hardlinern getriebene japanische Regierung in Bezug auf das zentrale Problem eines Rückzugs ihrer Soldaten aus China gewesen war. Blakeney sprach von der »Kompromisslosigkeit des Heeres«, was einen Rückzug aus China betraf.[52] Der beste Vorschlag, den Japan je zustande brachte – und gegen den es heimlich verstoßen wollte –, bestand darin, zwei Jahre nach einem, wann auch immer vereinbarten, Friedensabkommen mit China einen Teil seiner Armee abzuziehen, aber im Norden Chinas so lange wie nötig Soldaten zu lassen.[53] Laut dem Beweismaterial der Verteidigung hatte die japanische Regierung Außenminister Hull im September 1941 mitgeteilt, dass sie in Teilen Chinas für unbestimmte Zeit Truppen belassen müsse, um Ausländer abzuwehren und den chinesischen Kommunismus auszurotten: »[U]m die Existenz von Japan selbst zu sichern, ist die Stationierung von Truppen in der Tat unvermeidlich.«[54]

Die Verteidigung stützte sich stark auf das Tagebuch des Insiders Prinz Konoe Fumimaro, des konzilianteren Premierministers, der kurz vor Pearl Harbor durch Tojo Hideki ersetzt worden war. Das Tagebuch warf zwar ein gutes Licht auf einige der Angeklagten, enthüllte aber auch, wie hartnäckig sich die Armeeführung und insbesondere Tojo Hideki geweigert hatten, echte Zugeständnisse in Erwägung zu ziehen. Wie Konoe in seinem Tagebuch glasklar vermerkt hatte, »ist allen klar, dass das herausragende Problem der Rückzug der Truppen ist«. Im Oktober 1941 hatte ihm Tojo in seiner Eigenschaft als Heeresminister rundheraus gesagt, dass es für das Heer schwer sein werde, einen Rückzug zu akzeptieren. Wenige Tage später hatte er sich geweigert, irgendwelche Zugeständnisse zu machen, was den Rückzug von Soldaten aus China betraf, die er als »das Leben des Heeres« bezeichnete. Als ihn Konoe kurz darauf dringend darum bat, antwortete Tojo, durch Schwäche würden die Amerikaner nur ermutigt, noch mehr zu verlangen und gleichzeitig werde dadurch der Kampfgeist des Heeres untergraben. Also drängte er das Kabinett, die Gespräche mit den Amerikanern zu beenden.

Selbst als die Hartnäckigkeit des Heeres Mitte Oktober zum Zusammenbruch der Regierung Konoe führte, hielt dessen Kabinett diplomatische Verhandlungen immer noch nicht für so aussichtslos, dass sie einen japanischen Angriff auslösen mussten. Der wirkliche Stolperstein war China: »Wenn wir nur unser Heer dazu bringen könnten, seine Position, was den Abzug von Truppen betrifft, etwas zu mäßigen, besteht unserer Ansicht nach eine gute Möglichkeit für eine Einigung.« Doch die Führung des Heeres glaubte fest daran, dass die Stationierung von Truppen der einzige konkrete Vorteil des Chinakriegs war, und fürchtete, durch einen Rückzug könnte sich bei ihren Soldaten schwerster Defätismus verbreiten.[55]

So schlecht die Beweismittel der Verteidigung für Tojo waren, so ermutigend waren sie für Togo Shigenori. Ein Beamter des Außenministeriums sagte aus, der neue Außenminister habe während der hitzigen Koordinierungstreffen im Oktober und November, auch dann noch, als das Heer in China keinerlei Zugeständnisse machen wollte, stets auf erfolgreichen Verhandlungen bestanden. Als das Heer massiv darauf drängte, die Feindseligkeiten zu eröffnen, habe er sich energisch geweigert, und bis fast zum Schluss maximale Anstrengungen für den Frieden gefordert.[56] Dabei habe er seine eigene Regierung zu mehr Flexibilität gedrängt und die amerikanischen Verhandlungspartner bekniet, seine beiden letzten Vorschläge zu akzeptieren.[57]

Für besonders verhängnisvoll hielt die Verteidigung Hulls kompromisslose Note, die sie als Ultimatum einstufte. Zwei Tage nach ihrer Übergabe hatte Hull zu einem amerikanischen General gesagt, die Verhandlungen mit Japan seien vorüber und es gebe kaum Chancen für einen Neubeginn, also hatten sich die amerikanischen Militärs für einen möglichen Krieg gewappnet. Die Regierung Roosevelt hatte laut Blakeney »damit gerechnet, dass die Überbringung der Note am 26. November zu einem Abbruch der Verhandlungen und der friedlichen Beziehungen führen werde«.[58] Die Verteidigung stützte sich bei dieser These auf eine Nachricht des Kriegsministeriums an das Western Defense Command einen Tag nach Hulls Note: »Sollten sich, ich wiederhole, sollten sich Feindseligkeiten nicht vermeiden lassen, wünschen die Vereinigten Staaten, dass Japan die erste offene Handlung begeht.« Das Problem für die Verteidiger war freilich, dass das Kriegsministerium den amerikanischen Streitkräften offensive Aktionen untersagt hatte, bis Japan zuschlug. Webb war nicht beeindruckt: »Das ruft mir ins Gedächtnis, dass es ohne einen japanischen Schlag keinen Krieg gegeben hätte.«[59]

Wie aus dem Protokoll der Kaiserlichen Konferenz am 1. Dezember hervorgeht, reagierten die führenden japanischen Politiker und Militärs extrem beleidigt und empört auf die Hull-Note. Der Premier und Heeresminister Tojo Hideki klagte heftig darüber, dass die neuen amerikanischen Forderungen das Ansehen Japans zerstörten, eine Lösung in China verunmöglichten und sogar Japans Existenz gefährdeten. Und er zog daraus folgenden Schluss: »Japan hat keine andere Möglichkeit als gegen die Vereinigten Staaten, Großbritannien und die Niederlande Krieg zu führen, um eine Lösung für die gegenwärtige kritische Situation herbeizuführen und seine Existenz und Selbstverteidigung zu sichern.«

Togo Shigenori, der in den vergangenen Konferenzen hart gegen einen Krieg gekämpft hatte, stimmte nun weitgehend mit Tojo überein. Er klagte, dass »die Regierung der Vereinigten Staaten hartnäckig an den doktrinären Grundsätzen festhielt, denen sie sich traditionell unterworfen hatte«, etwa an der Ablehnung der Besetzung Chinas, an der Unterstützung der Regierung Chiang Kai-shek und an der Forderung, »dass Japan die Politik der Stärke aufgeben soll«. Er sei bereit gewesen, die Hull-Note teilweise zu akzeptieren, aber Amerikas »unvernünftige« Forderungen in Bezug auf China, Indochina und die Achse seien »völlig inakzeptabel«. Japan müsste sich komplett vom asiatischen Festland zurückziehen und die Vereinigten Staaten und Großbritannien würden die Vorherrschaft übernehmen; Mandschukuo sei gefährdet; und Japan werde in China vor einer Niederlage stehen. »Wenn wir den gegenwärtigen Vorschlag der Vereinigten Staaten akzeptierten«, erklärte Togo in der Kaiserlichen Konferenz, »wäre Japan in einer internationalen Position, die sogar noch schlechter wäre als vor dem Zwischenfall in der Mandschurei, und es wäre sogar in seiner Existenz bedroht.«[60]

Nachdem die Verteidigung die Hull-Note als entscheidende Kriegsursache präsentiert hatte, machte sie sich daran, den persönlichen Friedensappell herunterzuspielen, den Roosevelt am 6. Dezember 1941 direkt an den Kaiser geschickt hatte. Die Anklagevertretung hatte betont, dass die Vereinigten Staaten damals immer noch Verhandlungen auf höchster Ebene angestrebt hatten. Das Telegramm Roosevelts, eindeutig die Art von Nachricht, die mit größtmöglicher Geschwindigkeit übermittelt werden sollte, war auf seinem Weg zur amerikanischen Botschaft in Tokio verblüffend lange aufgehalten worden, was die Verteidigung als bloßen Zufall zu erklären suchte.[61] Sie zeichnete von Japan das Bild eines Staates, der in der Lage ist, in Tausenden Kilometern Entfernung einen erfolgreichen Überraschungsangriff auf ein gut verteidigtes feindliches Ziel durchzuführen, es aber nicht schafft, seine Post rechtzeitig auszuliefern.

Der Überraschungsangriff war laut Blakeney denn auch kein hinterhältiger Bruch der III. Haager Konvention von 1907, sondern lediglich ein schrecklicher diplomatischer Patzer gewesen. Die Anklagevertretung hatte zornig darauf hingewiesen, dass die Zustellung des letzten Abschnitts eines langen 14-teiligen Telegramms an Roosevelt, mit dem Japan die Washingtoner Verhandlungen aussetzte, am 7. Dezember verzögert worden sei, bis der Angriff auf Pearl Harbor im Gange war. Demgegenüber hatte die japanische Führung nach der Version der Verteidigung die Vereinigten Staaten informieren wollen, ihr Versuch war jedoch durch Schreibkräfte zunichte gemacht worden, deren schändliches Versagen für immer in die Geschichte eingehen wird.[62] Die japanische Botschaft hätte die Nachricht für die amerikanische Regierung eigentlich um 13 Uhr am 7. Dezember, einem Sonntagnachmittag, der US-Regierung überreichen müssen. Diese Nachricht konnte natürlich nicht den üblichen Schreibkräften anvertraut werden, und in der japanischen Botschaft gab es nur einen leitenden Beamten, der halbwegs ordentlich eine Schreibmaschine bedienen konnte. Seine erste Fassung war eine Katastrophe, also begann er gegen 11 Uhr, sie erneut zu schreiben, und danach musste er ein paar Seiten noch einmal abtippen. Während er an der Schreibmaschine saß, bewegten sich die Bomber und Jagdflugzeuge auf Pearl Harbor zu. In der japanischen Botschaft war man schließlich gegen 13.50 Uhr mit dem Tippen fertig und zwei leitende Beamte rasten mit dem Schreiben zum State Department. Dort mussten sie etwa 20 Minuten warten und konnten Hull die Note schließlich um 14.20 Uhr überreichen, eine Stunde, nachdem die ersten Bomben in Pearl Harbor gefallen waren.[63]

Blakeney vertrat freilich die Ansicht, dass die Regierung Roosevelt heimlich diplomatische Nachrichten der Japaner abgehört hatte und ohnehin wusste, dass ein japanischer Angriff zu erwarten war. Die Richter ließen die spektakuläre Aussage zweier ranghoher amerikanischer Offiziere zu, die sich über die Entzifferung der wichtigsten japanischen Nachrichten mit Hilfe des Kryptoanalyseprogramms MAGIC äußerten. Ein Oberst des amerikanischen Militärgeheimdienstes enthüllte, dass das Kriegsministerium am 3. Dezember japanische Befehle an verschiedene Botschaften abgefangen hatte, ihre Codes und Dokumente zu vernichten, was auf einen kommenden Abbruch der diplomatischen Beziehungen oder einen Krieg schließen ließ.

Am 6. Dezember um 22 Uhr hatten die Vereinigten Staaten laut seiner Aussage 13 der 14 Teile der japanischen Nachricht abgehört. Der Oberst schickte die Meldung sofort in einem versiegelten Postsack in Hulls Büro. Den 14. Teil bekam er am 7. Dezember um 8.30 Uhr und sandte ihn sofort ins Außenministerium. Um 11.25 Uhr hatte General George C. Marshall, der Generalstabschef des Heeres, die komplette Meldung gelesen – einschließlich der Anweisung an die japanische Botschaft, sie um 13 Uhr an die US-Regierung weiterzuleiten. Marshall und sein Team hatten um etwa 13 Uhr mit einem japanischen Angriff gerechnet. Kurz vor 12 Uhr mittags hatte er deshalb an Heer und Marine auf Hawaii und den Philippinen, in Panama und auf anderen Außenposten im Pazifik die Warnung geschickt, dass die Japaner um 13 Uhr ein Ultimatum stellen würden und den Befehl hatten, ihre Codiermaschinen zu zerstören.[64] Marshalls Nachricht enthielt jedoch keine spezifischere Warnung als die, auf der Hut zu sein, und seine Warnung dürfte laut der Zeugenaussage des Obersten erst um etwa 12.30 Uhr oder später angekommen sein. Laut einem Generalmajor, der an jenem Tag mit Marshall zusammen war, hatten die beiden damit gerechnet, dass die Japaner in Thailand und vielleicht noch an einem anderen Ort angreifen würden.[65]

Ein im Weißen Haus postierter Commander der US-Marine sagte aus, dass am 6. Dezember um etwa 21.30 Uhr mehrere wichtige Papiere ins Weiße Haus gebracht worden seien. Er las später in der Zeitung, dass es sich um 13 der 14 Teile der letzten japanischen Nachricht gehandelt hatte. Er hatte die Dokumente, wie er sagte, an Roosevelt übergeben und war im Raum geblieben, während der Präsident sie las. Danach hatte Roosevelt sie seinem engsten außenpolitischen Berater Harry L. Hopkins gezeigt und »sinngemäß, ich bin mir des genauen Wortlauts nicht ganz sicher, aber sinngemäß, gesagt: ›Das bedeutet Krieg.‹«[66]

Diese Aussage hat jahrzehntelange Spekulationen darüber ausgelöst, ob Roosevelt die amerikanische Öffentlichkeit irreführte oder heimlich nach einem Grund für den Kriegseintritt suchte.[67] Aber selbst das stärkste Beweismaterial der Verteidigung lässt so dramatische Schlüsse kaum zu. Die Version der Verteidigung lässt zwar vermuten, dass Roosevelt klar war, dass Japan etwas Großes plante, aber aus den durch MAGIC abgefangenen Nachrichten ging nicht hervor, wie und wo der Schlag erfolgen sollte, und das hätte überall in Asien oder sogar am Panamakanal sein können.[68] Webb wies darauf hin, dass die Tatsache, dass ein ranghoher amerikanischer Beamter »mit der Möglichkeit eines baldigen Überraschungsangriffs rechnete, weder einen Beweis für die Legalität des Angriffs noch eine Rechtfertigung für den Angriff darstellt«.[69]

Selbst mit dem Beweismaterial der Verteidigung bestanden also kaum Zweifel, dass die japanische Marine einen möglichst großen Überraschungsmoment anstrebte.[70] Ein Beamter des japanischen Außenministeriums, der als Zeuge der Verteidigung aufgerufen wurde, gab im Kreuzverhör zu, dass die Marine einen Überraschungsangriff für notwendig hielt.[71] Selbst wenn man den Bericht über das Versagen der Schreibkräfte tatsächlich für bare Münze nimmt, hätte die japanische Nachricht von der Aussetzung der Gespräche das State Department auch ohne diese Verzögerung erst unmittelbar vor der ersten Detonation in Pearl Harbor erreicht. Schlimmer noch, die Verteidigung konnte nie die Beweise der Anklagevertretung widerlegen, dass die Japaner an jenem Tag an mehreren anderen Fronten Angriffe starteten, die auch ohne das Versagen der Schreibkräfte Überraschungsangriffe gewesen wären, nämlich um 10.45 Uhr Washingtoner Zeit in Shanghai, um 11.40 Uhr in Malaya und um 13.05 Uhr in Thailand.[72]

Die sensationellsten Zeugen der Verteidigung waren mehrere japanische Marineoffiziere, die an dem Angriff auf Pearl Harbor teilgenommen hatten.[73] Ihre Aussagen sollten eigentlich vermitteln, wie schwierig es war, einen taktischen Überraschungsangriff auf die amerikanische Flotte durchzuführen, hatten aber vor dem Gericht eine gänzlich andere Wirkung. Die eidesstattliche Erklärung eines Hauptmanns der japanischen Marine, der einen Luftangriff befehligt hatte und stolz auf seine militärische Leistung war, bewies kristallklar, wie wichtig es für den japanischen Kriegsplan gewesen war, dass der erste Schlag überraschend geführt wurde. Entgeistert fragte Webb die Verteidigung, was genau sie mit dieser Aussage beweisen wollte: »Wir wissen, dass ein Angriff stattfand, und dass er sehr erfolgreich war.« Der Zweck der Aussage, antwortete ein amerikanischer Verteidiger, sei es zu zeigen, dass die japanische Marine auf den Krieg schlecht vorbereitet gewesen sei. »Das beweist man nicht, indem man zeigt, dass die Operation sehr erfolgreich war«, antwortete Webb.[74]

Gefangene

Die letzte Aufgabe, der sich die Verteidigung widmete, war die Auseinandersetzung mit der Frage von Kriegsverbrechen gegen alliierte Zivilisten und Kriegsgefangene. Auf diesem Gebiet waren ihre Argumente primär formalistisch: Die japanischen Offiziere hatten angemessene Befehle erteilt, deshalb habe es keine Misshandlungen geben können.

Ein Zeuge nach dem anderen sagte aus, Japan habe befohlen, Kriegsgefangene und internierte Zivilisten anständig zu behandeln. Oder wie es ein japanischer Offizier formulierte: »Man muss danach trachten, den

Menschen in den besetzten Gebieten die Überlegenheit der japanischen Rasse bewusst zu machen und daran glauben, dass sie es als die größte Ehre betrachten, japanische Untertanen zu sein und am grenzenlosen Wohlwollen des Kaisers teilzuhaben.« Ein weiterer ranghoher Offizier erklärte unverblümt, die Japaner hätten »den Zustand erreicht, dass sie weiße Kriegsgefangene einsetzen konnten mit der Folge, dass sie der indigenen Bevölkerung die japanische Überlegenheit demonstrieren konnten, indem sie vor den Augen dieser Ureinwohner jene Kriegsgefangene einsetzten«.[75]

In den meisten Fällen bestritt die Verteidigung, dass überhaupt Kriegsverbrechen begangen wurden. Ein japanischer Oberst sagte aus, dass es bei seiner Infanteriedivision in Hongkong »nicht einen einzigen Fall von Mord, Grausamkeit oder Plünderung gab«.[76] Ein auf den Philippinen stationierter japanischer Vizeadmiral sagte, er habe nicht im Traum daran gedacht, dass in Manila Gräueltaten begangen werden könnten, erwähnte jedoch, dass einheimische Frauen und Kinder in dieser Stadt japanische Soldaten belästigt hätten und die Japaner deshalb womöglich ihre Definition für Guerillas, gegen die sie vorgehen konnten, erweitert hätten. Ein ums andere Mal verzichtete die Anklagevertretung darauf, Zeugen ins Kreuzverhör zu nehmen, und verwies eisig auf die bereits vorliegenden Aussagen von Augenzeugen über die an all diesen Orten verübten Gräueltaten.[77]

Die Verteidigung hatte es schwer zu beweisen, dass die Vorschriften des Völkerrechts tatsächlich eingehalten worden waren. Wo sie konnte, präsentierte sie Rotkreuzberichte, laut denen Kriegsgefangenenlager vorschriftsmäßig geführt worden seien, aber diese bezogen sich meistens auf kleinere Lager in den ersten Phasen des Krieges.[78] Nach der positiven eidesstattlichen Aussage der britischen Frau eines Diplomaten in Hongkong fragte Webb: »Glauben Sie, Sie könnten die gegen Sie erhobenen umfassenden Anklagen dadurch entkräften, dass Sie individuelle Erfahrungen einiger wenige Leute verlesen?« Und, indem er auch für einige andere wenig beeindruckte Richter sprach, fuhr er fort: »Die Beweisführung der Verteidigung scheint mir auf Folgendes hinauszulaufen: In zehntausend Fällen hat es schlechte Behandlung gegeben, aber hören sie sich diesen Fall einer guten Behandlung an.«[79]

Mehrmals machten auch Zeugen der Verteidigung Aussagen, die auf schlechte Behandlung schließen ließen. Ein ranghoher Beamter, der unter Tojo Hidekis Kommando in Bataan gewesen war, erinnerte sich, dass er nach dem Marsch die Leichen von Kriegsgefangenen am Straßenrand hatte liegen sehen. Er erwähnte, dass die Japaner von der großen Zahl der kapitulierenden Amerikaner und Filipinos überwältigt gewesen seien, »deshalb fiel es uns sehr schwer, sie zum Lager zu eskortieren«. Schlimmer noch, er erwähnte auch japanische Angriffe auf philippinische Zivilisten im Rahmen der Aufstandsbekämpfung: »Das japanische Heer (...) hat im Verlauf des Konflikts Guerillaaktivitäten bekämpft und dabei hat es womöglich die gute einheimische Bevölkerung genauso bekämpft wie die Guerillaaktivitäten, was weitgehend auf Sprachschwierigkeiten zurückzuführen ist und so weiter.«[80]

Ein japanischer Hauptmann, der ein Kriegsgefangenenlager in Rangun geleitet hatte, erwähnte in seiner eidesstattlichen Aussage Ausbrüche von Pocken, Cholera und Beri-Beri und fügte hinzu, die schwächeren Gefangenen seien oft ins Hospital gekommen.[81] Ein anderer japanischer Offizier, der für 5 Lager verantwortlich gewesen war, in denen mehr als 400 Gefangene gestorben waren, gab auf die Frage, warum er aus Lagern, in denen Gefangene starben, Hilfsgüter des Roten Kreuzes entfernt habe, die irritierend ehrliche Antwort: »Das war ein Mangel an Weisheit und Tugend meinerseits.« »Damit hatten Sie wohl nicht gerechnet«, sagte Webb zu dem fassungslosen Anwalt der Verteidigung, der den Mann befragte.[82]

Einen weiteren Fehler machte die Verteidigung, als sie den Generalleutnant aufrief, der während des Krieges für das besetzte Shanghai zuständig gewesen war. Nachdem er sich vage über die Notwendigkeit, Gefangene gut zu behandeln, geäußert hatte, fragte ihn Tavenner, ob er irgendetwas mit dem Prozess gegen die drei Flieger des Doolittle Raid und ihrer Hinrichtung zu tun gehabt habe. Der Generalleutnant war nach dem Krieg wegen der Sache bereits von einem amerikanischen Militärtribunal zu fünf Jahren Zwangsarbeit verurteilt worden.[83] Kalt erwischt, erhob ein amerikanischer Verteidiger Einspruch, dass die Frage unzulässig sei. »Das ist sie nicht, und Sie wissen es«, entgegnete Webb. »Einspruch abgelehnt.« Der Generalleutnant sagte, er habe von seinem direkten Vorgesetzten, Feldmarschall Hata Shunroku (einem der Angeklagten des Tokioter Prozesses) den Befehl bekommen, die Doolittle-Flieger vor Gericht zu stellen. Er erinnerte sich daran, Hata gesagt zu haben, dass das Urteil, Tod durch ein Erschießungskommando, sehr hart sei, und bemerkte, auch Hata habe auf Befehl, vielleicht von Tojo Hideki persönlich, gehandelt. Als Hatas Anwalt aufsprang und sagte, sein Klient habe keine andere Wahl gehabt, als Befehle von Tojo oder anderen führenden Politikern in Tokio zu befolgen, schnauzte Webb: »Das ist Unsinn.«[84]

Wie die Zeugen der Verteidigung immer wieder aussagten, hatte die Befehlskette direkt zu Tojo Hideki geführt, der von 1940 bis 1944 Heeresminister war. Der Heeresminister war für die Kriegsgefangenen verantwortlich, die in Japan einschließlich der annektierten Kolonien Korea und Taiwan interniert wurden, und er war auch für die dortige *Kempeitai* verantwortlich.[85] Ein beim Heeresministerium tätiger Oberst sagte aus, die Kriegsgefangenen seien unter die Zuständigkeit des Heeresministers gefallen. Sie seien in vom Heeresminister etablierten Lagern interniert gewesen, die durch einen vom Heeresminister bestimmten Kommandanten geleitet und durch eine dem Heeresminister unterstehende Bürokratie verwaltet worden seien. Er sagte außerdem, die Eisenbahn des Todes zwischen Burma und Thailand sei ein Projekt des Heeresministers gewesen und für die Gefangenen sei er zuständig gewesen.[86] Angesichts solcher Zeugen der Verteidigung hätte es für Tojo eigentlich keine Anklagevertreter mehr geben müssen.

21.

Kaiserwalzer

Mehr als ein Jahr lang hatten Tojo Hideki, Marquis Kido Koichi, Togo Shigenori und andere wortgewaltige Angeklagte schweigend im Gericht sitzen müssen. An solche Behandlung nicht gewohnt, wurden die früheren Führungspersönlichkeiten des Reiches ganz nervös, als ihre Anwälte in einer allgemeinen Verteidigung Japans für sie sprachen. (Nur General Minami Jiro hatte eine Teilaussage gemacht.) Ab dem 10. September 1947 jedoch begann die letzte Phase der Verteidigung und alle Angeklagten durften in eigener Sache in den Zeugenstand treten.

Es wurde in alphabetischer Ordnung, von Araki bis Umezu, vorgegangen. Diese letzte Phase des Prozesses sollte Monate in Anspruch nehmen. Sie weckte ein neues öffentliches Interesse am langen Rückblick des Gerichts auf den Zweiten Weltkrieg, da sich nun die Chance bot zu sehen, wie einige der mächtigsten Männer Japans ihre vielleicht letzten öffentlichen Erklärungen abgaben. Nachdem die Anklagevertretung und die Verteidigung ihre konkurrierenden Versionen zum Besten gegeben hatten, spaltete sich das Verfahren nun in 25 verschiedene Berichte auf. Bei den individuellen Aussagen wurde deutlich, wie schwer es für die Verteidigung gewesen war, eine Argumentation zu finden, die allen verbliebenen Klienten nutzte. Trotz der von der Anklagevertretung behaupteten gemeinsamen kriminellen Verschwörung, erhoben die einzelnen Angeklagten Beschuldigungen in alle Richtungen. Zivilisten äußerten sich gegen Militärs, Heer gegen Marine, jeder gegen jeden.[1] Nur einige wenige Angeklagte entschieden sich auf Anraten ihrer Verteidiger dafür, nicht auszusagen. Viele bestritten, echte Macht gehabt zu haben und belasteten mit einer langen Reihe von Selbstrechtfertigungen andere Angeklagte.

Der ehedem vor Selbstbewusstsein strotzende General Araki meinte zu einem Reporter: »Ich hatte keine Macht. Ich habe nichts getan. Ich habe nur Befehle befolgt.«[2] General Muto Akira, der sowohl in Nanjing als auch in Manila gewesen war, als dort die Massaker stattfanden, sagte aus, er habe nichts von einem Blutbad auf den Philippinen gewusst und behauptete, General Matsui Iwane habe in Nanjing strenge militärische Disziplin durchgesetzt, als ihm Fälle von Plünderung und Vergewaltigung zu Ohren kamen.[3] Der frühere Premier- und Außenminister Hirota Koki hielt seinen Fall für so heikel, dass er es nicht riskierte, selbst in den Zeugenstand zu treten.[4]

Angesichts dieser gewaltigen Unterschiede zwischen den Angeklagten lag die Anklagevertretung wiederholt daneben. Joseph B. Keenan entriss Arthur Comyns Carr und Frank S. Tavenner jr. nach seiner Rückkehr aus Washington wieder die Kontrolle. Wie Comyns Carr mit Missfallen feststellte, übergab Keenan den Fall eines der Angeklagten einem »gerade erst eingetroffenen und absolut inkompetenten Amerikaner«, und einen weiteren Fall »entzog er einem wahrscheinlich inkompetenten Filipino [*sic*] und übertrug ihn einem mit Sicherheit inkompetenten, aber sehr sympathischen Amerikaner«.[5] Privat äußerte Comyns Carr gegenüber dem britischen Attorney General Sir Hartley Shawcross: »Zugegeben, die meisten Angeklagten weichen den plumpen Anschuldigungen, die im Kreuzverhör gegen sie vorgebracht werden, elegant aus, mit vermutlich negativem Propagandaeffekt«.[6]

Nicht alle Angeklagten kamen so leicht davon. Generalmajor Oshima Hiroshi, der sich als Botschafter in Berlin für das Bündnis mit den Achsenmächten eingesetzt hatte, gab sich alle Mühe, seine Begeisterung für das nationalsozialistische Deutsche Reich herunterzuspielen. »Ich wusste von den Konzentrationslagern, aber ich habe sie nie gesehen«, sagte er. »Und ich hörte auch Gerüchte über Misshandlungen, aber ich habe diese Tatsachen nie untersucht.« Er räumte ein, dass er persönlich Hitler eine Militärkarte von Singapur gezeigt hatte, auf der die Geschützstellungen verzeichnet waren. Ob Hitler gefragt habe, wie lange die Einnahme Singapurs dauern werde? »Ja, das hat er«, antwortete Oshima, um dann defensiv hinzuzufügen: »Es war doch nichts Falsches daran, ihnen eine Karte zu zeigen, wenn sie es gewünscht haben.«[7]

Der wegen des Massakers von Nanjing angeklagte General Matsui Iwane war zu krank, um für sich selbst auszusagen.[8] Er trat nur kurz in den Zeugenstand und überließ es ansonsten seinem amerikanischen Anwalt und mehreren japanischen Offizieren, für ihn zu sprechen. Radhabinod Pal, der einzige Richter, der von diesen Aussagen wohl höchst beeindruckt gewesen wäre, hörte sie nicht persönlich, da er die ganze Zeit daheim in Kalkutta weilte, wo er für seine Frau sorgte.

Im Zeugenstand wirkte der alt gewordene Matsui matt und hatte trübe Augen.[9] In einer Erklärung, die von seinem amerikanischen Anwalt verlesen wurde, hieß es: »Die beiden Rassen der Chinesen und Japaner hätten, wie es in der Natur der Sache liegt, brüderlich zusammenarbeiten sollten.« Der General behauptete, er habe etwa 240 Kilometer von der Schlacht entfernt krank im Bett gelegen und habe nur durch die Berichte der beiden dortigen Kommandeure (einer der beiden war Prinz Asaka Yasuhiko, der Onkel Kaiser Hirohitos) vom Fall Nanjings gehört. Er räumte zwar ein, dass bei den Kämpfen vermutlich viele Chinesen durch Bomben und Gewehrkugeln getötet wurden, bestritt aber heftig »die Verleumdung«, dass der Generalstab des japanischen Heers ein Massaker angeordnet oder toleriert habe. »Ich hatte nicht das Verlangen, in Nanjing ein Blutbad anzurichten«, erklärte er dem Gericht, »und es tat mir schrecklich leid, als es passierte.«[10]

Seine amerikanischen und japanischen Anwälte vertraten die Ansicht, sein militanter Panasianismus sei nur ein weltanschaulIches Hobby gewesen und letztlich ein Beweis für die harmlose Liebe, die er für die Chinesen empfand, bei denen er dann allerdings bald einmarschierte. Und sie untertrieben seine Macht: Als Oberbefehlshaber habe er keine Einheiten unter seinem direkten Befehl gehabt, und er sei kurz nach dem Fall Nanjings von seinem Kommando über das Heer in Zentralchina entbunden worden. Abgesehen davon habe es, wie sein amerikanischer Verteidiger verkündete, in Nanjing ohnehin keine Gräueltaten gegeben.

Mehrere japanische Offiziere, die unter Matsui gedient hatten, bezeugten, dass Nanjing ein Schauplatz höfischer Ritterlichkeit gewesen sei. Einer sagte, er habe nur die Leichen chinesischer Soldaten gesehen und nie von einem Massaker gehört. Dann fügte er hinzu, es sei »völlig unmöglich« chinesische Soldaten in Zivil von echten Zivilisten zu unterscheiden und räumte ein, manchmal die Bewohner eines ganzen Dorfes zusammengetrieben und festgehalten zu haben, bis sich die Soldaten unter ihnen ergaben und der *Kempeitai* übergeben wurden. Ein anderer japanischer Offizier sagte aus, das einzige Verbrechen, dessen Zeuge er geworden sei, habe darin bestanden, dass ein Leutnant den eleganten Schuh einer chinesischen Dame mit ins Hauptquartier gebracht habe, um damit bei seinen Soldaten anzugeben, und dieser Mann sei beinahe wegen Plünderung vor Gericht gestellt worden. »Es widerspricht den Tatsachen, dass japanische Soldaten organisierte Vergewaltigungen begangen haben«, sagte ein Oberst. »Es gab ein paar vereinzelte disziplinarische Verstöße, soweit ich mich erinnere, aber ich weiß, dass die Täter alle in Übereinstimmung mit den Gesetzen bestraft wurden.«[11]

Einem ranghohen Anwalt der japanischen Armee war es nicht genug, die sexuelle Gewalt lediglich zu bestreiten, sondern er machte die chinesischen Frauen selbst für ihre Vergewaltigung verantwortlich. Vor der Eroberung Nanjings hätten die chinesischen Frauen, wie er sagte, »gegenüber den japanischen Soldaten oft eine aufreizende Haltung eingenommen«. Wenn sie dann von ihren eifersüchtigen Ehemännern des Ehebruchs beschuldigt wurden, »änderten sie plötzlich ihre Haltung und behaupteten, dass sie vergewaltigt worden seien«. Nach dieser Verleumdung hatte er keine Erklärung dafür, warum es den sonst so lasterhaften chinesischen Frauen bei dieser Gelegenheit angeblich gelungen war, sich von den japanischen Männern fernzuhalten.[12]

Am eindrucksvollsten war freilich die Entlarvung, die dem chinesischen Anklagevertreter bei einer der Zeugenaussagen gelang, die im Rahmen der Verteidigung von General Itagaki Seishiro erfolgten, den Mei Ruao für seine Rolle bei der Invasion in China besonders verabscheute: Er entlockte einem Zeugen der Verteidigung einen starken Beweis für die in China begangenen Gräueltaten. Itagaki hatte als Heeresminister versucht, die japanischen Soldaten, die aus China zurückkehrten, daran zu hindern, ihren Freunden und Verwandten in der Heimat zu erzählen, was das japanische Militär wirklich im Ausland anrichtete, denn er fürchtete, dass die Wahrheit die Moral der Bevölkerung schwächen und den Kriegsanstrengungen schaden könnte. Nun konfrontierte der streitbare chinesische Anklagevertreter einen japanischen General, der unter Itagaki als stellvertretender Heeresminister gedient hatte, mit einem streng geheimen Bericht des japanischen Heeresministeriums über die Dinge, die japanische Soldaten daheim über ihre eigenen Taten erzählt hatten.

Der japanische General bestätigte die Echtheit des Berichts, der mit dem Vermerk »Zur Vermeidung eines Durchsickerns mit äußerster Vorsicht zu behandeln« versehen war. Die Aussagen der Soldaten umfassten Mord, Plünderung und Vergewaltigung. »Die Plünderungen unseres Heers im Kampfgebiet überschreiten jede Vorstellungskraft«, berichtete ein Soldat, und ein anderer sagte: »Was mir während der Schlacht am besten gefällt, ist das Plündern.« Eine weitere Aussage lautete: »An der Front drücken die Vorgesetzten beim Plündern beide Augen zu, und einige von ihnen haben selbst nach Herzenslust geplündert.« Wieder ein anderer meinte, in einem halben Jahr Kampf »habe ich kaum etwas anderes als Raub und Vergewaltigung gelernt«.

Die Soldaten erzählten von routinemäßigen Vergewaltigungen: »Wir nahmen eine vierköpfige Familie gefangen. Wir vertrieben uns die Zeit mit der Tochter, genau wie wir es mit einer Hure getan hätten. Aber als die

Eltern darauf bestanden, dass wir ihnen die Tochter zurückgaben, töteten wir die beiden. Wir machten mit der Tochter weiter wie zuvor, bis unsere Einheit aufbrach, und dann töteten wir sie.« Ein Soldat sagte: »Auf dem Schlachtfeld denken wir nur an Vergewaltigung.« Ein anderer sagte: »Ein Kompanieführer gab uns in Bezug auf Vergewaltigungen folgende Anweisungen: ›Damit wir keine Probleme bekommen, gebt ihnen entweder Geld oder tötet sie an einem abgelegenen Ort, wenn ihr fertig seid.‹ Wenn gegen die Soldaten, die am Krieg teilgenommen haben, einzeln ermittelt würde, wären sie vermutlich alle des Mordes, des Raubes oder der Vergewaltigung schuldig.«

Das Militär habe außerdem chinesische Spione eingesetzt, sagte ein japanischer Soldat, und sie getötet, wenn es sie nicht mehr brauchte. Ein anderer sagte: »Die Gefangenen aus der chinesischen Armee wurden manchmal in einer Reihe aufgestellt und getötet, um die Effizienz eines Maschinengewehrs zu testen.« An diesem Punkt sagte der chinesische Anklagevertreter eisig: »Ich glaube, das reicht, um das Thema militärische Disziplin abzudecken.«[13]

Der Kaiser vor Gericht

Der schwierigste Fall war der von Marquis Kido Koichi. Seine Aussage kam einem Kreuzverhör von Hirohito am nächsten, der etwa drei Kilometer und eine Welt vom Gerichtssaal in Ichigaya entfernt sicher im Kaiserpalast saß. Trotz all der Vorbereitungen, die er durch seine Monologe getroffen hatte, sollte er weder jemals verhört noch zu einer Aussage vorgeladen, noch zu einer Übergabe seiner Papiere aufgefordert werden.[14] Kido jedoch war als Lordsiegelbewahrer und wichtigster Berater des Kaisers an jedem wichtigen Wendepunkt an seiner Seite gewesen. Und so äußerte Sir William Webb privat gegenüber dem australischen Premierminister Ben Chifley, dass Kido neben Tojo Hideki einer der beiden wichtigsten Angeklagten des Prozesses sei.[15]

Wie der Kaiser, dem er diente, hatte auch Kido ein unauffälliges Äußeres. Der kleine Mann im Zeugenstand wurde von dem stämmigen amerikanischen Offizier überragt, der in Habachtstellung links neben ihm stand. Der Angeklagte war konservativ mit weißem Hemd, Anzug und Krawatte bekleidet, hatte eine runde Brille mit Drahtgestell und einen sauber gestutzten Schnurrbart, und der unförmige Kopfhörer für die Übersetzung saß auf einem fast gänzlich kahlen Schädel. Kidos Stimme war dünn, aber stahlhart, und er sprach mit großer Selbstkontrolle. Im Kreuzverhör vergrub er beide Hände in den Anzugtaschen, hustete oder biss die Zähne zusammen, wenn er nervös war.

Er bestritt nicht, dass er seinem Monarchen sehr nahe gewesen war. »Der Lordsiegelbewahrer ist nur dem Kaiser verantwortlich und dient nach seinem Belieben«, erklärte er dem Gericht mit erkennbarem Stolz. »Wenn der Lordsiegelbewahrer irgendwann nicht mit den Ansichten des Kaisers übereinstimmt, wird er vom Kaiser zum Rücktritt aufgefordert.« In vielen Teilen kam Kidos Aussage einer öffentlichen Verkündung von Hirohitos geheimen Selbstrechtfertigungsmonologen gleich.

Der Marquis sollte seinen ganzen erheblichen Listenreichtum brauchen. Wie Webb privat gegenüber MacArthur äußerte, belastete das Beweismaterial der Anklagevertretung den Kaiser.[16] In Kidos eigenem Tagebuch stand, der Kaiser habe Tojo eine Woche vor Pearl Harbor »befohlen«, »programmgemäß zu handeln«.[17] Während Webb Kidos Aussage hörte, kam er zu der persönlichen Überzeugung, dass der Kaiser schuldig war. »Der Kaiser war der Anführer«, schrieb er in den Notizen, die die Grundlage für seinen Urteilsentwurf bilden sollten. »Für den Krieg war die Autorität des Kaisers erforderlich. Hätte er keinen Krieg gewollt, hätte er ihn nicht autorisieren sollen, und wir müssen annehmen, dass der Krieg dann nicht stattgefunden hätte. Er war der einzige Mensch in Japan, der über Krieg oder Frieden entscheiden konnte.« Der Kaiser, notierte Webb außerdem, konnte sich nicht damit herausreden, dass er nur eine Gallionsfigur war, die dem Rat ihrer Minister zustimmen musste: »Er war kein Monarch mit beschränkten Befugnissen.« Und er bemerkte kalt: »Dass er riskiert hätte, ermordet zu werden, ist keine Rechtfertigung. Alle Herrscher sind einem erhöhten Risiko ausgesetzt.«[18]

In der öffentlichen Verhandlung hatte Webb immer wieder deutlich seinen Ärger (und den einiger anderer Richter) darüber zum Ausdruck gebracht, dass Keenan offensichtlich versuchte, eine Belastung des Kaisers zu vermeiden.[19] Mei war verblüfft über Webbs »Angriff auf Chefankläger Keenan, der bei der Frage nach der Verantwortung des Kaisers vor Scham errötete«.[20]

Danach verdoppelte Keenan seine Anstrengungen, den Kaiser zu entlasten. Kurz bevor Kido in den Zeugenstand trat, informierte der amerikanische Chefankläger die Presse, dass eine »gründliche Untersuchung die Anklagevertreter überzeugt hat, dass keine Beweise verfügbar sind, die die Beschuldigung stützen würden, dass der Kaiser an der Verschwörung beteiligt war«. Eine bemerkenswerte Feststellung in Anbetracht der Tat-

Abb. 31 *Joseph B. Keenan, der US-amerikanische Chefankläger neben dem Oberkommandierenden der Alliierten Mächte Douglas MacArthur, Tokio, zwischen 1945 und 1947*

sache, dass der wichtigste Berater des Kaisers noch nicht einmal ausgesagt hatte. Keenan machte für den japanischen Angriffskrieg »eine Gruppe von Gangstern« verantwortlich, die die Kontrolle über die Regierung übernommen hatte: »Sie täuschten Hirohito und machten das japanische Volk glauben, dass der Kaiser sie bei ihrem Angriffskrieg unterstützte.«[21] Als Keenan im Gerichtssaal erneut behauptete, die Angeklagten hätten das japanische Volk durch Betrug dazu gebracht, dem Kaiser die Schuld zu geben, widersprach Webb: »Es ist das erste Mal in diesem langen Prozess, dass dies behauptet wird, und es widerspricht dem Beweismaterial der Anklagevertretung.«[22]

Angesichts der drohenden Aussage Kidos wollte auch MacArthur den Kaiser unbedingt entlastet haben. Wie der japanische Diplomat notierte, der als Verbindungsmann zwischen den »zwei großen Tieren« (dem Kaiser und dem General) diente, hatte sich Hirohito mit mehreren hohen amerikanischen Funktionsträgern angefreundet. So hatte er mit Brigadegeneral Bonner F. Fellers Kontakt aufgenommen, der sich in MacArthurs innerem Kreis vermutlich am stärksten für ihn eingesetzt hatte, und ihm mitgeteilt, dass er sehr schätzte, was er für ihn getan hatte.[23]

Dass der Thron immer noch sehr wichtig war, entging auch dem einflussreichen indischen Diplomaten K. P. S. Menon nicht. Er berichtete Jawaharlal Nehru, dass »der Kaiser immer noch als die Personifikation und Essenz Japans betrachtet wird, als das Symbol der Kontinuität einer 2000-jährigen (halb-mythischen) japanischen Geschichte.« Er war besorgt, dass das Allgemeine Hauptquartier »die Position des Kaisers eher stärkte als schwächte, indem es ihn mit einem modernen statt einem mittelalterlichen Heiligenschein ausstattete«. Auf einer von japanischen Freunden veranstalteten Dinnerparty war der indische Gesandte fassungslos, als alle japanischen Gäste ein Lied anstimmten, in dem es darum ging, für den Kaiser zu sterben: »Ich habe nur einen Wunsch: bei meinem Kaiser zu sein, tot oder lebendig.«[24]

Kido wollte sich und den Kaiser entlasten, indem er dem Militär, und insbesondere Tojo Hideki und dem Heer die Schuld am Krieg gab. Er erinnerte sich später an die Aufregung bei den angeklagten Militärs, als er seine eidesstattliche Aussage tätigte.[25] In seiner Selbstentlastung betonte er die »ständigen Zusammenstöße«, die er im Lauf von 15 Jahren mit einem gefährlichen militärischen Apparat gehabt hatte und untergrub dadurch die Behauptung anderer Angeklagter, das friedliche Japan sei durch die unverschämten Forderungen der Hull-Note zu einem Verteidigungskrieg gezwungen worden. Seiner Ansicht nach war es nur natürlich, dass die Militärs zurückgeschlagen hatten.[26] »Unter den japanischen Führungspersönlichkeiten, die jetzt auf der Anklagebank sitzen, hätten die Atombombenexplosionen, die Hiroshima und Nagasaki verwüsteten, nicht mehr Entsetzen auslösen können als Kidos Aussage«, schrieb ein zu Übertreibungen neigender Reporter von *Associated Press*.[27]

Kido war von der »hervorragenden« Leistung seines Verteidigers William Logan jr. begeistert und ihm für den Rest seines Lebens dankbar. »Hätte ich nur japanische Verteidiger gehabt, so hätte wahrscheinlich keine Hoffnung für mich bestanden«, erinnerte er sich später. Logan arbeitete mit Kidos zweitältestem Sohn zusammen und bereitete sich im Ferienhaus des Marquis südlich von Tokio mehr als einen Monat lang vor: »Er lernte mein voluminöses Tagebuch fast gänzlich auswendig.«

Die Anklagevertretung hatte ursprünglich Gleiches mit Gleichem bekämpfen wollen, indem sie den schlauen Comyns Carr auf den listigen Kido im Zeugenstand ansetzte, was einen äußerst kunstvollen geistigen Wettstreit versprochen hätte. Der Marquis war beunruhigt und machte sich Sorgen, denn sein britischer Gegner war »ein ziemlicher Gauner und der skrupelloseste unter den Anklägern, und ich (…) war gewarnt worden, extrem auf der Hut zu sein«. Kido und Logan setzten ganz auf die eigene Zeugenaussage des Marquis. »Diese sensationelle Ankündigung trieb Comyns Carr in den Wahnsinn«, sollte Kido später prahlen.[28]

Dann jedoch schob Keenan im letzten Moment Comyns Carr beiseite, vermutlich um sicherzustellen, dass Hirohito leicht davonkam. Die britische Regierung war außer sich. Dieser Personalwechsel in letzter Minute sei »unhöflich« und »schwachsinnig«, schrieb ein führender britischer Regierungsbeamter an Shawcross.[29] Keenan »zeigt jetzt sein wahres Gesicht«, schrieb Comyns Carr wutentbrannt in einem Brief an Shawcross, den er als zu grob empfand, um ihn abzuschicken. Der US-amerikanische Chefankläger, schäumte Comyns Carr in dem Schreiben, wolle verhindern, »dass das Commonwealth in dem Prozess eine zu große Rolle spielt«, und er wolle seine Fehde mit Webb über die Schuld des Kaisers fortsetzen.[30]

»Keenan«, schrieb Comyns Carr an einen anderen britischen Regierungsbeamten, »hat offenbar, obwohl, oder vielleicht auch weil, er offenbar immer noch trocken ist, dem Prozess und dem Kontingent des Commonwealth übel mitgespielt und am Ende auch noch die meisten Amerikaner gegen sich aufgebracht, wenngleich keiner von ihnen den Mut hat, es ihm zu sagen. Was für ein Leben!«[31] Und an Shawcross schrieb er: »Ich schluckte meinen Stolz hinunter und arbeitete dreimal so viel wie sonst, um Keenan beizubringen, Kido so ins Kreuzverhör zu nehmen, wie ich es selbst gemacht hätte, und um seinen völlig unfähigen Stab zu unterrichten.«[32]

Noch bevor Kido in den Zeugenstand trat, stand Keenan auf und erhob Einspruch gegen seine eidesstattliche Erklärung, weil sie zu lang und zu argumentativ sei. Kido glaubte, dass es dem Chefankläger bei dem Einspruch eher darum ging, den Kaiser zu schützen. Er erklärte später, Keenan sei über die in der Erklärung enthaltene ausführliche Beschreibung von Kidos Beziehung zum Kaiser überrascht und sehr beunruhigt gewesen: »Wie es den Anschein hat, teilte General MacArthur Mr. Keenan mit, dass es die Politik der Alliierten sei, eine Erwähnung des Kaisers unbedingt zu vermeiden.«[33]

Der Strippenzieher

Wegen der unsichtbaren, aber spürbaren Gegenwart des Kaisers war der eigentlich nur für eine Person gedachte Zeugenstand ausgesprochen überfüllt, als Kido aussagte. Der Lordsiegelbewahrer behauptete, der Monarch sei eine erleuchtete Stimme des Friedens gewesen, habe es jedoch nicht geschafft, die Hardliner vom Heer im Zaum zu halten.[34] Neben dem unsichtbaren Kaiser standen tatsächlich auch noch zwei Kidos im Zeugenstand: der persönlich anwesende Kido und der frühere Kido aus dem von ihm geschriebenen Tagebuch. Zwar betonte der Marquis, er habe dieses wichtigste Einzelbeweisstück der Anklagevertretung freiwillig dem Gericht übergeben, war aber dennoch frustriert, als er feststellen musste, dass seine früheren Einträge ihm nun im Kontext der Anklage vorgehalten wurden.

Logan, ein kahl werdender Mann mit scharfen Augen hinter runden Brillengläsern, las die lange, selbstrechtfertigende eidesstattliche Erklärung seines Mandanten laut vor. »Mein Leben war dem Kampf gegen die Militaristen gewidmet«, erklärte der Marquis. Er griff mehrere angeklagte Militärs heraus und verurteilte offen den von Oberst Hashimoto Kingoro begangenen Putschversuch als einen »Fluch für das Land, der das heutige Elend heraufbeschworen hat«. Auf einer unangenehmen Busfahrt zurück in das Sugamo-Gefängnis starrten die mitangeklagten Militärs Kido hasserfüllt an. »Normalerweise würde man einen solchen Gauner erwürgen«, sagte Hashimoto. »Aber so etwas können wir jetzt nicht tun.«[35]

Der eigentliche Vorwurf der Anklagevertretung lautete, dass Kido ein Helfer der Extremisten gewesen sei, eine auf dem rechten Flügel angesiedelte Figur des Establishments, die hätte wissen müssen, wie wichtig es war, den Fanatikern des Militärs die Stirn zu bieten. In diesem Punkt erwies sich Kidos Verteidigungsstrategie als eher ungünstig. Er sagte, er sei gegen den Einmarsch der aufrührerischen Kwantung-Armee in die Mandschurei gewesen; gleichzeitig gab er jedoch zu, dass er es richtig gefunden hatte, die in der Mandschurei lebenden Japaner zu verteidigen, weil er fürchtete, sie könnten von den chinesischen Kommunisten umgebracht werden. Auch wäre mit einem Militärputsch oder einer Revolution zu rechnen gewesen, wenn er den Einmarsch nicht geduldet hätte. Als der Kaiser nach der Eroberung der Mandschurei um ein kaiserliches Reskript gebeten wurde, das Japans Austritt aus dem Völkerbund genehmigte, war Hirohito der Forderung nachgekommen, hatte allerdings die private Anweisung gegeben, in den Text hineinzuschreiben, es sei bedauerlich, dass man Japan zum Austritt aus dem Bund gezwungen habe.

Kido erinnerte sich mit Schrecken an den Militärputsch vom Februar 1936, als er in einer verschneiten Nacht kurz vor dem Morgengrauen aus tiefem Schlaf gerissen wurde und man ihm mitteilte, dass sein Amtsvorgänger als Lordsiegelbewahrer in seinem Haus von Soldaten ermordet worden sei. Hirohito selbst hatte damals den Heeresminister getadelt und ihm befohlen, den Putsch sobald wie möglich niederzuschlagen. Nach dieser furchterregenden Episode hatte der Kaiser keine große Lust mehr auf weitere Konfrontationen mit dem Militär gehabt. Der Aufstand hatte zivile Politiker zum Schweigen gebracht, weil sie annahmen, es könnte besser sein, dass die Armee durch die Eroberung fremder Länder Dampf abließ, als dass sie wieder im eigenen Land nach der Macht griff. Wie Kido dem Gericht mitteilte, wurden er und seine Familie damals schon aus Angst vor Attentätern von fünf Polizisten bewacht.[36]

Kido wies jede Mitschuld am japanischen Einmarsch in China zurück, dem Punkt, den die Verteidigung in ihrem allgemeinen Vortrag seiner Ansicht nach am schlechtesten behandelt hatte.[37] Die Anklagevertretung beschuldigte ihn, er habe sich einer Verschwörung angeschlossen, als er im Oktober 1937, einige Monate, nachdem der Krieg gegen China in vollem Umfang begonnen hatte, in das Kabinett eintrat. Er reagierte gereizt auf die Behauptung, er habe sich durch sein Abstimmungsverhalten als Erziehungsminister an allem mitschuldig gemacht, was die Japaner taten, bevor sein Gastspiel im Kabinett im August 1939 endete. Doch selbst die entlastendsten Einträge in seinem Tagebuch lassen vermuten, dass er zwar auf einen Erfolg der Friedensgespräche mit Chiang Kai-shek hoffte, aber davor zurückscheute, die Hardliner beim Heer zu diesem Zweck unter Druck zu setzen. Er hatte an der Kabinettsitzung teilgenommen, die die schicksalsschwere Entscheidung traf, nicht mehr mit der Regierung der Nationalchinesen zu verkehren, aber dazu keine Meinung geäußert.[38] Er sagte aus, er habe gefürchtet, dass die extremistischen Militärs erneut putschten, wenn das Land mit China Frieden schlösse. Deshalb habe er dem Premierminister gesagt, dass »es vielleicht notwendig ist, das Sicherheitsventil offen zu lassen« und damit eingestanden, dass es notwendig war, die Abenteuer des Militärs im Ausland zu dulden.[39]

Kido war empört, als er sich »in Bezug auf den Zwischenfall in Nanjing«, der sich in seiner Amtszeit als Erziehungsminister zugetragen hatte, »aggressiv verfolgt« sah.[40] Er beharrte darauf, dass er erst nach dem Krieg von dem Massaker erfahren hatte. »Wenn ich damals schon davon gehört hätte«, sagte er, »hätte ich natürlich versucht, etwas dagegen zu tun, selbst wenn das Kabinett nicht dafür zuständig war.« Es war schwer zu glauben, dass der gut informierte, klatschsüchtige Kido von der Sache nichts gehört hatte. Außerdem erwähnte er nicht, dass er sich laut seinem Tagebuch im Juli 1943 mit Hirohitos jüngerem Bruder Mikasa getroffen hatte. Der Prinz hatte als Soldat in China gekämpft. Er war fassungslos über die dort verübten Gräueltaten und hatte Kido über »die aktuelle Situation in China« informiert.[41]

»Wer nicht wagt, der nicht gewinnt«

Kido war im Mai 1940 in der exklusiveren Rolle des Lordsiegelbewahrers an die Schalthebel der Macht zurückgekehrt. Als begehrter Gesprächspartner von Führungspersönlichkeiten wie Tojo Hideki saß er auf einem Logenplatz, als Japan in den Krieg hineinschlitterte. Genau wie der Kaiser, dem er diente, präsentierte auch er freilich seine Aufgabe an der Spitze des Staates als eine fast ausschließlich zeremonielle. Seine Pflichten im Kaiserpalast, betonte er, erlaubten es ihm nicht, sich in die Politik einzumischen. Er habe seine wahren Ansichten nur privat äußern können. Sobald das Kabinett über die Geschicke der Nation entschieden hatte, habe er in Übereinstimmung mit den Verfassungsprinzipien dem Kaiser zur Zustimmung geraten.

Als Japan im Juli 1941 den Süden Französisch-Indochinas besetzt und die Vereinigten Staaten Wirtschaftssanktionen gegen Japan verhängt hatten, hatte der Generalstabschef der Marine den Kaiser über Japans schwindende Ölvorräte informiert, und Kido hatte »wegen der Angst des Kaisers vor der Gefahr, einen verzweifelten Krieg führen zu müssen, eine nervöse Unruhe ergriffen«. Er hatte jedoch dem Kaiser versichert, dass die pessimistische Einschätzung der Marine zu einfach sei und sich dagegen ausgesprochen, aus dem Dreimächtepakt mit dem Deutschen Reich und Italien auszusteigen.[42]

Anfang August hatte Kido seinen Jugendfreund Prinz Konoe Fumimaro davor gewarnt, sich übereilt für einen Krieg gegen die Vereinigten Staaten zu entscheiden. Wenige Tage später hatte er, wie er sagte, den Premierminister mit Argumenten versorgt, um das Militär umzustimmen und davor gewarnt, dass ein Angriff auf Niederländisch-Ostindien zur Ölbeschaffung eine Kriegserklärung der USA nach sich ziehen werde. Er riet dringend, sich auf zehn Jahre harten Kampf einzustellen: »Wir konnten nicht tun, was wir wollten, weil wir als Nation nicht über genug Macht verfügten.«[43]

Kido betonte, dass er bei der entscheidenden Kaiserlichen Konferenz am 6. September nicht im Raum gewesen war, als sich die Führung Japans erstmals für einen Krieg gegen die Vereinigten Staaten entschied, falls bis Mitte Oktober keine diplomatische Lösung erreicht wäre. Kido sagte, er habe den Premierminister gewarnt, dass eine solche Fristsetzung gefährlich sei. Als ihm jedoch der Kaiser gesagt habe, dass er bei der Kaiserlichen Konferenz Fragen stellen wolle, hatte ihm der Lordsiegelbewahrer geraten, den Präsidenten des Kronrats die wichtigen Fragen behandeln zu lassen und selbst das Oberkommando des Militärs zu drängen, der Diplomatie eine Chance zu geben. Kido erinnerte das Gericht daran, dass Hirohito jenes Friedensgedicht vorgelesen hatte, das sein Großvater, der Meiji-Kaiser, verfasst hatte.

In seiner eidesstattlichen Erklärung hatte Kido den Kriegsbeschluss vom 6. September als »Gift« und als »Krebsgeschwür« bezeichnet. In seinem Tagebuch ist nachzulesen, dass er versuchte, den niedergeschlagenen Konoe dazu zu bringen, die Entscheidung für einen Krieg gegen die Vereinigten Staaten noch einmal zu überdenken – aber auch massive militärische Angriffe auf die chinesischen Städte Chongqing und Kunming empfahl, um den Krieg gegen China zu beenden. Um diese Aussagen in seinem Tagebuch zu kompensieren, musste er in seiner eidesstattlichen Erklärung die originelle Behauptung aufstellen, er habe den Krieg mit China nur deshalb intensivieren wollen, um leichter mit den Vereinigten Staaten Frieden schließen zu können.[44]

Ab Mitte Oktober hatte Hirohito laut Kidos Aussage über das Reskript mit der Kriegserklärung nachgedacht, mit dessen Verkündung er nun jeden Tag rechnen musste. Der Kaiser hatte resigniert gesagt, das Kabinett solle Pläne für die Beendigung des Krieges machen, bei denen der Vatikan als Vermittler von Friedensgesprächen eingesetzt werden könne. Er hatte sich beschwert, dass seine neuesten Reskripte über den Austritt aus dem Völkerbund und das Bündnis mit dem Deutschen Reich von seinem Volk irgendwie missverstanden worden seien, obwohl er dachte, er habe darin die Wichtigkeit des Weltfriedens betont.[45]

Als Konoes Regierung angesichts der Unnachgiebigkeit des Militärs zusammenbrach, hatte Kido seine folgenschwerste Entscheidung getroffen: die Wahl eines neuen Premierministers. Aber wie sein Tagebuch bewies, hatte er dabei vor allem den Schutz des Thrones im Blick gehabt.

Im Friedenslager waren viele für Prinz Higashikuni Naruhiko gewesen, einen General, der eine Tochter des Meiji-Kaisers geheiratet hatte, als neuen Premierminister, Kido jedoch fürchtete, dass es eine Revolution gegen die Monarchie auslösen konnte, wenn ein »Prinz von Geblüt« für einen möglichen Krieg verantwortlich wäre.[46] »Ich dachte, die kaiserliche Familie könnte den Hass des Volkes auf sich ziehen«, sagte er ganz unverblümt vor Gericht. Deshalb hatte er den Kaiser gedrängt, Tojo zum Premierminister zu machen, einen Mann, von dem er wusste, dass er hartnäckiger Befürworter eines sofortigen Krieges war. Ein Berufssoldat, behauptete Kido, hätte die Armee womöglich noch von einem Krieg abhalten können. Und der Kaiser hatte ihm mit den Worten »Wer nicht wagt, der nicht gewinnt« zugestimmt.[47]

An diesem Punkt lief Kidos Zeugenaussage aus dem Ruder. In dem Bestreben, seine gut dokumentierte Befürwortung von Tojos Ernennung zum Premierminister zu erklären, machte er den Fehler, darauf hinzuweisen, wie stark sich der künftige Premierminister dem Kaiser gebeugt hatte. Kido schrieb in seiner eidesstattlichen Erklärung: »Die Achtung vor den Wünschen des Kaisers war allen Soldaten gemeinsam, aber bei Tojo war sie besonders stark.« Kido wollte damit sagen, dass der gefügige Tojo der Anweisung des Kaisers, den auf der letzten Kaiserlichen Konferenz gefassten Kriegsbeschluss noch einmal zu überdenken, folgen würde. Doch die Aussage war für seine umfassendere Verteidigung des Throns eine Katastrophe. Wenn er nämlich solches Vertrauen in die Kontrolle des Kaisers über das Militär hatte, warum hatte er dann nicht dafür gesorgt, dass Hirohito Tojo und die Generale von ihren Eroberungen in den zehn Jahren zuvor abgehalten hatte? Und warum hatte der Kaiser Tojo nicht befohlen, einen nicht zu gewinnenden Krieg zu vermeiden?

Wie schon viele andere Konservative in der Geschichte, die Rechtsextremisten an die Macht gebracht haben, hatte auch Kido womöglich die Vorstellung, Tojo unter Kontrolle halten zu können.[48] Er brüstete sich damit, dass der neue Premierminister »sich voll und ganz den Verhandlungen mit Amerika widmete, um den Wünschen des Kaisers zu entsprechen.« Tatsächlich jedoch dauerten die Anstrengungen der Regierung Tojo, Japan auf dem Weg in den Krieg aufzuhalten, keine drei Wochen. Während sich der neue Außenminister Togo Shigenori leidenschaftlich dafür einsetzte, in China und Indochina unangenehme Zugeständnisse zu machen, die den Krieg abwenden konnten, blieb Kidos Haltung ein Rätsel. »Ich enthüllte meine wahren Absichten keinem Menschen außer zwei oder drei engen Vertrauten«, sagte er aus. »Ich habe konsequent geschwiegen.«[49] Als das Datum für den Angriff feststand, machte er sich daran, ein kaiserliches Reskript für die Kriegserklärung zu schreiben.

Auf dem Weg ins Büro, als der Angriff auf Pearl Harbor schon im Gang war, sah Kido die aufgehende Sonne über Tokio. Und, wie er in sein Tagebuch schrieb, empfand er sie als symbolisch für Japans Schicksal im Krieg gegen »die zwei größten Mächte der Welt«, die Vereinigten Staaten und Großbritannien; er schloss die Augen und betete für den Sieg der japanischen Flugzeuge. Später an jenem Morgen bekam er »die großartige Nachricht von unserem erfolgreichen Angriff auf Hawaii«. Und er war zutiefst beeindruckt von der beherrschten Haltung mit der der Kaiser sein schicksalsschweres Reskript mit der Kriegserklärung herausgab.[50]

»Die hervorragenden Ergebnisse, durch die wir immer wieder beglückt werden«

In Kidos eidesstattlicher Erklärung stand kaum etwas über seine Aktivitäten während des Krieges. Doch sein Tagebuch offenbart, dass er ein integraler Bestandteil des Kaiserpalasts war, als dieser seine Rolle spielte. Seine eigenen Worte zeigen deutlich, dass er über die anfänglichen Erfolge seines Landes hocherfreut war und dass er den Thron nutzte, um einen glühenden Kriegspatriotismus zu propagieren.[51] Statt die frühen Siege zu nutzen, um ein Ende des Krieges herbeizuführen, bevor die Vereinigten Staaten ihre industrielle Macht mobilisierten, zeigte er nur wenig Neigung, den Streitkräften in den berauschenden Monaten ihres Triumphs die Stirn zu bieten.[52]

Er legte großes Gewicht auf einen bemerkenswerten Punkt im Februar 1942, als er den Kaiser gedrängt hatte, so bald wie möglich Frieden zu schließen, weil man die Amerikaner nun so stark bearbeitet habe, dass sie mit besseren Bedingungen an den Verhandlungstisch zurückkehren würden. Einige Tage später hatte Hirohito Tojo gesagt, er solle keine Gelegenheit zur Beendigung des Krieges verpassen – vermutlich die stärkste Warnung, die der Kaiser während des Krieges gegenüber den Streitkräften aussprach.[53] Kido versäumte es freilich, in seiner Aussage zu erwähnen, dass er die rasche Eroberung Singapurs damals begeistert als »mutig« und »wirklich inspirierend« bezeichnet hatte.[54] Der Kaiser hatte frohlockt: »Kido, ich hacke vielleicht zu viel darauf herum, aber ich sage noch einmal: Es ist meine feste Überzeugung, dass die hervorragenden Ergebnisse, durch die wir immer wieder beglückt werden, das Ergebnis unserer gründlich durchdachten Pläne sind.« Kido hatte laut seinem Tagebuch die Freudentränen nicht zurückhalten können.[55] Einige Wochen später gratulierte er dem Kaiser zum Fall Niederländisch-Ostindiens und schaffte es kaum seine Glückwünsche zu äußern, weil er den Redefluss des zufriedenen Monarchen nur mühsam unterbrechen konnte.[56] Er arbeitete an kaiserlichen Reskripten zur Absegnung der Schlachten um Burma und im Korallenmeer.[57]

Dem Vorwurf, er sei an den Kriegsverbrechen gegen alliierte Kriegsgefangene mitschuldig, begegnete er mit der Versicherung, dass er dem Militär getraut habe, wohingegen er im Rest seiner eidesstattlichen Erklärung sein Misstrauen gegen das Militär betonte. Nach dem Fall Hongkongs wurde er, wie aus seinem Tagebuch hervorgeht, darüber informiert, dass sich die Briten heftig über die dort begangenen Gräueltaten beschwerten.[58] In sei-

Abb. 32 *Marquis Kido Koichi, als Lordsiegelbewahrer engster Berater Kaiser Hirohitos, sagt im Oktober 1947 zu seiner eigenen Verteidigung aus.*

ner eidesstattlichen Erklärung behauptete er, die Information an Hirohito weitergegeben zu haben, und dass dieser Tojo angewiesen habe, sich darum zu kümmern. Kido sagte aus, Tojo habe ihm versichert, dass die britischen Vorwürfe unwahr seien, und das habe er von ganzem Herzen geglaubt.[59] An einem anderen Punkt seiner Aussage behauptete Kido, er sei gelegentlich vom Außenminister über Proteste der Alliierten informiert worden, habe jedoch angenommen, dass die Armee ernsthaft daran arbeitete, ihr Verhalten zu verbessern. Der gut informierte Höfling behauptete, er habe erst während seines eigenen Prozesses »zu meinem großen Erstaunen« detaillierte Berichte gehört.

Als sich das Blatt im Juni 1942 nach der katastrophalen japanischen Niederlage in der Seeschlacht um Midway zu Ungunsten Japans wendete, traf der erschütterte Kido die kluge Entscheidung, diesmal kein kaiserliches Reskript herauszubringen.[60] Anfang 1944 hatte er jede Hoffnung auf das von der Armee versprochene Wunder verloren, dass eine »Entscheidungsschlacht« zu Friedensgesprächen mit günstigen Bedingungen für Japan führen sollte.[61] Sein wachsender Widerstand gegen den Krieg war größtenteils von der Furcht getrieben, dass dieser zu einer kommunistischen Revolution führen konnte. Dennoch widerstrebte es ihm immer noch, die harten Konzessionen zu machen, die einzig einen Frieden versprachen, und er betonte, dass Japan keine Soldaten aus China abziehen könne, bevor das Bündnis zwischen der Regierung Chiang Kai-shek und den Vereinigten Staaten und Großbritannien aufgelöst sei.[62]

Ab Ende 1944 hörte er Luftangriffe mit bis zu 70 Flugzeugen am Himmel über er Hauptstadt und das Donnern der Luftabwehrgeschütze. Einmal beobachtete er B-29-Maschinen, die in neun Formationen über die Stadt flogen, und sah zum ersten Mal, wie eine von einem japanischen

Jagdflugzeug abgeschossen wurde. Er vermerkte, dass amerikanische Brandbomben in der Umgebung Tokios riesige Brände verursachten.[63] In seiner eidesstattlichen Erklärung erwähnte er nicht, dass er im März 1945 mit Hirohito den Kaiserpalast verließ und die durch den Krieg zerstörten Gebiete besichtigte, mit anderen Worten, er besuchte das mehr als 40 Quadratkilometer große Trümmerfeld, das der verheerende amerikanische Brandbombenangriff auf Tokio eine Woche zuvor hinterlassen hatte.[64] Gekleidet in eine Militäruniform hatte Hirohito Gebiete in der Nähe des Flusses Sumida aufgesucht, die es besonders schlimm erwischt hatte. Er hatte traumatisierte Überlebende getroffen und war dann in den Kaiserpalast im Zentrum Tokios zurückgekehrt. Wir wissen nicht, was für einen Eindruck der Ausflug auf den Kaiser machte, aber einer seiner Berater machte sich Sorgen angesichts des vorwurfsvollen Ausdrucks in den Gesichtern der in den Trümmern grabenden Menschen, als sie den Autokonvoi des Kaisers erkannten.[65]

Als eine Invasion amerikanischer Bodentruppen auf den japanischen Hauptinseln unmittelbar bevorstand, hatte Kido für ein neues Kabinett unter dem alten Admiral Suzuki Kantaro gesorgt, das einen Friedensschluss anstreben sollte. Am 5. April hatte Kido bei einer Beratungssitzung mit führenden Politikern schließlich eine emotionale Auseinandersetzung mit Tojo gehabt. Wie er in seiner eidesstattlichen Erklärung schrieb, hatte es niemand gewagt, sich in Tojos Anwesenheit für einen Friedensschluss einzusetzen, da »jede taktlose Bemerkung das Heer zu einer brutalen Gegenmaßnahme motivieren konnte«, will heißen, Tojo konnte dafür sorgen, dass der Kritiker erschossen wurde. Als Tojo in der Sitzung vorschlug, statt Suzuki einen Mann aus dem Heer zum Premierminister zu machen, warnte Kido, dass das japanische Volk sich gegen das Militär wenden könne und »unser Heimatland im Begriff ist, sich in ein Schlachtfeld zu verwandeln«.

Tojo reagierte auf die Möglichkeit, dass er seinen Willen nicht bekam, mit einer undurchsichtigen, aber erschreckenden Drohung. »Es besteht die Befürchtung«, erklärte er, »dass das Heer eine distanzierte Position einnehmen wird«, die zu einem Zusammenbruch des Kabinetts geführt hätte. Kido fragte bestürzt, ob es Anzeichen für einen derart drastischen Schritt gebe, der seiner Ansicht nach einem Staatsstreich gleichkäme. »Ich kann nicht sagen, dass es keine gibt«, knurrte Tojo. Mehrere der anwesenden Politiker waren über diese unverhüllte Drohung erschüttert. Kido warnte Tojo, dass das japanische Volk womöglich die Kriegsanstrengungen aufgeben werde, falls das passiere. Damit war die stürmische Sitzung zu Ende gewesen. Kido und der Kaiser hatten sich endlich für den Weg des Friedens entschieden.[66]

Kido behandelte in seiner eidesstattlichen Erklärung ausführlich die Friedensinitiative des Kaisers im Juni und Juli 1945. Offensichtlich erschüttert über die Brandbombenangriffe auf Tokio und andere Städte, hatte Kido »mit Angst und Schrecken« festgestellt, dass es keine andere Alternative mehr gab, als den Kaiser zum Handeln aufzufordern. Am 22. Juni wies der Kaiser schließlich die führenden Politiker des Landes an, sich um eine Beendigung des Krieges zu bemühen. Als der Generalstabschef des Heeres Widerspruch erhob, warnte der Kaiser, sie dürften diese Chance nicht verpassen, und der Generalstabschef lenkte tatsächlich ein – eine eindrucksvolle Demonstration kaiserlicher Macht.[67]

Der Wahl des sowjetischen Kanals für die gescheiterten Friedensbemühungen lag vielleicht auch eine rassische Motivation zugrunde. Wie Kido in einem Abschnitt seines Tagebuchs notiert hatte, der klugerweise nicht im Gerichtssaal verlesen wurde, bestand der beste Weg, »um als farbige Rasse eine Isolierung und Angriffe anderer Länder zu vermeiden« darin, »heimlich mit Sowjetrussland und China zu kooperieren, die in ihrer Position gegenüber den Angelsachsen, den USA und Großbritannien, im Wesentlichen orientalisch sind.«[68]

Der Gerichtssaal lauschte fasziniert Kidos Version des Kriegsendes. Kurz nach der Vernichtung Nagasakis hatte der Lordsiegelbewahrer laut seiner eigenen Aussage Hirohito gedrängt, ein kaiserliches Reskript, das den Krieg beendete, im Radio zu verlesen. Nach der entscheidenden Kaiserlichen Konferenz am 9. und 10. August teilte der Kaiser Kido mit, dass die Armee zwar immer noch leidenschaftlich eine Entscheidungsschlacht auf den japanischen Hauptinseln anstrebe, er jedoch gefragt habe, wie man den Krieg überhaupt noch gewinnen könne. Der Kaiser sagte, dass »ich nicht mitansehen könnte, wie unsere loyalen Truppen entwaffnet oder die für den Krieg Verantwortlichen bestraft werden, insbesondere, da sie in ihrer Verehrung für mich nie wankten und ihre Hingabe und Loyalität stets ungetrübt blieb. Dennoch glaube ich, jetzt ist es an der Zeit, das Unerträgliche zu ertragen«. Und so schluckte der Monarch seine Tränen hinunter und stimmte dem Frieden zu. Als Kido ihn danach aufsuchte, hatte er noch immer Tränen in den Augen, und der Lordsiegelbewahrer war so überwältigt, dass er den Kopf nicht heben konnte.[69]

Kidos Bericht über das Ende des Krieges endete, wie er begonnen hatte: mit seiner Furcht vor einem Militärputsch. Nach 3 Uhr morgens am 15. August kam ein Palastbeamter in das Zimmer des Lordsiegelbewahrers gerannt und informierte ihn, dass die kaiserliche Garde einen Aufstand mache und auf der Suche nach der phonographischen Aufnahme, auf der der Kaiser das Reskript zur Beendigung des Zweiten Weltkriegs verlas, den Palast durchsuche. Mit einem Schlag hellwach, versteckte sich Kido in den Gemächern des Hofarztes, rannte dann jedoch wieder zurück in sein Zimmer, wo er alle wichtigen Geheimdokumente zerriss und sie in die Toilette warf. Den Rest der Nacht versteckte er sich in einem unterirdischen Gewölberaum und kam erst bei Tagesanbruch wieder heraus, als ein Palastbeamter ihm sagte, dass ein hochrangiger General die Verschwörer festgenommen habe.

Laut Kidos Aussage hatten die Aufständischen den Palast auch nach ihm durchsucht. Gegen 4.30 Uhr hatten sieben oder acht mit Handgranaten, Pistolen und Schwertern bewaffnete Männer auch sein verbranntes Haus im Stadtteil Akasaka, südwestlich des Kaiserpalasts, durchsucht und einen mit seinem Schutz beauftragten Polizisten verletzt. Die Attentäter, schrieb Kido in seiner eidesstattlichen Erklärung, hätten ihm auf einem zeremoniellen Tablett einen Dolch mitgebracht, mit dem er rituellen Selbstmord begehen sollte. Bei einer Weigerung hätten sie ihn selbst umgebracht. Später stiegen die gescheiterten Attentäter auf einen Hügel in Tokio und sprengten sich mit Handgranaten in die Luft.

Als die Kapitulation an jenem Tag um zwölf Uhr mittags übertragen wurde, war Kido, wie es in seinem Tagebuch heißt, zu Tränen gerührt. Wie er es darstellte, war damit sowohl der Krieg als auch sein Kampf gegen die Militaristen beendet. Er stellte sich als einen Mann dar, der für den Frieden fast zum Märtyrer geworden wäre, weil er schon während des Februarputschs 1936 und im Vorfeld von Pearl Harbor Kopf und Kragen riskiert und den Krieg schließlich zu einem Ende gebracht hatte. »Ich war von Anfang bis Ende gegen den Pazifikkrieg«, behauptete er. »Ich hatte ihn nie auf irgendeine aktive Art unterstützt.«[70]

»Wir verhandeln hier nicht gegen den Kaiser«

Als Kidos amerikanischer Anwalt mit der Verlesung der langen eidesstattlichen Erklärung fertig war, fielen alle über seinen Mandanten her. Zuerst hagelte es die säuerlichen Fragen anderer Verteidiger. Kido erklärte nervös, er wolle niemand Bestimmtes zum Militaristen erklären, bezeichnete allerdings General Itagaki Seishiro namentlich als einen der Übeltäter. Als er von Tojo Hidekis Anwalt Kiyose Ichiro unter Druck gesetzt wurde, relativierte er sogar seine eigene Heldentat in der stürmischen Sitzung, in der Tojo angeblich mit einem Putsch gedroht hatte, und ließ Tojo gerade genug Spielraum für die Behauptung, er habe nicht wirklich einen Putsch im Sinn gehabt.[71]

Nun erhob sich Joseph B. Keenan und nahm Kido für die Anklage ins Kreuzverhör. Er verfolgte das Ziel, den Kaiser zu verschonen, aber seinen Chefberater zu verurteilen. Das Ergebnis war, wie der entmachtete Comyns Carr heimlich seine Regierung informierte, eine Katastrophe. Er warnte außerdem, dass die Aussagen der japanischen Angeklagten ziemlich eindeutig Hirohitos Schuld bewiesen hätten.[72]

Keenan sprach mit sonorer Stimme und bediente sich eines ausgesprochen blumigen Vokabulars, das die japanischen Dolmetscher des Gerichts zur Verzweiflung trieb. Er hatte eine Hand an der Ohrmuschel und klang oft, als werde er entweder gleich den Faden verlieren oder einen Wutanfall bekommen. Als er Kido beschuldigte, seine eigene Haut retten zu wollen, nahm der Marquis eine trotzige Haltung ein: Seine Augen funkelten hinter der runden Brille und er schob das Kinn vor.

Wie Kido später erleichtert bemerkte, hatte Keenan seinen Fall nicht gründlich genug studiert: »Ein Großteil seines Kreuzverhörs ging daneben (…) ich als Angeklagter war besser vorbereitet, und der Anklagevertreter Carr, der das Ganze mit ansehen musste, schlug vor Frust mit der Faust auf den Tisch.«[73] Immer wieder mussten andere Anklagevertreter aufspringen und Keenan Papiere bringen, um ihn darauf hinzuweisen, was er alles ansprechen sollte. Comyns Carr, den Keenan um Hilfe gebeten hatte, konnte das Spektakel immer nur kurze Zeit am Stück ertragen.[74]

Keenans Verhör war abschweifend und planlos. Er errang einen kleinlichen Triumph, als er den Marquis beharrlich mit »Mr. Kido« ansprach, während Kido so oft wie möglich in eisiges Schweigen verfiel. Die Richter waren entsetzt und tauschten Zettel miteinander aus. Webb ermahnte Keenan wiederholt, und an einem Punkt sagte er herablassend: »Je einfacher Sie Ihre Fragen machen, umso besser.«[75]

Keenan kam in zwei Punkten ans Ziel: der Rolle des Kaisers beim Angriff auf die Vereinigten Staaten und Kidos Komplizenschaft beim Krieg gegen China.

Anfangs arbeiteten der japanische Lordsiegelbewahrer und der amerikanische Ankläger Hand in Hand, um den Kaiser zu schonen. Kido erklärte, der Kaiser lege seit der Meiji-Ära kein Veto mehr gegen Regierungsentscheidungen ein. Und Keenan fragte, damit jeder die Bedeutung dieser Aussage verstand: »Wollen Sie damit sagen, wenn das Kabinett einen Krieg beschlösse, hätte der Kaiser von Japan nicht wirklich die Macht, ihn zu verhindern?«

»Ja«, stimmte Kido zu, »der Kaiser hat nicht die Macht, ihn zu verhindern.« Dann machte Keenan das Militär für das Reskript verantwortlich, mit dem Hirohito den Krieg erklärt hatte. Er sagte, es sei ein »Betrug am japanischen Volk, es glauben zu machen, dass dies das Werk des Kaisers war, obwohl er wirklich und wahrhaftig gar nicht anders handeln konnte – unabhängig von seinen wirklichen Wünschen und Anliegen, und obwohl er für Japan nur das Beste wollte.« Webb platzte der Kragen. »Herr Chefankläger«, schimpfte er, »wir verhandeln hier nicht gegen den Kaiser.«

Keenans und Kidos Eintracht war schnell dahin, als der Chefankläger versuchte, den Lordsiegelbewahrer für den Pazifikkrieg verantwortlich zu machen, indem er ihn als den wichtigsten Strippenzieher in der japanischen Politik porträtierte. Er beschuldigte Kido, er habe den Kaiser davon abgebracht, bei der wichtigen Kaiserlichen Konferenz am 6. September skeptische Fragen zu stellen. Und Kidos Anwalt Logan konterte, Keenan solle seine abschließende Zusammenfassung am Ende des Prozesses halten.

Wenig später konfrontierte Keenan Kido mit einem Tagebucheintrag, der für Hirohito besonders unangenehm war. Kurz vor Pearl Harbor hatte Kido vermerkt, dass der Kaiser darauf drang, das Deutsche Reich vom Abschluss eines Separatfriedens mit den Alliierten abzuhalten und darauf bestand, dass Deutschland Japan beim Krieg gegen die Vereinigten Staaten Hilfe leistete.[76] Hirohito war damit in die mutmaßliche Verschwörung zur Führung eines Angriffskriegs verwickelt, weil er die deutsche Kriegserklärung gegen die USA unterstützt hatte. Keenan jedoch machte den verwirrenden Schachzug, den Lordsiegelbewahrer zu beschuldigen, dass er den belastenden Eintrag fabriziert hatte, »um Ihrer eigenen Verantwortung zu entgehen, indem Sie sie auf den Kaiser von Japan schoben«.

Das war eine katastrophale Fehlleistung. Indem der amerikanische Chefankläger Kidos Glaubwürdigkeit als Tagebuchschreiber in Frage stellte, ruinierte er das beste Beweismittel seiner eigenen Mannschaft. Das Allgemeine Hauptquartier baute auf andere Teile des Tagebuchs, um den Kaiser zu entlasten. Wenn aber Kido seine Tagebucheinträge schon verzerrt hatte, um den Kaiser, den er verehrte, zu belasten, dann hätte er sie bestimmt noch viel stärker zu Ungunsten seiner Rivalen beim Militär manipuliert. Den Wahrheitsgehalt von Kidos Tagebuch zu bezweifeln, war die Aufgabe der Verteidigung, nicht der Anklage.

Keenan fiel es schwer, den Lordsiegelbewahrer festzunageln, ohne dies auch mit dem Kaiser zu tun. Er fragte Kido, warum er dem Kaiser nicht geraten habe, kein imperiales Reskript für den Krieg zu unterzeichnen. Kido antwortete nervös, der Kaiser habe gegen eine Kabinettsentscheidung kein Veto einlegen können. Um den Friedenswillen des Kaisers zu betonen, fügte er hinzu, Hirohito habe seine Untergebenen gedrängt, die Kriegsentscheidung bei der Kaiserlichen Konferenz vom 6. September noch einmal zu überdenken. »Woher hatte er diese Befugnis?«, polterte Webb, der von der Schuld des Kaisers überzeugt war. Dies war ein kritischer Punkt: Wenn der Kaiser die Macht hatte, seine Untergebenen um eine Revision ihrer Politik zu bitten, hätte er dann nicht mehr zur Verhinderung des Krieges tun können?

Kido räumte ein, dass Hirohito mit seiner Aufforderung weiter als bei früheren Gelegenheiten gegangen war, bestand aber immer noch darauf, dass er gegen den Kriegsbeschluss kein Veto einlegen konnte, »als der Zwischenfall des 8. Dezember seinen Lauf nahm«. Nun griff Keenan ein, um eine ungünstige Entwicklung des Verhörs zu korrigieren. »Dann gilt der Angriff auf Pearl Harbor in ihrer Geschichte also nur als einer von vielen Zwischenfällen?«, fragte er mit patriotischer Empörung und in Bezug darauf, dass Japan auch die Kriege in der Mandschurei und China als Zwischenfälle bezeichnet hatte. Auf diese nichtssagende Weise endete das Verhör zu der Frage, ob der Palast mehr zur Verhinderung des Krieges hätte tun können.[77]

Etwas besser gelang es Keenan, Kido eine Beteiligung an der Invasion in China von 1937 nachzuweisen, während derer der Grande zunächst Erziehungs- und dann Wohlfahrtsminister gewesen war. Er fragte den Lordsiegelbewahrer, ob er gewusst habe, dass mehr als eine Million japanische Soldaten in Eilmärschen nach China vorgestoßen seien. »Solche Angelegenheiten wurden in den Kabinettssitzungen nie diskutiert«, antwortete Kido höflich. Daraufhin konfrontierte Keenan ihn mit seinem eigenen Tagebucheintrag, in dem er den Heeresminister dafür kritisiert hatte, dass er 1,6 Millionen Soldaten ins Ausland schickte. Kido beharrte gleichwohl darauf, dass er mit der Verlegung von Soldaten nach China nichts zu tun gehabt hatte.[78]

Weiter sagte Keenan, der Lordsiegelbewahrer müsse über das Massaker in Nanjing Bescheid gewusst haben. Denn kurz nach dem Fall der Stadt habe er im Parlament eine Frage über die Empörung des Auslands wegen des Verhaltens japanischer Truppen in Nanjing und Shanghai beantwortet. Kido stritt trotzdem ab, etwas über die Gräueltaten in Nanjing gewusst zu haben. »Sie und die anderen haben sich einer Verschwörung des Schweigens schuldig gemacht« sagte Keenan. »Nein, das trifft überhaupt nicht zu«, sagte Kido. »Wir waren zu keinem Zeitpunkt über einen solchen Zwischenfall informiert.« Dennoch war Kido so getroffen, dass er Folgendes einräumte: »Die Japaner neigten zu einem Gefühl der Überlegenheit in Bezug auf die Chinesen und dazu, die Chinesen zu verachten« – ein seltener Moment der Offenheit, was die japanischen Vorurteile betraf.[79]

Keenan forderte Kido heraus, indem er ihn mit neuen Beweisen konfrontierte. Während die Verteidigung ihren Fall präsentierte, hatte die Anklagevertretung nämlich eine neue Insider-Quelle entdeckt: Die Erinnerungen von Prinz Saionji Kinmochi, einem ehrwürdigen früheren Premierminister, der einer von Japans einflussreichsten Elder Statesmen gewesen war. Die Memoiren waren von seinem Berater Baron Harada Kumao auf mehr als 3000 Seiten notiert und vom Prinzen selbst redigiert worden. Da die Saionji-Harada-Erinnerungen 1940 mit dem Tod des Prinzen endeten, waren sie vor allem in Bezug auf den Krieg mit China und das Bündnis der Achsenmächte nützlich. Vom amerikanischen Militärgeheimdienst ins Englische übersetzt, füllten sie 40 Bände, was den ohnehin schon langwierigen Prozess noch mehr verlangsamte. Die Verteidigung versuchte, ihre Richtigkeit in Frage zu stellen, was angesichts ihres Umfangs keine kleine Aufgabe war.[80]

Kido sah sich plötzlich durch die pedantisch korrekte Tagebuchführung einer anderen Person bedroht und reagierte mit der Behauptung, Baron Harada sei zwar ein langjähriger Freund, aber ein miserabler Tagebuchschreiber gewesen. Wieder und wieder sagte er, dass er sich an die von Harada aufgezeichneten Gespräche nicht erinnern könne.[81]

Die Anklagevertretung nutzte die Saionji-Harada-Memoiren, um Kido zu bezichtigen, im Konflikt mit China eine durchgehend kriegerische Haltung eingenommen zu haben. Keenan beschuldigte ihn, er habe mitgemacht, als die japanische Regierung die Kommunikation mit Chiang Kaisheks Regierung einstellte. Im Dezember 1937 hatte der Marquis an einer Kabinettssitzung teilgenommen, die eine harte Chinapolitik einschließlich eines massiven japanischen Militäreinsatzes in Nordchina beschlossen hatte. Kido gab zu, dass die Sitzung stattgefunden hatte, behauptete jedoch, er habe als Erziehungsminister »kein besonderes Interesse an diesen politischen Maßnahmen gehabt«.

In Haradas Erinnerungen wurde Kido zitiert, wie er Anfang 1938 die Friedensanstrengungen in Frage stellte und sagte: »Nachdem unsere Soldaten 700 000 bis 800 000 Soldaten der chinesischen Armee getötet haben, ist es nicht möglich, ein zerknirschtes Gesicht aufzusetzen und ehrlich ›Geben wir uns die Hand‹ zu sagen.« Weiter habe Kido gesagt: »Ist Japan eine siegreiche, oder eine geschlagene Nation?« Im Gerichtssaal behauptete Kido, er könne sich nicht erinnern, dies gesagt zu haben und dass es nicht seinen Ansichten entspreche. Und Keenan fragte scharf: »Na, Sie Verfechter eines Friedens mit China, wie hart haben Sie in diesem kritischen Moment dafür gekämpft, um das Ziel zu erreichen, für das Sie ins Kabinett eingetreten waren?«[82]

Keenan machte einen letzten Versuch, Kido wegen Pearl Harbor zu überführen. Laut Haradas Aufzeichnungen hatte der Lordsiegelbewahrer einmal zu ihm gesagt, der Kaiser sei ein friedliebender Liberaler und darauf gedrungen, »so zu tun, als würden wir die Armee ein bisschen besser verstehen«. Kido war entsetzt, als diese Aussage im Gericht zitiert wurde und verzichtete mit knirschenden Zähnen darauf, sie rundweg abzustreiten, sondern meinte, er könne sich nicht daran erinnern, so etwas gesagt zu haben und dass es nicht seinen Überzeugungen entspreche. »Ich kann in Haradas Aufzeichnungen nicht viel Genauigkeit erkennen«, sagte er.

An anderer Stelle hatte Harada geschrieben, Kido habe zu ihm gesagt, dass der Kaiser »keine Sympathie für diese Ideen der Rechten hat. Das ist sehr verstörend, denn er ist zu orthodox.« Kido bestand darauf, dass hier ein Missverständnis vorliegen musste. Er zog den Wahrheitsgehalt der Aufzeichnungen in Zweifel und bestand darauf, dass der alte und kranke Harada während ihrer Gespräche wohl eingeschlafen sei. »Glauben Sie, das war, weil er müde war, Mr. Kido«, blaffte Keenan, »oder weil er es müde war, Ihnen zuzuhören?«[83]

Das Verhör wurde hitzig, als es um Tojo Hideki ging, für dessen Ernennung zum Premierminister im Vorfeld von Pearl Harbor die Anklagevertretung lieber Kido als Hirohito verantwortlich machen wollte. Tojo selbst hörte unbewegt zu. Keenan nannte weniger aggressive Kandidaten für das Amt und höhnte dann: »Sie hätten im ganzen Japanischen Reich keine kriegerischere Person finden können als Tojo am 15. Oktober 1941, oder?« Kido antwortete: »Ich finde nicht, dass diese Kritik berechtigt ist.«[84]

Keenan fragte skeptisch, ob der Kaiser Tojos Ansichten als Hardliner habe ändern können, Kido antwortete: »Bei Tojo hatte ich das Gefühl, dass er treu und brav gehorchen würde, wenn der Kaiser ihm etwas zu tun befahl.« Dies war ein schlimmer taktischer Fehler. Er bedeutete, dass der Kaiser Tojo hätte befehlen können, den Krieg abzublasen. Keenan versuchte sofort, Kido die Schuld zuzuweisen, indem er fragte: »War Ihnen denn nicht absolut klar, dass Sie die Entscheidung über Krieg oder Frieden mit den Westmächten in Tojos Hände legten, als Sie ihm Mitte Oktober 1941 zum Amt des Premierministers verhalfen?« »Nein«, sagte Kido schlicht, der sich so leicht belasten ließ.

Webb griff ein: »Heute morgen haben Sie uns erzählt, dass der Kaiser seine Minister über die Grundzüge der Außenpolitik instruieren konnte, wenn ich das recht verstanden habe.« Kido erklärte, dass der Kaiser seine Meinung zu sagen pflegte und das Kabinett sich mit seinen Ansichten auseinandersetzte. Dann korrigierte er sich und sagte, Tojo habe dem Monarchen doch nicht treu und brav gehorcht, sondern lediglich seine Ansichten in Betracht gezogen.[85]

Als alles vorbei war, war klar, wer hier gerade die meisten Federn gelassen hatte. Keenan war ausgetrickst worden und hatte sich über weite Strecken öffentlich zum Narren gemacht. Kidos Aussage war schlecht für Hirohito und noch schlechter für Tojo und die Hardliner des Heers gewesen.

Comyns Carr berichtete Shawcross entsetzt, dass Keenan und sein Stab »die Sache total vermurkst haben«.[86] In einem Brief, den er zu hart fand, um ihn abzuschicken, schrieb er, der Fall sei »in Gefahr, am Ende zu einer Lachnummer zu werden, wenn er das nicht schon ist«, und er brachte die Hoffnung zum Ausdruck, dass niemand die Protokolle las, die nach London geschickt wurden.[87] Ein hoher britischer Regierungsbeamter schlug im Scherz vor, dass Keenan vom Komitee für unamerikanische Umtriebe verhört werden sollte, »obwohl dieses, nach meinen Erfahrungen mit amerikanischen Anwälten zu urteilen, an seinem Verhalten nichts Unamerikanisches finden würde«.[88]

Um die Peinlichkeit von Kidos Aussage zu kompensieren, machte sich der Kaiser höchstselbst daran, seine Autorität beim Volk zu festigen und dem Allgemeinen Hauptquartier seine Wichtigkeit zu demonstrieren. Am 15. November 1947, kurz nachdem Kido seine Aussage beendet hatte, stattete Hirohito MacArthur seinen fünften Besuch ab. Es gibt keine Aufzeichnungen darüber, was die beiden besprachen. Aber allein schon die Tatsache des Besuchs war eine Demonstration der alliierten Vorherrschaft, die, wie es ein ranghoher britischer Diplomat formulierte, als solche schon eine Umerziehung des japanischen Volkes bedeutete.[89]

1947 hatte der Kaiser begonnen, wieder Rundreisen durch das Land zu machen, und sie verliefen so triumphal, dass sie das Allgemeine Hauptquartier in Alarmstimmung versetzten. Der Kaiser, der nun Anzüge westlichen Stils statt einer Uniform trug, zog riesige Mengen jubelnder Loyalisten an, von denen viele *»Banzai!«* – Lang lebe der Kaiser! – riefen, während Tausende die verbotene Flagge der aufgehenden Sonne schwenkten.[90] Hirohito, der sich unübersehbar unwohl fühlte, wenn er sich unter das Volk mischte, lernte verbissen, zu lächeln und Fragen zu stellen.

Nachdem Kido seine Aussage gemacht hatte, trat der Kaiser eine 17-tägige Rundreise durch vier südliche Präfekturen auf Honshu an. Höhepunkt der Reise war eine kurze Ansprache im teilweise wieder aufgebauten Hiroshima am 7. Dezember. Dort gedachte der Kaiser des sechsten Jahrestags von Pearl Harbor und gab das Versprechen, dass sein Land nie wieder eine kriegerische Politik verfolgen werde.[91] Er wurde von knienden Kriegswaisen in schwarzen Gewändern und von vernarbten Müttern mit vernarbten Kindern begrüßt, die von ihren schrecklichen Leiden erzählten, was der Kaiser mit einem mitfühlenden Murmeln begleitete. Dann verbeugte er sich mit zitternden Lippen und kehrte zu seinem Auto zurück, während die Menge in Jubel ausbrach und erneut Menschen *»Banzai!«* riefen.[92] Als er im Zentrum des Detonationsradius auf ein Podium stieg, um eine Rede zu halten, stimmten die etwa 40 000 Zuschauer die Nationalhymne an. Menschen weinten vor Rührung. »Ich kann nicht anders als großes Mitleid zu empfinden wegen der Katastrophe, die die Stadt getroffen hat«, sprach der Kaiser, der allein neben dem durch die Detonation bloßgelegten Stahlskelett der Kuppel eines Gebäudes der Präfektur Hiroshima stand. Dann nahm er die Katastrophe zum Anlass, um, ohne jeden Vorwurf an die Amerikaner, zum Weltfrieden aufzurufen: »Wir müssen ein friedliches Japan aufbauen, und diese schreckliche Katastrophe tief in unserem Gedächtnis behalten.«

Die Rede war eine Sensation. Der Jubel war so groß, dass australische Militärpolizisten ihren japanischen Kollegen helfen mussten, auf dem überfüllten Platz die Ordnung wiederherzustellen.[93] Der *London Daily Herald* berichtete unglücklich, der Kaiser sei mit »fanatischer Begeisterung« begrüßt worden, und jammerte, dass »die Kaiserverehrung wieder da ist, wo sie begonnen hat«.[94] Kurz darauf verbot das Allgemeine Hauptquartier die kaiserlichen Rundreisen, weil es fürchtete, dass sie die Macht des Thrones zu sehr stärkten.[95] Menon schrieb entsetzt an Nehru über das Phänomen: »Als der Kaiser kürzlich Hiroshima besuchte, kannte die Freude der Bewohner keine Grenzen; sie hatten nicht die leiseste Ahnung, dass er für ihr atomares Unglück verantwortlich war.«[96]

Nach der Demütigung durch Kidos Aussage sehnte sich der Kaiser nach der Anerkennung, die nur von gekrönten Häuptern ausgehen kann. Anfang 1948 umwarb er auf MacArthurs Drängen heimlich König George VI., indem er einem britischen Lord bei dessen Besuch in Japan eine Audienz gewährte. In einem kalten, düsteren Gebäude auf dem Gelände des Kaiserpalasts brachte der Kaiser zweieinhalb Stunden lang zum Ausdruck, was der Lord als »erbärmliche Bewunderung« für die britische

Monarchie empfand, und behauptete, dass sie sein Vorbild für Japan sei. Hirohito sagte, er habe den Krieg schon immer bedauert und bat seinen Gast, dem Buckingham Palace Grüße auszurichten. Er bedauerte das Leid, das die Japaner verursacht hatten, und fragte höflich, ob die Zerstörung in Malaya nicht zu groß gewesen sei. Der britische Lord antwortete taktvoll, die Nachricht von Hirohitos Kapitulation sei angekommen, bevor die Briten das von Japanern besetzte Singapur hätten dem Erdboden gleichmachen müssen. Dem Kaiser sei es, schloss der britische Lord seinen Bericht, »schrecklich wichtig gewesen, sein echtes und tiefes Bedauern über die abscheuliche Rolle Japans in dem beendeten Krieg zu auszudrücken«.[97]

Der kaiserliche Appell kam tatsächlich im Buckingham Palace an, aber König George VI. äußerte sich nicht öffentlich. Doch er erlaubte immerhin dem ranghöchsten britischen Diplomaten in Tokio, dem Kaiser mündlich mitzuteilen, seine Botschaft sei im Buckingham Palace eingetroffen und er sei autorisiert, dem Kaiser und der Kaiserin den Dank des Königs und der Königin für ihre freundlichen Gedanken zu übermitteln. So sprechen Könige miteinander, wenn sie nicht miteinander sprechen.[98]

Das Scheingericht

Während der Aussagen der einzelnen Angeklagten trug sich Sir William Webb mit einem geheimen Vorhaben: Er wollte für mehrere Monate heim nach Australien fliegen und später zu seinen Pflichten in Tokio zurückkehren. Der Premierminister und der Justizminister seines Heimatlands piesackten ihn wegen seiner langen Abwesenheit von Australiens unter Personalmangel leidendem Oberstem Gerichtshof, bei dem er noch nicht als siebter Richter vereidigt war.[99] Außerdem fühlte er sich in Tokio einsam, und seine Frau war ernsthaft krank gewesen.[100]

Die anderen Richter, die ebenfalls Aufgaben in der Heimat zu erledigen hatten, kochten vor Wut. Wie konnte der Prozess noch fair sein, wenn sich der Vorsitzende Richter davonmachte? Lord Patrick, der britische Richter, der intrigiert hatte, um Webb loszuwerden, freute sich, dass sein Wunsch nun doch noch in Erfüllung ging. Er vermutete, nach den Regeln der Seniorität werde nun der neuseeländische Richter Erima Harvey Northcroft Gerichtspräsident werden. Und er hoffte angesichts der Überlegenheit des britischen Richterblocks auf ein, wie es ein britischer Diplomat ausdrückte, »mit dem in Nürnberg weitgehend identischen Urteil«, dem nur der indische und der niederländische Richter nicht zustimmen würden.[101]

Als MacArthur von der geplanten Abreise des Gerichtspräsidenten erfuhr, schrieb er empört an den australischen Premierminister Ben Chifley, dass es »eine internationale Katastrophe wäre, wenn der Vorsitzende Richter zu diesem späten Zeitpunkt von seinem Sitz im Tribunal abberufen werde«.[102] MacArthur zeigte das Schreiben Webb, bevor er es abschickte. Dieser sagte, er sei »tief bewegt«.[103] Und er zeigte MacArthur seine gesamte geheime Korrespondenz mit der australischen Regierung, um ihn wieder für sich zu gewinnen.[104]

In der Folge informierte der australische Richter seinen Premierminister offiziell, dass er zwar tun werde wie geheißen, aber in dem Bewusstsein, »dass dieser Prozess in Tokio einer der wichtigsten in der gesamten Geschichte ist; und die einzige Frage lautet, ob das australische Volk, vertreten durch seine Regierung, wünscht, dass ich ganz oder teilweise an ihm teilnehme«.[105] Dieses Mal trotzte die australische Regierung MacArthur und wies Webb an, Anfang November nach Sydney zu kommen.[106] Er blieb noch für Kidos Aussage in Tokio und flog erst zurück, als er auch die Aussagen von Tojo Hideki und Togo Shigenori gehört hatte. Er war sich bewusst, dass er die individuellen Aussagen von 12 der 25 verbliebenen Angeklagten verpassen würde, und fragte sich, ob es in Ordnung war, wenn er nur auf der Grundlage von Dokumenten über ihre Schuld oder Unschuld entscheiden würde.[107] Chifley wollte dem australischen Ansehen nicht schaden, indem er Webb ganz von dem Tribunal abzog, hatte aber kein Problem damit, die Fairness des Prozesses dadurch zu beeinträchtigen, dass dessen Vorsitzender Richter mehr als einen Monat verschwand.[108]

Und so ließ Webb mitten in der Aussage von General Matsui Iwane die Bombe platzen: »Ich kehre nach Australien zurück.« Der ganze Gerichtssaal schnappte nach Luft.[109] Als manche schon dachten, er werde sein Amt ganz aufgeben, fügte er leise hinzu, dass er im Dezember zurücksein werde.

Owen Cunningham, der forsche amerikanische Verteidiger, sprang sofort auf und erhob Einspruch. Die Angeklagten hätten das Recht, dass die Richter in allen Stadien des Verfahrens anwesend seien: »Es ist die Pflicht Australiens, sich den Alliierten zu beugen und sein Opfer zu bringen.« Webb konterte: »Es ist nicht Ihre Aufgabe, Australien zu sagen, was seine Pflicht ist, und nicht meine, Ihnen zu gehorchen.« Als Webb erklärte, seine Abreise sei durch einen britischen Präzedenzfall legitimiert, blaffte Cunningham: »Nun ja, Euer Ehren, für mich als Amerikaner irischer Abstammung ist das nicht bindend.«

Sichtbar verärgert lehnte Webb Cunninghams Einspruch ab.[110] Er flog standesgemäß in einer viermotorigen B-24-Liberator zurück, einem schweren Bomber, den er der australischen Regierung als Transportmittel abgetrotzt hatte. Unterdessen waren bei Gericht Verschwörungstheorien über die Ursache seiner plötzlichen Abreise in Umlauf.[111]

MacArthur war der Ansicht, Neuseeland sei zu unbedeutend, um seinem Richter Northcroft die Aufgabe des geschäftsführenden Vorsitzenden anzuvertrauen und bot sie daher Patrick an. Doch der unter Gesundheitsproblemen leidende britische Richter hatte keine Lust, das Urteil neu zu strukturieren, damit es mit Nürnberg übereinstimmte, nur um seine Arbeit nach Webbs Rückkehr zerstört zu sehen. Er weigerte sich ohne Rücksprache mit seiner Regierung, die mit blankem Entsetzen reagierte, als der unverhoffte Vorteil nicht wahrgenommen wurde. MacArthur war entgeistert über Patricks Weigerung und grummelte, der britische Richter hätte eher »einen plötzlichen Tod im Gerichtssaal riskieren, als eine solche Ernennung ablehnen« sollen. Schließlich bestellte er den amerikanischen Richter Generalmajor Myron Cramer zum amtierenden Vorsitzenden. Der lehnte zunächst ebenfalls ab mit der Begründung, auch er sei zu alt und er habe nicht die notwendige Erfahrung, aber MacArthur setzte ihn so unter Druck, dass er akzeptierte.[112]

Die britische Regierung zog in Erwägung, die australische zu rügen, entschied sich aber klugerweise dagegen.[113] Patrick tadelte Webbs »Davonlaufen« privat »als den bisher größten Schandfleck auf der Ehre des Gerichtshofs«. Obwohl der Australier viele Wochen wichtiger Zeugenaussagen verpassen würde, werde er an den Urteilen und der Verhängung der Strafen teilnehmen. Dies sei, schimpfte Patrick, absolut unwürdig und widerspreche der britischen Rechtsauffassung; Webb hätte seiner Ansicht nach zurücktreten müssen.[114]

22.

»Das große Leid meines Lebens«

Auch im Sugamo-Gefängnis erinnerte sich Togo Shigenori noch genau an die leuchtenden Sterne in jener frostkalten Nacht. In den frühen Morgenstunden des 8. Dezember 1941 um 3.15 Uhr Tokioter Ortszeit, kurz vor dem Angriff auf Pearl Harbor, hatte er eine von Ehrfurcht geprägte Audienz mit Kaiser Hirohito verlassen. Als Außenminister hatte er dem Kaiser ein persönliches Telegramm von Franklin D. Roosevelt vorgelesen und ihm geraten, es als ungenügend zu ignorieren. Während er den Monarchen in seiner Marineuniform betrachtete, war er tief bewegt von seiner Haltung, »seinem edlen Empfinden der Brüderlichkeit mit allen Völkern«, aber er nahm auch »seine unbeugsame Haltung« angesichts des kommenden Krieges wahr. Dann zog er sich in feierlicher Stimmung zurück und wurde von einem Hofbeamten durch die langen Korridore geführt, die sich in der tiefen Nacht »friedlich und heiter« durch den schweigenden Kaiserpalast zogen. Er trat an der Wageneinfahrt des imposanten Sakashita-Tors ins Freie, blickte zu den leuchtenden Sternen hinauf und fühlte sich von einem heiligen Geist durchströmt.

Er fuhr in tiefer Stille aus dem Palast weg, hörte nur das Knirschen des Kieses unter den Reifen seines Wagens und keinen Ton von den schlafenden Menschen in der zum Untergang verurteilten Hauptstadt. Als er um 4.30 Uhr wieder in seine Residenz zurückkehrte, klingelte das Telefon: Das Marineministerium informierte ihn, dass die Kaiserliche Japanische Marine erfolgreich die amerikanische Flotte angegriffen hatte. Er nahm die Neuigkeit gefasst zur Kenntnis. Später schrieb er, er habe für den Frieden getan, was er konnte, und der Himmel wisse, dass sein Herz für Japan und die Menschheit schlage. Was er getan habe, sollte er im Gefängnis schreiben, »muss im endgültigen göttlichen Urteil Zustimmung finden«.[1]

Auf der Erde fand es diese Zustimmung nicht. Beim Tokioter Prozess wurde er von allen Seiten angegriffen: Von den Anklagevertretern, die ihn mit seinen kriegerischen Gegnern in einen Topf warfen, von den Richtern, die nicht vollständig über sein Verhalten informiert waren, und von den An-

Abb. 33 *Togo Shigenori, der Außenminister, der gegen den Angriff auf die Vereinigten Staaten kämpfte, gesundheitlich angeschlagen in der Haft, um 1946*

geklagten, die fürchteten, er könnte sich retten, indem er dafür sorgte, dass sie gehängt wurden. In seiner Aussage stellte sich der frühere Außenminister als eine tragische Figur dar: als ein Patriot, der seinem Land gedient hatte, als es in eine Katastrophe hineinschlitterte, und als ein isolierter Mann des Friedens, der vor der Katastrophe gewarnt hatte, aber gescheitert war.

»Immer, wenn er die Überzeugung hegte, dass etwas eine gewisse Sinnhaftigkeit hatte, gab er nicht nach«, erinnert sich Togos Enkel, der Diplomat Togo Kazuhiko. »Er wurde nie laut, aber er sagte immer wieder das Gleiche.« In einer Notiz in seinem Terminkalender im Sugamo-Gefängnis schrieb Togo Shigenori, er halte es nicht für vernünftig, dass er bestraft werde, aber wenn die Strafe die Menschheit glücklicher mache, »werde ich gern das Opfer sein«.[2]

Er hatte schon bei seiner Einlieferung im Sugamo-Gefängnis an einer Anämie und wegen einer Erkrankung der Herzkranzgefäße an Schmerzen in der Brust gelitten und deshalb oft nicht an der Verhandlung teilnehmen können.[3] Seine Frau, Edith Togo, alarmierte die alliierten Behörden, weil sein Herzschlag manchmal aussetzte. Er hatte unter »dem Stress der Verantwortung« gelitten, als er den Krieg zu beenden versuchte, und jetzt stand er wegen des Prozesses unter Druck und litt, weil das Gefängnis über keine Klimaanlage verfügte. »Er hat nichts Böses getan und verdient es nicht, gefoltert zu werden«, schrieb seine Frau verzweifelt. »Ganz im Gegenteil, er hat immer so gearbeitet, dass Kriege aller Art vermieden werden sollten.«[4] Sir William Webb reagierte auf ihre Beschwerde lediglich mit einer Aussage gegenüber einem Oberst im Allgemeinen Hauptquartier, er nehme an, dass Togo die angemessene medizinische Aufmerksamkeit erhalte.[5]

Trotz Togos Krankheit beschloss sein Verteidiger Major Ben B. Blakeney, seinen Klienten ganz in den Mittelpunkt seiner Verteidigungsstrategie zu stellen. »Unser Großvater erkannte Ben Bruce Blakeneys Wert sofort«, sagt Togo Kazuhiko. »Er würde nichts herunterspielen und nichts übertreiben. Er würde vor der Geschichte Zeugnis ablegen. So gesehen hat Togo nichts zu fürchten.«

Als Togo Shigenori am 17. Dezember 1947 in den Zeugenstand trat, schöpfte seine Tochter Hoffnung, weil er quicklebendig wirkte. Endlich konnte er für sich selbst sprechen.[6] Er lauschte im Kopfhörer aufmerksam der Übersetzung aus dem Englischen, während er seine Aussage machte. Er war höflich, aber streitlustig, und an einem Punkt stieß er ein sarkastisches Lachen aus.[7] Er trug einen tadellosen dreiteiligen Anzug mit Revers, eine dunkle Krawatte und eine runde Brille. Durch die Kleidung war er im Gegensatz zu den Militärs um ihn herum als weltoffener, mondäner Zivilist erkennbar. Doch er war blass wegen seiner Herzkrankheit, seine Haare waren grau, und manchmal zitterte seine Stimme. Seine Frau und seine Tochter beobachteten ihn mit besorgtem Mitgefühl.[8]

Sein Lebenswerk, wie er es in der von Blakeney verlesenen eidesstattlichen Erklärung darstellte, war das eines hartnäckigen Kämpfers für den Frieden. Er war Berufsdiplomat gewesen und hatte keiner militärischen Fraktion oder Partei angehört. Zwar war er Mitglied der *Taisei Yokusankai*, der Unterstützungsgesellschaft für die Kaiserliche Herrschaft, gewesen, einer berüchtigten politischen Organisation, die die traditionellen Parteien abschaffte, um Japan für dessen imperiale Eroberungen zu einen, hatte aber, wie er sagte, so wenig Interesse an der Gesellschaft gehabt, dass er nicht mehr wusste, wann er ihr beigetreten war.[9] Auch hatte er keineswegs zu der Clique um Tojo Hideki gehört, sondern den Premierminister kaum gekannt: »Wir hatten nie mehr als diese Verbeugungsbekanntschaft; ich wusste nichts von seiner Persönlichkeit oder seinen Ansichten, bevor ich seinem Kabinett beitrat, und er vermutlich nichts von meinen.«

Togo hatte gegen die meisten Entscheidungen gekämpft, die von kriegerischeren Politikern getroffen wurden: Er war gegen den Austritt aus dem Völkerbund, gegen das Bündnis mit dem nationalsozialistischen Deutschen Reich, gegen die Invasion in China, gegen die Expansion in Südostasien gewesen.[10] Er hatte zwar von Oktober 1937 bis Oktober 1938 als japanischer Botschafter im Deutschen Reich gedient, aber das war eine Katastrophe gewesen: Mit seiner Abscheu vor Hitlers Diktatur hatte er sich bei Joachim von Ribbentrop und anderen führenden Nazis schnell unbeliebt gemacht. Er war gegen den Dreimächtepakt gewesen, weil er glaubte, dass dieser lediglich die Vereinigten Staaten und Großbritannien brüskieren würde.

Er hatte lange davon geträumt, Botschafter in Moskau zu werden, und war empört, als man ihn beschuldigte, Konflikte mit der Sowjetunion geschürt zu haben. Als er endlich Botschafter in der Sowjetunion wurde, hatte er ab 1938 die Grundlagen für den Nichtangriffspakt mit dem Land gelegt und dazu beigetragen, die Grenzkonflikte zwischen der Sowjetunion und Mandschukuo zu lösen. Die sowjetischen Ankläger behaupteten, er sei 1939 an dem Zusammenstoß beim Chalchin Gol beteiligt gewesen, doch er sagte aus, er habe von den Kämpfen erst durch sowjetische Beschwerden erfahren und dann mit den Sowjets zusammengearbeitet, um eine friedliche Lösung für den Konflikt zu finden.[11]

Togo gegen den Rest der Welt

Vor Togos Aussage war sich die Richterbank wegen der lückenhaften Beweisführung der Anklagevertretung hinsichtlich der entscheidenden Sitzungen über den Krieg gegen die Vereinigten Staaten und Großbritannien vielleicht im Unklaren darüber gewesen, dass Togo für den Frieden eingetreten war. Nach seiner Aussage jedoch konnte sich kein Richter mehr auf Unwissenheit berufen.

Togo war am 18. Oktober 1941 in Tojo Hidekis neuem Kabinett Außenminister geworden. »Ich trat nicht in Tojos Kabinett ein, um nach der Weltherrschaft zu streben«, betonte er in seiner Aussage, »davon hatte ich nie geträumt, auch nicht von der Auslöschung Amerikas und Großbritanniens oder von deren Vertreibung aus Ostasien.« Er war immer gegen die Expansion nach Süden gewesen, die Japan mit den Niederlanden und Großbritannien und wahrscheinlich auch mit den Vereinigten Staaten in Konflikt bringen musste. Er hatte Tojo gewarnt, dass die Verhandlungen mit den Vereinigten Staaten scheitern würden, wenn das Heer bei der Stationierung von Truppen in China nicht nachgab. Dem Kabinett war er nur beigetreten, als ihm Tojo versicherte, dass sich das Heer, was die Soldaten in China und andere wichtige Verhandlungsgegenstände betraf, wirklich flexibel zeigen werde.

Als er dann tatsächlich Außenminister wurde, musste er jedoch feststellen, dass sein Handlungsspielraum durch bereits getroffene Entscheidungen massiv eingeschränkt war. Er hatte seiner Aussage nach nichts über die Kaiserliche Konferenz vom 2. Juli gewusst, die dem Einmarsch in Indochina und Thailand zugestimmt hatte. Auch über die Kaiserliche Konferenz vom 6. September, die sich für einen Krieg mit den Vereinigten Staaten entschieden hatte, falls es nicht bald diplomatische Fortschritte gab, war er nur unzureichend informiert. Er las alles über die Washingtoner Gespräche und war entsetzt, dass sie wegen fundamentaler Differenzen zum Stillstand gekommen waren, die nach dem japanischen Einmarsch im südlichen Indochina und der Verhängung von Wirtschaftssanktionen durch die USA noch schlimmer geworden waren. Er war auch entsetzt über die »unaufhörliche Beschleunigung« der Angriffsvorbereitungen des Militärs und über dessen Widerstand gegen Verhandlungen. Dennoch hoffte er, dass Fortschritt möglich war: »Es gab nur einen großen Punkt, der zwischen den Vereinigten Staaten und Japan wirklich umstritten war: die Truppenstationierung in China.«

In sieben zermürbenden Wochen mit Verbindungskonferenzen zwischen Regierung und Militär, die von Heer und Marine dominiert wurden, hatte sich, wie er offen sagte, »die Debatte oft zu einem heftigen Streit entwickelt«. Er plädierte dafür, in den Verhandlungen mit den Vereinigten Staaten einen Durchbruch anzustreben, statt in einen Konflikt hineinzuschlittern, und drängte das übermäßig zuversichtliche Heer, bei der Truppenstationierung in China Zugeständnisse zu machen. Er war »von Anfang an gegen das Vorgehen in China gewesen« und hatte den Konflikt ohnehin dringend beenden wollen.[12] Als ihn einer der Richter fragte, wie man einen Krieg als Verteidigungskrieg bezeichnen könne, bei dem japanische Truppen im Herzen Chinas kämpften, fiel ihm die Antwort leicht: »Oh, was das betraf, hegte ich die Überzeugung, dass es zu weit ging.«[13]

Aber von Anfang an plädierten die meisten Verbindungskonferenzen gegen den Abzug von Soldaten, und das Heer bestand energisch darauf, japanische Truppen ohne Zeitbegrenzung in bestimmten Teilen Chinas zu belassen. Zu Togos Überraschung war der Widerstand der Marine kaum weniger heftig als der des Heeres. Es entsprach der Wahrheit, wenn er sagte: »Ich musste unablässig kämpfen.«

Er kämpfte darum, dass das Heer keine Soldaten in Shanghai und andernorts stationierte, und er musste mit Rücktritt drohen, damit das Heer einer Zeitbegrenzung für die Stationierung von Soldaten in China zustimmte. Er bat um 5 Jahre, aber vergeblich; dann brachte er den Vorschlag von 8 bis 10 Jahren in Umlauf; andere schlugen 50 oder 99 Jahre vor; schließlich einigte man sich auf 25 Jahre. Das war so unverschämt, dass Togo die Frist in seinem Vorschlag für die Vereinigten Staaten nur als »einen notwendigen Zeitraum« bezeichnete, in der Hoffnung, dass sich die Amerikaner entgegenkommend verhielten und man ihn verkürzen könnte. Auch wegen der Stationierung von Soldaten in Indochina musste er mit

Rücktritt drohen. Erst dadurch konnte er beim Militär schließlich durchsetzen, dass Japan nach einem Abkommen mit den Vereinigten Staaten alle Truppen aus dem Süden Indochinas abziehen würde.

In seiner Aussage machte auf eine wichtige Sitzung aufmerksam, die nicht in der Beweisführung der Anklagevertretung vorgekommen war: die Verbindungskonferenz, die am 1. November begonnen und die ganze Nacht gedauert hatte. Er sagte aus, »er habe mit aller Kraft auf der Vermeidung eines Krieges bestanden, und zwar um fast jeden Preis. In Wirklichkeit hatte auch er seine Grenzen gehabt, etwa, dass er den Vereinigten Staaten keine Mitbestimmung über China zugestehen wollte. Dennoch entsprach seine eidesstattliche Erklärung der Wahrheit, was die Leidenschaft betraf, mit der er sich um die Verhinderung des Krieges bemüht hatte. Das Militär hatte »mit größter Heftigkeit entgegnet, dass Japan früher oder später kämpfen müsse«, bevor das Öl ausgehe. Togo jedoch war von der Zuversicht des Militärs nicht beeindruckt, denn er wusste, wie lang und schwer ein Krieg gegen die Vereinigten Staaten und Großbritannien werden würde.

Die Verbindungskonferenz hatte sich damit einverstanden erklärt, den Vereinigten Staaten die beiden finalen Vorschläge Togos vorzulegen und, falls diese abgelehnt würden, mit dem Krieg zu beginnen. Spät in der Nacht hatte er laut seiner Zeugenaussage einen Rücktritt erwogen. Ohne Zugang zu militärischen Geheimnissen hatte er keine Möglichkeit die Voraussagen der Militärs zu widerlegen, wie ein Krieg sich entfalten konnte. Sein Berater Hirota Koki hatte ihm jedoch geraten, nicht zurückzutreten, weil dann nur ein militaristischerer Außenminister ernannt würde. Also hatte er schließlich Tojo Hideki informiert, dass er im Amt bleiben werde.

Seine Hoffnungen hätten sich zerschlagen, als er am 26. November Cordell Hulls harte Note bekam. In diesem Punkt stimmte er mit den anderen Angeklagten überein: Die Vereinigten Staaten hatten ihrer Ansicht nach »mit einem Ultimatum«, also mit Maximalforderungen, reagiert. Tojo Hideki hatte für weitere Verhandlungen absolut keine Hoffnung mehr gehabt; Marquis Kido Koichi hatte Togo privat erklärt, eine Akzeptanz der Hull-Note könne in Japan einen Bürgerkrieg auslösen. Der Preis des Friedens, erinnerte sich Togo, wäre »die völlige Kapitulation Japans vor der amerikanischen Position gewesen«. Japan hätte »sämtliche Gewinne aufgeben müssen, die es durch jahrelange Opfer« erzielt hatte, und es hätte »auf seine internationale Position als eine Macht im Fernen Osten verzichten müssen. Diese Kapitulation wäre unserer Ansicht nach einem nationalen Selbstmord gleichgekommen. Der einzige andere Weg, sich dieser Herausforderung zu stellen und uns zu verteidigen, war Krieg.«

Wie Togo aussagte, hatte er nach der Note Hulls erneut mit dem Gedanken gespielt zurückzutreten, aber beschlossen im Amt zu bleiben und dafür zu arbeiten, dass »jede letzte Chance zur Vermeidung des Krieges« genutzt wurde, oder, wenn er damit scheiterte, sein Möglichstes zu tun, um den Krieg dann möglichst schnell zu beenden. Auf dem Weg zur Kaiserlichen Konferenz vom 1. Dezember, die darüber entschied, wann der Krieg beginnen sollte, war er zu der Ansicht gelangt, dass »es um die Existenz der japanischen Nation ging. Und ich war entschlossen, der Entscheidung zuzustimmen, dass wir in den Krieg ziehen mussten, gleichgültig, wie die Aussichten waren, falls Amerika es sich nicht noch einmal überlegte.« Er hatte in der Kaiserlichen Konferenz über das Scheitern der Verhandlungen informiert, und Tojo Hideki hatte die Umstände erklärt, die sie zum Kampf zwangen: »Danach herrschte allgemeine Übereinstimmung über die Notwendigkeit, in den Krieg zu ziehen.«

Dennoch hatte Togo die Verhandlungen in der vagen Hoffnung, dass die Amerikaner nachgeben würden, weitergeführt. Er hatte nicht von der Verzögerung gewusst, mit der Roosevelts Telegramm dem Kaiser überbracht worden war, und nichts damit zu tun gehabt: »Dafür, dass ich die Verhandlungen auf die einzige Art fortführte, die ich für möglich hielt, wirft man mir jetzt Betrug und Niedertracht vor, weil ich sie nur dem Anschein nach geführt haben soll, um die bereits laufenden Kriegsvorbereitungen zu tarnen.« Und dann sagte er: »Ich hätte nicht im Traum gedacht, dass die japanische Marine die amerikanische Flotte in Pearl Harbor angreifen würde«. Vielmehr hatte er damit gerechnet, dass die Philippinen oder Malaya Japans erste Ziele sein würden.

Er gab alle Schuld an dem Überraschungsangriff der Marine. Wie er behauptete, hatte er sich dafür eingesetzt, die Vereinigten Staaten vor dem Angriff zu informieren, doch der Generalstabschef der Marine hatte ihm lediglich mitgeteilt, »dass die Marine einen Überraschungsangriff durchzuführen wünscht«. Der Stellvertretende Generalstabschef der Marine sagte, die Verhandlungen sollten weitergeführt werden, damit »der Krieg mit der größtmöglichen Effizienz begonnen werden kann«. Togo hatte dies als »höchst unanständig« und als Schandfleck auf unserer »nationalen Ehre« abgelehnt. Doch der führende Generalstabschef hatte entgegnet, wenn sie einen Krieg führten, müssten sie gewinnen. »Ich war angewidert von der Position der Marine«, erklärte Togo dem Gericht. Schließlich gab die Marine nach und schlug vor, im allerletzten Moment, am 7. Dezember um 13 Uhr Washingtoner Zeit, eine Nachricht über das Ende der Verhandlungen abzusetzen. Mit dem Rücken zur Wand akzeptierte Togo die Auffassung, dass eine Stunde Vorwarnzeit angemessen genug sei: »Ich glaubte, es sei mir gelungen, nach hartem Kampf dafür zu sorgen, dass die Forderung der Marine nicht erfüllt wurde, aber nur so, dass das Völkerrecht gerade noch eingehalten wurde.«[14]

Er hatte als junger Diplomat in Washington an der Konzeption des Kellogg-Briand-Pakts mitgearbeitet und war der Ansicht, dass der Pakt das Recht eines Landes, zu seiner Selbstverteidigung einen Krieg zu führen, nicht ausschloss. Außerdem genügte es seiner Ansicht nach, eine Mitteilung über den Abbruch der Verhandlungen zu senden, um das Völkerrecht zu erfüllen, auch wenn Japan keine offizielle Kriegserklärung abgegeben hatte. Da Japan die Hull-Note als ein Ultimatum betrachtete, das Kapitulation oder Krieg bedeutete, sei die Nichterfüllung des Ultimatums »de facto eine Kriegserklärung« gewesen.

Er behauptete, er habe erst nach dem Beginn des Krieges erfahren, dass die Marine den Angriff auf Pearl Harbor schon 20 Minuten, nachdem die Vereinigten Staaten die Note über den Abbruch der Verhandlungen erhalten hatten, beginnen wollte. Und er sei entsetzt gewesen, als er durch amerikanische Radiosendungen erfuhr, dass die Note nicht rechtzeitig angekommen sei. Die Ursache sei »Missmanagement in Washington« gewesen, nicht Nachlässigkeit oder Absicht. Die Glaubwürdigkeit dieser Aussage wurde freilich von ihm selbst untergraben, als er die Tatsache, dass Japan das ebenfalls angegriffene Großbritannien nicht vorgewarnt hatte, mit der schwachen Begründung rechtfertigte, dass es genügt haben sollte, die Vereinigten Staaten zu informieren. Seiner Aussage nach hatte der Stellvertretende Generalstabschef der Marine einige Tage nach Beginn des Krieges zu ihm gesagt: »Tut mir leid für Sie; wir haben es zu knapp bemessen.« Als Togo den Premierminister Tojo Hideki wegen des »großen Propagandawerts« tadelte, den der Überraschungsangriff für den Feind haben musste, hatte dieser gesagt: »Ich frage mich, wie es zu einer solchen Verzögerung gekommen ist. Ist es möglich, dass die Vereinigten Staaten die Zustellung selbst verzögert haben?«

Togo Shigenori weigerte sich, die Verantwortung für ein Verhalten zu übernehmen, was er als Verrat der Marine betrachtete. Und er sagte voller Verachtung: »Seit dem Ende des Krieges, oder genauer gesagt, seit dem Beginn dieses Prozesses, vertritt die Marine den Standpunkt, dass sie nichts weniger beabsichtigt habe als einen ›Überraschungsangriff‹ auf die Vereinigten Staaten.« Togo widersprach diesem Standpunkt, und das Gericht sollte entscheiden, wer die Wahrheit sagte: »Ich habe mein ganzes Leben für das gekämpft, was ich für richtig hielt, und jetzt, an seinem Ende, bin ich entschlossen, sowohl um der Geschichte als auch um der Zwecke dieses Tribunals willen die volle Wahrheit, wie sie mir bekannt ist, zu sagen, so weit es meine Fähigkeit und meine Erinnerung erlaubt und ohne mich dabei vor meiner eigenen Verantwortung zu drücken, aber auch ohne die Verantwortung für Dinge zu übernehmen, die mir andere in die Schuhe schieben wollen.«[15]

Das Kabinett sei »von den anfänglichen Erfolgen des Krieges wie berauscht« gewesen, sagte Togo. Seiner Aussage nach hatte Tojo Hideki geglaubt, der Krieg werde zehn bis zwanzig Jahre dauern und die trägen Amerikaner würden sich vor 1944 nicht zu einer Gegenoffensive aufraffen. Im Gegensatz dazu war Togo überzeugt davon, dass Japan der kombinierten industriellen und militärischen Macht der Vereinigten Staaten und des Britischen Weltreichs nicht standhalten könnte.

Für die Misshandlung alliierter Gefangener machte er das Heer verantwortlich. Er habe seine im Namen Japans eingegangene Verpflichtung, alliierte Gefangene gemäß der Genfer Konvention von 1929 zu behandeln, ernst genommen, doch die gesamte reale Macht habe beim Heeresministerium gelegen. Das Außenministerium hatte die Beschwerden der alliierten Regierungen lediglich entgegengenommen. Was die von Japan überall in Asien verübten Grausamkeiten betraf, habe er die Absicht verfolgt, anderen asiatischen Ländern Wohlstand in Frieden zu bringen und nicht, sie zu annektieren oder auszubeuten oder »irgendwelche Maßnahmen zu ihrer gewaltsamen Beherrschung zu ergreifen«. Seine Auseinandersetzungen mit Tojo Hideki in Bezug auf die beleidigende Entmachtung, die die Gründung des neuen Großostasien-Ministeriums für ihn bedeutete, hätten letztlich im September 1942 zu seinem Austritt aus der Regierung geführt. Er verurteilte »den Gedanken einer neuen Ordnung in Ostasien oder einer Großostasiatischen Wohlstandssphäre, der sich auf Konzepte wie Lebensraum und Wirtschaftsblocks gründete«.

Togo war im April 1945 mit »dem einzigen Ziel, den Krieg zu beenden«, in das Amt des Außenministers zurückgekehrt. Nach der Niederlage des Deutschen Reiches teilte er dem Kaiser mit, dass sich die alliierten Luftangriffe verstärken würden und dass Japan den Krieg sofort beenden sollte. Kurz darauf drang er darauf, eine Vermittlung der Sowjetunion anzustreben, um ohne bedingungslose Kapitulation aus dem Krieg herauszukommen, wenngleich er damals schon vermutete, dass die Sowjets in einem geheimen Abkommen mit den Vereinigten Staaten und Großbritannien zugesichert hatten, Japan anzugreifen. Als ihm Kido Koichi ausrichtete, dass der Kaiser mit sowjetischer Vermittlung Frieden schließen wollte, hatte er eine Friedensinitiative gestartet.

Im Gefolge der Potsdamer Erklärung hatte er den anderen führenden Politikern in Japan erklärt, dass diese »faktisch einen Frieden unter bestimmten Bedingungen anbot«, den abzulehnen schreckliche Folgen hätte. Nach Hiroshima und dem Kriegseintritt der Sowjetunion habe die entscheidende Nachtsitzung vom 9. auf den 10. August stattgefunden, die zur Kapitulation geführt habe. Togo hatte in Gegenwart des Kaisers »dringend geraten«, die Potsdamer Erklärung »ohne jede Bedingung mit Ausnahme der Erhaltung der grundlegenden Struktur des Staates zu akzeptieren«. Da der Heeresminister und die führenden Militärs des Heeres und der Marine immer noch versuchten, weitere Bedingungen durchzusetzen, konnte die Debatte schließlich nur von Hirohito beendet werden: »Endlich brachte der Kaiser seine Übereinstimmung mit meinen Ansichten und den Wunsch, dass die Potsdamer Erklärung akzeptiert werde, zum Ausdruck, um das Leiden der Menschheit zu lindern und das Land vor dem Untergang zu retten.«

Togo schloss mit der Aussage, dass er »jede erdenkliche Anstrengung unternommen« habe, um den Pazifikkrieg zu vermeiden. »Am Ende wurde ich in eine Position getrieben, in der mir meiner Ansicht nach die Bedingungen nicht mehr erlaubten, gegen den Krieg zu opponieren, und ich scheiterte«, sagte er. »Es ist das große Leid meines Lebens, dass ich 1941 nicht in der Lage war, den Krieg zu verhindern, doch es ist ein Trost für mich, dass ich durch meine Anstrengungen dazu beitragen konnte, das Leiden der Menschheit durch seine Beendigung im Jahr 1945 zu lindern.«[16]

Da Togo bei seinem Kreuzverhör durch die Anklagevertretung viele seiner Mitangeklagten aufs Schwerste belastet hatte, wurde er nun von den Verteidigern der angeklagten Heeres- und Marineoffiziere hart verhört.[17]

Die Admirale waren empört über Togos Anschuldigung, dass sie den Überraschungsangriff bewusst geplant hätten. Als sich keiner der anderen Angeklagten, die an den Verbindungskonferenzen teilgenommen hatten, erinnern konnte, dass der stellvertretende Generalstabschef der Marine auf einem Überraschungsangriff bestanden hatte, sagte einer der Verteidiger: »Wollen sie damit wirklich sagen, dass diese Männer lügen?« Und Togo erwiderte: »Nun ja, ich habe nicht viel Vertrauen in das Gedächtnis dieser Männer.« Und er fügte hinzu: »Es ist möglich, dass sie ein paar Dinge vergessen, die ungünstig für sie sind.«

Zum Entsetzen des Gerichts beschuldigte er den Angeklagten Admiral Shimada Shigetaro, er habe versucht, ihn durch Drohungen zum Schweigen zu bringen, und er erinnerte an die Ermordung ziviler Politiker, die es gewagt hatten, sich dem Militär zu widersetzen. Der Admiral habe ihm dringend geraten, nichts über »die Tatsache zu sagen, dass die Marine den Überraschungsangriff durchführen wollte«, und er fügte hinzu: »Es hatte etwas von einer Drohung, dass er sagte, es werde sich für mich nicht auszahlen, wenn ich es sagte«. Bei dieser Aussage gab es ein Tohuwabohu im Gerichtssaal.[18]

Togo fügte hinzu, er erinnere sich noch an weitere Gelegenheiten, bei denen »ich von Seiten der Marine gebeten wurde, nicht darüber zu sprechen, dass sie einen Überraschungsangriff durchführen wollte«. Er gab zu Protokoll, die Führer der Marine hätten ihm gesagt, dass sie ohne Vorwarnung angreifen wollten, aber nicht wollen würden, dass er diese Information weitergebe. In diesem Zusammenhang formulierte er unverblümt das Offensichtliche: Ein erfolgreicher Angriff auf Pearl Harbor hätte ohne das Überraschungselement nicht durchgeführt werden können.[19]

Togo belastete zwar das Heer und die Marine, versuchte aber Hirohito möglichst weitgehend zu entlasten, indem er sagte, der Kaiser habe ihm schon mehrere Monate vor Pearl Harbor mitgeteilt, dass er den Frieden zu wahren wünschte.[20] Dann machte er einen Fehler, indem er aus Höflichkeit sagte: »Es ist für einen Japaner undenkbar, den Kaiser zu betrügen.« Das war respektvoll gemeint, machte aber den Kaiser für alles mitverantwortlich, was seine Untertanen getan hatten.[21] Als ihn einer der Richter herausfordernd fragte, ob der Kaiser die japanische Verfassung verletzt habe, als er ohne die einstimmige Zustimmung seiner gespaltenen Regierung über die Kapitulation entschied, verteidigte Togo seinen Monarchen hartnäckig: »Da die Frage unbedingt sofortiges Handeln erforderte und nicht die Zeit bestand, auf irgendeine Art von Einstimmigkeit in der Regierung oder auf die Bildung einer neuen Regierung zu warten, entschied sich seine Majestät der Kaiser gegen all diese Dinge und traf seine heroische Entscheidung sofort.«[22]

Diese Höflichkeit erstreckte sich freilich nicht auf den aalglatten Kido, den Togo mit offensichtlicher Abscheu betrachtete. Er wollte keinesfalls zulassen, dass sich der Lordsiegelbewahrer hinter dem Kaiser versteckte. Wütend berichtete er, Kido habe ihn nicht darüber informiert, dass der Kaiser schon 1942 habe Frieden schließen wollen. Ein Verteidiger meinte daraufhin, Kido hätte nicht mehr lange zu leben gehabt, wenn er derart heikle Informationen an Togo weitergegeben hätte und dieser sich als Militarist entpuppt hätte.

»Ich denke nicht, dass irgendjemand glauben konnte, dass ich ein größerer Militarist als Kido bin«, schoss Togo zurück.

»Sie mögen ihn nicht, oder, Mr. Togo?«, hakte der Verteidiger nach.
»Nein, ich bin ein Freund von ihm«, antwortete Togo höflich und lächelte, während die Japaner im Gerichtssaal in Gelächter ausbrachen. Der Gerichtsdiener musste auf seinen Tisch hämmern, um die Ruhe wiederherzustellen.[23]

Namentlich benannt

Nun schritt Joseph B. Keenan ans Rednerpult, während sich die anderen Anklagevertreter auf das Schlimmste gefasst machten. Arthur Comyns Carr schrieb in seinem vertraulichen Bericht an den britischen Attorney General Sir Hartley Shawcross, dass Keenan, nachdem er schon das Kreuzverhör von Kido vermasselt hatte, »nun das von Togo übernommen hat (…) auf ähnliche Weise und mit ebenso katastrophalen Ergebnissen«.[24]

Togo musste mehrere Tage lang die Herablassung eines Mannes ertragen, der offensichtlich wesentlich weniger Rückgrat als er selbst besaß. Keenan beschuldigte ihn der Unehrlichkeit und Doppelzüngigkeit, ja sogar regelrechter Lügen. Er ermahnte ihn, nicht wie ein Diplomat zu sprechen und sich nicht in »faule Ausreden« zu flüchten, womit er dem früheren Außenminister seinen Beruf zum Vorwurf machte. Dennoch war das Hin und Her zwischen den beiden eine der sensationellsten Auseinandersetzungen des gesamten Prozesses, in der Togo sowohl Tojo Hideki und als auch zwei weitere Angeklagte direkt und namentlich beschuldigte.

Keenan legte einen schlechten Start hin, indem er Togo stundenlang mit der Botschaft quälte, die Hirohito in den frühen Morgenstunden vor Pearl Harbor von Roosevelt erhalten hatte. So versuchte er zu beweisen, dass der Außenminister arglistig eine letzte Chance auf den Frieden sabotiert hatte. Angesichts der Aussagen, die Togo gerade erst über seine Friedensbemühungen gemacht hatte, war dies einer der unplausibelsten Vorwürfe, die gegen ihn erhoben wurden. Dennoch glaubte Keenan, dass Togo, der einen Teil des englischen Texts unübersetzt hatte lesen können, den Inhalt der Note in betrügerischer Absicht teilweise verschwiegen hatte, als er sie sowohl dem Kaiser als auch dem Premierminister erklärte. Togo sagte dazu, da Roosevelt Japan aufgefordert habe, seine Truppen ohne größeres Entgegenkommen der Vereinigten Staaten aus Indochina abzuziehen, habe Tojo Hideki mit der Aussage reagiert, dass man nun nichts mehr tun könne. Was den Kaiser betraf, so insistierte Togo mit ruhiger Stimme, dass er ihm Roosevelts Telegramm Wort für Wort vorgelesen hatte.

Keenan versuchte nun zu beweisen, dass sich Togo und Tojo schändlicherweise mit der unverbindlichen Reaktion des Kaiser auf Roosevelts Appell begnügt und damit eine versöhnlichere Reaktion verhindert hatten, und polterte: »Wollen Sie damit sagen, der Kaiser von Japan sei lediglich eine Gallionsfigur und seine Zustimmung nicht mehr als ein Absegnen, für das sie bei ihm zu sorgen hatten, und dass die Zustimmung des Kaisers zu den getroffenen Entscheidungen eine so geringe Bedeutung hatte, dass es sich nicht einmal lohnte, einen der vielen Laufburschen in dem Gebäude zu stören (…) und Kido zu finden?«

Togo, der seinen Monarchen weder herabsetzte noch belastete, konnte dazu wenig sagen. Keenan wollte offenbar, dass er den Kaiser von der Verantwortung für den Krieg entband, indem er ihn als eine machtlose Gallionsfigur bezeichnete oder wenigstens bewundernd erklärte, wie stark sich der Kaiser für den Frieden engagiert hatte. Beides hätte den Zielen des Allgemeinen Hauptquartiers gedient. In Wirklichkeit hatte sich Togo sehr viel entschlossener für den Frieden eigesetzt als der Kaiser oder Kido, aber im Gegensatz zum Kaiser hatte er nicht das Privileg unter dem Schutz des Allgemeinen Hauptquartiers zu stehen.

Togo entschied sich für eine möglichst kurze Antwort und sagte höflich, er habe dem Kaiser mitgeteilt, sowohl Tojo Hideki als auch Kido Koichi seien mit ihm darin einig, dass Roosevelts Note nicht ausreichte.

»Das sind faule Ausreden, Mr. Togo«, blaffte Keenan.

»Nein, ich benutze keine, wie Sie sagen, faulen Ausreden«, entgegnete Togo. »Ich berichte über die Tatsachen, wie sie sich ereignet haben.«[25]

Der Chefankläger deutete an, dass Togo in böser Absicht in Tojo Hidekis Kabinett eingetreten sei: »War Ihnen nicht klar, dass Sie aller Wahrscheinlichkeit nach in ein künftiges Kriegskabinett eintraten?« Togo antwortete: »Als ich in das Kabinett eintrat, hatte ich das Gefühl in ein Kriegsverhinderungskabinett einzutreten.«

Keenan fragte wiederholt, was Togo über die Kaiserliche Konferenz vom 6. September 1941 gewusst hatte, die vor seinem Eintritt in das Kabinett entschieden hatte, einen Krieg zu beginnen, wenn nicht bald eine diplomatische Lösung erreicht wurde. Togo erwiderte, dies sei ein absolutes Staatsgeheimnis gewesen, dennoch habe er von seinen Freunden im Außenministerium erfahren, dass das Heer eine harte Linie vertreten habe und die Verhandlungen bis Mitte Oktober abgeschlossen sein müssten. Dies bewies nur, dass Togo, wie jeder gut informierte Funktionär in Tokio, wusste, dass ein Krieg drohte, und nicht, dass er einen angestrebt hätte.

Keenan fragte, warum Togo in das Kabinett eintrat, obwohl er gegen den Krieg in China war. Dieser gab zu, dass er gewusst hatte, dass Tojo Hideki auf keinen Fall bereit war, Truppen aus China abzuziehen. »Im Oktober 1941 dürften Sie General Tojo wohl kaum für einen der wichtigsten Pazifisten in Japan gehalten haben?«, sagte Keenan und spottete: »Wie der verstorbene Will Rogers [ein Komiker] aus Amerika es einmal ausgedrückt hat: Sie wussten nur, was Sie in den Zeitungen lasen.« »Also, ich weiß nicht, was Will Rogers gesagt oder nicht gesagt hat«, sagte Togo verwirrt.

Keenan belehrte ihn, dass die Souveränität und territoriale Integrität Chinas durch die Invasion der japanischen Heere und die Bombardierung seiner Städte und Dörfer mit Füßen getreten worden sei. Togo räumte ein, dass es sich nicht um »normale Aktionen« gehandelt habe, sagte jedoch, ob sie berechtigt gewesen seien, hänge davon ab, ob China einen Verteidigungskrieg geführt habe. Und wie es sich mit der Invasion in der Mandschurei verhalten habe, fragte Keenan. Japans Handlungen seien nicht alle berechtigt gewesen, antwortete Togo vage, aber man könne kaum sagen, dass die eine Seite völlig recht und die andere völlig unrecht gehabt habe.

Seine einzigen Erfolge verbuchte Keenan im Zusammenhang mit dem Bündnis zwischen Japan und dem nationalsozialistischen Deutschland – einem Thema, bei dem Togo ausweichend wirkte. Togo sagte, er sei zwar dagegen gewesen, sich der Achse anzuschließen, aber als er ein Jahr später Außenminister wurde, sei das Bündnis eine etablierte Tatsache gewesen. Er verurteilte das Deutsche Reich als einen »diktatorischen totalitären Staat«, machte aber die zwiespältige Bemerkung, dass der Dreimächtepakt nicht schlecht gewesen wäre, wenn er den Krieg verhindert, also die Vereinigten Staaten abgeschreckt hätte.

Er gab zu, dass er als Botschafter in Deutschland gewusst hatte, dass das Leben für Juden im Land »sehr schwierig« geworden war, antwortete aber auf die Frage, ob er über Konzentrationslagern informiert gewesen sei: »Ich wusste nicht allzu viel über diese Konzentrationslager.« Etwas später sagte er, er kenne sich mit dem nationalsozialistischen Regime nicht besonders gut aus. Keenan fragte skeptisch: »Wussten Sie, dass das Hitlerregime in Deutschland 1941 in seinem eigenen Land eine Herrschaft des Terrors, der Gewalt und der Unterdrückung bedeutete?« Togo antwortete: »Es war eine diktatorische Herrschaft, also zog ich in Betracht, dass es in einigen Punkten Unterdrückung gab.« Auf Keenans Frage, ob er mit Hitlers Aufruf, in Europa und Asien eine neue Ordnung zu schaffen, einverstanden gewesen sei, meinte er defensiv, er könne nicht sagen, was Hitlers neue Ordnung tatsächlich bedeutet habe. Keenan blaffte, Hitler und Mussolini hätten eindeutig mehr als ausreichend demonstriert, was sie damit gemeint hätten.[26]

Am schlechtesten war Keenan dort aufgestellt, wo eine gute Befragung am wichtigsten gewesen wäre: bei Togos Bilanz als Außenminister. Der Chefankläger stellte fast keine Fragen über Togos Anstrengungen, den Krieg 1945 zu beenden und erkannte damit praktisch die Version der Ereignisse an, die der Angeklagte präsentierte. Auch Togos Aussage über seine Versuche, den Krieg 1941 zu verhindern, stellte Keenan nicht wirklich in Frage. Und er ging kaum auf die Dokumente von Togos Verteidigung ein, die bewiesen, dass er härter für die Erhaltung des Friedens gearbeitet hatte als irgendjemand sonst in der japanischen Regierung.[27]

Obwohl Togo, genau wie die anderen Zivilisten in der Regierung, erst nach dem Angriff erfahren hatte, dass Pearl Harbor das Angriffsziel gewesen war, behauptete Keenan, er sei »vollständig und gründlich eingeweiht gewesen«. In Wirklichkeit jedoch hatte Togo als Diplomat eine besonders vergiftete Beziehung zum Militär gehabt und es war unvorstellbar, dass man ihn über die heikelsten operativen Geheimnisse informiert hätte.[28]

Keenan fragte Togo, ob er mit den Entscheidungen der Kaiserlichen Konferenz vom 5. November einverstanden gewesen sei, die beschlossen hatte, die Vereinigten Staaten und Großbritannien anzugreifen, wenn nicht bald ein diplomatischer Durchbruch erzielt werde. Da die Anklagevertreter nur über die Ergebnisse der Konferenz, nicht jedoch über deren Debatten informiert waren, war Keenan offenbar nicht bekannt, dass Togo selbst auf dieser Konferenz noch darauf gedrängt hatte, den Krieg zu vermeiden, auch wenn er damals schon angeschlagen war. Er hatte davor gewarnt, dass Japan durch eine riesige Koalition der Vereinigten Staaten, des britischen und des niederländischen Kolonialreichs und Chinas eingekreist würde, und erfolgreich dafür plädiert, den Vereinigten Staaten zwei letzte diplomatische Angebote machen zu dürfen. Als Keenan behauptete, diese beiden letzten Vorschläge seien praktisch Ultimaten gewesen, bestritt Togo dies kategorisch. Er räumte zwar ein, dass er den Schlussfolgerungen der Kaiserlichen Konferenzen zugestimmt hatte, konnte jedoch nur andeuten, was für aufwühlende interne Debatten zuvor stattgefunden hatten: »Vor der Einigung kam alles Mögliche ans Licht.«[29]

Keenan verhörte Togo intensiv über die von Konflikten geprägte siebzehnstündige Verbindungskonferenz vom 1. November, aber auch diesmal fehlten ihm die richtigen Unterlagen darüber, wie sich Togo mit dem Militär angelegt hatte. Togo lavierte, bei einem Scheitern der Verhandlungen hätten einige in den Krieg ziehen und andere mehr Geduld üben wollen. Keenan, dessen Sprache merklich blumiger war als die Togos, forderte ihn auf, er solle »aufhören, sich der geschliffenen Wortwahl der Diplomatie zu bedienen«. Welche der Angeklagten für Krieg plädiert hätten, falls die Verhandlungen scheiterten? »Nennen sie die Namen«, sagte Keenan, »und zwar alle.« Er drehte sich zu den Reihen der Angeklagten herum, zeigte mit einem Finger auf ihre Gesichter und bewegte ihn rasch von links nach rechts.

Im Gerichtssaal wurde es still. Togo sollte seine früheren Kollegen direkt für den Krieg verantwortlich machen. Einige sahen verstört aus. Togo machte eine kurze Pause, dann sagte er klar und deutlich: »Tojo, Shimada und Suzuki.«[30]

Damit hatte er in ihrer Anwesenheit und unter Eid den ehemaligen Premier und Heeresminister Tojo Hideki, Admiral Shimada Shigetaro und General Suzuki Teiichi direkt belastet. Keenan versuchte seine Ausbeute noch zu vergrößern. Er fragte nach einem weiteren General und mahnte: »Können Sie diese Frage beantworten und dabei einem Augenblick lang auf die hochgestochenen Formulierungen der Diplomatie verzichten?« Togo antwortete, er könne sich nicht daran erinnern, dass der General in der Sitzung irgendetwas etwas gesagt habe, und dasselbe gelte auch für einen weiteren zivilen Funktionär und einen Admiral. Dennoch hatte er vielleicht gerade drei seiner Mitangeklagten ans Messer geliefert.[31]

Zum Schluss versuchte es Keenan mit der abwegigen These, die Regierung Tojo Hideki hätte den Krieg nicht legal beginnen können, wenn sich Togo als Außenminister geweigert hätte, ihm zuzustimmen. Dies stimmte in dem formellen Sinn, dass Kabinettsbeschlüsse einstimmig erfolgen mussten und es zum Sturz der Regierung geführt hätte, wenn ein Minister in der wichtigsten aller Fragen gegen die Mehrheit gestimmt hätte. Tatsächlich jedoch wäre es höchstwahrscheinlich nur zu einer Kabinettsumbildung gekommen, bei der man einen willfährigeren Außenminister ernannt hätte. Togo sagte, er habe oft überlegt, ob ein Rücktritt etwas bewirken würde, sei aber Ende Oktober zu dem Schluss gekommen, dass dem nicht so sei. Der Chefankläger bekam einen Wutanfall, schrie, er könne dem Zeugen keine direkte Antwort entlocken und bat Webb, ihm zu helfen.

»Hätten Sie den Krieg nicht verhindern können, indem Sie im Kabinett dagegen gestimmt hätten?«, fragte Webb. Togo erwiderte, dass Kabinettsbeschlüsse zwar einstimmig sein mussten, aber nach der Hull-Note »in Japan die Ansicht vorherrschte, dass das Land gezwungen wurde, zwischen

Krieg und Selbstmord zu wählen«. Er habe die Lage durch einen Rücktritt nicht ändern können. »Ich kann sagen, dass ich rechtlich gesehen den Krieg hätte verhindern können, wenn ich dagegen gestimmt hätte, muss aber klar feststellen, dass ich mir nicht vorstellen kann, dass ich den Krieg der damaligen konkreten Situation einfach durch meinen Rücktritt hätte verhindern können.«

Keenan fand zu keinem richtigen Ende, sondern gab sein schikanöses Verhör mitten in einer Frage einfach auf. »Wenn der Chefankläger keine weitere Antworten wünscht, habe ich nicht die Absicht fortzufahren«, reagierte Togo entnervt. Da brachte Keenan noch eine letzte Beleidigung an und schloss mit den Worten: »Nun sind wir uns endlich doch in einem Punkt einig geworden.«[32]

Togo war erleichtert. Trotz des wutentbrannten Kreuzverhörs durch Keenan hatte er seinen Widerstand gegen den Pazifikkrieg größtenteils zu Protokoll gegeben. »Mein persönlicher Teil des Prozesses war zu Ende«, schrieb er privat. »Es gibt viele Dinge, über die ich nicht genug sagen konnte, aber durch meine eidesstattliche Erklärung und mein fünftägiges Kreuzverhör konnte ich mich weitgehend erklären. Ich will kein arroganter Mensch sein, der der Welt seine Korrektheit beweisen will. Ich will nur in den Augen der Götter ein guter Mensch sein.«[33]

23.

Tojo im Zeugenstand

Am 26. Dezember 1947 versammelten sich Hunderte von Japanern um 6 Uhr morgens vor dem Heeresministerium, um zu hören, wie Tojo Hideki im Zeugenstand um sein Leben kämpfte. Die für japanische Zuschauer reservierte Galerie war bis zum letzten Platz mit Menschen besetzt, die den berühmtesten japanischen Angeklagten sehen wollten. Die Fotografen und Kameramänner der Wochenschauen bemühten sich krampfhaft, den früheren Premierminister ins Bild zu bekommen.[1] »Die Bühne ist bereitet für einen der dramatischsten Monologe der Geschichte«, schrieb ein amerikanischer Reporter für *Far East Stars and Stripes*, der Tojo rüde als »die herausragende Figur unter den einst arroganten, Säbel tragenden kleinen, braunhäutigen Generalen der auf Eroberung erpichten japanischen Armee« charakterisierte.[2]

Der 63-jährige Tojo war überzeugt, dass er bald gehängt würde, und sah blass und erschöpft aus. Dennoch sprachen er und sein japanischer Verteidiger wegen der heftigen Pressezensur des Allgemeinen Hauptquartiers im Gerichtssaal freier über den Krieg als die meisten anderen Japaner. Der General verteidigte unerschrocken die Politik des Japanischen Kaiserreichs. »Tojo machte seine Aussage mit der kalten Selbstgewissheit eines siegreichen Samurais«, schrieb das Nachrichtenmagazin *Life*.[3] Und *Time* bediente sich desselben Klischees, als es berichtete, Tojo sei mit der »unfassbaren Selbstgefälligkeit des Samurais« in den Zeugenstand getreten.[4]

Sein Land war besetzt, das Reich aufgelöst, das Volk verarmt, die Städte in Schutt und Asche gelegt, und dennoch gab Tojo nur kleine Fehleinschätzungen zu. Er übernahm die Verantwortung für Japans Niederlage, beharrte jedoch darauf, dass er richtig gehandelt hatte, als er es in einem Verteidigungskrieg gleichzeitig mit den Vereinigten Staaten, dem Britischen Weltreich und dem niederländischen Kolonialreich aufnahm. Er zeigte kaum Bedauern angesichts all der Menschen, die in diesem Krieg gelitten hatten und gestorben waren, bedauerte allerdings, dass er ihn verloren hatte. Er trug stolz seine, der Orden beraubte, Uniform und hatte sich einen Faden um den rechten Mittelfinger gebunden, um sein überschäumendes Temperament besser im Zaum halten zu können.[5]

Seine kriegerische Aussage löste in Japan Schockwellen aus. Nachdem die Vereinigten Staaten den Krieg gewonnen hatten, gaben sie nun ihrem wichtigsten Gegner und seinem begabten Verteidiger ein Mikrofon in die Hand, damit beide seine Handlungen vor dem japanischen Volk rechtfertigen konnten. Es war der Preis, den die Alliierten zahlten, weil sie einen fairen Prozess haben wollten: Sie gaben dem früheren japanischen Premierminister eine letzte Chance, den Krieg zu rechtfertigen und dadurch die Legitimität der Besatzung in Frage zu stellen. Tojos Ansehen war bei den Japanern stark gesunken, aber sein Auftritt war eine Sensation, für die Schwarzhändler Tickets zum doppelten Preis einer teuren *Kabuki*-Vorstellung und den fünffachen eines amerikanischen Films verkauften.[6]

Das Ergebnis war »einer der teuersten Propagandafehlschläge, für die der amerikanische Steuerzahler je aufkommen musste«, um einen Reporter der *New York Herald Tribune* zu zitieren.[7] Tagelang machte Tojo mit Joseph B. Keenan, was er wollte. Oder wie es ein amerikanischer Journalist ausdrückte: Es war ein von Witz, Zweideutigkeit und Sarkasmus geprägter Kampf zwischen dem »rotgesichtigen Anklagevertreter und dem hartgesottenen Ex-Diktator«. Selbst das Nachrichtenmagazin *Life*, das sonst verlässlich für die Chinesen Partei bezog, räumte ein, dass die Selbstrechtfertigung des früheren Premierministers durch Keenans Kreuzverhör nicht einmal angekratzt wurde: »Tojos Trotz bestand in einer Berufung auf die alten Normen des Shinto-Nationalismus.« So konnten die anderen Angeklagten erleben, wie »ein Prozess, der eine heilsame und wertvolle Lektion in demokratischer Praxis hätte sein können, zu einem katastrophalen Reinfall wurde«.[8]

Hinterher wussten die Alliierten, wie schlecht es gelaufen war. Der britische Anklagevertreter Arthur Comyns Carr äußerte privat zähneknirschende Bewunderung. Er schrieb an den britischen Attorney General, »Tojos Aussage ist tatsächlich ein Schuldbekenntnis, aber eine wirklich tolle Vorstellung, weil er für alles die Verantwortung übernimmt und versucht, es zu rechtfertigen.«[9] Nachdem der indische Spitzendiplomat K. P. S. Menon Tojos Aussage gehört hatte, berichtete er Jawaharlal Nehru, dass »die unerschütterliche, reuelose und beinahe trotzige Art, wie der General Pearl Harbor und die Maßnahmen rechtfertigte, die er ergriffen hatte, um einen ›Verteidigungskrieg‹ zu führen, extrem eindrucksvoll war. Und in den Augen der Japaner ist Tojo, den man vor einiger Zeit noch dafür verhöhnt hat, dass er nicht einmal ordentlich Selbstmord begehen konnte, über Nacht ein Held geworden«.[10]

Selbst liberale Japaner räumten ein, dass der nach der Kapitulation vielgeschmähte Tojo sein Image aufpoliert hatte. Japanische Reporter, die über den Prozess berichteten, kamen zu dem Schluss, dass er und seine imperialistische Politik einem erheblichen Teil der Japaner immer noch Respekt abnötigten. Doch es gab auch Anzeichen, dass die kriegsmüden Japaner gegen Tojo immun wurden. »Wir sollten ernsthaft kritisieren, was wir getan haben«, warnte ein japanischer Journalist. »Es darf keine solche Dummheit wie ein Wiedererwachen von Tojos Popularität geben.«[11] Als ein japanischer Verleger hastig eine preisgünstige gedruckte Ausgabe von Tojos eidesstattlicher Erklärung herausgab, glaubte er, einen Bestseller zu landen, verkaufte aber nur 5000 Exemplare. Kurz wurde Keenans Schlussplädoyer zu einem noch günstigeren Preis binnen zwei Monaten 50 000-mal verkauft. »Die meisten Japaner fragen sich, warum sie 60 Yen für die Verteidigungsrede des Soldaten zahlen sollten, der das Land ruiniert hat«, sagte Tojos Verleger zerknirscht. »Sie geben die 60 Yen lieber für eine Schachtel Zigaretten aus.«[12]

Keenan konnte sich nicht damit herausreden, dass er durch Tojos Argumentation überrascht worden wäre, weil dieser schon im Verhör durch die Alliierten eine Vorschau auf seine Themen gegeben hatte. Es lag ihm völlig fern, andere japanische Regierungsbeamte zu belasten, ja er wirkte geradezu beleidigt, wenn seine alliierten Vernehmer auch nur andeuteten, dass er als Premier und Heeresminister nicht verantwortlich gewesen sein könnte. Auf die Frage, ob er für den Angriff auf Pearl Harbor und die britischen Ziele die Hauptverantwortung getragen habe, antwortete er kurz und bündig: »Ja, ich bin verantwortlich.«[13] Aber er betrachtete seine Taten nicht als Verbrechen. »Strategisch gesehen hat sich Japan verteidigt, taktisch war es in der Offensive«, hatte bei den Verhören gesagt. »Japan war von viel stärkeren Kräften umgeben, als es selbst besaß. Insgesamt gesehen war es in der Defensive. Bei den real stattfindenden Kämpfen griff es an.«[14]

Tojo wurde im Gericht von seinem Anwalt Kiyose Ichiro sehr gut vertreten. Kiyose verlas Tojos leidenschaftliche Erklärung, dass »die Angriffe für Japan zu seiner Verteidigung und im Kampf um seine Existenz unvermeidlich waren«. Gleichgültig, welche Beweise die Alliierten für Gräueltaten an internierten Zivilisten oder Kriegsgefangenen hätten, sagte Kiyose, sein Klient habe niemals »irgendwelche unmenschlichen Handlungen befohlen, toleriert oder geduldet«.

Nach der Erklärung trat Tojo in der üblichen einfachen kastenförmigen Uniform in den Zeugenstand. Und als sein anderer Verteidiger George F.

Blewett Tojos 250-seitige eidesstattliche Erklärung verlas, sprach der General gleichsam mit der Stimme eines Amerikaners.

Für jeden wichtigen Wendepunkt nahm Tojo die politische Verantwortung auf sich, bestritt aber jede strafrechtliche Relevanz. Am Krieg gegen China waren die Kommunisten und die antijapanische Politik Chinas schuld, verschärft durch die Unterstützung der Amerikaner und der Briten für die Nationalchinesen. Es war auffällig, dass Tojo die Legitimität der Regierung Chiang Kai-shek nicht anerkannte, aber die Echtheit eines wichtigen Beweisstücks der Anklage in keiner Weise bestritt: eine Note, die er im Juni 1937 als Generalstabschef der Kwantung-Armee geschrieben, und in der er dringend einen Schlag gegen China empfohlen hatte. Er erklärte streitlustig, dass China damals von einer antijapanischen Bewegung überschwemmt worden sei und es für die Kwantung-Armee erforderlich gewesen sei, »dem Nanjing-Regime einen Schlag zu versetzen«.

Er sah keinen Grund, sich für den Dreimächtepakt zu entschuldigen. Seiner Aussage nach hatte Japan weder territoriale Interessen noch den Wunsch, irgendeinen Teil der Welt zu beherrschen. Als Heeresminister habe er den Dreimächtepakt geschlossen, um die amerikanische und britische Unterstützung für die Regierung der Kuomintang in China auszugleichen. Allerdings wurde in seiner Zeugenaussage sehr deutlich, dass er bei seinem Eintritt in das Kabinett kurz nach dem Fall Frankreichs klar erkannte, dass Japan dank der Siege der Nationalsozialisten in Europa auch im Norden Französisch-Indochinas einmarschieren konnte.

Er habe, sagte Tojo, nie beabsichtigt, die Sowjetunion anzugreifen, und dafür gesorgt, dass die Grenzzwischenfälle mit ihr friedlich geklärt wurden. Er informierte das Gericht, dass Japan sich gewissenhaft an den Nichtangriffspakt mit der Sowjetunion gehalten habe, und implizierte damit, dass die Sowjetunion ihrerseits bei ihrer Offensive gegen Japan im August 1945 der Aggressor gewesen war.[15]

In seiner eidesstattlichen Erklärung behandelte er Pearl Harbor kampflustig als unvermeidliche Selbstverteidigung Japans, und er machte klar, wie schnell die Verhandlungen mit den Vereinigten Staaten nach dem April 1941 konfrontativ geworden waren. Japan hatte sein Bündnis mit der Achse nicht aufgeben wollen, aber gleichzeitig die Vereinigten Staaten gedrängt, ihre Unterstützung für China aufzugeben. Bis Mai waren die Verhandlungen laut Tojo zum Erliegen gekommen, und ab Juni hatten die Vereinigten Staaten »eine unfreundliche Haltung eingenommen«.

Er erklärte, Japan habe den Süden Indochinas besetzt, um Zugang zu überlebenswichtigen Rohstoffen zu bekommen und die amerikanische und britische Unterstützung für China zu unterbinden. (Fast die gleiche Argumentation galt auch für Thailand, das Japan im Dezember 1941 erobert hatte.) Indochina, sagte Tojo, sei für die Vereinigten Staaten und Großbritannien bei der Einkreisung Japans unverzichtbar gewesen; beide feindlichen Mächte hätten sich jederzeit für einen Angriff entscheiden können. Tojo schwor, dass Japan in seiner Existenz bedroht gewesen sei, als die Vereinigten Staaten, Großbritannien und die Niederlande in Reaktion auf die Besetzung Südindochinas im Juli ein Wirtschaftsembargo verhängten und Japan kein Öl mehr aus Niederländisch-Ostindien erhielt. Die japanische Flotte und Luftwaffe wären dadurch lahmgelegt worden, was der nationalen Verteidigung Japans einen »tödlichen Schlag« versetzt hätte. Seine Flotte wäre binnen zwei Jahren bewegungsunfähig gewesen: »Unsere nationale Macht verlor Tag für Tag an Kraft.«

Er sagte zwar, bei den Washingtoner Verhandlungen sei es für Japan um Leben und Tod gegangen, machte aber klar, dass er an einer harten Linie gegenüber China festgehalten und sich gegen den Abzug von Soldaten ausgesprochen hatte, solange sich der Krieg dort dahinschleppte. Es sei für Japan überhaupt nicht in Frage gekommen, unter dem Druck fremder Mächte einen Rückzug zu akzeptieren.

Er gab offen zu, dass die führenden Politiker Japans auf der Kaiserlichen Konferenz vom 6. September beschlossen hatten, einen Krieg mit den Vereinigten Staaten, Großbritannien und den Niederlanden zu beginnen, falls die japanischen Forderungen nicht bis Mitte Oktober erfüllt wurden. Trotzdem fügte er dieser Aussage die zweifelhafte Behauptung hinzu, dass sich Japan erst später, nämlich in der Kaiserlichen Konferenz vom 1. Dezember, entschlossen habe, in den Krieg zu ziehen. Er behauptete, der Beschluss vom 6. September habe der Selbsterhaltung gedient und wies auf den Aufmarsch amerikanischer, britischer und niederländischer Truppen rund um Japan hin: »Die Vereinigten Staaten betrieben eine fieberhafte militärische Expansion.«

Bemerkenswerterweise war er sich völlig im Klaren darüber, dass Japan kaum eine Chance hatte, den Krieg zu gewinnen, den zu beginnen es im Begriff war. Es war eine »zwingende Notwendigkeit für Japan, einen Krieg mit Amerika und Großbritannien zusätzlich zu dem Konflikt mit China zu vermeiden«, weil »nicht sehr viel Hoffnung für uns bestand, gegen die zwei stärksten Mächte der Welt zu gewinnen«. Er hatte bestenfalls gehofft, die kombinierte Macht beider Staaten im Zaum zu halten, während Japan in einem erweiterten japanischen Reich Ressourcen beschaffte in der

Hoffnung, durch ein militärisches Patt einen Verhandlungsfrieden zu erreichen, dessen Bedingungen besser waren, als die, die er abgelehnt hatte. Seiner Ansicht nach »hatte Japan keine andere Alternative, als zum Pazifischen und zum Indischen Ozean vorzustoßen, strategisch wichtige Punkte zu halten, Regionen aufgrund der vom Militär benötigten Rohstoffe zu besetzen und feindliche Angriffe, soweit es unsere Fähigkeiten und unser Kampfgeist erlaubten, bis zum Letzten abzuwehren«.

Obwohl sich die Kaiserliche Konferenz vom 6. September nur unter der Bedingung für den Krieg entschieden hatte, dass der diplomatische Weg scheiterte, machte Tojos eidesstattlichen Erklärung deutlich, dass er die Verhandlungen für hoffnungslos gehalten hatte. Japan habe zuvor schon »fast unerträgliche« Zugeständnisse gemacht, aber die Vereinigten Staaten hätten sich trotzdem nicht bewegt. Tojo wusste, dass die Truppen in China das Kernproblem waren, doch er weigerte sich, unter amerikanischem Druck die Ergebnisse der vierjährigen Opferbereitschaft der Armee zunichte zu machen. Er warnte vor der wachsenden Macht der chinesischen Kommunisten und machte die düstere Voraussage, dass ein Rückzug »zu China-Zwischenfall II und III« führen werde.

Um sein Image als machthungriger Politiker zu entkräften, sagte er, er habe nicht im Traum daran gedacht, Premierminister zu werden. Er sei erstaunt gewesen, als man ihn in den Kaiserpalast gerufen und Kaiser Hirohito ihm das kaiserliche Mandat zur Bildung einer Regierung erteilt habe und habe sogar eine Ablehnung in Betracht gezogen. Der Kaiser habe ihm den Auftrag erteilt, die Kaiserliche Konferenz vom 6. September neu zu bewerten, und von der Entscheidung zum Krieg Abstand zu nehmen. Wenn sich das Militär geweigert hätte, dies zu tun, wäre es ihm lieber gewesen, wenn ein Mitglied der kaiserlichen Familie an seiner Statt Premierminister geworden wäre, um die Streitkräfte durch die Autorität des Kaisers auf Linie zu bringen.

Er sagte aus, dass Togo Shigenori die Ernennung zum Außenminister nur aufgrund der Versicherung angenommen habe, dass das neue Kabinett sein Möglichstes für Friedensverhandlungen tun werde. Dennoch enthielt seine eidesstattliche Erklärung keinen Hinweis, dass er als Premierminister eine Rückkehr zur Diplomatie in Betracht gezogen hatte. Ohne Öl, beharrte er, habe Japan nicht lange warten können, ob die Herzen der Amerikaner weich wurden; Geduld hätte Selbstvernichtung bedeutet.

Tojo ging auf Togo Shigenoris heftigen Widerstand gegen den Krieg bei der Verbindungskonferenz vom 1. November und auf der Kaiserlichen Konferenz vom 5. November nicht näher ein und machte statt Togo den

Kaiser zum größten Verfechter des Friedens. Vom 2. November berichtete er, als er und die Generalstabschefs des Heeres und der Marine Hirohito informierten, »konnte ich am Gesichtsausdruck seiner Majestät erkennen, dass der Kaiser schreckliche Qualen litt, die seiner Friedensliebe entsprangen.« Der Kaiser hatte mit großem Ernst zugehört und dann gefragt: »Gibt es denn keine andere Möglichkeit mehr, als sich gegen unsere Wünsche dafür zu entscheiden, gegen Amerika und Großbritannien in den Krieg zu ziehen, falls es nicht gelingt, aus der Sackgasse herauszukommen? (…) Wenn die Sachlage so ist, wie Sie sie schildern, gibt es keine Alternative, als mit den Vorbereitungen für militärische Operationen fortzufahren, aber ich hoffe immer noch, dass Sie jedes mögliche Mittel einsetzen, um die Schwierigkeiten in den amerikanisch-japanischen Verhandlungen zu überwinden.« Tojo fügte ehrerbietig hinzu, dass, »ich mich selbst heute noch lebhaft daran erinnere, welche Ehrfurcht uns diese Worte einflößten«.

Tojo spielte herunter, wie stark die Kaiserliche Konferenz vom 5. November zum Krieg getrieben hatte. In seiner eidesstattlichen Erklärung, die von Details wie etwa der australischen Wehrpflicht oder Textilimporten aus Indien nur so strotzte, gab er vor, sich an die Einzelheiten dieser entscheidenden Debatte nicht mehr zu erinnern und unterließ es, Togo Shigenoris heftige Warnungen zu erwähnen. Er erklärte lediglich, die militärische Einkreisung Japans durch die sogenannten ABCD-Mächte – Amerikaner, Briten, Chinesen und Niederländer (Dutch) – sei immer enger geworden, so dass »es nur eines kleinen Funkens bedurfte, um einen riesigen Brand auszulösen«.

Obwohl in Tojos eidesstattlicher Erklärung deutlich wurde, dass er schon lange vor der Hull-Note nichts mehr auf den diplomatischen Weg gegeben hatte, konzentrierte er sich auf die Note vom 26. November, eine seiner Ansicht nach unerträgliche Unverschämtheit, die keine andere Wahl als den Krieg mehr gelassen habe. Japan, betonte er, habe sich nicht bedingungslos aus China oder Indochina zurückziehen können und weder Mandschukuo und dessen kollaborierendes Regime im Stich lassen noch aus dem Dreimächtepakt austreten können. »Wir waren alle geschockt von der Härte des amerikanischen Vorschlags«, sagte er. »Die Vereinigten Staaten schienen sich bereits für einen Krieg gegen Japan entschieden zu haben. Offen gesagt: Japan konnte jeden Augenblick von den Vereinigten Staaten angegriffen werden.« Er behauptete, er habe später erfahren, dass sich die Vereinigten Staaten und Großbritannien damals bereits gegen einen Krieg mit Japan entschieden hätten, aber die USA die Absicht hatten, Japan »die erste offene Kriegshandlung« begehen zu lassen.[16]

Einige Tage später hatte ihn der Kaiser, wie er sich erinnerte, in den Kaiserpalast bestellt und ihm aufgeregt erzählt, sein jüngerer Bruder Prinz Takamatsu, ein Marineoffizier, habe erklärt, dass die Marine den Krieg vermeiden wolle. Tojo versicherte dem Kaiser, dass es keine Alternative gebe, als einen Verteidigungskrieg zu führen, und dass die Militärführung überzeugt sei, dass sie siegen würden. Laut Tojo war der Kaiser danach so weit beruhigt, dass er es wagte zum 1. Dezember die letzte Kaiserliche Konferenz vor dem Krieg einzuberufen.

Tojo hatte die kriegerische Kaiserliche Konferenz von 5. November eher heruntergespielt und stellte nun die vom 1. Dezember als die entscheidende dar – nicht nur als die, die den Termin für ein Ereignis festlegte, das er schon lange für unvermeidlich gehalten hatte. Auf diese Weise konnte er Japan als eine bis zuletzt friedliebende Nation präsentieren und die Wirkung der Hull-Note betonen. Seine eidesstattliche Erklärung enthielt außerdem die Information, dass der Generalstabschef des Heeres eingeräumt hatte, in einem langen Krieg könne es zu zahlreichen Bombenangriffen auf die japanischen Hauptinseln kommen, ein Eingeständnis, dessen Wahrheitsgehalt durch die Ruinen der Stadt außerhalb des Gerichtshofs bestätigt wurde.

Tojo würdigte Togo Shigenori kaum für seine diplomatischen Anstrengungen, warf ihm aber vor, dass er die letzte Note über den Abbruch der Verhandlungen mit den Vereinigten Staaten nicht rechtzeitig ausgeliefert hatte, bevor die ersten Bomben auf Pearl Harbor fielen. Auch dafür, dass der Inhalt der Note womöglich keine völkerrechtlich wirksame Kriegserklärung war, gab er Togo die Schuld: Das Kabinett, sagte er, habe sich ganz darauf verlassen, dass der Außenminister gemäß dem Völkerrecht arbeitete.

Außer dem Marineminister und ihm selbst – in seiner Rolle als Heeresminister, nicht als Premierminister – war kein Kabinettsmitglied darüber informiert worden, dass Pearl Harbor das Angriffsziel war. Dennoch waren »die Vereinigten Staaten«, wie Tojo dramatisch verkündete, »über unseren Angriff voll informiert, bevor er stattfand«. Das bedeutete, dass die »bedauerliche« Verspätung bei der Zustellung der Note keine Rollte gespielt hatte. Tojo beschuldigte de facto die Regierung Roosevelt, den Tod ihrer eigenen Marinesoldaten auf Hawaii billigend in Kauf genommen zu haben. Als er am 8. Dezember um 4.30 Uhr informiert wurde, dass der Schlag gegen Pearl Harbor erfolgreich gewesen war, war er, wie er sich erinnerte, »begeistert und dankbar für diesen wunderbaren Erfolg« gewesen.[17]

Tojo gab sich in jedem Stadium seiner Aussage die größte Mühe, den Kaiser zu entlasten. Dies war besonders verblüffend, da er während des

Krieges für jeden Erfolg den Kaiser verantwortlich gemacht hatte. So hatte er etwa nach dem Fall von Singapur dem Parlament berichtet, dass »diese brillanten Siege einzig und allein der erhabenen Tugend Seiner Majestät des Kaisers zu verdanken sind«.[18] Nun assoziierte er Hirohito nur mit den positiven Dingen. So berichtete er, dass der Kaiser ihn ermahnt hatte, sich zu vergewissern, dass die Vereinigten Staaten über die Eröffnung der Feindseligkeiten informiert würden.[19] Auch hatte er die Flieger des Doolittle Raids verschonen wollen und den entschiedenen Wunsch zum Ausdruck gebracht, dass Japan mit den Vereinigten Staaten und Großbritannien immer auf freundschaftlichstem Fuß stehen möge. Um Hirohito von der möglichen Verantwortung für Kriegsverbrechen zu entlasten, sagte Tojo, der Kaiser habe die Notwendigkeit strenger militärischer Disziplin betont.[20] Selbst das kaiserliche Reskript nach Pearl Harbor war, wie Tojo behauptete, einzig und allein für das japanische Volk bestimmt und keine völkerrechtlich gültige Kriegserklärung gewesen. Zwar hatte die Regierung laut Tojo das Reskript verfasst, doch der Kaiser hatte die Zeile hinzugefügt, dass »es wirklich unvermeidlich war und überhaupt nicht unseren Wünschen entspricht, dass unser Reich nun dazu gebracht wurde, die Klingen mit Amerika und Großbritannien zu kreuzen«.

Tojo sagte: »Die volle Verantwortung für die Kriegsentscheidung am 1. Dezember 1941 liegt bei den Ministern und den Mitgliedern des Oberkommandos und absolut nicht beim Kaiser.« Selbst bei der wichtigen Aufgabe, den Premierminister zu bestimmen, richtete sich der Kaiser laut Tojo, nach dem Vorschlag des *Genro,* des Rats der pensionierten Staatsmänner. Hirohito habe gelegentlich Vorschläge gemacht oder seine Wünsche durch Marquis Kido Koichi zum Ausdruck gebracht, aber nie ein Veto gegen endgültige Entscheidungen seines Kabinetts oder seiner militärischen Kommandeure eingelegt: »Ich erinnere mich an keinen Fall, in dem der Kaiser sich geweigert hätte, der Überzeugung dieser politischen und militärischen Berater zu folgen.«[21]

Als Tojo sich dem Thema der konventionellen Kriegsverbrechen zuwandte, schien ihn eher der Gedanke zu empören, dass seine Untergebenen undiszipliniert gewesen sein könnten, als dass sie Gräueltaten begangen hatten. Er war über die Beschuldigung so erbost, dass er sich kaum verteidigte: »Ich habe in diesem Punkt überhaupt nichts zu sagen, außer dass ich während meiner gesamten Karriere niemals auch nur in Betracht gezogen habe, eine kriminelle Handlung zu begehen.«

Doch seine Macht als Premierminister und Kriegsminister sprach gegen ihn. Er sagte aus, er sei für Gesetze über die Bestrafung von Kriegsgefangenen »politisch verantwortlich« gewesen, ohne irgendeine strafrechtliche Schuld einzuräumen. Als Heeresminister war er für die Errichtung der japanischen Kriegsgefangenenlager und für die internierten Zivilisten in den Kriegszonen verantwortlich gewesen. Er erklärte jedoch ausweichend, dass die Gefangenen, bevor sie die Lager erreichten, in die Zuständigkeit des Generalstabschef des Heeres und nicht des Heeresministers fielen. Dadurch bestritt er seine Verantwortung für die von ihm selbst als Beispiel genannten Gräueltaten auf dem Todesmarsch von Bataan, für die Misshandlung der alliierten Kriegsgefangenen auf der Malaiischen Halbinsel und für die Todesfälle auf den »Höllenschiffen«. (Er war erst von Februar bis Juli 1944 auch Generalstabschef des Heeres gewesen.)

Anstatt sich zu bestimmten Kriegsverbrechen zu äußern, verwies er auf eine Liste von Vorschriften des Heeres, die jedoch die massiven Übergriffe eindeutig nicht verhindert hatte. Er erklärte, »dass sich die japanische Vorstellung von Kriegsgefangenen von der der Europäer und Amerikaner unterscheidet«. Japan habe die Regeln des Genfer Abkommens abgelehnt, weil »die Japaner es von alters her für äußerst unwürdig halten, gefangengenommen zu werden, und alle Kombattanten die Anweisung erhielten, eher in den Tod zu gehen, als sich als Kriegsgefangene internieren zu lassen«. Ohnehin sei es Japan angesichts so vieler über ein so großes Gebiet verstreuter Gefangener aus so »vielen verschiedenen Rassen« und angesichts knapper Vorräte unmöglich gewesen, die Genfer Konventionen genau anzuwenden.

Ein Verbrechen, auf das er dennoch einging, war der Bau der »Eisenbahn des Todes« zwischen Burma und Thailand, den er hartnäckig verteidigte. »Ich stimmte der Beschäftigung von Kriegsgefangenen zu«, sagte er. Dann gab er zwar dem Generalstabschef des Heeres eine gewisse Mitverantwortung, weil er die Bauarbeiten geleitet hatte, räumte jedoch ein, dass er als Heeresminister »die administrative Verantwortung als Aufsichtsorgan über die Kriegsgefangenen hatte«. Das IV. Haager Abkommen betreffend die Gesetze und Gebräuche des Landkriegs von 1907 verbietet übermäßig harte Arbeit und den Einsatz von Kriegsgefangenen für Aufgaben, die mit der Kriegführung oder -ertüchtigung zu tun haben.[22] Dennoch behauptete Tojo, dass »wir nie auch nur im Entferntesten daran dachten, dass diese Art von Beschäftigung nach internationalen Standards je als unzulässig eingestuft werden könnte«. Das Projekt sei für Japan lebenswichtig gewesen, und das Gebiet sei weit von der Front entfernt und keine »besonders ungesunde« Gegend gewesen. Tojo sagte aus, an der Bahn hätten auch japanische Soldaten gearbeitet, und sie seien genauso wie die alliierten

Kriegsgefangenen behandelt worden – eine Behauptung, die den Aussagen zahlreicher Australier diametral widersprach. Tojo räumte ein, er habe von »Unzulänglichkeiten« bei den sanitären Einrichtungen und bei der Behandlung der Gefangenen gehört und daraufhin einen Offizier entlassen und einen anderen entsandt, um die Bedingungen zu verbessern. Außerdem sei ein Kompanieführer vor ein Kriegsgericht gestellt worden.

Tojo beschuldigte zugleich die Vereinigten Staaten, durch die Bombardierung japanischer Städte Kriegsverbrechen begangen zu haben, womit er freilich die Argumentation der Verteidigung größtenteils zunichte machte. Er verurteilte den Doolittle Raid auf Tokio und Angriffe auf andere japanische Städte und sagte, Gräueltaten gegen die Zivilbevölkerung seien dem nach internationalen Recht Verbrechen. Japan hatte im August 1942 ein neues Gesetz zur Bestrafung feindlicher Flieger verabschiedet, das Tojo freilich nicht als etwas Neues, sondern nur als eine Zusammenstellung schon bestehender internationaler Gesetze und Vorschriften behandelte. (Tatsächlich war die Rechtsabteilung des Heeresministeriums zu dem Schluss gekommen, dass es illegal wäre, die gefangenen Flieger des Doolittle Raid hinzurichten, aber man hatte sie informiert, dass »die Hinrichtung unabhängig von ihrer Legalität stattfinden würde«.) Alle acht gefangenen Flieger waren zum Tod verurteilt worden. Doch wie Tojo aussagte, hatte er dem Kaiser Bericht erstattet und erreicht, dass fünf der acht Urteile abgemildert wurden.

Bei diesem Thema machte Tojo mindestens drei schwere Schnitzer. Erstens platzierte er Hirohito in der Befehlskette: Wenn der Kaiser fünf amerikanische Gefangene hatte begnadigen konnte, warum dann nicht auch die anderen drei, die von Offizieren hingerichtet wurden, die offensichtlich seinem Kommando unterstanden?[23] Zweitens betonte Tojo, die Flieger seien aufgrund eines Gesetzes vor Gericht gestellt wurden, das nach dem Bombenangriff hastig erlassen worden war. Dies war genau dieselbe Art rückwirkender Justiz, über die sich die japanischen Angeklagten im Tokioter Prozess beschwerten. Wenn ein japanisches Gericht die amerikanischen Flieger aufgrund eines Gesetzes verurteilen und hinrichten lassen konnte, das noch nicht in Kraft war, als sie ihre Kriegsverbrechen begingen, warum sollten die Alliierten dann nicht dasselbe mit Tojo tun dürfen? Drittens wären nach den Rechtsgrundsätzen, zu denen sich Tojo bekannte, auch die japanischen Bombenangriffe auf Chongqing und andere chinesische Städte unrechtmäßig und nicht nur juristisch fragwürdig gewesen, eine unklare Rechtslage, mit der die Verteidiger der japanischen Militärs die japanischen Bombenangriffe bis dahin zu rechtfertigen versucht hatten. Wenn es ein

Kriegsverbrechen war, Zivilisten zu bombardieren, musste dies unabhängig davon gelten, ob die Opfer Japaner oder Chinesen waren.[24]

Tojo zeigte keine Reue darüber, wie die Japaner ihre asiatischen Nachbarn behandelt hatten. Er habe sich niemals vorstellen können, dass die wohlwollende japanische Politik gegenüber dem von ihm so genannten Großostasien jemals als »Planung von Eroberung, weltweiter Vorherrschaft oder Aggression fehlinterpretiert werden konnte«. Japan habe lediglich versucht, den asiatischen Nationen, die »unter der Unterdrückung der westlichen Mächte ächzten«, die Unabhängigkeit zu bringen.

Er kritisierte den westlichen Rassismus gegenüber den Asiaten, bestritt aber, dass Japan geplant habe, »die weiße Rasse von ihrem fruchtbaren Feld in Ostasien zu vertreiben«. Die Befreiung der Asiaten, sei ein hohes japanisches Ziel gewesen, seit Japan versucht habe, nach dem Ersten Weltkrieg die Rassengleichheit in der Charta der Vereinten Nationen zu verankern und damit gescheitert sei. Er beschwerte sich darüber, dass Australien 1901 und die Vereinigten Staaten 1924 die Einwanderung von Japanern eingeschränkt hatten.

Die Großostasiatische Wohlstandssphäre habe auf einer »moralischen und spirituellen Grundlage« des Ostens beruht und eine verkommene, westlich beeinflusste Ordnung ersetzt, »die andere Rassen und andere Länder für ihren eigenen Wohlstand und Nutzen opfert«. Japan habe die Lokalbevölkerung gewinnen wollen, indem es ihre »rassischen Eigenschaften, Sitten und Gewohnheiten« respektierte. Tojo pries die Überlegenheit der östlichen Spiritualität gegenüber dem westlichen Materialismus und plädierte für seine eigene Version der *mission civilisatrice*: »Schon seit alter Zeit gibt es eine überlegene Kultur in Großostasien, eine Form spiritueller Kultur die sich durch Erhabenheit und Tiefe auszeichnet. Wir dachten, wenn wir diese Kultur nach einem langen Prozess der Förderung und Verfeinerung in der ganzen Welt verbreiteten, würde sie tendenziell die Nachteile der materialistischen Kultur ausgleichen und stark zum Gemeinwohl der Menschheit beitragen.«[25]

In seiner eidesstattlichen Erklärung erinnerte er das Gericht daran, dass Indien kurz zuvor in die Unabhängigkeit entlassen worden war, und wies darauf hin, dass »unser Reich«, die Bewegung für »die Freiheit, die Unabhängigkeit und den Wohlstand Indiens unter Führung von Chandra Bose voll unterstützt hat«. Er zitierte aus Boses Rede auf der Großasiatischen Konferenz im November 1943 in Tokio, wo dieser die mit japanischer Hilfe »befreiten Nationen« gefeiert hatte. Dennoch war die ausbeuterische

Seite der japanischen Herrschaft kaum zu verbergen. Während Tojo triumphierend auf die Unabhängigkeit Burmas und der Philippinen hinwies, musste er zugeben, dass das Heer und die Marine Japans darauf bestanden hatten, Niederländisch-Ostindien vorerst unter ihrer eigenen militärischen Verwaltung zu halten. Denn dies war, wie Tojo nicht sagte, notwendig, um indonesisches Öl für die japanischen Kriegsanstrengungen zu sichern.

Zum Schluss sagte Tojo leidenschaftlich: »Der fruchtlose und verheerende Krieg, der am 8. Dezember 1941 ausbrach, war allein von den Alliierten provoziert, um Amerika zum Kriegseintritt in Europa zu zwingen.« Er beschuldigte China und die europäischen Kolonialmächte in Asien, die Vereinigten Staaten in den Krieg hineingezogen zu haben. Obwohl Japan den Krieg verloren hatte, beharrte er darauf, dass es keine andere Wahl gehabt hatte: »Ich glaubte fest daran und werde dies bis zuletzt behaupten, dass es sich um einen Verteidigungskrieg und in keiner Weise um eine Verletzung des heute gültigen Völkerrechts handelte.«

Er stellte ausdrücklich die Rechtmäßigkeit des Tokioter Gerichtshofs in Frage: »Ich hätte zu keinem Zeitpunkt gedacht, dass die Führung dieses Krieges einmal von den Siegern als Verstoß gegen internationales Recht betrachtet werden könnte oder dass ordnungsgemäß bestimmte Regierungsbeamte der besiegten Nation nach irgendeinem anerkannten internationalen Gesetz oder wegen der angeblichen Verletzung zwischen Nationen geschlossener Verträge persönlich als Verbrecher angeklagt werden könnten.« Schließlich bestritt er zwar jede juristische Schuld als Kriegsverbrecher, nahm aber die Verantwortung für Japans Niederlage auf sich: »Die Verantwortung in diesem Sinne will ich nicht nur voll akzeptieren, sondern ich habe auch den aufrichtigen Wunsch, dies zu tun.«[26]

Die Presse veröffentlichte umfangreiche wörtliche Auszüge aus Tojos eidesstattlicher Erklärung, wodurch er mit einer Botschaft, die der Lesart der alliierten Besatzer trotzte, direkt die japanische Öffentlichkeit erreichte. Die sechs größten japanischen Tageszeitungen durchbrachen sämtlich die Zensur der Allgemeinen Hauptquartiers und widmeten Tojos Entlastung des Kaisers und seiner Behauptung, der Krieg habe der nationalen Selbstverteidigung gedient, fast den gesamten Platz auf ihren Titelseiten, wenngleich sie »Selbstverteidigung« immer sorgfältig in Anführungszeichen setzten.

Mainichi Shimbun, die einzige Zeitung, die einen Leitartikel über Tojos Aussage veröffentlichte, griff ihn scharf an. Unter der Überschrift »Wir entschuldigen uns bei der Welt« schrieb die Redaktion, Japans Kriege seien eine nicht zu rechtfertigende Aggression gewesen und forderte das Land dringend auf, »seine Missetaten in der Vergangenheit auch weiterhin zu bedauern und zu reflektieren«. Da Tojo nur die Verantwortung für die Niederlage, nicht jedoch für die Verbrechen übernommen habe, »muss das japanische Urteil über ihn unbedingt nüchtern und streng ausfallen«.[27]

Die japanische Öffentlichkeit war von Tojos Erklärung fasziniert. Die Entlastung des Kaisers war für viele eine Erleichterung.[28] Wie eine japanische Zeitung berichtete, hatten die meisten Japaner bis dahin nie besonders viel Achtung vor Tojo gehabt, nun jedoch hatten sie einen wesentlich besseren Eindruck von ihrem Premierminister aus der Kriegszeit bekommen, weil er den Kaiser entlastet und selbst Verantwortung übernommen hatte. »Ich hasse Tojo, wenn ich an die Sache denke, die Japan in sein derzeitiges Elend gestürzt hat«, sagte ein Polizist. »Ich hasse Tojo für die Sünde, die Nation in die Niederlage geführt zu haben, aber ich hasse ihn nicht als Menschen«, sagte ein Journalist. Ein Student war beeindruckt von Tojos Erklärung, hoffte jedoch, er werde sterben, um die Verantwortung für den Tod von Millionen Menschen zu übernehmen. Ein ehemaliger Soldat, der auf Okinawa einen Bruder verloren hatte, meinte, Tojo habe den Krieg nicht allein verschuldet, und er hoffe, dass er nicht hingerichtet werde. Insgesamt, so die Redakteure mehrerer Zeitungen, waren die meisten jungen Männer immer noch der Ansicht, dass der Krieg Japan aufgezwungen worden sei. Die Intellektuellen sahen Tojo und sogar den Kaiser eher kritisch, wohingegen die normalen Japaner gegenüber ihrem ehemaligen Premierminister mehr Sympathie als Hass empfanden.[29]

»Die Angeklagten (...) haben die Schuld des Kaisers recht überzeugend bewiesen«

Tojos Starauftritt im Kreuzverhör wurde in Tokio Stadtgespräch. Seine knappen, sarkastischen Antworten brachten die Zuschauer oft zum Lachen, und er erwies sich als der einzige Zeuge, den zu ermahnen der ungeduldige Sir William Webb keinen Grund sah. Einmal war das Gelächter sowohl der japanischen als auch der nicht-japanischen Zuschauer so heftig, dass der Gerichtsdiener zur Ordnung rufen musste.[30] Auf die Frage, ob es normal sei, dass ein potenzieller Minister Bedingungen stelle, bevor er in das Kabinett eintrete, antwortete Tojo trocken: »Also, diese Frage kann ich nicht so richtig beantworten, weil ich nur einmal die Erfahrung gemacht habe, ein Kabinett zu bilden.«[31] Eines Tages hatte er besondere Besucher auf der Zuschauergalerie: die Frau von General Douglas MacArthur und dessen neunjährigen Sohn Arthur MacArthur. »Arthur wollte Tojo sehen«, erklärte seine Mutter den Besuch.[32]

Allerdings unterlief Tojo schon kurz nach dem Beginn des Verhörs ein katastrophaler Fehler, durch den er genau das tat, was er unbedingt vermeiden wollte: Er belastete den Kaiser. Als ein amerikanischer Verteidiger, der Marquis Kido Koichi vertrat, Beweise für Kidos Friedensliebe suchte, folgte Tojo seinem inneren Drehbuch zum Schutz des Monarchen. Der Verteidiger fragte, ob Tojo irgendein Beispiel dafür kenne, dass Kido sich über den Wunsch des Kaisers nach Frieden hinweggesetzt habe? »Soweit ich weiß, hat es keinen einzigen solchen Fall gegeben«, antwortete Tojo knapp, aber dann fügte er unbesonnen, aber mit Verve hinzu: »Und ich möchte hinzufügen, dass es keinen japanischen Untertan, und insbesondere keinen hohen Beamten der japanischen Regierung oder des japanischen Staates gibt, der gegen den Willen seiner Majestät handeln würde.«

Es dauerte einen Augenblick, bis die Anwesenden die Bedeutung von Tojos Aussage begriffen hatten. Dann sagte Webb: »Ihnen ist klar, was diese Aussage bedeutet?« Fassungsloses Schweigen trat ein, als die anderen Anwesenden realisierten, was der Vorsitzende Richter meinte. Da kein japanischer Beamter je gegen den Willen des Kaisers gehandelt hätte, musste der Kaiser den Krieg *gewollt* haben. Tojo hatte gerade unter Eid ausgesagt, dass die japanische Regierung den Krieg mit dem Einverständnis des Kaisers begonnen hatte.

Dies war nicht nur für Hirohito, Tojo und die Verteidigung, sondern auch für die Anklagevertretung und das Allgemeine Hauptquartier, die den Kaiser unbedingt schonen wollten, eine Katastrophe. Der amerikanische Verteidiger stand wie festgefroren an seinem Pult und wusste nicht, was er tun sollte, bis er sich schließlich schweigend setzte. Andere Verteidiger warfen einander verwunderte Blicke zu. Schließlich rief Webb einen anderen Verteidiger auf, doch der Schaden war bereits angerichtet.

Webb hatte zuvor schon klar zu verstehen gegeben, dass er Keenans Entlastungsversuche, was den Kaiser betraf, nicht akzeptierte. Nun hatte ihn Tojo Hideki persönlich durch seine Aussage bestätigt. Von da an verurteilte er bis zum Ende des Prozesses den Kaiser, indem er Tojos spektakuläre Aussage als Beweis dafür wertete, dass die Japaner den Willen ihres geliebten Kaisers widerstandslos ausgeführt hätten.[33]

Nach dem Fiasko gab sich Tojo beschämt alle Mühe, wieder zu seiner beabsichtigten Linie zurückzufinden. Er sagte aus, die Marine sei nie für einen Angriff auf die Vereinigten Staaten oder Großbritannien gewesen, der ohne die völkerrechtlich vorgeschriebene Vorwarnung erfolgte, und dass auch der Kaiser ihm gegenüber klar gesagt hatte, dass er eine förmliche Vorwarnung wünschte. Ein Verteidiger bat um eine nähere Erläuterung, die Hirohito belastet hätte: Die Befürwortung eines Krieges ohne Vorwarnung wäre also gegen den Willen des Kaisers gewesen? Keenan erhob hastig Einspruch. Es war ein haarsträubender Vorgang, als der amerikanische Chefankläger eine Frage nach der Schuld des japanischen Kaisers unterband. Webb ließ den Einspruch widerstrebend zu.[34]

Die Bedeutung von Tojos Fehler war unübersehbar. Oder, wie Comyns Carr dem britischen Attorney General Sir Hartley Shawcross vertraulich berichtete: »Selbst wenn die Angeklagten sonst nichts getan haben, die Schuld des Kaisers haben sie jedenfalls recht überzeugend bewiesen, was wir angesichts der Entscheidung, ihn nicht anzuklagen, eher zu verhindern suchten und was K[eenan] mit sehr mäßigem Erfolg unbedingt widerlegen wollte. Natürlich haben sie alle ihre Loyalität zu ihm herausgekehrt, doch das war der praktische Effekt ihrer Aussagen.«[35]

»Tojo hatte einen angenehmen Morgen, als er Keenan hängte«

Keenan erhob sich und begann das Kreuzverhör, das, wie er beabsichtigte, die wichtigste Konfrontation des Prozesses werden sollte: die des amerikanischen Chefanklägers mit dem wichtigsten japanischen Kriegsherrn.

Es wurde ein Debakel. Die Richter waren unübersehbar entsetzt und die Ankläger bestürzt. Comyns Carr schrieb an Shawcross: »Die Ergebnisse wurden am besten von einer jungen Frau in der britischen Botschaft zusammengefasst, die heute Morgen im Gerichtssaal war und sagte: ›Tojo hatte einen angenehmen Morgen, als er Keenan hängte.‹«[36]

Keenan war durch seine langwierige Vendetta mit Webb abgelenkt, die inzwischen so öffentlich war, dass sie laut dem Nachrichtenmagazin *Life* die Wirksamkeit des Gerichtshofs als Modell für die Justiz des Westens weitgehend zunichte machte. Webb zog weiterhin den Kaiser in das Verfahren hinein, was Keenan in MacArthurs Augen nutzlos machte. An einem Punkt, als Keenan die Idee hatte, die Autorität des japanischen Kaisers mit der des amerikanischen Präsidenten zu vergleichen, lief Webb rot an, lehnte sich vor und brüllte: »Wechseln Sie sofort das Thema!« Tojo grinste und mehrere andere Angeklagte lächelten.[37]

Keenan hatte den größten Teil des Kreuzverhörs eigentlich einem Assistenten überlassen wollen, den er aus Washington mitgebracht hatte und den Comyns Carr als »einen mäßig kompetenten Amerikaner« bezeich-

Abb. 34 *Tojo Hideki während seiner trotzigen Zeugenaussage vor dem Gericht im ehemaligen Heeresministerium, Januar 1948*

nete.[38] Der Assistent hatte sich ein ganzes Jahr auf Tojo spezialisiert und dann fünf Wochen intensiver Vorbereitung in den großen Tag investiert. In der Verhandlung jedoch beantragte Keenan, die Aufgabe zwischen ihm und dem Assistenten zu teilen, was, laut Comyns Carr in einem privaten Schreiben, »wie er sicher wusste, gegen die Regeln verstößt, die hier gelten«. Keenan hatte die Anwälte der Verteidigung dazu gebracht, sich nicht über das unvorschriftsmäßige Verfahren zu beschweren, und auch Webb meinte entgegenkommend, die Regeln könnten außer Kraft gesetzt werden, wenn daraus kein Präzedenzfall entstehe. Einige der anderen Richter wollten jedoch den Grund für den Regelverstoß wissen. Da Keenan schlecht sagen konnte, dass sein Assistent der Aufgabe besser gewachsen war als er, meinte er stattdessen, er als Chefankläger sei schrecklich beschäftigt. Daraufhin stimmte eine Mehrheit der Richter, die ihrerseits ebenfalls sehr ausgelastet waren, gegen die Aufteilung des Verhörs. Keenan biss in den sauren Apfel und sagte geschockt, dann werde er eben das ganze Verhör allein durchführen. Sein Assistent »verließ den Gerichtssaal und überließ ihm die Sache«, um nie wiederzukehren, wie Comyns Carr schrieb. »Das Ganze ist eine Farce.«[39]

Keenan begann mit einer groben Beleidigung: »Angeklagter Tojo, ich werde Sie nicht als General ansprechen, da es, wie Sie wissen, natürlich keine japanische Armee mehr gibt.« Seine erste Frage lautete, ob Tojo mit seiner Aussage den Gerichtshof von seiner Unschuld überzeugen wolle oder ob er durch sie »dem japanischen Volk« eine weitere Dosis »imperialistischer, militaristischer Propaganda« verabreichen wolle.

Dann fragte er, ob Tojo der Ansicht sei, dass jede Nation das Recht habe, ihre Regierungsform selbst zu wählen, eine Frage, bei der vielen im Gerichtssaal der westliche Imperialismus in den Sinn kam. Ob ihm jemand das Recht gegeben habe zu bestimmen, was für ein Leben die Bevölkerung von Großostasien führen sollte? »Sie meinen mir?«, antwortete Tojo mit überrascht hochgezogenen Augenbrauen. Dann ergriff er die Gelegenheit, als Antikolonialist zu posieren: »Nein, niemand hat mir solche Rechte verliehen.«

Nun wandte sich Keenan mit mehr Erfolg einem Standardelement der amerikanischen Kriegsrhetorik zu und brachte Tojo mit Hitler in Verbindung. Ob Tojo als Heeresminister für oder gegen den Dreimächtepakt gewesen sei? »Unter den damals gegebenen Umständen war ich dafür.« Ob Tojo die Schrecken von Hitlers neuer Ordnung in Europa nicht bekannt gewesen seien? Tojo antwortete, er habe nur den »generellen Zustand, den Umriss der Hitlerschen neuen Ordnung« gekannt, sie jedoch nicht genauer studiert. »Ich wusste nicht, welche Bedeutung ihr Hitler selbst beimaß«, fügte er absurderweise hinzu. Keenan fragte: »Können Sie sich heute so schlecht daran erinnern, weil Sie sich des Paktes schämen?«, fragte Keenan, und Tojo ging ihm auf den Leim: »Nein«, erwiderte er heftig, »ich hege keine derart feigen Ansichten.«

Nachdem Tojo es abgelehnt hatte, sich von der Achse zu distanzieren, brachte Keenan ihn leicht mit den damaligen Verbrechen des NS-Regimes in Verbindung. Ob er damit einverstanden gewesen sei, dass Hitler seine Versprechen gebrochen habe und in Belgien und den Niederlanden einmarschiert sei? »Ich weiß nicht, ob Deutschland ein Versprechen gegenüber Holland und Belgien brach und wenn ja, ob der Bruch dieser Abmachungen berechtigt war oder nicht. Ich denke, darüber wird die künftige Geschichte entscheiden.« Ob Tojo vom Münchner Abkommen gehört habe? »Ich kenne die Bezeichnung«, sagte Tojo, »aber nicht den Inhalt.« Ob er wirklich behaupten wolle, dass ihm das berüchtigte Münchener Abkommen nicht bekannt sei? »Ob vor diesem Tribunal oder in der Gegenwart Gottes, ich sage die Wahrheit.«

Da sich Tojo zu seiner Entlastung auf Selbstverteidigung berief, fragte

Keenan, ob Nazideutschland ebenfalls in Selbstverteidigung gehandelt habe. Tojo wich aus, statt eine klare Trennlinie zwischen der für Japan behaupteten Selbstverteidigung und den Invasionen der Nationalsozialisten zu ziehen. Ob Hitlers Eroberung der Tschechoslowakei Selbstverteidigung gewesen sei? »Ob das Selbstverteidigung war oder nicht, wird – wie gesagt – meiner Ansicht nach am besten die Geschichte entscheiden.« Was mit Hitlers Invasion Norwegens sei? »Ich habe nie gesagt, dass das Selbstverteidigung war. Ich sage Ihnen, dass ich nicht in der Lage bin zu entscheiden, ob es Selbstverteidigung war oder nicht.« Er wisse offenbar nicht viel über die jüngsten Taten Hitlers oder des Deutschen Reiches, obwohl er als Kabinettsmitglied dem Dreimächtepakt zugestimmt habe, bemerkte Keenan vorwurfsvoll.

Ob er von den Umtrieben der Nazis und den Konzentrationslagern gewusst habe? Tojo antwortete lahm, dass er nichts von den Konzentrationslagern gewusst habe: »Was ich vor dem Dreimächtepakt wusste, war, dass die Juden verfolgt wurden.« Wie er sagte, war die Unterdrückung der Juden kein Grund, sich nicht mit den Nationalsozialisten zu verbünden. Damit hatte er die Glaubwürdigkeit von zweien seiner wichtigsten Argumente geschmälert: dem, dass er in Selbstverteidigung gehandelt habe, und dem, dass er gegen Rassendiskriminierung sei.

Nachdem sich Keenan beim Dreimächtepakt halbwegs berappelt hatte, ging er nun wieder zu Boden, als er sich China zuwandte. Schlecht vorbereitet, stellte er eine ganze Reihe weitgehend irrelevanter Fragen, die bestenfalls ins Gedächtnis riefen, wie furchtbar der Krieg in China gewesen war, aber keine spezifische Verbindung zwischen seinen Schrecken und Tojo herstellten.

Tojo gab sich keine Mühe, seine Verachtung für den Marionettenkaiser Puyi aus der Qing-Dynastie zu verbergen, der für die Anklagevertretung ausgesagt hatte. Als Keenan ihn fragte, ob er Puyis Aussage im Gerichtssaal gehört habe, antwortete Tojo kühl. »Ja, das habe ich. Ich habe sie natürlich nicht geglaubt.« Als Keenan fragte, ob Puyi bei seinem Besuch in Japan als Kaiser behandelt worden sei, antwortete Tojo, sie hätten ihn »aus vollem Herzen als Kaiser behandelt, aber er hat unser Vertrauen vor diesem Tribunal missbraucht«. Dies löste im Gerichtssaal so lautes Gelächter aus, dass der Gerichtsdiener die Ordnung wiederherstellen musste.[40] Ob Tojo gewusst habe, dass Puyi vor Gericht nicht verlässlich sein würde? »Nein, ich vertraute ihm«, sagte Tojo. »Ich vertraute ihm mehr als irgendjemand sonst, das muss an mangelnder Einsicht meinerseits gelegen haben.«[41]

Tojo gab sich alle Mühe, den Krieg in China herunterzuspielen. »Japan ist nie in der Mandschurei einmarschiert«, behauptete er und sagte dann, Japan habe zu Recht auch in anderen Teilen Chinas militärisch interveniert.[42] Als Keenan aus einem offiziellen und veröffentlichten Bericht der japanischen Armee vorlas, dass zwischen Juli 1937 und Juni 1941 mehr als zwei Millionen Chinesen getötet worden waren, unterbrach ihn Tojo und behauptete, diese schreckliche Statistik sei reine Angeberei gewesen: »Die Frontkommandeure sind sehr scharf darauf, über ihre Erfolge zu berichten und neigen deshalb dazu, die Zahlen über die Verluste, die sie dem Feind beigebracht, und die Beute, die sie gemacht haben, zu übertreiben.« Als Keenan vorlas, dass derselbe Bericht die japanischen Todesopfer mit knapp über 100 000 bezifferte, bestand Tojo darauf, dass die japanischen Verluste viel höher gewesen seien, nämlich etwa 1,2 Millionen einschließlich der in China ansässigen Japaner, die Opfer von Massakern geworden seien. Kurz darauf sagte Tojo, wobei er Keenan direkt anschaute, es sei »eine der wichtigen Kriegsursachen gewesen«, dass die chinesische Führung die Bevölkerung gegen die Japaner aufgehetzt und unschuldige in China ansässige Japaner umgebracht habe.[43]

Ob Tojo mit ihm darin übereinstimme, dass Kriege ein Verbrechen an den Menschen seien? »Ich bin mit ihrer Behauptung, Krieg sei ein Verbrechen, nicht einverstanden«, sagte Tojo, der sich nicht so leicht in die Falle locken ließ, »aber ich stimme Ihnen insofern zu, als Kriege ungünstige Auswirkungen auf die Menschen haben und diese unglücklichen Auswirkungen für Sieger und Besiegte dieselben sind.«

»Ich tat, was richtig und wahr war«

Ein Tag nach dem anderen verging, und die Richter wurden ärgerlich und ungeduldig. Tojo hatte die Schwäche seines Gegners erkannt und strotzte vor Selbstvertrauen. Keenan versäumte es, die Protokolle wichtiger Konferenzen heranzuziehen, die Tojos persönliche Beteiligung bewiesen hätten. Statt einer systematischen Befragung über bestimmte Ereignisse sprang er unsystematisch von einem Thema zum anderen und hoffte, dass Tojo irgendein Ausrutscher unterlaufen und er etwas Entlarvendes sagen würde.

Langsam wurde ihm klar, dass er Prügel bezog. »Ich würde gerne ab und zu auch einmal zu Wort kommen, Mr. Tojo«, sagte er, als der General wieder einmal eine sehr lange Antwort gab. Zu einem anderen Zeitpunkt sagte er wütend: »Ich stelle die Fragen und Sie geben die Antworten. Verstehen

Sie?« »Ich verstehe«, antwortete Tojo höflich.[44] Um Tojo als Diktator darzustellen, fragte ihn Keenan nach seiner Meinung über die demokratischen Wahlen zum Parlament, die kurz zuvor unter alliierter Besatzung stattgefunden hatten. Tojo antwortete mit beißendem Sarkasmus: »Da ich im Sugamo-Gefängnis eingekerkert war, weiß ich nicht, was die Vereinigten Staaten kürzlich in Japan getan haben.«[45]

Auf Keenans Frage, wie sich Japan durch die amerikanische Flotte in Hawaii habe bedroht fühlen können, antwortete Tojo geschickt: »Bedrohung ist etwas Subjektives. Japan hat sie verspürt, und ich spürte sie auch.« Er verwies auf die US-amerikanische und britische Unterstützung für China, auf die immer bessere Koordination zwischen den Vereinigten Staaten, Großbritannien und den Niederlanden und auf die Verstärkung der alliierten Truppen auf den Philippinen, in Malaya, Burma und Niederländisch-Ostindien. Als Keenan sagte, der amerikanische Truppenaufmarsch sei defensiv gewesen, antwortete Tojo: »Nun ja, die Vereinigten Staaten dürfen natürlich denken, was sie dachten, aber was Japan betrifft, so empfanden wir diese Aktionen als Bedrohungen für uns.«

Tojo entwertete ein wichtiges Beweismittel der Anklage, indem er die Verlässlichkeit der Saionji-Harada-Memoiren in Frage stellte und behauptete, Baron Harada Kumao sei »lediglich eine Art Informations-Broker aus der Oberschicht« gewesen. Er nahm an mehreren Stellen Anstoß, wo Japans Verhalten gegenüber den Vereinigten Staaten in Haradas Version aggressiver wirkte als im offiziellen Protokoll der Verbindungskonferenz. Als Keenan den Bericht über eine Konferenz aus den Saionji-Harada-Memoiren vorlas und Tojo fragte: »Behaupten Sie immer noch, dieses Dokument sei eine Zurschaustellung der beiläufigen Sammlung irgendeines Informations-Brokers aus der Oberschicht?«, antwortete Tojo: »Natürlich.«

Während Keenan ziellos durch die Befragung irrte, trat das Ausmaß der verpassten Gelegenheiten deutlich zu Tage. In einem Wortwechsel über Französisch-Indochina wurde Tojos Loyalität gegenüber der Achse mit peinlicher Deutlichkeit sichtbar: »Ich war mir der Tatsache völlig bewusst, dass die Vichy-Regierung unter deutscher Besatzung operierte, aber ich betrachtete sie als legitime Regierung Frankreichs«, sagte er und setzte dann die nationalsozialistische Besatzung Frankreichs mit der amerikanischen Besatzung Japans gleich: »Es ist, als ob die heutige japanische Regierung, die unter der amerikanischen Regierung operiert, die legitime Regierung Japans wäre.«[46]

Bei mehreren Gelegenheiten unterlief es Tojo auch, dass seine herablassende Haltung gegenüber anderen asiatischen Völkern durchschien. So sagte er, als von Großostasien die Rede war, dass der Begriff »in keiner Weise den Gedanken der Sklaverei oder den Status der Sklaverei nahelegt«. Keenan, der das Wort Sklaverei nicht erwähnt hatte, reagierte sofort: »Ich weiß, nicht, Mr. Tojo, wie Ihnen der Gedanke der Sklaverei in den Kopf gekommen ist.« Auf die Frage, welche Länder zu Großostasien gehörten, gab Tojo eine vage Antwort, die vermuten ließ, dass das plastische Konzept der gemeinten Region durch politischen Opportunismus motiviert war. Burma zähle nicht dazu und Australien auch nicht und die Philippinen seien erst nach Pearl Harbor dazugekommen. Zunächst hätten nur die wichtigsten Expansionsziele Japans zu Großostasien gehört: die Mandschurei, China, Indochina, Thailand und Indonesien. Und Malaya? »Oh, das habe ich vergessen«, sagte Tojo. »Die Malaien gehören auch dazu«, sagte Keenan sarkastisch. »Und was ist mit Indien, einem kleinen Land wie Indien?« »Tja«, antwortete Tojo, »Indien ist ziemlich groß«, aber es gehöre nicht zu Großostasien.[47]

In einem denkwürdigen Wortwechsel belastete Tojo den Kaiser durch die Information, dass der Monarch von Pearl Harbor gewusst hatte. Obwohl sich Tojo in den ersten sieben Tagen des Dezember mehrmals mit Hirohito getroffen hatte, um mit ihm über den Krieg zu reden, den er beginnen wollte, behauptete er, nicht mit ihm über den kommenden Angriff auf Pearl Harbor gesprochen zu haben, weil das Kabinett nicht verpflichtet gewesen sei, den Monarchen über einzelne Operationen zu informieren. Dann jedoch machte er mit offensichtlichem Widerstreben eine fatale Enthüllung: »Ich glaube [das militärische Oberkommando] hat den Kaiser zuvor über den allgemeinen Umriss des Plans informiert.« Den Plan, Pearl Harbor anzugreifen? »Ja.«

Trotz dieses belastenden Moments arbeiteten Keenan und Tojo meistens zusammen, was die Entlastung des Kaisers betraf. Einige Tage nach Tojos katastrophalem Eingeständnis, dass kein Japaner sich dem Willen des Kaisers widersetzt hätte, machten Ankläger und Angeklagter einen kunstvollen Versuch, den Schaden wieder gut zu machen. Die Aufführung begann, als Keenan bemerkte, Hirohito habe oft zu Tojo gesagt, dass er ein Mann des Friedens sei und keinen Krieg wolle. Ob denn der Kaiser dafür gewesen sei, einen Krieg zu beginnen? Tojo übernahm wie gewünscht statt dem Kaiser die Verantwortung: »Es war vielleicht gegen den Willen des Kaisers, aber es ist eine Tatsache, dass der Kaiser wegen meines Rates und wegen des Rates des Oberkommandos dem Krieg, wenn auch widerstrebend, zustimmte.« Dann erklärte er: »Die Friedensliebe des Kaisers und sein Wunsch, den Frieden zu wahren, blieben unverändert bis zu dem Moment, als die

Feindseligkeiten begannen, und selbst während des Krieges änderten sich seine Ansichten nicht.«

Inzwischen jedoch war Tojo angespannt und erschöpft, nachdem er acht Tage lang seine Politik und seinen Kaiser verteidigt hatte. Er verlor zwar niemals die Fassung, geriet aber öfter ins Stottern, blickte entnervt zur Decke empor oder erhob manchmal mit hohlem Pathos seine Stimme. Am 7. Januar 1948, dem letzten Tag von Tojos Aussage, setzte Keenan zu seinem großen Endspurt an. Er fragte Tojo, ob er als japanischer Premierminister irgendein juristisches oder moralisches Unrecht begangen habe. »Meiner Ansicht nach habe ich kein Unrecht begangen«, antwortete Tojo mit rauer Stimme. »Meiner Ansicht nach habe ich getan, was richtig und wahr war.« Keenan fragte, ob sich Tojo, wenn er freigesprochen würde, berechtigt fühle, »loszugehen, und dasselbe noch einmal zu tun?« Tojos amerikanischer Verteidiger erhob Einspruch, und Webb bezog Partei für die Verteidigung, was dem Kreuzverhör ein klägliches Ende bescherte. Mit zuversichtlicher Ausstrahlung schlenderte Tojo zurück auf seinen Platz bei den anderen Angeklagten.[48]

Der Schaden war unübersehbar. *Time* schrieb, Tojo habe »für Millionen Japaner« gesprochen. Ein Japaner sagte: »Ich habe immer gedacht, dass Tojo gehängt werden sollte. Jetzt weiß ich es nicht mehr. Wenn wir gewonnen hätten, hätten wir die Amerikaner vor Gericht gestellt.« Ein anderer sagte, sobald die Amerikaner das Land verließen, werde Tojo der Erste sein, der als göttlicher Geist verehrt werde.[49]

Der niederländische Richter Bert Röling erinnerte sich später, dass Tojo »seine Würde in den Augen des japanischen Volkes wiederhergestellt hatte«.[50] Die Kommunistische Partei Chinas verurteilte in ihrer Zeitung *Renmin Ribao* Tojos Behauptung, Japan habe sich selbst verteidigt, und die Art, wie er den Kaiser verteidigt hatte, als »absurd und arrogant«: »MacArthurs Schutz und seine Nachlässigkeit sind der wahre Grund, warum Kriegsverbrecher wie Tojo es wagen, so arrogant zu sein.«[51]

Life brachte eine vernichtende Story über Tojos Erfolg vor Gericht, und machte sich darüber lustig, dass Keenan und Webb öffentlich eine Fehde über Schuld oder Unschuld des Kaisers ausgetragen hatten.[52] Webb äußerte den finsteren Verdacht, Keenan, der mit Henry R. Luce, dem Herausgeber der Zeitschrift, befreundet war und ihn dazu gebracht hatte, das Verfahren zu besuchen, habe dafür gesorgt, dass der Artikel erschien. Er schrieb peinlich berührt sowohl an MacArthur als auch an den Vorsitzenden Richter des australischen Obersten Gerichtshofs und bestritt den Inhalt des Artikels, insbesondere was dessen richtige Teile betraf:[53] »Das Tribunal hat sich niemals gebeugt«, belog er MacArthur. »Ich habe nie irgendeine Fehde mit dem Chefankläger oder irgendeinem anderen Anklagevertreter ausgetragen (…) Ich war immer höflich zum Chefverteidiger und allen anderen Verteidigern (…) ich habe nie im Gerichtssaal gebrüllt.«

Noch unglaubwürdiger war es, dass er MacArthur versicherte, er sei nicht darauf aus, den Kaiser zu belasten. Ja, räumte er ein, er sei schon der Ansicht, »dass es Prima-facie-Beweise gegen den Kaiser gibt« und er habe Keenan erklärt, dass »die Beweise der Anklagevertretung den Kaiser belasteten«. Dennoch, versicherte der Gerichtspräsident, habe er nie einen Zeugen verhört, um zu beweisen, dass der Kaiser schuldig oder für den Krieg verantwortlich sei. Er habe sogar ein oder zweimal zu Keenan gesagt, »die Frage, ob der Kaiser schuldig oder unschuldig sei, sei irrelevant, da er nicht vor Gericht stehe«. Er behauptete außerdem, er habe der australischen Regierung mitgeteilt, dass über das Schicksal des Kaisers auf höchster Ebene entschieden werden müsse und dem australischen Außenminister geschrieben, dass er, »sollte der Kaiser angeklagt werden, nicht an dem Prozess teilnehmen würde«. Nichts von alledem konnte Webbs Überzeugung, dass der Kaiser schuldig war, wirklich verbergen, wenngleich es darauf hindeutete, dass er bereit war, die Entscheidung seinen politischen Vorgesetzten zu überlassen.[54]

Hinter den Kulissen waren die Briten entsetzt über Tojos Triumph. »Im Prozess hat sich die Lage noch weiter verschlechtert«, berichtete Comyns Carr an seine Regierung, »und ich muss noch einmal deutlich sagen, dass ich so, wie das Verfahren strukturiert ist, dafür keinerlei Verantwortung übernehmen kann.«[55] Shawcross war bereit, den Tokioter Prozess insgesamt abzuschreiben. »Das Ganze war ein extremes Desaster«, schrieb er, »und ohne Comyns Carr hätte das Verfahren meiner Ansicht nach leicht ein komplettes Fiasko werden können. Keenan war »zu jeder Zeit hoffnungslos inkompetent und meistens auch völlig betrunken«.[56] Und der britische Lordkanzler lamentierte: »Dazu kann man nur das Eine sagen: Je früher diese Sache zu Ende ist, umso besser für alle Beteiligten.«[57]

DRITTER TEIL

NEMESIS

24.

Mr. X

General Douglas MacArthur sah sich selbst als Julius Caesar, der Gallien besetzte. George F. Kennan zog auf seinem Weg von Washington nach Tokio einen ebenso grandiosen Vergleich: Er verglich MacArthur mit dem oströmischen Feldherrn Belisar, der im sechsten Jahrhundert in Italien Krieg gegen die Ostgoten führte, und sich selbst sah er dabei als einen der reisenden Byzantiner, die sich erkühnten, den Feldherrn zu besuchen, »seine Gastfreundschaft genossen und seinen Beschwerden über die törichten und kaum zu ertragenden Einmischungsversuche des kaiserlichen Hofs zu Konstantinopel lauschten«.[1]

Als der Tokioter Prozess sich dem Ende näherte, überprüfte die Regierung Truman die eigene Japan-Politik von Grund auf. Angesichts der zunehmenden Spannungen mit der Sowjetunion erkannte man in Washington den enormen strategischen Nutzen, der mit einem antikommunistischen Japan verbunden sein könnte. Vielleicht war Japan der Hauptgewinn, nicht China. Während die Vereinigten Staaten Pläne für einen offiziellen Friedensvertrag mit Japan ausarbeiteten, der die Besatzungszeit beenden sollte, fuhr das Allgemeine Hauptquartier seine mutige Politik der Demokratisierung des Landes bereits zurück.[2] Amerikanische Beamte überkamen Zweifel an personellen Säuberungen und Anklagen gegen japanische Konservative und Reaktionäre, die beim Aufbau eines antisowjetischen Bollwerks noch nützlich sein konnten.[3]

George F. Kennan, ein außenpolitischer Berater Trumans, der bis dahin noch keinen Fuß auf japanischen Boden gesetzt hatte, half bei der Erarbeitung eines Konsenses in der Regierung, dass der Kalte Krieg dort eine neue, an den Grundsätzen der Realpolitik orientierte Strategie erforderlich mache – die unter der Bezeichnung »Umkehrkurs« (»reverse course«) bekannt wurde. Kennan, ein Wissenschaftler und Diplomat, der sich im aufkommenden Kalten Krieg einen Namen als führender Kopf der Politik der »Eindämmung« (»containment«) gemacht hatte, sollte sich der Auseinandersetzung mit MacArthur stellen und daraus als der einflussreichste Befürworter einer milderen amerikanischen Vorgehensweise gegenüber Japan hervorgehen.[4] »Ich sorgte für eine Wende in unserer gesamten Besatzungspolitik«, rühmte er sich später.[5]

Kennan war brillant, düster und wortreich; er war hager, groß, hatte schütteres Haar und ausdrucksvolle blaue Augen. Der Historiker, Sowjetunion-Experte und erfahrene Diplomat hatte in den US-Botschaften in Moskau und anschließend in Berlin gedient, wo er und das gesamte Botschaftspersonal von den Nationalsozialisten nach Pearl Harbor fünf Monate lang interniert worden waren.[6] Sorgen bereitete ihm nicht nur die Sowjetmacht, sondern auch die amerikanische Dekadenz, und privat favorisierte er eine elitäre amerikanische Aristokratie, die Minderheiten und Einwanderer ausschloss.[7] In seinem Tagebuch dachte er über »mehr oder weniger minderwertige Rassen« nach.[8] Als engagierter Befürworter einer Realpolitik kam er zu der Überzeugung, der größte Fehler in der US-Außenpolitik sei das, was er als die »legalistische und moralistische Einstellung zu internationalen Fragen« bezeichnete.[9]

Kennan hatte sich einen in merkwürdiger Anonymität verharrenden Ruf als Schöpfer einer umfassenden Strategie der Eindämmung erworben, die er selbstbewusst in seinem im Februar 1946 aus Moskau ans State Department geschickten »Langen Telegramm« (»Long Telegram«) und später dann öffentlich in einem im Juli 1947 in der Zeitschrift *Foreign Affairs* erschienenen Artikel dargelegt hatte – kryptisch nur mit einem »X« unterschrieben, um zu verbergen, dass der Autor der Direktor des Planungsstabs im Außenministerium war.[10] In dem »X«-Artikel plädierte Kennan für »eine weitblickende, geduldige, aber unbeugsame und wachsame Beschränkung [im Original: ›containment‹] der russischen Expansionstendenzen« und für Geduld, bis das zerfallende Sowjetsystem die Zügel lockerer lässt oder zusammenbricht. Er schrieb, eine Eindämmung sei zu erreichen, »indem man rasch und wachsam an zahlreichen, ständig wechselnden geografischen und politischen Punkten, entsprechend den wechselvollen Manövern der Sowjets, Gegenkräfte einsetzt«.[11]

In Asien ging es für Kennan bei der Eindämmung nahezu ausschließlich um die Verteidigung Japans. Japan und Westdeutschland, die bedeutendsten Industriestandorte Asiens und Europas, waren, wie er später schrieb, »die politischen Orte«, »wo derzeit unsere größten Gefahren, unsere größten Pflichten und auch unsere größten Erfolgschancen« lagen. Ein standhaftes Japan würde wohl ein wichtiges Bollwerk gegen die sowjetische Expansion abgeben, doch Kennan bereitete es Sorgen, dass eine anhaltende Liberalisierung Japans den Ruin von Teilen der Volkswirtschaft nach sich ziehen, die kommunistische Subversion begünstigen und die innere Stabilität des ganzen Landes gefährden könnte. Er hielt überhaupt nichts von den Weisungen MacArthurs, die »in vielen Punkten (...) das Vergnügen an prätentiösen Gemeinplätzen, den missionarischen Liberalismus, den selbstgerecht-strafenden Eifer, die prosowjetischen Illusionen und die verfehlten Hoffnungen auf Nachkriegskollaboration der Großmächte [spiegelten]« – Untugenden, die beim Tokioter Tribunal alle zusammenkamen.[12]

Kennan trat damit in die konservativen Fußstapfen von Henry L. Stimson und Joseph C. Grew, die ihn diskret berieten.[13] Wie diesen beiden missfiel ihm Moralapostel-Mentalität, er zweifelte an der Fähigkeit der Vereinigten Staaten, die japanische Gesellschaft umzugestalten, und war der Ansicht, dass Japan für die Vereinigten Staaten nützlicher war als ein zusammenbrechendes China. Die amerikanische Begeisterung für China verwunderte ihn, das Land hatte nach seiner Einschätzung für die Sicherheit der Vereinigten Staaten nur eine untergeordnete Rolle; er wollte sich von Verpflichtungen gegenüber den in einen Bürgerkrieg verstrickten Nationalchinesen befreien und nahm dabei in Kauf, dass China unter kommunistische Herrschaft oder sowjetische Oberherrschaft fallen könnte. Stattdessen legte er dem inzwischen als Außenminister amtierenden George C. Marshall nahe, dass die Vereinigten Staaten Japan und die Philippinen »in der Weise kontrollieren« müssten, »dass wir für ihr Verbleiben in den Händen unserer Freunde sorgten«, was genügen würde, um ernsthafte Bedrohungen für die nationale Sicherheit der USA in dieser Region abzuwehren. Den Philippinen sollte die Unabhängigkeit nur auf eine Art gewährt werden, mit der ihr Status als proamerikanisches Bollwerk gesichert wäre.[14]

Kennan begegnete jeder Art von moralinsaurer Selbstdarstellung mit Skepsis und hegte eine besondere Abneigung gegen Kriegsverbrecher-Tribunale. Nach den in Moskau verbrachten Jahren empfand er die Sprache der politischen Säuberungen als abstoßend.[15] Er hätte es vorgezogen, festgenommene führende Nazis sofort hinzurichten, anstatt ihnen in Nürnberg den Prozess zu machen. Ein Kriegsverbrecher-Tribunal war aus seiner Sicht nur gerechtfertigt, wenn »die zu Gericht sitzenden Völker und Regierungen Massenverbrechen jeder Art mit ihrem Gewissen für unvereinbar hielten«, insbesondere auch die von den Sowjets verübten. Und er schrieb: »An diesem Verfahren aber einen sowjetischen Richter als Repräsentanten eines Regimes zu beteiligen« – trotz der gesicherten Kenntnisse über die »grenzenlosen Grausamkeiten« der Russischen Revolution, die Kollektivierung, die Säuberungen in den 1930er Jahren und die während des Krieges begangenen »vielfältigen Scheußlichkeiten gegen die Polen und gegen die

Bevölkerung des Baltikums« –, »hieß den einzigen Sinn verhöhnen, den die Prozesse überhaupt haben konnten, und hieß für uns zudem, einen Teil der Verantwortung für die stalinistischen Verbrechen durch Assoziation mit zu übernehmen«.[16]

Kennan untersuchte verbissen die Instabilität in China, Indien, Indonesien und Indochina und entwickelte dabei die Befürchtung, dass auch Japan im Chaos versinken könnte, sobald die Amerikaner abzogen. Der zunehmenden Übereinstimmung in Washington bezüglich dieser Fragen zum Trotz wagte es dort niemand – angefangen von Harry S. Truman über alle Rangstufen hinweg –, MacArthur mit der Notwendigkeit eines Umdenkens in der Besatzungspolitik zu konfrontieren.[17] Kennan hatte Marshall geraten, einen hochrangigen Beamten des Außenministeriums (offensichtlich ihn selbst) nach Japan zu entsenden, um dort den Oberkommandierenden auf Kurs zu bringen.[18] Der Außenminister beschied Kennan Anfang Februar 1948, er solle sich reisefertig machen.[19]

Die Besprechungen zum Thema sollten äußerst unangenehm werden. Truman regte sich weiterhin über MacArthur auf und hielt in seinem Tagebuch fest, er habe mit Dwight D. Eisenhower genüsslich über »MacArthur und seinen Überlegenheitskomplex« diskutiert. Der Präsident sorgte sich, dass »MacArthur damit rechnet, unmittelbar vor dem Nominierungskonvent der Republikaner in Philadelphia mit einem römischen Triumphzug in die Vereinigten Staaten zurückkehren zu können«. Diese Aussicht hielt er für so schrecklich, dass er Eisenhower im privaten Rahmen ermunterte, sich um die Nominierung zum Präsidentschaftskandidaten der Demokraten zu bewerben, mit ihm selbst, Truman, als Kandidaten für die Vizepräsidentschaft. Der Präsident schrieb, dass »meine Familie & ich außerhalb dieses großen weißen Gefängnisses, das als Weißes Haus bekannt ist, glücklich wären«.[20]

MacArthurs hatte kein Interesse mehr an einem Austausch mit Trumans Team. Der General hegte, wie Kennan später schrieb, »ein heftiges Vorurteil gegen das State Department«, das wohl so weit ging, dass bei der Planung der Reise bei ihm das Gefühl aufkam, »zu einer feindseligen und argwöhnischen fremden Regierung Verbindung aufzunehmen«. Marshall wollte mit MacArthur nichts zu tun haben, er hatte genug von dessen Imponiergehabe. Das Kriegsministerium sei »wegen meines Vorhabens zu gleichen Teilen besorgt und gespannt« gewesen, schrieb Kennan, und stellte ihm lediglich General Cortlandt V. R. Schuyler zur Seite, der über das Geschehen berichten sollte: »Ich bin überzeugt, dass sie sich die Lippen leckten bei der Idee, dass ein ziviler David sich zu einer Begegnung mit diesem militärischen Goliath rüstete.«[21]

MacArthurs Hauptquartier sah sich bereits schwierigen Nachfragen aus Washington nach der Entfernung der führenden Köpfe von Japans Kriegswirtschaft aus ihren Positionen ausgesetzt. Wenn Japan eine Selbstversorgerwirtschaft aufbauen solle, bräuchte es einen zentralisierten Industriesektor, erklärte der Secretary of the Army Kenneth C. Royall öffentlich – und das erforderte ein Überdenken von MacArthurs Bemühungen um die Entmachtung der *Zaibatsu*, der mächtigen Kartelle in Familienbesitz, die Japans Wirtschaft beherrscht hatten.[22] Die Säuberung war auf führende Persönlichkeiten der Wirtschaft ausgeweitet worden; im Winter 1947/48 hatte MacArthur mit zwei vom japanischen Parlament verabschiedeten Gesetzen nachgelegt, die ein Abschmelzen der fortbestehenden wirtschaftlichen Macht der aufgelösten *Zaibatsu* zum Ziel hatten.[23] MacArthur bestand darauf, dass diese japanischen Gesetze – mit denen Familienmitglieder auf zehn Jahre von der Mitarbeit in ihren alten *Zaibatsu* ausgeschlossen wurden – nötig seien, um »den mächtigen Kraken monopolistischer Finanz-, Industrie- und Handelskartelle« in die Schranken zu weisen, die dem Kapitalismus und der Demokratie im Weg stünden. Er riet seinen skeptischen Vorgesetzten dringend, ein »Aufweichen der alliierten Politik« und ein »Verhätscheln der Kriegsschuldigen und ihrer Komplizen« zu vermeiden. Würden die *Zaibatsu* durch die alliierte Besatzung nicht entmachtet, würde das aufgebrachte japanische Volk möglicherweise zum Mittel einer gewaltsamen Revolution greifen, warnte er.[24]

Kennan reiste nach Tokio, um dort auf genau diese Art von Aufweichung der US-Politik zu drängen. MacArthur hatte vor, seinen ungebetenen Gast mit all den Informationen zu überhäufen, von denen Kennan noch gar nicht wusste, dass er sie nicht kannte. Sobald der Diplomat gelandet war, sollte er durch eine zermürbende Folge von Besprechungen mit Amerikanern gehetzt werden. Sein Terminplan sah nur eine zweistündige Besichtigungstour durch Tokio vor, anstatt ihm die Möglichkeit zu geben, die japanische Gesellschaft jenseits von MacArthurs Büroräumen im Dai-Ichi-Gebäude selbst zu erkunden. Am letzten Tag von Kennans Besuch, nachdem man ihn so weit gebracht hatte, dass er kurz vor dem körperlichen Zusammenbruch stand, hielt der Terminplan als Option einen zweistündigen Besuch des Tokioter Prozesses bereit. »Den lass ich informieren, bis es ihm zu den Ohren rausläuft«, knurrte MacArthur.[25]

»Das sind politische Prozesse«

Es war noch nicht die Zeit der Nonstop-Flüge über den Pazifik. Der 44 Jahre alte Kennan startete daher in Seattle und kam erst nach einer rund 30 Stunden dauernden turbulenten Reise, die von einer Zwischenlandung in Anchorage und einer »zweiten, schrecklichen, zum Zweck des Auftankens vorgenommenen Zwischenlandung bei Nacht und Sturm« auf einer winzigen Insel im Nordpazifik geprägt war, in Japan an. Er verbrachte den unruhigen Flug mit Blicken aus dem Fenster, dem Schreiben von Gedichten und dem Versuch, sich bei der Lektüre eines alten Buches über zaristische Gefängnisse in Sibirien zu entspannen.[26] Auf den letzten 2000 Meilen der Strecke fiel die Heizung aus. Als er in einem Schneesturm gegen vier Uhr morgens am 1. März 1948 auf dem Haneda Airport in Tokio landete, hatte er einen Jetlag, war erschöpft und durchgefroren.

Kennan hielt keine eigenen Eindrücke von der ausgebombten Stadt oder ihrer Bevölkerung fest. Man brachte ihn ins Imperial Hotel, wo die Richter des Tokioter Prozesses am frühen Montagmorgen noch schliefen. Aber bei Kennan riefen immer wieder Reporter an und weckten ihn auf. Als er zu einem mitleidlos anberaumten Lunch in MacArthurs Residenz eintraf, hatte er seit etwa 48 Stunden nicht geschlafen. Kennan saß in regloser Erschöpfung zusammengesunken da, während ein gut ausgeruhter MacArthur rund zwei Stunden lang monologisierte und gelegentlich, zur Bekräftigung besonders wichtiger Mitteilungen, mit einem ausgestreckten Finger auf den Tisch klopfte. MacArthur saß zwischen Kennan und dem vom Kriegsministerium entsandten General, sprach aber nur zu Letzterem und kehrte dabei dem Mann des State Departments den Rücken zu. Sein Vortrag klang für den geschwächten und entnervten Kennan wie die übliche Masche, die MacArthur vor seinen Besuchern aufführte.

MacArthur war der Meinung, das einzige erfolgreiche historische Beispiel einer militärischen Besatzung sei Julius Caesars Herrschaft über die barbarischen Provinzen gewesen. Die Besatzungsherrschaft im eigenen Land durch den amerikanischen Caesar, versprach er, werde den Japanern die Demokratie und das Christentum bringen und die durch die militärische Niederlage entstandene politische und spirituelle Leere füllen. Die Japaner, »das am weitesten fortgeschrittene Volk Ostasiens«, würden zum ersten Mal die Freiheit kosten und nicht in die Sklaverei zurückkehren. Zu Kennans Bestürzung beharrte MacArthur auf der Feststellung, die japanischen Kommunisten stellten mit gerade einmal vier Parlamentssitzen keine Bedrohung dar. Die Japaner würden eine kommunistische Herrschaft niemals akzeptieren, es sei denn nach einer Eroberung mit militärischer Gewalt. In einem solchen Fall seien sie nämlich von Natur aus ein gehorsames Volk. Jedenfalls könnten die Russen, obwohl »unter der Oberfläche eigentlich Asiaten«, »bei den anderen Völkern Asiens nicht als Asiaten durchgehen und deshalb auch im Fernen Osten keinen großen Einfluss ausüben«, erklärte MacArthur. Amerika habe, ausgehend von Japan, eine historische Chance, das Christentum und die Demokratie in ganz Asien einzuführen, wo über die nächsten Tausend Jahre der menschlichen Geschichte entschieden würde.[27]

Nach diesem Vortrag bugsierte MacArthur Kennan höflich hinaus. Am darauffolgenden Tag deckten die Mitarbeiter des Allgemeinen Hauptquartiers den immer noch unter den Reisestrapazen leidenden Diplomaten mit ermüdenden Briefings im Dai-Ichi-Gebäude ein.[28] Ein frustrierter und gedemütigter Kennan setzte sich an seinen Schreibtisch im Imperial Hotel, nahm ein Blatt mit dem Briefkopf, den auch die Richter des Tokioter Prozesses gerne benutzten, und ersuchte den Oberkommandierenden um ein persönliches Gespräch, bei dem alle wichtigen Fragen erörtert werden sollten. Unterdessen legte Kennan Wert darauf, MacArthurs Mitarbeitern in einem Vortrag seine kritischen Gedanken zur aktuellen Entwicklung in der Sowjetunion mitzuteilen – auch, um zu zeigen, dass er kein unsicherer Kantonist aus Washington war.[29]

Die Mischung aus Drohung und Schmeichelei verfing. Drei Tage später empfing MacArthur Kennan allein zu einer offenen abendlichen Aussprache. Zur Vorbereitung übersandte der Diplomat ein Papier, in dem er erläuterte, dass die Vereinigten Staaten ein entmilitarisiertes Japan vor einer sowjetischen Invasion oder vor kommunistischer Subversion schützen müssten. Kennan schrieb darin, viele Leute in Washington glaubten, dass »der Leitgedanke der Besatzungspolitik ab jetzt das Erreichen einer maximalen *Stabilität* der japanischen Gesellschaft sein sollte, damit Japan bestmöglich auf eigenen Füßen stehen konnte, wenn die schützende Hand abgezogen wird.«

An jenem Abend erläuterte ein redseliger MacArthur sehr direkt seine Sorgen um Japans Sicherheit. In offensichtlicher Vorwegnahme einer kommunistischen Machtübernahme in China betonte er, dass ein von einem asiatischen Hafen ausgehender Angriff einer amphibischen Streitmacht auf die Vereinigten Staaten niemals zugelassen werden könne. Er teilte mit Kennan die Einschätzung, dass Okinawa ein entscheidender amerikanischer Stützpunkt sein könne, der im Zusammenwirken mit den Philippinen den Vereinigten Staaten die Unterhaltung von Stützpunkten auf Japans Hauptinseln ersparen würde.

Er und Kennan waren sich in sehr vielen Punkten einig: die Besatzung könne nicht von langer Dauer sein; die wirtschaftliche Erholung genieße höchste Priorität; die Sowjets führten nichts Gutes im Schilde; die Vereinigten Staaten bräuchten einen defensiv ausgerichteten Ring von Stützpunkten an der Peripherie des eigenen Einflussbereichs.[30] Doch MacArthur verteidigte das Projekt der Demokratisierung. Er war der Ansicht, dass viele Japaner sie wollten; die Erfahrung der Niederlage habe nachhaltige Auswirkungen auf ihre Psyche. Der Artikel in der japanischen Verfassung, der den Krieg als Mittel der Politik ablehne, sei eine japanische Initiative, in der sich eine nationale Distanzierung vom Militarismus zeige. Zu den Säuberungen erklärte der Oberkommandierende, es sei kein Verlust, wenn man die *Zaibatsu*-Bosse loswerde, das ältliche, inkompetente Gegenstück zu »den verweichlichtsten Männern in den New Yorker Clubs«. Die wirklich besten Köpfe Japans seien bei den Streitkräften zu finden, und er bedauere, dass er die Anweisung erhalten habe, sie aus dem öffentlichen Leben des Landes zu entfernen.

Kennan plädierte für einen einfachen, nicht an Bestrafung orientierten Friedensvertrag mit Japan; er sprach sich vehement gegen Reparationen aus. Er knurrte, dass die Russen anspruchsvolle juristische Übereinkünfte gar nicht verstehen könnten; ihre Vorstellungen von so etwas wie Eigentum seien »so primitiv wie die einer Krähe«. Als Kennan vorschlug, die international besetzte Far Eastern Commission zu übergehen, schlug sich MacArthur, der dieses Gremium als Brutstätte des sowjetischen Einflusses verabscheute, vor begeisterter Zustimmung auf die Schenkel. Kennan verabschiedete sich mit dem Gefühl, dass man sich gefunden hatte.[31]

Von da an verlief diese Dienstreise reibungsloser. MacArthur stellte Kennan einen eigenen Eisenbahnwaggon zur Verfügung, damit dieser Abstecher zu ausgewählten japanischen Orten bequemer absolvieren konnte. Diese räumlich und zeitlich begrenzten Ausflüge ins Land bestätigten Kennan in dem, was er über Japan bereits zu wissen glaubte. Seine instinktivste Reaktion war allerdings der Abscheu gegenüber der »besonderen amerikanischen Ausprägung des Philistertums« bei der Besatzung, die in einem fremden Land im Luxus schwelgte und sich für das Elend der Japaner in ihrem zerstörten Land unempfänglich zeigte. Er fühlte sich abgestoßen von der ganzen trunkenen Großtuerei, Heuchelei und »Monotonie des amerikanischen gesellschaftlichen Lebens« in der nach Japan verlagerten Variante. Sein besonderer Ärger galt den Frauen der amerikanischen Offiziere aufgrund der Ausstattung ihrer Schminktische, der Butler und der Skiausflüge nach Hokkaido, und er fragte sich, ob der Krieg für solche Zustände geführt worden war. Bei der Abreise zu einer einwöchigen Erkundung von Okinawa und den Philippinen notierte er privat: »Das schrille Gegacker bei diesen Zusammenkünften klingt mir immer noch in den Ohren.«[32]

Der Oberkommandierende empfing Kennan bei dessen Rückkehr nach Tokio ein drittes Mal in seinem Büro, bevor der Besucher Asien wieder verließ. Diesmal erörterten sie die Frage, ob Japan wiederbewaffnet werden sollte, was Kennan in Erwägung zog. MacArthur war unbeirrbar dagegen: Das würde in den asiatischen Ländern, die sich immer noch vor Japan fürchteten, für Empörung sorgen. Ohne sein Imperium könne selbst ein wiederbewaffnetes Japan bestenfalls zu einer fünftklassigen Militärmacht werden, »ein verlockender Leckerbissen, der von Sowjetrussland nach Belieben verspeist wird«. Die Amerikaner würden sich lächerlich machen, nachdem sie sich mit der Entwaffnung so viel Arbeit gemacht hatten, und die Japaner hätten ernsthaft dem Krieg als Mittel der Politik entsagt und kein Bedürfnis, das wieder rückgängig zu machen.[33]

Kennan war bereits schlecht gelaunt, als er am 10. März offensichtlich zwei Stunden lang als Zuschauer die Vormittagssitzung des Tokioter Prozesses mitverfolgte. Im Allgemeinen Hauptquartier hoffte man, dass er beeindruckt sein würde, aber das Spektakel der Juristen widerte ihn an. »Das sind politische Prozesse«, schrieb er später.[34]

An jenem Tag hielten vier amerikanische Verteidiger ihre Schlussplädoyers. Falls Kennan pünktlich war und sich der Gerichtshof an den Zeitplan hielt, müsste er William Logan jr. gehört haben, den scharfsinnigen amerikanischen Verteidiger, der den Marquis Kido Koichi vertrat. Logan, ein Mann mit schütterem Haar, der konservative Anzüge trug, hätte auch gut zum State Department gepasst, aber er verbrachte den größten Teil jenes Tages mit der Erläuterung der These, dass Japan von den Vereinigten Staaten zu einem Selbstverteidigungskrieg provoziert worden sei. Er behauptete, Wirtschaftssanktionen seien ein kriegerischer Akt, der fast so zerstörerisch wirke wie Bomben. Japan habe nicht den Konflikt mit der westlichen Hemisphäre gesucht, hielt er fest; die imperialistischen westlichen Mächte hätten sich vielmehr auf der östlichen Seite des Globus aufgedrängt und breit gemacht.[35]

Das war beim Tokioter Prozess eine gängige Argumentation, aber Kennan war verblüfft. Er sah die Reihe der Zeugen, registrierte die gewaltige Menge an Beweisdokumenten und die erschöpfenden Aussagen und schrieb: »Die Kriegsverbrecherprozesse sind als die höchste Form der internationalen Gerichtsbarkeit begrüßt worden.« Er räumte ein, dass »die Prozesse *verfahrensrechtlich* völlig korrekt abgelaufen sind, entsprechend unseren Vorstellungen von Gerechtigkeit, und dass Sieger noch nie zuvor in der Geschichte den Besiegten so umfassende Gelegenheiten zur öffentlichen Verteidigung und zur Rechtfertigung ihrer militärischen Vorgehensweise eingeräumt haben«. Dennoch war er überzeugt, dass »diese Prozesse der Sache der Alliierten in Japan zunehmenden Schaden zufügen«.[36]

Er verurteilte die Prozesse nicht wegen ihrer Unfairness, sondern wegen ihrer Fairness. Später schrieb er: »Unter den Völkern wie auch für Einzelpersonen gilt die Regel, dass eine Strafe, wenn sie eine beispielhafte Wirkung erzielen soll, schnell und scharf sein und unmittelbar auf die Straftat folgen muss.« (Das war ein bei Niccolò Machiavelli entlehnter Gedanke, der die Ansicht vertrat, dass notwendige Gewalttaten »alle auf einen Schlag« zu begehen seien.)[37] Diese »endlosen Prozesse« hätten lange Zeit nichts anderes bewirkt, als öffentliche »Sympathie für die japanischen Landsleute« anzufachen, »die gezwungen sind, diese endlosen und demütigenden Qualen auszuhalten, die so wenig mit den Dingen zu tun haben, die man in Japan verstehen kann«.

Kennan könnte, denkt man an sein Entsetzen über die sowjetische Beteiligung in Nürnberg, von der Anwesenheit des sowjetischen Richters in Tokio abgestoßen worden sein. Doch er schrieb nichts über den Anblick, den Generalmajor Iwan Sarjanow in seiner Uniform der Roten Armee ihm bot. Seine Ablehnung richtete sich nicht gegen politische Prozesse als solche, sondern gegen die armselige Handhabung der Politik. Die Anwälte waren aufgrund ihrer fachlichen Qualifikation ausgewählt worden, aber für Kriegsverbrecherprozesse brauchte man seiner Ansicht nach »Personen, die in der Geschichte und Praxis internationaler Beziehungen äußerst versiert sind«. Er spottete über den Anwalt, der sowohl für die Anklage als auch für die Verteidigung arbeitete: »Das Medium, in dem diese Leute arbeiten, ist die Politik, und die internationale Politik obendrein – nicht das Recht.«

Vor allem empörte sich Kennan über die amerikanischen Verteidiger. »Das Spektakel, das amerikanische Rechtsanwälte mit der Verteidigung der Politik früherer japanischer Regierungen veranstalten, um die Verteidigung ihrer Mandanten zu verbessern, ist in seinen Auswirkungen auf die Japaner vollkommen widersinnig«, schrieb er. »Es untergräbt die Gesamtwirkung der Prozesse.« Er warnte, dass die Japaner die Funktion eines Verteidigers nicht verstehen könnten, und war sich bei dieser Aussage offenbar der Tatsache nicht bewusst, dass es in japanischen Strafprozessen sehr wohl bereits Verteidiger gab.[38] Deshalb vertrat er die Ansicht, dass die Japaner aus diesem Geschehen den Schluss ziehen würden, dass »Rechtmäßigkeit oder Unrecht der japanischen Politik vor dem Krieg keine Frage der Überzeugung unter den Amerikanern sei, sondern eine strittige Rechtsfrage, bei der sich die Amerikaner selbst nicht einig seien und die nur durch ein zwei Jahre dauerndes abstruses Gerichtsverfahren beigelegt werden konnten.«[39]

Umkehrkurs

Kennan flog mit Gefühlen der Erleichterung und des Triumphes nach Washington zurück. Er war überzeugt davon, dass die Reformen zur Liberalisierung Japans zu weit gegangen waren und gestoppt werden mussten, und setzte sich engagiert für eine Revision der Politik der Regierung Truman ein.[40]

Er glaubte nicht, dass die Besatzer die Japaner zu Amerikanern machen konnten. Alles, was sie bewirkten, sei, so dachte er, dass sie die Struktur der japanischen Gesellschaft zerrissen und auf diese Weise den Sowjets eine Gelegenheit verschafften, das Land zu infiltrieren. Er sagte voraus, dass Zehntausende von Militaristen, die man aus den Streitkräften, aus Polizei, Industrie und Bürokratie entfernt habe, zu einer Untergrund-Gruppe werden würden, derer sich die Kommunisten bedienen könnten. Einige der jungen Offiziere im Allgemeinen Hauptquartier würden die Sowjets in ihrer Begeisterung für die Zerstörung traditioneller Strukturen noch übertreffen, beklagte er.[41]

Die Anstrengungen der Reise – und vielleicht auch der von MacArthur ausgelöste Stress – hatten Kennan ein Geschwür eingebracht, das ihn ins Bett zwang. Er verbrachte zwei Tage mit der Niederschrift eines ausführlichen Berichts und wies sich dann selbst zur Behandlung ins Bethesda Naval Hospital ein, wo er zwei Wochen verbrachte.[42]

In seinem Bericht vertrat er die Ansicht, dass Freiheit und Demokratie der japanischen Gesellschaft fremd seien. »Die Reformen bewirkten tiefe Einschnitte in nahezu jeder Phase eines japanischen Lebens«, schrieb er. »Da diese Reformen auf westlichen Vorbildern aufbauen, sorgen sie unweigerlich für erhebliche Verwirrung und Unordnung im öffentlichen Bewusstsein.« Energisch betriebene Reformen würden zumindest kurzfristig die Stabilität der japanischen Gesellschaft untergraben. Beim Thema Gräueltaten und Angriffskriege des Kaiserreichs Japan zog er es vor, nach vorn zu schauen. Der noch anstehende Friedensvertrag »sollte im Wesentlichen auf die Japaner eher wie ein ermutigendes, zukunftsorientiertes Schulterklopfen wirken, nicht so sehr wie eine weitere Erinnerung an ihr schlechtes Verhalten in der Vergangenheit«.[43]

Er warnte, dass die Reformen des Allgemeinen Hauptquartiers »nahezu ausschließlich auf westlichen Vorbildern oder westlichem Gedankengut beruhen«, die nicht auf japanische Bedingungen übertragbar seien. Diese Übertragungen aus dem Ausland würden »ältere Institutionen entthronen, die besonderen japanischen Bedürfnissen entsprachen, ohne sie durch irgendetwas zu ersetzen, das von der japanischen Gesellschaft mühelos oder praktisch absorbiert werden kann«. (Japan hatte sich in Wirklichkeit bereits lange vor dem Beginn der Besatzungszeit an westlichen Vorbildern orientiert, von den in der Meiji-Ära übernommenen französischen Gesetzen bis zu einem 1922 eingeführten Strafrecht, das sich an die deutsche Gesetzgebung anlehnte. Dies geschah unter dem Einfluss von an einer Synthese orientierten Philosophen wie dem in Europa mit dem Gedanken der Aufklärung vertraut gewordenen Nishi Amane.)[44] Kennan dachte, die Sowjetunion und China strebten umwälzende gesellschaftliche Reformen an, weil sie »eine Situation« bevorzugten, »in der die japanische Gesellschaft in einem Zustand der Schwäche und Instabilität verharrt, während wir für die Unkosten aufkommen«.

Kennan wollte »die strafenden Aspekte der Politik der Alliierten« sofort beseitigt sehen, damit Japan zur antisowjetischen Bastion ausgebaut werden konnte. Die Säuberung erinnerte ihn an die Unterdrückung in der Sowjetunion: »Die wahllose Säuberung von ganzen Kategorien von Beamten« weise eine »Übelkeit erregende Ähnlichkeit zu den Vorstellungen bestimmter totalitärer Regierungen« auf. Sie habe Hunderttausende der bestausgebildeten Führungspersönlichkeiten, darunter auch einige Anhänger der Vereinigten Staaten und zahlreiche Menschen, »deren einziges Verbrechen darin bestand, ihrem Land in Kriegszeiten gedient zu haben«, aus dem gesellschaftlichen Leben ausgeschlossen. Das ursprüngliche Säuberungsdekret, das aktive Unterstützer des Militarismus ins Visier genommen hatte, war so mangelhaft formuliert, dass es »völlige politische Zweckdienlichkeit« zuließ.

Kriegsverbrecherprozesse verfolgten zwar das Ziel, die Unschuldigen von den Schuldigen zu trennen, aber Kennan war auch von diesen Verfahren angewidert. Nach seiner zweistündigen Teilnahme am Tokioter Prozess berichtete er mit Widerwillen über das dort Erlebte.

Er drängte einerseits auf eine mildere Vorgehensweise im Umgang mit rechtsgerichteten Kräften, mahnte aber zugleich ein hartes Durchgreifen gegen die Linke an. Er schlug die Gründung einer »effektiven zentralen Ermittlungsbehörde« nach dem Vorbild des FBI vor, die es in Japan gegenwärtig noch nicht gebe. Dabei räumte er zwar ein, dass eine solche Behörde sich »leicht zu einer politischen Polizei nach russischem oder nationalsozialistischem Vorbild entwickeln« könnte und eine solche Neugründung möglicherweise auch gegen alliierte Abkommen gegen die Wiederbelebung der japanischen Geheimpolizei verstoße, hielt aber dagegen, dass Japan ohne sie dem kommunistischen Druck nicht widerstehen könne. Er hatte die Sorge, dass Japans reguläre Polizei zu wenig Personal habe und mehr Waffen bräuchte, und drängte auf eine Stärkung der Ordnungs- und Sicherheitskräfte des Landes, damit sie imstande seien, »starkem kommunistischem Druck mit dem Ziel von Provokation, Täuschung und Aufruhr« zu widerstehen.

MacArthurs Schmeicheleien zum Trotz drängte Kennan die Regierung Truman, die Besatzungsbehörde an die Kandare zu nehmen. Er war der Ansicht, dass das Allgemeine Hauptquartier zu groß und zu tyrannisch sei und es den Japanern nicht gestatte, ihr Leben in die eigene Hand zu nehmen. Er warnte, dass die Zerschlagung der *Zaibatsu* der industriellen Produktion schaden werde, und kritisierte, dass die Reformen des Arbeitsmarkts und -rechts (»selbst nach westlichen Maßstäben großzügig«) in dieser Form unhaltbar seien. Dennoch wollte er in einem Anflug von Liberalität, der einem großen Teil des zuvor Geschriebenen widersprach, die Zensurbestimmungen lockern und begründete dies mit der These, dass »eine streng geknebelte öffentliche Meinung« der kommunistischen Bedrohung nicht widerstehen würde.[45]

Kennan war beunruhigt vom Erfolg der Entmilitarisierung Japans durch MacArthur, die einen fortdauernden Schutz des Landes durch eine große Zahl von US-Soldaten erforderlich machte. Er glaubte, solange die Sowjets eine Bedrohung blieben, müssten die Vereinigten Staaten entweder eigene Streitkräfte in Japan belassen oder »Japan gestatten, sich in einem solchen Umfang wiederzubewaffnen, dass es keine offene Einladung zu einer militärischen Aggression mehr darstellt«. Falls die Vereinigten Staaten Truppen auf unbegrenzte Zeit stationierten, würde das bedeuten, dass man auf einen offiziellen Friedensvertrag verzichtete, der Japan seine Souveränität wiedergebe, weil es »psychologisch unvernünftig« wäre, anschließend noch alliierte Armeen im japanischen Kernland zu stationieren. (Das war eine vorausschauende Warnung vor den beständig wiederkehrenden Spannungen rund um die US-Militärstützpunkte im heutigen Japan.[46]) Stattdessen zog er es vor, die weit südwestlich der Hauptinseln auf etwa halbem Weg nach Taiwan gelegene Insel Okinawa als Stützpunkt für US-Truppen zu nutzen, obwohl aus seiner Sicht die Bewohner der Ryukyu-Inseln »eindeutig nicht für die Unabhängigkeit gerüstet sind«. Kennan war offensichtlich versucht, Japan wiederzubewaffnen, auch wenn MacArthur das für ausnehmend gefährlich hielt und für eine Idee, deren bloße Erwähnung die übrigen Alliierten schockieren und gegen deren Urheber aufbringen würde.[47]

Einige US-Regierungsvertreter verfolgten Kennans Kampagne mit Unbehagen. Ein hoher Beamter des Außenministeriums schrieb, ohne demokratische Freiheiten und politische Rechte werde es in Japan keine echte Stabilität geben; ohne diese Grundvoraussetzungen würden sich die Japaner entweder dem Faschismus oder dem Kommunismus zuwenden.[48] Doch Kennan brachte den Außenminister sofort auf seine Seite. Marshall bezeichnete seinen Bericht in einer Kabinettssitzung als »sehr gut durchdachtes und überzeugendes Dokument« und bestand darauf, dass es auf Trumans Schreibtisch gelangte.[49]

Im Juni ließ Kennans Planungsstab seine der höchsten Geheimhaltungsstufe unterliegenden Empfehlungen für die Japan-Politik bei Truman, MacArthur, Marshall und dem restlichen mit Fragen der nationalen Sicherheit befassten Team zirkulieren. In diesem wichtigen Papier – dessen endgültige Fassung das Weiße Haus mit der nichtssagenden Bezeichnung NSC 13/2 versah – sollten sich die Vereinigten Staaten vom Ziel der Demokratisierung abwenden und sich stattdessen auf den Ausbau Japans zu einer antikommunistisch ausgerichteten bedeutenden Industrienation konzentrieren.[50]

Der Leitstern, dem Kennan in seinem Vorschlag folgte, war die Eindämmung »der Politik einer aggressiven kommunistischen Expansion durch die Sowjetunion«. Kennan richtete sein Hauptaugenmerk auf den sich anbahnenden Kalten Krieg, anstatt sich in Forderungen nach Wiedergutmachung, Entschädigungen und der Bestrafung von Kriegsverbrechen zu verheddern. Er warnte zwar zutreffenderweise davor, dass die Sowjetunion sich einem offiziellen Friedensvertrag widersetzen werde, mit dem die Besatzungsherrschaft ihr Ende fand – die Sowjets sollten letztlich den entsprechenden Vertrag von San Francisco boykottieren, als dieser 1951 unterzeichnet wurde –, das sollte allerdings nichts ändern. Die Vereinigten Staaten sollten nach der Entmilitarisierung Japans dort so lange Truppen stationiert lassen, bis ein Friedensvertrag unterschrieben war, aber deren Zahl sollte auf ein Minimum beschränkt bleiben, und sie sollten sich von der japanischen Bevölkerung so fern wie nur möglich halten.

Kennan drängte darauf, dass das Hauptziel der Vereinigten Staaten in Japan die wirtschaftliche Erholung sein sollte. Es sollte keine weiteren Reformerlasse oder -gesetze mehr geben, und das Allgemeine Hauptquartier sollte über die bereits gültigen Direktiven hinaus »den Druck stetig, aber unauffällig verringern«. Es sollte der japanischen Regierung außerdem mitteilen, dass es keine weitere Ausdehnung der Säuberungen geben werde und dass einige der auf den Listen geführten Personen wieder für Aufgaben in Regierung, Wirtschaft oder den Medien zugelassen werden sollten. Im Einklang mit Kennans Ablehnung des Tokioter Prozesses drängte ein Entwurf auf »einen frühen Abschluss der Kriegsverbrechertribunale gegen Verdächtige [der Klasse] ›A‹« – also auf eine Beendigung des Tokioter Prozesses und einen Verzicht auf eine zweite Runde von internationalen Tribunalen. Kennan befürwortete ein frühes Ende der Ermittlungen gegen Japaner, die konventioneller Kriegsverbrechen und Verbrechen gegen die Menschlichkeit beschuldigt wurden, »mit der Absicht, diejenigen freizulassen, deren Fälle wir nicht anzuklagen beabsichtigen. Prozesse gegen die anderen sollten zum frühestmöglichen Zeitpunkt auf den Weg gebracht und abgeschlossen werden.«[51]

Im neu gegründeten und im Weißen Haus tagenden Nationalen Sicherheitsrat (National Security Council) war das Militär prominent vertreten, was sich als Segen für Kennan erweisen sollte. Sein Vorschlag erfuhr nämlich, im Unterschied zu einigen anderen Empfehlungen des Außenministeriums, nur begrenzte Ablehnung aus dem Army Department, das beim Verzicht auf Reparationen und der Abschaffung der Far Eastern Commission sogar noch weiter gehen wollte. Die einzige echte Opposition kam von MacArthur. Klugerweise stimmte der zwar einem großen Teil des Papiers zu, beschwerte sich aber über die Reduzierung der US-Streitkräfte in Japan und warnte davor, dass sich die übrigen Alliierten über die Stärkung der japanischen Polizei empören würden.[52]

Kennan stellte das Papier bei einer Sitzung des Nationalen Sicherheitsrats im Weißen Haus vor, an der so einflussreiche Persönlichkeiten wie der Verteidigungsminister James V. Forrestal und der stellvertretende Außenminister Robert A. Lovett teilnahmen. Es wurde nur wenig debattiert, was ein Anzeichen dafür war, wie stark die mit dem Kalten Krieg verbundenen Befürchtungen die Regierung Truman bereits erfasst hatten. Nach einer Auseinandersetzung zwischen Außenministerium und Militär über das Thema Reparationen wurde dieser Teil ausgeklammert. Damit war Kennans Politik akzeptiert, wurde an den Präsidenten weitergeleitet, und das Gremium richtete seine Aufmerksamkeit auf die Gefahr, dass die Sowjets die Luftbrücke nach Berlin unterbrechen könnten.[53] Truman setzte am 5. November 1948 seine Unterschrift unter das neue Politikkonzept.[54]

MacArthur, in Washington unterlegen, gab sein Bestes, um die Entwicklung in Tokio zu bremsen. Er versuchte die Säuberung unter den Militaristen fortzuführen und bestand widerspenstig darauf, dass er als Alliierter Oberkommandierender seine Anweisungen von den Alliierten und nicht vom Nationalen Sicherheitsrat erhalte. Das brachte ihm eine Rüge vom Außenministerium und vom Heeresamt (Army Department) ein, die ihn anwiesen, mit der Umsetzung von NSC 13/2 voranzukommen. MacArthur wusste, woher in der Anfangsphase des Kalten Krieges der Wind wehte, und selbst er musste seine Segel danach ausrichten.[55]

Kennan arbeitete nach seinem Sieg in Washington daran, andere alliierte Regierungen zu überzeugen. Großbritannien auf seine Seite zu bringen, bereitete ihm nur wenig Mühe. Die Briten waren vom Verlauf des Tokioter Prozesses schon seit langem enttäuscht und teilten uneingeschränkt die Ansicht, dass die Kriegsverbrecherprozesse und die Säuberungen »schlecht geplant«, »psychologisch unvernünftig« und so bald wie möglich zu Ende zu bringen seien. Und auch die Briten wollten, dass sich die Besatzungsmacht aus dem politischen Leben Japans zurückzog.[56] Der einflussreiche indische Diplomat K.P.S. Menon berichtete nach einem Besuch in Japan scharfsinnig an Nehru, dass die Vereinigten Staaten mittlerweile von China enttäuscht seien, das den Kommunismus nicht einmal auf dem eigenen Staatsgebiet abwehren könne, und stattdessen »ihre Hoffnungen auf Japan setzten«, das »ein Bollwerk gegen den Kommunismus« werden solle.[57]

Kennan war euphorisch. Er genoss es in vollen Zügen, ein grundsätzliches Umschwenken in der Besatzungspolitik erreicht zu haben. Es war, wie er später schrieb, »der bedeutsamste konstruktive Beitrag, den ich als Beamter der Regierung zu leisten vermochte«, abgesehen von seiner Rolle beim Marshallplan. »Bei keiner anderen Gelegenheit erarbeitete ich Empfehlungen von solchem Umfang und solchem Gewicht, und bei keiner anderen Gelegenheit wurden meine Empfehlungen so weitgehend, ja fast vollständig, befolgt.«[58]

In Wirklichkeit sollte sich die Umsetzung des Plans allmählich vollziehen, wobei MacArthur bremste, wo er nur konnte. Dennoch sollte sich der »Umkehrkurs« zusammen mit der Beibehaltung des Kaisertums im Nachkriegsjapan als entscheidend für die Erneuerung der Legitimität der konservativen Kräfte erweisen. Rechtsgerichtete Politiker und Geschäftsleute begannen, ermuntert durch das besondere Gewicht, das der wirtschaftlichen Erholung beigemessen wurde, erstaunlich früh, nachdem sie ihr Land in eine beispiellose Katastrophe geführt hatten, ein Comeback. Hinzu kam noch, dass Kennans Aufrufe zu einem harten Vorgehen gegen Kommunisten im Spätjahr 1948 die Einleitung einer neuen Säuberung erleichterte, die sich diesmal gegen verdächtige Linke richtete. Durch diese »Säuberung von Roten« (»Red purge«) verloren Tausende von Gewerkschaftern, Lehrerinnen und Lehrer und Beschäftigten im öffentlichen Dienst ihre Arbeit; dieses Vorgehen sollte 1950, mit dem Beginn des Koreakriegs, seinen Höhepunkt erreichen, als das Allgemeine Hauptquartier führende japanische Politiker drängte, Zehntausende mutmaßliche Kommunisten aus dem Dienst der Regierung oder aus Beschäftigungen außerhalb des öffentlichen Dienstes zu entlassen. Die »Säuberung von Roten« ging weiter, nachdem Japan mit dem Inkrafttreten des Vertrags von San Francisco 1952 seine Souveränität wiedererlangt hatte, wobei die CIA auf den Plan trat und die wichtigste konservative Partei, die Liberaldemokraten, als beste Option für die Abwehr der Linken insgeheim finanziell und auch auf andere Weise unterstützte.[59] Unterdessen wurde es für rechtsextreme Kriegsverbrecher und Militaristen immer einfacher, sich jeder Bestrafung zu entziehen. Japan war ohne Einschränkung in die Ära des Kalten Krieges eingetreten.[60]

25.

Schicksalstage

Tojo Hideki war bereit, für Japan zu sterben, als er noch auf das Ergebnis der Beratung des Gerichts wartete. »Ich bin innerlich ruhig«, sagte er im Januar 1948 in einer für japanische Journalisten bestimmten Erklärung. Er setzte sein zähes Ringen mit dem Gericht mit einem Kampf gleich und versicherte: »Ich glaube, dass ich mit der gleichen Geisteshaltung ausgesagt habe, wie sie die Kriegstoten, an die im Yasukuni-Schrein erinnert wird, hatten« – der Shinto-Gedenkstätte in Tokio, die den Toten in Japans Kriegen der Neuzeit gewidmet ist –, »und wie die Menschen, die unter dem Krieg gelitten haben.« Er sagte, das Tokioter Gericht sollte den Untersuchungszeitraum für sein Urteil nicht erst 1928 beginnen lassen, sondern 300 Jahre oder zumindest bis zu den Opiumkriegen zurückgehen und dabei den britischen Imperialismus als einen Hauptgrund für den Zweiten Weltkrieg behandeln. Er schlug vor, dass auch gegen die siegreichen Alliierten ermittelt werden sollte.[1]

Im Gegensatz dazu versuchte Togo Shigenori gelassen zu bleiben. Der ehemalige Außenminister schrieb im Sugamo-Gefängnis: »Es ist ein unschätzbarer Segen, dass dieser fürchterlichste aller Kriege zum Abschluss gebracht wurde und damit die Agonie unseres Landes beendet, Millionen von Leben gerettet wurden. Damit ist meines Lebens Werk getan; was mir zustoßen mag, hat keine Bedeutung.«[2]

Kaiser Hirohito, der sich weder trotzig gab, noch gelassen war, bereitete sich im Kaiserlichen Palast in einem wesentlich komfortableren Umfeld auf die Urteilsverkündung vor. Mit Sicherheit würde er einen Teil der Verantwortung auf sich zu nehmen haben, wenn viele seiner Minister und Generale verurteilt wurden. In Japan gab es eine Welle von Spekulationen, die davon ausgingen, dass Hirohito abdanken würde, wenn das Urteil erging, und die Wiederbelebung der Monarchie seinem jugendlichen Sohn Akihito überlassen würde.[3] Ashida Hitoshi, 1948 für kurze Zeit Premierminister, meinte nach einer Besprechung mit dem Kaiser aus der Sprechweise und der Haltung des Monarchen den Schluss ziehen zu können, dass dieser über eine Abdankung nachdachte.[4] Der Oberste Richter Japans sagte der liberalen Zeitung *Asahi Shimbun*, dass »der Kaiser sich selbst wegen des Krieges, zu dem es aufgrund eines Mangels an Klugheit kam, Vorwürfe hätte machen sollen.« Nicht nur die Liberalen wollten ihn unbedingt entmachtet sehen; selbst einige der konservativsten bekennenden Anhänger des Kaisersystems meinten, die Monarchie wäre ohne sein Stigma gefestigter.[5]

Die amerikanischen und britischen Besatzer waren hingegen nach wie vor der Überzeugung, dass ein Abgang des Kaisers eine Katastrophe wäre.[6] General Douglas MacArthur hatte den Tokioter Prozess gründlich satt, er ließ Sir William Webb und andere wissen, dass er »eine viel kleinere Zahl von Angeklagten« vorgezogen hätte, die sich »wenigen großen Anklagepunkten« ausgesetzt sehen sollten.[7] Das Allgemeine Hauptquartier konnte das Tokioter Urteil zwar nicht offen beeinflussen, aber MacArthurs engste Mitarbeiter ermutigten Hirohito insgeheim, die Sache durchzustehen, ohne Rücksicht auf das, was seinen Untergebenen widerfuhr.

Brigadegeneral Bonner F. Fellers, ein Vertrauter MacArthurs und leidenschaftlicher Befürworter der Monarchie, wandte sich über einen Palastbeamten diskret an den Kaiser. Ein Rücktritt würde dem Monarchen keinen Seelenfrieden verschaffen, warnte Fellers, und seine »Abdankung würde als Sieg für alle Kommunisten, insbesondere für die Russen, betrachtet werden«. Sie »wäre ein Schlag ins Gesicht der MacArthur-Besatzung, weil der Erfolg des Generals aus dem Prestige und der persönlichen Führungskraft des Kaisers den bestmöglichen Nutzen gezogen hat«. Weil ein neues Japan »geistig mit dem demokratischen Amerika verschmelze«, brauche es »den stabilisierenden Einfluss, den nur die Majestät geben kann«.

Und ein Rücktritt würde, was noch schlimmer wäre, als Eingeständnis der Kriegsschuld betrachtet werden: »Die Abdankung würde, vor allem, wenn sie mit der Verkündung der Strafen für die Kriegsverbrechen zeitlich zusammenfiel, die Majestät in den Augen der Welt als ein Mitglied der Militärclique identifizieren. (…) Die Abdankung würde den Rang der Majestät in der Geschichte als den eines Mannes festlegen, der mit den Kriegsverbrechern sympathisierte und, als Geste der Sympathie, die er für sie empfand, auf seinen Thron verzichtete.«[8]

Schlussplädoyers

Anklage und Verteidigung taumelten nach einem außergewöhnlich langen Prozess ihren letzten Auseinandersetzungen entgegen. Arthur Comyns Carr, der verärgerte britische Ankläger, hatte darauf gehofft, die Schlussansprache im Namen der Anklage halten zu dürfen. Als ihn Joseph B. Keenan abermals beiseiteschob, versuchte er wenigstens sicherzustellen, dass sein stümpernder Vorgesetzter bei seinem letzten Auftritt im Gerichtssaal nicht allzu viel Schaden anrichtete. »Die Beweise sind da, was immer sie auch sagen«, schrieb er an Sir Hartley Shawcross, den britischen Generalstaatsanwalt, »und sie gehen vollständig in die Schlussansprache ein, in Gestalt einer nach meiner Ansicht wirklich guten Analyse, die größtenteils von unserem fähigen kleinen amerikanischen Juden namens Horwitz erarbeitet wurde«.[9] Einen hohen britischen Beamten schauderte es bei der Aussicht auf Keenans »gewaltigen Wortschwall, der unbedarft und irrelevant zugleich ist«, und er fügte geringschätzig hinzu: »Ich will damit nicht sagen, dass – so ist zu vermuten – die philippinischen, französischen, chinesischen oder niederländischen Ankläger irgendeinen Beitrag zur Würde des Völkerrechts leisten werden.«[10]

Während Keenan sprach, sahen die meisten Angeklagten genau hin und ließen den Blick gelegentlich kurz zu den Richtern schweifen, um zu sehen, ob die Ansprache auf sie wirkte. Tojo behielt zwar seinen Kopfhörer auf, um die Übersetzung mitzuhören, ignorierte Keenan aber bewusst und schrieb unentwegt in ein Notizbuch, ohne dabei aufzuschauen.

Keenan nutzte seine Schlussansprache, um die Forderung aufzustellen, dass die Angeklagten gehängt werden sollten. Im nationalen Recht stehe auf Mord die Todesstrafe, sagte er; dasselbe Recht müsse auch für auf internationaler Ebene handelnde Staatsmänner gelten. »Es bedurfte buchstäblich des Einsatzes von Atombomben, um sie aus ihren Machtpositionen zu entfernen«, sagte er. Er beharrte darauf, dass die Beweise auf eine sorgfältig geplante Verschwörung verwiesen, nicht auf Zufälle und Improvisation. Kein einziger japanischer Angriff, von der Mandschurei bis nach Pearl Harbor, könne als Selbstverteidigung betrachtet werden. Er zog eine Verbindung zwischen einem Angriffskrieg und Verbrechen gegen die Menschlichkeit, indem er vorbrachte, dass alle Angeklagten gewusst hätten, dass ein Krieg »unweigerlich Nichtkombattanten erreichen« würde, »Männer, Frauen und Kinder in jedem Dorf, in jeder Stadt«. Beim Versuch, den Kaiser zu entlasten, ging Keenan bis zum Äußersten. Sorgfältig hielt er fest, dass Hirohito nach Hiroshima beschlossen habe, den Krieg zu beenden, und erklärte, dass die Kriegstreiber »eine Gottheit oder eine Galionsfigur aus ihrem Herrscher machen« konnten, ganz wie es ihnen beliebte und »so wie es der Anlass für ihre bösen Zwecke erforderte«.[11]

Keenan überließ das Wesentliche im Rahmen der Schlussplädoyers Arthur Comyns Carr, Frank S. Tavenner jr., Xiang Zhejun, Pedro Lopez und anderen Anklägern.[12] Der sowjetische Ankläger verlangte die härtesten Strafen im Namen von »Millionen und Abermillionen von Opfern der barbarischen Aggression der japanischen Militaristen«. Der Kalte Krieg fand Eingang in den Gerichtssaal, als er die Vereinigten Staaten tadelte: »Ihr Urteil soll all denen, die gerne das Feuer eines neuen Krieges entfachen würden, eine abschreckende Warnung sein.«[13]

Webb und Keenan konnten mittlerweile den Anblick des anderen kaum mehr ertragen, und Webb ärgerte sich nach wie vor über die Versuche Keenans, den Kaiser zu schützen. Der standhafte Ankläger Keenan kritisierte, dass Webbs Gerichtshof »extremen Eifer« gezeigt habe, wenn es galt, die Rechte der japanischen Angeklagten auf ein faires Verfahren zu sichern. Er beklagte, dass die Richter »große Geduld bewiesen« hätten, »als sie die beleidigenden und unverschämten Bemerkungen über die Hull-Note zuließen«, denen zu entnehmen gewesen war, dass es ohne Franklin D. Roosevelt und seinen Außenminister diesen Prozess vielleicht niemals gegeben hätte. Der sichtlich verärgerte Webb unterbrach ihn daraufhin. Er beugte sich weit über den Richtertisch und bellte, er sei dafür gelobt worden, dass er »die alliierten Mächte vor jeder Beleidigung schütze«. Und er betonte: »Die Australier werden Präsident Roosevelt immer ein ehrendes Andenken bewahren und es schützen.« Diese erneute Erklärung patriotischer Befangenheit vonseiten des Vorsitzenden Richters ließ es fraglich erscheinen, dass die Angeklagten bei ihm mit einer fairen Verhandlungsführung rechnen konnten.[14]

Das Schlussplädoyer der Verteidigung fiel ähnlich hochtrabend aus wie die Rede Keenans, das Spektrum der hierfür bemühten Autoritäten reichte von Winston Churchill bis zum uralten chinesischen Klassiker *I Ging (Buch der Wandlungen)*. Takayanagi Kenzo erklärte, solange der Angriffskrieg nicht erwiesenermaßen als Verbrechen im Sinn des Völkerrechts gelte, sei eine Bestrafung der Angeklagten »nichts anderes als gesetzlose Gewalt«. Er wies darauf hin, dass das Handeln von amerikanischen, britischen und sowjetischen Führungspersönlichkeiten nach den gleichen rechtlichen Maßstäben beurteilt werden sollte. Er verblüffte mit der Bemerkung, dass Japan im Unterschied zu Deutschland kapituliert habe, ohne zuvor von Truppen der Alliierten überrannt worden zu sein, was den Forderungen, die die Sieger ihren besiegten Feinden auferlegen konnten, Grenzen setze. Durch die Annahme der Potsdamer Erklärung habe Japan nur einer Strafverfolgung wegen konventioneller Kriegsverbrechen zugestimmt, nicht aber solchen neumodischen Straftatbeständen wie kriminelle Verschwörung, Verbrechen gegen den Frieden, Mord bei Kriegsbeginn oder Verbrechen gegen die Menschlichkeit.[15]

Das von bedrohlichen Feinden umzingelte Japan habe keine andere Wahl gehabt, als um sein Überleben zu kämpfen. Einer der amerikanischen Verteidiger erklärte, der erste Schlag bei diesem Konflikt sei nicht Pearl Harbor gewesen, sondern der durch ein von den USA verhängtes Embargo ausgelöste »Wirtschaftskrieg«. Er habe so verheerende Auswirkungen gehabt, dass Japan in seiner Existenz bedroht gewesen sei. »Diese Männer sind Japaner«, sagte der Verteidiger. »Sie sind keine Amerikaner oder Bürger des großen britischen Commonwealth of Nations, auch keine Niederländer, Russen oder Franzosen. Sie waren Japaner und trafen eine Entscheidung auf Leben oder Tod für ihr Land.« Er bat jeden der Richter, sich an ihre Stelle zu versetzen: »Würden Sie, könnten Sie als Patrioten eine andere Entscheidung getroffen haben?«[16]

Webb vertagte schließlich am 16. April 1948 den Tokioter Prozess.[17] Blitzlichter flammten auf. Das Allgemeine Hauptquartier drängte einen japanischen Verlag zur Veröffentlichung einer preisgünstigen Übersetzung von Keenans Schlussplädoyer, um auf diese Weise ein großes Lesepublikum zu erreichen.[18] Die *New York Times* schrieb in einem Leitartikel, dass der Tokioter Prozess dem Völkerrecht gegen Angriffskriege eine neue Autorität verleihen könnte. Das Blatt bediente sich einer unter Amerikanern gängigen Verleumdung, indem es dozierte, die japanischen Angeklagten seien den Lehrsätzen ihrer »Kultur [gefolgt], die einen ›heiligen Krieg‹ zum Zweck der Eroberung nach wie vor mit den höchsten religiösen Weihen ausstatten konnte und die Massaker und Grausamkeiten als natürliche Gegebenheiten und unter gewissen Umständen sogar als lobenswert ansieht.«[19]

Die meisten der US-Offiziere, die als Verteidiger fungiert hatten, wurden jetzt, nachdem der Fall in den Händen der Richter lag, in die Heimat abkommandiert. Die über diese Maßnahme bestürzte Verteidigung richtete eine Petition an MacArthur mit der Bitte, diese Amerikaner im Land zu belassen, bis der Prozess tatsächlich abgeschlossen war – bis die Urteile gesprochen und vom Oberkommandierenden geprüft worden waren und ein mögliches Revisionsverfahren abgeschlossen war. Die Verfassung der Vereinigten Staaten und die neue japanische Verfassung garantierten Angeklagten jederzeit den Anspruch auf einen Rechtsbeistand, und die amerikanischen Verteidiger hielten fest, die Alliierten hätten, indem sie ein unparteiisches Gericht für die Angeklagten einsetzten, sich damit verpflichtet, »auch ihnen das zu gewähren, was wir als die unveräußerlichen Menschenrechte betrachten«. Die Verteidiger warnten: Eine vorzeitige Entlassung von Anwälten würde denjenigen Kritikern Recht geben, die behaupteten, »dass das gesamte Verfahren nur eine bloße Fassade, ein Schwindel und ein Betrug gewesen sei, dass wir kein echtes Bestreben kennen würden, unsere Gerechtigkeit nach gleichen Maßstäben gegenüber Freund und Feind auszuüben«.[20] Wenige Tage später gab das Allgemeine Hauptquartier bekannt, man werde die Verteidiger im Land belassen, bis das Urteil verkündet worden sei.[21]

Die tragfähige Mehrheit

Die sich zankenden Richter machten sich an die Mammutaufgabe der Niederschrift ihres Schlussurteils. Dafür mussten sie sich mit Verhandlungsniederschriften auseinandersetzen, die doppelt so umfangreich waren wie die des Nürnberger Prozesses gegen die Hauptkriegsverbrecher.[22] Die äußerst umfangreichen Textentwürfe der Richter wurden vor dem Hintergrund der besonderen nationalen Klagegründe der elf Länder zusammengefügt. Mei Ruao berichtete peinlich berührt an seinen Mentor Sun Ke, der mittlerweile in das Amt des Vorsitzenden des Legislativ-Yuan aufgestiegen war, über das langsame Tempo, mit dem diese Arbeit vorankam.[23] »Ich bin wie ein Bücherwurm, arbeite mich durch Hunderttausende von Seiten mit Gerichtsdokumenten, die sich zu einem Berg auftürmen.«[24]

»Die Niederschrift des Urteils ist eine kolossale Aufgabe, denn es gibt elf Richter, und jeder von ihnen vertritt eine feste Meinung«, sorgte sich Webb.[25] Er sah, wie die Kirschblüte wiederkam, und hielt es für einen Irrsinn, dass er so viele Frühjahre in Japan verbracht hatte.[26] Privat gestand er ein, dass er das Land gründlich satt habe.[27] Bert Röling war womöglich der einzige Richter, der sich für das Land erwärmt hatte, denn er verbrachte seine Wochenenden »in Kobe mit Freunden, sah das Perlenfischen in Mikimotos Palast und grüßte die Götter von Ise«.[28] Dem australischen Vorsitzenden Richter war nicht danach, eine weitere zermürbende Debatte über die rechtliche Zuständigkeit des Gerichts durchzustehen, so sehr sich das Gericht auch immer noch dem Druck ausgesetzt sah, seine grundsätzliche Legitimität zu rechtfertigen.[29] Gegenüber dem amerikanischen Rechtswissenschaftler Quincy Wright, der in Nürnberg als juristischer Berater tätig gewesen war, räumte er im Vertrauen sogar ein: »Wir werden keine langatmige Debatte über die Rechtsgrundlage haben«, obwohl »wir sehr viel über die Beweise zu sagen haben«.[30] Er hatte nicht vor, kühne Aussagen zum Naturrecht zu machen, vielmehr war er fest entschlossen, die nötigen Stimmen für eine respektable Mehrheit zusammenzubringen. Er brachte sein Verhältnis zu Mei in Ordnung und umwarb seine Commonwealth-Richterkollegen nach Kräften.[31] Er akzeptierte, dass das als Grundlage für das Schlussurteil verwendete Recht nur wenig Ähnlichkeit mit seinen früheren Ambitionen aufweisen würde.[32] Auch sein eigener Urteilsentwurf wies nur einen einzigen Bezug zum Naturrecht auf, der auf eine Bitte des französischen Richters hin eingefügt wurde.[33] »Ich meine, dass wir alle zu müde zum Streiten sind«, schrieb er.[34]

Webb musste ein Anliegen seines eigenen Premierministers Ben Chifley abwehren, der wollte, dass er in Tokio eine weitere Pause einlegte, um am High Court Australiens Verhandlungen über die Verstaatlichung privater Banken durch seine Labour-Regierung zu führen.[35] Webb weigerte sich.[36] Sollte der Premierminister auf seiner Rückkehr bestehen, würde er dem nachkommen, aber den Vorsitz des Tokioter Tribunals niederlegen.[37] Er schrieb einen Entwurf für einen Drohbrief MacArthurs für seinen Verbleib, der davor warnte, dass eine zweite Abwesenheit Webbs Autorität so stark untergraben würde, dass »er ernsthaft einen Rücktritt vom Amt des Vorsitzenden erwägen sollte«.[38] Zu MacArthurs Erleichterung machte der australische Premierminister einen Rückzieher.[39]

Webb versah seinen eigenen Urteilsentwurf für MacArthur mit der schwachen Erklärung, dass die Richter die Legitimität des Tribunals bereits im Mai 1946 bestätigt hätten: »Unsere Gründe dafür zu benennen ist alles, was wir jetzt noch tun müssen.« Webb ließ durchblicken, dass er dem Nürnberger Urteil weitgehend folgen werde.[40] Die alliierten Richter in Nürnberg hätten schlicht festgestellt, dass ihre Amtsgewalt sich aus ihrem Statut ergebe, dass dieses Statut – das in den entscheidenden Punkten mit dem Tokioter Statut identisch war – ein gültiger Ausdruck des damals bestehenden Völkerrechts sei, dass der Angriffskrieg durch den Kellogg-Briand-Pakt zum strafwürdigen Verbrechen gemacht worden sei und dass Einzelpersonen strafrechtlich zur Verantwortung gezogen werden könnten. Webb lieferte MacArthur noch einen dürftigen Hinweis: »Aus irgendeinem Grund habe ich den Eindruck, dass das Nürnberger Tribunal das Recht sehr gut erklärt hat und dass es schwer sein wird, das, was sie sagten, in irgendeinem nennenswerten Umfang zu erweitern.«[41]

Webb, Mei und die Commonwealth-Richtergruppe brachten eine tragfähige Mehrheit zustande. Der US-Richter erwies sich aus naheliegenden Gründen als zuverlässig, und Delfín Jaranilla war eine willkommene Stimme in allem, was das Allgemeine Hauptquartier wollte. Der philippinische Richter umschmeichelte MacArthur privat und erinnerte ihn daran, dass er in Bataan in der US-Army gedient hatte.[42]

Lord Patrick, der Anführer des Commonwealth-Blocks, war entschlossen, das Nürnberger Urteil zu bestätigen. Der britische Richter, oft zu krank, um zu arbeiten, wurde von seinen kanadischen und neuseeländischen Pendants unterstützt.[43] Diese Fraktion befürchtete, dass ein uneinheitliches Urteil jeglichen Fortschritt unterlaufen könnte, der in Nürnberg für die internationale Rechtsordnung erreicht worden war.

Patrick war zwar zuversichtlich, dass eine Mehrheit der Richter davon überzeugt war, dass der Angriffskrieg als Verbrechen zu bewerten sei, aber er befürchtete, dass mehrere seiner Kollegen vor der Behauptung zurückschrecken würden, dies gelte auch für den Tatbestand der Verschwörung. Der eindeutig amerikanisch und britisch geprägte Begriff der Verschwörung leuchtete europäischen Richtern vom Festland wie Henri Bernard aus Frankreich und Bert Röling aus den Niederlanden nicht ein. Auch Webb, der im englischen Rechtssystem ausgebildet worden war, gab sich hier zurückhaltend. In Nürnberg war zwar entschieden worden, dass die bloße Verschwörung zu einem Angriffskrieg für sich genommen ein Verbrechen sei, aber mehrere Richter schreckten davor zurück, Angeklagte nur für die Verschwörung zu einem Verbrechen zu verurteilen, das in Wirklichkeit nie begangen worden war, etwa für die Verabredung zu einer niemals erfolgten Mordtat. Patrick räumte ein, dass die meisten europäischen Rechtssysteme nur die Verschwörung zu besonders abscheulichen Verbrechen – wie etwa zum Hochverrat – kannten; für gewöhnlich galt es nicht grundsätzlich als Straftat, ein Verbrechen zu planen, es dann aber nie zu begehen. Er hoffte dennoch darauf, dass alle elf durch diese Richter vertretenen Rechtssysteme diese Verschwörungen mühelos als Verbrechen einstufen konnten, weil sie ja tatsächlich verwirklicht worden waren.[44]

Der britische Richter fühlte sich den Nürnberger Präzedenzfällen so sehr verpflichtet, dass er mit einem abweichenden Votum drohte, falls das Tokioter Urteil von ihnen abweichen sollte. Doch dem neuseeländischen Richter Erima Harvey Northcroft, einem üblicherweise unerschütterlichen Verbündeten Patricks, war nicht wohl bei dem Gedanken, Angeklagte nur für die Verschwörung zum Führen eines Angriffskriegs zu verurteilen.[45] Der britische Richter geriet darüber in Wut. Wenn die Verschwörung für sich genommen nicht als Verbrechen behandelt werde, werde er ein Sondervotum abgeben, drohte er – was ihn zum vierten Abweichler gemacht hätte. Der von dieser Kritik aus der Fassung gebrachte Northcroft zog zurück.[46]

Webb war nicht überzeugt. Wenn eine Verschwörung bis jetzt noch nicht als Verbrechen gegolten habe, könne das Statut des Tokioter Gerichts sie nicht plötzlich zu einem solchen erklären, sagte er zu den anderen Richtern. Vielleicht konnte das Nürnberger Tribunal, das sich selbst als eine Maßnahme souveräner Behörden verstand, die die legislative Gewalt über Deutschland ausübten, solange es noch keine deutsche Regierung gab, neues Recht schaffen; aber MacArthur hatte bei der Ausarbeitung des Statuts von Tokio nie behauptet, eine gesetzgebende Gewalt für Japan zu sein, sondern nur ein Beauftragter der alliierten Mächte.[47] Webb entschied, seinen Zweifeln zum Trotz, dass die Mehrheit der Richter sich entsprechend ihrem Verständnis an die Niederschrift des Urteils machen solle. Bernard wollte zwar eine Debatte zum Thema Verschwörung führen, aber Webb verweigerte die Einberufung einer Versammlung dazu und ließ die britische Sicht der Dinge so stehen.[48]

Webb stimmte Patricks juristischen Argumenten nicht zu, wusste aber mit Sicherheit um die Macht des britischen Blocks. Er vergaß seinen Stolz und benannte einen Ausschuss für die Formulierung des Urteilsentwurfs, dem er selbst und der britische und der kanadische Richter angehörten. Die Richter teilten das äußerst umfangreiche Verfahren zwar unter sich auf, aber der britische Block hatte die Auslegung der dem Tokioter Urteil zugrunde liegenden Gesetze und Fakten fest in der Hand.[49] Northcroft, das letzte zur Gruppe gestoßene Mitglied des britischen Blocks, erhielt den besonders wichtigen Auftrag, eine Untersuchung zum Ausbruch des Pazifikkriegs zu verfassen.[50] »Wir kommen sehr gut miteinander aus«, behauptete Webb.[51]

Durch seine Niederlagen bei früheren Fachdebatten ernüchtert, akzeptierte Webb, dass sein Hunderte von Seiten umfassender Solo-Entwurf nicht als Grundlage für den historischen Urteilsspruch dienen würde. Stattdessen würde er sich mit einer kurzen zustimmenden Urteilsbegründung zu den Rechtsgrundlagen und den Fakten begnügen müssen.[52] Die anderen Richter zuckten zusammen, als Webb dies ankündigte. Es zeichnete sich eine Mehrheitsentscheidung ab: eine Seite stand unter Federführung des britischen Blocks, eine von Webb und bis zu drei abweichende Meinungen von Pal, Röling und vielleicht auch noch von Bernard.[53]

Mei plädierte für ein kurzes, schlüssiges und strenges Urteil.[54] »Einfachheit und ein energisches Auftreten sind immer vorzuziehen«, ließ er Webb wissen.[55] Mei übernahm die Abschnitte, die sich mit Japans Invasion in China beschäftigten, und schloss seinen Entwurf zügig ab, während langsamer arbeitende Richter mit ihren Beiträgen gerade erst in Schwung kamen.[56] Insgeheim erhielt er bei dieser Tätigkeit seine Anweisungen direkt von Chinas belesenem Außenminister Wang Shijie, dem er bei einer Gelegenheit versicherte, er wisse »Bescheid über die im Exekutiv-Yuan vorhandenen Meinungen zur persönlichen Verantwortung von Kriegsverbrechern und werde entsprechend handeln«. Mei schrieb über sich selbst offiziell in der dritten Person und telegrafierte, es sei seine »Verpflichtung, mit seinen begrenzten Fähigkeiten den letzten Versuch zu unternehmen, einen Sieg in diesem beispiellosen Kampf um Gerechtigkeit im Völkerrecht im Namen unserer Nation zu erreichen«.[57]

Mei versuchte auf eine bizarre Art, die chinesische Öffentlichkeit auf den Urteilsspruch vorzubereiten, und schrieb für eine chinesische Zeitung einen mit einem Pseudonym versehenen Artikel, in dem er die elf Richter porträtierte. Der Text vermittelt einen mit einer Abrechnung verbundenen Eindruck von den Sympathien und bitteren Antipathien innerhalb des Richterkollegiums: der polternde Australier, der stark dem Alkohol zusprechende Amerikaner, der eindrucksvolle und reserviert auftretende Engländer, der bullige Sowjetmensch, dem alle misstrauten, der widerspruchsfreudige Niederländer, der streitlustige und ungesellige Inder und natürlich der hoch angesehene Mei. Er rühmte die richterliche Unabhängigkeit des Gerichts, obwohl er selbst tatsächlich eng mit der chinesischen Regierung zusammenarbeitete. In Chinas Namen hoffte er darauf, dass die Richter »die Schädlinge der Menschheit und Feinde des Friedens daran hindern konnten, der gerechten Strafe durch das heilige Völkerrecht zu entgehen, und dass dies künftigen Fanatikern eine Warnung sein wird. (…) Ihr Urteil wird entscheidende Auswirkungen auf die Weltgeschichte haben.«[58]

Zu einem früheren Zeitpunkt hatte Mei noch darauf bestanden, dass die Tokioter Richter ihre rechtliche Zuständigkeit mit ihren eigenen Argumenten verteidigen sollten, anstatt nur die Nürnberger Ausführungen nachzubeten.[59] Doch jetzt gab er sich mit der schlichtesten Version zufrieden. Die rechtliche Zuständigkeit des Gerichts, wiederholte er ständig, ergebe sich aus dessen Statut, das ein Ausdruck des aktuellen Völkerrechts sei. Er verwarf Pals und Rölings Einwendungen, nach denen das Statut angeblich gegen das Völkerrecht verstieß, als »rein hypothetisch und akademisch«.[60]

Mei musste sich, seinem Groll auf den britischen Kolonialismus zum

Trotz, mit dem Commonwealth-Richterblock zusammentun. Jahrelang hatte Mei die Richter gedrängt, engstirnige Urteile auf der Grundlage des britischen und amerikanischen Rechts zu vermeiden, weil er befürchtete, dass ein solches Vorgehen den internationalen Charakter des Tribunals beeinträchtigen würde.[61] Jetzt biss er die Zähne zusammen und schloss sich Patricks entschieden britischem Argument zur Verschwörung an, den »Eigentümlichkeiten der angloamerikanischen Doktrin der Verschwörung« zum Trotz. Das chinesische Strafrecht kenne zwar keine Strafe für Absprachen zur Begehung konventioneller Verbrechen, erklärte er, das gelte jedoch nicht für besonders ruchlose Vergehen wie Hochverrat, Rebellion, Mord und Entführung. Da ein Angriffskrieg ein sehr viel scheußlicheres Verbrechen sei als etwa Mord oder Hochverrat, kam er zu dem Schluss, dass Anklagen wegen einer Verschwörung zum Angriffskrieg zu den im chinesischen Strafrecht festgehaltenen Vorstellungen passen würden.[62]

Mei erhielt hierbei auch unpassende Unterstützung durch das Sowjetimperium. Generalmajor Iwan Sarjanow erklärte, die gegen chinesische und philippinische Staatsbürger verübten Gräueltaten müssten im Vergleich zu konventionellen Kriegsverbrechen als schlimmer eingestuft werden, obwohl Anklagen wegen Verbrechen gegen die Menschlichkeit in China etwas Neuartiges seien. (Die Richter konnten den erst vor kurzem geprägten Begriff des Genozids [Völkermords] nicht benutzen, den Röling geringschätzig als »diesen schrecklichen Ausdruck ›Völkermord‹« abtat, weil er im Statut noch gar nicht vorkam.)[63] Als Verbrechen gegen die Menschlichkeit galten, wie im Statut definiert, die Ermordung, Vernichtung, Versklavung und Verfolgung einer Bevölkerungsgruppe aus politischen oder rassistischen Gründen. Rassistische Motive sind vor Gericht bekanntermaßen schwer nachzuweisen, aber Sarjanow behauptete selbstsicher, das ungeheure Ausmaß der Gräueltaten in Shanghai und Nanjing sei auf die Intoleranz der Japaner im Umgang mit den Chinesen zurückzuführen. Diese Behauptung stützte er ausschließlich auf das Eingeständnis von Marquis Kido Koichi im Kreuzverhör, nach dem »die Japaner gegenüber dem chinesischen Volk zu einem Gefühl der Überlegenheit neigten und das chinesische Volk verachteten«.[64]

Während Mei hart arbeitete, zeichnete es sich immer deutlicher ab, dass er eine Regierung repräsentierte, deren Tage gezählt waren. Der indische Militärattaché in China stellte unverblümt fest, dass die strauchelnde nationalchinesische Regierung eine katastrophale Phase erlebte, denn die Kommunisten fügten ihr in der gesamten Mandschurei und in der Provinz Henan sowie in der Stadt Jinan im Osten demütigende Niederlagen zu und eroberten die Stadt Yan'an zurück. Die demoralisierten Soldaten Nationalchinas ergaben sich in großer Zahl; die Regierungssoldaten meuterten zu Tausenden oder liefen zur kommunistischen Seite über; die verarmte Bevölkerung von Changchun und Mukden (heute: Shenyang) ernährte sich nur noch von Blättern oder Unkraut. Die kommunistischen Streitkräfte rückten auf Zentralchina vor, bedrohten Shanghai und Nanjing und schnitten Beijing tagelang von der Außenwelt ab. Der indische Attaché schrieb: »Die militärische Niederlage der KMT [Kuomintang] ist vollständig, und nicht einmal die Amerikaner können das alte Regime retten.«[65]

Die Richter arbeiteten noch an ihren Urteilsentwürfen, als die Sowjets Westberlin im Juni 1948 vom Westen Deutschlands abschnitten, worauf die Amerikaner und Briten mit einer Luftbrücke für Nahrungsmittel und Versorgungsgüter reagierten.[66] »Die Japaner setzen das Land wieder instand«, schrieb der besorgte Webb. »Ich hoffe, dass ihnen bei einem weiteren Angriff nicht wieder alles niedergebrannt wird. Es ist keine sehr helle Welt.«[67]

Eine regierungsamtliche sowjetische Zeitung betonte zu einem frühen Zeitpunkt während der Berlin-Krise, dass das Tokioter Urteil »eine äußerst strenge Verurteilung« japanischer Kriegsverbrecher beinhalten müsse, mit der »der Angriff auf die UdSSR als Teil der Verschwörung gegen die Welt und die Menschheit« im Gedächtnis der Nationen festgehalten werde. Das Blatt gab auch Sarjanows Frustration wieder, wenn es sich über die unverschämten amerikanischen Verteidiger mokierte, die von den Richtern nicht in die Schranken gewiesen würden. »Der verderbliche Einfluss der Wall Street« liefere eine Erklärung dafür, warum Offiziere der US Army »es auf sich nahmen, als Verteidiger aufzutreten und dabei die Berufsehre und die Grundregeln des Anstands zu ignorieren, um die schlimmsten Feinde des fortschrittlichen Teils der Menschheit zu retten«.

Das staatliche Sprachrohr nahm sich dann die westlichen Demokratien vor und verlangte, dass das Tokioter Gericht »eine ernste Warnung an die Adresse derer [richtet], die, von der grandiosen Idee der Weltherrschaft geblendet, ein Bestreben entwickeln, etwas Ähnliches zu tun wie das, was die Angeklagten getan haben.« Japanische Monopole wie Mitsubishi und Mitsui, die wahren treibenden Kräfte des Imperialismus, seien von den Repräsentanten der Wall Street geschont worden, »die es nicht zulassen konnten, dass diejenigen, die ihnen im Geist so nahe sind und die sie brauchen, um das besiegte Japan in eine neue Basis für einen Angriffskrieg umzuwandeln, ihre gerechte Strafe erhielten«.[68]

Während die Sowjetunion jetzt eine feindselige Haltung gegenüber den Westmächten einnahm, umwarb Webb unverdrossen seinen Kollegen Sarjanow, der ein zuverlässiger Teil der Mehrheit blieb. Der sowjetische Richter machte den Preis für seine Kooperation deutlich: Die Sowjetunion sollte als Hauptopfer der japanischen Kriegführung behandelt werden. Er blockierte jede Diskussion über den von der Sowjetunion 1941 geschlossenen Neutralitätspakt mit Japan, damit sich daraus keine unangenehmen Fragen zur Verletzung des Vertrages durch die Sowjets ergeben konnten. Er hatte es sehr eilig, die Angeklagten an den Galgen zu bringen, und machte detaillierte Vorschläge zur zügigeren Fertigstellung des Urteils, von denen viele in die endgültige Fassung der Urteilsbegründung einfließen sollten. »Ich gebe zu bedenken, dass es höchste Zeit ist, alle Debatten über das Statut zu beenden«, mahnte er. »Das Statut ist eine unanfechtbare Quelle des Völkerrechts.« Er verzichtete auf den Vorhalt, die Anklage wegen Verschwörung sei in erster Linie von den Amerikanern oder Briten ausgegangen, sondern behauptete einfach, in allen nationalen Rechtssystemen würde eine Verschwörung zum Begehen von Verbrechen gegen die Sicherheit eines Staates als Straftat bewertet – was sehr gut zu seiner bolschewistischen Herangehensweise an politische Prozesse passte.

Sarjanow hegte keine Zweifel, dass der Angriffskrieg – nach der Definition der stalinistischen Staatsmacht – das schwerste Verbrechen im Sinn des Völkerrechts sei, und er drängte Webb, sich nicht in Debatten über die Bedeutung des Kellogg-Briand-Pakts zu verheddern. Während Pal und Röling darauf beharrten, dass das Statut nicht gegen das bestehende Völkerrecht verstoßen durfte, wollte Sarjanow mit dem Urteil zugleich die Proklamation verbinden, dass die alliierten Sieger neue Prinzipien des Völkerrechts erschaffen konnten. Die Abschlusserklärungen der alliierten Konferenzen in Potsdam, Kairo und Moskau gehörten zum Völkerrecht, behauptete er; das Statut von Tokio sei sowohl eine Verkörperung als auch eine neue Quelle des Völkerrechts. Das Völkerrecht sei, kurz gesagt, genau das, was die Alliierten als solches bezeichneten.[69]

Webb akzeptierte die Notwendigkeit, Sarjanow, der ihn bei den Auseinandersetzungen über die rechtliche Zuständigkeit zuverlässig unterstützt hatte, für seine eigenen Zwecke einzuspannen. Der australische Vorsitzende Richter beriet sich eingehend mit dem sowjetischen Kollegen und drängte die anderen Richter, dessen »wertvolle Vorschläge« in die eigenen Beiträge aufzunehmen. Das empörte mehrere Richter, und selbst Webb schreckte vor der bolschewistischen Vorstellung von Schuld im Sinn des Strafrechts zurück: »Der General ist der Ansicht, dass eine Schuld objektiv festgestellt werden muss; aber ich denke, dass die anderen Richter anderer Meinung sind.«[70] Doch der sowjetische Richter erhielt den Zuschlag: Die Mehrheit erteilte ihm den Auftrag, einen Textentwurf über Japans Kriegstreiberei gegen die Sowjetunion zu verfassen. In einem stark von stalinistischem Jargon geprägten Entwurf polterte er, dass der Angriffskrieg »ein unabdingbarer Bestandteil der umfassenden Verschwörung der japanischen Imperialistenclique gegen friedliebende Völker« sei.[71] Wie auch immer die Zweifel und bösen Ahnungen der Richtermehrheit hinsichtlich der sowjetischen totalitären Jurisprudenz ausgesehen haben mochten, ihres Vertreters in Tokio bediente man sich nach Kräften.[72]

Abweichler zum Schweigen bringen

Jenseits des Tumults im Gerichtssaal schrieben die Richter in ruhiger Einsamkeit. Mei gefiel die Stille nicht, wenn nur die sieben Richter der Mehrheit des Gerichts und einige Assistenten zur Arbeit kamen: »Jetzt wirkt das Tribunal wie verlassen, und der Anblick ist deprimierend. (…) Die Dauer des Prozesses übertrifft alle Erwartungen. Es ist enttäuschend, aber wir können es nicht ändern. Man wird es kaum verstehen, wenn man nicht selbst hier ist.«[73]

Die tragfähige Mehrheit von sieben Richtern kam aus Großbritannien, Kanada, Neuseeland, China, von den Philippinen, aus den Vereinigten Staaten und der Sowjetunion. Generalmajor Myron C. Cramer, der Richter aus den Vereinigten Staaten, wurde zum Vorsitzenden des Mehrheitsausschusses für den Entwurf der Urteilsbegründung bestimmt.[74] Mei versicherte dem chinesischen Außenministerium, dass die einzelnen Autoren getrennt und in einem kooperativen Geist arbeiteten, und verschwieg dabei gleichzeitig, wie zerstritten die Richter in Wirklichkeit waren. Er schrieb an die chinesische Regierung, dass Webbs Meinung sich kaum von den Ansichten der Mehrheit unterscheide, und hoffte dabei immer noch, dass der niederländische und der französische Richter sich dieser Schar wieder anschließen würden. Nur eine Stimme hatte er bereits abgeschrieben: »Pal, der indische Richter, ist stur und konservativ. Er hat eine starke Persönlichkeit und hat gesagt, dass er absolut nicht kooperieren werde. Er schreibt eine persönliche abweichende Stellungnahme, die vielleicht 1000 Seiten lang werden wird.«[75]

Zwei Tage später bat Röling insgeheim den niederländischen Außenminister um die Genehmigung für eine öffentlich bekanntzugebende abweichende Meinung, damit er nicht den Eindruck vermittle, gefährlichen völkerrechtswidrigen Argumenten zuzustimmen. Er könne die Aussage nicht akzeptieren, dass der Kellogg-Briand-Pakt und einige Resolutionen des Völkerbundes den Angriffskrieg zu einem Verbrechen gemacht hätten, und betrachtete stattdessen Verbrechen gegen den Frieden als ein rein politisches Vergehen, das nicht die alleinige Grundlage dafür bieten sollte, jemanden zu hängen.[76] Er beklagte, dass Beweise zu kommunistischen Aktivitäten in China nicht zugelassen worden waren, obwohl antikommunistische Motive jetzt die Antriebskräfte der westlichen Außenpolitik seien. Er schrieb, dass »das Land von Grotius« – dem großen politischen Philosophen aus Delft – grobe Rechtsfehler nicht gutheißen sollte und dass die Kundgabe abweichender Meinungen den Japanern zeigen würde, dass die Richter nicht der Kontrolle durch die eigenen Regierungen unterstanden hätten.[77]

Abb. 35 *Bert Röling, der von der Mehrheitsmeinung abweichende niederländische Richter, in seinem Amtszimmer beim Tokioter Prozess, 6. September 1947*

Der französische Richter sagte sich von der Mehrheit los. Er akzeptierte zwar die Rechtswidrigkeit von Angriffskriegen und machte sich die ihm unvertrauten angloamerikanischen Vorstellungen von Verschwörungen ohne die leiseste Andeutung eines französischen Einwands zu eigen, aber Henri Bernard war aufgebracht, weil nur wenige Besprechungen zur gemeinsamen Debatte für die Richter vorgesehen waren.[78] Er beschwerte sich darüber, dass die Textentwürfe der Mehrheit nur Fakten berücksichtigten, die für die Angeklagten ungünstig waren.[79] Außerdem wies er darauf hin, dass die tatsächlichen Beweise zur Entlastung der Angeklagten wohl in den Akten der alliierten Regierungen zu finden wären, denn die Beschuldigten hätten vorgebracht, sie hätten in Notwehr gegen aggressive Feinde gehandelt.[80] Bernard mahnte, es sei unmoralisch und gefährlich, Verträgen wie dem Kellogg-Briand-Pakt zu viel Gewicht beizumessen. Menschen, die gegen das Völkergewohnheitsrecht oder grundlegende Rechtsnormen verstießen, seien, selbst wenn ihr Land sich nicht durch einen Beitritt zu den Verpflichtungen eines Vertrags bekannt habe, als Kriminelle im Sinn des von ihm so bezeichneten »universellen Rechts« zu behandeln.[81]

Mei war äußerst aufgebracht. Allein zum Thema Mandschurei schickte er Bernard ein scharf formuliertes 15-seitiges Schreiben, in dem er ihm eine schlampige und fehlerhafte Zitierweise, eine Verharmlosung der Kriegführung der japanischen Armee und noch schlimmere Dinge vorhielt. »Ich bin überrascht über die Art, wie Sie zitieren«, schimpfte er. Er bezeichnete Bernards Überlegungen als »für mich völlig unverständlich« und hielt ihm »einen eklatanten Fehler« bei grundlegenden Fakten vor. Auf seine besondere Ablehnung stieß eine Bemerkung Bernards, dass chinesische Kaiser, Generale und Präsidenten keine Oberhäupter eines demokratischen Staates seien – sie richtete sich in erster Linie gegen Puyi, schloss aber Chiang Kaishek mit ein. »Ich verstehe einfach nicht, warum Sie diese Frage in der gegenwärtigen Situation aufwerfen«, schrieb Mei mit offensichtlichem Zorn. »Noch kann ich glauben, dass Ihre Kenntnisse über die chinesische Kultur und Geschichte Sie zu Verallgemeinerungen dieser Art berechtigen.«[82]

Nachdem es der Mehrheit nicht gelingen wollte, die Abweichler zu überzeugen, machte sie sich daran, ihnen einen Maulkorb zu verpassen. Das Allgemeine Hauptquartier plante, nur das Mehrheitsurteil ins Japanische übersetzen zu lassen, obwohl auch die abweichenden Meinungen zu den Unterlagen genommen werden sollten. Übersetzungen waren zwar eine schwierige Aufgabe und mit dem Risiko verbunden, dass Inhalte durchsickerten, aber es verblüfft heute noch, dass die Richter nicht verlangten, dass alle ihre Meinungen dem japanischen Volk in seiner Sprache vorgelegt wurden. Es blieb zwar die Möglichkeit der Übersetzung zu einem späteren Zeitpunkt, aber die abweichenden Meinungen sollten dem japanischen Volk in jenem entscheidenden Augenblick vorenthalten werden, in dem der Tokioter Prozess zu Ende ging.[83]

Röling und Bernard waren verblüfft, als sie in einer Zeitung den Hinweis entdeckten, dass die Übersetzung des Endurteils jeden Augenblick beginnen sollte.[84] Röling monierte in einem offiziellen Protest, dass das Urteil bereits übersetzt wurde, bevor die Richter dessen Inhalt kannten.[85] Webb sicherte Röling und Bernard lediglich zu, dass das Urteil erst zur Übersetzung freigegeben werde, wenn eine Mehrheit aller elf Richter sich zuvor auf den Text geeinigt habe. Bei seinem einzigen Beschwichtigungsversuch gegenüber Bernard sagte Webb zu, Besprechungen anzuberaumen, bei denen der Fall jedes einzelnen Angeklagten erörtert werden sollte.[86] Die Mehrheit schien nicht zu begreifen, wie nachhaltig ihr eigenes Scheitern bei der Überzeugungsarbeit im Umgang mit den Abweichlern ihr Endurteil untergraben sollte.

»Die von uns vorgelegten Beweise sind elendiglich unzureichend«

Mei gab ein hohes Tempo vor, um die anderen Richter auf Trab zu bringen. Die umstrittenen Abschnitte über Pearl Harbor und die Sowjetunion waren immer noch in Arbeit, als der chinesische Richter seinen Beitrag zur Mandschurei und eine lange Untersuchung zum Angriffskrieg gegen China bereits fertiggestellt hatte, und beides fand rasch die Zustimmung der anderen Richter.[87] Stolz berichtete Mei an den chinesischen Außenminister, sein Papier enthalte »detaillierte Darstellungen zu den Gründen für Japans Invasion in unser Land und damit verbundenem Recht und Unrecht, ebenso wie Schlussfolgerungen zu unseren Gunsten«. Sein Entwurf werde »zukünftigen Historikern keinen Raum für weit hergeholte Interpretationen oder die Verzerrung der Wahrheit lassen«.[88]

Aber zugleich zeigte sich Mei vertraulich wegen seiner Darstellung der japanischen Gräueltaten in China beunruhigt. »Die in der Anklageschrift von uns vorgelegten Beweise sind elendiglich unzureichend, obwohl unsere Vorwürfe etwa die Hälfte der einzelnen Punkte im Abschnitt über Gräueltaten ausmachen. Abgesehen von den Verbrechen in Nanjing haben wir fast keine Beweise für Hankou, Changsha, Guangzhou, Hengyang, Guilin und Liuzhou«, warnte er seine Regierung insgeheim. Er habe sich sehr anstrengen müssen, um zu einem Urteil zu kommen, das »für die Anklage und unser Land nicht allzu peinlich ist«.[89]

Der chinesische Außenminister ließ Mei wissen, dass im eigenen Land die Verzögerung bei der Urteilsverkündung durch das Tribunal kritisiert werde.[90] Mei erwiderte defensiv, er verstehe, dass das chinesische Volk »die größten Erwartungen an den Tokioter Prozess hat. (…) Ein zügiges Ende ist das, was wir uns wünschen, und ein Sieg ist das, wofür wir kämpfen«. Er versprach, sein Bestes zu tun, »um für unser Land in diesem Kampf um Gerechtigkeit im Völkerrecht etwas zu erreichen und das chinesische Volk mit dem Ergebnis eines so langwierigen Vorgangs nicht stark zu enttäuschen«.[91] Er versprach, dass das Urteil eine umfassende Geschichte der internationalen Beziehungen in Asien enthalten werde, von der er hoffe, dass sie »ein dauerhafter Beitrag von großem Wert« sein werde.[92]

Meis Entwürfe fanden rasch die Zustimmung der Mehrheit, den persönlichen Bedenken des Autors zum Trotz. Webb versicherte ihm: »Ich bin der Ansicht, dass Japans Kriege in China und anderswo notorisch aggressiv waren.«[93] Er verurteilte Japan für die absichtliche Tötung von Zivilisten bei der Bombardierung von Nanjing und Guangzhou (Kanton), für das bewusste Begehen von Gräueltaten in zahlreichen chinesischen Städten und für die Schwächung der chinesischen Gesellschaft durch die Förderung des Opiumhandels und -konsums. Er schätzte, dass in Nanjing in den ersten sechs Wochen nach der Einnahme der Stadt durch die Japaner bis zu 300 000 Chinesen getötet worden waren, hinzu kamen noch 20 000 Fälle von Vergewaltigung.[94]

Webb war der Ansicht, dass alle Minister des japanischen Kabinetts die Pflicht gehabt hätten, die Gräueltaten in Nanjing zu verhindern, und wegen unterlassener Hilfeleistung verurteilt werden konnten, wenn sie im Wissen um diese Untaten nicht den Sturz der Regierung herbeigeführt hatten. Er hatte keine Bedenken gegen eine Verurteilung von General Matsui Iwane wegen des Massakers von Nanjing: »Er war vor Ort, als diese fürchterlichen Exzesse begangen wurden; er muss gewusst haben, was sich dort abspielte; er hatte vor allen anderen Dingen die Pflicht, sie zu verhindern; und er ergriff keine ernsthaften Maßnahmen, um sie zu verhindern. Webb wollte, im Unterschied zur Mehrheit, Matsui auch wegen Verbrechen gegen den Frieden verurteilen, weil in China eingesetzte japanische Generale gewusst haben mussten, dass sie in einem verbrecherischen Angriffskrieg kämpften.«[95]

Meis Arbeit stieß nur bei zwei Abweichlern auf Kritik. Erstens Röling. Der stimmte mit Mei in der Bewertung der Ereignisse in Nanjing überein, wo das chinesische Beweismaterial am stärksten war, und kam zu dem Schluss, dass es dort Massenmorde, Massenvergewaltigungen, Brandstiftungen und Plünderungen gegeben hatte. Er verurteilte japanische Soldaten für die Festnahme und Tötung wehrloser chinesischer Soldaten, die ihre Waffen niedergelegt hatten. Er wies mit Verachtung die Aussagen von Zeugen der Verteidigung zurück, die vor Gericht behauptet hatten, in Nanjing keine Gräueltaten gesehen zu haben: »Ich halte es nicht für notwendig, sich mit ihnen zu befassen. Sie hätten einfach nur hinsehen sollen.«

Röling kritisierte Matsui scharf und hielt fest, dass dieser mit seinen halbherzigen Aufrufen zur Zurückhaltung und den minimalen Strafen für blutbefleckte Offiziere seine Kommandeurspflicht, Kriegsverbrechen in

Nanjing zu verhindern, nicht erfüllt habe. Außerdem griff er sich Prinz Asaka Yasuhiko heraus, Kaiser Hirohitos angeheirateten Onkel, einen in diesem Verfahren nicht angeklagten General, und bezeichnete ihn als »unmittelbar verantwortlichen Heeres-Befehlshaber«, wies aber zugleich darauf hin, dass es eine für Japans Regierung peinliche Angelegenheit gewesen sei, ein Mitglied der Kaiserfamilie zu bestrafen.

Doch abgesehen von Nanjing prüfte Röling die Schwachstellen in Chinas Beweismaterial genau. Für Hankou, führte er beispielsweise aus, hätten sich die chinesischen Anklagevertreter auf eine einzige Zeugenaussage über die Hinrichtung gefangener chinesischer Soldaten gestützt, während die Verteidigung ein Dutzend Zeugen aufgeboten habe, die zu Protokoll gaben, die Japaner hätten sich untadelig verhalten. Für Changsha habe die chinesische Anklagevertretung eine einzige eidesstattliche Erklärung eines Zeugen vorgelegt, in der von Mord, Vergewaltigung und Brandstiftung die Rede war. Er kam zu der Schlussfolgerung, dass die Vorwürfe in Bezug auf Hankou, Changsha und drei weitere Städte nicht bewiesen seien.[96]

Radhabinod Pal ging noch weiter. Er sollte der einzige Richter sein, der die Beweise zu Gräueltaten in ganz China in Frage stellte, auch für die Ereignisse in Nanjing. Er bezweifelte die Berichte über Blutbäder in Hankou, Chansha, Guangzhou und anderswo. Erstaunlicherweise ging er so weit zu behaupten, in den Augenzeugenberichten zu Massakern und Vergewaltigungen in Nanjing seien propagandistische Übertreibungen und Verzerrungen enthalten. Der indische Richter verwarf nicht nur das schwache Beweismaterial, auch von den starken Beweisen wollte er nichts wissen.[97]

Roter versus Experte

Der erbittertste Kampf hinter den Kulissen wurde um die sowjetischen Textteile ausgetragen, hier kam es zu einer offenen Auseinandersetzung zwischen Röling und dem sowjetischen Richter. Mei alarmierte die chinesische Regierung, dass die Richter beim Streit um die sowjetischen Vorwürfe wegen des Führens eines Angriffskriegs in eine Sackgasse geraten seien.[98] Der mit der Prüfung jenes Abschnitts befasste Ausschuss kam mehr als einen Monat lang nicht von der Stelle bei, wie Mei es beschrieb, »so vielen komplexen und heiklen Problemen«.[99]

Röling, der sich über die polternde Präsenz des sowjetischen Kollegen im Gerichtssaal entsetzte, beklagte gegenüber den anderen Richtern, dass die Sowjetunion rund um den Globus gefährliche kommunistische Revolutionen fördere.[100] Auch mehrere andere Richter hatten von den Sowjets genug.[101] Der junge niederländische Richter aber wurde im Verlauf dieser Auseinandersetzung »geistig sogar noch erschöpfter«, schrieb er privat. »Ich halte das Leben in diesem Augenblick für ziemlich schwierig und unangenehm. Die Arbeit läuft nicht so, wie sie laufen sollte.«[102]

Sarjanow löste die Auseinandersetzung aus, als er Röling beschuldigte, er würde die massenhaften Verbrechen der japanischen Armee herunterspielen, indem er sie einem bloßen Mangel an Kontrolle zuschreibe.[103] Röling antwortete mit einer Breitseite gegen sowjetische Behauptungen, man sei doch das Hauptopfer der japanischen Aggression gewesen. Der niederländische Richter verblüffte seine Kollegen im Juli – in einer Phase, in der die Regierung Truman über George F. Kennans Vorschläge zu einem neuen Umgang mit Japan im Kontext des Kalten Krieges debattierte – mit einem 65-seitigen Papier, in dem er die Feststellung im Urteilsentwurf der Mehrheit, dass Japan einen Angriffskrieg gegen die Sowjetunion geführt habe, nach Strich und Faden auseinandernahm. Er hielt den Sowjets vor, wie wichtig es sei, dass das Gericht weit verbreitete Zweifel widerlege, nach denen ein Tribunal der Sieger willkürlich und ohne Rechtsgrundlage vorgehe.

Das Tokioter Gericht, behauptete er, sei rechtlich nicht zuständig für die beiden Grenzkonflikte zwischen Japan und der Sowjetunion in den Jahren 1938 und 1939; eine Amtsgewalt, die sich aus den Kapitulationsbedingungen der Potsdamer Erklärung herleite, könne sich wohl kaum auf diese früheren Konflikte erstrecken. Beim zweiten Konflikt in der Mongolei habe die Anklagevertretung den von der Sowjetunion abhängigen Vasallenstaat Äußere Mongolei als unabhängiges Land akzeptiert, was bedeute, dass jeder Angriff auf diesen Staat sich nicht gegen die Sowjetunion gerichtet habe. Röling machte außerdem geltend, die vorliegenden Dokumente zeigten, dass Japan einen sowjetischen Angriff befürchtet habe. Das im Krieg mit den Vereinigten Staaten und Großbritannien stehende Japan habe allenfalls vage gehofft, die Sowjetunion eines Tages, wenn der Kriegsverlauf es zuließ, angreifen zu können. Er war bestürzt über die Behauptung im Mehrheitsurteil, dass es keine Beweise für eine sowjetische Angriffsabsicht gegen Japan gebe – eine von den Sowjets eingefügte unnötige Beschönigung.[104]

Sarjanow hielt sich gar nicht erst mit den unter den Richtern üblichen kollegialen Höflichkeiten auf und prangerte den »bösartigen Charakter« von Rölings Kritik und seine »jeder Grundlage entbehrende« Meinung an. Er bezeichnete den niederländischen Richter als unehrlich und unfair, als Verteidiger der deutschen und japanischen Aggression, dessen Beitrag voller Unwahrheiten sei. Röling war schockiert, als er Sarjanows Brief zu lesen bekam, er unterstrich die rüdesten Passagen und schrieb ein zorniges »Nein« an den Rand.

Sarjanow beharrte darauf, dass Japan unentwegt einen Angriff auf die Sowjetunion geplant habe. Er setzte dabei auf die stalinistische Neudefinition eines Angriffskriegs, so dass die sowjetischen Eroberungen außen vor blieben, und beklagte, dass »Richter Röling den grundsätzlichen Unterschied zwischen den Angreifernationen und denjenigen, die während des Zweiten Weltkriegs gegen die Aggressoren gekämpft haben, ignoriert, einen Unterschied der ursprünglich die Voraussetzung für die Einrichtung des Tribunals und die juristische Grundlage seiner rechtlichen Zuständigkeit war«.[105] Sollten die Richter die beiden Grenzkonflikte nicht als Teil des umfassenden japanischen Verschwörungsplans akzeptieren, müssten sie auch die Strafverfolgung wegen der Mandschurei, China und anderen Eroberungszügen vor Pearl Harbor fallenlassen, polterte er weiter. (In Großbuchstaben schrieb Röling hier »NEIN« an den Seitenrand.) Sarjanow schrieb an einer Stelle verächtlich, dass ein Argument seines niederländischen Kollegen »auf eine vollständige Rechtfertigung des deutschen Angriffskriegs gegen die Sowjetunion abzielt«. (»NEIN«, notierte Röling am Seitenrand.) Sarjanow warf Röling vor, dass er die Tatsachen grob verzerre, indem er die japanische »verleumderische faschistische Propaganda« nachplappere, und zog daraus den Schluss, dass »die Verschwörung gegen die UdSSR nur ein integraler Bestandteil einer viel umfassenderen Verschwörung war«.[106]

So fragwürdig und wutgeleitet Sarjanows Argumente auch sein mochten, für Webb, der von seiner Zustimmung zur sowjetischen Position nicht abrückte, waren sie gut genug. An die anderen Richter schrieb er: »Die Verschwörung wurde in den Grenzkriegen umgesetzt«, wenn auch nur in der Planung eines Angriffskriegs, ohne ihn tatsächlich zu führen.[107] Der australische Vorsitzende Richter folgte der sowjetischen Parteilinie mit seiner Schlussfolgerung, dass »Japan sich kontinuierlich auf den Krieg vorbereitete und aggressive Handlungen gegen die UdSSR beging«.[108]

»Der Kaiser war der Anführer«

Webb hatte zwar die Kontrolle über die Niederschrift der Urteilsbegründung verloren, aber er bestärkte die Mehrheit weiterhin in dem Glauben, dass er sich ihr letztlich wieder anschließen werde.[109] Er empfand während die anderen Richter noch arbeiteten, eine »große Sorge«, weil mehrere von ihnen sich »sehr stark mit Dingen beschäftigten, die ihre eigenen Länder betrafen«.[110]

Webb unternahm am 17. September einen letzten Versuch, die Mehrheit umzustimmen, indem er eine letzte Fassung seiner umfassenden Stellungnahme vorlegte.[111] Gegenüber der australischen Regierung prahlte er, sein Papier umfasse mehr als 650 Seiten, während das Nürnberger Urteil keine 300 Seiten lang gewesen sei. Nachdem seine Aufgabe erledigt war, hatte er es mit der Rückkehr nach Australien so eilig, dass er seinen Rücktritt als Vorsitzender Richter anbot, zugleich aber sein Einverständnis signalisierte, falls MacArthur wünschte, dass er blieb.[112]

Sein Entwurf gab der Richtermehrheit das, was sie sich am meisten wünschte: Er befand alle 25 Angeklagten für schuldig, einschließlich des friedfertigen Togo Shigenori. Auch in Fragen des Völkerrechts stellte er die Mehrheit größtenteils zufrieden. Unter Verweis auf das Nürnberger Urteil vertrat Webb die Ansicht, dass die rechtliche Zuständigkeit des Gerichts sich aus dem Statut und aus Japans Kapitulation unter den Bedingungen der Potsdamer Erklärung ergab. Dennoch schlug er wiederholt auch das Naturrecht als Rechtsquelle vor, die hinter dem Statut stand: »Das Statut (…) verstößt nicht gegen das Völkerrecht oder das Naturrecht, sondern verleiht ihm Rechtswirksamkeit.«[113]

Webb drängte darauf – das war sein höchst dramatisches Anliegen –, Hirohito eine Kriegsschuld zuzuschreiben, hielt zugleich aber fest, dass »die Anklagevertretung klargestellt hat, dass der Kaiser nicht angeklagt werde«. Die von der Anklagevertretung selbst vorgelegten Beweise zeigten allerdings seine führende Rolle beim Beginn des Pazifikkriegs auf, und ebenso enthüllten sie die »Macht, die er bei der Beendigung des Krieges ebenso wie bei dessen Beginn besaß«. Webb verwies besonders auf Tojo Hidekis Ausrutscher beim Kreuzverhör: »Nach Tojos Aussage liebten die Japaner den Kaiser so sehr, dass sie seine Wünsche erfüllt hätten, ohne nachzufragen.«

Webb kehrte zu einer strengen Formulierung zurück, die er erstmals im Oktober 1947 niedergeschrieben hatte: »Der Kaiser war der Anführer. Er war der einzige Mann in Japan, der über Krieg oder Frieden entscheiden konnte.« Das Risiko eines Mordanschlags tat Webb mit einem Schulterzucken ab: »Kein Herrscher kann das Verbrechen eines Angriffskriegs begehen und anschließend berechtigterweise behaupten, ein solches Handeln sei entschuldbar, weil sein Leben in Gefahr gewesen wäre, wenn er nicht so gehandelt hätte.« Mit vorgegebener Hochachtung fügte Webb hinzu, er wolle damit nicht sagen, dass man Hirohito hätte anklagen sollen; über diese Frage sei von den alliierten Regierungen entschieden worden. Er lege damit nur nahe, die Immunität des Kaisers zu berücksichtigen, wenn man seine Günstlinge verurteile: Wie konnten die Richter gerechterweise die Untergebenen bestrafen, wenn der Monarch verschont wurde?[114]

Jenseits seiner schriftlichen Urteilsbegründung widersetzte sich Webb stur allen Bemühungen der Mehrheit, Hirohitos Rolle aus dem Urteil herauszuhalten und ihn so reinzuwaschen. Nach der Lektüre eines Textentwurfs des US-Richters zu Pearl Harbor tadelte Webb seinen Kollegen Cramer wegen des »völligen Fehlens eines jeden Hinweises auf den Anteil am Geschehen, den der Kaiser beim Beginn und Ende des Kriegs hatte«. Er fügte hinzu: »Ich bin der Meinung, dass das Urteil zu verheerender Kritik führen wird, wenn es seinen Anteil in diesem Ausmaß herunterspielt.«[115] Später beklagte er, dass ein anschließender Entwurf keinerlei Hinweis auf die geheime Absprache des Kaisers mit dem nationalsozialistischen Deutschen Reich enthielt und dass er einen erdrückend beweiskräftigen Eintrag aus Kidos Tagebuch einfach wegließ, »der den Anteil des Kaisers am Kriegsbeginn belegte« – ein Hinweis darauf, wie der Kaiser Tojo Hideki am 30. November 1941 »angewiesen« hatte, »wie vorgesehen zu handeln«.[116]

Weiter wollte Webb allerdings bei seinem Widerstand gegen die amerikanische Position nicht gehen. Er schrieb zwar an Cramer, dass es »dem Augenschein nach Beweise gegen den Kaiser gab«, behauptete aber zugleich, er habe der australischen Regierung noch vor seiner Reise nach Tokio geraten, dass der Fall auf höchster politischer Ebene behandelt werden sollte – eine Ansicht, die er auch MacArthur mitgeteilt hatte. Behutsam schrieb er: »Mir ist klar, dass dies eine heikle Angelegenheit ist.«[117]

Der große Abweichler

Radhabinod Pal, der von seiner geliebten Familie seit mehr als zwei Jahren getrennt war, schrieb mit großer Intelligenz und Leidenschaft. Ihn plagte eine innere Unruhe, während er sein Sondervotum fertigstellte. Mei, der sich in einer Mitteilung erneut über Pals »starke Persönlichkeit« und »konservative« Ausrichtung mokierte, ließ die chinesische Regierung wissen, der indische Richter sei auf sein abweichendes Urteil fixiert und verweigere jede Zusammenarbeit mit der Mehrheit.[118]

Pal hatten sich im Vergleich zu seinen Richterkollegen weniger Gelegenheiten geboten, angesichts des Dramas, das sich im Gerichtssaal abspielte, die eigene Meinung zu ändern: Er war sehr viel öfter abwesend als all seine Kollegen, saß entweder im Imperial Hotel an der Schreibmaschine oder unternahm gerade eine seiner Reisen nach Kalkutta, wo er sich um seine erkrankte Frau kümmerte. Der britische Richter zeigte keinerlei Sympathie für einen hingebungsvollen Ehemann, denn er empfand Pals monatelange Abwesenheit vom Gericht als einen schwerwiegenden Makel für das gesamte Verfahren.[119] Der indische Richter hatte erstmals bei Sitzungen gefehlt, in denen sich die Anklagevertretung mit den Ereignissen in China befasste, und er verpasste auch einen großen Teil der Aussagen von Zeugen der Anklage zu Pearl Harbor.[120] Wegen einer erneuten Erkrankung seiner Frau hatte er eine fast zwei Monate dauernde Phase von Aussagen einzelner Angeklagter verpasst, auch diejenigen, die General Matsui Iwane betrafen.[121] Doch seine Fehlzeiten beim Prozess verschafften ihm intensivere Berührungen mit der asiatischen Wirklichkeit als all seinen Richterkollegen. Er kehrte ab 1947 in ein eben erst unabhängig gewordenes Indien zurück, das mit der Last der Selbstverwaltung zu kämpfen hatte, und dazu gehörten: die Linderung der Armut, die Versorgung der enormen Flüchtlingsströme nach den mit der Teilung des Subkontinents verbundenen Massakern, das Festhalten an einer demokratischen Regierungsform. Syama Prasad Mukherjee, sein alter Widersacher an der Universität von Kalkutta, war mittlerweile Industrieminister.[122]

Bei der einzigen Gelegenheit, die Pal zu einer öffentlichen Äußerung während des Prozesses nutzte, sprach er so freundlich über die Besatzung wie der unbedarfteste Beamte aus dem Allgemeinen Hauptquartier. »Ich hatte gedacht, ich würde ein mürrisches japanisches Volk erleben, das wegen der Niederlage unter einem Gefühl der nationalen Demütigung litt«, sagte Pal bei einem Aufenthalt in Kalkutta einer führenden bengalischen Zeitung. »Aber schon kurz nach meiner Ankunft in Japan erkannte ich, dass ich vollkommen falschlag. Ich stellte fest, dass die Japaner als sehr diszipliniertes Volk, das sie nun einmal sind, ihre Niederlage auf eine sehr ruhige, rationale und realistische Art akzeptiert hatten.« Er lobte MacArthurs Bemühungen um den Aufbau einer friedlichen und freien Gesellschaft. »Die Japaner spüren nicht den Druck einer fremden militärischen Besatzung«, sagte er und lobte »die einfühlsame und staatsmännische Politik, die General MacArthur in Japan verfolgt«. MacArthur selbst sei »ein außerordentlich freundlicher und liebenswerter Mensch«, ein harter Arbeiter, effizient und ungezwungen.

Pal äußerte sich nur andeutungsweise zu seinen tiefen Vorbehalten gegen den Tokioter Prozess, erwähnte lediglich kurz Fragen zum Thema, ob die Vorbereitung auf oder das Führen eines Angriffskriegs ein Verbrechen sei. Die Angeklagten, die sich ihrem Prozess mit einem »wahrhaften Sportsgeist« stellten, schienen von einem fairen und unvoreingenommenen Tribunal auszugehen – eine eher optimistische Einschätzung, die auf viele Angeklagte, nicht zuletzt auf Tojo, überhaupt nicht zutraf. Der Prozess war in Japan auf großes Interesse gestoßen, vor allem bei den Intellektuellen. Pal erklärte, neben der juristischen Bedeutung biete der Prozess nützliche Lehren für Entwicklungsländer wie Indien, zeige er doch, dass Japan seine Industrien schnell aufgebaut habe – das war nicht gerade die Art von Erkenntnis, die nach Auffassung der Anklagevertretung ihrer Geschichte von Japans Militarisierung entnommen werden sollte.[123]

Pal erwies sich als schmallippig, wenn es um seine abweichende Meinung ging. Nach Webbs Darstellung behauptete Pal, dass er niemals mit irgendjemandem außerhalb des Gerichts darüber gesprochen habe.[124] Doch insgeheim hatte Pal wiederholt Kontakt zu amtlichen Stellen in Indien. Bereits zwei Jahre vor der Urteilsverkündung hatte er die britischen Behörden in Indien benachrichtigt, dass er in der Frage der rechtlichen Zuständigkeit des Tribunals eine abweichende Meinung habe und auf der Seite der Verteidigung stehe.[125] Er tauschte sich ein- oder zweimal mit dem indischen Botschafter in Washington über juristische Fragen aus und ließ den Diplomaten wissen, dass der niederländische und der französische Richter seine Meinung zunächst geteilt hätten, dann aber, vielleicht nach geheim erteilten Anweisungen vonseiten ihrer Regierungen, einen Rückzieher gemacht hätten.[126] Nach einer zufälligen Begegnung mit einem hochrangigen indischen Diplomaten, der in Tokio zu Besuch war, beschloss Pal, dem Mann zu schreiben, ihm die interne Arbeitsweise des Gerichts zu enthüllen und ihm außerdem den Text seines Sondervotums bereits Monate vor der Veröffentlichung zukommen zu lassen – wobei er gewusst haben musste, dass der Empfänger all dies an die indische Regierung weitergeben würde. Er erläuterte die Fraktionsbildung unter den Richtern, offenbarte, wer zur Sieben-Personen-Mehrheit gehörte, deckte auf, dass der französische und der niederländische Richter ebenfalls eine abweichende Meinung vertraten und dass auch Webb eine eigene Urteilsbegründung verfasste – und erläuterte seinen eigenen Dissens.[127] Als der Zeitpunkt der Urteilsverkündung näher rückte, schickte er sein Sondervotum an den politischen Vertreter Indiens in Tokio, den er zuvor wiederholt über die Praktiken des Gerichts unterrichtet hatte.[128]

Pal unternahm eine Sommerreise nach Indien, während seine Kollegen sich mit dem Urteilstext abmühten, und traf dort während der unruhigen Monate nach der Ermordung von Mahatma Gandhi ein. In Tokio verbreitete sich unterdessen die Neuigkeit, dass Pal eine sehr umfangreiche abweichende Meinung verfasst hatte.[129] Pal kehrte Anfang September nach

Japan zurück, aber keine zwei Wochen später erkrankte seine Frau an einer gefährlichen Herzbeutelentzündung und litt an stechenden Schmerzen. Er flog sofort nach Kalkutta zurück und hinterließ eine Nachricht, dass er nicht zur bevorstehenden Verlesung des Urteils zurückkehren könne, bevor seine Frau sich erholt habe oder gestorben sei.[130]

Nach einer strapaziösen Reise, die über Manila führte, fand ein von Sorgen gezeichneter Pal seine Frau in einem etwas besseren, aber immer noch kritischen Gesundheitszustand vor.[131] »Es geht mir durchwachsen«, schrieb er an Webb. Pal bat Webb höflich, ihn zwei Wochen vor der Urteilsverkündung zu benachrichtigen, damit er rechtzeitig nach Tokio zurückeilen könne. Der australische Vorsitzende Richter teilte dem indischen Kollegen nur brüsk mit, er solle sich spätestens am 20. Oktober auf den Weg machen, wenn er das wünsche, ohne ihn in irgendeiner Form zur Rückkehr zu ermutigen – sogar ohne den Anstand zu besitzen, sich nach dem Wohlergehen von Pals Frau zu erkundigen oder ihr gute Besserung zu wünschen.[132]

»Ich möchte mein Urteil in einer öffentlichen Sitzung des Gerichts verlesen«, flehte er Webb noch Anfang November an. »In meinem Land werden Urteile immer in einer öffentlichen Sitzung verlesen.«[133] Einige seiner Richterkollegen hatten Pal vorgewarnt, dass ein solcher Vortrag, der Tage in Anspruch nehmen würde, niemals zugelassen werden würde. Mei hatte schon Monate zuvor der chinesischen Regierung mitgeteilt, dass die Richter beschlossen hätten, keine Sondervoten vortragen zu lassen.[134] Pal war sich darüber im Klaren, dass seine Kollegen ihn nicht vortragen lassen würden, und er wusste auch, dass das Sondervotum des sowjetischen Richters zu den Urteilen gegen Rudolf Heß, Hans Fritzsche, Franz von Papen und Hjalmar Schacht in Nürnberg nicht laut vorgelesen worden war, deshalb bat er Webb darum, bei der Urteilsverkündung zumindest zu erklären, dass es vom Urteil abweichende Minderheitsmeinungen gebe, die dem Urteil beigefügt und zu den Prozessakten genommen würden.[135]

Pal wollte sich nicht vom Krankenbett seiner Frau entfernen, aber er empfand auch eine dringende Pflicht, für seine Grundsätze einzustehen. »Ich denke daran, ein Risiko einzugehen«, schrieb er an Röling, seinen einzigen wahren Freund im Richterkollegium, wenige Tage vor dem von Webb genannten Termin.[136] Schließlich beschloss er, sich auf die lange Reise von Kalkutta nach Tokio zu machen, und das in der vagen Hoffnung, seine abweichende Meinung vom Richtertisch aus kundtun zu können. Kurz vor seiner Abreise von zu Hause schickte er ein besorgtes Telegramm an Webb, in dem er berichtete, dass der Gesundheitszustand seiner Frau sich verschlechtere.[137]

Einzig und allein Röling ermutigte Pal. »Ich werde die Tage niemals vergessen, die ich gemeinsam mit Ihnen in Tokio verbringen konnte«, schrieb der indische Richter freundschaftlich aus Kalkutta. »Ich freue mich sehr, zu erfahren, dass Sie sich entschlossen haben, ein kurzes Sondervotum kundzutun. Ich hatte immer das Gefühl, dass die Gerechtigkeit nach so etwas verlangt. Wir sind nicht dort, um öffentlich die schlimmsten Vorurteile der Welt zu befördern. Und selbst wenn das mit dem Risiko verbunden ist, die Vertreter solcher in der Öffentlichkeit verbreiteten Ansichten zu kränken, dürfen wir unsere eigenen Überzeugungen nicht opfern.«[138]

Die Todes-Maschinerie

Der Gipfel des Fujijama war bereits wieder schneebedeckt, als die Richter am 2. November zusammenkamen, um über die Schuld der einzelnen Angeklagten zu entscheiden.[139] Dabei stand kaum in Frage, dass Tojo Hideki und die führenden Militaristen verurteilt werden würden, aber einige andere Persönlichkeiten sorgten für Irritationen unter den Richtern. Röling wollte drei ehemalige Außenminister freisprechen: Togo Shigenori, Shigemitsu Mamoru und Hirota Koki, der 1936 sogar ins Amt des Premierministers aufgestiegen war. Röling sollte später sagen, Shigemitsu hätte man niemals auch nur anklagen sollen, und gab die Schuld für diesen Missgriff den Sowjets und den Chinesen.[140]

Webb focht das nicht an, er wollte Shigemitsu wegen »heimtückischer und feiger Aggression« und wegen Vernachlässigung seiner Verpflichtung als Außenminister, den alliierten Kriegsgefangenen zu helfen, verurteilen, räumte aber ein, dass andere Bereiche des Wirkens des Ministers nicht zu beanstanden seien.[141] Er war außerdem fest entschlossen, auch Togo Shigenori zu verurteilen, nicht nur wegen seiner Zustimmung zum Krieg unmittelbar vor Pearl Harbor, sondern auch für die Übergriffe gegen China, für den Eintritt in Tojos Kriegskabinett (trotz seiner Hoffnungen, dort einen Meinungsumschwung bewirken zu können), weil er nichts unternommen hatte, um ein Umdenken der Regierung zu erzwingen (dabei übersah Webb die hartnäckigen Bemühungen genau in dieser Richtung), und wegen der »groben Vernachlässigung« seiner Verpflichtung zum Schutz alliierter Kriegsgefangener. Togo hätte eine Kabinettskrise herbeiführen oder sich direkt an den Kaiser wenden sollen, warf ihm Webb vor.[142]

Marquis Kido Koichis energische Verteidigung nützte ihm bei den Richtern nur wenig. Webb attackierte den engsten Vertrauten des Kaisers scharf als starken Befürworter des Krieges in China, der sich lieber gegen den Frieden stellte, als irgendetwas anderes zu akzeptieren als die harten, unnachgiebigen japanischen Bedingungen. Er hielt ihm vor, dass er die Misshandlung alliierter Kriegsgefangener nicht beendet und den kriegerischen Tojo Hideki zum Premierminister gemacht hatte. Nur widerwillig verzichtete der Vorsitzende Richter auf eine Anklage Kidos wegen des Angriffs auf die Vereinigten Staaten.[143]

Es wurde deutlich, dass zwar einige der Beschuldigten von bestimmten Anklagepunkten freigesprochen werden würden, dass aber keiner von ihnen mit einem glatten Freispruch rechnen konnte, wie das in Nürnberg bei dreien der Angeklagten geschehen war. Webb schrieb: »Ich bin offen für eine Verurteilung in allen Fällen.«[144]

Beim letzten Schlagabtausch zwischen den Richtern ging es um die einzelnen Strafmaße. Es gab erhebliche Meinungsunterschiede in der Frage, welche Gefangenen aufgrund einer Todesstrafe hingerichtet werden sollten. Der US- und der chinesische Richter waren starke Befürworter von Hinrichtungen, und der Commonwealth-Block sowie Delfín Jaranilla unterstützten diese Haltung.[145] Als einige Richter sich in mehreren Fällen einem Todesurteil verweigerten und eine Vertagung des Urteilsspruchs vorschlugen, drängte Mei auf einen Abschluss mit Entscheidungen: »Wir dürfen uns nicht selbst diskreditieren, indem wir das Urteil offenlassen.«[146]

Andere fühlten sich damit nicht wohl. Bernard zweifelte an der Gültigkeit des Verfahrens und war deshalb gegen die Todesstrafe.[147] Pal konnte Männer, die er für nicht schuldig hielt, nicht hängen lassen. Ein besorgter Röling schrieb: »Jetzt arbeite ich wieder hart, und bis auf eine oder zwei Stunden auf dem Pferd am frühen Morgen sitze ich an meinem Schreibtisch und frage mich, ob eine bestimmte Person gehängt oder erschossen werden muss, was auf lange Sicht eine ziemlich deprimierende Tätigkeit ist. Offen gesagt, würde ich mir lieber über andere Dinge im Leben den Kopf zerbrechen, aber um es mit dem alten Thackeray zu sagen: ›Ich kann die Welt nur hinnehmen, wie sie ist, den Strick mit einbegriffen, solange er nicht aus der Mode kommt.‹ Dennoch hasse ich es.«[148]

Webb, der noch nie zuvor jemanden zum Tod verurteilt hatte, quälte sich mit der Entscheidung. Zur Orientierung studierte er das Nürnberger Urteil und stellte fest, dass die wegen der Führung eines Angriffskriegs hingerichteten Nazis auch wegen Kriegsverbrechen und Verbrechen gegen die Menschlichkeit verurteilt worden waren, was den Gedanken nahelegte, dass die Nürnberger Richter Bedenken hatten, jemanden allein wegen Verbrechen gegen den Frieden hängen zu lassen. Dieser Leitlinie folgend, kam er zu dem Schluss, dass kein japanischer Angeklagter für das Vorbereiten oder Führen eines Angriffskriegs verurteilt werden sollte, es sei denn, er wurde außerdem noch schwerer Kriegsverbrechen oder Verbrechen gegen die Menschlichkeit für schuldig befunden.[149]

Der US-Richter, normalerweise eines der ruhigeren Mitglieder des Gremiums, war entsetzt, als er hörte, dass Webb offenbar einige Angeklagte vor dem Strang bewahren und sie vielleicht sogar ins Exil außerhalb Japans schicken wollte. In einer Auseinandersetzung, in der es überhaupt nicht um rechtliche Fragen ging, warnte Cramer davor, dass ein Dutzend japanischer Führungspersönlichkeiten einen enormen Schaden anrichten könnte, sobald die amerikanischen Besatzungstruppen wieder außer Landes seien. Er brachte vor, dass nahezu jedes Land der Welt die Hinrichtung verurteilter Mörder zulasse: »Wollen Sie damit sagen, (…) dass sie nicht hingerichtet werden sollten, wenn das Ergebnis ihres Handelns nicht nur ein Mord, sondern viele Tausende von Morden gewesen ist? (…) Es ist schlicht und einfach eine Frage der *Gerechtigkeit*.« Cramer ärgerte sich über Webbs Ansicht, dass die Todesstrafe von Rachsucht geprägt sei. »Wenn die Anwendung des Gesetzes rachsüchtig ist, warum haben wir dann überhaupt Gesetze?«, schrieb der amerikanische Richter. »Sie ermutigen Kriminelle, Amok zu laufen, zu töten, zu foltern, mit dem Bajonett zu erstechen und zu enthaupten, wen auch immer sie sich für so etwas aussuchen, aber sie bestrafen die Täter nicht entsprechend dem Gesetz, das auf solche Taten eindeutig anwendbar ist, weil das ›rachsüchtig‹ wäre.« Die Hinrichtung der Täter würde »sicherstellen, dass sie nie wieder eine Bedrohung für die Menschheit und für die Gesetze Gottes sein werden und dass ihre gerechte Bestrafung möglicherweise andere potenzielle Täter vom Begehen ähnlicher Verbrechen abschreckt. Meiner Ansicht nach wäre es ein Hohn auf die Gerechtigkeit, wenn wir bestimmte Beschuldigte zunächst für schuldig im Sinne der Anklage befinden und sie dann nicht zum Tode verurteilen würden.«[150]

Webb ging höflich mit Cramer um, und das auf eine Art, die er gegenüber Vertretern weniger mächtiger Länder nicht gezeigt hatte, dennoch erwiderte er, dass die Angeklagten einen schnellen Tod möglicherweise einer langwierigen Ächtung vorziehen würden, und beharrte darauf, dass Richter sich beim Urteil oft uneinig seien. Letztlich weigerte er sich grundsätzlich, für Hinrichtungen zu stimmen.[151]

Eine größere Überraschung war, dass auch Sarjanow angewiesen wurde, sich gegen Hinrichtungen auszusprechen, weil die Sowjetunion kurz zuvor die Todesstrafe abgeschafft hatte. Der Grund dafür war eine der seltenen stalinistischen Bemühungen um eine Verbesserung des eigenen internationalen Ansehens in einer Phase, in der bei den Vereinten Nationen die Allgemeine Erklärung der Menschenrechte ausgearbeitet wurde. In Wirklichkeit hatten die sowjetischen Staatssicherheits-Gerichte insgeheim freie Hand bei der Anordnung von Hinrichtungen für konterrevolutionäre Verbrechen; das alltägliche Massensterben im Gulag ging weiter; und bald darauf sollte die Todesstrafe für politische Verbrechen offiziell wiedereingeführt werden.[152]

Heraus kam bei all dem, dass Tojo Hideki und fünf weitere Angeklagte mit sieben zu vier Richterstimmen zum Tod durch den Strang verurteilt wurden. Einer der Richter gab anonym an die Presse weiter, dass Hirota Koki, der ehemalige Premier- und Außenminister, mit nur einer Stimme Mehrheit, sechs zu fünf, zum Tod verurteilt wurde. Und vier andere Männer entgingen der Hinrichtung nur knapp, unter ihnen auch Kido, der führende Berater des Kaisers.[153]

Das Feld räumen

Die Richter machten sich jetzt an die Fertigstellung ihrer Urteilsbegründung, doch es gab noch viele weitere japanische Führungspersönlichkeiten, die man als Kriegsverbrecher hätte vor Gericht stellen können. Zu diesem Personenkreis zählten beispielsweise Prinz Asaka Yasuhiko oder Kishi Nobusuke, der in der besetzten Mandschurei einen wichtigen Posten bekleidet und auch dem Pearl-Harbor-Kabinett angehört hatte und während des Krieges stellvertretender Rüstungsminister gewesen war.[154] Rund 50 weitere hochrangige japanische Verdächtige saßen immer noch in Haft als Kriegsverbrecher der Klasse A – die wegen der Führung eines Angriffskriegs angeklagten –, und einige von ihnen hatten im Gefängnis fast zwei Jahre lang auf eine zweite Runde von internationalen Prozessen gegen die Haupttäter gewartet. Doch die Alliierten, die inzwischen einen offiziellen Friedensvertrag anstrebten, mit dem die japanische Souveränität wiederhergestellt werde würde, wollten die gegen japanische Kriegsverbrecher ausgesprochenen Strafen jetzt unbedingt zurückfahren.

MacArthur, der einen ausufernden internationalen Prozess ohnehin nie gewollt hatte, schimpfte insgeheim auf den Tokioter Prozess und bezeichnete ihn als »lästig, langsam, kostspielig und generell unbefriedigend«. Er drängte seine Vorgesetzten in Washington, keine weiteren Prozesse zu beginnen. Es widerspreche »jeder akzeptierten Vorstellung von Gerechtigkeit«, die Menschen im Sugamo-Gefängnis ohne Prozess so lange festzuhalten, und werfe ein schlechtes Bild auf die Besatzung. MacArthur schlug vor, die verbliebenen hochrangigen japanischen Verdächtigen wegen konventioneller Kriegsverbrechen und Verbrechen gegen die Menschlichkeit vor US-Gerichte zu stellen, denn dadurch ließe sich eine Wiederholung des schwerfälligen Tokioter Prozesses vermeiden.[155]

Die britische Regierung war von der Aussicht auf einen weiteren Prozess ebenso wenig begeistert. »Keenan behauptet unentwegt, es müsse einen zweiten großen Prozess geben – vermutlich vollständig unter amerikanischer Regie«, schrieb Comyns Carr privat. »Wie dem auch sei, bitten Sie mich nicht, mich daran zu beteiligen.«[156] Die britische Regierung einigte sich schnell darauf, dass man mit einem zweiten großen Prozess gegen Kriegsverbrecher der Klasse A nichts zu tun haben wollte.[157] Der politische Repräsentant Großbritanniens benachrichtigte das State Department umgehend in nüchtern-sachlichem Tonfall, dass die Amerikaner mit einem solchen Vorhaben alleine bleiben würden.[158]

Die US-Ankläger in Tokio sichteten die Akten zu allen im Sugamo-Gefängnis oder anderswo noch einsitzenden Verdächtigen der Klasse A und prüften, für welche Art von Kriegsverbrechen man diese Männer anklagen konnte.[159] Die Ankläger hofften, dass man die meisten von ihnen in die Klassen B oder C zurückstufen konnte – das bedeutete: Anklagen wegen konventioneller Kriegsverbrechen oder Verbrechen gegen die Menschlichkeit –, was es den Vereinigten Staaten ermöglichen würde, große Verfahren wegen des Planens oder Führens eines Angriffskriegs mit dem Tokioter Urteil abzuschließen.[160] Gemeinsam mit den Juristen im Allgemeinen Hauptquartier strichen sie eine Liste von Verdächtigen der Klasse A von 48 auf 19 Namen zusammen, während die anderen vor US-Militärkommissionen wegen Kriegsverbrechen der Klassen B oder C angeklagt werden sollten.[161] Drei Verdächtige der Klasse A standen unter Hausarrest, die 16 anderen, zu denen auch Kishi gehörte, saßen noch im Gefängnis und warteten dort auf ihren Prozess.[162]

MacArthur erneuerte seine Bedenken, warnte davor, dass die in die Länge gezogene Inhaftierung dieser nach wie vor ohne Anklage festgehaltenen Verdächtigen der Klasse A sich zu »einem internationalen Skandal« entwickle, und beharrte auf der Feststellung, dass das Tokioter Gericht unmöglich für eine zweite Prozessrunde mit hochrangigen Angeklagten genutzt werden könne.[163] Keenan schloss sich dieser Argumentation an und sprach sich für die Beendigung der Prozesse gegen die Hauptkriegsverbrecher aus. Da er der Beamte war, der für die Anklage gegen die Verbrecher der Klasse A verantwortlich zeichnete, hatte er in dieser Angelegenheit grundsätzlich das letzte Wort. Keenan schrieb, keiner der verbliebenen Angeklagten der Klasse A zähle zu den Hauptkriegsverbrechern, und ein internationaler Prozess gegen sie wäre »ein deutlicher Abstieg«: »Es wird ausdrücklich empfohlen, keine weiteren Prozesse gegen Angeklagte der Klasse A abzuhalten.« Er wollte noch ein paar Verdächtige wegen Kriegsverbrechen der Klasse B oder C vor Gericht stellen, und die übrigen sollten freigelassen werden.[164]

Im Frühjahr 1948 gaben die Vereinigten Staaten alle Pläne für weitere international besetzte Prozesse auf. Alle Gefangenen sollten freigelassen werden, falls die Vereinigten Staaten die Verdächtigen nicht vor eigene Militärgerichte stellen wollten und auch keine andere Regierung ihre Auslieferung verlangte, um ihnen den Prozess zu machen.[165] Keiner der Alliierten zeigte irgendein Interesse an einem Verfahren unter der Klasse B oder C, mit Ausnahme eines japanischen Generals, den China eventuell anklagen wollte.[166]

Das Allgemeine Hauptquartier kam zu dem Schluss, dass eine Anklage wegen Kriegsverbrechen im Fall von acht noch inhaftierten Verdächtigen, zu denen auch der General zählte, den China im Visier hatte, keinen Bestand haben konnte; sie sollten freigelassen werden, nachdem das Tokioter Gericht sein Urteil verkündet hatte. Die US-Regierung rechnete damit, dass man noch elf Verdächtige wegen konventioneller Kriegsverbrechen oder wegen Verbrechen gegen die Menschlichkeit vor Gericht stellen würde, darunter auch Kishi.[167]

Solche Pläne waren schon bald Makulatur. Neuseeland schlug bereits Ende Juli bei einer Sitzung der Far Eastern Commission offiziell vor, das Projekt Verfolgung von Kriegsverbrechen zu beenden. Die neuseeländische Regierung trug zur Begründung vor, weitere Prozesse würden unter den Japanern nur eine negative Gegenreaktion hervorrufen. Es sollte keine weiteren Prozesse gegen Beschuldigte der Klasse A mehr geben, die sich so stark in die Länge ziehen würden, dass sie zur »Farce« gerieten. Nach dem Jahresende 1948 sollte es keine Ermittlungen gegen Verdächtige der Klasse B oder C mehr geben, und alle unter diesen Klassen noch geführten Prozesse sollten bis Ende Juni 1949 abgeschlossen werden.[168] Die Vereinigten Staaten stimmten dem Antrag zu. Der Secretary of the Army teilte MacArthur mit, dass »es seit einiger Zeit mein Wunsch gewesen ist, dass alle Kriegsverbrecherprozesse zum frühesten geeigneten Zeitpunkt beendet werden, weil ich nicht glaube, dass die öffentliche Meinung lange andauernde Kriegsverbrecherprozesse unterstützen wird oder unterstützen sollte.«[169] Das Allgemeine Hauptquartier bestätigte das Ende der Klasse-A-Kriegsverbrecherprozesse, und das bedeutete, dass es keine Fortsetzung des Tokioter Prozesses geben würde.[170]

Die Far Eastern Commission votierte, wie von Neuseeland vorgeschlagen, für das Ende aller Prozesse, und das genau zu dem Zeitpunkt, zu dem die Urteile des Tokioter Prozesses verkündet wurden.[171] Letztlich sollten nur ein japanischer Admiral und ein Generalleutnant, die als Verdächtige der Klasse A inhaftiert gewesen waren, von MacArthur wegen Kriegsverbrechen der Klasse B und C verurteilt werden.[172] Am 24. Dezember 1948, einen Tag nach der Vollstreckung der Todesurteile des Tokioter Prozesses, sollten alle 19 noch verbliebenen und nicht unter Anklage stehenden Verdächtigen freigelassen werden, und einige von ihnen kehrten ins öffentliche Leben zurück.[173] Kodama Yoshio, ein zwielichtiger Extremist, der im besetzten China reich geworden war, sollte sich innerhalb der herrschenden Liberaldemokratischen Partei zu einem Drahtzieher in den Hinterzimmern der Macht entwickeln, wo er sich weiterhin bitterlich über die von den Siegern veranstalteten einseitigen Kriegsverbrecherprozesse beklagte.[174] Der prominenteste an Heiligabend 1948 freigelassene Verdächtige der Klasse A sollte Kishi Nobusuke sein, der frühere Handels- und Industrieminister in Tojo Hidekis Kabinett; er sollte es später dann, im Jahr 1957, noch zum Premierminister bringen. In seinem im Sugamo-Gefängnis geführten Tagebuch bezeichnete Kishi den Tokioter Prozess als »Farce«.[175]

26.

»Eine Tonne Dynamit in die Luft jagen«

Wenige Tage vor der Urteilsverkündung durch das Tokioter Gericht sorgte sich General Douglas MacArthur, dass alles Mögliche passieren könnte. Ein über die Urteile verzweifelter Kaiser Hirohito könnte abdanken oder noch Schlimmeres tun. MacArthur sprach seine Sorge auch aus, dass der Kaiser Selbstmord begehen könnte, weil er der nervlichen Belastung nicht standhielt, seine Generale und Minister zum Tode verurteilt zu sehen.

MacArthurs engster politischer Berater teilte die Einschätzung, dass ein Selbstmordrisiko bestand, »da der Kaiser Asiat und Japaner ist«. Das bevorstehende juristische Kuddelmuddel widerte ihn an, und MacArthur schimpfte, das Urteil des Tokioter Prozesses sei so, als würde man »eine Tonne Dynamit in die Luft jagen – man kann unmöglich vorhersehen, was alles passieren könnte«.

Der Oberkommandierende versprach, alles in seiner Macht Stehende zu tun, um eine Abdankung zu verhindern. Er beschloss, den Kaiser sofort nach der Urteilsverkündung aufzusuchen, um ihm mitzuteilen, dass ein Rücktritt »lächerlich und widersinnig« wäre, ein schlechter Dienst am japanischen Volk. Der politische Berater stimmte dem zu und sagte, dies sei auch die Haltung der amerikanischen Regierung. Er meinte außerdem, der Sturz des Kaisers würde nur den Kommunismus und das Chaos in Japan fördern.[1]

Hirohito ließ am Tag vor der Urteilsverkündung Harry S. Truman – der eben erst einen überraschenden Wahlsieg gegen Thomas E. Dewey gefeiert hatte und damit im Amt bestätigt worden war – wenig feinfühlig ausrichten, er wünsche sich die engsten und herzlichsten Beziehungen mit den Vereinigten Staaten. Diese mündlich überbrachte Botschaft kam von Joseph B. Keenan, einem bis zum Ende unerschütterlichen Beschützer des Kaisers. Der US-Hauptankläger erklärte gegenüber der Presse, der Kaiser sei ein konstitutioneller Monarch – eine Möglichkeit, ihn vor der Kriegsschuld abzuschirmen –, der bestrebt sei, seinem Volk die Demokratie zu bringen.[2]

Das Allgemeine Hauptquartier und das Tribunal inszenierten die öffentliche Urteilsverkündung mit großer Sorgfalt. Während Prominente aus ganz Tokio lautstark nach Sitzplätzen verlangten, weil sie die entscheidenden Augenblicke miterleben wollten, beschloss MacArthur, an diesem Ereignis nicht teilzunehmen. Für seine Frau und seinen Sohn galt das allerdings nicht.[3]

Das Allgemeine Hauptquartier verfolgte das offizielle Ziel, dem japanischen Volk die Realität seiner Niederlage einzutrichtern, seine Kriegsschuld und die Verantwortung der Militaristen für die eigenen Leiden. Mit Unterstützung des Tokioter Gerichts betrieb das Hauptquartier ein offizielles »Informationsprogramm zur Kriegsschuldfrage« (»War Guilt Information Program«), das darauf abzielte, die Linie der Alliierten mittels japanischer Tageszeitungen, Bücher, Zeitschriften, Radiosendungen und Filme unter die Leute zu bringen. MacArthurs Hauptquartier schrieb Zusammenfassungen des Urteils, um den japanischen Reportern das Einhalten der Deadline für die Veröffentlichung zu erleichtern, und zugleich ermöglichte das den Besatzern, die entscheidenden Punkte für die breite Öffentlichkeit hervorzuheben.[4] Ein Mitarbeiter des Hauptquartiers schrieb, die Berichterstattung der japanischen Presse in dieser entscheidenden Stunde werde »ihren dauerhaften Eindruck von der Schuld der Angeklagten und der japanischen Nation ebenso prägen wie ihre Vorstellung von der Beschaffenheit des Sieges der Alliierten und der Qualität ihrer Justiz«.[5]

Das Tokioter Gericht gestaltete den Tag der Urteilsverkündung akribisch nach dem Vorbild von Nürnberg: Scheinwerferlicht, Rundfunkübertragungen, Vorabübersetzung der Urteile für die einheimischen Reporter.[6] Das Gericht ließ in Zusammenarbeit mit den alliierten Behörden in den Räumen für die japanische Presse 25 weitere Telefonanschlüsse installieren, die den Gerichtssaal über IBM-Einzelleitungen mit jeder der 15 führenden japanischen Tageszeitungen verbanden, damit diese den Text erhielten, während Sir William Webb ihn laut verlas. Es bot Arbeitsmöglichkeiten für Wochenschauberichte und Radiosendungen und richtete eine neue Telefonkabine für die Pool-Berichterstattung ein, die mit der gesamten japanischen Presse geteilt wurde.[7] Selbst die Todesurteile beruhten auf dem Nürnberger Vorbild, und das US-Militär plante die Vollstreckung sorgfältig, wie viele Hinrichtungen durch den Strang auch immer angeordnet werden sollten.[8]

Die Richter teilten ein gemeinsames ausgeprägtes Interesse für Theatralik. Webb traf sich vorab mit dem NBC-Korrespondenten, um ein Maximum an Fernsehberichterstattung in den Vereinigten Staaten zu gewährleisten, und versicherte ihm, dass die Richter alle Welt über ihr Urteil informiert sehen wollten.[9] Die Richter behandelten all ihre rechtlichen Entscheidungen und Tatsachenbefunde als hochgeheim; ihre japanischen Übersetzer blieben während der Arbeit in einem separaten Gebäude und unter militärischer Überwachung von der Außenwelt abgeschnitten.[10] Während sich die vier alliierten Richter in Nürnberg bei der Verlesung ihrer Urteilsbegründung abgewechselt hatten, sollte Webb den ganzen Urteilstext allein verlesen – es war ein das Ego besänftigender Trostpreis vonseiten der Mehrheit, deren Worte er vortragen würde.[11] Delfín Jaranilla, der philippinische Richter, verlangte nervös, das zugelassene Publikum auf Schuss- und andere Waffen zu durchsuchen. Er befürchtete Temperamentsausbrüche der Angeklagten und brachte seine Richterkollegen dazu, zu verbieten, dass die Beschuldigten vor oder nach der Urteilsverkündung Erklärungen abgaben.[12]

Doch den externen Kritikern des Tokioter Prozesses konnte man nicht das Wort verbieten. Owen Cunningham, ein unverblümt formulierender amerikanischer Verteidiger, der bereits zuvor mit Webb aneinandergeraten war, hielt bei einer Versammlung der US-Rechtsanwaltskammer (American Bar Association) eine Rede, in der er die »größeren Übel« des Tokioter Prozesses vor einem erlesenen Publikum beklagte, zu dem auch Senatoren, Kongressabgeordnete, der Judge Advocate General der Vereinigten Staaten und hochrangige Richter gehörten. »Das Ziel des Prozesses war Vergeltung, Entlastung und Propaganda«, sagte er. Er vertrat die Ansicht, das Statut von Tokio sei schlechtes Recht, das Verfahren werde zum Nachteil der Angeklagten voreingenommen geführt, und einige der Richter seien befangen, wobei er Jaranilla als Überlebenden des Todesmarschs von Bataan und Webb, der eine australische Ermittlung zu Kriegsverbrechen geleitet hatte, herausgriff.[13] Einige der von diesen Bemerkungen betroffenen Richter wollten Cunningham wegen Missachtung des Gerichts belangen.[14] Webb schreckte davor zurück, schloss Cunningham aber von allen verbliebenen Sitzungstagen in den letzten Wochen des Gerichtsprozesses aus.[15] Als Cunningham darauf hinwies, dass in den Vereinigten Staaten immer noch Redefreiheit herrsche, ließen ihn die erbosten Richter wissen, dass er die Urteilsverkündung nur von der Zuschauergalerie aus mitverfolgen könne.[16] Eine derart kleinliche Rachsucht zerstörte den erhabenen Eindruck von Gerechtigkeit, den die Richter zu erwecken versuchten.

Das Urteil

Unter dem gleißend hellen Licht ganzer Scheinwerferbatterien trat der Tokioter Gerichtshof am 4. November 1948 zusammen, um seinen letzten Tagesordnungspunkt zu bewältigen: die Verlesung der Urteilsbegründung und die Verkündung der einzelnen Urteile und Strafmaße. Der riesige, höhlenartige Ichigaya-Gerichtssaal war voll besetzt, für die alliierten und japanischen Fotografen und Kameraleute, die filmten und fotografierten, strahlend hell ausgeleuchtet, und es war mucksmäuschenstill.

Pünktlich um 9.30 Uhr betraten die Richter nacheinander den Saal. Sie trugen schwarze Roben, mit Ausnahme des US- und des sowjetischen Richters, die ihre Militäruniformen bevorzugten.[17] Die Gefangenen wurden in den Saal und an ihre Plätze geführt. Die 25 verbliebenen Angeklagten saßen zornig, frustriert, erschöpft und in großer Angst da. Sie schauten finster drein und waren blass. Während der stocksteif verharrende Tojo Hideki fest mit einem Todesurteil rechnete, hofften viele andere noch, dem Galgen zu entgehen.[18] Ein amerikanischer Reporter berichtete seiner Leserschaft in groben Worten, dass die Gruppe »den unter Westlern verbreiteten Glauben widerlegt, dass alle Japaner gleich aussehen würden. Einige von ihnen haben lange Gesichter, andere sind Rundköpfe; manche sind glatt rasiert, andere haben Bärte, und wieder andere tragen gestutzte kleine Schnurrbärte nach der Art von Charlie Chaplin.« General Doihara Kenji war für diesen Berichterstatter »ein kleiner Kerl von unauffälligem Äußeren und mit einer Miene, die der eines verängstigten Hasen gleicht«. Shigemitsu Mamoru »sieht aus wie ein besorgter Professor an einem kleinen College – er macht sich Notizen und zerzaust sich ab und zu das Haar«.[19]

Webb trug einen riesigen Papierstapel vor sich her. An seinem Platz beugte er sich nach vorn und begann mit seiner klaren und kräftigen Stimme die von der Mehrheit seiner Kollegen verfasste Urteilsbegründung zu verlesen. Das sollte er jetzt sieben lange Tage so fortführen.

Peinlicherweise musste er mit der Behauptung der rechtlichen Zuständigkeit des Gerichts beginnen, mit einer grundsätzlichen Frage also, die der Gerichtshof zweieinhalb Jahre lang vor sich hergeschoben hatte. Nach all den erbitterten Diskussionen zwischen den Richtern einigte sich die Mehrheit schließlich auf den kleinsten gemeinsamen Nenner. Es gab keine Berufung auf das Naturrecht, das universelle Gewissen oder irgendwelche anderen höheren Autoritäten mehr. Das Gericht »leitet seine rechtliche Zuständigkeit aus dem Statut her«, lautete Webbs schlichte Begründung. Das Tribunal war von MacArthur unter der legitimen Amtsgewalt einberufen worden, die ihm die alliierten Regierungen verliehen hatten. Die Mehrheit der Richter war sich dennoch in der Feststellung einig, dass die Alliierten an die vom bestehenden Völkerrecht gesetzten Grenzen gebunden seien, akzeptierte also die von Radhabinod Pal und Bert Röling hierzu vorgetragenen Argumente.

Die Tokioter Richter ließen ihre eigene Entscheidung umso dürftiger wirken, indem sie sich selbst in »vollkommener Übereinstimmung« mit der Erklärung des Nürnberger Gerichtshofs zur eigenen rechtlichen Zuständigkeit sahen, die sie ausführlich zu drei Punkten zitierten. Die Richtermehrheit gab nicht zu, dass man von Nürnberg abschrieb, weil das ein vorzeigbarer Ausweg aus den eigenen Streitereien um die rechtliche Zuständigkeit war, sondern behauptete stattdessen, es sei besser, sich auf Nürnberg zu beziehen, als das Risiko einzugehen, dass sich aus einer eigenen Entscheidung widerstreitende Interpretationen entwickelten.

Zunächst einmal zitierten die Tokioter Richter das Urteil von Nürnberg, um zu behaupten, dass das Tokioter Gericht keinen neuen Beitrag zum Völkerrecht leiste, sondern sich nur auf das bestehende Recht bezog: »Das Statut ist keine willkürliche Ausübung der Macht seitens der siegreichen Nationen, sondern ist (…) der Ausdruck des zur Zeit der Schaffung des Statuts bestehenden Völkerrechts.« Damit sollten die Argumente der Verteidigung, nach denen die Alliierten nicht das Recht gehabt hätten, den Angriffskrieg plötzlich zum Verbrechen zu erklären, widerlegt werden. Nach dem Nürnberger Urteil hatte der Kellogg-Briand-Pakt von 1928 den Krieg zum Verbrechen erklärt. Japan, eine Signatarmacht des Pakts, habe ihn verletzt, indem es einen Angriffskrieg begann: »(…) diejenigen, die einen solchen Krieg mit all seinen unvermeidbaren und schrecklichen Folgen planen und führen, [begehen] dadurch ein Verbrechen.«

Zweitens zitierte die Richtermehrheit in Tokio das Nürnberger Urteil, um auf den zentralen Rechtsgrundsatz einzugehen, dass niemand für eine Handlung schuldig gesprochen werden sollte, die zu dem Zeitpunkt, zu dem sie erfolgte, nicht als Verbrechen galt – im Juristenlatein bekannt als »nullum crimen sine lege« (»kein Verbrechen ohne Gesetz«).[20]

Das Nürnberger Urteil hatte dieses Diktum als Rechtsgrundsatz akzeptiert, stellte aber fest, dass dies nicht für deutsche Invasoren gelte, denn: »(…) der Angreifer [muss ja] wissen, dass er Unrecht tut, und weit entfernt davon, dass es nicht ungerecht wäre, ihn zu strafen, wäre es vielmehr ungerecht, wenn man seine Freveltaten straffrei ließe«. Dasselbe Argument galt auch für japanische Aggressoren.

Schließlich zitierte das Tokioter Gericht auch die berühmte Nürnberger

Feststellung, dass ein Angeklagter, der »auf Befehl seiner Regierung oder eines Vorgesetzten gehandelt hat«, von strafrechtlicher Verantwortung nicht frei sei, selbst wenn solche Befehle strafmildernd berücksichtigt werden könnten. Dieser Grundsatz wurde auch in die ähnlich lautenden Statuten der asiatischen und der europäischen internationalen Militärtribunale hineingeschrieben. »Das wirklich entscheidende Moment« sei, wie im Nürnberger Urteil behauptet wurde, »nicht das Bestehen eines solchen Befehls«, ein Kriegsverbrechen zu begehen, »sondern die Frage, ob eine dem Sittengesetz entsprechende Wahl tatsächlich möglich war«.

Die Tokioter Richter ließen jetzt den Nürnberger Schutzschirm beiseite und verwarfen die Behauptung der Verteidigung, dass Japan sich nur auf konventionelle Kriegsverbrechen bezogen habe, als es das Versprechen der Potsdamer Erklärung, Gerechtigkeit für Kriegsverbrechen anzustreben, akzeptiert habe. »Ein Angriffskrieg galt bereits lange vor dem Tag der Potsdamer Erklärung als Verbrechen im Sinne des Völkerrechts«, sagte Webb. Die Richtermehrheit akzeptierte auch die Behauptung der Verteidigung nicht, dass die japanische Regierung kapituliert habe, ohne sich der Tatsache bewusst zu sein, dass die für den Krieg verantwortlichen Personen strafrechtlich verfolgt werden würden. Die Richter erhöhten den Leidensdruck, indem sie den Kaiser persönlich nach dem Tagebuch von Marquis Kido Koichi zitierten: »Ich könnte den Anblick (…) nicht ertragen, wenn die für den Krieg Verantwortlichen bestraft werden (…), aber ich meine, dass jetzt die Zeit dafür gekommen ist, das Unerträgliche zu ertragen.«

Um deutlich zu machen, dass die vom Gericht ausgesprochenen Verurteilungen nicht auf fantasievollen Rechtstheorien fußten, hob die Urteilsbegründung durchweg Japans vertragliche Verpflichtungen hervor. Japan hatte sich mit seinem Beitritt zum Völkerbund verpflichtet, die territoriale Integrität Chinas und anderer Mitgliedsländer des Völkerbunds zu respektieren. Nach dem Neun-Mächte-Vertrag von 1922 hatte Japan zugesagt, die administrative und territoriale Unabhängigkeit Chinas zu respektieren und Streitigkeiten auf diplomatischem Weg oder durch Vermittlung beizulegen. Nach der IV. Haager Konvention von 1907 über die »Gesetze und Gebräuche des Landkriegs«, die Japan unterzeichnet und ratifiziert hatte, hatte das Land zugestimmt, Gefangene »mit Menschlichkeit« zu behandeln und sie »nicht übermäßig« zu Arbeiten heranzuziehen, kein Gift oder vergiftete Waffen einzusetzen und Krankenhäuser oder für religiöse Zwecke genutzte Gebäude nicht zu zerstören. Japans Pflichten wurden durch die Genfer Konvention von 1929 über die Behandlung von Kriegsgefangenen noch verstärkt. Dieses Abkommen hatte Japan zwar unterzeichnet und versprochen, es mit einigen notwendigen Änderungen auch zu beachten, aber danach nie ratifiziert.

Von größter Bedeutung war, dass Japan mit dem Beitritt zum Kellogg-Briand-Pakt bestätigt hatte, auf Krieg als politisches Mittel zu verzichten und Konflikte ausschließlich mit friedlichen Mitteln beizulegen. Die Richter waren sich zwar darin einig, dass der Pakt einen von einem bevorstehenden Angriff bedrohten Staat nicht an der Selbstverteidigung hindern würde, aber sie ließen es nicht gelten, dass der Staat, der sich für den Krieg entscheidet, selbst abschließend bewerten darf, ob diese Handlungsweise gerechtfertigt war oder nicht – das wäre eine Auslegung des Vertrags, die ihn grundsätzlich null und nichtig machen würde, weil jeder zuerst angreifende Staat auf dieser Grundlage behaupten könnte, zum Mittel der Selbstverteidigung gegriffen zu haben. »Japan hatte einen Platz unter den zivilisierten Gesellschaften der Welt beansprucht und war freiwillig die oben genannten Verpflichtungen eingegangen, mit denen die Sache des Friedens gefördert, der Angriffskrieg verboten und die Schrecken des Krieges gemildert werden sollten«, schrieb die Richtermehrheit. »Die Handlungsweisen der Angeklagten müssen vor diesem Hintergrund von Rechten und Verpflichtungen betrachtet und beurteilt werden.«

Die Schlussfolgerung der Tokioter Richter lautete: »Das Infragestellen der rechtlichen Zuständigkeit des Tribunals wird vollständig zurückgewiesen.«[21]

Eine so ungeheuerliche Verschwörung

Webb verbrachte den größten Teil seiner sieben Tage dauernden Urteilsverlesung mit einer ausführlichen Darstellung der japanischen Aggression, bei der er die Rolle jedes einzelnen Angeklagten hervorhob. Nach all den an die dem Film *Rashomon* entnommene Collagetechnik erinnernden Erzählungen und Wiedererzählungen der neuesten asiatischen Geschichte durch die Anklagevertretung, die Verteidigung und einzelne Angeklagte sollte dieser Vortrag eine definitive Chronik der Ereignisse liefern. Für das Publikum von Webbs Lesung im Gerichtssaal war die Urteilsbegründung weniger ein juristisches Dokument als eine sehr lange, weitschweifige und äußerst rechthaberische Geschichte der neueren Kriege Japans. Jede einzelne Gelegenheit, bei der Webb den Namen eines der Angeklagten als Teil dieser das gesamte Geschehen umfassenden Verschwörung nannte, verminderte dessen Überlebenschancen.

Ein mächtiger ehemaliger Heeresminister errötete, als sein Name erwähnt wurde; ein anderer Angeklagter, der meist kerzengerade dasaß, wirkte plötzlich noch steifer. Kido Koichi, als Kabinettsmitglied während der Invasion in China ins aktuelle Geschehen mit einbezogen, legte den Kopf zwischen seinen Armen auf die Tischplatte. Tojo, der die tristen Überreste seiner Militäruniform trug, döste und machte aus dem drohenden Tod durch den Strick eine Zurschaustellung seiner Gleichgültigkeit.[22] Er erwartete nichts anderes. Während einer Verhandlungspause des Gerichts erhielt er eines Tages Besuch von seiner Frau, und dabei übergab er ihr ein kleines Bündel seiner Habseligkeiten, zu dem auch eine Packung Zigaretten gehörte. »Jetzt fühle ich mich glänzend«, sagte er zu ihr. »Ich mache mir keine Sorgen mehr.«[23]

Die Mehrheit der Richter verfolgte zwar das Ziel, mit einer Stimme zu sprechen, doch sie hatte ein chaotisches Dokument produziert, das so viel Einigkeit verbreitete wie ein Sack voller widersprüchlicher Ideen. Es sprang von einem Abschnitt zum anderen, mit auffälligen Veränderungen in Inhalt und Stil und gelegentlichen Widersprüchen in der Argumentation. Die Urteilsbegründung strebte zwar nach Eindeutigkeit, zugleich beklagte sie aber, dass ihre Chronik »durch das Fehlen« amtlicher Dokumente von Japans Heer, Marine und Regierung »beeinträchtigt« worden sei. Die Richtermehrheit stützte sich stattdessen massiv auf Kidos Tagebücher und die Saionji-Harada-Memoiren. Die Japaner hatten einige der entscheidenden Beweisstücke in den Regierungsdokumenten aus Gründen der Vertuschung vernichtet, und weitere Dokumente waren amerikanischen Brandbomben zum Opfer gefallen; die Richtermehrheit fragte sich, warum derart wichtige Dokumente nicht an einen sicheren Ort gebracht worden waren, bevor die Bomben fielen – als ob sichere Orte leicht zu finden gewesen wären.[24]

Die historischen Textabschnitte waren bei nahezu jedem Punkt, bei dem es um eine Interpretation ging, auf der Seite der Anklagevertretung. Die Urteilsbegründung wies Behauptungen, dass Japan in Selbstverteidigung gehandelt habe, nachdrücklich zurück. Sie maß den Behauptungen der Angeklagten, dass Japan gegen illegitime europäische und amerikanische Imperien und Kolonialansprüche in Asien gekämpft habe, keinerlei Gewicht bei. Um Generalmajor Iwan Sarjanow bei der Stange zu halten, musste die Mehrheit der Feststellung zustimmen, dass die japanischen Angeklagten keinen Grund gehabt hätten, sich vor der Sowjetunion zu fürchten – obwohl die Vereinigten Staaten und ihre europäischen Verbündeten jenseits des Gerichtssaals selbst eine Politik des Kalten Krieges betrieben, die von der Furcht vor der Sowjetmacht angetrieben wurde.

Japanische Beobachter hatten erwartet, dass bis zu einem halben Dutzend Angeklagte freigesprochen werden könnten, und das bezog sich vor allem auf die zivilen Politiker und Diplomaten; die aussichtsreichsten Kandidaten für einen Freispruch waren die beiden Außenminister Togo Shigenori und Shigemitsu, gefolgt von Hirota Koki, der Außenminister und Premierminister gewesen war.[25] Diese Hoffnungen wurden jedoch im Verlauf von Webbs systematischer Verlesung des Urteilstextes schon bald zunichte gemacht. Die Zulassung der Saionji-Harada-Memoiren als Beweismittel war für die Verteidigung, die diesen Text als unzuverlässig und nur vom Hörensagen abgetan hatte, ein schwerer Schlag. Die Anwälte der Verteidigung würden oft »das scheinbar Unbestreitbare bestreiten«, stellte das Mehrheitsurteil kühl fest, und die Zeugen der Verteidigung hätten »weitschweifige Doppeldeutigkeiten und Ausflüchte« vorgetragen, »die nur Misstrauen erregen«.[26] Mehrere Angeklagte sagten zu ihren Verteidigern, es überrasche und enttäusche sie, dass das Gericht ihre Behauptung, in Selbstverteidigung gehandelt zu haben, um die Ausbreitung des Kommunismus in Asien zu verhindern, nicht berücksichtige. Die Urteile sollten hart ausfallen.[27]

Die Urteilsbegründung erzählte den Aufstieg des japanischen Militärs zur Vorherrschaft im eigenen Land nach. Als das Militär die politische Oberhand gewann, begann es Kriege im Ausland zu führen und setzte sich dabei rücksichtlos über das Zögern ziviler Kabinette hinweg, während die Extremisten in den eigenen Reihen mit Staatsstreichen und der Ermordung von Widersachern drohten.

Das Urteil enthielt eine scharfe Bewertung von Japans Vordringen in der Mandschurei. Die Richtermehrheit übernahm Mei Ruaos Formulierung und erklärte, dass »Japan von China in den Tagen der Schwäche des Landes Zugeständnisse erlangt hatte; der wieder auflebende Nationalismus in China ärgerte sich über die Gebietsverluste, die das dekadente Kaiserreich China nicht hatte vermeiden können.«[28] Das Urteil machte Offiziere des japanischen Heeres unmittelbar für die geheime Planung des Zwischenfalls in Mukden (Shenyang) im September 1931 verantwortlich, der als Vorwand für den Einmarsch in die Mandschurei diente, und wies mit Verachtung auf die Behauptung des japanischen Heeresministers hin, dies sei »ein Akt rechtmäßiger Selbstverteidigung« gewesen.

Die Urteilsbegründung warf dem japanischen Heer einen »Eroberungskrieg in der Mandschurei« vor, bei dem man sich über das Zögern des zivilen Kabinetts hinweggesetzt habe, und nannte dabei die Namen mehrerer

Offiziere des Heeres, die auf der Anklagebank saßen. Die Richtermehrheit zerlegte den Anspruch, dass Mandschukuo ein rechtmäßiger Staat gewesen sei, und stellte fest, dass zwei Oberste, die auf der Anklagebank saßen, Puyi als Marionettenkaiser eines »totalitären Staates« eingesetzt hätten, der unter ihrer Kontrolle stand. Japans demokratisch gesinnter Premierminister Inukai Tsuyoshi habe es gewagt, sich der Anerkennung Mandschukuos zu widersetzen und sich um einen Frieden mit Chiang Kai-shek zu bemühen. Nach seiner Ermordung durch zwei Marineoffiziere habe sich das eingeschüchterte Kabinett dem Militär untergeordnet.[29]

Das Urteil missbilligte Japans Handlungsmuster, »Zwischenfälle« zu provozieren, die dann als Vorwand für die weitere Expansion in China dienten, und verwies auf ein Gefecht im Jahr 1932 in Shanghai, das dem in Mukden geschaffenen Präzedenzfall folgte. Japan, das sich entschlossen hatte, seine militärische Macht zu demonstrieren, um die Chinesen einzuschüchtern, hatte Gewalt in einem Umfang angewendet, der weit über das hinausging, was nötig war, um die wie auch immer geartete Gefahr für japanische Staatsbürger und japanisches Eigentum in Shanghai zu bannen. Die Japaner bombardierten ein zentral gelegenes Industriegebiet der Stadt und massakrierten chinesische Zivilisten.[30] Mehrere angeklagte Militärs wurden beschuldigt, Stücke aus dem chinesischen Territorium herausgebrochen und 1935 in der Inneren Mongolei und in fünf Provinzen Nordchinas autonome Regierungen eingesetzt zu haben.

Wer sich in Japan den Plänen der Streitkräfte widersetzte, setzte sich dem Risiko aus, ermordet zu werden oder einen Aufstand auszulösen – eine Aussicht, die nach dem Februar 1936, in dem eine Gruppe junger Heeresoffiziere gegen die Regierung aufbegehrte, noch mehr Furcht verbreitete. Der Machtzuwachs des Heeres brachte Hirota Koki im März 1936 das Amt des Premierministers ein; sein Kabinett war von Militaristen und Nationalisten geprägt, von denen einige jetzt auf der Anklagebank saßen. Hirota hielt sich zwar nur bis zum Februar 1937 im Amt des Premiers, doch das Urteil übte scharfe Kritik an seinem Kabinett, dem es das Verfolgen einer Geheimpolitik mit dem Ziel vorwarf, Ostasien zu beherrschen und den eigenen Einfluss in Richtung Süden zu erweitern: »Der Plan des Heeres für eine neue Ordnung in Ostasien wurde zur beständigen Politik der japanischen Regierung.«

China

Mei Ruao berichtete dem chinesischen Außenminister Wang Shijie stolz, dass das Urteil »detaillierte Schilderungen und klare Schlussfolgerungen zur Diktatur japanischer Militaristen in der Vorkriegszeit, zu ihren Kriegsvorbereitungen und ihrer allmählich fortschreitenden Praxis der Aggression enthält«. Er hatte den sehr umfangreichen Teil zum japanischen Angriffskrieg gegen China entworfen, der mit seinem eleganten, Respekt einflößenden Englisch bestach. Allein dieser Abschnitt nahm 250 der insgesamt rund 400 Seiten ein, die sich mit Japans Angriffskriegen befassten. Mei »fand einen persönlichen Trost in der Tatsache, dass Recht und Unrecht der ganzen Welt und künftigen Generationen offenbart werden«.[31]

Er räumte ein, dass er zwar mit einigen Aspekten der Urteilsbegründung nicht einverstanden sei, aber dennoch habe er nicht vor, die Urteile durch eine abweichende Meinung zu untergraben. Selbst während der Verlesung der Urteilsbegründung durch Webb im Gerichtssaal dachte Mei immer noch, es sei wohl möglich, Röling, Bernard und Webb davon abzubringen, ihre abweichenden Meinungen öffentlich kundzutun. Pal hatte sein Sondervotum zwar schon eingereicht, aber Mei versicherte der chinesischen Regierung, dass es nicht im Gerichtssaal verlesen werden würde.[32]

Mei hatte einen guten Grund für seine Triumphgefühle. Die Urteilsbegründung folgte – mit nur wenigen Abweichungen – durchweg der chinesischen Linie. Sie enthielt eine detaillierte Verurteilung der japanischen Aggression von der Mandschurei über die Vorstöße in den Norden Chinas bis zur umfassenden Invasion, die im Juli 1937 begann. Der chinesische Richter, der Tojo Hideki, Doihara Kenji und Itagaki Seishiro am ersten Verhandlungstag wütend angestarrt hatte, beendete den Prozess für sich jetzt, indem er diese Leute hart kritisierte, ebenso wie Hirota und mehrere Generale.[33]

Kurz vor dem Krisenmonat Juli 1937 hatte Tojo, damals Stabschef der Kwantung-Armee, erklärt, jetzt sei die Zeit reif dafür, der Regierung Nationalchinas »einen Schlag zu versetzen«, hielt das Urteil fest.[34] Meis Kollegen von der Richtermehrheit gaben der japanischen Armee – wie der chinesische Richter gehofft hatte – eindeutig die Schuld an dem Gefecht an der Marco-Polo-Brücke, das sie als Höhepunkt des verschwörerischen Plans zur Erlangung der Kontrolle über Nordchina bewerteten. Am 7. Juli, so war es im Urteil nachzulesen, hatten einige japanische Soldaten am Stadtrand von Beijing ungewöhnliche Manöver abgehalten und dann Zutritt zur nahegelegenen chinesischen Festung Wanping verlangt, um dort nach einem vermissten japanischen Soldaten zu suchen. Nach der Schilderung der Richtermehrheit eröffneten die Japaner das Feuer. Das Urteil hielt den Japanern vor, anschließend ein Ultimatum gestellt zu haben, das der chinesischen Festungsbesatzung für den Fall, dass sie sich nicht ergab, ein Bombardement androhte. Dies führte zu einem Kampf, der nach drei Tagen mit der Zustimmung der Japaner – deren vermisster Soldat inzwischen wiederaufgetaucht war – zu einem Waffenstillstand endete. Doch anstatt jetzt zu deeskalieren, rückten weitere japanische Soldaten an, während die Japaner bei mehreren sporadischen Zusammenstößen erneut das Feuer eröffneten. Das Kabinett erklärte, Japan werde alle notwendigen Maßnahmen ergreifen, um zusätzliche Soldaten in das Gebiet zu verlegen: »Das Heer hatte zwar den Zeitpunkt und den Ort des Angriffs ausgewählt, doch der Krieg mit China war eine vorhergesehene Konsequenz der japanischen nationalen Politik.« Japan stellte ein neues Ultimatum, das Ende Juli dann zu umfangreichen Kämpfen in Beijing führte.

Japan ließ weitere Truppen in China einmarschieren und begann einen massiven Eroberungszug, während die japanische Luftwaffe Nanjing und weitere chinesische Städte bombardierte. Mei nahm auch die Luftangriffe auf Chongqing zurückhaltend in seine Darstellung auf, zur Vorsicht gehörte dabei, nicht zu erwähnen, dass er in jener Zeit dort gelebt hatte.[35] Die Richter verwarfen den Gedanken, dass Japan zur Selbstverteidigung gehandelt habe, und kamen stattdessen zu dem Schluss, dass dieses Vorgehen zum Ziel hatte, »dem Kaiserreich eine feste Basis auf dem Kontinent zu sichern«.[36] Die Urteilsbegründung hielt fest, dass allein die chinesische Armee Verluste in Höhe von 3,2 Millionen getöteten, verwundeten oder vermissten Soldaten verzeichnete. Der chinesischen Regierung war es nicht gelungen, eine Gesamtzahl der getöteten Zivilisten zu ermitteln, aber es muss eine gewaltige Zahl von verlorenen Leben gewesen sein.[37]

Für das Geschehen, das die Richtermehrheit mit schonungsloser Offenheit als »die Schändung von Nanjing« bezeichnete, griff sie den General Matsui Iwane heraus, den Oberbefehlshaber der japanischen Regionalarmee Zentralchinas, hinzu kam noch General Muto Akira, sein stellvertretender Stabschef. Kurz vor dem Massaker in Nanjing gab Matsui einen eiskalten Tagesbefehl aus, in dem es hieß, dass »die teuflisch scharfen Bajonette kurz davorstanden, blank gezogen zu werden, um ihre göttliche Wirkung zu entfalten«. Matsuis Armee war zwar ein neu formierter Kampfverband, bestand aber aus kampferfahrenen Soldaten, stellte das Urteil fest. Matsui selbst hielt nur wenige Tage nach dem Fall der Stadt am 13. Dezember 1937 und zu einem Zeitpunkt, als das Gemetzel seinen

Höhepunkt erreicht hatte, ebendort einen persönlichen triumphalen Einzug zu Pferd.[38]

Die Urteilsbegründung tadelte Japan scharf wegen des Handels mit Opium und Rauschgiften zur Finanzierung der eigenen Operationen und zur Schwächung des chinesischen Volkes: »Wohin auch immer die japanische Armee in China vordrang, koreanische und japanische Drogenhändler folgten ihr auf dem Fuße.« Einige der führenden japanischen Wirtschaftsunternehmen waren in diese Geschäfte verwickelt, die Firmen Mitsubishi und Mitsui kauften große Mengen iranischen Opiums auf und vertrieben es in China.[39]

Das Urteil wies die Schuld für das Chaos in China einer Reihe von hochrangigen Heeresoffizieren zu und verband das mit einem besonderen Augenmerk auf den verhassten Tojo, der zum damaligen Zeitpunkt stellvertretender Heeresminister war. Das Kabinett war sich zwar einig, dass der Krieg rasch beendet werden sollte, aber eine einflussreiche, von Tojo angeführte Fraktion von Heeresoffizieren war zur vollständigen Eroberung Chinas entschlossen und lehnte Friedensverhandlungen mit der nationalchinesischen Regierung ab. Doch auch einige Zivilisten sahen sich der Verurteilung ausgesetzt. Kido Koichi, zu jenem Zeitpunkt als Wohlfahrtsminister in der Verantwortung, wurde als »treuer Anhänger der japanischen Vorherrschaft in China« angeprangert: als Unterstützer einer neuen Offensive, bei der Hankou eingenommen wurde, als Befürworter eines Beschlusses, der vorsah, alle Verbindungen zu Chiang Kai-shek abzubrechen, und als ein Mann, der darauf beharrte, dass vor einem Friedensabkommen zuerst der chinesische Widerstand gebrochen werden müsse.[40] Der ehemalige Außenminister Hirota Koki wurde als schändlicher Handlanger des Heeres, der jeden potenziell zum Frieden führenden Kompromiss torpedierte, an den Pranger gestellt.[41]

Die Urteilsbegründung stellte China – was für Mei einen Triumph bedeutete – ins Zentrum der von Japan ausgehenden Verschwörung, es zog eine direkte Verbindungslinie, die vom Angriff auf die Mandschurei letztlich bis nach Pearl Harbor führte. »Die wesentlichen Gründe für den Pazifikkrieg sind in der Eroberung Chinas zu finden«, stellte das Gericht fest. Die Ablehnung des japanischen Angriffskriegs in China durch die Länder des Westens trieb Japan zu weiteren Kriegsvorbereitungen an, die in erster Linie die Sicherung von Öl, Mineralöl und weiteren Rohstoffen zum Ziel hatten; dieses Streben nach Selbstversorgung »verlangte (…) nach einem Vormarsch in Richtung Süden«. Diese Formulierung schmiedete die Sache Chinas und die Ziele der Vereinigten Staaten zusammen.[42]

Der Große Vaterländische Krieg

Auch Iwan Sarjanow hatte einen Grund zur Zufriedenheit. Durch Tonfall und Inhalt der Urteilsbegründung fühlten die Zuhörer an der Stelle, an der der Einfluss des sowjetischen Richters deutlich wurde, einen regelrechten Ruck, es klang so, als würde Webb plötzlich ein völlig anderes Dokument verlesen. Sarjanow, der China aus der Rolle des am härtesten getroffenen Opfers verdrängen wollte, schilderte die Sowjetunion als Japans »unmittelbaren Feind, dessen zunehmende Stärke eine ständige Herausforderung für Japans Ziel war, die Vorherrschaft in Ostasien zu erlangen«. Er brachte in seinem Teil der Urteilsbegründung sogar eine Lobeshymne auf den berüchtigten, im August 1939 geschlossenen Nichtangriffspakt zwischen Adolf Hitler und Josef Stalin unter – durch dessen geheimes Zusatzprotokoll Polen erneut geteilt und die drei baltischen Staaten dem sowjetischen Machtbereich zugewiesen wurden –, weil die Sowjetunion durch dieses Abkommen zumindest auf Zeit die Sorgen um ihre Westflanke losgeworden war.

Sarjanow legte beachtliches Beweismaterial für die These vor, führende japanische Persönlichkeiten seien davon ausgegangen, dass in naher Zukunft ein Krieg mit der Sowjetunion drohe, und er gab sich alle Mühe, nachzuweisen, dass die Japaner diesen Krieg beginnen wollten. So wurde es in der Urteilsbegründung auch übernommen. Oft ließ sich anhand des Beweismaterials aber genauso gut zeigen, dass die Japaner sich auf einen drohenden sowjetischen Angriff vorbereiteten.

Der sowjetische Richter verbreitete sich ausführlich über die zwei Schlachten nahe der Grenze zur Mandschurei. Mit seiner Darstellung der Kämpfe am Chasansee im Juli und August 1938 brachte Sarjanow seine Richterkollegen dazu, zu akzeptieren, dass dies ein vom damaligen Heeresminister, dem General Itagaki Seishiro, bewusst geplanter und von federführenden Ministern genehmigter Angriff gewesen sei. In Japan herrschte dann nach der Schlappe am Chasansee zwar Ernüchterung, aber die Urteilsbegründung beharrte darauf, dass Japans Armee vorgehabt habe, die Sowjetunion bei der ersten sich bietenden Gelegenheit anzugreifen. Im Frühjahr und Sommer 1939 griff die Kwantung-Armee sowjetische Truppen an der mandschurischen Grenze an und bedrohte die Äußere Mongolei, einen Vasallenstaat der Sowjetunion. Nach einer weiteren für Japan verlorenen Schlacht trug Togo Shigenori, damals Botschafter in Moskau, wesentlich dazu bei, dass innerhalb von wenigen Tagen ein Abkommen zustande kam.

Im April 1941, auch das musste die Urteilsbegründung festhalten, hatte Japan einen Nichtangriffspakt mit der Sowjetunion abgeschlossen und sich im Juni jenes Jahres trotz des Artikels 3 im Dreimächtepakt dem Überfall des Deutschen Reiches auf die Sowjetunion nicht angeschlossen. Das Urteil wies einerseits darauf hin, dass einige der fanatischsten japanischen Militaristen sich sorgten, dass sie nicht stark genug seien, um sowohl in Südostasien als auch gegen die Sowjetunion kämpfen zu können. Dennoch kam es unmissverständlich zu dem Schluss, dass Japan einen Angriffskrieg gegen die Sowjetunion geplant habe – und ignorierte dabei, dass die Kämpfe, zu denen es im August 1945 dann doch noch kam, von der Sowjetunion begonnen wurden.[43] In einem Prozess, der zum Ziel hatte, Angriffskriege und die Verletzung von Verträgen zu verbieten, hatte die Richtermehrheit die Sowjetunion grundsätzlich vom Vorwurf der Verletzung des eigenen Nichtangriffspakts mit Japan freigesprochen.[44]

Die Achse

Die Urteilsbegründung kehrte auf festeren Boden zurück, als sie sich dem Bündnis der Achsenmächte zuwandte. Die Richtermehrheit ging davon aus, dass der Hauptgrund, der Japan zu einem Bündnis mit dem nationalsozialistischen Deutschen Reich angetrieben habe, gewesen sei, die Bedrohung durch gemeinsame Feinde auszugleichen. Doch die Richter betrachteten das Deutsche Reich und Japan als artverwandte Staatswesen, die beide auf Eroberungskriege aus waren, trotz aussagekräftiger Belege dafür, dass es Japans Außenpolitik am ideologischen Imperativ von Hitlers Drang nach »Lebensraum« mangelte.

Das Urteil vertrat bemerkenswerterweise die Ansicht, das japanische Kabinett habe das Achsenbündnis dem Militär überlassen, das in der Person von Generalmajor Oshima Hiroshi agierte, dem Militärattaché in Berlin und eifrigen Befürworter des Nationalsozialismus, der jetzt mit auf der Anklagebank saß. Joachim von Ribbentrop, der deutsche Außenminister, hatte den damaligen Botschafter in Berlin, Togo Shigenori, übergangen und direkt mit Oshima zusammengearbeitet. Die Urteilsbegründung konnte Togo tatsächlich keinerlei Begeisterung für ein Bündnis mit den Nationalsozialisten nachweisen. Sie stellte im Gegenteil sogar fest, Ribbentrop sei darüber enttäuscht gewesen, dass Togo dem Deutschen Reich keine besonderen Vergünstigungen in China zusagen wollte. Nachdem Ribbentrop sich darüber ungehalten zeigte und für Deutschland schließlich doch eine Vorzugsbehandlung im besetzten China herausschlug, wurde Togo seines Botschafterpostens enthoben und durch Oshima ersetzt.

Die Urteilsbegründung war vom Nachweis eines wild entschlossenen Strebens nach einem Bündnis mit dem nationalsozialistischen Deutschen Reich weit entfernt, vielmehr bot sie eine überlange Schilderung der japanischen Ambivalenz. Ribbentrop bestand auf einem allgemeinen Militärbündnis gegen nicht näher gekennzeichnete Länder, aber das japanische Kabinett, das Vorsicht walten ließ, um nicht in einen europäischen Krieg gegen Großbritannien und Frankreich hineingezogen zu werden – wann auch immer Hitler ihn entfesseln würde –, bevorzugte eine Partnerschaft, die sich ausschließlich gegen die Sowjetunion richtete. Kaiser Hirohito unterstützte mit einer ungewöhnlich direkten Intervention in die Politik einen ausschließlich antisowjetischen Vertrag und wandte sich gegen ein breiter angelegtes Bündnis, wie es die führenden Militärs wünschten. Der damalige Heeresminister Itagaki teilte dem Kaiser fälschlicherweise mit, der Außenminister habe sich jetzt zur Befürwortung eines allgemeinen Militärabkommens entschlossen; als Hirohito die Täuschung entdeckte, »wies er Itagaki wegen vorsätzlicher Unehrlichkeit zurecht und tadelte ihn streng«. Der erschütterte Kido sagte, die Armee sei drauf und dran, die Nation zu zerstören.

Das Urteil hob hervor, Shigemitsu Mamoru, der damalige Botschafter in London, sei einer der wenigen Staatsdiener gewesen, die sich tatkräftig für bessere Beziehungen zu Großbritannien und den Vereinigten Staaten eingesetzt hätten. Er habe damit gerechnet, dass die Westmächte den Zweiten Weltkrieg letztlich gewinnen würden, und sei eine der wenigen einsamen Stimmen gewesen, die sich gegen einen südwärts gerichteten Vorstoß nach Südostasien ausgesprochen hätten. Shigemitsu hoffte, dass ein durch großzügige Zugeständnisse Japans erreichter Frieden in China jedwedem amerikanischen oder europäischen Vorwand für ein Eingreifen die Grundlage entziehen würde.

Die Armeeführung verwarf Shigemitsus mäßigenden Rat und drängte auf den Abschluss eines Bündnisses mit dem Deutschen Reich. Sie tat dies in der Hoffnung, die Vereinigten Staaten würden dadurch so stark eingeschüchtert, dass sie sich mit dauerhafter Neutralität begnügten. Der Dreimächtepakt wurde nach zwei kaiserlichen Konferenzen einstimmig gutgeheißen und im September 1940 mit einem kaiserlichen Erlass bekannt gegeben, der es irgendwie fertigbrachte zu verkünden, ein Bündnis mit Hitler und Benito Mussolini werde ein Instrument der Friedenssicherung sein. Japan erkannte die Führungsrolle Deutschlands und Italiens bei der Errichtung einer neuen Ordnung in Europa an, während Deutschland und Italien es bei ihrer Bestätigung der Errichtung einer neuen Ordnung in Asien durch Japan genauso hielten. Wenige Tage zuvor hatte Kido, inzwischen ins Amt des Lordsiegelbewahrers aufgestiegen, zum Kaiser gesagt, dass das Bündnis möglicherweise zu einer Konfrontation mit Großbritannien und den Vereinigten Staaten führen werde. Das Urteil vertrat die Auffassung, der Kaiser habe mitgeteilt, er werde niemals seine Zustimmung zum Bündnis geben, sei aber von Kido getäuscht worden.

Die Urteilsbegründung stellte das Achsenbündnis als notwendiges Vorspiel für Japans Expansion nach Südostasien dar – und ebenso für einen möglichen Krieg mit den Vereinigten Staaten, falls sich diese den Eroberungen in den Weg stellen würden. Der Dreimächtepakt, alles andere als defensiv ausgerichtet, sei »ein zwischen Aggressor-Nationen geschlossener Vertrag zur Förderung ihrer aggressiven Absichten«.[45]

Pearl Harbor

Der Ton der Urteilsbegründung wechselte abermals ruckartig, als sie zum Ausbruch des Pazifikkriegs kam. Dieser Teil stützte sich hauptsächlich auf eine Untersuchung von Erima Harvey Northcroft, dem neuseeländischen Richter – einer Hauptstütze der Richtergruppe aus den Commonwealth-Ländern.[46] Webb sprach jetzt, wenn er diese Worte vortrug, auf eine präzise und Respekt einflößende Art.

Mei Ruaos Beitrag war es zu verdanken gewesen, dass das Urteil den Krieg in China als ein entscheidendes Problem darstellte, das die Verhandlungen zwischen Japan und den Vereinigten Staaten zu einem wirren Durcheinander machte. Und unter Sarjanows Einfluss hatte das Urteil behauptet, Japan habe sich Südostasien erst zugewandt, nachdem es von den Sowjets in zwei Grenzkonflikten besiegt und durch den berüchtigten Hitler-Stalin-Pakt zusätzlich abgeschreckt worden sei: »Als sich die Tür der günstigen Gelegenheiten im Norden schloss, ging das Tor zum Süden auf.«

Die Siege des Deutschen Reiches in Europa ermutigten Japan, die Herrschaft der europäischen Imperien über Südostasien in Frage zu stellen. Das Urteil ging auf die Stationierung von Truppen und die Einrichtung von Luftwaffenstützpunkten im Norden Französisch-Indochinas ein, die von der geschwächten Vichy-Kolonialbehörde hingenommen wurde, und setzte sie einer Invasion gleich. Im Oktober 1940 war die japanische Regierung nach der Darstellung in der Urteilsbegründung entschlossen, Niederländisch-Ostindien, Singapur und Malaya einzunehmen. Japan sollte sich zur Unterstützung des eigenen Vormarschs der Unabhängigkeitsbewegungen unter »den Eingeborenen« in Indochina, Burma und Malaya bedienen. Da die japanische Führung Winston Churchills Regierung nicht zur Anerkennung der japanischen Ansprüche auf Südostasien bewegen konnte, plante sie die Eroberung Singapurs durch einen schnell ausgeführten militärischen Vorstoß.

Unter Meis Einfluss hatte die Urteilsbegründung die damals noch andauernden Washingtoner Verhandlungen aufgrund von Japans Weigerung, die eigene politische, wirtschaftliche und militärische Dominanz über China aufzugeben, als grundsätzlich festgefahren beschrieben. Japan begann nach Ansicht der Richtermehrheit im Sommer 1941 mit den letzten Vorbereitungen für den Krieg gegen die Vereinigten Staaten und das britische und niederländische Kolonialreich. Die japanische Führung habe darauf gehofft, dass die Vereinigten Staaten nach einem erfolgreichen Überraschungsangriff einem überlangen, blutigen Krieg aus dem Weg gehen und einen Frieden aushandeln würden, der Japans Oberherrschaft über die von ihm besetzten Gebiete akzeptierte.[47]

Unter dem offensichtlichen Einfluss der Commonwealth-Richtergruppe erklärte das Urteil nun rätselhafterweise, dass Japans Appetit auf das südliche Indochina tatsächlich auf die geplanten Angriffe auf Singapur und Niederländisch-Ostindien zurückzuführen sei und mit China »nichts zu tun« hatte – wobei offenbar Meis an anderer Stelle ausgesprochenes Beharren auf der Feststellung, dass Japans Pläne für Indochina eng mit China verbunden gewesen seien, vergessen worden war. Eine kaiserliche Konferenz beschloss am 2. Juli einen Vormarsch nach Süden. Tojo und mehrere andere Angeklagte entschieden, Gewalt anzuwenden, falls Vichy-Frankreich ihr Vorgehen in Indochina nicht hinnehmen sollte. Nachdem Vichy klein beigegeben hatte, besetzten japanische Truppen das südliche Indochina.

Die Washingtoner Verhandlungen hatten schon nicht vielversprechend begonnen, doch die Besetzung Französisch-Indochinas sorgte für einen gefährlichen neuen Tiefstand in den Beziehungen Japans zu den Vereinigten Staaten. Franklin Delano Roosevelt verfügte am 25. Juli per Erlass das Einfrieren sämtlicher japanischen Vermögenswerte in den Vereinigten Staaten. An dieser Stelle präsentierte das Urteil den Kaiser als Stimme für den Frieden, die im Gespräch mit Kido die Sorge äußerte, einen ausweglosen Krieg führen zu müssen. Der Monarch bestürmte seine führenden Militärs und Prinz Konoe Fumimaro, seinen besorgten Premierminister, mit Fragen zur militärischen Strategie, und die Marine wurde nervös, weil der Treibstoff auszugehen drohte.

Eine kaiserliche Konferenz – an der auch Tojo, damals Heeresminister, sowie weitere jetzige Angeklagte teilnahmen – fasste am 6. September den entscheidenden Beschluss, in Südostasien einzumarschieren und zugleich den Vereinigten Staaten und Großbritannien eine letzte Chance für Verhandlungen anzubieten. Japans Bedingungen waren hart, jedenfalls nach der Darstellung der Richter, und bewegten sich am Rand der Unverschämtheit: Die Vereinigten Staaten und Großbritannien sollten die Einmischung in Japans Kriegsanstrengungen in China einstellen, die Waffen- und Wirtschaftshilfe für Nationalchinas Regierung stoppen, Japans Präsenz in Indochina akzeptieren, die Verstärkung ihrer Militärstützpunkte in Asien und ihre Embargos beenden und Japan bei der Beschaffung von Rohstoffen unterstützen. Im Gegenzug würde Japan auf weitere Eroberungen in Asien verzichten und, sobald ein Frieden beschlossen war, seine Truppen aus Indochina zurückziehen – was nicht zuletzt so zu deuten war: wann auch immer der Krieg in China auf irgendeine Weise beendet wurde. Diese japanischen Forderungen waren meilenweit entfernt von den erklärten Grundsätzen der Vereinigten Staaten, nach denen Chinas territoriale Integrität und innenpolitische Souveränität zu respektieren waren. Sollte es bis zum Oktober keine Einigung auf diplomatischem Weg geben, würde Japan den Krieg beginnen.

Das Urteil gab Japan eindeutig die Schuld für das Scheitern der Friedensgespräche und bezog sich dabei auf die Verweigerung des Rückzugs aus China und Indochina und auf das Festhalten am Achsenbündnis. Die Richtermehrheit verkündete, dass die Vereinigten Staaten und Großbritannien jedes Recht hatten, »die rechtmäßige Regierung Chinas, die schon seit langem das Opfer von Japans Aggression gewesen war«, zu unterstützen.

Kido äußerte Bedenken wegen der Kriegstreiberei und schlug vor, abzuwarten, bis Japan besser vorbereitet sei – und meinte damit nach der Darstellung in der Urteilsbegründung die militärische Niederlage Chinas.[48] In einem anderen von Mei verfassten Teil der Urteilsbegründung hielt das Tribunal fest, dass Kido sich für die Vorbereitung eines militärischen Feldzugs zum Abschluss des Krieges in China, der noch zehn oder fünfzehn Jahre dauern konnte, und den Einsatz der ganzen militärischen Macht Japans gegen Kunming und Chongqing ausgesprochen hatte. Auf Meis Veranlassung hin hob das Urteil hervor, wie Tojo in seiner Eigenschaft als Heeresminister das Kabinett zu einem Beschluss gedrängt hatte, dass Japan bei seiner Politik der Truppenstationierung in China nicht wankelmütig sein durfte.[49]

Das Urteil rügte Tojos hartnäckigen Einsatz für den Sturz von Konoes Kabinett und sein Drängen gegenüber der Regierung, sich für den Krieg zu entscheiden. Selbst als Konoe Tojo ins Gesicht sagte, es gebe keinerlei Hoffnung auf eine Einigung mit den Amerikanern, solange Japan darauf bestehe, seine Truppen in China zu belassen, erklärte dieser, er könne einem Abzug der Soldaten nicht zustimmen, selbst wenn er dann von seinem Ministeramt zurücktreten müsse. Am darauffolgenden Tag ließ Konoe seinen alten Freund Kido wissen, dass er wegen seiner Meinungsverschiedenheiten mit Tojo nicht Premierminister bleiben könne. Tojo war mittlerweile so aufgebracht, dass er jedes weitere Gespräch mit dem Premierminister verweigerte – von den Amerikanern ganz zu schweigen –, weil er seinen Zorn nicht beherrschen konnte.

Hier nahm die Urteilsbegründung sich Kido vor – wegen seiner Bemühungen, Tojo ins Amt des Premierministers zu bringen. Als eine Gruppe bewährter Staatsmänner einen Prinzen aus dem Kaiserhaus oder einen gemäßigter auftretenden General des Heeres vorschlug, sprach sich Kido gegen beide Lösungen aus und favorisierte stattdessen Tojo. Auch Hirota Koki wurde im Urteilstext als Unterstützer Tojos namentlich genannt. Kido hatte es im Zeugenstand nicht an engagierten Selbstrechtfertigungen fehlen lassen. Bei allem Aufwand war jedoch das größte Zugeständnis, das er damit im Urteil für sich herausholen konnte, die Anerkennung der Tatsache, dass der Kaiser auf seinen, Kidos, Rat hin seinen neuen Premierminister Tojo eigens angewiesen hatte, die Entscheidung für den Krieg vom 6. September noch einmal zu überdenken.

Entsprechend MacArthurs ursprünglicher Vorstellung von einem zügigen Prozess gegen das Pearl-Harbor-Kabinett bezogen die Richter eine lange Liste namentlich verzeichneter Angeklagter in das Verfahren ein, von Männern, die Tojos Minister, Berater oder hochrangige militärische Befehlshaber gewesen waren, auch der ehemalige Außenminister Togo Shigenori gehörte dazu. Die Richter führten zwar sorgfältig die zahlreichen Angeklagten auf, die an einer unruhigen Abfolge von Verbindungskonferenzen beteiligt gewesen waren, bei denen die Aussichten auf einen Krieg erneut unter die Lupe genommen werden sollten, aber sie wussten nicht, wie die Diskussionen sich entwickelt hatten. Die Richter ignorierten Togos detaillierte Zeugenaussage und erwähnten seinen Einsatz für den Frieden überhaupt nicht. Das Urteil zitierte meist aus Togos Korrespondenz mit dem japanischen Botschafter in den Vereinigten Staaten, bei der natürlich von seinen lautstarken Auseinandersetzungen mit den führenden Persönlichkeiten des Heeres nicht die Rede war. Das Urteil bot stattdessen eine Darstellung von Togos Anweisungen an den Botschafter, dass Japan bei seiner Forderung, Truppen in China zu belassen, nicht nachgeben werde.

Die Diplomatie gelangte jetzt allmählich an ihr Ende, und die Richter zeigten sich offensichtlich von den beiden letzten diplomatischen Vorstößen Togos wenig beeindruckt. Das Urteil verspottete seinen ersten den Vereinigten Staaten unterbreiteten Vorschlag als eine Forderung, »die Invasion in China zu billigen und das Land der Knechtung durch Japan auszuliefern«. Der amerikanische Außenminister Cordell Hull nahm dann das völlige Fehlen detaillierter Vorschläge für einen Truppenabzug durch Japan aufs Korn; nach diesem diplomatischen Manöver, davon ging die Urteilsbegründung aus, »begann Togo mit den letzten Vorbereitungen für den Angriff«. Schließlich ließ Togo den Amerikanern noch einen zweiten Vorschlag zukommen, sein letztes Kompromissangebot, einen Versuch, zum Zustand vor der Besetzung Französisch-Indochinas und vor dem US-Ölembargo zurückzukehren. Japan bot jetzt einen Rückzug aus Süd-Indochina an und danach, entweder nach einem Friedensvertrag mit Chiang Kai-shek oder nach einem »gerechten Frieden« im Pazifikraum, auch aus Nord-Indochina; im Gegenzug wurden die Vereinigten Staaten ersucht, wieder Öl an Japan zu verkaufen und ein Handelsabkommen für Japan zu vermitteln, mit dem der Zugang zu Rohstoffen in Niederländisch-Ostindien gesichert wurde. Das Urteil verwarf Togos »sogenannte Zugeständnisse« und machte sich im Wesentlichen die Sichtweise der US-Regierung zu eigen, dass dieser Vorschlag unaufrichtig gewesen sei: Die aus Süd-Indochina abgezogenen Truppen würden einfach nach Nord-Indochina verlegt werden und dort jederzeit für einen erneuten Vormarsch bereitstehen. Die Richter teilten die Einschätzung der Regierung Roosevelt, dass eine Annahme dieses Vorschlags eine Billigung der japanischen Aggression, eine Aufgabe amerikanischer Grundsätze und einen Verrat an China bedeutet hätte.

Die Urteilsbegründung ging davon aus, dass die Diplomatie zu dem Zeitpunkt ausgedient hatte, zu dem Japan am 26. November die harten Bedingungen der Hull-Note übermittelt bekam. An jenem Morgen brach eine japanische Flugzeugträgergruppe mit Begleitschiffen in Richtung Pearl Harbor auf, für alle Fälle. Die Richter folgten der Linie der Anklagevertretung buchstabengetreu und werteten Hulls Vorgehensweise als bloße Wiederholung seiner ursprünglichen Grundsätze von territorialer Integrität und Souveränität. Doch die Details in seinem Bedingungskatalog waren eindeutig hart: Rückzug der Truppen aus China und Indochina, ein Ende der Unterstützung für die Kollaborationsregierung in China und ein Beitritt zu einem asiatischen Nichtangriffspakt, der den Dreimächtepakt für nichtig erklären würde. Die Hull-Note, schrieb die Richtermehrheit, »konfrontierte die Staatsführung Japans plötzlich und unmittelbar mit der

Wirklichkeit«. Diese sei »niemals bereit gewesen, (…) die Erwerbungen der Vergangenheit herzugeben und auf die in Aussicht stehende Beute zu verzichten«.

Die Richter verurteilten Japan wegen des Betrugs, den sie in der Fortführung der aussichtlosen Verhandlungen als »Schutzschirm« sahen, mit dem der Angriff auf Pearl Harbor gedeckt werden sollte. Sie hielten fest, dass Japan Hongkong angegriffen habe, noch bevor eine Kriegserklärung an Großbritannien erfolgt sei, und japanische Kriegsschiffe hätten Küstenstreifen in Malaya mehr als eine Stunde vor dem Zeitpunkt beschossen, zu dem der japanische Botschafter Außenminister Hull die schlechte Nachricht hätte überbringen sollen. Doch zur Bestürzung der Amerikaner weigerten sich die Richter, abzuwägen, ob diese Überraschungsangriffe ein Kriegsverbrechen darstellten oder nicht. Die III. Haager Konvention vom Oktober 1907 verlangte entweder vor dem Beginn von Feindseligkeiten eine »mit Gründen versehene« Kriegserklärung oder eine ausdrückliche Warnung. Doch die Konvention sagte nicht eindeutig, wie viel Vorwarnzeit erforderlich sei, stellten die Richter fest, was unter Völkerrechtlern für Auseinandersetzungen sorge. Da die japanischen Angeklagten des schwerer wiegenden Verbrechens eines Angriffskriegs schuldig seien, sei es nicht nötig, sich mit nebensächlichen Anklagepunkten wie der Einhaltung einer Vorwarnzeit abzugeben, schrieben die Richter.

Von entscheidender Bedeutung war, dass die Urteilsbegründung die japanischen Behauptungen zur Selbstverteidigung rundheraus zurückwies. Die Richter vertraten die Ansicht, dass die Alliierten vollkommen im Recht gewesen seien, als sie Wirtschaftssanktionen verhängt hatten, um Japan von seinem Angriffskrieg in China und andernorts abzubringen. Das Tribunal bestätigte die Souveränität von Imperien und kam zu dem Schluss, dass die japanische Führung Angriffshandlungen zunächst gegen Frankreich (in Französisch-Indochina) und dann gegen die Vereinigten Staaten (auf Hawaii und Guam ebenso wie auf den Philippinen), Großbritannien (das British Empire in Hongkong, Singapur und Malaya) und die Niederlande (in Niederländisch-Ostindien) begangen habe, ohne dass die Angegriffenen dies zuvor provoziert hätten. Die mit diesen Angriffen verbundenen Ziele seien das Unterbinden von Hilfe der Westmächte für China und die weitere Expansion nach Süden gewesen. Japan wurde außerdem vorgeworfen, einen Angriffskrieg gegen Australien als Teil des British Commonwealth geführt zu haben. Mit Rücksicht auf imperiale Ansprüche der Vereinigten Staaten erklärten die Richter, der Angriff auf die Philippinen sei in Wirklichkeit ein Teil des Angriffskriegs gegen die Vereinigten

Staaten. Die Einsprüche der Angeklagten, man habe in Selbstverteidigung gehandelt, seien »nur eine Wiederholung der japanischen Propaganda«, lautete die Schlussfolgerung der Richtermehrheit.[50]

Während Webb die Urteilsverlesung fortsetzte, befand sich Hirohito in der merkwürdigen Lage, nicht angeklagt und zugleich auch im Wesentlichen freigesprochen zu sein. Die Urteilsbegründung stellte immer wieder fest, dass die Hardliner unter den Militärs ihren friedliebenden Kaiser so gründlich getäuscht hätten, dass er ihre Machenschaften guthieß.[51]

Der Kaiser habe den Heeresminister vier Tage vor dem Zusammenstoß in Mukden im September 1931 vergeblich gewarnt, dass solche Praktiken aufhören müssten. Als nächstes habe Hirohito zur Empörung der Militärs eine beschwichtigende Erklärung der zivilen Regierung unterstützt, mit der bestritten wurde, dass Japan in der Mandschurei irgendwelche territorialen Ziele verfolge.[52] Die Urteilsbegründung kritisierte General Itagaki Seishiro, der Hirohito die Fehlinformation überbracht habe, dass die Marine und das Außenministerium einen Plan für einen Angriff auf die Sowjetunion am Chasansee gutheißen würden, und so offensichtlich die Zustimmung des Kaisers zu diesem Vorhaben erwirkt habe.[53] Das Urteil vertrat bei dünner Beweislage die Auffassung, der Kaiser sei von Kido durch eine List dazu gebracht worden, dass er dem Dreimächtepakt zustimmte.[54]

Das Urteil präsentierte einen Kaiser, der Bedenken wegen eines Krieges mit den Vereinigten Staaten hatte und die Stabschefs von Heer und Marine mit Fragen zur Kriegsstrategie unter Druck setzte.[55] Die Richtermehrheit argumentierte so, obwohl der australische und der französische Richter sich über ein wichtiges Beweismittel der Anklage erstaunt gezeigt hatten: Kidos Tagebucheintrag vom 30. November 1941, nach dem Hirohito als Reaktion auf beruhigende Erklärungen seitens der Marine Tojo »anwies«, »wie vorgesehen zu handeln«.[56] Die Ankläger ignorierten diesen Hinweis, bei dem es sich offensichtlich um eine direkte Anweisung des Kaisers an seinen Premierminister handelte, den Angriff auf die Vereinigten Staaten einzuleiten. Es ist bemerkenswert, dass diese Passage in der detaillierten Urteilsbegründung nie erwähnt wurde.

Letztlich nahm die Urteilsbegründung Hirohito von jeder Kriegsschuld aus, das gelang aber nur, indem man ihn in diesem Text als Trottel darstellte, der von den Militärs, seinen Ministern und seinem eigenen Lordsiegelbewahrer wiederholt hinters Licht geführt wurde. Der Hals des Kaisers war zwar gerettet worden, aber die Mehrheit der Richter ließ ihn dafür als einen der größten Einfaltspinsel aller Zeiten in die Geschichte eingehen.

Gräueltaten

Der Vorwurf des Verbrechens eines Angriffskriegs dominierte den Tokioter Prozess so stark, dass Webb erst gegen die Mittagszeit des sechsten von sieben für die Verlesung der Urteilsbegründung vorgesehenen Tages zu den konventionellen Kriegsverbrechen und den Verbrechen gegen die Menschlichkeit kam. Er sagte, es sei »nicht praktikabel«, die Masse der mündlich vorgetragenen und auf Dokumenten beruhenden Beweise vollständig abzuhandeln. Nach einem weitgehend nüchtern-sachlich vorgetragenen Überblick zur japanischen Außenpolitik rezitierte Webb vor einem erschütterten Publikum eine unerträgliche Litanei des Grauens, die von den Todesmärschen über Massenhinrichtungen im Schnellverfahren bis zu Zwangsarbeit unter mörderischen Bedingungen in tropischer Hitze reichte.

Die Richter kamen zu dem Schluss, dass die Praxis von Japans Heer und Marine in Sachen Folter, Mord und Vergewaltigung Ausdruck einer systematisch betriebenen Politik gewesen sei. Die für die Behandlung von Kriegsgefangenen verantwortliche Militärbürokratie sei ihren Schutzpflichten nicht nachgekommen, habe aber dennoch über eine Befehlskette verfügt, die genüge, um Angeklagte zu verurteilen, die als stellvertretender Heeresminister oder Leiter der für Kriegsgefangene und internierte Zivilisten zuständigen Behörde des Heeres fungiert hätten. Tojo sanktionierte Übergriffe, sagte aber auch zu Leitern von Gefangenenlagern: »In Japan haben wir unsere eigenen Vorstellungen zum Umgang mit Kriegsgefangenen.« Detaillierte Zeugenaussagen belegten »Gräueltaten, die auf allen Kriegsschauplätzen in einem derart gewaltigen Ausmaß begangen wurden, dabei jedoch auf allen Schauplätzen einem so einheitlichen Muster folgten, dass nur eine Schlussfolgerung möglich ist – die Gräueltaten wurden entweder geheim angeordnet oder bewusst gestattet«. Auf dem europäischen Kriegsschauplatz waren rund 4 Prozent der amerikanischen und britischen Kriegsgefangenen in deutscher oder italienischer Gefangenschaft gestorben; im Pazifikraum waren es 27 Prozent, insgesamt 35 756 Todesopfer.

In einem Abschnitt, der für das Publikum unerträglich war, schilderte Webb Massaker an Kriegsgefangenen, internierten Zivilisten, medizinischem Personal und an der einfachen Zivilbevölkerung. Diese Blutbäder waren nach der Ansicht der Richter das Ergebnis von Befehlen, die von Offizieren ausgingen, in einigen Fällen von Admiralen und Generalen, wobei immer Offiziere anwesend gewesen seien, um die Verbrechen zu beaufsichtigen. Die japanische Marine gab in der Endphase des Krieges den folgenden Befehl aus: »Bei der Tötung von Filipinos sollen diese so weit wie möglich an einem Ort versammelt werden, um Munition und Arbeitskräfte zu sparen.« Die Richter verwiesen auf japanische Berichte über Kampfhandlungen und auf Tagebücher japanischer Soldaten, um zu belegen, dass die vorgesetzten Behörden über die Tötungen gut unterrichtet waren. Der Stabschef einer Einheit der japanischen Militärpolizei hatte in einem Gefangenenlager auf Formosa (heute: Taiwan) angeordnet: »Beseitigt sie, wie es die Situation gebietet, ob sie nun einzeln oder in Gruppen vernichtet werden oder wie auch immer dies geschieht, durch massenhaftes Bombardement, Giftgas, Gift, Ertränken, Enthauptung oder was auch immer. Das Ziel besteht auf jeden Fall darin, nicht einen Einzigen entkommen zu lassen, sie allesamt zu vernichten und dabei keine Spuren zu hinterlassen.«

Das Urteil kam zu dem Schluss, dass in Burma, Indonesien und auf den Philippinen »Massaker ungehindert verübt wurden und dazu dienten, die Zivilbevölkerung einzuschüchtern und sie der Herrschaft der Japaner zu unterwerfen«. Die Richter hatten eine entsetzlich lange Liste von Massakern an Kriegsgefangenen zusammengestellt, die in Hongkong, Malaya, Thailand, auf Sumatra, Java, Timor und Neuguinea, in Indochina und auf den Philippinen begangen worden waren, in einem Fall auch an Sowjetbürgern, die man in der Mandschurei getötet hatte. Das Urteil verwies auf Tötungen in Krankenhäusern auf Java und in Singapur und Malaya als Beweis für die Missachtung des Kriegsrechts und zitierte aus von der Anklagevertretung vorgelegten grauenhaften Aussagen über die Tötung von Kranken oder Verwundeten mit dem Bajonett in ihren Betten im St. Stephen's College Hospital in Hongkong und die Vergewaltigung und Ermordung von Krankenschwestern.

Von Burma bis Sumatra seien Kriegsgefangene und internierte Zivilisten massenhaft getötet worden, weil sie für weitere Arbeitseinsätze zu ausgehungert oder zu krank gewesen seien, stellte das Urteil fest. In Saigon und auf der Insel Hainan waren Arbeiter massakriert worden, um Disziplin zu erzwingen oder belanglose Verstöße wie etwa die Benutzung eines Radios zu bestrafen. Kurz vor Kriegsende wurden Kriegsgefangene und Zivilisten in China und auf Borneo und Timor ermordet, um ihre Befreiung durch die Streitkräfte der Alliierten zu verhindern. Das Urteil zitierte ausführlich aus den entsetzlichsten Beweisstücken, die von philippinischen Anklägern beigebracht worden waren und in denen berichtet wurde, wie Menschen in Manila mit Benzin übergossen und angezündet und Frauen vergewaltigt und verstümmelt und in einigen Fällen mit in den Armen gehaltenen Babys durch Bajonettstiche getötet worden waren.

Die Urteilsbegründung bewertete den Todesmarsch von Bataan als Präzedenzfall für das, was anschließend zur weitverbreiteten Praxis wurde. Die Richter schätzten in ihrer Beschreibung des grauenhaften Geschehens die Zahl der Opfer auf bis zu 8000 Tote – eine Zahl, die mehr als doppelt so hoch ist wie bei der heute allgemein anerkannten historischen Schätzung. Während die Urteilsbegründung keine Schlussfolgerungen zu der Person enthielt, die den Marsch von Bataan angeordnet hatte, verurteilte sie Tojo, weil er nichts unternommen hatte, um eine Wiederholung dieses Geschehens zu verhindern. Tojo war, wie er selbst zugab, in seiner Eigenschaft als Premierminister über Bataan gut informiert. Doch er hatte erklärt, dass den Feldkommandeuren vor Ort eine »erhebliche Autonomie« eingeräumt werden sollte, was die Richter als Freibrief für japanische Offiziere bewerteten, solche Märsche anderenorts zu wiederholen. Das Urteil verwies auf spätere Todesmärsche auf Timor und Neuguinea, bei denen kranke indische Gefangene, die das Tempo nicht mithalten konnten, erschossen wurden, sowie auf einen sehr bekannten Zwangsmarsch von australischen Gefangenen, der vom Lager Sandakan auf Borneo 160 Kilometer weit durch Schlamm und Dschungel und über Berge führte, wobei diejenigen, die mit den Kräften am Ende waren, erschossen oder mit dem Bajonett getötet wurden.

Webb las in seinem Queensland-Akzent die Passage über die Eisenbahn des Todes von Thailand nach Burma vor, die in Australien berüchtigt war. Die Richter kamen zu dem Schluss, dass Japan auf Tojos Rat hin beschlossen hatte, alliierte Kriegsgefangene beim Bau jener Eisenbahnlinie ab Bangkok einzusetzen, mit der die Verbindung zu den in Burma kämpfenden japanischen Truppen verbessert werden sollte. Von den 46 000 bei diesem Bauprojekt zwangsweise beschäftigten Kriegsgefangenen starben im Verlauf von 18 Monaten 16 000. Das Urteil befasste sich zwar in einem überwältigenden Ausmaß vor allem mit dem Leid alliierter Gefangener, doch es hielt in knapper Form auch fest, dass die Lebens- und Arbeitsbedingungen für die beim Eisenbahnbau ebenfalls eingesetzten Burmesen, Malaien, Chinesen, Inder und Javaner sogar noch schlechter waren: Von den 150 000 Angehörigen dieser Nationalitäten starben mindestens 60 000.

Die Richter fanden keine Befehle, die Tojo oder andere hochrangige Mitglieder der japanischen Staatsführung mit der Eisenbahnstrecke von Burma nach Thailand in Verbindung brachten. Stattdessen verurteilten sie Tojo wegen seines Wissens um die dort herrschenden Bedingungen, das ihn nicht mehr tun ließ, als einen Kompaniechef vor ein Kriegsgericht zu stellen – und das, erklärten die Richter, kam einer stillschweigenden Duldung der Gräueltaten gleich. Während die japanische Heeresführung einigermaßen detaillierte Kenntnisse über das tatsächliche Geschehen an dieser Eisenbahn-Neubaustrecke besaß und das Außenministerium wiederholte Proteste von alliierter Seite zurückwies, hatten die militärischen Erfordernisse aus japanischer Sicht Vorrang. Die Urteilsbegründung zitierte eine Äußerung Tojos: »Das Völkerrecht sollte nach dem Standpunkt ausgelegt werden, dass wir den Krieg unseren eigenen Auffassungen entsprechend führen.«[57]

Die dem Urteil innewohnende Einseitigkeit wurde schmerzhaft deutlich, als die Rede auf die Hinrichtung gefangener amerikanischer Bomberbesatzungen durch die Japaner kam. Für die amerikanische Öffentlichkeit war dies ein gut dokumentiertes Kriegsverbrechen. Die Urteilsbegründung machte sich hier vollständig den amerikanischen Standpunkt zu eigen und wich der unangenehmen Frage aus, warum die Luftangriffe auf japanische Städte nicht als Kriegsverbrechen betrachtet werden sollten. In diesem Punkt begünstigte die Lückenhaftigkeit des Völkerrechts die Vereinigten Staaten: Das bestehende Kriegsrecht verbot die Tötung von Kriegsgefangenen, aber Bombardements aus der Luft waren noch nicht verboten, und das hatte viel damit zu tun, dass die Amerikaner dieses Vorgehen bevorzugten.

Nach dem durch den Doolittle Raid ausgelösten Schock hatte Premierminister Tojo ein neues Gesetz erlassen, das rückwirkend gegen feindliche Flieger, die Japan, Mandschukuo oder die besetzten Gebiete Chinas bombardierten, die Todesstrafe verhängte. Während man den Japanern vorhalten konnte, ein rückwirkende Gültigkeit beanspruchendes Gesetz erlassen zu haben, machten sie ihrerseits die begründete Klage geltend, dass die Bomben keine militärischen Ziele, sondern unbeteiligte Zivilisten getroffen hätten – ein Verstoß gegen den grundlegenden Rechtssatz, der eine Unterscheidung von zivilen und militärischen Zielen verlangte. Im Gegenzug führten die Richter aus, dass Japan regelmäßig wahllose Luftangriffe geflogen habe, um die chinesische Zivilbevölkerung einzuschüchtern. Dieser Vorwurf traf zwar zu, warf aber nur die Frage auf: Wenn die Richter den Japanern zur Last legten, den Chinesen so etwas angetan zu haben, warum verurteilten sie dann die Amerikaner nicht für das, was sie den Japanern zugefügt hatten?

Die Urteilsbegründung hielt wahrheitsgemäß fest, dass die acht in Gefangenschaft geratenen Doolittle-Flieger misshandelt, ausgehungert und gefoltert worden waren. Sie bezeichnete ihre Prozesse, die nur eine Stunde dauerten, als »blanken Hohn«, wobei die *Kempeitai* insgeheim bereitstand, um bei Bedarf Beweise zu fälschen. Es traf zu, dass Tojo und andere Mitglieder der japanischen Führungsspitze an der Entscheidung über das Schicksal der Doolittle-Flieger beteiligt gewesen waren. Doch obwohl Oberstleutnant James H. Doolittle seinen Männern befohlen hatte, zivile Ziele zu meiden, lassen die heute verfügbaren Beweise den Schluss zu, dass sie einige Zivilisten töteten, darunter ein Kleinkind und einen 13-jährigen Schüler, als sie eine Grundschule in Tokio mit Bordwaffen beschossen und in Yokohama Privathäuser bombardierten.[58]

Das Urteil kritisierte die Hinrichtungen gefangener Flieger in einer Zeit, in der die alliierten Bombenangriffe 1944 und 1945 intensiver wurden, ohne darüber nachzudenken, warum die Japaner sich gegen die Brandbombenangriffe auf ihre Städte wehrten. Die Richtermehrheit beklagte, dass alliierte Flieger routinemäßig gefoltert und misshandelt wurden, bevor man sie rasch hinrichtete, und dass ihr Kriegsgerichtsverfahren, wenn es überhaupt eines gab, eine bloße Formalität gewesen sei. Doch die Richter trafen die bestürzende Entscheidung, einen Brandbombenangriff auf Tokio im Mai 1945 in ihre Betrachtungen einzubeziehen und dabei zu kritisieren, dass 62 alliierte Flieger in brennbaren Holzgebäuden eines Gefängnisses eingeschlossen geblieben waren, während Hunderte japanische Aufseher und Häftlinge in feuersichereren Gebäuden Schutz gefunden hatten. Alle 62 alliierten Gefangenen starben bei dem Brandbombenangriff, während es unter den japanischen Gefangenen und Aufsehern keine Opfer gegeben hatte. Es war einerseits angemessen, auf den Tod dieser Flieger einzugehen, doch das Urteil verlor andererseits kein Wort über die enorme Zahl von Zivilisten in Tokio, die in ihren eigenen Holzhäusern ums Leben kamen.

In einigen der schmerzlichsten Passagen der Urteilsbegründung verurteilte die Richtermehrheit den systematischen Einsatz der Folter. »Foltermethoden wurden in allen Bereichen so einheitlich verwendet, dass dies auf eine systematische Politik bei Ausbildung und Ausführung hinweist«, stellten die Richter fest und schrieben, dass diese Techniken in allen von Japan kontrollierten Gebieten angewendet worden seien – in China, Formosa (heute: Taiwan), Indochina, Malaya, Burma, Thailand, auf Borneo, Sumatra, Java, Timor und den Philippinen ebenso wie im japanischen Staatsgebiet. Um zu zeigen, dass diese ausgefeilten Techniken Gegenstand einer Ausbildung gewesen sein mussten, beschrieb die Urteilsbegründung die Folterungen in grässlichen Einzelheiten: die »Wasserkur«, bei der dem Opfer über Mund und Nase zwangsweise Wasser eingeflößt wird, bis es ohnmächtig wird; Verbrennungen mit Zigaretten, Kerzen, heißen Bügeleisen oder heißem Wasser an den empfindlichsten Stellen des Körpers, zum Beispiel an den Ohren, am Bauch, an Geschlechtsteilen oder Brüsten; erzwungenes Niederknien mit einem hinter die Kniegelenke geschobenen Stab, was außerordentliche Schmerzen verursacht, wenn die Kniegelenke gesprengt werden; Aufhängen des Opfers, bis die Schultergelenke nachgaben; erzwungenes stundenlanges Knien auf scharfkantigen Unterlagen.

Manchmal dienten die Misshandlungen einem strategischen Ziel, wenn etwa körperlich stark geschwächte und unterernährte britische und amerikanische Gefangene durch die Straßen besetzter koreanischer Städte getrieben wurden, um auf diese Weise die Macht des Kaiserreichs Japan über weiße Männer vorzuführen. Dasselbe Vorgehen wurde auch auf Formosa (heute: Taiwan) und in Burma praktiziert. Doch oft diente die Grausamkeit keinem wahrnehmbaren Zweck. Japanische Militärärzte hatten in einigen Fällen Vivisektionen vorgenommen. Soldaten hatten Gefangene verstümmelt und zerstückelt, hatten ihnen Gliedmaßen oder Genitalien abgetrennt. Und die Urteilsbegründung dokumentierte auch mehrere Fälle von Kannibalismus, die nicht aus Nahrungsmangel, sondern ganz bewusst erfolgten, manchmal als festliches Ereignis für Offiziere aller Dienstgrade, bis hinauf zum General oder Konteradmiral.

Die Männer der *Kempeitai* waren zwar die berüchtigtsten Folterer, aber das Urteil kritisierte bei diesem Thema auch Heer, Marine, Wachmannschaften von Gefangenenlagern und von der *Kempeitai* ausgebildete lokale Polizei. Da die *Kempeitai* der Aufsicht des Heeresministeriums unterstand, schlossen die Richter daraus, dass ihre Vorgehensweisen der Politik des Ministeriums entsprachen. Eine in Burma eingesetzte Heeresdivision gab ein Informationsblatt mit Anweisungen für Verhöre von Kriegsgefangenen heraus, in dem Folter durch Tritte und Schläge als plumpe, aber notwendige Option bezeichnet wurde.

Mehrere Angeklagte hatten in ihrer Funktion als Militärbefehlshaber auch Gefangenenlager geleitet, zu dieser Gruppe zählten etwa General Doihara Kenji in Singapur und General Itagaki Seishiro in Korea. Das Urteil schrieb auch weiter oben in der Befehlskette angesiedelten Männern wie Tojo und anderen führenden Offizieren des Heeres eine Mitschuld an den dort herrschenden Zuständen zu. Ein großer Teil der belastenden Dokumente war zwar kurz vor Kriegsende verbrannt worden, aber einige erdrückend beweiskräftige Befehle waren erhalten geblieben. Tojo hatte »strenge Disziplin« befohlen, dabei allerdings hervorgehoben, dass nicht gegen das Völkerrecht verstoßen werden dürfe. Itagaki hatte Tojo über seine Pläne informiert, amerikanische und britische Gefangene in Korea festzuhalten, um jegliche Verehrung für Europa und Amerika auszulöschen, die die Japaner im größten Teil Koreas zu spüren meinten.

Die Richter vertraten die Ansicht, dass die japanische Regierung trotz wiederholter Proteste vonseiten der Alliierten die Misshandlungen gebilligt habe, indem sie die Bestrafung der Schuldigen vernachlässigt oder es bei belanglosen Strafen belassen habe, etwa bei einer bloßen Ermahnung für das wiederholte Lynchen von Gefangenen. Das machtlose Außenministerium bearbeitete die Beschwerden der alliierten Regierungen, das Büro für militärische Angelegenheiten dachte über deren Inhalt nach, und der Außenminister verschickte schließlich eine Antwort. Das Urteil kritisierte die beiden Außenminister Togo Shigenori und Shigemitsu Mamoru scharf für ihre falschen Zusicherungen gegenüber den Alliierten, dass ihre in Gefangenschaft geratenen Soldaten gut behandelt würden. Shigemitsu hatte wiederholt Anfragen aus der Schweiz für die Inspektion von Gefangenenlagern abgelehnt, und der britischen Regierung hatte er mitgeteilt, dass ihre beim Bau der Burma-Thailand-Eisenbahn eingesetzten gefangenen Soldaten medizinisch angemessen versorgt würden, während sie in dieser Zeit zu Tausenden an Cholera und Malaria starben.[59]

Der Abschnitt über Gräueltaten in China wurde an exponierter Stelle unmittelbar vor den Schilderungen der Misshandlungen gefangener alliierter Soldaten platziert. Doch er war viel kürzer und konzentrierte sich stark auf Nanjing – ein Spiegelbild der vergleichsweise geringen Menge von Beweismaterial aus China.

Die Urteilsbegründung übte unter Meis Einfluss scharfe Kritik an Japan, das einen Rassenkrieg geführt habe, um die aus seiner Sicht minderwertigen Chinesen in die Unterwerfung zu zwingen. Da Japan offiziell behauptet habe, der Konflikt sei nur ein »Zwischenfall«, für den die Bestimmungen des Kriegsrechts keine Gültigkeit hätten, seien chinesische Gefangene systematisch als Banditen behandelt worden, die es auszulöschen gelte. Außerdem habe man sie gezielt ihrer Rechte als reguläre Soldaten und Kampfteilnehmer beraubt. Die Richter stellten fest, dass der Konflikt in Wirklichkeit ein internationaler Krieg gewesen sei, »der ausgetragen wurde, um das chinesische Volk zu bestrafen, weil es sich geweigert hatte, die Überlegenheit und die Führungsrolle der japanischen Rasse anzuerkennen und mit Japan zu kooperieren«. Ein hochrangiger japanischer Kommandeur in China hatte an den damaligen Heeresminister Itagaki geschrieben, japanische Luftangriffe sollten »die gegnerischen Streitkräfte und Zivilisten einschüchtern und so dafür sorgen, dass sich unter ihnen eine gegen den Krieg gerichtete pazifistische Tendenz entwickelt«. Ein späterer Angeklagter sagte im Parlament, er hoffe, dass die Chinesen Japans Absichten verstehen würden: »Bei denjenigen, die sie nicht verstehen, haben wir keine andere Alternative, als sie zu vernichten.«

Chinesische Gefangene wurden gefoltert, massakriert, für die Armeen japanischer Marionettenregime zwangsrekrutiert oder zur Zwangsarbeit genötigt. In der Mandschurei verübten Soldaten der Kwantung-Armee, die bereits besiegte chinesische Freiwilligen-Einheiten verfolgten, in mehreren Dörfern Massaker. Dabei wurden mehr als 2700 Zivilisten bei einem Vorgehen getötet, das die Kwantung-Armee als Teil eines »Programms zur Vernichtung von ›Banditen‹« rechtfertigte. Der Stabschef der Kwantung-Armee meldete dem stellvertretenden Heeresminister: »Es ist ein Rassenkampf zwischen dem Japaner und dem Chinesen zu erwarten. Deshalb dürfen wir mit der Ausübung militärischer Macht niemals zögern, wenn die Notwendigkeit besteht.«

Das Urteil betrachtete das Massaker von Nanjing als schlimmstes Beispiel für eine systematisch betriebene Politik. Das Blutbad war keine Überreaktion verängstigter japanischer Soldaten; als die Japaner in die Stadt eindrangen, waren nahezu alle chinesischen Soldaten bereits geflohen oder hatten ihre Waffen niedergelegt und die Uniformen ausgezogen, um in der Internationalen Sicherheitszone Zuflucht zu suchen. Japanische Soldaten, viele von ihnen in betrunkenem Zustand, »zogen mordend, vergewaltigend, plündernd und brandstiftend durch die Stadt«. Überall in den Straßen und Gassen lagen tote Chinesen. Das Urteil erklärte, dass allein in den ersten zwei oder drei Tagen mindestens 12 000 nicht an den Kämpfen beteiligte chinesische Männer, Frauen und Kinder getötet wurden.

Die Morde, Brandstiftungen und Vergewaltigungen gingen noch mindestens sechs Wochen lang weiter. Chinesische Männer, Zivilisten, wurden als Soldaten behandelt, die ihre Uniformen abgelegt hatten, und sahen sich einem »organisierten und massenhaften Morden« ausgesetzt, das mit der offensichtlichen Zustimmung der japanischen Kommandeure erfolgte. Die Japaner verhafteten chinesische Zivilisten gruppenweise, banden ihnen die Hände auf den Rücken, brachten sie aus der ummauerten Stadt hinaus und töteten sie dann mit Maschinengewehren oder Bajonetten. (Die Urteilsbegründung stellte eindeutig fest, dass es sich um Zivilisten handelte.) Die japanischen Truppen töteten mehr als 20 000 chinesische Männer im militärdienstfähigen Alter auf diese Art. Mit den tatsächlichen chinesischen Soldaten, die sich ergaben, gingen sie nicht besser um, erschossen mehr als 30 000 von ihnen mit Maschinengewehren an den Ufern des Jangtse.

Viele Bewohner Nanjings flohen zwar aus der Stadt, aber die japanischen Streitkräfte nahmen auch ihre Flüchtlingslager ein, ließen die Flüchtlinge verhungern oder folterten sie zu Tode oder töteten sie mit Maschinengewehren oder Bajonetten.

Viele Frauen wurden sadistisch vergewaltigt, das Urteil stellte dabei fest, dass es auch junge Mädchen und ältere Frauen waren. Die Opfer wurden anschließend oft getötet und ihre Leichname verstümmelt. Wehrten sich die Opfer oder versuchte ihre Familie sie zu schützen, wurden alle Beteiligten oft dafür getötet. Die Richter erklärten, im Verlauf des ersten Monats der japanischen Besatzungszeit habe es rund 20 000 Vergewaltigungen gegeben.

Die Beerdigungsgesellschaften der Stadt hatten mehr als 155 000 bestattete Leichname gezählt, und den meisten davon hatte man die Hände auf den Rücken gebunden. Weitere Leichname waren verbrannt oder in den Fluss geworfen worden. Die Gesamtschätzung der Urteilsbegründung ging davon aus, dass während der ersten sechs Wochen unter japanischer Besatzung in Nanjing selbst und in der näheren Umgebung der Stadt mehr als 200 000 Zivilisten und Kriegsgefangene ermordet wurden.

Die Richter konnten nicht auf bestimmte Einzelbefehle führender japanischer Politiker oder Militärs verweisen, mit denen Mord und Vergewaltigung angeordnet wurden, aber sie stellten fest, dass die Gräueltaten entlang der gesamten Befehlskette bekannt waren. Die Ausländer, die die Internationale Sicherheitszone verwalteten, beschwerten sich bei der japanischen Armee und bei der Botschaft; das diplomatische Korps und die Presse verschickten ebenso wie die japanische Botschaft Berichte über das grauenhafte Geschehen. Einige dieser offiziellen Berichte gingen an den Außenminister Hirota Koki und an den stellvertretenden Heeresminister; sie wurden bei den Verbindungskonferenzen diskutiert, an denen üblicherweise der Premierminister, der Heeres- und Marineminister und die Generalstabschefs von Heer und Marine teilnahmen. Ein Angeklagter, der damals als Generalgouverneur von Korea fungierte, gab zu, Presseberichte über die Gräueltaten gelesen zu haben.

Nur zwei der Angeklagten standen wegen der Gräueltaten von Nanjing vor Gericht: General Matsui Iwane und Muto Akira, damals im Rang eines Obersten, der unter Matsui diente. Keine Erwähnung fand Prinz Asaka Yasuhiko, der Schwiegeronkel des Kaisers, der als Generalleutnant bei der Einnahme der Stadt das Kommando führte, während Matsui krankheitshalber nicht anwesend war. Das Urteil warf Matsui und Muto keine direkten Befehle zu massenhaften Tötungen oder Vergewaltigungen vor, kritisierte sie aber hart, weil sie die Gräueltaten nicht gestoppt hatten. Matsui hatte einen triumphalen Einzug in die eroberte Stadt gehalten, war inmitten des mörderischen Wütens fast eine Woche lang dort geblieben, und Muto hatte sich ihm angeschlossen. Matsui und Muto gaben zu, dass sie von den Gräueltaten gehört hätten, aber sie hatten keine wirksamen Maßnahmen zu deren Beendigung getroffen. Die japanische Regierung, der die negativen Presseberichte peinlich waren, zog Matsui und Dutzende seiner Offiziere aus Nanjing ab, bestrafte sie aber nicht. Das Urteil zitierte aus Matsuis selbstgefälliger Erklärung, er sei nicht wegen der von seinen Soldaten verübten Massaker abgelöst worden, sondern weil er seine Arbeit als erledigt betrachtet und den Wunsch gehabt habe, aus dem aktiven Dienst auszuscheiden.

Das Urteil erklärte, Japans Angriffe auf Shanghai, Hankou, Suzhou und andere Orte hätten gezeigt, dass das Land eine »entschiedene Politik« verfolgt habe, mit der man Nationalchinas Regierung gefügig zu machen suchte. Doch abgesehen von dem Geschehen in Nanjing gab es, wie Mei privat befürchtet hatte, nur relativ wenig chinesisches Beweismaterial, das für die Richter von Nutzen war. Die Urteilsbegründung erwähnte nicht, dass man sich bei der Schlussfolgerung, japanische Soldaten hätten in Hankou Hunderte von chinesischen Gefangenen in den Fluss getrieben und erschossen, auf die Aussage eines einzigen Zeugen stützte. Das Urteil hielt auch nicht fest, dass die Angaben nur eines Zeugen als Beweis dafür dienten, dass japanische Streitkräfte in Changsha gemordet, vergewaltigt und Feuer gelegt hatten. Die Richter sprachen mit einer Autorität, die Mei selbst nicht so empfand.

Dennoch gab es nur wenige echte Zweifel an einem Geschehen, das in der Urteilsbegründung als »umfangreiche Gräueltaten« im chinesischen Binnenland bezeichnet wurde. Die entlarvendsten Beweise kamen von heimkehrenden japanischen Soldaten mit losem Mundwerk, die Geschichten über ihre makabren Taten erzählt oder mit zusammengestohlenen Beutestücken geprahlt hatten. Das entwickelte sich nach der Einnahme von Hankou zu einem so weitverbreiteten Verhalten, dass das Heeresministerium den Befehl ausgeben musste, nach Japan zurückkehrende Soldaten hätten ihren Mund zu halten, wenn sie nicht die Unterstützung der Öffentlichkeit für das Heer untergraben wollten. Ein Kompaniechef in China hatte nach einem dem Heeresministerium vorliegenden belastenden Dokument Anweisungen ausgegeben, wie bei Vergewaltigungen zu verfahren sei: »Gebt ihnen Geld oder tötet sie an einem abgelegenen Ort, wenn ihr fertig seid, damit wir keine Schwierigkeiten bekommen.« Ein Soldat bewertete die Taten des Heeres zusammenfassend als gewöhnliche Verbrechen. Fast meinte man ihn schulterzuckend bei der Aussage zu sehen, die Soldaten seien vermutlich alle zu Mördern, Räubern oder Vergewaltigern geworden.[60]

27.

Das Urteil von Tokio

»Es war ein Herbsttag von tragischer Schönheit mit einem wolkenlosen blauen Himmel, aber der schicksalhafte Tag war jetzt gekommen«, schrieb ein Kolumnist der Tageszeitung *Asahi Shimbun* am 12. November 1948, dem letzten Tag des Tokioter Prozesses. Schon Stunden vor dem Sitzungsbeginn hatte sich eine große Zahl von JapanerInnen und Japanern vor der Stacheldrahtsperre eingefunden, die das Gebäude des ehemaligen Heeresministeriums umgab.[1] »Der Tag der Bilanz für eine 18 Jahre währende Geschichte der Aggression war gekommen. (…) Es ist die unermessliche Traurigkeit eines ganzen Volkes, die das Herz erfüllt.«[2]

Alle Angeklagten waren sorgfältig auf Giftkapseln oder andere Mittel, Selbstmord zu begehen, durchsucht worden, bevor sie den Bus bestiegen, der sie vom Sugamo-Gefängnis zum Gebäude des Heeresministeriums brachte, in dem sich der Gerichtssaal befand.[3]

»Ich bin bereit, meinem Schöpfer gegenüberzutreten«, begrüßte Tojo seinen amerikanischen Verteidiger. »Wenn das Urteil gegen mich ausfällt, werde ich nicht um mein Leben bitten, und ich will auch nicht, dass Sie MacArthur um mein Leben bitten.« Da er mit einem Todesurteil rechnete, hatte er seiner Frau eine Haarlocke und ein langes Stück Fingernagel geschickt und für den buddhistischen Priester im Sugamo-Gefängnis ein Gedicht im traditionellen Stil geschrieben: »Aufschauend höre ich ehrfurchtsvoll die Stimme Buddhas, die mich aus einem grenzenlosen, klaren Himmel ruft.«[4]

Nach der Mittagspause verlas ein vor den aufgereihten Flaggen der alliierten Mächte sitzender Sir William Webb schließlich seine Feststellungen von Schuld oder Unschuld jedes einzelnen Angeklagten. Die Zuschauergalerie war bis auf letzten Platz besetzt, neben Witwen und Töchtern alliierter Soldaten saßen dort auch hochrangige Militärs der Alliierten, die zur Uniform auch farbenprächtige Bandschnallen und Orden trugen. Die Jupiterlampen verbreiteten ein gleißendes Licht.[5] General Matsui Iwane schien unter einem großen inneren Druck zu stehen, händeringend saß er an seinem Platz.[6] Ein gehässiger amerikanischer Reporter schrieb über den in seinem Stuhl zusammengesunkenen Marquis Kido Koichi, er habe »den Gesichtsausdruck einer schlecht gelaunten Micky Maus«, während er das »lange mongolische Gesicht« eines japanischen Generals als »eine unergründliche Maske« bezeichnete. Tojo trug eine ausgebleichte Uniformjacke und saß, oft mit geschlossenen Augen, regungslos auf seinem Platz.[7]

Die Richter hatten das Urteil gestrafft, indem sie einige der von der Anklage ursprünglich formulierten 55 Anklagepunkte wegließen. Sie vertraten die Ansicht, dass nur eine Verschwörung zur Führung eines Angriffskriegs für sich genommen ein Verbrechen darstelle, nicht aber eine Verschwörung zur Begehung von Verbrechen gegen die Menschlichkeit oder zur Begehung von Kriegsverbrechen. Auf das Drängen der Commonwealth-Richtergruppe hin bestätigte das Urteil, dass die Verschwörung zur Planung oder zur Vorbereitung eines Angriffskriegs ein Verbrechen sei, stellte dann aber fest, es sei nicht notwendig, irgendeinen der Angeklagten allein wegen eines solchen Plans zu verurteilen. Die Richter wiesen das Argument der Anklagevertretung zurück, dass Tötungshandlungen zu Beginn eines rechtswidrigen Krieges im Dezember 1941 – in Pearl Harbor, Hongkong und in Davao auf den Philippinen, bei der Versenkung eines britischen Kanonenboots in Shanghai und bei der ersten großen Schlacht in Malaya – als Morde zu bewerten seien. Diese Behauptung, die auf General Douglas MacArthur zurückging, konnte potenziell zu der Aussage erweitert werden, dass es nicht nur zu Beginn, sondern während des gesamten Krieges zu Morden gekommen war, was einer Verurteilung eines jeden Soldaten, der in einem Angriffskrieg getötet hatte, wegen Mordes gleichkam. Also machten die Richter vorsichtig einen Schritt zurück und erklärten, es verbinde sich »kein guter Zweck« mit Anklagen wegen Mordes, die hinfällig wären, wenn der Krieg später als rechtmäßig bewertet würde.[8] Die Richter betonten, dass eine Anklage wegen eines Angriffskriegs gegen die Philippinen als Angriff auf die Vereinigten Staaten behandelt werden sollte, ein Argument, das pedantisch und zugleich kolonialistisch daherkam.

Webb begann seinen Vortrag mit Feststellungen, die nahezu ausnahmslos nachteilig für die Angeklagten waren und zugleich das Endergebnis ahnen ließen. Nach all den Hinterzimmer-Auseinandersetzungen wegen des Vorwurfs der Verschwörung stellte das Urteil fest, dass es, in Zusammenarbeit mit dem Deutschen Reich und Italien, tatsächlich eine Verschwörung zur Herrschaft über Asien gegeben habe, wenn auch nicht über die gesamte Welt. Außerdem befand das Gericht, dass die Anklagevertretung das Vorhandensein einer kriminellen Verschwörung zur Führung von Angriffskriegen bewiesen habe: »Es können keine schwereren Verbrechen ersonnen werden als eine Verschwörung zur Führung eines Angriffskriegs oder die Führung eines Angriffskriegs selbst, denn die Verschwörung bedroht die Sicherheit der Völker der Welt, und die Kriegführung zerstört sie.« Als nächsten Punkt hielt das Urteil fest, es sei bewiesen worden, dass Angriffskriege geführt worden seien, und zwar gegen China, die Vereinigten Staaten, das Commonwealth, die Niederlande, Frankreich, Thailand und, bei den beiden Grenzkonflikten, gegen die Sowjetunion.

Die Angeklagten saßen mit grimmigen Mienen schweigend auf ihren Plätzen.[9] Webb forderte jeden einzelnen Angeklagten in alphabetischer Reihenfolge – von Araki Sadao bis zu Umezu Yoshihiro – auf, aufzustehen und vorzutreten, um sich für schuldig oder nicht schuldig zu erklären. Sie sollten später erneut aufgerufen werden, um ihre Urteile zu hören.

Sollten die Angeklagten noch irgendwelche Hoffnungen gehegt haben, so wurden diese von den ersten Urteilen zunichtegemacht. Eine ganze Reihe von Militärs wurde rasch abgeurteilt. Während die Richtermehrheit einige in manchen Anklagepunkten für nicht schuldig befand, sollten alle 25 Angeklagten zumindest in einigen Punkten verurteilt werden. Anders als in Nürnberg, wo drei hochrangige deutsche Angeklagte von den Richtern für nicht schuldig befunden worden waren, gab es in Tokio keine vollkommenen Freisprüche.

Webb erklärte, dass General Doihara Kenji, den Mei Ruao bei Prozessbeginn so wütend angestarrt hatte, tief in den Beginn und die Führung eines Angriffskriegs gegen China verstrickt gewesen sei. »Wir befinden ihn für schuldig«, verkündete Webb, Kriege gegen China, die Vereinigten Staaten, das Commonwealth, die Niederlande und die Sowjetunion vorbereitet und geführt zu haben. Als Befehlshaber der Siebten Armee auf Borneo, Sumatra und Java sowie in Malaya wurde er wegen Kriegsverbrechen verurteilt, die aus der Nichtbereitstellung von angemessener Nahrung und medizinischer Versorgung von alliierten Kriegsgefangenen bestanden.

Feldmarschall Hata Shunroku wurde als ehemaliger Heeresminister und Befehlshaber der japanischen Streitkräfte in China schuldig gesprochen. Das Tribunal konnte ihn zwar nicht wegen unmittelbarer Befehle zur Begehung von Kriegsverbrechen in China verurteilen, tat dies aber aufgrund seiner Verantwortung als Befehlshaber: Entweder habe er von den Gräueltaten gewusst, die seine Soldaten begingen, und nichts unternommen, um weitere Übergriffe zu verhindern, oder er sei so gleichgültig gewesen, dass es ihm nicht wichtig war, zu überprüfen, ob seine Untergebenen die Befehle zur humanen Behandlung von Kriegsgefangenen und Zivilisten befolgten. Er wurde wegen der Führung eines Angriffskriegs gegen China, die Vereinigten Staaten, das Commonwealth und die Niederlande verurteilt, ausgenommen blieb in seinem Fall die Sowjetunion.

Dieser Freispruch von einem von der Sowjetunion vorgebrachten Anklagepunkt sollte sich vielfach wiederholen. Generalmajor Iwan Sarjanow und die sowjetischen Anklagevertreter erwiesen sich als katastrophal unfähig, wenn es galt, nichtsowjetische Richter von ihren Argumenten zu überzeugen. Die Sowjets erwirkten mit zwei separaten Anklagen wegen des Führens eines Angriffskriegs im Zusammenhang mit den beiden Grenzkonflikten nur fünf Verurteilungen, während in 19 Fällen auf nicht schuldig entschieden wurde. Kein anderes Land wies eine so ungünstige Quote auf. Die sowjetische Anklagevertretung brachte es sogar fertig, dass Tojo in einem Punkt freigesprochen wurde, es war der einzige Vorwurf, bei dem er für nicht schuldig befunden wurde.

Baron Hiranuma Kiichiro war der erste Zivilist, der aufgerufen wurde. Als früherer Vorsitzender des Staatsrates (*Sumitsu-in*), Premierminister und Innenminister wurde er als Mitverschwörer betrachtet, der die aggressiven Pläne der Militaristen aktiv unterstützt hatte. Der reaktionäre Aristokrat hatte bei einer Sitzung hochrangiger Staatsmänner, die den Kaiser berieten, kurz vor Pearl Harbor die Ansicht vertreten, dass ein Krieg unvermeidlich sei, was für sich genommen bereits ausreichte, um ihn wegen der Führung eines Angriffskriegs gegen die Vereinigten Staaten zu verurteilen. Er wurde außerdem der Führung eines Angriffskriegs gegen China, das Commonwealth, die Niederlande und die Sowjetunion für schuldig befunden, nicht aber gegen Frankreich. Aus Mangel an Beweisen wurde er in zwei Anklagepunkten, die sich auf Kriegsverbrechen bezogen, für nicht schuldig befunden.

Als Nächster kam Hirota Koki an die Reihe, ein weiterer ehemals mächtiger Zivilist. Die Richter tadelten den Premierminister von 1936 für das Einschlagen einer gefährlichen Politik der Vorherrschaft. Als Außenminister während der Invasion in China im Jahr 1937 machte man ihn verantwortlich für sein Drängen auf eine Unterwerfung des Landes und den Sturz der nationalchinesischen Regierung. Hirotas Verteidiger hatte seinen Mandanten als einen um Frieden bemühten Diplomaten dargestellt, doch die Richter kamen zu dem Schluss, dass er niemals bereit gewesen war, auf Japans Gebietsgewinne zu verzichten, und durchgehend dem Einsatz von Gewalt zugestimmt hatte, wenn Japans Forderungen durch die Mittel der Diplomatie nicht zu erreichen gewesen waren. Das Tribunal stellte dennoch fest, dass er sich 1941 gegen den Pazifikkrieg ausgesprochen habe, und deshalb war ihm eine Schuld am Angriffskrieg gegen die Vereinigten Staaten, das Commonwealth und die Niederlande nicht nachgewiesen worden. Auch eine aktive Rolle beim Angriffskrieg gegen die Sowjetunion oder Frankreich wurde bei ihm nicht festgestellt.

Die Richter fanden keinen Beleg dafür, dass Hirota die Misshandlung alliierter Kriegsgefangener angeordnet oder zugelassen hatte, verurteilten ihn jedoch wegen des Massakers von Nanjing wegen Kriegsverbrechen. Als zu jenem Zeitpunkt amtierender Außenminister wurde er verurteilt, weil er sich im Kabinett nicht für ein Ende der Gräueltaten eingesetzt und sich stattdessen auf die leeren Versprechungen des Heeres verlassen hatte. »Seine Tatenlosigkeit kam einer kriminellen Fahrlässigkeit gleich«, sagte Webb.

Die Richter übten massive Kritik an General Itagaki Seishiro, einem weiteren von Meis Hauptverdächtigen, der für schuldig befunden wurde, Angriffskriege gegen China, die Vereinigten Staaten, das Commonwealth, die Niederlande und die Sowjetunion geplant und geführt zu haben. Er wurde als Drahtzieher des Mukden-Zwischenfalls im September 1931 bezeichnet, der anschließend auch die Führungsrolle bei der Schaffung des Marionettenstaats Mandschukuo innegehabt habe. Als Heeresminister während des Krieges in China habe er an Besprechungen teilgenommen, bei denen die Vernichtung der nationalchinesischen Regierung und deren Ersetzung durch ein Marionettenregime beschlossen worden sei. Außerdem habe er ein Militärbündnis mit dem Deutschen Reich und Italien ohne Einschränkungen und Vorbehalte unterstützt.

Gegen Kriegsende hatte Itagaki einige Monate lang einen Kommandeursposten in Singapur inne, dessen Hauptquartier für Java, Sumatra, Borneo und Malaya verantwortlich war. Nur die Gefangenenlager in Singapur standen unter seiner unmittelbaren Kontrolle, aber er war auch für die Versorgung mit Lebensmitteln und medizinischem Bedarf in allen anderen Lagern zuständig. »Während dieses Zeitraums waren die Lebensbedingungen in diesen Lagern unbeschreiblich schlecht«, erklärte Webb. Ernährung, medizinische und Lazarettversorgung seien vollkommen unzureichend gewesen. Die Richter wiesen Itagakis Behauptung zurück, die Angriffe der Alliierten auf den japanischen Schiffsverkehr hätten die Versorgung jener entlegenen Gebiete erschwert, und machten ihn »verantwortlich für den Tod und das Leid Tausender von Menschen, deren angemessene Versorgung seine Pflicht war«. Die Richter verurteilten ihn wegen der Anordnung oder Zulassung von Kriegsverbrechen gegen alliierte Kriegsgefangene und internierte Zivilisten.

Marquis Kido Koichi machte einen besorgten Eindruck, als sein Urteil verlesen wurde.[10] Das Allgemeine Hauptquartier und die Anklagevertreter hatten sich zwar alle Mühe gegeben, den Nachweis zu erbringen, dass er seinen Monarchen hinters Licht geführt hatte, aber ein Schuldspruch gegen ihn würde den Tokioter Prozess einer persönlichen Verurteilung des Kaisers von Japan so nahe bringen, wie es nur möglich war.

Die Richter wiesen Kidos Selbstdarstellung als standhafter Gegner der Militaristen rundheraus zurück. Sie überhäuften ihn mit Beschuldigungen, die sich auf seine Handlungen in der Zeit vor Juni 1940 bezogen, als er Lordsiegelbewahrer wurde. Auf diese Art wollten sie es erleichtern, Kido zu verurteilen, aber den Kaiser zu schonen. Webb verkündete, als Bildungs- und Innenminister habe sich Kido von 1937 bis 1939 »die Ansichten der Verschwörer zu eigen gemacht und sich von ganzem Herzen ihrer Politik verschrieben«. Für unschuldig befanden ihn die Richter im Fall der Besetzung von Indochina und bei den Grenzkonflikten mit der Sowjetunion, aber sie verurteilten ihn wegen des Angriffskriegs gegen China. Den Krieg gegen China hatte er mit dem Ziel unterstützt, die militärische und politische Herrschaft über das Land zu erlangen, und sich jeglichen Friedensbemühungen widersetzt. Zum Zeitpunkt des Massakers in Nanjing hatte er zwar dem Kabinett angehört, doch die Richter entschieden zurückhaltend, es lägen nicht genug Beweise dafür vor, um ihn dafür zu verurteilen, dass er das Gemetzel nicht verhindert hatte.

Die Richter betrachteten Kidos Rolle im Kaiserpalast vorsichtig und von allen Seiten, stellten dann aber fest, dass er seinen Einfluss zur Befürwortung der Herrschaft über China und ganz Asien genutzt habe: »Als Lordsiegelbewahrer befand er sich bei der Förderung der Verschwörung in einer besonders günstigen Ausgangsposition.« Vor Pearl Harbor habe er zwar einige Bedenken gehabt, dennoch befand ihn das Gericht für »maßgeblich beteiligt« an der Berufung Tojos zum Premierminister. Dabei übersahen die Richter geflissentlich die Möglichkeit, dass der Kaiser den Rat seines Lordsiegelbewahrers ohne Weiteres hätte verwerfen können, um einen weniger kriegslüsternen Premierminister zu ernennen. Die Richter gaben Kido die Schuld für das Schweigen des Kaisers und räumten damit stillschweigend ein, dass der Monarch mehr hätte tun können, um den Krieg zu verhindern: »Er sah davon ab, dem Kaiser zu raten, sich auf irgendeine Art gegen den Krieg auszusprechen, entweder in letzter Minute oder früher, als es noch wirkungsvoller hätte sein können.«

Die beste Nachricht für den Kaiserpalast war, dass die Richter entschieden, der Lordsiegelbewahrer könne nicht für Kriegsverbrechen gegen alliierte Gefangene und Zivilisten in der Zeit nach Pearl Harbor verantwortlich gemacht werden. Daraus folgte, dass Kido – und durch Erweiterung des Personenkreises vielleicht auch der Kaiser – nichts hätte tun können, um das Militär von diesen Verbrechen abzuhalten. Doch Kido wurde der Führung eines Angriffskriegs gegen die Vereinigten Staaten, das Commonwealth und die Niederlande für schuldig befunden, weil er Tojo zu mehr Macht verholfen und sich 1941 den Kriegsbestrebungen nicht widersetzt hatte – und das ließ es vorstellbar erscheinen, dass auch ein Schuldspruch gegen den Kaiser selbst möglich gewesen wäre.

General Matsui Iwane war der prominenteste Angeklagte, gegen den wegen der Gräueltaten in Nanjing verhandelt wurde. Doch die Richter stellten ihn geringschätzig als zweitrangigen Kriegsherrn dar, der dem engeren Zirkel der Macht fern genug stand, um nicht zum Kreis der Verschwörer zu gehören und der Führung eines Angriffskriegs gegen die Vereinigten Staaten, das Commonwealth, die Niederlande und die Sowjetunion für nicht schuldig befunden zu werden. Zu Meis Verdruss erklärte man ihn auch für nicht schuldig am Angriffskrieg gegen China. Seine Einsätze dort in den Jahren 1937 und 1938 wurden für sich genommen nicht als Führung eines Angriffskriegs bewertet. Die Anklagevertretung hatte auch keine hinreichenden Beweise vorgelegt, die belegt hätten, dass ihm die kriminelle Zielsetzung des Krieges in China bekannt gewesen war – obwohl es kaum einzusehen war, dass er wirklich geglaubt haben könnte, Japan führe dort nur zur Selbstverteidigung Krieg.

Im Dezember 1937, zum Zeitpunkt der Einnahme von Nanjing, war er Oberbefehlshaber der Regionalarmee Zentralchina gewesen. Das Gericht kam zu dem Ergebnis, dass dort im Verlauf von sechs oder sieben Wochen mehr als 100 000 Menschen getötet und Tausende von Frauen vergewaltigt wurden. Das Gericht entschied, dass trotz der Leugnungen von japanischer Seite »die von neutralen Zeugen verschiedener Nationalitäten und unbestrittener Vertrauenswürdigkeit erbrachten gegenteiligen Beweise überwältigend sind«. Matsui hatte wenige Tage nach dem Fall der Stadt einen triumphalen Einzug in Nanjing gehalten, und er gab zu, von der *Kempeitai* und von Konsularbeamten über Verbrechen seiner Armee informiert worden zu sein; in der Stadt lebende Ausländer hatten japanischen Diplomaten täglich über die Gräueltaten berichtet, und die Diplomaten hatten diese Informationen an die japanische Regierung in Tokio weitergeleitet. »Das Tribunal ist davon überzeugt, dass Matsui wusste, was in der Stadt geschah«, sagte Webb.

»Er war der Kommandeur der Armee, die für diese Ereignisse verantwortlich war«, verkündete Webb. »Er wusste von ihnen. Er hatte die Macht und ebenso die Pflicht, seine Soldaten zu zügeln und die unglücklichen Bürger von Nanjing zu schützen. Er muss die strafrechtliche Verantwortung für sein Versäumnis tragen, dieser Pflicht nachzukommen.« Doch das Gericht verfügte nicht über hinreichende Beweise, um Matsui für das Anordnen oder Zulassen der Gräueltaten zu verurteilen. Er wurde nur in einem einzigen Anklagepunkt schuldig gesprochen: Er hatte es versäumt, die Kriegsverbrechen in Nanjing zu verhindern.

Der andere hochrangige Heeresoffizier, der wegen Nanjing unter Anklage stand, war Muto Akira, der damals im Rang eines Obersten als stellvertretender Stabschef unter Matsui diente. Wie sein Vorgesetzter wurde er als Randgestalt bei den großen Entscheidungen dargestellt und vom Vorwurf eines Angriffskriegs gegen Frankreich und die Sowjetunion freigesprochen. Erst nach seinem Aufstieg zum Chef des Büros für militärische Angelegenheiten wurde er als führender Teil der Verschwörung eingestuft, was ihm einen Schuldspruch wegen eines Angriffskriegs gegen die Vereinigten Staaten, das Commonwealth und die Niederlande einbrachte. Die Richter verurteilten ihn wegen des Angriffs auf China, offensichtlich wegen des auf seinem einflussreichen Posten geleisteten Beitrags zu den Kriegsanstrengungen.

Beim Thema Nanjing kamen die Richter zu folgendem Schluss: »Wir zweifeln nicht daran, dass Muto, ebenso wie Matsui, wusste, dass über einen Zeitraum von vielen Wochen hinweg Gräueltaten begangen wurden.« Doch sie entschieden, dass Muto in seiner untergeordneten Stellung nichts tun konnte, um das Gemetzel zu stoppen – eine rätselhafte Schlussfolgerung, die auf der Vorstellung beruhte, dass ein stellvertretender Stabschef machtlos war. Mei war außer sich. Wenn man diese Logik ernst nahm, würde das der Doktrin der Befehlshaberverantwortlichkeit den Garaus machen und jedwede Schuld nur noch den höchsten Dienstgraden zuordnen.

Nach dem Freispruch im Zusammenhang mit dem Massaker von Nanjing wurden Muto seine späteren Beförderungen zum Verhängnis. Als Befehlshaber der im Norden Sumatras stationierten Truppen machte man ihn für die Unterernährung, Folterung und Ermordung von alliierten Kriegsgefangenen und die Massaker an Zivilisten verantwortlich. Nach Ansicht der Richter war Muto in einer späteren Kriegsphase als Stabschef von General Yamashita Tomoyuki auf den Philippinen in einer Position, die sich »sehr deutlich von derjenigen unterschied, die er während der sogenannten ›Schändung von Nanjing‹ innehatte. Er war jetzt in einer Position mit Einfluss auf die Politik.« In dieser Rolle machten ihn die Richter für einen mit Massakern und Folterungen verbundenen Feldzug verantwortlich, der sich gegen philippinische Zivilisten richtete. Man befand ihn der Anordnung und Duldung von Kriegsverbrechen für schuldig, hinzu kam noch das Versäumen angemessener Maßnahmen zur Verhinderung von Kriegsverbrechen auf den Philippinen.

Die verwickeltsten Fälle waren mit drei zivilen Ministern verbunden, die für sich in Anspruch nahmen, dass sie unschuldig waren.

Kaya Okinori, der ehemalige Finanzminister, war der erste Angeklagte, der sich – wie Geheimakten des Heeres bewiesen, die den Richtern unbekannt waren – aktiv gegen den Angriff auf die Vereinigten Staaten ausgesprochen hatte. Vom Vorwurf, Kriegsverbrechen begangen zu haben, sprach man ihn zwar wegen Mangels an Beweisen frei, verurteilte ihn jedoch für das Formulieren aggressiver politischer Konzepte und wegen Kriegsvorbereitungen auf wirtschaftlicher und finanzieller Ebene. Kaya hatte sich zwar nicht so energisch gegen den Krieg mit den Vereinigten Staaten ausgesprochen wie Togo Shigenori, aber die Richter hätten vielleicht anders entschieden, wenn ihnen die vollständigen Unterlagen zur Verbindungskonferenz vorgelegen hätten, bei der Kaya um weitere Verhandlungen gebeten und obendrein gewarnt hatte, ein Sieg sei unmöglich, und die jahrhundertealte nationale Existenz Japans stehe auf dem Spiel. Die Richtermehrheit befand ihn – ohne erkennbares Gespür dafür, dass sie anhand einer unvollständigen Aktenbasis entschieden – des Führens von Angriffskriegen für schuldig, zunächst gegen China und 1941 dann gegen die Vereinigten Staaten, das Commonwealth und die Niederlande.

Shigemitsu Mamoru, ein ehemaliger Außenminister mit einflussreichen Freunden in westlichen Ländern, war einer der am wenigsten zu tadelnden Männer unter den Angeklagten. Die Bilanz seines politischen Wirkens blieb im Unklaren, weil er nicht in eigener Sache ausgesagt hatte. Die Richter sprachen ihn dennoch vom Vorwurf einer Beteiligung an der Verschwörung ohne Weiteres frei; sie wussten, dass er sich wiederholt gegen die Politik der Militaristen ausgesprochen hatte. Er war niemals über das korrekt ausgefüllte Amt als Botschafter in der Sowjetunion, in Großbritannien und China hinausgegangen. Doch die Richter kamen zu dem Schluss, dass er sich im Amt des Außenministers von 1943 bis 1945 vollständig darüber im Klaren gewesen sein musste, dass Japan einen Angriffskrieg führte. Paradoxerweise wurde ihm jetzt sein eigenes Engagement gegen den Krieg zum Vorwurf gemacht. Die Richter vertraten die Ansicht, er habe ganz genau gewusst, dass die Verschwörer den Krieg verursacht hätten, weil er sich gegen ihre kriegstreiberische Politik ausgesprochen habe; dennoch habe er »eine wichtige Rolle bei der Führung dieses Krieges gespielt«. Aus diesem Grund wurde er der Führung eines Angriffskriegs gegen China, die Vereinigten Staaten, das Commonwealth, die Niederlande und Frankreich – nicht aber gegen die Sowjetunion – für schuldig befunden.

Als Außenminister war ihm ein stetig fließender Strom von Protesten der Alliierten zugegangen, die sich auf Verbrechen an Kriegsgefangenen bezogen. Das Außenministerium bearbeitete diese Proteste nur stellvertretend für das tonangebende Militär. Shigemitsu musste Verdacht geschöpft haben, dass Kriegsgefangene tatsächlich misshandelt wurden, entschieden die Richter. Seiner Verantwortung als Kabinettsmitglied zum Trotz, ergriff er »keine angemessenen Maßnahmen zur Untersuchung der Angelegenheit. (…) Er hätte die Sache als dringlich behandeln sollen, wenn nötig, bis zum eigenen Rücktritt.« Dieses Argument war verwirrend: War es nicht möglich, dass ein Minister sich gegen Kriegsverbrechen wehrte, ohne gleich unter Protest zurückzutreten? Inwieweit berücksichtigten die Richter die Schwierigkeiten eines wirksamen zivilen Protestes gegen die Armee in einem hochgradig militarisierten gesellschaftlichen Klima in Kriegszeiten? Außerdem hätte das Argument der Richtermehrheit überzeugender gewirkt, wenn sie nicht eben erst Muto Akira vom Vorwurf, für Kriegsverbrechen in Nanjing verantwortlich zu sein, freigesprochen hätte, ohne die Forderung zu erheben, dass auch er unter Protest hätte zurücktreten müssen.

Das Tribunal sprach Shigemitsu von dem Vorwurf frei, Kriegsverbrechen angeordnet oder erlaubt zu haben, erklärte ihn aber des Versäumnisses für schuldig, Kriegsverbrechen nicht verhindert zu haben. Schließlich fügten die Richter in einer Anwandlung von schlechtem Gewissen jedoch eine besorgte Notiz hinzu, die der Strafmilderung dienen sollte – es war der einzige Fall, bei dem sie so etwas taten. Webb trug vor: »Wir berücksichtigen, dass Shigemitsu auf keinerlei Art an der Formulierung der Verschwörung beteiligt war; dass er keinen Angriffskrieg führte, bis er im April 1943 zum Außenminister ernannt wurde, zu einem Zeitpunkt, zu dem sein Land bereits tief in einen Krieg verstrickt war (…); und, beim Thema Kriegsverbrechen, dass das Militär Japan vollständig beherrschte, solange er Außenminister war, so dass es bei jedem Japaner einer großen Entschlossenheit bedurft hätte, wenn es galt, das Handeln der Militärs zu tadeln.«

Während Togo Shigenori auf sein Urteil wartete, galten seine Gedanken der Erziehung seiner jungen Enkelsöhne: »Das Wichtigste ist meiner Ansicht nach, dass sie als Kinder den Ehrgeiz haben, große Männer zu werden, aber dass wir ihnen auch beibringen, immer ehrlich zu sein und den Weg der Anständigkeit zu wählen.«[11] Das Urteil gegen ihn war die schreiendste Ungerechtigkeit des Tokioter Prozesses. Die Urteilsbegründung folgte MacArthurs ursprünglicher Vorstellung eines zügig geführten Prozesses für das Kabinett zur Zeit von Pearl Harbor und stellte fest, seine »hauptsächliche Verbindung« mit Kriegsverbrechen seien die wenigen Monate, die er als Außenminister in Tojo Hidekis Kabinett diente.

Die Richter verfügten nicht über die Aufzeichnungen interner Debatten bei den Verbindungskonferenzen und kaiserlichen Konferenzen im Herbst 1941, die Togos besorgte Kriegsgegnerschaft belegten. Doch ihnen stand beachtliches Beweismaterial zu seinen Bemühungen gegen einen Krieg zur Verfügung, das sich aus seiner eigenen detaillierten und überzeugenden Aussage ergab – einem außergewöhnlichen Auftritt, den die Richtermehrheit ignorierte. Selbst Tojo Hideki hatte Togos eidesstattliche Erklärung bestätigt, dass der Außenminister nur ins Kabinett eingetreten war, um den Krieg zu verhindern. »Ab dem Datum seiner ersten Ernennung bis zum Ausbruch des Pazifikkriegs beteiligte er sich an der Planung und Vorbereitung des Krieges«, verkündete Webb ohne jedes Schamgefühl und ohne Gespür dafür, wie falsch er damit lag. »Er nahm an Kabinettssitzungen und Konferenzen teil und stimmte mit allen dabei getroffenen Entscheidungen überein.« Das war schlicht falsch: Erst ganz am Schluss hatte ein verzweifelnder Togo der Entscheidung für den Krieg zugestimmt. Er wurde im Grunde genommen dafür verurteilt, bei der Entscheidung mit im Raum gewesen zu sein.

Togo wurde, wie sein Mitangeklagter Shigemitsu, verurteilt, weil er nicht vom Ministeramt zurückgetreten war. Webb erklärte: »Als die Verhandlungen scheiterten und der Krieg unvermeidlich wurde, trat er nicht unter Protest zurück, sondern blieb im Amt und unterstützte den Krieg. Es wäre feige gewesen, sich anders zu verhalten, sagte er.« Die einzige Handlung Togos, die für das Gericht zählte, war seine Zustimmung zum Krieg im letzten Augenblick – eine Entscheidung, die man ihm zu Recht vorhalten konnte, aber nur als Teil einer vollständigen Arbeitsbilanz. Er selbst hatte ausgesagt, bei mindestens zwei Anlässen im Jahr 1941 mit seinem Rücktritt gedroht zu haben, um die Heeresführung zu mehr Flexibilität in der Frage des Truppenabzugs aus China und Indochina zu bewegen. Nach der von heftigen Auseinandersetzungen geprägten Verbindungskonferenz am 1. November hatte er – nach seiner eigenen Aussage – kurz vor dem Rücktritt gestanden und einem Verbleib im Amt des Außenministers nur zugestimmt, weil er befürchtete, durch einen stärker auf den Kriegskurs setzenden Nachfolger ersetzt zu werden. Die Richter hielten ihn dagegen für einen kleingeistigen Heuchler und kritisierten, dass er im September 1942 wegen einer Streitigkeit im Kabinett zurückgetreten sei. Togos auffällig kurzer Amtszeit als Außenminister zum Trotz zeigten sich die Richter unbeeindruckt von dessen eigener Erklärung, er habe den Dienst wegen der Dominanz des neu geschaffenen Großostasien-Ministeriums quittiert – als Ausdruck des Entsetzens über den Gewaltkurs, den Japan während des Krieges verfolgte.

Togo wurde allerdings in mehreren Anklagepunkten freigesprochen. Die Richter entlasteten ihn vom Vorwurf eines Angriffskriegs gegen die Sowjetunion und stellten fest, er habe nichts Schlimmeres getan, als ein Abkommen zu unterzeichnen, mit dem ein Grenzverlauf festgelegt wurde, um den Grenzkonflikt von 1939 beizulegen. Togo wurde, wie auch Shigemitsu, aufgrund seiner Rolle bei der Bearbeitung von Protesten der Alliierten wegen Kriegsverbrechen angeklagt. Hierbei gingen die Richter mit ihm gnädiger um als mit Shigemitsu. Sie akzeptierten, dass er in den Monaten nach Pearl Harbor versucht hatte, die Einhaltung der Bestimmungen des Kriegsrechts durchzusetzen. Er hatte die Proteste der Alliierten weitergegeben, und in mehreren Fällen hatte es tatsächlich gewisse Bemühungen um eine Verbesserung der Lebensbedingungen für Gefangene gegeben. Das Tribunal stellte fest, zum Zeitpunkt seines Rücktritts im Jahr 1942 seien die von japanischen Soldaten begangenen Kriegsverbrechen noch nicht so offenkundig gewesen, dass er davon gewusst haben müsste. Als er im Frühjahr 1945 ins Amt des Außenministers zurückkehrte, hatten sich die Proteste der Alliierten bereits gehäuft, und er reichte sie weiter an die zuständigen Militärbehörden. Die Richter kamen zu dem Schluss, dass es keine hinreichenden Beweise für eine Pflichtverletzung Togos bei der Verhinderung von Kriegsverbrechen gab.

Die Bilanz fiel hart aus. Togo wurde von herkömmlichen Kriegsverbrechen freigesprochen, aber der Beteiligung an der Verschwörung und am Angriffskrieg gegen China, die Vereinigten Staaten, das Britische Commonwealth und die Niederlande für schuldig befunden. Anders als bei Shigemitsu sagten die Richter nichts zu strafmildernden Umständen. Als Togo vor Pearl Harbor mit seiner Haltung nahezu allein dastand, hatte er die Militärs bei einer hitzigen Debatte aufgefordert, »den Gedanken aufzugeben, einen Krieg zu beginnen«. Jetzt wurde er mit einem blinden Urteil zusammen mit genau diesen Militaristen als Teil einer gemeinschaftlichen Verschwörung zum Angriffskrieg schuldig gesprochen.

Tojo Hideki, der berühmteste Name unter den Angeklagten, war als Zweitletzter an der Reihe. Der 63-jährige Mann gab sich so trotzig wie eh und je. Kurz vor der Urteilsverkündung hatte er zu seinem amerikanischen Verteidiger gesagt: »Zu Beginn des Prozesses hatte ich die Sorge, dass die Verantwortung des Kaisers zur Debatte stehen könnte. Ich bin jetzt beruhigt, weil der Zweifel beseitigt worden ist. Ich war von Anfang an bereit, die Gesamtverantwortung für den Krieg zu übernehmen, aber bedauerlicherweise wurden noch andere in den Prozess einbezogen.« Er dankte seinem Rechtsbeistand für eine energische Verteidigung und sagte: »Ich kann nur sagen, dass dies ein Prozess des Siegers ist.«[12]

Tojo starrte über Webbs Kopf hinweg.[13] Das Urteil über ihn fiel streng und wenig überraschend aus. »Er trägt die Hauptverantwortung für Japans verbrecherische Angriffe auf seine Nachbarn«, erklärte der australische Richter.

Ihm wurde eine Führungsrolle in der Verschwörung seit 1937 zugewiesen, als er zum Stabschef der Kwantung-Armee ernannt worden war. Er plante einen Angriff auf die Sowjetunion, bereitete ihn vor und nutzte die Mandschurei als Stützpunkt für dieses Vorgehen. Er forderte weitere Angriffe auf China. Als stellvertretender Heeresminister mobilisierte er die japanische Gesellschaft für den Krieg und sprach sich gegen einen Kompromissfrieden mit China aus. Dann stieg er 1940 zum Heeresminister auf: »Danach ist seine Geschichte weitgehend die Geschichte der aufeinanderfolgenden Schritte, mit denen die Verschwörer Angriffskriege gegen Japans Nachbarn planten und führten. (…) Er befürwortete und förderte die Ziele der Verschwörung mit Geschick, Entschlossenheit und Beharrlichkeit.«

Tojo wurde im Oktober 1941 zum Premierminister ernannt, behielt das Amt des Heeresministers und befürwortete durchweg den Verbleib der Truppen in China, die das Land zum Nutzen Japans ausplünderten und die nationalchinesische Regierung hart bedrängten. In den Verhandlungen mit den Amerikanern vor Pearl Harbor bestand er energisch auf Bedingungen, mit denen »die Früchte des Angriffs auf China« gesichert und Japans Herrschaft über Asien herbeigeführt werden sollte. Die Richter wiesen Tojos Behauptung, in legitimer Selbstverteidigung gehandelt zu haben, rundheraus zurück. »Die Bedeutung der führenden Rolle, die er bei der Sicherstellung der Entscheidung für den Krieg spielte, um diese Politik zu unterstützen, kann nicht überschätzt werden«, trug Webb vor. Für den Grenzkonflikt mit der Sowjetunion von 1939, einem Jahr, in dem er kein Amt innehatte, sprach man ihn nicht schuldig, aber das Tribunal befand ihn für schuldig als Teil der Verschwörung und für schuldig an einem Krieg nach dem anderen: gegen China, die Vereinigten Staaten, das Commonwealth, die Niederlande und Frankreich.

Die meisten Angeklagten wurden für schuldig befunden, keine angemessenen Schritte zur Verhinderung von Kriegsverbrechen unternommen zu haben, doch bei Tojo machten sich die Richter nicht die Mühe, auch in diesem Anklagepunkt zu entscheiden. Stattdessen verurteilten sie Tojo gemäß dem schlimmeren Vorwurf, Kriegsverbrechen befohlen, genehmigt oder zugelassen zu haben. Man machte ihn verantwortlich für den Befehl, dass Gefangene, die nicht arbeiteten, nichts zu essen bekommen sollten, was zu Leid und Todesfällen unter den Kranken und Verwundeten führte, die zur Arbeit gezwungen wurden. Tojo war auch Heeresminister gewesen und hatte damit die Verantwortung für die Versorgung der alliierten Kriegsgefangenen und gefangenen Zivilisten mit Nahrung und Unterkunft sowie für die medizinische Betreuung und die Lazarette für Gefangene getragen. Außerdem hatte er das Innenministerium geleitet, mit ähnlichen Pflichten beim Umgang mit in Japan inhaftierten Zivilisten aus den Ländern der Alliierten. Und vor allem war er Regierungschef gewesen, mit all der Verantwortung, die mit diesem Amt verbunden war.

»Die barbarische Behandlung von Gefangenen und Internierten war Tojo gut bekannt«, erklärte Webb. »Er unternahm keine angemessenen Schritte, um Rechtsbrecher zu bestrafen und ähnliche Vergehen zukünftig zu verhindern.« Er nahm an Besprechungen teil, bei denen die hohen Todesraten in Gefangenenlagern diskutiert wurden, und er war verantwortlich für das Vertuschen von Informationen über die tatsächlichen Bedingungen in den Lagern vor der Außenwelt. Tojo wusste um die »schockierende Einstellung«, dass der Konflikt in China nicht als Krieg betrachtet wurde, und missbilligte diese Politik nicht, die den chinesischen Gefangenen die Rechte von Kriegsgefangenen systematisch vorenthielt.

Die Richter stellten fest, dass er den Arbeitseinsatz von Kriegsgefangenen beim Bau der Burma-Thailand-Eisenbahn empfohlen, aber keine angemessenen Maßnahmen zu ihrer Unterbringung und Ernährung ergriffen hatte, und dasselbe galt für die Pflege der im tropischen Klima Erkrankten. Er entsandte einen Offizier zur Überprüfung der Lager entlang der Bahnlinie, seine Strafmaßnahmen beschränkten sich aber auf eine Anklage gegen einen einzigen Kompaniechef. Webb erklärte: »Der schockierende Zustand der Gefangenen im Jahr 1944, als Tojos Kabinett stürzte, und die enorme Zahl von Gefangenen, die bis dahin an Unterernährung und mangelhafter medizinischer Versorgung gestorben waren, sind ein schlüssiger Beweis dafür, dass Tojo keine angemessenen Schritte zu ihrer Versorgung unternahm.«

Tojo hatte gewusst, dass viele Gefangene beim Todesmarsch von Bataan umgekommen waren, forderte aber keinen Bericht dazu an und bestrafte auch keinen einzigen japanischen Offizier. Bei einem späteren Besuch auf den Philippinen betrieb er oberflächliche Recherchen, ergriff aber keine Maßnahmen. Seine Erklärung dafür sei, wie die Richter mit Verachtung festhielten, dass japanische Feldkommandeure keinen besonderen Anweisungen aus Tokio unterliegen würden. Als Regierungschef hatte sich Tojo wissentlich und vorsätzlich geweigert, Japans Pflicht zur Beachtung der Bestimmungen des Kriegsrechts durchzusetzen. »Das Tribunal befindet Tojo für schuldig«, sagte Webb, schuldig der Anordnung oder Zulassung von Kriegsverbrechen.

Nachdem Webb die Verlesung der Urteile beendet hatte, enthüllte er zum ersten Mal offiziell das Durcheinander, das in den Reihen der Richter herrschte. »Das Mitglied für Indien stimmt mit dem Mehrheitsurteil nicht überein und hat eine Erklärung zu seinen Gründen für einen solchen Dissens abgegeben«, sagte der Vorsitzende. Auch der französische und der niederländische Richter hätten abweichende Stellungnahmen verfasst, fügte er hinzu.

Die Bombe war geplatzt. Unmittelbar nach der Verurteilung aller Angeklagten legte das Gericht offen, dass drei seiner Mitglieder Zweifel am Urteil anmeldeten.

Radhabinod Pals Dissens war jetzt ein offenes Geheimnis im ganzen Haus, und alle japanischen Angeklagten beantragten, dass die abweichenden Richtermeinungen laut vorgelesen werden sollten. Die Richter verwarfen den Antrag umgehend. Alle abweichenden Stimmen und Meinungen würden zu den Prozessakten genommen, sagte Webb, aber nicht in öffentlicher Sitzung verlesen.[14] Die Sondervoten standen dem Oberkommandierenden, den Verteidigern und anderen Interessenten, die dies beantragten, zur Verfügung und sollten schließlich auch veröffentlicht werden. Die Presse berichtete zwar umgehend über die wesentlichen Punkte der abweichenden Meinungen, aber sie erzielten eine geringere Wirkung als das Urteil selbst.[15]

Webb sorgte mit der Bekanntmachung, dass auch die Richtermehrheit sich untereinander nicht einig war, für zusätzliche Verwirrung. Der philippinische Richter hatte eine separate Stellungnahme zu Protokoll gegeben, die mit seinen Kollegen der Richtermehrheit übereinstimmte. Und Webb selbst sorgte für Unruhe und einen letzten Schub an Frustration, der auf die Mehrheitsrichter zielte, die ihm privat die Stirn geboten hatten. Er sagte, er stimme generell mit der Mehrheit überein, wenn es um die Fakten gehe, und habe keine abweichende Meinung. Hinzufügen wolle er jedoch seine eigene »kurze Stellungnahme zu meinen Gründen für das Festhalten am Statut und der rechtlichen Zuständigkeit des Tribunals sowie einige allgemeine Überlegungen, die mich bei der Entscheidung über die Urteile beeinflussten«.

Um 15.30 Uhr verkündete Webb mit gefalteten Händen eine kurze Verhandlungspause vor der Verlesung der Urteile.[16]

Wer hängen wird

Es wurde eine qualvolle Pause. Die verurteilten Männer erduldeten 15 Minuten tiefer Furcht.

Die Richter kamen ein letztes Mal im Gänsemarsch in den Saal. Die Angeklagten wurden, einer nach dem anderen und einzeln, von einem US-Oberstleutnant, der im Sugamo-Gefängnis die Aufsicht über sie geführt hatte, in das zum Schweigen angehaltene Auditorium geführt, um dort das Urteil zu hören. Hinter den auf die Urteilsverkündung wartenden Kriegsverbrechern stand ein halbes Dutzend US-Militärpolizisten.[17] »Jeder Einzelne stand da wie von Tausenden Augen im Gerichtssaal festgenagelt – manche Blicke waren freundlich und mitfühlend, die Mehrheit wirkte streng und kompromisslos«, schrieb MacArthurs politischer Berater.[18] Nach der Verurteilung durch Webb, der mit leiser, aber fester Stimme sprach, wurde jeder der Männer wieder allein aus dem Saal geführt. Keiner von ihnen protestierte oder versuchte eine letzte Ansprache hervorzustoßen. »Die Bilder von den Angeklagten, die mit aufgesetzten Kopfhörern wie Tonfiguren dastanden, wirkten ungeheuer intensiv«, berichtete die liberale Zeitung *Asahi Shimbun.* »Besonders denkwürdig war die Tatsache, dass die Angeklagten, die harte Urteile erhielten, dem Gericht nur kurz zunickten und dann den Gerichtssaal verließen, ohne ein Wort zu sagen.«[19]

Der erste Angeklagte, General Araki Sadao, erhielt eine lebenslange Haftstrafe. Dann trat eine gespenstische Stille ein, als das Gericht das erste Todesurteil aussprach. Webb verkündete: »Angeklagter Doihara Kenji, nach den Anklagepunkten, nach denen Sie verurteilt worden sind, verurteilt Sie das Internationale Militärtribunal für den Fernen Osten zum Tod durch den Strang.« Der verurteilte General nahm ruhig seinen Kopfhörer ab, verbeugte sich vor dem Gericht und verließ den Saal.

Eine ganze Reihe von Offizieren des Heeres und der Marine erhielt lebenslange Haftstrafen. Die Männer standen stramm und verbeugten sich. Einer von ihnen, der alte General Minami Jiro, ein ehemaliger Heeresminister, der scheinbar verwirrt und nicht auf der Höhe des Geschehens war, nestelte an seinem Kopfhörer herum.[20]

Baron Hiranuma Kiichiro, der erste zu verurteilende zivile Politiker, erhielt ebenfalls eine lebenslange Haftstrafe. Ebenso erging es einem weiteren ehemaligen Premierminister, einem Minister und dem Botschafter in Italien. Kaya Okinori, der Finanzminister, der sich gegen den Angriff auf die Vereinigten Staaten ausgesprochen hatte, erhielt eine lebenslange Haftstrafe.

»Am stärksten beeindruckte mich die würdevolle Haltung der Angeklagten«, berichtete der politische Repräsentant Indiens in Tokio. »Es hatte etwas Mitleiderregendes an sich, einige der älteren Männer zur Anklagebank wanken und humpeln zu sehen, um dort ihr Urteil entgegenzunehmen. Keiner von ihnen schien vom Urteil erschüttert zu werden, vermutlich, weil sie alle darauf vorbereitet waren.«[21]

Für Hirota Koki galt das nicht. Er hatte allen Grund zu hoffen, dass man ihn am Leben lassen würde. Einige berüchtigte Militärs waren dem Strick entgangen. Der graue und stille ehemalige Premierminister schloss die Augen, als Webb ihm sein Schicksal verkündete: »Angeklagter Hirota Koki, nach den Anklagepunkten, nach denen Sie verurteilt worden sind, verurteilt Sie das Internationale Militärtribunal für den Fernen Osten zum Tod durch den Strang.« Der todgeweihte Mann, sichtlich verblüfft, wandte sich um und suchte den Blickkontakt zu seiner weinenden Familie auf der Zuschauergalerie. Er sollte der einzige Zivilist sein, der den Gang zum Galgen antreten musste. Überraschte japanische Reporter murmelten: »Hart! Hart!«[22]

General Itagaki Seishiro sollte hängen. Er nahm seinen Kopfhörer ab und hielt einen Augenblick lang inne. Dasselbe Schicksal wurde General Kimura Heitaro zuteil, einem stellvertretenden Heeresminister und Kommandeur der japanischen Streitkräfte in Burma.

Marquis Kido Koichi, der engste Berater des Kaisers, verbeugte sich vor dem Gericht. Er wurde zu lebenslanger Haft verurteilt.

General Matsui Iwane, verurteilt, weil er Kriegsverbrechen in Nanjing nicht verhindert hatte, wurde zum Tod durch den Strang verurteilt.

Ebenso erging es General Muto Akira, der das Hauptziel der philippinischen Ankläger gewesen war.

Shigemitsu Mamoru, der seine Hände auf die Bank presste, fand heraus, was die Richter unter Strafmilderung verstanden. Er erhielt das mildeste Urteil von allen, sieben Jahre Haft, beginnend mit dem Zeitpunkt der Vernehmung zur Anklage.

Togo Shigenori wurde zu 20 Jahren Gefängnis verurteilt. Es war das zweitmildeste Urteil. Doch bei einem 66-jährigen herzkranken Mann war es unwahrscheinlich, dass er den Ablauf dieser zwei Jahrzehnte erleben würde. Seine Frau Edith Togo wurde ohnmächtig, als man ihr sein Urteil mitteilte, beklagte anschließend aber lauthals, der Prozess sei ungerecht gewesen.[23]

Abb. 36 *Tojo Hideki hört Sir William Webb zu, der ihn zum Tode verurteilt, 12. November 1948.*

Es wurde noch stiller, als Tojo den Saal betrat und sich vor den Richtern verbeugte. Er setzte seinen Kopfhörer auf. Die japanischen Zuschauer beugten sich nach vorn. Die amerikanische Militärpolizei nahm Haltung an. Tojo und alle Anwesenden wussten, was jetzt kommen würde. Zwei seiner Söhne sahen von den Zuschauerrängen aus zu. Webb erklärte mit fester, klarer Stimme: »Angeklagter Tojo Hideki, nach den Anklagepunkten, nach denen Sie verurteilt worden sind, verurteilt Sie das Internationale Militärtribunal für den Fernen Osten zum Tod durch den Strang.« Der resignierte Tojo verbeugte sich vor dem Gericht. Er war der siebte Kriegsverbrecher, der zum Tod verurteilt wurde. »Er war nur ein brauner, kahlköpfiger, schäbiger kleiner Mann«, krähte die Nachrichtenagentur *Associated Press*. Draußen vor dem Gerichtsgebäude weinten seine Frau und seine Tochter, als man ihnen das Urteil überbrachte, unter einem Baum.[24]

Der letzte Angeklagte, General Umezu Yoshijiro – der an Bord des amerikanischen Schlachtschiffes *Missouri* die Kapitulationsurkunde unterzeichnet hatte –, erhielt eine lebenslange Haftstrafe. Er litt an einem fortgeschrittenen kolorektalen Karzinom und starb bereits einen langsamen Tod.[25] Das ergab eine Gesamtzahl von 16 lebenslangen Haftstrafen.

Als Webb schließlich schwieg, herrschte Chaos im Gerichtssaal. Reporter rannten zu den Telefonen. Familien der verurteilten Männer verharrten in Schockstarre.

Um 16.12 Uhr vertagte sich der Tokioter Prozess.[26]

Die Welt reagiert

Neun der verurteilten Männer, darunter vier der zum Tod Verurteilten, übergaben ihren Verteidigern nach der Urteilsverkündung in der klassischen Form verfasste Gedichte. Diese Texte wurden in der japanischen Presse veröffentlicht. »Mein Gewissen ist so rein wie die Sonne und der Mond«, erklärte Kaya Okinori. Baron Hiranuma Kiichiro dachte über Rechtsfragen nach: »Die Herrschaft des Rechts, die Herrschaft der Form sind am Ende / Und dennoch bleibt eine Herrschaft der Wahrheit, und die Nation ist im Frieden.«

Einige der verurteilten Männer waren wehmütig und nachdenklich. Matsui beschwor das vertraute Symbol des ewigen Japan: »Ob Wolke oder Berggipfel, das kann ich nicht sagen. / Der klare Himmel ist aus der Entfernung ein Dunst / Und dennoch, hinter diesem bleichen Dunst / Erhebt sich unveränderlich ein ewiger Gipfel / Und mit der Dämmerung des Lichts / Weiß ich, es ist der Berg Fuji.« Hirota, vom Todesurteil überrascht, wählte ein Bild, das oft benutzt wird, um den Verlust junger Soldaten zu symbolisieren: »Im Frühling fallen Männer wie Kirschblüten / Im Herbst reinigen sich Männer wie funkelnde Tautropfen.«

Auch Tojo bediente sich dieser Metapher in seinem Haiku: »Oh, sieh, wie die Kirschblüten stumm zu Boden fallen.«[27] In einem Brief, den er veröffentlicht sehen wollte, schrieb er, dass er sein Todesurteil verdient habe, und bedauerte, dass die Richter ihm nicht zugestanden hatten, die alleinige Verantwortung zu übernehmen. Es sei ihm ein großer Trost, dass der Kaiser nicht in den Prozess hineingezogen worden sei. Sein Todesurteil befreie ihn jedoch nicht von der Verantwortung für die mit dem Krieg verbundene Not, die seine Landsleute zu erdulden gehabt hätten. Tojo empfand zwar keinerlei Reue wegen des Angriffs auf Pearl Harbor, räumte aber ein, dass die an alliierten Kriegsgefangenen begangenen Gräueltaten »äußerst bedauerlich« seien, und übernahm die Verantwortung dafür, dass es nicht gelungen sei, den japanischen Soldaten die Freundlichkeit und Güte des Kaisers zu vermitteln. Er hielt dennoch an der Behauptung fest, nur ein kleiner Teil des Heeres habe Kriegsverbrechen begangen, und weder die japanische Nation noch das gesamte Heer seien für das Verhalten dieser Männer verantwortlich.

Matsui, der wegen seiner Rolle als Befehlshaber während des Nanjing-Massakers zum Tod verurteilt worden war, gab privat seinen Divisionskommandeuren die Schuld. Damit deutete er an, wie sich das Gemetzel aus der gemeinsam ausgelebten Grausamkeit hochrangiger Heeresoffiziere entwickelt hatte. Die Ereignisse in Nanjing seien »eine furchtbare Schande«, sagte er im Sugamo-Gefängnis zu einem buddhistischen Priester. Er behauptete, nach seinem triumphalen Einmarsch in Nanjing habe er auch um Gedenkzeremonien für die chinesischen Toten gebeten und sei daraufhin von seinen ranghohen Offizieren verhöhnt worden, als er Tränen des Zorns vergoss. Er hatte zu diesen, zu denen auch Prinz Asaka gehörte, gesagt, dass »nach all unseren Anstrengungen, das Ansehen des Kaiserreiches zu erhöhen, durch die Brutalität der Soldaten innerhalb eines Augenblicks alles verloren gegangen ist«. Er betonte, seine Offiziere hätten ihn ausgelacht. Einer seiner Divisionskommandeure habe gefragt: »Was ist daran falsch?«[28]

Kaiser Hirohito und die Kaiserin hörten sich die Urteilsverkündung im Radio an. Der Kaiserpalast ließ nur mitteilen, der Tenno habe geseufzt und einen traurigen Eindruck gemacht.[29]

Tojos Verteidiger Kiyose Ichiro sagte der Zeitung *Asahi Shimbun*: »Tojos Gemüt ist durch das Urteil sehr stark entlastet worden, weil er jetzt weiß, dass er dem Kaiser keine zusätzlichen Schwierigkeiten bereitet hat.«[30] In Wirklichkeit stand Hirohitos Thron auf dem Spiel, nachdem seine Berater in Kriegszeiten als Kriegsverbrecher verurteilt worden waren, einschließlich seines Lordsiegelbewahrers und der von ihm selbst ernannten Premierminister. Gerüchte über eine bevorstehende Abdankung sorgten für große Aufregung im Land. Zum Glück für die Familie des Kaisers wusste niemand außerhalb des Sugamo-Gefängnisses, dass der verurteilte Matsui dem im Prozess nicht angeklagten Prinz Asaka die Schuld am Massaker von Nanjing gab.[31] Ein Berater im Kaiserpalast nahm allem im privaten Rahmen ausgeübten Rücktrittsdruck zum Trotz Kontakt zu einem hochrangigen US-Diplomaten in Tokio auf, um ihm mitzuteilen, der Kaiser habe am Tag der Urteilsverkündung an MacArthur geschrieben und ihn wissen lassen, er habe sich definitiv dafür entschieden, nicht zurückzutreten.[32]

Harry S. Truman beglückwünschte die Anklagevertretung dazu, »einen unermesslichen Beitrag zur Sache der Menschlichkeit und zur Weiterentwicklung des Völkerrechts geleistet« zu haben, während MacArthur »einen hohen Standard der Rechtsprechung« lobte, »der dem japanischen Volk beispielhaft die moralischen Vorstellungen verdeutlicht hat, die unseren eigenen traditionellen Gerichtsverfahren zugrunde liegen«.[33] Joseph B. Keenan erklärte den Prozess öffentlich zu einem »weiteren Meilenstein beim Streben der Menschheit nach Frieden«, obwohl er das Urteil insgesamt als zu milde empfand.[34] Doch viele Menschen in den Ländern der Alliierten waren von den Urteilen enttäuscht.

Mei Ruao pries das Urteil öffentlich als ein »bedeutendes historisches Dokument« und erklärte: »Als Mitglied der Richtermehrheit von Anfang bis Ende werde ich auch das Mehrheitsurteil von Anfang bis Ende verteidigen.« Dennoch brach er in einem entscheidenden Punkt mit der Mehrheit, als er gegenüber der chinesischen Presse die Ansicht vertrat, dass der Kaiser als Hauptkriegsverbrecher vor Gericht hätte gestellt werden sollen. Trotz »reichhaltigen Beweismaterials« mit Bezug zu Hirohito sei dieser aus »politischen Erwägungen heraus« verschont worden.[35]

Auf Einladung der Tageszeitung *Asahi Shimbun* schrieb Mei einen wohlwollenden offenen Brief an das japanische Volk, dem er bescheinigte, von den in China begangenen Gräueltaten nichts gewusst zu haben. Er hoffe, dass das Urteil zur Entwicklung einer friedlichen Zusammenarbeit zwischen China und Japan beitragen werde.[36] Im privaten Rahmen zeigte er sich jedoch verärgert über den Freispruch für Matsui vom Vorwurf des Angriffskriegs gegen China und für Muto in Bezug auf die Gräueltaten in Nanjing. Sein Unmut galt auch den Haftstrafen für einige Männer, bei denen die chinesische Regierung auf ein Todesurteil gehofft hatte. »Der einzige Trost für uns ist, dass die meistgehassten und scheußlichsten Kriegsverbrecher, die uns am schwersten verletzt haben, auf der Liste für schwere Strafen stehen«, schrieb er an den chinesischen Außenminister Wang Shijie. »Sie verstehen, warum das so ist, und es bedarf nicht vieler weiterer Worte darüber.«[37]

Einige chinesische Zeitungen verlangten, dass auch Hirohito bestraft werden sollte.[38] Nachdem seine Regierung ihm wegen der durch das Urteil ausgelösten Wut des chinesischen Volkes zugesetzt hatte, schrieb Mei demütig, dass er nicht wisse, »ob die öffentliche Meinung zu Hause zufrieden oder unzufrieden ist«. Nach einer Selbstbefragung vertrat er die Ansicht, dass er, nachdem er sein Bestes getan habe, »sich vor dem Volk wohl nicht schuldig fühlen muss«.[39]

Die Kommunistische Partei Chinas nutzte die Chance, die Nationalchinesen in Verlegenheit zu bringen, und erklärte sich selbst umgehend für »absolut unzufrieden mit den Ergebnissen des Prozesses«. Die Zeitung *Renmin Ribao* schrieb: »Durch Amerikas Protektion, Nachsicht und Ermutigung verwandelte sich das ehrwürdige Internationale Militärtribunal für den Fernen Osten in ein Podium für angeklagte Kriegsverbrecher wie Tojo, die Werbung für den Militarismus machten.«[40] In einem weiteren Artikel kritisierte die *Renmin Ribao* die Haftstrafen scharf und beklagte zugleich, dass das Urteil Hirohitos Verantwortung für den Krieg beschönigt habe: »Das chinesische Volk ist zufrieden mit den Urteilen gegen die sieben Kriegsverbrecher, zu denen auch Tojo zählte, aber mit den anderen Ergebnissen des Prozesses kann es nicht zufrieden sein.«[41]

Auf den Philippinen schlug die Wut auf Japan hohe Wellen, und die Genugtuung über das Todesurteil gegen Muto änderte daran nichts. Die Zeitung *Barong Buhay* in Manila warnte, die Japaner seien grundsätzlich eine militaristische Nation, und sie würden ein weiteres Mal versuchen, ihre schwächeren Nachbarn zu überwältigen. Der *Manila Chronicle* widersprach Tojos Klage über einen »Prozess von Siegern« in einem Leitartikel mit der These, dass die »Eroberer nicht Amerika, Russland oder China waren«, sondern »Freiheit, Gerechtigkeit und Menschlichkeit«.[42]

Die Briten begrüßten das Urteil weitgehend und bewerteten es als eine notwendige Fortsetzung von Nürnberg.[43] Dem Tokioter Prozess »hat die brutale Entschlossenheit Nürnbergs gefehlt«, war in einem Leitartikel des linken *Manchester Guardian* zu lesen. Er »hat Rechtsgeschichte geschrieben, aber auf eine zitternde und zagende Art«. Der Kommentator führte einerseits aus, dass die Sieger »weniger wichtige Themen wie etwa die Atombombenopfer vergessen« würden, warnte aber auch, dass die Schonung von Hirohito »eine beklagenswerte Wirkung auf das Rechtsgefüge des Falles hat. Es hat keinen Sinn, wenn man als Grundsatz festlegt, dass Verbrechen gegen den Frieden – für die Besiegten – den Tod bedeuten, und dann anfängt, Unterschiede zu machen.«[44]

In Australien beklagten die Zeitungen, dass die Urteile nicht weit genug gegangen seien. »Der Japs hat keine Seele, die ihn in den Begrifflichkeiten des Anstands denken lässt«, hieß es in einem Leitartikel mit unverhüllter Selbstgerechtigkeit. »Er ist immer noch so sehr ein Teil des Dschungels, wie die nasse Fäulnis, die einen Dschungel befällt.«[45] Ein anderes Blatt schrieb, die Japaner seien Heiden, die glaubten, dass ihre eigene göttliche Rasse von Natur aus überlegen sei, und könnten nur anhand »ihres eigenen niedrigeren Codes« beurteilt werden.[46] Der *Sydney Morning Herald* erklärte, das Beweismaterial sei sogar noch schockierender und schlüssiger als erwartet.[47] Doch viele Australier waren, wie der Vorsitzende Richter Webb, wütend darüber, dass der Kaiser – »dieser kleine Mann, der den Krieg erklärte«, wie ihn ein Boulevardblatt-Kolumnist in Sydney nannte – geschont worden war. »Abgebrühte Amerikaner geben zu, es sei hirnrissig, Tojo zu hängen und Hirohito unbehelligt zu lassen, aber sie sagen, Hirohito erfülle eine wichtige Aufgabe für Amerika.«[48]

Die amerikanische Presse war unzufrieden. Die *New York Times*, noch eine der positiveren Stimmen, pries die Dokumentation japanischer Aggression als eine Warnung für die Zukunft. Das Blatt versicherte seiner Leserschaft ohne sachliche Grundlage, dass die rechtlichen Probleme in diesem Fall gelöst worden seien, warnte aber zugleich, dass die moralische Wirkung des Prozesses durch die Freistellung des Kaisers von jeder Strafverfolgung und die Beteiligung eines sowjetischen Richters, dessen Heimatland genau die Art von Politik betreibe, die vom Gericht verurteilt werde, geschmälert worden sei. Es lobte »ein Recht, das den mit staatlicher Souveränität verbundenen Schutz im Fall eines Angriffskriegs entzieht und einen solchen Krieg zu einem völkerrechtlich zu bewertenden und persönlich zurechenbaren Verbrechen macht«.[49] Das mürrischer argumentierende Nachrichtenmagazin *Time* schrieb: »Nach drei Jahren mit Kriegsverbrecherprozessen (…) ist die Welt im Vergleich zu 1945 bei der Klärung der Frage, ob diese Verfahren für Gerechtigkeit oder nur für die Rache der Sieger stehen, kein Stück weitergekommen.«[50]

Die Niederlage annehmen

In der Stadtmitte von Tokio versammelten sich große Menschenmengen um die vierseitigen Sonderausgaben zu kaufen, die von den großen Zeitungen eilig herausgebracht worden waren, und viele Japaner hielten die Urteile in ihren Notizbüchern fest. Manche von ihnen sagten, die Strafen seien vollkommen angemessen; andere meinten ängstlich, sie könnten ihre tatsächlichen Gedanken nicht äußern. Die Parlamentsabgeordneten im Unterhaus drängten sich um den Radioapparat, um sich die Strafzumessungen anzuhören, bevor sie sich schweigend und diszipliniert in den Sitzungssaal begaben. Der Sprecher des Parlaments ließ einen lauten Seufzer vernehmen, verweigerte aber jeden Kommentar.[51]

Die Urteile des Tokioter Prozesses fanden nach den vertraulich erhobenen Stimmungstests des Allgemeinen Hauptquartiers bei der japanischen

Öffentlichkeit erhebliche Unterstützung wie auch gedämpfte Ablehnung. Angesichts der Tatsache, dass in diesem Fall ein ausländisches Gericht berühmte Japaner hängen oder ins Gefängnis sperren ließ, waren die Alliierten von der nationalen Reaktion der Japaner angenehm überrascht.

Das Allgemeine Hauptquartier ließ private Briefe, die sich die Japaner schrieben, routinemäßig öffnen und lesen, um die öffentliche Meinung in Japan unter den Bedingungen der Zensur einschätzen zu können. Aus dieser Schnüffelei ergab sich ein geteiltes japanisches Urteil über die Urteile: 39 Prozent der Japaner lehnten sie ab, während 34 Prozent sie guthießen und 27 Prozent keine klare Stellungnahme abgaben – vom Urteil nicht überrascht, aber verwirrt hinsichtlich der moralischen und rechtlichen Grundlagen der Schlussfolgerungen des Gerichts. Für die alliierten Besatzer war dieses Ergebnis eine Erleichterung.

Es gab nur wenige bittere Anprangerungen ihrer Politik. Dem größten Teil der japanischen Kritiker taten die verurteilten Kriegsverbrecher und ihre Familien leid, oder sie schreckten vor dem Gedanken zurück, alte Männer zum Galgen gehen zu sehen. Nur wenige glühende Nationalisten bezeichneten sie immer noch als Helden. Das Urteil hatte die Reputation des Tokioter Prozesses selbst unter den Skeptikern verbessert; zuvor hatten die Schnüffler häufig Briefe zu lesen bekommen, in denen stand, dass das Gericht von Rachestreben angetrieben werde, jetzt vertrat nur noch eine Handvoll Briefschreiber die Ansicht, dass »die Macht im Recht ist«.

Viele Japaner lobten die Fairness des Prozesses und zeigten sich beeindruckt von seiner Offenheit und vom Auftreten der Verteidigung. »Man hat sich alle Mühe gegeben, um Gerechtigkeit sicherzustellen«, hieß es in einem Brief. Jüngere Japaner sahen den Prozess als Wegmarke für »das Ende der Ära des Militarismus in Japan«. Japaner mit geringerem Einkommen, die das Urteil lobten, nahmen es persönlich. In einem Brief hieß es, dass »die bösen Männer, die all dies Leid über uns gebracht haben, es verdienen, bestraft zu werden«. Die Eltern und Witwen getöteter Soldaten zeigten sich besonders emotional; in einem Brief fand sich der Satz, dass »sie jetzt endlich in Frieden ruhen können«. Die meisten der Befürworter sahen das Urteil als gerecht an und sagten beispielsweise, dass die für den Galgen bestimmten Kriegsverbrecher »nur die gerechten Konsequenzen ihrer unheilvollen Taten ernten«. Überraschenderweise sprach mehr als ein Drittel der Japaner, die die Urteile befürworteten, von einem Gefühl der nationalen Schuld, anstatt ihren Anführern zu Kriegszeiten die Alleinschuld zuzuweisen. Ein Briefschreiber betonte, dass »die Verantwortung für den Krieg nicht nur bei Tojo liegt, sondern bei der ganzen Nation. Wir gehorchten blindlings.«[52]

Zusätzlich zur Sichtung der Privatpost anderer Leute verfolgten die amerikanischen Besatzer öffentliche Stimmungsäußerungen im Land durch Feldabteilungen des Counter Intelligence Corps in allen Präfekturen.[53] An 53 Standorten (die in den meisten Fällen den japanischen Präfekturen entsprachen) stellte der militärische Nachrichtendienst in insgesamt 26 Fällen eine mehrheitliche Zustimmung zum Urteil des Tokioter Prozesses fest, 13 Mal dagegen eine Gegnerschaft. An zwölf Standorten ergab sich kein eindeutiges Bild oder die Menschen legten sich mehrheitlich nicht fest. Unter den Personen, die den Urteilen zustimmten, befanden sich demobilisierte Soldaten, Linke aller Art, Kommunisten und Koreaner. An fünf Orten äußerte die Allgemeinheit das Gefühl, dass »die ganze Nation schuldig ist«; an vier Orten glaubten die Menschen, der Kaiser sei schuld, allerdings zeigten sich die Befragten an einem dieser Orte erleichtert darüber, dass er von Strafverfolgung verschont geblieben war.

Die Gegner des Gerichts(urteils) waren politisch mehrheitlich rechtsgerichtet, einschließlich ehemaliger Heeresoffiziere und eines gewissen Personenkreises mit höherer Bildung. Manche Personen aus diesem Spektrum gaben den Chinesen die Schuld an den Todesurteilen. An sechs Orten wurden die Urteile als zu streng bewertet, und es habe mehr Todesurteile gegeben als erwartet. Eine offen antiamerikanische Stimmung, die meist von Kriegsveteranen ausging, wurde nur in der Präfektur Ishikawa registriert. An vier Orten gab es Unterschriftensammlungen, die sich für eine Milderung der Urteile einsetzten, obwohl die Menschen, die sich dafür engagierten, Repressalien befürchteten. Nach den Erkenntnissen des Counter Intelligence Corps beklagte ein gewisser Teil der Japaner, dass der Tokioter Prozess eine diktatorische Maßnahme gewesen sei.[54]

Ähnliche Muster ergaben sich bei auf der Straße geführten Interviews von Reportern und bei den laienhaft durchgeführten Meinungsumfragen des Allgemeinen Hauptquartiers unter der japanischen Elite, die auf eine beträchtliche Unterstützung für das Urteil unter liberalen und linken Japanern schließen ließen.[55] »Die Urteile waren gerecht«, sagte Ozaki Yukio, ein für seine unabhängige Denkweise berühmter Befürworter einer konstitutionellen Regierungsform, der jahrzehntelang Parlamentsabgeordneter und zweimal Minister gewesen war.[56] Als prinzipieller Gegner der Todesstrafe machte er für die sieben zum Tod am Galgen verurteilten Kriegsverbrecher eine Ausnahme. Tokuda Kyuichi, der Generalsekretär der Kommunistischen Partei Japans, der 18 Jahre lang im Gefängnis gesessen hatte, bevor er von den Alliierten befreit worden war, bewertete den Prozess als Erfolg, hätte sich allerdings härtere Urteile gewünscht. Kato Shizue, eine Parlamentsabgeordnete und führende Feministin, sagte: »Intelligente Japaner sind schon seit langem der Ansicht, die Bestrafung der Kriegsverbrecher sei unvermeidlich, und sie meinen, dass die Urteile gerecht waren.«[57]

Der vorsichtiger argumentierende politische Repräsentant Großbritanniens warnte, es gebe aktive japanische Sympathien für die Kriegsverbrecher. Er verwies auf eine gewisse Unterstützung für Shigemitsu Mamoru und Hirota Koki, allerdings nicht für Kido, dem vorgehalten werde, er habe den Kaiser getäuscht. Die meisten Japaner, berichtete er, hielten den Kaiser für schuldig, wollten aber dennoch nicht, dass er abdanke. Selbst unter der jüngeren Generation stellte der britische Vertreter nur wenig echten Groll auf die Kriegsverbrecher fest, abgesehen von ihrem Scheitern. Der britische Beobachter warnte, dass japanische Liberale, die das Urteil als eine Verurteilung des gesamten japanischen Volkes darstellten, mit der Zeit Sympathien für die Kriegsverbrecher wecken würden. Einige Japaner räumten ein, dass »die stillschweigende Verurteilung des gesamten Volkes auch den Kaiser selbst einschließt. Tojos Ansicht, dass die Entscheidungen des Gerichts ›Siegerjustiz‹ darstellten, findet möglicherweise in vielen Köpfen ein Echo, wird aber kaum offen ausgesprochen.«[58]

Die japanische Presse berichtete fasziniert über das Urteil. Der politische Vertreter Indiens in Japan stellte fest, dass die Medien einhellig die Verurteilungen und die Strafmaße befürworteten, verband dies aber mit dem klugen Hinweis, dass es keine Zeitung wagen konnte, dem Allgemeinen Hauptquartier mit kritischen Stellungnahmen die Stirn zu bieten. Er berichtete, dass japanische Staatsbedienstete in Privatgesprächen durchblicken ließen, dass es keine Verschwörung zur Führung eines Angriffskriegs gegeben habe und dass die verurteilten Männer auch nicht unmittelbar für Verbrechen gegen die Menschlichkeit verantwortlich seien. Sie akzeptierten zwar, dass man den Krieg in China als japanischen Angriffskrieg bewerten könne, hielten den Krieg gegen die Vereinigten Staaten und das British Empire jedoch für einen Akt der Selbstverteidigung.[59]

Die Leitartikel in der japanischen Presse, die der Zensur durch die Alliierten unterlagen, drängten auf eine nationale Abrechnung mit der Kriegsschuld. »Wir dürfen uns die Denkweise nicht erlauben, dass die gegen ein paar Einzelpersonen ergangenen Urteile eine Absolution für das japanische Volk bedeuten, sondern müssen erkennen, dass wir alle vor Gericht standen und alle für schuldig erklärt wurden«, mahnte die liberale

Mainichi Shimbun. Die konservative *Yomiuri Shimbun* lobte die Einführung des Straftatbestands des Angriffskriegs als Verbrechen im Sinn des Völkerrechts und verurteilte jede Art von Sympathie für die Kriegsverbrecher als Werbung für den Faschismus. »Wir befürchten, dass ein großer Teil unseres gemeinsamen Hasses auf unsere Militaristen mit der Zeit geschwunden ist und einige irregeleitete Menschen diese Personen sogar als Helden ansehen, die stellvertretend für die Missetaten der Nation bestraft werden«, warnte ein *Yomiuri*-Leitartikel. »Das ist natürlich absurd, und wir müssen darüber nachdenken, warum wir, als Volk, von diesen Verbrechern so leicht in die Irre geführt und beherrscht wurden.« In einem Leitartikel von *Jiji Shimpo* war zu lesen, ein gerechteres Urteil sei kaum vorstellbar, bedauerlich sei dabei nur, dass das japanische Volk nicht die Gelegenheit gehabt habe, die Kriegsverbrecher selbst vor Gericht zu stellen. In einem weiteren Artikel von *Jiji Shimpo* wurde zwar bezweifelt, dass es »für Richter aus Siegernationen angebracht« sei, »die Besiegten auf der Grundlage von Ex-post-facto-Gesetzen zu verurteilen«, zugleich aber auch die »Korrektheit und Gründlichkeit« des Prozesses gelobt.[60]

Die liberale *Asahi Shimbun* war mit ihrer Auflage von dreieinhalb Millionen Exemplaren die führende Stimme bei der Annahme der Urteile. Der Chef vom Dienst schrieb privat an Webb: »Wir Japaner sehen den Prozess nicht nur als Urteil über Tojo Hideki und weitere 24 Angeklagte, sondern als bitterste Kritik an Japan und allen Japanern. Folglich können wir nicht anders, als von der Entscheidung des Gerichts tief beeindruckt zu sein.« Er lobte die intensive Beschäftigung des Tribunals mit der Geschichte Japans und erklärte: »Durch die Lehren aus dem Prozess stehen wir jetzt, in diesem Augenblick, an der Startlinie für ein neues Leben.«[61]

Ein prominenter *Asahi*-Kolumnist, der sich in einem seiner Beiträge in der Kolumne »Tensei Jingo« einen populären »Hass auf den Krieg« zu eigen machte, verwies auf die umfassendere Verantwortung von Bürgern, die die verurteilten Kriegsverbrecher unterstützt hatten, und befürwortete nationale Gerichtsverfahren in Japan gegen fanatische junge Offiziere, die das Land »in Faschismus und Krieg« getrieben hätten.[62] In einer anderen *Asahi*-Kolumne wurde Tojo hart kritisiert, weil er über Einzelheiten des Völkerrechts diskutierte, während der Autor die Ansicht vertrat, dass die Japaner »durch den gesamten Ablauf des Prozesses viel gelernt haben. (…) Wir haben in unserem gegenwärtigen eingeschränkten Alltagsleben einen großen Erkenntnisgewinn erreicht, indem es uns einfach ermöglicht wurde, durch dieses Fenster die Handlungen von Menschen mitzuverfolgen, die elf Länder vertraten, und die Schritte der Welt mitzuhören.«[63] In einer weiteren »Tensei Jingo«-Kolumne rief der Autor die japanische Bevölkerung zu mehr Aufmerksamkeit für die »grausamen Verbrechen« auf und legte seiner Leserschaft dringend nahe, das grauenhafte Geschehen in Nanjing nicht zu vergessen: »Wenn sich diese Ereignisse in Tokio oder Osaka abgespielt und unsere geliebten Verwandten und Freunde dabei ein solches Schicksal erlitten hätten, wäre unser Blut ganz bestimmt in Wallung geraten.«[64]

28.
Dissens

»Die Zusammenarbeit war bewundernswert«, hieß es in Sir William Webbs dreister Mitteilung an den australischen Premierminister. »Nach zweieinhalb Jahren mühevoller Arbeit und zahlreichen Meinungsverschiedenheiten über wichtige Rechtsfragen gehen wir als elf gute Freunde auseinander.« Mit diesen Sätzen überging er drei Sondervoten, von denen eines revolutionär ausgefallen war, zwei separate Stellungnahmen – eine davon war von ihm selbst verfasst – und auch die Verbitterung, für die er mit seinem ruppigen, schikanösen Auftreten gesorgt hatte.[1]

Die unmittelbare Konsequenz dieser Häufung von abweichenden Meinungen und Sondervoten war ein hastiger Vorstoß der amerikanischen Verteidiger, die ihre Mandanten zu retten versuchten. Sie baten General MacArthur um Abschriften der Sondervoten, die nach ihrer Auffassung darauf schließen ließen, dass »eine erhebliche Minderheit des Tribunals von der Beteiligung an der Urteilsbegründung und der Festlegung des Strafmaßes ausgeschlossen war«. Sie seien darauf hingewiesen worden, dass die meisten der Todesurteile nur mit sechs von elf Richterstimmen verhängt worden seien, und keines dieser Urteile habe mehr als sieben Stimmen erhalten.[2] Das Allgemeine Hauptquartier beschränkte sich bei seiner Antwort auf Zusicherungen von Webb, dass alle Urteile und Strafmaße ein Mehrheitsvotum des gesamten Gerichts erhalten hätten, und das bedeutete die Zustimmung von mindestens sechs der elf Richter.[3]

Die tiefergehende Schlussfolgerung lautete, dass diese widerstreitenden Ansichten mit Sicherheit zeigten, dass die Richter über eine erhebliche Unabhängigkeit verfügten. Doch sie beeinträchtigten die Glaubwürdigkeit des Mehrheitsurteils. Die Zwietracht in Tokio stellte sogar das Nürnberger Urteil in Frage, wie es der Commonwealth-Richterblock befürchtet hatte. Bert Rölings Dissens war gut durchdacht und schadete dem Gericht. Zur Bestürzung des Allgemeinen Hauptquartiers hatten es zwei der Sondervoten direkt auf Kaiser Hirohito abgesehen und verbanden seinen Namen durchweg mit einem Makel. Noch wichtiger war in diesem Zusammenhang, dass Radhabinod Pals umfassendes Sondervotum – es füllte mehr als 1200 Seiten – eine profunde Erklärung einer vollkommen anderen Sicht auf die globale Gerechtigkeit und den Zweiten Weltkrieg lieferte.

Dieser Streit, so legitim er dem sachlichen Gehalt nach auch gewesen sein mochte, schadete der Wirkung des Tokioter Urteils.[4] Warum sollten Japaner einem Urteil Beachtung schenken, mit dem schon so viele Mitglieder des Gerichts selbst nicht zufrieden sein konnten?

Den Kaiser ins Visier nehmen

Webbs Stellungnahme schaffte es in die Schlagzeilen, weil es Hirohito im Wesentlichen als Kriegsverbrecher anprangerte, der der Gerechtigkeit entkommen war. Der Vorsitzende Richter erklärte unverblümt, dass der Kaiser aus politischen Gründen verschont worden sei.[5] Mei Ruao bediente sich gegenüber der chinesischen Presse weitgehend der gleichen Argumente.[6]

Joseph B. Keenan, der sich während des gesamten Prozessverlaufs wegen des Umgangs mit dem Kaiser mit Webb befehdet hatte, räumte gegenüber Reportern beiläufig ein, es habe von alliierter Seite eine politische Entscheidung gegeben, Hirohito zu schonen. Er behauptete, er habe den Monarchen als Zeugen vorladen wollen, und sei es nur, um seine Sicht der Dinge darzulegen, aber MacArthur habe ihn überstimmt. »Das Beweismaterial stellte den Kaiser als schwache Persönlichkeit dar, nach unseren eigenen westlichen Vorstellungen«, sagte Keenan, »aber immer auf der Seite des Friedens.«[7]

MacArthur war im privaten Rahmen äußerst aufgebracht darüber, dass Webb der in der australischen Öffentlichkeit verbreiteten Wut auf den Kaiser Vorschub leistete, entschied aber für sich, dass er mit einer öffentlichen Gegendarstellung nur Öl ins Feuer gießen würde.[8] Auch die britische Regierung zeigte sich verblüfft angesichts der Tatsache, dass Webb die Fairness des von ihm selbst geleiteten Prozesses in Frage stellte.[9] Das Londoner Außenministerium verfasste ein Memorandum, in dem die These vertreten wurde, dass der Kaiser nur eine in der Verfassung verankerte Gallionsfigur sei, die kein persönlicher Schuldvorwurf treffen könne.[10] »Aus allgemeinpolitischen Erwägungen heraus bin ich mir sicher, dass wir uns jeder Kampagne, die eine Anklage des Kaisers als Kriegsverbrecher fordert, widersetzen sollten«, schrieb ein hoher Beamter des Foreign Office in einer vertraulichen Notiz.[11]

In seinem Sondervotum schrieb Webb unverblümt, dass das Beweismaterial der Anklagevertretung den »herausragenden Anteil« des Kaisers beim

Beginn wie auch bei der Beendigung des Krieges belegt habe, wobei seine Autorität »fraglos bewiesen wurde, als er den Krieg beendete«. Dies war zwar im Vergleich zu früheren Entwürfen eine gemäßigtere Wortwahl, aber dennoch ein letzter harter Schlag des Vorsitzenden Richters gegen das Allgemeine Hauptquartier, weil der Kaiser von dort aus geschützt wurde. »Die Autorität des Kaisers wurde für den Krieg gebraucht«, schrieb er. »Wenn er den Krieg nicht wollte, hätte er seine Genehmigung versagen müssen.«

Er verwarf kurzerhand die Gefahr eines Mordanschlags auf den Kaiser und erklärte, es gebe keine Rechtfertigung für das Verbrechen, einen Angriffskrieg zu beginnen. Webb akzeptierte die Feststellung, dass der Kaiser immer für den Frieden gewesen sei, aber, möglicherweise gegen seine eigene bessere Einsicht, den Rat seiner Minister angenommen habe, die sich für den Krieg aussprachen. Dennoch könne sich der Kaiser nicht hinter seinen Beratern verstecken; er habe über sein Handeln selbst entschieden. Selbst wenn er nur ein konstitutioneller Monarch gewesen sei, »würde [ihn] das nicht von dem Vorwurf befreien, auf den Rat seiner Minister hin ein Verbrechen im Sinne des Völkerrechts begangen zu haben«. Da diese Berater und Minister eben erst als Kriegsverbrecher verurteilt worden seien, zog Webb daraus den Schluss, dass auch Hirohito schuldig gesprochen worden wäre.

»Ich sage nicht, dass der Kaiser strafrechtlich hätte verfolgt werden sollen«, fügte er mit sicherem Gespür hinzu. »Das fällt nicht in meine Zuständigkeit. Über seine Immunität wurde zweifellos im besten Interesse sämtlicher alliierter Mächte entschieden.« Stattdessen vertrat Webb die Ansicht, das Tribunal sollte die dem Kaiser zugestandene Immunität bei einer Abmilderung der Strafen berücksichtigen, die gegen seine verurteilten Untergebenen verhängt worden waren, vor allem bei den zum Tode verurteilten Angeklagten. Ein mit britischen Richtern besetztes Gericht würde sicherlich, »wenn es denn könnte, in Betracht ziehen, dass dem Anführer bei diesem Verbrechen Immunität zugestanden worden ist, obwohl er der Justiz zur Verfügung steht.«

Der Rest von Webbs Sondervotum war eine juristische Abrechnung mit der Richtermehrheit, die seine eigene Einschätzung der rechtlichen Zuständigkeit des Gerichts zurückgewiesen hatte. Er hatte zwar eine eigene vollständige Urteilsbegründung verfasst, ließ diese aber fast ausnahmslos fallen, weil, wie er sagte, die Mehrheit in den meisten Punkten mit ihm einer Meinung sei.

Wie ein vages Echo seiner früheren Befürwortung des Naturrechts klang das Argument, dass das Völkerrecht »durch gesetzliche Bestimmungen und allgemeine Rechtsgrundsätze ergänzt« werden könnte, denn »das Naturrecht der Nationen ist genauso wichtig wie das positive oder gesetzte Recht«. Er zitierte einen führenden britischen Juristen, der behauptete, dass »das moderne Völkerrecht im Namen des Naturrechts entstand und aufgenommen wurde«. Doch er vertrat die Ansicht, dass sich die Amtsgewalt des Gerichts nicht aus dem Naturrecht, sondern aus dem Statut und aus der Annahme der Bestimmungen der Potsdamer Erklärung durch Japan herleite.

Webb war zwar überzeugt davon, dass der Angriffskrieg als Verbrechen zu behandeln sei, wollte aber keine Anklagen wegen einer Verschwörung zu Verbrechen, die niemals begangen worden waren. Das Gericht hatte seiner Ansicht nach »keine Befugnis, einen Straftatbestand der bloßen Verschwörung zu schaffen, der auf der angloamerikanischen Vorstellung beruhte«, schrieb er. So zu verfahren, wäre »nichts anderes als Gesetzgebung durch Gerichtsentscheid«.

Webb hatte alle 25 Angeklagten verurteilt und sagte, er hätte 2 weitere wegen konventioneller Kriegsverbrechen verurteilt, aber er blieb skeptisch bei Hinrichtungen. Er bezweifelte, dass die Todesstrafe künftige Kriminelle abschrecken werde, und hatte die Sorge, dass »es sich als abstoßend erweisen kann, so alte Männer zu hängen oder zu erschießen«. Er vertrat die Ansicht, dass Kriegsverbrecher nicht allein wegen der Führung eines Angriffskriegs zum Tod verurteilt werden sollten, es müssten vielmehr noch die Begehung von Kriegsverbrechen und Verbrechen gegen die Menschlichkeit hinzukommen. Er unterlief sein eigenes Argument, dass bereits ein Angriffskrieg als verbrecherisch einzustufen sei, indem er darauf hinwies, dass die Nürnberger Richter »die Tatsache berücksichtigten, dass der Angriffskrieg nicht universell als justiziables Verbrechen betrachtet wurde«, als sie ihre Urteile verkündeten.[12]

»Universelles Gewissen«

Mehrere der Themen, die Webb am wichtigsten waren, tauchten auch bei seinem französischen Kollegen Henri Bernard auf. Doch dessen abweichende Meinung war peinlich, weil einiges davon vermeidbar gewesen wäre – das Ergebnis langer Monate einer unnötigen Entfremdung von der Mehrheit, die die Chance verpasst hatte, seine Bedenken zu zerstreuen. Mei verspottete die Meinung des Franzosen öffentlich als »völlig unverständlich«.[13]

Die größte Sensation war, dass auch Bernard Hirohito ins Visier nahm. Er schrieb, dass die Ankläger sich die falschen Ziele ausgesucht hätten, was »in Bezug auf Kaiser Hirohito besonders offensichtlich und bedauerlich« sei, »der, wie der Prozess zeigte, zu den Beschuldigten hätte gezählt werden können«. Wenn es eine kriminelle Verschwörung gegeben habe, »hatte sie einen Haupturheber, der jeglicher Strafverfolgung entging«. Bernard bezeichnete die Angeklagten als bloße Komplizen des Kaisers. Er zitierte den erdrückend beweiskräftigen, von der Anklagevertretung in seiner Bedeutung heruntergespielten und von der Richtermehrheit ignorierten Tagebucheintrag von Marquis Kido Koichi, nach dem der Kaiser seinen Premierminister Tojo »angewiesen« hatte, mit dem Angriff auf die Vereinigten Staaten »wie vorgesehen zu handeln«.[14] Bernard argumentierte noch kühner als Webb und rechtfertigte den Tokioter Prozess mit dem Naturrecht. Er vertrat die Ansicht, »Naturrecht und universelles Recht« bildeten die Grundlage des Rechts und der Zivilgesellschaft, die »außerhalb von Nationen und ihnen übergeordnet« Bestand habe. Individuelle strafrechtliche Verantwortung sei »dem Naturrecht eingeschrieben«. Da es gegenwärtig keine universell zuständige Behörde gebe, die über Verbrechen gegen das universelle Recht urteilen könne, könnten diejenigen Staaten, die über die entsprechende Macht verfügten, Gerichte – wie etwa das Tokioter Gericht – zur strafrechtlichen Verfolgung von Personen einsetzen, die gegen das Naturrecht verstoßen hätten. Der Angriffskrieg »ist im Angesicht der Vernunft und des universellen Gewissens – Ausdrucksformen des Naturrechts, auf die ein internationales Tribunal sich gründen kann und muss – ein Verbrechen und immer ein Verbrechen gewesen.«

Bernard sympathisierte auf vielerlei Art mit der Richtermehrheit und akzeptierte sogar weitgehend die angloamerikanische Vorstellung von einer Verschwörung. Seine tatsächlichen Einwände bezogen sich meist auf Verfahrensmängel, die seiner Ansicht nach gravierend genug sein konnten, um den gesamten Prozess für nichtig zu erklären. Er warnte davor, dass die Mehrheit tatsächlich eine neue Version des Völkerrechts einführen und keineswegs nur das bisher bestehende Recht durchsetzen könnte. Er kritisierte, dass die Richtermehrheit anmaßenderweise davon ausging, dass Kommandeure des Heeres oder der Marine jederzeit Befehle erteilen konnten, mit denen sich konventionelle Kriegsverbrechen im Chaos des Kriegsgeschehens verhindern ließen; er selbst würde nur Offiziere verurteilen, die tatsächlich die Möglichkeit gehabt hätten, ihre Untergebenen im Zaum zu halten.

Sein Haupteinwand war, dass den Beschuldigten in der Praxis die Grundprinzipien für eine angemessene Verteidigung nicht zugestanden worden seien. Die Angeklagten hätten nicht die Möglichkeit gehabt, sich selbst noch vor der Anklageerhebung zu verteidigen. Die Meinungen der Richter mit abweichenden Auffassungen seien unterdrückt worden: Es habe keine mündlichen Beratungen aller elf Richter gegeben, und die Urteilsbegründung sei von der Mehrheit entworfen worden. Diese Verfahrensmängel machten ihn unsicher hinsichtlich der Schuld der verurteilten Angeklagten. »Ein Urteil, zu dem ein Tribunal nach einem mangelhaften Verfahren gekommen ist, kann kein gültiges Urteil sein«, lautete seine Schlussfolgerung.[15]

Eine niederländische Gegenstimme

Bert Röling war im gesamten Prozessverlauf als einer der prinzipientreuesten Richter aufgefallen, als Gegner einer Überdehnung der rechtlichen Zuständigkeit, des europäischen Kolonialismus wie auch des sowjetischen Expansionismus.[16] Mit einem durchdachten und weitreichenden Sondervotum streifte er die Zügel ab, die ihm die eigene Regierung anlegen wollte. Nachdem der niederländische Außenminister von Rölings Sondervotum erst aus der Zeitung erfahren hatte, versicherte dieser ihm insgeheim, dass er es bedauere, mit seiner Minderheitsmeinung an die Öffentlichkeit gegangen zu sein. Er habe seinen Widerspruch nur im privaten Rahmen gegenüber den anderen Richtern äußern wollen. Aber weil Pal und andere Kollegen auf der öffentlichen Abgabe von abweichenden Stellungnahmen bestanden hätten, hätte sein eigenes Schweigen wie eine Billigung des Mehrheitsurteils gewirkt, erklärte Röling.[17]

Rölings Meinung zielte, wiewohl betont wissenschaftlich formuliert, auf einen einzigen Leser: MacArthur. Da der Oberkommandierende die Strafmaße abändern konnte, hoffte Röling ihn davon zu überzeugen, fünf Angeklagte zu schonen. Er war der Ansicht, dass vier Zivilisten – Hirota Koki, Kido Koichi, Shigemitsu Mamoru und Togo Shigenori – freigesprochen werden sollten und dass Feldmarschall Hata Shunrokus Schuld nicht ohne begründeten Zweifel nachgewiesen worden sei.

Röling bezweifelte außerdem, und das war die wichtigste Abweichung von der Mehrheit, dass der Angriffskrieg tatsächlich als Verbrechen zu bewerten sei. Er stimmte zwar der Feststellung zu, dass das Gericht an sein Statut gebunden sei, aber dieses Statut stieß für ihn im Völkerrecht an seine Grenzen: »Siegermächte haben nicht die Befugnis, neue Straftatbestände im Sinne des Völkerrechts zu schaffen, sondern sind an die Bestimmungen des bestehenden Völkerrechts gebunden.« Röling schloss die gegen Kriege gerichteten Verträge und Resolutionen, die als Beleg dafür vorgebracht worden waren, dass Angriffskriege ein Verbrechen seien, Schritt für Schritt aus. Japan war aus dem Völkerbund ausgetreten. Zwei Verträge aus der Zwischenkriegszeit, die den Angriffskrieg zum Verbrechen erklärten – der Entwurf zu einem Vertrag über gegenseitigen Beistand von 1923 und das Genfer Protokoll für die friedliche Regelung internationaler Streitigkeiten von 1924 –, traten nie in Kraft. Der Völkerbund hatte 1927 eine Resolution verabschiedet, die den Angriffskrieg als »ein internationales Verbrechen« bezeichnete, aber keine Strafen für ein solches Vergehen benannt; Röling sagte, dies gleiche der Konstruktion eines Daches, bevor man das Haus baue. Eine Resolution der Panamerikanischen Konferenz von 1928 hatte den Angriffskrieg zu einem internationalen Verbrechen erklärt, konnte aber kaum auch für das ferne Japan Gültigkeit beanspruchen. Selbst im viel gerühmten Kellogg-Briand-Pakt war weder von Strafbarkeit noch von einer individuellen Verantwortung für Angriffskriege die Rede. Schlimmer noch, zahlreiche Unterzeichnerstaaten – auch die Vereinigten Staaten, Japan, Großbritannien und Frankreich – hatten ausdrücklich erklärt, dass sie sich das Recht auf Selbstverteidigung vorbehielten und selbst darüber entscheiden würden, ob sie einen Kampf zur Selbstverteidigung führten.

Während manche Juristen den Kellogg-Briand-Pakt als Beweis für einen neuen Rechtsbrauch im Völkerrecht werteten, wies Röling dies zurück: Das Völkergewohnheitsrecht gelte nur, wenn es im staatlichen Handeln sichtbar werde, doch der tatsächliche Umgang, den die Regierungen seit 1928 miteinander gepflegt hätten, zeige wohl kaum einen solchen Wandel an. Die Vorstellung von einer individuellen kriminellen Schuld an einem Angriffskrieg habe sich in der US-Politik erst im Juni 1945 konkretisiert. Vielleicht könnten das furchtbare Geschehen des Zweiten Weltkriegs und das Grauen der Atombombe die Regierungen zwingen, neue rechtliche Schritte zur Kriminalisierung des Krieges zu unternehmen, aber bisher hätten sie das nicht getan.

Als Röling kurz davor stand, kategorisch zu verneinen, dass der Angriffskrieg ein Verbrechen sei, zuckte er zurück. Er glaubte, dass Staaten, die in einem gerechten Krieg gesiegt hatten, das Recht besäßen, Führungspersönlichkeiten zu inhaftieren, die die Nachkriegsordnung gefährdeten, wie es etwa Napoleon Bonaparte widerfahren war, ohne dass man sich die Mühe eines Prozesses gemacht hätte; es könne wohl kaum gegen das Völkerrecht verstoßen, dass die Alliierten den japanischen Kriegsherren ein ordentliches Gerichtsverfahren gewährt hätten, bevor man sie bestrafte.[18] Er regte an, dass Verbrechen gegen den Frieden eher wie »politische Verbrechen nach dem Landesrecht« zu bewerten seien, »bei denen das entscheidende Element eher die Gefahr als die Schuld ist, bei denen der Verbrecher eher als Feind denn als Straftäter betrachtet wird, und bei denen die Strafe eher die politische Maßnahme hervorhebt und nicht die gerichtliche Verfolgung«. Weil das vorrangige Prinzip die Gefahr sei, die von kriegerischen Führungspersönlichkeiten ausgehe, sollte ihre Bestrafung nur auf Sicherheit abzielen.

Nach diesem neuartigen Verständnis von Verbrechen gegen den Frieden kam er zu dem Schluss, dass niemand ausschließlich wegen Verbrechen dieser Art hingerichtet werden sollte. In der Rechtspraxis hätte das bei diesem Verfahren nur Hirotas Leben gerettet. Röling befürwortete die Hinrichtung Tojo Hidekis und der fünf anderen verurteilten Militärs nur wegen konventioneller Kriegsverbrechen. Damit man ihn nicht für zu milde hielt, fügte er noch hinzu, dass zwei weitere Admirale und ein General, die jeweils wegen Kriegsverbrechen zu lebenslanger Haft verurteilt worden waren, ebenfalls sterben sollten.

Pal frustrierte es, dass Röling vor den vollständigen Konsequenzen der Feststellung, der Angriffskrieg sei kein Verbrechen im Sinn des Völkerrechts, zurückschreckte.[19] Dem indischen Spitzendiplomaten in Tokio schrieb Pal privat, dass Röling anfangs mit ihm einer Meinung gewesen sei, doch die niederländische Regierung habe ihn wohl so unter Druck gesetzt, dass er seine Ansicht geändert habe.[20]

Der Rest von Rölings mutigem eigenem Urteil ließ jedoch kaum den Schluss zu, dass hier ein Richter vor der eigenen Regierung kuschte. Obwohl er das niederländische Kolonialreich repräsentierte, das um die Wiedereroberung Indonesiens kämpfte, hob er Japans antikolonialistische Politik hervor. Er sah den japanischen Panasianismus nicht als eine Variante der Kriegführung, sondern als Alternative zum Krieg. Indem Japan die kolonisierten Völker »mit der faszinierenden Losung ›Asien den Asiaten‹ in den japanischen Einflussbereich« lockte, konnte sich das Land einen entscheidenden Einfluss in ganz Asien sichern, ohne Krieg zu führen. Doch letztlich kam er zu dem Schluss, dass Japan diese Befreiungsparolen auf eine unaufrichtige Art für eigene Zwecke ausgenutzt habe. Nachdem die Entscheidung gefallen war, auch gegen das niederländische Kolonialreich Krieg zu führen, habe Japan stillschweigend auf die Befreiungsrhetorik zugunsten der Indonesier verzichtet, weil man sie in eine Abhängigkeit von

Japan bringen wollte. Japan strebte »die Schaffung eines Reiches« an, »das so riesig und mächtig war, dass es die übrige Welt hätte beherrschen können«.

Röling setzte seine Fehde mit der Sowjetunion genussvoll fort. Wenn das Statut des Gerichts auf der Potsdamer Erklärung und der japanischen Kapitulation beruhe, beschränke sich die rechtliche Zuständigkeit des Gerichts auf den Pazifikkrieg, argumentierte er schlau, und gelte nicht für die beiden »Grenzzusammenstöße« – er bezweifelte, dass man sie zu den Kriegen zählen konnte – von 1938 und 1939 mit der Sowjetunion. Japan habe beide Male keinen Krieg gewollt. Röling stellte Japans Staatsführung als im Umgang mit der Sowjetunion furchtsam dar, was die Angeklagten vom Vorwurf entlasten konnte, auch hier einen Angriffskrieg geführt zu haben: Wenn ihre Handlungen von Selbstverteidigung motiviert waren, könnte es an der für einen Angriff erforderlichen kriminellen Absicht gefehlt haben. Er vertrat die Ansicht, dass Japan bei der Unterzeichnung des Nichtangriffspakts mit der Sowjetunion 1941 aufrichtig gehandelt habe – womit er unausgesprochen der Sowjetunion eine Verletzung dieses Vertrags vorwarf, weil sie im August 1945 in den Krieg eingetreten war.

Röling rundete seine abweichende Meinung mit rechtstheoretischen Bedenken ab. Wie viele andere Richter, die weder Briten noch Amerikaner waren, ließen ihn die Verschwörungsvorwürfe kalt. Eine Verschwörung zur Planung eines Krieges, zu dem es nie kam, läge außerhalb der rechtlichen Zuständigkeit des Gerichts. Er dachte an Togo Shigenori, als er Bedenken äußerte über die Verurteilung »jedes einzelnen Regierungsmitglieds, das für den Krieg stimmt, nachdem es mit dem Ziel, den Frieden zu bewahren, in die Regierung eingetreten war«.

Außerdem trieb ihn das schwierige Problem um, dass Kommandeure angeklagt wurden, weil es ihnen nicht gelungen war, ihre Soldaten von der Begehung von Kriegsverbrechen abzuhalten. Die Mehrheit war dem strengen Präzedenzfall gefolgt, den der Oberste Gerichtshof der Vereinigten Staaten mit der Entscheidung im Fall Yamashita geschaffen hatte, nach der ein militärischer Befehlshaber persönlich angeklagt werden konnte, wenn er es versäumte, in seiner Macht stehende angemessene Maßnahmen zu ergreifen, um seine Soldaten an Kriegsverbrechen zu hindern. Aber Röling – ein Abweichler, der Sympathien für andere Abweichler hegte – war von den Minderheitsmeinungen der Verfassungsrichter Wiley B. Rutledge und Frank Murphy beeindruckt. Er setzte jetzt seinen eigenen Maßstab: Ein Kommandeur musste über die Kriegsverbrechen Bescheid wissen oder hätte Bescheid wissen müssen; musste alle ihm möglichen

Schritte unternehmen, um Kriegsverbrechen zu verhindern; und musste eine besondere Verantwortung für die Verhinderung von Kriegsverbrechen übernehmen. Röling schrieb, in der Regierung bestehe eine Arbeitsteilung, und er beklagte, dass die Richtermehrheit mit der Auffassung, dass jedes einzelne Regierungsmitglied – dabei dachte er offensichtlich an Shigemitsu Mamoru – eine Verantwortung für die Beendigung von an der Front begangenen Gräueltaten trage, zu weit gehe.

Neben diesen rechtlichen Streitpunkten bezweifelte Röling außerdem, dass einige der angeklagten Zivilisten, die mit der Gefahr lebten, ermordet zu werden, an der Planung zur Führung von Angriffskriegen beteiligt gewesen waren. Er vertrat die Ansicht, dass Japan von Chiang Kai-shek zuweilen provoziert worden sei. Er behauptete, Japan habe versucht, den Zwischenfall an der Marco-Polo-Brücke einzugrenzen, und es sei zumindest möglich, dass in dieser Situation China – und nicht Japan – nach einer Gelegenheit suchte, einen Krieg zu beginnen.

Schließlich stimmte Röling für einen Freispruch von fünf Angeklagten. Er schrieb, Feldmarschall Hata Shunroku sei ein Berufssoldat gewesen, der eine von seiner Regierung vorgegebene Politik loyal umsetzte – eine Behauptung, die plausibler gewesen wäre, wenn Hata nicht das Amt des Heeresministers innegehabt hätte, der die Politik eher gestaltete, anstatt sie nur auszuführen.[21] Der General sei zwar verurteilt worden, weil es ihm nicht gelungen sei, die weit verbreiteten Gräueltaten zu verhindern, die seine Soldaten in China begingen, aber Röling stieß sich am dünnen Beweismaterial, das die Chinesen vorgelegt hatten und das seiner Meinung nach für eine Verurteilung ohne begründete Zweifel nicht ausreichte. Als er Jahre später an Informationen über die Einheit 731 und Japans Programm für die biologische Kriegführung gelangte, sollte er sich selbst die Frage stellen, ob er sich bei der Einschätzung Hatas nicht geirrt hatte.[22]

Röling erklärte, der zum Tod verurteilte Hirota Koki sollte freigesprochen werden. Er habe im Amt des Premierministers versucht, die westlichen Mächte aus Asien zu verdrängen, aber ohne Krieg. Als Außenminister habe er gegen China gearbeitet und das Land drangsaliert, aber das seien keine Verbrechen im Sinn des Völkerrechts. Nach dem vom japanischen Militär provozierten Zwischenfall an der Marco-Polo-Brücke habe Hirota versucht, das Chaos ohne Krieg zu beseitigen, meinte Röling. Die Richtermehrheit hatte ihn verurteilt, weil er es versäumt hatte, ein Ende der Gräueltaten in Nanjing und an anderen Orten in China zu verlangen, aber Röling vertrat die Ansicht, der Außenminister habe genug getan, indem er sich beim Heeresminister über das Vorgehen in Nanjing beschwerte. In China sei es zwar zu zahlreichen anderen Gräueltaten gekommen, aber die chinesischen Ankläger hätten keine Beweise vorgelegt, die eine Verstrickung Hirotas belegten.

Kido Koichi war ein heikler Fall; Röling fiel es oft schwer zu sagen, ob er wirklich »für den Frieden oder für den Krieg gearbeitet« hatte. Er räumte ein, dass Kido »fatale Fehlurteile« unterlaufen waren, aber in einem Strafprozess galt bei ihm auch für den Lordsiegelbewahrer der Grundsatz: ›Im Zweifel für den Angeklagten‹. Dasselbe traf nach Rölings Ansicht auch auf den Kaiser zu, der nach seinem Verständnis zwar seine Meinung sagen konnte, aber keine andere Wahl hatte, als die von seiner Regierung beschlossene Politik zu akzeptieren. Röling verteidigte die Entscheidung, Tojo zum Premierminister zu ernennen, und begründete dies damit, dass nur eine vom Heer akzeptierte starke Persönlichkeit den Frieden mit den Vereinigten Staaten hätte wählen können, ohne einen Bürgerkrieg auszulösen. Er war nicht davon überzeugt, dass der Kaiser den Krieg hätte verhindern können, noch hätte ihm Kido laut Röling dazu raten können: »Aus der begrenzten Macht des Kaisers ergibt sich die begrenzte Macht seines Beraters.«

Shigemitsu Mamoru war für Röling ein Diplomat, der sich um Frieden bemühte. Röling akzeptierte die Darstellung, dass er 1943 nur ins Kabinett eingetreten sei, um den Krieg zu stoppen. Als Außenminister habe er nicht mehr tun können, als die Beschwerden der Alliierten über die Misshandlung ihrer gefangenen Soldaten an das Heeresministerium weiterzugeben, und deshalb sollte er von der Anklage, Kriegsverbrechen zugelassen zu haben, freigesprochen werden.

Und schließlich sprach Röling Togo Shigenori von jedem Vorwurf frei. Im Unterschied zur Richtermehrheit ging der niederländische Richter davon aus, dass Japans Außenminister noch vor Pearl Harbor auf ernsthafte Zugeständnisse des eigenen Landes gedrängt habe, vor allem auf den Truppenabzug aus China, und es gebe keinen Beweis dafür, dass er die Amerikaner bei den Washingtoner Verhandlungen getäuscht habe. Es sei kein Verbrechen, Außenminister zu werden, um einen Krieg zu verhindern, noch sei es strafbar, in diesem Amt zu bleiben, um für den Frieden zu arbeiten. Togo habe genug Beweise für sein Streben nach Frieden vorgelegt, so dass er nicht wegen eines verbrecherischen Angriffskriegs verurteilt werden sollte. Togo habe »eine internationale Pflicht erfüllt«, weit entfernt davon, ein Verbrechen im Sinn des Völkerrechts zu begehen, schrieb Röling.[23]

»Unvermeidliche Vorkommnisse im Kampf«

Der philippinische Richter Delfín Jaranilla, über diese Kakophonie abweichender Meinungen erbost, bekannte sich ohne jede Einschränkung zur amerikanischen Sache. Er war stolz auf seinen Status als Veteran der US Army in Bataan und pries die Vereinigten Staaten privat als »die großartigste Republik der Welt«.[24] Jaranilla verfasste eine grundsätzlich zustimmende Minderheitsmeinung (Concurring Opinion), seine Kritik am Urteil lautete dabei, es sei nicht hart genug. Jaranillas Text erhielt zahlreiche Unterstreichungen, so dass sich diese Minderheitsmeinung las, als würde der Autor schreien. »Wenn es an diesem Tribunal überhaupt etwa zu kritisieren gibt«, schrieb er, »dann ist es nur die Tatsache, dass das Tribunal so viel Milde und Nachsicht zugunsten der Angeklagten hat walten lassen.«

Am verblüffendsten war, dass Jaranilla erregt den Einsatz der Atombombe rechtfertigte und die Haltung des Weißen Hauses billigte. Dabei muss man ihm zugutehalten, dass er sich unmittelbar eines schwerwiegenden Problems annahm, das während des gesamten Prozesses unausgesprochen im Raum gestanden hatte: Eliminierten Hiroshima und Nagasaki nicht jeden moralischen Anspruch Amerikas, über andere zu Gericht zu sitzen? Doch Jaranillas juristisches Argument lautete, dass viele Arten von Waffen Zivilisten töteten, während sie zugleich militärische Ziele treffen würden. Solche Todesfälle seien »unvermeidliche Vorkommnisse im Kampf«, Kollateralschäden, wobei die Atombombe als bloße Feuerwaffe oder Artilleriegeschoss betrachtet wurde, »nur in einem großen Ausmaß«. Das war Unsinn. Auf Großstädte abgeworfene Atombomben töten nicht versehentlich Zivilisten, während sie eigentlich auf Soldaten zielen; Waffen, die ganze Städte vernichten, wirken für ein militärisches Ziel viel zu unverhältnismäßig tödlich und wahllos.

Jaranilla rechtfertigte die Atombombenabwürfe außerdem aus im Wesentlichen strategischen Gründen – ein zweifelhafter argumentativer Schachzug in einer Rechtsmeinung. Auch Japan hätte Atombomben eingesetzt, wenn es über diese Waffe verfügt hätte, behauptete er. Er schrieb: »Wenn ein Mittel durch einen Zweck gerechtfertigt wird, dann war der Einsatz der Atombombe gerechtfertigt, weil er Japan in die Knie zwang und den furchtbaren Krieg beendete.« Jaranilla zitierte ausführlich aus Henry L. Stimsons Artikel in *Harper's Magazine*, in dem der ehemalige Kriegsminister die Ansicht vertrat, die Atombombe sei die am wenigsten verabscheuungswürdige Option gewesen, und berücksichtigte dabei nicht nur die Opferzahlen bei Amerikanern und Japanern, sondern in ganz Asien. Japan habe vor seiner Niederlage »immer noch Java, Singapur, die Philippinen, die Mandschurei und andere Gebiete in seinen Klauen gehalten«.

In jedem einzelnen Punkt vertrat Jaranilla die härteste mögliche Sicht der Dinge. Er kritisierte, einige der Strafen seien »zu milde, nicht exemplarisch und abschreckend und der Schwere der Straftat nicht angemessen. (…) Unser Handeln kann als Schwäche und Scheitern ausgelegt werden.« Im Unterschied zur Richtermehrheit glaubte er, das Beweismaterial habe gezeigt, dass Japan gemeinsam mit dem nationalsozialistischen Deutschen Reich und Italien die Herrschaft über die ganze Welt angestrebt habe. Er vertrat die Ansicht, es könne eine kriminelle Verschwörung zur Begehung von Verbrechen gegen die Menschlichkeit, zu Kriegsverbrechen, ja sogar zu Mordtaten geben. Er hielt an der rechtlichen Zuständigkeit des Gerichts fest und äußerte sich unbeeindruckt zur Frage der rückwirkenden Bestrafung der Angeklagten für Handlungen, die zum Zeitpunkt ihrer Ausführung möglicherweise noch nicht strafbar gewesen seien: »Japan und seine Führungspersönlichkeiten waren sich jederzeit der Tatsache bewusst, dass man einen Krieg der Eroberung und des Hasses begann, in bewusster Verletzung der eigenen vertraglichen Verpflichtungen und des Völkerrechts.«

Schließlich fiel Jaranilla mit unverhüllter Bitterkeit über seinen Kollegen Pal her. Er schrieb, der indische Richter könne die Legitimität des Gerichts, dem er freiwillig beigetreten sei, nicht in Frage stellen. Pal habe, indem er einer Berufung zum Richter nach den Bestimmungen des Tokioter Statuts zugestimmt habe, die Gültigkeit der dort niedergelegten Definitionen von Verbrechen gegen den Frieden und persönlicher strafrechtlicher Verantwortung »bedingungslos akzeptiert«. Sollte das Statut allerdings ein schlechtes Gesetz sein, wie Pal behaupte, dann sei seine Ernennung ungültig, und »daraus folgt, dass er über keinerlei gültige Machtbefugnisse verfügt, dass alle seine Handlungen ungültig sind und jegliche von ihm dargelegte Meinung ohne rechtliche Bewandtnis ist«. Pal habe durch eine derart vollständig abweichende Meinung im Wesentlichen erklärt, dass er überhaupt kein Richter sei und dass es keinen Grund gebe, aus dem ihm irgendjemand zuhören sollte.[25] Jaranillas grundsätzlich zustimmendes, aber in der Begründung abweichendes Sondervotum offenbarte eine vorausschauende Furcht: dass viele Menschen in Japan und in ganz Asien der Ablehnung des Tokioter Urteils durch den indischen Richter sehr wohl Beachtung schenken würden.

29.

»Ich bin völlig anderer Meinung«

Radhabinod Pals titanisches Sondervotum wird von japanischen Nationalisten heutzutage regelmäßig romantisch verklärt und als Wiedergabe der wahren Meinung Indiens und – in einem umfassenderen Sinn – der dankbaren Asiaten dargestellt. Doch in nichtöffentlichen Äußerungen zeigte sich die Regierung des seit kurzem unabhängigen Indien, einschließlich des Premierministers Jawaharlal Nehru, und durch alle nachgeordneten Rangstufen, entsetzt über Pals Meinung.

Pal hatte, noch während er schrieb, klammheimlich einzelne Stücke seines Textes an die indische Regierung weitergegeben, wo diese Kostproben bei den Rechtsberatern und im Außen- und Verteidigungsministerium herumgereicht wurden. Sein wichtigster Kontakt war K. P. S. Menon, inzwischen als Staatssekretär im indischen Außenministerium amtierend. Menon hatte Pal bei einem Besuch in Japan während des Prozesses getroffen und sein Vertrauen gewonnen. Ein halbes Jahr vor der Verkündung der Urteile war es für Menon keine Neuigkeit mehr, »weitere Teillieferungen von Richter Pals monumentalem Urteil« zu erhalten.[1]

Pal versorgte die indische Regierung mit einer Insider-Betrachtung zu den geheim gehaltenen Beratungen der Richter. Menon bezeichnete diesen Vorgang zwar diskret als »rein persönlichen Brief, der sich aus meiner zufälligen Begegnung mit ihm in Japan ergibt«, teilte das Erhaltene aber prompt mit der ganzen Regierung.[2] »Wir werden jetzt mindestens vier verschiedene Urteile haben«, erklärte Pal. Er legte offen, wer zu der Mehrheit von sieben Richtern gehörte, die die Urteilsbegründung verfassten, und übermittelte die Hauptpunkte der abweichenden Meinungen des niederländischen und des französischen Richters sowie Sir William Webbs separate Stellungnahme. Pal skizzierte seine äußerst umfangreiche abweichende Meinung in sechs prägnant formulierten Punkten: Erstens definiere das Statut des Gerichts nicht, was als Kriegsverbrechen zu bewerten sei. Zweitens seien solche Definitionen, selbst wenn sie vorlägen, *ultra vires* – jenseits der Machtbefugnisse des Gerichts. Drittens: »Der Angriffskrieg ist kein Verbrechen im Sinn des Völkerrechts.« Viertens: »Wir sind nicht hier, um zu sehen, ob die Siegernationen irgendwelche politischen Maßnahmen treffen würden« – eine Zurückweisung von Bert Rölings Sondervotum. Fünftens habe es überhaupt keine umfassende Verschwörung gegeben. Und sechstens sei schwer zu definieren, was man unter einem Angriffskrieg zu verstehen habe. »Ich bin völlig anderer Meinung«, schrieb Pal.[3]

Die vorgewarnte indische Regierung machte sich auf eine Katastrophe gefasst.[4] Nehru selbst, der bei der Staatsgründung Indiens erster Premierminister wurde, hatte den japanischen Militarismus schon seit langem verabscheut; er war über Pals abweichende Meinung entsetzt.[5] Der indische Premier sollte sich in späteren Jahren zwar zu einer der Führungspersönlichkeiten der Blockfreien-Bewegung entwickeln, doch in diesem Fall empfand er nach wie vor die Notwendigkeit, die Vereinigten Staaten und Großbritannien zu beruhigen. Menon, ein Vertrauter Nehrus, empörte sich über Pals Verhalten: »Der gelehrte Richter, der sich mit der Behauptung, Tojo und Co. seien unschuldig, nicht zufriedengibt, hat sich dafür entschieden, Japans Handeln zu rechtfertigen und diejenigen zu verurteilen, die doch im Krieg unsere Verbündeten waren. Bei einer kursorischen Lektüre seines Urteils gewann ich den Eindruck, dass es sich hier um eine monumentale Rechtfertigung von Japans Verhalten im Verlauf der letzten drei Jahrzehnte handelte.«[6]

Nehrus Regierung beschloss, allem Entsetzen zum Trotz, gar nicht erst den Versuch zu unternehmen, dem eigenen Richter in Tokio einen Maulkorb anzulegen. Nach vorheriger Rücksprache mit dem indischen Verteidigungsministerium und dem Botschafter in den Vereinigten Staaten schrieb Menon: »Wir alle waren uns einig, dass es für die Regierung Indiens nicht angebracht wäre, sich in Richter Pals Urteil einzumischen, so extrem seine Ansichten im Kriegsverbrechertribunal waren und so unglücklich auch die Wortwahl sein mochte, in der er diese Ansichten ausdrückte.« Ihn anzuweisen, seinen Dissens umzuschreiben, »stünde im Gegensatz zu unseren besten Rechtstraditionen, nach denen sich die Exekutive nicht in die Arbeit der Judikative einmischt«. Pal hatte sich niemals offiziell mit der Regierung beraten noch von ihr Anweisungen erhalten. Indiens Regierung hatte ihm keine Ratschläge oder Instruktionen erteilt und sein individuelles Urteil in keiner Form eingeschränkt: »Die von ihm geäußerte Meinung ist seine eigene und nicht die Ansicht der indischen Regierung.« Nach Rücksprache mit Menon segnete Nehru diese Vorgehensweise persönlich ab.[7]

Menon und das Außenministerium befürchteten, nachdem sie mehr von Pals abweichendem Urteil gelesen hatten, dass die Vereinigten Staaten und andere Länder sich über diesen Text so empören würden, dass Indien öffentlich erklären müsste, Pals Meinung entspreche nicht der Einschätzung der indischen Regierung zum Thema.[8] Besorgt informierte Menon Indiens Diplomaten in Tokio, Washington und London: »Richter Pal hat einen extremen Standpunkt eingenommen, der völlig von den Standpunkten seiner Kollegen abweicht«, und »einige Passagen in seinem Urteil laufen beinahe auf eine Rechtfertigung von Japans Verhalten während des Krieges hinaus.«[9]

Indiens entschieden auftretender Hochkommissar in London, V. K. Krishna Menon – eine eindrucksvolle Persönlichkeit, er sollte später die Ämter des Verteidigungsministers und des Botschafters bei den Vereinten Nationen übernehmen –, organisierte sofort ein Treffen mit Großbritanniens Außenminister Ernest Bevin, um klarzustellen, dass Pal nicht für Indiens Regierung sprach. Der Hochkommissar erklärte, dass »wir uns von den Ansichten des Richters Pal distanzieren, die von uns nicht geteilt werden«, weil er befürchtete, dass eine solche Rückendeckung China, die Vereinigten Staaten, die Sowjetunion, Australien und Großbritannien gegen Indien aufbringen würde.[10] Es war besonders unangenehm, diesen Punkt im Umgang mit Bevin anzusprechen, einem führenden Imperialisten der Labour Party.[11] Nach einer britischen Mitschrift zu dieser Begegnung sagte der indische Diplomat zu Bevin, dass der indische Richter »Japan von jeglicher Schuld am Zweiten Weltkrieg oder von durch die japanischen Streitkräfte begangenen Verbrechen freisprach«. Während Pal noch seine Verurteilung des europäischen Kolonialismus niederschrieb, hatte seine eigene Regierung bereits insgeheim Kontakt zu den Briten aufgenommen, um ihn zu desavouieren.[12]

Die Briten waren der Nehru-Regierung für dieses hilfreiche Entgegenkommen zwar dankbar, doch das, was Pal vorzubringen hatte, verblüffte sie dennoch.[13] Ein hochrangiger Beamter des Foreign Office schäumte wegen »Richter Pals *Obiter Dicta* über Japans Unschuld im Krieg«, seinen Bemerkungen zu Aspekten, die zwar sein Urteil nicht trugen, es aber flankierten. Gleichzeitig beschrieb Arthur Comyns Carr den Richter Pal als »einen angenehmen und aufrichtigen Menschen, der unglückerweise einen Tick hat, wenn es um ›Asien für die Asiaten‹ geht«. Ein Diplomat des Foreign Office spottete: »Vielleicht können wir uns ja mit seiner Abneigung gegen Kriegsverbrecherprozesse anfreunden, aber seine Version der Ereignisse, die zu Japans Kriegseintritt führten, ist gefährlich falsch.«[14]

Die Briten ermutigten zunächst die indische Regierung auf diskrete Art und Weise, sich von Pals in der Entstehung begriffener abweichender Meinung zu distanzieren.[15] Aber dann warnte Lord Patrick, der britische Richter, es wäre für Regierungen höchst unangemessen, eine Rechtssache vor einem Gericht zu kommentieren.[16] Nach einiger Bedenkzeit bat die britische Regierung die indische Regierung, Pal nicht öffentlich zu kritisieren. Es wäre unangemessen, sich in irgendeiner Form über ein Gerichtsverfahren zu äußern, und eine offizielle Missbilligung von Regierungsseite würde dem abweichenden Urteil nur noch mehr Publicity verschaffen.[17] Solange Pals Meinung in Japan nicht allzu viel Aufmerksamkeit erfahre, »scheint ein Stillschweigen die beste Erwiderung zu sein«, schrieb ein Beamter des britischen Außenministeriums.[18]

Pal hatte über seine abweichende Meinung wiederholt mit dem höchstrangigen indischen Diplomaten in Japan gesprochen, der jetzt seinerseits die Selbstrechtfertigung des Richters an Nehrus besorgte Regierung übermittelte. Pal führte aus, dass Indiens erst seit kurzem amtierende Regierung wohl kaum für eine abweichende Meinung verantwortlich gemacht werden könne, an der er bereits gearbeitet habe, als das Land noch ein Teil des British Empire war. Er hatte seine Absicht, ein abweichendes Urteil zu verfassen, den anderen Richtern bereits über ein Jahr vor Indiens Unabhängigkeit unmissverständlich angekündigt. Eine indische Regierung, die noch gar nicht existierte, konnte ihn wohl kaum angewiesen haben, ein Sondervotum abzugeben.

Pal hatte in der indischen Regierung ein paar Verteidiger. Der indische Botschafter in Washington wies darauf hin, dass Pal einen hervorragenden Ruf genoss, der auf seiner Integrität und Unabhängigkeit sowie auf seiner juristischen Expertise beruhte.[19] Indiens Topdiplomat in Japan wollte ihn ebenfalls nicht tadeln. Er schrieb, alliierte Politiker und zahlreiche Juristen würden Pals Urteil zwar »erbittert kritisieren«, aber er werde Beifall bei den Völkerrechtlern finden, die den Nürnberger Standpunkt anzweifelten, dass der Angriffskrieg ein Verbrechen sei. Jede offizielle Nichtanerkennung würde »nur eine unnötige Nervosität auf der Regierungsseite offenbaren, was mit Sicherheit unser Ansehen nicht verbessern wird«. Dieser vorausschauende indische Diplomat erkannte, wie populär Pals Sondervotum bei der japanischen Bevölkerung werden könnte: »Eine öffentliche Stellungnahme der angedachten Art wird nicht allen Leuten gefallen, und ihr einziger Effekt wird sein, dass sie den guten Eindruck zunichtemacht, den das Urteil in Japan erzeugen kann.«[20]

Pals Urteil

Pals abweichende Meinung ist in Japan zum Mythos geworden. Die enormen Anstrengungen der Tokioter Richter und amerikanischen Zensoren, die ihn zum Schweigen bringen wollten, konnten das nicht verhindern.[21] Japanische Konservative und Nationalisten feierten sie, und schließlich fand sie auch Eingang in das Mainstream-Denken. »Er verfasste einen gerechten Kommentar und ein gerechtes Urteil«, sagt Shindo Yoshitaka, ein rechtsgerichteter Abgeordneter der Liberaldemokratischen Partei und ehemaliger Minister, der ein Enkel des berühmten japanischen Kommandeurs von Iwo Jima war. Pal bezeichnete seine abweichende Meinung selbst pointiert als Urteil, und in weiten Kreisen der japanischen Bevölkerung hat es den Ruf des wahren, dauerhaften moralischen Urteils des Tokioter Prozesses erlangt.

Sein bemerkenswertes Sondervotum wird allerdings öfter heraufbeschworen als tatsächlich gelesen. Im heutigen Japan wird der Text üblicherweise als legalistische Abhandlung bezeichnet, gelehrt in ihren kontroversen Erörterungen und kompromisslos im Umgang mit historischen Falschbehauptungen. Er ist insgesamt allerdings inhaltsreicher und merkwürdiger ausgefallen, gleichermaßen tiefgründiger und stärker politisch argumentierend. Das Sondervotum erwächst aus einer ganz bestimmten philosophischen Sicht auf die internationalen Beziehungen, die von einem realpolitischen Kampf ausgeht, bei dem die Schwachen unter den Starken leiden. Es ist eine düster-realistische Vorstellung, die wenig Raum für moralistische Urteile lässt. Es ist das einzige Tokioter Urteil, das den Rassismus wie auch den Imperialismus als bedeutende Themen der Weltpolitik anspricht.[22] Pal war der einzige Richter, der es wagte, die Motive der Alliierten in Frage zu stellen: »Formalisierte Vergeltung kann nur für eine kurzlebige Genugtuung sorgen, bei hoher Wahrscheinlichkeit eines letztlichen Bedauerns.« Er warnte scharfsichtig vor unbewusster Voreingenommenheit und Rachestreben und riet davon ab, »das Feuer des Hasses weiter lodern zu lassen«.

Pals gewaltiger Dissens ist darüber hinaus ein unverhüllt politisches Dokument.[23] Der größte Teil davon ist eine auf Gegenkurs zur Mehrheitsmeinung getrimmte Entlastung der japanischen Expansionspolitik. »Es ist gegen die Natur, den Sieg aus der Hand zu geben«, schrieb er in einer bezeichnenden Passage über Japans imperiale Eroberungen. »Es ist kriminell, den Sieg aus der Hand zu geben, um so das eigentliche Kriegsziel zunichtezumachen.«[24] Diese Argumentation widerspricht dem, was rechtsgerichtete

Japaner gerne behaupten, und sie liefert eine wortakrobatische Entschuldigung für die Untaten des Kaiserreiches Japan, mit der die Gräueltaten in China und auf den Philippinen heruntergespielt werden.[25]

Der eine abweichende Meinung vertretende Pal zeigte gewiss ein ganz anderes Profil als der relativ ruhige und unauffällige Jurist in Kalkutta im Dienst des Raj. Er wechselte von der ruhigen Arbeit unter der imperialen Amtsgewalt in die Rolle des lautstarken Kritikers des Imperialismus. Er stellte sogar seine Sicht auf das Recht auf den Kopf: In seinen frühen akademischen Schriften über die Hindu-Jurisprudenz hatte er das Recht mitunter aus der menschlichen Vernunft abgeleitet, doch jetzt entschied er sich für eine enge positivistische Auslegung des Völkerrechts.

Da seine Familie keine Einsicht in seinen Nachlass gewährt, ist unklar, was genau ihn zu dieser Kursänderung veranlasste. Am einleuchtendsten ist, dass er nach dem Abzug der Briten seine Meinung endlich frei äußern konnte. Sein Sondervotum zeigt eindeutig, dass er von Hiroshima und Nagasaki tief erschüttert wurde. Er schrieb bitter, die amerikanischen Argumente für »diese unmenschlichen Explosionen« unterschieden sich nicht sehr von der Rechtfertigung des grausamen deutschen militärischen Vorgehens im Ersten Weltkrieg unter Kaiser Wilhelm II.[26] Darüber hinaus gibt es noch mehrere andere mögliche Gründe. Wie Millionen andere Menschen in der kolonisierten Welt befürchtete Pal offensichtlich das Wiederaufleben des europäischen Imperialismus; die Auseinandersetzungen der Nachkriegszeit um eine dauerhafte Unabhängigkeit für Indonesien, Vietnam, Burma, Singapur, Hongkong und andere Gebiete hatten eben erst begonnen.[27] Das schmerzlichste Ereignis der Kriegsjahre in Bengalen, die furchtbare Hungersnot, wird in Pals abweichendem Urteil gar nicht erwähnt, aber es ist gut möglich, dass diese Katastrophe ihn gegen die britische Herrschaft aufbrachte. Der siegreiche Freiheitskampf in Indien, der die Kritik am europäischen Kolonialismus erleichterte, muss ihn ermutigt haben, und gleichzeitig waren auch keine beruflichen Aufstiegschancen mehr zu erwarten, die sich früher ergeben hatten, wenn man sich den – mittlerweile abziehenden – Briten fügte. Pal könnte von populären Appellen Nehrus aufgestachelt worden sein, den er an einer Stelle seines Sondervotums zitierte und von dem er später mit tiefer Bewunderung sprach.[28] In diesem abweichenden Urteil gibt es nichts, was darauf schließen ließe, dass er, wie viele Bengalis dieser Zeit, eine besondere Bewunderung für Subhas Chandra Bose empfand. Er könnte durch das Blutvergießen radikalisiert worden sein, das mit der in Kalkutta besonders gewalttätig verlaufenen Teilung des Subkontinents verbunden war. Und der tägliche Anblick der ausgebombten Ruinen von Tokio könnte ihn an die Heuchelei aufseiten der Alliierten erinnert haben.

Sein Enkel Satyabrata Pal sagt, der Richter sei nicht von antikolonialem Zorn angetrieben worden, sondern vom Hass auf jede Art von Heuchelei: »Wie so viele Inder seiner Generation hoffte Dadu einen großen Teil seines Lebens darauf, dass der Westen, dessen Rechtssystem und Kultur er studiert und bewundert hatte, tatsächlich das, was er predigte, auch praktizieren würde.«[29]

»Ich bedauere aufrichtig, dass ich nicht in der Lage bin, mich dem Urteil und der Entscheidung meiner gelehrten Kollegen anzuschließen«, begann Radhabinod Pal seine Ausführungen. Es sei der großen Bedeutung des Falles geschuldet, dass er die Notwendigkeit empfinde, sich selbst in solcher Ausführlichkeit zu erklären, fuhr er fort.

Er begann mit Rechtsfragen und wies die Behauptung zurück, dass die Angeklagten von Richtern aus den alliierten Siegernationen keinen unparteiisch geführten Prozess erwarten könnten. In einem Abschnitt, in dem er seiner Zeit voraus war, warnte er zwar, dass die Richter »aufgrund von rassischen oder politischen Faktoren voreingenommen« sein könnten, was »tatsächlich sogar unbewusst vor sich gehen kann«. Er vertrat die Ansicht, dass seine Kollegen auf ihre moralische Integrität überprüft werden sollten, vertraute aber dennoch darauf, dass die Richter zu jedweden Gedanken, die ihren unbewussten Wünschen entsprachen, Distanz wahren würden: »All diesen Hindernissen zum Trotz ist es die menschliche Gerechtigkeit, mit der sich die Beschuldigten zufriedengeben müssen.«

Doch danach nahm er die Mehrheit unter Feuer. Ihr Urteil stütze sich in seiner Zuständigkeit auf das Statut und berufe sich außerdem auf die Potsdamer Erklärung, aber Pal ließ beides nicht gelten. Die Potsdamer Erklärung bewertete er ebenso wie andere Erklärungen der Alliierten als bloße Verkündigungen der alliierten Mächte ohne rechtliche Bedeutung. Es treffe zwar zu, dass Japan kapituliert habe, aber das bedeute nicht, dass die Besiegten rechtlich vollständig der Gnade des Siegers ausgeliefert seien. Weder die Potsdamer Erklärung noch Japans Kapitulation berechtige die Alliierten zur Neudefinition früherer Handlungen als Verbrechen, und jeder darauf beruhende Prozess »wird nur eine Scheininszenierung eines Gerichtsverfahrens sein, die der Befriedigung eines Rachedurstes dient.«

Außerdem beruhe der Tokioter Prozess auf den in der Potsdamer Erklärung festgelegten Kapitulationsbedingungen, die nur für den Pazifikkrieg und nicht für frühere Kriege gelten könnten, etwa für den »Mandschurei-

Zwischenfall« (wie Pal ihn unter Verwendung eines japanischen Euphemismus bezeichnete), ebenso wenig wie für die japanischen Vorstöße in den Norden Chinas oder die beiden Grenzkonflikte mit der Sowjetunion. Er räumte ein, dass der Krieg in China berücksichtigt werden sollte, schrieb aber auch an einer Stelle, dass der Anklagepunkt eines gegen China geführten Angriffskriegs kein Teil der auf dem Schlachtschiff *Missouri* unterzeichneten Kapitulation gewesen sei und alle Angeklagten deshalb von diesem Vorwurf freizusprechen seien.

In der Frage des Statuts glaubte Pal nach wie vor das, was er bereits im Juli 1946 geschrieben hatte: Es konnte seiner Meinung nach keine neuen Straftatbestände schaffen. Das Statut könne nur ein Urteil zu Verbrechen fällen, die nach dem Völkerrecht zu dem Zeitpunkt, zu dem die Handlungen erfolgten, bereits definiert gewesen seien, und dazu zählten nach seinem Verständnis nur konventionelle Kriegsverbrechen.[30] Von entscheidender Bedeutung war, dass Pal nicht glaubte, dass der Angriffskrieg zum Verbrechen erklärt worden sei. Er pflegte eine starre realpolitische Einschätzung des »Systems der im internationalen Leben vorherrschenden Machtpolitik«, in dem souveräne Staaten kühl handelten, um ihre Sicherheit und Bedeutung zu wahren.[31] Das Völkerrecht trage wenig zur Veränderung dieses Systems bei; der Krieg bleibe ein Akt der Staatskunst.[32]

Sogar der allseits gepriesene Kellogg-Briand-Pakt »versäumte es, Verstöße gegen seine Bestimmungen zu einem Verbrechen im Sinn des Völkerrechts zu machen«. Nach Pals Einschätzung wog noch schwerer, dass der Kellogg-Briand-Pakt so schwach formuliert gewesen sei, dass man ihm keine wirkliche Rechtskraft zuschreiben könne. Er ließ zur Selbstverteidigung geführte Kriege zu, und Pal behauptete, der Vertrag habe es jedem einzelnen Staat überlassen, für sich zu entscheiden, ob die eigenen Kriege als Selbstverteidigung zu bewerten seien. Deshalb seien die einzigen durch dieses Abkommen für rechtswidrig erklärten Kriege diejenigen, bei denen eine Regierung zugab, dass eine Angriffsabsicht bestand – mit anderen Worten: überhaupt kein Krieg. Das habe »den Pakt aus der Kategorie der Rechtskraft herausgenommen«. Als Konsequenz »blieb der Krieg im internationalen Leben wie zuvor außerhalb des Zuständigkeitsbereichs des Rechts«.

Die Verletzung von Verträgen sei kein Verbrechen, behauptete Pal. Die Anklagevertretung hatte sich nicht allein auf Verträge, sondern auch auf das Völkergewohnheitsrecht berufen, das den Angriffskrieg zum Verbrechen erkläre, aber Pal spottete, ein Bündel Erklärungen allein schaffe kein neues Gewohnheitsrecht. Jedenfalls würde ein neuartiges Gewohnheitsrecht, das den Krieg ablehne, an dem grundsätzlicheren Recht eines jeden souveränen

Staates, Krieg zu führen, scheitern. »Meiner Meinung nach wurde keine Art von Kriegführung durch den Pariser Vertrag [Kellogg-Briand-Pakt] oder als Ergebnis dieses Abkommens für rechtswidrig erklärt«, schrieb er. »Es entwickelte sich auch keinerlei Gewohnheitsrecht, das den Krieg zum Verbrechen machte.«

Das Mehrheitsurteil hatte sich nicht mit dem Naturrecht befasst, selbst Webb hatte weitgehend auf einschlägige Betrachtungen verzichtet, aber Pal verwarf es dennoch rundweg. Wenn es so etwas wie ein Naturrecht gebe, schrieb er, dann sei das ein grundlegendes, aber für konkrete Anwendungen zu hochfliegendes Prinzip von Recht und Unrecht. Es könne nicht als positives Recht akzeptiert werden. Es gebe auch keine existierende internationale Gemeinschaft, die sich darauf verständigt habe, was unter einem Naturrecht zu verstehen sei.[33]

Besonders hart ging Pal mit sowjetischen Theorien ins Gericht, die den Angriffskrieg zum Verbrechen erklärten. Er verspottete sowjetische Juristen wie A. N. Trainin, auf den sich Generalmajor Iwan Sarjanow berufen hatte, um ein Verbrechen gegen den Frieden aus dem fortschrittlichen Charakter des Völkerrechts abzuleiten. Der indische Richter machte sich über sowjetische Behauptungen lustig, nach denen seit der Moskauer Deklaration vom 1. November 1943, mit der von den Vertretern der Sowjetunion, der USA und Großbritanniens die Bestrafung der Hauptkriegsverbrecher aufseiten der Achsenmächte angekündigt worden war, auf irgendeine Art und Weise eine neue internationale Gemeinschaft entstanden sei. Sollte es irgendeine sich erweiternde Vorstellung von einer gemeinsamen Menschlichkeit geben, so sei ihm das bei den mächtigen Nationen noch nicht aufgefallen, schrieb Pal. Hier bezog er sich mit kraftvollen Worten auf den Kolonialismus: Weil »die Beherrschung einer Nation durch eine andere von der sogenannten internationalen Gemeinschaft weiterhin als eine innenpolitische Frage der herrschenden Nation betrachtet wurde, kann ich nicht verstehen, wie eine solche Gemeinschaft auch nur behaupten kann, ihre Grundlage sei die Menschlichkeit«.[34]

Während die Richtermehrheit im Umgang mit Sarjanow klein beigegeben hatte, geißelte Pal die Heuchelei der Sowjetunion und verwies auf ihre Überfälle auf Polen und die baltischen Staaten.[35] Die Sowjets hätten im August 1945 »einen Krieg gegen das bereits besiegte Japan begonnen«, den Pal nicht als Selbstverteidigung einstufen konnte. Den sowjetischen Überfall wolle er nicht einmal ansprechen, fügte er höflich hinzu, und sprach auf diese Art die Aggression gegen Finnland an.[36]

Eine gleichermaßen vernichtende Kritik übte Pal auch am westlichen

Kolonialismus. Wenn die Beherrschung einer Nation durch eine andere ein Verbrechen im Sinn des Völkerrechts sei, dann handelten viele mächtige Nationen kriminell, schrieb er überzeugend. »Die gesamte internationale Gemeinschaft wäre eine Ansammlung krimineller Rassen«, erklärte er. Und er ging noch weiter und warf die Frage auf, ob die Angriffe auf koloniale Besitzungen berechtigterweise als Angriffskriege bezeichnet werden könnten. Er schrieb, dass »die sogenannten westlichen Interessen in der östlichen Hemisphäre« darauf beruhten, dass frühere Generationen von Kolonialisten militärische Gewalt in Reichtümer umgewandelt hätten.[37]

Der nächste Kritikpunkt Pals war, dass Einzelpersonen für Angriffskriege strafrechtlich nicht verantwortlich gemacht werden könnten. Er akzeptierte, dass Siegernationen Kriegsverbrecher aufseiten des Feindes bestrafen konnten, aber das gelte nicht für staatliches Handeln – und alle in der Anklageschrift aufgeführten Taten seien nach seiner Meinung staatliches Handeln. Während die Richtermehrheit die Angeklagten als Akteure eines verbrecherischen Regimes ansah, betrachtete Pal sie als »Anwender ihrer eigenen Verfassung« in einer rechtmäßigen und souveränen Regierung.

Pal bezweifelte, dass eine individuelle Bestrafung nach dem Strafrecht irgendeinem gesellschaftlichen Zweck dienen würde – weder zur Prävention oder Besserung noch zur Abschreckung oder als Vergeltung. Solange Menschen nur dann vor Gericht gestellt würden, wenn sie einen Krieg verloren, könnten diese Prozesse keine Verbrechen verhindern oder abschreckend wirken. Ein Prozess könne nur zu Vergeltung führen, die er als Rache empfand. »Das bloße Gefühl von Rache hat keinerlei ethischen Wert«, schrieb er.

Stärker beeindruckte ihn das »raffinierte« Argument, die Zuordnung von Schuld zu Einzelpersonen werde die Verhängung einer Kollektivschuld über eine ganze Nation verhindern: »Durch den Prozess und die Bestrafung der wenigen Personen, die tatsächlich für den Krieg verantwortlich waren, wird die Welt erfahren, dass sich diese Kriegsherren gleichermaßen an der eigenen Nation versündigt haben wie an allen anderen Nationen.« Dennoch könne dieses Ziel genauso gut durch eine Untersuchungskommission erreicht werden, anstatt einen Strafprozess zu veranstalten, durch den das Recht strapaziert werde.[38]

In seiner abschließenden Salve zur Rechtsgrundlage des Verfahrens vertrat Pal die Ansicht, den Angeklagten sei kein fairer Prozess zugestanden worden. Unter Berücksichtigung aller Tatsachen und Begleitumstände wäre es eine äußerst mühsame Angelegenheit, festzustellen, ob eine bestimmte japanische Vorgehensweise mit aggressiven Absichten verbunden gewesen sei. Das Statut des Gerichts »verzichtete praktisch auf alle Verfahrensvorschriften« nationaler Gerichtshöfe, und es bestehe eine »nahezu hoffnungslose Verwirrung« in Bezug auf die Kriterien für die Anstiftung zu einer Verschwörung. Pal zeigte sich vorsichtig skeptisch in der Frage der Zuverlässigkeit von Marquis Kido Koichis Tagebuch und verwarf vollständig die späte Vorlage der Saionji-Harada-Insidermemoiren als Beweismittel durch die Verteidigung. Das Gericht lasse zu viele Hörensagen-Beweise zu, lautete seine Kritik. Und unter der selbstherrlichen Verhandlungsführung durch Webb habe es sich typischerweise geweigert, Beweismittel zu so entscheidenden Themen wie der kommunistischen Bedrohung in China, dem sowjetischen Überfall auf Finnland und die baltischen Staaten und der amerikanischen Entscheidung für den Einsatz der Atombomben zur Kenntnis zu nehmen.[39]

Der Krieg in China als Selbstverteidigung

Pals Dissens wurde rebellischer, als er sich von den allgemeinen Rechtsfragen löste und zu den Fakten überging. Im Bestreben, für das japanische Handeln eine andere Erklärung als den Angriffskrieg zu finden, beschrieb er ein verwundbares, überbevölkertes und auf allen Seiten von Feinden bedrängtes Land: von Nationalchinesen und Kommunisten in China, von den arroganten Vereinigten Staaten, dem rassistischen British Empire, der beutehungrigen Sowjetunion. Er beklagte wiederholt die Heuchelei westlicher Imperialisten und vertrat die Ansicht, Japan habe nichts Schlimmeres getan, als sie nachzuahmen. Er rechtfertigte die japanischen kolonialistischen Annexionen von Formosa (heute: Taiwan) und Korea. Er hielt ein Plädoyer für Japans Selbstverteidigung und seine angemessenen nationalen Interessen in Asien und verband damit die Absicht, einen berechtigten Zweifel an den aggressiven Zielen der Angeklagten zu wecken.

Er lehnte die Vorstellung ab, dass die Angeklagten eine gewaltige Verschwörung zur Führung eines Angriffskriegs gebildet hätten: »Die ganze Geschichte von der umfassenden Verschwörung ist absurd.« Eine solche Doktrin wäre mit »einem beispiellosen Risiko und ebensolcher Verantwortung für diejenigen [verbunden], die aufgerufen sein könnten, den Regierungsapparat der eigenen Nation zu bedienen«. Er schalt seine Richterkollegen: »Wir müssen uns jeglichen Eifers enthalten, etwas als tatsächlich gegeben anzunehmen, das in die Richtung unserer unbewussten Wünsche führt.«[40] Seine abweichende Meinung wurde zum Spiegelbild der Verwendung des Vorwurfs der Verschwörung durch die Anklagevertretung: Während die Ankläger diesen Vorwurf als einfache Methode einsetzten, um eine Verurteilung zu erreichen, benutzte Pal das Fehlen einer Verschwörung, um zu einem Freispruch zu gelangen.

Pal sah – was einigermaßen vernünftig klang – eine Reihe von nicht miteinander zu vereinbarenden Entscheidungen verschiedener japanischer Kabinette über einen Zeitraum von rund 17 Jahren, aber keine durchgeplante Verschwörung. »Im Unterschied zu Hitler war in Japan niemand über einen längeren Zeitraum an der Macht.«[41] Pal ging noch weiter und akzeptierte bedenkenlos die Beteiligung der Streitkräfte an der Politik. Er hatte nichts auszusetzen an der militärischen Zensur, an der Propaganda und an der Einschränkung der bürgerlichen Freiheitsrechte; so etwas passiere in jedem Land, das in einen modernen Krieg verwickelt sei.[42] Offensichtlich war ihm nicht bewusst, wie das Kaiserreich Japan seine Kritiker zum Schweigen gebracht, eingeschüchtert und ins Gefängnis gesperrt hatte, denn er schrieb, die öffentliche Meinung sei »auf eine vollkommen legitime Art« beeinflusst, aber niemals erstickt worden, was den Japanern eine »vollständige Freiheit bezüglich ihrer eigenen Überzeugungen und Meinungen und in ihrem Verhalten« gelassen habe.

Pal übte ätzende Kritik am europäischen Kolonialismus, aber bei der japanischen Variante gab er sich unbekümmert. Er meldete keinen Widerspruch gegen die Besetzung Formosas (heute: Taiwans) und Koreas durch Japan an – das war besonders merkwürdig, denn es bestand keine Notwendigkeit, sich mit Eroberungen zu befassen, die lange vor dem in der Anklage berücksichtigten Zeitraum erfolgten. Nach Japans Sieg über Russland im Jahr 1905, das Japan den Zugriff auf Korea als Protektorat ermöglichte, sei es den Japanern »normal« vorgekommen, die Kriegsbeute zu behalten, schrieb Pal. Er akzeptierte die Annexion Koreas durch Japan im Jahr 1910 und zitierte dabei zustimmend einen Historiker, der die Ansicht vertrat, die Japaner hätten einen besser begründeten Anspruch auf Korea als die Briten auf Indien, die Franzosen auf Indochina, die Niederländer auf Indonesien oder die Amerikaner auf die Philippinen.[43]

Pal lieferte eine Gegengeschichte, die das Mehrheitsurteil auf den Kopf stellte, und begann mit der Mandschurei: Er deutete Japans Eroberungen als Selbstverteidigung und bestritt, dass es eine Verschwörung zum Angriffskrieg gegeben habe. Japans Großmachtstellung sei unsicher gewesen, denn »Nationalchina, Sowjetrussland und die rassebewussten englischsprachigen Völker des Pazifikraums zogen die Schlinge enger.«

Japan habe einen durch die Mandschurei vorgetragenen sowjetischen Angriff befürchtet, behauptete er, und die dort eingesetzten Japaner hätten unter dem Banditentum, unter innenpolitischen Unruhen und kommunistischer Subversion gelitten. Er zitierte den Bericht der Völkerbund-Kommission über die Mandschurei und behauptete: »Das grundlegende Interesse Japans an der Mandschurei ist die strategische Bedeutung dieses Territoriums für die Selbstverteidigung und nationale Verteidigung.« Beachte man, dass heutzutage »die ganze Welt von Äußerungen der Angst vor einer kommunistischen Entwicklung widerhallt«, könne man Japans Vorgehen in der Mandschurei mit der eigenen Furcht des Landes vor dem Kommunismus erklären.

Weiterhin behauptete er, dass Japan, wie die westlichen imperialistischen Mächte, die in China eingriffen, ein legitimes Interesse an der Mandschurei habe – einem riesigen Raum, den es für ein überbevölkertes Japan zu kolonisieren gelte. Er verwies dabei auf den offensichtlichen Präzedenzfall der Annexion Koreas durch Japan. Wenn westliche Imperien sich in China legal festsetzen könnten, dann könnten das auch die Japaner: »Die Mehrheit der von den westlichen Mächten in der Anklagevertretung beanspruchten Interessen in der östlichen Hemisphäre einschließlich Chinas wurden durch derart aggressive Vorgehensweisen erworben.«

Pal beschrieb den Mukden-Zwischenfall vom September 1931 als mögliche Selbstverteidigung durch japanische Truppen; die Explosion an der Eisenbahnlinie könnte das Werk der Chinesen gewesen sein, behauptete er. Zur anschließenden Eroberung der Mandschurei durch Japan vertrat er die Ansicht, für die Anwesenheit japanischer Truppen ebendort gebe es einen guten Grund. »Die Position der japanischen Streitkräfte war nicht die einer Truppe, die eine Staatsgrenze verletzt hatte«, schrieb er. Diese Soldaten seien weit davon entfernt, einen Angriffskrieg zu führen, sondern würden dort nur die staatliche Ordnung wiederherstellen, weil der Völkerbund über keine eigenen Friedenstruppen verfüge.[44]

Mit einer sehr ähnlichen Betrachtungsweise ging Pal an Japans Einmarsch in das verbliebene Staatsgebiet Chinas heran: Er behauptete, Japan habe dabei zur Selbstverteidigung gehandelt, und bestritt zugleich, dass dieses Handeln einer Verschwörung zugeschrieben werden könne. Er schrieb: »Japan hatte ein gewisses ›Interesse‹ an China entwickelt, das nach Japans Einschätzung sehr wichtig für die eigene Existenz war. Nahezu jede Großmacht erwarb innerhalb der Gebiete der östlichen Hemisphäre ähnliche Interessen und, wie es scheint, hielt jede dieser Mächte dieses eigene Interesse für sehr wichtig.« Japans Invasion in China unterschied sich nach

Pals Meinung kaum von dem, was die westlichen Kolonialmächte getan hatten. Mit Zitaten von John O'Sullivan und Rudyard Kipling belegte er die imperialistische Geisteshaltung von Amerikanern und Briten: »Einem Programm zur Vergrößerung und Erhöhung einer Nation, die wir nicht mögen, können wir Begriffe wie ›offenkundige Bestimmung‹ (*manifest destiny*), ›Schutz lebenswichtiger Interessen‹, ›nationale Ehre‹ oder einen Ausdruck, der nach dem Muster der ›Bürde des weißen Mannes‹ (›the white man's burden‹) geprägt wurde, verwehren und können schlicht und einfach von ›aggressiver Vergrößerung‹ sprechen. Doch selbst dann gelangen wir nicht zu der Verschwörung, wie sie in der Anklageschrift behauptet wird.«

Für Pal hegte Japan eine berechtigte Sorge wegen des in China andauernden Bürgerkriegs und der eigenen Furcht vor dem Kommunismus dort – ein Argument, das am Vorabend von Mao Zedongs Sieg eine besondere Überzeugungskraft entwickelte. Wenn es eine »Weltangst« vor der Revolution mit sowjetischer Unterstützung gab, warum sollten die Japaner sich dann nicht vor einem kommunistischen Vormarsch in China fürchten? Der Kommunismus in China sei nicht bloß eine Ideologie, schrieb Pal, sondern eine konkurrierende Regierung mit eigener Armee, Gesetzgebung und Territorium gewesen. Weil die Nationalchinesen in zunehmendem Maß die Herrschaft über das eigene Land verlören, würde die fortdauernde Unfähigkeit einer Regierung, die innenpolitische Ordnung (in China) aufrechtzuerhalten, es einer ausländischen Macht (Japan) legitimerweise gestatten, Maßnahmen zu ergreifen, um Leben und Eigentum der dort lebenden eigenen Staatsbürger zu schützen, erklärte Pal.[45]

Doch Pal verlor kaum ein Wort über den japanischen Angriff auf China im Jahr 1937. Er sagte nichts über den Zusammenstoß an der Marco-Polo-Brücke und den anschließenden Einmarsch japanischer Truppen in China. An einer Stelle schrieb er der Regierung Nationalchinas die Schuld an Japans Angriff zu: »Am Jahresende 1936 verbündeten sich Chiang Kai-shek und die Kuomintang mit den chinesischen Kommunisten gegen Japan. Dieser Zusammenschluss löste im Juli 1937 den hier zu verhandelnden japanischen Krieg gegen China aus.« Pal traf zwar die vertretbare Feststellung, dass Japan wegen des Bürgerkriegs und des Kommunismus in China begründete Sorgen hatte, nannte aber keinen Grund dafür, warum diese Sorge seiner Ansicht nach in einer massiven Bodenoffensive ihren angemessenen Ausdruck fand.[46]

»Beschützer ihrer Rasse«

Pal war der einzige Richter, der sich direkt mit den Auswirkungen des Rassismus befasste, und er tat dies auf den eindringlichsten und auffälligsten Seiten seines Sondervotums. In seinem seit kurzem unabhängigen Heimatland Indien beschäftigten sich viele Menschen sehr engagiert mit dem Thema der Gleichberechtigung der Rassen in ihrem eigenen multiethnisch zusammengesetzten Land wie auch im Ausland, und sie verblüfften US-Diplomaten mit öffentlich gezeigter Empörung über die Jim-Crow-Gesetze zur Rassentrennung und die Rassendiskriminierung in den Vereinigten Staaten.[47] Der einzige andere Richter, der das Thema Rassismus in einem gewissen Umfang ansprach, war bezeichnenderweise Mei Ruao, ein weiterer Gegner des Kolonialismus aus Asien, unter dessen Einfluss das Urteil den Angriff Japans auf China als rassistischen Krieg brandmarkte.

Pal hob hervor, wie sehr der westliche Rassismus Japan aufgebracht und zum Krieg getrieben habe. Dass der japanischen Bevölkerung ein Gefühl der Überlegenheit über andere Nationen und Völker eingeimpft worden war, empfand er einerseits als bedauerlich, deutete diese Einstellung aber zugleich als eine Abwehrmaßnahme gegen die Selbstgerechtigkeit des Westens. Nachdem er den japanischen Imperialismus als Abwehrreaktion gegen den westlicher Machart erklärt hatte, rechtfertigte er jetzt den japanischen Rassismus als Antwort auf den Rassismus des Westens.

Pal war sich bei der Niederschrift seines Sondervotums durchweg bewusst, wie der Rassismus die Japaner ausgeschlossen und ihre Psyche verletzt hatte. Englischsprachige Protestanten hätten ihre kolonialen Eroberungen von Lateinamerika bis Indien mit einem Gefühl der rassischen Überlegenheit über mutmaßlich primitive Völker gerechtfertigt, erklärte er. Er zitierte den britischen Historiker Arnold Toynbee und behauptete, dass westliche Imperialisten sich selbst als auserwähltes Volk im Sinn der Bibel sahen, die mit der Unterwerfung der Kanaaniter Gottes Willen erfüllten. (Ironischerweise ließ Pal hier in seine eigene Erörterung der Selbstgerechtigkeit eine antisemitische Note einfließen.)

Pal schrieb, während der Textarbeit an der Satzung des Völkerbunds hätten Japans Delegierte in Paris versucht, die jahrhundertelange weiße Vorherrschaft zu beseitigen, in der Hoffnung auf eine egalitärer verfasste Welt, die Völker nichtweißer Hautfarbe nicht als von Natur aus unterlegen betrachtete. Sie fügten in den Textentwurf eine Klausel ein, nach der alle Mitgliedstaaten des Völkerbundes Ausländer gleichberechtigt behandeln sollten, ohne Diskriminierung aufgrund von Rasse oder Staatsangehörigkeit. Doch die Japaner waren vom British Empire ausgebremst worden – insbesondere von William M. Hughes, dem Premierminister Australiens, der sich selbst nach einer von Pal zitierten Geschichte als »Streiter für die Sache der Vorherrschaft der Weißen darstellte«.[48] Der indische Richter klagte: »Weder der Völkerbund noch irgendeine andere internationale Organisation konnte dieses Rassegefühl jemals ablegen.«

Pal warnte vor der »Bewegung aufseiten der weißen Nationen entlang des Pazifikrands, die Asiaten aus wirtschaftlichen und rassischen Gründen auszugrenzen sucht«, ebenso wie vor kulturellen und biologischen Argumenten, die zur Abwehr asiatischer Einwanderer vorgebracht wurden. Er schrieb, dem überbevölkerten Japan habe man mitgeteilt, es könne seine Staatsbürger nicht in »weiße Länder« schicken, auch nicht nach China oder Sibirien. Er verurteilte die Gesetze der Vereinigten Staaten, die Einwanderer aus Asien ausgeschlossen hätten, und bezeichnete ein Gesetz dieser Art als »eine unverhohlene politische Demütigung« für Japan.[49] Die Aussperrung japanischer Einwanderer habe ein nagendes Gefühl der Unterlegenheit erzeugt: »Die weißen Nationen nahmen keinerlei Rücksicht auf die nationalen Empfindlichkeiten der ausgesperrten Nationen, einschließlich der Japaner.«

Er schrieb, die Anklage habe die aggressive japanische Bildungspolitik kritisiert, die »darauf angelegt war, in allen jungen Köpfen ein Gefühl der rassischen Überlegenheit zu erzeugen«. Doch eine solche rassische Überlegenheit sei »eine allen Nationen zuzuschreibende Fehleinschätzung. Jede Nation unterliegt einer Täuschung, nach der die eigene Nation allen anderen überlegen ist, und solange im internationalen Leben noch Unterschiede zwischen den Rassen gemacht werden, ist diese Täuschung tatsächlich eine Abwehrwaffe.« Außerdem mochten die Führungspersönlichkeiten einer Nation im guten Glauben annehmen, ein Gefühl der Überlegenheit könne »die Nation vor den ungünstigen Auswirkungen eines Minderwertigkeitskomplexes schützen, und dass das westliche rassistische Verhalten dieses Gefühl als eine Maßnahme zum Selbstschutz erforderlich macht«.[50]

An einer anderen Stelle seines Sondervotums ging Pal fast so weit, ein mögliches Kriegsverbrechen in der Absicht zu akzeptieren, dadurch die weiße Vorherrschaft zu diskreditieren. Die japanische Armee hatte 1942 britische und amerikanische Kriegsgefangene in den Straßen koreanischer Städte vorgeführt und darauf gehofft, dass dies den kolonisierten Koreanern die Macht des japanischen Kaiserreiches nachhaltig vor Augen führen würde. Eine solche öffentliche Demütigung von Kriegsgefangenen verstieß zwar gegen die Genfer Konvention von 1929, doch Pal schrieb, bei den Koreanern sei der »Glaube an die weiße Vorherrschaft« so ausgeprägt gewesen, dass die Japaner »einfach glaubten, die bloße Tatsache, dass weiße Soldaten gefangen genommen werden konnten, werde diesen Mythos zerstören. Ich kann nicht einsehen, warum man dies als eine Beleidigung oder eine Zurschaustellung vor einer neugierigen Öffentlichkeit betrachten sollte.«[51]

Pal war klar, dass der Rassismus in der Weltpolitik immer noch fest verankert war. Er empörte sich zu Recht über zeitgenössische Politiker, die die Ansicht vertraten, Rassentrennung sei notwendig, um die Entstehung einer »Mischrasse« zu verhindern, während sie gleichzeitig mit bewegenden Worten der Hoffnung Ausdruck verliehen, dass der Zweite Weltkrieg »erfolgreich dieses Rassegefühl beseitigt und alle Menschen so weit zur Demut angehalten hat, dass sie zu einem Denken im Sinn der Gleichberechtigung der Rassen befähigt sind«. Seine Überlegungen zum Rassismus waren eine wichtige Perspektive, die im Mehrheitsurteil in auffälliger Manier fehlte.

Doch in seinem gesamten Sondervotum erwies sich Pal als seltsam gleichgültig hinsichtlich Japans Bündnis mit der bedeutendsten rassistischen Macht, dem nationalsozialistischen Deutschen Reich. An anderer Stelle durchaus leidenschaftlich argumentierend, äußerte er sich über Adolf Hitler auffällig abstrakt. In seiner realpolitischen Theorie der internationalen Beziehungen vertrat Pal die Auffassung, dass Bündnisse sich aus gemeinsam empfundenen Bedrohungen entwickelten, nicht aus innenpolitischer Affinität oder ideologischer Gleichförmigkeit: Japan und das nationalsozialistische Deutsche Reich seien von einer gemeinsamen Furcht vor dem Kommunismus zusammengebracht worden. Pal fragte nie nach, wie ein Bündnis mit einem Regime, das so blutig und aggressiv war wie das Deutsche Reich und in Europa bereits Krieg führte, als defensiv betrachtet werden konnte. Seiner scharfen Beobachtungsgabe für Rassismus in der Politik zum Trotz ließ er so gut wie nichts über die rassistischen Obsessionen der Nationalsozialisten verlauten.[52]

Letztlich glaubte Pal, dass die japanischen Angeklagten die von ihnen gepflegten Vorurteile »für eine *notwendige Schutzmaßnahme* zugunsten ihrer Rasse« gehalten hätten. Seine Schlussfolgerung lautete: »Ich kann die japanischen Führer, die möglicherweise den Schutz der eigenen Rasse im Sinn hatten, als sie den jugendlichen Hirnen die Überlegenheit ihrer Rasse einimpften, nicht verurteilen.«[53]

Pearl Harbor als Selbstverteidigung

Pal lieferte auch eine alternative Sicht auf Pearl Harbor, indem er ein friedliches Japan schilderte, das von den Vereinigten Staaten zum Krieg gezwungen wurde. »Das Beweismaterial überzeugt mich davon, dass Japan alles tat, was in seiner Macht stand, um jeden Zusammenstoß mit Amerika zu vermeiden«, schrieb er. »Es gibt eindeutige Hinweise dafür, dass Japan mit keinerlei Plan in den Pazifikkrieg eintrat, zu dem es letztlich kam.«

Die Vereinigten Staaten hätten sich selbst durch ihre Unterstützung für China nach der Invasion Japans zu einem Krieg führenden Land gemacht, behauptete Pal. Er sah die politische und militärische Unterstützung Amerikas für China als Schritte, die einem offiziellen Kriegseintritt unmittelbar vorausgingen. Die amerikanischen Wirtschaftssanktionen gegen Japan, die wegen der Invasion in China verhängt worden waren, betrachtete er im Grundsatz als einen kriegerischen Akt: »Die Verhängung eines Boykotts gegen ein Krieg führendes Land läuft auf eine unmittelbare Beteiligung am Konflikt hinaus.«[54]

Pal sah im japanischen Einmarsch in Indochina nichts Tadelnswertes, weil Hilfslieferungen für China durch diese Region hindurchgeschleust wurden. Doch er wandte sich gegen die amerikanischen Wirtschaftssanktionen und das Ölembargo gegen Japan wegen der Besetzung Französisch-Indochinas: »Das war die Erklärung eines Wirtschaftskrieges.« Er vertrat die Ansicht, dass die Sanktionen gegen den Kellogg-Briand-Pakt 1928, den Neun-Mächte-Vertrag von 1922 und weitere Verträge verstießen.

Diese Wirtschaftssanktionen der Alliierten hätten Japan zu Verhandlungen mit Niederländisch-Ostindien getrieben, um sich Öllieferungen zu sichern – oder, wenn diese Verhandlungen scheiterten, zu einer Invasion. Japan unterscheide sich in seinem Streben nach Rohstoffen nicht von den Westmächten, behauptete er, mit Ausnahme des unglücklich späten Eintritts in den Kreis der imperialen Mächte. Er wies die wahre Schuld den Vereinigten Staaten zu und behauptete, die militärische und politische Führung der USA seien einhellig der Meinung gewesen, »dass diese gegen Japan verhängten Wirtschaftssanktionen das Land zu genau den Schritten drängen würden, die Japan dann tatsächlich unternahm«.[55]

An Tojos Aufstieg ins Amt des Premierministers fand er nichts Beunruhigendes. Tojo hätte das Heer zügeln können, schrieb Pal, und es bestehe Grund zu der Annahme, dass »er einen sofortigen Krieg mit Amerika nicht befürwortete«. Er sprach Tojo von kriminellen Absichten frei und behauptete, der neue Premier sei der ehrlichen Meinung gewesen, dass Japans bloßes Fortbestehen als Nation stark gefährdet sei. Er behauptete außerdem, dass Tojo »mit all seinen Fähigkeiten als Staatsmann den diplomatischen Weg suchte, aber letztlich das Ziel nicht erreichte, zu einer ehrenvollen Einigung mit den Vereinigten Staaten zu kommen. Er erklärte, dass »Menschen, die Tojos Stellung einnehmen, fähig sein sollten, zu einer Entscheidung zu kommen, und sie sollten den Mut haben, der mit seiner Überzeugung verbunden ist. Was dann folgte, war eine Selbstverständlichkeit.«[56]

Pal vertrat die Ansicht, die Washingtoner Gespräche seien an der amerikanischen Unnachgiebigkeit gescheitert. Sein gewichtigstes Beweismittel für die japanische Kompromissbereitschaft war allerdings der japanische Vorschlag, dass die eigenen Truppen nach einem Friedensabkommen mit China noch etwa 25 Jahre im Land bleiben sollten – obwohl Tojo in privaten Äußerungen einräumte, dass damit eigentlich ein nahezu unbegrenzter Zeitraum gemeint war. »25 Jahre mochten angesichts der Begleitumstände ein vernünftiger oder ein unvernünftiger Zeitrahmen gewesen sein, aber das ist nicht die Frage, mit der wir befasst sind«, erklärte Pal ungerührt.

Im Gegensatz dazu bewertete er die Hull-Note als Dokument, das einer Kriegserklärung sehr nahekam. Cordell Hull, behauptete er ohne jeden Beweis, hatte bereits beschlossen, die Verhandlungen abzubrechen. Pal schrieb, dass »die Note den Maximalforderungen einer amerikanischen Politik für ganz Asien entsprach«. Er zitierte einen amerikanischen Kritiker, der geschrieben hatte, dass selbst Monaco oder Luxemburg nach dem Eingang einer solchen Note gegen Amerika zu den Waffen gegriffen hätten.[57]

Da die Vereinigten Staaten zuvor bereits einen Wirtschaftskrieg begonnen hätten, sei Pearl Harbor nur eine Eskalation eines bereits eingeleiteten Konflikts gewesen, behauptete Pal: »Nach dem Embargo vom Juli 1941 lautete die einzige Frage nur, wann und wo Japan den Schlag führen würde, der den Krieg auslöste.« Er meinte: »Die vorliegenden Beweise berechtigen uns nicht dazu, den japanischen Angriff als einen plötzlichen, unerwarteten, verräterischen Akt zu beschreiben, der begangen wurde, während die beiden Länder sich noch im Friedenszustand miteinander befanden.« Japan habe damit in Wirklichkeit keinen Krieg begonnen: »Die alliierten Nationen hatten sich durch diese Handlungen bereits, gerechtfertigt oder ungerechtfertigt, zu Recht oder zu Unrecht, an dem Konflikt beteiligt, und sämtliche von Japan DANACH gegen sie ergriffenen feindseligen Maßnahmen sollten nicht ›aggressiv‹ sein.«[58]

»Verzerrung und Übertreibung«

Pals rechtsextreme Bewunderer im heutigen Japan erklären gebetsmühlenartig, dass er die japanischen Gräueltaten niemals zu bestreiten versuchte. Diese Behauptung ist schlichtweg falsch. Pal war, ganz im Gegenteil, ein erklärter Skeptiker hinsichtlich der Beweise für die Ermordung von Zivilisten in China und auf den Philippinen. Er bezweifelte nicht nur einige der Beweise, die selbst Richter Mei privat für schwach hielt, sondern auch einen Teil des beweiskräftigsten Materials und dabei ganz besonders die glaubwürdigen Augenzeugenberichte von Tötungen und Vergewaltigungen in Nanjing. In späteren Jahren sollte Pal auch einige der Tatsachen über den Holocaust bestreiten.

Er warnte vor einer Dämonisierung der Feinde in der Kriegszeit. »Geschichten über Kriegsverbrechen wecken Leidenschaften und Rachebestrebungen«, schrieb Pal und verwies dabei auf die Propaganda während des Ersten Weltkriegs. Er zweifelte an der Wahrheitsliebe der chauvinistischen Presse der Kriegsjahre, die sich an einem »schändlichen Wettbewerb« zur Erregung öffentlicher Wut beteiligt habe. Er vertrat die Ansicht, dass in den Köpfen der Menschen, die sich um eine Strafverfolgung besiegter Kriegsherren bemühten, »eine Art von unbewussten Vorgängen« im Gang sei. »Das Ergebnis könnte eine teilweise Verzerrung der Wirklichkeit sein. Es gibt immer ein gewisses Bestreben, all das als tatsächlich gegeben anzunehmen, was eigentlich unbewusste Wünsche sind.«

Pal räumte zwar ein, dass die Berichte über japanische Gräueltaten in ganz Asien ähnlich ausfielen, aber für ihn war dies kein zwingender Beweis für eine systematisch betriebene Politik. Es sei genauso gut möglich, dass diese Muster das Produkt »irgendeiner gemeinsamen, die Behauptungen und Beweise gestaltenden Quelle« seien – womit er offensichtlich die alliierte Propaganda meinte. Selbst den Augenzeugen könne man nicht trauen: »Wir können nicht immer den Menschen glauben, die sahen, wie ›etwas passierte‹, selbst wenn sie es mit eigenen Augen sahen.« Die von Japan praktizierten Foltermethoden waren zwar überall gleich, aber Pal weigerte sich, zu glauben, dass irgendeine Regierung solche Methoden formulieren und vorgeben würde.

Pal kehrte zu seinem Thema des westlichen Rassismus zurück und spekulierte, dass die Gefangennahme einer gewaltigen Zahl von alliierten Soldaten durch Japan eine Demütigung gewesen sei, die durch die Dämonisierung der Japaner vergolten werden musste. Die japanischen Siege »ließen auf einen Ausgang des Kampfes schließen, der, wie jede weiße

Nation empfand, den Mythos von der weißen Vorherrschaft vollständig zunichtemachte. Ein gewisses Ausmaß von Propaganda gegen den nichtweißen Feind könnte als Ausgleich für den Verlust ersonnen worden sein«.

Natürlich konnten die chinesischen Berichte über massenhaft begangene Gräueltaten kaum als die Rache gedemütigter Verfechter der weißen Vorherrschaft eingestuft werden. Doch Pal bezweifelte beharrlich den Wahrheitsgehalt der Beweise zu den an chinesischen Zivilisten verübten Massakern und Misshandlungen. Ohne zu erwähnen, dass die japanische Armee ihr Aktenmaterial verbrannt hatte, schrieb er, es gebe »absolut keine vorliegenden Beweise, die zeigen, dass irgendein Befehl oder eine Ermächtigung oder Erlaubnis erteilt wurde«, Zivilisten und entwaffnete Soldaten in zahlreichen chinesischen Städten abzuschlachten. Es gebe »absolut keinen Beweis für diese angebliche Gräueltat« in Guangzhou; er sei nicht überzeugt davon, dass es in den Provinzen Hankou oder Guangdong irgendwelche Gräueltaten gegeben habe; die Beweise über Untaten in Changsha seien nicht zufriedenstellend; er sei nicht überzeugt von Berichten über Vergewaltigungen und Tötungen in zwei Städten in Guangxi; er lasse »vereinzelte Fälle« an anderen Orten in China unberücksichtigt.[59]

Das Massaker von Nanjing diente Pal als wichtigstes Beispiel für eine übertrieben dargestellte Geschichte über Gräueltaten. Er schrieb, es sei unmöglich, »einen gewissen Verdacht« zu vermeiden, der sich gegen »Verzerrung und Übertreibung« richtet. Er schrieb zwar, dass »kein Zweifel besteht, dass sich japanische Soldaten in Nanjing abscheulich verhalten haben, selbst wenn man alles berücksichtigt, was gegen die Beweismittel vorgebracht werden kann«, doch er füllte eine Seite nach der anderen mit dem Versuch, das grauenhafte Geschehen ebendort in Zweifel zu ziehen.

Besondere Mühe gab er sich mit dem Streuen von Zweifeln beim Thema Vergewaltigungen. Im Bestreben, die Zeugenaussagen in einem umfassenderen Sinn zu diskreditieren, konzentrierte er sich besonders auf die Widerlegung zweier Augenzeugen: auf Hsu Zhuanying, einen Eisenbahnbeamten aus Nanjing, und auf Reverend John G. Magee, einen amerikanischen Geistlichen der Episkopalkirche. Pal beklagte, dass Hsu und Magee »jede Geschichte akzeptierten, die man ihnen erzählte, und jeden Fall als einen Fall von Vergewaltigung betrachteten«. Er schrieb, es sei »schwierig, dieses Beweisstück ohne das Gefühl zu lesen, dass es hier Verzerrungen und Übertreibungen gegeben hat«.

Pal erklärte nicht genau, warum diese unter Eid vorgetragenen Berichte aus erster Hand für ihn unplausibel oder verfälscht klangen. Er war nicht überzeugt von Magees Augenzeugenbericht, der schilderte, wie er selbst einen japanischen Soldaten bei der Vergewaltigung einer chinesischen Frau ertappte. Pal sprach dagegen nur von »Beispielen für ein Fehlverhalten« von japanischen Soldaten, welche die Zeugen »ohne zu zögern (…) als Fälle von Vergewaltigung bezeichnen«. Hsu hatte ausgesagt, er habe zahlreiche Vergewaltigungen gesehen und von weiteren gehört. Doch Pal meldete Zweifel bei einem Fall an, über den Hsu sagte, er habe selbst gesehen, wie ein japanischer Soldat eine Frau in einem Badezimmer vergewaltigte, und bei einem weiteren Fall, bei dem Hsu und ein zweiter Chinese einen nackten Japaner schlafend angetroffen und, so lautete der Bericht, als mutmaßlichen Vergewaltiger zur Polizei gebracht hatten. Pal zog die Motive der Zeugen in Zweifel und schrieb, hier handele es sich um »Berichte von Augenzeugen, die nur aufgeregte oder voreingenommene Beobachter sind«.

Pals Zweifel nahmen nahezu erkenntnistheoretische Formen an. Er behauptete, die Zeugen könnten die Ereignisse nur flüchtig wahrgenommen haben. Wie konnten sie sich dessen, was sie da gesehen hatten, so sicher sein? »Ihre Überzeugung wurde in vielen Fällen nur von einer Reizbarkeit bewirkt, die bei ihnen vielleicht eine Leichtgläubigkeit weckte und als überzeugender Erklärer von Wahrscheinlichkeiten und Möglichkeiten diente. All die Belanglosigkeiten von Gerüchten und schlauen Vermutungen verbargen sich unter einer Prädisposition, das Schlimmste zu glauben, die vielleicht von den Emotionen erzeugt wurde, die bei den Opfern von Verletzungen normal sind.«[60]

Pal überging die Aussagen von Augenzeugen des Massakers in Nanjing ebenso wie Zeugen aus Hankou und Changsha. Er zog die Aussage des japanischen Kommandeurs in Changsha dem Bericht eines heimatlosen chinesischen Flüchtlings vor, der den Erschießungen entkommen war. Ein Mann aus Nanjing sagte aus, er habe selbst gesehen, wie etwa 40 Menschen beiseite geführt und von japanischen Soldaten mit einem Maschinengewehr erschossen wurden; wenige Tage später habe er gesehen, wie eine Gruppe junger Männer mit Bajonetten erstochen wurde. »Das scheint mir ein etwas merkwürdiger Zeuge zu sein«, kommentierte Pal. »Die Japaner scheinen einen besonderen Gefallen daran gefunden zu haben, ihn an verschiedene Orte zu bringen, damit er dort ihre Missetaten mitansehen konnte, und ihn dabei dennoch zu verschonen.« Offensichtlich fehlte es diesem Zeugen in Pals Augen an Glaubwürdigkeit, weil er nicht umgebracht worden war.

Richter haben die Pflicht, allen Zeugenaussagen mit Skepsis zu begegnen. Gerichtsfeste Beweise zu einer Vergewaltigung, bei der Opfer und

Vergewaltiger während des Verbrechens oft unter sich waren, oder zu Massakern, nach denen die wichtigsten Zeugen nicht mehr leben, sind immer schwer zu beschaffen. Es stimmt, dass Menschen, die Verbrechen gegen die Menschlichkeit ausgesetzt waren, oft eine feindselige Haltung gegenüber den Tätern einnehmen. Solche Probleme bestehen unweigerlich bei allen modernen Strafverfahren wegen Kriegsverbrechen. Doch Pal wechselte reibungslos vom Fragemodus zu bestimmten Vorfällen zu einer Verweigerungshaltung in Bezug auf eine gewaltige Menge überzeugenden Beweismaterials. Mit den grauenhaften Tatsachen konfrontiert, wünschte er sie sich einfach fort.

Pal räumte ein, dass es überwältigende Beweise für japanische Gräueltaten gegen Zivilisten und Kriegsgefangene gab, auch »bei allen möglichen Vorbehalten gegenüber Propaganda und Übertreibung«. Dennoch kam er zu dem Schluss, dass kein einziger Angeklagter für die Anordnung oder Zulassung dieser Untaten verantwortlich gemacht werden könne. Das alliierte Verlangen nach Rache sollte durch die bereits inszenierten Strafverfahren gegen zahlreiche Täter niedrigerer Rangstufen gestillt sein, schrieb er.

Nach Pals Auffassung trug keiner der Angeklagten eine Schuld am Massaker von Nanjing: »Ich kann nicht erkennen, warum wir anhand dieser Beweise zu dem Schluss kommen sollten, dass solche Gräueltaten das Ergebnis der Politik der japanischen Regierung waren.« Sein Resümee von General Matsui Iwanes Verhalten in Nanjing war fast ein Lob, wenn er behauptete, der japanische Kommandeur habe tadellose Befehle ausgegeben und ritterlich die Einhaltung von Dienstvorschriften befohlen, als er erfuhr, dass »es, seiner strengen Ermahnung zum Trotz, zu Verstößen gegen die militärische Disziplin und Moral kam«. Pal musste zwar einräumen, dass solche Maßnahmen wirkungslos geblieben waren, doch er erklärte sie zu ernsthaften Bemühungen.

Er zeigte sich skeptisch gegenüber Aussagen zu Kriegsverbrechen gegen Zivilisten auf den Philippinen und in Burma, Indochina, Malaya, Singapur und Indonesien. Über Burma schrieb er: »Im schlimmsten Fall handelt es sich um vereinzelte Beispiele von Grausamkeit«, für Borneo »würde man viel bessere Beweise erwarten«, und auf Timor sah er nur »Einzelfälle«. Er zeigte auch nicht mehr Anteilnahme, wenn es sich bei den Opfern um Inderinnen und Inder handelte, die eingesperrt, geschlagen oder in Bordelle gezwungen worden waren.

Beim Geschehen auf den Philippinen wurde er mit einer gewaltigen Menge von grauenhaften Beweisen zu Folterungen, Enthauptungen, Vergewaltigungen, Verstümmelungen und zur Ermordung von Zivilisten mit Bajonettstichen konfrontiert. »Die teuflische und unmenschliche Art der mutmaßlichen Gräueltaten kann nicht bestritten werden«, räumte er ein. »So unbefriedigend die Beweise auch sein mögen, es kann nicht bestritten werden, dass viele dieser unmenschlichen Dinge begangen wurden.« Dennoch sah er keine Notwendigkeit, irgendjemand aus der höchsten Führungsebene zu bestrafen. Die Männer, die diese Verbrechen begangen hätten, seien bereits vor nachrangigen alliierten Gerichten angeklagt worden; die Angeklagten von Tokio »hatten keinen offenkundigen Einfluss auf die Begehung dieser grausamen Taten«.

Pal schrieb, dass »die Schändung von Manila mit der Schändung von Nanjing verglichen wird«, und verband damit eine Diskreditierung des Vorwurfs. Er tat das Gemetzel und die Massenvergewaltigungen in Manila als »Einzelfälle« ab, wie sie von jeder Armee begangen würden. Er widersprach der Anklagevertretung auf allen Ebenen: »Es gibt, durch Aussagen oder Indizien, keine Beweise, keine zeitgleichen, prospektiven, retrospektiven, die auf irgendeine Art zu der Schlussfolgerung führen würden, dass die Regierung in irgendeiner Form die Begehung solcher Straftaten gestattete.« Er sprach 16 politische und militärische Führungspersönlichkeiten, darunter auch Tojo, von dem Vorwurf frei, Kriegsverbrechen angeordnet oder zugelassen zu haben: »Der Krieg ist die Hölle. Vielleicht ist es eine zutreffende Aussage gewesen, dass der Frieden ebenfalls zu einer Hölle werden würde, wenn die Mitglieder der Regierung für Ereignisse wie diese vor Gericht gestellt und bestraft werden können.«

Nachdem er die japanischen Gräueltaten von China bis zu den Philippinen heruntergespielt hatte, erhob Pal seine Stimme nur für die ermordeten Zivilisten von Hiroshima und Nagasaki. Er schrieb, wenn es irgendetwas gebe, das den unbarmherzigen Methoden der Kriegführung Kaiser Wilhelms II. im Ersten Weltkrieg nahekomme, dann sei das »die Entscheidung der alliierten Mächte für den Einsatz der ATOMBOMBE. Zukünftige Generationen werden über diese schreckliche Entscheidung urteilen.« Er fragte, »ob es legitim geworden ist, durch ein solch wahlloses Gemetzel den Sieg zu erringen, indem man den Willen der ganzen Nation zur Fortsetzung des Kampfes bricht«. Er zog einen harten Vergleich zwischen den Amerikanern, die über den Einsatz der Atombombe entschieden, und den Nationalsozialisten: »Wenn die wahllose Vernichtung zivilen Lebens und Eigentums im Krieg immer noch ungesetzlich ist, dann ist im Pazifikkrieg diese Entscheidung für den Einsatz der Atombombe die einzige Handlung, die den Befehlen des deutschen Kaisers während des Ersten und dem Vorgehen der nationalsozialistischen Führung während des Zweiten Weltkriegs nahekommt. Den gegenwärtigen Angeklagten konnte kein Handeln dieser Art nachgewiesen werden.«[61]

»Ein isolierter Fall von Grausamkeit«

Bei der Misshandlung von Kriegsgefangenen in japanischem Gewahrsam war Pal weniger skeptisch, wiederholt schrieb er, das japanische Verhalten sei »unmenschlich« gewesen, und stellte fest, es sei richtig gewesen, Kriegsverbrecher bei Verfahren vor nachrangigen alliierten Gerichten zu bestrafen. Doch er brachte es abermals fertig, jeden einzelnen hochrangigen Angeklagten freizusprechen. Die Feldwebel und Hauptleute konnten gehängt werden; die Generale und Minister sollten freigelassen werden.

Pal hatte mit der Kritik am neuartigen Straftatbestand des Angriffskriegs begonnen, und er schloss, indem er den konventionellsten unter allen Kriegsverbrechen auswich. Die angemessene Behandlung von Kriegsgefangenen war im Kriegsrecht gut verankert, doch Pal schrieb, es gebe gar kein anzuwendendes Gesetz. Japan habe die Genfer Konvention nicht ratifiziert, und die Haager Landkriegsordnung würde nur gelten, wenn alle Unterzeichnerstaaten sie ratifiziert hätten; weil das auf Italien und Bulgarien nicht zutreffe, sei das gesamte Dokument ungültig.

Pal erklärte die Misshandlung von Kriegsgefangenen zum zufälligen Ergebnis der Überforderung Japans durch eine überwältigende Zahl von feindlichen Soldaten, die sich ergeben hätten. Anstatt Japan wegen Verstößen gegen das Kriegsrecht Vorhaltungen zu machen, behauptete er, diese Gesetze müssten auf einen zeitgemäßen Stand gebracht werden, damit sie kein ständiges Hindernis für das Erreichen militärischer Ziele mehr bildeten. Die Vereinigten Staaten seien nicht bereit gewesen, auf die mit der Atombombe verbundenen militärischen Ziele zu verzichten, nur weil ihr Einsatz mit der wahllosen Schädigung von Zivilisten verbunden war. Warum sollte Japan sich das Völkerrecht nicht auf ähnliche Weise so zurechtlegen, dass es zu den eigenen Zielen auf dem Schlachtfeld passte?

Außerdem deutete er die Misshandlung von Kriegsgefangenen als eine zutiefst mit dem japanischen Brauchtum verbundene Angelegenheit. Er schrieb, es bestehe ein grundlegender Unterschied zwischen dem japanischen und dem westlichen Verständnis von Schmach und Schande im Krieg. Die Japaner würden bis zum Tod kämpfen, das sei eine Charaktereigenschaft, die tief im nationalen Leben verankert sei, während ihre unterlegenen Feinde klugerweise den Kampf aufgeben würden. Er zitierte hierzu einen Anthropologen und behauptete, die Japaner glaubten, ihre westlichen Gefangenen seien »durch die bloße Tatsache, dass sie sich ergeben hatten, entehrt«.

Trotz umfangreichen Beweismaterials zu weit verbreiteten Foltermethoden und Misshandlungen in ganz Asien schrieb Pal, dass »keine derartige Ähnlichkeit der Verhaltensmuster nachgewiesen worden ist, die uns zu dem Schluss berechtigen würde, all diese unmenschlichen Behandlungen seien das Ergebnis der Politik oder der Anweisungen der Regierung«. Die Alliierten hatten offiziell gegen die an ihren gefangenen Soldaten begangenen Kriegsverbrechen protestiert, aber Pal sah für die japanischen Angeklagten keinen Grund, mit diesen Beschwerden etwas anderes als bloße Feindpropaganda zu verbinden, die darauf angelegt war, den Menschen »die bizarrsten Märchen glaubhaft zu machen«. Ein Minister sei nicht verpflichtet, aus Gegnerschaft zu Kriegsverbrechen aus einem Kriegskabinett zurückzutreten, erklärte er. Wenn Gefangene misshandelt worden waren – zum Beispiel in »Höllenschiffe« gepfercht oder zu kriegswichtigen Arbeiten gezwungen worden waren –, tat Pal dies fallweise auch als staatliches Handeln ab, für das keiner der Beschuldigten strafrechtlich zur Verantwortung gezogen werden könne.

Der Todesmarsch von Bataan sei »wirklich eine abscheuliche Brutalität«, schrieb er, und diesmal zog er die Aussagen von Überlebenden nicht in Zweifel. Doch er sah nicht ein, wie auch nur ein Angeklagter dafür verantwortlich zu machen war – nicht einmal Tojo, der Premier- und Heeresminister gewesen war. »Es ist ein isolierter Fall von Grausamkeit«, schrieb Pal. »Ich kann keinen der gegenwärtig Angeklagten mit diesem Ereignis in Verbindung bringen.«

Pal verurteilte auch keinen der Angeklagten für den Bau der Burma-Thailand-Eisenbahnlinie. Er bezweifelte nicht, dass eine gewaltige Zahl von Gefangenen bei diesem Bauprojekt gestorben war, verband das grauenhafte Geschehen aber mit »dem Übereifer der Offiziere vor Ort«. Er sah die Schuld bei einem General, einem Oberstleutnant und einem Unteroffizier, kam aber zu dem Schluss, dass Militärangehörige dieser Dienstgrade bereits vor australischen, niederländischen und US-Tribunalen angeklagt worden waren. Die Eisenbahnlinie war eine bedeutende strategische Maßnahme, die darauf abzielte, eine Front gegen Indien zu eröffnen und Nachschublinien für China abzuschneiden, was offensichtlich ein Thema für Planungen auf höchster Ebene war, doch Pal sah keinen Grund für die Schlussfolgerung, dass die führenden Männer Japans »sogar solche Brutalitäten hätten vorhersehen müssen«. Er verurteilte auch niemanden für den Einsatz von Gefangenen für militärische Arbeiten. Er ging zwar davon aus, dass Tojo die volle Verantwortung für den Einsatz von alliierten Gefangenen beim Eisenbahnbau trug, schrieb aber, dass »dieser Verstoß gegen die Bestimmungen für den Arbeitseinsatz von Kriegsgefangenen eine bloße staatliche Handlung ist. Das ist nicht per se kriminell, und ich würde ihn dafür nicht strafrechtlich verantwortlich machen«.

Die Hinrichtung von alliierten Bomberbesatzungen verschaffte Pal eine Gelegenheit, den Spieß zu Ungunsten der Alliierten umzudrehen. Er sah die Flieger grundsätzlich als Kriegsverbrecher, auch wenn Gesetzeslage und Gewissen hier nicht deckungsgleich gewesen waren. Wenn die Alliierten Kriegsverbrechertribunale einrichten wollten, die neue Gesetze schaffen konnten, stünde so etwas auch den Japanern zu, erklärte er. Er übersah geflissentlich, wie schäbig die japanischen Kriegsgerichtsverfahren geführt worden waren, und bestritt, dass irgendwelche japanischen Führungspersönlichkeiten sich schuldig gemacht hätten, indem sie die Folterung und standrechtliche Hinrichtung alliierter Bomberbesatzungen zuließen. Gleichwohl hielt er ein kraftvolles Plädoyer für die Einstufung wahlloser Bombardements zum Nachteil von Zivilisten aus der Luft als Kriegsverbrechen, was eine klaffende Lücke im Kriegsrecht schloss. Bei einem der seltenen Beispiele im Verlauf des Tokioter Prozesses, bei denen ausdrücklich auf die Bombardierung von Städten – ein prägendes Merkmal des Krieges – eingegangen wurde, hob er die Wut der japanischen Öffentlichkeit über die Brandbombenangriffe auf Tokio, Nagoya, Osaka, Kobe und andere Städte hervor. Diese Wut erreichte nach Hiroshima und Nagasaki ihren Höhepunkt. Pal schrieb: »Das wahre Grauen des Luftkriegs ist nicht die Möglichkeit, dass ein paar Fliegersoldaten gefangen genommen und grausam getötet werden, sondern es sind die Zerstörungen, die durch den wahllosen Abwurf und Abschuss von Bomben und Geschossen bewirkt werden können. Das Gewissen der Menschheit begehrt nicht so sehr gegen die Bestrafung auf, die dem rücksichtlosen Bomber zuteilwird, sondern gegen seine rücksichtslose Art des Bombardements.«[62]

Pal schloss sein Sondervotum mit einem Paukenschlag: »Ich würde die Ansicht vertreten, dass jeder einzelne Angeklagte in keinem einzigen Anklagepunkt für schuldig befunden werden darf und in allen Anklagepunkten freigesprochen werden sollte.«

Er stellte sich gegen seinen Freund und Mit-Abweichler Bert Röling, der sich für eine Bestrafung der Angeklagten zur Wahrung der öffentlichen

Ordnung ausgesprochen und dabei auf das Beispiel von Napoleon Bonapartes dauerhafter Verbannung nach Sankt Helena verwiesen hatte. Da die Sieger im Anschluss an die Napoleonischen Kriege für ein Gerichtsverfahren nichts übriggehabt hatten, stellte Pal die vernünftige Frage, wie dieser Nichtpräzedenzfall für den Aufbau des Völkerrechts genutzt werden könnte. Pal betonte außerdem, dass die japanischen Führungspersönlichkeiten, im Unterschied zu den tyrannischen Usurpatoren Napoleon und Hitler, die Vorrechte legitimer Anführer eines souveränen Staates genießen würden. »Die Verfassung Japans war vollständig intakt«, schrieb er, trotz der Mordanschläge und Putschversuche extremistischer Heeresoffiziere.

Von Hiroshima und Nagasaki zutiefst erschüttert, schreckte er vor den frühen Erscheinungsformen des Kalten Krieges zurück. Er zitierte einen Leitartikel der *New York Times* über die Atombombe und schrieb: »Die wahre Frage, die sich einem wahrhaft besorgten Verstand stellt, lautet: ›Kann die Menschheit schnell genug erwachsen werden, um das Rennen zwischen Zivilisation und Katastrophe zu gewinnen?‹« Er warnte, dass die von Rachsucht motivierte Bestrafung besiegter Staatsführer die Öffentlichkeit nur vom Nachdenken über die Grundvoraussetzungen von Frieden und weltweiter Einheit ablenken würde.

Er bezeichnete den Prozess als einen Hohn auf die Gerechtigkeit. Das Tokioter Gericht vermittle den Eindruck, es sei »nur zur Erreichung eines Ziels« geschaffen worden, »das grundsätzlich politischer Natur war, obwohl es sich als Gerichtsverfahren verkleidete. Man sagt, dass ein Sieger dem Besiegten alles zukommen lassen kann, von der Gnade bis zur Rachsucht; doch das Einzige, was der Sieger dem Besiegten nicht geben kann, ist Gerechtigkeit.« Schuld gelte es auch den Alliierten zuzuweisen, nicht nur ihren besiegten japanischen Feinden. Pal rief die Alliierten dazu auf, Gnade walten zu lassen, anstatt Vergeltung zu üben: »Es sollte nicht gestattet sein, sich auf die Gerechtigkeit zu berufen, nur um weiterhin nach rachsüchtiger Vergeltung streben zu können. Die Welt bedarf wirklich eines großzügigen Edelmuts und einer verständnisvollen Wohltätigkeit.«

Pal beendete damit ein abweichendes Urteil, das bemerkenswert energische Ausführungen zum Rassismus enthält, mit einem von Bewunderung begleiteten Zitat eines berühmten Verfechters der weißen Vorherrschaft. Er überließ das Schlusswort dem im Bürgerkrieg besiegten und von amerikanischen Rassisten vielbewunderten Jefferson F. Davis. Die Worte des Anführers der Konföderierten im Amerikanischen Bürgerkrieg werden auf einem ihm gewidmeten steinernen Denkmal im Yasukuni-Schrein Pal zugeschrieben. Dort ist zu lesen: »Es ist sehr wahrscheinlich, dass, ›wenn

Leidenschaft und Zorn mit der Zeit gemildert werden, wenn die Vernunft dem falschen Bild die Maske abgenommen hat, die Gerechtigkeit mit gut austarierter Waage verlangen wird, dass ein Großteil des früheren Tadels und Lobs die Plätze tauscht.‹«[63]

»Wirre und pauschale Erklärungen«

Jawaharlal Nehru war über Pals Sondervotum entsetzt.[64] »In diesem Urteil wurden wirre und pauschale Erklärungen abgegeben, mit denen wir in vielen Fällen überhaupt nicht einverstanden sind«, schrieb er in einer vertraulichen Mitteilung.[65] Als ein alter Freund Nehrus vorschlug, die abweichende Meinung Pals als Meilenstein des Völkerrechts offiziell zu veröffentlichen, weigerte sich der Regierungschef und zeichnete persönlich eine Erwiderung ab, in der festgehalten wurde, dass Pal ausschließlich in seiner Eigenschaft als Richter und keineswegs als Vertreter der indischen Regierung dem Tokioter Gericht angehört hatte.[66]

Große indische Tageszeitungen hoben das Sondervotum an einem Tag auf die Titelseite, verzichteten aber in den meisten Fällen auf eine Folgeberichterstattung.[67] Viele von ihnen kritisierten Pal ebenso scharf, wie Nehru das getan hatte. Die *Times of India* schrieb in einem Leitartikel, dass Pals abweichende Meinung »keinerlei erkennbaren Bezug zu den Tatsachen der jüngsten japanischen Geschichte« aufweise, und rügte zugleich, wie »Herr Richter Pal die Doktrin der aggressiven rassischen Überlegenheit rechtfertigt, die die Japaner selbst predigten und praktizierten und die vor allem über asiatische Landsleute in China, auf den Philippinen, in Korea, Burma und Siam so viel Leid und Demütigungen gebracht hat.«[68] Der Rechtsexperte der *Times of India* schrieb, Pal hätte sich weigern sollen, einem Gericht anzugehören, das er selbst für illegitim hielt, und verurteilte sein Sondervotum rundweg: »Herr Richter Pal hat der Sache der internationalen Gerechtigkeit einen sehr zweifelhaften Dienst erwiesen, indem er darauf bestand, dass eine rücksichtslose und brutale Missachtung der Menschenrechte und des Anstands sowie der Bestimmungen und Gebräuche der zivilisierten Kriegführung so lange straflos bleiben soll, wie es noch an einem idealen Apparat der internationalen Justiz fehlt.«[69] Doch einige Inder scharten sich um Pal. Nachdem eine Zeitung in Kalkutta eine Serie mit Auszügen aus seinem Dissens veröffentlicht hatte, spottete ein prominenter indischer Rechtsanwalt: »Das Tokioter Tribunal hatte nichts von einem Gerichtsverfahren an sich«, nur »grobe und ineffektive Versuche, das Schwert mit so etwas wie einer Perücke zu verhüllen« habe man gesehen.[70]

Britische Regierungsvertreter waren tief getroffen. »Es ist wirklich erstaunlich, dass Richter Pal in einem derart langwierigen Prozess gesessen hat, während er eigentlich genau die Grundsätze ablehnte, auf denen das Verfahren beruhte«, grollte ein Beamter des britischen Außenministeriums. »Seine Kollegen beim Tribunal hätten seinen Rücktritt zweifellos begrüßt. Sein Urteil wird jetzt von General Tojo und vielen Japanern begrüßt werden.«[71] Der kanadische Richter beklagte sich darüber, dass Pal mit der festen Absicht nach Japan gekommen sei, jedes Urteil zu torpedieren, das die Angeklagten bestrafte. Der ranghöchste britische Diplomat in Japan spekulierte – fälschlicherweise –, dass Pal von Nehrus Regierung dazu veranlasst worden sei, ein abweichendes Urteil abzugeben, um sich die Gunst der Japaner zu sichern.[72]

Die unmittelbare Reaktion in Japan fiel bescheidener aus, als Nehrus Regierung befürchtet hatte, und die noch unter Zensurbedingungen arbeitende japanische Presse unterstützte weitgehend das Mehrheitsurteil.[73] MacArthurs Hauptquartier ließ zwar eine Veröffentlichung von Pals Sondervotum während der Besatzungszeit nicht zu, aber die wesentlichen Punkte gelangten schnell in die japanischen und amerikanischen Zeitungen.[74] Auf diese Weise wurde die Wirkung zwar abgeschwächt, aber das Veröffentlichte beeindruckte einige Nationalisten. »Das ist ein mutiger Ruf der farbigen Rassen gegen die weiße Rasse!«, schwärmte ein Korvettenkapitän der japanischen Marine, der sich mit einigem Einsatz eine Kopie des Textes sicherte.[75]

Pals Sondervotum kam auch bei den verurteilten Japanern im Sugamo-Gefängnis gut an. »Seine Worte decken alles ab, was wir über solche Themen gerne sagen würden«, erklärte Matsui Iwane. »Ein typischer Inder, er betrachtet die Dinge von einem philosophischen Standpunkt aus.« Nach dreitägiger Lektüre von Pals Text erklärte sich Itagaki Seishiro »tief beeindruckt«, fügte aber unpassenderweise noch hinzu, wie sehr er Mahatma Gandhi bewundere.[76]

Als Pal nach Indien zurückkehrte, sorgte er abermals für Schlagzeilen. Einem Reporter sagte er, es sei äußerst unangemessen, zu behaupten – wie Webb das getan hatte –, dass man dem Kaiser den Prozess hätte machen müssen: »Der Kaiser stand bei uns nicht vor Gericht, und wir verfügen über keinerlei Beweismaterial, das uns zu sagen berechtigt, ob er schuldig ist oder nicht.« Er erklärte, die Angeklagten hätten sich vor Gericht durchweg respektvoll verhalten und ihre Urteile ohne erkennbare Bekundungen des Trotzes akzeptiert. Die Japaner seien eine disziplinierte Nation, die wieder aufstehen werde. Da sie die Sinnlosigkeit des Krieges erkannt hätten, würden sie einen erfolgreichen wirtschaftlichen und industriellen Wiederaufbau zustande bringen.[77]

Für den größten Ärger sorgte Pals Sondervotum in Australien.[78] Ein Reporter schrieb, Pal habe »die weißen Rassen im Pazifikraum angegriffen, besonders Australien«, und warf ihm vor, »eher einen rassischen als einen richterlichen Urteilsspruch« verkündet zu haben.[79]

»Zwischen den Zeilen seines Urteils verläuft eine Unterströmung einer instinktiven, eingefleischten indischen Feindseligkeit gegenüber dem alten britischen Raj«, schrieb ein Kolumnist in Sydney. »Das prädisponiert ihn, bewusst oder unbewusst, zugunsten anderer asiatischer Feinde des weißen Westens.« In einer nicht ganz so grob gestrickten Passage seines Textes zitierte jener Kolumnist einen beim Tokioter Gericht tätigen Anwalt mit einer dringenden Bitte an alle Australier, Pals Sondervotum sorgfältig zu lesen: »Es wird die meisten von ihnen wütend machen. Aber dies ist die Stimme Asiens, ob es ihnen nun gefällt oder nicht – eines neuen, intelligenten Asiens. Aber, ob sie das nun wollen oder nicht, sie oder ihre Söhne werden dieser Stimme – die lauter und noch unheilvoller erklingen wird – in den kommenden Jahren zuhören müssen.«[80]

Die australische Presse kritisierte Pal mit schrillen Schlagzeilen wie »Blames Us for Jap War Plans« (»Gibt uns die Schuld an Japans Kriegsplänen«) scharf, weil er namentlich den früheren australischen Premierminister William M. Hughes als weißen Suprematisten angeprangert hatte, der die japanischen Bestrebungen, die Gleichberechtigung der Rassen in die Satzung des Völkerbundes aufzunehmen, blockiert habe.[81] Mit seiner Erwiderung bestätigte Hughes den Vorwurf des indischen Richters, indem er erklärte, offene Grenzen für Einwanderer aus den Mitgliedsländern des Völkerbundes hätten bedeutet, dass Australien »von Japanern überschwemmt worden wäre – jeder von ihnen ein ausgebildeter Soldat –, und bei Ausbruch des Krieges von 1939 bis 1945 wären sie über Nacht in Australien eingefallen. Ja, ich war gegen die Klausel zur Gleichberechtigung der Rassen. Hätte ich mich nicht so verhalten, hätte ich Australien verraten.«[82]

Nach ein paar äußerst nervösen Wochen kam die indische Regierung zu dem Schluss, dass es besser wäre, den Sturm kommentarlos auszusitzen, während im privaten Rahmen sichergestellt wurde, dass die britische Regierung über ihre Missbilligung von Pals Sondervotum Bescheid wusste.[83] Nehrus Team war besonders erleichtert darüber, dass die chinesische Presse sich gar nicht mit Pals Sondervotum befasste, trotz der im Land weit verbreiteten Wut auf japanische Kriegsverbrecher.[84] »Es ist ein trostreicher Gedanke, dass Richter Pals Urteil nicht so viel Kritik hervorrief, wie wir erwartet hatten«, schrieb K. P. S. Menon.[85] »Es war allerdings auch ein Glück, dass es nicht vor Gericht ausführlich verlesen oder vollständig veröffentlicht wurde.« Ein frustrierter Nehru schrieb insgeheim: »Angesichts des Verdachts, dass die indische Regierung Pal zu seinem Urteil inspiriert habe, mussten wir betroffene Regierungen davon unterrichten, dass wir auf keinerlei Art und Weise dafür verantwortlich sind.«[86]

30.

Gleiches Recht für alle

Im Sugamo-Gefängnis wurden vier neue Galgen errichtet, die jederzeit benutzt werden konnten. Wegen der über das Gefängnis verhängten Nachrichtensperre gingen in Tokio Gerüchte um, dass Tojo Hideki und die sechs anderen zum Tod verurteilten Männer bereits tot seien.[1]

Nach der Verkündung der Urteile wurden die todgeweihten Kriegsverbrecher in kleine, einander benachbarte Zellen im gleichen Block in Sugamo verlegt. In diesem Block gab es mehr als 50 Zellen, aber die 7 Männer waren die einzigen Häftlinge, die dort festgehalten wurden. In ihren vergitterten Zellen wurden die Gefangenen pausenlos von einer aus acht Wärtern bestehenden Wachmannschaft beobachtet. Alle Viertelstunde prüfte ein Sanitäter auf Selbstmordwache, ob sie immer noch atmeten und nicht etwa eine Gelegenheit gefunden hatten, sich eine Arterie aufzuschlitzen.

Die sieben verurteilten Männer verbrachten diese makabren letzten Tage mit Schreiben, Lesen und Kartenspielen. Sie besaßen einen Vorrat an japanischen Zigaretten, die von einem Wärter angesteckt werden mussten. Weiterhin galt: Einmal im Monat durften sie Besuch von nächsten Familienangehörigen empfangen. Um sicherzustellen, dass ihre Familienmitglieder nicht Selbstmord begingen, beschatteten japanische Polizisten in Zivil ihre Häuser.[2]

Unterdessen tat die Verteidigung alles, was in ihrer Macht stand, um ihre Mandanten vor dem Strang zu bewahren. Ihre erste – nicht besonders große – Hoffnung war General Douglas MacArthur. Nach den Bestimmungen des IMTFE-Statuts oblag dem Alliierten Oberkommandierenden die Überprüfung der Urteile; die Schuldsprüche konnte er zwar nicht aufheben, aber die Strafmaße konnte er verringern. MacArthur neigte offensichtlich nicht zu Gnadenerweisen, wie sich beim von Rachsucht motivierten Erhängen von General Yamashita Tomoyuki gezeigt hatte, aber so mancher Japaner hoffte darauf, dass der einsetzende Kalte Krieg seine Denkweise verändern würde. Generalleutnant Robert L. Eichelberger, ein

Vertrauter MacArthurs, hatte erst vor kurzem spekuliert, dass Japan bei einem zukünftigen Krieg gegen die Sowjetunion an der Seite der Vereinigten Staaten kämpfen würde.[3]

Alle 25 verurteilten japanischen Staatslenker und Militärführer richteten formelle Gesuche an MacArthur, mit denen sie um eine Revision der Urteilssprüche baten. Major Ben B. Blakeney reichte im Namen seines Mandanten Togo Shigenori ein eloquentes Gesuch ein, in dem darauf hingewiesen wurde, dass drei Richter eine abweichende Meinung geäußert hätten und der niederländische Richter ihn sogar freigesprochen habe. »Es ist unwahrscheinlich, dass Amerikaner künftiger Generationen stolz auf dieses Urteil sein werden«, schrieb Blakeney.[4]

Papst Pius XII. bat Harry S. Truman dringend, durch eine Umwandlung der Todesurteile in Haftstrafen – ganz besonders im Fall von Hirota Koki – »christliche Gnade« zu erweisen.[5] Der Papst, ein glühender Antikommunist, bat zu Beginn des Kalten Krieges auch um Milde für nationalsozialistische Kriegsverbrecher.[6] Truman wies sein Ansinnen zurück und überließ diese Entscheidung MacArthur.[7]

MacArthur bat die alliierten Regierungen um ihre Einschätzungen.[8] Auf seinem Schreibtisch stapelten sich die Prozessunterlagen, hinzu kamen noch rund 10 000 Petitionen, die von mindestens 100 000 Japanern unterschrieben worden waren. Die größten Sorgen bereiteten ihm die Fälle von Hirota Koki und Shigemitsu Mamoru. Eine wachsende Zahl britischer Granden, angeführt vom gut vernetzten ehemaligen Kabinettssekretär Lord Maurice Hankey, bat ihn inständig um Gnade für Shigemitsu, den die Petenten als wahren Freund Großbritanniens bezeichneten, der sich für den Frieden eingesetzt habe.[9] Joseph B. Keenan versuchte MacArthur zu beeinflussen, indem er Reportern erzählte, die Ankläger »schämten« sich wegen der Haftstrafe von sieben Jahren für Shigemitsu, ließ dabei aber unerwähnt, dass der ehemalige Außenminister nur aufgrund des Drängens der Sowjets angeklagt worden war.[10]

Der Botschafter Indiens in Tokio informierte insgeheim darüber, dass im Gericht erbittert gestritten worden sei, dass der australische und der französische Richter gegen die Todesstrafe seien und dass das Tribunal die Todesurteile mit der knappsten einfachen Mehrheit verhängt habe. Er schlug vor, darum zu bitten, die Todesurteile für Tojo und die sechs anderen Angeklagten in lebenslange Haftstrafen umzuwandeln.[11] Jawaharlal Nehrus Regierung war einverstanden. Im Allgemeinen sei Indien gegen die Todesstrafe, schrieb der mittlerweile als Staatssekretär im Außenministerium amtierende K. P. S. Menon, und unter den Richtern herrsche eine solche

Uneinigkeit, dass Hinrichtungen unangemessen wären.[12] Im privaten Rahmen sorgten sich indische Regierungsbeamte, dass die öffentliche Meinung im Land mit den Japanern sympathisiere, und Leitartikler der Tageszeitungen und einflussreiche Parlamentsabgeordnete drängten Nehru, sich für eine Abmilderung der Urteile einzusetzen.[13]

Dennoch wollte Nehru für die japanischen Kriegsherren, die er verachtete, nicht weiter gehen. Als der Gouverneur von Bengalen, dem politisch instabilen heimatlichen Bundesstaat von Radhabinod Pal, vorschlug, MacArthur um Gnade zu bitten, ließ ihn der Premierminister abblitzen. Nach Rücksprache mit anderen Regierungsmitgliedern erwiderte Nehru barsch: »Wir sind einstimmig der Ansicht, dass Sie nicht (wh. NICHT) an General MacArthur telegrafieren sollten.« Er warnte davor, dass »jeder Vorstoß dieser Art von unserer Seite uns mit Richter Pals abweichendem Urteil im Tokioter Prozess in Verbindung bringen würde. (…) Jedwede von Ihnen verschickte Erklärung könnte uns gut und gern in große Schwierigkeiten bringen, ohne dass sie irgendjemand anderem viel nützen würde.«[14]

MacArthur beriet sich am 22. November 1948 in seinem Büro im Dai-Ichi-Gebäude mit Vertretern der elf alliierten Länder. Da keine Richter anwesend waren, die die Staatsmacht zügelten, dauerte die gesamte Besprechung nur eine halbe Stunde.

Im britischen Außenministerium hielt man den Prozess zwar für »eine traurige Angelegenheit«, stufte ihn aber als fair ein und dachte nicht daran, durch ein nachträgliches Herumdeuteln an den Urteilen seine politische und moralische Wirkung in Japan zu unterlaufen.[15] Arthur Comyns Carr riet nach seiner Rückkehr nach London der britischen Regierung dringend, auch am Urteil gegen Shigemitsu festzuhalten, und zeigte sich überrascht darüber, dass der ehemalige Außenminister vom Vorwurf des Führens eines Angriffskriegs freigesprochen worden war.[16] Der politische Vertreter Großbritanniens in Tokio hoffte privat darauf, dass MacArthur sich im Fall Shigemitsus gnädig zeigen würde, ergriff aber nicht selbst die Initiative.[17] Die britische Regierung, die auch befugt war, für Neuseeland zu sprechen, sorgte dafür, dass ihr politischer Vertreter die Urteile unterstützte.[18]

»Ich habe keine Änderungen zu empfehlen«, sagte der US-Vertreter laut und vernehmlich.[19] Der chinesische Vertreter wollte nach einem langen, fair geführten Prozess nicht an der Entscheidung einer Richtermehrheit herumpfuschen. Neuseeland, Kanada und die Philippinen schlossen sich dieser Haltung an. Die Sowjetunion hatte die Todesstrafe zwar offiziell abgeschafft, doch der sowjetische Vertreter akzeptierte alle Urteile.[20] Sir William Webb hatte sich gegen die Todesurteile ausgesprochen, aber die australische Regierung überging ihn, indem sie die Entscheidung MacArthur überließ. Zwei Diplomaten zeigten dennoch ihr persönliches Unbehagen. Der französische Delegierte sagte, seine Regierung stimme den Urteilen zu, übergab MacArthur jedoch ein umfangreiches Dokument, in dem er seine persönliche Empfehlung darlegte, dass die Todesurteile in eine lebenslange Haft umgewandelt werden sollten.[21] Der kanadische Vertreter schrieb MacArthur einen persönlichen Brief, mit dem er ihn bat, die Haftstrafen für Togo und Shigemitsu aufzuheben.[22]

Nur der niederländische und der indische Vertreter sprachen sich gegen die Urteile aus, beide folgten damit den abweichenden Meinungen der Richter aus ihren Ländern. Der niederländische Vertreter wollte Hirota Koki den Hals retten – in dessen Fall Bert Röling für einen Freispruch gestimmt hatte – und ihn stattdessen lebenslänglich einsperren, außerdem wollte er die Haftstrafen für die beiden ehemaligen Außenminister Togo und Shigemitsu sowie zwei Heeresoffiziere, Feldmarschall Hata Shunroku und General Umezu Yoshijiro, reduziert sehen. (Mit der Ausnahme Umezu folgte er damit Rölings Dissens.) Togos Absichten seien »grundsätzlich friedlich« und ohne kriminellen Vorsatz gewesen.

Der indische Vertreter schlug vor, dass alle sieben zum Tod verurteilten Kriegsverbrecher, auch Tojo Hideki, stattdessen lebenslange Haftstrafen erhalten sollten. Er verwies weitsichtig darauf, dass immer mehr Länder die Todesstrafe abschafften, und warnte davor, im Völkerrecht einen Präzedenzfall für diese extreme Strafe zu schaffen. Er fügte hinzu, in einigen Ländern bedürfe es eines einstimmigen Urteils der Jury, um die Todesstrafe zu verhängen; da mehrere der Tokioter Richter sich gegen die Todesstrafe ausgesprochen hätten, sollte im Zweifelsfall für die Angeklagten entschieden werden. MacArthur lieferte sich ein kurzes Wortgefecht mit dem indischen Vertreter und fragte dann, ob irgendjemand noch etwas zu sagen habe. Das war nicht der Fall.[23]

Der Oberkommandierende gab am 24. November mit einer Radioansprache bekannt, dass alle Urteile Bestand hätten. Sein politischer Berater erinnerte sich, dass er seinen Chef noch nie zuvor so tief bewegt erlebt habe.[24] »Keine Pflicht, die mir jemals bei meinem langjährigen Dienst für mein Land auferlegt worden ist, der mit vielen bitteren, einsamen und verlassenen Aufgaben und Verantwortlichkeiten angefüllt war, ist mir so ganz und gar zuwider wie die Überprüfung der Urteile, die vom Internationalen Militärtribunal für den Fernen Osten gegen die angeklagten japanischen Kriegsverbrecher gefällt wurden«, erklärte er. Die geschwollene Prosa stammte von

MacArthur selbst: »Keine menschliche Entscheidung ist unfehlbar, aber mir kommt kein anderer Gerichtsprozess in den Sinn, bei dem größere Vorsicht waltete, um zu einem gerechten Urteil zu gelangen.« Er fügte ein Gebet für die weltweite Ablehnung des Krieges hinzu und empfahl allen Japanern eindringlich, am Tag der Hinrichtungen dafür zu beten, »dass die Welt den Frieden bewahrt, damit die Menschheit nicht untergeht«.[25]

Kaiser Hirohito nutzte MacArthurs Entscheidung als eine Gelegenheit, die letzten Gerüchte um eine mögliche Abdankung zu zerstreuen. Er traf sich mit Keenan – dem US-Hauptankläger, der ihn unbehelligt gelassen hatte – im Palast, und der Kaiser sprach bei dieser Begegnung von seiner Hoffnung auf einen Weltfrieden und eine japanische Demokratie. Dabei verlor er kein Wort über den Tokioter Prozess oder die verhängten Todesurteile.[26] Ein auf der Titelseite von *Yomiuri Shimbun* erschienener Leitartikel, der allgemein als vom Kaiserpalast entweder diktiert oder inspiriert wahrgenommen wurde, erklärte, der Kaiser sei der Ansicht, er könne besser zum Wiederaufbau eines friedlichen Landes beitragen, wenn er auf dem Thron verbleibe. Das Blatt schrieb, der Kaiser habe das Gefühl, er könne mehr tun, um seine Verantwortung für den Krieg wieder gutzumachen, wenn er nicht abdanke.[27]

Die zensierte japanische Presse akzeptierte MacArthurs Entscheidung stillschweigend – ein Grund war, dass niemand es wagte, den Oberkommandierenden direkt zu kritisieren. Die liberale Zeitung *Asahi Shimbun* sprach in einem Leitartikel von der »Perfektion« seiner Bekanntmachung »bei der Begründung und bei der Gesinnung«.[28] Privat zeigten viele zivile japanische Staatsbedienstete weiterhin Sympathien für Hirota. »Die Zeit wird all denen helfen, die im Gefängnis sind, während den zum Tod Verurteilten nichts mehr helfen kann«, äußerte der Gouverneur der Präfektur Hiroshima zu einem britischen Diplomaten.[29]

Im Sugamo-Gefängnis sagte Doihara Kenji, er würde es den Chinesen nicht missgönnen, wenn seine Hinrichtung sie zufriedenstellte, zugleich beklagte er aber, dass im Namen der Demokratie Verbrechen begangen würden.[30] Hirotas erwachsener Sohn und seine beiden Töchter zitterten beim ersten herbstlichen Kälteeinbruch, als sie sich ins Sugamo-Gefängnis begaben, um sich von ihrem Vater zu verabschieden, der in einer beengten Einzelzelle eingesperrt war. Er lächelte gefasst, als er die Nachricht von MacArthurs Entscheidung erhielt.[31] Als seine Kinder gegangen waren, zeigte er sich verzweifelt und sagte, dass alles in der Leere zu Ende gehe.[32]

MacArthur befahl dem kommandierenden General der 8. US-Armee persönlich, die Hinrichtungen bald zu vollziehen.[33] Selbst die indische Regierung – der Pals Sondervotum immer noch peinlich war – beschloss, nicht auf ihrem Plädoyer gegen die Todesstrafe zu beharren, und weigerte sich, das Thema bei den Vertretern der Alliierten in der Far Eastern Commission anzusprechen.[34] Reporter begannen mit einer »Todeswache«, sie rechneten jederzeit mit der Nachricht von den Hinrichtungen.[35]

»Eine große Untersuchung«

Die Verteidiger hielten nun nach einer Instanz Ausschau, die über MacArthur stand. Da ihnen keine andere Anlaufstelle geblieben war, beschlossen sie, den Obersten Gerichtshof der Vereinigten Staaten gegen den Oberkommandierenden aufzubieten.

Die amerikanischen Verteidiger hatten fast zwei Jahre lang über diese allerletzte Option nachgedacht. Bereits zu Beginn des Vortrags der Verteidigung hatten sie vor Gericht angekündigt, dass sie die Absicht hätten, die Rechtmäßigkeit des Tokioter Prozesses vor den US-Bundesgerichten in Washington anzufechten. Der über diese Impertinenz erboste Webb hatte erwidert: »Es ist uns völlig gleichgültig, ob Sie vor das Bundesgericht in Washington oder vor das Bundesgericht in Ottawa oder vor das Bundesgericht in Moskau oder vor irgendein anderes Gericht ziehen. Das eine verfügt über genauso viel Revisionsrecht wie das andere.«[36] Generalmajor Iwan Sarjanow, der sowjetische Richter, hatte schallend gelacht.[37]

Amerikanische Verteidiger für Hirota und Doihara – die beide zum Tod verurteilt worden waren – stellten sofort nach der Bestätigung der Urteile durch MacArthur einen Antrag auf die Zulassung einer Haftprüfung (Writ of Habeas Corpus) und einen zweiten Antrag für einen Aufschub der Hinrichtungen. Entsprechende Habeas-Corpus-Anträge stellten auch Anwälte anderer, zu Haftstrafen veurteilter Angeklagter, zu denen auch Marquis Kido Koichi zählte.[38] Diese Anträge benannten als Beklagte den US-Verteidigungsminister, den Secretary of the Army, den kommandierenden General der 8. Armee und MacArthur selbst.[39] Das war eine recht aussichtslose Vorgehensweise, auch wenn sich das Gericht erst vor kurzem in einigen Fällen, bei denen es um deutsche Kriegsverbrecher ging, uneinig gezeigt hatte, wobei mehrere Richter sich bei diesen Verfahren erfolglos um eine mündliche Verhandlung zur rechtlichen Zuständigkeit des Gerichts bemüht hatten.[40] Die Anträge stellten die Urteile und die Strafmaße – und unausgesprochen auch die Rechtmäßigkeit des Tokioter Gerichts selbst – in Frage.

In seinen eilig eingereichten Anträgen wärmte Hirotas Verteidiger die

Unschuldsbekundungen seines Mandanten wieder auf: Hirota habe mit dem Pazifikkrieg nichts zu tun gehabt; er habe während »der sogenannten ›Schändung von Nanjing‹« nichts Unrechtes getan; der Prozess sei unfair gewesen. Und dennoch hätten drei der Tokioter Richter in seinem Fall für einen Freispruch gestimmt, und fünf Richter hätten sich gegen die Todesstrafe ausgesprochen. Die unter Zeitdruck stehenden Verteidiger lehnten sich weit aus dem Fenster und beriefen sich auf die US-Verfassung: Nur der Kongress könne Verstöße gegen das Völkerrecht definieren und bestrafen; die Exekutive könne die Japaner nicht auf eine Art bestrafen, die gegen das verfassungsrechtliche Verbot der Verabschiedung einer rückwirkenden Gesetzgebung (ex post facto) durch den Kongress verstoße; MacArthur sei weder durch den Kongress noch durch den Präsidenten autorisiert worden, das Tribunal von Tokio einzuberufen. Die Anträge trugen dennoch wenig zu einem Nachweis bei, dass der Oberste Gerichtshof – der generell über Fälle verhandelt, zu denen bereits Urteile nachrangiger US-Gerichte vorliegen – für ein Revisionsverfahren zu Hirota und den übrigen Angeklagten zuständig war. Ohne rechtliche Zuständigkeit waren alle anderen Einwände gegenstandslos.[41]

Der Secretary of the Army wies MacArthur an, die Hinrichtungen so lange zu verschieben, bis der Oberste Gerichtshof tätig wurde.[42] MacArthur sagte zwar widerwillig zu, mit »angemessener Zurückhaltung« zu handeln, dennoch höhnte er, dass »jenes Gericht im Hinblick auf das eben Erwähnte über keine größere rechtliche Zuständigkeit verfügt als der High Court in England oder China oder Frankreich oder Russland oder in irgendeiner anderen alliierten Nation, von denen keine die Macht zu unilateralem Handeln besitzt«.[43] Der Oberkommandierende kündigte ordnungsgemäß an, er werde die Hinrichtungen verschieben, bis der Oberste Gerichtshof eine Entscheidung getroffen habe.[44] Als Tojo Hideki bei einem Besuch durch seine Familie, der durchaus ihre letzte Zusammenkunft sein konnte, von dem Aufschub erfuhr, sagte er, er wolle alles so schnell wie möglich hinter sich bringen. Er sei bestrebt, sich nicht zu erkälten, sagte seine Frau, es sei besser »wie ein Mann, nach der Art eines Kriegers, zu sterben«.[45]

Richter Robert H. Jackson ging am Obersten Gerichtshof auf Tauchstation.

Er war ein glänzender Redner und ein ehrgeiziger politischer Akteur, zuvor war er bereits Justizminister der Vereinigten Staaten und Solicitor General – Generalanwalt des Staates in Rechtsstreitigkeiten – gewesen.[46] In seinem einflussreichen Sondervotum, das er gegen die Bestätigung des

»Prinzips der Rassentrennung im Strafverfahren« durch den Obersten Gerichtshof im Fall *Korematsu* abgegeben hatte, hatte er seiner Sorge Ausdruck verliehen, dass die Erfordernisse der Kriegszeit die Verfassung beschädigen könnten, und seine Sympathien für die zwangsdeportierten und internierten Amerikaner japanischer Herkunft formuliert: »Hier haben wir es mit einem Versuch zu tun, eine unter anderen Umständen harmlose Handlung zum Verbrechen zu machen, bloß weil dieser Gefangene der Sohn von Eltern ist, die er sich nicht aussuchen konnte, und einer Rasse angehört, von der man sich nicht lossagen kann.«[47]

Erst vor kurzem war er nach einer sensationellen Abordnung als Hauptanklagevertreter der Vereinigten Staaten in Nürnberg an den Obersten Gerichtshof zurückgekehrt.[48] Dieser Auftritt hatte ihm weltweiten Beifall eingebracht, aber seine beispiellose Arbeit hatte auch für ein Murren unter seinen Richterkollegen gesorgt. Seine Beziehung zu ihnen waren so belastet, dass er sich nicht sicher gewesen war, ob er überhaupt würde zurückkehren können.[49] »Jackson ist weg und führt in Nürnberg gerade seine erstklassige Lynch-Party auf«, hatte der damalige Chief Justice Harlan F. Stone geschrieben. »Ich habe nichts gegen das, was er mit den Nazis macht, aber ich hasse es, wenn er den Anschein erweckt, dass er in Übereinstimmung mit dem Common Law Gericht hält und das Verfahren betreibt. Das ist ein etwas zu scheinheiliger Schwindel, um meinen altmodischen Vorstellungen zu genügen.«[50]

Jackson musste sich offensichtlich der Abstimmung darüber enthalten, ob über die Habeas-Corpus-Anträge verhandelt werden sollte. Er war zu tief verstrickt in die Kriegsverbrecherprozesse, um sich mit diesem Fall unvoreingenommen zu befassen.

Doch das Gericht geriet bei seinen Beratungen in eine Sackgasse.[51] Schließlich entschieden vier Richter, dass sie rechtlich nicht zuständig seien, und vier wollten Argumente hören. Die Anführer der letzteren Gruppe waren Frank Murphy und Wiley B. Rutledge, denen die Einschränkung der bürgerlichen Freiheitsrechte in Kriegszeiten Sorgen bereitete und deren frühere bittere abweichende Meinungen im Fall *Yamashita* auf anhaltende Bedenken hinsichtlich amerikanischer Kriegsverbrecherprozesse verwiesen.[52] Diesen beiden schlossen sich Hugo L. Black und der für seine liberale Gesinnung berühmte William O. Douglas an. Diese vier machten ihre Voten öffentlich.[53]

Rutledge sah »ernste Probleme« für das Tokioter Tribunal, aus denen sich wiederum »schwerwiegende Fragen« hinsichtlich der rechtlichen Zuständigkeit des Obersten Gerichtshofs ergeben würden, womit er durchblicken ließ, dass ein Einschreiten tatsächlich in Frage käme. Diese Fälle unterschieden sich in wichtigen Punkten von den früheren Befassungen des Obersten Gerichtshofs mit angeklagten japanischen Kriegsverbrechern, dem General Yamashita Tomoyuki und dem Generalleutnant Homma Masaharu: Diese beiden waren Kombattanten gewesen, die gegen die Vereinigten Staaten gekämpft hatten, während Hirota in zivilen Ämtern gedient hatte und noch vor Pearl Harbor aus seinem Regierungsamt ausgeschieden war. Rutledge schrieb: »Aus den bereits entschiedenen Fällen *Yamashita* und *Homma*, in denen nach meinem Verständnis festgestellt wurde, dass feindliche Kriegsteilnehmer keines unserer von der Verfassung garantierten Schutzrechte genießen, folgt nicht, dass diese Urteile auch feindlichen Zivilisten denselben schutzlosen Status zuweisen.« Das Gericht hatte außerdem noch nicht entschieden, dass feindliche Zivilisten, die bisher noch keinen Zugang zu nachgeordneten US-Bundesgerichten hatten, keine Rechtsmittel gegen für sie nachteilige Entscheidungen eines US-Militärtribunals zustehen sollten. Rutledge schrieb, diese Dinge seien »für mich weder selbstverständliche noch leichtfertig zu entscheidende Angelegenheiten«.[54]

Jackson stand in einem in zwei Fraktionen aufgeteilten Gericht vor »einer Entscheidung zwischen zwei Übeln«, wie er in einer gequälten, aber elegant formulierten Stellungnahme erklärte. Unternahm er einerseits nichts, würden die daran anschließenden Hinrichtungen »in der asiatischen Erinnerung« für immer den Makel von Bestrafungen tragen, bei denen »die Hälfte des Gerichts der Welt mitteilt, sie stünden auf einer so zweifelhaften Rechtsgrundlage, dass sie selbst einem provisorischen Rechtsbehelf und einer umfassenderen Revision den Vorzug geben«. Die vier Gegenstimmen »würden für alle Zeit in Asien, wenn nicht sogar anderswo, ausgeschlachtet, um den guten Glauben anzufechten und die Rechtsprechung dieses Landes zu diskreditieren«.

Erklärte er andererseits die rechtliche Zuständigkeit des Gerichts für gegeben, wäre das für die Vereinigten Staaten im Umgang mit den Asiaten genauso peinlich: »Auf amerikanische Initiative hin, unter der Leitung des Präsidenten in seiner Eigenschaft als Oberbefehlshaber, lud dieses Land unsere pazifischen Verbündeten ein, auf fremdem Boden bei einer großen Untersuchung der mutmaßlichen Verbrechen – einschließlich der Kriegsschuldfrage – dieser Angeklagten zusammenzuarbeiten.« Er schrieb, der Tokioter Prozess vermittle den Eindruck eines internationalen Unterfangens, das sich der Kriegsvollmachten des Präsidenten und seiner Kontrolle über die Außenpolitik bediene: »Wenn dieses Gericht diese Fälle jetzt zur richterlichen Überprüfung nach ausschließlich amerikanischem Recht annimmt, kann das nur als eine Warnung an die Adresse unserer Verbündeten bei den Prozessen betrachtet werden, dass selbst in Angelegenheiten dieser Art keine Entscheidung des Präsidenten oder der Militärbehörden in unserer Regierungsform Endgültigkeit oder Gültigkeit besitzt, bevor sie die Zustimmung dieses Gerichts hat.«

Die große Frage, um die es hier seiner Ansicht nach ging, war nicht das Ergebnis des Kriegsverbrecherprozesses, sondern die Antwort darauf, ob die langsam arbeitende Justiz die Handhabung der Außenpolitik durch den Präsidenten einer Revision unterziehen konnte.

Jackson, ein cleverer und in der Demokratischen Partei gut vernetzter Mann, muss gewusst haben, dass eine Annahme des Falls Truman in Rage bringen würde. Der Präsident hatte sich zwar für den Nürnberger Prozess eingesetzt, aber mit zur Selbstdarstellung neigenden Richtern hatte er keine Geduld. Truman schrieb einmal privat: »Wenn man eine Ansammlung von Abweichlern hat, wird das nicht funktionieren. Sie wollen alle wie Holmes und wie Brandeis sein, und auf diese Art kann man ein Gericht nicht führen.«[55]

Jackson griff jetzt, diesen Überlegungen zum Trotz, widerwillig ins Geschehen ein, um das Durcheinander zu beseitigen, das seine in zwei Lager aufgeteilten Kollegen angerichtet hatten. Er musste dafür die schwache Behauptung aufstellen, dass seine eigene Beteiligung an herausgehobener Stelle – er hatte für die Vereinigten Staaten beim Aushandeln des Entwurfs für das Nürnberger Statut mitgewirkt, bei dem sich das Tokioter Statut weitgehend bediente – ihn aus irgendeinem Grund nicht befangen mache, jedenfalls nicht mehr als einen Richter, der über ein Gesetz entschied, bei dessen Verabschiedung er bei einer früheren Tätigkeit im Kongress mitgewirkt hatte. Er stimmte für eine Anhörung von Argumenten zu den beiden Verurteilten Hirota und Doihara in einem Verfahren, das er als »eine vorläufige Geltendmachung der rechtlichen Zuständigkeit« bezeichnete. Er verband damit die Hoffnung, dass eine umfassendere Anhörung eine hinreichende Zahl von Kollegen umstimmen würde, so dass sie eine einheitlichere Bestätigung der Rechtmäßigkeit des Tokioter Prozesses abliefern konnten. Jackson überlegte: Wenn er zuließe, dass die Japaner jetzt exekutiert wurden, würden ihre Anhänger immer auf das in zwei Lager geteilte Gericht verweisen, um die Vereinigten Staaten der Begehung eines Unrechts bezichtigen zu können. Er hoffte, dass das Zustandekommen einer klaren Mehrheit ihm eine erneute Stimmabgabe ersparen würde.[56]

Der Präsident des Supreme Courts Fred M. Vinson gab am 6. Dezember bekannt, dass das Gericht über die Anträge der Verteidigung auf die Zulassung einer Haftprüfung verhandeln werde. Die mündliche Verhandlung werde in zehn Tagen stattfinden.[57]

In Japan unterbrachen die Radiosender ihr reguläres Programm, um den Paukenschlag bekanntzumachen, während die Zeitungen eilig fertiggestellte Morgen-Extrablätter unter die Leute brachten. Die Japaner zeigten sich ob dieser jüngsten Zurschaustellung alliierter Unentschlossenheit hinsichtlich des eigenen Kriegsverbrechertribunals überrascht, erstaunt und verwirrt.[58]

»Japans Gefühl der Kriegsschuld ist heute Abend praktisch ausgelöscht worden«, erklärte ein *CBS*-Korrespondent. »Die Sitzung des Obersten Gerichtshofs scheint den gesamten moralischen Wert des zweieinhalb Jahre dauernden Prozesses untergraben zu haben.« Manche Japaner kamen zu dem Schluss, die Amerikaner seien sich selbst nicht sicher, ob Gerechtigkeit geübt worden sei, und Tojo Hideki habe letztlich doch Recht. Der Sender *CBS* berichtete, Tojo stehe jetzt als ein größerer Held da als vor seiner Niederlage in der Schlacht um Saipan.[59]

Für viele Japaner sah es mittlerweile so aus, als sei die Schuld der verurteilten Männer nicht eindeutig erwiesen, dafür zweifelten sie an der Rechtmäßigkeit des Tokioter Prozesses.[60] Die *Asahi Shimbun* lobte zwar den Obersten Gerichtshof für sein Streben nach vollkommener Gerechtigkeit, warnte aber zugleich, seine Intervention könnte es den Japanern ermöglichen, die Verbrechen der verurteilten Männer kleinzureden.[61] »Die meisten Japaner waren vom juristischen Kauderwelsch der unergründlichen Westler einfach nur verwirrt«, erklärte das Nachrichtenmagazin *Time* naserümpfend. »Und vielen Amerikanern ging es genauso.«[62] Ein indischer Diplomat berichtete, bei den Japanern gehe das Gerücht um, der Oberste Gerichtshof werde die harten Urteile des Tokioter Tribunals vielleicht abmildern. Manche Japaner murmelten, dass die amerikanische Regierung hoffe, Tojo und die anderen verschonen zu können, um sie für die Abwehr der Sowjetunion benutzen zu können.[63] Wieder andere sagten, da es in den Köpfen der Alliierten offensichtlich so viele Zweifel an der Schuld der Übeltäter gebe, sei Japans Kriegspolitik vielleicht teilweise zu rechtfertigen.[64]

Weitere Verteidiger beeilten sich jetzt mit dem Einreichen von Anträgen in Washington. Zwei weitere zum Tod verurteilte Generale richteten Gnadengesuche an die Alliierten, ebenso wie Shigemitsu Mamoru und ein General, die jeweils eine lebenslange Haftstrafe erhalten hatten. Tojo Hideki weigerte sich, die Amerikaner um Gnade zu bitten.[65]

Die Nachricht gelangte rasch ins Sugamo-Gefängnis. Tojo dachte, der

Oberste Gerichtshof ziehe die ganze Angelegenheit in die Länge, um die verurteilten Männer zu quälen. »Ich mag diese Zauderei nicht«, schimpfte er.[66] »Es sieht so aus, als ob sich der amerikanische Oberste Gerichtshof mit unserem Fall befasst«, sagte Matsui Iwane, der wegen des Nanjing-Massakers zum Tod verurteilt worden war. »Dennoch läuft es auf dasselbe hinaus. Meine Meinung ist: Je schneller es vorbei ist, desto besser.« Er hatte sich innerlich bereits gegen das Gehängtwerden gewappnet und grummelte im Gespräch mit einem buddhistischen Priester, es wäre für ihn »ziemlich schwierig«, wenn das Gericht sein Urteil zu einer lebenslangen Haft abmildern würde.[67]

MacArthur akzeptierte den Affront widerwillig. Ein Soldat, der mit einem Schulterzucken über Anweisungen des Präsidenten hinwegging, konnte es kaum hinnehmen, von fünf Richtern herumkommandiert zu werden. Er beschwerte sich darüber, dass das Gericht offensichtlich von innenpolitischen Erwägungen geleitet sei, ließ aber sein Hauptquartier verkünden, die Vollstreckung der sieben Todesurteile bleibe bis zur Entscheidung des Gerichts ausgesetzt. Sollte das Gericht eine Haftprüfung anordnen, werde er das ignorieren und die Regelung der Angelegenheit der Far Eastern Commission überlassen. Privat gab er sich zuversichtlich, dass das Gericht die Anträge zügig abweisen werde, da er behauptete, das Tokioter Tribunal nicht als amerikanischer Offizier, sondern als internationaler Beamter eingesetzt zu haben, der im Namen von elf Staaten handelte.[68]

Die Truman-Regierung war entsetzt. Das Vorgehen des Obersten Gerichtshofs gab auf peinliche Art und Weise zu verstehen, dass das Tokioter Gericht keineswegs ein internationales Tribunal, sondern in Wirklichkeit ein direktem amerikanischem Einfluss unterworfenes Rechtsinstrument gewesen war. Im Justizministerium drängte der Solicitor General – der Beamte, der für den Rechtsstreit der Regierung beim Obersten Gerichtshof zuständig war – das Außenministerium zur raschen Veröffentlichung eines Statements, aus dem hervorging, dass das Tokioter Gericht tatsächlich ein internationales Gericht war.[69] Außerdem baten die Rechtsberater des US-Außenministeriums insgeheim die in der Far Eastern Commission versammelten Alliierten um eine offizielle Erklärung, dass das Tokioter Tribunal ein unter alliierter Amtsgewalt korrekt eingesetztes internationales Gericht gewesen sei. Für die US-Delegation wäre es zu peinlich gewesen, den Vorschlag selbst einzubringen, deshalb bemühte man sich heimlich, ein anderes alliiertes Land für diesen Vorstoß zu gewinnen.[70]

Jackson hatte hoffnungsvoll geschrieben: »Bei unseren Verbündeten ist die Wahrscheinlichkeit größer, dass sie vor diesem Hintergrund jede Behauptung eines Übermaßes an rechtlicher Zuständigkeit verstehen und verzeihen, als bei unseren Feinden das Verständnis oder die Duldung übermäßiger Skrupel bei der Frage der rechtlichen Zuständigkeit für das Zulassen einer Anhörung ausgeprägt ist.«[71] In Wirklichkeit waren die anderen Alliierten wütend. Sowjetische Staatsmedien verkündeten umgehend, der Oberste Gerichtshof habe rechtswidrig gehandelt.[72] Die Zeitung *Prawda* schrieb, diese Intervention diene dazu, »die gesamte Arbeit des Tribunals mit einem Federstrich zunichtezumachen«, und zeige, dass die amerikanische Politik tatsächlich von monopolistischen »Händlern des Todes« bestimmt werde.[73] »Das war das Letzte, was ich erwartet hatte«, sagte der eine abweichende Meinung vertretende Röling.[74] Die verblüfften Mitarbeiter der britischen und niederländischen Missionen in Tokio nörgelten hinter vorgehaltener Hand, dass der Supreme Court rechtlich eindeutig nicht zuständig sei und das juristische Ansehen des Tokioter Gerichts zertrümmert habe, indem er den Eindruck vermittelte, es handele sich hier bloß um eine amerikanische Schöpfung.[75]

Vielen Chinesen machte die Aussicht zu schaffen, dass ein amerikanisches Gericht möglicherweise ein Urteil über chinesisches Leid vom Tisch wischen würde.[76] »Ich bin außerordentlich erstaunt über die Entscheidung des Obersten Gerichtshofs«, äußerte ein zorniger Mei Ruao gegenüber Journalisten. Das Gericht »begeht einen großen Fehler und schafft einen gefährlichen Präzedenzfall«. Er sagte, die rechtliche Zuständigkeit des Tokioter Tribunals leite sich von elf alliierten Nationen ab, nicht nur von den Vereinigten Staaten. Wenn ein nationaler Gerichtshof eine Entscheidung eines internationalen Tribunals missachten könnte, würde das die künftige Zusammenarbeit ruinieren und das gegenseitige Vertrauen zerstören. »Es ist ein großer Testfall der Geschichte, der sich auf zukünftige internationale Beziehungen und die guten Absichten im Umgang miteinander auswirken wird«, warnte er.[77] Gleichzeitig nutzte die Kommunistische Partei Chinas in vollem Umfang die Gelegenheit, sowohl die Amerikaner als auch die Nationalchinesen in Verlegenheit zu bringen. »MacArthur und die amerikanische Justiz betreiben ein schamloses Komplott, um die Hinrichtungen zu verzögern und die ursprünglichen Urteile abzuändern«, schrieb die chinesische *Volkszeitung*.[78]

Nur die indische Regierung zeigte sich, wiewohl selbst von dieser Entwicklung verblüfft, etwas erleichtert: Sollte der Supreme Court das Tokioter Urteil kassieren, würde das Pals Sondervotum rechtfertigen und entlasten.[79] Nehrus Spitzenbeamte sprachen sich dennoch reihenweise gegen das Vorgehen des Obersten Gerichtshofs aus.[80] Menon stimmte der Auffassung zu, dass das Tokioter Tribunal eine internationale Institution sei, wenn auch eine auf »sonderbare Art« zustande gekommene, und hatte vor allem die Sorge, dass die Intervention des Supreme Courts »kein Präzedenzfall für die Zukunft werden sollte«. Und Menon wies zwar darauf hin, dass es in der indischen Öffentlichkeit eine ausgeprägte Stimmung gegen die Todesurteile gebe, doch die indische Regierung blieb bei ihrem Schweigen in dieser Angelegenheit.[81]

Die britische Regierung schauderte es bei der bloßen Vorstellung von einer offiziellen Erklärung der Alliierten, mit der sie den Obersten Gerichtshof aufforderten, sich aus diesem Fall herauszuhalten, obwohl das State Department um eine solche Initiative gebeten hatte. Großbritannien ließ zunächst Indien, Australien, Kanada und Neuseeland wissen, dass jeder Versuch, den Supreme Court in seiner Entscheidung zu beeinflussen, unklug wäre.[82] Als der amerikanische Solicitor General jedoch offiziell bei der Far Eastern Commission anfragte, ob das Tokioter Gericht nach Einschätzung dieses Gremiums eine internationale oder eine amerikanische Institution gewesen sei, mussten sich die Alliierten in irgendeiner Form äußern.[83] Die beschämten Briten schrieben an die Commonwealth-Regierungen, sie sollten eine Erklärung der Alliierten zulassen, der zu entnehmen war, dass das Tokioter Gericht ein »internationales Gericht« gewesen sei, das »unter internationaler Amtsgewalt eingesetzt wurde und handelte«.[84] Von der Regierung Truman gedrängt, veröffentlichten die Alliierten ihre Erklärung unmittelbar vor der mündlichen Verhandlung des Supreme Court.[85]

Hirotas Verteidiger suchte fieberhaft nach verfassungsrechtlichen Argumenten und Präzedenzfällen, die das Gericht bei seiner Entscheidung beeinflussen konnten. Sein Schriftsatz für die Verhandlung griff stattdessen allzu oft auf Allgemeinplätze, Zitate aus den *Federalist Papers* oder aufdringliche Ermahnungen zurück. Der Anwalt schrieb, es wäre »wahrhaft katastrophal«, wenn US-Gerichte keinen Haftprüfungstermin für Gefangene außerhalb des territorialen Geltungsbereichs der Gesetze der Vereinigten Staaten anordnen könnten. MacArthur und andere Offiziere der Streitkräfte befänden sich nicht außerhalb der Reichweite amerikanischer Gerichte, wenn sie rechtswidrig oder verfassungswidrig handelten, weil »die Verfassung der Vereinigten Staaten der Flagge in das unter militärischer Besatzung stehende Staatsgebiet Japans folgt«.[86]

Der eindrucksvolle juristische Apparat der Regierung Truman wischte solcherlei Rhetorik mit einem ausführlichen Schriftsatz vom Tisch. Das wichtigste Argument des Solicitor General der Vereinigten Staaten lautete, dass die Urteile in Tokio – im Unterschied zu einem gewöhnlichen Verfahren, das in nachgeordneten US-Gerichten begonnen habe – von einem internationalen Gericht stammten, das schlicht außerhalb der rechtlichen Zuständigkeit des Supreme Court gearbeitet habe. Deshalb bestehe gar keine Notwendigkeit, sich mit den verschiedenen Beschwerden der Antragsteller über Verstöße gegen die US-Verfassung und das Völkerrecht zu befassen. Selbst wenn der Supreme Court in irgendeiner Form als Rechtsmittelinstanz zuständig wäre, könne kein nachgeordnetes US-Gericht eine Haftprüfung anordnen, weil die japanischen Antragsteller »Fremde in einem fremden Land« seien, ohne aus der amerikanischen Verfassung abzuleitende Rechte. Sie lebten in einem Land, das nicht allein von den Vereinigten Staaten, sondern von den Alliierten regiert werde – ein formalistisches Bestreiten der tatsächlichen Machtverhältnisse im Allgemeinen Hauptquartier. Der Präsident der Vereinigten Staaten, brachte sein Solicitor General vor, habe in seiner Eigenschaft als Oberbefehlshaber der Streitkräfte »große Machtbefugnisse« in der Außenpolitik. In dieser Macht werde er durch die für das eigene Staatsgebiet geltenden Gesetze gegen rückwirkend geltendes Recht nicht eingeschränkt. Amerikanische Gerichte »sollten so handeln, dass die Exekutive bei ihrer Gestaltung der Außenpolitik nicht bloßgestellt wird«.[87]

»Sie haben keinerlei Rechte irgendwelcher Art«

Die Vollversammlung der Vereinten Nationen verabschiedete am 10. Dezember 1948 die Allgemeine Erklärung der Menschenrechte und bestätigte am darauffolgenden Tag einstimmig die Grundsätze des Nürnberger Statuts und des Nürnberger Urteils.[88] Fünf Tage später trat der Supreme Court zur mündlichen Verhandlung zusammen.

Jackson war unbehaglich zumute, als er mit seinen Kollegen zusammentraf. Die Zuschauerplätze im Saal waren voll besetzt, auch Joseph B. Keenan war mit dabei. Das Gericht erwies sich im Verlauf von zwei mit harten Debatten gefüllten Verhandlungstagen als zutiefst gespalten.[89]

William Logan jr., der draufgängerische Verteidiger aus Tokio, der die japanischen Antragsteller repräsentierte, wurde von allen Richtern mit Ausnahme von William O. Douglas mit skeptischen Fragen überschüttet. Er vertrat die Ansicht, dass die Macht des Tokioter Gerichts sich aus der exekutiven Amtsgewalt der Vereinigten Staaten herleite, nicht aus irgendeinem Vertrag. Als Logan sagte, es gäbe »kein anderes Gericht, an das wir uns wenden könnten«, unterbrach ihn Chief Justice Fred M. Vinson im

Wissen, dass das Tokioter Tribunal von Richtern aus elf Ländern gebildet wurde: »Sind da nicht vielleicht noch zehn andere?« Vinson sagte kurz darauf zu Logan, der Oberste Gerichtshof sei zwar in erster Instanz für internationale Rechtssachen zuständig, doch diese Zuständigkeit beschränke sich auf Fälle, die Botschafter und Minister beträfen, und solche Fälle, in denen ein Staat Partei sei. »Welche dieser Kategorien trifft auf diesen Fall zu?«, fragte der Oberste Richter der Vereinigten Staaten. »Keine davon«, räumte Logan ein, und brachte stattdessen vor, dass die Verfassung flexibel genug auszulegen sein sollte, um das Gericht zuständig zu machen. Er sagte, der Präsident und die US-Militärbehörden hätten neue Definitionen völkerrechtlicher Straftatbestände geschaffen, ohne die Zustimmung des Kongresses einzuholen, und sich auf diese Weise Machtbefugnisse der Legislative angeeignet.

Richter Felix Frankfurter stellte in scharfem Tonfall eine Frage nach der anderen. Er unterbrach Logan mit der Bemerkung, dass »etwas illegal und dennoch international und auf diese Weise etwas sein kann, für das dieses Gericht nicht zuständig ist«. Das Tokioter Gericht sei, unabhängig von der Art seiner Einsetzung, eine internationale Organisation: »Es ist völlig unerheblich, ob wir sie initiierten oder Großbritannien oder der Iran.«

Der Solicitor General vertrat die Regierung Truman und erklärte, die verurteilten japanischen Kriegsverbrecher hätten keinerlei aus der Verfassung der Vereinigten Staaten ableitbaren Rechte: »Die Oberherrschaft über Japan wird nicht von den Vereinigten Staaten oder irgendeiner anderen Einzelnation ausgeübt, sondern international und gemeinsam von einer Gruppe von Mächten.« Er verkündete, die US-Exekutive sei »zutiefst besorgt über jegliche Bedrohung unserer Befugnis zur Beteiligung an internationalen Aktivitäten«.[90]

Am zweiten Tag der mündlichen Verhandlung ging Douglas, der für die Anhörung gestimmt hatte, dazwischen, als der Solicitor General sagte, MacArthur erhalte seine Anweisungen letztlich von der Far Eastern Commission und nicht von den Gerichten der Vereinigten Staaten. »Das ist eine ziemlich verblüffende Feststellung«, sagte Douglas. »Warum kann General MacArthur diese Japaner nicht freilassen, wenn er, in seiner Eigenschaft als ihr Gefängnisaufseher, amerikanischer Staatsbürger ist? Kann er nicht von amerikanischen Gerichten kontrolliert werden, sofern er als Amerikaner handelt?« Der Solicitor General erwiderte kategorisch: »Für ihn als Oberkommandierenden gelten Ihre Verfügungen nicht. In dieser Eigenschaft handelt er nicht nach amerikanischem Recht oder nach den Bestimmungen der Verfassung der Vereinigten Staaten.«

Die Anwälte der japanischen Antragsteller zuckten bei dieser Bemerkung zusammen. »Sofern es eine amerikanische Beteiligung an diesem Prozess gab, müssen die Schutzbestimmungen der Verfassung im Ausmaß dieser Beteiligung gelten«, sagte George Yamaoka, ein japanisch-amerikanischer Rechtsanwalt aus New York, der Togo Shigenori vertrat. »Kein amerikanischer Offizier kann entgegen diesen Schutzbestimmungen handeln.« Ein weiterer Anwalt der Japaner sagte: »Wir bitten Sie nicht um eine Überprüfung dessen, was das internationale Tribunal tat. Wir bitten Sie um eine Überprüfung dessen, was ein amerikanischer Staatsbürger und Heeresoffizier tat.«

Der Solicitor General kritisierte in seiner Zusammenfassung: »Wir haben es hier mit einem Versuch von Feinden dieses Landes zu tun, Verfahrensweisen dieses Gerichts zur Erlangung von Rechten zu benutzen, die ihnen niemals zustanden und niemals gewährt werden konnten. Diese Anträge liegen im Namen jener Verschwörer vor, die die Beseitigung dieser Regierung planten und für den Abwurf der Bomben auf Pearl Harbor verantwortlich sind. Jetzt, zu diesem späten Zeitpunkt, haben sie die Kühnheit und die Unverfrorenheit, vor diesem Gericht zu erscheinen.« Richter Hugo L. Black, der für die Anhörung gestimmt hatte, unterbrach ihn mit einer Frage zur rechtlichen Zuständigkeit des Gerichts bezüglich des Tokioter Tribunals. »Sie haben keinerlei Rechte irgendwelcher Art vor irgendeinem Gericht dieses Landes«, erwiderte der Solicitor General. »Es gibt keinen Grund, aus dem der Supreme Court versuchen sollte, sich einzumischen.«[91]

Der Oberste Gerichtshof entschied schnell über Anträge zur Zulassung einer Haftprüfung. Drei Tage später verlas der Chief Justice öffentlich die Entscheidung in der Sache *Hirota v. MacArthur, General of the Army, et al.*, die all die Japaner betraf, die ein Gesuch eingereicht hatten. Nachdem sie das Thema der Besetzung Japans aufgeworfen hatten, was eine möglicherweise historische Gelegenheit eröffnete, Rechtsgrundsätze für die Bestrafung feindlicher Kriegsverbrecher der höchsten Rangstufe festzulegen, wollten die Richter des Supreme Court jetzt mit diesem Thema nichts zu tun haben.

In einer Demonstration der Einigkeit gab das Gericht eine kurze, schlichte Per-curiam-Urteilsbegründung bekannt, ein kurzes, anonymes Urteil »im Namen des Gerichts«. Die vorhergegangene Pattsituation hatte sich aufgelöst. Fünf Richter standen hinter dieser Entscheidung, unter ihnen auch Black, der für die Anhörung gestimmt hatte. William O. Douglas, der es ebenso gehalten hatte, sollte mehrere Monate später eine »Concurring Opinion«, eine Zustimmung zum Ergebnis mit abweichender Begründung, verfassen. Wiley B. Rutledge hatte sich letztlich zwar davon überzeugen lassen, dass das Tokioter Gericht eine internationale Einrichtung gewesen sei, kündigte jedoch an, er werde sein Votum zu einem späteren Zeitpunkt bekanntgeben – aber dazu kam es nicht mehr, denn er starb im Alter von 55 Jahren offenbar an einer Hirnblutung.[92] Nur ein emotionaler Frank Murphy hatte eine abweichende Meinung, doch sein schlechter Gesundheitszustand hinderte ihn daran, ein scharf formuliertes Sondervotum niederzuschreiben, wie er es im Sinn hatte. Auch er sollte unerwartet früh versterben: Nur sieben Monate später, im Alter von 59 Jahren, erlitt er einen tödlichen Herzinfarkt.[93]

Bei einer soliden Mehrheit von sechs Richtern, die für den Vollzug der Hinrichtungen stimmten, konnte Jackson diese Runde erleichtert auslassen.[94]

»Wir sind der Überzeugung, dass das Tribunal, das diese Antragsteller verurteilt, kein Tribunal der Vereinigten Staaten ist«, erklärte das Gericht kurz angebunden. »Das diese Antragsteller verurteilende Tribunal ist von General MacArthur als dem Bevollmächtigten der Alliierten Mächte eingesetzt worden.« Deshalb »haben die Gerichte der Vereinigten Staaten keine Macht oder Befugnis, die Urteile und verhängten Strafen zu überprüfen, zu bestätigen, aufzuheben oder für nichtig zu erklären.« Die Petitionen auf Zulassung von Anträgen für Habeas-Corpus-Haftprüfungen wurden abgewiesen.[95]

MacArthur konnte jetzt nach Belieben verfahren. Hirota Koki und alle anderen zum Tod Verurteilten sollten hängen.

Die knapp gehaltene Urteilsbegründung des Gerichts bot kaum Anhaltspunkte für die zugrunde liegenden Überlegungen. Im ungünstigsten Licht betrachtet gestattete sie der Exekutive, in Kriegszeiten zu tun, was immer sie wollte. Im günstigsten Licht war sie eine minimalistische Stellungnahme zu den verfassungsrechtlichen Grenzen des Gerichts. Der Oberste Gerichtshof konnte nur als Berufungsgericht für Fälle dienen, die von nachgeordneten US-Gerichten weiterverwiesen wurden. Das konnte die US-Militärkommission einschließen, die den General Yamashita verurteilt hatte, aber nicht eine derart ausgefallene internationale Schöpfung wie das Tokioter Tribunal. Doch wenn diese bescheidene Rechtsauffassung die richtige Antwort war, warum war dann die Hälfte der Richter zu Beginn nicht imstande gewesen, sie zu akzeptieren?

Es gab noch eine Menge weiterer unbeantworteter Fragen. Konnte ein US-General tatsächlich ohne rechtliche Einschränkungen agieren, solange er nur behauptete, ein Vertreter der Alliierten zu sein? Würden internationale Tribunale immer außerhalb der Reichweite von US-Gerichten bleiben, selbst wenn Amerikaner sie einsetzten und ausgestalteten? Würden sich US-Gerichte tatsächlich der Entscheidung eines internationalen Gerichtshofs beugen, wenn er amerikanische Staatsbürger bestrafte und keine verhassten Ausländer? Wie kam es, dass die Richter die Behauptung akzeptieren, dass MacArthur, der die ewig streitende Far Eastern Commission jahrelang verspottet und sich über sie hinweggesetzt hatte, nur deren Werkzeug gewesen sei? Warum hatten die Richter das Tokioter Urteil einem solchen Zweifel ausgesetzt, um letztlich nichts weiter dagegen zu unternehmen? Truman, MacArthur und ganz Japan konnten sich darüber nur wundern.

Mehrere Richter hatten privat über eine umfassendere Kritik des Tokioter Prozesses nachgedacht. Jackson hatte sich kaum mit der Frage befasst, ob der Supreme Court überhaupt als Berufungsinstanz zuständig sei, weil es seiner Ansicht nach gravierendere Probleme gab. Rutledge hegte tiefe Zweifel an der Rechtmäßigkeit des Tokioter Tribunals. Murphys juristische Mitarbeiter drängten ihn, eine grundsätzlich abweichende Meinung zu verfassen, mit der er Trumans Politik zu Kriegsverbrechen kritisieren und die Ansicht vertreten sollte, dass das Gericht verkünden konnte, der Präsident müsse gewisse Mindeststandards eines ordentlichen Verfahrens beachten, zum Beispiel ein Verbot von Anklagen zu rückwirkend geltend gemachten Tatbeständen. Es bestand ein Risiko, dass die obersten Gerichte anderer alliierter Länder die Urteile für gültig erklären würden, was ein Mitarbeiter Murphys gelassen akzeptierte: »Wenn die Aussies die Antragsteller aus dem Gefängnis holen und erschießen wollen, dann lasst sie machen.«[96] Doch all diese Fragen wurden durch die brüske Per-curiam-Entscheidung des Gerichts erledigt.

Nur der progressive Douglas – einer der drei Richter, die erst für eine Anhörung gestimmt, sich dann aber auf die Seite der Regierung Truman geschlagen hatten – bot eine angemessene Erklärung an und übte dabei scharfe Kritik am Tokioter Prozess. Weil er für die Niederschrift mehrere Monate brauchte, erzielte sein Beitrag in Japan allerdings nur geringe politische Wirkung. Mit einem Stirnrunzeln bei den »›Verbrechen‹, die unter die rechtliche Zuständigkeit des Tribunals fielen«, und »verschiedenen sogenannten Kriegsverbrechen gegen die Menschlichkeit« signalisierte er seine Skepsis hinsichtlich der Rechtmäßigkeit dieser Anklagepunkte. Sein

Papier war eindeutig im Stil einer abweichenden Meinung verfasst, wurde dann aber zur Zustimmung mit abweichender Begründung (Concurring Opinion) umgewidmet. In mindestens drei Punkten lehnte er die Entscheidung des Gerichts ab, obwohl er für sie gestimmt hatte.

Erstens beharrte er darauf, dass US-Gerichte befugt seien, Haftprüfungstermine unabhängig von dem Ort anzuordnen, an dem die betroffene Person inhaftiert war. »Heute wenden sich japanische Kriegsherren mit der Bitte an das Gericht, amerikanische Standards der Rechtsprechung anzuwenden«, schrieb er. »Morgen oder im nächsten Jahr könnte ein amerikanischer Staatsbürger in Deutschland oder Japan von einem Militärgericht oder einer Kommission verurteilt werden«. Es wäre »schwerwiegend und bestürzend«, wenn amerikanische Gerichte hier außen vor blieben. Falls MacArthur japanische Gefangene unrechtmäßig festhalte, könne eine Haftprüfung für ihre Freilassung sorgen, selbst wenn er nicht allein im Namen der Vereinigten Staaten, sondern auch im Auftrag der Alliierten handle.

Zweitens sei es kaum von Belang, wenn das Tokioter Tribunal eine internationale Einrichtung sei. Die Meinung des Obersten Gerichtshofs, schrieb Douglas, »lässt praktisch keinen Raum für die genaue juristische Prüfung dieser neuen, noch in der Entwicklung begriffenen Art von Militärtribunal. Sie stattet diese Tribunale mit uneingeschränkten Machtbefugnissen aus.« Der Supreme Court gebe einen Grundsatz auf, indem er sich selbst in der Auseinandersetzung mit internationalen Gerichten für machtlos erkläre. »Ich kann nicht glauben, dass wir uns an diese Formel halten würden, wenn die Antragsteller amerikanische Staatsbürger wären«, schrieb er unverblümt.

Drittens stieß sich Douglas an der Behauptung des Solicitor General, dass das Gericht für MacArthur nicht zuständig sei. »Wenn ein amerikanischer General einen Gefangenen festhält, kann ihn unser Verfahren erreichen, wo auch immer er sich aufhält«, schrieb er. »Zumindest in diesem Ausmaß folgt die Verfassung der Flagge. Er kann sich nicht mit dem Hinweis verteidigen, er handle im Namen der Alliierten. Er ist ein amerikanischer Staatsbürger, der im Namen unserer Regierung Funktionen ausübt.« Das Tokioter Gericht sei zwar international zusammengesetzt, von entscheidender Bedeutung sei jedoch, dass »die Befehlskette von den Vereinigten Staaten bis zum Oberkommandierenden ununterbrochen ist.«

Nur in einem Punkt war sich Douglas mit den übrigen Mitgliedern des Gerichts einig: dass der Präsident mit besiegten Kriegsgegnern verfahren konnte, wie er wollte.[97] Das reichte, um ihn zur Mehrheit zurückzubringen. Auf einem verwirrenden argumentativen Zickzackkurs kam er zu dem Ergebnis, dass Harry S. Truman Recht hatte, weil Radhabinod Pal Recht hatte. Da das Tokioter Tribunal kein richtiges Gericht war, waren US-Gerichte hierfür nicht zuständig.

Der Präsident der Vereinigten Staaten sei das »einzige Organ« der Außenpolitik, besonders in Kriegszeiten, räumte Douglas ein. (Seit einem 1936 verhandelten Fall hatte die Exekutive routinemäßig den Ausdruck »einziges Organ« bemüht, obwohl der Supreme Court ihn niemals zur Doktrin erhob.)[98] Strafverfahren wegen Kriegsverbrechen waren ein Teil der Kriegführung. Truman hätte mit den japanischen Kriegsverbrechern nach Belieben verfahren können, wie schon die siegreichen europäischen Mächte Napoleon Bonaparte nach Waterloo ohne Prozess in die Verbannung geschickt hatten. Douglas, der mit Bewunderung aus Pals Sondervotum zitierte, betrachtete das Tokioter Gericht als grundsätzlich politisches, vom Oberkommandierenden eingesetztes Geschöpf: Dieser formulierte sein Statut, gab die Verfahrensweise vor, beschrieb »›die Verbrechen‹, die unter die rechtliche Zuständigkeit des Tribunals fielen« – die Anführungszeichen zeigen an, dass er, wie zuvor Pal, diese Tatbestände überhaupt nicht als Verbrechen ansah.

»Das Tokioter Tribunal handelte als Instrument militärischer Macht der Exekutive«, schrieb Douglas. »Es bezog seine Rechtsgrundlage von seinem Schöpfer und handelte nicht als freies und unabhängiges Tribunal, das über die Rechte von Antragstellern nach dem Völkerrecht entscheidet. Wie schon Richter Pal feststellte, tagte es nicht als unparteiisches Tribunal. Es war nur ein Instrument politischer Macht.« Eigentlich gab es keine verfassungsrechtlichen Einwände gegen Trumans politisches Handeln: »Die Festnahme und Verfügung über die für die Ereignisse in Pearl Harbor verantwortlichen Personen war eine politische Frage, bei der der Präsident in seiner Eigenschaft als Oberbefehlshaber (...) das letzte Wort hatte.« Douglas bestätigte, kurz gesagt, das Recht des Präsidenten auf die Einsetzung eines Scheingerichts.[99]

Der Supreme Court hatte, vom juristischen Gehalt des Verfahrens einmal abgesehen, der alliierten Besatzungsmacht in Japan ein politisches Fiasko bereitet. Er hatte das Tokioter Urteil zunächst in Frage gestellt, es dann aber nicht angetastet. Mit der letztlichen Zustimmung zur Macht der Exekutive in Kriegszeiten bekräftigte seine Handlungsweise das, was Oliver W. Holmes jr., der kurz nach Japans Einmarsch in die Mandschurei von seinem Richteramt am Obersten Gerichtshof zurückgetreten war, einst mit hellsichtigem Realismus geschrieben hatte: »Bedürfnisse, die man in einem bestimmten Zeitraume fühlte, die zu dieser Zeit herrschenden Lehren über die Moral, den Staat und die Aufgaben der Politik, mochten sie nun offen ausgesprochen oder nur unklar empfunden sein, sogar die Vorurteile, die den Richtern mit ihren Parteien gemeinsam waren, haben einen weit bedeutenderen Einfluss ausgeübt als die bloßen Schlussfolgerungen, durch die man die Grundsätze der Rechtspflege in die Formen fester Regeln prägte.«[100]

Während die Tage und Wochen vergingen, hatten immer mehr Japaner zu hoffen gewagt, dass der Oberste Gerichtshof die Urteile aufheben würde. Deshalb reagierte man in den alliierten Gesandtschaften in Tokio auf die schroffe Entscheidung des Gerichts mit ängstlicher Erleichterung.[101]

Die verurteilten Männer im Sugamo-Gefängnis waren nicht überrascht. Hirota sagte: »Die Sache war von den alliierten Mächten bereits entschieden worden.« »Das ist rücksichtsvoll, nicht wahr«, höhnte Itagaki Seishiro. »Ich bin dankbar dafür, dass Amerika bis zum Schluss über uns nachgedacht hat.«[102]

Diesmal brachten die japanischen Tageszeitungen keine Extrablätter heraus. Viele Japaner nahmen die Nachricht mit einem zynischen Schulterzucken auf, weil es sie nicht überraschte, dass der Supreme Court der vorgegebenen Linie folgte. Hätte er das nicht getan, meinten manche Japaner, dann hätten die Vereinigten Staaten all ihre alliierten Freunde verloren. Japanische Liberale beunruhigte die Tatsache, dass der Supreme Court überhaupt Behauptungen Glauben geschenkt hatte, dass der Tokioter Prozess unrechtmäßig gehandelt habe. Sie befürchteten, rechtsgerichtete Kreise könnten sich dieses Wissens künftig bedienen, um Tojo und andere Kriegsverbrecher zu Märtyrern zu stilisieren.[103]

Jetzt stand nichts mehr zwischen den sieben verurteilten Japanern und dem Galgen.

31.

Eine Minute nach Mitternacht

Für Tojo Hideki und die anderen sechs Verurteilten war die Zeit zum Sterben gekommen.

Die genaue Planung der Hinrichtungen hatte schon Monate zuvor begonnen und war stark an Nürnberg orientiert.[1] Der Tod durch den Strang – eine absichtliche Demütigung, bei der man den Militärs die Ehre eines Erschießungskommandos verweigerte. Damit es für die Toten keine Gedenkstätten geben konnte, wurden die Leichen verbrannt, die Asche entsorgt und nicht an die Familien zurückgegeben.[2] Anders als in Nürnberg sollte es keine Fotografien von den Hinrichtungen geben.[3] Das amerikanische Militär war überzeugt davon, dass die grausigen Bilder der hingerichteten Naziführer ein schrecklicher Fehler gewesen waren, und General Douglas MacArthur sagte zu einem Berater, dass Fotografien »jeden Sinn für Anstand verletzen würden«.[4]

Auch waren, zur Empörung des Tokioter Pressekorps, keine Reporter bei der Hinrichtung zugelassen. Zwar hatte der Secretary of the Army einigen Journalisten diese Möglichkeit einräumen wollen, aber MacArthur hatte dies wutentbrannt abgelehnt: »Die Ausschlachtung der schmutzigen Details solcher Exekutionen durch die Presse (…) wie sie in Nürnberg erlaubt wurde, sprengt meiner Ansicht nach alle Maßstäbe menschlichen Anstands und könnte genau die Ziele vereiteln, denen solche Prozesse und Strafen dienen.«[5] Das Allgemeine Hauptquartier sollte einfach nur ein knappe Erklärung herausgeben, wenn es vorbei war, und »alle grausigen oder sensationsheischenden Einzelheiten weglassen«.[6] Bei den von der 8. US-Armee vollzogenen Hinrichtungen waren Ärzte und Gefängnispersonal als Zeugen anwesend. MacArthur lud die Alliierten ein, offizielle Vertreter zu entsenden, die den Hinrichtungen beiwohnen und die Vollstreckung der Urteile bezeugen sollten. Entsandt wurden William J. Sebald, ein US-Diplomat und politischer Berater MacArthurs; Patrick Shaw, ein australischer Regierungsbeamter, der den Britischen Commonwealth repräsentierte; General Shang Zhen, ein chinesischer Feldkommandeur; und Generalleutnant

Kusma Derewjanko, der sowjetische Offizier, der auf der *USS Missouri* die Kapitulationsurkunde unterzeichnet hatte.[7]

Nach der Urteilsverkündung wurden die verurteilten Kriegsverbrecher im Sugamo-Gefängnis täglich von einem buddhistischen Priester betreut. Der Priester fragte Tojo, der über seiner Arbeitskleidung einen schlecht sitzenden roten Overall trug, warum er versucht habe, sich zu erschießen, und der frühere Premierminister antwortete, er habe Zeit seines Lebens seine Untergebenen angewiesen, lieber den Tod zu wählen als in Gefangenschaft zu geraten. Nun aber sei er froh, dass er mit dem Selbstmordversuch keinen Erfolg gehabt habe, weil er erstens eine Religion gefunden habe, und zweitens: »Weil ich in dem Prozess noch bestimmte Punkte klären konnte«.

Der Priester berichtete Reportern, Tojo sei ein neuer Mensch, der sich mit heiterem Gemüt zum Buddhismus bekenne.[8] Nach einem der Gewalt gewidmeten Leben nahm der General nun einen buddhistischen Namen an, ein Schritt, den japanische Zeitungen mit Spott quittierten. Eine schrieb, der neue Name laute »Buße in der Unterwelt für die in dieser begangenen Sünden«. Laut dem buddhistischen Priester verbrachte der Berufssoldat seine letzten Tage in asketischer, spiritueller Kontemplation; er erklärte, dass Frieden auf der Welt nur möglich wäre, wenn die Menschen ihre Gier verlören oder versuchten, sich einen himmlischen Buddha vorzustellen, der über einem herrlichen Sonnensystem thronte. Tojo studierte ein grundlegendes buddhistisches Buch über die heiligen Schriften, in das er ein aus der Zeitung ausgeschnittenes Porträt Hirohitos hineingeklebt hatte. Er sagte seiner Frau, er wolle das Buch zum Galgen mitnehmen, was bei seinen Gefängniswärtern den Verdacht erregte, er könnte es irgendwie für einen Selbstmord verwenden. Die Wärter seien besonders streng, was seine Selbstmordneigung betreffe, meinte er daraufhin trocken.[9]

Tojo und mehrere andere hinterließen Haare und Fingernägel, die als Andenken für die Verehrung der Vorfahren auf den Familienaltar kamen. Er selbst schrieb in seinen letzten Tagen Gedichte und lange Briefe an seine Verteidiger. Außerdem verfasste er ein Testament mit dem Titel »An die Welt« mit seinen letzten politischen und militärischen Ansichten. Sie entsprachen angeblich den Zeugenaussagen, mit denen er Pearl Harbor verteidigt hatte.[10]

Die meisten anderen Verurteilten sagten, sie hätten sich mit ihrem Schicksal abgefunden. Manche stritten sich und warfen einander vor, im Prozess zu viel gesagt oder nicht genug Verantwortung übernommen zu haben.[11] Matsui Iwane behauptete immer noch, er sei unschuldig.[12] Doihara Kenji haderte mit der Schande, als Kriegsverbrecher gebrandmarkt zu sein, erklärte aber, er sei dankbar, dass sich sein Tod als nützlich erweisen könne. Er schickte ein klassisches Gedicht an seine Kinder: »Geboren wie ein Bläschen Schaum, um zu vergehen wie der Tau auf dem Gras, mein kostbares Leben.«

Während das Land wartete, warnten einige Japaner vor der schleichenden Tendenz, mit den todgeweihten Männern Mitleid zu bekommen. »Man ist leicht berührt, wenn man den Tod direkt vor Augen hat«, schrieb ein prominenter Kommentator von *Asahi Shimbun* und bat seine Leser, nicht zu vergessen, was Tojo und die anderen angerichtet hatten. »Zehntausende, ja Hunderttausende von Kindern, Vätern und Ehemännern verloren tagtäglich ihr Leben auf dem Schlachtfeld, und unschuldige, gute Mütter, Ehefrauen und Kinder folgten ihnen als verkohlte Leichen neben den kümmerlichen Luftschutzräumen ihrer Häuser. Ein Prozess in den Herzen dieser Toten wäre sicher strenger gewesen als der vor dem Tokioter Gerichtshof.«[13]

Sofort nach der Urteilsverkündung des Supreme Courts am 21. Dezember 1948 um 21 Uhr wurden die sieben Männer jeweils zu zweit in das Büro des Gefängnispfarrers geführt. Tojo wurde allein dorthin gebracht. Dort teilte man ihnen mit, dass sie am 23. Dezember, eine Minute nach Mitternacht hingerichtet würden.

Die Männer wirkten düster und waren aschfahl im Gesicht. Hirota Koki hatte glasige Augen.[14] Tojo hatte gefürchtet, dass sie wachgerüttelt und dann sofort getötet würden; er wollte noch etwas schreiben. Er nickte wiederholt, verbeugte sich und sagte mehrmals »okay, okay« auf Englisch. Dann äußerte er mehrere letzte Wünsche. Seine Gefängniswärter konnten nichts tun, um den Familien der verurteilten Männer Geld zukommen zu lassen, und sie gaben ihm keine Schlaftabletten – offenbar, weil sie fürchteten, er könnte Selbstmord begehen. Sie erlaubten ihm jedoch, Zeit mit dem buddhistischen Priester zu verbringen und eine einfache japanische Mahlzeit mit etwas Sake einzunehmen.

Tojo sagte, in seiner Zelle habe Tag und Nacht ein helles Licht gebrannt, und es sei ein Wunder, dass er keinen Nervenzusammenbruch erlitten habe. »Ich bin bereit, mich als Opfer für den Frieden anzubieten und einer der Steine im Fundament für den Wiederaufbau Japans zu werden«, sagte er. »Ich kann in Frieden sterben, weil dem Kaiser nichts Schlimmes passiert ist.« Er sei alt und gebrechlich, sagte er, und hätte ohnehin nicht mehr lange weiterleben können, und er freue sich, vom japanischen Boden aufgenommen zu werden. Er hatte zahlreiche Abschiedsgedichte verfasst. Eines davon war patriotisch: »Auch wenn ich scheide / Möchte ich gern zurückkehren in meine Heimat, / Es gibt noch so viel zu tun / Für mein Land.« Ein anderes war besinnlich: »Nicht eine Wolke gilt es zu durchqueren / Die den Geist verdunkelt. / Und vollen Herzens / Eile ich auf meiner Reise nach Westen.«

MacArthur forderte die vier Vertreter der Alliierten auf, ins Sugamo-Gefängnis zu kommen und den Hinrichtungen beizuwohnen.[15] Shang wurde blass. Shaw trank einen Whisky. Der chinesische und der sowjetische Vertreter sprachen nicht miteinander und bestanden darauf, in verschiedenen Wagen zu fahren.[16]

Es war ein kalter, trüber Wintertag. Muto Akira gab als einziger zu, dass ihn Wellen von Todesangst plagten, sagte aber, den anderen ginge es genauso.[17] Die Männer verbrachten ihren letzten Tag mit Besuchen bei dem buddhistischen Priester, schrieben Briefe und Gedichte und verabschiedeten sich voneinander. Als Henkersmahlzeit bekamen sie Reis, Miso-Suppe, gegrillten Fisch und Fleisch sowie Brot und Marmelade. Sie aßen wenig.

Wie der Priester berichtete, widmeten die verurteilten Männer ihre letzten Stunden der spirituellen Reinigung. Doch sein Bericht zeigt auch, wie stark sie selbst in ihren letzten kostbaren Minuten noch mit weltlicher Staatskunst beschäftigt waren. Hirota Koki erkundigte sich nach den neuesten Nachrichten aus China und reagierte auf die Information, dass die Kommunisten gewannen, mit den Worten: »Was wir am meisten gefürchtet haben, das tritt jetzt ein.« Matsui klagte, junge ungestüme Offiziere hätten Japan in seinen jetzigen Zustand gebracht und vermutete, dass die chinesischen Kommunisten gemäßigter seien als die sowjetischen. Doihara sagte, mit China sei es schiefgegangen, aber er hoffe, durch seinen Tod werde sich die Lage verbessern. Auch Itagaki Seishiro war immer noch von China besessen. Er meinte, er bete für das Wohl Chinas und Koreas und hoffe, dass er im Jenseits die Entwicklung eines vereinigten Asiens werde verfolgen können.

Hirota war zu deprimiert, um Briefe oder Abschiedsgedichte zu hinterlassen, und betonte, er wolle schweigend in den Tod gehen. Er war der einzige. Itagaki sagte bitter: »Was die Potsdamer Erklärung angeht, nehme ich an, dass wir Opfer auf dem Altar eines dauerhaften Friedens sind.« Muto war wütend, dass die Anklagevertreter im Tokioter Prozess japanische Soldaten beschuldigt hatten, sie hätten auf den Philippinen Babys mit dem Bajonett aufgespießt. Matsui schrieb in einem Brief an seine Frau: »Offenbar werde ich für den Nanjing-Zwischenfall geopfert.« Weil unter seinem

Kommando in China schon so viele Menschen – Soldaten und Zivilisten, Japaner und Chinesen – gestorben seien, sei es nur angemessen, dass er selbst ihnen folge. Er nahm einen Teil der Verantwortung für den Krieg in China auf sich und versprach »für alles volle Abbitte zu leisten«, beklagte jedoch bitter »den Verrat und die Schande eines besiegten Japans«.[18]

Am 22. Dezember kamen die Wärter etwa 20 Minuten vor Mitternacht in die Zellen von Doihara Kenji, Matsui Iwane, Muto Akira und Tojo Hideki. Die mit Handschellen gefesselten Männer wurden von je zwei amerikanischen Wärtern begleitet. Sie trugen einfache Arbeitskleidung der US-Armee und japanische Schnürschuhe.

Die vier Verurteilten Kriegsverbrecher wurden in eine Zelle gebracht, die der buddhistische Priester mit Kerzenleuchtern und einem Räuchergefäß als behelfsmäßigen Sakralraum eingerichtet hatte. Außerdem waren Wein, Schokolade, Gebäck, Tassen und Wasser vorhanden. Da nicht alle in den Raum passten, mussten sie draußen im Gang beten. Dort wurden sie in einer siebenminütigen buddhistischen Zeremonie mit Räucherwerk auf den Tod vorbereitet. Sie beugten den Kopf und schlossen die Augen. Danach bot ihnen der Priester Gebäck an, doch die alten Männer hatten ihre künstlichen Gebisse schon herausgenommen; nur Matsui aß einen weichen Keks. Sie tranken Wein aus vollen Pappbechern in ihren gefesselten Händen. Tojo war erfreut, dass er, wie erbeten, einen letzten Drink bekam.

Einer der vier stimmte den Schlachtruf *»Banzai«* an, eine Abkürzung für »Lang lebe unsere Majestät der Kaiser«. Und die alten Soldaten beschlossen, ihn trotzig herauszuschreien: »Matsui-san, wenn es Ihnen recht ist«, forderte Tojo den Ältesten der Gruppe auf, die Führung zu übernehmen. Tojo und die anderen Generale brüllten im Chor: *»Banzai! Banzai! Banzai!«* und noch *»Dai Nippon!«*, Großjapan, die Parole des Kaiserreichs.[19]

Die *Banzai*-Rufe waren so laut, dass Sebald sie in der Stille widerhallen hörte. Für ihn waren sie ein Abschied vom Kaiser und ein Symbol des Trotzes.

Die Männer verabschiedeten sich voneinander. Auf den buddhistischen Priester machten sie einen glücklichen Eindruck. Eine stählerne Tür öffnete sich. Flankiert von zwei amerikanischen Soldaten und gefolgt von dem buddhistischen Priester und dem amerikanischen Pfarrer des Gefängnisses wurden die Verurteilten über einen kalten, dunklen Hof zu dem hell erleuchteten Hinrichtungsraum geführt. Tojo und einige andere sangen den Namen des Amida Buddha, eine traditionelle Methode, nach Ruhe und Erlösung zu streben.

Als die Männer den Raum betraten, wurden sie einzeln vor Sebald, Shaw, Shang und Derewjanko sowie den Ärzten und dem Gefängnispersonal identifiziert: zuerst Doihara, dann Matsui, dann Tojo und schließlich Muto.

Die Verurteilten sprachen weiter ihre buddhistischen Gebete. In ihrer formlosen gebrauchten Kleidung wirkten sie auf Sebald »sehr alt, hilflos, bemitleidenswert und tragisch. Sie schienen beim Gehen zu schlurfen und alle hatten einen leeren Blick, als sie an mir vorbeikamen.«

Dann wurden sie die 13 Stufen zum Galgengerüst hinaufgeführt. Sie machten ihre letzten Schritte ohne Hilfe. Alle vier fuhren fort zu beten.

Die amerikanischen Scharfrichter zogen ihnen schwarze Kapuzen über den Kopf. Sie legten ihnen die Stricke um den Hals.

Der oberste Scharfrichter salutierte vor dem Kommandanten des Hinrichtungskommandos und sagte, die vier Männer seien vorbereitet. »Los!«, brüllte jemand. Am 23. Dezember 1948 um 0.01 Uhr gab der Henker ein Signal und alle vier Falltüren klappten krachend auf. Sebald fand, dass sie sich wie eine Gewehrsalve anhörten.

Der buddhistische Priester hatte Tojo versichert, dass sie sofort sterben würden, weil ihnen das Rückenmark durchtrennt werde. Tatsächlich brauchte Doihara sechs Minuten, um zu sterben. Ein hoher amerikanischer Sanitätsoffizier hörte mit einem Stethoskop die Herztöne ab. »Ich erkläre diesen Mann für tot«, sagte er, als sie aufhörten. Muto wurde nach zehn Minuten für tot erklärt und Matsui nach elf. Tojo starb nach neun Minuten. Ihre Hosen waren durch die unfreiwillige Ausscheidung von Urin und Kot verschmutzt.

Unmittelbar danach wurde die zweite Gruppe, Itagaki Seishiro, Hirota Koki und Kimura Heitaro, in den behelfsmäßigen Sakralraum geführt. Die drei Männer hatte die *Banzai*-Rufe gehört. Hirota trat an den buddhistischen Priester heran und fragte ernst, ob die anderen ein *Manzai* gehabt hätten. So sprach man in seinem Dialekt *Banzai* aus, aber im Dialekt des Priesters bedeutete *Manzai* ein geschwätziges Fest. Deshalb verstand er die Frage nicht und verneinte. Die Männer zündeten Räucherwerk an und hörten eine Lesung.

Danach fragte Hirota erneut wegen dem *Banzai*, und dieses Mal verstand der Priester. Da er als Zivilist keine Erfahrung mit Schlachtrufen hatte, wandte er sich an General Itagaki und sagte: »Besser, Sie übernehmen die Führung.« Und dann riefen die drei gemeinsam: *»Banzai! Banzai! Banzai!«*

Der Priester setzte ihnen Becher mit Wein an die Lippen, und sie tranken. Sie gingen über den Innenhof zu dem hell erleuchteten Hinrichtungsraum. Laut dem Priester waren sie ruhig und gefasst. »Da war derselbe schlurfende Gang, dasselbe leise, unverständliche Murmeln, dieselbe Hoffnungslosigkeit«, erinnerte sich Sebald. Als Hirota an ihm vorbeikam, wandte er den Kopf und sah Sebald direkt in die Augen. Er schien um Sympathie und Verständnis zu werben.

Die Verurteilten wurden zum Galgen hinaufgeführt und bekamen die Kapuzen übergezogen. Um 0.20 Uhr öffneten sich wieder krachend die Falltüren.

»Ich erkläre diesen Mann für tot«, sagte der amerikanische Mediziner. Itagaki starb nach zwölf Minuten. Hirota starb nach vierzehn Minuten. Kimura starb nach fünfzehn Minuten.[20]

Sebald war verstört. »Diese Männer, die so enorm viel Macht und Einfluss besessen hatten, starben im Geheimen und allein, umgeben von ihren früheren Feinden«, sollte er sich später erinnern.« Er und die anderen erschütterten Zeugen kippten einen Whisky pur.[21]

Draußen nieselte es. Die sieben Leichname wurden unter höchster Geheimhaltung von Militärfahrzeugen der 8. US-Armee unter schwerer Bewachung aus dem Gefängnis abtransportiert. Um 7.45 Uhr kamen die, offensichtlich aus Amerika stammenden hölzernen Särge (größere, als die normalerweise in Japan verwendeten) vor dem städtischen Krematorium an, einem grauen, viereckigen Stuckgebäude in den ausgebombten Ruinen Yokohamas. Um 8.10 Uhr begann die Verbrennung der Leichen mit Holz und Kohle in sieben rostigen Öfen. Weniger als eineinhalb Stunden später war nur noch Asche übrig. Sie wurde in genormte Behälter der US-Armee mit einer Breite von 12,7 und einer Höhe von 5,08 Zentimetern gefüllt.

Tojo hatte darum gebeten, seine sterblichen Überreste und die der andere sechs für eine buddhistische Beerdigung an die Angehörigen zu übergeben.[22] Die Familien der Verurteilten hatten MacArthur unter Führung von Tojos Frau gebeten, an den Leichnamen ihrer toten Männer oder wenigstens ihrer Asche beten zu dürfen. Doch das Allgemeine Hauptquartier hatte abgelehnt, weil es fürchtete, selbst die private Verehrung von Tojos Asche könne Aufsässigkeit schüren und er könnte im Tod als *Kami*, im Shintoismus ein göttlicher Geist, verehrt werden. Stattdessen wurden die sterblichen Überreste durch sieben Jeeps des amerikanischen Militärs weggebracht, die angeblich zu einem amerikanischen Friedhof fuhren. Wachen mit aufgepflanztem Bajonett hielten die Reporter auf Abstand. In Wirklichkeit wurde die Asche aller sieben hingerichteten Kriegsverbrecher von einem Flugzeug der 8. US-Armee heimlich 50 Kilometer vom Land entfernt über dem Pazifik verstreut, damit der Ort ihrer Beerdigung nie eine Gedenkstätte werden konnte.[23]

»Nun ist alles vorbei«, sagte ein japanischer Arbeiter im Krematorium. »Genau, was wir für Tojo erwartet hatten.«[24]

Ein neues Japan

MacArthur hatte zu einem Tag des Gebets aufgerufen, und die Shinto-Schreine, buddhistischen Tempel und christlichen Kirchen waren voll. Vor dem Senso-ji, einem uralten, meist als Asakusa-Kannon bezeichneten buddhistischen Tempel in Tokio, stauten sich die Gläubigen und drinnen beteten Priester zum Klang einer Glocke für den Frieden. Der japanische Parlamentspräsident forderte die Nation auf, »in der ernsten Realität der Hinrichtungen ein brennendes Bedürfnis nach Frieden« zu finden. Der Kaiserpalast gab bekannt, dass sich Kaiser Hirohito, als er die Nachricht durch seinen Reichskämmerer erhielt, dem Volk mit einem stillen Gebet für den Frieden angeschlossen hatte.[25] Die Hinrichtungen hatten am Geburtstag von Kronprinz Akihito stattgefunden, eine Tatsache, die spätere Generationen japanischer Hardliner als bewusste Gehässigkeit interpretierten.[26]

Die meisten Familien der Hingerichteten trugen die Nachricht mit Fassung. Doiharas Witwe sagte, ihr Mann habe sich voll und ganz auf ein religiöses Leben eingelassen; Itagakis Witwe erklärte, ihr Mann sei sehr gut auf den Tod vorbereitet gewesen; Matsuis Witwe hatte die ganze Nacht vor dem Radio gesessen und brachte lediglich Erleichterung zum Ausdruck.

Nur Tojos Familie war weniger resigniert. Sein zweiter Sohn erzählte einem Reporter, seine Mutter habe die Kinder zu sich gerufen und ihnen gesagt: »Von jetzt an seid ihr vaterlos. Aber glaubt nicht, dass euer Vater gestorben ist. Er lebt weiterhin mit uns.« Tojos Hauptverteidiger Kiyose Ichiro, der später Parlamentspräsident werden sollte, machte im Namen seines toten Klienten einen kritischen Vorbehalt: »Die Frage, ob die Durchführung dieses Prozesses richtig oder falsch war, wird die künftige Geschichte beurteilen.«

Auf den Straßen blieb es ruhig. Ältere Japaner wirkten bedrückt, wollten aber nicht mit Reportern sprechen. Die Jüngeren waren gleichgültig. Indische Diplomaten berichteten, die Hinrichtungen hätten bei den Japanern wenig Aufregung verursacht. »In japanischen Augen ist Scheitern das schlimmste aller Verbrechen, und Tojo selbst hatte es als sein einziges Verbrechen bezeichnet, dass er mit seiner Aufgabe gescheitert war«, schrieb der Botschafter Indiens in Tokio. »Deshalb ist es kein Wunder, dass die ranghöchsten Führer des militaristischen Japan unbesungen, unbeweint und beinahe unbemerkt starben.«[27]

In den meisten Leitartikeln der japanischen Zeitungen hieß es, die sieben gehängten Männer hätten bekommen, was sie verdienten, und Mitleid sei fehl am Platz. Außerdem empfahlen sie der Nation, die moralische und spirituelle Verantwortung für den Krieg zu übernehmen.[28] »Sie sind jetzt tot«, schrieb die *Mainichi Shimbun*. »Beten wir für ihre Seelen, wie wir es bei allen Verstorbenen tun. Das beste Gebet wäre die Bitte um die Abschaffung des Krieges und die Schaffung von Frieden auf der ganzen Welt.« Die gehängten Kriegsverbrecher seien nicht als einzige für den Krieg verantwortlich gewesen, schrieb die Zeitung weiter, und sie warnte, »wer die Gehängten verehrt, weil sie für das japanische Volk geopfert wurden, bejaht einen falschen Krieg«. Zwar bezweifelte die *Mainichi* in mancher Hinsicht die Berechtigung des Prozesses und verwies auf Radhabinod Pals Sondervotum, aber sie kam dennoch zu dem Schluss, dass die »Hinrichtung der japanischen Warlords für die ganze Welt ein Symbol für die Ablehnung des Krieges werden muss«.[29]

Die liberale *Asahi Shimbun*, in der Regel kritisch gegenüber den Militaristen, war die einzige wichtige Zeitung, die es für angebracht hielt, den Familien der Hingerichteten das Beileid auszusprechen. Ihr Kommentator war verstört: »Wir können nicht umhin, eine bittere Erschütterung in unserer Brust zu spüren, einem Erdbeben gleich.« Dann jedoch ging der Verfasser schnell dazu über, den Pazifismus mit der Begründung zu preisen, dass sich Japan in einem künftigen Atomkrieg niemals werde verteidigen können.[30]

Der amerikanische Verteidiger Major Ben B. Blakeney war angewidert. »Heute morgen«, schrieb er an Bert Röling, »fand die Hinrichtung der sieben Angeklagten statt, die, wie manche sagen, von Ihnen und Ihren Kollegen ermordet wurden.«[31]

Mei Ruao erklärte, die Hinrichtungen seien »eine Quelle der Befriedigung und des Trostes für diejenigen, die unter dem japanischen Angriffskrieg litten, und insbesondere für die Chinesen, die am meisten litten«. Er räumte zwar ein, dass Tausende japanische Kriegsverbrecher ungestraft davongekommen seien, war aber dennoch der Ansicht, dass der Nürnberger und der Tokioter Prozess die wichtigen Grundsätze etabliert hatten, dass das Führen eines Angriffskriegs nach dem internationalen Recht ein

Verbrechen ist und die Personen, die es begingen, dafür persönlich haftbar gemacht werden. Die Hinrichtungen hätten gezeigt, dass ein Angriffskrieg »kein Weg zum Ruhm, sondern ein Weg zum Galgen« sei.[32]

Begnadigung

Am Tag nach den Exekutionen verkündete das Allgemeine Hauptquartier die Freilassung der verbliebenen 19 mutmaßlichen Kriegsverbrecher der Klasse A, die noch nicht vor Gericht gestanden hatten. Es handelte sich weitgehend um bedeutende Industrielle und Finanzmagnaten. Sie hatten inzwischen bis zu mehr als drei Jahre im Sugamo-Gefängnis gesessen oder unter Hausarrest gestanden. Wie die Anwälte des Hauptquartiers bemerkten, konnten die verbliebenen Verdächtigen kaum mehr wegen der Führung eines Angriffskriegs verurteilt werden, nachdem das Militärtribunal mehrere Angeklagte in mehreren Punkten freigesprochen und dadurch Präzedenzfälle geschaffen hatte. Mit der Freilassung waren, wie das Allgemeine Hauptquartier verkündete, die Prozesse gegen die Hauptkriegsverbrecher in Japan zu Ende.[33]

Die Kommunistische Partei Chinas, die Tojos Hinrichtung begrüßt hatte, war über die Entscheidung empört.[34] »Viele Mörder, die persönlich Massaker an Chinesen verübt haben, und viele Verantwortliche für den Angriffskrieg gegen China waren unter den willkürlich Freigelassenen«, hieß es in *Renmin Ribao.* »Das Blut Millionen chinesischer Opfer im Krieg gegen Japan darf nicht umsonst vergossen sein, und Millionen Witwen und Waisen müssen gerächt werden.«[35]

Es war noch nicht lange her, dass die Vereinigten Staaten bei der Verfolgung von mehr als tausend Angeklagten weniger schwerer Kriegsverbrechen die Führung übernommen hatten, gefolgt von Australien und Großbritannien und, mit großem Abstand, China. Die amerikanischen Militärtribunale in Yokohama und Manila hatten publicityträchtige Fälle übernommen und beispielsweise einen japanischen Generalmajor und einen Oberst wegen des Todesmarschs von Bataan zum Tod verurteilt.[36] Die Tribunale waren gnadenlos gewesen: Die amerikanischen und die britischen Gerichtshöfe hatten mehr als 90 Prozent der Angeklagten verurteilt, die chinesischen 75 Prozent. Die Amerikaner verurteilten dabei 19 Prozent der Angeklagten zum Tod und 21 Prozent zu mehr als 25 Jahren Gefängnis – eine Rate, die nur von China übertroffen wurde, das ein Viertel seiner Angeklagten hinrichtete.

Aber das alles war Schnee von gestern. Inzwischen hofften die Alliierten, alle Verfahren bis Ende 1948 abgeschlossen zu haben. Die Briten, die in Hongkong und Singapur Prozesse abgehalten hatten, hörten als Erste auf. Die Vereinigten Staaten begannen mit der Reduzierung schon verhängter Strafen, und das Kriegsministerium forderte das Allgemeine Hauptquartier auf, die Verfahren in minderschweren Fällen bis Ende des Sommers abzuschließen.[37] In Übereinstimmung mit der von George F. Kennan befürworteten Kalten-Kriegs-Politik stellten die USA ihre Säuberungen ein oder machten sie rückgängig, eine Maßnahme, die MacArthur alarmierte, weil er fürchtete, japanische Extremisten könnten irgendwann an jenen Japanern Rache nehmen, die mit den amerikanischen Besatzern kollaboriert hatten.[38]

Der Oberkommandierende, der noch nie scharf auf Kriegsverbrecherprozesse gewesen war, zeigte in seinem ersten und einzigen Treffen mit Harry S. Truman, wie satt er sie inzwischen hatte. Im Oktober 1950 hatten die beiden Männer eine schwierige Begegnung auf Wake Island, bei der der Präsident darum kämpfte, seinen mittlerweile als Oberbefehlshaber im Koreakrieg tätigen Militär unter Kontrolle zu halten. Auf die Frage nach koreanischen Kriegsverbrechern antwortete MacArthur scharf, dass er ihnen mit Militärtribunalen kurzen Prozess machen werde. »Finger weg von den Kriegsverbrechern«, sagte er zu Truman. »Es funktioniert nicht. Die Prozesse in Nürnberg und Tokio haben nicht abschreckend gewirkt.«[39]

Als die Alliierten dem formellen Friedensvertrag zur Beendigung der Besatzung den letzten Schliff verpassten, war ihnen klar, dass eine souveräne japanische Regierung bald schon mit einer erheblichen Agitation für die Begnadigung der Kriegsverbrecher oder einer massiven Reduktion ihrer Strafen konfrontiert wäre. Hunderttausende von Japanern unterzeichneten Petitionen für eine Begnadigung, und ein etabliertes japanisches Nachrichtenmagazin sah im Tokioter Urteil »eine offensichtliche Missachtung des Völkerrechts« und drängte deshalb auf die Freilassung der Kriegsverbrecher der Klasse A aus dem Gefängnis.[40] Und tatsächlich übten die erschöpften Alliierten unter Führung der Vereinigten Staaten eine auffällige Milde gegenüber den Kriegsverbrechern – eine vorhersehbare Auswirkung von Kennans neuem Bestreben, Japan im Kalten Krieg zu einem Bollwerk des Westens zu machen.[41]

Am 8. September 1951 wurde in San Francisco der Friedensvertrag unterzeichnet. Er trat am 28. April 1952 in Kraft und stellte Japans Souveränität wieder her. Das Land bekannte sich zur Charta der Vereinten Nationen und zur Allgemeinen Erklärung der Menschenrechte. Es akzeptierte im Friedensvertrag offiziell die im Tokioter Prozess und von anderen alliierten Militärtribunalen gesprochenen Urteile und verpflichtete sich, sie an japanischen Bürgern zu vollstrecken. Auch das unabhängige Japan unterlag noch einigen Beschränkungen: Es konnte internierte Kriegsverbrecher nur mit dem Einverständnis der alliierten Regierung, deren Tribunal sie verurteilt hatte, begnadigen, ihre Haftzeit verkürzen oder sie auf Bewährung entlassen. Und bei den im Tokioter Prozess Verurteilten durfte es die Gefängnisstrafen nur dann verkürzen, wenn eine Mehrheit der elf beteiligten alliierten Regierungen zustimmte.[42]

Das Allgemeine Hauptquartier übergab die Verantwortung für die inhaftierten japanischen Kriegsverbrecher der neuen japanischen Regierung.[43] Truman schuf für Hunderte inhaftierter Japaner, die von amerikanischen Militärtribunalen verurteilt worden waren, einen Bewährungsausschuss. Seine Administration wusste, dass sich die neue japanische Regierung darum bemühen würde, möglichst viele von ihnen freizubekommen, und wollte die Frage lieber juristisch klären, als auf politischen Druck zu reagieren. Allen war klar, dass die Zeit der Gnade angebrochen war.[44]

Edith Togo arbeitete nach dem Tokioter Prozess unermüdlich für die Freilassung ihres Mannes Togo Shigenori.[45] Sie fand in Bert Röling einen Verbündeten, der in seinem Votum Togos Freispruch gefordert hatte. »Es ist wunderbar zu wissen, dass es ein paar Richter gab, die ein weises Urteil fällten«, schrieb sie an den niederländischen Richter. »Ich hoffe, dass die Menschen auf der Welt eines Tages verstehen werden, was mein Mann für sie getan hat, und danach seine Ehre in den Augen der Welt wiederherstellen, die ihm kostbarer als alles andere ist.«[46] Sie schaffte es, einen Brief von Prinzessin Takamatsu, der Ehefrau von Hirohitos Bruder, zu bekommen, in dem Togo bescheinigt wurde, sich als Diplomat für den Frieden eingesetzt zu haben.[47]

Röling und Edith Togo schlossen sich einem seltsamen Bündnis an, dem Joseph C. Grew, der frühere amerikanische Botschafter in Japan, Togos Verteidiger Ben B. Blakeney sowie Lord Hankey, ein vornehmer ehemaliger britischer Kabinettssekretär und Mitglied von Neville Chamberlains Kriegskabinett, der in seinem Buch die Kriegsverbrecherprozesse gegen Deutsche und Japaner kritisiert hatte, angehörten.[48] Die Gruppe wollte Kido Koichi und mehrere andere Gefangene freibekommen. Röling gedachte mit Shigemitsu Mamoru zu beginnen, der hoffte, wieder als Politiker und Diplomat arbeiten zu können.[49] Also schrieb er an MacArthur und bat ihn dringend um eine Begnadigung des früheren Außenministers.[50]

Shigemitsu wurde tatsächlich im November 1950 durch einen Bewährungsausschuss freigelassen.[51] »Ich hatte Ihr ›Sondervotum‹ genau gelesen und war voller Bewunderung für Ihr Verständnis des Falles«, schrieb er in seinem Haus in Kamakura dankbar an Röling. »Was den Prozess betrifft, war ich eher froh, dass meine ganze Arbeit dadurch der Öffentlichkeit im Wesentlichen bekannt wurde, auch wenn dies durch eine harte richterliche« Prüfung geschah.[52] Röling hoffte, dass Shigemitsu schon bald wieder die japanische Außenpolitik prägen würde.[53] Tatsächlich kehrte dieser, nachdem er politisch entlastet worden war, als strammer Konservativer wieder in die Politik zurück und wurde 1954 erneut japanischer Außenminister.[54]

Nach dem Ende der Besatzung im Jahr 1952, machte sich das souveräne Japan schnell daran, die noch im Gefängnis sitzenden verurteilten Kriegsverbrecher der Klasse A freizulassen. Oft wurde ihre Entlassung mit ihrem schlechten Gesundheitszustand gerechtfertigt. Dies war ziemlich sicher nicht der einzige Grund, doch es war bei den alten Männern ein gutes Argument, insbesondere bei den ersten, die begnadigt wurden. Der ehemalige Premierminister Koiso Kuniaki war 1950 noch im Sugamo-Gefängnis gestorben. Baron Hiranuma Kiichiro kam Anfang 1952 auf Bewährung frei; Feldmarschall Hata Shunroku 1954; Kido, Kaya Okinori und mehrere weitere Gefangene 1955. Im April 1958 verkündete die japanische Regierung, dass auch die letzten zehn Verurteilten ohne Auflagen freigelassen würden.[55]

Togo Shigenori hatte weniger Glück gehabt. Er hatte im Sugamo-Gefängnis an einer Herzkrankheit, gefährlicher Blutarmut und Anfällen einer Gallenblasenerkrankung gelitten und war dabei langsam durch den grauen Star erblindet.[56] »Ich hatte wirklich gehofft, einen ewigen Weltfrieden zu schaffen«, hatte er in einem Brief an seine Familie geschrieben. Er hatte an einem Buch gearbeitet, in dem er seine eigene Geschichte erzählte. Und er hatte Trost gefunden, indem er die Klassiker der Meiji-Ära gelesen, europäische Bücher aus der Gefängnisbibliothek ins Japanische übersetzt und einen regen Briefwechsel mit seiner Familie gepflegt hatte. Er wünsche sich, ein Spatz auf der Dachrinne ihres Hauses in einem vornehmen Tokioter Viertel zu sein, hatte er an seine Angehörigen geschrieben. Er hatte seine Frau, seine Tochter und seine kleinen Enkelsöhne vermisst: »Wenn ich gute Briefe von den Kindern bekam, pflegte ich in dem kalten Zementraum gut zu schlafen.«[57]

Prinz Takamatsu hatte sich sehr um Togos Freilassung bemüht. Jahre später lobte Hirohito Togo mit folgenden Worten: »Außenminister Togos Haltung war immer die Gleiche, am Ende des Krieges und zu Beginn des Krieges.«[58] Edith Togo hatte Röling verzweifelt gebeten, ihren »kranken, verdienstvollen Gatten« sofort aus dem Sugamo-Gefängnis zu holen. Es sei »undenkbar«, hatte sie geschrieben, »dass der Mann, der den Krieg beendet hat, jetzt noch weitere drei Jahre im Gefängnis bleiben soll.«[59]

Am 23. Juli 1950 aber war sie vor dem Morgengrauen durch den schon lange gefürchteten Telefonanruf aus dem Schlaf gerissen worden: Ihr Mann war drei Minuten zuvor allein in einem Gefängnishospital gestorben. Sie hätte vor Trauer beinahe Selbstmord begangen. Später schrieb sie: »An diesem Tag hatte ich meine Seele, mein Gottvertrauen und meinen Lebenswillen verloren«.[60]

32.

Ein stilles Gebet

In den Jahrzehnten nach seinem Sondervotum wurde Radhabinod Pal zu einer Ikone der japanischen Nationalisten, die vom Pazifikkrieg ein romantisches Bild zeichneten, in dem es um die Befreiung kolonisierter Asiaten vom westlichen Imperialismus gegangen war. Wie sein Enkel Satyabrata Pal es ausdrückte, wurde sein Großvater mit Nachkriegsjapan »in eine Art arrangierte Hindu-Ehe geworfen: Er hatte keine Wahl und akzeptierte sie blind als soziale Verantwortung. Von da an war er durch sie definiert, und sie wurde die Beziehung seines Lebens. Zweifellos hat sich in solchen Ehen manchmal Liebe entwickelt, und das war auch bei meinem Dadu und Japan der Fall.«[1]

Pal kehrte nach dem Tokioter Urteil nach Kalkutta zurück, wo, wie seine Enkelin Ruby Pal berichtet, im April 1949 seine geliebte Frau starb. Nach dem schweren Verlust wurde er von seiner großen Familie und, wie es sein weltoffener Enkelsohn Satyabrata Pal liebevoll formuliert, »von Millionen Enkelkindern« getröstet. Kurz nach dem Tod seiner Frau schickte er einen tiefempfundenen Brief an General Douglas MacArthur und dankte ihm, dass er ihm stets geholfen hatte, zu seiner Frau nach Hause zu fliegen. »Ich habe das Gefühl, dass ich nicht mehr die Kraft in mir habe, um nach dieser Stunde meines Lebens noch weiterzumachen«, gestand er dem General. »So sehr ich auch wünschte, ich wäre ungebunden und mit einem Blick auf das gesegnet, was die Philosophen als das wirkliche Wesen der ultimativen Realität bezeichnen.«[2]

Als gefeierter Rechtswissenschaftler in einem unabhängigen Indien, vertrat Pal die Ansicht, dass es im Rahmen des Völkerrechts keine echte internationale Gemeinschaft gebe, da die schwächeren Staaten riskierten, von skrupellosen Großmächten ausgebeutet zu werden.[3] In den ersten Jahren des Kalten Krieges wurde seine Kritik am westlichen Imperialismus und den Vereinigten Staaten immer heftiger. In den prestigeträchtigen Tagore Law Lectures, die er 1951 an der Universität Kalkutta hielt, brachte er sein Entsetzen über die Anstrengungen der Franzosen und Niederländer, ihre

Kolonialherrschaft in Indochina und Indonesien mit militärischer Gewalt wiederherzustellen, deutlich zum Ausdruck und verurteilte die Briten, weil sie Soldaten schickten, um den Niederländern bei der erneuten Unterwerfung Javas zu helfen.[4] Als sich die Indonesier hilfesuchend an Harry S. Truman wandten, forderte Washington, wie Pal berichtete, »die Briten sofort auf, *die amerikanischen Insignien* und die Abkürzung ›USA‹ doch bitteschön von ihrem Kriegsgerät zu entfernen. Nur leider war diese *mutige Tat* im Geist der Atlantik-Charta nicht geeignet, den Krieg auf Java zu beenden!« Die Nachkriegswelt, verkündete Pal, sei offenbar fast dieselbe wie die vor dem Zweiten Weltkrieg: Ein unterworfenes Volk bekam nur dann seine Freiheit, wenn es stark genug war, dafür zu kämpfen.[5]

Als der Koreakrieg ausbrach, machte Pal die Vereinigten Staaten dafür verantwortlich. Unter japanischer Herrschaft habe Korea als Einheit funktioniert, nun aber sei es zweigeteilt und gelähmt. »Ich weiß nicht, ob sich nach alledem wenigstens das traditionelle Bild des Amerikaners in Asien als ›wohlmeinender Plünderer‹ noch halten lässt«, erklärte er. »Ich weiß nicht, wie der Mythos entstehen konnte, die amerikanische Rolle in Asien sei von ›selbstlosem Wohlwollen‹ geprägt.« Obwohl er MacArthur früher gelobt und ihm kurz zuvor in seinem Brief noch für seine Freundlichkeit gedankt hatte, kritisierte er ihn nun öffentlich: »M[a]cArthur wollte Krieg.«[6]

Sein realpolitisch geprägter Skeptizismus, was die Moral internationaler Beziehung betraf, der in vieler Hinsicht dem Denken George F. Kennans glich, wurde immer stärker. »Ich kann mir nichts vorstellen, das grausamer und krimineller wäre als der Einsatz der Atombombe«, schrieb er. »Doch die Verantwortlichen für diese Gräueltat sind immer noch ungestraft und standen nie vor Gericht – nur weil sie zu den siegreichen Nationen gehören. So funktioniert das Recht im internationalen Leben, selbst wenn es als solches anerkannt ist!«[7]

Seine Überzeugungen konnten ihn auf finstere Abwege führen. In seinen Vorlesungen an der Universität Kalkutta äußerte er sich genauso skeptisch über den Nürnberger Prozess, wie er es in Bezug auf den Tokioter gewesen war. Sechs Jahre, nachdem die Wochenschauen weltweit die Realitäten der nationalsozialistischen Todeslager gezeigt hatten, bezweifelte er schockierenderweise den Holocaust, ähnlich wie er die Faktizität des Massakers von Nanjing in Frage gestellt hatte. Nachdem er über einige der Gräueltaten gegen die Juden berichtet hatte, warnte er seine Zuhörer vor den Gefahren der alliierten Kriegspropaganda. Die Nürnberger Beweisführung über Auschwitz und die Ermordung von sechs Millionen Juden, so sagte er, »erinnert mich an die im Ersten Weltkrieg in Umlauf gebrachte Geschichte über die Nutzung von Leichen durch die Deutschen. Das Gerücht wird für immer als klassische Lüge der Kriegspropaganda in die Geschichte eingehen.« Mit einem wörtlichen Zitat aus seinem Sondervotum im Tokioter Prozess, das die Gräueltaten der Japaner bestritt, stellte er den Holocaust in Frage:

> Seit dem Ersten Weltkrieg besteht ein so starkes Bedürfnis, geschlagene Warlords vor Gericht zu stellen und abzuurteilen, dass sich im Kopf aller Personen, die ihr Interesse und ihre Energie auf eine Bestrafung dieser Personen richten, unbewusste Prozesse abspielen. Diese werden von den Betroffenen meistens nicht bewusst wahrgenommen und durch ihr Bewusstsein nur indirekt und vage beeinflusst. Das Ergebnis kann eine teilweise verzerrte Realitätswahrnehmung sein. Es besteht dann immer ein gewisser Eifer, etwas für wahr zu halten, das tendenziell unbewussten Wünschen entspricht.

Er zweifelte an der Verlässlichkeit der Aussagen von Holocaust-Überlebenden und nutzte Passagen aus seinem Sondervotum, in denen er Zeugen des Nanjing-Massakers diskreditiert hatte, um die Nürnberger Dokumentation der Ermordung der Juden in Zweifel zu ziehen: »Hoffen wir, dass diese historische Erfahrung mit Propaganda bei der Beweiswürdigung in diesen Punkten berücksichtigt wurde (…) Hoffen wir, dass die Zeugen für diese Tatsachen nicht nur deshalb überzeugend auftraten, weil sie durch die allgemeine Erregung dazu verführt wurden, leichtgläubig und doch überzeugend das zu behaupten, was letztlich eine Interpretation von Wahrscheinlichkeiten und Möglichkeiten war.«[8]

Pal wurde 1952 in die Völkerrechtskommission der Vereinten Nationen aufgenommen, deren Vorsitzender er schließlich wurde. In dieser Eigenschaft drängte er darauf, das Völkerrecht den »grundlegenden menschlichen Bedürfnissen« der kurz zuvor unabhängig gewordenen postkolonialen Völker anzupassen.[9] Außerdem kandidierte er, noch nicht ganz bereit für den Ruhestand, 1953 als Vertreter Südost-Kalkuttas für einen Sitz im indischen Parlament. (Ironischerweise war der Sitz durch den Tod seines alten Widersachers an der Universität Kalkutta, des hindunationalistischen Heißsporns Syama Prasad Mukherjee, frei geworden.) Mit seinem großen öffentlichen Ansehen hätte Pal vermutlich als Unabhängiger kandidieren sollen, aber die Kongresspartei stellte ihn als ihren Kandidaten auf, obwohl ihm Jawaharlal Nehru skeptisch gegenüberstand. Dies ermöglichte es den lokalen Kommunisten, eine Kampagne gegen die Kongresspartei zu führen und Pal vorzuwerfen, er habe durch seine Mitgliedschaft in der Partei seine

Überzeugungen verraten. »Die Kongresspartei ist daran schuld, wenn Dr. Pal die Wahl verliert«, schrieb die einflussreiche Bombayer (heute: Mumbaier) Zeitschrift *Economic Weekly*. Und tatsächlich wurde Pal nach einem lustlosen Wahlkampf vom kommunistischen Kandidaten, dem blinden Anwalt und Fanatiker Sadhan Chandra Gupta, der eine lange Karriere als einer der führenden indischen Linken vor sich hatte, vernichtend geschlagen.[10] »Er verlor die Wahl, weil er überhaupt keinen Wahlkampf machte«, erinnert sich sein Sohn Pratip Bijoy Pal mit nachsichtiger Verzweiflung. »Er hat keine einzige Rede gehalten.«

Big in Japan

Im eigenen Land gescheitert und von Nehrus Regierung ignoriert, wandte sich Pal wieder Japan zu. »Er entwickelte eine Liebe zu Japan«, sagt Satyabrata Pal. »Er hegte eine tiefe Bewunderung für diese Menschen.«

Sein eifrigster Förderer in Japan war Tanaka Masaaki, ein leidenschaftlicher Bewunderer des Generals Matsui Iwane, den Pals Kollegen wegen des Nanjing-Massakers zum Tod durch den Strang verurteilt hatten. Tanaka, ein fleißiger Leugner japanischer Gräueltaten, schrieb später ein fehlerhaftes Buch mit dem Titel *What Really Happened in Nanking*.[11] Er hatte Matsui Iwanes Kriegstagebuch herausgegeben, und es, wie sich herausstellte, verfälscht, indem er mehrere Hundert Änderungen vorgenommen hatte.[12] Auch äußerte er einmal die Vermutung, dass Chinesen Spaß an sexuellen Übergriffen hätten, wohingegen Japaner »solche Handlungen nie ergötzlich fanden«.[13]

Tanaka behauptet, er habe von Tojo Hidekis Verteidiger Kiyose Ichiro ein Exemplar von Pals Sondervotum erhalten. Wegen der Zensur des Allgemeinen Hauptquartiers hatten die japanischen Zeitungen nur eine kurze Meldung über das Sondervotum gebracht. »Ich war wie besessen«, schrieb Tanaka. »Ich wollte unbedingt Richter Pals Sondervotum beschaffen und veröffentlichen, um die Japaner aufzuwecken, die nach dem Krieg beinahe unter ihren Schuldgefühlen zusammenbrachen.« Er schrieb an Pal und bat ihn um Erlaubnis, das Votum zu veröffentlichen, und der indische Jurist stimmte seiner eigenen Aussage nach mit der Begründung zu, eine richterliche Meinung sei ein öffentliches Dokument, ermahnte ihn jedoch, den Text nicht absichtlich zu verändern.

Tanaka bereitete eine mit seinem eigenen Kommentar versehene Teilausgabe des Sondervotums vor, und ließ das Buch heimlich drucken, damit es am 28. April 1952, als mit Inkrafttreten des Vertrags von San Francisco die alliierte Besatzung endete, sofort in die Buchläden kam. Es wurde mit dem Titel *Japan ist unschuldig* veröffentlicht, ein Titel, der auf eine viel weitgehendere Entlastung hindeutete, als Pals komplexes Sondervotum tatsächlich hergab.[14] Das Buch erschien parallel zu einer weiteren verdichteten Fassung des Sondervotums eines anderen japanischen Autors mit dem ebenfalls irreführenden Titel *Widerlegung der Geschichte des Krieges: Japan war unschuldig*.[15] Wie Tanaka später prahlte, löste sein Buch »eine sensationelle Reaktion der Öffentlichkeit aus und wurde ein Bestseller«. Pal nahm für das Werk keinerlei Tantiemen an mit der Begründung, sein Sondervotum sei ein öffentliches Dokument.[16] Er zog die Aufmerksamkeit des alten nationalistischen Verlegers Shimonaka Yasaburo auf sich, der im Tokioter Prozess für die Verteidigung über Matsuis Liebe zu China ausgesagt hatte. Laut Tanaka lud Shimonaka Pal nach Japan ein und finanzierte und organisierte einen einmonatigen Besuch.[17]

Pal hatte zweifellos Bedenken, sich von den japanischen Extremisten instrumentalisieren zu lassen. Er beschwerte sich, dass nur eine Teilversion seines Sondervotums veröffentlicht worden war, und drängte darauf, dass der Rest auch noch publiziert wurde.[18] Die Reise sagte er zunächst ab, weil ihm ein berühmter Japaner schrieb, er solle keine Schwierigkeiten mit den Amerikanern verursachen, und er, wie er sagte, nicht einem einzigen Japaner unwillkommen sein wollte. Am Ende jedoch beschloss er doch, die Sache durchzuziehen.[19]

Fast vier Jahre nach dem Tokioter Urteil kehrte er für eine beeindruckende Rundreise im Oktober und November 1952 in das souveräne Japan zurück.[20] Der silberhaarige, gut aussehende Sechsundsechzigjährige, makellos gekleidet in Übergangsjacke oder Dreiteiler, war hocherfreut, wieder in Japan zu sein. Bei seiner Ankunft auf dem Flughafen in Tokio sagte er Reportern, sein Urteil habe einigen »Staub aufgewirbelt«, aber er habe seine Meinung nicht geändert: »Ich bin der festen Überzeugung, dass heute die ganze Welt so denkt, wie ich damals dachte.«[21] Er verurteilte die »inhumanen Schläge, die Hiroshima und Nagasaki versetzt wurden«, und sagte, er sei »ein großer Bewunderer des japanischen Nationalcharakters. Japan ist eine wirklich vertrauenswürdige Nation.« Er pries die japanische Loyalität, Würde und Widerstandskraft: »Selbst die Niederlage konnte die Japaner ihrer Moral nicht berauben.«[22]

Auf einer unbefangenen Pressekonferenz im Imperial Hotel in Tokio, bekannte er sich zu einer Standarderklärung der japanischen Imperialisten für den Krieg: »Es lässt sich nicht bestreiten, dass Japan damit unrecht hatte, einen Krieg zu provozieren, aber wir müssen immerhin anerkennen, dass es mit seiner stetig wachsenden Bevölkerung ein Problem hatte.«[23] Er verurteilte den Friedensvertrag von San Francisco als »unnötig hart« und bedauerte, dass viele Japaner einen Vertrag für großzügig hielten, den man ihnen aufgezwungen hatte. (Nehru hatte sich geweigert, den Vertrag zu unterzeichnen – ein Zeichen für die Distanz, die Indien im Kalten Krieg zu den Vereinigten Staaten hielt.)[24] In einem unberechtigten Krieg, sagte Pal, seien alle Soldaten, die in ihm kämpften, Kriminelle. Das war ein überflüssiger Bezug auf die allgemeinen Mordvorwürfe, die in der Endfassung des Tokioter Urteils keine Rolle mehr gespielt hatten. Sowohl der Tokioer als auch der Nürnberger Gerichtshof seien freilich »verwirrt« über die Frage gewesen, ob ein Krieg gerecht sei und wer darüber entschied. Japan, sagte er, solle MacArthurs Entscheidungen aufheben, die japanischen Kriegsverbrecher unter der eigenen Souveränität vor Gericht stellen und sie freilassen.[25]

Als Pal wegen seiner scharfen Pressekonferenz kritisiert wurde, sagte er, er habe nicht seine Richterkollegen, sondern das Tribunal selbst kritisieren wollen. Durch den Krieg sei die Wahrheit verloren gegangen. Er behauptete, vor dem Krieg habe Japan versucht, seine wachsende Bevölkerung mit friedlichen Mitteln zu ernähren, und es habe erst dann »andere Maßnahmen« ergriffen, als es durch eine monopolistische amerikanische und britische Weltwirtschaftsordnung blockiert worden sei, die die Entwicklungsländer ausgeschlossen habe. Er sagte, die Alliierten hätten eine Kommission zur Prüfung der japanischen Beschwerden gründen sollen: »Die Alliierten hätten das Militärtribunal für den Fernen Osten nicht einberufen sollen. Und weil sie es dennoch taten, verloren sie eine Chance auf Frieden.«[26]

Einen Monat lang hielt er in zahlreichen Städten des Landes ähnlich freimütige Vorträge. Er trank mit dem japanischen Außenminister Tee in dessen Amtssitz,[27] hielt an der berühmten Universität von Tokio einen Vortrag vor 500 Studenten und riet Japan, auf eine Wiederbewaffnung zu verzichten und sich lieber an Mahatma Gandhis gewaltfreiem Widerstand gegen den britischen Kolonialismus zu orientieren. Da in dem neuen Atomzeitalter das Risiko eines verheerenden Dritten Weltkriegs bestehe, sei es besser, wenn Japan entmilitarisiert bleibe und im Kalten Krieg nicht Partei ergreife.[28] Er sagte außerdem, die alte japanische Führung habe die Verteidigung ihres Landes gestärkt, aber der Westen habe dies als Aggression aufgefasst, und unterstützte damit wenigsten teilweise die Behauptung, dass Japan einen Verteidigungskrieg geführt habe. Er warnte, »dass das Licht des Westens uns alle führt«, aber »eines Tages ein Brand werden könnte«.[29]

An einem indisch geprägten buddhistischen Schrein in Tokio betete er für die Seele seiner verstorbenen Frau und faltete andächtig die Hände.[30] An diesem Gedenkgottesdienst nahm auch Togo Shigenoris Witwe Edith Togo teil.[31]

Noch radikalere Ansichten vertrat Pal, wenn keine Journalisten in der Nähe waren. Dann bezeichnete er sein Sondervotum bewusst als Urteil, eine Überhöhung, die in Japan heute Standard geworden ist. In einem Vortrag vor einer geschlossenen Gesellschaft in der Tokioter Anwaltskammer, bei dem auch der Vorsitzende Richter des japanischen Obersten Gerichtshofs anwesend war, vertrat Pal die Ansicht, das von den »Siegern des Krieges« aufgezwungene Statut des Tokioter Gerichtshofs habe gegen das Völkerrecht verstoßen. Unter dem Beifall seiner Zuhörer ermunterte er das gerade wieder souverän gewordene Japan, seine eigenen Entscheidungen zu treffen, was die Entlassung von Kriegsverbrechern aus dem Sugamo-Gefängnis betraf. Als ihn ein Überlebender der Atombombenangriffe fragte, ob es nicht ein Verbrechen sei, unschuldigen Zivilisten Schaden zuzufügen, antwortete Pal, dass Atombomben trotz der hochtrabenden Erklärungen für ihren Einsatz nur barbarische Zerstörung bedeuteten. Und er sagte, »es ist völlig undenkbar durch eine Wasserstoffbombe oder eine Atombombe Frieden zu schaffen«.[32]

Während des größten Teils seiner Tour instrumentalisierte ihn die extreme Rechte. Er machte, organisiert von Shimonaka und Tanaka, eine Art Lesereise, auf der er für das kurz zuvor veröffentlichte Sondervotum Werbung machte. Zu seinem Empfangskomitee in Japan gehörte auch Kiyose Ichiro, der Verteidiger von Tojo Hideki.[33] Im gediegenen schwarzen Anzug besuchte Pal den Yasukuni-Schrein, wo er für die japanischen Kriegstoten betete.[34] Auch legte er Blumen auf das Grab von Rash Behari Bose, dem bengalischen Revolutionär, der die japanische Großasienvereinigung mitgegründet hatte.[35]

Bei seiner Ankunft in Japan hatte er angekündigt, dass er die Familien der Kriegsverbrecher der Klasse A besuchen wollte. Einige seiner japanischen Freunde hatten ihn gewarnt, dass dies von rechtsextremen politischen Parteien ausgenutzt werden und ihn in Schwierigkeiten bringen könne. Doch er hatte geantwortet, er habe sein Sondervotum nicht geschrieben, um sich beim japanischen Volk beliebt zu machen, und hatte beschlossen, sein Vorhaben durchzuführen, selbst wenn es die Japaner beleidigte.[36]

Er besuchte Tojo Hidekis Familie in ihrem Haus in Tokio.[37] Aber am aufregendsten waren die Begegnungen mit den Männern, die als Angeklagte vor seiner Richterbank gesessen hatten und noch lebten. Der Erste war Okawa Shumei, der militante Putschist und Propagandist, den man für verrückt erklärt hatte, weil er Tojo Hideki auf den Kopf geschlagen hatte. Shumei besuchte Pal im Imperial Hotel. Bei dem einstündigen freundlichen Gespräch zitierte der indische Jurist den bengalischen Weisen Rabindranath Tagore, um die Japaner dazu zu bewegen, wieder ein einfaches spirituelles Leben zu führen. Statt sich an Europa und den Vereinigten Staaten zu orientieren, sollten sie sich seiner Ansicht nach damit auseinandersetzen, wie Indien 200 Jahre britischer Unterdrückung überlebt hatte. Nach dem Gespräch sagte Okawa, Pal sei »ein Mann von großer Integrität«.[38]

In einem weiteren Gespräch im Imperial Hotel diskutierte Pal mit Shigemitsu Mamoru, der inzwischen begnadigt war und die Reformpartei führte. Er versicherte dem einzigen Richter, der »auf Japans Unschuld plädiert hatte«, seinen »tiefsten Dank und Respekt«. Als der frühere Außenminister auf weitere Anstrengungen für die Freilassung der noch inhaftierten Kriegsverbrecher drängte, antwortete Pal: »Die noch in Sugamo inhaftierten Kriegsverbrecher sollten nach der Wiederherstellung von Japans Souveränität baldmöglichst freigelassen werden, eine gerechte Sache, für die ich mein Möglichstes tun werde.«[39]

Immer noch voller Abscheu wegen der Atombombenabwürfe, reiste Pal Anfang November nach Hiroshima zum Asia Congress for World Federation, der für eine Weltregierung eintrat.[40] Er betete schweigend am neuen Kenotaph für die Opfer der Atombombe mit der Inschrift: »Ruhet in Frieden, denn wir werden den Fehler nicht wiederholen.« Als er die Inschrift las, stellte er die Frage, welchen Fehler die Japaner nicht zu wiederholen versprachen. Er sagte, er teile die Ansicht, dass die Seelen der Opfer durch eine Wiederbewaffnung Japans geschändet würden. Doch er war zornig, dass die amerikanische Verantwortung keine Erwähnung fand. Hier an diesem Schrein, meinte er, seien die Seelen der Atombombenopfer versammelt, und es sei klar, dass es nicht die Japaner waren, die die Atombombe eingesetzt haben. Er erklärte, die Hände derjenigen, die die Bombe abgeworfen hätten, müssten immer noch gereinigt werden.[41]

Er sprach in einer Grundschule in der Nähe des industriellen Kuppelbaus, der als einziger in der Nähe des direkten Explosionsorts stehen blieb und heute das berühmte Friedensdenkmal von Hiroshima ist. Dort erklärte er, dass »die bewaffneten Experimente großer Mächte elend gescheitert sind und die Welt einen neuen Versuch für den Weltfrieden beginnen muss«. Er bekam lauten Beifall, als er sein »tiefes Mitgefühl« für das Leid der Japaner während und nach dem Krieg zum Ausdruck brachte.[42] Der Westen sei dafür verantwortlich, dass die nationalistischen Konflikte in Asien nicht gelöst worden seien. Kurz nachdem eine Gruppe von Atombombenopfern der schweigenden Menge ihre vernarbten Gesichter gezeigt hatte, donnerte der indische Richter: »Mit welchen Ausreden wurden Hiroshima und Nagasaki damals bombardiert? Warum mussten sie bombardiert werden?«[43]

Er fragte, warum die Vereinigten Staaten die Atombomben noch abgeworfen hätten, nachdem Japan über die Sowjetunion bereits ein Friedensangebot gemacht hatte. Über die Alliierten, sagte er, sie hätten erkennen müssen, dass Japan bereits geschlagen gewesen sei, und beschuldigte sie, die Atombomben als Experiment gegen Japan eingesetzt zu haben. »Ich habe von dem Land, das die Bomben abgeworfen hat, verschiedene Ausreden, aber noch kein echtes Geständnis vernommen«, sagte er. Dann verschärfte er seinen Vorwurf noch zusätzlich, indem er sagte, der Kern der für den Einsatz der Bomben verantwortlichen Haltung sei Rassismus gewesen. Das Problem des Rassismus sei grundlegend und tief verwurzelt, betonte er und verwies auf die Ablehnung des japanischen Vorschlags zur Rassengleichheit 1919 für den sich gründenden Völkerbund und auf die Apartheid in Südafrika.[44]

Am folgenden Tag hielt er eine weitere Rede von 50 Minuten, in der er vor der Aggression des Westens gegen Asien warnte. Auch dieses Mal kam eine Gruppe von Mädchen aus Hiroshima mit schrecklichen Narben von der Atomexplosion auf die Bühne und verlas eine Friedensbotschaft.[45]

Sechs Stunden, bevor Pal am 11. November vom Flughafen Haneda aus seinen Rückflug antrat, machte er seine aufsehenerregendste Geste, indem er verurteilte Kriegsverbrecher im Sugamo-Gefängnis besuchte. Er machte einen Rundgang zu den verschiedenen Zellen und in der Krankenabteilung und gab er den Männern hinter Gittern die Hand. Die Begegnungen seien »tief bewegend« gewesen, berichtete die *Mainichi Shimbun.* Pal begrüßte die Gefangenen respektvoll mit zusammengepressten Handflächen und bekam dafür Beifall. Er verbrachte etwa 40 Minuten mit den zwölf verbliebenen Kriegsverbrechern der Klasse A. Unter ihnen Marquis Kido Koichi; Kaya Okinori, der Finanzminister, der sich gegen den Angriff auf Pearl Harbor ausgesprochen hatte; Feldmarschall Hata Shunroku, der die japanischen Streitkräfte in China in blutigen Schlachten befehligt hatte; General Araki Sadao, einen Hardliner, der die geheime biologische Kriegführung von Einheit 731 unterstützt hatte; und Generalleutnant Oshima Hiroshi, den NS-freundlichen Botschafter in Berlin und lebenslangen Bewunderer Adolf Hitlers.[46] Pal besuchte auch 30 Kriegsverbrecher der Klasse B, die wegen Kriegsverbrechen und Verbrechen gegen die Menschlichkeit verurteilt worden waren, und sagte, er werde sich »weiterhin für ihre Freilassung einsetzen«. Noch viele weitere Gefangene hätten gern mit ihm sprechen wollen, deshalb erlaubte man 300 Gefangenen, ihm zum Abschied zu winken.[47]

Da viele dieser Begegnungen unter Ausschluss der Presse stattfanden, konnte der Aktivist Tanaka Masaaki seine eigene Version der Ereignisse verkünden. Aber seine Geschichten sind aufgrund seiner Vorgeschichte nicht vertrauenswürdig. Sie handeln eher von der Phantasiefigur Pal, die sich die japanischen Rechtsextremen wünschten, als von dem wirklichen Menschen. In den Berichten der etablierten japanischen Presse erscheinen Pals Reden wesentlich weniger aufrührerisch als bei Tanaka. Seine Versionen von Pals Aussagen sind manchmal sogar widersprüchlich. (Pal arbeitete dennoch weiter mit ihm zusammen, was vermuten lässt, dass er dessen Aussagen so subtil übertrieb, dass es nicht sofort auffiel oder vielleicht auch nur in der Übersetzung zum Ausdruck kam.) In einem 1963 publizierten Bestseller über den Richter verfälschte Tanaka dessen Sondervotum, indem er seine Verurteilung der japanischen Kriegsverbrechen wegließ.[48] In einem Buch von 1995 behauptete er, Pal habe zu japanischen Reportern gesagt, sie hätten ein »masochistisches Geschichtsbild«, ein markanter Standardausdruck der japanischen Nationalisten, der Pal kaum über die Lippen gekommen sein dürfte. Tanaka behauptet außerdem, der Richter habe zu ihm gesagt, die Auswirkungen des Tokioter Prozesses seien schlimmer als die der Atombomben – ein Zitat das mit Pals tiefem Entsetzen über die atomare Verwüstung überhaupt nicht in Einklang zu bringen ist.[49]

Pal war bis in seine letzten Lebensjahre voller Empörung über den Rassismus des Westens. In einem Vortrag, in dem 1959 in Kalkutta für die Abschaffung militärischer Gewalt plädierte, sprach er folgende Warnung aus: »Die Möglichkeit, dass der nichtweiße Mann der Vorherrschaft des weißen Mannes ein Ende bereiten und vielleicht sogar selbst die Vorherrschaft erringen könnte, plagt den Geist der Weißen wie ein Albtraum.«[50] Und in einer thematisch breit gefächerten Rede 1961 in Genf beklagte er, dass eine Milliarde Asiaten zu »entwürdigender Armut und primitiver Rückständigkeit« verurteilt sei, weil der Westen den Reichtum des Ostens plündere.[51] In einem 1963 in Kalkutta gehaltenen Vortrag über die Allgemeine Erklärung der Menschenrechte pries er die dort eingegangene Verpflichtung, die rassische Gleichheit vor der »gefährlichen Waffe« des von ihm so genannten »Rassegefühls« zu schützen. Er wiederholte die schon in seinem Sondervotum enthaltene Geschichte, wie die japanischen Delegierten versucht hatten, das Prinzip der rassischen Gleichheit beim Völkerbund zu verankern, aber vom British Empire daran gehindert worden waren; und zitierte sogar noch einmal die Stelle, an der er William M. Hughes als »Verfechter der weißen Vorherrschaft« bezeichnet hatte.[52]

Mit achtzig machte der gesundheitlich angeschlagene Pal im Oktober 1966 seine letzte Reise nach Japan, um für eine Neuveröffentlichung seines Sondervotums zu werben. Inzwischen waren die Konservativen in Japan so lange an der Macht, dass es nicht mehr schockierend war, wenn japanische Kritiker den Tokioter Prozess als ein Werkzeug bezeichneten, mit der die Amerikaner die Japaner einer Gehirnwäsche unterzogen hätten.[53] Auf dieser letzten Reise war Pal so eng mit der mächtigen japanischen Rechten verbunden, dass ihn der frühere mutmaßliche Kriegsverbrecher der Klasse A Kishi Nobusuke beherbergte. Die Amerikaner hatten Kishi ohne Prozess aus dem Sugamo-Gefängnis entlassen, und er war später Außenminister und Premierminister geworden. Pals zweiter Gastgeber war Kiyose Ichiro, der Verteidiger Tojo Hidekis, der später Präsident des japanischen Unterhauses geworden war.[54] Pal und Kishi Nobusuke waren laut Pals Enkelkindern Satyabrata Pal und Ruby Pal Freunde geworden.

Auf dem Flughafen Haneda kam Pal langsam die Gangway herunter. Er hatte immer noch sein volles, inzwischen graues Haar, und trug immer noch dieselben edlen Anzüge, doch sein Gesicht war vom Alter gezeichnet. Er schüttelte Kiyose und anderen Verteidigern aus dem Tokioter Prozess kräftig die Hand und sagte, er sei sehr glücklich, Japan vor seinem Tod noch einmal zu sehen. »Für den Ausbruch des Krieges war kein einzelnes Land verantwortlich« verkündete er. »Alle Länder, die an dem Krieg teilnahmen, sind mit für ihn verantwortlich. Alle anderen Richter haben Japan schuldig gesprochen, nur ich nicht. Ich glaube immer noch, dass meine Meinung für die Wahrheit steht.«[55]

Er wurde begeistert willkommen geheißen und das insbesondere von den Nationalisten, die ihn als authentische asiatische Stimme feierten, die auch das Japan der Kriegszeit zu schätzen wusste. Der Chefkabinettssekretär verlieh ihm den Großen Orden des Heiligen Schatzes am Band, und der Vizegouverneur von Tokio überreichte ihm den Schlüssel der Stadt.[56] Ein Juraprofessor schrieb in der konservativen Zeitung *Yomiuri Shimbun*, »die indische Nation kam zu dem Schluss, dass es keine bessere Person als Dr. Pal gab, um die asiatischen Völker zu vertreten und gegen den unmittelbar bevorstehenden Angriff der siegreichen westlichen Nationen auf das geschlagene Japan Widerstand zu leisten«. Er wusste offenbar nicht, dass Pal von den Briten ernannt worden war.[57] Ein anderer Journalist von *Yomiuri Shimbun* lobte Pals »Gerechtigkeitsgefühl und seinen Mut, als Rechtsgelehrter, der für den Frieden arbeitet«.[58] Auch die liberale *Asahi Shimbun* lobte Pal für seine scharfe Kritik an den Atombombenabwürfen und als Anhänger Gandhis.[59]

Als er zum letzten Mal im Imperial Hotel weilte, wohin ihn Kishi and Kiyose zum Mittagessen eingeladen hatten, bekam er plötzlich heftige Bauchschmerzen. Danach hielt er sich während der ganzen Zeremonie den Bauch, als ihm die Nihon-Universität einen Ehrendoktor verlieh. Kurz darauf sollte er auf einer Veranstaltung von *Yomiuri Shimbun* im Zentrum von Tokio eine große Rede mit dem Titel »Der Weltfrieden und das Völkerrecht: eine Betrachtung des Pazifikkriegs« halten. Kiyose stellte ihn dem mehrere Hundert Personen umfassenden Publikum vor, doch Pal war so krank, dass er nicht auf die Bühne kam. Die Zuhörer warteten geduldig mehr als eineinhalb Stunden, bis der Richter doch noch unerwartet hinten in der Halle erschien. Im schwarzen Anzug und gestützt von zwei Helfern schritt er, die Hände wie im Gebet vor die Brust gepresst, durch den Gang nach vorn. Auf der Bühne verbeugte er sich tief vor dem andächtigen Publikum, war aber nicht in der Lage zu sprechen. Später sagte er, er sei nicht von der Krankheit, sondern von seinen Gefühlen überwältigt gewesen. Er weinte, und viele in der Menge weinten auch. Nach einem langen Moment des Schweigens umarmte ihn Kiyose, und sagte dem Publikum, dass Pal Ruhe brauche. Als er den Saal verließ, bekam er donnernden Applaus und einige Anwesende beteten, während andere ihn zum Wagen begleiteten. »Sein Schweigen hatte die Herzen der Menschen weit mehr bewegt, als es eine wortgewaltige Rede hätte tun können«, berichtete *Yomiuri Shimbun*.[60]

Er musste seine geplanten Besuche in Hiroshima und Nagasaki absagen.[61] Irgendwann schrieb er »ich liebe Japan« auf eine Fotografie, wie sich seine Enkelin Ruby Pal erinnert. Auf einem von Shimonaka und anderen veranstalteten Abschiedsempfang in Tokio sagte er mit zusammengepressten Händen, er habe bei seinen Besuchen immer »eine große Zuneigung für das japanische Volk gefühlt«. Sein Arzt habe ihn vor der Reise gewarnt, aber »ich dachte, wenn ich in der Zuneigung des japanischen Volkes sterbe, kann ich in Frieden gehen«. Beim Tokioter Prozess habe »es die Tendenz gegeben, Beweise zu unterschlagen, die Japan entlastet hätten, und stattdessen solche zu präsentieren, die ihm zum Nachteil gereichten. Es ist mein einziger Wunsch, dass die Japaner auf ihre eigene Art zueinanderfinden und sich, ohne einem Schuldgefühl zu erliegen, zum Wohl der Welt erheben. Die ganze Welt schaut zu.«[62]

Nach seinem Tod im Jahr 1967 wurde Pal in Indien weitgehend vergessen, aber in Japan wird er vergöttert. »Solange mein Großvater lebte, kamen alle japanischen Premierminister, die Indien besuchten, nach Kalkutta, um ihn zu sehen«, behauptet Satyabrata Pal.

Im Jahr 1974 wurden Pal und sein japanischer Förderer durch die Pal-Shimonaka-Gedenkhalle in Hakone geehrt, in der viele seiner Hinterlassenschaften aufbewahrt werden. Der japanische Premierminister Miki Takeo bezeichnete Pal in den siebziger Jahren als »die Personifikation und den unerschrockenen Verfechter der Sache des Rechts, der das Kardinalprinzip der Gerechtigkeit und des Friedens vorlebte, weder unterwürfig gegenüber dem Sieger noch verächtlich gegenüber dem Besiegten«.[63] Wie Pals Enkelin Ruby Pal berichtet, reisten 1997 einige seiner Kinder nach Kyoto, wo in einem Schrein ein Denkmal für Pal eingeweiht wurde.

Auch dem Gelände des Yasukuni-Kriegsschreins in Tokio, der schon lange zuvor eine wichtige Gedenkstätte für rechtsgerichtete Nationalisten geworden war, wurde ebenfalls ein hübsches Denkmal für Pal errichtet. Bei seiner Enthüllung bediente sich der Oberpriester der Sprache der Rechtsnationalisten: »Es ist mein ernster Wunsch, dass das Abgleiten in den Masochismus ein Ende hat.«[64] Seit 1959 wurden im Yasukuni-Schrein beinahe 1000 tote Kriegsverbrecher der Klassen B und C eingeschrieben; im Jahr 1978 kamen noch 14 Kriegsverbrecher der Klasse A hinzu, auch Tojo Hideki und die sechs anderen gehängten sowie die an natürlichen Ursachen in der Haft verstorbenen. Der Monolith für Pal hat ihm einen

Abb. 37 *Japaner erweisen Radhabinod Pal vor seinem Denkmal im Yasukuni-Schrein die Ehre, 15. August 2015.*

festen Platz in dem Pantheon der Rechten verschafft. Er befindet sich in erstklassiger Lage in der Nähe der Statue eines Kamikaze-Piloten und des tendenziösen Museums Yushukan fußläufig vom Denkmal der *Kempeitai*. Der Monolith zeigt Pal in der Richterrobe mit streng gekreuzten Armen und ist mit den letzten Zeilen seines Sondervotums geschmückt, die fälschlich ihm statt (dem Präsidenten der Südstaaten im amerikanischen Bürgerkrieg) Jefferson F. Davis zugeschrieben sind. Bewunderer legen an seinem Denkmal Blumen nieder.

Im August 2007 besuchte Abe Shinzo, Japans tabubrechender rechtsgerichteter Premierminister – und Enkel von Kishi Nobusuke – im Rahmen einer konzertierten Aktion zum Aufbau von Bündnissen mit anderen Demokratien Asiens Indien.[65] Dort machte er einen umstrittenen Abstecher nach Kolkata (früher Kalkutta), wo er mit einem von Pals alt gewordenen Söhnen zusammentraf. Und er absolvierte noch einen weiteren Besuch, der große Empörung auslöste. Er ging in ein dem Rebellen Subhas Chandra Bose gewidmetes Museum, wo ein Foto hängt, auf dem Bose in Berlin Hitler die Hand schüttelt. »Viele Japaner waren tief bewegt von willensstarken und tatkräftigen Männern wie Subhas Chandra Bose, die für die indische Unabhängigkeit kämpften«, betonte der japanische Premier. »Selbst heute noch verehren viele Japaner Radhabinod Pal.«[66] In Neu-Delhi sagte Abe vor dem indischen Parlament: »Richter Pal ist selbst heute noch bei vielen Japanern hochangesehen für den edlen Mut, den er beim Internationalen Militärtribunal für den Fernen Osten bewiesen hat.«[67] Südkoreas größte Zeitung *Chosun Ilbo* war über Abe empört: »Er reist den ganzen Weg nach Indien, um die Nachkommen eines Richters zu umarmen, den japanische Militaristen als Held verehren, weil er die Unschuld von Kriegsverbrechern der Klasse A behauptet hat.«[68]

Als Kaiser Akihito 2013 den indischen Präsidenten Pranab Mukherjee in Neu-Delhi besuchte, sprach dieser anerkennend von Pal, eine Geste, die beim pazifistischen Kaiser womöglich gar nicht gut ankam.[69] In einer Miniserie der japanischen Fernsehgesellschaft *Nippon Hoso Kyokai* über den Tokioter Prozess, wird Pal von dem weltberühmten Bollywood-Star Irrfan Khan gespielt.

Führende indische Politiker erwähnen Pal routinemäßig, wenn sie Japan besuchen, und dasselbe gilt auch für das indische Außenministerium und sogar für die Marine. Der indische Premierminister Manmohan Singh lobte Pals »prinzipientreues Urteil« in einer Rede vor dem Parlament in Tokio.[70] Obwohl Pal ein leidenschaftlicher Gegner von Syama Prasad Mukherjee, einem der geistigen Väter des Hindu-Nationalismus war, wird er heute von dessen Anhängern vereinnahmt. So nannte der mächtige indische Premierminister Narendra Modi in einer Rede, die er 2019 in Japan hielt, Pal in einem Atemzug mit legendären indischen Freunden Japans wie Rabindranath Tagore und Subhas Chandra Bose.[71]

Pal ist in der japanischen Volkskultur eine feste Größe. So spielt er eine wichtige Rolle in dem schockierenden Film *Pride: The Fateful Moment (Puraido: Unmei no Shunkan)* von 1998, in dem den japanischen Nachkriegsgenerationen ein positives Bild von Tojo Hideki vermittelt wird. Der Film stellt den Tokioter Prozess als einen durch Rachsucht motivierten Schwindel dar und zeichnet Pal als gefühlvollen Menschen, der die Ansicht vertritt, dass Tojo Hideki darum kämpfte, ganz Asien vom westlichen Kolonialismus zu befreien.[72] Der prominente rechtsgerichtete Schriftsteller und Manga-Künstler Kobayashi Yoshinori zeichnete Pal in seinem polemischen Manga *Über den Krieg*, das behauptet, Japan habe einen Verteidigungs- und Befreiungskrieg geführt. »Alle Angeklagten sind nicht schuldig!«, sagt Pal in dem Manga.[73] Indem die japanische Rechte alle Widersprüche Pals unterschlug, hat sie den großen Juristen am Ende tatsächlich zu einer Karikatur reduziert: den Antikolonialisten, der dank des Britischen Weltreichs Karriere machte; den Vorkämpfer für die Asiaten, der solche Probleme mit den Chinesen hatte, dass er das Massaker von Nanjing bezweifelte; den toleranten Freund der Minderheiten, der die Faktizität des Holocaust bezweifelte; den prinzipientreuen Antirassisten, der den Rassisten Jefferson F. Davis zitierte.

Sein Enkelsohn Satyabrata Pal erinnert sich an eine würdigere Art des Gedenkens. Während seiner gesamten langen Laufbahn als indischer Diplomat und Botschafter, zeigten japanische Regierungsbeamte stets folgende doppelte Reaktion, wenn er seinen Nachnamen nannte: »›Pal? Sind Sie mit dem Richter verwandt?‹ Und unabhängig von seinem Rang trat dann jeder Japaner zwei Schritte zurück und machte eine tiefe Verbeugung. Diese Verbeugung galt nicht mir, sondern dem Richter.«

33.

Die unausweichliche Läuterung des Genossen Mei

Als Mei Ruao im November in Tokio der Verlesung des Urteils zuhörte, an dem er mitgearbeitet hatte, rückte eine Streitmacht der chinesischen Kommunisten auf die Hauptstadt Nanjing vor. Manche Bewohner flohen, entsetzt über den Vorstoß, andere begannen zu plündern und Gewalttaten zu verüben. Amerikaner und sonstige Ausländer verließen die Stadt. Die Polizei verlor die Kontrolle und viele Beamte desertierten.[1]

Der amerikanische Botschafter in Nanjing warnte, dass »ein schneller Sturz der gegenwärtigen nationalchinesischen Regierung unvermeidlich ist«. Wenn Mao Zedongs Revolutionäre die Macht ergriffen, schrieb er, »müssen wir aus einer schlechten Situation das Beste machen und aus dem Wrack retten, was noch zu retten ist«.[2] Chiang Kai-shek habe zwar geschworen, bis zum letzten Atemzug zu kämpfen, warnte der Botschafter in einem Telegramm, das direkt an Harry S. Truman überbracht wurde, tatsächlich jedoch hätten sich so gut wie alle chinesischen Regierungsbeamten und die Mehrheit der chinesischen Bevölkerung und bereits mit einem kommunistischen Sieg abgefunden. Der Botschafter plädierte dringend für eine geordnete Machtübergabe, weil er fürchtete, dass Chiang und seine Entourage überstürzt ins Exil fliehen könnten.[3]

Einige Tage später, als Sir William Webb immer noch das Urteil im Tokioter Prozess verlas, schickte Chiang eine verzweifelte Bitte um mehr Militärhilfe und mehr militärische Berater an Truman, ohne zu wissen, dass die amerikanischen Regierungsvertreter in China bereits zu dem Schluss gekommen waren, dass die Lage so ernst war, dass Chiang sie mit keinen denkbaren militärischen Maßnahmen mehr retten konnte. »Die kommunistischen Kräfte in Zentralchina sind jetzt in Schlagdistanz zu Shanghai und Nanjing«, schrieb der stürzende chinesische Machthaber. »Wenn es uns nicht gelingt, die Flut aufzuhalten, könnte China für die Sache der Demokratie verloren sein.«[4]

An dem Tag, als General Douglas MacArthur die Tokioter Urteile bestätigte, informierte der Direktor der neugegründeten CIA Truman, dass die kommunistischen Kräfte die verbliebenen nationalchinesischen Widerstandsnester bald ausgelöscht hätten, was »den nationalchinesischen Militärapparat effektiv zerstören und den Weg nach Nanjing freimachen wird«. Die einzige Frage sei, ob dies noch Wochen oder Monate dauern werde.[5] Die Regierung Truman reagierte inzwischen unüberhörbar frostig auf die verzweifelten Bitten Chiangs und seines inneren Zirkels um militärische Hilfe und politische Unterstützung.[6]

Und bei der nationalchinesischen Regierung wurde der Gedanke laut, den Kampf von Taiwan aus weiterzuführen.[7]

Mei litt unter dem Martyrium seines Landes. Während des gesamten Tokioter Prozesses war er von den Schlagzeilen über Armut, Unruhen und Bürgerkrieg in China peinlich berührt gewesen. »Wenn man im Ausland weilt«, schrieb er einmal in sein Tagebuch, »ist es besonders schmerzhaft, wenn die eigene Nation enttäuscht.«[8]

Nach dem Prozess bot Chiangs zerfallende Regierung Mei den hohen Posten des Justizministers an. Er stand vor der schmerzhaftesten politischen Entscheidung seines Lebens. Sollte er seinen nationalchinesischen Herren nach Taiwan ins Exil folgen, oder sollte er auf dem Festland bleiben und sich den Kommunisten anschließen?

Da die meisten seiner Tagebücher in der Kulturrevolution vernichtet wurden (woraus klar hervorgeht, wie er sich entschied und wie es ihm erging), ist es schwer zu sagen, aus welchen Gründen er seine Entscheidung traf.[9] Natürlich lebte seine Verwandtschaft auf dem Festland, und das Leben in Taiwan wäre ihm fremd gewesen. Der Richter, sagt sein Sohn Mei Xiaoao, hatte ein konfuzianisches Verantwortungsgefühl gegenüber seinen Eltern, und es wäre ihm nicht wohl dabei gewesen, sie zurückzulassen und nach Taiwan zu gehen. Außerdem sollte in Taiwan die folgenden 40 Jahre das Kriegsrecht herrschen. Am schlimmsten war dabei die Niederschlagung eines taiwanesischen Aufstands durch nationalchinesische Truppen vom Festland ab Februar 1947, bei dem mindestens 18 000 Menschen getötet wurden. Auch waren viele progressive Chinesen entsetzt über den ab 1949 einsetzenden »weißen Terror« gegen die einheimischen Kritiker des Regimes, bei dem, bis die repressive Ära 1992 endlich endete, mehr als tausend Personen hingerichtet und Zehntausende verhaftet wurden.[10] »Ich hörte, dass er nicht an Bord eines sinkenden Schiffes gehen wollte«, meint seine Tochter Mei Xiaokan. »Er war enttäuscht über die korrupte [nationalchinesische] KMT-Regierung.«

Wie damals viele Intellektuelle fühlte auch er sich von dem Versprechen der Kommunisten angezogen, für die Armen zu arbeiten und eine gerechtere und demokratische Gesellschaft aufzubauen.[11] »Damals waren die Kommunisten eine neue Hoffnung für die Leute«, sagt Mei Xiaokan. »Ich glaube, er dachte, sie würden aus China ein besseres Land machen.« Und sein Sohn vermutet: »Er hoffte auf die Regierung der chinesischen Kommunistischen Partei.«

Mei entschied sich für die neue Revolution. Er wich den Nationalchinesen aus und ging im Juni 1949 nach Hongkong, wo er wieder mit seiner Frau zusammenkam. Dort nahm der Vertreter der Kommunistischen Partei in Hongkong, der führende Diplomat und spätere Außenminister Qiao Guanhua, Kontakt mit ihm auf und bat ihn, für die Kommunisten zu arbeiten. Danach veranstaltete Mei Pressekonferenzen, in denen er seine Bewunderung für die Kommunistische Partei zum Ausdruck brachte. Im Dezember, kurz nachdem Mao die Volksrepublik China proklamiert hatte, fuhr Mei mit dem Schiff Richtung Beijing nach Norden.

Bei seiner Ankunft fand eine Feier statt, bei der er von niemand geringerem als Zhou Enlai, dem Premierminister und gleichzeitigen Außenminister der Volksrepublik gelobt wurde: »Wir wissen, dass er beinahe drei Jahre lang am Internationalen Militärtribunal für den Fernen Osten arbeitete und über die wichtigsten Kriegsverbrecher, die in unserem Land einmarschiert sind, harte und gerechte Urteile sprach«, so Zhou. »Er hat Großartiges für das Volk geleistet und den Ruhm unserer Nation vergrößert. Die Menschen im ganzen Land sollten ihm dankbar sein.«

Anfangs wurde Mei recht gut behandelt. Man ernannte ihn zum Berater des Außenministeriums, und später wurde er Mitglied im Volkskongress. Er zog mit seiner Familie in ein Haus mit Innenhof, wo er Lieder aus der Beijing-Oper singen, Karikaturen auf die bereiften Fenster zeichnen, Spielzeugschwerter für seinen Sohn kaufen und seiner Tochter die Volkslieder aus seiner ländlichen Heimatstadt beibringen konnte. Unter Zhou, einem Revolutionär, der die Volksrepublik mitgegründet hatte, blieb das Außenministerium von den radikalen Veränderungen in Regierung und Gesellschaft ein Stück weit unberührt.[12] Mei hatte angenehme, hochgebildete Kollegen, und alte Fachleute wie er konnten immer noch über Probleme des Völkerrechts oder der Weltpolitik forschen, was seinen akademischen Interessen entgegenkam. Er arbeitete an einem Manuskript über den Tokioter Prozess.[13]

Mei erfand sich neu und wurde ein loyaler Kommunist. Er verzichtete auf sein hart erworbenes Hochchinesisch und sein elegantes Englisch und übte sich darin, im Jargon der maoistischen Propaganda zu sprechen, den jeder erfolgreiche Kader benutzten musste. Und er revidierte, wie sein Tagebuch zeigt, auch seine politischen Ansichten.

Er hatte lange große Bewunderung für die Vereinigten Staaten gehegt. Aber nur zwei Jahre, nachdem er Tokio verlassen hatte, schrieb er in einem hasserfüllten Artikel: »Wegen der Alleinherrschaft der amerikanischen Imperialisten über Japan und ihrem Streben nach Weltherrschaft, ist nicht nur kein freies und demokratisches neues Japan entstanden, sondern das alte durch eine faschistische Terrorherrschaft gekennzeichnete Japan kehrt mit wachsender Geschwindigkeit zurück.« Obwohl Mei die amerikanische Förderung der Demokratie ursprünglich für zu großzügig gehalten hatte, tat er sie nun als rein kosmetisch ab. Die amerikanischen Imperialisten und Monopolkapitalisten, schrieb er, bauten Japan als ihre Kolonie wieder auf, um Asien anzugreifen. Er, der gegenüber dem realen MacArthur vor Ehrfurcht erstarrt war, verdammte ihn nun als »weißen Kaiser«, weil er angeblich brutal gegen die Kommunistische Partei Japans vorging, eine reaktionäre Herrschaft förderte und die *Zaibatsu* wieder an die Macht brachte. Nur in einem Punkt blieb er seinen alten Ansichten treu, als er MacArthur für die Freilassung japanischer Kriegsverbrecher kritisierte.[14] Außerdem unterstützte er einen sowjetischen Vorschlag, Kaiser Hirohito wegen biologischer Kriegführung vor Gericht zu stellen: »Nur die amerikanischen Imperialisten versuchen, Hirohito und die anderen Kriegsverbrecher zu verteidigen.«[15]

Während des Koreakriegs, als chinesische und amerikanische Truppen direkt gegeneinander kämpften, erhob Mei die unwahrscheinliche Beschuldigung, dass die Amerikaner mit Kampfflugzeugen einen bakteriologischen Krieg gegen Nordostchina führten. Er spielte damit seine Rolle in einer höchstwahrscheinlich unwahren Propagandakampagne Nordkoreas, Chinas und der Sowjetunion.[16] Im Jahr 1952 nutze Maos Regime den guten Ruf, den Mei im Tokioter Prozess erworben hatte, um die Amerikaner genozidaler Kriegsverbrechen zu beschuldigen, die schlimmer waren als die des Japanischen Kaiserreichs. So schrieb er in einem offenen Brief an seine Tokioter Richterkollegen: »Dieses Verbrechen ist schwerer als alle Gräueltaten von denen wir in Nürnberg und beim Internationalen Militärtribunal für den Fernen Osten gehört haben!« Nachdem er in staatlichem Auftrag eine Scheinuntersuchung durchgeführt hatte, bot er sich als Zeuge an, falls es je ein internationales Tribunal gegen die amerikanischen Kriegsverbrecher geben sollte. Unter Bezug auf das Nanjing-Massaker und den Todesmarsch von Bataan, erklärte er, »dass die Verwerflichkeit der biologischen Kriegführung der amerikanischen Invasoren gegen friedliche Chinesen schlimmer ist als die Gräueltaten der japanischen Kriegsverbrecher«.[17]

Trotz solcher Anstrengungen passte Mei einfach nicht in Maos neues Regime.[18] Er war letztlich doch ein bourgeoiser, Englisch sprechender, in Amerika ausgebildeter Jurist, der für die Nationalchinesen gearbeitet hatte. Man erwartete von ihm, dass er seiner Weltsicht abschwor, über die Entwicklung seines politischen Denkens Bericht erstattete, sich einer nicht enden wollenden Reihe politischer Aktivitäten anschloss und Russisch lernte. All das machte ihn gereizt und frustriert.

Das erste Mal geriet er während der Anti-Rechts-Kampagne von 1957 in Gefahr. Wie zahllose andere machte auch er den Fehler, Mao beim Wort zu nehmen, als dieser mit der Aufforderung: »Lasst hundert Blumen blühen!«, eine riskante Einladung zur Kritik an seinem Regime aussprach. Später sagte die Partei, es sei ihr gelungen, »die Schlange aus ihrem Loch zu locken«. In der Repressionswelle nach der Liberalisierung wurde mehr als eine halbe Million Menschen, darunter Intellektuelle, Künstler und Schriftsteller, plötzlich als Rechte gebrandmarkt und zur Arbeit aufs Land oder in Lager geschickt. Viele von ihnen waren, wie Mei, treue Unterstützer der Kommunistische Partei Chinas.[19]

Meis Kritik war ausgesprochen gemäßigt gewesen. Bei einem Seminar ranghoher Fachleute im Außenministerium hatte er den Erwartungen entsprochen und gesagt, die Führung durch die Kommunistische Partei stehe außer Frage und ihre Erfolge seien unübersehbar. Aber er schlug vor, dass die Partei dem Volkskongress reale Macht verleihen solle. Und er vertrat, kurz bevor die Sowjetunion bei der chinesischen Führung tatsächlich in Ungnade fiel, folgende Ansicht: »Die Sowjetunion wie eine Gottheit zu verehren und die Worte sowjetischer Experten als goldene Regeln zu betrachten, sind Akte des Dogmatismus und wahnhafter Auslandsverehrung.«[20]

Dieser Satz war zu viel. Er kam dennoch glimpflicher davon als viele andere: Die Angriffe gegen ihn blieben größtenteils regierungsintern, und sein Name kam nicht auf eine der gefürchteten Schwarzen Listen mit angeblichen Reaktionären, die in der staatlichen Presse veröffentlicht wurden. Sein Einkommen und seine Vergünstigungen wurden gekürzt, aber er durfte seinen Job behalten. Wie seine Kinder später schrieben, wurde er während der Anti-Rechts-Kampagne »unfair behandelt«, blieb aber patriotisch wie immer und dachte gewissenhaft und sorgfältig über sich nach.[21]

»Schließlich könnt ihr euch nicht jeden Tag entschuldigen, oder?«

Meis massive Verurteilung der japanischen Kriegsverbrechen sollte sich in der Volksrepublik als böse politische Hypothek erweisen.

Die Kommunistische Partei gerierte sich als die einzige Führung im Krieg gegen die Japaner, beschuldigte die Nationalchinesen der Feigheit und machte sie für demütigende Niederlagen oder hochverräterische Kollaboration mit dem Feind verantwortlich. Ihre Propaganda hatte dem Tokioter Prozess – einer Initiative der Nationalchinesen –, solange er lief, nur wenig Aufmerksamkeit geschenkt.[22] Die Kommunisten beschuldigten zwar die Nationalchinesen, die Bestrafung der japanischen Übeltäter nicht ernst genug zu nehmen, waren aber mehr daran interessiert, Chiang und seine Leute schlecht zu machen als sich um eine so bourgeoise Angelegenheit wie Kriegsverbrecherprozesse zu kümmern.[23] Mei, ein Funktionsträger der nationalchinesischen Kriegsanstrengungen, war von *Renmin Ribao* verächtlich als »Richter Mei Ruao, den der Bandit Chiang nach Tokio geschickt hat, um am Internationalen Militärtribunal für den Fernen Osten mitzuwirken«, charakterisiert worden.[24]

Dann, zu Anfang des Kalten Krieges, wurde das Thema japanische Kriegsverbrecher zu einer Möglichkeit, die Amerikaner zu verurteilen. »Es sind die amerikanischen Imperialisten, nicht die Japaner, die Chiang Kai-shek im Bürgerkrieg beim Kampf halfen«, sagte Mao. »Deshalb steht nun nicht mehr Japan, sondern der amerikanische Imperialismus im Mittelpunkt unseres Hasses.«[25] Zhou Enlai warf den Vereinigten Staaten vor, den japanischen Militarismus wiederzubeleben und die japanischen Kriegsverbrecher zu verhätscheln; gleichzeitig wurden Japans konservative Regierende als Handlanger des amerikanischen Imperialismus desavouiert. Als MacArthur die frühe Freilassung einiger japanischer Kriegsverbrecher erlaubte, warf Zhou ihm vor, »die feierlichen und gerechten Entscheidungen des Internationalen Militärtribunals für den Fernen Osten über die Bestrafung der japanischen Kriegsverbrecher« zu verletzen.[26] Kaiser Hirohito, der sich für die Vereinigten Staaten sehr nützlich gemacht hatte, wurde als führender Kriegsverbrecher beschimpft, und 1950 wurde eine neue Kampagne gestartet, ihn wegen biologischer Kriegführung anzuklagen.[27] Zu Beginn des Koreakriegs beschwerte sich Zhou, dass die amerikanischen Besatzer viele wichtige Kriegsverbrecher freigelassen hätten, um »Japan vollends zu einer amerikanischen Kolonie zu machen, und es als amerikanisches Instrument für die Invasion in asiatischen Ländern zu nutzen«.[28]

Das offizielle Verhältnis Chinas zu Japan verbesserte sich jedoch dramatisch, als China versuchte, Japan den Vereinigten Staaten abspenstig zu machen und eine Normalisierung der Beziehungen anstrebte, die schließlich 1972 tatsächlich Wirklichkeit wurde. Die Japaner wurden aber schon seit den fünfziger Jahren als Mitbetroffene des westlichen Imperialismus porträtiert.[29] »Das chinesische Volk ist nicht mehr so böse wie früher auf die Japaner, sondern nimmt jetzt eine freundliche Haltung ein«, sagte Mao 1954 zu dem burmesischen Präsidenten Ba U.[30] Zhou betonte, zwischen China und Japan habe eine 2000-jährige Freundschaft geherrscht, nur kurz unterbrochen durch einen bedauerlichen Konflikt, der jetzt vorbei sei.[31] »Wir sind eure Freunde«, erklärte Mao 1955 japanischen Parlamentariern, die China besuchten. »Ihr seht deutlich, dass das chinesische Volk euch nicht als Feinde, sondern als Freunde behandelt (...) Wir müssen jedes Mittel in Betracht ziehen, um Amerika dazu zu bringen, dass es seine Finger von euch lässt.« Und dann fügte er eine erstaunlich versöhnliche Bemerkung hinzu, die heute kein chinesischer kommunistischer Kader mehr machen könnte: »Ihr habt euch entschuldigt. Schließlich könnt ihr euch nicht jeden Tag entschuldigen, oder? Es ist nicht gut für eine Nation, wenn sie schmollt.«[32]

Da das Problem der Repatriierung einiger noch in China verbliebener japanischer Kriegsverbrecher einer Normalisierung im Weg stand, wurden diese von China ausgesprochen nachsichtig behandelt.[33] »Das Problem könnte nach einer Normalisierung der diplomatischen Beziehungen so schnell wie möglich gelöst werden«, sagte Mao ganz offen zu seinen japanischen Besuchern. »Der Grund ist ganz einfach: Wir müssen diese Kriegsverbrecher nicht behalten. Was könnte es für einen Vorteil haben, wenn wir sie behielten?«[34] Kurz darauf, im April 1956, entschlossen sich die chinesischen Behörden zu einem großzügigen Umgang mit den knapp über 1000 japanischen Soldaten, die sie als Kriegsverbrecher interniert hatten. Fast alle wurden ohne Strafverfahren sofort freigelassen und nach Japan zurückgeschickt; sie waren rangniedrig, ihre Verbrechen galten als relativ gering, und sie bedauerten angeblich, was sie getan hatten. Außerdem wurden in Shenyang und Taiyuan 45 ranghöhere mutmaßliche Kriegsverbrecher vor Militärtribunale gestellt, darunter insbesondere ein Generalleutnant, der früher ein Ministerium in Mandschukuo geführt hatte. Sie wurden zu Haftstrafen zwischen 8 und 20 Jahren verurteilt, aber mit Ausnahme eines Mannes, der im Gefängnis starb, alle, teilweise vorzeitig, bis März 1964 freigelassen.

Die Kommunistische Partei Chinas prahlte öffentlich, die japanischen

Kriegsverbrecher in ihrem Gewahrsam seien umerzogen worden, hätten bereut und seien nun Freunde des neuen China. Die Betonung von Indoktrination statt Strafe sollte das geknechtete, kolonisierte China von seiner »verzerrten servilen Haltung gegenüber ausländischen Dingen und dem Gefühl nationaler Minderwertigkeit« befreien, wie es ein Geschichtswerk der Kommunistischen Partei formulierte.[35]

Zhou setzte sich persönlich für eine schnelle Lösung des Kriegsverbrecherproblems ein, um eine Normalisierung zu erreichen, selbst wenn dies bedeutete, der chinesischen Öffentlichkeit zu trotzen. Er wies eine Gruppe japanischer Besucher darauf hin, was für einen großen Schritt die Freilassung all jener japanischen Soldaten für China bedeutete: »Sie alle haben schwere Verbrechen begangen. Er wird schwierig sein, dem chinesischen Volk zu erklären, dass keiner dieser japanischen Kriegsverbrecher verurteilt wird.«[36] Einmal erinnerte er einen sozialistischen japanischen Politiker bei dessen Chinabesuch ärgerlich daran, dass »es Japan war, das einen Angriffskrieg begann, dass es die Japaner waren, die in China einmarschierten, und dass sehr viel mehr Chinesen als Japaner starben.« Dann jedoch fügte er beruhigend hinzu: »Im Allgemeinen lassen wir die Vergangenheit ruhen.«[37]

Selbst Henry Puyi, der berüchtigte Qing-Kaiser von Mandschukuo, der beim Tokioter Prozess ausgesagt hatte, wurde im Dezember 1959 amnestiert und freigelassen. Bei einer späteren Begegnung versicherte ihm Zhou: »Wir hassen das japanische Volk überhaupt nicht und die Japaner waren ebenfalls Opfer des Militarismus.«[38] Schon in den frühen Sechzigerjahren ging Mao so weit, auch die guten Seiten der japanischen Invasion zu sehen. Er sagte zu einem japanischen Parlamentarier, der China besuchte: »Gerade, weil die Kaiserliche Armee Japans halb China besetzt hat, blieb dem chinesischen Volk nichts anderes mehr übrig, als aufzuwachen, zu den Waffen zu greifen und viele antijapanische Stützpunkte aufzubauen. Damit schuf es die Grundlagen für den Sieg im Befreiungskrieg. Also haben die japanischen Warlords und das Monopolkapital etwas Gutes getan. Wenn ich mich bedanken muss, möchte ich mich gern bei den japanischen Warlords bedanken.«[39]

In jener Periode beharrte die Kommunistische Partei Chinas darauf, dass der Krieg ausschließlich durch eine kleine Clique verderbter japanischer Imperialisten verursacht worden war und betrachtete die japanischen Massen als betrogene und unschuldige Opfer. Um nicht den Zorn der Japaner zu erregen, vermied es China, die Gräueltaten des Japanischen Kaiserreichs in Lehrbüchern und Filmen darzustellen. Als eine Gruppe Historiker über das Massaker in Nanjing recherchierte, konnte sie ihre Ergebnisse erst

1979, und auch dann nur als interne Publikation, veröffentlichen. Ironischerweise stimmte Maos Ansatz, was die Kriegsschuld betraf, in vielerlei Hinsicht mit der Sicht der japanischen Konservativen überein: Auch sie gaben alle Schuld ein paar einzelnen Übeltätern, spielten das Massaker von Nanjing herunter und richteten den Blick in die Zukunft.[40]

Im Jahr 1962 wagte es Mei, die Parteilinie in Frage zu stellen. Er war zornig wegen japanischer Publikationen über die Atombomben und pries zwar deren wissenschaftliche Qualität, vertrat aber die Ansicht, in Nanjing seien mehr Menschen gestorben als in Hiroshima und Nagasaki zusammen. Er kritisierte andere chinesische Historiker, weil sie die Geschehnisse falsch interpretiert hatten. Und er schaffte es – engagiert, wie er war – in einer Regierungszeitschrift einen kühnen Artikel unterzubringen, in dem er die japanische Führung und die japanischen Truppen wegen des Massakers von Nanjing scharf angriff. In einer Zeit, da die Kommunistische Partei Chinas die Realitäten der japanischen Kriegführung verharmloste, schrieb Mei aufgebracht: »Das Massaker von Nanjing war zweifellos die schlimmste Gräueltat, die die japanischen Truppen während des Zweiten Weltkriegs begingen. Seine Grausamkeit ist mit der des Holocausts in Auschwitz vergleichbar, wenngleich es sich von diesem durch sein Wesen und die angewandten Methoden unterschied.« Mit bemerkenswerter Unwissenheit in Bezug auf den Holocaust, vertrat er die Ansicht, Nanjing sei tatsächlich schlimmer als Auschwitz gewesen: Statt schnell vergast zu werden, seien die chinesischen Opfer vor ihrem Tod beleidigt, ausgeraubt, geschlagen, misshandelt, verstümmelt, gefoltert oder vergewaltigt worden.

Mei lobte den Tokioter Prozess für die Verlässlichkeit seines Beweismaterials, insbesondere was die Massenvergewaltigungen betraf, und pries das Urteil, weil es zeigte, dass »die Grausamkeit und Brutalität der japanischen Truppen in Nanjing in der Geschichte des modernen Krieges tatsächlich beispiellos waren«. Dass die Zahl der Toten im Urteil auf etwa 200 000 geschätzt wurde, bezeichnete er als »eine kluge und konservative« Schätzung, vertrat freilich selbst die Ansicht, dass die Gesamtzahl der Opfer am wahrscheinlichsten zwischen 300 0000 und 350 000 Personen betrug. Er verdammte General Matsui Iwane als den führenden Verbrecher von Nanjing: »Dass er zum Tod durch den Strang verurteilt wurde, war eine Demonstration der Gerechtigkeit und ein kleiner Trost für das chinesische Volk, auch wenn es uns die in der chinesischen Geschichte beispiellose Tragödie nicht vergessen lässt.«

In mancher Hinsicht folgte Mei auch der offiziellen Linie: So machte er die Feigheit und Inkompetenz Chiang Kai-sheks und seiner Truppen für den Fall Nanjings verantwortlich. Aber er griff auch maoistische Dogmen an. Er drängte träge Historiker, Überlebende zu interviewen, bevor es zu spät sei. »Ich bin kein Revanchist«, verteidigte er sich. »Und ich habe nicht die Absicht, die Blutschuld, die die japanischen Imperialisten bei uns haben, dem japanischen Volk anzulasten. Ich glaube jedoch, dass man für die Tragödien der Zukunft verwundbar ist, wenn man die Leiden der Vergangenheit vergisst.«[41]

Der Artikel war für Mei eine Katastrophe. Ein Jahr nach seinem Erscheinen, berichtete Zhou Enlai einem früheren japanischen Premierminister, dass die chinesische Regierung gerade »eine kleine Personengruppe [ausschaltet], die die Diskussion über eine Freundschaft mit Japan wegen dessen langer Aggression gegen China für inakzeptabel hält«.[42] Mei wurde beschuldigt, nationalen Hass und Rachegelüste in Bezug auf die Japaner zu schüren. Einige seiner kommunistischen Kritiker sagten sogar, dass sich hinter seiner Diskussion einer demütigenden chinesischen Niederlage, heimliche Bewunderung für die Tapferkeit der japanischen Truppen verbarg.[43]

»Ich bin nur ein zerfleddertes und veraltetes Lexikon«

Meis Timing war furchtbar schlecht: Der streitbare Artikel erschien nur wenige Jahre vor dem Beginn der Kulturrevolution.

Im Jahr 1966 entfesselte der alte Mao eine von ihm selbst so genannte »große Revolution, die die Seelen der Menschen berührte«. Aus Angst, dass die Revolution vom richtigen Weg abgekommen und die Sowjetunion weich geworden war, wollte er die Chinesen in »kommunistische neue Menschen« verwandeln, die von ihrer feudalen Selbstsucht befreit waren. Die Kulturrevolution sollte eine totalitäre Gesellschaft mit einem allmächtigen Herrscher und ohne Rechtstaatlichkeit aufbauen.[44] Das Ergebnis war eine politische Kampagne, die die Massen mobilisierte, um die Macht der Bürokratie, der Intellektuellen und der Fachleute zu brechen. Als radikale Kader der Kommunistischen Partei und fanatische Rote Garden plötzlich die Erlaubnis erhielten, ranghöhere Parteimitglieder anzugreifen, brach der Einparteienstaat praktisch zusammen. Die Jungen wurden dazu ermutigt, ihre Eltern und Lehrer anzugreifen, ältere Menschen zu kriecherischer Selbstkritik zu zwingen, religiös und historisch wertvolle Stätten zu zerstören, Bücher und Antiquitäten zu verbrennen und die »vier Alten« – alte Denkweisen, alte Kulturen, alte Gewohnheiten und alte Sitten – zu zerschlagen. China stürzte in ein blutiges Jahrzehnt des Chaos und der Straßenunruhen.[45]

In diesem Utopia war kein Platz mehr für intellektuelle Juristen mit schönen Erinnerungen an Studienjahre in Stanford und Chicago. Schon zu Beginn der Kulturrevolution wurde Mei als »reaktionäre akademische Autorität« denunziert, ein Begriff mit dem die Radikalen Intellektuelle oder Wissenschaftler beschimpften.[46] Das Außenministerium bot keinen Schutz mehr. »Die Roten Garden kamen zu uns nach Hause«, sagt Meis Tochter Mei Xiaokan. »Sie durchsuchten alles, um zu sehen, ob wir irgendwelche antirevolutionäre Dinge hatten.« Glücklicherweise war diese Gruppe nicht so brutal, dass sie ihre Opfer mit dem Gürtel schlug. Dennoch wurde Mei solcher Missetaten beschuldigt wie, »ein Reaktionär zu sein, der die Amerikaner und die Japaner glorifiziert«, »vergeblich auf eine Wiedererlangung seiner früheren Autorität zu hoffen« und »ein Gegner der chinesisch-japanischen Freundschaft zu sein«. Da er in seinem Artikel über das Massaker in Nanjing davor gewarnt hatte, die Leiden der Vergangenheit zu vergessen, warf man ihm außerdem vor, »die Partei als vergesslich zu verleumden«.

In dem Versuch sich zu verteidigen, behauptete er – erwiesenermaßen fälschlich – über keine besonderen Fähigkeiten und kein besonderes Wissen zu verfügen und nichts Wichtiges veröffentlicht zu haben. Er sagte: »Im Lauf der Jahre habe ich leidenschaftlich darauf hingewiesen, dass Amerika und Japan gemeinsam an einer Wiederbelebung des Militarismus arbeiten.« Er erinnerte seine jugendlichen Ankläger daran, dass die Nationalchinesen ihn als einen gesuchten Verbrecher betrachteten: »Wenn ich tatsächlich meine alte Stelle wiedererlangte, würde ich wahrscheinlich vor den Augen von euch jungen Genossen hingerichtet!« Er wusste, dass seine Errungenschaften als Wissenschaftler angesichts der Morde und Unruhen überall im Land irrelevant waren: »Tatsächlich bin ich nur ein zerfleddertes und veraltetes Lexikon.«

Nichts von alledem rettete ihn. Zwar blieben ihm körperliche Misshandlungen offenbar erspart, aber er wurde gezwungen, Selbstkritik zu üben, das heißt unaufhörlich die eigenen reaktionären und bourgeoisen Tendenzen zu beklagen und zu versprechen, dass er sich in einen besseren Kommunisten verwandeln werde. Im Vergleich zu zahllosen anderen Chinesen mit nationalchinesischer Vergangenheit hätte es ihm durchaus schlimmer ergehen können, doch das war ein schwacher Trost. Statt an seinem Buch über den Tokioter Prozess zu schreiben, musste er über andere Genossen, die bei den Revolutionären ebenfalls in Ungnade gefallen waren, Untersuchungsberichte verfassen. Das Material, das er für sein Buch über den

Tokioter Prozess gesammelt hatte – Zeitschriften, Notizen, Postkarten, Zeitungsausschnitte – wurde beschlagnahmt. Es tauchte nie wieder auf, und das Buch wurde nie vollendet.[47] Er musste Zwangsarbeit leisten, damit er die Arbeiterklasse besser verstand, aber auch als Demütigung: ein in Stanford ausgebildeter Jurist, der Büros reinigt und Toiletten putzt.

Mei wurde von Verzweiflung übermannt. Schreckliche Nachrichten über alte Kollegen, die getötet wurden, und alte Freunde, die Selbstmord begingen, erschütterten ihn. Er wurde furchtbar traurig. Und er rauchte zu viel: Rauchen war das Einzige, was er gern tat und noch tun konnte. Irgendwann schrieb er an die Regierung und forderte sie auf, eine Brandstiftung in einem Büro der britischen Regierung zu untersuchen und zu bestrafen, eine Aktion, die seine Lage bestimmt nicht verbesserte. »Wir hatten so oft erlebt, dass Menschen totgeschlagen wurden«, sagt Mei Xiaokan. »Einige in unserem Viertel brachten sich um. Leute sprangen aus den Fenstern ihrer Wohnungen.«

Mei hatte einen hohen Blutdruck und war herzkrank, und unter dem anhaltenden Stress verschlimmerte sich sein Zustand. Bald war er zu krank, um zu schreiben. Am 23. April 1973 starb er im Alter von 69 Jahren.[48]

Nachleben

Nach Maos Tod und dem Ende der Kulturrevolution war Mei Ruao vergessen und aus der chinesischen Geschichte getilgt.

Aber wie viele andere seiner Generation wurde auch er in der Reformära unter Deng Xiaoping rehabilitiert. Der neue Machthaber startete eine Initiative, um die Beziehungen mit Japan zu verbessern, was zu kurzen Flitterwochen zwischen beiden Ländern führte. Im Oktober 1978 besuchte Deng, nachdem beide Länder mehr als 2000 Jahre in Kontakt gestanden hatten, als erster chinesischer Führer Japan. Bei der Unterzeichnung eines Friedens- und Freundschaftsvertrags umarmte er impulsiv den verblüfften japanischen Premierminister. Er hatte ein zweistündiges Mittagessen mit Hirohito im Kaiserpalast. Über die Begegnung wurde kein Protokoll geführt, aber Deng sagte, man müsse die Vergangenheit ruhen lassen, und der Kaiser sprach von dem »unglücklichen Ereignis«, was die chinesische Seite als Entschuldigung aufzufassen beschloss.[49]

Unter Deng als Oberstem Führer unterzogen sich die chinesischen Eliten einer erbarmungslosen Selbstprüfung in Bezug auf die Fehler im Chaos der Kulturrevolution. Dank dieser Verurteilung der Kulturrevolution konnte

Meis guter Ruf wiederhergestellt werden. Nachdem er etwa zwei Jahrzehnte offiziell als Rechter denunziert worden war, suchten Beamte des Außenministeriums 1979 seine Familienmitglieder auf und zeigten ihnen Dokumente, die seine Rehabilitation bewiesen. »Ich denke, das ist gerecht«, sagt sein Sohn Mei Xiaoao. »Es beweist, dass die chinesische Regierung den Fehler zugegeben hat, der in der Kulturrevolution gemacht wurde.«

Im Jahr 1985 wurde Mei der chinesischen Öffentlichkeit durch ein langes dreiteiliges Porträt in einer Zeitschrift wieder vorgestellt, was seine Wiederanerkennung als bedeutende Persönlichkeit der Volksrepublik bedeutete. Die Rehabilitierung erfolgte im Rahmen einer nationalistischen Wiederentdeckung des Krieges gegen Japan: Im selben Jahr wurde in Nanjing ein großes Museum für die Opfer des Massakers errichtet. Das Porträt in der Zeitschrift enthielt heroische Episoden aus Meis Tokioter Zeit, die bis heute in China berühmt sind. Obwohl seine Tätigkeit im Prozess größ tenteils darin bestand, um seine Richterkollegen zu werben, wurde er in der Zeitschrift als Mann der Tat porträtiert: Er schwingt ein Zeremonialschwert und schwört den Kriegsverbrechern Rache, verlangt einen besonderen Sitz neben Webb und besteht darauf, dass das Urteil einen Abschnitt über die japanischen Gräueltaten enthält. Laut dem Porträt beschloss Mei, »durch einen Sprung ins Meer Selbstmord zu begehen, um sich beim chinesischen Volk zu entschuldigen«, falls General Matsui Iwane und General Doihara Kenji nicht mit dem Tod bestraft würden. »Mei Ruao war so besorgt, dass seine Haare ergrauten. Seine persönliche Würde und sein Leben waren ihm nicht so wichtig, doch die Blutschuld für Million seiner chinesischen Landsleute musste gesühnt werden.«

Das Porträt behandelte Mei als mustergültigen Kommunisten und betonte, dass er mit den Nationalchinesen gebrochen hatte. Ihnen wurden selbstverständlich jegliche Verdienste im Zweiten Weltkrieg abgesprochen: »Die Regierung Chiang Kai-shek hatte kein Interesse daran, Leute zu entsenden, die Beweise für die Gräueltaten des japanischen Militärs sammeln sollten. Sie war ganz damit beschäftigt, einen Bürgerkrieg zur Vernichtung der Kommunistischen Partei Chinas zu provozieren.« In Übereinstimmung mit dem reformerischen Geist der Deng-Ära wurde Mei auch rehabilitiert, was seine gemäßigte Kritik an der Partei kurz vor der Kampagne gegen die Rechten betraf: »Aus heutiger Sicht waren seine Worte zweifellos richtig. Damals jedoch wurde er unfair behandelt.«

Auch wurde in dem Porträt bedauert, dass junge Chinesen aus historischen Gründen, das heißt wegen der Kulturrevolution, fast nichts über den chinesischen Richter wussten, der beim Tokioter Prozess eine solche Macht gehabt hatte. Der Artikel feierte die Gründung des Museums in Nanjing und begrüßte die Anstrengungen, das Massaker zu dokumentieren. »Wir hoffen, dass Mei Ruao, der chinesische Richter beim Tokioter Prozess, dadurch in Frieden ruhen kann.«[50]

Seither ist Meis Ansehen gewachsen. Seine Kinder verwalten hingebungsvoll sein Vermächtnis und sorgen dafür, dass seine Werke posthum veröffentlicht werden. Die Lokalregierung in Nanchang hat ein kleines Museum zu seiner Person gegründet. Zeitungen bringen Geschichten über seine Erfolge beim Tokioter Prozess und machen manchmal Andeutungen, was seine Verfolgung in der Kulturrevolution betrifft.[51] Seine angesehene Alma Mater, die Tsinghua-Universität hat einen Lehrstuhl der juristischen Fakultät nach ihm benannt. »Seine Geschichte ist heute gut bekannt«, sagt der Mei-Ruao-Professor Feng Xiang, ein leise sprechender Rechtstheoretiker. »Die Leute kennen seinen Namen.«

Dengs Aussöhnung mit Japan erwies sich als kurzlebig, was wenigstens teilweise auf wiederholten Konflikten über das Gedenken an den Krieg beruhte. Anlässlich eines hitzigen Streits über nationalistische japanische Lehrbücher im Jahr 1982 begann in China der lautstarke Protest gegen Japan, der uns heute vertraut ist.[52] Meis Ruf verbesserte sich weiter, als China in seinen Lehrbüchern begann, den Nationalchinesen für ihren zähen Kampf gegen die imperialistischen japanischen Aggressoren eine gewisse Anerkennung zu zollen und die japanischen Kriegsverbrechen zu einem zentralen Thema zu machen. Nach dem Massaker auf dem Tiananmen-Platz im Juni 1989 intensivierte die unter Beschuss geratene Kommunistische Partei das Gedenken an Chinas nationale Demütigung mit dem Nanjing-Massaker als Beispiel.[53] Ab 1991 startete die Staatsgewalt eine Kampagne für eine »patriotische Erziehung«. Dabei brach sie mit der maoistischen Praxis, das Thema des Pazifikkriegs zu vermeiden, weil es zu demütigend und strategisch zu unbequem war und dazu verführte, die Nationalchinesen als Helden zu sehen. Sie kritisierten sowohl die Japaner als auch den Imperialismus des Westens.[54]

Die Kommunisten haben erkannt, dass es innenpolitisch nützlich sein kann, den Hass der Chinesen auf die Japaner zu schüren, weil dieser das eiserne Festhalten der Partei an der Macht rechtfertigt. Manchmal stärkt dieser Hass auch ihre Verhandlungsposition in internationalen Disputen, weil sie behaupten können, ihnen seien die Hände gebunden, oder es sei leichter, mit den Kommunisten als Regierungspartei zurechtzukommen, als mit den zornigen chinesischen Massen. Die Anstachelung des Volkszorns ist freilich mit Vorsicht zu genießen: Er soll ausreichen, um die Machtposition der Partei zu stärken, darf aber nicht außer Kontrolle geraten.[55] Sowohl 2005 als auch 2013 versuchten die chinesischen Machthaber antijapanische Protestwellen und Unruhen sowohl zu nutzen als auch wieder unter Kontrolle zu bringen, als sie sich zu verselbstständigen drohten.[56]

Die Spannungen zwischen China und Japan sind weit größer als das normale realpolitische Misstrauen zwischen zwei rivalisierenden Staaten. Seit den Achtzigerjahren stehen chinesische Regierungsbeamte Japan mit einer tief verwurzelten Furcht und Abscheu gegenüber, die angesichts des weitgehend entwaffneten, friedlichen und viel kleineren Landes völlig ungerechtfertigt ist. Den neuen Generationen der chinesischen Führung fällt es schwer zu glauben, dass der japanische Pazifismus echt ist und Japan seinen Status als entmilitarisierte Macht auch weiterhin akzeptieren wird. Militärische und zivile chinesische Analysten befürchten schon lange, dass die herrschende Liberaldemokratische Partei in Wirklichkeit danach strebt, Japan zuerst zu einer wirtschaftlichen Supermacht und dann auch zu einer großen militärischen Macht auszubauen.[57]

Im chinesischen Film und Fernsehen gibt es zahlreiche Geschichten über Chinas heroischen Krieg gegen die blutdürstigen Japaner.[58] Im Jahr 2006 kam anlässlich des 75. Jahrestags der japanischen Invasion in der Mandschurei der aufwendige Film *Der Tokioter Prozess* mit Mei als Hauptfigur in die wichtigen chinesischen Kinos. Die staatliche Nachrichtenagentur *Xinhua* lobte den Erfolg des Films an den Kinokassen, obwohl er mit dem trivialen amerikanischen Superheldenfilm *X-Men: Der letzte Widerstand* konkurrieren musste.[59] Mei wurde von dem schneidigen Hongkonger Actionstar Damian Lau dargestellt, der in der Regel Attentäter, Schwertkämpfer oder Polizisten spielt. »Mei Ruao ist ein Mensch mit einem starken Gespür für Ethik und Nationalstolz«, sagte Lau in einer Sendung des chinesischen Staatsradios. »Ich versuchte, seine innere Welt unter diesen Gesichtspunkten zu verstehen. Ich habe wirklich Achtung vor ihm.« Ein anderer Star des Films, Ken Chu, taiwanischer Schauspieler und Mitglied einer Boyband, sagte: »Vielleicht ist der Film nicht unterhaltsam, aber alle Chinesen sollten ihn anschauen, weil er historische Fakten erzählt, die alle Chinesen kennen sollten.«[60]

Meis Kinder sind irritiert über die Darstellung ihres gelehrten Vaters als Actionheld. »Vor dem Film wussten viele Leute in China nichts über den Tokioter Prozess und jetzt wissen sie Bescheid, und das ist gut so«, sagt Mei Xiaoao. »Aber viele Details stimmen nicht, etwa wie das Gericht tatsächlich gearbeitet hat, wie die Rechtsbegriffe verwendet werden.« Die nationalistische Überhöhung Meis ist inzwischen so weit gediehen, dass es einen Kritiker in Sichuan beträchtlichen Mut gekostet haben muss, den Film wegen seiner »von Hass, Bitterkeit, Strafe und Rache beherrschten Sichtweise« zu verreißen.[61]

In den letzten Jahren hat sich die chinesische Regierung einen extrem ausländerfeindlichen Nationalismus zu eigen gemacht, und Mei findet neue Anerkennung als antijapanischer Held, von dem in offiziellen Publikationen begeisterte Porträts gebracht werden.[62] »Er ist sehr berühmt«, behauptet ein ranghoher Beamter des chinesischen Außenministeriums, der die Parteilinie vertritt. »Er gilt als Patriot und hervorragender Gelehrter, der die historische Gerechtigkeit verteidigt hat.« Um rechtsgerichteten japanischen Kritikern Paroli zu bieten, veranlasste die Regierung die Shanghaier Jiaotong-Universität, ein großes Zentrum zur Erforschung des Tokioter Prozesses zu gründen.[63] Die Kommunistische Partei Chinas, die den Tokioter Prozess seinerzeit geringschätzte, feiert ihn heute als Akt der historischen Gerechtigkeit – und kritisiert damit indirekt Japans konservative Regierungen.[64] *Remnin Ribao* vertrat 2015 die Ansicht, der Prozess sei keine Siegerjustiz der Alliierten gewesen, sondern habe für alle Menschen stattgefunden.[65] »Der Tokioter Prozess war friedlich, zivilisiert und gerecht«, erklärte eine Zeitung der Volksbefreiungsarmee 2016.[66]

Unter Xi Jinping hat die chinesische Regierung die Beschäftigung mit der Geschichte noch stärker intensiviert, und zwar insbesondere, was eine heroische Version des Zweiten Weltkriegs betrifft, die die Kommunistische Partei als wesentliche Grundlage ihres Machtanspruchs betrachtet. Die Staatsgewalt erinnert ihre Bevölkerung ständig an die lange Zeit, in der China Opfer war, und arbeitet gleichzeitig daran, Nation und Partei zu verschmelzen, damit jede Kritik an der Kommunistischen Partei als Kritik am chinesischen Volk aufgefasst wird.[67] Ein zentrales Merkmal der Herrschaft des mächtigen Xi Jinping ist die Klage über den »historischen Nihilismus«, ein kommunistischer Kampfbegriff, der bedeutet, dass dem Feind gestattet wird, auf hässlichen Episoden der eigenen Geschichte herumzureiten. Xi warnt, dass die Kommunistische Partei der Sowjetunion insbesondere deshalb die Macht verlor, weil sie die sowjetische Geschichte diskreditierte und die Errungenschaften Josef Stalins in Verruf brachte, »was historischen Nihilismus und verwirrtes Denken erzeugte«. In einer wichtigen Rede, in der Xi zum ideologischen Kampf aufrief, sagte er: »Der entscheidende Punkt des historischen Nihilismus besteht darin, dass er die führende Position des Marxismus, die Unvermeidlichkeit, dass China den sozialistischen Weg einschlägt, und die Führung der KPCh grundsätzlich leugnet.« Deshalb müssen die Kommunisten eifrig eine ruhmreiche Chronik der Vergangenheit präsentieren, die ihre Aura der Unfehlbarkeit verstärkt; China hat die öffentliche Kritik an der revolutionären Geschichte kriminalisiert.[68] Im November 2021 setzte Xi, wie vor ihm nur Mao Zedong 1945 und Deng Xiaoping 1981, im Zentralkomitee der Kommunistischen Partei die Verabschiedung einer bahnbrechenden Resolution durch, die seine nationalistische Sicht der Geschichte und der nationalen Sicherheit feierte.[69]

Der in China so genannte Widerstandskrieg des chinesischen Volkes gegen die japanische Aggression spielt in Xis Kampf gegen den historischen Nihilismus eine zentrale Rolle. Statt die führende Rolle der nationalchinesischen Regierung im Krieg gegen die Japaner hervorzuheben oder gar die unangenehme Tatsache zu diskutieren, dass viele Chinesen mit den Japanern kollaborierten, drängt er Kader und Wissenschaftler, die zentrale Rolle der Kommunisten im Kampf gegen die japanischen Invasoren hervorzuheben.[70] Während chinesische Historiker und Schulbücher den Beginn des Krieges bisher auf den Zwischenfall an der Marco-Polo-Brücke im Juli 1937 datierten, ließ Xi den Beginn auf die Invasion in der Mandschurei im September 1931 zurückverlegen, um ihn als »vierzehnjährigen Widerstandskrieg« behandeln zu können.[71] Seit er an die Macht kam, hat er zwei offizielle Gedenktage für den Krieg eingeführt: Der 3. September ist der Siegestag des Widerstandskriegs des chinesischen Volkes gegen die japanische Aggression und feiert also den Jahrestag der japanischen Kapitulation, und der 13. Dezember ist der nationale Gedenktag, an dem das Massaker von Nanjing betrauert wird.[72] Zur Feier des 70. Jahrestags der japanischen Kapitulation im September 2015 ließ Xi auf dem Tiananmen-Platz eine gewaltige Militärparade mit Panzern und Langstreckenraketen abhalten.[73] Seine Veranstaltungen zum Gedenken an den Krieg kombinieren das Thema der Chinesen als Opfer mit dem der chinesischen Größe. Der Sieg über Japan, erklärte Xi seinen Zuhörern bei der Parade von 2015, »war der erste vollständige Sieg, den China in moderner Zeit in seinem Widerstand gegen ausländische Aggressoren errang«, ein Sieg, durch den der von ausländischen Imperialisten verursachten »nationalen Demütigung Chinas« endlich »ein Ende gesetzt« wurde.[74]

Xi macht die japanischen Kriegsverbrechen zu einem wichtigen Thema seiner Äußerungen.[75] 2014 präsidierte der Oberste Führer feierlich über den ersten offiziellen Gedenktag der chinesischen Zentralregierung für das Massaker von Nanjing, eine Erweiterung früheren Gedenkens durch Kommunal- und Provinzregierungen. Mit einer weißen Blume im Knopfloch gab er die Kriegsschuld einer kleinen Clique von Militaristen, begrüßte aber die Urteile des Tokioter Prozesses und die von Chinas eigenem Militärtribunal gegen »eine Gruppe japanischer Kriegsverbrecher, die noch frisches chinesisches Blut an den Händen hatten.« Sie wurden »in rechtsstaatlichen und gerechten Verfahren mit schweren Strafen belegt und sind für immer an den historischen Schandpfahl genagelt«.[76] In einer weiteren Rede jenes Jahres wandte er sich gegen Abe Shinzo und andere Rechte und sagte zornig, dass »einige politische Organisationen und Figuren Japans bis heute das vom Militär begangene barbarische Verbrechen der Aggression leugnen, dass sie immer noch hartnäckig die Seelen der Kriegsverbrecher ehren, deren Hände mit frischem Blut befleckt waren, dass sie immer noch Stellungnahmen abgeben, die den Angriffskrieg und die Kolonialherrschaft beschönigen, und dass sie immer noch das Gewissen der Menschheit in Frage stellen.«[77]

In einer scharfen Rede an der Marco-Polo-Brücke, die laut einem gut informierten chinesischen Regierungsbeamten als Reaktion auf Abes geschichtsbezogene Provokationen gedacht war, erklärte Xi am 7. Juli 2017: »Wir Chinesen haben große Opfer gebracht und werden die mit unserem Blut und unseren Leben geschriebene Geschichte unbeirrt verteidigen. Das chinesische Volk und die Völker aller anderen Länder, werden es absolut nicht zulassen, dass irgendjemand die Geschichte der Aggression leugnet, verzerrt oder gar beschönigt.«[78] Als führende Politiker der Europäischen Union bei einem Online-Gipfel im April 2022 die Schrecken des Zweiten Weltkriegs als Begründung für die Forderung benutzten, in der Ukraine, im Uigurischen Autonomen Gebiet Xinjiang und anderswo für die Menschenrechte einzutreten, reagierte Xi mit einem Vortrag über den Kolonialismus und die Heuchelei Europas. Er betonte, das die Chinesen nach dem Massaker von Nanjing ein starkes Gespür für die Menschenrechte, aber auch für die Doppelmoral von Ausländern hätten.[79]

Natürlich hat die Kommunistische Partei Chinas mehr Chinesen auf dem Gewissen, als je von den japanischen Invasoren getötet wurden. Es besteht keine Hoffnung, dass in China jemals eine echte historische Bilanzierung stattfindet, was die Säuberungen Maos, die durch Terror ausgelöste Hungersnot des Großen Sprungs mit ihren vielen Millionen Opfern, die gewaltsamen Erschütterungen der Kulturrevolution oder die neueren Ungeheuerlichkeiten wie die Internierungslager für mehr als eine Millionen Uiguren und andere turksprachige Muslime betrifft. Dennoch beruft sich der chinesische Staat, während er seine eigene Vergangenheit elidiert, unaufhörlich auf die Geschichte.

Obwohl die chinesische Führung die Vereinigten Staaten als die bedroh-

Abb. 38 *Chinas Oberster Führer Xi Jinping begrüßt alte Überlebende des Massakers von Nanjing nach einer offiziellen Gedenkfeier zum 80. Jahrestag der Gräueltaten, Nanjing, 13. Dezember 2017.*

lichste ausländische Macht betrachtet, hat Chinas offizielles Bekenntnis zum Tokioter Prozess Wellen populistischen Hasses auf die Japaner ausgelöst. Es ist zwar schwierig, angesichts des chinesischen Autoritarismus verlässliche Untersuchungen über die öffentliche Meinung in China durchzuführen, doch es besteht kaum Zweifel an einer großen öffentlichen Abscheu gegenüber Japan, die mit einem weit verbreiteten Gedenken an Kriegsverbrechen verbunden ist und neueren japanischen Reuebekundungen wenig Glaubwürdigkeit beimisst.[80] Als das chinesische Staatsfernsehen *CCTV* auf dem führenden sozialen Medium *Weibo* Informationen über den Tokioter Prozess postete, lautete einer der Kommentare: »Wann wird das japanische Volk endlich wie die Dinosaurier von der Erde verschwinden?« Und ein anderer Nutzer reagierte mit: »Der Planet erwärmt sich, und der Meeresspiegel steigt. Japan, die kleine Insel, wird schon bald unter Wasser sein.«[81] Auch der Kommunistische Jugendverband Chinas bekam für seine Posts über den Tokioter Prozess zahlreiche Kommentare. Sie reichten von »Prozess der Gerechtigkeit!« bis »Alle kleinen Japaner sollten sterben. Warum haben die Amerikaner nicht mehr Atombomben abgeworfen.«[82]

Solche Ansichten werden in Gesprächen überall in China artikuliert. Die Leute wissen aus Lehrbüchern und aus dem Staatsfernsehen über das Massaker von Nanjing Bescheid, und einige erwähnen sogar die Biowaffen-Einheit 731. »Sie haben sich nicht genug entschuldigt«, sagt ein Architekt aus der Hipster-Szene. »Der Kaiser ist der führende Kopf.« Zwar haben einige jüngere Leute ein positives Verhältnis zu Japan, genießen seine Popkultur und beneiden es um seine Freiheit, aber typischer ist ein nachdenklicher ehemaliger Offizier der Volksbefreiungsarmee mit Bürstenhaarschnitt, der sich an das Massaker von Nanjing als »eine Narbe« erinnert. Chinas Schwäche habe die Japaner zur Aggression eingeladen, sagt er, und dann fügt er hinzu: »Heute können uns andere Nationen nicht mehr so leicht einschüchtern.« In einem Beijinger Hutong, einem der traditionell anmutenden Wohngebiete, sagte ein grauhaariger Arbeiter mit erschöpftem, wettergegerbtem Gesicht: »Es sollte ein riesiges Erdbeben geben, in dem ganz Japan versinkt«. Als seine Freunde zustimmend lachen, ergänzt er: »Alle Japaner sind böse. Sie haben sich nicht geändert.« Dann beugt er sich vor und flüstert: »Sie sind wie die Juden. Sie gehören von der Erde getilgt. Man sollte die Japaner ausrotten, wie es die Deutschen mit den Juden getan haben.« Als er erkennt, dass er eine Grenze überschritten hat, präzisiert er, dass er nicht die Juden, sondern nur die Japaner ausgerottet sehen will.

In einem Leitartikel von 2017 griff die Zeitung *Renmin Ribao* rechtsgerichtete Japaner an, weil sie die Geschichte verleugneten, und verwies energisch auf die »historische Wahrheit der japanischen Aggression gegen China, wie sie durch das Massaker von Nanjing symbolisiert wird«. Die staatliche Zeitung, die Mei 1948 als »Werkzeug« des »Banditen« Chiang Kai-shek angegriffen hatte, behandelte ihn nun mit Respekt und Bewunderung. Genau wie die üppig ausgestattete Gedenkstätte für das Massaker in Nanjing zitierte jetzt auch die Zeitung zustimmend die Worte, die ihm während der Kulturrevolution solche Schwierigkeiten eingebracht hatten: Dass es schädlich sei, »die Leiden der Vergangenheit zu vergessen«.[83]

Epilog

Showas Märtyrer

»Als Kind bekam ich zu hören: ›Sei stolz, zumindest im Kreis der Familie‹«, erinnert sich Tojo Hidetoshi. Seine Eltern hatten ihm nie etwas über seine Herkunft erzählt, bis er etwa zehn Jahre alt war. Eines Tages hatte seine Mutter den Jungen ins Kino mitgenommen, um sich mit ihm einen langen, düsteren Dokumentarfilm über den Tokioter Prozess anzuschauen. Als auf der Leinwand General Tojo Hideki im Gerichtssaal zu sehen war, flüsterte die Mutter dem verblüfften Kind plötzlich zu, dass dieser Mann sein Urgroßvater sei.

Tojo Hidetoshi, der 70 Jahre nach dem Krieg an einem drückend heißen Sommertag helle Büroräume im geschäftigen Tokioter Bezirk Shibuya betritt, hat nichts vom militärischen Überschwang seines Urgroßvaters an sich. Er ist zu diesem Zeitpunkt 42 Jahre alt, ein Unternehmer, der den Stolz auf die japanische Kultur fördert, freundlich und entspannt, mit Koteletten und modischer Zottelhaarfrisur. Er trägt ein lässig geschnittenes Jackett über einem grauen T-Shirt mit V-Ausschnitt, und mit dem modischen Kinnbart sieht er aus wie der Typ eines jungen Nichtstuers, der während des Krieges von Heeresoffizieren in die Mangel genommen worden wäre.

Das Aufwachsen mit einem Familiennamen, der als Synonym für einen katastrophalen und diskreditierten Militarismus galt, war eine Qual. Unmittelbar nach dem Krieg fand der Großvater keine Arbeit, erinnert sich Tojo Hidetoshi, also musste stattdessen seine Großmutter arbeiten, um den Lebensunterhalt der Familie zu sichern. Nach der Erinnerung seiner Tante fürchtete sich die Familie vor Mordanschlägen, und das zeitweise so sehr, dass sie sich einmal sogar in einem Pferdestall verbarg. Lehrer hatten seinen Vater geächtet, und die anderen Schüler hatten ihn verspottet. Noch im Erwachsenenalter brach sein Vater, ansonsten ein strenger Mann, einmal weinend zusammen und berichtete schluchzend über den Hohn und Spott, den er in der Schule zu erdulden gehabt hatte. »Vielleicht betrachten die meisten Japaner die Familie Tojo als Feind.«

Als nach jenem schockierenden Tag im Kino die Nachricht von seiner

Herkunft in der Schule die Runde machte, wurde der kleine Junge unablässig gehänselt, wie schon sein Vater vor ihm. Jedes Mal, wenn ihn ein Lehrer aufrief, meldeten sich auch seine Mitschüler zu Wort: »Tojos Urenkel, Tojo Hidetoshi!« Er versuchte, seine Vorfahren zu meiden. »Ich entwickelte eine Art von Komplex«, berichtet er. »Ich wählte lieber Weltgeschichte anstelle von japanischer Geschichte, um meiner Identität zu entkommen.« Als er älter wurde, zog er für einen vierjährigen Aufenthalt nach Hongkong, und bis heute setzt ihm die chinesische Feindseligkeit gegenüber seinem Urgroßvater zu. Doch als er seinen Freunden in Hongkong sein Geheimnis offenbarte, war er erleichtert, wenn man ihm sagte, dass dieses Erbe nichts mit ihm zu tun habe: »Auf diese Art wurde der Komplex, den ich habe, abgemildert.«

Während einige Familienmitglieder als eifrige Verteidiger der japanischen Kriegführung auftreten, wechselt er selbst zwischen Reflexion und gelegentlicher Rechtfertigung hin und her.[1] »Ich glaube, dass die Verantwortung für den Beginn des Krieges bei meinem Urgroßvater liegt«, sagt er. »Aber mein Urgroßvater behauptete, er sei im Sinn des Völkerrechts unschuldig. Ich glaube, dass das, was Japan getan hat, sich nicht sehr von dem unterscheidet, was Europa und Amerika während des Krieges taten. Mit einem Hinweis auf das Leiden und Sterben so vieler Menschen in Hiroshima und Nagasaki und die Brandbombenangriffe auf Tokio hält er es für ungerecht, Japan allein an den Pranger zu stellen. Dennoch kommt er zu dem Schluss: »Es war seine Verantwortung, dass so viele Menschen im Krieg ihr Leben verloren.«

Ohne zu zögern räumt er ein, dass Japaner »im Krieg schreckliche Dinge taten«, und nennt als Beispiel die Kriegsgefangenenlager. »Ich glaube, dass wir Reue empfinden sollten über das, was Japan getan hat.« Doch auf die Frage nach dem Massaker von Nanjing antwortet er ausweichend: »Meiner Ansicht nach ist die Definition für ein Massaker unklar. Damals führten die Kuomintang und die Kommunistische Partei einen Guerillakrieg. Man könnte in Erwägung ziehen, dass die in Nanjing getöteten Menschen Soldaten in Zivil waren, keine Berufssoldaten. Das ist eine in Japan vertretene Ansicht.« Er warnt davor, dass die chinesische Regierung sich des Mittels der Propaganda bedient: »Wenn wir jede Einzelheit akzeptieren, einschließlich der Geschichten über die Trostfrauen, werden die problematischen Teile überbewertet.«

Er argumentiert offener und direkter, wenn er die Gerechtigkeit des Tokioter Prozesses bestreitet: »Die Richter wurden alle von den alliierten Mächten ernannt. In diesem Punkt mangelte es an einer gewissen Fairness.« Der Krieg sei damals nicht rechtswidrig gewesen, sagt er. Begehrt man zu wissen, ob er von Radhabinod Pal gehört habe, lacht er schallend über die dumme Frage. »Ich weiß über Richter Pal so viel wie jeder andere Mensch in Japan. Jeder hier will sich an den Tatsachen festhalten, die Richter Pal geltend gemacht hat.« Und auch er wiederholt die bei der politischen Rechten beliebte Falschinformation, dass Pal der einzige in Fragen des Völkerrechts versierte Richter gewesen sei, und fügt hinzu: »Wenn Richter Pal sagte, dass diese Sache so etwas wie ein Witz sei, stimme ich ihm zu.«

In den letzten Jahren sei die Last, ein Mitglied der Familie Tojo zu sein, etwas leichter geworden, sagt er, weil rechtsgerichtete Politiker mutiger geworden seien. »Bis vor zehn Jahren war es das größte Tabu im Nachkriegsjapan. Niemand diskutierte über meinen Urgroßvater.« Er findet, die Nachkriegsgeneration habe man in dem Glauben geschult, dass der Krieg furchtbar gewesen sei und dass Japan furchtbar gehandelt habe, woran Tojo Hideki schuld sei. Das habe sich nach 2001 allmählich geändert, als Koizumi Junichiro, ein konservativer Premierminister, dem Yasukuni-Schrein in Tokio eine Reihe von aufsehenerregenden Besuchen abstattete. Der Schrein ist den Kriegstoten des Landes geweiht, aber auch Tojo und 13 anderen Kriegsverbrechern der Klasse A, die hingerichtet wurden beziehungsweise während des oder nach dem Tokioter Prozess in der Haft starben, ebenso vielen weiteren Kriegsverbrechern der Klassen B und C.[2]

»Nachdem Premierminister Koizumi den Yasukuni-Schrein besucht hatte und das ganze Yasukuni-Problem ans Licht kam, wurde auch öffentlich über meinen Urgroßvater diskutiert«, berichtet er und fügt hinzu: »Einige Leute, die sich im Internet über meinen Urgroßvater informierten, fingen an zu glauben, dass er gar kein so furchtbarer Mensch war, jedenfalls nicht so furchtbar, wie sie ihn sich vorgestellt hatten.«

Das Japan von Tojo Hidetoshi ist ein Land, das sich radikal von dem Land unterscheidet, in dem sein Urgroßvater gelebt hat. Sein großspuriger Urgroßvater würde ihn und seine freundliche, wohlhabende, liberale Nation gar nicht wiedererkennen – wenn nicht sogar als vollkommen abstoßend empfinden. Das japanische Volk hat die eigene Gesellschaft gründlich umgestaltet, mit tief verwurzelten nationalen Verpflichtungen auf Freiheit und Frieden. Dennoch trifft man hier leicht auf nachsichtige Meinungen zum Vermächtnis von Tojo Hidetoshis Urgroßvater: dass Japan gezwungen worden sei, zum Mittel der unvermeidlichen Selbstverteidigung zu greifen; dass der Krieg in Wirklichkeit darauf abzielte, die asiatischen Nationen vom westlichen Kolonialismus zu befreien; dass die Anführer in Kriegszeiten Fehler gemacht haben könnten, aber keine Verbrechen begingen; dass die Amerikaner, die Hiroshima und Nagasaki vernichtet hätten, nicht zu Richtern berufen seien.

Es kann kaum überraschen, dass jüngere Generationen von Japanern der jahrzehntelangen Unterordnung unter die Vereinigten Staaten müde wurden, noch ist es ungewöhnlich, dass sie über eine eigenständige Verteidigung gegen ein immer mächtiger werdendes China und ein atomar bewaffnetes stalinistisches Regime in Nordkorea nachdenken. Doch japanische Konservative gingen weit über solche konkreten Erwägungen hinaus, während sie über Jahrzehnte hinweg eine ganz besondere Mischung aus Selbstbestimmung und Ressentiments schürten. Die Revisionisten hoffen, dass ein remilitarisiertes Japan im Nationalstolz ein neues Ziel finden wird. Hiroshima und Nagasaki werden als ein durch Atomwaffen erzeugtes Märtyrertum präsentiert, zu dem es völlig überraschend kam, wobei der Krieg im Wesentlichen als Geschichte eines japanischen Opfergangs erzählt wird. Dieser Personenkreis ist mit Ausführungen zum Leid der eigenen Bevölkerung schnell bei der Hand, erweist sich aber oft als ungeduldig, wenn es um Erinnerungen an das Vorgehen des Japanischen Kaiserreichs in Nanjing oder Manila oder um ein Nachdenken über die Angriffe an der Marco-Polo-Brücke oder auf Pearl Harbor geht. Die Revisionisten glauben, Japan habe sich mehr als genug entschuldigt; ihre Nachbarn – selbst das freie Volk in einem demokratischen Südkorea – würden die Erinnerung an die Kriegszeit zu einem erpresserischen Geschäft machen und ausnutzen.[3] Und sie lehnen das ab, was sie als »Geschichtsauffassung des Tokioter Prozesses« bezeichnen, weil diese ihr Kaiserreich verurteile und Japan damit eine ruhmreiche Vergangenheit verweigere, die neuen patriotischen Generationen als Inspirationsquelle dienen könnte.[4]

Die rechtsextreme Kampagne gegen den Tokioter Prozess begann bereits am Tag nach der Hinrichtung von Tojo Hideki und sechs weiteren hochrangigen Kriegsverbrechern. Das Allgemeine Hauptquartier ließ die bis dahin noch im Sugamo-Gefängnis einsitzenden, noch nicht im Prozess verurteilten Verdächtigen der Klasse A am 24. Dezember 1948 frei. Zu den an jenem Heiligabend Freigelassenen gehörte auch Kishi Nobusuke, ein scharfsinniger ehemaliger Machthaber in der von Japan kontrollierten Mandschurei, der später dann, zur Zeit des Angriffs auf Pearl Harbor, Tojos Kabinett angehört hatte. Der stets gut informierte, arrogant auftretende Insider hatte ein schmales Gesicht und ein schwach ausgeprägtes Kinn. »Es ist mein Wunsch, der Nachwelt den gerechten Krieg zu erklären, der unter einem anderen Namen bekannt ist«, schrieb er noch als Gefängnishäftling in einem Gedicht. Mit anhaltendem Stolz auf das, was er seiner Ansicht nach in der Mandschurei geleistet hatte, prahlte er noch im Jahr 1965: »Geleitet von den Idealen ethnischer Harmonie und im Paradies des hell leuchtenden Königlichen [eigentlich: Kaiserlichen] Wegs wurde dort ein wissenschaftliches, bewusstes und kühnes Experiment umgesetzt. Es war eine korrekte und ›einzigartige‹ Methode für die Erschaffung eines modernen Staates. (...) Zu jener Zeit war Mandschukuo die Hoffnung Ostasiens.«[5] Ein amerikanischer Jeep brachte Kishi vom Sugamo-Gefängnis direkt zur offiziellen Residenz des japanischen Chefkabinettssekretärs Sato Eisaku, der sein jüngerer Bruder war. Der frisch entlassene Häftling trug immer noch seine schäbige Gefängniskleidung und befand sich bereits im Vorhof der Macht.

Die Amerikaner hatten einen Leichtsinnsfehler begangen, als sie alle wegen Kriegsverbrechen verdächtigten Häftlinge zusammengesteckt hatten. Gemeinsam mit den Häftlingen der Klassen B und C – verurteilt wegen konventioneller Kriegsverbrechen und Verbrechen gegen die Menschlichkeit –, die in den Folgejahren freigelassen oder bei denen die Resthaft auf Ehrenwort ausgesetzt wurde, hatten die Gefangenen der Klasse A im Gefängnis untereinander Verbindungen geknüpft und sollten später einen oppositionellen Kern gegen das alliierte Verständnis von Gerechtigkeit bilden. Einige dieser Militär- oder Kolonialoffiziere taten sich zusammen, um Druck für eine umfassende Amnestie zugunsten von Kriegsverbrechern auszuüben.[6]

Kishi und eine erhebliche Anzahl von rechtsgerichteten Personen verfolgten voller Abscheu mit, wie das Nachkriegsjapan eine pazifistische Verfassung verabschiedete und 1952 in San Francisco einen Friedensvertrag unterzeichnete, der das Urteil des Tokioter Gerichts ebenso akzeptierte wie die bei anderen Kriegsverbrecherprozessen der Alliierten ergangenen Urteilssprüche.[7] Als er vermittels rechtsgerichteter Parteien wieder in die Politik eintrat, arbeitete er beharrlich an der Diskreditierung des Tokioter Prozesses und erklärte ihn zu »etwas, das keinerlei Grundlage in der Rechtstheorie hat und nicht würdig ist, als Prozess betrachtet zu werden«.[8] Später resümierte er: »Selbst wenn wir gegenüber dem japanischen Volk und dem Kaiser dafür verantwortlich waren, den Krieg verloren zu haben, hatten wir keine Verantwortung gegenüber Amerika.« Wäre er wegen des Führens eines Angriffskriegs vor Gericht gestellt worden, hätte er künftigen Generationen gesagt, dass »wir in eine Ecke gedrängt wurden und kämpfen mussten«. Den Tokioter Prozess tat er als Siegerjustiz ab: »Sieger bestrafen Verlierer.«[9] Und er behauptete, dass Pals abweichendes Urteil »den wesentlichen Kern des Tokioter Prozesses« offenbare, und lobte zugleich »seinen Widerstand gegen die allgemeine Stimmung und das hartnäckige Streben nach Vernunft«.[10]

Viele Menschen im neuen Japan waren dafür, als aufgeschlossenes, friedfertiges Land in die Weltpolitik zurückzukehren und sich einer gründlichen Gewissensprüfung mit der Frage zu unterziehen, wie die eigene Gesellschaft sich in einen derart katastrophalen, nicht zu gewinnenden Krieg gestürzt hatte.[11]

Prominente japanische Rechtsgelehrte – unter ihnen auch Yokota Kisaburo und Dando Shigemitsu, die beide später als Richter an den Obersten Gerichtshof Japans berufen werden sollten – vertraten die Ansicht, der Tokioter Prozess sei rechtmäßig und sinnvoll gewesen.[12] Aus China zurückkehrende Soldaten berichteten, was die japanischen Streitkräfte dort getan hatten, und japanische Autoren veröffentlichten schonungslose Enthüllungen über das Massaker von Nanjing und die biologische Kriegführung der Einheit 731.[13]

Doch die von Groll und Unzufriedenheit angetriebene Fraktion erwies sich im wieder souveränen Japan als fleißig und unnachgiebig. Die anhaltende Präsenz von Kaiser Hirohito auf dem Thron symbolisierte, obwohl sie auf eine rein zeremonielle Eigenschaft beschränkt war, die Kontinuität mit dem alten kaiserlichen Japan. Bis zum Jahr 1958 wurden alle noch inhaftierten Kriegsverbrecher der Klassen B und C freigelassen. Für einen Teil der Japaner hatten die Kriegsverbrecher, dem Friedensvertrag von San Francisco zum Trotz, nach den Gesetzen des eigenen Landes kein Unrecht begangen. Diese Menschen stigmatisierten die alliierte Rechtsprechung als etwas vom Ausland Aufgezwungenes und empfanden sie keineswegs als internationales Urteil eines globalen Gewissens. Als Gegenbewegung zu pazifistischen Stimmen, die zur Reue aufriefen, versuchten nationalistische Autoren Japans koloniale Expansion zu rechtfertigen. Am auffälligsten tat das Hayashi Fusao, der von 1963 bis 1965 in einer bekannten Literaturzeitschrift eine Artikelserie veröffentlichte, in der er den Krieg als eine notwendige Antwort auf den westlichen Imperialismus verteidigte und dabei Pals Sondervotum besonders hervorhob.[14]

Der Kalte Krieg sorgte für frischen Wind in den Segeln der politischen Rechten, die schon immer einen harten antikommunistischen Kurs verfolgt hatte. Nach der kommunistischen Revolution in China von 1949 und dem Ausbruch des Koreakrieges war den Vereinigten Staaten die Ausschal-

Abb. 39 *Kishi Nobusuke (Zweiter von links), einst als verdächtiger Kriegsverbrecher der Klasse A aus der Haft entlassen, mittlerweile Premierminister Japans, in einer Urlaubsszene. An der Hand hält er seinen kleinen Enkel Abe Shinzo, einen künftigen japanischen Premierminister, der eine Baseballmütze der New York Yankees trägt. Der zukünftige Außenminister Abe Shintaro, Kishis Schwiegersohn und der Vater Abe Shinzos, ist der Zweite von rechts. Hakone, 7. Juli 1957*

tung der japanischen Linken wichtiger als die Eindämmung der Rechten. Die regierenden Konservativen, von denen viele stärker zur Mitte tendierten als Kishi, empfanden es als praktisch, die Schuld am Krieg auf eine kleine Clique von irregeleiteten Militaristen abzuwälzen – eine Linie, die in dieser Frage zu der des Hauptquartiers der Besatzungsmacht und zur von Mao Zedong angeführten Kommunistischen Partei Chinas passte. Japanische Lehrbücher indoktrinierten unter der inhaltlichen Aufsicht durch rechtsgerichtete Politiker die nächste Generation mit dieser ganz besonderen Sichtweise und übersahen dabei zugleich die Unterdrückung asiatischer Nationen durch das Kaiserreich.[15]

Mit einem bemerkenswerten Wiederaufstieg nach der Entlassung aus dem Sugamo-Gefängnis brachte es Kishi 1957 bis zum Amt des Premierministers. Er sehnte sich vergeblich nach einer Revision der pazifistischen Verfassung, mit der er »die Folgen von Japans Niederlage und amerikanischer Besatzung vollständig beseitigen« und der japanischen Bevölkerung die Wiederentdeckung des Nationalstolzes und »letztlich das Hintersichlassen der Nachkriegszeit« ermöglichen wollte.[16] Bei einer Asienreise, die er zur Wiederherstellung des Ansehens seines Landes unternahm, lieferte er einige effektive Entschuldigungen ab, äußerte sich dabei jedoch nur vage zu der Frage, welche grausamen Taten das Japanische Kaiserreich begangen hatte.[17] In Burma äußerte er »tiefes Bedauern« über »den Schmerz, den wir verursachten«, während er in Australien von »unserer von Herzen kommenden Reue über das, was im Krieg geschah« sprach.[18]

Insgeheim von der CIA beraten, wirkte er beim Zusammenschluss zweier großer konservativer Parteien mit, aus dem sich die dominierende Liberaldemokratische Partei entwickelte. Die CIA begann jetzt, von Kishis antikommunistischem Eifer beeindruckt, mit der verdeckten, Millionen von Dollar schweren Finanzierung der Liberaldemokraten.[19] Obwohl er einst die Kriegserklärung an die Vereinigten Staaten mit unterzeichnet hatte, war für ihn jetzt die Supermacht von entscheidender Bedeutung bei der Wiederherstellung von Japans Status als antikommunistischer Macht, auch wenn es sein Bestreben war, die Beziehungen nicht so demütigend einseitig zu gestalten. Er stellte sich gegen eine Öffentlichkeit, die kein Interesse an einer Remilitarisierung hatte, und setzte 1960 die Ratifizierung eines überarbeiteten Vertrags über gegenseitige Kooperation und Sicherheit zwischen Japan und den Vereinigten Staaten durch, mit dem den Vereinigten Staaten die Unterhaltung von Militärstützpunkten auf japanischem Staatsgebiet weiterhin gestattet wurde.

Seine Aktivitäten lösten massive Demonstrationen aus, an denen sich letztlich ein Drittel der japanischen Bevölkerung beteiligte. Auf dem Höhepunkt der Unruhen rief der Sprecher des Repräsentantenhauses – zu diesem Zeitpunkt war das Kiyose Ichiro, Tojo Hidekis geschickter Verteidiger beim Tokioter Prozess – die Polizei ins Parlamentsgebäude, um die sozialistischen Abgeordneten, die dort ein Sit-in abhielten, aus dem Hohen Haus zu entfernen. Kiyose drückte die Ratifizierung des Vertrags in einer Parlamentssitzung durch, in der die Plätze der Opposition leer blieben. Das harte Vorgehen von Kishi und Kiyose brachte riesige Menschenmengen vor das Parlament, wo eine Studentin der Tokioter Universität zu Tode getrampelt wurde und die Polizei aufgebrachte Demonstranten blutig und bewusstlos schlug. Dieses Chaos brachte Kishi so weit, dass er im Juni 1960 seinen Rücktritt bekanntgab. Dennoch hatte er während seiner Amtszeit als Premierminister viel zur dauerhaften Debatte über das Thema beigetragen, dass Japan die pazifistische Verfassung von Ausländern aufgezwungen worden sei, die das Land auf diese Weise entmündigt und in seine Souveränitätsrechte eingegriffen hätten.[20]

Japan verhandelte 1965 mit dem südkoreanischen Machthaber Park

Chung Hee, der 1961 durch einen Militärputsch an die Macht gekommen war, über einen Normalisierungsvertrag, um noch aus der Kolonialzeit stammende Probleme beizulegen. Ausgeklammert blieb dabei jedoch der alte Territorialstreit über die beiden kleinen Inselchen und verschiedene Felsen, die bei den Koreanern Dokdo und bei den Japanern Takeshima heißen.[21] Das Abkommen, das auch die Zahlung eines Pauschalbetrags durch Japan vorsah, um Entschädigungsforderungen zu bedienen, aber keine Erklärung der Reue im Vertragstext enthielt (bei den Verhandlungen bezeichnete Japans Außenminister die Vergangenheit vage als »äußerst bedauerlich«), löste landesweite Demonstrationen gegen Park aus. Kishi erklärte dazu: »Südkorea steht glücklicherweise unter einem Militärregime, in dem Park Chung Hee und eine Handvoll Führungspersönlichkeiten ihre eigenen Entscheidungen treffen können.«[22]

Göttliche Geister

Der materielle und spirituelle Kristallisationspunkt für die Ablehnung des Tokioter Prozesses ist der Yasukuni-Schrein – eine ruhige, wunderschöne, von Bäumen gesäumte Zufluchtsstätte in Tokios zentralem Stadtbezirk Chiyoda. Die im Jahr 1869 in der Meiji-Ära gegründete Shinto-Institution ist den rund zweieinhalb Millionen Japanern gewidmet, die in ihrer großen Mehrzahl in den Kriegen starben, die das Land seit dem späten 19. Jahrhundert führte, die meisten von ihnen im Zweiten Weltkrieg. Dort werden Namensverzeichnisse aufbewahrt, Listen von verehrten Seelen, die durch ein feierliches Ritual geheiligt werden und deren Gedächtnis hier als *Kami*, göttliche Geister, bewahrt wird. Soldaten und Kamikaze-Piloten gingen mit dem Ruf »Wir sehen uns in Yasukuni!« in den Tod.

Während des Krieges war der Schrein eine offizielle staatliche Einrichtung, für die das Heeres-, Marine- sowie das Innenministerium gemeinsam zuständig waren.

Als das Allgemeine Hauptquartier den Staats-Shintoismus als Nationalreligion abschaffte und der Kaiser seiner Göttlichkeit entsagte, erfand sich der Yasukuni-Schrein als private religiöse Institution neu, allerdings mit einer fortgesetzten Verbindung zum Staat. Hirohito kam in den Nachkriegsjahren viele Male dorthin zu Besuch.[23] Der Schrein erhielt den Vorzug vor weniger belasteten Orten – zu denen beispielsweise der Chidorigafuchi-Nationalfriedhof gehört, ein benachbarter offizieller Friedhof in Tokio, Bestattungsort für die sterblichen Überreste unbekannter Japaner, die während des Zweiten Weltkriegs im Ausland starben – und erlangte einen halboffiziellen Status als nationale Kriegs-Gedenkstätte.[24]

Kurz nachdem Japan im April 1952 seine Unabhängigkeit wiedererlangte, begannen Familienangehörige von toten Kriegsverbrechern Druck auszuüben, weil sie ihre Toten in Yasukuni eingeschreint haben wollten. Das Gesundheits- und Wohlfahrtministerium, in dem es eine von Veteranen dominierte wichtige Abteilung gab, schlug Namen von Gefallenen für den Schrein vor. Im April 1959, nach Jahren der Zurückhaltung, nahm Yasukuni ein erstes Kontingent von Kriegsverbrechern der Klassen B und C auf. Drei weitere Kontingente folgten, so dass im Oktober 1967 dort insgesamt 984 Kriegsverbrecher der Klassen B und C als *Kami* geehrt wurden.[25]

Der Verwaltungsrat des Yasukuni-Schreins ernannte 1978 mit Matsudaira Nagayoshi einen eifernden neuen Oberpriester, der im Krieg als Offizier gedient hatte. Zu einem späteren Zeitpunkt sagte er: »Schon bevor ich Oberpriester wurde, war ich der Ansicht gewesen, dass Japan niemals seinen Geist wiedererlangen würde, wenn es nicht dem von den Tokioter Kriegsverbrecherprozessen erzeugten Geschichtsbild entgegentrat, nach dem ›alles an Japan schlecht war‹«.[26] Insgeheim zelebrierte er am 17. Oktober 1978 die Rituale zur Vergöttlichung aller 14 toten Kriegsverbrecher der Klasse A im Yasukuni-Schrein – darunter des *Kami* von General Tojo Hideki und der sechs anderen hingerichteten Männer, von denen einige bei großen Teilen der chinesischen Bevölkerung verhasst waren, besonders General Matsui Iwane, der verurteilt worden war, weil er nichts zur Verhinderung der Gräueltaten in Nanjing unternommen hatte. Ebenfalls eingeschreint wurden zwei wegen Kriegsverbrechen Beschuldigte der Klasse A, die noch während des Prozesses eines natürlichen Todes gestorben waren. Einer der beiden war der ehemalige Außenminister Matsuoka Yosuke, ein energischer Befürworter des Nationalsozialismus. Hinzu kamen noch fünf weitere Männer, die nach ihrer Verurteilung noch in der Haft verstorben waren.

Was immer man über den Tokioter Prozess denken mag: Der einzige dieser Männer, der ernsthaft für sich beanspruchen konnte, sich persönlich anständig verhalten zu haben, war Togo Shigenori. Der Schrein setzt ältere Anführer, die nach einem langen Gerichtsverfahren verurteilt und gehängt wurden, mit jungen Soldaten gleich, die als Kämpfer in einem Krieg getötet wurden, für den sie sich nicht selbst entschieden hatten: Sie alle waren jetzt göttliche Geister, die ihr Leben für die Nation gegeben hatten. Der Yasukuni-Schrein stellt den Tokioter Prozess als die letzte Schlacht des Zweiten Weltkriegs dar.

Nachdem die japanische Presse die Nachricht wagemutig an die Öffentlichkeit gebracht hatte, zuckten viele Japaner zusammen. Kaiser Hirohito war schockiert und gab dem Oberpriester die Schuld an diesem Ereignis, wie sich aus den später entdeckten Aufzeichnungen zweier Mitarbeiter des Kaiserlichen Haushalts schließen ließ. Matsudaira wollte mit seinem Vorgehen die Personen ehren, die der Schrein als die »Märtyrer Showas« bezeichnet, doch der Showa-Kaiser selbst kam nie wieder zu Besuch. Genauso hielten es bisher auch seine Nachfolger.[27]

Japanische Premierminister und hochrangige Vertreter des Staates beteten hingegen weiterhin im Yasukuni-Schrein, auch wenn er jetzt für eine unausgesprochene Ablehnung des Tokioter Urteils stand.[28] Bei den ersten Besuchen durch japanische Premierminister nach der Einschreinung der Kriegsverbrecher der Klasse A wahrte die chinesische Regierung noch weitgehend ein diplomatisches Stillschweigen. Das hatte ein Ende, als Premier Nakasone Yasuhiro, der zum Tokioter Prozess anmerkte, dort sei »ein selbstquälerischer Glaube, dass unser Land an allem schuld sei«, propagiert worden, dem Schrein am 15. August 1985 einen offiziellen Besuch abstattete – am 40. Jahrestag der japanischen Kapitulation. (Nakasone hatte als junger Leutnant während des Pazifikkriegs auf Borneo eine militärische »Troststation« organisiert, wie er sich später in seinen Memoiren erinnerte).[29] Die regierungsamtliche Beijinger *Volkszeitung* bellte, Japan verschleiere »den von den japanischen Militaristen begonnenen Angriffskrieg«, was »die Gefühle des chinesischen Volkes und der Asiaten verletzt«. Nach heftiger Kritik aus der japanischen Öffentlichkeit erklärten Nakasones Amtsnachfolger, vorläufig auf solche Besuche zu verzichten.[30]

Einen ganz anderen Besuch hatte schon einige Jahre zuvor Willy Brandt absolviert. Der Regierungschef der Bundesrepublik Deutschland begab sich am 7. Dezember 1970, einem kalten, grauen Tag, in jenen zentralen Warschauer Stadtteil, in dem die deutsche Besatzungsmacht einst ein Ghetto eingerichtet hatte. Er hatte wenige Monate zuvor einen Vertrag unterzeichnet, mit dem Deutschland die Oder-Neiße-Linie als polnische Westgrenze anerkannte und alle deutschen Gebietsansprüche gegenüber Polen aufgegeben wurden. In einem dunklen Mantel stand er mit ernster Miene vor dem Warschauer Ghetto-Mahnmal, mit dem an die Juden erinnert wurde, die beim Aufstand im Warschauer Ghetto gekämpft hatten und gestorben waren. Er legte einen Kranz mit weißen Blumen nieder und richtete die Schleifen. Dann tat er, wie er später schrieb, »was Menschen tun, wenn die Sprache versagt«. Er sank auf die Knie, verharrte kurz auf dem nassen Granit und neigte den Kopf.

Seine große Geste sorgte in der Heimat für unterschiedliche Reaktionen. Nach der Ansicht rechtsgerichteter und älterer Deutscher hatte der Bundeskanzler deutsche Gebiete ausverkauft und sich selbst vor einem ausländischen Publikum in einem kommunistischen Land erniedrigt. Für jüngere Deutsche markierte das spontane Handeln Brandts – eines Mannes, der Widerstand gegen Adolf Hitlers Regime geleistet hatte, bevor er 1969 der erste sozialdemokratische Kanzler der Bundesrepublik Deutschland wurde – einen Bruch mit der unheilvollen Vergangenheit. Bei einer Umfrage hielten rund 48 Prozent der Deutschen den Kniefall für übertrieben, während ihn 41 Prozent lobten. Natürlich verfolgte Brandt auch ein strategisches Ziel: Er strebte eine größere internationale Anerkennung für die Bundesrepublik und ein Ende der Forderungen nach Reparationen an. Doch seine offensichtliche emotionale Aufrichtigkeit entschärfte die von sowjetischen und polnischen Propagandisten verbreiteten Warnungen vor den reuelosen Nazis, die zurückschlagen würden, wenn die kommunistische Herrschaft über Mitteleuropa zusammenbräche. Unter moralischen und strategischen Gesichtspunkten war Brandts Geste ein Triumph.[31]

Führende japanische Politiker haben sich seit 1972 Dutzende Male für die Taten des Landes im Krieg entschuldigt, aber ein tatsächliches japanisches Äquivalent zu Brandts Warschauer Kniefall hat es nie gegeben.[32] Während die Bundesrepublik Deutschland nach den frühen, relativ halbherzigen Gesten zu einer tiefergehenden Versöhnung mit ihren europäischen Nachbarn übergegangen ist, wich Japan in seiner eigenen Region dieser Art von Übereinkommen aus. Die öffentlichen Debatten in Japan tendierten zwar zu einer genauen Untersuchung der westdeutschen Erfahrungen als eines möglichen Handlungsmusters, doch offizielle japanische Reuebekundungen fallen oft eher formalistisch oder lau, ja sogar widerwillig aus – »Japan räuspert sich dieser Tage für einen kleinen, trockenen Reuehusten wegen seines Verhaltens während des Zweiten Weltkriegs«, berichtete Nicholas Kristof von der *New York Times* einst aus Tokio.[33] Aber wichtiger ist in diesem Zusammenhang vielleicht, dass rechtsgerichtete Japaner die aufrichtigen Erklärungen des Bedauerns immer wieder mit Gegenbekundungen unterlaufen, dass solche Aussagen in Wirklichkeit geschäftsmäßiger Natur seien.[34]

Einige der schönsten Versuche, Reue zu zeigen, gingen von Kaiser Akihito aus, der ein bewusstes, reumütiges Nachdenken über den Krieg zu einem wichtigen Thema seiner Herrschaft machte. Nach seiner Thronbesteigung im Januar 1989 ging er über die eher schwammigen Worte seines verstorbenen Vaters Hirohito hinaus, der stets von der »unglücklichen« oder »bedauerlichen« Vergangenheit gesprochen hatte. Er äußerte »tiefes

Bedauern« gegenüber der koreanischen Bevölkerung und dann, als erster japanischer Kaiser überhaupt zu Besuch in China, erklärte er 1991 bei einem Staatsbankett in der Großen Halle des Volkes in Beijing: »Es gab eine unglückliche Zeit, in der mein Land dem chinesischen Volk großes Leid zufügte. Darüber empfinde ich tiefe Trauer.«[35] Bei Reisen nach Indonesien, auf die Philippinen, nach Malaysia, Vietnam, Thailand und Singapur zollte er den Opfern des Japanischen Kaiserreiches Tribut und versprach, dass sein Land jetzt dem Frieden verpflichtet sei. Zum siebzigsten Jahrestag des Kriegsendes sprach er von »Gefühlen tiefer Reue«. Während viele Asiaten sich wünschten, er wäre weiter gegangen, sehr viele konservative Japaner hingegen der Ansicht waren, er sei bereits zu weit gegangen, förderten Akihitos Bemühungen die Wiederherstellung von Japans Ansehen in ganz Asien.[36] Nach seiner Abdankung im Jahr 2019 hat sein Sohn, Kaiser Naruhito, ein hochgebildeter Oxford-Absolvent, die Tragödie des Krieges wiederholt hervorgehoben.[37]

Als Japan nach dem Ende des Kalten Krieges eine gewichtigere Rolle auf der Weltbühne zufiel, bemühte sich die Regierung des Landes abermals um Versöhnung. Chefkabinettssekretär Kono Yohei übermittelte 1993 »aufrichtige Entschuldigungen und Reue« wegen der japanischen »Nötigung« sogenannter »Trostfrauen«, von denen viele koreanische Staatsbürgerinnen waren, »die unermesslichen Schmerz und unheilbare physische und psychische Wunden davongetragen haben«. Diese Entschuldigung wurde mit Einzahlungen der japanischen Regierung in einen Sonderfonds für ehemalige »Trostfrauen« unterfüttert, die sich im Zeitraum von 1995 bis 2007 auf eine Gesamtsumme von 4,8 Milliarden Yen – je nach Wechselkurs zwischen 29 und 38 Millionen Euro – beliefen.[38] Zum 50. Jahrestag der japanischen Kapitulation verurteilte Murayama Tomiichi – einer der nur zwei bisherigen Premierminister aus den Reihen der Sozialistischen Partei, der nicht so stark auf den Sprachgebrauch und die Schlüsselwörter der politischen Rechten festgelegt war – unverblümt Japans »Kolonialherrschaft und Aggression«, die asiatischen Nationen »ungeheuren Schaden und Leid zugefügt« hätten. In dieser eindrucksvollen Ablehnung des Kolonialismus, gebilligt von einem Kabinett, das mit Ministern aus der Liberaldemokratischen Partei gespickt war, akzeptierte der Regierungschef »diese unwiderlegbaren historischen Tatsachen« – ein harter Schlag gegen die Leugner auch der abscheulichsten Gräueltaten, etwa des Massakers von Nanjing. Er äußerte seine »Gefühle tiefer Reue« und erklärte seine »von Herzen kommende Entschuldigung«.[39] Obwohl einige rechtsgerichtete Kräfte in der Liberaldemokratischen Partei sich nach wie vor gegen Murayamas Entschuldigung sträuben, ist sie von Nachfolgern im Amt des Premierministers bestätigt worden.

Auf den Philippinen, wo die gegen Japan gerichtete Verbitterung in der Nachkriegszeit besonders ausgeprägt war, hat es die ehemalige Besatzungsmacht mit einer merklich großzügigeren Vorgehensweise versucht als im Umgang mit Korea oder China. Zur Absicherung der Normalisierung diplomatischer Beziehungen unterzeichnete Japan 1956 ein Reparationsabkommen, das Zahlungen und Dienstleistungen zugunsten der Philippinen im Wert von 550 Millionen Dollar und außerdem ein Entwicklungsdarlehen in Höhe von 250 Millionen Dollar vorsah.[40] Bei einem Staatsbesuch auf den Philippinen sagte Nakasone Yasuhiro, ein konservativer japanischer Premierminister, im Jahr 1983, dass »unser Land es zutiefst bereut und bedauert, ihrem Land und Volk im vergangenen Krieg solchen Kummer bereitet zu haben« – eine für seine Verhältnisse ungewöhnlich umfassende Entschuldigung. Als Corazon Aquino 1983 in ihrer Eigenschaft als Staatspräsidentin der Philippinen Japan einen Besuch abstattete, entschuldigte sich Hirohito privat bei ihr – das behauptete jedenfalls ein Mitarbeiter des Presseamts der philippinischen Regierung – für den während des Krieges verursachten Schmerz, während sie angeblich erwiderte, er solle das Thema vergessen. Zahlreiche Filipinos waren wegen der sexuellen Übergriffe zu Kriegszeiten nach wie vor wütend, darauf ging Japans Außenminister 1993 mit folgenden Worten ein: »Aus tiefstem Herzen möchte ich mich bei den philippinischen Frauen entschuldigen, die als sogenannte Trostfrauen unbeschreibliche Härten erduldeten.«[41] Kaiser Akihito persönlich erwähnte vor einem Besuch auf den Philippinen 2016 eigens die Zivilisten, die beim Kampf um Manila getötet worden waren, äußerte im Land selbst auch Reue, vermied jedoch eine Entschuldigung.[42]

Japans Ansehen bei den Filipinos ist durch eine Reihe projapanischer Spitzenpolitiker gestärkt worden, von Ferdinand Marcos bis zu Benigno Aquino III. und Rodrigo Duterte. Heutzutage werden Japans Beziehungen zu den Philippinen durch Investitionen und offizielle Entwicklungshilfe gefördert, durch ein viel beachtetes Freihandelsabkommen, einen gemeinsamen Verbündeten, die Vereinigten Staaten, und Verteidigungsabkommen, die sich an der Abwehr der gemeinsamen Bedrohung durch China orientieren.[43] (Sowohl Japan als auch die Philippinen könnten bei einem Krieg um Taiwan zu Frontstaaten werden.) Jüngere Generationen auf den Philippinen haben alles in allem die bedrückenden Geschichten, die ihnen von ihren Vorfahren berichtet wurden, weitgehend hinter sich gelassen: Bei einer Umfrage im Jahr 2014 äußerten 80 Prozent der Filipinos eine positive

Ansicht über Japan, während 93 Prozent wegen territorialer Streitigkeiten mit China besorgt waren.[44]

Doch diese bewundernswerten japanischen Bemühungen um Versöhnung sind immer wieder von Nationalisten unterlaufen worden, die die Nachbarn reizen und provozieren. Matsudaira verantwortete 1986 die Wiedereröffnung des großzügig ausgestatteten Yushukan-Militärmuseums im Yasukuni-Schrein, das mit Ausstellungsstücken aufwartet, die zur Rechtfertigung des Pazifikkrieges und zur Ablehnung des Tokioter Prozesses dienen.[45] Kurz nach Murayamas mutiger Erklärung von 1995 organisierten konservative Kräfte eine Kampagne für patriotischer gestimmte Lehrbücher der Geschichte, während eine Gruppe von Unterhausabgeordneten Druck mit dem Ziel ausübte, eine makabre historische Neubewertung des Massakers von Nanjing und der sexuellen Nötigung koreanischer Frauen zu erreichen.[46]

Ein schillernder politischer Außenseiter namens Koizumi Junichiro überflügelte 2001 einen gemäßigteren Rivalen mit dem opportunistischen Versprechen an die Adresse der einflussreichen Vereinigung kriegshinterbliebener Familien Japans (*Nippon Izokukai*), dass er als zukünftiger Premierminister den ausgesetzten Brauch, im Yasukuni-Schrein zu beten, wieder aufleben lassen werde. (Ein Premierminister, Hashimoto Ryutaro, hatte den Schrein 1996 besucht und dies als Privatangelegenheit bezeichnet.) Chinas Staatspräsident Hu Jintao warnte Koizumi unverblümt, dass ein Besuch des Yasukuni-Schreins eine Rückkehr zum Militarismus bedeuten würde. Koizumi ließ sich davon nicht beirren und suchte den Schrein im August 2001 auf, zwei Tage vor dem mit starken Emotionen belasteten Datum des 15. August. Die um politische Korrektheit bemühte japanische Seite erklärte, dass er die Ergebnisse des Tokioter Prozesses akzeptiere und den Schrein nicht zu Ehren der Kriegsverbrecher der Klasse A aufsuche, doch das chinesische Außenministerium schimpfte, der Besuch zeige, dass es an Reue für die japanische Aggression fehle. Zwanzig südkoreanische Männer schnitten sich aus Protest die Kuppen ihrer kleinen Finger ab.[47]

Koizumi begab sich, um den Affront wieder wettzumachen, zur Marco-Polo-Brücke am Stadtrand von Beijing, um dort eine »von Herzen kommende Entschuldigung« auszusprechen, und legte als erster japanischer Premierminister in einer benachbarten Gedenkstätte einen Kranz nieder. Wenige Tage später reiste er nach Seoul, wo er, von wütenden und lautstarken Demonstranten verfolgt, an einem Denkmal für von Vertretern des Japanischen Kaiserreichs zu Tode gefolterte Koreaner eine inhaltlich ähnliche Erklärung abgab.[48] Doch Koizumi besuchte den Yasukuni-Schrein während seiner Amtszeit als Premierminister von 2001 bis 2006 jedes Jahr, was jedes Mal zu heftiger Kritik aus China und Südkorea führte. Er wiederholte 2005 einen großen Teil des Inhalts der Murayama-Entschuldigung bei einem Gipfeltreffen in Indonesien und ein weiteres Mal, im August desselben Jahres, zum 60. Jahrestag des Endes des Zweiten Weltkriegs, doch das trug wenig zur Besänftigung der Kritik an seinem Verhalten bei.[49] Ein Jahr später besuchte er am 15. August 2006 in förmlicher Kleidung den Yasukuni-Schrein. Seit mehr als 20 Jahren war kein japanischer Premierminister an diesem Feiertag dort gewesen.[50]

Sadistische Geschichte

Kein japanischer Spitzenpolitiker trug mehr zur Revision der Haltung des eigenen Landes zum Krieg – und zur Wiederherstellung seines Ansehens als politische Macht – bei als Kishi Nobusukes ehrbarer Enkel Abe Shinzo, der Premierminister des modernen Japan mit der längsten Amtszeit. Er folgte der Vorstellung seines Großvaters, als er öffentlich darauf beharrte, Japan müsse sich »vom Regime der Nachkriegszeit lösen« und so die Demütigung der Niederlage und der amerikanischen Besatzung überwinden.[51] Abe, in der Schule als Nachkomme eines Kriegsverbrechers gehänselt, war seit seiner Kindheit in seiner Weltsicht stark beeinflusst worden von der Verbitterung, die sein geliebter Großvater über die in amerikanischer Haft verbrachten drei Jahre und drei Monate empfand.[52] Später schrieb er: »Manche Leute bezeichneten meinen Großvater regelmäßig als ›verdächtigen Kriegsverbrecher der Klasse A‹, und ich empfand das als starke Zurückweisung.«[53]

In zwei Amtszeiten präsentierte er seine Politik als Normalisierung Japans, mit der die Abwehr wachsender Bedrohungen durch China und Nordkorea ermöglicht, die Wirtschaft unterstützt und das lebenswichtige Bündnis mit den Vereinigten Staaten, Japans einzigem vertraglich gebundenem Verbündeten, gestärkt werden sollte.[54] Abe entfernte schrittweise die Einschränkungen für Japans Selbstverteidigung, verstärkte das Militär und die Geheimdienste, allerdings ohne den Lebenstraum einer Revision der pazifistischen Verfassung zu verwirklichen. Er brachte Sicherheitsgesetze durchs Parlament, die es den Selbstverteidigungsstreitkräften erlaubten, bei von den Vereinten Nationen gebilligten Auslandseinsätzen logistische Unterstützung zu leisten. Mit einem historischen Vorstoß legte seine Regierung Artikel 9 der Verfassung neu aus und erklärte, die Anwendung von Gewalt sei nicht nur zur Abwehr eines bewaffneten Angriffs auf Japan zulässig, sondern unter bestimmten Bedingungen auch zur Abwehr eines bewaffneten Angriffs auf ein befreundetes Land, durch den auch der Fortbestand Japans bedroht werde.[55] Über die Entführung japanischer Staatsbürger durch Nordkorea entsetzt, setzte er sich in der daraus entstehenden Kontroverse für die Betroffenen ein. Er initiierte 2007 noch in seiner ersten Amtszeit mit Erfolg den Quadrilateralen Sicherheitsdialog (Quad) von vier Anrainerstaaten des Indischen und Pazifischen Ozeans – Australien, Indien, Japan und die Vereinigten Staaten – zum Schutz eines freien indopazifischen Raums gegen eine chinesische Vorherrschaft.[56]

Zur gleichen Zeit stürzte sich Abe in den Kreuzzug gegen das, was Japans leidenschaftliche neue Konservative als »masochistische« Einstellung zum Zweiten Weltkrieg bezeichnen. Als junger Politiker nutzte er den Vorteil seiner Herkunft als Enkel eines früheren Premierministers in vollem Umfang aus, um seinen Aufstieg voranzutreiben, und feierte in seinen frühen Schriften Kishis Leistungen. Er kritisierte, dass Japan die pazifistische Verfassung von den Vereinigten Staaten aufgezwungen worden sei, attackierte Konos Erklärung von 1993 und versuchte, die Fakten zur sexuellen Nötigung koreanischer Frauen während des Krieges aus Lehrbüchern entfernen zu lassen.[57] Als er unter Premierminister Koizumi in das Amt des Chefkabinettssekretärs aufstieg, versuchte er Japans Handeln im Krieg von den Verbrechen der Nationalsozialisten abzugrenzen, die auch deutsche Staatsbürger getötet hatten. Er hielt fest, dass Japan bei der Verurteilung der Angeklagten im Tokioter Prozess keine Rolle gespielt habe, und stellte in Frage, ob die japanische Regierung Feststellungen zu historischen Ereignissen treffen sollte.[58]

Abe war es in seiner ersten kurzen Amtszeit als Premierminister 2006/07 wichtig, jede offizielle japanische Verantwortung für den sexuellen Missbrauch koreanischer Frauen zu bestreiten. Er behauptete, dass es »keine Beweise dafür gibt, dass es zu Nötigungen kam« – womit er im Wesentlichen die überlebenden Koreanerinnen im fortgeschrittenen Lebensalter als Lügnerinnen bezeichnete.[59] Mit spitzen Bemerkungen kritisierte er die Feststellungen des Tokioter Prozesses und vertrat die Ansicht, die Verurteilten der Klasse A seien nach japanischem Recht keine Verbrecher: »Meiner Ansicht nach ist schon der bloße Vorgang, diese Menschen als Verbrecher zu bezeichnen, seltsam.« Er erklärte vor dem Unterhaus, die Japaner hätten das Urteil des Tokioter Prozesses und die Kriegsverbrechertribunale der Alliierten nach den Bestimmungen des Friedensvertrags von San Francisco akzeptieren müssen, um ihre Unabhängigkeit wiederzuerlangen, aber jetzt gebe es keinen Grund mehr, diese Verurteilten als Verbrecher zu brandmarken. Er erhob die falsche Behauptung, niemand sei wegen Verbrechen gegen die Menschlichkeit angeklagt worden; diese Anklagepunkte waren im Urteil von Tokio in Wirklichkeit den konventionellen Kriegsverbrechen zugeordnet worden und hatten zu zahlreichen Verurteilungen geführt. Als ein Abgeordneter des Unterhauses energisch nachhakte und wissen wollte, ob Tojo Hideki Verantwortung für den Krieg trage, antwortete Abe, Politiker sollten sich mit Urteilen über historische Ereignisse zurückhalten.[60]

Als Abe nach einem Erdrutsch-Wahlsieg 2012 an die Macht zurückkehrte, war er ein schlauerer und vorsichtigerer Politiker geworden. Unmittelbar bevor er wieder ins Amt kam, besuchte er Kishis Grabstätte und sagte, er hoffe, den Wunsch seines Großvaters nach Wiederherstellung der japanischen Unabhängigkeit erfüllen zu können.[61] Seine lange Amtszeit als Premierminister war eine ermüdende Abfolge von Provokationen. Vor einem Ausschuss des Unterhauses erklärte er, Japans Handeln im Krieg sei vom Tokioter Prozess als verbrecherisch bewertet worden, nicht von den Japanern selbst: »Anders gesagt, trafen die alliierten Mächte diese Feststellung durch das Urteil der Sieger.«[62] Dieser Vorwurf der Siegerjustiz sorgte in China für Empörung. Ein Autor der chauvinistischen *Global Times*, eines Parteiorgans der Kommunistischen Partei Chinas, rühmte den Prozess: »Die internationale Gemeinschaft sollte zusammenarbeiten, um die auf dem Tokioter Prozess beruhende internationale Nachkriegsordnung zu bewahren.«[63] Abe trotzte im Dezember 2013 dem von der Regierung Obama ausgeübten Druck und besuchte den Yasukuni-Schrein, was die üblichen chinesischen Missbilligungen auslöste. Und eine unübliche. Der chinesische Botschafter in London schrieb: »Wenn der Militarismus dem quälenden Voldemort Japans gleicht, dann ist der Yasukuni-Schrein eine Art Horkrux.«[64]

Abes politische Gegner von der Linken befürchteten, dass er eine Revision von Japans offiziellen Entschuldigungen in Gang bringen wollte. Eine von ihm eingesetzte Kommission der Regierung verwarf 2014 die Entschuldigung Konos und veröffentlichte einen Bericht, aus dem hervorging, dass die Erklärung nicht vollständig auf historischem Beweismaterial beruht habe, sondern das Ergebnis koreanischen Drucks gewesen sei.[65] Abes Liberaldemokratische Partei bildete 2015 dann eine historische Kommission, die einerseits den Tokioter Prozess und die alliierte Besatzungsherrschaft, andererseits aber auch das Massaker von Nanjing und die Nötigung koreanischer Frauen beurteilen sollte.[66] Dieses Gremium wurde von Inada Tomomi geleitet, einer politischen Hardlinerin, die den Tokioter Prozess

Abb. 40 *Der formell gekleidete Abe Shinzo (Mitte), Premierminister Japans, geht bei seinem Besuch des Yasukuni-Schreins, in dem auch 14 verurteilte Kriegsverbrecher der Klasse A verehrt werden, hinter einem Shinto-Priester. Tokio, 26. Dezember 2013*

als »ohne Rechtsgrundlage« abgetan, Einzelheiten des Massakers von Nanjing in Frage gestellt und sich darüber beschwert hatte, dass japanische Lehrbücher »ein einseitiges Geschichtsbild« vermittelten. Abe ernannte sie später zur zweiten Verteidigungsministerin in der Geschichte des Landes.[67]

Abe konnte in seiner Geschichtsbetrachtung entgegenkommender sein, wenn er seine maritimen Partner umwarb, und das galt vor allem für die Vereinigten Staaten. Bewegende Reuebekundungen zeigte er in Washington bei einer gemeinsamen Sitzung beider Häuser des Kongresses – obwohl er es dort auffälligerweise vermied, das Thema »Trostfrauen« direkt anzusprechen – und bei einer eindrücklichen Reise nach Pearl Harbor mit Barack Obama.[68] Bei einer bahnbrechenden Rede vor dem australischen Parlament in Canberra äußerte er »aufrichtiges Beileid« für die australischen Kriegstoten und griff dabei das Beispiel des berüchtigten japanischen Gefangenenlagers Sandakan auf Borneo heraus.[69] Bei einem vielbeachteten Besuch in Indien vereinigten sich seine historischen Obsessionen dieses eine Mal mit seiner Diplomatie: Er besuchte Pals Familie und pries dabei den Richter mit dem abweichenden Urteil ebenso wie den auf der Seite der Achsenmächte stehenden Rebellen Subhas Chandra Bose.

Im Jahr 2015 wagten Abe und Park Geun Hye, die erste Staatspräsidentin Südkoreas, einen Versuch zur Verbesserung der Beziehungen zwischen beiden Ländern. Ihre gegenseitige Verbundenheit hatte einen makabren generationenübergreifenden Beiklang: Parks Vater, der General und Militärdiktator Park Chung Hee, hatte als Leutnant der japanischen Armee in der von Japan beherrschten Mandschurei gedient und später enge Verbindungen zu Abes Großvater Kishi geknüpft.[70] Abe und Park entwarfen eine »endgültige und unwiderrufliche Entschließung« für Zehntausende von koreanischen Frauen, die im Krieg zur Prostitution in Bordellen für japanische Soldaten gezwungen worden waren. Japan erklärte sich zur Zahlung von einer Milliarde Yen (nach dem damaligen Wechselkurs: 7,4 Millionen Euro) an eine Stiftung bereit, die von Südkorea zur Unterstützung der noch lebenden koreanischen Frauen eingerichtet werden sollte, während der Außenminister Kishida Fumio – der spätere, im Oktober 2024 aus dem Amt geschiedene Premierminister – in Abes Namen eine Entschuldigung aussprach.[71]

Doch nach Abes Sticheleien roch das Abkommen nach Opportunismus. Die japanische Rechte nörgelte, ihr Land habe sich bereits genug entschuldigt, während in Südkorea ein Geschrei anhob, die eigene Präsidentin begehe einen Vertrauensbruch gegenüber diesen alten Frauen in Form eines geopolitischen Geschäfts auf Gegenseitigkeit. Eine Mehrheit der südkoreanischen Bevölkerung wollte das Abkommen annulliert sehen.[72] Nachdem Park ihres Amtes enthoben und wegen Korruption verurteilt worden war, kritisierte ihr Nachfolger Moon Jae-in das Abkommen scharf und löste die Stiftung auf. Als die Südkoreaner Abe zu weiteren Entschuldigungen aufforderten, weigerte er sich.[73] Bis heute sind die Südkoreaner in ihrer Einstellung zu Japan ganz und gar unversöhnlich.[74] Auf dem Höhepunkt der Ablehnung erklärten 98 Prozent dieser in einer Demokratie lebenden Menschen, Japan habe sich für seine im Krieg begangenen Taten nicht ausreichend entschuldigt – das ist sogar ein noch höherer Anteil als bei den von einer Diktatur eingeschüchterten Chinesen.[75] Die jahrzehntelangen, in zugeknöpfter Manier geführten Gespräche und die faden, sorgfältig analysierten Stellungnahmen, mit denen dieser bei so vielen Südkoreanern fortbestehende verhaltene Groll überdeckt wird, haben etwas Surreales an sich.

Heutzutage ist es verständlich, dass viele Japaner befürchten, keine Art von Buße oder Abbitte werde der Kommunistischen Partei Chinas, die das Eindreschen auf Japan zu einem Teil ihrer innenpolitischen Überlebensstrategie gemacht hat, jemals genügen. Wie kann auch nur die lauteste japanische Entschuldigung das unaufhörliche Getöse des kommunistischen

Propaganda-Apparats übertönen? Welche Reuebekundungen könnte man zeigen, die nicht zu neuerlichen Forderungen nach Unterwürfigkeit, teuren Reparationen oder zur Aufgabe der in ihrer staatlichen Zugehörigkeit umstrittenen Senkaku- (japanisch) oder Diaoyu-Inseln (chinesisch) im Ostchinesischen Meer führen würde? Wer kann die moralische Empörung eines autoritären Hightech-Staates mit einer erschreckenden Bilanz in Menschenrechtsfragen ernst nehmen? Doch eine ernst gemeinte Entschuldigung wird nicht ausgesprochen, um etwas dafür zu bekommen, sondern aufgrund eines echten inneren Drangs, sich zu erinnern und Reue zu empfinden. Je öfter die Japaner erklären, es habe keinen Zweck, sich bei China zu entschuldigen, desto leichter blüht die in China weit verbreitete Feindseligkeit – und eskaliert.

Die revisionistische Sicht auf die Kriegsgeschichte brauchte Jahrzehnte, bis sie den japanischen Mainstream erreichte, aber inzwischen ist sie dort fest verankert. Zwei Drittel der Japaner glauben inzwischen, dass ihr Land sich genügend entschuldigt habe oder dass überhaupt keine Entschuldigung nötig sei.[76] Während Kishi und Abe den Wiederaufstieg Japans zur Regionalmacht anstrebten, gerät der rechtsgerichtete historische Revanchismus der Staatskunst in die Quere, die das zulassen könnte. Das offiziell pazifistisch verfasste Japan, das sich mit einer zunehmenden Bedrohung durch China und Nordkorea konfrontiert sieht und vom brutalen Angriff Russlands auf die Ukraine aufgerüttelt wurde, hat mit der größten militärischen Aufrüstung seit dem Zweiten Weltkrieg begonnen.[77] Doch das geschieht, während das Land zugleich an Erzählungen über seine Kriegsvergangenheit gebunden bleibt, die in moralischer Hinsicht abstoßend und historisch fragwürdig sind.

Die Sieger

Die Alliierten erklärten während des gesamten Tokioter Prozesses durchgehend, dass die neuen Prinzipien des Völkerrechts auch für sie gelten würden. Doch in den Jahrzehnten seit den Urteilen von Nürnberg und Tokio haben die Vereinigten Staaten, die Sowjetunion und die ehemaligen europäischen Kolonialmächte eindeutig bewiesen, dass sie nicht gewillt sind, sich selbst an die Ideale zu halten, die sie den Besiegten so hochmütig auferlegt haben. Sie haben sich auch nicht geneigt gezeigt, ihrer eigenen Sünden zu gedenken und sie zu sühnen.[78]

Seit 1945 kam es zu einer unvollständigen, aber merklichen Abnahme großer internationaler Kriege, was teilweise vielleicht auf die Rechtsnormen gegen Angriffskriege zurückzuführen ist, die in Nürnberg und Tokio vertreten wurden, aber auch auf so unromantische Faktoren wie das Machtgleichgewicht und die atomare Abschreckung im Kalten Krieg.[79] Heute bewerten sehr viele Japaner Krieg als ein Verbrechen im Sinn des Völkerrechts, während die Regierungen der früheren Alliierten das Zurückgreifen auf den Krieg als Instrument der Staatskunst bereitwillig akzeptieren. Die in Nürnberg und Tokio geweckten großen Hoffnungen wurden in den unmittelbar folgenden Jahrzehnten durch die Bereitschaft der verschiedenen Sieger unterlaufen, sich auf eine lange Abfolge eigener Kriegsverbrechen und Kriegshandlungen einzulassen, zu nennen sind hier: die Invasionen der Sowjetunion in Ungarn, der Tschechoslowakei und Polen; das militärische Vorgehen des British Empire in Kenia, Malaya und im Jemen; Frankreichs Bilanz von Folter und Repressionen in Algerien; die Verwüstung Vietnams aus der Luft und durch Bodentruppen durch die Vereinigten Staaten und ihre Verletzung der Neutralität Kambodschas; Chinas Invasion in Vietnam zur Unterstützung der Roten Khmer.[80] Bert Röling sollte später die Sowjetunion für die Interventionen in Ungarn, der Tschechoslowakei, Polen und Afghanistan kritisieren und die Vereinigten Staaten für deren Interventionen in Guatemala, Kuba, in der Dominikanischen Republik, Vietnam, Grenada und Nicaragua.[81] Nach dem Einmarsch in den Irak im Jahr 2003 entwickelten sich die Vereinigten Staaten unter George W. Bush und Donald Trump zum mächtigsten Widersacher des Internationalen Strafgerichtshofs, des Kriegsverbrechertribunals in Den Haag.

Damit soll keine bequeme moralische Gleichsetzung behauptet werden, wie das manche rechtsgerichteten Japaner gerne tun, die damit die scheußlichsten Gräueltaten des Japanischen Kaiserreichs rechtfertigen wollen. Der springende Punkt dabei ist allerdings, dass ein moralischer oder ein Gesetzeskodex eine lebendige Angelegenheit sein muss.[82] Wird er niemals auf neue Fälle angewendet, ist seine bindende Kraft beeinträchtigt. Telford Taylor, der amerikanische Hauptankläger bei den zwölf Nachfolgeprozessen von 1946 bis 1949, dem die Kriegsverbrechen in Vietnam später schwer zusetzen sollten, stellte die Frage, ob das amerikanische Volk imstande sei, »an die eigene Handlungsweise den gleichen Maßstab anzulegen wie an die Taten der Deutschen und Japaner, die während der Nürnberger und anderer Kriegsverbrecherprozesse verhandelt wurden?«[83]

Zum Thema Reuebekundungen nach dem Imperialismus ist festzuhalten, dass Frankreich seine Kolonialherrschaft in Algerien und den blutigen Krieg, den es 1954 bis 1962 dort geführt hatte, niemals bewältigt – geschweige denn sich dafür entschuldigt – hat, das Thema bleibt fast so heikel wie die Kollaboration mit den Nationalsozialisten.[84] Selbst Emmanuel Macron, der die Kolonisierung Algeriens noch vor seiner Wahl zum Staatspräsidenten als »Verbrechen gegen die Menschlichkeit« bezeichnete und einräumte, dass Folterungen eine bei den französischen Streitkräften verbreitete Praxis waren, schließt eine Entschuldigung nach wie vor aus.[85] Obwohl beim Krieg, den die Niederlande von 1945 bis 1949 für die Fortsetzung der Herrschaft über Indonesien führten, mehr als 100 000 Menschen ums Leben kamen, beschränkte sich die niederländische Regierung auf Entschuldigungen oder Entschädigungen für bestimmte Vorfälle, ließ sich aber mit einer allgemeinen Entschuldigung bis 2013 Zeit.[86]

Die britische Regierung hat es nie fertiggebracht, sich für das 1919 im Jallianwala Bagh Park begangene Massaker in Amritsar zu entschuldigen. Königin Elisabeth II. legte 1997 einen Kranz nieder und widmete den Hunderten von Indern, die an diesem Ort von britischen Soldaten niedergemäht worden waren, eine halbe Schweigeminute, aber britische Regierungsvertreter erklärten im privaten Rahmen, dass ein offizielles Schuldeingeständnis für das Massaker sie Dutzenden von Schadenersatzforderungen anderer ehemaliger Kolonien aussetzen würde.[87] David Cameron war 2013 der erste amtierende britische Premierminister, der den Jallianwala Bagh Park besuchte, wo er das Massaker als »zutiefst schändliches Ereignis« bezeichnete, aber umgehend hinzufügte: »Ich glaube nicht, dass es richtig ist, in der Geschichte zurückzugehen und dort nach Dingen zu suchen, für die man sich entschuldigen kann.«[88] Erst im Jahr 2013 – nachdem ältere kenianische Kläger vor britischen Gerichten Entschädigungszahlungen eingeklagt und ein epochemachendes Urteil erstritten hatte – sprach der britische Außenminister William Hague vor dem Unterhaus in London von Bedauern für die Folterung und Misshandlung von Kenianern während der brutalen Niederschlagung des Mau-Mau-Aufstands von 1952 bis 1960.[89]

Die schrillsten Misstöne beim Gedenken an den Tokioter Prozess kamen von Wladimir Putin, der die Bestrafung von Kriegsverbrechen zu einem Kernthema seines unablässigen Gedenkens an den Zweiten Weltkrieg machte. Er ist nicht der Typ, der dem Beispiel von Michail Gorbatschow folgt, der sein Beileid für die Misshandlung japanischer Gefangener durch die Sowjetunion aussprach, noch hält er es mit Boris Jelzin, der 1993 in Japan für die in der Nachkriegszeit praktizierte jahrelange Inhaftierung von mehr als 600 000 japanischen Zivilisten und Soldaten, von denen viele in Arbeitslagern zugrunde gingen, um Entschuldigung bat.[90] Putin wuchs mit den brutalen Erzählungen seines Vaters – eines Kriegsveteranen, der nach einer schweren Verletzung durch eine deutsche Handgranate hinkte – über die Belagerung von Leningrad auf, bei der auch Putins damals zwei Jahre alter Bruder Viktor starb.

Putin propagiert eine von Tapferkeit geprägte, makellose russische Geschichte, in der vom Hitler-Stalin-Pakt ebenso wenig die Rede ist wie von der Besetzung der baltischen Länder und Ostpolens in geheimer Zusammenarbeit mit dem nationalsozialistischen Deutschen Reich und von Massenvergewaltigungen bei der Einnahme Berlins. Er hat die Annektierung Estlands, Lettlands und Litauens – die Frucht des Pakts mit Adolf Hitler – als defensiv, rechtmäßig und einvernehmlich gerechtfertigt.[91] Für ihn bleibt das Ergebnis des Großen Vaterländischen Krieges – so die russische Bezeichnung für den Zweiten Weltkrieg – ein Sieg des »ganzen sowjetischen Volkes«, der alle 15 Republiken der alten Sowjetunion geeint habe, auch so eigenwillige Teile der Union wie Georgien und die Ukraine.[92]

Putin lobt die sowjetische Gegnerschaft zu Japans Aggression und Militarismus, was nützlich ist, um Japan in der Defensive zu halten, weil es sich um einen offiziellen Friedensvertrag bemüht.[93] Während einer Auseinandersetzung mit Japan um vier umstrittene, von der Sowjetunion gegen Ende des Zweiten Weltkriegs besetzte Inseln kritisierte Putins langjähriger Außenminister Sergej Lawrow im Jahr 2015: »Japan ist das einzige Land, das die Ergebnisse des Zweiten Weltkriegs in Frage stellt, das tut sonst niemand.«[94] Putin beschuldigt den Westen einer beschwichtigenden Haltung im Umgang mit den japanischen Militaristen und wirft dem Völkerbund vor, den japanischen Überfall auf China nicht verhindert zu haben, erweist sich allerdings als vorhersehbar schweigsam, wenn es um die Verurteilung des sowjetischen Angriffs auf Finnland durch den Völkerbund geht. In einer großen Rede zum 75. Jahrestages des sowjetischen Sieges rechtfertigte er den Hitler-Stalin-Pakt als Notwendigkeit wegen »einer realen Bedrohung durch einen möglichen Zweifrontenkrieg – mit dem Deutschen Reich im Westen und Japan im Osten, wo am Fluss Chalchin Gol bereits heftig gekämpft wurde«. Er lobte die Sowjetunion überschwänglich für die Kriegserklärung gegen Japan im August 1945 und den Sieg über die Kwantung-Armee.[95] 2014 reiste er in die Mongolei zu einer Gedenkfeier anlässlich des 75. Jahrestags der dort ausgetragenen Kämpfe zwischen sowjetischen und japanischen Streitkräften und erklärte die Schlacht am Fluss Chalchin Gol zu einem ruhmreichen Sieg, der die japanischen Militaristen mehr als zwei Jahre lang von einem Eintreten in den großen Krieg abgehalten habe.[96]

Putin erklärt routinemäßig seine Verehrung für Nürnberg und, nicht ganz so häufig, für den Tokioter Prozess.[97] »Wir sprechen immer wieder von den Lehren der Nürnberger Prozesse«, erklärte er 2020 bei einer akademischen Konferenz. »Die gesamte internationale Gemeinschaft hat die Pflicht, die Urteile der Nürnberger Prozesse zu schützen, weil sie die Grundsätze betreffen, auf denen die Werte der Weltordnung der Nachkriegszeit und die Normen des Völkerrechts beruhen.«[98] Er benutzte Nürnberg, um den Opferstatus von Russen hervorzuheben, nicht die Vernichtung der Juden. 2021 richtete er ein Grußwort an eine Konferenz, die sich in Chabarowsk dem 1949 dort abgehaltenen sowjetischen Militärtribunal widmete, auf dessen Anklagebank japanische Offiziere saßen, die am geheimen Biowaffenprogramm mitgewirkt hatten. Putin erklärte in seinem Beitrag, dass jener Schauprozess »ein rechtliches, moralisches und ethisches Urteil über jene gesprochen hat, die den Zweiten Weltkrieg auslösten und furchtbarer Verbrechen gegen die Menschlichkeit schuldig waren – wie das auch bei den Nürnberger und Tokioter Prozessen geschah«.[99]

Nürnberg und Tokio gefallen dem legalistisch orientierten Charakterzug des russischen Autokraten; er betont häufig eine Tradition des konservativen russischen Rechtsdenkens, lobt zugleich in den höchsten Tönen die Charta der Vereinten Nationen und das Völkerrecht der Nachkriegszeit als Verteidigung gegen eine unipolare, von den aggressiven Vereinigten Staaten dominierte Welt.[100] Genauso wichtig ist hier seine plumpe Instrumentalisierung von Nürnberg, um Ukrainer, Letten und andere missliebige Nationalitäten implizit einer mutmaßlichen Glorifizierung von Nazi-Kollaborateuren zu bezichtigen.[101] Einer serbischen Zeitung sagte er: »In einigen europäischen Ländern verliert der beim Nürnberger Militärtribunal entwickelte ›Impfstoff‹ gegen das Nazi-Virus bedauerlicherweise seine Wirkung.«[102]

Putins schärfste Verteidigung des Tokioter Prozesses stärkte seine Verbindungen mit China. Im September 2015, vor einem Besuch in Beijing, wo Xi Jinping den 70. Jahrestag des Sieges über Japan feierte, stellte Putin China an die Seite der Sowjetunion und sprach von den beiden Ländern, die die Hauptlast der deutschen und japanischen Aggression zu tragen gehabt hätten. »Heute sind wir, in Europa wie in Asien, Zeugen der Versuche, die Geschichte des Zweiten Weltkriegs zu verfälschen und ungenaue und verzerrte Deutungen der Ereignisse zu verbreiten, die nicht auf Tatsachen beruhen«, sagte er der staatlichen Nachrichtenagentur Chinas und zielte mit diesen Bemerkungen auf Japan und dessen Regierungschef Abe. »Bestrebungen bestimmter Länder zur Verherrlichung und Entlastung von Kriegsverbrechern und ihren Gefolgsleuten sind eine unerhörte Missachtung der Prozesse von Nürnberg und Tokio. Das ist eine offensichtliche Beleidigung des Andenkens von Millionen, die im Krieg gefallen sind.«[103]

Putin proklamierte hartnäckig seine Treue zu Nürnberg, während Russland 2008 in Georgien einmarschierte, 2014 mit der Krim ukrainisches Staatsgebiet annektierte und einen von Separatisten angezettelten Krieg in der Ostukraine unterstützte, ein Vorspiel zum gegenwärtigen brutalen Angriffskrieg in der Ukraine. Er stellt sich selbst als den wahren Verfechter der Rechtsordnung der Nachkriegszeit dar und bedient sich zur Rechtfertigung seiner Angriffskriege eines in quasijuristischer Diktion daherkommenden Wortschwalls: Er verteidige die im Ausland lebenden Russen, er rette Zivilbevölkerungen, die von ukrainischen Neonazis bedrängt werden, er hole die Krim zurück, die in Wirklichkeit ein Teil Russlands sei, er schütze das Recht auf Selbstbestimmung, das winzigen Nationen auch auf ukrainischem Staatsgebiet zustehe.[104] Seine Unterstützung der Marionettenregimes in Abchasien, Süd-Ossetien, Transnistrien, Donezk und Luhansk mutet wie eine Kopie des Vorgehens des Japanischen Kaiserreiches in Mandschukuo und Nordchina an. Er pocht auf die historische Wahrheit, während er zugleich die sowjetische Geschichte schönfärbt; er feiert die Rechtsordnung der Nachkriegszeit, während seine Truppen die Grenzen zu Nachbarstaaten überschreiten; er beklagt Verbrechen gegen die Menschlichkeit und tötet zur gleichen Zeit systematisch Zivilisten in Tschetschenien, Syrien und in der Ukraine. Putin scheint zwar eher ein moderner russischer Imperialist als ein stalinistischer Ideologe zu sein, doch die sowjetischen Ankläger in Tokio hätten in seinem rhetorischen Handwerk viel Bewundernswertes entdeckt.[105]

Der Tokioter Prozess, der in ganz Ostasien eine Obsession ist, spielt im amerikanischen politischen Diskurs so gut wie keine Rolle. Bei einer der seltenen Äußerungen eines Präsidenten zu den Kontroversen um Japans Kapitulation warnte Obama im Jahr 2009 davor, dass das Reden über einen Sieg in Afghanistan »diese Vorstellung heraufbeschwört, dass Kaiser Hirohito nachgibt und vor MacArthur eine Kapitulation unterschreibt« – womit er zeigte, dass selbst ein gut informierter, geschichtsbewusster Präsident nicht verstand, dass die Regierung Truman Hirohito in Wirklichkeit vor einer solchen Demütigung geschützt hatte.[106] Der einzige bedeutende amerikanische Politiker, der in den letzten Jahrzehnten der juristischen

Verfolgung japanischer Kriegsverbrechen besondere Aufmerksamkeit widmete, war John S. McCain, der Präsidentschaftskandidat der Republikaner im Jahr 2008, der auf seiner Wahlkampftour erklärte, dass Waterboarding als Foltertechnik betrachtet werden müsse, da Japaner verurteilt und hingerichtet wurden, weil sie amerikanischen Kriegsgefangenen so etwas angetan hatten.[107] Das kennzeichnete ihn in seiner eigenen Partei als randständig, da Trump den Einsatz von Foltertechniken herbeisehnt, »die sehr viel schlimmer sind als Waterboarding«.[108]

Die Vereinigten Staaten haben verspätet mit einer Abrechnung für die Sklaverei und die Jim-Crow-Gesetze und deren fortwirkendes Vermächtnis begonnen, hinzu kommt noch ein wachsendes Bewusstsein für die anhaltende Plage der Voreingenommenheit gegen Asiaten.[109] Ronald W. Reagan unterzeichnete 1988 ein Bürgerrechtsgesetz, das eine nationale Entschuldigung bedeutete und eine finanzielle Entschädigung für die noch lebenden Amerikaner japanischer Herkunft vorsah, die während des Zweiten Weltkriegs interniert worden waren, und Bill Clinton veröffentlichte 1993 einen Entschuldigungsbrief.[110] Doch die typische Haltung einer breiten amerikanischen Öffentlichkeit zum Zweiten Weltkrieg besteht aus Triumphalismus, historischer Ignoranz und einem Mangel an selbstkritischer Analyse. Der Zweite Weltkrieg war ein gerechter Krieg, der den Alliierten durch die Angriffe der Achsenmächte aufgezwungen wurde, aber das bedeutet nicht, dass die Amerikaner bei ihrem Kampf kein Unrecht begehen konnten.

Es besteht keine Aussicht auf eine amerikanische Entschuldigung für die Brandbombenangriffe auf Tokio und Dutzende andere japanische Städte, nicht zuletzt deshalb, weil nur sehr wenige Amerikaner um die Tatsache wissen, dass so etwas tatsächlich geschehen ist. Kein amerikanischer Präsident hat ernsthaft erwogen, die bedrückende Gedenkstätte im Yokoamicho Park in Tokio zu besuchen, wo die sterblichen Überreste von mehr als 100 000 Bombenopfern bestattet sind. Doch selbst bei den Atombombenangriffen, deren grauenhafte Folgen seit John Herseys lebendiger, im August 1946 in der Zeitschrift *The New Yorker* erschienenen Reportage gut bekannt sind, haben sich die Vereinigten Staaten auf die Position zurückgezogen, dass die Atombomben halfen, den Krieg zu beenden, und deshalb kein Grund zu öffentlich bekundeter Reue von Staats wegen bestehe – auch nicht für die bei lebendigem Leib verbrannten Zivilisten, darunter viele Kinder, und für die Koreaner, die damals in beiden Städten als Zwangsarbeiter festgehalten worden waren.

Das gängige Verhaltensmuster lieferte Harry S. Truman, den die Atombomben damals als Privatmann zwar innerlich aufwühlten, was ihn aber nicht daran hinderte, noch jahrzehntelang zu betonen, er habe einer halben Million Amerikaner das Leben gerettet. »Ich habe wegen dieser Entscheidung niemals schlecht geschlafen«, betonte er – ein volkstümlicher Ausspruch, der in den Ohren japanischer Überlebender wie Hohn klang.[111] Seine Nachfolger vertraten die Ansicht, die Atombombenabwürfe seien eine Notwendigkeit gewesen, und George H. W. Bush, der mit Glück den Zweiten Weltkrieg überlebt hatte, stellte fest: »Eine Entschuldigung ist nicht nötig, und sie wird von diesem Präsidenten nicht verlangt werden, das kann ich Ihnen garantieren. Ich habe dort drüben gekämpft!« Die Smithsonian Institution strich 1995 eine Ausstellung der *Enola Gay*, der B-29-Maschine, die den Angriff auf Hiroshima flog, für die ein gut recherchiertes, aber konsequent kritisches Ausstellungsskript erarbeitet worden war, das auch bildliche Darstellungen der Tötung japanischer Zivilisten enthielt. Der republikanische Abgeordnete und Sprecher des Repräsentantenhauses Newt Gingrich meinte, die Amerikaner hätten es »gründlich satt, von einer gewissen kulturellen Elite gesagt zu bekommen, sie sollten sich für ihr Land schämen«.[112] Bill Clinton sagte, dass »die Vereinigten Staaten Japan für den Abwurf der Atombomben auf Hiroshima und Nagasaki nicht um Entschuldigung bitten müssen«.[113] Die Unterstützung für Trumans Einsatz von Atombomben hat im eigenen Land im Lauf der Jahre zwar langsam abgenommen, doch drei Viertel der Amerikaner glauben heute noch, dass die Vereinigten Staaten sich für dieses Vorgehen nicht entschuldigen sollten.[114]

Obama rief 2009 bei einer Rede in Prag zu einer Welt ohne Atomwaffen auf und sagte, dass die Vereinigten Staaten als »einzige Atommacht, die je eine Atomwaffe eingesetzt hat«, eine moralische Verantwortung hätten, das Ziel der Abrüstung zu verfolgen. Im Mai 2016 besuchte er, begleitet von Abe, als erster amtierender US-Präsident Hiroshima. (Trump, damals der mutmaßliche Präsidentschaftskandidat der Republikaner, der Japan seit den 1980er Jahren mit Schmähungen überzogen hatte, twitterte, Obama solle doch über »den Überraschungsangriff auf Pearl Harbor« sprechen.)[115] »Ich weiß nicht, ob ich Trumans Entscheidung, die Bombe abzuwerfen, im Nachhinein kritisieren würde«, sagte Obama zu einem Berater, als sie mit einem Hubschrauber im Landeanflug auf Hiroshima waren. »Aber da war etwas an der Art und Weise, wie wir es gemacht haben.« Er begrüßte warmherzig eine Gruppe von *Hibakusha*, Überlebenden des Atombombenabwurfs, und umarmte einen weinenden alten Mann.[116] In seiner Rede vor einem aufmerksamen, stillen und großen japanischen Publikum entschuldigte sich Obama nicht, noch kritisierte er Truman, aber er hob den

Schrecken der Bombe ebenso hervor wie eine gemeinsame Menschlichkeit: »Diejenigen, die gestorben sind, sind wie wir.«[117]

Krieg ohne Gnade

Es gibt ein neuralgisches Thema, das darauf verweist, wie der Tokioter Prozess auf eine nützliche Art und Weise mehr hätte leisten können: Rassismus. Zu Beginn des Kalten Krieges entwickelte sich ein neuerlicher Kampf gegen Rassentrennung, Lynchjustiz und Entzug des Wahlrechts in den Vereinigten Staaten parallel zu den lauter werden Forderungen nach Gleichheit der Rassen in den unter Kolonialherrschaft stehenden Gebieten in Asien und Afrika.[118] Heute, in einer Zeit, in der die Vereinigten Staaten mit einer Gewissensprüfung zur Rassendiskriminierung im eigenen Land beschäftigt sind, lohnt es sich, daran zu erinnern, auf welche Art und Weise der Zweite Weltkrieg im Pazifik von Selbstgerechtigkeit und Hass durchsetzt war. Das Thema Rassismus war eine mächtige Unterströmung im Verlauf des gesamten Tokioter Prozesses; das Geschehen im Gerichtssaal bot zu wenig genutzte Einblicke für ein Verständnis der Beeinflussung von Außenpolitik und Kriegführung durch Vorurteile.[119]

Angesichts der in jener Zeit üblichen Diskriminierung begann der Tokioter Prozess mit überraschend wenig von Intoleranz und Voreingenommenheit geprägten Bemerkungen. Einzelne Fälle gab es gleichwohl: In einem Memorandum für die anderen Richter schrieb Röling einmal, eine japanische Proklamation sei »in einem geschwollenen orientalischen Stil« verfasst.[120] Als General Minami Jiro im Kreuzverhör eine Frage mit »Ja« beantwortete, fragt Webb: »Was meint er damit? Manchmal bedeutet ein japanisches ›Ja‹ ein ›Nein‹, sagt man.«[121]

Einige der Hauptakteure reagierten allerdings sehr anständig, als sie bei einer Gelegenheit mit einer unverblümt rassistischen Bemerkung konfrontiert wurden. »Ich habe dreißig Jahre Erfahrung mit dem orientalischen Frage-und-Antwort-Spiel«, sagte Major M. L. Moore, ein amerikanischer Dolmetscher, auf eine eindringliche Nachfrage zu Übersetzungen aus dem Chinesischen, »und es ist eine gesicherte Tatsache, dass ein Orientale dem Thema ausweichen wird, wenn man ihn unter Druck setzt.« Webb wies ihn für diese Verleumdung sofort zurecht und führte aus, dass der US-Major nicht einmal des Chinesischen mächtig sei. »Sie sagten etwas, was Sie nicht hätten sagen sollen«, knurrte der australische Vorsitzende Richter. »Es liegt eindeutig außerhalb Ihrer Zuständigkeit, die Eigenart von Aussagen zu kommentieren, die von Orientalen stammen; und ich bitte Sie, diese Bemerkung zurückzunehmen.« Der amerikanische Dolmetscher entschuldigte sich daraufhin zwar, doch Xiang Zhejun, der chinesische Ankläger, reagierte dennoch erbost: »Meiner Meinung nach ist das ein unbegründeter Vorwurf gegen die Menschen des Orients. Ich bin nicht einverstanden mit seiner Auslegung des orientalischen Denkens.« Als Nächster trat Joseph B. Keenan auf und erklärte, es kompromittiere das Ideal eines fairen Prozesses, wenn man einen mutmaßlich unparteiischen Übersetzer habe, »der die Vorstellung hegt, dass Orientalen ausnahmslos die Gewohnheit haben, dem Thema auszuweichen.« Webb folgerte daraus im Namen der anderen Richter: »Ich meine, im Namen aller Mitglieder des Gerichts mit Sicherheit sagen zu können, dass wir Major Moores Ansicht nicht teilen.«[122]

Doch mit dem Thema Rassismus verbundene Fragen entstanden während des gesamten Prozesses. Das äußere Erscheinungsbild im Gerichtssaal wirkte durchweg irritierend: eine Gruppe von in ihrer überwiegenden Mehrheit weißen Männern, die über Asiaten zu Gericht sitzt. Am eindringlichsten war dies den asiatischen Richtern bewusst: Radhabinod Pal war der einzige Richter, der den Rassismus zu einem wichtigen Thema seines Urteils machte, während Mei Ruao sich privat über den weißen Suprematismus britischer Prägung aufregte.[123] Dennoch vertraten Verteidigung und Anklage auf ihre jeweils eigene Art bei den Verhandlungen durchweg kontrastierende Erzählungen von Rassismus.

Die Verteidigung kritisierte, dass von westlichen Vorstellungen beeinflusste Vorurteile gegen die Japaner sich auch im Gerichtssaal bemerkbar machten. Eine Intoleranz dieser Art hatte sich allzu offensichtlich in der US-Einwanderungspolitik manifestiert, die chinesischen Arbeitern im Jahr 1882 die Einreise verweigert hatte, bevor man dazu überging, Koreaner und Japaner auszusperren.[124] Kurz vor Pearl Harbor diagnostizierte eine ausgewiesene Autorität zum Thema amerikanischer Rassismus wie W. E. B. Du Bois, der Japan als nicht weiße Nation bewunderte, die sich dem Kolonialismus der Weißen widersetzte, eine tief empfundene amerikanische Furcht in Bezug auf »vor allem – Japan! Japan ist drauf und dran, die Welt für die gelbe Rasse zu erobern, und dann wird es darangehen, Amerika zu schlucken.«[125] Um sich den Zutritt zu einer Pressekonferenz des Weißen Hauses zu sichern, heftete sich ein chinesischer Journalist einen handgeschriebenen Zettel ans Revers: »CHINESISCHER REPORTER *KEIN JAPANER BITTE.*« Die Zeitschrift *Life* versah während des Krieges ein Foto von Tojos Gesicht mit einer Bildunterschrift, die seine angeblich repräsentativen rassischen Merkmale beschrieb: »erdig-gelbe Gesichtsfarbe, geringere Häufigkeit von Oberlid-Falten, plattere Nase, zeitweilig rosige Wangen, starker Bartwuchs, ausgeprägte Wangen- und Kieferknochen.« Die einflussreiche Zeitschrift von Henry R. Luce erklärte, dass der »Bauern-Japs untersetzt mongoloid ist« und dass Tojo eine »Abstammung von Ureinwohnern durch einen untersetzten Körperbau mit langem Torso offenbart, durch einen breiteren, knochigeren Kopf und ausgeprägte Wangenknochen, eine platte Nase (bei diesem Typ oft eine Stumpfnase), gelblich-ockerfarbene Haut und stärkeren Bartwuchs«.[126]

Da nur Japaner vor Gericht standen, hatte die Verteidigung nur wenige Möglichkeiten, die Auswirkungen dieser Art von antijapanischem Rassismus auf die Gestaltung der amerikanischen Politik zu untersuchen. Kiyose Ichiro erklärte bei seiner Eröffnungsrede vor Gericht dennoch, dass Japan sich der Beseitigung der Rassendiskriminierung verpflichtet habe, und sprach damit geschickt ein japanisches Publikum an, das solche Vorurteile ablehnte.[127] Hätte Prinz Konoe Fumimaro, der japanische Premierminister, der für die Invasion in China 1937 verantwortlich war, nicht vor seiner Verhaftung Selbstmord begangen, hätten seine Verteidiger in Tokio so gut wie sicher seine seit langem bestehende Abneigung gegen die vom Westen praktizierte »Rassendiskriminierung gegen die gelbe Rasse« hervorgehoben.[128] Konoe hatte als junger Mann an der Pariser Friedenskonferenz nach dem Ersten Weltkrieg teilgenommen und dort den amerikanischen und britischen Rassismus als abstoßend empfunden. Seine Befürchtung war gewesen, dass die eigentliche Bedeutung des Völkerbunds in der Absicherung eines angloamerikanischen Wirtschaftsimperialismus liege. Als es dem auf der Seite der Sieger stehenden Japan nicht gelang, seine Alliierten zur Aufnahme von Bestimmungen zur Gleichheit der Rassen in die Völkerbundsatzung zu bewegen, machte Konoe dafür die weiße Vorherrschaft verantwortlich – ein Punkt, den auch Pal in seinem Sondervotum aufgriff.[129]

Einige japanische Expansionisten hatten sich die Rolle des eigenen Landes als die eines wohlwollenden Mentors vorgestellt, der für Harmonie zwischen den Rassen sorgte, und dabei auf ihren Marionettenstaat in der Mandschurei verwiesen, den sie als Vorbild für eine Vielvölkergemeinschaft von Mongolen, Mandschus, Han-Chinesen, Koreanern und Japanern ausgaben.[130] Ein ehemaliger Kommandeur der Kwantung-Armee erklärte, dass Japan die Absicht gehabt habe, ein Utopia der »Harmonie der Rassen« zwischen den verschiedenen Völkern in Mandschukuo zu errichten.[131] Die Verteidigung führte aus, mit der Großostasiatischen Wohlstandssphäre sei offiziell das Ziel verbunden gewesen, »jegliche auf rassistischen Vorurteilen beruhende Diskriminierung zu beseitigen«.[132] Ein Teil des Beweismaterials der Verteidigung offenbarte dennoch eine weniger tolerante Vorstellung von den Beziehungen zwischen den Rassen. Ein Premierminister der Kriegszeit sagte 1940 im japanischen Unterhaus: »Die japanische Rasse ist gewiss eine göttliche Rasse.« Er plädierte für die Expansion nach Süden, »weil wir indonesisches Blut besitzen«.[133]

Röling ging in seinem eigenen abweichenden Urteil nicht auf solcherlei Rassismus ein, behauptete aber später – möglicherweise unter dem Einfluss seines Freundes Pal –, dass die Diskriminierung von Asiaten durch den Westen eine der Ursachen des Pazifikkriegs gewesen sein könnte. Außerdem vertrat er die Ansicht, amerikanische Soldaten seien indoktriniert worden, die Japaner als Untermenschen zu betrachten: »Die Bombardierung der japanischen Städte, gefolgt von den Atombomben auf Hiroshima und Nagasaki, wurde genau durch dieses Gefühl ermöglicht, dass das keine menschlichen Wesen seien, die da zu Hunderttausenden verbrannten.«[134] Die Entwicklung der Atombombe erfolgte zwar zunächst mit dem Gedanken an das nationalsozialistische Deutsche Reich, aber Rölings Behauptung enthält einige Anlehnungen an die in Japan weitverbreitete Überzeugung, dass die Waffe als ein rassistisches wissenschaftliches Experiment benutzt worden sei.[135]

Die Anklagevertretung präsentierte ihrerseits Beweise für verschiedene Ausprägungen von Vorurteilen im japanischen Imperialismus. Dies war ein Echo ähnlicher Argumente, die von den Alliierten bereits während des Krieges vorgebracht worden waren. Der chinesische Finanzminister hatte 1935 gewarnt: »Japan will einen Rassenkrieg beginnen – gelbe Menschen gegen weiße Menschen – und einen großen Staatenbund von einer Milliarde Menschen in Asien beherrschen.«[136] George Orwell hatte in einer *BBC*-Sendung im April 1942 auf die Unterjochung von Koreanern, Taiwanern und Chinesen hingewiesen: »Wer behauptet, die Sache Japans ist die Sache Asiens gegen die europäischen Völker, der muss sich fragen lassen: Warum führen die Japaner dann fortwährend Krieg gegen andere Völker, die genauso Asiaten sind wie sie selbst?«[137] In den bekannten Geschichten über japanische Bewacher, die alliierte Gefangene misshandeln, wird zu oft vergessen, dass die Mehrzahl der alliierten Soldaten, die sich den Japanern ergaben, keine Weißen waren.[138]

Wie der Tokioter Prozess zeigte, hatte ein rasch expandierendes Japanisches Kaiserreich große Mühe, mit der Vielfalt der von ihm eroberten Länder und deren Bewohnern zurechtzukommen.[139] Matsuoka Yosuke, ein zukünftiger Außenminister und späterer Angeklagter beim Prozess, hatte

Kaiser Hirohito im Februar 1932 erklärt, nach den Gesetzen der Biologie falle es nahe beieinander lebenden Völkern schwer, freundschaftliche Beziehungen zu unterhalten.[140] In seiner Funktion als Heeresminister hielt Araki Sadao im Juni 1933 eine gefeierte Rede, die später verfilmt wurde: »Es ist der heilige Auftrag Japans, der Yamato-Rasse, mit seinen Idealen und seiner Macht für Frieden in Ostasien zu sorgen.«[141]

Einige japanische Kommandeure befürchteten nach der Invasion in China im Juli 1937 einen Rassenkrieg zwischen Japanern und Chinesen und warnten, die chinesische Bevölkerung verfüge über ein »sehr tiefes und ausgeprägtes Rassebewusstsein und eine antijapanische Stimmung«.[142] Ein hochrangiger japanischer Offizier sagte als Zeuge der Verteidigung beim Tokioter Prozess aus: »Wir dachten, wenn wir einen Krieg gegen China beginnen würden, würde sich das zu einem Rassenkonflikt entwickeln, und dieser Konflikt könnte dann zu einem längeren Krieg werden.«[143]

Jahrzehnte nach dem Prozess gibt es ein stärkeres Bewusstsein dafür, wie der Rassismus den Pazifikkrieg schürte. Bahnbrechend war hier die Arbeit des Historikers John W. Dower.[144] Nur ein Blick durch dieses Prisma ermöglicht ein Verständnis der Tatsache, dass bei einer schicksalhaften Sitzung der japanischen Staats- und Militärführung der Vorsitzende des Kronrats gewarnt hatte, dass ein »Hass auf die gelbe Rasse« die »weiße Rasse« in Großbritannien, im nationalsozialistischen Deutschen Reich und in den Vereinigten Staaten zum Nachteil eines isolierten Japan vereinigen könnte.[145] In ähnlicher Manier wies Marquis Kido Koichi im Januar 1944 eindringlich darauf hin, dass »wir sorgfältig vermeiden sollten, als farbige Rasse isoliert und von anderen Ländern angegriffen zu werden«. Damit verband sich die Hoffnung, insgeheim mit der Sowjetunion und China zusammenarbeiten zu können, weil beide Länder einen »im Wesentlichen orientalischen Standpunkt gegenüber den Angelsachsen, den USA und Großbritannien«, einnehmen würden.[146]

Jedem zur Selbstbeobachtung neigenden Menschen bieten die Tokioter Gerichtsverhandlungen bittere Lektionen zu der Frage, wie sich der Rassismus in den internationalen Beziehungen manifestierte. Togo Kazuhiko, der Diplomat und Enkel von Togo Shigenori, erklärt das Geschehen aus japanischer Sicht: »Der Krieg gegen – lassen Sie mich die Rassebezeichnung verwenden – die Weißen wurde auf gleichberechtigter Basis ausgetragen.« Er fügt hinzu: »Im Umgang mit den Asiaten waren wir Täter; im Umgang mit den Weißen waren wir gleichberechtigt; im Umgang mit den Sowjets waren wir Opfer. Das ist die zugrunde liegende Psychologie.« Der Tokioter Prozess bietet in einer Zeit des Nachdenkens über Rassismus aufschlussreiche Nachweise zu Fanatismus und Intoleranz als treibenden Kräften von Imperien und Krieg.

Die Gegenwart der Vergangenheit

In Tokio ist der 15. August 2015, der 70. Jahrestag des Kriegsendes, ein schwüler Spätsommertag. Der Yasukuni-Schrein, fernab des Tumults der Hauptstadt in einem ruhigen Park gelegen, ist ein schützender Zufluchtsort. Grillengezirp ist in der feuchten Luft zu hören, sobald man das Getöse von Straßen- und Eisenbahnverkehr hinter sich lässt. Ein langer Fußgängerweg führt zum Hauptschrein, einem großartigen, eindrucksvollen, hölzernen Shinto-Tempel mit einfachen Linien, reichen Verzierungen und schwungvollen Metalltraufen und spitzen Dächern.

Bis 8 Uhr morgens bildet sich eine disziplinierte Besuchermenge, die dann den Weg zum Schrein abschreitet, um dort der Kriegstoten zu gedenken. Wiederholt ist das Dröhnen einer riesigen Trommel zu hören. Die feierlich gestimmten und würdevoll auftretenden Menschen halten an einem hölzernen Torii inne, einem Tor, das üblicherweise den Eingang eines Shinto-Schreins markiert, und verbeugen sich tief in Richtung des großen Schreins. Zwei Stunden später herrscht an diesem Ort Hochbetrieb, Tausende von Besuchern strömen in der sengenden Hitze in ordentlichen Reihen dem Schrein zu. Sie sind in ihrer überwältigenden Mehrzahl gutbürgerlich, gut gekleidet und würdevoll. Eine Reisegruppe von Gläubigen aus der Präfektur Hiroshima und eine Gruppe von Veteranen-Familien aus der Präfektur Aomori tragen schwarze Trauerkleidung. Die meisten von ihnen sagen, eine Mischung aus Patriotismus, familiärer Pflicht gegenüber einem gefallenen Veteranen oder Neugier habe sie hierhergeführt. Man sieht ein paar ältere Männer in Militäruniformen und einige rechtsgerichtete Cosplayer: Ein als Weltkriegs-Pilot kostümierter Mann wirkt eher unsicher als furchterregend. Einen beängstigenderen Anblick bieten dagegen einige Gruppen rowdyhaft aussehender Männer in dunkelblauen Uniformen im militärischen Stil, die hinter einer riesigen japanischen Flagge marschieren und dabei eine Formation bilden, mit der sie wohl einschüchternd wirken wollen.

Die Polizei geht kein Risiko ein, ist schon frühmorgens mit großen, blauen Isuzu-Bussen, deren Fenster durch Metallgitter geschützt sind, vor Ort. Eine Reihe von Polizisten nach der anderen marschiert unmittelbar außerhalb der Anlage auf. Die Beamten tragen Schutzwesten über den blauen Uniformen, und einige von ihnen führen bedrohlich aussehende weiße Schlagstöcke mit, die so lang wie ein Schwert sind. Die Polizisten halten die *Gaisensha* vom Gelände fern, die mit großen Lautsprecheranlagen ausgerüsteten Lastwagen, mit denen politische Botschaften unter die Leute gebracht werden sollen. Allerdings sind noch sehr viele dieser Fahrzeuge ringsum am Rand der Anlage geparkt und mit riesigen Sonnenbannern geschmückt.

Es ist kein Zufall, dass dieser Ort Fanatiker anlockt. Das Yushukan-Militärmuseum stellt protzig das tödliche Kriegsgerät zur Schau: ein Zero-Kampfflugzeug; einen *Kaiten*-Selbstmordtorpedo, ein kolossales schwarzes Stahlrohr, das dazu bestimmt war, die Rümpfe amerikanischer Kriegsschiffe aufzureißen; und eine bullige schwarze Dampflok, die auf der Burma-Thailand-Eisenbahn unterwegs gewesen war, einer Strecke, die australische Kriegsgefangene und asiatische Zwangsarbeiter gebaut hatten, die routinemäßig zu Tode geprügelt oder geschunden wurden. Die didaktisch arrangierten und kommentierten Ausstellungsstücke erzählen, wie die Vereinigten Staaten Chiang Kai-sheks Regierung unterstützten und ein Ölembargo verhängten, das den Krieg auslöste. Unter einer großen Tafel, die Pals Sondervotum gewidmet ist, sind düstere Porträts der sieben Kriegsverbrecher der Klasse A zu sehen, die hingerichtet wurden. Der Souvenirshop verkauft Bücher, die Pal rühmen und das Massaker von Nanjing bestreiten.

Der Bürgersteig auf dem Weg zur nahe gelegenen U-Bahn-Station wird von einem kakofonischen Aufgebot wütender Aktivisten aus dem rechten und rechtsextremen Bereich des politischen Spektrums in Anspruch genommen. »Japan ist keine kriminelle Nation!«, brüllt an einer Barrikade ein Kampagnenhelfer unter den wachsamen Augen eines Polizisten mit unbewegter Miene. »Japan befreite die Völker von Asien und Afrika! Wir werden Yasukuni verteidigen!« Es werden T-Shirts mit antichinesischen Verleumdungen, mit Petitionen für eine Revision der pazifistischen Verfassung feilgeboten, Radikale verschiedener Art sind präsent (ein älterer Mann trägt ein Schild, auf dem zu lesen ist: »Koreaner erzählen Lügen, so wie sie ein- und ausatmen.«), ebenso wie Aktivisten, die das Massaker von Nanjing bestreiten und auf den Tokioter Prozess schimpfen. Als linksgerichtete Aktivisten auftauchen, schreit jemand: »Geh von mir weg, du Verräter!«

Im Yasukuni-Schrein ist der Tokioter Prozess in Gedanken niemals weit weg. Am schönen Steindenkmal für Pal sind frische Blumen zu sehen, unmittelbar vor dem im Museum ausgestellten Zero-Kampfflugzeug. Hada Natsuko, eine freundliche dreißigjährige Redakteurin und Übersetzerin mit wachen Augen, die zu diesem Anlass einen eleganten weißen Kimono trägt, ist eine Bewunderin des indischen Richters, die sagt: »Ich persönlich bin mit dem Tokioter Prozess nicht einverstanden.« Sie erklärt, dass wir mit unserem Tod zu *Kami* würden und dass uns alles vergeben werde, was wir im Leben getan hätten. Was ist mit den Klasse-A-Kriegsverbrechern? »Ich meine, dass sie das gleiche Recht wie alle anderen Menschen haben, zu Göttern zu werden, verehrt zu werden«, sagt sie. Sugiyama Kazuyuki, ein 62-jähriger pensionierter Staatsbediensteter, lehnt das Urteil des Gerichts über Tojo und andere Kriegsverbrecher der Klasse A ab: »Ich glaube nicht, dass sie Kriegsverbrecher waren. Aber selbst wenn das zuträfe, müssen wir sie weihen und ihnen danken.«

Auch wenn die Extremisten und Großmäuler vor dem Yasukuni-Schrein unweigerlich mehr Aufmerksamkeit erhalten, gibt es doch anderswo ein anderes Japan mit einem weiseren, menschlicheren Zugang zur Geschichte.[147] Utsumi Keiko, die 1945 als Teenager einen amerikanischen Brandbombenangriff auf Yokohama überlebte, ist eine warmherzige, würdevolle Großmutter und eine Krankenschwester und Hebamme im Ruhestand. Die tadellos gekleidete Rentnerin mit dem beigen Leinenblazer sitzt in der Bruthitze des Tokioter Sommers in einem Bürgerbüro für Senioren und erinnert sich. »Es klang wie ein Regengeräusch, das Geräusch der fallenden Brandbomben.« Sie erinnert sich, wie sie die ganze Nacht verängstigt in einem Schutzbunker ausharrte, während die Holzhäuser ringsum brannten und einstürzten. Als sie am nächsten Morgen in eine Ruinenlandschaft hinausging, sah sie die Toten: »Sie waren ganz schwarz, ganz verbrannt.« Obwohl man ihr eingebläut hatte, die amerikanischen Besatzer zu hassen, als sie eintrafen, tat sie das nicht; sie erinnert sich an ihre Erleichterung, als sie erkannte, dass diese Menschen nicht gekommen waren, um die Männer zu versklaven und die Frauen zu vergewaltigen. Sie fragt sich, warum ein kleines Land wie Japan einen Krieg gegen große Länder wie die Vereinigten Staaten und Großbritannien begann. Sie ist zwar froh darüber, dass Hirohito nicht vor Gericht gestellt wurde, sagt aber auch, dass sie von den schrecklichen Taten des japanischen Heeres gehörte habe, und hält es für unvermeidlich, dass die Verantwortlichen als Kriegsverbrecher vor Gericht gestellt werden mussten.

Hada Reiko, die im Alter von neun Jahren den Atombombenabwurf auf Nagasaki überlebte, ist eine fröhliche Frau mit einem gewinnenden Lächeln. Hinter ihrer purpurroten Halbbrandbrille kneift sie die Augen etwas zusammen. Ihre Kindheitserinnerungen an jenen Tag – ein Lichtblitz, der nicht von dieser Welt war, die Wucht der Schockwelle, ein blutroter

Himmel, nackte und verbrannte, sterbende Menschen – sind immer noch frisch. Doch in ihrem hohen Alter ist sie nachdenklich, weigert sich, die Amerikaner zu hassen, Truman ausgenommen. »Mein Gefühl ist, dass dieser Krieg falsch war, die Art, wie wir ihn führten, war falsch«, sagt sie. »Vor dem Abwurf der Atombombe war es ein Angriffskrieg.« Und sie ergänzt: »Japan ist im Zusammenhang mit der Atombombe ein Opfer, aber wenn man den gesamten Krieg betrachtet, war es auch ein Aggressor.«

Hada erinnert sich an Radio- und Zeitungsberichte über den Tokioter Prozess, während er noch im Gang war, aber sie war zu jung, um ihn zu verstehen; erst als sie in die höhere Schule kam, begann sie zu begreifen, von was da die Rede war, unterstützt von den Erzählungen ihres Vaters und ihres Bruders – Letzterer hatte in einer Kamikaze-Einheit gedient und hatte das Glück, aus dem Krieg zurückzukehren. »Als ich älter wurde, hatte ich das Gefühl, dass die Befehlshaber die Tatsache bereuen sollten, dass sie den Krieg in die Länge zogen«, sagt sie. »Nach meinem Gefühl war der Krieg falsch, und sie hätten die Kapitulation nicht verzögern sollen.« Sie ist zwar der Meinung, dass die Vereinigten Staaten sich für die Atombombenabwürfe entschuldigen sollten, glaubt jedoch, dass sich Japan selbst nicht angemessen entschuldigt habe, und verweist auf das – in Japan sehr bekannte – Gegenbeispiel von Richard von Weizsäcker, der am 8. Mai 1985 als Staatsoberhaupt der Bundesrepublik Deutschland ältere Deutsche für die Behauptung tadelte, vom Holocaust nichts gewusst zu haben.[148] An einem schönen Sommertag im wiederaufgebauten Nagasaki reicht ihre Vorstellungskraft weiter, den Erinnerungen zum Trotz, die sie leicht zu Hass und Groll verleiten könnten. Sie stellt das Gewissen über den Nationalismus, und das auf eine Art, die immer seltener wird. Am Ende schließt sie mit schlichter Klarheit: »Auch wenn wir alle Japaner sind, bin ich der Meinung, dass die Befehlshaber, die den Krieg führten, im Unrecht waren.«

Dank

Es bedurfte der Unterstützung vieler freundlicher Menschen, um ein mit schwieriger Arbeit ausgefülltes Jahrzehnt durchzustehen. Im Verlag Alfred A. Knopf war mein Freund und Lektor Andrew Miller ein unverzagter Enthusiast, selbst als die Jahre und Seiten sich anhäuften. Seine unvergleichliche Redaktion und sein historisches Urteil erleuchteten das Buch durchgehend. Ein Dank geht an Reagan Arthur für ihre Unterstützung. Chip Kidd, der beste Buchumschlag-Designer der Branche, schuf abermals ein verblüffendes Cover. Ein weiterer Dank geht an Nicholas Latimer und Kathryn Zuckerman. Tiara Sharma steuerte das Manuskript reibungslos durch die Produktion, während Fred Chase für ein akribisches Lektorat sorgte. Ravi Mirchandanis Klugheit und Engagement ließen mich weiterarbeiten. Und ich vermisse die ruhige Weisheit des verstorbenen Sonny Mehta, eines großartigen literarischen Gentlemans, der über ein tiefes Verständnis Indiens verfügte.

Tina Bennett setzte sich all die Jahre unerschütterlich für dieses Projekt ein. Ohne ihre einzigartige Intelligenz, Fürsprache und Freundschaft hätte dieses Buch nicht geschrieben werden können.

Jay Mandel war bei William Morris Endeavor zuvorkommend und hilfreich, während Laura Bonner, Matilda Forbes Watson, Elizabeth Sheinkman und Rafaella De Angelis für die weltweiten Ausgaben wunderbare Arbeit leisteten.

Ich hatte das Glück, von einer ganzen Reihe außergewöhnlicher Japan-Experten beraten zu werden. Christina Davis und Shel Garon lasen große Teile des Manuskripts und gaben sachkundige Kommentare dazu. David Leheny verdient einen besonderen Dank für seine Hilfe bei meinen Recherchen in Japan und die sorgfältige Lektüre aller Textteile über das Land. Carol Gluck, Helen Hardacre, Kiichi Fujiwara und Sheila Smith teilten ihr enormes Wissen zur japanischen Geschichte. Lee Taniguchi in Tokio, mein wichtigster Übersetzer japanischer Dokumente, lieferte jahrelang hervorragende, sorgfältige und literarische Arbeit. Romeo Marcantuoni fertigte an der Waseda-Universität großartige japanische Übersetzungen an und half mir beim Aufspüren einiger japanischer Materialien.

Ein Dank geht an Dom Ziegler, Shel Garon, Miyatake Chika und Wakabayashi Haruko für ihre Hilfe während meiner Recherchen in Japan. Kawamura Taeko half beim Arrangieren von Interviews und Nakamura Yuriko übersetzte für mich in Tokio, Hiroshima und Nagasaki. Mein Dank gilt Shiramizu Hiromi von der Tokyo Bar Association und Kawaguchi Miki vom World Federalist Movement of Japan für ihre Hilfe beim Aufspüren verschollener Redetexte von Radhabinod Pal.

Ich trauere um zwei meiner frühesten Mentoren zu Japan. Einer der führenden japanischen Rechtswissenschaftler im Bereich des Völkerrechts im Allgemeinen und zum Tokioter Prozess im Besonderen, der verstorbene Onuma Yasuaki, lehrte mich viel, mit seinen Büchern wie auch mit wunderbaren Gesprächen in Tokio. Mein Freund Jim Frederick führte mich vor langer Zeit bei meiner ersten Reise nach Japan und vermittelte seine Sympathie für das Land. Dieser außergewöhnliche Autor und Denker verließ uns viel zu früh.

In Indien gilt mein Dank Satyabrata Pal, Madhumita Roy und weiteren Mitgliedern von Radhabinod Pals Familie in Delhi, Uttar Pradesh und Kolkata für die Berichte über ihre Erinnerungen an den Richter. In Delhi danke ich Sanjukta Talukdar, Ashok Kumar, Jagmohan Singh und seinem Team und den großartigen Mitarbeiterinnen und Mitarbeitern des Indischen Nationalarchivs. Die mittlerweile verstorbene Krishna Bose führte mich in Kolkata großzügig durch das Netaji Research Bureau und vermittelte dabei umfassende Einsichten zu Indien während des Zweiten Weltkriegs. Sie ist eine weitere große Seele, die uns verlorenging.

In Beijing sorgten Gady Epstein, John Parker, Phil Pan, Tini Tran und Ed Wong für Unterstützung und wohlschmeckende *Jiaozi*. Sha Hanting half beim Führen von Interviews in Beijing und Nanjing. Ich danke Mei Xiaoao und Mei Xiaokan für ihre Erinnerungen an ihren Vater Mei Ruao. Mein Porträt und meine Analyse seines Wirkens sind selbstverständlich meine eigene Interpretation.

In Taipeh gilt mein Dank Serena Chi-ting Chuang und Yi-Lin Lou, den ausgezeichneten Forschungs-Assistentinnen, die mir die Arbeit im Archiv der Republik China ermöglichten. In der erdbebensicheren Academia Historica in Taipeh danke ich Chen Li-zhen, Hayley S. Y. Chen und den fähigen Mitarbeiterinnen und Mitarbeitern in den Zweigstellen im Bezirk Zhongzheng und in Xindian. Für ihre Hilfe bei der Arbeit in Taiwan danke ich Evan Osnos, Barbara Demick, Monique Chu und Debby Wu sowie Chen Yung-fa und Wu Chin-en bei der Academia Sinica. Barak Kushner sorgte für gute Gesellschaft und historisches Verständnis bei der Archivarbeit in Taipeh und für Street Food und Getränke.

Ein Dank gilt drei großartigen China-Experten für wunderbare Kommentare zu den China-Kapiteln: Alastair Iain Johnston, meinem Lehrer an der Grad School und in der ganzen Zeit danach; Rana Mitter, dem führenden Historiker zu Chinas Geschichte im Zweiten Weltkrieg; und Ed Wong, einem großartigen Auslandskorrespondenten. Ein Dank geht an Tom Christensen, Mary Gallagher, Eric Thun und Lucas Tse, die ihr Wissen über das moderne China mit mir teilten. Yanchuan Liu, ein begabter Graduate Student in Princeton und später an der University of California, war mein Hauptübersetzer für chinesische Quellen und leistete viele Jahre lang fantastische Arbeit. Einen besonderen Dank schulde ich dem verstorbenen Roderick MacFarquhar, einem weisen und großzügigen Wissenschaftler auf dem Gebiet des modernen China.

Christopher Capozzola, Kent Eaton und Megan Thomas halfen mit Recherchen zu den Philippinen. James Zobel, der Oberkommandierende der MacArthur Memorial Archives, unterstützte mich großzügig mit seinen Beständen. Paul Bollerman übersetzte Bert Rölings Briefe aus dem Niederländischen. Rob Lothman milderte die Gerechtigkeit mit Murphys Hilfe. Die Princeton-Bibliothekarinnen Ellen Ambrosone und Nancy Pressman-Levy und ihr Kollege Joshua Seufert beschafften Bücher und Dokumente in ganz Asien.

Ein Dank geht an Gabby Blum und John Goldberg, die an der Harvard Law School einen ertragreichen Workshop zu diesem Projekt veranstalteten. Kal Raustiala steuerte kluge Kommentare zum Völkerrecht und zu Fragen der rechtlichen Zuständigkeit bei. Richard Primus teilte, wie er das schon seit Jahrzehnten getan hat, seine herausragende Gelehrsamkeit auf dem Gebiet des Verfassungsrechts. Jesse Furman erklärte mir, wie Richter tatsächlich eine Verhandlung führen und Recht sprechen. Für Ratschläge zu rechtlichen und normativen Fragen geht ein Dank an Chris Achen, Susan Farbstein, Noah Feldman, Jack Goldsmith, Oona Hathaway, Stan Katz, Steve Macedo, Kim Lane Scheppele, Scott Shapiro, Annie Stilz und John Witt. Für ihre Weisheit zu Fragen der internationalen Beziehungen und der Weltgeschichte danke ich David Armitage, Martha Finnemore, Michael Hiscox, dem verstorbenen Stanley Hoffmann, Peter Katzenstein, Steve Kotkin, Fred Logevall, Kathryn Sikkink, Jack Snyder, Michael Walzer und Keren Yarhi-Milo.

Für hilfreiche Kommentare zum Kolonialismus und Panasianismus geht ein besonderer Dank an Eri Hotta und an Jeremy Adelman, David Bell, Tom Conlan, Divya Cherian, Michael Laffan, Pratap Bhanu Mehta, Gyan Prakash und Natasha Wheatley. Princetons Historische Fakultät und ihr Shelby Cullom Davis Center veranstalteten ein Leseseminar zum Thema Imperium, das in einem frühen Stadium zur Verbesserung des Projekts beitrug, während das Center for International Security and Cooperation in Stanford ein ansprechendes Seminar zum Manuskript veranstaltete. Nick Anderson sorgte für Anleitung und Unterweisung zur Mandschurei und Ayumi Teraoka übernahm das für das Japan der Nachkriegszeit. David Schwimmer besorgte eine kritische Textbearbeitung. Atul Kohli, mein weiser Lehrer für Südasien, steuerte bei zwei Büchern nacheinander unschätzbar wertvolle Kommentare zu Indien und zum Imperialismus bei.

Scott Sagan wusste präzisen Rat zu den Atombombenabwürfen und zum Kriegsende. Rory MacFarquhar steuerte Quellen und Verständnis zur Sowjetunion und zum heutigen Russland bei. Rafaela Dancygier prüfte Vergleiche mit dem Nachkriegsdeutschland. Harold James ermittelte chinesische Wechselkurse. Chris Chyba teilte das Wissen eines Astrophysikers über Atomwaffen und die Kriegführung mit Biowaffen. Sophie Gee erklärte die australische Politik und Kultur. Und Alison Wakoff Loren beantwortete entsetzliche medizinische Fragen.

Peter Baker, der sich offensichtlich auch mit Trumans Weißem Haus auskannte, las das gesamte Manuskript und steuerte einen wichtigen orientierenden Arbeitsplan bei. Mike Grundwald las sehr viel und drängte mich zum Weiterarbeiten.

Für die Gelegenheit zur Erprobung einiger dieser Ideen danke ich Jamie Ryerson, Pamela Paul und Laura Secor bei der *New York Times* und Henry Finder, David Rohde und Clare Sestanovich beim *New Yorker*. Barry Gewen, seit mehr als zwei Jahrzehnten mein kunstvoller Redakteur bei der *New York Times Book Review,* begründete eine Freundschaft, die auf unseren politischen Meinungsverschiedenheiten beruht. Mein Dank gilt meinen alten Freunden Daniel Franklin, Yvonne Ryan und Ann Wroe beim *Economist,* ebenso wie Ed Carr, dem verstorbenen Peter David und einigen anderen, die hier aus bestimmten Gründen anonym bleiben.

In Princeton gilt ein Dank den Chefs Ceci Rouse, Amaney Jamal, Miguel Centeno und Alan Patten. Das University Center for Human Values und das Bobst Center for Peace and Justice stellten Geldmittel für Übersetzungen bereit, während der Ogasawara Fund Übersetzungen aus dem Japanischen und Reisen nach Japan bezahlte. Das University Committee on Research in the Humanities and Social Sciences übernahm die Bezahlung erstklassiger studentischer Forschungsassistentinnen und -assistenten: Cathy Siyao Chen, Yip Man Hui und Tianku Lu übersetzten chinesische

Dokumente; Koji Kawamoto, Fumika Mizuno, Louta Ohyama und Shun Yamaya übernahmen die Übersetzungen aus dem Japanischen; Katherine Hosie, Tom Koenig, Ashwin Mahadevan und Aliya Somani halfen bei der Dokumentation. Und Rita Alpaughs freundliche Kompetenz rettete mich wiederholt vor der eigenen Ungeschicklichkeit.

Das All Souls College in Oxford war ein heiterer und ruhiger Ort für ein hektisches Schreiben. Ich lernte dort von Diwakar Acharya, Charlie Blackford, Santanu Das, Wolfgang Ernst, Cécile Fabre, David Gellner, Stathis Kalyvas, Sir Noel Malcolm, Louise Richardson, Sir John Vickers, Gary Walsh und Lucia Zedner.

Dieses Projekt begann in Brooklyn, unterstützt von einer schmerzlich vermissten Crew: Harry Feder, Philip Gourevitch, Hallie Levin, Larissa MacFarquhar, George Packer, David Rohde, Laura Secor, Amy Davidson Sorkin und Alex Star. Anthony Appiah und Henry Finder teilten Entenbraten und Afikoman. Mein tief empfundener Dank gilt unentbehrlichen Freunden, die mich durchweg unterstützten: Nurith Aizenman, Peter Baker, Peter Canellos, Mike Dorff, Ariela Dubler, Jason Furman, Jesse Furman, Susan Glasser, Jon Gross, Rebecca Musher Gross, Mike Grunwald, Sarah Cahn Handelsman, Jed Kolko, Jack Levy, Alison Wakoff Loren, Rebecca Noonan Murray, Richard Primus, Daisy Ridley und Mark Wiedman.

Mein besonderer Dank und meine Liebe gelten meinen erstaunlichen Eltern, Arthur und Karen Bass. Die Vaterschaft war für mich eine neue Lektion, die mir zeigte, wie viel ich ihnen verdanke. Mein Bruder Warren sorgte nicht nur für Brüderlichkeit, sondern auch für meine wunderbaren Nichten Abigail und Emma. Mit Liebe und Bewunderung denke ich an meine Großeltern: Gert und Nate, Joe und Bess. Jon, Suzanne und Daniel Glenn haben Wärme und Freude in unseren erweiterten Familienkreis gebracht.

Meine geliebte Frau Katherine Glenn Bass ist im ganzen Jahreslauf eine vom Himmel gesandte Partnerin und eine fantastische Mutter für unser kleines Mädchen. Sie genoss ein Jahrzehnt mit einem Ehemann, dessen Gedanken irgendwo in den späten 1940er Jahren waren; sie brachte mich mit Liebe, Fürsorge und Backkunst zur rechten Zeit in die Gegenwart zurück.

Mit der Arbeit an diesem Buch begann ich Jahre vor der Geburt meiner Tochter Miriam; jetzt ist sie sieben Jahre alt. Sie wächst heran und bleibt dabei die erstaunlich freundliche, weise, liebevolle, kluge, mutige, alberne, fröhliche, wunderschöne und lustige Person, die sie ist. Sie sorgt für Kichern und Kuscheln, Inspiration und Freude, Lachen und Liebe. Dieses Buch ist für Dich, mein heiß geliebtes Kind, mit all der Liebe in meinem Herzen. Mögest Du nur Frieden kennen.

Anmerkungen

Zu den Quellen

Die wichtigste Quelle dieses Buches sind historische Dokumente, viele 1000 Seiten, die aus 18 Archiven in 7 Ländern zusammengetragen wurden. Tausende Seiten chinesischer und japanischer Dokumente wurden sorgfältig ins Englische übersetzt und auf ihre Substanz und ihren Tonfall hin überprüft; manchmal übersetzten zwei Übersetzer denselben Text, um sicherzustellen, dass keine Nuancen verloren gingen. Wenn nicht anders vermerkt, stammen die Übersetzungen aus dem Chinesischen und Japanischen von meinen Rechercheuren und die Übersetzungen aus dem Französischen von mir selbst. Ziel war es, in den chinesischen und japanischen Archiven so zu arbeiten, wie ich es in Archiven tun würde, deren Sprache ich lesen und schreiben kann. Dies bedeutete, dass einige Dokumente mühsam übersetzt wurden, weil sie für mein Verständnis wichtig waren, obwohl sie nicht in das Buch einflossen. Das Projekt zielte darauf ab, dem Imperativ von Robert Caro »Blättere jede Seite um« Genüge zu tun.

Die ganze Arbeit war von charakteristischen Schwierigkeiten begleitet: Die relevanten Papiere der Republik China sind größtenteils kalligraphisch geschrieben und nicht in den vereinfachten Buchstaben, die heute auf dem chinesischen Festland benutzt werden; in den ansonsten wunderbar effizienten taiwanesischen Archiven dürfen Dokumente über Chiang Kai-shek nicht fotokopiert werden, sondern mussten von Hand abgeschrieben werden. Auch haben viele chinesische Beteiligte an den Ereignissen ihre Tagebücher und Aufzeichnungen während der Kulturrevolution verbrannt, um einer Verfolgung zu entgehen. Die größte Herausforderung jedoch war die schiere Masse von Dokumenten über den Zweiten Weltkrieg und den frühen Kalten Krieg, deren Durchsicht Jahre in Anspruch nahm.

Ich kann die wichtigsten historischen Figuren des Buches nicht mehr persönlich kennen, aber einige ihrer Familien berichteten mir in Interviews, die in China, Japan und Indien stattfanden, umfassend von ihren persönlichen Erinnerungen. Um das historische Vermächtnis der in diesem Buch geschilderten Ereignisse besser zu verstehen, interviewte ich Menschen in ganz Asien, etwa japanische und alliierte Veteranen des Krieges und Überlebende von Hiroshima und Nagasaki oder den amerikanischen Brandbombenangriffen. Ich sprach mit Regierungsbeamten, Aktivistinnen und Aktivisten in China, Japan, den Vereinigten Staaten, Großbritannien und anderen Ländern. Zitate lebender Personen, die nicht durch eine Anmerkung belegt sind, stammen von meinen Recherchen in Japan, China, Indien und Südkorea. Das ganze Buch wird bereichert durch die Aussagen von Männern und Frauen aus Japan, China, Korea, Indien und anderen Staaten, die so freundlich waren, ihre Gedanken und Gefühle mit einem Außenstehenden zu teilen.

Außer von den Recherchen in den Archiven und vor Ort profitiert das Buch auch von der Arbeit früherer Generationen von Wissenschaftlern, die über internationale Beziehungen forschten. Niemand schreibt über den Zweiten Weltkrieg und den Kalten Krieg ohne von der hervorragenden und beängstigend umfangreichen Literatur über diese Themen zu profitieren. Dieses Buch würdigt diese Literatur auf die traditionelle Art mit Belegen in den Anmerkungen, aber ich bin der hervorragenden Arbeit dieser Wissenschaftler auch zu großem Dank verpflichtet.

Bei den chinesischen, japanischen und koreanischen Namen stelle ich den Familiennamen wie üblich voran, also Togo Shigenori und nicht Shigenori Togo. Die einzige Ausnahme findet sich in den Endnoten: Wenn japanische Autoren in englischer Sprache veröffentlichen und ihren Familiennamen nachgestellt haben, wird ihr Werk so zitiert, wie es veröffentlicht ist, damit es in Bibliothekskatalogen schnell gefunden werden kann.

Für die Transkription japanischer Wörter und Namen benutze ich das Hepburn-System ohne die Längsstriche, die lange Vokale anzeigen. Für die chinesischen Wörter und Namen wird die Pinyin-Transkription ohne diakritische Zeichen für die Tonlage verwendet: Mao Zedong, nicht Mao Tse-tung. Ausnahmen werden gemacht, wenn sich, wie bei Chiang Kai-shek oder der Kwantung-Armee eine ältere Umschrift wie Wade-Giles oder eine andere weitgehend durchgesetzt hat. Im Jahr 1928 änderten die Nationalchinesen den Namen Beijing in Beiping, was von den siegreichen Kommunisten 1949 wieder rückgängig gemacht wurde; um die Verwirrung auf einem Minimum zu reduzieren, wird in diesem Buch durchgehend Beijing benutzt. Bei Zitaten aus den offiziellen Gerichtsprotollen behielt ich die damals benutzte Wade-Giles-Umschrift bei, statt in den Originaltext einzugreifen.

Archivmaterial

National Archives of Australia, Canberra: NAA
War Cabinet papers
International Military Tribunal for the Far East papers
Australian War Memorial, Canberra: AWM
Private Records Collection
Papers of Sir William Webb
Manuscripts of Australian soldiers
British National Archives, Kew, London: BNA
Prime Minister's Office papers: PREM
Cabinet Office papers: CAB
Foreign Office papers: FO
Foreign and Commonwealth Office papers: FCO
Dominions Office and Commonwealth Relations Office papers: DO
Lord Chancellor's Office papers: LCO
British Library, London: BL
India Office Records: IOR
Public and Judicial Department Records 1795–1950: L/P&J
Private Papers (European Manuscripts): Mss Eur
Endangered Archives Programme: EAP

National Records of Scotland, Edinburgh: NRS
Private Office papers

Academia Historica, Taipeh, Taiwan: Guoshiguan
Sammlungen Chiang Kai-shek
Papiere des Außenministeriums
Papiere des Justiz-Yuan
Ministère des Affaires Étrangères, Archives diplomatiques, La Courneuve, Paris: MAE
Secrétariat des Nations-Unies et Organisations internationales: NUOI
Série Asie-Océanie, sous-série Indochine
Série Asie-Océanie, sous-série Japon
Bibliothèque de documentation internationale contemporaine, Nanterre: BDIC
Fonds du juge Henri Bernard

Nationalarchiv, Den Haag: NL-HaNA
Papiere B.V.A. Röling
National Archives of India, New Delhi: NAI
External Affairs Department, Government of India, British Empire: EAD
Ministry of External Affairs, Republic of India: MEA
Radhabinod Pal, family papers, Kolkata, Indien
United States National Archives II, College Park, Maryland: NARA
Record Group (RG) 24: Bureau of Naval Personnel records
RG 43: records of international conferences
RG 59: State Department records
RG 84: records of State Department foreign posts
RG 107: Office of the Secretary of War records
RG 218: Joint Chiefs of Staff records
RG 331: World War II Allied operational and occupation headquarters records

Harry S. Truman Library and Museum, Independence, Missouri: HSTL
President's Secretary's Files: PSF
Confidential File: CF
Official File: OF
Staff Member and Office Files, Naval Aide to the President Files: NAP
Samuel I. Rosenman papers: SIR
MacArthur Memorial Archives, Norfolk, Virginia: MMA
Record Group (RG) 5: Supreme Commander for the Allied Powers, Papers
RG 9: radiograms
RG 10: MacArthur correspondence
RG 32: oral history collection
RG 44, RG 44a: Bonner F. Fellers papers

Yale University libraries, New Haven, Connecticut
Henry L. Stimson Diaries
John G. Magee family papers, Yale Divinity Library
Harvard Law School Library, Cambridge, Massachusetts: HLS
Justice Felix Frankfurter papers
International Military Tribunal for the Far East digital collection, University of Virginia: UVA

Bentley Historical Library, University of Michigan, Ann Arbor: UM
Justice Frank Murphy papers
Offizielle Buchserie des State Department *Foreign Relations of the United States*: zitiert als *FRUS*.
R. John Pritchard (Hg.), *The Tokyo Major War Crimes Trial: The Transcripts of the Court Proceedings of the International Military Tribunal for the Far East,* Lewiston, N.Y. 1998, 124 Bde.: zit. als *IMTFE Transcripts.*

Einleitung

1 Associated Press, »Tojo Sees Time Vindicating Japan; Calls MacArthur a Clean Fighter«, *New York Times,* 11. September 1945, S. 1f.
2 George E. Jones, »MacArthur Seizing 40 for War Crimes; Tojo Shoots Himself to Avoid Arrest, But Is Kept Alive by American Doctor«, *New York Times,* 12. September 1945, S. 1f. »Snafu Suicide«, *Life,* 24. September 1945, S. 36f. Associated Press, »Tojo Feels Better; He Talks of Plight«, *New York Times,* 14. September 1945, S. 8.
3 John W. Dower, *War Without Mercy: Race and Power in the Pacific War,* New York 1986, S. 40f.
4 Barrett Tillman, *Whirlwind: The Air War Against Japan, 1942–1945,* New York 2010, S. 149, 152. »51 Square Miles Burned Out in Six B-29 Attacks on Tokyo«, *New York Times,* 30. Mai 1945. James M. Scott, *Black Snow: Curtis LeMay, the Firebombing of Tokyo, and the Road to the Atomic Bomb,* New York 2022, S. 219–222.
5 William J. Sebald mit Russell Brines, *With MacArthur in Japan: A Personal History of the Occupation,* New York 1965, S. 39f.
6 Jones, »MacArthur Seizing 40 for War Crimes«.
7 AWM, Webb papers, 3DRL/2481, series 1, wallet 10, Röling an Webb, 17. Februar 1947.
8 Guoshiguan, Papiere des Außenministeriums, IMTFE, Wichtigste Fälle (Teil II), Mei an Webb, 8. Dezember 1946, 020-010117-0027-0104a bis 020-010117-0027-0115a.
9 Ian W. Toll, *Twilight of the Gods: War in the Western Pacific, 1944–1945* (New York 2020), S. 438–468. James M. Scott, *Rampage: MacArthur, Yamashita, and the Battle of Manila,* New York 2018.
10 Sarah Kovner, *Prisoners of the Empire: Inside Japanese POW Camps,* Cambridge, Mass. 2020, S. 1.
11 Rana Mitter, *Forgotten Ally: China's World War II, 1937–1945,* Boston 2013, S. 139. Siehe auch Dara Kay Cohen, *Rape During Civil War,* Ithaca, N.Y. (2016).
12 Kovner, *Prisoners of the Empire,* S. 94.
13 NARA, RG 59, Office of Chinese Affairs, 250/46/4/01, box 2, War crimes and war criminals; RG 59, Legal Adviser, Japanese War Criminals, 250/49/25/06, box 28, Sato Kesakichi case.
14 Dower, *War Without Mercy,* S. 12.
15 AWM, Webb papers, 3DRL/2481, series 4, wallet 20, Webb memo, 2. August 1946.

16 Akira Kurosawas Filmklassiker kam 1950, kurz nach dem Ende des Tokioter Prozesses, in die Kinos.

17 *IMTFE Transcripts,* 11. Dezember 1946, S. 12575f.

18 Ebenda, 10. Januar 1947, S. 15031–15042.

19 James Bradley, *Flyboys: A True Story of Courage,* Boston 2003.

20 NL-HaNA, 2.21.273, Akte 27, Röling an Patricia, 27. August 1946.

21 Oona A. Hathaway et al., »What Is a War Crime?«, in: *Yale Journal of International Law,* Bd. 44, Nr 1 (Winter 2019), S. 53–114.

22 Kathryn Sikkink, *The Justice Cascade: How Human Rights Prosecutions Are Changing World Politics,* New York 2011, S. 5–20, 96ff.

23 MMA, RG-5, box 107, folder 2, Sebald an Benninghoff, 29. Oktober 1948.

24 Mei an Wang, 1. Juni 1948, Mei Xiaoao und Mei Xiaokan (Hg.), *Mei Ruao Dongjing shenpan wengao* [Die Manuskripte zum Tokioter Prozess von Mei Ruao], Shanghai 2013, S. 9f.

25 AWM, Webb papers, 3DRL/2481, series 1, wallet 10, Röling an Webb, 17. Februar 1947.

26 Der wichtigste japanische Bericht über den Prozess, ein hervorragendes Buch von Higurashi Yoshinobu, stützt sich stark auf amerikanische, britische und australische Dokumente. Higurashi Yoshinobu, *Tokyo saiban no kokusai kankei: Kokusai seiji ni okeru kenryoku to kihan* [Internationale Beziehungen des Tokioter Prozesses: Macht und Normen in der internationalen Politik], Tokio 2002, S. 2–23. Mein Buch profitierte außerdem von der wichtigen Forschungsarbeit von Awaya Kentaro, Fujita Hisakazu, Onuma Yasuaki, Yoshimi Yoshiaki, Yoshida Yutaka und anderen. Unter den reichhaltigen englischsprachigen Studien siehe John W. Dower, *Embracing Defeat: Japan in the Wake of World War II,* New York 1999, S. 443–484; David Cohen und Yuma Totani, *The Tokyo War Crimes Tribunal: Law, History, and Jurisprudence,* Cambridge 2018; Neil Boister und Robert Cryer, *The Tokyo International Military Tribunal: A Reappraisal,* Oxford 2008; Yuma Totani, *The Tokyo War Crimes Trial: The Pursuit of Justice in the Wake of World War II,* Cambridge, Mass. 2008; Yuki Tanaka, Tim McCormack und Gerry Simpson (Hg.), *Beyond Victor's Justice? The Tokyo War Crimes Trial Revisited,* Leiden 2010; Arnold C. Brackman, *The Other Nuremberg: The Untold Story of the Tokyo War Crime Trials,* London 1989; Timothy P. Maga, *Judgment at Tokyo: The Japanese War Crimes Trials,* Lexington 2001; Kerstin von Lingen (Hg.), *Transcultural Justice at the Tokyo Tribunal: The Allied Struggle for Justice, 1946–1948,* Leiden 2018; und Richard Minear, *Victor's Justice: The Tokyo War Crimes Trial,* Princeton 1971.

27 Zur internationalen Geschichtsschreibung siehe David Armitage, *Foundations of Modern International Thought,* Cambridge 2013, S. 17–32; Erez Manela, »International Society as a Historical Subject«, in: *Diplomatic History,* Bd. 44, Nr. 2 (April 2020), S. 184–209; Lynn Hunt, *Writing History in the Global Era,* New York 2014; Charles S. Maier, »Marking Time«, in: Michael Kammen (Hg.), *The Past Before Us: Contemporary Historical Writing in the United States,* Ithaca, N.Y. 1980), S. 355–387; Akira Iriye, »Internationalizing International History«, in: Thomas Bender (Hg.), *Rethinking American History in a Global Age,* Berkeley 2002, S. 47–62; und Odd Arne Westad, »The New Internatio-

nal History of the Cold War«, in: *Diplomatic History,* Bd. 24, Nr. 4 (2000), S. 551–565.

28 Christopher Hemmer und Peter J. Katzenstein, »Why Is There No NATO in Asia?«, in: *International Organization,* Bd. 56, Nr. 3 (Juni 2002), S. 575–607.

29 Caroline Elkins, *Legacy of Violence: A History of the British Empire*, New York 2022; Odd Arne Westad, *Der Kalte Krieg: eine Weltgeschichte,* übers. v. Helmut Dierlamm und Hans Freundl, Stuttgart 2919, S. 149–152; Tim Harper, *Underground Asia: Global Revolutionaries and the Assault on Empire*, Cambridge, Mass. 2021; Christopher Bayly und Tim Harper, *Forgotten Armies: The Fall of British Asia, 1941–1945,* Cambridge, Mass. 2006, und *Forgotten Wars: Freedom and Revolution in Southeast Asia,* Cambridge, Mass. 2010; William Dalrymple, *The Anarchy: The Relentless Rise of the East India Company,* London 2019.

30 Theodore H. White und Annalee Jacoby, *Donner aus China,* übers. v. Barbara Deyle-Reck, Stuttgart 1949, S. 9.

31 MMA, RG-5, box 115, folder 15, IMTFE proclamation, 19. Januar 1946.

32 Telford Taylor, *Nürnberg und Vietnam: eine amerikanische Tragödie,* übers. v. Klaus-Dieter Schmidt, München 1971, S. 90.

33 Brackman, *Other Nuremberg,* S. 428. Zu den nichtwestlichen Ursprüngen der heutigen Menschenrechte siehe Kathryn Sikkink, *Evidence for Hope: Making Human Rights Work in the 21st Century,* Princeton 2017, S. 55–93.

34 BDIC, fonds du Bernard, F° Δ res 0874/10, Bernard an die Richter, 10. Mai 1948. O-Gon Kwon, »Forgotten Victims, Forgotten Defendants«, in Tanaka, McCormack und Simpson (Hg.), *Beyond Victor's Justice?,* S. 227–239.

35 Richard Rhodes, »The General and World War III«, *The New Yorker,* 19. Juni 1995, S. 48.

36 Stimson Diaries, Bd. 51, 6. Juni 1945.

37 Ian Buruma, *Erbschaft der Schuld: Vergangenheitsbewältigung in Deutschland und Japan,* übers. v. Klaus Binder und Jeremy Gaines, München 1994. Ein hervorragender und maßgeblicher Vergleich des historischen Gedächtnisses der alten Achsenmächte.

38 Yinan He, *The Search for Reconciliation: Sino-Japanese and German-Polish Relations Since World War II,* Cambridge 2009.

39 Siehe zum Beispiel Karin Laub, »AfD Chief: Nazi Era a ›Speck of Bird Poop‹«, *Associated Press,* 2. Juni 2018.

40 Tony Judt, *Geschichte Europas von 1945 bis zur Gegenwart,* übers. v. Matthias Fienbork und Hainer Kober, München 2006. Für makrohistorische Vergleiche siehe Theda Skocpol und Margaret Somers, »The Uses of Comparative History in Macrosocial Inquiry«, in: *Comparative Studies in Society and History,* Bd. 2 (1980), S. 174–197; und Dietrich Rueschemeyer und John D. Stephens, »Comparing Historical Sequences«, in: *Comparative Social Research,* Bd. 16 (1997), S. 55–72.

41 Ayse Zarakol, *After Defeat: How the East Learned to Live with the West,* Cambridge 2011, S. 160–200.

42 Victor D. Cha, *Alignment Despite Antagonism: The United States-Korea-Japan Security Triangle,* Stanford, Calif. 1999. David C. Kang, »Between Balancing and Bandwagoning«, in: *Journal of East Asian Studies,* Bd. 9, Nr. 1 (Januar-April 2009), S. 1–28.

43 Austin Ramzy, »Xi Condemns Efforts to Play Down Japan's Wartime Aggression«, *New York Times,* 7. Juli 2014.

44 Bruce Stokes, »Hostile Neighbors«, Pew Research Center, 13. September 2016.

45 Beth Simmons, *Mobilizing for Human Rights: International Law in Domestic Politics,* Cambridge 2009. Thomas Risse und Kathryn Sikkink, »The Socialization of International Human Rights Norms into Domestic Practices«, in: Thomas Risse, Stephen C. Ropp und Kathryn Sikkink (Hg.), *The Power of Human Rights: International Norms and Domestic Change,* Cambridge 1999, S. 1–38.

46 Interview mit Putin, Xinhua und TASS, 1. September 2015, http://en.kremlin.ru/events/president/news/50207.

47 Buruma, *Erbschaft der Schuld,* S. 205–215. Ian Buruma, *Inventing Japan, 1853–1964,* New York 2003, S. 147. Watanabe Shoichi, *»Tokyo saiban« o saibansuru* [Der »Tokyo Prozess« vor Gericht], Tokio 2007; und *Paru hanketsusho no shinjitsu* [Die Wahrheit von Pals Urteil], Tokio 2008. Sato Kazuo, *Sekai ga sabaku Tokyo saiban* [Der Tokioter Prozess von Intellektuellen beurteilt], Tokio 1996. Kobori Keiichiro, *Tokyo saiban Nihon no benmei* [Japans Verteidigung beim Tokioter Prozess], Tokio 1995.

48 Kishi Nobusuke, *Kishi Nobusuke kaikoroku: Hoshu godo to Anpo kaitei* [Memoiren von Kishi Nobusuke: Die konservative Konsolidierung und Revision des Sicherheitsvertrags], Tokio 1983, S. 18.

49 Jun Uchida, *Brokers of Empire: Japanese Settler Colonialism in Korea, 1876–1945,* Cambridge, Mass. 2011).

50 Rana Mitter, *China's Good War: How World War II Is Shaping a New Nationalism,* Cambridge, Mass. 2020, S. 212–249. Siehe auch Thomas J. Christensen, *Worse Than a Monolith: Alliance Politics and Problems of Coercive Diplomacy in Asia,* Princeton 2011, S. 231–259; Jessica Chen Weiss, *Powerful Patriots: Nationalist Protest in China's Foreign Relations,* Oxford 2014; und He, *Search for Reconciliation.*

51 Xinhua, »Xi Jinping's Speech at the Commemoration of the 69th Anniversary of the Victory of the Chinese People's War of Resistance Against Japanese Aggression and the World Anti-Fascist War«, *People's Daily,* 4. September 2014, S. 2.

52 Elizabeth D. Samet, *Looking for the Good War: American Amnesia and the Violent Pursuit of Happiness,* New York 2021. Steven Levitsky und Daniel Ziblatt, *Wie Demokratien sterben,* übers. v. Klaus-Dieter Schmidt, Bonn 2018. Peter Baker und Susan B. Glasser, *The Divider: Trump in the White House, 2017–2021,* New York 2022. Gideon Rachman, *Welt der Autokraten: wie Putin, Xi, Trump und Co. die Demokratie bedrohen,* übers. v. Matthias Hempert, London 2022.

53 *IMTFE Transcripts,* 4. November 1948, S. 48426.

54 Dower, *Embracing Defeat,* S. 22, 87–120. Kovner, *Prisoners of the Empire,* S. 157.

55 Stimson Diaries, Bd. 50, 11. Januar 1945.

56 Robert A. Pape, »Why Japan Surrendered«, in: *International Security,* Bd. 18, Nr. 2 (Herbst 1993), S. 154–201

57 Siehe Marc Gallicchio, *Unconditional: The Japanese Surrender in World War II*

Oxford 2020, S. 38–70. Zur Verteidigung Hirohitos siehe Dominic Lieven, *In the Shadow of the Gods: The Emperor in World History,* London 2022, S. 426f. Eine hervorragende Darstellung der Ideologie der Kaisertums findet sich in: Carol Gluck, *Japan's Modern Myths: Ideology in the Late Meiji Period,* Princeton 1985.

58 Zum Thema historisches Vermächtnis siehe Paul Pierson, *Politics in Time: History, Institutions, and Social Analysis,* Princeton 2004; Paul Pierson, »Increasing Returns, Path Dependence, and the Study of Politics«, in: *American Political Science Review,* Bd. 94 (2001), S. 251–267; Kathleen Thelen und James Mahoney (Hg.), *Advances in Comparative Historical Analysis,* New York 2015; und Kathleen Thelen und Sven Steinmo, »Historical Institutionalism in Comparative Politics«, in: Kathleen Thelen et al. (Hg.), *Structuring Politics: Historical Institutionalism in Comparative Analysis*, New York 1992.

59 Herbert P. Bix, *Hirohito and the Making of Modern Japan,* New York 2000, S. 618. Franziska Seraphim, *War Memory and Social Politics in Japan, 1945–2005,* Cambridge, Mass. 2006, S. 6, 273f.

60 Buruma, *Erbschaft der Schuld,* S. 82ff., 373f.

61 Ebenda, S. 220–225.

62 Odd Arne Westad, *Cold War and Revolution: Soviet-American Rivalry and the Origins of the Chinese Civil War, 1944–1946*, New York 1993. Siehe auch David Armitage, *Bürgerkrieg: vom Wesen innerstaatlicher Konflikte,* übers. v. Sebastian Vogel, Stuttgart 2019, S. 196–231.

63 Siehe Paul Thomas Chamberlin, *The Cold War's Killing Fields: Rethinking the Long Peace,* New York 2018.

64 Norbert Frei, *Amnestiepolitik in den Anfangsjahren der Bundesrepublik,* Frankfurt am Main 1997. Marie-Bénédicte Vincent, *La dénazification des fonctionnaires en Allemagne de l'Ouest: Épuration et réintégration*, Paris 2022. Frederick Taylor, *Zwischen Krieg und Frieden: die Besetzung und Entnazifizierung Deutschlands 1944–1946,* übers. v. Klaus-Dieter Schmidt, Berlin 2011.

65 Yamamuro Shin'ichi, *Manchuria Under Japanese Dominion,* übers. Joshua A. Fogel, Philadelphia 2006, S. 4–5, 178, 182–190.

66 Justin McCurry, »Japanese Election Victory Hands Shinzo Abe a Chance for Redemption«, *Guardian,* 16. Dezember 2012.

67 Siehe Jeremy A. Yellen, *The Greater East Asia Co-Prosperity Sphere: When Total Empire Met Total War,* Ithaca, N.Y. 2019, S. 159f.

68 Siehe Manjari Chatterjee Miller, *Wronged by Empire: Post-Imperial Ideology and Foreign Policy in India and China,* Stanford, Calif. 2013.

69 Siehe Antony Anghie, *Imperialism, Sovereignty and the Making of International Law*, Cambridge 2004.

70 Dower, *War Without Mercy,* S. 6f. Richard Overy, *Weltenbrand: Der große imperiale Krieg, 1931–1945,* übers. v. Henning Thies und Werner Roller, Berlin 2023.

71 Ronald H. Spector, *A Continent Erupts: Decolonization, Civil War, and Massacre in Postwar Asia, 1945–1955,* New York 2022, S. 2.

72 B. V. A. Röling, *The Tokyo Trial and Beyond: Reflections of a Peacemonger,* hrsg. v. Antonio Cassese, Cambridge 1993, S. 37.

73 G. John Ikenberry, *After Victory: Institutions, Strategic Restraint, and the Re-*

building of Order After Major Wars, Princeton 2001, S. 3–79, 163–214, und *A World Safe for Democracy: Liberal Internationalism and the Crises of Global Order,* New Haven 2020. Elizabeth Borgwardt, *A New Deal for the World: America's Vision for Human Rights,* Cambridge, Mass. 2005. Wichtige kritische Standpunkte zur amerikanischen Dominanz finden sich in Stephen Wertheim, *Tomorrow, the World: The Birth of U. S. Global Supremacy,* Cambridge, Mass. 2020; und Alexander Cooley und Daniel Nexon, *Exit from Hegemony: The Unraveling of the American Global Order,* Oxford 2020.

74 See Priya Satia, *Time's Monster: History, Conscience, and Britain's Empire* Cambridge, Mass. 2020.

75 Siehe W. G. Beasley, *Japanese Imperialism, 1894–1945,* Oxford 1987, S. 1–54, 175–250; Jack Snyder, *Myths of Empire: Domestic Politics and International Ambition,* Ithaca, N.Y. 1991, S. 112–152; Ramon H. Myers und Mark R. Peattie (Hg.), *The Japanese Colonial Empire, 1895–1945* Princeton 1984; Mark R. Peattie, Peter Duus und Ramon H. Myers, *The Japanese Informal Empire in China, 1895–1937,* Princeton 2014; Liao Ping-hui und David Derwei Wang (Hg.), *Taiwan Under Japanese Colonial Rule, 1895–1945: History, Culture, Memory,* New York: 2006; Gi Wook Shin und Michael Robinson (Hg.), *Colonial Modernity in Korea,* Cambridge, Mass. 1999; und Carter J. Eckert, *Korea, Old and New: A History,* Cambridge, Mass. 1990.

76 NAI, MEA file no. 489, CJK/49, Nehru an Katju, 29. November 1948.

77 Erez Manela, *The Wilsonian Moment: Self-Determination and the International Origins of Anticolonial Nationalism,* Oxford 2007. Robert O. Keohane, *After Hegemony: Cooperation and Discord in the World Political Economy,* Princeton 1984. Celeste Wallander, »Institutional Assets and Adaptability«, in: *International Organization,* Bd. 54, Nr 4 (2000), S. 705–735.

78 Atul Kohli, *Imperialism and the Developing World: How Britain and the United States Shaped the Global Periphery,* Oxford 2020.

79 John King Fairbank, *The United States and China,* Cambridge, Mass. 1983, S. 158–170. Pär Kristoffer Cassel, *Grounds of Judgment: Extraterritoriality and Imperial Power in Nineteenth-Century China and Japan,* Oxford 2012. Teemu Ruskola, *Legal Orientalism: China, the United States, and Modern Law,* Cambridge, Mass. 2013.

80 Siehe Daniel Immerwahr, *How to Hide an Empire: A History of the Greater United States,* New York 2019; Gerald L. Neuman und Tomiko Brown-Nagin (Hg.), *Reconsidering the Insular Cases: The Past and Future of the American Empire* Cambridge, Mass. 2015; Anders Stephanson, *Manifest Destiny: American Expansion and the Empire of Right,* New York 1995; Kal Raustiala, *Does the Constitution Follow the Flag? The Evolution of Territoriality in American Law,* Oxford 2009; Julian Go und Anne L. Foster (Hg.), *The American Colonial State in the Philippines: Global Perspectives,* Durham, N.C. 2003; Amy Kaplan und Donald Pease (Hg.), *Cultures of United States Imperialism,* Durham, N.C. 1993; Stephen Wertheim, »Reluctant Liberator«, in: *Presidential Studies Quarterly,* Bd. 39, Nr. 3 (2009), S. 494–518; Juan R. Torruella, »Ruling America's Colonies: The *Insular Cases*«, in: *Yale Law and Policy Review,* Bd. 32 (2013), S. 57–95; H.W. Brands, *Bound to Empire: The United States and the Philippines,* Oxford 1992; und Christopher Capozzola, *Bound by War: How the*

United States and the Philippines Built America's First Pacific Century, New York 2020. Zum US-amerikanischen Imperialismus siehe so unterschiedliche Studien wie Ernest R. May, *American Imperialism: A Speculative Essay*, New York 1968; William Appleman Williams, *The Tragedy of American Diplomacy*, New York 1988; Walter LaFeber, *The American Search for Opportunity, 1865–1913*, Cambridge 2013; A. G. Hopkins, *American Empire: A Global History*, Princeton 2018; und Andrew Bacevich, *American Empire: The Realities and Consequences of U. S. Diplomacy*, Cambridge, Mass. 2002.

81 John Fabian Witt, *Lincoln's Code: The Laws of War in American History*, New York 2012, S. 353–357.

82 Daniel Immerwahr, »The Greater United States«, in: *Diplomatic History*, Bd. 40, Nr. 3 (Juni 2016), S. 376f.

83 Immerwahr, *How to Hide an Empire*, S. 3–20, 215–390.

84 W. E. B. Du Bois, »Of Mr. Booker T. Washington and Others«, in: *The Souls of Black Folk: Essays and Sketches*, Amherst 2018, S. 51.

85 Dower, *War Without Mercy*, S. 11.

86 Radhabinod Pal, *International Military Tribunal for the Far East: Dissentient Judgment of Justice R. B. Pal*, Kalkutta 1953, S. 315–320.

87 Frank White, »Tojo on Trial«, in: *Far East Stars and Stripes Weekly Review*, 2. November 1947, S. 6.

88 Franklin D. Roosevelt, »Shall We Trust Japan?« in: *Asia*, Bd. 23, Nr. 7 (Juli 1923), S. 475–478, 526ff. Siehe auch Greg Robinson, *By Order of the President: FDR and the Internment of Japanese Americans*, Cambridge, Mass. 2003, S. 37f.

89 Dower, *War Without Mercy*. Gerald Horne, *Race War: White Supremacy and the Japanese Attack on the British Empire*, New York 2004.

90 Potsdamer Erklärung, 26. Juli 1945 (nicht zu verwechseln mit dem Potsdamer Abkommen), Winston S. Churchill, *Der Zweite Weltkrieg*, Bd. 6, 2: *Triumph und Tragödie: Der Eiserne Vorhang*, übers. v. Eduard Thorsch, Bern 1954, S. 339ff.

91 Siehe zum Beispiel Lydia N. Yu-Jose, *Japan Views the Philippines, 1900–1944*, Manila 1999.

92 Dower, *War Without Mercy*, S. 8–10, 262–290.

93 Mei Ruao, *Dongjing da shenpan: Yuandong guoji junshi fating Zhongguo faguan Mei Ruao riji* [Der große Tokioter Prozess: Tagebuch von Mei Ruao, chinesischer Richter am Internationalen Militärtribunal für den Fernen Osten] (Nanchang 2005), 12. Mai 1946, S. 153.

94 Pal, *Dissentient Judgment*, S. 7.

95 »President's Address on the Radio«, *New York Times*, 9. Mai 1945, S. 6.

96 Witt, *Lincoln's Code*, S. 128f. Oona Hathaway und Scott J. Shapiro, *The Internationalists: How a Radical Plan to Outlaw War Remade the World*, New York 2018. Jeremy Waldron, »Deep Morality and the Laws of War«, in: Helen Frowe und Seth Lazar (Hg.), *The Oxford Handbook of Ethics of War*, Oxford 2018, S. 80–98. Jens David Ohlin, »Justice After War«, in: Frowe und Lazar (Hg.), *Oxford Handbook of Ethics of War*, S. 519–537. Jens David Ohlin, *The Assault on International Law*, Oxford 2015.

97 »Japan's War Criminals«, *New York Times*, 26. Januar 1947, S. E8.

98 Eva Bellin, »The Iraqi Intervention and Democracy in Comparative Historical Perspective«, in: *Political Science Quarterly,* Bd. 119, Nr. 4 (2004/5), S. 596–608. Alexander B. Downes, *Catastrophic Success: Why Foreign-Imposed Regime Change Goes Wrong,* Ithaca, N.Y. 2021.

99 Richard A. Primus, *The American Language of Rights,* Cambridge 1999, S. 194ff. Westad, *Der Kalte Krieg,* S. 155f.

100 John Lewis Gaddis, *The United States and the End of the Cold War: Implications, Reconsiderations, Provocations,* Oxford 1992, S. 48ff. Zu den frühen amerikanischen Versuchen, dem Kriegsvölkerrecht Geltung zu verschaffen, siehe Witt, *Lincoln's Code.* Ein eher skeptisches Urteil fällt Jack L. Goldsmith, »Liberal Democracy and Cosmopolitan Duty«, in: *Stanford Law Review,* Bd. 55 (2003), S. 1667–1696.

101 Rede Trumans auf der Konferenz von Rio de Janeiro, 2. September 1947, *Public Papers of the Presidents: Harry S. Truman, 1947,* Washington, D.C. 1963, S. 429.

102 Togo Shigenori, *Japan im Zweiten Weltkrieg,* übers. v. Egon Heyman, Bonn 1958, S. 228.

103 Samuel P. Huntington, *The Third Wave: Democratization in the Late Twentieth Century,* Norman 1991.

104 Dower, *War Without Mercy,* S. ix.

105 Nürnberger Urteil, *Der Prozess gegen die Hauptkriegsverbrecher vor dem Internationalen Militärgerichtshof, Amtlicher Text in deutscher Sprache,* Bd. 22. S. 528, Nürnberg 1947, im Netz unter: http://www.zeno.org/Geschichte/M/Der+N%C3%BCrnberger+Proze%C3%9F/Hauptverhandlungen/Zweihundertsiebzehnter+Tag.+Montag,+30.+September+1946/Nachmittagssitzung?hl=internationale+pflichten (letzter Zugriff: 30.10.2024). Gabriella Blum, »The Crime and Punishment of States«, in: *Yale Journal of International Law,* Bd. 38 (2013), S. 57–122.

106 Taylor, *Nürnberg und Vietnam,* S. 98f.

107 Dower, *Embracing Defeat,* S. 444.

108 George H. Gallup (Hg.), *The Gallup Poll: Public Opinion, 1935–1971,* New York 1972, Bd. 1, 20. Dezember 1944, S. 477f.

109 NARA, RG 218, Leahy records, box 8, Japan military government 1946, MacArthur an War Department und Joint Chiefs, 31. Oktober 1945.

110 NARA, RG 218, Leahy records, box 8, Japan military government 1946, Joint Chiefs an MacArthur, 10. November 1945.

111 Röling, *Tokyo Trial and Beyond,* S. 54.

112 Mark V. Tushnet (Hg.), *Arguing* Marbury v. Madison, Stanford, Calif. 2005, S. 171.

113 John Locke, *Zweite Abhandlung über die Regierung,* Frankfurt am Main 2007, orig. 1689, übers. v. Hans Jörn Hoffmann, Kapitel II, §13, S. 19f.

114 Alexander Hamilton, James Madison und John Jay, *Die Federalist Papers* [1788], vollständige Ausgabe, hrsg. u. übers. v. von Barbara Zehnpfennig, München 2007, S. 95. Noah Feldman, *The Three Lives of James Madison: Genius, Partisan, President,* New York 2017, S. 180–183.

115 *In re Yamashita,* 327 U. S. 1 (1946).

116 *Hirota v. MacArthur, General of the Army, et al.,* 338 U. S. 197 (1948).

117 Zu den Maßstäben für Selbstverteidigung siehe Michael W. Doyle, *Striking First: Preemption and Prevention in International Conflict*, Princeton 2008; und Witt, *Lincoln's Code*, S. 111ff.

118 Hathaway und Shapiro, *Internationalists*. Oona Hathaway und Scott J. Shapiro, »Outcasting: Enforcement in Domestic and International Law«, in: *Yale Law Journal*, Bd. 252 (2011), S. 252–349.

119 Samuel Moyn, *Humane: How the United States Abandoned Peace and Reinvented War*, New York 2021.

120 Judith N. Shklar, *Legalism: Law, Morals, and Political Trials*, Cambridge, Mass. 1986, S. 143–190. In dem brillanten Buch wird Shklars massive Kritik am Tokioter Prozess untergraben durch ihre hartnäckige Behauptung, dass die Japaner nur eine situative Ethik verstünden, die »von Natur aus unjuristisch« sei, und durch ihre unrichtige Behauptung, die Tokioter Urteile hätten auf dem Naturrecht beruht. Onuma Yasuaki, *Tokyo saiban kara sengo sekinin no shiso e* [Vom Tokioter Prozess zur Nachkriegsverantwortlichkeit], Tokio 1985, S. 174–178.

121 Anne Applebaum, *Der Eiserne Vorhang: die Unterdrückung Osteuropas 1944–1956*, übers. v. Martin Richter, München 2013, S. 11–297.

122 Siehe Taylor, *Nürnberg und Vietnam*.

123 Gardiner Harris, »In Hiroshima, Summoning Better Angels«, *New York Times*, 28. Mai 2016, S. A1.

124 Robert H. Jackson, *Grundlegende Rede: vorgetragen im Namen der Vereinigten Staaten von Amerika*, übers. v. Herbert Küsel, Frankfurt am Main 1946, S. 10.

1. Von Nürnberg nach Tokio

1 MMA, RG-135, box 17, Boyce manuscript. Für japanische Stimmen zu Bataan siehe Sarah Kovner, *Prisoners of the Empire: Inside Japanese POW Camps*, Cambridge, Mass. 2020, S. 74–84.

2 John W. Dower, *War Without Mercy: Race and Power in the Pacific War*, New York 1986, S. 33–36.

3 NARA, RG 107, 390/8/32/06, Stimson »safe file«, box 8, Hull statement, 7. Dezember 1941.

4 Franklin D. Roosevelt, *Fireside Chats*, New York 1995, 9. Dezember 1941, S. 73.

5 NARA, RG 107, 390/8/32/06, Stimson »safe file«, box 8, Marshall am Stimson, 8. Oktober 1945. NARA, RG 107, 390/8/32/06, Stimson »safe file«, box 8, FDR an Stimson, 9. September 1943. Dies untermauert meine Hypothese, dass selbst liberale Staaten auf die Verfolgung von Kriegsverbrechen verzichten, wenn sie dadurch ihre Soldaten gefährden (Gary J. Bass, *Stay the Hand of Vengeance: The Politics of War Crimes Tribunals*, Princeton 2000, S. 29f.).

6 Äußerung von FDR, 21. April 1943, *The Department of State Bulletin*, Washington, D. C. 1943, Bd. 8, Nr. 200, 24. April 1932, S. 337. Siehe auch Cordell Hull, *The Memoirs of Cordell Hull*, New York 1948, Bd. 2, S. 1589.

7 Michel Paradis, *Last Mission to Tokyo: The Extraordinary Story of the Doolittle Raiders and Their Final Fight for Justice*, New York 2020. James M. Scott, *Tar-*

get Tokyo: Jimmy Doolittle and the Raid That Avenged Pearl Harbor, New York 2015.

8 NARA, RG 107, 390/8/32/06, Stimson »safe file«, box 8, Marshall an Stimson, 8. Oktober 1945.

9 Samuel Moyn, *Humane: How the United States Abandoned Peace and Reinvented War,* New York 2021, S. 122–137.

10 Simon B. Buckner an Adele Buckner, 8. April 1945, Nicholas Evan Sarantakes (Hg.), *Seven Stars: The Okinawa Battle Diaries of Simon Bolivar Buckner, Jr., and Joseph Stilwell,* College Station 2004, S. 35.

11 U. S. Senate, Subcommittee of the Committee on Armed Services, *Malmedy Massacre Investigation,* Washington, D. C. 1949. James J. Weingartner, *Crossroads of Death: The Story of the Malmedy Massacre and Trial,* Berkeley 1973. Stimson Diaries, Bd. 49, 31. Dezember 1944.

12 George H. Gallup (Hg.), *The Gallup Poll: Public Opinion, 1935–1971,* New York 1972, Bd. 1, 1. Juli 1942, S. 339. Außerdem sagten 6 Prozent, Hitler werde nicht mehr am Leben sein, 2 Prozent wollten milde Strafen, 2 Prozent fanden, das gehe sie nichts an, und 13 Prozent äußerten keine Meinung.

13 *Gallup Poll,* Bd. 1, 1. Oktober 1944, S. 463.

14 W. H. Auden und Christopher Isherwood, *Journey to a War,* London 1939, S. 195.

15 *Gallup Poll,* Bd. 1, 20. Dezember 1944, S. 477 f.

16 Stimson Diaries, Bd. 47, 23. Juni 1944; Bd. 48, 11. September 1944, 3. Oktober 1944. NARA, RG 107, box 15, 390/8/32/07, Stimson top secret file, White House correspondence, FDR an Stimson, 26. August 1944.

17 John Lewis Gaddis, *The United States and the Origins of the Cold War, 1941–1947,* New York 1972, S. 119.

18 John W. Dower, *Embracing Defeat: Japan in the Wake of World War II,* New York 1999, S. 444 f. Siehe Henry Morgenthau Jr., *Morgenthau Diary – Germany,* Washington, D. C. 1967, Bd. 1, S. 526.

19 Stimson Diaries, Bd. 51, 10. Mai 1945.

20 Godfrey Hodgson, *The Colonel: The Life and Wars of Henry Stimson, 1867–1950,* New York 1990.

21 Ebenda, S. 172, 219.

22 Stimson Diaries, Bd. 50, Stimson notes, 3. Januar 1945. Henry L. Stimson and McGeorge Bundy, *On Active Service in Peace and War,* New York 1947, S. 220–263, 588–591.

23 Stimson Diaries, Bd. 51, 12. April 1945.

24 Martin Gilbert, *Auschwitz und die Alliierten,* übers. v. Karl Heinz Siber, München 1982, S. 351–379. David S. Wyman, *Das unerwünschte Volk,* übers. v. Karl Heinz Siber, Frankfurt 2000, S. 298.

25 Wyman, *Das unerwünschte Volk,* S. 329–354. Michael Beschloss, *The Conquerors: Roosevelt, Truman and the Destruction of Hitler's Germany, 1941–1945,* New York 2002, S. 88.

26 Hodgson, *Colonel,* S. 217, 251–260. Dower, *War Without Mercy,* S. 80.

27 NARA, RG 107, 390/8/32/06, Stimson »safe file«, box 8, Stimson an Marshall, 8. Oktober 1943.

28 NARA, RG 107, 390/8/32/06, Stimson »safe file«, box 8, White memo-

randum, 23. Mai 1944. Sandra Wilson, Robert Cribb, Beatrice Trefault und Dean Aszkielowicz, *Japanese War Criminals: The Politics of Justice After the Second World War*, New York 2017, S. 16.
29 Stimson Diaries, Bd. 47, 24. Mai 1944.
30 Stimson Diaries, Bd. 48, Stimson notes for FDR, 25. August 1944.
31 Stimson Diaries, Bd. 48, 4. September 1944.
32 Morgenthau an Truman, 29. Mai 1945, Henry Morgenthau Jr., *Morgenthau Diary – Germany*, Washington, D.C. 1967, Bd. 2, S. 1544f.
33 Programm für Deutschland nach der Kapitulation, 4. September 1944, *Morgenthau Diary, Bd.* 1, S. 508f.
34 *Morgenthau Diary*, 4. September 1944, Bd. 1, S. 486.
35 Stimson Diaries, Bd. 48, Stimson notes for FDR, 25. August 1944. Im Nürnberger Statut heißt es, »daß ein Angeklagter auf Befehl seiner Regierung oder eines Vorgesetzten gehandelt hat, gilt nicht als Strafausschließungsgrund, kann aber als Strafmilderungsgrund berücksichtigt werden«. Christian Zentner, *Der Nürnberger Prozeß. Eine Einführung*, S. 12, im Netz unter: https://docplayer.org/32749114-Christian-zentner-der-nuernberger-prozess-eine-einfuehrung-vorwort.html. Schon vor Nürnberg war es eine anerkannte amerikanische Doktrin, dass illegale Befehle für Soldaten nicht bindend sind. Siehe »Command Responsibility for War Crimes«, in: *Yale Law Journal, Bd.* 82 (1973), S. 1274–1304; und Gary D. Solis, »Obedience to Orders«, in: *Journal of International Criminal Justice, Bd.* 2 (2004), S. 988–998.
36 Sitzungsprotokoll Bohlen beim Dinner in der sowjetischen Botschaft, 29. November 1943, *FRUS: The Conferences at Cairo and Tehran 1943*, Washington, D.C. 1961, S. 554. Winston S. Churchill, *Der zweite Weltkrieg*, Bd. 5: *Der Ring schließt sich*, übers. v. Eduard Thorsch, Berlin 1952, S. S. 63.
37 Stimson Diaries, Bd. 47, 15. Juni 1944. Siehe auch Stimson Diaries, Bd. 48, FDR-Stimson conversation, 8. Juni 1944.
38 Stimson Diaries, Bd. 48, 25. August 1944. Stimson Diaries, Bd. 48, Stimson notes for FDR, 25. August 1944.
39 Stimson Diaries, Bd. 48, 26. August bis 3. September 1944.
40 Stimson Diaries, Bd. 48, Stimson memo, 5. September 1944.
41 Stimson Diaries, Bd. 48, 5. September 1944.
42 Stimson Diaries, Bd. 48, FDR-Stimson memcon, 25 August 1944.
43 Stimson Diaries, Bd. 48, 6. September 1944.
44 Stimson Diaries, Bd. 48, 5. September 1944 sowie ebenda 4. und 7. September 1944.
45 Harry N. Hirsch, *The Enigma of Felix Frankfurter*, New York 1981, S. 24–31.
46 Frankfurter an FDR, 28. Januar 1933, Max Freedman (Hg.), *Roosevelt and Frankfurter: Their Correspondence, 1928–1945*, Boston 1967, S. 105.
47 *Takao Ozawa v. United States*, 260 U. S. 178 (1922).
48 *Hirabayashi v. United States*, 320 U. S. 81, 100–1 (1943). Noah Feldman, *Scorpions: The Battles and Triumphs of FDR's Great Supreme Court Justices*, New York 2010, S. 235–242. William H. Rehnquist, *All the Laws but One: Civil Liberties in Wartime*, New York 1998, S. 192–200.
49 Lorraine K. Bannai, *Enduring Conviction: Fred Korematsu and His Quest for Justice*, Seattle 2015.

50 *Korematsu v. United States,* 323 U. S. 214, 223 (1944). Siehe Rehnquist, *All the Laws but One,* S. 200–211. Stephen Breyer, *Making Our Democracy Work: A Judge's View,* New York 2010, S. 172–193. Mark Tushnet, »Defending *Korematsu?*«, in: Mark Tushnet (Hg.), *The Constitution in Wartime: Beyond Alarm and Complacency,* Durham, N. C. 2005, S. 124–140.
51 »Justice Black, Champion of Civil Liberties for 34 Years on Court, Dies at 85«, *New York Times,* 26. September 1971, S. 76.
52 *Ex parte Quirin et al.,* 317 U. S. 1 (1942). Siehe beispielsweise *Hamdi et al. v. Rumsfeld, Secretary of Defense, et al.,* 542 U. S. 507 (2004).
53 Leonard Baker, *Brandeis and Frankfurter: A Dual Biography,* New York 1984, S. 396f. Siehe auch Jack Goldsmith, »Justice Jackson's Unpublished Opinion in *Ex parte Quirin*«, in: *Green Bag,* Bd. 9, Nr. 3 (Frühjahr 2006), S. 223–231.
54 Stimson Diaries, Bd. 48, 7. September 1944.
55 Stimson Diaries, Bd. 48, Stimson an FDR, 7. und 9. September 1944.
56 Stimson Diaries, Bd. 48, 9. September 1944
57 Stimson Diaries, Bd. 50, 29. März 1945.
58 Stimson Diaries, Bd. 48, 14. September 1944.
59 Stimson Diaries, Bd. 48, 16. bis 19. September 1944.
60 NARA, RG 107, box 15, 390/8/32/07, Stimson top secret file, White House correspondence, Stimson an FDR, 15 September 1944.
61 Stimson Diaries, Bd. 48, 20. September 1944.
62 »Morgenthau Plan on Germany Splits Cabinet Committee«, *New York Times,* 24. September 1944, S. 1, 8.
63 Stimson Diaries, Bd. 49, 4. November 1944. Bei einer Umfrage vom April 1945 wollten 13 Prozent der Amerikaner Deutschland wieder zu einem Agrarstaat machen, wohingegen 56 Prozent eine strikte Überwachung der deutschen Industrie bevorzugten (Gallup (Hg.), *Gallup Poll, Bd.* 1, S. 499.)
64 Stimson Diaries, Bd. 48, 27. September bis 1. Oktober 1944. Gaddis, *United States and the Origins of the Cold War,* S. 120f.
65 Stimson Diaries, Bd. 48, 27. September bis 1. Oktober 1944.
66 Stimson Diaries, Bd. 48, 3. Oktober 1944.
67 Stimson Diaries, Bd. 50, 29. März 1945.
68 Stimson Diaries, Bd. 52, 2. Juli 1945.
69 Stimson Diaries, Bd. 48, 25. Oktober 1944; Bd. 50, 21. Januar 1945.
70 Gespräch zwischen Stimson und Cramer, 5. September 1944, in: Bradley F. Smith, *The American Road to Nuremberg: The Documentary Record, 1944–1945,* Stanford, Calif. 1982, S. 25ff.
71 Abraham S. Goldstein, »Conspiracy to Defraud the United States«, in: *Yale Law Journal, Bd.* 68, Nr. 3 (Januar 1959), S. 405–463. Philip E. Johnson, »The Unnecessary Crime of Conspiracy«, in: *California Law Review,* Bd. 61, Nr. 5 (September 1973), S. 1137–1188. Zur Rechtfertigung von Verschwörungsanklagen siehe Neal Kumar Katyal, »Conspiracy Theory«, in: *Yale Law Journal,* Bd. 112, Nr. 6 (April 2003), S. 1307–1398.
72 Stimson Diaries, Bd. 48, 25. Oktober 1944. Dower, *Embracing Defeat,* S. 463.
73 Herbert Wechsler, *Principles, Politics, and Fundamental Law,* Cambridge, Mass. 1961, S. 145. Telford Taylor, *Nürnberg und Vietnam: eine amerikanische Tragödie,* München 1971, S. 92.

74 Siehe Philippe Sands, *Rückkehr nach Lemberg: Über die Ursprünge von Genozid und Verbrechen gegen die Menschlichkeit,* übers. v. Reinhild Böhnke, Frankfurt 2018, S. 367–413.

75 Michael Walzer, *Gibt es den gerechten Krieg?,* übers. v. Christiane Ferdinand, Stuttgart 1982. Richard Tuck, *The Rights of War and Peace: Political Thought and the International Order from Grotius to Kant,* Oxford 1999. Yoram Dinstein, *War, Aggression, and Self-Defense,* Cambridge 2005. Benjamin B. Ferencz, *Defining International Aggression, the Search for World Peace: A Documentary History and Analysis,* Dobbs Ferry, N. Y. 1975, 2 Bde. Carrie McDougall, *The Crime of Aggression Under the Rome Statute of the International Criminal Court,* Cambridge 2013. Tom Dannenbaum, *The Crime of Aggression, Humanity, and the Soldier,* Cambridge 2018. Noah Weisbord, *The Crime of Aggression: The Quest for Justice in an Age of Drones, Cyberattacks, Insurgents, and Autocrats,* Princeton 2019.

76 FDR an Stettinius, 3. Januar 1945. Smith (Hg.), *American Road to Nuremberg,* S. 92. General Treaty for Renunciation of War as an Instrument of National Policy, 27. August 1928, 94 L. N. T. S. 57. Deutscher Wortlaut: Vertrag über die Ächtung des Krieges (Kellogg-Briand-Pakt) vom 27. August 1928, online unter: http://www.forost.ungarisches-institut.de/pdf/19280827-1.pdf (letzter Zugriff: 30. 10. 2024). Sheldon Glueck, *Nuremberg Trial and Aggressive War,* New York 1946. Oona Hathaway und Scott J. Shapiro, *The Internationalists: How a Radical Plan to Outlaw War Remade the World,* New York 2017. Telford Taylor, *Die Nürnberger Prozesse: Hintergründe, Analysen und Erkenntnisse aus heutiger Sicht,* übers. v. Michael Schmidt, München 1994, S. 55.

77 Stimson Diaries, Bd. 48, 27. Oktober 1944. Siehe auch Stimson Diaries, Bd. 49, 7. November 1944.

78 Stimson Diaries, Bd. 51, 12. April 1945.

2. Bedingungslose Kapitulation

1 Tagebuch Truman, 12. April 1945, Robert H. Ferrell (Hg.), *Off the Record: The Private Papers of Harry S. Truman,* New York 1980, S. 14.

2 David McCullough, *Truman,* New York 1992, S. 327, 800.

3 Truman an Martha Ellen und Mary Jane Truman, 11. April 1945, *Off the Record,* S. 13f.

4 Tagebuch Truman, 12. April 1945, *Off the Record,* S. 15f.

5 Arthur S. Krock, »President Roosevelt Is Dead«, *New York Times,* 13. April 1945, S. A1.

6 Tagebuch Truman, 12. April 1945, *Off the Record,* S. 15f.

7 Stimson Diaries, Bd. 50, 23. Januar 1945; Bd. 49, 12. Dezember 1944; Bd. 47, 11. Juni 1944.

8 Stimson Diaries, Bd. 51, 12. April 1945.

9 Stimson Diaries, Bd. 51, 12. bis 15. April 1945.

10 Stimson Diaries, Bd. 61, 12. April 1945.

11 Krock, »President Roosevelt Is Dead«.

12 Hiromichi Yahara, *The Battle for Okinawa,* übers. v. Roger Pineau und Masatoshi Uehara, New York 1995, S. 45.

13 Tagebuch Truman, 13. April 1945, *Off the Record*, S. 16ff.
14 Ebenda, 14. April 1945, *Off the Record*, S. 18f.
15 Stimson Diaries, Bd. 51, 12. April 1945.
16 Stimson Diaries, Bd. 51, 12. April 1945.
17 Tagebuch Truman, 15. April 1945, *Off the Record*, S. 19f.
18 Truman an Southern, 13. Mai 1945, *Off the Record*, S. 23.
19 Tagebuch Truman, 15. April 1945, *Off the Record*, S. 19, Anm. 2.
20 Tagebuch Truman, 1. Juni 1945, *Off the Record*, S. 39ff.
21 Truman an Bess Truman, 13. September 1946, Robert H. Ferrell (Hg.), *Dear Bess: The Letters from Harry to Bess Truman, 1910–1959*, New York 1983, S. 536. Truman an Bess Truman, 9. September 1946, *Dear Bess*, S. 535.
22 Tagebuch Truman, 1. Juni 1945, *Off the Record*, S. 39ff.
23 Tagebuch Truman, 20. September 1945, *Off the Record*, S. 67.
24 Truman an Bess Truman, 14. Dezember 1918, 31. Juli 1939, *Dear Bess*, S. 286, 416.
25 Truman an Bess Truman, 27. September 1942, *Dear Bess*, S. 490. Truman an Bess Truman, 1. September 1918, *Dear Bess*, S. 270f.
26 Truman an Bess Truman, 6. Oktober 1918, 8. Oktober 1918, *Dear Bess*, S. 272ff.
27 Truman an Bess Truman, 1. November 1918, *Dear Bess*, S. 277f.
28 Truman an Bess Truman, 30. April 1942, *Dear Bess*, S. 474. Hervorhebung von Truman.
29 Robert Dallek, *Franklin D. Roosevelt and American Foreign Policy, 1932–1945*, Oxford 1995, S. 373–376. David M. Kennedy, *Freedom from Fear: The American People in Depression and War, 1929–1945*, Oxford 1999, S. 588. James MacGregor Burns, *Roosevelt: The Soldier of Freedom*, New York 1970, S. 323. Tsuyoshi Hasegawa, *Racing the Enemy: Stalin, Truman, and the Surrender of Japan*, Cambridge, Mass. 2005, S. 21ff.
30 Stimson Diaries, Bd. 51, 16. April 1945.
31 Rede Trumans vor beiden Kammern des Kongresses, 16. April 1945, *Public Papers of the Presidents of the United States: Harry S. Truman, 1945*, Washington, D.C. 1961, S. 1–5.
32 HSTL, OF, box 1144, Truman an Booth, 25. Mai 1945.
33 HSTL, OF, box 1144, Truman statement, 16. März 1946.
34 HSTL, OF, box 1144, Truman an Drake, 11. Januar 1946. Ebenda, Truman an Vaughan, 11. Januar 1946.
35 Pressekonferenz Truman, 2. Mai 1945, *Public Papers*, S. 32–39. Pressekonferenz Truman, 7. Juni 1945, *Public Papers*, S. 105–112. HSTL, PSF, box 197, Japanese Surrender, Truman radio address, 9. August 1945.
36 Memorandum Truman, 12. Mai 1945, *Off the Record*, S. 22.
37 Erklärung Truman, 1. September 1945, *Public Papers*, S. 253.
38 Pressekonferenz Truman, 3. Oktober 1946, *Public Papers*, S. 439–342.
39 Tagebuch Truman, 17. Juni 1945, *Off the Record*, S. 46.
40 Truman Terminkalender, 5. September 1945, *Off the Record*, S. S. 64.
41 Truman Terminkalender, 16. Mai 1945, *Off the Record*, S. 25.
42 Stimson Diaries, Bd. 51, 25. April 1945.
43 Stimson Diaries, Bd. 52, 3. Juli 1945, S. 12f.

44 HSTL, OF, box 1145, Truman an Smith, 4. Mai 1946.
45 HSTL, OF, box 1144, Truman statement, 25. Februar 1946.
46 HSTL, OF, box 1144, Truman an Biddle, 12. November 1946.
47 Truman-Rede auf der Konferenz in Rio de Janeiro, 2. September 1947, *Public Papers of the Presidents: Harry S. Truman, 1947*, Washington, D.C. 1963, S. 429.
48 John Lewis Gaddis, *The United States and the End of the Cold War: Implications, Reconsiderations, Provocations*, Oxford 1992, S. 48ff.
49 Max Hastings, *Retribution: The Battle for Japan, 1944–45*, New York 2008, S. 371.
50 Hastings, *Retribution*, S. 369. Robert Leckie, *Okinawa: The Last Battle of World War II*, New York 1995, S. 3.
51 Yahara, *Battle for Okinawa*, S. 24f., 46, 49, 209.
52 Eugene B. Sledge, *Vom alten Schlag: Der Zweite Weltkrieg am anderen Ende der Welt*, übers. v. Kimiko Leibnitz, München 2019, S. 196f. Tagebuch Buckner, 26. März 1945, Nicholas Evan Sarantakes (Hg.), *Seven Stars: The Okinawa Battle Diaries of Simon Bolivar Buckner, Jr., and Joseph Stilwell*, College Station 2004, S. 26f.
53 Sledge, *Vom alten Schlag*, 213f.
54 Ebenda, S. 222, 226.
55 Yahara, *Battle for Okinawa*, S. 61, 87.
56 Hastings, *Retribution*, S. 377. Siehe auch William Manchester, »The Bloodiest Battle of All«, *New York Times Magazine*, 14. Juni 1987.
57 Yahara, *Battle for Okinawa*, S. 106. Hastings, *Retribution*, S. 373f. Siehe auch Ruth A. Keyso, *Women of Okinawa: Nine Voices from a Garrison Island*, Ithaca, N.Y. 2000, S. 3–53.
58 Buckner an Adele Buckner, 8. April 1945, *Seven Stars*, S. 35.
59 Yahara, *Battle for Okinawa*, S. 109.
60 Sledge, *Vom alten Schlag*, S. 297.
61 Hastings, *Retribution*, S. 402.
62 Yahara, *Battle for Okinawa*, S. 137, 46.
63 Truman an Eleanor Roosevelt, 10. Mai 1945, *Off the Record*, S. 20ff.
64 NARA, RG 107, box 15, Stimson top secret file, White House correspondence, Stimson an Truman, 24. April 1945. Stimson Diaries, Bd. 51, 25 April 1945; Stimson Diaries, Bd. 51, Truman-Stimson memcon, 25 April 1945.
65 Stimson Diaries, Bd. 51, 10 Mai 1945.
66 Henry L. Stimson und McGeorge Bundy, *On Active Service in Peace and War*, New York 1947, S. 617.
67 Pressekonferenz Truman, 2. Mai 1945, *Public Papers*, S. 32–39
68 Truman an Eleanor Roosevelt, 10. Mai 1945, *Off the Record*, S. 20ff.
69 NAI, EAD file no. 6-W/45, Indian military intelligence memorandum, 28. Februar 1945.
70 Yahara, *Battle for Okinawa*, S. 47.
71 Truman Radioansprache zum Sieg im Westen, 8. Mai 1945, *Public Papers*, S. 48f. HSTL, PSF, box 197, German Surrender, April-Mai 1945. Siehe auch Odd Arne Westad, *Empire and Righteous Nation: 600 Years of China-Korea Relations*, Cambridge, Mass. 2021.

72 Pressekonferenz Truman nach der deutschen Kapitulation, 8 Mai 1945, *Public Papers,* S. 43–48. See auch HSTL, PSF, box 197, Truman proclamation, 8. Mai 1945.

73 »Bedingungslose Kapitulation bedeutet nicht die Ausrottung oder Versklavung des japanischen Volkes.« – Pressekonferenz Truman nach der deutschen Kapitulation, 8. Mai 1945, *Public Papers,* S. 43–48. HSTL, PSF, box 197, Truman statement, 8. Mai 1945. Hervorhebung im Original in HSTL.

74 Pressekonferenz Truman nach der deutschen Kapitulation, 8. Mai 1945, *Public Papers,* S. 43–48.

75 Rede Churchills, 13. Mai 1945, Winston S. Churchill, *Der zweite Weltkrieg,* übers. v. Eduard Thorsch, Bern 1995, S. 1076f.

76 Stimson Diaries, Bd. 50, 11. März 1945. Siehe auch Oona A. Hathaway and Scott J. Shapiro, *The Internationalists: How a Radical Plan to Outlaw War Remade the World,* New York 2017, S. 131–157.

77 Henry L. Stimson, *The Far Eastern Crisis: Recollections and Observations,* New York 1936. Stimson Diaries, Bd. 51, 17. Juni 1945, und Bd. 47, 23. Juni 1944. Stimson und Bundy, *On Active Service in Peace and War,* S. 220–263.

78 Stimson, *Far Eastern Crisis,* S. xi, 241–254.

79 Stimson Diaries, Bd. 50, 11. Januar 1945.

80 Stimson Diaries, Bd. 50, Stimson notes for talk to combined staffs, 3. Januar 1945.

81 Stimson Diaries, Bd. 49, 7. bis 8. November 1944; Bd. 50, 8. Januar 1945.

82 Stimson Diaries, Bd. 51, 15. Mai 1945.

83 Stimson Diaries, Bd. 51, 16. Mai 1945.

84 Stimson Diaries, Bd. 51, 1. Juni 1945.

85 Robert H. Ferrell (Hg.), *Truman in the White House: The Diary of Eben A. Ayers,* Columbia, S. 27f.

86 Truman-Hoover memcon, 28. Mai 1945, https://www.trumanlibrary.org/hoover/exile.htm. Siehe auch: Hasegawa, *Racing the Enemy,* S. 98; und Dale M. Hellegers, *We, the Japanese People: World War II and the Origins of the Japanese Constitution,* Stanford, Calif. 2001, Bd. 1, S. 96.

87 Stimson Diaries, Bd. 51, 11. Juni 1945. NARA, RG 107, 390/8/32/06, Stimson »safe file«, box 8, Truman to Stimson, 9. Juni 1945.

88 NARA, RG 107, 390/8/32/06, Stimson »safe file«, box 8, Hoover to Truman, 30 Mai 1945.

89 Herbert S. Bix, *Hirohito and the Making of Modern Japan,* New York 2000, S. 492.

90 Joseph C. Grew, *Report from Tokyo: A Message to the American People,* New York 1942, S. 16. (deutsche Ausgabe: Joseph C. Grew, *Bericht aus Tokio,* New York 1942).

91 Joseph C. Grew, *Zehn Jahre in Japan: ein zeitgenössischer Bericht nach Tagebüchern und privaten und amtlichen Papieren,* übers. v. Hans Georg Müller-Payer, Stuttgart 1947, S. 13f., 175.

92 Grew, *Zehn Jahre in Japan,* S. 60, 88, 106–109, 121, 203, 290, 297, 303, 349, 378, 393.

93 Gesprächsnotiz Truman-Grew, 28. Mai 1945, *FRUS: The British Commonwealth: The Far East, Bd.* 6, Washington, D. C. 1969, S. 545ff.

94 Gesprächsnotiz Truman-Grew, S. 547. Stimson Diaries, Bd. 51, 29. Mai 1945. Siehe auch Gesprächsnotiz Truman-Grew, 29. Mai 1945, *FRUS: The British Commonwealth: The Far East, Bd.* 6, S. 548f; und Grew an Byrnes, 7. August 1945, Joseph C. Grew, *Turbulent Era: A Diplomatic Record of Forty Years, 1904–1945*, Boston 1952, Bd. 2, S. 1438ff.

95 Stimson Diaries, Bd. 51, 29. Mai 1945. Siehe auch Gesprächsnotiz Truman-Grew, 29. Mai 1945, *FRUS: The British Commonwealth: The Far East, Bd.* 6, S. 548f.; und Grew an Byrnes, 7. August 1945, Joseph C. Grew, *Turbulent Era: A Diplomatic Record of Forty Years, 1904–1945,* Boston 1952, Bd. 2, S. 1438ff.

96 Terminkalender Truman, 17. Mai 1945, *Off the Record,* S. 27.

97 Tagebuch Truman, 27. Mai 1945, *Off the Record,* S. 37f.

98 Truman an den Kongress, 1. Juni 1945, *Public Papers,* S. 83–98.

99 Memorandum Stilwell, 17. Juli 1945, *Seven Stars,* S. 96.

100 Stimson Diaries, Bd. 51, Stimson an Truman, 16 Mai 1945.

101 Robert A. Pape, »Why Japan Surrendered«, in: *International Security, Bd.* 18, Nr. 2 (Herbst 1993), S. 163. Sheldon Garon, »Food Insecurity in Wartime Japan«, in: Hartmut Berghoff, Jan Logemann und Felix Römer (Hg.), *The Consumer on the Home Front: Second World War Civilian Consumption in Comparative Perspective,* Oxford 2017, S. 50. James M. Scott, *Black Snow: Curtis LeMay, the Firebombing of Tokyo, and the Road to the Atomic Bomb,* New York 2022. David Feldman und Cary Karacas, »A Cartographic Fade to Black«, in: *Journal of Historical Geography,* Bd. 38, Nr. 3 (2012), S. 306–328. Saotome Katsumoto und Richard Sams, »Saotome Katsumoto and the Firebombing of Tokyo«, in: *Asia-Pacific Journal,* Bd. 13, Nr. 1 (März 2015), S. 1–32. NARA, RG 107, 390/8/32/06, Stimson »safe file«, box 8, Arnold an Stimson, 2. Juni 1945. Sheldon Garon, »On the Transnational Destruction of Cities«, in: *Past & Present,* no. 247 (Mai 2020), S. 235–271.

102 Richard B. Frank, *Downfall: The End of the Imperial Japanese Empire,* New York 1999, S. 74f. Hasegawa, *Racing the Enemy,* S. 80.

103 Ebenda, S. 149; Sheldon Garon, »On the Transnational Destruction of Cities«, in: *Past & Present,* Nr. 247 (Mai 2020), S. 235–271.

104 Nosaka Akiyuki, »A Grave of Fireflies«, übers. v. James R. Abrams, in: *Japan Quarterly, Bd.* 25, Nr. 4 (Oktober 1978), S. 445–463.

105 Hastings, *Retribution,* S. 436–37.

106 *Reports of General MacArthur: Japanese Operations in the Southwest Pacific Area,* Washington, D.C 1966, Bd. 2, Teil 2, S. 613f.

107 Frank, *Downfall,* S. 334. Einschließlich Hiroshima und Nagasaki liegt die US-amerikanische Schätzung bei insgesamt 330 000 Toten und die japanische bei 323 495. Für eine aktualisierte Studie siehe Saotome Katsumotos mehrbändige Studie: *Nihon no kushu* [Air Raid in Japan] (Tokio 1981).

108 Dunn an Stettinius, 6. März 1945, *FRUS: The British Commonwealth: The Far East, Bd.* 6, S. 470f. Grässli an Byrnes, 30. Juli 1945, *FRUS: The British Commonwealth: The Far East, Bd.* 6, S. 471f.

109 Stimson Diaries, Bd. 51, 1. Juni 1945.

110 NARA, RG 107, 390/8/32/06, Stimson »safe file,« box 8, Stimson an Arnold, 11. Juni 1945. NARA, RG 107, 390/8/32/06, Stimson »safe file,« box 8, Eaker an Stimson, 11. Juni 1945.

111 NARA, RG 107, 390/8/32/06, Stimson »safe file,« box 8, Arnold an Stimson, 2. Juni 1945.
112 Stimson Diaries, Bd. 52, Stimson an Spaatz, 1. September 1945.
113 Stimson Diaries, Bd. 51, 6. Juni 1945.
114 Fredrik Logevall, *JFK: Coming of Age in the American Century, 1917–1956*, New York 2020, S. 359ff.
115 HSTL, NAP, box 12, Hopkins-Stalin Conference, Hopkins an Truman, 29. Mai 1945. HSTL, NAP, box 12, Hopkins-Stalin Conference, Hopkins-Stalin memcon, 28. Mai 1945, 8 p.m. U.S. Department of State, *FRUS: The Conference of Berlin* Washington, D.C. 1960, Bd. 1, S. 861.
116 Stimson Diaries, Bd. 49, 10. November 1944.
117 John Lewis Gaddis, *The Cold War: A New History,* New York 2005, S. 24. Jay Taylor, *The Generalissimo: Chiang Kai-shek and the Struggle for Modern China*, Cambridge, Mass. 2009, S. 301.
118 Churchill an Truman, 12. Mai 1945, Churchill, *Der Zweite Weltkrieg,* S. 1084. Churchill an Halifax, 14. Mai 1945, Churchill, *Der Zweite Weltkrieg, Bd. 6, Triumph und Tragödie,* S. 416.
119 Anne Applebaum, *Der eiserne Vorhang,* S. 236–240. Stimson Diaries, Bd. 51, 10 Mai 1945.
120 Truman an Bess Truman, 30. Dezember 1941, *Dear Bess,* S. 471. Truman an Eleanor Roosevelt, 10. Mai 1945, *Off the Record,* S. 20ff.
121 Tagebuch Truman, 13. Juni 1945, *Off the Record,* S. 45. Terminkalender Truman, S. 19. Und 22. Mai 1945, *Off the Record,* S. 31, 35. Tagebuch Truman, 7. und 13. Juni 1945, *Off the Record,* S. 44f. HSTL, NAP, box 12, Hopkins-Stalin Conference, Hopkins-Stalin memcon, 26. Mai 1945, 20 Uhr. HSTL, NAP, box 12, Hopkins-Stalin Conference, Hopkins an Truman, 28. Mai 1945. HSTL, NAP, box 12, Hopkins an Truman, 1. Juni 1945. Ebenda, Hopkins an Truman, 3. Juni 1945. HSTL, NAP, box 12, Churchill an Truman, 4. Juni 1945.
122 Tagebuch Truman, 7. Juni 1945, *Off the Record,* S. 44.
123 Terminkalender Truman, 19. Mai 1945, *Off the Record,* S. 31.
124 HSTL, NAP, box 12, Hopkins-Stalin Conference, Hopkins-Stalin memcon, 28. Mai 1945, 8 p.m. HSTL, NAP, box 12, Hopkins-Stalin Conference, Hopkins an Truman, 30. Mai 1945.
125 Truman an Bess Truman, 12. Juni 1945, *Dear Bess,* S. 515f.
126 Tagebuch, 1. Juni 1945, *Off the Record,* S. 39. Siehe auch Trumans Erklärung, 21. Mai 1945, *Public Papers,* S. 59ff.
127 Tagebuch Truman, 17. Juni 1945, *Off the Record,* S. 47.
128 Logevall, *JFK,* S. 363.
129 Truman an den Kongress, 1. Juni 1945, *Public Papers,* S. 83–98.
130 Konoes Bemühungen, 14. Februar 1945, John W. Dower, *Empire and Aftermath: Yoshida Shigeru and the Japanese Experience, 1878–1954,* Cambridge, Mass. 1988, S. 260–264.
131 HSTL, NAP, box 12, Japan Surrender, Joint Chiefs to MacArthur and Nimitz, 14. Juni 1945.
132 Frank, *Downfall,* S. 85f, 188ff.
133 Stimson Diaries, Bd. 50, 11. Januar 1945.

134 Truman Rede im Kongress, 1. Juni 1945, *Public Papers,* S. 83–98.
135 HSTL, PSF, box 197, Truman speech to Congress, 1. Juni 1945.
136 NARA, RG 107, 390/8/32/06, Stimson »safe file,« box 8, Grew an Truman, 13. Juni 1945.
137 NARA, RG 107, 390/8/32/06, Stimson »safe file,« box 8, Grew to Rosenman, 16. Juni 1945.
138 Gesprächsnotiz Truman-Grew, 18. Juni 1945, 9:30 a.m., *FRUS: Berlin, Bd.* 1, S. 177f.
139 Richard Frank schätzt eher konservativ, dass bei einer Invasion von Kyushu, die 90 Tage gedauert hätte, zwischen 32 969 und 38 683 Amerikaner im Kampf getötet worden wären (*Downfall,* S. 194).
140 Gerhard L. Weinberg, *Eine Welt in Waffen: Die globale Geschichte des Zweiten Weltkriegs,* übers. v. Helmut Dierlamm, Karlheinz Dürr und Klaus Fritz, Stuttgart 1995, S. 932.
141 Harry S. Truman, *Memoiren: Das Jahr der Entscheidungen, Stuttgart* 1955, Bd. 1, übers. v. Eduard Thorsch, S. 428.
142 Hastings, *Retribution,* S. 441.
143 Sitzung im Weißen Haus, 18. Juni 1945, *FRUS: Berlin, Bd.* 1, S. 903–910. Sowohl Flottenadmiral Ernest King als auch General Henry Arnold hatten wegen der Invasion Bedenken (Hastings, *Retribution,* S. 447f.), aber Arnold war nicht bei der Besprechung und King sprach sich dennoch für die Invasion aus.
144 Stimson Diaries, Bd. 51, 18. Juni 1945.
145 William D. Leahy, *I Was There: The Personal Story of the Chief of Staff to Presidents Roosevelt and Truman Based on His Notes and Diaries Made at the Time,* New York 1950, S. 384f.
146 Sitzung im Weißen Haus, 18. Juni 1945, *FRUS: Berlin, Bd.* 1, S. 903–910. Siehe auch HSTL, PSF, box 174, Atomic Bomb, White House notes, 8. März 1947.
147 Truman an Bess Truman, 19. Juni 1945, *Dear Bess,* S. 516.

3. »Absoluter Ruin«

1 Tsuyoshi Hasegawa, *Racing the Enemy: Stalin, Truman, and the Surrender of Japan,* Cambridge, Mass. 2005, S. 45f. Max Hastings, *Retribution: The Battle for Japan, 1944–1945,* New York 2008, S. 403. Eine Diskussion möglicher Rechtfertigungen für die Zerstörung Hiroshimas findet sich in: Gabriella Blum, »The Laws of War and the ›Lesser Evil‹, in: *Yale Journal of International Law,* Bd. 35 (2010), S. 24–31.
2 Stimson Diaries, Bd. 51, 19. Juni 1945. Siehe auch Stimson Diaries, Bd. 52, 31. Juli 1945. Hastings, *Retribution,* S. 442.
3 Stimson Diaries, Bd. 51, 19. Juni 1945.
4 Stimson Diaries, Bd. 52, 4. Juli 1945.
5 Pressekonferenz Truman, 21. Juni 1945, *Public Papers of the Presidents of the United States: Harry S. Truman, 1945,* Washington, D.C.: U.S. Government Printing Office 1961, S. 131–137.
6 *FRUS: The Conference of Berlin 1945,* Washington, D.C. 1960, Bd. 1, Kriegsplan der Combined Chiefs of Staff, 29. Juni 1945, S. 910f.
7 Richard B. Frank, *Downfall: The End of the Imperial Japanese Empire,* New

York 1999, S. 188f., S. 204. Hastings, *Retribution*, S. 513. Frank vermutet, dass bei einer Invasion auf Kyushu durchaus 380000 Zivilisten und eine Viertelmillion japanischer Soldaten hätten ums Leben kommen können. Mindestens hätte es seiner Schätzung nach 580000 bis 630000 japanische Tote gegeben, Frank, *Downfall, S.* 194.

8 Stimson Diaries, Bd. 51, S. 26. bis 30. Juni 1945.

9 *FRUS: Berlin,* Bd. 1, Sitzung Stimson-Grew-Forrestal, 26. Juni 1945, S. 887.

10 Stimson Diaries, Bd. 51, 26. bis 30. Juni 1945.

11 Stimson Diaries, Bd. 52, 2. Juli 1945.

12 NARA, RG 107, box 15, 390/8/32/07, Stimson top secret file, Stimson an Truman, 2. Juli 1945. NARA, RG 107, 390/8/32/06, Stimson »safe file«, box 8, Stimson an Truman, 2. Juli 1945. HSTL, NAP, box 4, Berlin Conference, Stimson an Truman, 2. Juli 1945.

13 HSTL, PSF, box 197, Japanese Surrender, Ayers note, 7. November 1951. Hal Brands, »The Emperor's New Clothes«, in: *The Historian,* Bd. 68, Nr. 1 (2006), S. 4f.

14 George H. Gallup (Hg.), *The Gallup Poll: Public Opinion, 1935–1971,* New York 1972, Bd. 1, S. 511f. Laut einer nicht veröffentlichten Umfrage des Außenministeriums im Juni, wollten 36 Prozent der Amerikaner den Kaiser töten, foltern oder verhungern lassen, 17 Prozent wollten ihn als Kriegsverbrecher vor Gericht stellen und nur 3 Prozent wollten ihn als Marionettenherrscher weiterverwenden. Katherine E. McKinney, Scott D. Sagan und Allen S. Weiner, »Why the Atomic Bombing of Hiroshima Would Be Illegal Today«, in: *Bulletin of the Atomic Scientists,* Bd. 76, Nr. 4 [2020], S. 159.

15 Stimson Diaries, Bd. 52, 2. und 3. Juli 1945.

16 *FRUS: Berlin,* Bd. 1, Entwurf der Erklärung, 2. Juli 1945, S. 893f. *FRUS: Berlin,* Bd. 1, Entwurf der Erklärung, 6. Juli 1945, S. 897ff.

17 *FRUS: The Conference of Berlin 1945*, Washington, D.C 1960, Bd. 2, Grew an Byrnes, 19. Juli 1945, S. 1270f.

18 Cordell Hull, *The Memoirs of Cordell Hull,* New York 1948, Bd. 2, S. 1590–1593.

19 Stimson Diaries, Bd. 52, 10. August 1945.

20 Robert Dallek, *Franklin D. Roosevelt: A Political Life,* New York 2017, S. 383.

21 Dean Acheson, *Present at the Creation: My Years in the State Department*, New York 1969, S. 112f.

22 *FRUS: Berlin,* Bd. 1, MacLeish an Byrnes, 6. Juli 1945, S. 895ff.

23 Ebenda, Sitzung im Außenministerium, 6. Juli 1945, S. 900f.

24 Ebenda, MacLeish an Byrnes, 6. Juli 1945, S. 895ff. Siehe auch *FRUS: Berlin,* Bd. 1, Sitzung im Außenministerium, 7. Juli 1945, S. 900f.

25 Truman an Bess Truman, 21. Dezember 1946, *Dear Bess: The Letters from Harry to Bess Truman, 1910–1959,* New York 1983, S. 541. Tagebuch Truman, 7. Juli 1945, *Off the Record,* S. 49.

26 James F. Byrnes, *In aller Offenheit,* übers. v. Michael Kogon und Clemens Münster, Frankfurt am Main 1947, S. 120.

27 Hull, *Memoirs,* Bd. 2, S. 1594.

28 *FRUS: Berlin,* Bd. 2, Hull an Byrnes, Juli 1945, S. 1267. Siehe auch *FRUS: Berlin,* Bd. 2, Gesprächsnotiz Hull-Grew, 17. Juli 1945, S. 1268.

29 Ebenda, Tagebuch Stimson, 24. Juli 1945, S. 1272. Siehe auch Marc Gallicchio, *Unconditional: The Japanese Surrender in World War II,* Oxford 2020, S. 38–70.
30 William D. Leahy, *I Was There: The Personal Story of the Chief of Staff to Presidents Roosevelt and Truman Based on His Notes and Diaries Made at the Time,* New York 1950, S. 418 f.
31 Ebenda, S. 419.
32 *FRUS: Berlin,* Bd. 2, Leahy an Truman, 18. Juli 1945, S. 1268 f.
33 Fredrik Logevall, *JFK: Coming of Age in the American Century, 1917–1956,* New York 2020, S. 403.
34 Tagebuch Truman, 9. Juli 1945, *Off the Record,* S. 49.
35 Tagebuch Truman, 7. Juli 1945, *Off the Record,* S. 48 f.
36 James F. Byrnes, *In aller Offenheit,* übers. v. Michael Kogon und Clemens Münster, Frankfurt am Main 1947, S. 97 f.
37 Tagebuch Truman, 16. Juli 1945, *Off the Record,* S. 50 ff.
38 Tagebuch Truman, 16. Juli 1945, *Off the Record,* S. 50 ff.
39 Hasegawa, *Racing the Enemy,* S. 132.
40 Tagebuch Truman, 18. Juli 1945, *Off the Record,* S. 53 f.
41 Truman an Bess Truman, 18. Juli 1945, *Dear Bess,* S. 519.
42 Tagebuch Truman, 16. Juli 1945, *Off the Record,* S. 50 ff.
43 Truman an Acheson (nicht abgeschickt), 15. März 1957, *Off the Record,* S. 348 f.
44 Winston S. Churchill, *Der Zweite Weltkrieg,* S. 1093 f. Tagebuch Truman, 25. Juli 1945, *Off the Record,* S. 55 f.
45 Anne Applebaum, *Der Eiserne Vorhang: die Unterdrückung Osteuropas 1944–1956,* übers. v. Martin Richter, München 2013, S. 70–142. Tagebuch Truman, 26. Juli 1945, *Off the Record,* S. 56 f.
46 HSTL, NAP, box 4, Berlin Conference, Berlin conference report, 2. August 1945.
47 Stimson Diaries, Bd. 52, 23. Juli 1945.
48 Tagebuch Truman, 17. Juli 1945, *Off the Record,* S. 50 ff. Siehe auch Stimson Diaries, Bd. 52, 23. Juli 1945; und Konferenz Stalin-Stimson, 25. Juli 1945; *FRUS: Berlin,* Bd. 2, Sato an Togo, 21. Juli 1945, 15 Uhr., S. 1259; und *FRUS: Berlin,* Bd. 2, Vorschlag der Joint Chiefs, 21. Juli 1945, S. 1325.
49 Truman an Bess Truman, 18. Juli 1945, *Dear Bess,* S. 519.
50 *FRUS: Berlin,* Bd. 1, Briefing zur Kairoer Erklärung, 1945, S. 926 f. *FRUS: Berlin,* Bd. 2, Stimson diary, 23. Juli 1945, S. 1324.
51 *FRUS: Berlin,* Bd. 1, Memorandum Dooman, 15. Juli 1945, S. 933 ff.
52 Ebenda, Bd. 2, Stimson diary, 23. Juli 1945, S. 1324.
53 Stimson Diaries, Bd. 52, 18. Juli 1945.
54 Stimson Diaries, Bd. 52, 21. Juli 1945.
55 Winston Churchill, *Der Zweite Weltkrieg,* S. 1089. *FRUS: Berlin,* Bd. 2, Harrison an Stimson, 17. Juli 1945, S. 1360 f.
56 *FRUS: Berlin,* Bd. 1, Sitzung des gemeinsamen politischen Ausschusses, 4. Juli 1945, S. 941 f.
57 Ebenda, Bd. 2, Tagebuch Stimson, 23. Juli 1945, S. 1324.
58 Tagebuch Truman, 18. Juli 1945, *Off the Record,* S. 50 ff.

59 *FRUS: Berlin,* Bd. 1, Sitzung des gemeinsamen politischen Ausschusses, 4. Juli 1945, S. 941 f.
60 Churchill, *Der Zweite Weltkrieg,* S. 1089 f.
61 *FRUS: Berlin,* Bd. 1, Sitzung des gemeinsamen politischen Ausschusses, 4. Juli 1945, S. 941 f.
62 Hugh Sebag-Montefiore, *Dunkirk: Fight to the Last Man,* Cambridge, 2006. Churchill, *Der Zweite Weltkrieg,* S. 1090.
63 Die offizielle Biografie ist Hagiwara Nobutoshi, *Togo Shigenori: Denki to kaisetsu* [Togo Shigenori: Biografie und Kommentar], Tokyo 2005.
64 John W. Dower, *War Without Mercy: Race and Power in the Pacific War,* New York 1986, S. 262–290.
65 Togo Shigehiko, *Sofu, Togo Shigenori no shogai* [Das Leben meines Großvaters Togo Shigenori], Tokio 1993, S. 9–18, 157–60, 172–74, 181–82.
66 Togo Shigenori, *Japan im Zweiten Weltkrieg. Erinnerungen des japanischen Außenministers,* übers. v. Egon Heymann, Bonn 1958, S. 227–229.
67 Togo, *Japan im Zweiten Weltkrieg,* S. 7–42, 44–52, 89f, 121. Eri Hotta, *Japan 1941: Countdown to Infamy,* New York 2013, S. 216.
68 Hasegawa, *Racing the Enemy,* S. 106.
69 Kido Koichi, *The Diary of Marquis Kido, 1931–1945,* Frederick, Md. 1984, 22. Juni 1945, S. 437–38. HSTL, PSF, box 197, U. S. Strategic Bombing Survey, »Japan's Struggle to End the War«, 1. Juli 1946. HSTL, PSF, box 159, *ONI Review,* Juni 1946, Sakomizu interrogation. HSTL, PSF, box 174, Atomic Bomb, U. S. Strategic Bombing Survey report, »The Effects of the Atomic Bombings of Hiroshima and Nagasaki«, 19. Juni 1946.
70 Daikichi Irokawa, *The Age of Hirohito: In Search of Modern Japan,* übers. v. Mikio Hane und John K. Urda, New York 1995.
71 *FRUS: Berlin,* Bd. 1, Togo an Sato, 11. Juli 1945, 19 Uhr, S. 874 f.
72 James F. Byrnes, *All in One Lifetime,* New York 1958, S. 292, 297.
73 *FRUS: Berlin,* Bd. 1, Togo an Sato, 11. Juli 1945, 15 Uhr, S. 874 f.
74 Tagebuch Konoe, 14. Februar 1945, John W. Dower, *Empire and Aftermath: Yoshida Shigeru and the Japanese Experience, 1878–1954,* Cambridge, Mass. 1988, S. 260–264.
75 *FRUS: Berlin,* Bd. 1, Togo an Sato, 12. Juli 1945, 20.50 Uhr, S. 875 f.
76 *Ebenda,* Sato an Togo, 15. Juli 1945, S. 882 f. Applebaum, *Iron Curtain,* S. 19–22.
77 *RUS: Berlin,* Bd. 2, Sato an Togo, 21. Juli 1945, 17 Uhr, S. 1259.
78 *FRUS: Berlin,* Bd. 1, Sato an Togo, 12. Juli 1945, S. 877 f. Siehe auch Byrnes, *All in One Lifetime,* S. 308; *FRUS: Berlin,* Bd. 1, Sato an Togo, 19. Juli 1945, S. 1251; Frank, *Downfall,* S. 230; und Hastings, *Retribution,* S. 467 f.
79 Tagebuch Truman, 18. Juli 1945, *Off the Record,* S. 50 ff. Churchill, *Der zweite Weltkrieg,* S. 1094 f. *FRUS: Berlin,* Bd. 1, S. 873; Byrnes, *All in One Lifetime,* S. 308.
80 *FRUS: Berlin,* Bd. 2, Stimson an Truman, 16. Juli 1945, S. 1265 ff.
81 Churchill, *Der zweite Weltkrieg,* S. 1091 f. Hastings, *Retribution,* S. 447.
82 Byrnes, *All in One Lifetime,* S. 290, 297. Byrnes, *In aller Offenheit,* S. 274.
83 *FRUS: Berlin,* Bd. 2, Lozovsky an Sato, 18. Juli 1945, S. 1251. Tagebuch Truman, 18. Juli 1945, *Off the Record,* S. 50 ff.

84 Byrnes, *All in One Lifetime,* S. 308.
85 *FRUS: Berlin,* Bd. 2, Togo an Sato, 17. Juli 1945, S. 1249.
86 Ebenda, Sato an Togo, 20. Juli 1945, S. 1252–1257.
87 Byrnes, *All in One Lifetime,* S. 308.
88 Tagebuch Truman, 18. Juli 1945, *Off the Record,* S. 50ff.
89 Tagebuch Truman, 20. Juli 1945, *Off the Record,* S. 55.
90 HSTL, NAP, box 12, Japan Surrender, Hurley an Truman, 25. Juli 1945.
91 Rana Mitter, *Forgotten Ally: China's World War II, 1937–1945,* Boston 2013, S. 353.
92 HSTL, NAP, box 4, Berlin Conference, draft proclamation, Juli 1945.
93 HSTL, NAP, box 12, Japan Surrender, Truman an Hurley, 24. Juli 1945.
94 HSTL, NAP, box 12, Truman an Hurley, 25. Juli 1945.
95 HSTL, NAP, box 12, Hurley an Truman, 26. Juli 1945. HSTL, NAP, box 12, Japan Surrender, Tyree an Bowen, 26. Juli 1945. HSTL, NAP, box 12, Japan Surrender, Hurley an Byrnes, 26. Juli 1945.
96 HSTL, NAP, box 4, Berlin Conference, draft proclamation adding China, Juli 1945.
97 Stimson Diaries, Bd. 52, 17. Juli 1945.
98 Stimson Diaries, Bd. 52, 24. Juli 1945, 10. August 1945. Henry L. Stimson, »The Decision to Use the Atomic Bomb«, *Harper's,* Februar 1947, S. 104. Joseph C. Grew, *Turbulent Era: A Diplomatic Record of Forty Years, 1904–1945,* Boston 1952, Bd. 2, S. 1425–1428.
99 Henry L. Stimson und McGeorge Bundy, *On Active Service in Peace and War,* New York, 1947, S. 629. Grew, *Turbulent Era,* Bd. 2, S. 1425–1428.
100 Byrnes, *All in One Lifetime,* S. 300. Leahy, *I Was There,* S. 429.
101 David Holloway, *Stalin and the Bomb: The Soviet Union and Atomic Energy, 1939–1956,* New Haven 1994, S. 116ff. Richard Reeves, *Dark Sun: The Making of the Hydrogen Bomb,* New York 1995, S. 175ff. Hasegawa, *Racing the Enemy,* S. 154.
102 Tagebuch Truman, 25. Juli 1945, *Off the Record,* S. 55f.
103 D. Clayton James, *The Years of MacArthur: 1941–1945,* Boston1975, Bd. 2, S. 775. Frank, *Downfall,* S. 34.
104 Dwight D. Eisenhower, *Crusade in Europe,* New York: Doubleday, 1948, S. 488f. (deutsche Ausgabe: *Kreuzzug in Europa,* übers. v. Werner Preusser, Amsterdam 1948).
105 Alfred D. Chandler Jr. and Louis Galambos (Hg.), *The Papers of Dwight David Eisenhower,* Baltimore 1978, Bd. 6, S. 205.
106 Omar N. Bradley mit Clay Blair, *A General's Life: An Autobiography,* New York 1983, S. 444.
107 NARA, RG 107, 390/8/32/06, Stimson »safe file«, box 8, Stimson an Arnold, 11. Juni 1945. Stimson Diaries, Bd. 52, 22. Juli 1945.
108 Stimson Diaries, Bd. 52, 24. Juli 1945.
109 McKinney, Sagan, and Weiner, »Why the Atomic Bombing of Hiroshima Would Be Illegal Today«, S. 158.
110 Gallup (Hg.), *Gallup Poll,* Bd. 1, S. 521f.
111 Tagebuch Truman, 25. Juli 1945, *Off the Record,* S. 55f.
112 *FRUS: Berlin,* Bd. 2, Togo an Sato, 25. Juli 1945, 19 Uhr, S. 1260ff.

113 Frank, *Downfall,* S. 338.
114 Leahy, *I Was There,* S. 418 f.
115 Zitate aus der Potsdamer Erklärung: Winston S. Churchill, *Der Zweite Weltkrieg,* Bd. 6,2: *Triumph und Tragödie,* Buch 2: *Der Eiserne Vorhang,* übers. v. Eduard Thorsch, Bern 1954, S. 339 ff.; James, *Years of MacArthur,* Bd. 2, S. 775.
116 NAI, EAD file Nr. 6-W/45, Pethick-Lawrence to Mountbatten, Nr. 443, 11. August 1945.
117 Churchill *Memoiren, Der Eiserne Vorhang,* S. 341.
118 Ebenda.

4. Atomares Feuer

1 Dean Acheson, *Present at the Creation: My Years in the State Department,* New York 1969, S. 113.
2 Cordell Hull, *The Memoirs of Cordell Hull,* Bd. 2., New York 1948, S. 1594 f.
3 HSTL, NAP, box 12, Japan Surrender, Bowen an Vardaman, 29. Juli 1945.
4 Tsuyoshi Hasegawa, *Racing the Enemy: Stalin, Truman, and the Surrender of Japan,* Cambridge, Mass. 2005, S. 165 ff. HSTL, PSF, box 197, U. S. Strategic Bombing Survey, »Japan's Struggle to End the War«, 1. Juli 1946.
5 Koichi Kido, *The Diary of Marquis Kido, 1931–1945,* Frederick, Md. 1984, 5. April 1945, S. 426 f.
6 Robert J. C. Butow, *Japan's Decision to Surrender,* Stanford 1954, S. 62. Joseph C. Grew, *Zehn Jahre in Japan,* Stuttgart 1947, S. 151. Siehe auch *Kido Diary,* 18. Juni 1944, S. 395.
7 *FRUS: The Conference of Berlin 1945,* Washington, D. C. 1960, Bd. 2, Pressekonferenz Suzuki, 28. Juli 1945, S. 1293. Sadao Asada, »The Shock of the Atomic Bomb and Japan's Decision to Surrender«, in: *Pacific Historical Review,* Bd. 67, Nr. 4 (1998), S. 502 f. Siehe auch Butow, *Japan's Decision to Surrender, S.* 145–149; Herbert P. Bix, »Japan's Delayed Surrender«, in: *Diplomatic History,* Bd. 19, Nr. 2 (Spring 1995), S. 208; und für einen skeptischeren Blick, Hasegawa, *Racing the Enemy,* S. 168.
8 Diese Darstellung stützt sich auf ein breites Literaturspektrum von Gar Alperovitz, Sadao Asada, Barton Bernstein, Kai Bird, Herbert Bix, John W. Dower, Herbert Feis, Michael D. Gordin, Lawrence Lifschultz, Sean L. Malloy, Wilson D. Miscamble, Martin Sherwin und anderen.
9 Richard F. Haynes, *The Awesome Power: Harry S. Truman as Commander in Chief,* Baton Rouge 1973, S. 40. Siehe auch: Harry S. Truman, *Memoiren,* Bd. 1: *Das Jahr der Entscheidungen,* übers. v. Eduard Thorsch, Stuttgart 1955, S. 432.
10 MMA, RG-108, Siemes account, »Atomic Bombing on Hiroshima«, 1945.
11 HSTL, PSF, box 174, Atomic Bomb, Edwards an Leahy, 6. August 1945.
12 HSTL, PSF, box 174, Atomic Bomb, U. S. Strategic Bombing Survey report, »The Effects of the Atomic Bombings of Hiroshima and Nagasaki«, 19. Juni 1946.
13 MMA, RG-108, Siemes, »Atomic Bombing on Hiroshima«, 1945.
14 HSTL, PSF, box 174, Atomic Bomb. *The Effects of the Atomic Bombs at Hiroshima and Nagasaki: Report of the British Mission to Japan,* London 1946, S. 12.

15 Inokuchi Takeshi talk, *hibakusha* event, Hiroshima, 6. August 2015. MMA, RG-108, Siemes, »Atomic Bombing on Hiroshima«, 1945.
16 Alex Wellerstein, *Restricted Data: The History of Nuclear Secrecy in the United States,* Chicago 2021, S. 122. Siehe auch Gar Alperovitz, *Hiroshima: die Entscheidung für den Abwurf der Bombe,* übers. v. Jürgen Bauer, Hamburg 1995, S. 569ff.; und Lynn Eden, *Whole World on Fire: Organizations, Knowledge, and Nuclear Weapons Devastation,* Ithaca, N.Y. 2004.
17 HSTL, PSF, box 174, Atomic Bomb, U.S. Strategic Bombing Survey report, »The Effects of the Atomic Bombings of Hiroshima and Nagasaki«, 19. Juni 1946.
18 Hasegawa, *Racing the Enemy,* S. 180.
19 Katherine E. McKinney, Scott D. Sagan und Allen S. Weiner, »Why the Atomic Bombing of Hiroshima Would Be Illegal Today«, in: *Bulletin of the Atomic Scientists,* Bd. 76, Nr. 4 (2020), S. 157.
20 HSTL, PSF, box 174, Atomic Bomb, Stimson an Truman, 6. August 1945. Siehe auch HSTL, PSF, box 174, Atomic Bomb, Edwards an Leahy, 6. August 1945; Stimson Diaries, Bd. 52, 6. August 1945.
21 Tagebuch Truman, 5. August 1945, *Off the Record: The Private Papers of Harry S. Truman (Hg.),* Robert H. Ferrell, New York 1980, S. 59f.
22 William D. Leahy, *I Was There: The Personal Story of the Chief of Staff to Presidents Roosevelt and Truman Based on His Notes and Diaries Made at the Time,* New York 1950, S. 430.
23 Truman, *Memoiren,* Bd. 1, S. 433.
24 *FRUS: Berlin,* Bd. 2, Erklärung Truman, 6. August 1945, S. 1376ff.
25 Ebenda. HSTL, PSF, box 195, Hiroshima statement, 6. August 1945. Siehe auch HSTL, box 197, Japanese Surrender, Truman radio address, 9. August 1945.
26 Truman, *Memoiren,* Bd. 1, S. 431. Alex Wellerstein vertritt die Ansicht, dass Stimson Truman dazu brachte, Hiroshima als eher militärisches Ziel zu sehen im Gegensatz zu Kyoto, das verschont blieb.
27 McKinney, Sagan und Weiner, »Why the Atomic Bombing of Hiroshima Would Be Illegal Today«, S. 158f.
28 Leahy, *I Was There,* S. 433.
29 Ian Buruma, *Erbschaft der Schuld: Vergangenheitsbewältigung in Deutschland und Japan,* übers. v. Klaus Binder und Jeremy Gaines, München 1994, S. 137f. HSTL, PSF, box 174, Atomic Bomb, U.S. Strategic Bombing Survey report, »The Effects of the Atomic Bombings of Hiroshima and Nagasaki«, 19. Juni 1946.
30 Schweizer Gesandtschaft an Byrnes, 11. August 1945, *FRUS: The British Commonwealth: The Far East,* Bd. 6, Washington, D.C. 1969, S. 472f.
31 Butow, *Japan's Decision to Surrender,* S. 152.
32 John Lewis Gaddis, *The Cold War: A New History,* New York 2005, S. 25. Siehe auch Michael D. Gordin, *Five Days in August: How World War II Became a Nuclear War* 2007.
33 Leahy, *I Was There,* S. 441.
34 Pressekonferenz Truman, 8. August 1945, *Public Papers of the Presidents of the United States: Harry S. Truman, 1945,* Washington, D.C. 1961, S. 200.

35 HSTL, NAP, box 12, Japan Surrender, Harriman an Byrnes, 11. August 1945. Siehe auch NAI, EAD file Nr. 6-W/45, military intelligence memorandum, 28. Februar 1945.

36 Hasegawa, *Racing the Enemy,* S. 189ff. Siehe auch die Essays von Barton J. Bernstein, Richard B. Frank, Sumio Hatano, Tsuyoshi Hasegawa und David Holloway in: Tsuyoshi Hasegawa (Hg.), *The End of the Pacific War: Reappraisals,* Stanford, Calif. 2007.

37 Hasegawa, *Racing the Enemy,* S. 197–201. Hasegawas herausragendes Buch ist mit seinen drei Perspektiven Washington, Moskau und Tokio unübertroffen.

38 Stimson Diaries, Bd. 52, Truman-Stimson meeting, 8. August 1945, 10.45.

39 Truman an Russell, 9. August 1945, Dennis Merrill (Hg.), *Documentary History of the Truman Presidency: The Decision to Drop the Atomic Bomb on Japan,* Bethesda, Md. 1995, Bd. 1, S. 210ff.

40 HSTL, PSF, box 197, Japanese Surrender, Truman radio address, 9. August 1945.

41 Wellerstein, *Restricted Data.* William J. Broad, »The Truth Behind the News«, *New York Times,* 10. August 2021, S. D1.

42 William L. Laurence, »Atomic Bombing of Nagasaki Told by Flight Member«, *New York Times,* 9. September 1945, S. A1, A35. HSTL, PSF, box 174, Atomic Bomb, War Department press release, 9. September 1945.

43 HSTL, PSF, box 174, Atomic Bomb, U. S. Strategic Bombing Survey report, »The Effects of the Atomic Bombings of Hiroshima and Nagasaki«, 19. Juni 1946.

44 Laurence, »Atomic Bombing of Nagasaki Told by Flight Member«. HSTL, PSF, box 174, Atomic Bomb, War Department press release, 9. September 1945.

45 HSTL, PSF, box 174, Atomic Bomb, U. S. Strategic Bombing Survey report, »The Effects of the Atomic Bombings of Hiroshima and Nagasaki« 19. Juni 1946.

46 Hasegawa, *Racing the Enemy,* S. 122, 203f., 207, 212.

47 Eine hervorragende Erklärung des *Kokutai* findet sich in: Carol Gluck, *Japan's Modern Myths: Ideology in the Late Meiji Period,* Princeton 1985, S. 144f., 282ff.

48 Hoshina Zenshiro, *Daitoa senso hishi: Hoshina Zenshiro kaiso-roku* [Geheime Geschichte des Großostasiatischen Krieges: Memoiren von Hoshina Zenshiro], Tokio 1975, S. 139–149. Siehe HSTL, PSF, box 197, United States Strategic Bombing Survey, »Japan's Struggle to End the War«, 1. Juli 1946; HSTL, PSF, box 159, *ONI Review,* Juni 1946, Sakomizu interrogation; MMA, RG-5, box 73, folder 2, Kase paper, 31. Mai 1946; Butow, *Japan's Decision to Surrender,* S. 159–165; Hasegawa, *Racing the Enemy,* S. 203–214; and Richard B. Frank, *Downfall: The End of the Imperial Japanese Empire,* New York 1999, S. 290.

49 Butow, *Japan's Decision to Surrender,* S. 168–175. Hasegawa, *Racing the Enemy,* S. 210f. Frank, *Downfall,* S. 293.

50 Hoshina, *Daitoa senso hishi,* S. 139–149. Siehe auch Togo Shigenori, *Japan im Zweiten Weltkrieg: Erinnerungen des japanischen Außenministers,* übers. v. Egon Heyman, Bonn 1958, S. 274–293; *Kido Diary,* 7. April 1945, S. 424–425, 443; und 10. August 1945, S. 445; Butow, *Japan's Decision to Surrender,*

S. 166–178; HSTL, PSF, box 197, United States Strategic Bombing Survey, »Japan's Struggle to End the War«, 1 Juli 1946; HSTL, PSF, box 159, *ONI Review*, Juni 1946, Sakomizu interrogation; and MMA, RG-5, box 73, folder 2, Kase paper, 31. Mai 1946.

51 Tagebuch Truman, 10. August 1945, *Off the Record*, S. 60ff.

52 HSTL, NAP, box 12, Japan Surrender, Domei broadcast, 11. August 1945, 23.41 Uhr HSTL, PSF, box 197, Japanese Surrender, Swiss government note, 10. August 1945.

53 HSTL, NAP, box 12, Japan Surrender, Domei broadcast, 10. August 1945, 7:33 a.m. HSTL, PSF, box 197, Japanese Surrender, Swiss government note, 10. August 1945.

54 Stimson Diaries, Bd. 52, 10. August 1945. James F. Byrnes, *All in One Lifetime,* New York 1958, S. 305. James F. Byrnes, *In aller Offenheit,* übers. v. Michael Kogon und Clemens Münster, Frankfurt am Main 1947, S. 279.

55 Stimson Diaries, Bd. 52, 10. August 1945.

56 Leahy, *I Was There,* S. 434. HSTL, PSF, box 197, Japanese Surrender, Ayers note, 7. November 1951.

57 Byrnes, *All in One Lifetime,* S. 305.

58 Hasegawa, *Racing the Enemy,* S. 220.

59 Stimson Diaries, Bd. 52, 10. August 1945.

60 HSTL, NAP, box 12, Japan Surrender, Byrnes an Bevin, 10. August 1945. HSTL, PSF, box 197, Japanese Surrender, Byrnes an Grassli, 11. August 1945. NARA, RG 107, 390/8/32/06, Stimson »safe file«, box 8, »Byrnes answer to Jap«, 11. August 1945.

61 Byrnes, *All in One Lifetime,* S. 305.

62 Stimson Diaries, Bd. 52, 10. August 1945.

63 Tagebuch Truman, 10. August 1945, *Off the Record,* S. 60ff.

64 Stimson Diaries, Bd. 52, 10. August 1945.

65 Truman an Cavert, 11. August 1945, *Documentary History of the Truman Presidency,* Bd. 1, S. 213.

66 David McCullough, *Truman,* New York 1992, S. 460.

67 HSTL, NAP, box 12, Japan Surrender, Byrnes an Bevin, 10. August 1945. HSTL, NAP, box 12, Japan Surrender, Byrnes an Hurley, 10. August 1945.

68 Andrew Adonis, *Ernest Bevin: Labour's Churchill,* London 2020, S. 244f.

69 HSTL, NAP, box 12, Japan Surrender, Winant an Byrnes, 11. August 1945. NAI, EAD file no. 6-W/45, Pethick-Lawrence an Mountbatten, Nr. 443, 11. August 1945. Byrnes, *All in One Lifetime*, S. 305. Stimson Diaries, Bd. 52, 11. August 1945.

70 BNA, DO 35/1979, »Australian Views on Peace Terms«, *Times,* 14. August 1945. BNA, DO 35/1979, Evatt an Attlee, 12. August 1945, 16 Uhr.

71 BNA, DO 35/1979, Dixon note, 14. August 1945.

72 BNA, DO 35/1979, Dominions Office to Australia, 17. August 1945.

73 Tagebuch Chiang, 11. August 1945, in: Wang Zhenghua (Hg.), *Jiang Zhongzheng zongtong dangan: Shilue gaoben* [Die Chiang Kai-shek-Sammlungen: Chronologische Ereignisse], Taipei 2011, Bd. 62, S. 74–78. HSTL, NAP, box 12, Japan Surrender, Chiang an Truman, in Hurley an Truman, 11. August 1945.

74 Byrnes, *All in One Lifetime,* S. 305. HSTL, NAP, box 12, Japan Surrender, Harriman an Byrnes, 11. August 1945.
75 HSTL, NAP, box 12, Japan Surrender, Byrnes an Harriman, 10. August 1945. HSTL, NAP, box 12, Japan Surrender, Harriman an Byrnes, 11. August 1945.
76 HSTL, NAP, box 12, Japan Surrender, Byrnes an Attlee, 11. August 1945. HSTL, NAP, box 12, Japan Surrender, Byrnes an Chiang, 11. August 1945. HSTL, NAP, box 12, Japan Surrender, Winant an Byrnes, 11. August 1945.
77 HSTL, NAP, box 12, Japan Surrender, Hurley an Byrnes, 11. August 1945.
78 Barton J. Bernstein, »The Atomic Bombings Reconsidered«, in: *Foreign Affairs,* Bd. 74, Nr. 1, Januar-Februar 1995, S. 148.
79 Tagebuch Truman, 11. August 1945, *Off the Record,* S. 62.
80 Hasegawa, *Racing the Enemy,* S. 221.
81 *Kido Diary,* 12. und 13. August 1945, S. 447 f. Butow, *Japan's Decision to Surrender,* S. 192–200. Hasegawa, *Racing the Enemy,* S. 227–233.
82 Frank, *Downfall,* S. 87.
83 Butow, *Japan's Decision to Surrender,* S. 198 f.
84 HSTL, NAP, box 12, Japan Surrender, Arnold an Spaatz, 11. August 1945.
85 *Kido Diary,* 14. August 1945, S. 448. Butow, *Japan's Decision to Surrender,* S. 205 ff. Hasegawa, *Racing the Enemy,* S. 238–242. Frank, *Downfall,* S. 314 f. Bix, »Japan's Delayed Surrender«, S. 218–223.
86 *Kido Diary,* 14. August 1945, S. 448 f.
87 HSTL, PSF, box 197, U. S. Strategic Bombing Survey, »Japan's Struggle to End the War«, 1. Juli 1946. HSTL, PSF, box 159, *ONI Review,* Juni 1946, Sakomizu interrogation. Butow, *Japan's Decision to Surrender,* S. 205–208. Hasegawa, *Racing the Enemy,* S. 238 ff. Frank, *Downfall,* S. 314 f.
88 Max Hastings, *Retribution: The Battle for Japan, 1944–45,* New York 2008, S. 512 f. Frank, *Downfall,* S. 317–320.
89 Hasegawa, *Racing the Enemy,* S. 238.
90 *Kido Diary,* 15. August 1945, S. 449 f. Butow, *Japan's Decision to Surrender,* S. 211–220. Hasegawa, *Racing the Enemy,* S. 241–248. Frank, *Downfall,* S. 317–320. Siehe auch Samuel Eliot Morison, »Why Japan Surrendered«, *The Atlantic,* Oktober 1960, S. 41–47.
91 Byrnes, *All in One Lifetime,* S. 306.
92 HSTL, PSF, box 159, Japan, Togo an Alliierte, 14. August 1945. HSTL, PSF, box 197, Japanese Surrender, Grassli an Byrnes, 14. August 1945. HSTL, NAP, box 12, Japan Surrender, Marshall an MacArthur, 14. August 1945.
93 HSTL, PSF, box 197, Japanese Surrender, Ayers note, 7. November 1951. Leahy, *I Was There,* S. 436 f. McCullough, *Truman,* S. 462.
94 HSTL, NAP, box 12, Japan Surrender, Truman an Attlee, Stalin und Chiang, 14. August 1945.
95 HSTL, NAP, box 12, Japan Surrender, Marshall an MacArthur, 14. August 1945.
96 Barbara W. Tuchman, *Sand gegen den Wind: Amerika und China, 1911–1945,* übers. v. Ulrich Schneider, Stuttgart 1973, S. 532.
97 NARA, RG 107, 390/8/32/06, Stimson »safe file«, box 8, Stimson an Byrnes, 11. August 1945.
98 Stimson Diaries, Bd. 52, 14. August 1945 (12. August bis 3. September 1945).

99 Stimson Diaries, Bd. 52, 4. bis 5. September 1945.
100 Butow, *Japan's Decision to Surrender,* S. 1–5. Hasegawa, *Racing the Enemy,* S. 248f. HSTL, PSF, box 159, Japan, Sebald summary of radio intelligence, 15. August 1945.
101 Imperial Rescript, 15. August 1945, in Butow, *Japan's Decision to Surrender,* S. 248.
102 Butow, *Japan's Decision to Surrender,* S. 5.
103 NARA, RG 218, Leahy papers, box 9, Bissell an Leahy, 12. August 1945.
104 HSTL, NAP, box 12, Japan Surrender, Marshall an Stimson, 16. August 1945.
105 MMA, RG-9, box 160, folder W. O. August-September 1945, Marshall an MacArthur, 12. August 1945. HSTL, NAP, box 12, Japan Surrender, Truman directive to MacArthur, 13. August 1945.
106 HSTL, PSF, box 159, Japan, Togo an Allies (via Switzerland, 16. August 1945, 9:30 a.m.).
107 HSTL, NAP, box 13, Japan Surrender, Lincoln an Marshall, 17. August 1945.
108 HSTL, PSF, box 159, Japan, State Department news digest, 15. August 1945.
109 HSTL, PSF, box 159, CINCPAC order 150842/139, 16. August 1945.
110 HSTL, NAP, box 12, Japan Surrender, Stalin an Truman, 16. August 1945.
111 HSTL, NAP, box 13, Japan Surrender, Truman an Stalin, 18. August 1945.
112 HSTL, NAP, box 13, Japan Surrender, Stalin an Truman, 22. August 1945.
113 HSTL, NAP, box 13, Japan Surrender, MacArthur an War Department, 17. August 1945. HSTL, NAP, box 13, Japan Surrender, Deane an Stimson, 18. August 1945.
114 HSTL, NAP, box 13, Japan Surrender, Harriman an Truman und Byrnes, 29. August 1945.
115 William F. Nimmo, *Behind a Curtain of Silence: Japanese in Soviet Custody,* New York 1998, S. 115ff. Frank, *Downfall,* S. 326. See Dower, *War Without Mercy,* S. 298f.
116 Hasegawa, *Racing the Enemy,* S. 195, 253–258.
117 NARA, RG 218, Leahy papers, box 8, MacArthur correspondence file, MacArthur an Marshall, 2. November 1945. Zu den weit verbreiteten Vergewaltigungen durch die Rote Armee in der gleichen Zeit in Deutschland siehe Antony Beevor, *Berlin 1945: Das Ende,* übers. v. Frank Wolf, München 2002.
118 Barbara Demick, *Nothing to Envy: Ordinary Lives in North Korea,* New York 2009, S. 21ff. (deutsche Ausgabe: *Im Land des Flüsterns: Geschichten aus dem Alltag in Nordkorea,* München 2013); Victor Cha, *The Impossible State: North Korea Past and Future,* New York 2012, S. 20–34.
119 HSTL, PSF, box 197, Japanese Surrender, Korea surrender, 9. September 1945. HSTL, PSF, box 197, Philippines surrender, 3. September 1945. HSTL, PSF, box 197, Singapore surrender, 12. September 1945. HSTL, NAP, box 13, Japanese Surrender, Marshall an MacArthur, 12. August 1945. NARA, RG 218, box 8, Leahy files, Japanese General Headquarters an MacArthur, 24. August 1945. Siehe auch NARA, RG 107, 390/8/32/06, Stimson »safe file«, box 8, van Slyck memorandum, August 1945; und Joseph C. Grew, *Turbulent Era: A Diplomatic Record of Forty Years, 1904–1945,* Boston 1952, Bd. 2, S. 1406.
120 Hastings, *Retribution,* S. 509. NARA, RG 218, box 8, Leahy files, MacArthur an Marshall, 3. August 1945.

121 NARA, RG 218, Leahy papers, box 9, Bissell an Leahy, 12. August 1945.
122 Hastings, *Retribution,* S. 516f.
123 NARA, RG 218, Leahy papers, box 9, Bissell an Leahy, 12. August 1945. NARA, RG 218, box 8, Japanese General Headquarters an MacArthur, 23. August 1945.
124 NARA, RG 218, Leahy papers, box 9, Nimitz an Ultra channel, 16. August 1945.
125 Frank, *Downfall,* S. 329.
126 HSTL, NAP, box 13, Japanese Surrender, Wedemeyer an Stimson, 27. August 1945.
127 *Kido Diary,* 20. bis 21. August 1945, S. 451.
128 Siegesbotschaft von Chiang Kai-shek, 15. August 1945, in: Chinese News Service, *Contemporary China,* Bd. 5, Nr. 7, 20. August 1945.
129 Christopher Bayly und Tim Harper, *Forgotten Wars: The End of Britain's Asian Empire,* London 2007.
130 *FRUS: The British Commonwealth: The Far East,* Bd. 6, Acheson an Robertson, 5. Oktober 1945.
131 Charles de Gaulle, *Mémoires de guerre: Le salut, 1944–1946,* Paris 1959, Bd. 3, S. 550–553 (vgl. deutsche Ausgabe: *Memoiren,* Bd. 3: *Die Einheit – das Heil,* Düsseldorf 1961, übers. v. Walther Weibel, S. 490). *FRUS: Diplomatic Papers, 1945: Europe,* Washington, D. C. U. S. Government Printing Office, 1968, Bd. 4, Truman-de Gaulle memcon, 22. August 1945, S. 708–711.
132 Charles de Gaulle, *Memoiren,* Bd. 3: *Die Einheit – das Heil,* Düsseldorf 1961, S. 501–505.
133 AWM, Webb papers, 3DRL/2481, series 4, wallet 2, van Mook broadcast, September 1947. Adrian Vickers, *A History of Modern Indonesia,* Cambridge 2005, S. 97–101.
134 MMA, RG-9, box 160, folder W. O. August-September 1945, Marshall an MacArthur, 12. August 1945.
135 Christopher Bayly und Tim Harper, *Forgotten Armies: The Fall of British Asia, 1941–1945,* London 2004, S. 457f.
136 HSTL, NAP, box 13, Japanese Surrender, Mountbatten an Leahy, 31. August 1945.
137 NAI, EAD file no. 6-W/45, Dening an Sterndale-Bennett, 31. August 1945.

5. Der Oberkommandierende

1 Dorris Clayton James, *The Years of MacArthur: 1941–1945,* Boston 1975, Bd. 2, S. 55.
2 HSTL, NAP, box 13, Japanese Surrender, Marshall an MacArthur, 12. August 1945. HSTL, PSF, box 159, Joint Chiefs an MacArthur, 24. September 1945.
3 Douglas MacArthur, *Reminiscences,* New York 1964, S. 269ff.
4 Sarah Kovner, *Prisoners of the Empire: Inside Japanese POW Camps,* Cambridge, Mass. 2020, S. 70f.
5 »Der eingegrabene Doug MacArthur liegt zitternd auf dem Rock/sicher vor den ganzen Bombern und vor jedem plötzlichen Schock.«, James, *Years of MacArthur,* Boston 1975, Bd. 2, S. 55.

6 Fredrik Logevall, *JFK: Coming of Age in the American Century, 1917–1956,* New York 2020, S. 334.
7 »Unser Anführer ist wie die letzte Rose des Sommers verschwunden/ ›Um Hilfe zu holen‹, wie er uns glauben machen wollte«, James, *Years of MacArthur,* Bd. 2, S. 68–81, 93–109, 126f.
8 Max Hastings, *Retribution: The Battle for Japan, 1944–45,* New York 2008, S. 27.
9 MMA, RG-44a, box 2, folder 7, Fellers note, 11. Februar 1966.
10 Hastings, *Retribution,* S. 123–127, 224. MacArthur, *Reminiscences,* S. 216f.
11 Hastings, *Retribution,* S. 539. MMA, RG-9, box 160, folder W. O. August-September 1945, MacArthur an Marshall, 2. September 1945. HSTL, NAP, box 13, Japanese Surrender, Harriman an Truman und Byrnes, 29. August 1945.
12 MMA, RG-9, box 160, folder W. O. August-September 1945, Marshall an MacArthur, 12. August 1945. John W. Dower, *Embracing Defeat: Japan in the Wake of World War II,* New York 1999, S. 40–44.
13 Tagebuch Stilwell, 2. September 1945, Nicholas Evan Sarantakes (Hg.), *Seven Stars: The Okinawa Battle Diaries of Simon Bolivar Buckner, Jr., and Joseph Stilwell,* College Station 2004, S. 111.
14 Theodore H. White und Annalee Jacoby, *Donner aus China,* übers. v. Barbara Deyle-Reck, Stuttgart 1949, S. 8.
15 Kaze Toshikazu, *Journey to the Missouri,* New Haven 1950, S. 4.
16 HSTL, NAP, box 12, Japan Surrender, Truman an Joint Chiefs, 13. 8. 1945.
17 Tagebuch Stilwell, 2. September 1945, *Seven Stars,* S. 111.
18 White und Jacoby, *Donner aus China,* S. 7.
19 Kaze, *Journey to the Missouri,* S. 8.
20 Tagebuch Stilwell, 2. September 1945, *Seven Stars,* S. 111.
21 Koichi Kido, *The Diary of Marquis Kido, 1931–45,* Frederick 1984, 23. August 1945, S. 452.
22 HSTL, NAP, box 12, Japan Surrender, Instrument of Surrender, 2. September 1945.
23 HSTL, NAP, box 12, Japan Surrender, Instrument of Surrender, 2. September 1945.
24 Tagebuch Stilwell, 2. September 1945, *Seven Stars,* S. 111.
25 HSTL, NAP, box 13, Japanese Surrender, Harriman an Truman und Byrnes, 29. August 1945.
26 Kaze, *Journey to the Missouri,* S. 6f.
27 MacArthur, *Reminiscences,* S. 278.
28 Tagebuch Stilwell, 2. September 1945, *Seven Stars,* S. 112.
29 MacArthur, *Reminiscences,* S. 271f.
30 HSTL, NAP, box 12, Japan Surrender, Japan Surrender Documents, 2. September 1945.
31 Tagebuch Stilwell, 2. September 1945, *Seven Stars,* S. 112.
32 Kaze, *Journey to the Missouri,* S. 10. Hastings, *Retribution,* S. 540.
33 HSTL, PSF, box 197, Japanese Surrender, Truman speech, 1. September 1945.
34 *Kido Diary,* 21. August 1945, S. 451.
35 HSTL, NAP, box 12, Japan Surrender, Japan Surrender Documents, Hirohito notes, 1–2 September 1945. *Kido Diary,* 1. September 1945, S. 454.

36 HSTL, NAP, box 12, Japan Surrender, Instrument of Surrender, 2. September 1945.
37 *Kido Diary,* 2. September 1945, S. 454.
38 MMA, RG-5, box 73, folder 2, Kase paper, 31. Mai 1946.
39 *Kido Diary,* 2. September 1945, S. 454.
40 Manchester, *American Caesar,* S. 149–152.
41 Stimson Diaries, Bd. 50, 30. März 1945.
42 Tagebuch Truman, 1. Juni 1945, Robert H. Ferrell (Hg.), *Off the Record: The Private Papers of Harry S. Truman,* New York 1980, S. 40f.; 23. Oktober 1945, S. 72.
43 Tagebuch Truman, 17. Juni 1945, *Off the Record,* S. 47.
44 Tagebuch Truman, 10. August 1945, *Off the Record,* S. 60.
45 MMA, RG-9, box 160, folder W. O. August-September 1945, MacArthur an Marshall, 3. September 1945.
46 HSTL, PSF, box 159, MacArthur talks, 14.–17. Oktober 1945, in: Locke an Truman, 19. Oktober 1945.
47 IISTL, PSF, box 159, Compton an Truman, 4. Oktober 1945.
48 John W. Dower, *Empire and Aftermath: Yoshida Shigeru and the Japanese Experience, 1878–1954,* Cambridge 1988, S. 264.
49 James, *Years of MacArthur,* Bd. 2, S. 775.
50 HSTL, PSF, box 159, MacArthur talks, 14.–17. Oktober 1945, in Locke an Truman, 19. Oktober 1945.
51 NARA, RG 218, Leahy papers, box 9, Japan Surrender, MacArthur an Marshall, 4. September 1945.
52 HSTL, PSF, box 159, Compton an Truman, 4. Oktober 1945.
53 Truman an Martha Ellen Truman und Mary Jane Truman, 23. Oktober 1945, *Off the Record,* S. 71f. Tagebuch Truman, 26. September 1946, *Off the Record,* S. 98f.
54 HSTL, NAP, box 13, Japanese Surrender, Marshall an MacArthur, 17. August 1945. MacArthur, *Reminiscences,* S. 291.
55 NARA, RG 218, *Leahy papers,* box 8, MacArthur correspondence file, MacArthur an Joint Chiefs, 25. September 1945. HSTL, PSF, box 159, U. S. Initial Post-Surrender Policy for Japan, SWNCC 150/4, 22. September 1945. MMA, RG-5, U. S. Initial Post-Surrender Policy for Japan, 22. September 1945. NARA, RG 218, Leahy papers, box 8, MacArthur correspondence file, Chifley an MacArthur, 21. September 1945.
56 NARA, RG 218, Leahy papers, box 9, Japan Surrender, MacArthur an Marshall, 19. September 1945.
57 John Lewis Gaddis, *The Cold War: A New History,* New York 2005, S. 24f.
58 HSTL, PSF, box 159, Japan, SWNCC und Joint Chiefs an Truman, 13. August 1945.
59 HSTL, PSF, box 159, MacArthur talks, 14. bis 17. Oktober 1945, in Locke an Truman, 19. Oktober 1945.
60 MacArthur, *Reminiscences,* S. 285.
61 HSTL, PSF, box 159, MacArthur talks, 14. bis 17. Oktober 1945, in Locke an Truman, 19. Oktober 1945.
62 *Kido Diary,* 27. August 1945, S. 452.

63 Barak Kushner, *Men to Devils, Devils to Men: Japanese War Crimes and Chinese Justice,* Cambridge 2015, S. 84. NARA, RG 218, Leahy papers, box 9, Japan Surrender, MacArthur an Marshall, 27. September 1945. NARA, RG 218, Leahy papers, box 9, Japan Surrender, MacArthur an Marshall, 9. Oktober 1945.
64 HSTL, PSF, box 159, Japan, SWNCC und Joint Chiefs an Truman, 13. August 1945.
65 Cordell Hull, *The Memoirs of Cordell Hull,* New York 1948, Bd. 2, S. 1590.
66 FRUS: *The Conference of Berlin 1945,* Washington, D. C. 1960, Bd. 1, militärisches Briefing, undatiert, S. 924ff.
67 Stimson Diaries, Bd. 52, 17. September 1945. NARA, RG 218, Leahy papers, box 9, Japan Surrender, MacArthur an Marshall, 27. September 1945.
68 NARA, RG 218, Leahy papers, box 9, Japan Surrender, MacArthur an Marshall, 4. September 1945.
69 »Social-Economic Overturn in Japan Declared State Department Policy«, *New York Times,* 20. September 1945, S. A1, A3. Pressekonferenz Truman, 18. September 1945, *Public Papers of the Presidents of the United States: Harry S. Truman, 1945,* Washington, D. C. 1961, S. 326.
70 NARA, RG 218, Leahy papers, box 9, Japan Surrender, Marshall an MacArthur, 17. September 1945. NARA, RG 218, Leahy papers, box 9, Japan Surrender, MacArthur an Marshall, 18. September 1945.
71 Erklärung Truman, 19. September 1945, *Public Papers,* S. 327f.
72 HSTL, PSF, box 174, Atomic Bomb, U. S. Strategic Bombing Survey report, »The Effects of the Atomic Bombings of Hiroshima and Nagasaki«, 19. Juni 1946.
73 A. Frank Reel, *The Case of General Yamashita,* Chicago 1949, S. 74.
74 Tagebuch Stilwell, 1. September 1945, *Seven Stars,* S. 110f.
75 MacArthur, *Reminiscences,* S. 280.
76 HSTL, PSF, box 159, Compton an Truman, 4. Oktober 1945.
77 Herbert S. Bix, *Hirohito and the Making of Modern Japan,* New York 2000, S. 539.
78 *Kido Diary,* 4. September 1945, S. 455.
79 HSTL, PSF, box 159, MacArthur talks, 14.–17. Oktober 1945, in Locke an Truman, 19. Oktober 1945.
80 MacArthur, *Reminiscences,* S. 280–81.
81 Ebenda, S. 283.
82 NARA, RG 107, 390/8/32/06, Stimson »safe file«, box 8, van Slyck memorandum, August 1945.
83 Tagebuch Stilwell, 1. September 1945, *Seven Stars,* S. 111.
84 Edwin O. Reischauer, *My Life Between Japan and America,* New York 1986, S. 104.
85 MMA, RG-9, box 160, Marshall an MacArthur, 6. September 1945.
86 HSTL, PSF, box 159, U. S. Initial Post-Surrender Policy for Japan, SWNCC 150/4, 22. September 1945. MMA, RG-9, box 160, Marshall an MacArthur, 6. September 1945.
87 MMA, RG-5, box 2, folder 1, U. S. Sixth Army, Status of Demobilization of Kempei Tai, 25. Oktober 1945.

88 HSTL, PSF, box 159, U.S. Initial Post-Surrender Policy for Japan, SWNCC 150/4, 22. September 1945.
89 MMA, RG-9, box 160, Marshall an MacArthur, 6. September 1945.
90 MacArthur, Reminiscences, S. 285.
91 MMA, RG-5, box 1, folder 2, Japanese Reaction to U.S. Occupation, Oktober 1945.
92 MacArthur, *Reminiscences,* S. 279–80.
93 93. Ebenda, S. 284ff.
94 Reischauer, *My Life Between Japan and America,* S. 105.
95 FRUS: *The Conference of Berlin 1945,* Washington, D.C. 1960, Bd. 2, Stimson an Truman, 16. Juli 1945, S. 1322f.
96 NARA, RG 218, box 8, MacArthur communications file, Joint Chiefs an MacArthur, 6. September 1945.
97 MMA, RG-9, box 160, Marshall an MacArthur, 6. September 1945. HSTL, PSF, box 159, U.S. Initial Post-Surrender Policy for Japan, 22. September 1945.
98 MMA, RG-9, box 160, folder W.O. August-September 1945, Marshall an MacArthur, 11. August 1945. Edwin O. Reischauer, *The Japanese,* Cambridge, Mass. 1978, S. 85.
99 Joseph C. Grew, *Turbulent Era: A Diplomatic Record of Forty Years, 1904–1945,* Boston 1952, Bd. 2, S. 1412f.
100 HSTL, PSF, box 159, Compton an Truman, 4. Oktober 1945.
101 MacArthur, *Reminiscences,* S. 279–282.
102 Hirohito an Akihito, 9. September 1945, »Showa tenno no dokuhaku hachijikan« [Der Acht-Stunden-Monolog des Showa-Kaisers], in: *Bungei Shunju,* Dezember 1990, S. 122.
103 Robert Trumbull, »Hirohito Promises Japan a Recovery«, *New York Times,* 5. September 1945, S. A1, A3. Kido Diary, 1. September 1945, S. 454.
104 MMA, RG-5, box 1, folder 2, Japanese Reaction to U.S. Occupation, Oktober 1945.
105 »Showa tenno no dokuhaku hachijikan« [Der Acht-Stunden-Monolog des Showa-Kaisers], in: *Bungei Shunju,* Dezember 1990, S. 141.
106 Bix, Hirohito, S. 536f.
107 Frank L. Kluckhohn, »Japan's Premier Explains Defeat«, *New York Times,* 6. September 1945, S. A1, A3. Kido Diary, 15. bis 16. August 1945, S. 449f. MMA, RG-5, box 1, folder 2, Japanese Reaction to U.S. Occupation, Oktober 1945.
108 Herbert S. Bix, »The Showa Emperor's ›Monologue‹ and the Problem of War Responsibility«, in: *Journal of Japanese Studies,* Bd. 18, Nr. 2, Sommer 1992, S. 303.
109 MMA, RG-9, box 160, Marshall an MacArthur, 6. September 1945. HSTL, PSF, box 159, U.S. Initial Post-Surrender Policy for Japan, 22. September 1945.
110 MacArthur, *Reminiscences,* S. 282f.
111 Truman an Bess Truman, 21. Januar 1919, Robert H. Ferrell (Hg.), *Dear Bess: The Letters from Harry to Bess Truman, 1910–1959,* New York 1983, S. 293.
112 Tagebuch Truman, 7. Juni 1945, *Off the Record,* S. 44.

113 Truman an Acheson, nicht abgeschickt, 15. März 1957, *Off the Record,* S. 348f.
114 NARA, RG 107, 390/8/32/06, Stimson ›safe file‹, box 8, van Slyck memorandum, August 1945.
115 Grew, *Turbulent Era,* Bd. 2, S. 1409–1419.
116 Grew an Harriman, 9. September 1945, Grew, *Turbulent Era,* Bd. 2, S. 1440f.
117 BNA, FO 371/54126, MacDermot an Bevin, »Report on Allied Occupation Problems and Policy in Japan«, 29. November 1945.
118 MacArthur, *Reminiscences,* S. 283f.
119 HSTL, PSF, box 159, MacArthur talks, 14.–17. Oktober 1945, in Locke an Truman, 19. Oktober 1945.
120 Manchester, *American Caesar,* S. 4. John Lewis Gaddis, *George F. Kennan: An American Life,* New York 2011, S. 301.
121 MacArthur, *Reminiscences,* S. 282ff.
122 HSTL, PSF, box 159, U.S. Initial Post-Surrender Policy for Japan, 22. September 1945; MMA, RG-5, U.S. Initial Post-Surrender Policy for Japan, 22. September 1945. Eto Jun, *Closed Linguistic Space: Censorship by the Occupation Forces and Postwar Japan,* Tokio 2020.
123 MMA, RG-9, box 160, Marshall an MacArthur, 22. August 1945.
124 MacArthur, *Reminiscences,* S. 282–289.

6. Befürchtungen

1 *IMTFE Transcripts,* 13. Mai 1947, S. 22010. Richard B. Frank, *Downfall: The End of the Imperial Japanese Empire,* New York 1999, S. 88.
2 *IMTFE Transcripts,* 22. Mai 1947, S. 22761f. HSTL, PSF, box 159, Japan, Sebald summary of radio intelligence, 15. August 1945.
3 Yukiko Koshiro, *Imperial Eclipse: Japan's Strategic Thinking About Continental Asia Before August 1945,* Ithaca, N.Y. 2013, S. 4.
4 *IMTFE Transcripts,* 16. Oktober 1947, S. 31195. Kido Koichi, *The Diary of Marquis Kido, 1931–45,* Frederick, Md. 1984, 15. August 1945, S. 449.
5 Frank, *Downfall,* S. 329.
6 *IMTFE Transcripts,* 9. Januar 1947, S. 14701–14706.
7 Michel Paradis, *Last Mission to Tokyo: The Extraordinary Story of the Doolittle Raiders and Their Final Fight for Justice,* New York 2020, S. 29.
8 HSTL, NAP, box 13, Japan Surrender, Wedemeyer an Stimson, 27. August 1945.
9 Daqing Yang, »Convergence or Divergence?«, in: *American Historical Review,* Bd. 104, Nr. 3 (Juni 1999), S. 863.
10 MMA, RG-9, box 159, War Crimes, Myers an War Department, 6. Mai 1947.
11 Jeanne Guillemin, *Hidden Atrocities: Japanese Germ Warfare and American Obstruction of Justice at the Tokyo Trial,* New York 2017, S. xviii–xix.
12 *IMTFE Transcripts,* 22. Mai 1947, S. 22760f.
13 Herbert P. Bix, *Hirohito and the Making of Modern Japan,* New York 2000, S. 448.
14 Paradis, *Last Mission to Tokyo,* S. 31.
15 NARA, RG 84, Tokyo political adviser 1945, box 2, Allen an Imperial Japanese Government, 22. November 1945.

16 HSTL, NAP, box 13, Japanese Surrender, Halsey an MacArthur, 29. 8. 1945.
17 NAI, EAD file no. 6-W/45, Dening an Bevin, 14. September 1945.
18 HSTL, NAP, box 13, Japanese Surrender, Wedemeyer an Stimson, 31. August 1945.
19 »Out of Japan's Prisons«, *New York Times,* 2. September 1945, S. 52.
20 HSTL, NAP, box 13, Japanese Surrender, Halsey an Nimitz, 30. August 1945.
21 United Press, »Still ›Too Many Nips Left‹, Halsey Quoted as Saying«, *New York Times,* 25. September 1945, S. 2.
22 Truman-Rede, 27. Oktober 1945, *Public Papers of the Presidents of the United States: Harry S. Truman, 1945,* Washington, D.C. 1961, S. 430.
23 MMA, RG-9, box 160, War Department an MacArthur, 6. September 1945.
24 Yinan He, *The Search for Reconciliation: Sino-Japanese and German-Polish Relations Since World War II,* Cambridge 2009, S. 122–133.
25 MMA, RG-9, box 160, War Department an MacArthur, 6. September 1945.
26 *Kido Diary,* 30. August 1945, S. 454.
27 *IMTFE Transcripts,* 14. Oktober 1947, S. 30719–30722.
28 Ebenda, 15. Oktober 1947, S. 30892.
29 HSTL, PSF, box 197, United States Strategic Bombing Survey, »Japan's Struggle to End the War«, 1. Juli 1946, S. 3.
30 *Kido Diary,* 1. Juni 1940, S. 236f. Robert J. C. Butow, *Japan's Decision to Surrender,* Stanford, Calif. 1954, S. 12f.
31 *Kido Diary,* 12. Dezember 1942, S. 345.
32 Ebenda, 29. August 1945, S. 453.
33 »Arrest of Ex-Premier Tojo Is Ordered by M'Arthur«, *New York Times,* 11. September 1945, S. 1.
34 Frank L. Kluckhohn, »M'Arthur Seizing 40 for War Crimes«, *New York Times,* 12. September 1945, S. 1, 3. »Roster of 40 Ordered Arrested as War Criminals by MacArthur«, *New York Times,* 12. September 1945, S. 3. MMA, RG-5, box 2, folder 1, War Criminals List, Supplement 1, September 1945.
35 »Jap War Criminals Await Trial«, *Life,* 12. November 1945, S. 29–33.
36 Kluckhohn, »M'Arthur Seizing 40 for War Crimes«, S. 1, 3. »Roster of 40 Ordered Arrested as War Criminals by MacArthur«. MMA, RG-5, box 2, folder 1, War Criminals List, Supplement 1, September 1945.
37 UVA, Morgan papers, box 11, Edith Togo an Morgan, 6. April 1945.
38 MMA, RG-9, box 24, Sugamo liaison section, 20. Mai 1946. MMA, RG-9, box 24, Bunker an Carpenter, 16. Mai 1946. MMA, RG-9, box 160, General Headquerters an Joint Chiefs, War Department folder, 21. Mai 1946. Shinsho Hanayama, *The Way of Deliverance: Three Years with the Condemned Japanese War Criminals,* übers. v. Hideo Suzuki, Eiichi Noda und James K. Sasaki, New York 1950, S. 114–120.
39 John L. Ginn, *Sugamo Prison, Tokyo,* Jefferson, N.C. 1992, S. 1f. »Sugamo«, in: *Far East Stars and Stripes Review,* 31. August 1947, S. 7.
40 NARA, RG 218, box 8, MacArthur communications file, War Department an MacArthur, 14. September 1945. MMA, RG-9, box 159, War Crimes folder, War Department an MacArthur, 15. September 1945.
41 MMA, RG-9, box 159, War Crimes folder, War Department an MacArthur, 22. September 1945.

42 MMA, RG-5, box 2, folder 1, War Criminals List, Supplement 1, September 1945. MMA, RG-5, box 2, folder 1, Apprehension of War Criminals, 9. Oktober 1945. NARA, RG 84, Tokyo political adviser papers, box 2, MacArthur an Eichelberger, 6. Oktober 1945.
43 Bix, *Hirohito, S.* 581.
44 *Kido Diary,* 12. September 1945, S. 456.
45 MMA, RG-9, box 159, War Crimes folder, MacArthur an War Department, 23. September 1945. Yoshitake Oka, *Konoe Fumimaro: A Political Biography,* übers. v. Shumpei Okamoto und Patricia Murray, Tokyo 1983, S. 181–94.
46 MMA, RG-9, box 159, War Crimes folder, MacArthur an Marshall, 24. September 1945. Dies bestätigt meine These, dass liberale Staaten auf die Verfolgung von Kriegsverbrechen verzichten, um ihre eigenen Soldaten zu schützen (Gary Bass, *Stay the Hand of Vengeance: The Politics of War Crimes Tribunals,* Princeton 2000, S. 29f., 277f.).
47 NARA, RG 218, Leahy papers, box 8, MacArthur correspondence file, Joint Chiefs an MacArthur, 11. September 1945. MMA, RG-9, box 159, War Crimes folder, Joint Chiefs an MacArthur, 12. September 1945.
48 NARA, RG 84, Tokyo political adviser papers, box 2, Atcheson an Byrnes, War Criminals List, 5. Oktober 1945.
49 NARA, RG 84, Tokyo political adviser papers, box 2, Marshall an Atcheson, 7. November 1945.
50 MMA, RG-9, box 159, War Crimes folder, army regulations, 24. September 1945.
51 Radioansprache Truman, 2. September 1945, *Public Papers,* S. 258.
52 MMA, RG-9, box 159, War Crimes folder, War Department an MacArthur, 22. September 1945.
53 MMA, RG-5, box 2, folder 1, War Criminals List, Supplement 1, September 1945.
54 MMA, RG-9, box 159, War Crimes folder, War Department an MacArthur, 22. September 1945.
55 MMA, RG-44a, box 4, folder 23, interview statements, n.d. Frank L. Kluckhohn, »Hirohito in Interview Puts Blame on Tojo in Sneak Raid«, *New York Times,* 25. September 1945, S. A1-A2.
56 *Kido Diary,* 26. September 1945, S. 458.
57 Samuel P. Huntington, *The Third Wave: Democratization in the Late Twentieth Century,* Norman 1991, S. 211–231. Tina Rosenberg, *Die Rache der Geschichte: Erkundungen im neuen Europa,* übers. v. Udo Rennert, München 1997, S. 457–468. Jack Snyder und Leslie Vinjamuri, »Trials and Errors«, in: *International Security,* Bd. 28, Nr. 3 (Winter 2003/4), S. 5–44; Jack Snyder, *Human Rights for Pragmatists: Social Power in Modern Times,* Princeton 2022, S. 91–104.
58 Douglas MacArthur, *Reminiscences,* New York 1964, S. 287.
59 Bix, *Hirohito, S.* 542.
60 Faubion Bowers, »The Day the General Blinked«, *New York Times,* 30. September 1988, S. A35.
61 Kojima Noboru, »Tenno to Amerika to Taiheiyo senso«, in: *Bungei Shunju,* November 1975, S. 115–119.

62 Eine überzeugende skeptische Interpretation von MacArthurs Version findet sich in John W. Dower, *Embracing Defeat: Japan in the Wake of World War II*, New York 1999, S. 296f.
63 MacArthur, *Reminiscences, S.* 287f.
64 Kojima, »Tenno to Amerika to Taiheiyo senso«.
65 Faubion Bowers, »The Day the General Blinked«, *New York Times,* 30. September 1988, S. A35.
66 »Ex-God Descends«, *Life,* 22. Oktober 1945, S. 40.
67 Bix, *Hirohito,* S. 550f.
68 MMA, RG-44a, box 2, folder 20, Fellers an MacArthur, 4. Oktober 1945. »The Emperor Goes Calling«, *New York Times,* 28. September 1945, S. 20.
69 *Kido Diary,* 29. September 1945, S. 458f.
70 MMA, RG-44a, box 1, folder 1, Anderton an MacArthur, 1. Oktober 1945.
71 MMA, RG-5, box 2, folder 2, Fellers an MacArthur, 2. Oktober 1945.
72 MMA, RG-44a, box 2, folder 20, Fellers an MacArthur, 4. Oktober 1945.
73 Pressekonferenz Truman, 18. Oktober 1945, *Public Papers,* S. 399f.
74 Bix, *Hirohito,* S. 583f.
75 Dower, *Embracing Defeat,* S. 81.
76 Monica Braw, *The Atomic Bomb Suppressed: American Censorship in Occupied Japan,* London 1991, S. 29–32.
77 Für einen klaren Blick auf die Kontroversen um den Begriff staatlicher Shintoismus siehe Helen Hardacre, *Shinto: A History,* Oxford 2017, S. 355ff.
78 In etwa »Lang lebe Tojo« oder »Für immer Tojo«. Yoshio Kodama, *I Was Defeated,* übers. v. Taro Fukuda, Tokyo 1959, S. 200.
79 Associated Press, »Abolition of Peers Proposed«, *New York Times,* 2. Dezember 1945.
80 MMA, RG-4, box 22, folder 2, General Headquarters press review, 23. Dezember 1945. Siehe auch MMA, RG-4, box 22, folder 2, General Headquarters press review, 24. Dezember 1945.
81 MMA, RG-5, box 1, folder 2, Japanese Reaction to U. S. Occupation, Oktober 1945.
82 NARA, RG 84, Tokyo political adviser papers, box 10, Atcheson an MacArthur, 8. Oktober 1945.
83 NARA, RG 218, Leahy papers, box 8, MacArthur correspondence file, Joint Chiefs an MacArthur, 3. November 1945. Dower, *Embracing Defeat,* S. 81.
84 »Break-Up of Trusts Ordered by Tokyo«, *New York Times,* 6. November 1945, S. 5. MMA, RG-9, box 161, folder DA, MacArthur an Draper, 9. Januar 1948.
85 MMA, RG-5, box 1, folder 2, Japanese Reaction to U. S. Occupation, Oktober 1945.
86 Dower, *Embracing Defeat,* S. 82.
87 MMA, RG-5, box 2, folder 1, Masaki an Fellers, 12. November 1945.
88 MMA, RG-5, box 1, folder 2, Japanese Reaction to U. S. Occupation, Oktober 1945.
89 »Jap War Criminals Await Trial«, *Life,* 12. November 1945, S. 29–33.
90 MacArthur, *Reminiscences,* S. 135f., 145f.
91 MMA, RG-9, box 159, War Crimes folder, MacArthur an Marshall, 7. Oktober 1945.

92 Ronald H. Spector, *Eagle Against the Sun: The American War with Japan,* New York 1985, S. 527f.
93 Frank Reel, *The Case of General Yamashita,* Chicago 1949, S. 50f.
94 Arthur J. Barker, *Yamashita,* New York 1973. Allan A. Ryan, *Yamashita's Ghost: War Crimes, MacArthur's Justice, and Command Accountability,* Lawrence 2012, S. 10f, 17. Roberta Wohlstetter, *Pearl Harbor: Signale und Entscheidungen,* übers. v. Alice Meyer, Erlenbach-Zürich 1962, S. 416. Masanobu Tsuji, *Singapore: The Japanese Version,* trans. Margaret E. Lake, Sydney: Ure Smith, 1960, S. 34–41. John W. Dower, *War Without Mercy: Race and Power in the Pacific War,* New York 1986, S. 84.
95 Richard Connaughton, John Pimlott und Duncan Anderson, *The Battle for Manila,* London 1995. James M. Scott, *Rampage: MacArthur, Yamashita, and the Battle of Manila,* New York 2018. Daniel Immerwahr, »The Greater United States«, in: *Diplomatic History,* Bd. 40, Nr. 3 (Juni 2016), S. 387f. Spector, *Eagle Against the Sun,* S. 523f.
96 MMA, RG-44a, box 2, Fellers memorandum, 2. Mai 1945.
97 MMA, RG-5, MacArthur an Marshall, 5. September 1945.
98 MMA, RG-9, box 159, War Crimes folder, army regulations, 24. September 1945.
99 MacArthur, *Reminiscences,* S. 296.
100 Ryan, *Yamashita's Ghost,* S. 61–64.
101 Reel, *Case of General Yamashita,* S. 13.
102 D. Clayton James, *The Years of MacArthur: Triumph and Disaster, 1945–1964* Boston 1985, Bd. 3, S. 94.
103 MMA, RG-9, box 159, War Crimes folder, MacArthur an Osmena, 9. Oktober 1945. MMA, RG-9, box 159, War Crimes folder, Montelibano an MacArthur, 27. Oktober 1945. MMA, RG-9, box 159, War Crimes folder, Marshall an Whitlock, 27. Oktober 1945.
104 Ryan, *Yamashita's Ghost,* S. 71–82. George F. Guy, »The Defense of Yamashita«, in: *Wyoming Law Journal,* Bd. 4, (1950,) S. 153–158.
105 Ryan, *Yamashita's Ghost,* S. 75–89. Guy, »Defense of Yamashita«, S. 162f.
106 Ryan, *Yamashita's Ghost,* S. 115–119, 122, 154.
107 Robert Trumbull, »Girl, 11, Stirs Yamashita Hearing by Story of Stabs, Parents' Slaying«, *New York Times,* 6. November 1945, S. A1, A5.
108 Ryan, *Yamashita's Ghost,* S. 75–89, 172f. Guy, »Defense of Yamashita«, S. 165f.
109 Reel, *Case of General Yamashita,* S. 12–26. Ryan, *Yamashita's Ghost,* S. 205–212.
110 Ryan, *Yamashita's Ghost,* S. 241.
111 Ebenda, S. 222.
112 Robert Trumbull, »Yamashita Trial Sets Precedents«, *New York Times,* 11. November 1945, S. E5.
113 Guy, »Defense of Yamashita«, S. 158.
114 Ryan, *Yamashita's Ghost,* S. 249.
115 »›Yamashita Will Die‹«, *Newsweek,* 17. Dezember 1945, S. 51. Robert Trumbull, »Yamashita Is Found Guilty«, *New York Times,* 7. Dezember 1945, S. 1, 3.
116 MMA, RG-9, box 159, War Crimes folder, Marshall an Whitlock, 14. November 1945.

117 Guy, »Defense of Yamashita«, S. 172.
118 MMA, RG-9, box 159, War Crimes folder, Judge Advocate General an MacArthur, 9. Dezember 1945. MMA, RG-9, box 159, War Crimes folder, MacArthur an Manila command, 8. Dezember 1945. Reel, *Case of General Yamashita,* S. 210–213. Ryan, *Yamashita's Ghost,* S. 273–276.
119 Felix Frankfurter, *The Public and Its Government,* New Haven 1930, S. 46ff.
120 Alpheus Thomas Mason, *Harlan Fiske Stone: Pillar of the Law,* New York 1956, S. 651.
121 *Ex parte Quirin,* 317 U. S. 1 (1942).
122 MMA, RG-9, box 159, War Crimes folder, Judge Advocate General an MacArthur, 22. Dezember 1945. Reel, *Case of General Yamashita,* S. 210–213. Ryan, *Yamashita's Ghost,* S. 273–726.
123 Reel, *Case of General Yamashita,* S. 210–214.
124 *In re Yamashita,* 327 U. S. 1, 11–13, 23 (1946).
125 Ebenda, 15–17 (1946).
126 John M. Ferren, *Salt of the Earth, Conscience of the Court: The Story of Justice Wiley Rutledge,* Chapel Hill 2004, S. 304f.
127 Ebenda, S. 303.
128 Geneva Convention Relative to the Treatment of Prisoners of War, 27. Juli 1929, Art. 63, 47 Stat. 2021, T. I. A. S. Nr. 846, 27 *A. J. I. L.* Supp. 59.
129 *In re Yamashita,* 327 U. S. 1, 41–82 (1946). Mason, *Harlan Fiske Stone,* S. 667.
130 Dred Scott wurde 1857 das Klagerecht abgesprochen, weil ein Schwarzer nicht Bürger der Vereinigten Staaten sein könne. – Ferren, *Salt of the Earth,* S. 320. Siehe Edward S. Corwin, *Total War and the Constitution,* New York 1947, S. 121.
131 J. Woodford Howard Jr., *Mr. Justice Murphy: A Political Biography,* Princeton 1968, S. 370ff.
132 *In re Yamashita,* 327 U. S. 1, 26–41 (1946).
133 MMA, RG-9, box 159, War Crimes folder, MacArthur an Styer, 5. 2. 1946.
134 Ryan, *Yamashita's Ghost,* S. 265, 282.
135 MMA, RG-9, box 159, War Crimes folder, MacArthur an Styer, 9. Februar 1946. HSTL, OF, box 1144, Connelly an Wyzanski, 21. Februar 1946. Reel, *Case of General Yamashita,* S. 237ff.
136 Guy, »Defense of Yamashita«, S. 179. Reel, *Case of General Yamashita,* S. 239. »Yamashita Hanged Near Los Banos Where Americans Were Tortured«, *New York Times,* 23. Februar 1946, S. 1, 4.
137 *Homma v. Patterson, Secretary of War, et al.* und *Homma v. Styer, Commanding General, et al.,* 327 U. S. 757, 759–61 (1946).
138 »Homma Executed by Firing Squad as Punishment for ›Death March‹«, *New York Times,* 3. April 1946, S. 1, 10. Max Hastings, *Retribution: The Battle for Japan, 1944–45,* New York 2008, S. 546f.
139 Guénaël Mettraux, *The Law of Command Responsibility,* Oxford 2009, S. 5–8.
140 MMA, RG-9, box 159, War Crimes folder, Marshall an MacArthur, 7. Oktober 1945. MMA, RG-9, box 159, War Crimes folder, MacArthur an Marshall, 7. Oktober 1945.
141 MMA, RG-9, box 159, War Crimes folder, Marshall an Sutherland, 8. Oktober 1945.

142 NARA, RG 84, Tokyo political adviser papers, box 2, Atcheson an MacArthur, 6. November 1945.
143 Ebenda, Marshall an Atcheson, 7. November 1945.
144 NARA, RG 84, Tokyo political adviser papers, box 2, Allen an Imperial Japanese Government, 16., 20., 21., 23. November 1945. NARA, RG 84, Tokyo political adviser papers, box 2, Atcheson an Byrnes, 11. Dezember 1945.
145 MMA, RG-9, box 159, War Crimes folder, MacArthur an Whitlock, 12 November 1945.
146 MMA, RG-9, box 159, War Crimes folder, Joint Chiefs an MacArthur, 25. April 1946. NAI, EAD file no. 27-W/46, Bevin an Halifax, 4. Januar 1946.
147 AWM, Webb papers, 3DRL/2481, series 1, wallet 1, U.S. Eighth Army, rules of procedure, 5. Februar 1946. See MMA, RG-9, box 159, War Crimes folder, Carpenter an Royall, 9. November 1948.
148 Kyodo-AP, »5 Japanese Given Supreme Penalty«, *Nippon Times,* 2. März 1946, S. 1.
149 Kyodo-AP, »Thought Police Head Sentenced to Death«, *Nippon Times,* 14. März 1946, S. 1.
150 Kyodo-AP, »Beheading U.S. Flier Enacted at Tribunal«, *Nippon Times,* 11. April 1946, S. 1.
151 NARA, RG 84, Tokyo political adviser papers, box 2, Atcheson an MacArthur, 12 November 1945. NARA, RG 84, Tokyo political adviser papers, box 2, »Major Japanese War Criminals«, first list, 12. November 1945. NARA, RG 84, Tokyo political adviser papers, box 2, Atcheson an Byrnes, 13. November 1945. NARA, RG 84, Tokyo political adviser papers, box 2, Atcheson an MacArthur, 14. November 1945.
152 NARA, RG 84, Tokyo political adviser papers, box 2, »Major War Criminals«, second list, 14. November 1945; third list, 27. November 1945; fourth list, 27. November 1945. NARA, RG 84, Tokyo political adviser papers, box 2, Allen an Imperial Japanese Government, 17. November 1945. »Arrest of 11 Chiefs Ordered in Japan«, *New York Times,* 19. November 1945, S. 2.
153 »Honjo Kills Himself, Balks Tokyo Arrest«, *New York Times,* 20. November 1945, S. 1. »Araki and Kuzuu Put in Tokyo Jail«, *New York Times,* 23. November 1945, S. 3.
154 Robert H. Jackson, *The Case Against the Nazi War Criminals: Opening Statement for the United States of America,* New York 1946, S. xi.
155 Robert H. Jackson, *Grundlegende Rede: vorgetragen im Namen der Vereinigten Staaten von Amerika,* übers. v. Herbert Küsel, S. 72.
156 *Kido Diary,* 6. November 1945, S. 463.
157 Bix, *Hirohito,* S. 552. *Kido Diary,* 23. Oktober 1945, S. 461.
158 NARA, RG 84, Tokyo political adviser papers, box 2, Atcheson an MacArthur, 14. November 1945.
159 Konoe memorial, 14. Februar 1945, John W. Dower, *Empire and Aftermath: Yoshida Shigeru and the Japanese Experience, 1878–1954,* Cambridge, Mass. 1988, S. 260–264. MMA, RG-9, box 159, War Crimes folder, *New York Herald Tribune* editorial, 31. Oktober 1945, in Byrnes an Atcheson, 3. November 1945.
160 MMA, RG-9, box 159, War Crimes folder, Joint Chiefs an MacArthur,

30. November 1945. See NARA, RG 218, box 8, Leahy files, Joint Chiefs an MacArthur, 29. November 1945.

161 NARA, RG 84, Tokyo political adviser 1945, box 2, Allen an Imperial Japanese Government, 1. Dezember 1945.

162 Hardacre, *Shinto*, S. 452.

163 »Imperial Prince Gives Up in Japan«, *New York Times*, 13. Dezember 1945, S. 19. Herbert P. Bix, »The Showa Emperor's ›Monologue‹ and the Problem of War Responsibility«, *Journal of Japanese Studies*, vol. 18, no. 2 (Summer 1992, S. 318. Oka, *Konoe Fumimaro*, S. 189.

164 *Kido Diary*, 18. Oktober 1945, S. 460.

165 Ebenda, 29. November, 2. Dezember 1945, S. 465.

166 NARA, RG 84, Tokyo political adviser 1945, box 2, Allen an Imperial Japanese Government, 6. Dezember 1945.

167 *Kido Diary*, 4. bis 6. Dezember 1945, S. 465 f.

168 Kido Koichi, *Kido Koichi nikki: Tokyo saiban-ki* [Das Tagebuch von Kido Koichi: Die Periode des Tokioter Prozesses], Tokio 1980, S. 450 f.

169 Arnold C. Brackman, *The Other Nuremberg: The Untold Story of the Tokyo War Crime Trials*, London 1989, S. 55.

170 *IMTFE Transcripts*, 14. Oktober 1947, S. 30716 ff.

171 Frank White, »Tojo on Trial«, in: *Far East Stars and Stripes Weekly Review*, 2. November 1947, S. 6.

172 NARA, RG 84, Tokyo political adviser 1945, box 2, Atcheson an Byrnes, 18. Dezember 1945.

173 *Kido Diary*, 15. Oktober 1941, S. 312 f.

174 Oka, *Konoe Fumimaro*, S. 181–194.

175 NARA, RG 84, Tokyo political adviser 1945, box 2, Atcheson an Byrnes, 18. Dezember 1945.

176 Oka, *Konoe Fumimaro*, S. 194–197.

177 NARA, RG 84, Tokyo political adviser 1945, box 10, folder 711.6, Atcheson an Byrnes, 7. Januar 1946, beigelegte Notiz zu Konoe, nicht datiert (16. Dezember 1945).

178 MMA, RG-9, box 159, War Crimes folder, MacArthur an Marshall, 7. Oktober 1945.

179 Jackson, *Case Against the Nazi War Criminals*, S. x–xi. MMA, RG-9, box 159, War Crimes folder, Patterson an MacArthur, 18. November 1945.

180 MMA, RG-9, box 159, War Crimes folder, Marshall an MacArthur, 11. Oktober 1945. See NARA, RG 218, Leahy papers, box 8, MacArthur correspondence file, Marshall an MacArthur, 2. November 1945.

181 MMA, RG-9, box 159, War Crimes folder, McCloy to Cutter, 25. Oktober 1945.

182 MMA, RG-9, box 159, MacArthur an Marshall, 31. Oktober 1945.

183 MMA, RG-9, box 159, War Department an MacArthur, 22. September 1945.

184 MMA, RG-9, box 159, Byrnes an MacArthur, 25. Oktober 1945.

185 MMA, RG-10, box 21, Fellers correspondence, Fellers an MacArthur, 27. Oktober 1945.

186 MMA, RG-9, box 159, War Crimes folder, MacArthur an Marshall, 31. Oktober 1945.

187 HSTL, OF, box 1145, McGrath an Truman, 23. November 1945. HSTL, OF, box 1144, Clark an Truman, 29. Oktober 1945. HSTL, OF, box 1145, Latta an McGrath, 29. November 1945. HSTL, OF, box 1145, Truman executive order, 29. November 1945. HSTL, OF, box 1145, Truman an Keenan, 18. Juli 1946.

188 »The Prosecution Rests«, *Time,* 3. Februar 1947, S. 25.

189 BNA, FO 371/69834, Gascoigne an Bevin, 1. Dezember 1948.

190 Siehe David M. Crowe, »MacArthur, Keenan and the American Quest for Justice at the IMTFE«, in: Kerstin von Lingen (Hg.), *Transcultural Justice at the Tokyo Tribunal: The Allied Struggle for Justice, 1946–48,* Leiden 2018, S. 65–83.

191 MMA, RG-9, box 159, War Crimes folder, Patterson an MacArthur, 2. November 1945.

192 MMA, RG-9, box 159, War Crimes folder, Marshall an MacArthur, 11. November 1945. Zu diesen Prozessen siehe Sandra Wilson, Robert Cribb, Beatrice Trefault und Dean Aszkielowicz, *Japanese War Criminals: The Politics of Justice After the Second World War,* New York 2017.

193 MMA, RG-9, box 159, War Crimes folder, MacArthur an Marshall, 12. November 1945.

194 MMA, RG-9, box 159, War Crimes folder, Patterson an MacArthur, 14. November 1945.

195 MMA, RG-9, box 159, War Crimes folder, Patterson an MacArthur, 17. November 1945.

196 MMA, RG-9, box 159, War Crimes folder, MacArthur an Patterson, 17. November 1945.

197 MMA, RG-5, box 2, folder O. C., McCloy an MacArthur, 19. November 1945. Hervorhebung McCloy.

198 MMA, RG-9, box 159, War Crimes folder, MacArthur an Patterson, 17. November 1945. MMA, RG-9, box 159, War Crimes folder, Patterson an MacArthur, 18. November 1945.

199 MMA, RG-5, box 32, folder 1, MacArthur an Keenan, 26. Dezember 1945.

200 MMA, RG-5, box 2, folder 3, official correspondence file, Keenan an MacArthur, 11. März 1946.

201 MMA, RG-5, box 32, Keenan file, Keenan an MacArthur, 3. September 1946.

202 MMA, RG-5, box 63, folder 2, Bunker an MacArthur, 11. Oktober 1947.

203 MMA, RG-9, box 159, War Crimes folder, Keenan to MacArthur, 22. Dezember 1945. MMA, RG-9, box 159, War Crimes folder, MacArthur to Eisenhower, 9. Dezember 1945.

204 MMA, RG-9, box 159, War Crimes folder, Joint Chiefs an MacArthur, 20. Dezember 1945. NARA, RG 218, box 8, Leahy files, Joint Chiefs an MacArthur, 19. Dezember 1945. MMA, RG-9, box 159, War Crimes folder, Keenan an MacArthur, 22. Dezember 1945. MMA, RG-9, box 159, War Crimes folder, MacArthur an Eisenhower, 22. Dezember 1945.

7. »Wenn der Kaiser das Recht verletzt«

1 Mei Ruao: 梅汝璈. Guoshiguan, Papiere des Außenministeriums, IMTFE Prozesse 1945/46, Wei an Außenministerium, 22. Oktober 1945, 020–010 117–0029–0006a. MMA, RG-9, box 159, War Crimes folder, Marshall an MacArthur, 1. Oktober 1945.
2 Guoshiguan, Papiere des Außenministeriums, Akte der Kriegsverbrecherkommission der Vereinten Nationen, Anruf Gu Weijun, 24. Juni 1944, 020–010117–0021–0025a.
3 MMA, RG-9, box 159, War Crimes folder, Marshall an MacArthur, 1. Oktober 1945. MMA, RG-9, box 159, War Crimes fiolder, Fair an Marshall, 21. September 1945.
4 Interview des Autors mit Mei Xiaoao, Beijing, 24. Mai 2016. Mei Xiaoao und Mei Xiaokan (Hg.), *Mei Ruao Dongjing shenpan wengao* [Die Manuskripte von Mei Ruao über den Tokioter Kriegsverbrecherprozess], Shanghai 2013, S. 1f. AWM, Webb papers, 3DRL/2481, series 1, wallet 2, judges' biographies, 23. Oktober 1946.
5 Madeline Y. Hsu, *The Good Immigrants: How the Yellow Peril Became the Model Minority,* Princeton 2015; Rana Mitter, *Forgotten Ally: China's World War II, 1937–1945,* Boston 2013, S. 51. Mae Ngai, *The Chinese Question: The Gold Rushes and Global Politics,* New York 2021.
6 Mei Ruao, *Dongjing da shenpan: Yuandong guoji junshi fating Zhongguo faguan Mei Ruao riji* [Der große Tokioter Prozess: Tagebuch von Mei Ruao, chinesischer Richter beim Internationalen Militärtribunal für den Fernen Osten], Nanchang 2005, 20. März 1945, S. 27f.; 30. März 1946, S. 47; 10. April 1946, S. 77; 14. April 1946, S. 91; 10. Mai 1946, S. 150.
7 Interview mit Mei Xiaokan, Beijing, 24. Mai 2016. Mei und Mei (Hg.), *Mei Ruao Dongjing shenpan wengao,* S. 2. AWM, Webb papers, 3DRL/2481, series 1, wallet 2, judges' biographies, 23. Oktober 1946.
8 Mei, *Dongjing da shenpan,* 14. April 1946, S. 90.
9 Mei und Mei (Hg.), *Mei Ruao Dongjing shenpan wengao,* S. 2f. Academia Historica (Guoshiguan), Bezirk Xindian, Taipeh, Mei Ruao, persönlicher Fragebogen, Nr. 34138.
10 H. L. A. Hart, »Positivism and the Separation of Law and Morals«, in: *Harvard Law Review,* Bd. 71, Nr. 4 (Februar 1958), S. 593–629. Lon L. Fuller, »Positivism and Fidelity to Law – A Reply to Professor Hart«, in: *Harvard Law Review,* Bd. 71, Nr. 4 (Februar 1958), S. 630–672.
11 Mencius, »Emperor Hui of Liang Book Two«, *The Four Chinese Classics,* übers. v. David Hinton, Berkeley 2013, II.8, S. 415.
12 NARA, RG 43, Far Eastern Commission, box 70, Far Eastern Section press summary, 14. November 1948.
13 Ju-ao Mei (Mei Ruao), »China and the Rule of Law«, in: *Pacific Affairs,* Bd. 5, Nr. 10 (Oktober 1932), S. 683–772. Wie damals üblich, benutzte er die Wade-Giles-Umschrift.
14 Guoshiguan, »Kriegsverbrecher«, Oktober 1945, 020–010117–0041–0075x.
15 Jay Taylor, *The Generalissimo: Chiang Kai-shek and the Struggle for Modern China,* Cambridge, Mass. 2009, S. 161.

16 Mitter, *Forgotten Ally*, S. 5.

17 Richard Bernstein, *China 1945: Mao's Revolution and America's Fateful Choice*, New York 2014, S. 65–66.

18 Guoshiguan, Xindian, Mei Ruao, persönlicher Fragebogen, Nr. 34138.

19 »From Day to Day«, *North-China Daily News*, 8. Januar 1935, S. 6. Guoshiguan, Xindian, Mei Ruao, persönlicher Fragebogen, Nr. 34138. AWM, Webb papers, 3DRL/2481, series 1, wallet 2, judges' biographies, 23. Oktober 1946.

20 Mei Ju-ao (Mei Ruao), »On the Eve of Constitutional Government in China«, in: *T'ien Hsia Monthly*, Bd. 2, Nr. 5 (Mai 1936), S. 443–453.

21 Mitter, *Forgotten Ally*, S. 79–97.

22 Martha Gellhorn, *Das Gesicht des Krieges: Reportagen 1937–1987*, übers. v. Hans-Ulrich Möhring, München 1989, S. 85.

23 Mitter, *Forgotten Ally*, S. 87; Erwin Wickert (Hg.), *John Rabe, der gute Deutsche von Nanking*, Stuttgart 1997, 6. November 1937, S. 44.

24 Barbara W. Tuchman, *Stilwell and the American Experience in China, 1911–45*, New York 1985, S. 169 (deutsche Ausgabe: *Sand gegen den Wind: General Stilwell und die amerikanische Politik in China 1911–1945*, Frankfurt am Main 1988). Mitter, *Forgotten Ally*, S. 98–108.

25 W. H. Auden und Christopher Isherwood, *Journey to a War*, New York 1990, S. 240.

26 Mitter, *Forgotten Ally*, S. 126–133. *John Rabe*, 10. Dezember 1937, S. 95, 98.

27 Warum Soldaten nicht immer als legitime Ziele gelten sollten, wird überzeugend dargelegt in: Gabriella Blum, »The Dispensable Lives of Soldiers«, in: *Journal of Legal Analysis*, Bd. 2, Nr. 1 (Frühjahr 2010), S. 115–170. Laut der 1907 beschlossenen Fassung der Haager Landkriegsordnung ist »die Tötung oder Verwundung eines die Waffen streckenden oder wehrlosen Feindes, der sich auf Gnade oder Ungnade ergeben hat« verboten (Abkommen betreffend die Gesetze und Gebräuche des Landkriegs, 18. Oktober 1907, Art. 23, unter: https://www.fedlex.admin.ch/eli/cc/26/429_338_411/de#lvl_u1/lvl_u1/sec_II/chap_I (letzter Zugriff: 30. 10. 2024). Der entscheidende gemeinsame Artikel 3, der Genfer Abkommen von 1949 für bewaffnete Konflikte, die »keinen internationalen Charakter aufweisen«, schreibt folgendes vor: »Personen, die nicht direkt an den Feindseligkeiten teilnehmen, einschließlich der Mitglieder der bewaffneten Streitkräfte, welche die Waffen gestreckt haben, und der Personen, die infolge Krankheit, Verwundung, Gefangennahme oder irgendeiner anderen Ursache außer Kampf gesetzt wurden, sollen unter allen Umständen mit Menschlichkeit behandelt werden, ohne jede Benachteiligung aus Gründen der Rasse, der Farbe, der Religion oder des Glaubens, Geschlechts, der Geburt oder des Vermögens oder aus irgendeinem ähnlichen Grunde (Genfer Abkommen über die Behandlung der Kriegsgefangenen, 12. August 1949, Art. 3, unter: https://www.fedlex.admin.ch/eli/cc/1951/228_230_226/de (letzter Zugriff: 30. 10. 2024). Der gemeinsame Artikel 3, der mit identischem Wortlaut in allen vier Genfer Konventionen enthalten ist, formuliert fundamentale Prinzipien des Kriegsvölkerrechts, die allgemein als gültig für sämtliche bewaffnete Konflikte angesehen werden. So heißt es 1952 im Kommentar des Roten Kreuzes zur Genfer Konvention: »Nur der Soldat, der selbst töten will, darf getötet werden. Die Abwesenheit jeglicher Aggressivität sollte

jeglicher Aggression ein Ende setzen« (Blum, »Dispensable Lives of Soldiers«, S. 126). Auch Ryan Goodman vertritt überzeugend die Ansicht, dass Soldaten nicht unnötig getötet werden dürfen und dass das neuere internationale Recht stark dafürspricht, dass wehrlose Soldaten nicht angegriffen werden dürfen (»The Power to Kill or Capture Enemy Combatants«, in: *European Journal of International Law,* Bd. 24, Nr. 3 [2013], S. 819–853).

28 Mark Eykholt, »Aggression, Victimization, and Chinese Historiography of the Nanjing Massacre«, in: Joshua A. Fogel (Hg.), *The Nanjing Massacre in History and Historiography,* Berkeley 2000, S. 11–69. Siehe auch Yuki Tanaka, *Hidden Horrors: Japanese War Crimes in World War II,* Boulder 1996.

29 *John Rabe,* 24. Dezember 1937, S. 138.

30 *John Rabe,* 17. Dezember 1937, S. 122, 31. Januar 1938, S. 233.

31 »Rikou zai Nanjing shouxing« [Die brutalen Taten der japanischen Banditen in Nanjing], *Xinhua Ribao,* 9. März 1938, S. 2. Siehe auch »Rikou zai Nanjing shouxing« [Die brutalen Taten der japanischen Banditen in Nanjing], *Xinhua Ribao,* 11. März 1938, S. 4.

32 *John Rabe,* 6. Februar 1938, S. 245; 21. Dezember 1937, S. 132; 2. Februar 1938, S. 234.

33 Mitter, *Forgotten Ally,* S. 124–144. Eykholt, »Aggression, Victimization, and Chinese Historiography of the Nanjing Massacre«, S. 11–69.

34 Sarah Kovner, *Prisoners of the Empire: Inside Japanese POW Camps,* Cambridge, Mass. 2020, S. 210f.

35 Bernstein, *China 1945,* S. 78.

36 Jeremy A. Yellen, *The Greater East Asia Co-Prosperity Sphere: When Total Empire Met Total War,* Ithaca, N.Y. 2019, S. 2f.

37 Herbert P. Bix, *Hirohito and the Making of Modern Japan,* New York 2000, S. 365ff. Taylor, *Generalissimo,* S. 173.

38 *President Chiang Kai-shek's Selected Speeches and Messages, 1937–1945,* Taipei: China Cultural Service, 1945, Rede vom 13. 8. 1938, S. 65. *Chiang Kai-shek's Selected Speeches and Messages, 1937–1945,* Rede vom 13. 8. 1940, S. 143.

39 Chinese Ministry of Information, *The Collected Wartime Messages of Generalissimo Chiang Kai-shek, 1937–1945,* New York 1946, Bd. 2, Rede vom 9. Oktober 1937, S. 45.

40 Diana Lary, *The Chinese People at War: Human Suffering and Social Transformation, 1937–1945,* Cambridge 2010.

41 Mitter, *Forgotten Ally,* S. 157–164. Taylor, *Generalissimo,* S. 154f.

42 Theodore H. White und Annalee Jacoby, *Donner aus China,* Stuttgart 1949, S. 205–208.

43 Mitter, *Forgotten Ally,* S. 263–274.

44 Alan Brinkley, *The Publisher: Henry Luce and His American Century,* New York 2010, S. 3–25, 282. »Chiang Kai-shek … and His Real Enemy, Japan«, *Life,* 28. Dezember 1936, S. 54f.

45 T. Christopher Jespersen, *American Images of China, 1931–1949,* Stanford, Calif. 1996, S. 77–78.

46 Prosaübersetzung »Und Karten können wirklich auf Orte verweisen / wo das Leben heute schrecklich ist. / Nanking, Dachau«. Auden and Isherwood, *Journey to a War,* S. 253.

47 Mei, *Dongjing da shenpan*, 20. März 1946, S. 30.
48 White und Jacoby, *Donner aus China*, S. 19–25; Mitter, *Forgotten Ally*, S. 1–5, 176ff. 259f. Hans van de Ven, *China at War: Triumph and Tragedy in the Emergence of the New China*, Cambridge, Mass. 2018, S. 123–126. Edna Tow, »The Great Bombing of Chongqing and the Anti-Japanese War, 1937–1945«, in: Mark Peattie, Edward Drea und Hans van de Ven ((Hg.), *The Battle for China: Essays on the Military History of the Sino-Japanese War of 1937–1945*, Stanford, Calif. 2011, S. 256f.
49 White und Jacoby, *Donner aus China*, S. 22–25.
50 »How to Tell Japs from the Chinese«, *Life*, 22. Dezember 1941, S. 81f.
51 HSTL, PSF, box 151, Elsey memo for Truman, 3. September 1945.
52 Mitter, *Forgotten Ally*, S. 6. Taylor, *Generalissimo*, S. 189.
53 Fredrik Logevall, *Embers of War: The Fall of an Empire and the Making of America's Vietnam*, New York 2012, S. 53f. Rana Mitter, »An Uneasy Engagement«, in: Rosemary Foot, John Gaddis und Andrew Hurrell (Hg.), *Order and Justice in International Relations*, Oxford 2003, S. 207–235. Liu Xiaoyuan, *A Partnership for Disorder: China, the United States and Their Policies for the Postwar Disposition of the Japanese Empire, 1941–1945*, Cambridge 1996.
54 HSTL, NAP, box 12, Hopkins-Stalin Conference, Hopkins-Stalin memcon, 28. Mai 1945, 8 p.m.
55 Mitter, *Forgotten Ally*, S. 298.
56 Ebenda, S. 306–311. Cordell Hull, *The Memoirs of Cordell Hull*, New York 1948, Bd. 2, S. 1583f.
57 Gordon H. Chang, »China and the Pursuit of America's Destiny«, in: *Journal of Asian American Studies*, Bd. 15, Nr. 2 (Juni 2012), S. 145–169.
58 Mitter, *Forgotten Ally*, S. 306–311.
59 *Chiang Kai-sheks Selected Speeches and Messages, 1937–1945*, 1. Januar 1944, S. 234f. Hull, *Memoirs*, Bd. 2, S. 1583f. Taylor, *Generalissimo*, S. 247ff., 254.
60 Chiang Kai-shek, *China's Destiny and Chinese Economic Theory*, hrsg. v. Philip Jaffe, London 1947, S. 142. Chiang Kai-shek, *Before Final Victory: Speeches by Generalissimo Chiang Kai-shek, 1943–1944*, New York 1944, Rede vom 26. Februar 1943, S. 13–15.
61 Srinath Raghavan, *India's War: World War II and the Making of Modern South Asia*, New York 2016, S. 1–6, 12, 20–22, 209, 224, 227, 270–72. Mitter, *Forgotten Ally*, S. 246–249.
62 Taylor, *Generalissimo*, S. 195f.
63 Mitter, *Forgotten Ally*, S. 318f.
64 Srinath Raghavan, *India's War: World War II and the Making of Modern South Asia*, New York 2016, S. 1–6, 12, 20–22, 209, 224, 227, 270–72. Mitter, *Forgotten Ally*, S. 246–249.
65 Richard B. Frank, *Downfall: The End of the Imperial Japanese Empire*, New York 1999, S. 163, 359.
66 Odd Arne Westad, *Decisive Encounters: The Chinese Civil War, 1946–1950*, Stanford, Calif. 2003.
67 Chiang Kai-shek, *Declaration to Kuomintang Members, April 1927*, Shanghai 1927, S. 7f., 11.
68 Chiang Kai-shek, »The Cause and Cure of Rural Decadence«, 14. Juni 1935,

in: Chiang Kai-shek und Wang Ching-wei, *China's Leaders and Their Policies: Messages to the Chinese People,* Shanghai 1935, S. 35f.

69 Mitter, *Forgotten Ally,* S. 188f., 194f.

70 *Chiang Kai-shek's Selected Speeches and Messages, 1937–1945,* Rede vom 6. März 1941, S. 179–188. Taylor, *Generalissimo,* S. 169f.

71 Taylor, *Generalissimo,* S. 171.

72 Zhu De, *Zhu De xuanji* [Ausgewählte Werke von Zhu De], Beijing 1983.

73 Central News Agency, »Dijun baoxing yiban« [Ein Blick auf die Grausamkeiten des Feindes], *Xinhua Ribao,* 27. 1. 1938, S. 2. Central News Agency, »Kongbu de Nanjing cheng« [Schreckliches Nanjing], *Xinhua Ribao,* 23. 1. 1938, S. 2.

74 Popular Press, »Sharen jingsai« [Tötungswettbewerb], *Xinhua Ribao,* 25. Januar 1938, S. 2. Siehe auch Barak Kushner, *Men to Devils, Devils to Men: Japanese War Crimes and Chinese Justice,* Cambridge, Mass. 2015, S. 166–174. Kushners Buch ist eine bahnbrechende Studie über die Nachkriegspolitik der Nationalisten. Daqing Yang, »Convergence or Divergence?«, in: *American Historical Review,* Bd. 104, Nr. 3 (Juni 1999), S. 844.

75 Zhu De und Peng Dehuai, »Dijun baoxing« [Die Grausamkeiten des Feindes], *Xinhua Ribao,* 14. März 1938, S. 2.

76 Peng Dehuai, *Memoirs of a Chinese Marshal,* übers. v. Zheng Longpu, Beijing 1981, S. 416–420.

77 Mitter, *Forgotten Ally,* S. 188f., 194f.

78 Taylor, *Generalissimo,* S. 241.

79 Bernstein, *China 1945,* S. 38.

80 Westad, *Decisive Encounters,* S. 8f.

81 Brinkley, *Publisher,* S. 293–300.

82 Auden und Isherwood, *Journey to a War,* S. 8.

83 Gellhorn, *Das Gesicht des Krieges,* S. 86.

84 Sun Yat-sen, *The Three Principles of the People, übers. v.* Frank W. Price, Taipei 1927, S. 58. Elizabeth J. Perry, »Chinese Conceptions of ›Rights‹: From Mencius to Mao – and Now«, in: *Perspectives on Politics,* Bd. 6, Nr. 1 (März 2008), S. 37–50.

85 Guoshiguan, Papiere des Justiz-Yuan, Rede von Mei Ruao »Zum Verständnis des Verfassungsentwurfs vom 5. Mai«, April 1944, 015–020100–0005–0001a bis 015–020100–0005–0018x.

86 Chiang, *China's Destiny, S.* 100, 209f.

87 Andrew J. Nathan, *Chinese Democracy,* New York 1985, S. 67, 110, 132.

88 Mei, »On the Eve of Constitutional Government in China«, in: *T'ien Hsia Monthly,* Bd. 2, Nr. 5 (Mai 1936), S. 443.

89 Guoshiguan, Papiere des Justiz-Yuan, Rede von Mei Ruao »Zum Verständnis des Verfassungsentwurfs vom 5. Mai«, April 1944, 015–020100–0005–0001a bis 015–020100–0005–0018x. Das Zitat ist die popularisierte Version einer Äußerung, die Robert Lowe 1867 in einer Debatte des britischen Parlaments über Erziehung machte (David William Sylvester, *Robert Lowe and Education* [Cambridge 2011], S. 118).

90 Westad, *Decisive Encounters, S.* 7, 28–32. Taylor, *Generalissimo, S.* 307f. *Chiang Kai-shek's Selected Speeches and Messages, 1937–1945,* Rede vom 3. September 1945, S. 271–279.

91 *Chiang Kai-shek's Selected Speeches and Messages, 1937–1945,* 7. Juli 1940, S. 127.

92 Ebenda, 1. Januar 1944, S. 235.

93 Guoshiguan, Papiere des Außenministeriums, Akte Kriegsverbrecher 1945/46, Richtlinien für Verhaftung und Verhör, undatiert, 020–010117–0041–0009x bis 020–010117–0041–0016x. Guoshiguan, Papiere des Außenministeriums, Akte Kriegsverbrecher 1945/46, Verhaltenskodex für das Verhör von Kriegsverbrechern, undatiert, 020–010117–0041–0024x bis 020–010117–0041–0026x. Guoshiguan, Papiere des Außenministeriums, Akte Kriegsverbrecher 1945/46, Kriegsverbrecher, undatiert, 020–010117–0041–0075x bis 020–010117–0041–0114x. Guoshiguan, Papiere des Außenministeriums, Akte Kriegsverbrecher 1945/46, detaillierte Vorschriften für das Verhör von Kriegsgefangenen, undatiert, 020–010117–0041–0199x bis 020–010117–0041–0200a.

94 Kushner, *Men to Devils, S.* 159–164.

95 Yang, »Convergence or Divergence?«, S. 844.

96 Guoshiguan, Papiere des Außenministeriums, Akte Kriegsverbrecher 1945/46, Kriegsverbrecher, undatiert, 020–010117–0041–0075x bis 020–010117–0041–0114x. Guoshiguan, Papiere des Außenministeriums, Akte Kriegsverbrecher 1945/46, Notiz des Kriegsrechtsbüros, 5. Juli 1946, 020–010117–0041–0171x. Guoshiguan, Papiere des Außenministeriums, Akte Kriegsverbrecher 1945/46, Revidierter Vorschlag für das Verhör von Kriegsverbrechern. undatiert, 020–010117–0041–0209x bis 020–010117–0041–0215a.

97 Kushner, *Men to Devils,* S. 8 f., 29 f. Kushner weist darauf hin, dass die Zahlen nicht immer die Gesamtzahl ergeben, sie sind Näherungswerte der Fälle an mehreren Orten.

98 Katie Stallard, *Dancing on Bones: History and Power in China, Russia and North Korea,* Oxford 2022, S. 25.

99 Kushner, *Men to Devils, S.* 95–99.

100 Zhu De, »Lun fangri youji zhanzheng« [Über die antijapanische Guerillakriegführung], *Zhu De xuanji, S.* 49 f.

101 Peng, *Memoirs of a Chinese Marshal, S.* 407 f.

102 Stuart R. Schram (Hg.), *Mao's Road to Power: Revolutionary Writings, 1912–1949,* Armonk, N.Y. 1992, Bd. 6, S. 369. Michael Walzer, *Gibt es den gerechten Krieg,* übers. v. Christiane Ferdinand, Stuttgart 1982, S. 323 f.

103 Zhu De und Peng Dehuai, »Di jiang fang dujun tusha wo minzhong« [Der Feind wird giftige Bakterien freisetzen, um unsere Zivilisten zu töten], *Xinhua Ribao,* 29. März 1938, S. 2. MMA, RG-9, box 159, War Crimes, Myers an War Department, 6. Mai 1947.

104 Mao Zedong, »Yi ziligengsheng weizhu tongshi bufangsong zhengqu waiyuan« [Verlassen wir uns primär auf unsere eigenen Anstrengungen, ohne allerdings die Werbung um Hilfe von außen zu vernachlässigen], *Mao Zedong waijiao wenxuan* [Ausgewählte Werke Mao Zedongs über Diplomatie], Beijing: 1994, S. 15.

105 Mao Zedong, »Lun lianhe zhengfu« [Über Koalitionsregierungen], 24. April 1945, *Mao Zedong xuanji* [Selected Works of Mao Zedong] Beijing 1991, S. 1029–1100. Peng, *Memoirs of a Chinese Marshal, S.* 422 f.

106 *Zhou Enlai nian pu, 1898–1949* [Die Chronik Zhou Enlais, 1898–1949], Beijing 1989, S. 578.

107 Roderick MacFarquhar, *The Origins of the Cultural Revolution: The Great Leap Forward, 1958–1960,* New York 1983, Bd. 2, S. 193–223. Roderick MacFarquhar, *The Origins of the Cultural Revolution: The Coming of the Cataclysm, 1961–1966,* Bd. 3, New York 1974, S. 5, 14ff., 148, 163f. Lu Yi, »Peng Dehuai tan qianxian qingkuang« [Peng Dehuai über die aktuelle Lage an der Front], *Xinhua Ribao,* 20. Januar 1938, S. 2. Wie im maoistischen Agitprop oft der Fall, ist nicht klar, ob der zitierte Satz von Peng Dehuai oder dem *Xinhua*-Journalisten stammt.

108 »Yancheng zhanzheng zuifan« [Die Kriegsverbrecher ernsthaft bestrafen], *Xinhua Ribao* 5. November 1943, S. 2.

109 »Dui dongfang de zhanzhengfan zenme ban« [Wie man im Osten mit Kriegsverbrechern umgehen sollte], *Xinhua Ribao,* 4. Juni 1945, S. 2.

110 Lin, »Riben de zhanzheng zuifan (1)« [Japans Kriegsverbrecher (1)], *Xinhua Ribao,* 14. August 1945, S. 3. Lin, »Riben de zhanzheng zuifan (2)« [Japans Kriegsverbrecher (2)], *Xinhua Ribao,* 16. August 1945, S. 3.

111 »Zhanling le Riben yihou« [Nach der Besetzung Japans], *Xinhua Ribao,* 1. September 1945, S. 2.

112 Lin, »Riben de zhanzheng zuifan (1)« [Japans Kriegsverbrecher (1)], *Xinhua Ribao,* 14. August 1945, S. 3. Siehe auch Mao Zedong, »Dui Nanjing maiguo zhengfu shifang Riben qinhua zhanfan Zhonggong zhongyang fabiao yanzheng shengming« [Offizielle Stellungnahme des Zentralkomitees der KPCh zur Freilassung japanischer Kriegsverbrecher durch die verräterische Regierung in Nanjing], *Renmin Ribao,* 6. Februar 1949, S. 1.

113 Tobias S. Harris, *The Iconoclast: Shinzo Abe and the New Japan,* London 2020, S. 11.

114 »Riben de caifa junxu zibenjia -- tamen doushi ying shou chengban de zhanzheng zuifan« [Japanische Zaibatsu und Rüstungskapitalisten – allesamt Kriegsverbrecher, die eine Bestrafung verdienen], *Xinhua Ribao,* 21. September 1945, S. 3.

115 »Zai lun guanzhi riben – Riben minzhuhua de tujing« [Sprecht wieder über die Kontrolle über Japan – der Weg zur Demokratisierung Japans], *Xinhua Ribao,* 21. September 1945, S. 2.

116 »Daibu zhanfan yu guanzhi Riben« [Die Verhaftung von Kriegsverbrechern und die Kontrolle über Japan], *Xinhua Ribao,* 15. September 1945, S. 2.

117 Guoshiguan, Papiere des Außenministeriums, IMTFE Prozesse 1945/46, Ministerium des militärischen Oberkommandos an Außenministerium, 3. November 1945, 020–010117–0029–0026x. Guoshiguan, Papiere des Außenministeriums, IMTFE Prozesse 1945/46, Ministerium des militärischen Oberkommandos an Außenministerium, 4. November 1945, 020–010117–0029–0027x bis 020–010117–0029–0028x. Guoshiguan, Papiere des Außenministeriums, IMTFE Prozesse 1945/46, Profil Lu, 1945, 020–010117–0029–0029a.

118 Guoshiguan, Papiere des Außenministeriums, Ministerium des militärischen Oberkommandos an Außenministerium, 12. Februar 1946, 020–010117–0029–0032x.

119 Guoshiguan, Papiere des Außenministeriums, Ministerium des militärischen Oberkommandos an Außenministerium, 15. Februar 1945, 020–010117–0029–0034x bis 020–010117–0029–0035x. Guoshiguan, Papiere des Außenministeriums, IMTFE Prozesse 1945/46, Außenministerium an Wei, 15. Februar 1945, 020–010117–0029–0036x. Guoshiguan, Papiere des Außenministeriums, IMTFE Prozesse 1945/46, Justizministerium an Außenministerium, 15. November 1945, 020–010117–0029–0045x bis 020–010117–0029–0046x.

120 Guoshiguan, Papiere des Außenministeriums, Memo Wei, 22. Dezember 1945, 020–010117–0029–0117a bis 020–010117–0029–0118a. »Hsiang Che-chun (LL. B. 1925)«, in: *GW Law International and Comparative Law Perspectives* (Herbst 2009), S. 6f. »Yale Forms Polity Federation«, *Harvard Crimson,* 14. Mai 1914. Guoshiguan, Papiere des Außenministeriums, IMTFE Prozesse 1945–46, Xiang an Wang und Xie, Dezember 1945 oder Januar 1946, 020–010117–0029–0121a. Guoshiguan, Papiere des Außenministeriums, IMTFE trials 1945–46, Wang an Wei, 3. Januar 1946, 020–010117–0029–0123x.

121 Guoshiguan, Papiere des Außenministeriums, IMTFE Prozesse 1945–46, Außenministerium an Ministerium des militärischen Oberkommandos, 15. Februar 1945, 020–010117–0029–0034x bis 020–010117–0029–0035x. Guoshiguan, Papiere des Außenministeriums, IMTFE Prozesse 1945/46, Außenministerium an Wei, 15. Februar 1945, 020–010117–0029–0036x. Guoshiguan, Papiere des Außenministeriums, IMTFE Prozesse 1945/46, Justizministerium an Außenministerium, 15. November 1945, 020–010117–0029–0045x bis 020–010117–0029–0046x.

122 Guoshiguan, Papiere des Außenministeriums, IMTFE Prozesse 1945–46, Luo an Wu, Januar 1946, 020–010117–0029–0134a. Guoshiguan, Papiere des Außenministeriums, IMTFE trials 1945–46, Lin Dingping an Außenministerium, undatiert, 020–010117–0029–0069a.

123 Guoshiguan, Papiere des Außenministeriums, IMTFE Prozesse 1945–46, Außenministerium an Chiang Kai-shek, 29. November 1945, 020–010117–0029–0072x bis 020–010117–0029–0073x; Außenministerium an Justizministerium und Ministerium des militärischen Oberkommandos, 18. Dezember 1945, 020–010117–0029–0088x bis 020–010117–0029–0089x; Chiang Kai-shek an Wang, 8. Dezember 1945, 020–010117–0029–0094a; Exekutiv-Yuan an Außenministerium, 1945, 020–010117–0029–0098x; Außenministerium an Wei, 8. Januar 1946, 020–010117–0029–0131x; Guoshiguan, Papiere des Außenministeriums, IMTFE Prozesse 1945/46, Luo an Wu, Januar 1946, 020–010117–0029–0134a.

124 Wolfgang Saxon, »V. K. Wellington Koo Dies«, *New York Times,* 16. November 1985. Guoshiguan, Papiere des Außenministeriums, IMTFE Prozesse 1945/46, Koo an Außenministerium, 19. November 1945, 020–010117–0029–0048 bis 020–010117–0029–0052a.

125 Guoshiguan, Papiere des Außenministeriums, IMTFE Prozesse 1945–46, Xiang an Wang und Xie, Dezember 1945 oder Januar 1946, 020–010117–0029–0121a. Papiere des Außenministeriums, IMTFE Prozesse 1945/46, Wang an Wei, 3. Januar 1946, 020–010117–0029–0123x. Guoshiguan, Pa-

piere des Außenministeriums, IMTFE Prozesse 1945/46, Chen an Vizeminister, 8. Februar 1946, 020–010117–0029–0143a.

126 Guoshiguan, Papiere des Außenministeriums, IMTFE Prozesse 1945–46, Gan an Mei, 29. Dezember 1945, 020–010117–0029–0116x.

127 Mei, *Dongjing da shenpan,* 3. Mai 1946, S. 130.

128 Guoshiguan, Papiere des Außenministeriums, IMTFE Prozesse 1945/46, Chen an Wang, 16. März 1946, 020–010117–0029–0252a bis 020–010117–0029–0253a; Außenministerium an Wei, 22. März 1946, 020–010117–0029–0254x; Wei an Außenministerium, 4. April 1946, 020–010117–0029–0256a.

129 Mei, *Dongjing da shenpan,* 3. Mai 1946, S. 130.

8. Der Gott, der versagte

1 Odd Arne Westad, *Der Kalte Krieg: eine Weltgeschichte,* Stuttgart 2019, S. 155.

2 Helen Hardacre, *Shinto: A History,* Oxford 2017, S. 449. Donald Keene, *Emperor of Japan: Meiji and His World, 1852–1912,* New York 2002, S. 138–143.

3 MMA, RG-5, box 2, folder 3, Imperial Rescript, 1. Januar 1946. Lindesay Parrott, »Hirohito Disclaims Divinity«, *New York Times,* 1. Januar 1946, S. 1, 15.

4 »Showa tenno no dokuhaku hachijikan« [Der achtstündige Monolog des Showa-Kaisers], in: *Bungei shunju,* Dezember 1990, S. 104. John W. Dower, *Embracing Defeat: Japan in the Wake of World War II,* New York 1999, S. 315f. Herbert P. Bix, »The Showa Emperor's ›Monologue‹ and the Problem of War Responsibility«, in: *Journal of Japanese Studies,* Bd. 18, Nr. 2, Sommer 1992, S. 320f.

5 Lindesay Parrott, »Japanese Stunned by Hirohito's Move to Abjure Divinity«, *New York Times,* 2. Januar 1946, S. 1, 3.

6 Helen Hardacre, *Shinto and the State, 1868–1988,* Princeton 1989, S. 23–26, 90ff.

7 BNA, FO 371/57430, Australian First List of Major Japanese War Criminals, Januar 1946. Herbert P. Bix, *Hirohito and the Making of Modern Japan,* New York 2000, S. 560. Edwin O. Reischauer, *My Life Between Japan and America,* New York 1986, S. 107.

8 Hal Brands, »The Emperor's New Clothes«, in: *The Historian,* Bd. 68, Nr. 1, 2006, S. 9–28.

9 Miyoshi Tatsuji, »Natsukashi Nihon, 4)« [Japan in Nostalgie, 4)], in: *Shincho,* Bd. 43, Nr. 6, Juni 1946, S. 50–56.

10 MMA, RG-9, box 160, War Department an MacArthur, 6. September 1945. »Removal and Exclusion of Undesirable Personnel for Public Office«, GHQ directive, 4. Januar 1946, Atcheson an Byrnes, 5. Januar 1946, *FRUS: The Far East,* Washington D.C. 1971, Bd. 8, S. 94f.

11 Beobachtungen Kennan, PPS/28/2, 25. März 1948, *The State Department Policy Planning Staff Papers 1948,* New York 1983, Bd. 2, S. 227f.

12 Shigeru Yoshida, *The Yoshida Memoirs: The Story of Japan in Crisis,* trans. Kenichi Yoshida, London 1961, S. 147–160 (deutsche Ausgabe: *Japan im Wiederaufstieg: die Yoshida-Memoiren,* übers. von Kurt Reis, Düsseldorf, Köln 1963).

13 Lindesay Parrott, »M'Arthur Guidance Nearly Complete«, *New York Times,* 22 Dezember 1945, S. 1.

14 MMA, RG-5, box 115, folder 15, IMTFE proclamation, 19. Januar 1946.
15 NARA, RG 84, Tokyo political adviser papers, box 2, Atcheson an Minter, 22. November 1945. NAI, EAD file no. 27-W/46, Pethick-Lawrence an Bajpai, 23. Januar 1946.
16 NAI, EAD file no. 27-W/46, Bajpai an Wavell, 6. Januar 1946. MMA, RG-9, box 159, War Crimes folder, Byrnes an Atcheson, 7. Januar 1946. MMA, RG-9, box 159, War Crimes folder, JAG an Keenan, 27. Januar 1946.
17 NARA, RG 84, Tokyo political adviser 1945, box 2, Robertson an Atcheson, 6. Dezember 1945. MMA, RG-9, box 159, War Crimes folder, Marshall an MacArthur, 24. November 1945.
18 Guoshiguan, Papiere des Außenministeriums, Maßnahmen gegen Kriegsverbrecher 1946–1948, »Bericht des Komitees für den Umgang mit Kriegsverbrechern über Maßnahmen in Bezug auf den Umgang mit Kriegsverbrechern«, 25. Oktober 1946, 020–010117–0039–0017a to 020–010117–0039–0028a.
19 BNA, FO 371/57430, Australian First List of Major Japanese War Criminals, Januar 1946. MMA, RG-9, box 159, War Crimes folder, Eisenhower an MacArthur, 22. Januar 1946. NARA, RG 84, Tokyo political adviser papers, box 10, Atcheson an MacArthur, 29. Dezember 1945.
20 BNA, FO 371/57430, Australian First List of Major Japanese War Criminals, Januar 1946.
21 NARA, RG 84, box 10, Atcheson an MacArthur, 29. Dezember 1945.
22 MMA, RG-9, box 159, War Crimes folder, MacArthur an Eisenhower, 24. Januar 1946.
23 MMA, RG-9, box 159, War Crimes folder, Eisenhower an MacArthur, 8. Februar 1946.
24 Brands, »The Emperor's New Clothes«, S. 1–8.
25 »Prince Suggested That Hirohito Quit«, *New York Times,* 4. März 1946, S. 6. Bix, *Hirohito, S.* 605.
26 »Hirohito Plans Two More Trips«, *New York Times,* 25. März 1946, S. 4.
27 »Showa tenno no dokuhaku hachijikan«, S. 98. Bix, *Hirohito, S.* 2, 589–592.
28 Mariko Terasaki Miller, »On the Discovery of This Record and Its Publication«, in: *Bungei Shunju,* Dezember 1990, S. 96f.
29 »Showa tenno no dokuhaku hachijikan«, S. 99f. Bix, *Hirohito, S.* 589–592.
30 Bix, *Hirohito,* S. 3.
31 MMA, RG-44a, box 4, folder 23, Terasaki »A« version, 1946.
32 »Showa tenno no dokuhaku hachijikan«, S. 124.
33 Siehe Chow Tse-tsung, *The May 4th Movement: Intellectual Revolution in Modern China,* Cambridge, Mass. 1960.
34 »Showa tenno no dokuhaku hachijikan«, S. 100f.
35 Ebenda, S. 104.
36 Ebenda, S. 105–10, 113–14. Charles D. Sheldon, »Japanese Aggression and the Emperor, 1931–1941, from Contemporary Diaries«, *Modern Asian Studies,* Bd. 10, Nr. 1, 1976, S. 27f.
37 »Showa tenno no dokuhaku hachijikan«, S. 110–114.
38 Ebenda, S. 114–119.
39 Ebenda.
40 Ebenda, S. 119–129.

41 Daikichi Irokawa, *The Age of Hirohito: In Search of Modern Japan,* trans. Mikiso Hane und John K. Urda, New York 1995.

42 »Showa tenno no dokuhaku hachijikan«, S. 129–138.

43 Ebenda, S. 138–145.

44 Michel Paradis, *Last Mission to Tokyo: The Extraordinary Story of the Doolittle Raiders and Their Final Fight for Justice,* New York 2020, S. 328.

45 Mei Ruao, *Dongjing da shenpan: Yuandong guoji junshi fating Zhongguo faguan Mei Ruao riji* [Der große Tokioter Prozess: Tagebuch von Mei Ruao, chinesischer Richter am Internationalen Militärgerichtshof für den Fernen Osten], Nanchang: Jiangxi Education Press, 2005, 8. April 1946, S. 74.

46 MMA, RG-9, box 159, War Crimes folder, Joint Chiefs an MacArthur, 25. April 1946. Siehe auch NARA, RG 218, Leahy papers, box 8, MacArthur correspondence file, Joint Chiefs an MacArthur, 23. April 1946.

9. Das Imperial Hotel

1 Mei Ruao, *Dongjing da shenpan: Yuandong guoji junshi fating Zhongguo faguan Mei Ruao riji* [Der große Tokioter Prozess: Tagebuch von Mei Ruao, chinesischer Richter am Internationalen Militärgerichtshof für den Fernen Osten], Nanchang 2005, 20. März 1946, S. 30f.

2 Ebenda, 20. bis 22. März 1946, S. 31–36. Siehe auch Sheldon Glueck, *War Criminals: Their Prosecution and Punishment,* New York 1944.

3 Mei, *Dongjing da shenpan,* 4. April 1946, S. 62.

4 Ebenda, 5. und 28. April 1946, S. 95, 118.

5 Ebenda, 11. April 1946, S. 81f.; 20. April 1946, S. 103.

6 Ebenda, 10. April 1946, S. 79.

7 Mei Ruao, »A Vote on the Right to Life«, März 1948, Mei Xiaoao und Mei Xiaokan (Hg.), *Mei Ruao Dongjing shenpan wengao* [Die Manuskripte von Mei Ruao über den Tokioter Prozess], Shanghai 2013, S. 393–400. MMA, RG-9, box 159, War Crimes folder, Byrnes an Atcheson, 8. Januar 1946. AWM, Webb papers, 3DRL/2481, series 1, wallet 2, judges' biographies, 23. Oktober 1946. Siehe auch Neil Boister, »New Zealand's Approach to International Criminal Law from Versailles to Tokyo«, in: Kerstin von Lingen (Hg.), *Transcultural Justice at the Tokyo Tribunal: The Allied Struggle for Justice, 1946–48,* Leiden 2018, S. 182–201.

8 MMA, RG-9, box 159, War Crimes folder, Eisenhower an MacArthur, 11. Januar 1946. MMA, RG-9, box 159, War Crimes folder, Acheson an Atcheson, 11. Januar 1946.

9 AWM, Webb papers, 3DRL/2481, series 1, wallet 2, judges' biographies, 23. Oktober 1946. MMA, RG-9, box 159, War Crimes folder, War Department an Keenan, 18. Januar 1946.

10 AWM, Webb papers, 3DRL/2481, series 4, wallet 2, Webb an Mayer, 20. Oktober 1947. H. A. Weld, »Webb, Sir William Flood (1887–1972)«, in: John Ritchie und Diane Langmore (Hg.), *Australian Dictionary of Biography,* Melbourne 2002.

11 MMA, RG-5, box 60, Webb folder, MacArthur an Webb, 7. Juli 1943. MMA, RG-5, box 60, Webb an MacArthur, 7. September 1945.

12 MMA, RG-5, box 60, Webb folder, MacArthur an Webb, 5. März 1946. Siehe auch Adam Wakeling, *Stern Justice: The Forgotten Story of Australia, Japan, and the Pacific War Crimes Trials,* Sydney 2018, *S.* 97f.; und Narrelle Morris, »Sir William Webb and Beyond«, in: Kerstin von Lingen (Hg.), *Transcultural Justice at the Tokyo Tribunal,* S. 44–64.
13 NAI, EAD file no. 27-W/46, Pethick-Lawrence an Bajpai, 19. Januar 1946.
14 BNA, FO 371/69834, Gascoigne an Bevin, 1. Dezember 1948.
15 NAI, EAD file no. 27-W/46, Pethick-Lawrence an Bajpai, 19. Januar 1946. Siehe auch Arthur Comyns Carr u.a., *National Insurance,* London 1912.
16 B. V. A. Röling, Einleitung in: C. Hosoya et al. (Hg.), *The Tokyo War Crimes Tribunal: An International Symposium,* Tokyo 1986, S. 16. Zu Comyns Carr siehe Kerstin von Lingen, »Managing Justice«, in: von Lingen (Hg.), *Transcultural Justice at the Tokyo Tribunal,* S. 101–112.
17 Mei, *Dongjing da shenpan,* 12. Mai 1946, S. 153.
18 MMA, RG-9, box 159, War Crimes folder, Acheson an Atcheson, 24. Januar 1946. MMA, RG-9, box 159, War Crimes folder, Byrnes an MacArthur, 30. Januar 1946. B. V. A. Röling, *The Tokyo Trial and Beyond: Reflections of a Peacemonger,* Antonio Cassese (Hg.), Cambridge 1993, S. 19f. B. V. A. Röling, *International Law in an Expanded World,* Amsterdam 1960. Jan Klabbers, »Principled Pragmatist?«, in: Frédéric Mégret und Immi Tallgren (Hg.), *The Dawn of a Discipline: International Criminal Justice and Its Early Exponents,* Cambridge 2020, S. 205–229.
19 Mei, »Vote on the Right to Life«, S. 393–400.
20 NL-HaNA, 2.21.273, Akte 27, Röling an Hentig, 28. August 1947.
21 NL-HaNA, 2.21.273, Akte 27, Röling an Nisbet, 22. Juli 1946.
22 AWM, Webb papers, 3DRL/2481, series 1, wallet 2, judges' biographies, 23. Oktober 1946.
23 AWM, Webb papers, 3DRL/2481, series 4, wallet 4, Bernard an Webb, 23. August 1946. Mei, »Vote on the Right an Life«, S. 393–400.
24 MMA, RG-9, box 159, War Crimes folder, MacArthur an Eisenhower, 18. Januar 1946.
25 MMA, RG-9, box 159, War Crimes folder, Green to Keenan, 20. Januar 1946. See Yuki Takatori, »The Forgotten Judge at the Tokyo War Crimes Trial«, *Massachusetts Historical Review,* vol. 10 (2008), pp. 115–41. Truman press conferences, 6 and 2 September 1945, *Public Papers of the Presidents of the United States: Harry S. Truman, 1945* (Washington, D.C.: U.S. Government Printing Office, 1961), pp. 312, 315, 317. Telford Taylor, *Die Nürnberger Prozesse: Hintergründe, Analysen und Erkenntnisse aus heutiger Sicht,* übers. v. Michael Schmidt, München 1994, S. 122f.
26 MMA, RG-9, box 159, War Crimes folder, Keenan an Clark, 21. Januar 1946. MMA, RG-9, box 159, War Crimes folder, Keenan an Green, 21. Januar 1946.
27 MMA, RG-9, box 159, War Crimes folder, Eisenhower an MacArthur, 5. Februar 1946.
28 MMA, RG-5, box 60, Webb and Northcroft folders, Webb an MacArthur, 27. Februar 1946.
29 MMA, RG-5, box 2, folder 3, Webb an MacArthur, 5. März 1946.
30 MMA, RG-5, box 2, folder 3, Webb an MacArthur, 6. März 1946.

31 MMA, RG-5, box 2, folder 3, Webb an MacArthur, 8. März 1946.
32 Mei, *Dongjing da shenpan,* 11. April 1946, S. 81; 15. April 1946, S. 94.
33 Ebenda, 23. März 1946, S. 40.
34 Ebenda, 20. März 1946, S. 27–29.
35 Ebenda, 29. März 1946, S. 43–44.
36 Ebenda, 3. April 1946, S. 60.
37 Ebenda, 11. April 1946, S. 80.
38 Ebenda, 29. März 1946, S. 43–44; 8. April 1946, S. 74; 23. April 1946, S. 108.
39 AWM, Webb papers, 3DRL/2481, series 1, wallet 1, judges' conference, 3. Mai 1946.
40 Kennan an Byrnes, 22. Februar 1946, *FRUS 1946: Eastern Europe; The Soviet Union,* Washington, D.C. 1969, Bd. 6, S. 696–709.
41 Churchills Rede vom 5. März 1946, James James W. Muller (Hg.), *Churchill's »Iron Curtain« Speech Fifty Years Later,* Columbia 1999, S. 1–13. Westad, *Der Kalte Krieg,* 106f. John Lewis Gaddis, *The United States and the Origins of the Cold War, 1941–1947,* New York 1972, S. 306–309.
42 Westad, *Der Kalte Krieg,* S. 107f. Gaddis, *United States and the Origins of the Cold War,* S. 296–304.
43 Truman an Byrnes (nicht verschickt), 5. Januar 1946, *Off the Record: The Private Papers of Harry S. Truman,* Robert H. Ferrell (Hg.), New York 1980, S. 79f.
44 Pressekonferenz Truman, 20. Dezember 1945, *Public Papers,* S. 565. Douglas MacArthur, *Reminiscences,* New York: McGraw-Hill, 1964, S. 291ff. Mei, *Dongjing da shenpan,* 5–6. April 1946, S. 66, 68.
45 Kennan an Byrnes, 22. Februar 1946, *FRUS 1946,* Bd. 6, S. 696–709. Der maßgebliche Bericht über die Rolle der Sowjetunion in Nürnberg ist Francine Hirsch, *Soviet Judgment at Nuremberg: A New History of the International Military Tribunal After World War II,* Oxford 2020.
46 NARA, RG 84, Tokyo political adviser 1945, box 10, Byrnes an Keenan, 10. Februar 1946. NARA, RG 84, Tokyo political adviser 1945, box 10, Keenan an Byrnes, 11. Februar 1946. NARA, RG 84, Tokyo political adviser 1945, box 10, Bishop an Byrnes, 9. Februar 1946.
47 Mei, *Dongjing da shenpan,* 14. April 1946, S. 89. MMA, RG-5, box 1, folder 2, Soviet delegation, Dezember 1946.
48 Valentyna Polunina, »The Soviets at Tokyo«, in: von Lingen (Hg.), *Transcultural Justice at the Tokyo Tribunal,* S. 129.
49 Francine Hirsch, »The Soviets at Nuremberg«, in: *American Historical Review,* Bd. 113, Nr. 3 (Juni 2008), S. 710–713.
50 AWM, Webb papers, 3DRL/2481, series 1, wallet 3, Zaryanov biography, undatiert. Michael David-Fox, *Revolution of the Mind: Higher Learning Among the Bolsheviks, 1918–1929,* Ithaca, N.Y. 1997, S. 133–191.
51 AWM, Webb papers, 3DRL/2481, series 1, wallet 3, Zaryanov biography, undatiert. MMA, RG-9, box 159, War Crimes folder, Green an Keenan, 20. Januar 1946. RG-9, box 159, War Crimes folder, Byrnes an MacArthur, 30. Januar 1946. Siehe auch Judith N. Shklar, *Legalism: Law, Morals, and Political Trials,* Cambridge, Mass. 1986, S. 143–150; und Jan T. Gross, »A Note on the Nature of Soviet Totalitarianism«, in: *Soviet Studies,* Bd. 34, Nr. 3 (Juli 1982), S. 374ff.

52 David Remnick, *Lenin's Tomb: The Last Days of the Soviet Empire,* New York 1993, S. 506.
53 *Report of Robert H. Jackson, United States Representative to the International Conference on Military Trials, London, 1945,* Washington, D. C. 1949, S. v–vi, 303.
54 Mei, *Dongjing da shenpan,* 15. April 1946, S. 93.
55 »Prosecution on Task of Proving Charge«, *Nippon Times,* 25. Juni 1946, S. 2.
56 Mei, »Vote on the Right to Life«, S. 396f.
57 Mei, *Dongjing da shenpan,* 21. März 1946, S. 35.
58 Ebenda, 3. April 1946, S. 59.
59 Ebenda, 21. April 1946, S. 104.
60 Ebenda, 5. bis 6. und 22. April 1946, S. 66, 68, 107.
61 Ebenda, 4. April 1946, S. 62f.
62 Ebenda, 3. April 1946, S. 60; 1. April 1946, S. 55.
63 Ebenda, 14. April und 1. Mai 1946, S. 90, 125.
64 Ebenda, 22. März 1946, S. 36–37, 41.
65 Ebenda, 21. März 1946, S. 35.
66 Ebenda, 6. April 1946, S. 70.
67 Ebenda, 5. April 1946, S. 65.
68 Ebenda, 9. April 1946, S. 75.
69 Ebenda, 13. April 1946, S. 87.
70 Ebenda, 3. April 1946, S. 60f.
71 Ebenda, Mei, 29. März 1946, S. 42.
72 NL-HaNA, 2.21.27, Akte 27, Notiz Eichelberger, 12. März 1946.
73 Mei, *Dongjing da shenpan,* 30. März 1946, S. 47–51.
74 MMA, RG-5, box 60, Webb folder, charter amendments, MacArthur an Webb, 23. April 1946.
75 »Kiyose, Shiobara Set to Defend Gen. Tojo«, *Nippon Times,* 10. März 1946, S. 2. Takayanagi Kenzo, »International Military Tribunal«, *Nippon Times,* 30. bis 31. März 1946, S. 4; 1. April 1946, S. 4.
76 MMA, RG-5, box 43, Northcroft folder, MacArthur an Northcroft, 19. März 1946. UVA, Williams Papers, box 1, folder 1, Ohta an Dell, 15. März 1946. UVA, Williams Papers, box 1, folder 1, Northcroft an MacArthur, 15. März 1946. MMA, RG-9, box 159, War Crimes folder, MacArthur an JAG, 1. April 1946.
77 Kido Koichi, *Kido Koichi nikki: Tokyo saiban-ki* [Das Tagebuch von Kido Koichi: Die Periode des Tokioter Prozesses], Tokio 1980, S. 447.
78 Lindesay Parrott, »Shidehara Blocks War Guilt Board«, *New York Times,* 2. Dezember 1945.
79 NAI, EAD file no. 27-W/46, Fox an Bevin, 8. und 15. Februar 1946.
80 NARA, RG 218, box 8, Leahy files, Joint Chiefs an MacArthur, 18. Dezember 1945.
81 NAI, EAD file no. 27-W/46, Fox an Bevin, 8. Februar 1946.
82 AWM, Webb papers, 3DRL/2481, series 4, wallet 7, Yokota Kisaburo, »Illegal Warfare Presupposes Murder«, *Mainichi Shimbun,* 6. Juni 1946.
83 BNA, FO 371/54126, MacDermot an Bevin, »Report on Allied Occupation Problems and Policy in Japan«, 29. November 1945.

84 NAI, EAD file no. 27-W/46, Bevin an Fox, 15. Februar 1946.
85 NAI, EAD file no. 27-W/46, Sansom an Bevin, 23. Februar 1946.
86 NAI, EAD file no. 27-W/46, Bevin an Fox, 28. Februar 1946.
87 Mei, *Dongjing da shenpan,* 8. April 1946, S. 73.
88 NARA, RG 218, Leahy papers, box 8, MacArthur correspondence file, Bishop an Byrnes, 10. April 1946.
89 NARA, RG 218, Leahy papers, box 8, MacArthur correspondence file, Far Eastern Commission an MacArthur, 26. März 1946.
90 MMA, RG-9, box 160, W. O. folder, Harriman an Byrnes, 30. Oktober 1946 (in Byrnes an Atcheson, 2. November 1946). NARA, RG 218, Leahy papers, box 8, MacArthur correspondence file, Bishop an Byrnes, 10. April 1946.
91 Mei, *Dongjing da shenpan,* 8. Mai 1946, S. 146; 10. April 1946, S. 77.
92 Lindesay Parrott, »Moderates Ahead in Japan«, *New York Times,* 12. April 1946, S. 1, 15.
93 Ian Buruma, *Inventing Japan, 1853–1964,* New York: Modern Library, 2003, S. 139f.
94 MMA, RG-9, box 160, War Department folder, Baker an Parks, 23. April 1946.
95 MMA, RG-9, box 160, War Department folder, W. O. folder, Harriman an Byrnes, 30. Oktober 1946 (in Byrnes an Atcheson, 2. November 1946).
96 Westad, Der Kalte Krieg, S. 155f.
97 NARA, RG 218, Leahy papers, box 8, MacArthur correspondence file, Bishop an Byrnes, 10. April 1946. Zu den Beziehungen zwischen der Kommunistischen Partei Japans und der Sowjetunion siehe Tatiana Linkhoeva, *Revolution Goes East: Imperial Japan and Soviet Communism,* Ithaca, N. Y. 2020, S. 159–184; und David Wolff, »Japan and Stalin's Policy Toward Northeast Asia After World War II«, in: *Journal of Cold War Studies,* Bd. 15, Nr. 2 (Frühjahr 2013), S. 4–29.
98 MMA, RG-9, box 160, War Department folder, Baker an Parks, 23. April 1946.
99 Mei, *Dongjing da shenpan,* 5. April 1946, S. 65.
100 Ebenda, 11. April 1946, S. 80.
101 Ebenda, 14. April 1946, S. 89.
102 NL-HaNA, 2.21.27, Akte 27, Chamberlin an Röling, 8. März 1946.
103 Mei, *Dongjing da shenpan,* 12. April 1946, S. 83–86.
104 Ebenda, 12. April 1946, S. 83–86; 13. April 1946, S. 87.
105 Ebenda, 10. und 12. April 1946, S. 77, 83. NAI, EAD file no. 27-W/46, Fox an Bevin, 15. Februar 1946.
106 UVA, Tavenner papers, box 1, Horwitz memorandum, »Conferences Before the Emperor (Gozenkai)«, 7. März 1946. UVA, Morgan papers, box 1, IPS executive committee meeting, 18. März 1946.
107 Solis Horwitz, »The Tokyo Trial«, in: *International Conciliation,* Bd. 28, 1950, S. 495f.
108 Mark R. Peattie, *Ishiwara Kanji and Japan's Confrontation with the West,* Princeton 1975. Takehiko Yoshihashi, *Conspiracy at Mukden: The Rise of the Japanese Military,* New Haven 1963. Michael A. Barnhart, *Japan Prepares for Total War: The Search for Economic Security, 1919–1941,* Ithaca, N. Y. 1987. Nicho-

las D. Anderson, »Inadvertent Expansion in World Politics«, Ph.D. diss., Yale University, 2021.

109 Anklageschrift, 29. April 1945, Neil Boister und Robert Cryer (Hg.), *Documents on the Tokyo International Military Tribunal: Charter, Indictment and Judgments,* Oxford 2008, appendix A, section 6, S. 39. Herbert P. Bix, *Hirohito and the Making of Modern Japan,* New York 2000, S. 592ff.

110 UVA, Morgan papers, box 1, IPS executive committee meeting, 18. März 1946. MMA, RG-9, box 159, War Crimes, Marshall an MacArthur, 24. November 1945.

111 Richard Minear, *Victors' Justice: The Tokyo War Crimes Trial,* Princeton 1971, S. 104.

112 Einleitung B. V. A. Röling, in: C. Hosoya et al. (Hg.), *The Tokyo War Crimes Tribunal: An International Symposium,* Tokio 1986, S. 19. William J. Sebald, *With MacArthur in Japan: A Personal History of the Occupation,* New York 1965, S. 166. Arnold C. Brackman, *The Other Nuremberg: The Untold Story of the Tokyo War Crime Trials,* London 1989, S. 91.

113 Horwitz, »Tokyo Trial«, S. 496.

114 AWM, Webb papers, 3DRL/2481, series 4, wallet 20, Webb memo, 2. August 1946.

115 NAI, EAD file no. 27-W/46, Muir an Wavell, 27. Februar 1946.

116 BNA, FO 371/57424, Comyns Carr an War Crimes Section, 26. Februar 1946.

117 Mei, *Dongjing da shenpan,* 26. April 1946, S. 114.

118 »Keenan Submits 55-Count Document an Military Tribunal on Monday«, *Nippon Times,* 30. April 1946, S. 1–2. Mei, *Dongjing da shenpan,* 29. April 1946, S. 119f.

119 Anklageschrift, 29. April 1945, Boister und Cryer (Hg.), *Documents on the Tokyo International Military Tribunal,* S. 16f. AWM, Webb papers, 3DRL/2481, series 1, wallet 5, indictment, 29. April 1945.

120 David Cohen und Yuma Totani, *The Tokyo War Crimes Tribunal: Law, History, and Jurisprudence,* Cambridge 2018, S. 72–79, 92f.

121 Anklageschrift, 29. April 1945, Boister und Cryer (Hg.), *Documents on the Tokyo International Military Tribunal,* Anhang A, S. 18f., 34–46.

122 Zur US-amerikanischen Rolle bei den Haager Konferenzen von 1899 und 1907 siehe John Fabian Witt, *Lincoln's Code: The Laws of War in American History,* New York 2012, S. 348–362. Anklageschrift, 29. April 1945, Boister und Cryer (Hg.), *Documents on the Tokyo International Military Tribunal,* Anhang B, S. 46–55.

123 Siehe Philippe Sands, *Rückkehr nach Lemberg: Über die Ursprünge von Genozid und Verbrechen gegen die Menschlichkeit,* übers. v. Reinhild Böhnke, Frankfurt 2018; Geoffrey Robertson, *Crimes Against Humanity: The Struggle for Global Justice,* New York 2012; und M. Cherif Bassiouni, *Crimes Against Humanity: Historical Evolution and Contemporary Application,* Cambridge 2011.

124 Paul Whitcomb Williams, »Legitimate Targets in Aërial Bombardment«, in: *American Journal of International Law,* Bd. 23, Nr. 3 (1929) S. 570–581. Katherine E. McKinney, Scott D. Sagan und Allen S. Weiner, »Why the Atomic Bombing of Hiroshima Would Be Illegal Today«, in: *Bulletin of the Atomic*

Scientists, Bd. 76, Nr. 4 (2020), S. 157–165. Anklageschrift, 29. April 1945, Boister und Cryer (Hg.), *Documents on the Tokyo International Military Tribunal*, S. 16f.

125 *IMTFE Transcripts*, 14. Mai 1946, S. 259.

126 Anklageschrift, 29. April 1945, Boister und Cryer (Hg.), *Documents on the Tokyo International Military Tribunal*, S. 27–31. Ein Plädoyer für einen besseren Rechtsschutz von Soldaten im Krieg ist Gabriella Blum, »The Dispensable Lives of Soldiers«, in: *Journal of Legal Analysis*, Bd. 2, Nr. 1 (Frühjahr 2010), S. 115–170.

127 Yuma Totani, *The Tokyo War Crimes Trial: The Pursuit of Justice in the Wake of World War II*, Cambridge, Mass. 2008, S. 13.

128 Yoshimi Yoshiaki, *Comfort Women: Sexual Slavery in the Japanese Military During World War II*, übers. v. Suzanne O'Brien, New York 2000.

129 Jeanne Guillemin, *Hidden Atrocities: Japanese Germ Warfare and American Obstruction of Justice at the Tokyo Trial*, New York 2017.

130 AWM, Webb papers, 3DRL/2481, series 4, wallet 7, »Comments on the Indictment by Individual Japanese«, *Jiji Shimpo*, 30. April 1946.

131 AWM, Webb papers, 3DRL/2481, series 4, wallet 7, »We Learn from the Indictment«, *Yomiuri-Hochi*, 30. April 1946.

132 AWM, Webb papers, 3DRL/2481, series 4, wallet 7, *Yomiuri-Hochi*, 30. April 1946.

133 AWM, Webb papers, 3DRL/2481, series 4, wallet 7, »Comments on the Indictment by Individual Japanese«, *Jiji Shimpo*, 30. April 1946.

134 »The Japanese Criminals«, *New York Times*, 30. April 1946, S. 20.

135 Mei, *Dongjing da shenpan*, 2. Mai 1946, S. 126ff.

10. Die Anatomie des Tokioter Prozesses

1 Mei Ruao, *Dongjing da shenpan: Yuandong guoji junshi fating Zhongguo faguan Mei Ruao riji* [Der Große Tokioter Prozess: Tagebuch von Mei Ruao, dem chinesischen Richter beim Internationalen Militärtribunal für den Fernen Osten], Nanchang 2005, 3. Mai 1946, S. 133.

2 »Setting for Coming Big Trials is Completed«, in: *Nippon Times*, 23. März 1946, S. 3.

3 Besuch des Autors in Ichigaya im August 2015.

4 Mei, *Dongjing da shenpan*, 23. März 1946, S. 39.

5 *IMTFE Transcripts*, 8. August 1946, S. 3471.

6 »Setting for Coming Big Trials Is Completed«, in: *Nippon Times*, 23. März 1946, S. 3.

7 »Tribunal Members Not Yet in Tokyo Delay Trial Plan«, in: *Nippon Times*, 17. März 1946, S. 1f.

8 »Setting for Coming Big Trials Is Completed«, in: *Nippon Times*, 23. März 1946, S. 3.

9 Mei, *Dongjing da shenpan*, April 1946, S. 100.

10 »War Crimes«, in: *Time*, 20. Mai 1946, S. 26.

11 Arnold C. Brackman, *The Other Nuremberg: The Untold Story the Tokyo War Crime Trials*, London 1989, S. 98.

12 AWM, Webb papers, 3DRL/2481, series 4, wallet 7, »Momentary Tension of the Accused Toward the American Defense Counsels«, in: *Tokyo Shimbun,* 15. Mai 1946.
13 William J. Sebald, *With MacArthur in Japan: A Personal History of the Occupation,* New York 1965, S. 153.
14 Brackman, *Other Nuremberg,* S. 101.
15 Lindesay Parrott, »Tojo Faces Court as a War Criminal«, in: *New York Times,* 3. Mai 1946, S. 1, S. 10.
16 Terminologie »court marshal« nach Internationaler Militärgerichtshof (IMG) Nürnberg, *Der Prozess gegen die Hauptkriegsverbrecher vor dem Internationalen Militärgerichtshof,* Nürnberg 1947, Bd. 1, S. 1 (Liste: Beamte des Generalsekretariats).
17 Mei, *Dongjing da shenpan,* 17. April 1946, S. 99.
18 Mei Ruao, »A Vote on the Right to Life«, März 1948, Mei Xiaoao und Mei Xiaokan (Hg.), *Mei Ruao Dongjing shenpan wengao* [Die Tokioter Prozessmanuskripte von Mei Ruao], Shanghai 2013, S. 393–400. Vgl. He Qinhua, »The Legal Bases and Present Significance of the Tokyo Trial«, in: Cheng Zhaoqi et al., *The Tokyo Trial: Recollections and Perspectives from China,* Cambridge 2016, S. 228–230.
19 Mei, *Dongjing da shenpan,* 29. April 1946, S. 120.
20 AWM, Webb papers, 3DRL/2481, series 4, wallet 20, Webb an die Richter, 1. Mai 1946.
21 AWM, Webb papers, 3DRL/2481, series 4, wallet 7, »President Webb Read a Statement in a Gentle Tone«, in: *Asahi Shimbun,* 4. Mai 1946.
22 »Men Visiting War Trials in Tokyo Feel Accused Guilty, Women Not So Interested«, in: *Nippon Times,* 25. Juni 1946, S. 2. Dieser Artikel ist von einem anstrengenden Sexismus geprägt.
23 AWM, Webb papers, 3DRL/2481, series 4, wallet 11, trial procedure, 2. Mai 1946.
24 *IMTFE Transcripts,* 3. Mai 1946, S. 21–23. AWM, Webb papers, 3DRL/2481, series 4, wallet 11, Webb draft speech, 2. Mai 1946.
25 Mei, *Dongjing da shenpan,* 3. Mai 1946, S. 130–134.
26 NL-HaNA, 2.21.273, folder 27, Röling an Nisbet, 6. Mai 1946.
27 AWM, Webb papers, 3DRL/2481, series 4, wallet 7, »President Webb Read a Statement in a Gentle Tone«, in: *Asahi Shimbun,* 4. Mai 1946.
28 Lindesay Parrot, »Tokyo Defendant Removed at Trial«, in: *New York Times,* 4. Mai 1946, S. 9.
29 »Tokyo Trial in Recess«, in: *New York Times,* 5. Mai 1946, S. 27.
30 »War Crimes«, in: *Time,* 20. Mai 1946, S. 26.
31 Mei, *Dongjing da shenpan,* 3. Mai 1946, S. 130–134.
32 Mei, *Dongjing da shenpan,* 4. Mai 1946, S. 136f.
33 AWM, Webb papers, 3DRL/2481, series 4, wallet 7, Ryusahuro Shikiba, »Psychology of War Criminals«, in: *Asahi Shimbun,* 20. Mai 1946.
34 *IMTFE Transcripts,* 6. Mai 1946, S. 100–104. Mei, *Dongjing da shenpan,* 6. Mai 1946, S. 142f.
35 »Tojo's Wife, Harried by War Guilt Stigma, Retires in Shame to Simple Country Life«, in: *Nippon Times,* 6. April 1946, S. 3.

36 Mei, *Dongjing da shenpan,* 7. Mai 1946, S. 145.
37 AWM, Webb papers, 3DRL/2481, series 4, wallet 7, »Legal Significance of the International Tribunal«, in: *Jiji Shimpo,* 6. Mai 1946.
38 AWM, Webb papers, 3DRL/2481, series 4, wallet 7, Ryusahuro Shikiba, »Psychology of War Criminals«, in: *Asahi Shimbun,* 20. Mai 1946.
39 AWM, Webb papers, 3DRL/2481, series 1, wallet 3, Biografien der japanischen Verteidiger, undatiert. Mei, *Dongjing da shenpan,* 6. Mai 1946, S. 141.
40 *IMTFE Transcripts,* 4. Mai 1946, S. 74.
41 AWM, Webb papers, 3DRL/2481, series 1, wallet 2, Coleman an MacArthur, 8. Mai 1946.
42 MMA, RG-5, box 1, folder 2, Coleman an MacArthur, 31. Mai 1946. MMA, RG-5, box 1, folder 2, Levin et al. an MacArthur, 31. Mai 1946. MMA, RG-5, box 1, folder 2, MacArthur an Coleman, 2. Juni 1946. Mei Mei, *Dongjing da shenpan,* 9.–10. Mai 1946, S. 148–151.
43 MMA, RG-9, box 159, War Crimes folder, Webb an MacArthur, 11. Juli 1946. MMA, RG-9, box 159, War Crimes folder, Notiz von Carpenter, 17. Juli 1946. MMA, RG-9, box 159, War Crimes folder, MacArthur an Webb, 19. Juli 1946. MMA, RG-9, box 159, War Crimes folder, Webb an MacArthur, 24. Juli 1946.
44 »Tojo Plans His Defense«, in: *New York Times,* 2. Mai 1946, S. 4.
45 »Tojo Reported Busy Writing His Own Arguments«, in: *Nippon Times,* 11. Juni 1946, S. 1.
46 *IMTFE Transcripts,* 6. Mai 1946, S. 93–97. AWM, Webb papers, 3/DRL2481, series 4, wallet 7, »Kiyose Challenges the President«, in: *Jiji Shimpo,* 7. Mai 1946.
47 Mei, *Dongjing da shenpan,* 6. Mai 1946, S. 141f.
48 AWM, Webb papers, 3/DRL2481, series 1, wallet 7, Jurisdiction opinion by members for Britain, Canada, and New Zealand, Mai 1946, S. 93–97. *IMTFE Transcripts,* 13. Mai 1946, S. 118–136. Parrott, »Tokyo Defendant Removed at Trial«.
49 Guoshiguan, Foreign Ministry files, IMTFE Major Cases (Part II), Mei an Webb, 8. Dezember 1946, 020–010117–0027–0104a bis 020–010117–0027–0115a.
50 Lindesay Parrott, »Allies to Defend Tokyo Trial Right«, in: *New York Times,* 8. Mai 1946, S. 12.
51 Mei, *Dongjing da shenpan,* 8. Mai 1946, S. 147.
52 AWM, Webb papers, 3/DRL2481, series 1, wallet 7, Jurisdiction opinion by members for Britain, Canada, and New Zealand, Mai 1946.
53 *IMTFE Transcripts,* 13. Mai 1946, S. 123.
54 AWM, Webb papers, 3/DRL2481, series 4, wallet 7, Kiyose Ichiro, »The Jurisdiction of the Tribunal«, in: *Jiji Shimpo,* 6. Juni 1946.
55 *IMTFE Transcripts,* 13.–14. Mai 1946, S. 118–136, S. 195–232, S. 198, S. 212, S. 281, S. 214f. AWM, Webb papers, 3/DRL2481, series 1, wallet 7, Jurisdiction opinion by members for Britain, Canada, and New Zealand, Mai 1946.
56 Brackman, *Other Nuremberg,* S. 110f.
57 AWM, Webb papers, 3/DRL2481, series 1, wallet 10, Röling an Webb, 23. Januar 1947.

58 AWM, Webb papers, 3/DRL2481, series 4, wallet 20, Webb second draft, 12. Juni 1946.
59 Brackman, *Other Nuremberg,* S. 108.
60 *IMTFE Transcripts,* 13. Mai 1946, S. 137f., S. 152–158.
61 Mei, *Dongjing da shenpan,* 13. Mai 1946, S. 155. Guoshiguan, Foreign Ministry files, IMTFE trials 1946–47, Zhu note, 22. Mai 1946, 020–010117–0030–0023x.
62 *IMTFE Transcripts,* 13. Mai 1946, S. 137–145. »Japanese Assails War Crimes Basis«, in: *New York Times,* 13. Mai 1946, S. 16.
63 *IMTFE Transcripts,* 13.–14. Mai 1946, S. 146–158, S. 236–238.
64 Ebenda, 14. Mai 1946, S. 205.
65 Mei, *Dongjing da shenpan,* 13. Mai 1946, S. 155f.
66 AWM, Webb papers, 3/DRL2481, series 4, wallet 20, Webb second draft, 12. Juni 1946.
67 AWM, Webb papers, 3/DRL2481, series 4, wallet 7, »Civilized Way of Trial«, in: *Yomiuri Shimbun,* 15. Mai 1946.
68 AWM, Webb papers, 3/DRL2481, series 4, wallet 7, »Advocate of Militarism«, in: *Yomiuri Shimbun,* 27. Mai 1946.
69 AWM, Webb papers, 3/DRL2481, series 4, wallet 4, Bernard an die Richter, 16. Mai 1946.
70 AWM, Webb papers, 3/DRL2481, series 4, wallet 6, judges' meeting, 16. Mai 1946.
71 *IMTFE Transcripts,* 17. Mai 1946, S. 318f. Guoshiguan, Foreign Ministry files, IMTFE Major Cases (Part II), Mei an Webb, 8. Dezember 1946, 020–010117–0027–0115a.
72 Yoshiro Matsui, »The Social Science of International Law«, in: *Japanese Annual of International Law* 45 (2002), S. 3–6, S. 21.
73 AWM, Webb papers, 3/DRL2481, series 4, wallet 7, Yokota Kisaburo, »Illegal Warfare Presupposes Murder«, in: *Mainichi Shimbun,* 6. Juni 1946. Vgl. Yokota Kisaburo, *Kokusaiho* [Internationales Recht], Tokio 1941, 2 Bde.; *Kokusai saiban no honshitu* [Der Kern internationaler Prozesse], Tokio 1941; und »Political Questions and Judicial Review«, in: Dan Fenno Henderson (Hg.), *The Constitution of Japan: Its First Twenty Years, 1947–1967,* Seattle 1968, S. 141–166.
74 Yokota Kisaburo, *Senso hanzai ron* [Über Kriegsverbrechen], Tokio 1947. Urs Matthias Zachman, »Yokoto Kisaburo«, in: Frédéric Mégret/Immi Tallgren (Hg.), *The Dawn of a Discipline: International Criminal Justice and Its Early Exponents,* Cambridge 2020, S. 335–337.
75 AWM, Webb papers, 3DRL/2481, series 1, wallet 6, judges' meeting, 15. Mai 1946.
76 »War Trials in Tokyo Will Open on June 3«, in: *New York Times,* 7. Mai 1946, S. 3.
77 MMA, RG-9, box 159, War Crimes folder, Clark an MacArthur, 25. Juni 1946. MMA, RG-9, box 159, War Crimes folder, MacArthur an Clark, 30. Juni 1946. MMA, RG-9, box 159, War Crimes folder, Higgins an MacArthur, 21. Juni 1946.
78 MMA, RG-9, box 160, War Crimes folder, MacArthur an Eisenhower und Clark, 21. Juni 1946.

79 AWM, Webb papers, 3DRL/2481, series 1, wallet 3, Biografie Cramer.
80 Cramer an McCloy, 22. November 1944, vgl. Bradley F. Smith, *The American Road to Nuremberg: The Documentary Record, 1944–1946,* Stanford, Calif. 1982, S. 58–61.
81 MMA, RG-9, box 159, War Crimes folder, MacArthur an das State Department, 6. Juli 1946.
82 Mei, »Vote on the Right to Life«, S. 393–400.
83 Bradley F. Smith, *The Road to Nuremberg,* New York 1981, S. 103–105.
84 MMA, RG-9, box 159, War Crimes folder, State Department an Cramer, 2. September 1946.
85 *IMTFE Transcripts,* 22. Juli 1946, S. 2342–2361.
86 AWM, Webb papers, 3DRL/2481, series 4, wallet 7, »Examination of Mental Condition of Shumei Okawa«, in: *Yomiuri Shimbun,* 8. Mai 1946.
87 »Okawa Ordered Hospitalized«, in: *Nippon Times,* 11. Juni 1946, S. 1.
88 Frank Emery, »Insane Dr. Okawa Says He Waited 9 Years to Slap Tojo's Bald Head«, in: *Nippon Times,* 27. Juni 1946, S. 3.
89 »Physicians Doubtful Hospitalized Okawa Will Be Able to Attend War Trials Again«, in: *Nippon Times,* 1. Juli 1946, S. 2. *IMTFE Transcripts,* 9. April 1947, S. 19637f.
90 »Yosuke Matsuoka Dies in Tokyo at 66«, in: *New York Times,* 27. Juni 1946, S. 21. Vgl. hierzu Ian Buruma, *Inventing Japan, 1853–1964,* New York 2003, S. 87f.
91 »Keenan Fires Opening Broadside in Fight to Convict War Leaders«, in: *Nippon Times,* 5. Juni 1946, S. 1.
92 Inserat, in: *Nippon Times,* 22. Juni 1946, S. 2.
93 AWM, Webb papers, 3DRL/2481, series 4, wallet 7, »Cruelties Committed by the Japanese«, in: *Jiji Shimpo,* 5. Juni 1946.
94 *IMTFE Transcripts,* 4. Juni 1946, S. 383–455.
95 AWM, Webb papers, 3DRL/2481, series 4, wallet 7, »Cruelties Committed by the Japanese«, in: *Jiji Shimpo,* 5. Juni 1946.
96 AWM, Webb papers, 3DRL/2481, series 4, wallet 7, »Earphone Swiftly Delivers the Translations of Keenan's Address«, in: *Yomiuri Shimbun,* 5. Juni 1946.
97 AWM, Webb papers, 3DRL/2481, series 4, wallet 7, »Field of ›Battle of Civilization‹«, in: *Asahi Shimbun,* 5. Juni 1946.
98 AWM, Webb papers, 3DRL/2481, series 4, wallet 7, »Earphone Swiftly Delivers the Translations of Keenan's Address«, in: *Yomiuri Shimbun,* 5. Juni 1946.
99 Jiji, »State and Individual Responsibility«, in: *Nippon Times,* 9. Juni 1946, S. 4.
100 John W. Dower, *War Without Mercy: Race and Power in the Pacific War,* New York 1986, S. 33–39, S. 41–45.
101 AWM, Webb papers, 3DRL/2481, series 4, wallet 7, »Cruelties Committed by the Japanese«, in: *Jiji Shimpo,* 5. Juni 1946.
102 »Men Visiting War Trials in Tokyo Feel Accused Guilty, Women Not So Interested.«
103 »Tribunal's Probe Into Wartime Education Hailed by Imperial University Students«, in: *Nippon Times,* 2. Juli 1946, S. 2.
104 »No Hirohito Trial, Says Keenan«, in: *New York Times,* 18. Juni 1946, S. 1, S. 13. »Keenan Opposes Trial of Emperor«, in: *Nippon Times,* 19. Juni 1946, S. 1f.

105 John W. Dower, *Embracing Defeat: Japan in the Wake of World War II,* New York 1999, S. 467.
106 Guoshiguan, Foreign Ministry files, IMTFE trials 1946–1947, Xiang an Wang, 21. Juni 1946, 020–010117–0030–0115a.
107 MMA, RG-5, box 60, Webb folder, Webb an Chifley, 1947.
108 »FEC Also Opposed«, in: *Nippon Times,* 19. Juni 1946, S. 2.
109 Mei, *Dongjing da shenpan,* 7. Mai 1946, S. 145.
110 James Brooke, »A Japanese Witness to History Adroitly Survived It«, in: *New York Times,* 8. November 2003, S. A4. »Sumako Kase, the Wife of Japanese Diplomat«, in: *New York Times,* 31. Oktober 1982, S. 44. MMA, RG-5, box 73, folder 2, Kase paper, 31. Mai 1946.
111 HSTL, PSF, box 159, *ONI Review,* Juni 1946, Sakomizu interrogation.
112 Koichi Kido, *The Diary of Marquis Kido, 1931–45,* Frederick, Md. 1984, 10. November 1945, S. 463. Vgl. hierzu Strobe Talbott, *The Master of the Game, Paul Nitze and the Nuclear Race,* New York 1988; Fred Kaplan, *The Wizards of Armageddon,* New York 1983, S. 136–141; und Nicholas Thompson, *The Hawk and the Dove: Paul Nitze, George Kennan, and the History of the Cold War,* New York 2009, S. 45.
113 MMA, RG-9, box 159, War Crimes folder, Eisenhower an MacArthur, 27. Dezember 1945. MMA, RG-9, box 159, War Crimes folder, MacArthur an Eisenhower, 27. Dezember 1945.
114 Herbert P. Bix, *Hirohito and the Making of Modern Japan,* New York 2000, S. 583f.
115 Talbott, *Master of the Game,* S. 37f. Thompson, *Hawk and the Dove,* S. 45–47. HSTL, PSF, box 197, United States Strategic Bombing Survey, »Japan's Struggle to End the War«, 1. Juli 1946. HSTL, PSF, box 174, Atomic Bomb, U. S. Strategic Bombing Survey report, »The Effects of the Atomic Bombings of Hiroshima and Nagasaki«, 19. Juni 1946.
116 Vgl. Herbert P. Bix, »The Showa Emperor's ›Monologue‹ and the Problem of War Responsibility«, in: *Journal of Japanese Studies* 18 (Sommer 1992) 2, S. 300–302.
117 James F. Byrnes, *In aller Offenheit,* übers. v. Michael Kogon und Clemens Münster, Frankfurt/ M. 1947, S. 272f.
118 NARA, RG 107, 390/8/32/06, Stimson »safe file«, box 8, van Slyck memorandum, August 1945.

11. »Asien den Asiaten«

1 AWM, Webb papers, 3DRL/2481, series 1, wallet 2, Richter-Biografien, 23. Oktober 1946.
2 Interviews mit Mitgliedern der Familie Pal in Kolkata und Uttar Pradesh. Satyabrata Pal, »My Grandfather and Japan«, *India & Japan,* Broschüre, im Besitz des Autors. Ashis Nandy, »The Other Within«, in: ders., *The Savage Freud and Other Essays on Possible and Retrievable Selves,* Princeton 1995, S. 66–70.
3 Thomas Babington Macaulay, »Warren Hastings«, in: *Edinburgh Review,* Nr. 74, Oktober 1841, S. 172f. Vgl. Andrew Sartori, *Bengal in Global Concept History: Culturalism in the Age of Capital,* Chicago 2008.

4 Tim Harper, *Underground Asia: Global Revolutionaries and the Assault on Empire,* London 2020, S. 98–102.

5 BL, IOR, Mss Eur, Phito 048/1, Tagebuch Casey, 19. Februar 1944.

6 »Paru hakase – Kyo no mondai« [Dr. Pal – die Frage von heute], in: *Asahi Shimbun,* 6. Oktober 1966, S. 1. Vgl. Higurashi Yoshinobu, *Tokyo saiban no kokusai kankei: Kokusai seiji ni okeru kenryoku to kihan* [Internationale Beziehungen des Tokioter Prozesses: Macht und Normen in der internationalen Politik], Tokio 2002, S. 443–454.

7 John Appleman, *Military Tribunals and International Crimes,* Indianapolis 1954. Elizabeth S. Kopelman, »Ideology and International Law«, in: *New York University Journal of International Law and Politics* 23 (Winter 1991) 2, S. 435, S. 439.

8 Radhabinod Pal, »The International Law in a Changing World«, in: *All India Reporter,* Bd. 48, Part 575 (November 1961), S. 98.

9 William Dalrymple, *The Last Mughal: The Fall of a Dynasty: Delhi, 1857,* London 2006. Kim A. Wagner, *Amritsar, 1919: An Empire of Fear and the Making of a Massacre,* New Haven 2018.

10 AWM, Webb Papers, 3DRL/2481, series 1, wallet 2, Richter-Biografien, 23. Oktober 1946.

11 Radhabinod Pal, *The History of Hindu Law in the Vedic Age and in Post-Vedic Times Down to the Institutes of Manu,* Kalkutta 1958, S. iii, S. 86–89. Vgl. Milinda Banerjee, »Sovereignty as a Motor of Global Conceptual Travel«, in: *Modern Intellectual History* 12 (2020) 2, S. 499–503.

12 Mithi Mukherjee behauptet, dass die britische Kolonialregierung mitunter durch einen supranationalen Glauben an das Naturrecht zurückgehalten wurde. Dieser wurde zur Kritik an willkürlichem Machtmissbrauch vonseiten des Empires genutzt *(India in the Shadows of Empire: A Legal and Political History, 1774–1950,* Oxford 2010). Eine scharfe Kritik des britischen liberalen Imperialismus findet sich bei Caroline Elkins, *Legacy of Violence: A History of the British Empire,* New York 2022.

13 Pal, *History of Hindu Law,* S. iii–vii, S. 259f., S. 330, S. 355. Ich bin Gyan Prakash für diesen Hinweis dankbar. Vgl. Nandy, »The Other Within«, S. 72–76; und Milinda Banerjee, »India's ›Subaltern Elites‹ and the Tokyo Trial«, in: Kerstin von Lingen (Hg.), *Transcultural Justice at the Tokyo Tribunal: The Allied Struggle for Justice, 1946–48,* Leiden 2018, S. 270–283.

14 AWM, Webb papers, 3DRL/2481, series 1, wallet 2, Richter-Biografien, 23. Oktober 1946.

15 Radhabinod Pal/Balai Lal Pal, *The Law of Income Tax in British India, Being Act XI of 1922 as Amended by Act VII of 1939, with Explanatory Notes and Commentaries,* Kalkutta 1940.

16 Pal, *History of Hindu Law,* S. 5f.

17 Christopher Bayly/Tim Harper, *Forgotten Armies: The Fall of British Asia, 1941–1945,* London 2004, S. 1–8, S. 313–316. Harper, *Underground Asia,* S. 33–44, S. 103. Ezra Vogel, *China and Japan: Facing History,* Cambridge, Mass. 2019.

18 Edwin O. Reischauer, *The Japanese,* Cambridge, Mass. 1978, S. 78–85. Ian Buruma, *Inventing Japan, 1853–1964,* New York 2003.

19 W. G. Beasley, *Japanese Imperialism, 1894–1945,* Oxford 1987, S. 42–54.
20 Nandy, »The Other Within«, S. 65.
21 Sunil Khilnani, *Incarnations: India in Fifty Lives,* New York 2016, S. 31.
22 Ramachandra Guha, *Gandhi Before India,* New York 2014, S. 281 f. Vgl. Karuna Mantena, »Another Realism«, in: *American Political Science Review* 106 (Mai 2012) 2, S. 455–470.
23 Amartya Sen, *The Argumentative Indian: Writings on Indian History, Culture and Identity,* New York 2005, S. 109 f.
24 Eri Hotta, »Rash Behari Bose«, in: Sven Saaler/Christopher W. A. Szpilman (Hg.), *Pan-Asianism: A Documentary History,* Lanham, Md. 2011, Bd. 1, S. 231–240. Er war nicht mit Subhas Chandra Bose verwandt. Lizzie Collingham, *Curry: A Tale of Cooks and Conquerors,* Oxford 2006, S. 252 f.
25 Eri Hotta, *Pan-Asianism and Japan's War, 1931–1945,* New York 2007, S. 32–37, S. 60–62. Edwin O. Reischauer, *Japan: Past and Present,* New York 1946, S. 167–169 (dt. Titel der erweiterten 2. Auflage: *Japan,* übers. v. Karl Krüger, Berlin 1953).
26 Torsten Weber, »The Greater Asia Association and Matsui Iwane, 1933«, in: Sven Saaler/Christopher W. A. Szpilman (Hg.), *Pan-Asianism: A Documentary History,* Lanham, Md. 2011, Bd. 2, S. 137–142.
27 Hallett Abend, *My Life in China, 1926–1941,* New York 1943, S. 278 f.
28 »The Reasons for the Founding of the Greater Asia Association«, 1. März 1933, in: Saaler/Szpilman (Hg.) *Pan-Asianism,* Bd. 2, S. 142–144.
29 Matsui, »Greater Asianism«, Mai 1933, in: Saaler/Szpilman (Hg.), *Pan-Asianism,* Bd. 2, S. 144–147.
30 Radioansprache von Konoe, 3. November 1938, in: Saaler/Szpilman (Hg.), *Pan-Asianism,* Bd. 2, S. 167–172.
31 Krishna Dutta/Andrew Robinson, *Rabindranath Tagore: The Myriad-Minded Man,* London 1995, S. 200, S. 203. Khilnani, *Incarnations,* S. 238.
32 Tagore an Noguchi, 1. September 1938, Krishna Dutta/Andrew Robinson (Hg.), *Rabindranath Tagore: An Anthology,* New York 1997, S. 191–195. Khilnani, *Incarnations,* S. 243.
33 Lee Kuan Yew, *The Singapore Story: Memoirs of Lee Kuan Yew,* Singapur 1998, S. 45–47. Vgl. Fredrik Logevall, *JFK: Coming of Age in the American Century, 1917–1956,* New York 2020, S. 315 f.
34 Lee, *Singapore Story,* S. 47–50.
35 Akira Iriye, *Power and Culture: The Japanese-American War, 1941–1945,* Cambridge, Mass. 1981, S. 64–74.
36 Kido Koichi, *The Diary of Marquis Kido, 1931–45,* Frederick, Md. 1984, 6. Mai 1942, S. 332.
37 Tsuji Masanobu, *Singapore: The Japanese Version,* übers. v. Margaret E. Lake, Sydney 1960, S. 270.
38 Tsuji, *Singapore,* S. xvii. Vgl. Jeremy A. Yellen, *The Greater East Asia Co-Prosperity Sphere: When Total Empire Met Total War,* Ithaca, NY 2019.
39 Ian Buruma/Avishai Margalit, *Okzidentalismus: Der Westen in den Augen seiner Feinde,* übers. v. Andreas Wirthensohn, München 2005, S. 9–15, S. 144 f.
40 John W. Dower, *War Without Mercy: Race and Power in the Pacific War,* New York 1986, S. 6.

41 Josef Silverstein (Hg.), *The Political Legacy of Aung San,* Ithaca, NY 1993, S. 19–22.
42 Yellen, *Greater East Asia Co-Prosperity Sphere,* S. 105–112, S. 116–124.
43 Sarah Kovner, *Prisoners of the Empire: Inside Japanese POW Camps,* Cambridge, Mass. 2020, S. 87–90.
44 Fredrik Logevall, *Embers of War: The Fall of an Empire and the Making of America's Vietnam,* New York 2012, S. 37.
45 Rana Mitter, *Forgotten Ally: China's World War II, 1937–1945,* Boston 2013, S. 38–40, S. 218–222. Zur chinesischen Kollaboration vgl. Rana Mitter, *The Manchurian Myth: Nationalism, Resistance, and Collaboration in Modern China,* Berkeley 2000; und David Barrett/Larry Shyu (Hg.), *Chinese Collaboration with Japan, 1932–1945: The Limits of Accommodation,* Stanford, Calif. 2001.
46 Barak Kushner, *The Thought War: Japanese Imperial Propaganda,* Honolulu 2006.
47 MMA, RG-44, box 2, folder 6, PWB File no. 3, »Under the Heel of Japan«, 1942.
48 George Orwell, *Von Pearl Harbor bis Stalingrad: Die Kommentare zum Krieg,* W. J. West (Hg.), übers. v. Nikolaus Stingl, Leipzig 2007 [zuerst: 1993], 25. Juli 1942, S. 147. [Engl. Originalausgabe: W. J. West (Hg.), *Orwell: The War Commentaries,* London 1985, S. 121.]
49 Bayly/Harper, *Forgotten Armies,* S. 72–85.
50 Sugata Bose, *His Majesty's Opponent: Subhas Chandra Bose and India's Struggle Against Empire,* Cambridge, Mass. 2011, S. 222.
51 Hotta, *Pan-Asianism and Japan's War,* S. 213 f., S. 226–237.
52 Dower, *War Without Mercy,* S. 8.
53 »Read This Alone – And the War Can Be Won«, 1941, in: Tsuji, *Singapore,* S. 300–311.
54 *Kido Diary,* 29. Mai 1943, S. 360 f.
55 *IMTFE Transcripts,* 5. Dezember 1946, Hashimoto, »The Greater East Asia Sphere Under Imperial Influence«, 5. Januar 1942, S. 12 022.
56 Teresa Watanabe, »Hirohito's Brother Assailed Japan's WWII ›Aggression‹«, in: *Los Angeles Times,* 7. Juli 1994.
57 *IMTFE Transcripts,* 26. September 1946, Unterredung Hitlers mit Matsuoka vom 27. März 1941, S. 6485–6498. Hier zitiert nach: Andreas Hillgruber (Hg.), *Staatsmänner und Diplomaten bei Hitler: Vertrauliche Aufzeichnungen über die Unterredungen mit Vertretern des Auslandes 1939–1941,* München 1969, »Japanischer Außenminister Matsuoka, 27. 3. 1941«, S. 239–252 (Zitat: S. 246).
58 *IMTFE Transcripts,* 25. September 1946, Matsuoka an Ott, 27. September 1940, S. 6402.
59 Mark Mazower, *Hitlers Imperium: Europa unter der Herrschaft des Nationalsozialismus,* übers. v. Martin Richter, München 2009, S. 104–112.
60 Kido Diary, 15. Februar 1942, S. 352.
61 Geoffrey B. Robinson, *The Killing Season: A History of the Indonesian Massacres, 1965–66,* Princeton 2018, S. 31 f.
62 Adrian Vickers, *A History of Modern Indonesia,* Cambridge 2005, S. 88–95.

63 Lee, *Singapore Story,* S. 49f., S. 53, S. 57–59.
64 Sukarno, *Sukarno: An Autobiography: As Told to Cindy Adams,* Indianapolis 1965, S. 168f., S. 173f.
65 Ba Maw, *Breakthrough in Burma: Memoirs of a Revolution,* New Haven 1968, S. 175–186.
66 Dower, *War Without Mercy,* S. 7.
67 *President Chiang Kai-shek's Selected Speeches and Messages, 1937–1945,* Taipeh 1945, Ansprache vom 1. Januar 1944, S. 236.
68 Mary Ann Glendon, *A World Made New: Eleanor Roosevelt and the Universal Declaration of Human Rights,* New York 2001, S. 10f. Elizabeth Borgwardt, *A New Deal for the World: America's Vision for Human Rights,* Cambridge, Mass. 2005, S. 14–45, S. 303f. Zur Atlantik-Charta vgl. Winston S. Churchill, *Der Zweite Weltkrieg,* Frankfurt/ M. 2003, S. 547f.
69 Cordell Hull, *The Memoirs of Cordell Hull,* New York 1948, Bd. 2, S. 1595–1598. Logevall, *Embers of War,* S. 48–51.
70 Logevall, *JFK,* S. 360.
71 FDR Presidential Library and Museum, FDR-Pressekonferenz Nr. 992, 23. Februar 1945, abrufbar unter www.fdrlibrary.marist.edu/_resources/images/pc/pc0169.pdf (letzter Zugriff: 30. 10. 2024) (dort: S. 15 von Nr. 992, S. 071 im gesamten Typoskript).
72 Elliott Roosevelt, *Wie er es sah,* übers. v. Margarita S. de Planelles, Zürich 1947, S. 149.
73 BL, IOR, L/P&J/5/149, Herbert an Linlithgow, 21. Mai 1942. BL, IOR, L/P&J/5/150, Bengal political report, Dezember 1943.
74 BL, IOR, L/P&J/5/149, Bengal political reports, Januar, Februar und April 1942.
75 BL, IOR, L/P&J/5/149, Bengal political reports, Februar und März 1942. BL, IOR, L/P&J/5/149, Bengal press adviser's report, Januar 1942.
76 BL, IOR, L/P&J/5/149, Bengal provincial press reports, Januar und November 1942. Vgl. BL, IOR, Mss Eur, Photo 048/3, Tagebuch Casey, 9. November 1944.
77 BL, IOR, L/P&J/5/149, Herbert an Linlithgow, 22. März 1942. Vgl. David Armitage, *The Ideological Origins of the British Empire,* Cambridge 2000, S. 11–13, S. 125–145.
78 BL, IOR, L/P&J/5/149, Bengal provincial press report, Januar 1942.
79 Srinath Raghavan, *India's War: World War II and the Making of Modern South Asia,* New York 2016, S. 7–12, 270.
80 S. Mitra (Hg.), *Indian Law Reports: Calcutta Series, 1941,* Alipore 1941, Bd. 1, S. 3.
81 S. Mitra (Hg.), *Indian Law Reports: Calcutta Series, 1942,* Alipore 1942, Bd. 1, *Budh Karan Chaukhani v. Thakur Prasad Shah,* S. 30–48. S. Mitra (Hg.), *Indian Law Report: Calcutta Series 1943,* Alipore 1943, Bd. 1, *Syed Shah Majubal Islam v. Commissioner of Wakfs,* S. 457–468. S. Mitra (Hg.), *Indian Law Reports: Calcutta Series, 1942,* Bd. 1, *Naresh Chandra Das v. Emperor,* S. 436–480.
82 S. Mitra (Hg.), *Indian Law Reports: Calcutta Series, 1941,* Bd. 1, *Tarit Bhusan Ray v. Sree Sree Iswar Sridhar Salgram Sila Thakur,* S. 477–479, 495–533.

83 BL, IOR, L/P&J/5/151, Total Deaths in Bengal, September 1944.
84 Das demokratische Indien hat seit Beginn der Unabhängigkeit keine größeren Hungersnöte mehr erlebt, wie die Wirtschaftswissenschaftler Jean Drèze und Amartya Sen gezeigt haben; vgl. dies., *Hunger and Public Action*, Oxford 1989, S. 122–133, 211–215.
85 BL, IOR, L/P&J/5/150, Bengal political report, Dezember 1943.
86 Amartya Sen, *Poverty and Famines: An Essay on Entitlement and Deprivation*, Oxford 1981, S. 52–85. Raghavan, *India's War*, S. 349–351. Yasmin Khan, *The Raj at War: A People's History of World War II*, London 2015, S. 202–216. Madhusree Mukerjee, *Churchill's Secret War: The British Empire and the Ravaging of India During World War II*, New York 2010, S. 137–150, 191–212.
87 S. Mitra (Hg.), *Indian Law Reports: Calcutta Series, 1943*, Bd. 2, *Ram Tarak Singha v. Salgram Singha*, S. 192–203.
88 Bose, *His Majesty's Opponent*, S. 11, 326f. »Netaji Bose Played Major Role in Freeing India from Colonialism«, Press Trust of India, 23. Januar 2017.
89 »Netaji Is a Much Respected Name in Our Country, Says Premier Shinzo Abe«, in: *The Hindu*, 24. August 2007.
90 Bose address, November 1944, in: Subhas Chandra Bose, *Chalo Delhi: Writings and Speeches, 1943–1945*, hg. von Sisir K. Bose und Sugata Bose, Kolkata 2007, Bd. 12, S. 285–301.
91 Raghavan, *India's War*, S. 278–280.
92 BL, IOR, L/P&J/5/149, Bengal political report, Juli 1942. Bose broadcast, 1. Mai 1942, Subhas Chandra Bose, *Azad Hind: Writings and Speeches, 1943–1945*, hg. von Sisir K. Bose und Sugata Bose, Kolkata 2002, Bd. 11, S. 98f. Bose ans Dritte Reich, 9. April und 3. Mai 1941, in: Bose, *Azad Hind*, Bd. 11, S. 38–49, 50–52. Bose an Ribbentrop, *Azad Hind*, Bd. 11, S. 63f.
93 BL, IOR, L/P&J/5/149, Bengal political report, April 1942.
94 Tojo speech, 16. Februar 1942, in: Tilak Raj [T. R.] Sareen (Hg.), *Select Documents on Indian National Army*, Delhi 1988, S. 8–10. Bose broadcast, 6. April 1942, Bose, *Azad Hind*, Bd. 11, S. 87f.
95 Raghavan, *India's War*, S. 253. Sarvepalli Gopal, *Jawaharlal Nehru: A Biography*, London 1975, Bd. 1, S. 288f. Elkins, *Legacy of Violence*, S. 279–287.
96 Saul Friedländer, *Das Dritte Reich und die Juden*, Band 2: *Die Jahre der Vernichtung: 1939–1945*, übers. v. Martin Pfeiffer, München 2006, S. 164f., 185f., 279–284, 327, 359–365. Vgl. Bose, *His Majesty's Opponent*, S. 221.
97 Bose broadcast, 17. Juni 1942, in: Bose, *Azad Hind*, Bd. 11, S. 120. Hervorhebung durch den Autor.
98 Bose broadcast, 1. Mai 1942, in: Bose, *Azad Hind*, Bd. 11, S. 94–99.
99 Adolf Hitler, *Mein Kampf: Eine kritische Edition* (2 Bde.), herausgegeben von Christian Hartmann, Thomas Vordermayer, Othmar Plöckinger und Roman Töppel im Auftrag des Instituts für Zeitgeschichte, München/Berlin 2016, Bd. 2, S. 318–321.
100 Besprechung Hitlers mit Bose, 29. Mai 1942, in: Bose, *Azad Hind*, Bd. 11, S. 102–108.
101 Bose, *His Majesty's Opponent*, S. 240–247.
102 Bose, *Chalo Delhi*, Bd. 12, S. 43. Raghavan, *India's War*, S. 290.
103 Raghavan, *India's War*, S. 283–289.

104 Bose address to Tojo, 6. Juli 1943, in: Bose, *Chalo Delhi,* Bd. 12, S. 49f.
105 Bose address, 21. Oktober 1943, in: Bose, *Chalo Delhi,* Bd. 12, S. 108–120.
106 Bose address, 23. Oktober 1943, in: Bose, *Chalo Delhi,* Bd. 12, S. 128–138.
107 Bose, *Chalo Delhi,* Bd.12, S. 146–153. Mitter, *Forgotten Ally,* S. 304–306.
108 Bose, Statements vom 21. August 1944 und vom 24. April 1945, in: *Chalo Delhi,* Bd. 12, S. 264f., S. 317f. Bose, *His Majesty's Opponent,* S. 266–288. Fergal Keane, *Road of Bones: The Siege of Kohima 1944,* London 2010. Bayly/Harper, *Forgotten Armies,* S. 370–392.
109 Bose broadcast, 15. August 1945, in: *Chalo Delhi,* Bd. 12, S. 407f.
110 Bose, *His Majesty's Opponent,* S. 300–303. Khilnani, *Incarnations,* S. 280–288.
111 BL, IOR, L/P&J/5/153, Bengal political report, Januar 1946.
112 Ramachandra Guha, »Soldiers of the Nation«, in: *Telegraph* (Kolkata), 23. Januar 2021.
113 Bernard Victor Aloysius (B. V. A.) Röling, *The Tokyo Trial and Beyond: Reflections of a Peacemonger,* hg. von Antonio Cassese, Cambridge 1993, S. 28.
114 Leonard A. Gordon, *Brothers Against the Raj: A Biography of Indian Nationalists Sarat and Subhas Chandra Bose,* New York 1990. BL, IOR, Mss Eur, Photo 048/1, Tagebuch Casey, 19. Februar 1944.
115 BL, IOR, Mss Eur, Photo 048/4, Tagebuch Casey, 14. und 24. November 1945.
116 BL, IOR, Mss Eur, Photo 048/1, Tagebuch Casey, 31. März, 14. Mai und 7. Juli 1944.
117 BL, IOR, Mss Eur, Photo 048/4, Tagebuch Casey, 28. Januar 1946.
118 BL, IOR, Mss Eur, Photo 048/4, Tagebuch Casey, 7. und 13. Juli 1945. Bz, IOR, L/P&J/5/152, Casey an Wavell, 19. Juli 1945. BL, IOR, L/P&J/5/152, Rede Caseys am 14. Juli 1945. »Youth's Growing Responsibilities«, in: *Amrita Bazar Patrika,* 15. Juli 1945, S. 5. »No Superficial Tinkering«, in: *Amrita Bazar Patrika,* 15. Juli 1945, S. 5.
119 Joya Chatterji, *Bengal Divided: Hindu Communalism and Partition, 1932–1947,* Cambridge 1994, S. 220–265. Rede Modis vom 6. Juni 2012, abrufbar unter www.narendramodi.in/cm-and-p-a-sangma-celebrate-azad-hind-fauz-foundation-day–4580 (letzter Zugriff: 30. 10. 2024). Vgl. Christophe Jaffrelot, *Les nationalistes hindous: Idéologie, implantation et mobilisation des années 1920 aux années 1990,* Paris 1993 (engl. Ausgabe: ders., *The Hindu Nationalist Movement in India,* New York 1996).
120 Myron Weiner, *Party Politics in India: The Development of a Multi-Party System,* Princeton 1957, S. 177–198.
121 BL, IOR, Mss Eur, Photo 048/4, Tagebuch Casey, 7. Juli 1945.
122 BL, IOR, L/P&J/5/152, Casey an Wavell, 19. Juli 1945.
123 BL, IOR, L/P&J/5/152, Bengal provincial press report, September 1945.
124 BL, IOR, L/P&J/5/152, Bengal provincial press report, Anfang August 1945.
125 NAI, EAD file Nr. 27-W/46, Fowle an Bevin, 13. Februar 1946. Nisid Hajari, *Midnight's Furies: The Deadly Legacy of India's Partition,* Boston 2015, S. 1–5.
126 NAI, EAD file Nr. 27-W/46, Muir note, 6. Januar 1946. NAI, EAD file Nr. 27-W/46, Muir an Bajpai, 4. März 1946.
127 NAI, EAD file Nr. 27-W/46, Pethick-Lawrence an Auchinleck, 17. November 1945. NAI, EAD file Nr. 27-W/46, Auchinleck an Pethick-Lawrence, 1. Dezember 1945.

128 NAI, EAD file Nr. 27-W/46, Muir note, 15. Januar 1946. NAI, EAD file Nr. 27-W/46, Bevin an Bajpai, 17. Januar 1946.

129 NAI, EAD file Nr. 27-W/46, Muir note, 21. November 1945. NAI, EAD file Nr. 27-W/46, Duke note, 23. November 1945. NAI, EAD file Nr. 27-W/46, Muir note, 6. Januar 1946.

130 Yasmin Khan, *The Great Partition: The Making of India and Pakistan,* New Haven 2007, S. 17.

131 NAI, EAD file Nr. 27-W/46, Bajpai an Muir, 24. Jan. 1946. Kurzporträt von Bajpai: Banerjee, »India's ›Subaltern Elites‹ and the Tokyo Trial«, S. 264–270.

132 NAI, EAD file Nr. 27-W/46, Bevin an Halifax, 14. Dezember 1945. NAI, EAD file Nr. 27-W/46, Muir an Pethick-Lawrence, 12. Januar 1946.

133 NAI, EAD file Nr. 27-W/46, Bajpai an Byrnes, 4. Januar 1946. Bajpai an Byrnes, 4. Januar 1946, in: *FRUS 1946: The Far East,* Washington, D.C. 1971, Bd. 8, S. 383.

134 NAI, EAD file Nr. 27-W/46, Bajpai an Wavell, 6. Januar 1946.

135 Grew an Bajpai, 23. Januar 1946, *FRUS 1946: The Far East,* Bd. 8, S. 393f. NAI, EAD file Nr. 27-W/46, Burnett note, 25. Januar 1946.

136 NAI, EAD file Nr. 27-W/46, Bajpai an Bevin, 10. Januar 1946. Vgl. NAI, EAD file Nr. 27-W/46, Bajpai an Wavell, 6. Januar 1946.

137 NAI, EAD file Nr. 27-W/46, Halifax an Muir, 7. März 1946.

138 Valentyna Polulina, »From Tokyo to Khaborovsk«, in: Kerstin von Lingen (Hg.), *War Crimes Trials in the Wake of Decolonization and Cold War in Asia, 1945–1956: Justice in Time of Turmoil,* London 2016, S. 244.

139 NAI, EAD file Nr. 27-W/46, Bajpai an Muir, 24. Januar 1946.

140 NAI, EAD file Nr. 27-W/46, Bajpai an Halifax, 7. Februar 1946. NAI, EAD file Nr. 27-W/46, Dominions Office an Kanada, Australien, Neuseeland und Südafrika, 12. Februar 1946.

141 NAI, EAD file Nr. 27-W/46, Delhi an Halifax, 28. Januar 1946.

142 MMA, RG-9, box 159, War Crimes folder, Marshall an MacArthur, 16. März 1946.

143 MMA, RG-9, box 159, War Crimes folder, Marshall an MacArthur, 6. April 1946. NAI, EAD file Nr. 27-W/46, Bajpai an Muir, 29. März 1946.

144 NAI, EAD file Nr. 27-W/46, Halifax an Bevin, 23. März 1946.

145 MMA, RG-5, box 60, Webb folder, Webb an MacArthur, 24. April 1946. AWM, Webb papers, 3DRL/2481, series 1, wallet 1, revised IMTFE charter, 26. April 1946. MMA, RG-9, box 159, War Crimes folder, MacArthur an Marshall, 16. März 1946.

146 NAI, EAD file Nr. 27-W/46, Menon and Lal notes, 31. Dezember 1946. NAI, EAD file Nr. 27-W/46, Wavell an Bajpai, 8. Januar 1946.

147 NAI, EAD file Nr. 27-W/46, Bajpai an Auchinleck, 19. April 1946. NAI, EAD file Nr. 27-W/46, Delhi external affairs an Bajpai, 11. April 1946.

148 NAI, EAD file Nr. 27-W/46, Bajpai an Auchinleck, 18. und 19. April 1946.

149 NAI, EAD file Nr. 27-W/46, Muir an die High Courts, 23. April 1946.

150 NAI, EAD file Nr. 27-W/46, Lahore High Court an Muir, 25. April 1946. Der Richter war Muhammad Munir.

151 NAI, EAD file Nr. 27-W/46, Muir an Pal, 27. April 1946. NAI, EAD file Nr. 27-W/46, Muir an Bajpai, 27. April 1946.

152 MMA, RG-5, box 115, IMTFE folder, Ernennung Pals, 16. Mai 1946.
153 NAI, EAD file Nr. 27-W/46, Muir an Pal, 27. April 1946. NAI, EAD file Nr. 27-W/46, Muir an Bajpai, 27. April 1946. NAI, EAD file Nr. 27-W/46, Muir ans GHQ, 6. Mai 1946.
154 NAI, EAD file Nr. 27-W/46, Muir an Pethick-Lawrence, 20. Juni 1946.
155 *IMTFE Transcripts*, 17. Mai 1946, S. 318f.
156 MMA, RG-9, box 159, War Crimes folder, Commonwealth-Richter an MacArthur, 28. Juni 1946.
157 »Asia's Voice Spoke to Us«, in: *Sunday Sun* (Sydney), 21. November 1948, S. 23.

12. Die erste Eroberung

1 MMA, RG-5, box 30, Jaranilla folder, Jaranilla an MacArthur, 6. März 1948. AWM, Webb papers, 3DRL/2481, series 1, wallet 2, Richter-Biografien, 23. Oktober 1946.
2 Charles G. Roland, *Long Night's Journey into Day: Prisoners of War in Hong Kong and Japan*, Waterloo, Ont. 2001, S. xiv–xv.
3 »The Bench and Bar in News«, in: *The Lawyers Journal* (Manila), 28. Februar 1951, S. 103f.
4 Rodolfo P. Gumabong, »The ›Hellish March‹«, in: *Philippines Free Press*, 8. April 1961, S. 20–22. George M. Man, »Mann to Man«, in: *Ukiah Republican Press*, 26. Januar 1949, S. 2.
5 »Filipino Named on Tribunal«, in: *Nippon Times*, 6. Juni 1946, S. 1.
6 Douglas MacArthur, *Reminiscences*, New York 1964, S. 235–237. Stanley Karnow, *In Our Image: America's Empire in the Philippines*, New York 1989, S. 306f., S. 326–328. Theodore Friend, *The Blue-Eyed Enemy: Japan Against the West in Java and Luzon, 1942–1945*, Princeton 1988, S. 199f., S. 243f.
7 Gumabong, »The ›Hellish March‹«.
8 AWM, Webb papers, 3 DRL/2481, series 1, wallet 2, Richter-Biografien, 23. Oktober 1946.
9 »Students in Debate«, in: *Sunday Star* (Washington, D.C.), 24. März 1907, S. 14.
10 »The Bench and Bar in News«, in: *Lawyers Journal* (Manila), 28. Februar 1951, S. 103f.
11 AWM, Webb papers, 3 DRL/2481, series 1, wallet 2, Richter-Biografien, 23. Oktober 1946. David Boguslav, »Osmena Inducts New Cabinet in Manila«, in: *Christian Science Monitor*, 10. März 1945, S. 7.
12 Christopher Capozzola, *Bound by War: How the United States and the Philippines Built America's First Pacific Century*, New York 2020.
13 MMA, RG-5, box 30, Jaranilla folder, Jaranilla an MacArthur, 1. Juli 1947.
14 MMA, RG-5, box 30, Jaranilla folder, Jaranilla an MacArthur, 25. Juni 1946.
15 »Jaranilla Hails Work of Tokyo Tribunal«, *Associated Press*, 6. Januar 1946.
16 AWM, Webb papers, 3 DRL/2481, series 4, wallet 4, Jaranilla an Webb, 6. August 1946.
17 AWM, Webb papers, 3 DRL/2481, series 1, wallet 1, Jaranilla an die Richter, 12. März 1947.

18 Mei Ruao, »A Vote on the Right to Life«, März 1948, in: Mei Xiaoao/Mei Xiaokan (Hg.), *Mei Ruao Dongjing shenpan wengao* [Die Tokioter Prozessmanuskripte von Mei Ruao], Shanghai 2013, S. 393–400.
19 Mei, »Vote on the Right to Life«.
20 B. V. A. Röling, *The Tokyo Trial and Beyond: Reflections of a Peacemonger,* hg. von Antonio Cassese, Cambridge 1993, S. 28.
21 BNA, LCO 2/2992, Patrick an Cooper, 1947.
22 »Defense Asks for Disqualification of P.I. Judge«, in: *Nippon Times,* 12. Juni 1946, S. 1.
23 *IMTFE Transcripts,* 13. Juni 1946, S. 490–491. Vgl. Hitoshi Nagai, »Burdened by the ›Shadow of War‹«, in: Kerstin von Lingen (Hg.), *Transcultural Justice at the Tokyo Tribunal: The Alliied Struggle for Justice, 1946–48,* Leiden 2018, S. 202–220.
24 MMA, RG-5, box 30, Jaranilla folder, Jaranilla an MacArthur, 1. Juli 1947.
25 *IMTFE Transcripts,* 13. Juni 1946, S. 510f. »Prosecution Offers Historic Documents in Launching Case«, in: *Nippon Times,* 14. Juni 1946, S. 1f.
26 »Defense Asks for Disqualification of P.I. Judge«, in: *Nippon Times,* 12. Juni 1946, S. 1.
27 Jeremy A. Yellen, *The Greater East Asia Co-Prosperity Sphere: When Total Empire Met Total War,* Ithaca, NY 2019, S. 15f. Jack Snyder, *Myths of Empire: Domestic Politics and International Ambition,* (Ithaca, NY 1991, S. 121–125. Mark R. Peattie, *Ishiwara Kanji and Japan's Confrontation with the West,* Princeton 1975, S. 21–25. Takehiko Yoshihashi, *Conspiracy at Mukden: The Rise of the Japanese Military,* New Haven 1963. Michael A. Barnhart, *Japan Prepares for Total War: The Search for Economic Security, 1919–1941,* Ithaca, NY 1987, S. 27–29.
28 Stephen Kotkin, *Stalin: Waiting for Hitler, 1929–1941,* New York 2017, S. 88. Louise Young, *Japan's Total Empire: Manchuria and the Culture of Wartime Imperialism,* Berkeley 1998, S. 106.
29 Rana Mitter, *Forgotten Ally: China's World War II, 1937–1945,* Boston 2013, S. 56–65. Young, *Japan's Total Empire,* S. 21–52. Roman H. Myers/Mark R. Peattie (Hg.), *The Japanese Colonial Empire, 1895–1945,* Princeton 1984.
30 *IMTFE Transcripts,* 4. Juni 1946, S. 436–441, 465–467.
31 Ebenda, 14. Mai 1946, S. 272–277.
32 BDIC, fonds du Bernard, F° Δ res 0874/10, Bernard an die Richter, 10. Mai 1948.
33 W. G. Beasley, *Japanese Imperialism, 1894–1945,* Oxford 1987, S. 1–54, 175–250. Snyder, *Myths of Empire,* S. 112–152.
34 Guoshiguan, Foreign Ministry files, postwar Japan file, Japan policy draft outline, 020–010122–0010–0057a- bis 020–010122–0010–0074a.
35 Guoshiguan, Foreign Ministry files, Japan demilitarization file, Wang an Marshall, 17. Mai 1946, 020–010122–0009–0095a.
36 Guoshiguan, Foreign Ministry files, Japan demilitarization file, draft disarmament treaty, 6. März 1946, 020–010122–0009–0107a bis 020–010122–0009–0125a. Guoshiguan, Foreign Ministry files, Japan demilitarization file, Chinese draft terms, 1946, 020–010122–0009–0162x bis 020–010122–0009–0168x.

37 Guoshiguan, Foreign Ministry files, Japan demilitarization file, Tang paper, undatiert, 020–010122–0009–0223a bis 020–010122–0009–0236a.

38 Guoshiguan, Foreign Ministry files, postwar Japan file, Notiz von Guo, 28. März 1945, 020–010122–0010–0035a. Guoshiguan, Foreign Ministry files, postwar Japan file, Supreme National Defense Council, »How to Deal with Japan«, 16. Januar 1946, 020–010122–0010–0034a bis 020–010122–0010–0038x.

39 Guoshiguan, Foreign Ministry files, Japan demilitarization file, Tang paper, undatiert, 020–010122–0009–0223a bis 020–010122–0009–0236a. Vgl. Anja Bihler, »On a ›Sacred Mission‹«, in: von Lingen (Hg.), *Transcultural Justice at the Tokyo Tribunal*, S. 84–102.

40 Guoshiguan, Foreign Ministry files, IMTFE trials 1946–47, Notiz von Yang, undatiert (Mai oder Juni 1946), 020–010117–0030–0076a bis 020–010117–0030–0077a.

41 Guoshiguan, Foreign Ministry files, East Asia-Pacific bureau, political team resolutions, undatiert 1947, 020–019902–0027–0002a bis 020–019902–0027–0005x. Guoshiguan, Foreign Ministry files, Japan demilitarization file, defense ministry opinions, undatiert, 020–010122–0009–0171a.

42 Guoshiguan, Foreign Ministry files, postwar Japan file, Japan policy draft outline, 020–010122–0010–0057a- bis 020–010122–0010–0074a.

43 Dieser Berechnung liegt die Umtauschrate vom Februar 1947 zugrunde, die auf 12 000 Yuan für einen US-Dollar festgelegt wurde. Sigfrid Henry (S. H.) Steinberg (Hg.), *The Statesman's Year-Book: Statistical and Historical Annual of the States of the World for the Year 1947,* London 1947, S. 781. Harold James, *International Monetary Cooperation Since Bretton Woods,* New York 1996, S.67–69.

44 Guoshiguan, Foreign Ministry files, IMTFE trials 1945–46, Chen an das Außenministerium, 26. Februar 1946, 020–010117–0029–0155x. Guoshiguan, compensation memo, 020–010117–0029–0156x bis 020–010117–0029–0161x.

45 Guoshiguan, Foreign Ministry files, East Asia-Pacific bureau, political team resolutions, 1947, 020–019902–0027–0002a bis 020–019902–0027–0005x.

46 Guoshiguan, Foreign Ministry files, Hirohito and War Crimes file, Lin paper, Hirohito's Responsibilities for War Crimes, 1948, 020–010122–0001–0005x bis 020–010122–0001–0011a.

47 Guoshiguan, Foreign Ministry files, postwar Japan file, Japan policy draft outline, 020–010122–0010–0057a- bis 020–010122–0010–0074a.

48 Guoshiguan, Foreign Ministry files, East Asia-Pacific bureau, political team resolutions, 1947, 020–019902–0027–0002a bis 020–019902–0027–0005x.

49 BNA, FO 371/57430, Australian First List of Major Japanese War Criminals, Januar 1946. Guoshiguan, Foreign Ministry files, United Nations War Crimes Commission file, note to Zhu, 23. März 1944, 020–010117–0021–0125x. Guoshiguan, Foreign Ministry files, United Nations War Crimes Commission file, Nachrichten an die Botschaften in Washington, London und Moskau, 25. März 1944, 020–010117–0021–0126x.

50 NARA, RG 84, Tokyo political adviser 1945, box 2, Robertson an Atcheson,

6. Dezember 1945, MMA, RG-9, box 159, War Crimes folder, Marshall an MacArthur, 24. November 1945.

51 Guoshiguan, Foreign Ministry files, postwar Japan file, Supreme National Defense Council, »How to Deal with Japan«, 16. Januar 1946, 020–010122–0010–0034a bis 020–010122–0010–0038x.

52 Guoshiguan, Foreign Ministry files, Japan demilitarization file, Tang paper, undatiert, 020–010122–0009–0223a bis 020–010122–0009–0236a.

53 Guoshiguan, Foreign Ministry files, postwar Japan file, Japan policy draft outline, 020–010122–0010–0057a bis 020–010122–0010–0074a; Guoshiguan, Foreign Ministry files, postwar Japan file, Zhang an Chiang, 13. August 1946, 020–010122–0010–0052a bis 020–010122–0010–0056a. Guoshiguan, Foreign Ministry files, Japan public opinion file, Shang note, 11. September 1947, 020–010107–0016–0022a bis 020–010107–0016–0029a. Vgl. Guoshiguan, Foreign Ministry files, Japan public opinion file, Katayama an Chiang, 16. Oktober 1946, 020–010107–0016–0014x bis 020–010107–0016–0015a.

54 Guoshiguan, Foreign Ministry files, postwar Japan file, Japan policy draft outline, 020–010122–0010–0057a bis 020–010122–0010–0074a.

55 Guoshiguan, Foreign Ministry files, postwar Japan file, Zhang an Chiang, 13. August 1946, 020–010122–0010–0052a bis 020–010122–0010–0056a.

56 Guoshiguan, Foreign Ministry files, IMTFE trials 1946–1947, Yang note, undatiert (Mai oder Juni 1946), 020–010117–0030–0076a bis 020–010117–0030–0077a.

57 Guoshiguan, Foreign Ministry files, postwar Japan file, Li note, 1945, 020–010122–0010–0042x bis 020–010122–0010–0043x.

58 Guoshiguan, Foreign Ministry files, postwar Japan file, Li note, 23. Dezember 1945, 020–010122–0010–0044x bis 020–010122–0010–0047x.

59 Vgl. Ian Buruma, *Inventing Japan, 1853–1964,* New York 2003, S. 90–92.

60 AWM, Webb papers, 3DRL/2481, series 4, wallet 7, »Court Memoranda«, in: *Jiji Shimpo,* 27. Juni 1946.

61 *IMTFE Transcripts,* 25. Juni 1946, S. 1332.

62 Arnold C. Brackman, *The Other Nuremberg: The Untold Story of the Tokyo War Crime Trials,* London 1989, S. 144f.

63 Akira Iriye, *Power and Culture: The Japanese-American War, 1941–1945,* Cambridge, Mass. 1981, S. 65.

64 *Taiheiyo senso e no michi: Kaisen gaiko shi* [Der Weg in den Pazifikkrieg: Eine diplomatische Geschichte der Ursachen des Krieges], in: James William Morley (Hg.), *Japan Erupts: The London Naval Conference and the Manchurian Incident, 1928–1932,* New York 1984, S. 182–184, S. 208–210, 245f., S. 258, S. 332. Vgl. Shidehara Kijuro, *Gaiko gojunen* [Fünfzig Jahre Außenpolitik], Tokio 1951.

65 *IMTFE Transcripts,* 25. Juni 1946, S. 1318–1325, 1335–1338, 1340f., 1392.

66 AWM, Webb papers, 3DRL/2481, series 4, wallet 7, »Court Memoranda«, in: *Jiji Shimpo,* 27. Juni 1946, *IMTFE Transcripts,* 25. Juni 1946, S. 1393.

67 »Emperor Desired Manchu War End, Tribunal Is Told«, in: *Nippon Times,* 29. Juni 1946, S. 1f.

68 *IMTFE Transcripts,* 28. Juni 1946, S. 1553–1573.

69 Ebenda, 28. Juni 1946, S. 1591.

70 Yoshitake Oka, *Five Political Leaders of Modern Japan,* übers. v. Andrew Fraser und Patricia Murray, Tokio 1986, S. 172f.
71 *IMTFE Transcripts,* 27. Juni 1946, S. 1515f. Der Sohn war Inukai Takeru, der den englischen Vornamen Ken verwendete.
72 Ebenda, 27. Juni 1946, S. 1526–1549.
73 Ebenda, 8. April 1947, S. 19554f. Herbert P. Bix, *Hirohito and the Making of Modern Japan,* New York 2000, S. 246f.
74 *IMTFE Transcripts,* 5. Juli 1946, S. 1938.
75 Ebenda, 2. Juli 1946, S. 1819–1825.
76 Ebenda, 2. Juli 1946, S. 1830–1832.
77 »A ›Dead Man‹ Speaks«, in: *Life,* 26. Januar 1948, S. 87–90.
78 »Showa tenno no dokuhaku hachijikan« [Der achtstündige Monolog des Showa-Kaisers], in: *Bungei Shunju,* Dezember 1990, S. 124.
79 Bix, *Hirohito,* S. 366.
80 *IMTFE Transcripts,* Aussage am 5., 8. und 9. Juli 1946. »Tanaka Reveals He Tried to Oust Tojo During War«, in: *Nippon Times,* 9. Juli 1946, S. 1f. AWM, Webb papers, 3DRL/2481, series 4, wallet 7, »Summarized Proceedings«, in: *Asahi Shimbun,* 6. Juli 1946.
81 *IMTFE Transcripts,* 28. Juni 1946, S. 1596f.
82 Ebenda, 5. Juli 1946, S. 1938.
83 UVA, Tavenner papers, box 24, IPS Dokument Nr. 1767, Analysis of Documentary Evidence, 3. Juni 1946.
84 *IMTFE Transcripts,* 30. Juli 1946, S. 2719–2728.
85 »Showa tenno no dokuhaku hachijikan«, S. 101.
86 Pu Yi, *Der letzte Kaiser von China: Eine Autobiographie,* Bd. 2, übers. v. Peter Hüngsberg, Peking 1966, S. 23.
87 *IMTFE Transcripts,* 31. Juli 1946, S. 2847–2896. Victor Alexander George Robert Bulwer-Lytton, Earl of Lytton, *Report of the Commission of Enquiry of the League of Nations: Signed at Peiping, September 4, 1932,* Nanjing 1932.
88 Oona Hathaway/Scott J. Shapiro, *The Internationalists: How a Radical Plan to Outlaw War Remade the World,* New York 2018, S. 156f. Rana Mitter, *The Manchurian Myth: Nationalism, Resistance, and Collaboration in Modern China,* Berkeley 2000.
89 HSTL, PSF, box 151/9, China 1946 folder, Truman an Wallace, 25. Januar 1946.
90 Srinath Raghavan, *The Most Dangerous Place: A History of the United States in South Asia,* London 2018, S. 119.
91 Truman an Bess Truman, 28. Dezember 1945, in: *Off the Record: The Private Papers of Harry S. Truman,* hg. von Robert H. Ferrell, New York 1980, S. 75f.
92 Truman-Memorandum, November 1945, in: *Off the Record,* S. 74.
93 Truman-Statement, 10. Oktober 1945, *Public Papers of the Presidents of the United States: Harry S. Truman, 1945,* Washington, D. C. 1961, S. 394.
94 Daniel Kurtz-Phelan, *The China Mission: George Marshall's Unfinished War, 1945–1947,* New York 2018.
95 Truman-Statement, 15. Dezember 1945, in: *Public Papers,* S. 543–545.
96 MMA, RG-5, C-in-C's personal file, MacArthur an Marshall, 30. November 1945.

97 Truman an Bess Truman, 19. September 1946, in: *Dear Bess: The Letters from Harry to Bess Truman, 1910–1959,* hg. von Robert H. Ferrell, New York 1983, S. 538.
98 Odd Arne Westad, *Decisive Encounters: The Chinese Civil War, 1946–1950,* Stanford, Calif. 2003, S. 6–13.
99 Mei Ruao, *Dongjing da shenpan: Yuandong guoji junshi fating Zhongguo faguan Mei Ruao riji* [Der Große Tokioter Prozess: Tagebuch vom Mei Ruao, dem chinesischen Richter beim Internationalen Militärtribunal für den Fernen Osten], Nanchang 2005, 11. April 1946, S. 80.
100 Ebenda, 4. Mai 1946, S. 139.
101 Ebenda, 8. Mai 1946, S. 146.
102 Ebenda, 12. Mai 1946, S. 154.
103 Kumara Padmanabha Sivasomkara (K. P. S.) Menon, *Many Worlds: An Autobiography,* Oxford 1965, S. 248.
104 Russell Brines, »Japan's Scarecrow War Crime Suspects Now Sleek, Assured«, in: *Nippon Times,* 31. Juli 1946, S. 1.
105 AWM, Webb papers, 3DRL/2481, series 4, wallet 7, »Momentary Tension of the Accused Toward the American Defense Counsels«, in: *Tokyo Shimbun,* 15. Mai 1946.
106 AWM, Webb papers, 3DRL/2481, series 4, wallet 7, Ryusahuro Shikiba, »Psychology of War Criminals«, in: *Asahi Shimbun,* 20. Mai 1946.
107 »Defendant Kimura Sees Son in War Court«, in: *Nippon Times,* 18. August 1946, S. 2.
108 *IMTFE Transcripts,* 27. Juni 1946, S. 1521.
109 »Prosecution on Task of Proving Charge«, in: *Nippon Times,* 25. Juni 1946, S. 2.
110 *IMTFE Transcripts,* 11. März 1947, S. 18153.
111 Ebenda, 25. Juni 1946, S. 1320.
112 Ebenda, 19. August 1947, S. 26223.
113 Röling, *The Tokyo Trial and Beyond,* S.52.
114 BNA, LCO 2/2992, Northcroft an O'Leary, 18. März 1947.
115 AWM, Webb papers, 3DRL/2481, series 4, wallet 4, Webb an Patrick, 10. Mai 1946.
116 AWM, Webb papers, 3DRL/2481, series 4, wallet 4, Patrick an Webb, 8. Mai 1946.
117 AWM, Webb papers, 3DRL/2481, series 4, wallet 9, Mueller an Webb, 22. Juli 1946.
118 Mei, *Dongjing da shenpan,* 21. April 1946, S. 105.
119 AWM, Webb papers, 3DRL/2481, series 4, wallet 4, Patrick an Webb, 8. Mai 1946.
120 Mei, *Dongjing da shenpan,* 2. April 1946, S. 56.
121 Ebenda, 13. Mai 1946, S. 156.
122 *IMTFE Transcripts,* 15. Juli 1946, S. 2294.
123 AWM, Webb papers, 3DRL/2481, series 4, wallet 11, Webb an Walbridge, 1. Mai 1946.
124 NL-HaNA, 2.21.273, folder 27, Röling an Nisbet, 22. Juli 1946.
125 NL-HaNA, 2.21.273, folder 27, Röling an Nisbet, 6. Mai 1946.

126 NL-HaNA, 2.21.273, folder 27, Röling an Nisbet, 6. Mai 1946.
127 Mei, *Dongjing da shenpan*, 22. April 1946, S. 106.
128 NL-HaNA, 2.21.273, folder 27, »The BCOF Prayer«, 1946.
129 Danielle Elisseeff, *Puyi: Le dernier empereur de Chine*, Paris 2014.
130 NL-HaNA, 2.21.273, folder 27, Röling an Patricia Daly, 27. August 1946.
131 Guoshiguan, Foreign Ministry files, IMTFE trials 1946–1947, Zhu an Wang, 13. Juli 1946, 020–010117–0030–0119a. Foreign Ministry files, IMTFE trials 1946–1947, Tokio-Delegation ans Außenministerium, 30. Juli 1946, 020–010117–0030–0121a; Außenministerium an die Tokio-Delegation, 13. August 1946, 020–010117–0030–0122x.
132 »Pu Yi Expected in Tokyo to Testify at War Crimes Trials Under Russian Custody«, in: *Nippon Times*, 8. August 1946, S. 1.
133 »Pu Yi Here to Testify at Trials«, in: *Nippon Times*, 11. August 1946, S. 1.
134 Reginald F. Johnston, *Twilight in the Forbidden City*, London 1934, S. 231–240.
135 Pu Yi, *Der letzte Kaiser von China*, Bd. 2, S. 103–106.
136 Ebenda, S. 37–41, 60–66 (Zitat: S. 60).
137 Ebenda, S. 3–9, 29–33, 53f., 69–74. »Pu Yi Expected in Tokyo to Testify at War Crimes Trials Under Russian Custody«.
138 Pu Yi, *Der letzte Kaiser von China*, Bd. 2, S. 82–105. Elisseeff, *Puyi*, S. 232–235.
139 Pu Yi, *Der letzte Kaiser von China*, Bd. 2, S. 42f., S. 46f.
140 *IMTFE Transcripts*, 23. August 1946, S. 4204.
141 Pu Yi, S. 103–106 (Zitate S. 103, S. 105). Vgl. Li Shuxian mit Wang Qingxiang, *My Husband Puyi*, übersetzt von Ni Nan, Beijing 2016.
142 *IMTFE Transcripts*, 27. August 1946, S. 4324–4326.
143 Ebenda, 16. August 1946, S. 3945–3971.
144 Ebenda, 19. August 1946, S. 3974–4002.
145 Ebenda, 20. August 1946, S. 4049f.
146 AWM, Webb papers, 3DRL/2481, series 1, wallet 10, Röling an Webb, 26. August 1946.
147 Pu Yi, *Der letzte Kaiser von China*, Bd. 2, S. 106.
148 *IMTFE Transcripts*, 19. August 1946, S. 3974–4002.
149 Helen Hardacre, *Shinto: A History*, Oxford 2017, S. 431–440.
150 *IMTFE Transcripts*, 19. August 1946, S. 4002–4025.
151 Ben Bruce Blakeney, »Pu Yi«, in: *Life*, 16. Juli 1945, S. 78.
152 *IMTFE Transcripts*, 20. August 1946, S. 4055–4079; 21. August 1946, S. 4082–4141; 22. August 1946, S. 4144–4148; 23. August 1946, S. 4211–4217; »Pu Yi Tells Court He Became Ruler to Oust Japanese«, in: *Nippon Times*, 20. August 1946, S. 1f.
153 HLS, Keenan Papers, Keenan an Puyi, 27. August 1946.
154 Guoshiguan, Foreign Ministry files, IMTFE trials 1946–1947, Xiang an das Außenministerium, 27. August 1946, 020–010117–0030–0124a bis 020–010117–0030–0125a.
155 MMA, RG-9, box 159, War Crimes folder, Acheson an Atcheson, 10. Juli 1946; Kriegsministerium an MacArthur, 31. Juli 1946; Atcheson an Byrnes, 1. August 1946.

156 »PI Prosecutors Want Laurel and Vargas as Witnesses but Other Nations Object«, in: *Nippon Times,* 28. August 1946, S. 1.
157 Guoshiguan, Foreign Ministry files, IMTFE trials 1946–1947, Xiang an das Außenministerium, 27. August 1946, 020–010117–0030–0124a bis 020–010117–0030–0125a. Guoshiguan, Foreign Ministry files, IMTFE trials 1946–1947, Wang an Gan und Liu, 14. August 1946, 020–010117–0030–0126a; Gan und Liu an Wang, 19. August 1946, 020–010117–0030–0127x.
158 Pu Yi, *Der letzte Kaiser von China,* Bd. 2, S. 100–105 (zur passenden Anrede: S. 100), S. 111–122.
159 China Fushun War Criminals Management Center, *Place of New Life of Japanese War Criminals,* Beijing 2015, S. 49.
160 Pu Yi, *Der letzte Kaiser von China,* Bd. 2, S. 122–320 (Zitat: S. 273), 277 f., 312–320.

13. Die Schändung von Nanjing

1 Philippe Sands, *Rückkehr nach Lemberg: Über die Ursprünge von Genozid und Verbrechen gegen die Menschlichkeit,* übers. v. Reinhild Böhnke, Frankfurt/M. 2018, S. 171 f.
2 Guoshiguan, Foreign Ministry files, IMTFE trials 1946–1947, Sutton an Wang, 23. April 1946, 020–010117–0030–0048a.
3 Guoshiguan, Foreign Ministry files, IMTFE trials 1945–1946, Chiang an Soong, März 1946, 020–010117–0029–0238a; Executive Yuan administrative order, 25. März 1946, 020–010117–0029–0237a.
4 Guoshiguan, Foreign Ministry files, IMTFE trials 1945–1946, Chiang an Soong, März 1946, 020–010117–0029–0238a; Executive Yuan administrative order, 25. März 1946, 020–010117–0029–0237a.
5 Guoshiguan, Foreign Ministry files, IMTFE trials 1945–1946, Xiang an Wang, 21. März 1946, 020–010117–0029–0206a; Xiang an Xu und Wang, 23. März 1946, 020–010117–0029–0239a. Guoshiguan, Foreign Ministry files, IMTFE trials 1945–1946, Xiang an Wang, 9. März 1946, 020–010117–0029–0204a. Guoshiguan, Foreign Ministry files, IMTFE trials 1945–1946, Liu an das Außenministerium, 9. März 1946, 020–010117–0029–0202a.
6 Guoshiguan, Foreign Ministry files, IMTFE trials 1945–1946, Xiang an Wang, 25. März 1946, 020–010117–0029–0205a; Xiang an Wang, 21. März 1946, 020–010117–0029–0206a.
7 MMA, RG-5, box 2, folder 4, Interview Madame Chiang, 28. März 1946.
8 Guoshiguan, Foreign Ministry files, IMTFE trials 1945–1946, Wang und Yang an Lu und Wang, 25. März 1946, 020–010117–0029–0209x; Außenministerium an Xiang, März 1946, 020–010117–0029–0214a; Xiang note, 6. April 1946, 020–010117–0029–0215x. Guoshiguan, Foreign Ministry files, IMTFE trials 1945–1946, Lu und Wang memo, März 1946, 020–010117–0029–0216a bis 020–010117–0029–0217a.
9 Guoshiguan, Foreign Ministry files, IMTFE trials 1945–1946, Xiang-Anfrage an das Ministerium für das Militärische Kommando, das Ministerium für Justizverwaltung, das Ministerium für Militärische Angelegenheiten, das

Innenministerium, den Ausschuss des Exekutiv-Yuans für die Untersuchung von Entschädigungen, die Zentralbehörde für Ermittlungen, die Behörde für Ermittlungen und Statistik und das Forschungsinstitut für Internationale Beziehungen, 20. Februar 1946, 020–010117–0029–0151x. Guoshiguan, Foreign Ministry files, IMTFE trials 1945–1946, Caraway an Wang, 19. Februar 1946, Xiang note, 020–010117–0029–0167x.

10 Guoshiguan, Foreign Ministry files, IMTFE trials 1945–1946, Xiang an das Ministerium für Justizverwaltung, 4. März 1946, 020–010117–0029–0182x. Guoshiguan, Foreign Ministry files, IMTFE trials 1945–1946, Außenministerium an Konsulate, 5. März 1946, 020–010117–0029–0184x.

11 Guoshiguan, Foreign Ministry files, IMTFE trials 1945–1946, Huang an Wang, 8. März 1946, 020–010117–0029–0219a.

12 Guoshiguan, Foreign Ministry files, IMTFE trials 1945–1946, Yang an Ye, 30. März 1946, 020–010117–0029–0241a; Ye an Yang, 3. April 1946, 020–010117–0029–0242a bis 020–010117–0029–0245a; Guoshiguan, Foreign Ministry files, IMTFE trials 1946–1947, Zhu note, 22. Mai 1946, 020–010117–0030–0020a.

13 Guoshiguan, Foreign Ministry files, IMTFE trials 1945–1946, Chai note, 17. Mai 1946, 020–010117–0029–0265x. Yang note, undatiert, 020–010117–0029–0264a; Yang Jueyong an Yang Yunzhu, undatiert, 020–010117–0029–0263a.

14 Guoshiguan, Foreign Ministry files, IMTFE trials 1945–1946, Yuan an das Außenministerium, 1946, 020–010117–0029–0191a; Außenministerium an das Ministerium für Justizverwaltung, 10. April 1946, 020–010117–0029–0193x; Yuan an das Außenministerium, 4. April 1946, 020–010117–0029–0195a. Guoshiguan, Foreign Ministry files, IMTFE trials 1945–1946, Sun an das Außenministerium, 25. Mai 1946, 020–010117–0029–0200a; Außenministerium an Sun, 1. August 1946, 020–010117–0029–0201a.

15 Guoshiguan, Foreign Ministry files, IMTFE trials 1945–1946, Zhang an das Außenministerium, 29. März 1946, 020–010117–0029–0197a bis 020–010117–0029–0198a.

16 Guoshiguan, Foreign Ministry files, IMTFE trials 1945–1946, Xie an Xiang, 21. Februar 1946, 020–01017–0029–0152x bis 020–010117–0029–0153x. Guoshiguan, Foreign Ministry files, IMTFE trials 1945–1946, Luo-Dokumente, undatiert, 020–010117–0029–0162a. Guoshiguan, Foreign Ministry files, IMTFE trials 1945–1946, Exekutiv-Yuan an das Außenministerium, 28. Februar 1946, 020–010117–0029–0168x.

17 Guoshiguan, Foreign Ministry files, IMTFE trials 1945–1946, Chen an das Außenministerium, 26. Februar 1946, 020–010117–0029–0155x. Guoshiguan, Foreign Ministry files, IMTFE trials 1945–1946, Exekutiv-Yuan an das Außenministerium, 28. Februar 1946, 020–010117–0029–0168x. Guoshiguan, Foreign Ministry files, IMTFE trials 1945–1946, Zhang-Brief, 6. März 1946, 020–010117–0029–0171x. Guoshiguan, Foreign Ministry files, IMTFE trials 1945–1946, Xie an das Außenministerium, 10. März 1946, 020–010117–0029–0183x. Guoshiguan, Foreign Ministry files, IMTFE trials 1945–1946, Guo an das Außenministerium, 12. März 1946, 020–010117–0029–0186a.

18 Guoshiguan, Foreign Ministry files, IMTFE trials 1946–1947, Yang note, Mai oder Juni 1946, 020–010117–0030–0076a bis 020–010117–0030–0077a.
19 Guoshiguan, Foreign Ministry files, IMTFE trials 1946–1947, notes on Yang report, 1946, 020–010117–0030–0079x.
20 Guoshiguan, Foreign Ministry files, IMTFE trials 1946–1947, Xiang an das Außenministerium, 10. Juni 1946, 020–010117–0030–0035a bis 020–010117–0030–0036a. Vgl. Guoshiguan, Foreign Ministry files, IMTFE trials 1946–1947, Verteidigungsministerium an das Außenministerium,10. Juni 1946, 020–010117–0030–0053x.
21 Guoshiguan, Foreign Ministry files, IMTFE trials 1946–1947, Qin an das Ministerium für das Militärische Kommando, Juni 1946, »The Facts of the July 7 Incident«, undatiert, 020–010117–0030–0055a bis 020–010117–0030–0069a.
22 Herbert P. Bix, *Hirohito and the Making of Modern Japan,* New York 2000, S. 594f. Yuma Totani, *The Tokyo War Crimes Trial: The Pursuit of Justice in the Wake of World War II,* Cambridge, Mass. 2008, S. 188.
23 Guoshiguan, Foreign Ministry files, IMTFE trials 1946–1947, Yang note, undatiert (Mai oder Juni 1946), 020–010117–0030–0076a bis 020–010117–0030–0077a.
24 AWM, Webb papers, 3DRL/2481, series 4, wallet 13, International Prosecution Section memo, 27. Juni 1946. Außerdem gab es noch einen Übersetzer, Henry Chiu.
25 Cheng Zhaoqi, *A History of War Crimes Trials in Post 1945 Asia-Pacific,* übersetzt von Jun He und Fangbin Yang, Singapur 2019, S. 312, S. 318–324.
26 Kyodo-AP, »Nanking Rape Witnesses Fly to Tokyo to Testify at War Crimes Trials«, in: *Nippon Times,* 10. Juni 1946, S. 1.
27 Mei Ruao, »A Vote on the Right to Life«, März 1948, in: Mei Xiaoao/Mei Xiaokan (Hg.), *Mei Ruao Dongjing shenpan wengao* [Die Tokioter Prozessmanuskripte von Mei Ruao], Shanghai 2013, S. 393.
28 Mei Ruao, *Dongjing da shenpan: Yuandong guoji junshi fating Zhongguo faguan Mei Ruao riji* [Der Große Tokioter Prozess: Tagebuch vom Mei Ruao, dem chinesischen Richter beim Internationalen Militärtribunal für den Fernen Osten], Nanchang 2005, 4. Mai 1946, S. 138; 8. April 1946, S. 74.
29 AWM, Webb papers, 3DRL/2481, series 4, wallet 19, Northcroft an die Richter, 3. Dezember 1946.
30 HSTL, NAP, box 13, Japan Surrender, Wedemeyer an Stimson, 27. August 1945. Yukiko Koshiro, *Imperial Eclipse: Japan's Stategic Thinking About Continental Asia Before August 1945,* Itaca, NY 2013, S. 4.
31 Ono Kenji, »Massacres Near Mufushan«, in: Bob Tadashi Wakabayashi (Hg.), *The Nanjing Atrocity, 1937–38: Complicating the Picture,* New York 2009, S. 70–85
32 Sun Zhaiwei (Hg.), *Nanjing datusha* [Das Nanjing-Massaker], Beijing 1997, S. 623–637.
33 Daqing Yang, »Convergence or Divergence?«, in: *American Historical Review* 104 (Juni 1999) 3, S. 885–857. Kasahara Tokushi, *Nankin jiken* [Der Nanjing-Zwischenfall], Tokio 1997.

34 Odd Arne Westad, *Restless Empire: China and the World Since 1750,* New York 2012, S. 261.
35 »Showa tenno no dokuhaku hachijikan« [Der Acht-Stunden-Monolog des Showa-Kaisers], in: *Bungei Shunju,* Dezember 1990, S. 132f.
36 Benjamin Lai, *Shanghai and Nanjing 1937: Massacre on the Yangtze,* New York 2017, S. 15f., 79, 89.
37 *IMTFE Transcripts,* 8. August 1946, S. 3460f. Vgl. AWM, Webb papers, 3DRL/2481, series 2, wallet 1, Webb judgment, S. 236, 17. September 1948, S. 436f.
38 Asaka war der Kommandeur der Shanghai-Expeditionsarmee. Irokawa Daikichi, *Aru Showa shi: Jibunshi no kokoromi* [Eine zuverlässige Geschichte der Showa-Zeit: Ein Versuch in eigener Geschichte], Tokio 1975, S. 64–69. Wakabayashi (Hg.), Nanking Atrocity, S. 11. Ono, »Massacres Near Mufushan«, in: Wakabayashi (Hg.), *Nanking Atrocity,* S. 70–85.
39 Guoshiguan, Foreign Ministery files, IMTFE trials 1946–1947, Xiang an das Außenministerium, 10. Juni 1946, 020–010117–0030–0035a bis 020–010117–0030–0036a. Guoshiguan, Foreign Ministery files, IMTFE trials 1946–1947, Qin an das Ministerium für das Militärische Kommando, Juni 1946, »The Facts of the July 7 Incident«, undatiert, 020–010117–0030–0055a bis 020–010117–0030–0069a.
40 *IMTFE Transcripts,* 22. Juli 1946, S. 2334. Guoshiguan, Foreign Ministery files, IMTFE trials 1946–1947, Defense Ministry note, Juni 1946, 020–010117–0030–0054x.
41 *IMTFE Transcripts,* 7. August 1946, S. 3355–3364.
42 Ebenda, 22. Juli 1946, S. 2318–2334.
43 Ebenda, 22. Juli 1946, S. 2318–2334. Zu Qins vorbereiteter Aussage vgl. Guoshiguan, Foreign Ministery files, IMTFE trials 1946–1947, Qin an das Ministerium für das Militärische Kommando, Juni 1946, »The Facts of the July 7 Incident«, undatiert, 020–010117–0030–0055a bis 020–010117–0030–0069a.
44 *IMTFE Transcripts,* 24. Juli 1946, S. 2435–2440.
45 Ebenda, 23. Juli 1946, S. 2412.
46 »Nankin no gyakusatsu jiken hakujitsuka ni bei ishi shogen« [Das Nanjing-Massaker, bei Tageslicht betrachtet, US-Arzt sagt aus], in: *Yomiuri Shimbun,* 26. Juli 1946, S. 3.
47 »Yuandong guoji fating shang de guaiju« [Ein merkwürdiges Schauspiel beim Internationalen Tribunal für den Fernen Osten], Leitartikel, in: *Renmin Ribao [Volkszeitung],* 2. August 1946, S. 1.
48 Rana Mitter, *Forgotten Ally: China's World War II, 1937–1945,* Boston 2013, S. 79–97. Mitters Buch ist ein hervorragender, bahnbrechender Bericht.
49 *IMTFE Transcripts,* 8. August 1946, S. 3487.
50 Ebenda, 8. August 1946, S. 3563f.
51 Ebenda, 9. August 1946, S. 3584–3599.
52 Ebenda, 5. Mai 1947, S. 21423–21445.
53 Ebenda, 13. Mai 1947, S. 22034f.
54 Ebenda, 9. August 1946, S. 3641–3651.
55 Ebenda, 13. Mai 1947, S. 22026f.

56 »Nankin no gyakusatsu jiken hakujitsuka ni bei ishi shogen« [Das Nanjing-Massaker, bei Tageslicht betrachtet, US-Arzt sagt aus], in: *Yomiuri Shimbun,* 26. Juli 1946, S. 3.
57 NL-HaNA, 2.21.273, folder 27, Röling an Patricia Daly, 27. August 1946.
58 Hallett Abend, *My Life in China, 1926–1941,* New York 1943, S. 270.
59 AWM, Webb papers, 3 DRL/2481, series 4, wallet 11, Rubin-Memorandum, 15. Januar 1947.
60 Russell Brines, »Japan's Scarecrow War Crimes Suspects Now Sleek, Assured«, in: *Nippon Times,* 31. Juli 1946, S. 1.
61 »Nankin no gyakusatsu jiken hakujitsuka ni bei ishi shogen« [Das Nanjing-Massaker, bei Tageslicht betrachtet, US-Arzt sagt aus], in: *Yomiuri Shimbun,* 26. Juli 1946, S. 3.
62 *IMTFE Transcripts,* 8. August 1946, S. 3436–3440.
63 Vgl. Martha Lund Smalley (Hg.), *American Missionary Eyewitnesses to the Nanking Massacre, 1937–1938,* New Haven 1997; und Suping Lu, *They Were in Nanjing: The Nanjing Massacre Witnessed by American and British Nationals,* Hongkong 2004.
64 *IMTFE Transcripts,* 25. Juli 1946, S. 2527–2539.
65 Brief von Wilson, 18. Dezember 1937, in: Timothy Brook (Hg.), *Documents on the Rape of Nanking,* Ann Arbor 1999, S. 214.
66 *IMTFE Transcripts,* 29. Juli 1946, S. 2624–2648.
67 Ebenda, 29. Juli 1946, S. 2661 f.
68 Arnold C. Brackman, *The Other Nuremberg: The Untold Story of the Tokyo War Crime Trials,* London 1989, S. 194 f.
69 »Women Attend Trial to Hear Rape Stories«, in: *Nippon Times,* 31. Juli 1946, S. 2.
70 Zhang Kaiyuan (Hg.), *Eyewitnesses to Massacre: American Missionaries Bear Witness to Japanese Atrocities in Nanjing,* Armonk, NY 2001.
71 Yale Divinity Library, Magee papers, RG 242, series IV, Nanking-Dokumentation.
72 *IMTFE Transcripts,* 15. August 1946, S. 3893–3916. Ebenda, 16. August 1946, S. 3929.
73 Ebenda, 26. Juli 1946, S. 2556–2597. In der Wade-Giles-Umschrift lautet sein Name Hsu Chuan-ying.
74 Ebenda, 26. Juli 1946, S. 2600–2606.
75 Ebenda, 26. Juli 1946, S. 2609–2615. In der Wade-Giles-Umschrift wird sein Name mit Chen Fu-pao angegeben.
76 Ebenda, 29. August 1946, S. 4451–4454.
77 Ebenda, 29. August 1946, S. 4483–4490.
78 Ebenda, 29. August 1946, S. 4464–4466, S. 4498 f. Vgl. Suping Lu (Hg.), *Terror in Minnie Vautrin's Nanjing: Diaries and Correspondence, 1937–38,* Urbana 2008; und Hua-ling Hu/Zhang Lian-hong (Hg.), *The Undaunted Women of Nanking: The Wartime Diaries of Minnie Vautrin and Tsen Shui-fang,* Carbondale 2010.
79 *IMTFE Transcripts,* 29. August 1946, S. 4536–4548.
80 Ebenda, 29. August 1946, S. 4456–4458.
81 Ebenda, 29. August 1946, S. 4508–4536.

82 Ebenda, 30. Januar 1947, S. 16820f.
83 Ebenda, 8. August 1946, S. 3510–3513.
84 Ebenda, 8. August 1946, S. 3453–3465.
85 Ebenda, 8. August 1946, S. 3552–3559.
86 Ebenda, 30. August 1946, S. 4604f.
87 Ebenda, 12. August 1946, S. 3769f.
88 Ebenda, 30. August 1946, S. 4614–4628, S. 4645.
89 Ebenda, 3. September 1946, S. 4660–4663.
90 Ebenda, 30. August 1946, S. 4607–4614.
91 Julia Lovell, *The Opium War: Drugs, Dreams, and the Making of Modern China,* New York 2014. Mao Haijian, *The Qing Empire and the Opium War: The Collapse of the Heavenly Dynasty,* Cambridge 2016. Stephen R. Platt, *Imperial Twilight: The Opium War and the End of China's Last Golden Age,* New York 2018. Chang Hsin-pao, *Commissioner Lin and the Opium War,* Cambridge, Mass. 1964. Jonathan D. Spence, *Chinas Weg in die Moderne,* übers. von Gerda Kurz, Siglinde Summerer und Susanne Hornfeck, München 2001, S. 185–204.
92 *IMTFE Transcripts,* 20. August 1946, S. 4040–4043.
93 Ebenda, 28. August 1946, S. 4407–4423.
94 Ebenda, 26. Juli 1946, S. 2547f.
95 Lewis S. C. Smythe, *War Damage in the Nanking Area, December 1937 to March 1938,* Shanghai 1938.
96 *IMTFE Transcripts,* 9. August 1946, S. 3655–3674.
97 »Nankin no gyakusatsu jiken hakujitsuka ni bei ishi shogen« [Das Nanjing-Massaker, bei Tageslicht betrachtet, US-Arzt sagt aus], in: *Yomiuri Shimbun,* 26. Juli 1946, S. 3.
98 »Chugokujin ni shai« [Dankbarkeit gegenüber den Chinesen], in: *Yomiuri Shimbun,* 31. Juli 1946, S. 1. Vgl. »Meiso« [Das sonnenbeschienene Fenster], in: *Yomiuri Shimbun,* 25. Juli 1946, S. 1.
99 Lindesay Parrott, »Tokyo Reporters Assess Tojo Trial«, in: *New York Times,* 18. Juli 1948, S. 30.
100 »Women Attend Trial to Hear Rape Stories«, in: *Nippon Times,* 31. Juli 1946, S. 2.
101 »Chugokujin ni shai« [Dankbarkeit gegenüber den Chinesen], in: *Yomiuri Shimbun,* 31. Juli 1946, S. 1.
102 »Chugokujin ni shai« [Dankbarkeit gegenüber den Chinesen], in: *Yomiuri Shimbun,* 31. Juli 1946, S. 1.
103 Diana Lary, »Father and the Republic«, in: *Journal of Chinese Military History* 2 (2013), S. 78f. Vgl. Bai Xianyong, *Fuqin yu Minguo* [Vater und die Republic], Taipeh 2012.
104 Guoshiguan, Foreign Ministry files, IMTFE trials 1946–1947, Yang note, Mai oder Juni 1946, 020–010117–0030–0076a bis 020–010117–0030–0077a.
105 Guoshiguan, Foreign Ministry files, War Criminals Policies 1946–1948, »Record of the War Criminal Handling Committee's Meeting on Policies Regarding How to Deal with War Criminals«, 25. Oktober 1946, 020–010117–0039–0017a bis 020–010117–0039–0028a.

106 Guoshiguan, Foreign Ministry files, IMTFE trials 1946–1947, Yang note, Mai oder Juni 1946, 020–010117–0030–0076a bis 020–010117–0030–0077a.

14. Denkt an Pearl Harbor

1 Frederik Logevall, *JFK: Coming of Age in the American Century, 1917–1956,* New York 2020, S. 302. Franklin D. Roosevelt, »Ansprache an den Kongress am 8. Dezember 1941«, übers. v. Paul Baudisch, in: *Roosevelt spricht: Die Kriegsreden des Präsidenten,* Stockholm 1945, S. 207–209 (Zitate: S. 207, S. 208).
2 HSTL, OF, box 1145, Keenan an Truman, 1. August 1946. HSTL, OF, box 1145, Connelly an Keenan, 8. August 1946.
3 »A Lesson in History«, in: *Nippon Times,* 6. Juli 1946.
4 *IMTFE Transcripts,* 4. November 1946, S. 9328–9334.
5 Eberhard Jäckel, *Hitlers Weltanschauung: Entwurf einer Herrschaft,* Stuttgart 31986, S. 29–78. Timothy Snyder, *Bloodlands: Europa zwischen Hitler und Stalin,* übers. v. Martin Richter, München 2011 (6., um ein Nachwort erweiterte Auflage: München 2022).
6 Richard Overy, *Weltenbrand: Der große imperiale Krieg, 1931–1945,* übers. v. Henning Thies und Werner Roller, Berlin 2023.
7 Herbert P. Bix, *Hirohito and the Making of Modern Japan,* New York 2000, S. 410f.
8 Jack Snyder, *Myths of Empire: Domestic Politics and International Ambition,* Ithaca, NY 1991, S. 129f.
9 Scott D. Sagan, »The Origins of the Pacific War«, in: *Journal of Interdisciplinary History* 18 (Frühjahr 1988) 4, S. 916f.
10 Logevall, JFK, S. 302. Winston Churchill, *Der Zweite Weltkrieg,* Bd. III/2: *Amerika im Krieg,* übers. v. Eduard Thorsch, Bern 1950, S. 269, sowie: ders., *Der Zweite Weltkrieg,* Frankfurt/ M. 2003, S. 566.
11 Sagan, »Origins of the Pacific War«, S. 913, 917–920. Vgl. Ian W. Toll, *Twilight of the Gods: War in the Western Pacific, 1944–1945,* New York 2020, S. 768–775.
12 Telford Taylor, *Die Nürnberger Prozesse: Hintergründe, Analysen und Erkenntnisse aus heutiger Sicht,* übers. v. Michael Schmidt, München 1994, S. 704.
13 Ian Buruma, *Erbschaft der Schuld: Vergangenheitsbewältigung in Deutschland und Japan,* übers. v. Klaus Binder und Jeremy Gaines, München 1994, S. 16f.
14 Richard J. Evans, *Das Dritte Reich,* Bd. II/2: *Diktatur,* übers. v. Udo Rennert, München 2006, S. 730. Max Domarus (Hg.), *Hitler: Reden und Proklamationen,* Bd. II/1: *Untergang, 1939–1940,* München 1965, S. 1047–1067 (Zitate: S. 1058).
15 *IMTFE Transcripts,* 23. September 1946, S. 6026–6028, Aktennotiz Himmlers vom 31. Januar 1939; hier zitiert nach: Internationaler Militärgerichtshof (IMG) Nürnberg, *Der Prozess gegen die Hauptkriegsverbrecher,* Bd. XXIX: Urkunden und anderes Beweismaterial, Nummer 1850-PS bis 2233-PS, Nürnberg 1948, S. 327f. (Zitat: S.327).
16 Jeremy A. Yellen, *The Greater East Asia Co-Prosperity Sphere: When Total Empire Met Total War,* Ithaca, NY 2019, S. 26–45.

17 Ian Kershaw, *Hitler, 1936–1945,* übers. v. Klaus Kochmann, Stuttgart 2000, S. 62f.
18 Adolf Hitler, *Mein Kampf: Eine kritische Edition* (2 Bde.), herausgegeben von Christian Hartmann, Thomas Vordermayer, Othmar Plöckinger und Roman Töppel im Auftrag des Instituts für Zeitgeschichte, München/Berlin 2016, Bd. 1, S. 306–308, Bd. 2, S. 297–299 (Zitat: S. 299).
19 Christian Hartmann/Thomas Vordermayer/Othmar Plöckinger/Roman Töppel (Hg.): Hitler, Mein Kampf. Eine kritische Edition, Bd. 2, Berlin/München 2016, S. 1637. Richard J. Evans, *Das Dritte Reich,* Bd. 3: *Krieg,* übers. v. Udo Rennert und Martin Pfeiffer, S. 142, S. 149. William L. Shirer, *Aufstieg und Fall des Dritten Reiches,* übers. v. Wilhelm und Modeste Pferdekamp, Köln/Berlin 1961, S. 480–488; ders., *Berliner Tagebuch,* übers. v. Jürgen Schebera, Leipzig 1995, S. 137–140.
20 *IMTFE Transcripts,* 25. September 1946, S. 6351–6378.
21 Ebenda, 25. September 1946, Sitzung des japanischen Kronrats, 26. September 1940, S. 6379–6390.
22 Ebenda, 25. September 1946, Hirohito-Reskript, 27. September 1940, S. 6394f.
23 Ebenda, 25. September 1946, S. 6405–6411.
24 Ebenda, 26. September 1946, Unterredung Hitlers mit Matsuoka vom 27. März 1941, S. 6485–6498. Hier zitiert nach: Andreas Hillgruber (Hg.), *Staatsmänner und Diplomaten bei Hitler: Vertrauliche Aufzeichnungen über die Unterredungen mit Vertretern des Auslandes 1939–1941,* München 1969, »Japanischer Außenminister Matsuoka, 27. 3. 1941«, S. 239–252 (Zitate: S. 251, S. 252).
25 *IMTFE Transcripts,* 23. September 1946, Hiranuma zu Hitler, 4. Mai 1939, S. 6103–6107.
26 Ebenda, 23. September 1946, Unterredung Hitler-Terauchi, 25. September 1939, S. 6133–6137.
27 Ebenda, 13. November 1946, Tojo-Verhör, 28. Januar 1946, S. 10306.
28 Ebenda, 25. September 1946, S. 6351–6378.
29 Ebenda, 26. September 1946, S. 6444–6452.
30 Ebenda, 26. September 1946, Unterredung Ribbentrops mit Matsuoka, 29. März 1941, S. 6522–6532. Vgl. hierzu: *Akten zur deutschen auswärtigen Politik 1918–1945,* Serie D: *1937–1941,* Bd. 5/1: *1. Februar bis 5. April 1941,* Göttingen 1969, S. 314, S. 343 (Unterredungen Ribbentrops mit Matsuoka am 29. März und am 27. März 1941).
31 *IMTFE Transcripts,* 26. September 1946, Hitlers Weisung Nr. 24 vom 5. März 1941, S. 6469–6473. Vgl. hierzu auch Walther Hubatsch (Hg.), *Hitlers Weisungen für die Kriegführung 1939–1945: Dokumente des Oberkommandos der Wehrmacht,* Frankfurt/ M. 1962, Weisung Nr. 24 über Zusammenarbeit mit Japan, 5. März 1941, S. 103–105 (»Wegnahme von Singapore [sic]«: S. 104).
32 *IMTFE Transcripts,* 26. September 1946, Unterredung Hitlers mit Matsuoka vom 27. März 1941, S. 6485–6498. Hier zitiert nach: Hillgruber (Hg.), *Staatsmänner und Diplomaten bei Hitler,* S. 239–252 (Zitate: S. 245, S. 248, S. 250).
33 *IMTFE Transcripts,* 26. September 1946, Unterredung Hitlers mit Matsuoka vom 4. April 1941, S. 6537–6545. Hier zitiert nach: Hillgruber (Hg.), *Staatsmänner und Diplomaten bei Hitler,* S. 252–259 (Zitate: S. 257f., S. 258).

34 *IMTFE Transcripts,* 26. September 1946, Telegramm Ribbentrops an die Botschaft in Tokio, 28. Juni 1941, S. 6562–6565. Vgl. hierzu: *Akten zur deutschen auswärtigen Politik 1918–1945,* Serie D: *1937–1941,* Bd. 6/1: *23. Juni bis 14. September 1941,* Göttingen 1970, S. 33f. (S. 33: »Ich habe mit Botschafter Oshima verabredet, dass er auf seine Regierung im Sinne schnellen militärischen Vorgehens gegen Sowjetrussland einwirkt […]«).

35 *IMTFE Transcripts,* 19. September 1946, S. 5872–5876. *IMTFE Transcripts,* 26. September 1946, Resolution der Kaiserlichen Konferenz, 2. Juli 1941, S. 6566–6569.

36 Ebenda, 19. September 1946, S. 5852–5892.

37 Ebenda, 27. September 1946, S. 6657–6661.

38 Ebenda, 27. September 1946, »Abkommen über die gemeinsame Kriegführung« der Achsenmächte, 11. Dezember 1941, S. 6668–6670. Hier zitiert nach: Max Domarus (Hg.), *Hitler: Reden und Proklamationen,* Bd. II/2: *Untergang, 1941–1945,* München 1965, S. 1809f. (Zitat: S. 1809).

39 *IMTFE Transcripts,* 27. September 1946, Empfang des japanischen Botschafters General Oshima durch Hitler, 14. Dezember 1941 [faktisch: 13. Dezember 1941], S. 6670–6680. Hier zitiert nach: Hillgruber (Hg.), *Staatsmänner und Diplomaten bei Hitler,* S. 337–343 (Zitate: S. 337, 338, 339, 341f., 342).

40 *IMTFE Transcripts,* 12. November 1946, Tagebuch Kido, 7. August 1941, S. 10198–10201. Ebenda, 8. November 1946, Tagebuch Kido, 22. Juni 1941, S. 10021–10023.

41 Ian Kershaw, *Hitler, 1936–1945,* S. 602, S. 666 (Zitat). Christa Schroeder, *Er war mein Chef: Aus dem Nachlass der Sekretärin von Adolf Hitler,* hg. von Anton Joachimsthaler, München/Wien 1985, S. 131.

42 *IMTFE Transcripts,* 30. September 1946, S. 6715–6717. Telford Taylor, *Munich: The Price of Peace,* New York 1980, S. 207–212.

43 Fredrik Logevall, *Embers of War: The Fall of an Empire and the Making of America's Vietnam,* New York 2012, S. 24f., 43–66, 89–91.

44 Ernest R. May, *Strange Victory: Hitler's Conquest of France,* New York 2000, S. 5. *IMTFE Transcripts,* 6. November 1946, S. 9691–9693.

45 MAE, NUOI, carton 99, French evidence, Tagebuch Kido, 14. September 1940.

46 Logevall, *Embers of War,* S. 27–41. *IMTFE Transcripts,* 30. September 1946, S. 6708–6728.

47 AWM, Webb papers, 3DRL/2481, series 4, wallet 13, Keenan an Webb, 3. Oktober 1946. AWM, Webb papers, 3DRL/2481, series 4, wallet 4, Chu an Mei, 16. Juli 1946; Mei an Webb, 17. Juli 1946.

48 MAE, NUOI, carton 99, Bernard an Bidault, 11. Oktober 1946. MAE, NUOI, carton 99, Bernard an Webb, 6. September 1946. AWM, Webb papers, 3DRL/2481, series 4 wallet 4, Bernard an Webb, 30. September 1946.

49 MAE, NUOI, carton 99, Bernard an Webb, 9. September 1946.

50 *IMTFE Transcripts,* 1. Oktober 1946, S. 6746–6763. »French Prosecutor Stalls Proceedings of Tokyo Tribunal«, in: *Nippon Times,* 2. Oktober 1946, S. 1f.

51 *IMTFE Transcripts,* 2. Oktober 1946, S. 6787–6791. MAE, NUOI, carton 99, Keenan an Onéto, 8. Oktober 1946.

52 *IMTFE Transcripts,* 3. Dezember 1946, S. 11632–11634.

53 Ebenda, 4. Dezember 1946, S. 11784f.
54 Benedict Anderson (Hg.), *Violence and the State in Suharto's Indonesia,* Ithaca, NY 2001, S. 11. Geoffrey B. Robinson, *The Killing Season: A History of the Indonesian Massacres, 1965–66,* Princeton 2018, S. 31f.
55 *IMTFE Transcripts,* 3. Dezember 1946, S. 11635–11668.
56 Robinson, *Killing Season,* S. 33.
57 Kotkin, *Stalin,* S. 729.
58 Anne Applebaum, *Der Eiserne Vorhang: Die Unterdrückung Osteuropas 1944–1956,* übers. v. Martin Richter, München 2013, S. 36–39, S. 55f., S. 120, S. 125, S. 153, S. 283f. Anne Applebaum, *Roter Hunger: Stalins Krieg gegen die Ukraine,* übers. v. Martin Richter, München 2019. Robert Conquest, *Ernte des Todes: Stalins Holocaust in der Ukraine, 1929–1933,* übers. v. Enno von Löwenstern, München 1988.
59 MMA, RG-9, box 160, Cooley an Byrnes, 26. August 1946.
60 BNA, FO 262/2046, Britische Botschaft in Moskau an Bevin, 13. Oktober 1946.
61 BNA, FO 371/66553, Britische Botschaft in Moskau an Bevin, 17. Mai 1947. »Long Absent Soviet Judge Quits World Court Post«, in: *New York Times,* 31. Juli 1953, S. 4.
62 Anne Applebaum, *Der Gulag,* übers. v. Frank Wolf, Berlin 2003, S. 31–39. Snyder, *Bloodlands,* S. 48–52. *IMTFE Transcripts,* 8. Oktober 1946, S. 7225–7226 und S. 7233–7234.
63 Kotkin, *Stalin,* S. 535–539.
64 Kotkin, *Stalin,* S. 644f., S. 650f., S. 667–670. Robert Conquest, *Der Große Terror: Sowjetunion 1934–1938,* übers. v. Andreas Model, München 1993, S. 511.
65 *IMTFE Transcripts,* 8. Oktober 1946, S. 7285–7295.
66 MMA, RG-9, box 160, W. O. folder, Harriman an Byrnes, 30. Oktober 1946 (in: Byrnes an Atcheson, 2. November 1946).
67 *IMTFE Transcripts,* 1. November 1946, S. 9265–9276.
68 Ebenda, 4. November 1946, S. 9424–9426.
69 Ebenda, 8. November 1946, S. 9996.
70 Ebenda, 1. November 1946, S. 9284.
71 Ebenda, 1. November 1946, S. 9288–9295.
72 Ebenda, 7. November 1946, S. 9891–9978.
73 Ebenda, 12. November 1946, Kaiserliche Konferenz, 2. Juli 1941, S. 10145–10148, Tagebuch Kido, 2. Juli 1941, S. 10144f.
74 Nobutaka Ike (Hg.), *Japan's Decision for War: Records of the 1941 Policy Conferences,* Stanford, CA 1967, dort: Kaiserliche Konferenz, 2. Juli 1941, S. 77–90.
75 Eri Hotta, *Japan 1941: Countdown to Infamy,* New York 2013, S. 269.
76 *IMTFE Transcripts,* 1. November 1946, S. 9288–9295.
77 Ebenda, 12. November 1946, Kaiserliche Konferenz, 6. September 1941, S. 10216–10218.
78 Ike (Hg.), *Japan's Decision for War,* dort: Kaiserliche Konferenz, 6. September 1941, S. 133–163, S. 151 (Anm. 36). Ian Kershaw, *Wendepunkte: Schlüsselentscheidungen im Zweiten Weltkrieg,* übers. v. Klaus-Dieter Schmidt, München 2008, S. 435.

79 *IMTFE Transcripts,* 12. November 1946, S. 10251–10271.
80 Ebenda, 13. November 1946, S. 10285–10288.
81 Ebenda, 12. November 1946, S. 10251–10271.
82 Ebenda, 13. November 1946, S. 10291–10295. »Showa tenno no dokuhaku hachijikan« [Der Acht-Stunden-Monolog des Showa-Kaisers], in: *Bungei Shunju,* Dezember 1990, S. 117f.
83 Hotta, *Japan 1941,* S. 215f.
84 *IMTFE Transcripts,* 12. November 1946, S. 10272–10275.
85 Ebenda, 13. November 1946, S. 10289f.
86 Togo Shigenori, *Japan im Zweiten Weltkrieg: Erinnerungen des japanischen Außenministers 1941–42 und 1945,* übers. v. Egon Heymann, Bonn 1958, S. 110f.
87 Togo, *Japan im Zweiten Weltkrieg,* S. 7–42, S. 44–53 (Zitat: S. 52), S. 89f., S. 121f. Hotta, Japan 1941, S. 216.
88 Ike (Hg.), *Japan's Decision for War,* Koordinierungstreffen, 30. Oktober 1941, S. 196–199.
89 *IMTFE Transcripts,* 13. November 1946, S. 10331f. Togo, *Japan im Zweiten Weltkrieg,* S. 127f.
90 *IMTFE Transcripts,* 13. November 1946, S. 10333–10340.
91 Ike (Hg.), *Japan's Decision for War,* Kaiserliche Konferenz, 5. November 1941, S. 208–239.
92 Ebenda, Koordinierungstreffen, 30. Oktober 1941, S. 198.
93 Langford-Memorandum, 25. Oktober 1941, in: *FRUS: The Far East, 1941,* Washington, D.C. 1956, Bd. 4, S. 544–552.
94 Hotta, *Japan 1941,* S. 236–238.
95 *IMTFE Transcripts,* 13. November 1946, S. 10323–10328. Togo, *Japan im Zweiten Weltkrieg,* S. 140–144.
96 Togo, *Japan im Zweiten Weltkrieg,* S. 146.
97 *IMTFE Transcripts,* 13. November 1946, S. 10389f.
98 Togo, *Japan im Zweiten Weltkrieg,* S. 103–105, S. 172.
99 *IMTFE Transcripts,* 13. November 1946, Tagebuch Kido, 26. November 1941, S. 10429.
100 Robert Dallek, *Franklin D. Roosevelt and American Foreign Policy, 1932–1945,* Oxford 1995, S. 299–306.
101 *IMTFE Transcripts,* 19. November 1946, S. 10819–10823.
102 Ebenda, 14. November 1946, S. 10442f.
103 Togo, *Japan im Zweiten Weltkrieg,* S. 148–166 (Zitat: S. 165). Hotta, *Japan 1941,* S. 270f.
104 Hotta, *Japan 1941,* S. 261–276.
105 *IMTFE Transcripts,* 14. November 1946, S. 10468. Koichi Kido, *The Diary of Marquis Kido, 1931–45,* Frederick, Md. 1984, 30. November 1941, S. 321.
106 *IMTFE Transcripts,* 14. November 1946, S. 10468, Beschluss der Kaiserlichen Konferenz, 1. Dezember 1941, S. 10518–10523.
107 Ike (Hg.), *Japan's Decision for War,* Kaiserliche Konferenz, 1. Dezember 1941, S. 262–283.
108 *IMTFE Transcripts,* 19. November 1946, S. 10825–10829. FDR an Hirohito, 6. Dezember 1941, U.S. Department of State, *Peace and War: United States Foreign Policy, 1931–1941,* Washington, D.C. 1943, S. 828–830.

109 Dallek, *Roosevelt and American Foreign Policy,* S. 309.
110 *IMTFE Transcripts,* 1. November 1946, S. 9295–9326.
111 Dallek, *Roosevelt and American Foreign Policy,* S. 309.
112 Togo, *Japan im Zweiten Weltkrieg,* S. 190–193 (Zitat: S. 193).
113 Roberta Wohlstetter, *Pearl Harbor: Signale und Entscheidungen,* übers. v. Alice Meyer, Erlenbach-Zürich/Stuttgart 1966, S. 289 (Zitat), S. 399f.
114 Wohlstetter, *Pearl Harbor,* S. 355–359. Genauer: Takuma Melber, *Pearl Harbor: Japans Angriff und der Kriegseintritt der USA,* München 2016, S. 168f.
115 III. Haager Konvention »Über den Beginn der Feindseligkeiten« vom 18. Oktober 1907, Artikel 1; deutscher Vertragstext abrufbar unter www.fedlex.admin.ch/eli/cc/26/391_318_373/de (letzter Zugriff: 30. 10. 2024). Japan ratifizierte diese Konvention am 13. Dezember 1911. *IMTFE, Transcripts,* 14. November 1946, S. 10537, S. 10547. Ebenda, 15. November 1946, S. 10627–10629.
116 Togo, *Japan im Zweiten Weltkrieg,* S. 172–187.
117 *IMTFE Transcripts,* 15. November 1946, S. 10623f. Togo, *Japan im Zweiten Weltkrieg,* S. 172–174. Churchill, *Der Zweite Weltkrieg,* Bd. III/2, S. 273; ders., *Der Zweite Weltkrieg,* Frankfurt/ M. 2003, S. 567f.
118 *IMTFE, Transcripts,* 18. November 1946, Erlass Hirohitos, 8. Dezember 1941, S. 10686–10689.

15. Der schmale Pfad nach Norden

1 AWM photograph 019418, September 1945, www.awm.gov.au/collection/C324544 (letzter Zugriff: 30. 10. 2024).
2 AWM, Colin Brien oral history, 25. Februar 1983, www.awm.gov.au/collection/C1006600 (letzter Zugriff: 30. 10. 2024).
3 *IMTFE Transcripts,* 16. Dezember 1946, S. 12883–12892. »Tojo and 11 Others Held Responsible for POW Brutality«, in: *Nippon Times,* 17. Dezember 1946, S. 1.
4 *IMTFE Transcripts,* 12. November 1948, S. 49759f.
5 IV. Haager Konvention, »Abkommen betreffend die Gesetze und Gebräuche des Landkriegs (mit Haager Landkriegsordnung)«, 18. Oktober 1907, 36 Stat. 2277, T. I. A. S. 539; deutscher Vertragstext abrufbar unter www.fedlex.admin.ch/eli/cc/26/429_338_411/de (letzter Zugriff: 30. 10. 2024).
6 Cordell Hull, *The Memoirs of Cordell Hull,* New York 1948, Bd. 2, S. 1589. *IMTFE Transcripts,* 16. Dezember 1946, S. 12856–12859. Aiko Utsumi, »Prisoners of War in the Pacific War«, in: Gavan McCormack/Hank Nelson (Hg.), *The Burma-Thailand Railway: Memory and History,* St. Leonards (Australien) 1993, S. 69.
7 *IMTFE Transcripts,* 7. Januar 1947, S. 14477–14484.
8 Sarah Kovner, *Prisoners of the Empire: Inside Japanese POW Camps,* Cambridge, Mass. 2020. Kovners Buch, das durch die Auswertung japanischer Quellen einen wichtigen Beitrag leistet, zeigt auf überzeugende Art und Weise, dass es kein in der japanischen Kultur verankertes Merkmal gab, das diese Misshandlungen verursachte.
9 Paul H. Kratoska, »Labor Mobilization in Japan and the Japanese Empire«, in:

ders. (Hg.), *Asian Labor in the Wartime Japanese Empire: Unknown Histories,* London 2005, S. 3–7. Michel Paradis, *Last Mission to Tokyo: The Extraordinary Story of the Doolittle Raiders and Their Final Fight for Justice,* New York 2020, S. 194f.

10 Kovner, *Prisoners of the Empire,* S. 5. Utsumi, »Prisoners of War in the Pacific War«, S. 69–73.

11 AWM, Webb papers, 3/DRL/2481, series 4, wallet 19, Northcroft an die Richter, 3./4. Dezember 1946.

12 David Cohen/Yuma Totani, *The Tokyo War Crimes Tribunal: Law, History, and Jurisprudence,* Cambridge 2018, S. 204–208.

13 Kovner, *Prisoners of the Empire,* S. 210f.

14 BNA, FO 371/66551, Reed an Garner, 6. Januar 1947.

15 *IMTFE Transcripts,* 10. September 1946, S. 5351–5362.

16 Ebenda, 12. September 1946, S. 5489.

17 Ebenda, 13. September 1946, S. 5544.

18 Kovner, *Prisoners of the Empire,* S. 56.

19 Utsumi, »Prisoners of War«, S. 75.

20 Yoshinori Murai »Asian Forced Labour *(Romusha)* on the Burma-Thailand Railway«, in: McCormack/Nelson (Hg.), *Burma-Thailand Railway,* S. 61f. E. Bruce Reynolds, »The Abuse of Labor Along the Thailand-Burma Railway«, in: Kratoska (Hg.), *Asian Labor in the Wartime Japanese Empire,* S. 329. Eine andere Schätzung belief sich auf etwa 10 000 Tote unter den alliierten Gefangenen und 30 000 tote asiatische Arbeiter *(IMTFE Transcripts,* 13. September 1946, S. 5568).

21 Christopher Bayly/Tim Harper, Forgotten Armies: *The Fall of British Asia, 1941–1945,* London 2004, S. 405–408.

22 *IMTFE Transcripts,* 12. September 1946, S. 5433–5497.

23 Ebenda, 27. November 1946, S. 11403–11455.

24 Ebenda, 29. November 1946, S. 11529–11534; 2. Dezember 1946, S. 11536–11610; 3. Dezember 1946, S. 11612–11628.

25 Kovner, *Prisoners of the Empire,* S. 210.

26 Charles G. Roland, »Massacre and Rape in Hong Kong«, in: *Journal of Contemporary History* 32 (1997) 1, S. 50–57. *IMTFE Transcripts,* 18. Dezember 1946, S. 13112–13125, S. 13147, S. 13162–13165.

27 Tim Barlass, »Australian Nurse Was Ordered to Keep War Crimes Secret«, in: *Sydney Morning Herald,* 8. April 2019.

28 *IMTFE Transcripts,* 20. Dezember 1946, S. 13454–13476. Gary Nunn, »The WW2 Massacre and a ›Truth Too Awful to Speak‹«, BBC News, 18. April 2019.

29 *IMTFE Transcripts,* 2. Januar 1947, S. 14075–14080.

30 Genfer Abkommen über die Behandlung der Kriegsgefangenen, 27. Juli 1929, Artikel 2, 47 Stat. 2021, T. I. A. S., Nr. 846, 27 *A. J. I. L.* Supp. 59; deutschsprachige Fassung abrufbar unter www.ris.bka.gv.at/GeltendeFassung.wxe?Abfrage=Bundesnormen&Gesetzesnummer=10000191 (letzter Zugriff: 30. 10. 2024).

31 *IMTFE Transcripts,* 7. Januar 1947, S. 14475, 14492–14529.

32 Ebenda, 10. Januar 1947, S. 15046.

33 Ebenda, 8. August 1946, S. 3517–3530. Vgl. Hallett Abend, *My Life in China, 1926–1941,* New York 1943, S. 272f.
34 Paradis, *Last Mission to Tokyo,* S. 51, 60, 68, 106f., 244.
35 *IMTFE Transcripts,* 11. Dezember 1946, S. 12605–12609.
36 Ebenda, 12. Dezember 1946, S. 12640–12667.
37 Ebenda, 11. Dezember 1946, S. 12578–12591, 12610–12626.
38 Ebenda, 11. Dezember 1946, S. 12576f. Vgl. Gordon L. Rottman, *Japanese Army in World War II: The South Pacific and New Guinea, 1942–43,* London 2005, S. 82–87.
39 *IMTFE Transcripts,* 10. Januar 1947, S. 15031–15042. Vgl. NARA, RG 24, Bureau of Naval Personnel records, Casualty Branch, Japanese War Crimes Involving POWs, box 1.
40 Gerald M. Boyd, »Bush Confers with Other Leaders, After Funeral«, in: *New York Times,* 25. Februar 1989, S. A7.
41 Jon Meacham, *Destiny and Power: The American Odyssey of George Herbert Walker Bush,* New York 2015, S. 59–66. Joe Hyams, *Flight of the Avenger: George Bush at War,* San Diego 1991, S. 107f. James Bradley, *Flyboys: A True Story of Courage,* Boston 2003, S. 333.
42 Paradis, *Last Mission to Tokyo,* S. 285–287.
43 *IMTFE Transcripts,* 3. Januar 1947, S. 14205–14222.
44 Ebenda, 8. Januar 1947, S. 14625.
45 Ebenda, 3. Januar 1947, S. 14205–14237.
46 BNA, FO 371/66551, Gascoigne an Bevin, 9. Januar 1947.
47 Arnold C. Brackman, *The Other Nuremberg: The Untold Story of the Tokyo War Crime Trials,* London 1989, S. 265.
48 MMA, RG-9, box 159, War Crimes folder, Hanley an Draper, 1. Dezember 1947.
49 MMA, RG-9, box 159, War Crimes folder, Patterson an MacArthur, 23. Oktober 1946.
50 Frank White, »Prosecution Acts in Surprise Move to Speed Up Trial«, in: *Nippon Times,* 13. September 1947, S. 1.
51 MMA, RG-5, box 30, Jaranilla file, Jaranilla an Wheeler, 22. Dezember 1946.
52 Kovner, *Prisoners of the Empire,* S. 94.
53 *IMTFE Transcripts,* 10. Dezember 1946, S. 12345–12361.
54 Vgl. Kovner, *Prisoners of the Empire,* S. 67–95.
55 *IMTFE Transcripts,* 11. Dezember 1946, S. 12488. Vgl. Terada Takefumi, »Christianity and the Japanese Occupation«, in: Ikehata Setsuho/Lydia N. Yu Jose, *Philippines-Japan Relations,* Manila 2003, S. 223–260.
56 James M. Scott, *Rampage: MacArthur, Yamashita, and the Battle of Manila,* New York 2018.
57 *IMTFE Transcripts,* 10. Dezember 1946, S. 12362–12390.
58 Stuart Creighton Miller, *Benevolent Assimilation: The American Conquest of the Philippines, 1899–1903,* New Haven 1982, S. 247–252.
59 *IMTFE Transcripts,* 10. Dezember 1946, S. 12345–12361.
60 Ebenda, 10. Dezember 1946, S. 12393–12401.
61 »P.I. Prosecutor Describes Japanese Orgy in Manila«, in: *Nippon Times,* 12. Dezember 1946, S. 1f.

62 *IMTFE Transcripts,* 11. Dezember 1946, S. 12484–12489, 12494–12496, 12510–12512, 12520–12536.
63 Ebenda, 11. Dezember 1946, S. 12567–12576.
64 Ebenda, 23. Dezember 1946, S. 13491.
65 Ebenda, 26. Dezember 1946, S. 13658–13684.
66 Ebenda, 15. Januar 1947, S. 15293–15304.
67 Ebenda, 16. Januar 1947, S. 15307–15472.
68 Ebenda, 17. Dezember 1946, S. 13087–13094.
69 Ebenda, 18. Dezember 1946, S. 13108–13111.
70 Ebenda, 7. Januar 1947, S. 14540–14542.
71 Ebenda, 3. Januar 1947, S. 14262–14268.
72 Ebenda, 11. September 1946, S. 5365–5432.
73 Ebenda, 16. Dezember 1946, S. 12859–12876. Brackman, *The Other Nuremberg,* S. 285.
74 *IMTFE Transcripts,* 12. September 1946, S. 5491. Kovner, *Prisoners of the Empire,* S. 6, 85.
75 *IMTFE Transcripts,* 8. Januar 1947, S. 14662–14665.
76 Ebenda, 16. Dezember 1946, S. 12859–12876.
77 Ebenda, 3. Januar 1947, S. 14270–14281.
78 »Ex-Admiral Nagano, War Crime Suspect, Dies of Pneumonia«, in: *Nippon Times,* 7. Januar 1947, S. 1. *IMTFE Transcripts,* 6. Januar 1947, S. 14306f.
79 Ebenda, 3. Januar 1947, S. 14295f.
80 Togo Shigenori, *Japan im Zweiten Weltkrieg,* übers. v. Egon Heymann, Bonn 1958, S. 202–205 (Zitat: S. 203).
81 *IMTFE Transcripts,* 9. Januar 1947, S. 14736–14745.
82 Brackman, *The Other Nuremberg,* S. 285.
83 *IMTFE Transcripts,* 12. September 1946, S. 5492f.; 13. September 1946, S. 5519–5526.
84 Ebenda, 9. Januar 1947, S. 14736–14745, 14792.
85 Ebenda, 3. Januar 1947, S. 14285–14294. »A ›Dead Man‹ Speaks«, in: *Life,* 26. Januar 1948, S. 87–90.
86 *IMTFE Transcripts,* 3. Januar 1947, S. 14285–14294.
87 Ebenda, 6. Januar 1947, S. 14318–14326, 14339–14341.
88 Ebenda, 7. Januar 1947, S. 14484–14497.
89 Ebenda, 7. Januar 1947, S. 14530–14538.
90 Ebenda, 7. Januar 1947, S. 14424–14430.
91 Ebenda, 8. Januar 1947, S. 14558–14591.
92 Ebenda, 8. Januar 1947, S. 14575–14597.
93 Ebenda, 30. Dezember 1947, S. 36421f.
94 UVA, Tavenner papers, Tojo affidavit, defense document 3000, S. 196f.
95 Paradis, *Last Mission to Tokyo,* S. 206–211, 333.
96 *IMTFE Transcripts,* 8. Januar 1947, S. 14597–14606.
97 Ebenda, 24. Januar 1947, S. 16259.

16. Elf zornige Männer

1 Mei Ruao, »A Vote on the Right to Life«, März 1948, in: Mei Xiaoao/Mei Xiaokan (Hg.), *Mei Ruao Dongjing shenpan wengao* [Die Tokioter Prozessmanuskripte von Mei Ruao], Shanghai 2013, S. 393–400.
2 BDIC, fonds du Bernard, F° Δ res 0874/15, Party-Einladungen.
3 NL-HaNA, 2.21.273, folder 27, Röling an Hentig, 28. August 1947.
4 NL-HaNA, 2.21.273, folder 27, Röling an Nisbet, 22. Juli 1946; Röling an Daly, 27. August 1946; Röling an Nisbet, 6. Mai 1946.
5 NL-HaNA, 2.21.273, folder 27, Röling an Nisbet, 22. Juli 1946; Röling an Daly, 27. August 1946.
6 B. V. A. Röling, *The Tokyo Trial and Beyond: Reflections of a Peacemonger*, hg. von Antonio Cassese, Cambridge 1993, S. 21 f.
7 NL-HaNA, 2.21.273, folder 273, Röling an Nisbet, 12. November 1947.
8 NL-HaNA, 2.21.273, folder 273, Röling an Daly, 27. August 1946
9 *IMTFE Transcripts*, 17. Mai 1946, S. 318 f.
10 AWM, Webb papers, 3DRL/2481, wallet 7, Sarjanow an die Richter, 3. März 1947.
11 BNA, LCO 2/2292, Patrick an Cooper, 1947.
12 BNA, LCO 2/2292, Northcroft an O'Leary, 18. März 1947.
13 BNA, FO 371/66553, Note an Sargent, 21. Mai 1947.
14 AWM, Webb papers 3DRL/2481, series 1, wallet 10, Röling an Webb, 23. Januar 1947.
15 NL-HaNA, 2.21.273, folder 27, Röling an Schick, 6. November 1947.
16 NL-HaNA, 2.21.273, folder 27, Röling an Patricia Daly, 27. August 1946.
17 BNA, LCO 2/2292, Patrick an Cooper, 29. März 1947.
18 Röling, *Tokyo Trial and Beyond*, S. 29.
19 Vgl. Manjari Chatterjee Miller, *Wronged by Empire: Post-Imperial Ideology and Foreign Policy in India and China*, Stanford, Calif. 2013.
20 Mei, »Vote on the Right to Life«, S. 393–400.
21 Guoshiguan, Foreign Ministry files, Major Cases of the International Military Tribunal for the Far East (Part II), Mei an Wang, 20. August 1948, 020–010117–0027–0041a bis 010117–0027–0043a.
22 Bradley F. Smith, *The Road to Nuremberg*, New York 1981, S. 103–105.
23 AWM, Webb papers, 3DRL/2481, series 4, wallet 20, Webb second draft, 12. Juni 1946.
24 AWM, Webb papers, 3DRL/2481, series 4, wallet 4, Patrick an Webb, 8. Mai 1946.
25 Kennan Memcon, 3. Juni 1948, in: *FRUS 1948*, Washington, D.C. 1974, Bd. 6, S. 801–807.
26 Kennan-Dening Memcon, 28. Mai 1948, in: *FRUS 1948*, Bd. 6, S. 788–794.
27 Vgl. Yuki Takatori, »›America's‹ War Crimes Trial?«, in: *Journal of Imperial and Commonwealth History* 35 (2007) 4, S. 549–568.
28 BNA, FO 371/66552, Gascoigne an Bevin, 1. Mai 1947.
29 Jack Goldsmith und Eric Posner vertreten die Ansicht, dass im Eigeninteresse handelnde Staaten Verträge nutzen, weil sie Verhandlungsergebnisse wiedergeben und Mehrdeutigkeiten verringern sowie innenpolitische Ratifikations-

prozesse erfordern, aus denen sich Informationen ergeben können, durch die Kooperation und Koordination verbessert werden. *The Limits of International Law,* Oxford 2005, S. 10–14, 83–106.

30 BNA, LCO 2/2992, Patrick an Cooper, 1947.

31 AWM, Webb papers, 3DRL/2481, series 1, wallet 9, Patrick an Webb, 1. Juli 1946.

32 AWM, Webb papers, 3DRL/2481, series 1, wallet 7, Stellungnahme zur rechtlichen Zuständigkeit durch Mitglieder des Gerichts für Großbritannien, Kanada und Neuseeland, Mai 1946.

33 BNA, LCO 2/2992, Patrick an Cooper, 1947.

34 BNA, LCO 2/2992, Northcroft an O'Leary, 18. März 1947.

35 BNA, LCO 2/2992, Patrick an Cooper, 1947.

36 AWM, Webb papers, 3DRL/2481, series 1, wallet 7, Stellungnahme zur rechtlichen Zuständigkeit durch Mitglieder des Gerichts für Großbritannien, Kanada und Neuseeland, Mai 1946. Dies weist Anklänge an die 1881 formulierte berühmte Erklärung von Oliver Wendell Holmes auf: »Das Recht [entnimmt] seine eigentliche Lebenskraft nicht der Logik, sondern ist ein Niederschlag von Erfahrungen.« Hier zitiert nach: Oliver Wendell Holmes jr., *Das gemeine Recht Englands und Nordamerikas: in elf Abhandlungen dargestellt,* übers. v. Rudolf Leonhard, Leipzig 1912, S. 1 [US-Ausgabe: ders., *The Common Law,* Boston 1923, S. 1]. Vgl. John Fabian Witt, *Lincoln's Code: The Laws of War in American History,* New York 2012, S. 369. Zum Zitat aus dem Nürnberger Urteil: Internationaler Militärgerichtshof, *Der Prozess gegen die Hauptkriegsverbrecher, Nürnberg, 14. November 1945–1. Oktober 1946,* Bd. XXII: *Verhandlungsniederschriften 27. August 1946–1. Oktober 1946,* Nürnberg 1948, S. 527 (30. September 1946).

37 Vgl. hierzu das Statut des Internationalen Gerichtshofs (International Court of Justice) vom 26. Juni 1945, Art. 38 (1) (b) (»Der Gerichtshof, dessen Aufgabe es ist, die ihm unterbreiteten Streitfälle nach Völkerrecht zu entscheiden, wendet an: (…) b) das internationale Völkerrecht als Ausdruck einer allgemeinen, als Recht anerkannten Übung«), 59 Stat. 1055, 1060. *Restatement (Third) of the Foreign Relations Law of the United States* § 102(2), 1987. Deutsche Fassung des Statuts abrufbar unter: www.staatsvertraege.de/uno/gerichtshof-statut45-i.htm oder www.menschenrechtsabkommen.de/statut-des-internationalen-gerichtshofs-1154 (letzter Zugriff: 30. 10. 2024).

38 BNA, LCO 2/2992, Patrick an Cooper, 1947. Vgl. hierzu David A. Strauss, *The Living Constitution,* Oxford 2010.

39 *The Paquete Habana,* 175 U. S. 677 (1900). Ian Brownlie, *Principles of Public International Law,* Oxford 1990, S. 7–9. Martti Koskenniemi, *From Apology to Utopia: The Structure of International Legal Argument,* Cambridge 2006, S. 388–473. Bruno Simma/Philip Alston, »The Sources of Human Rights Law«, in: *Australian Year Book of International Law* 12 (1992), S. 88–100.

40 Jack L. Goldsmith/Eric A. Posner, »A Theory of Customary International Law«, in: *University of Chicago Law Review* 66 (Herbst 1999) 4, S. 1113–1177; »Further Thoughts on Customary International Law«, in: *Michigan Journal of International Law* 23 (2001), S. 191–200; und Goldsmith/Posner, *The Limits of International Law,* S. 23–78. Witt, *Lincoln's Code,* S. 368–370.

41 Gary J. Bass, *Stay the Hand of Vengeance: The Politics of War Crimes Tribunals*, Princeton 2000, S. 76, S. 58–105. Vollständiger Text des Versailler Vertrags unter www.documentarchiv.de/wr/vv.html (letzter Zugriff: 30. 10. 2024).
42 AWM, Webb papers, 3DRL/2481, series 1, wallet 7, Stellungnahme zur rechtlichen Zuständigkeit durch Mitglieder des Gerichts für Großbritannien, Kanada und Neuseeland, Mai 1946.
43 Vgl. AWM, Webb papers, 3DRL/2481, series 4, wallet 20, Webb, revised judgment, 20. Januar 1947.
44 *Ex parte Quirin*, 317 U. S. 1, S. 27f., S. 30f. (1942).
45 AWM, Webb papers, 3DRL/2481, series 1, wallet 7, Stellungnahme zur rechtlichen Zuständigkeit durch Mitglieder des Gerichts für Großbritannien, Kanada und Neuseeland, Mai 1946.
46 BNA, LCO 2/2992, Northcroft an O'Leary, 18. März 1947.
47 AWM, Webb papers, 3DRL/2481, series 4, wallet 20, Webb-Memo, 2. August 1946.
48 BNA, LCO 2/2992, Northcroft an O'Leary, 18. März 1947.
49 BNA, LCO 2/2992, Patrick an Cooper, 1947.
50 AWM, Webb papers, 3DRL/2481, series 4, wallet 20, Webb first draft, 12. Juni 1946.
51 Vgl. Manley O. Hudson, *Synopsis of the Geneva Protocol for the Pacific Settlement of International Disputes*, New York 1924; John F. Williams, »The Geneva Protocol of 1924 for the Pacific Settlement of International Disputes«, in: *Journal of the British Institute of International Affairs* 3 (1924) 6, S. 288–304.
52 AWM, Webb papers, 3DRL/2481, series 4, wallet 20, Webb second draft, 12. Juni 1946.
53 AWM, Webb papers, 3DRL/2481, series 4, wallet 20, Webb an die Richter, 12. Juni 1946. BDIC, fonds du Bernard, F° Δ res 0874/10, Webb an die Richter, 12. Juni 1946.
54 AWM, Webb papers, 3DRL/2481, series 4, wallet 20, Webb an die Richter, 27. Juni 1946.
55 BDIC, fonds du Bernard, F° Δ res 0874/10, Northcroft an Webb, 1. Juli 1946.
56 BDIC, fonds du Bernard, F° Δ res 0874/10, McDougall an Webb, 2. Juli 1946.
57 BDIC, fonds du Bernard, F° Δ res 0874/10, Sarjanow an Webb, Juli 1946.
58 Aron N. Trainin, *Hitlerite Responsibility Under Criminal Law*, hg. von A. J. Wyschinski, übersetzt von Andrew Rothstein, London 1945, S. 37.
59 Ingeborg Plettenberg, »The Soviet Union and the League of Nations«, in: *The League of Nations in Retrospect*, Berlin 1983, S. 171f. Vgl. hierzu auch: dies., *Die Sowjetunion im Völkerbund 1934 bis 1939*, Köln 1987, S. 492–506.
60 BDIC, fonds du Bernard, F° Δ res 0874/10, Sarjanow an Webb, August 1946.
61 Christopher Bayly/Tim Harper, *Forgotten Wars: The End of Britain's Asian Empire*, London 2007, S. 86–91. Sarvepalli Gopal, *Jawaharlal Nehru: A Biography*, London 1975, Bd. 1, S. 307f.
62 Serhii Plokhy, *Atoms and Ashes: From Bikini Atoll to Fukushima*, London 2022, S. 1–42.
63 BDIC, fonds du Bernard, F° Δ res 0874/10, Pal an Webb, 5. Juli 1946.
64 AWM, Webb papers, 3DRL/2481, series 4, wallet 20, Webb-Memo, 2. August 1946.

65 BDIC, fonds du Bernard, F° Δ res 0874/10, Patrick an Webb, 11. Oktober 1946.

66 BDIC, fonds du Bernard, F° Δ res 0874/10, Pal an Webb, 17. Oktober 1946.

67 AWM, Webb papers, 3DRL/2481, series 4, wallet 20, Webb an die Richter, 14. Januar 1947.

68 MMA, RG-9, box 159, War Crimes folder, MacArthur an die Joint Chiefs, 1. Oktober 1946.

69 MMA, RG-9, box 159, War Crimes folder, Joint Chiefs an MacArthur, 19. Oktober 1946, NAI, EAD file Nr. 306-FEA/46, Note von Dune, 9. Oktober 1946.

70 NAI, EAD file Nr. 306-FEA/46, War Department an Jain, 12. Oktober 1946. MMA, RG-5, box 60, Webb folder, Webb an MacArthur, 11. Oktober 1946

71 NAI, EAD file Nr. 306-FEA/46, Jain an Wavell, 14. Oktober 1946.

72 MMA, RG-5, box 45, Pal folder, Pal an MacArthur, 7. November 1946.

73 Yasmin Khan, *The Great Partition: The Making of India and Pakistan,* New Haven 2007, S. 63–67. Sugata Bose, *Agrarian Bengal: Economy, Social Structure and Politics, 1919–1947,* Cambridge 2009.

74 NAI, EAD file Nr. 306-FEA/46, Wavell an Pal, 18. November 1946.

75 NAI, EAD file Nr. 306-FEA/46, Pal an Wavell, 20. November 1946.

76 NAI, EAD file Nr. 306-FEA/46, Wavell an das Air Booking Center, 21. November 1946. MMA, RG-5, box 45, Pal folder, MacArthur an Pal, 7. November 1946. Vgl. MMA, RG-5, box 45, Pal folder, Pal an MacArthur, 12. November 1946.

77 BDIC, fonds du Bernard, F° Δ res 0874/10, Bernard an Webb, 10. Oktober 1946.

78 AWM, Webb papers, 3DRL/2481, series 4, wallet 20, Webb an die Richter, 27. November 1946.

79 H. L. A. Hart, »Are There Any Natural Rights?«, in: *Philosophical Review* 64 (1955) 2, S. 175–191. Lon L. Fuller, »Positivism and Fidelity to Law«, in: *Harvard Law Review* 71 (Februar 1958) 4, S. 630–672. A. P. d'Entrèves, *Natural Law: A Historical Survey,* New York 1965. Anver M. Emon/Matthew Levering/David Novak, *Natural Law: A Jewish, Christian, and Islamic Trialogue,* Oxford 2014.

80 Brillante Überlegungen zu diesen Fragen bietet Scott J. Shapiro, *Legality,* Cambridge, Mass. 2011, S. 27–32, S. 42–50, S. 250–254, S. 389–392.

81 Richard Tuck, *The Rights of War and Peace: Political Thought and the International Order from Grotius to Kant,* Oxford 1999, S. 2–8, S. 73 f., S. 84–89, S. 99–108, S. 170–181.

82 Marcus Tullius Cicero, *De re publica [Vom Staat],* Lateinisch/Deutsch, übersetzt und herausgegeben von Michael von Albrecht, Ditzingen 2013, Drittes Buch, 22 (33), S. 201 (… »es wird dieses Gesetz in Rom nicht anders sein als in Athen, […] sondern alle Völker wird zu allen Zeiten ein einziges, ewiges, unveränderliches Gesetz zusammenhalten […]«.)

83 Karl Jaspers, *Die Schuldfrage,* Heidelberg 1946, S. 51; vgl. außerdem: ders. *Die Schuldfrage* (= Werke, Bd. I/23), Basel 2021, S. 52; ders., »The Significance of the Nürnberg Trials for Germany and the World«, in: *Notre Dame Law Review* 22 (1947) 2, S. 150–160 (hier: S. 155).

84 Thomas von Aquin, *Die deutsche Thomas-Ausgabe,* Bd. 13, *Das Gesetz, I-II: Frage 90–105,* deutsch-lateinische Ausgabe der *Summa Theologica,* Heidelberg und Graz/Wien/Köln 1977, dort: *Frage 90–97.* D. J. O'Connor, *Aquinas and Natural Law,* London 1967.

85 Mei, »Vote on the Right to Life«, S. 395.

86 AWM, Webb papers, 3DRL/2481, series 1, wallet 13, Webb an Herzog, 20. Oktober 1947. Peter J. Herzog, »Political Theories in the Japanese Constitution«, in: *Monumenta Nipponica* 7 (1951), S. 1–23.

87 AWM, Webb papers, 3DRL/2481, series 4, wallet 20, Webb an die Richter, 27. November 1946. AWM, Webb papers, 3DRL/2481, series 1, wallet 13, Peter J. Herzog, »The Punishment of War Crimes and the Law of Nature«. AWM, Webb papers, 3DRL/2481, series 1, wallet 13, Webb an Herzog, 20. Oktober 1947.

88 Vgl. Hersch Lauterpracht, »The Grotian Tradition in International Law«, in: *British Year Book of International Law* 23 (1946), S. 1–53.

89 AWM, Webb papers, 3DRL/2481, series 4, wallet 20, Webb memorandum, 5. August 1946.

90 AWM, Webb papers, 3DRL/2481, series 4, wallet 20, Webb an die Richter, 27. November 1946.

91 Guoshiguan, Foreign Ministry files, IMTFE Major Cases (Part II), Mei an Webb, 8. Dezember 1946, 020–010117–0027–0104a bis 020–010117–0027–0115a. Mei Ruao, *Dongjing da shenpan: Yuandong guoji junshi fating Zhongguo faguan Mei Ruao riji* [Der Große Tokioter Prozess: Tagebuch von Mei Ruao, dem chinesischen Richter beim Internationalen Militärtribunal für den Fernen Osten], Nanchang 2005, 8. Mai 1946, S. 147.

92 Ju-ao Mei (Mei Ruao), »China and the Rule of Law«, in: *Pacific Affairs* 5 (Oktober 1932) 10, S. 683–672.

93 Guoshiguan, Foreign Ministry files, IMTFE Major Cases (Part II), Mei an Webb, 8. Dezember 1946, 020–010117–0027–0104a bis 020–010117–0027–0115a.

94 BNA, LCO 2/2992, Northcroft an O'Leary, 18. März 1947.

95 BDIC, fonds du Bernard, Fº Δ res 0874/10, Sarjanow an Webb, 3. Januar 1947.

96 AWM, Webb papers, 3DRL/2481, series 1, wallet 9, McDougall an Webb, 23. Dezember 1946. AWM, Webb papers, 3DRL/2481, series 1, wallet 9, Webb an McDougall, 26. Dezember 1946.

97 BNA, LCO 2/2992, Patrick an Cooper, 1947.

98 BNA, LCO 2/2992, Northcroft an O'Leary, 18. März 1947.

99 Guoshiguan, Foreign Ministry files, IMTFE Major Cases (Part II), Mei an Webb, 8. Dezember 1946, 020–010117–0027–0104a bis 020–010117–0027–0115a.

100 AWM, Webb papers, 3DRL/2481, series 4, wallet 20, 11. Dezember 1946.

101 BNA, LCO 2/2992, Northcroft an O'Leary, 18. März 1947.

102 BDIC, fonds du Bernard, Fº Δ res 0874/10, Webb an die Richter, 20. Dezember 1946.

103 BDIC, fonds du Bernard, Fº Δ res 0874/10, Sarjanow an Webb, 3. Januar 1947.

104 AWM, Webb papers, 3DRL/2481, series 4, wallet 12, Webb an Sarjanow, 22. Januar 1947.
105 AWM, Webb papers, 3DRL/2481, series 4, wallet 12, Webb an Sarjanow, 22. Januar 1947.
106 BDIC, fonds du Bernard, F° Δ res 0874/10, Webb an die Richter, 10. Januar 1947. AWM, Webb papers, 3DRL/2481, series 4, wallet 20, Webb an die Richter, 14. Januar 1947.
107 AWM, Webb papers, 3DRL/2481, series 4, wallet 20, Webb revised judgment, 20. Januar 1947.
108 BNA, LCO 2/2992, Northcroft an O'Leary, 18. März 1947.
109 Röling, *Tokyo Trial and Beyond,* S. 61.
110 Vgl. AWM, Webb papers, 3DRL/2481, series 1, wallet 1, IMTFE Charter, Sec. 2, Art. 5.
111 Vgl. Gabriella Blum, »The Dispensable Lives of Soldiers«, in: *Journal of Legal Analysis* 2 (Frühjahr 2010) 1, S. 115–170. Vgl. Ryan Goodman, »Controlling the Recourse to War by Modifying *Jus in Bello*«, in: *Yearbook of International Humanitarian Law* 12 (Dezember 2009), S. 53–84.
112 NL-HaNA 2.21.273, folder 11, Röling an Webb, 23. Januar 1947. AWM, Webb papers, 3 DRL/2481, series 1, wallet 10, Röling an Webb, 23. Januar 1947. Vgl. Lisette Schouten, »In the Footsteps of Grotius«, in: Kerstin von Lingen (Hg.), *Transcultural Justice at the Tokyo Tribunal: The Allied Struggle for Justice, 1946–48,* Leiden 2018, S. 242–261.
113 AWM, Webb papers, 3DRL/2481, series 4, wallet 20, Webb an die Richter, 23. Januar 1947; und Webb jurisdiction judgment, 23. Januar 1947.
114 AWM, Webb papers, 3DRL/2481, series 4, wallet 4, Webb an Jaranilla, 23. Januar 1947.
115 BDIC, fonds du Bernard, F° Δ res 0874/10, Jaranilla an die Richter, 22. Januar 1947.
116 BDIC, fonds du Bernard, F° Δ res 0874/10, Sarjanow an die Richter, 28. Januar 1947.
117 AWM, Webb papers, 3DRL/2481, series 1, wallet 9, Cramer an Webb, 29. Januar 1947.
118 BDIC, fonds du Bernard, F° Δ res 0874/10, Bernard an Webb, 30. Januar 1947.
119 BNA, LCO 2/2992, Patrick an Cooper, 1947.
120 Guoshiguan, Foreign Ministry files, IMTFE Major Cases (Part II), Mei an Webb, 8. Dezember 1946, 020–010117–0027–0104a bis 020–010117–0027–0115a.
121 BNA, LCO 2/2992, Northcroft an O'Leary, 18. März 1947.
122 Stellungnahme von Aso, 164. Sitzungsperiode des Repräsentantenhauses (Shugiin), Sitzung des Haushaltsausschusses vom 16. Februar 2006, www.shugiin.go.jp/internet/itdb_kaigirokua.nsf/html/kaigirokua/001816420060216013.htm (letzter Zugriff: 30. 10. 2024).

17. Die Verteidigung erhebt sich

1 Shinsho Hanayama, *The Way of Deliverance: Three Years with the Condemned Japanese War Criminals,* übers. v. Hideo Suzuki, Eiichi Noda und James K. Sasaki, New York 1950, S. 29–32.
2 »Aim of Tokyo War Crimes Trial Told«, in: *North-China Daily News,* 12. Januar 1947, S. 3.
3 Lindesay Parrot, »Unions Call Off Japanese Strike«, in: *New York Times,* 1. Februar 1947, S. 6.
4 Nick Kapur, *Japan at the Crossroads: Conflict and Compromise After Anpo,* Cambridge, Mass. 2018, S. 9f.
5 *IMTFE Transcripts,* 28. Januar 1947, S. 16662–16676.
6 Ebenda, 27. Januar 1947, S. 16261–16271. A. C. Brackman, »Mistrial Rejected as Defense Phase of Hearing Starts«, in: *Nippon Times,* 28. Januar 1947, S. 1f.
7 *IMTFE Transcripts,* 24. Dezember 1946, S. 13577.
8 Ebenda, 27. Januar 1947, S. 16277–16291, 16303–16377.
9 Ebenda, 28. Januar 1947, S. 16444–16453.
10 Frank White, »Tojo on Trial«, in: *Far East Stars and Stripes Weekly Review,* 2. November 1947, S. 6.
11 *IMTFE Transcripts,* 28. Januar 1947, S. 16628–16635.
12 Ebenda, 27. Januar 1947, S. 16385–16408.
13 Ebenda, 28. Januar 1947, S. 16594–16628.
14 »A ›Dead Man‹ Speaks«, in: *Life,* 26. Januar 1948, S. 87–90.
15 BNA, FO 371/66552, Gascoigne an Bevin, 27. Februar 1947. »F. S. Tavenner Jr., House Panel Aide«, in: *New York Times,* 22. Oktober 1964, S. 35.
16 *IMTFE Transcripts,* 30. Januar 1947, S. 16768–16801.
17 Ebenda, 31. Januar 1947, S. 16950–16958.
18 Ebenda, 30. Januar 1947, S. 16819–16825, 16856–16862, 16895–16900.
19 Ebenda, 31. Januar 1947, S. 16939–16949.
20 Ebenda, 30. Januar 1947, S. 16768–16801.
21 Ebenda, 30. Januar 1947, S. 16846–16855.
22 BDIC, fonds du Bernard, F° Δ res 0874/10, Sarjanow an Webb, 31. Januar 1947.
23 BDIC, fonds du Bernard, F° Δ res 0874/10, Webb an die Richter, 2. Februar 1947.
24 *IMTFE Transcripts,* 3. Februar 1947, S. 16997.
25 Arnold C. Brackman, *The Other Nuremberg: The Untold Story of the Tokyo War Crime Trials,* London 1989, S. 306f.
26 *IMTFE Transcripts,* 30. Dezember 1946, S. 13878–13892, S. 13924.
27 AWM, Webb papers, 3DRL/2481, series 4, wallet 16, Mattice an Webb, 20. September 1946.
28 AWM, Webb papers, 3DRL/2481, series 4, wallet 16, Japanese defense counsel note, 27. Juli 1947.
29 AWM, Webb papers, 3DRL/2481, series 4, wallet 16, list of accused and American counsel, 21. Januar 1947. AWM, Webb papers, 3DRL/2481, series 4, wallet 4, Jaranilla an Webb, 6. August 1946. AWM, Webb papers, 3DRL/2481, series 4, wallet 4, Northcroft an Webb, 6. August 1946.

30 BNA, LCO 2/2992, Northcroft an O'Leary, 28. März 1947.
31 AWM, Webb papers, 3DRL/2481, series 4, wallet 7, Kiyose, »Inquisitorial System and Litigious System«, in: *Jiji Shimpo*, 4. Juni 1946.
32 AWM, Webb papers, 3DRL/2481, series 4, wallet 12, Sarjanow an Webb, 20. Februar 1947.
33 *IMTFE Transcripts*, 24. Februar 1947, S. 17004–17010.
34 AWM, Webb papers, 3DRL/2481, series 4, wallet 7, »Ichiro Kiyose«, in: *Yomiuri*, 25. Mai 1946.
35 Mei Ruao, *Dongjing da shenpan: Yuandong guoji junshi fating Zhongguo faguan Mei Ruao riji* [Der Große Tokioter Prozess: Tagebuch von Mei Ruao, dem chinesischen Richter beim Internationalen Militärtribunal für den Fernen Osten], Nanchang 2005, 6. Mai 1946, S. 141.
36 AWM, Webb papers, 3DRL/2481, series 4, wallet 7, »President Webb Read a Statement in a Gentle Tone«, in: *Asahi Shimbun*, 4. Mai 1946.
37 *IMTFE Transcripts*, 24. Februar 1947, S. 17048.
38 AWM, Webb papers, 3DRL/2481, series 1, wallet 9, Webb an Röling, 17. März 1947.
39 Nürnberger Urteil, 30. September 1946, in: Internationaler Militärgerichtshof, *Der Prozess gegen die Hauptkriegsverbrecher: Nürnberg, 14. November 1945 – 1. Oktober 1946*, Bd. 22, *Verhandlungsniederschriften, 27. August – 1. Oktober 1946*, Nürnberg 1948, S. 435. Webster an Fox, 24. April 1841, Arnold McNair, *International Law Opinions: Selected and Annotated*, Cambridge 1956, Bd. 2, S. 222.
40 MMA, RG-5, box 60, Webb folder, Webb an Chifley, 1947.
41 Edwin O. Reischauer, *The Japanese*, Cambridge, Mass. 1978, S. 239f.
42 *IMTFE Transcripts*, 24. Februar 1947, S. 17088–17103.
43 Ebenda, 24. Februar 1947, S. 17011–17029, S. 17032–17087.
44 Ebenda, 24. Februar 1947, S. 17088–17103.
45 »Tojo's Defense«, in: *New York Times*, 26. Februar 1947, S. 24.
46 Hatsue Shinohara, *U. S. International Lawyers in the Interwar Years: A Forgotten Crusade*, Cambridge 2012, S. 105, 113.
47 AWM, Webb papers, 3DRL/2481, series 4, wallet 6, Imai an Webb, 18. März 1947.
48 »Tojo's Brother Found Living in Osaka Subway«, in: *Nippon Times*, 27. Februar 1947, S. 3.
49 Kenzo Takayanagi, »A Japanese View of the Struggle in the Far East«, in: *International Affairs* 18 (Januar-Februar 1939) 1, S. 29–55. Vgl. Kenzo Takayanagi, »Some Reminiscences of Japan's Commission on the Constitution«, in: *Washington Law Review* 43 (1968), S. 961–978.
50 *IMTFE Transcripts*, 24. Februar 1947, S. 17107–17112.
51 AWM, Webb papers, 3DRL/2481, series 1, wallet 7, Sarjanow an die Richter, 3. März 1947.
52 *IMTFE Transcripts*, 28. Februar 1947, S. 17594–17603.
53 Winston S. Churchill, *Der Zweite Weltkrieg*, Bd. 3: *Die Große Allianz*, 2. Buch: *Amerika im Krieg*, übers. v. Eduard Thorsch, Bern 1950.
54 *IMTFE Transcripts*, 28. Februar 1947, S. 17594–17603. Zum Thema Ungebräuchlichkeit vgl. Thomas M. Franck, »Who Killed Article 2 (4)?«, in: *Ameri-*

can Journal of International Law 64 (Oktober 1970) 5, S. 809–837; außerdem Michael J. Glennon, *Limits of Law, Prerogatives of Power: Interventionism after Kosovo,* New York 2001, S. 60–64. Blakeneys Quellen waren William Edward Hall, *Treatise on International Law,* hg. von A. Pearce Higgins, Oxford 81924, S. 5–8; und Lassa Oppenheim, *International Law: A Treatise,* London 41928, Bd. 1, S. 24.

55 AWM, Webb papers, 3DRL/2481, series 1, wallet 7, Sarjanow an die Richter, 3. März 1947.

56 Henry L. Stimson, »The Decision to Use the Atomic Bomb«, in: *Harper's Magazine,* Februar 1947, S. 97–107.

57 Nina Tannenwald, *The Nuclear Taboo: The United States and the Non-Use of Nuclear Weapons Since 1945,* Cambridge 2009, S. 73–114. Petersburger Erklärung (»Erklärung betreffend Nichtanwendung der Sprenggeschosse im Kriege«) vom 11. Dezember 1868, deutscher Vertragstext abrufbar unter www.admin.ch/opc/de/classified-compilation/18680006/index.html (letzter Zugriff: 30. 10. 2024).

58 IV. Haager Konvention, »Abkommen betreffend die Gesetze und Gebräuche des Landkriegs (mit Haager Landkriegsordnung)«, Art. 22 und 23 (e), 18. Oktober 1907, 36 Stat. 2277, T. I. A. S. 539; deutscher Vertragstext abrufbar unter www.fedlex.admin.ch/eli/cc/26/429_338_411/de (letzter Zugriff: 30. 10. 2024).

59 *IMTFE Transcripts,* 3. März 1947, S. 17605–17662.

60 Gary J. Bass, *Stay the Hand of Vengeance: The Politics of War Crimes Tribunals,* Princeton 2000, S. 101.

61 The Paquete Habana, 175 U. S. 677 (1900).

62 *IMTFE Transcripts,* 3. März 1947, S. 17662–17677.

63 Ebenda, 4. März 1947, S. 17682 f.

64 BNA, LCO 2/2992, Northcroft an O'Leary, 28. März 1947.

65 *IMTFE Transcripts,* 25. Februar 1947, S. 17142–17184.

66 Ebenda, 7. März 1947, S. 17924–17945.

67 Ebenda, 12. März 1947, S. 18271–18286.

68 Ebenda, 13. März 1947, S. 18335–18341.

69 BNA, FO 371/66552, Gascoigne an Bevin, 17. April 1947.

70 *IMTFE Transcripts,* 2. April 1947, S. 19234.

71 Ebenda, 8. April 1947, S. 19542.

72 Ebenda, 12. Juni 1947, S. 24251.

73 Kido Koichi, *Kido Koichi nikki: Tokyo saiban-ki* [Das Tagebuch von Kido Koichi: Die Periode des Tokioter Prozesses], Tokio 1980, S. 447.

74 *IMTFE Transcripts,* 5. März 1947, S. 17774–17777. »Defense Attorney Is Ousted by Webb at Military Trial«, in: *Nippon Times,* 6. März 1947, S. 1 f.

75 *IMTFE Transcripts,* 5. September 1947, S. 27726–27728. Frank White, »Attorney Smith Bares Withdrawal as Counsel for Ex-Premier Hirota«, in: *Nippon Times,* 7. September 1947, S. 1.

76 *IMTFE Transcripts,* 8. Mai 1947, S. 21720–21772, 21745.

77 AWM, Webb papers, 3 DRL/2481, series 4, wallet 4, Jaranilla an die Richter, 13. Juni 1947.

78 *IMTFE Transcripts,* 18. März 1947, S. 18630–18638.

79 Ebenda, 9. April 1947, S. 19620–19628, 19657f.
80 Ebenda, 19. März 1947, S. 18641–18660.
81 Ebenda, 15. April 1947, S. 19982f.
82 Ebenda, 20. März 1947, S. 18808.
83 Ebenda, 8. April 1947, S. 19485.
84 Ebenda, 8. April 1947, S. 19500.
85 Ebenda, 3. April 1947, S. 19275–19313.
86 Mark R. Peattie, *Ishiwara Kanji and Japan's Confrontation with the West,* Princeton 1975, S. 122f.
87 »Ailing Ishihara's Testimony Likely to Have Big Effect on Tokyo Trial«, in: *Nippon Times,* 3. Mai 1947, S. 1.
88 *IMTFE Transcripts,* 14. Mai 1947, S. 22094–22133; 15. Mai 1947, S. 22135–22153. In den Prozessmitschriften wird sein Name mit Ishihara wiedergegeben (vgl. oben, Anm. 87). Frank White, »Ishihara Recounts Origin of ›Incident‹«, in: *Nippon Times,* 16. Mai 1947, S. 1f.
89 AWM, Webb papers, 3 DRL/2481, series 4, wallet 16, Hargadon an Webb, 31. März 1947.
90 BNA, LCO 2/2992, Northcroft an O'Leary, 28. März 1947.
91 AWM, Webb papers, 3 DRL/2481, series 4, wallet 19, Northcroft an Webb, 2. Oktober 1946. *IMTFE Transcripts,* 24. März 1947, S. 18956–18964.
92 AWM, Webb papers, 3 DRL/2481, series 4, wallet 12, Sarjanow an Webb, 20. März 1947; Webb an Sarjanow, 21. März 1947.
93 BNA, LCO 2/2992, Northcroft an O'Leary, 28. März 1947.
94 *IMTFE Transcripts,* 25. März 1947, S. 19091–19101.
95 BNA, LCO 2/2992, Northcroft an O'Leary, 28. März 1947.
96 BNA, LCO 2/2992, McDougall an die Richter, 27. März 1947.
97 BNA, LCO 2/2992, Patrick an Cooper, 29. März 1947.
98 BNA, LCO 2/2992, Northcroft an O'Leary, 28. März 1947.
99 AWM, Webb papers, 3 DRL/2481, series 4, wallet 20, Webb an die Richter, 6. Mai 1947.
100 AWM, Webb papers, 3 DRL/2481, series 4, wallet 12, Sarjanow an Webb, 2. Mai 1947.
101 AWM, Webb papers, 3 DRL/2481, series 4, wallet 20, Webb an die Richter, 5. Mai 1947. *IMTFE Transcripts,* 8. Mai 1947, S. 21720–21722.
102 AWM, Webb papers, 3 DRL/2481, series 4, wallet 12, Patrick an die Richter, 6. Mai 1947.
103 AWM, Webb papers, 3 DRL/2481, series 4, wallet 20, Webb an die Richter, 6. Mai 1947.

18. A very British coup

1 BNA, FO 371/66551, Comyns Carr an Shawcross, 17. Dezember 1946. Siehe auch BNA, FO 371/66551, Garner note, 22. Januar 1947.
2 BNA, FO 371/66551, Shawcross an Bevin, 14. Januar 1947.
3 Caroline Elkins, *Legacy of Violence: A History of the British Empire*, New York 2022, S. 369ff. Andrew Adonis, *Ernest Bevin: Labour's Churchill,* London 2020, S. 238–245.

4 BNA, FO 371/66551, Bevin an Gascoigne, 23. Januar 1947.
5 BNA, FO 371/66551, Bevin an Shawcross, 24. Januar 1947. BNA, FO 371/66551, Garner note, 22. Januar 1947.
6 BNA, FO 371/66551, Gascoigne an Bevin, 26. Januar 1947, telegrams 112 and 113.
7 BNA, FO 371/66553, Gascoigne an Bevin, 15. Juni 1947.
8 BNA, FO 371/66551, Garner an Reed, 11. Februar 1947.
9 AWM, Webb papers, 3DRL/2481, series 4, wallet 20, Webb an judges, 19. Februar 1947.
10 AWM, Webb papers, 3DRL/2481, series 1, wallet 20, Webb an McDougall und Röling, 21. Februar 1947. AWM, Webb papers, 3DRL/2481, series 1, wallet 20, Webb form of judgment, 21. Februar 1947.
11 Siehe Birke Häcker und Wolfgang Ernst (Hg.), *Collective Judging in Comparative Perspective: Counting Votes and Weighing Opinions,* Cambridge 2020; und Andrew J. Wistrich, Jeffrey J. Rachlinski und Chris Guthrie, »Heart Versus Head«, in: *Texas Law Review,* Bd. 93 (2015).
12 *IMTFE Transcripts,* 18. August 1947, S. 26104.
13 AWM, Webb papers, 3DRL/2481, series 4, wallet 20, Webb an judges, 17. and 19. Februar 1947.
14 AWM, Webb papers, 3DRL/2481, series 1, wallet 20, Webb scheme of study, 21. Februar 1947.
15 AWM, Webb papers, 3DRL/2481, series 4, wallet 20, Webb an judges, 5. Mai 1947.
16 AWM, Webb papers, 3DRL/2481, series 4, wallet 4, Jaranilla an judges, 26. August 1947. AWM, Webb papers, 3DRL/2481, series 4, wallet 20, Webb an judges, 3. September 1947.
17 AWM, Webb papers, 3DRL/2481, series 1, wallet 10, Röling an Webb, 17. Februar 1947.
18 NL-HaNA, 2.21.273, Akte 27, Röling an Henting, 28. August 1947.
19 NL-HaNA, 2.21.273, Akte 27, Röling an Nisbet, 12. November 1947.
20 BNA, LCO 2/2992, Cooper an Jowitt, 17. April 1947.
21 BNA, LCO 2/2992, Patrick an Cooper, 1947. Siehe auch BNA, LCO 2/2992, Normand an Jowitt, 5. Februar 1947; und BNA, LCO 2/2992, Jowitt an Normand, 6. Februar 1947.
22 BNA, LCO 2/2992, Gascoigne an Bevin, 26. April 1947.
23 BNA, LCO 2/2992, Patrick an Cooper, 1947.
24 BNA, LCO 2/2992, Jowitt an Normand, 6. Februar 1947.
25 BNA, LCO 2/2992, Northcroft an O'Leary, 28. März 1947.
26 BNA, LCO 2/2992, Northcroft an O'Leary, 18. März 1947.
27 BNA, FO 371/66553, Gascoigne an Dening, 23. April 1947.
28 BNA, FO 371/66553, Gairdner an Gascoigne, 23. April 1947.
29 BNA, LCO 2/2992, Gascoigne an Bevin, 26. April 1947.
30 BNA, LCO 2/2992, Patrick an Cooper, 29. März 1947.
31 BNA, LCO 2/2992, Cooper an Jowitt, 17. April 1947. BNA, LCO 2/2992, Sargent note, 18. April 1947. BNA, LCO 2/2992, Gascoigne an Bevin, 26. April 1947.
32 AWM, Webb papers, series 1, wallet 15, Prosecution and Punishment of the

Major War Criminals of the European Axis, 8. August 1945. BNA, LCO 2/2992, Jowitt an Addison, 18. April 1947. Der Lordkanzler war William Jowitt. Siehe BNA, LCO 2/2992, Jowitt private secretary an Cooper, 18. April 1947.

33 BNA, LCO 2/2992, Jowitt an Shawcross, 8. Mai 1947.

34 BNA, FO 371/66553, Gascoigne an Bevin, 20. Mai 1947.

35 BNA, FO 371/66553, Henniker an Addis, 22. Mai 1947.

36 BNA, FO 371/66553, note to Sargent, 21. Mai 1947.

37 BNA, LCO 2/2992, lord chancellor's meeting, 14. Mai 1947.

38 BNA, FO 371/66553, Gascoigne an Bevin, 20. Mai 1947; BNA, LCO 2/2992, Gascoigne an Bevin, 20. Mai 1947.

39 BNA, FO 371/66553, Gascoigne an Bevin, 19. Mai 1947. BNA, LCO 2/2992, Gascoigne an Bevin, 21. Mai 1947.

40 BNA, LCO 2/2992, Bevin an Gascoigne, 17. Mai 1947.

41 BNA, FO 371/66553, Gascoigne an Bevin, 15. Mai 1947.

42 BNA, LCO 2/2992, Sargent an Jowitt, 30. Mai 1947.

43 BNA, FO 371/66553, Jowitt an Sargent, 3. Juni 1947. BNA, FO 371/66553, Foreign Office an Gascoigne, 12. Juni 1947. BNA, LCO 2/2992, Jowitt an Cooper, 24. Juni 1947.

44 BNA, LCO 2/2992, Bevin an Gascoigne, 17. Mai 1947.

45 BNA, LCO 2/2992, Gascoigne an Bevin, 26. April 1947.

46 BNA, FO 371/66553, Westwood an Bevin, 8. Juli 1947. NRS, HH 36/94, Cooper an Westwood, 19. Juli 1947. NRS, HH 36/94, Westwood an Cooper, 31. Juli 1947.

47 BNA, FO 371/66553, Bevin an Westwood, 24. Juli 1947.

48 BNA, LCO 2/2992, Jowitt an Cooper, 24. Juni 1947. BNA, LCO 2/2992, Cooper an Jowitt, 26. Juni 1947. BNA, LCO 2/2992, Gascoigne an Bevin, 21. September 1947.

49 MMA, RG-9, box 159, War Crimes folder, Myers an War Department, 6. Mai 1947. Siehe auch U. S. Congress, Office of Technology Assessment, *Proliferation of Weapons of Mass Destruction: Assessing the Risk,* Washington, D. C. U. S. Government Printing Office,. August 1993, report OTA-ISC-559, S. 52–55.

50 Jeanne Guillemin, *Hidden Atrocities: Japanese Germ Warfare and American Obstruction of Justice at the Tokyo Trial,* New York 2017, S. xi–xix.

51 Ebenda, S. 192–204.

52 Ebenda, S. xii.

53 MMA, RG-9, box 159, War Crimes folder, MacArthur an Eisenhower, 7. Februar 1947. Siehe auch Peter Williams und David Wallace, *Unit 731: Japan's Secret Biological Warfare in World War II,* New York 1989; Daniel Barenblatt, *A Plague Upon Humanity: The Secret Genocide of Axis Japan's Germ Warfare Operation,* New York 2004; Hal Gold, *Unit 731: Testimony,* Tokyo 1996; und Nicholas D. Kristof, »Japan Confronting Gruesome War Atrocity«, *New York Times,* 17. März 1995, S. A1, A12. Zur Version der Kommunistischen Partei Chinas siehe Yan Yuanjun, *Japan's Bacteriological Warfare in China,* Beijing 2016.

54 MMA, RG-9, box 159, War Crimes folder, MacArthur an Eisenhower, 7. Februar 1947.

55 MMA, RG-9, box 159, War Crimes folder, Joint Chiefs of Staff an MacArthur, 21. März 1947.
56 MMA, RG-9, box 159, War Crimes folder, War Department Office of Plans and Operations (WDGPO) an MacArthur, 2. April 1947. Siehe auch Stephen Kinzer, »The Secret History of Fort Detrick«, in: *Politico,* 15. September 2019.
57 MMA, RG-9, box 159, War Crimes folder, War Department chemical corps an Fell, 15. Mai 1947.
58 MMA, RG-9, box 159, War Crimes folder, Myers an War Department, 6. Mai 1947. MMA, RG-9, box 159, War Crimes folder, GHQ memo, 6. Mai 1947.
59 MMA, RG-9, box 159, War Crimes folder, Myers an War Department, 6. Mai 1947. MMA, RG-9, box 159, War Crimes folder, GHQ memo, 6. Mai 1947.
60 MMA, RG-9, box 159, War Crimes folder, War Department an Carpenter, 3. Juni 1947.
61 MMA, RG-9, box 159, War Crimes folder, Carpenter an War Department, 6. Juni 1947.
62 MMA, RG-9, box 159, War Crimes folder, War Department an Carpenter, 22. Juni 1947.
63 Paul G. Cassell, »Establishing Violations of International Law«, in: *Stanford Law Review,* Bd. 35, Nr. 2 (Januar 1983), S. 259–296.
64 IV. Haager Abkommen betreffend die Gesetze und Gebräuche des Landkriegs, 18. Oktober 1907, Art. 23 a). Protokoll über das Verbot der Verwendung von erstickenden, giftigen oder ähnlichen Gasen sowie von bakteriologischen Mitteln im Kriege, 17. Juni 1925. Bernard J. Brungs, »The Status of Biological Warfare in International Law«, in: *Military Law Review,* Bd. 24 (1964), S. 47–51. Für eine skeptischere Einschätzung siehe Jack M. Beard, »The Shortcomings of Indeterminacy in Arms Control Regimes«, in: *American Journal of International Law,* Bd. 101, Nr. 2 (April 2007), S. 271–321.
65 MMA, RG-9, box 159, War Crimes folder, Carpenter an War Department, 27. Juni 1947.
66 Guillemin, *Hidden Atrocities,* S. 308–317.
67 *Materials on the Trial of Former Servicemen of the Japanese Army Charged with Manufacturing and Employing Bacteriological Weapons,* Moskau 1950, S. 5–535. George W. Christopher et al., »Biological Warfare«, in: *Journal of the American Medical Association,* Bd. 278, Nr. 5 (6. August 1997), S. 412–417. Siehe auch Valentyna Polunina, »The Khabarovsk Trial«, in: Kirsten Sellars (Hg.), *Trials for International Crimes in Asia,* Cambridge 2015; und Valentyna Polunina, »From Tokyo to Khabarovsk«, in Kerstin von Lingen (Hg.), *War Crimes Trials in the Wake of Decolonization and Cold War in Asia, 1945–1956: Justice in Time of Turmoil,* London 2016, S. 239–260.
68 *IMTFE Transcripts,* 7. Bis 8. Januar 1948, S. 36839–36961.
69 B. V. A. Röling, Einleitung in: C. Hosoya et al. (Hg.), *The Tokyo War Crimes Tribunal: An International Symposium,* Tokio 1986, S. 18.
70 Guillemin, *Hidden Atrocities,* S. 321 f.

19. Die Verleugnung von Nanjing

1 »Aim of Tokyo War Crimes Trial Told«, *North-China Daily News,* 12. Januar 1947, S. 3.

2 AWM, Webb papers, 3DRL/2481, series 4, wallet 20, Webb an judges, 24. Oktober 1947. In der damals üblichen Wade-Giles-Transkription wird Wang Shijie Wang Shih-chieh transkribiert.

3 AWM, Webb papers, 3DRL/2481, series 4, wallet 4, Webb an Wootton, 22. Oktober 1947.

4 Odd Arne Westad, *Decisive Encounters: The Chinese Civil War, 1946–1950,* Stanford, Calif. 2003.

5 HSTL, PSF, box 151, Acheson an Truman, März 1947. HSTL, PSF, box 151, Stuart an Marshall, 12. und 21. März 1947.

6 NAI, MEA file no. 6-FEA/48, Menon an Nehru, Januar 1948. Siehe auch K. P. S. Menon, *Many Worlds: An Autobiography,* Oxford 1965, S. 223–243.

7 NL-HaNA, 2.21.27, Akte 27, Röling an Nisbet, 12. November 1947.

8 HSTL, PSF, box 151, Marshall an Truman, 29. Juli 1947. HSTL, PSF, box 151, Wedemeyer an Forrestal, 29. Juli und 8. August 1947. HSTL, PSF, box 151, Wedemeyer an Marshall, 18. August 1947.

9 HSTL, PSF, box 151, Patterson an Marshall, 26. Februar 1947. Odd Arne Westad, *Cold War and Revolution: Soviet-American Rivalry and the Origins of the Chinese Civil War, 1944–1946,* New York 1993, S. 162ff.

10 Daniel Kurtz-Phelan, *The China Mission: George Marshall's Unfinished War, 1945–1947,* New York 2018. HSTL, PSF, box 151, Marshall an Forrestal, 11. Februar 1947.

11 HSTL, PSF, box 151, Marshall an Truman, September 1947. HSTL, PSF, box 151, Wedemeyer, *Report to the President on China-Korea, September 1947.*

12 Westad, *Cold War and Revolution,* S. 165–170.

13 HSTL, PSF, box 151, Patterson an Marshall, 26. Februar 1947. HSTL, PSF, box 151, Marshall an Truman, September 1947. HSTL, PSF, box 151, Wedemeyer, *Report to the President on China-Korea, September 1947.*

14 HSTL, PSF, box 151, U. S. naval intelligence report, 12. September 1947.

15 *IMTFE Transcripts,* 22. April 1947, S. 20476–20484.

16 Ebenda, 25. April 1947, S. 20875–20879.

17 Ebenda, 22. April 1947, S. 20484–20505, 20510–20514.

18 Ebenda, 13. Mai 1947, S. 21961–21973, 21984, 21996, 22006–22011.

19 Ebenda, 8. April 1947, S. 19559–19563.

20 A. T. Steele, »Chinese Routed by Japanese in District 100 Miles Wide«, *New York Times,* 31. Juli 1937, S. 1f. A. T. Steele, »Puppets of Tokyo Now Rule Peiping«, *New York Times,* 1. August 1937, S. 31.

21 *IMTFE Transcripts,* 25. April 1947, S. 20831–20859. »Killing of Japanese by Chinese Debated«, *Nippon Times,* 26. April 1947, S. 1f.

22 *IMTFE Transcripts,* 23. April 1947, S. 20669–20703.

23 Ebenda, 2. Mai 1947, S. 21282–21336, 21305.

24 Ebenda, 8. Mai 1947, S. 21813.

25 Ebenda, 12. Mai 1947, S. 21885–21931; 13. Mai 1947, S. 21934–21948.

26 Ebenda, 6. Mai 1947, S. 21561–21581.

27 Ebenda, 8. Mai 1947, S. 21796–21880.
28 Teresa Watanabe, »Hirohito's Brother Assailed Japan's World War II ›Aggression‹«, *Los Angeles Times,* 7. Juli 1994. Siehe auch Reiji Yoshida, »Prince Mikasa, a China War Veteran Who Spanned Three Reigns, Dies at 100«, *Japan Times,* 27. Oktober 2016; und »Prince Mikasa of Japan, 100, Brother of Emperor Hirohito«, *New York Times,* 30. Oktober 2016, S. A24.
29 *IMTFE Transcripts,* 7. Mai 1947, S. 21695–21718.
30 Ebenda, 8. Mai 1947, S. 21808–21811.
31 Ebenda, 7. Mai 1947, S. 21651–21688.
32 Ebenda, 5. Mai 1947, S. 21445–21467.
33 Ebenda, 7. Mai 1947, S. 21695–21718.
34 Ebenda, 5. Mai 1947, S. 21445–21467.
35 Ebenda, 3. Oktober 1947, S. 29969–29997.
36 Edna Tow, »The Great Bombing of Chongqing and the Anti-Japanese War, 1937–1945«, in Mark Peattie, Edward Drea und Hans van de Ven (Hg.), *The Battle for China: Essays on the Military History of the Sino-Japanese War of 1937–1945,* Stanford, Calif. 2011, S. 256–282. Siehe auch: Richard Overy, *Der Bombenkrieg: Europa 1939–1945,* übers. v. Hainer Kober, Berlin 2014.
37 Paul Whitcomb Williams, »Legitimate Targets in Aërial Bombardment«, in: *American Journal of International Law,* Bd. 23, Nr. 3 (1929), S. 570–581. Katherine E. McKinney, Scott D. Sagan und Allen S. Weiner, »Why the Atomic Bombing of Hiroshima Would Be Illegal Today«, in: *Bulletin of the Atomic Scientists,* Bd. 76, Nr. 4 (2020), S. 157–165.
38 Hague Abkommen (Nr. IV) Abkommen, betreffend die Gesetze und Gebräuche des Landkriegs. 18. Oktober 1907, Art. 25, Deutsches Reichsgesetzblatt Band 1910, Nr. 2, Seite 107–151
39 Charles Rousseau, *Le droit des conflits armés,* Paris 1983, S. 360.
40 Williams, »Legitimate Targets in Aërial Bombardment«.
41 *IMTFE Transcripts,* 2. Mai 1947, S. 21373–21376.
42 Ebenda, 5. Mai 1947, S. 21398–21402.
43 Ebenda, 5. Mai 1947, S. 21383–21391, 21 477–21485.
44 Ebenda, 6. Mai 1947, S. 21507–21536.
45 Edna Tow, »The Great Bombing of Chongqing and the Anti-Japanese War, 1937–1945«, in: Peattie, Drea und van de Ven (Hg.), *Battle for China, S.* 258–263.
46 *IMTFE Transcripts,* 29. April 1947, S. 21068–21081. *IMTFE Transcripts,* 30. April 1947, S. 21115.
47 Ebenda, 21. Mai 1947, S. 22675.
48 Ebenda, 21. Mai 1947, S. 22672f.
49 Ebenda, 9. September 1947, S. 28035–28049.
50 Ebenda, 16. Mai 1947, S. 22437–22439.
51 Ebenda, 19. Mai 1947, S. 22448–22451.
52 Leitartikel, »Yuandong guoji fating shang de guaiju« [Ein seltsames Schauspiel beim internationalen Tribunal für den fernen Osten], *Renmin Ribao,* 2. August 1946, S. 1.
53 »Fating qingxing youru erxi« [Die Lage im Gerichtssaal wirkt wie ein Kinderspiel], *Renmin Ribao,* 11. August 1946, S. 1.

54 Moye, »Maike'ase shi zenyang guanzhi Riben de?« [Wie managt MacArthur Japan?], *Renmin Ribao,* 11. August 1946, S. 1.

55 »Riben diguo zhuyi tusha Nanjing xuezhang«, [Blutschuld der japanischen Imperialisten wegen des Massakers in Nanjing], *Renmin Ribao,* 1. August 1946, S. 1. »Qian Jinda jiaoshou Bader zhengming Rijun zai Nanjing canbao kongqian« [Früherer Professor an der Jinling Universität Bates machte Aussage über die beispiellose Brutalität des japanischen Militärs in Nanjing], *Renmin Ribao*, 2. August 1946, S. 1.

56 »Riben touxiang yizhounian« [Erster Jahrestag der japanischen Kapitulation], *Renmin Ribao,* 17. August 1946, S. 1.

57 Leitartikel, »Yuandong guoji fating shang de guaiju« [Seltsames Schauspiel beim Internationalen Tribunal für den Fernen Osten], *Renmin Ribao,* 2. August 1946, S. 1.

58 Moye, »Maike'ase shi zenyang guanzhi Riben Demokratie?« [Wie managt MacArthur Japan?], *Renmin Ribao [People's Daily]*, 11. August 1946, S. 1.

59 »Zhongguo Gongchandang zhongyang weiyuanhui ›qiqi‹ jinianri fabu dui shiju kouhao« [Parolen des Zentralkomitee der KPCh zum Jahrestag des 7. Juli], *Renmin Ribao,* 7. Juli 1947, S. 1. »Jiang Jieshi youru guoti« [Chiang Kai-shek demütigt die Nation], *Renmin Ribao,* 4. August 1946, S. 1. »Gangcun chong Jiang junshi guwen« [Okamura wird Chiangs Militärberater], *Renmin Ribao*, 3. Dezember 1946, S. 1. »Yan'an juxing ›shuangshier‹ jinianhui« [Gedenkfeier zum ›12. Dezember‹ in Yan'an], *Renmin Ribao*, 16. Dezember 1946, S. 1.

60 Herbert P. Bix, *Hirohito and the Making of Modern Japan,* New York 2000, S. 594f. Leitartikel, »Yuandong guoji fating shang de guaiju« [Ein seltsames Schauspiel beim internationalen Tribunal für den fernen Osten], *Renmin Ribao,* 2. August 1946, S. 1. »Jiu Nanjing weizhengfu ›hetan‹ yinmou ji shifang Riben zhanfan Gangcun Ningci Zhonggong fayanren biaoshi yanzheng yijian« [Der Sprecher der KPCh bringt eine ernste und formelle Erklärung über die verlogenen »Friedensgespräche« der Marionettenregierung in Nanjing und die Freilassung des japanischen Kriegsverbrechers Okamura Yasuji heraus], Renmin Ribao, 29. Januar 1949, S. 1.

61 »Gangcun Ningci dao Xuzhou zhijie zhihui Jiang jun zuozhan« [Okamura Yasuji nach Xuzhou entsandt, um im Gefecht den direkten Befehl über Chiangs Armee zu übernehmen], *Renmin Ribao*, 16. Juni 1947, S. 1.

62 Leitartikel, »Zhanfan de pengyou« [Kriegsverbrecherfreund], *Renmin Ribao,* 10. Dezember 1946, S. 1.

63 Mao Zedong, »Dui Nanjing maiguo zhengfu shifang Riben qinhua zhanfan Zhonggong zhongyang fabiao yanzheng shengming« [Das Zentralkomitee der KPCh gibt eine formelle Erklärung über die Freilassung japanischer Kriegsverbrecher durch die verräterischer Regierung von Nanjing heraus], *Renmin Ribao,* 6. Februar 1949, S. 1. Siehe auch »Gangcun Ningci ranman Zhongguo renmin xianxue« [Okamura Yasuji ist schwer befleckt mit dem frischen Blut des chinesischen Volkes], *Renmin Ribao*, 6. Februar 1949, S. 1.

64 »Top War Criminals in Prison for Year«, *Nippon Times*, 9. Mai 1947, S. 3. Nachdruck des Artikels in der *Mainichi Shimbun.*

65 »Life in Prison Is Soft, Dull«, *Life,* 26. Januar 1948, S. 90.

66 »War Crimes«, *Time,* 5. Januar 1948, S. 24f.

67 »Top War Criminals in Prison for Year«, *Nippon Times,* 9. Mai 1947, S. 3. Siehe auch Kawabata Yasunari, *The Master of Go,* übers. v. Edward G. Seidensticker, New York 1972.

68 NAI, MEA file no. 6-FEA/48, Menon an Nehru, Januar 1948.

69 MMA, RG-5, box 75, folder 13, GHQ, »Two Years of Occupation«, August 1947. Allan B. Cole, George O. Totten und Cecil H. Uyehara, *Socialist Parties in Postwar Japan,* New Haven 1966.

70 »He Holds Japan Together«, *Nippon Times,* 8. Januar 1947.

71 MMA, RG-5, box 75, folder 13, GHQ, »Two Years of Occupation«, August 1947. Koseki Shoichi, *The Birth of Japan's Postwar Constitution,* übers. v. Ray A. Moore, London 2018. Deutscher Wortlaut der Zitate: Verfassungen der Welt, https://www.verfassungen.net/jp/verf47-i.htm (letzter Zugriff: 30. 10. 2024).

72 MMA, RG-9, box 159, War Crimes folder, Joint Chiefs an MacArthur, 23. Juli 1947.

73 MMA, RG-5, box 75, folder 13, GHQ, »Two Years of Occupation«, August 1947.

74 *IMTFE Transcripts,* 20. Mai 1947, S. 22563ff.

20. Selbstverteidigung in Pearl Harbor

1 Truman-Rede, 12. März 1947, in: Jussi Hanhimäki und Odd Arne Westad, (Hg.), *The Cold War: A History in Documents and Eyewitness Accounts,* Oxford 2004, S. 115–118.

2 Benn Steil, *The Marshall Plan: Dawn of the Cold War,* New York 2019. Für eine kritische Sicht siehe Michael Cox und Caroline Kennedy-Pipe, »The Tragedy of American Diplomacy?«, in: *Journal of Cold War Studies,* Bd. 7, Nr. 1 (2005), S. 97–134.

3 *IMTFE Transcripts,* 21. Mai 1947, S. 22691–22695. Ian Mutsu, »Tribunal Overrules Soviet Prosecutor«, *Nippon Times,* 27. Mai 1947, S. 1. Sidney B. Whipple, »Soviet Prosecutor Overruled by Webb«, *Nippon Times,* 4. Juni 1947, S. 1. Frank White, »Tribunal Overrules Protest by Russian«, *Nippon Times,* 5. Juni 1947, S. 1.

4 *IMTFE Transcripts,* 28. Mai 1947, S. 23149–23150.

5 BNA, FO 371/66553, »Japanese Criminals and Their Protectors«, *Red Star,* 8. Juli 1947.

6 Siehe Adam B. Ulam, *Stalin: The Man and His Era,* Boston 1989, S. 413, (deutsche Ausgabe: Adam B. Ulam, *Stalin: Koloss der Macht,* übers. v. Götz Pommer, Esslingen 1977). Václav Havel, »The Trial«, *Open Letters: Selected Writings, 1965–1990,* New York1991, S. 104f.

7 BNA, FO 371/66553, Moscow embassy an Bevin, 17. Mai 1947.

8 BNA, FO 371/66553, Sergei Golunsky, »Trial of the Japanese War Criminals«, *New Times,* Nr. 18, 1947, S. 6–10.

9 »War Crimes«, *Time,* 5. Januar 1948, S. 24f.

10 *IMTFE Transcripts,* 21. Mai 1947, S. 22715–22738; 22. Mai 1947, S. 22740–22758, 22825–22836.

11 Ebenda, 20. Mai 1947, S. 22576–22648.
12 Ebenda, 22. Mai 1947, S. 22971–22975.
13 Ebenda, 22. Mai 1947, S. 22760–22778.
14 Ebenda, 20. Mai 1947, S. 22575.
15 Ebenda, 28. Mai 1947, S. 23152–23170.
16 Ebenda, 2. Juni 1947, S. 23346.
17 Ebenda, 16. Oktober 1947, S. 31211–31215.
18 Ebenda, 9. Juni 1947, S. 23788–23829.
19 Ebenda, 17. Juni 1947, S. 24517f., 24560–24572.
20 Ebenda, 28. Mai 1947, S. 23172–23177.
21 Ebenda, 29. Mai 1947, S. 23289–23299.
22 Ebenda, 5. Juni 1947, S. 23617–23644; deutscher Wortlaut des Zitats: *Der Prozeß gegen die Hauptkriegsverbrecher vor dem Internationalen Gerichtshof Nürnberg* (95. Tag, Vormittagssitzung) Nürnberg 1947, Bd. 10, S. 335.
23 *IMTFE Transcripts,* 4. Juni 1947, S. 23565–23615.
24 Ebenda, 5. Juni 1947, S. 23617–23644.
25 Ebenda, 6. Juni 1947, S. 23764–23774; 9. Juni 1947, S. 23776–23782.
26 BNA, FO 371/66553, »Japanese Criminals and Their Protectors«, *Red Star,* 8. Juli 1947.
27 BNA, FO 371/66554, Moscow embassy an Foreign Office, 5. August 1947. BNA, FO 371/66554, »The International Trial in Tokio« summary, *Soviet State and Law,* Nr. 3, 1947.
28 Sunil Khilnani, *The Idea of India,* New York 1999, S. 4.
29 Nisid Hajari, *Midnight's Furies: The Deadly Legacy of India's Partition,* Boston 2015, S. 133f. Philip Ziegler, *Mountbatten,* New York 1985, S. 422ff.
30 BNA, WO 216/662, Eastern Command report, 24. August 1946.
31 »Paru hakase oi ni kataru!« [Weitreichende Diskussion mit Dr. Pal], in: *Bungei Shunju,* Bd. 30, Nr. 17 (Dezember 1952), S. 100–108.
32 Yasmin Khan, *The Great Partition: The Making of India and Pakistan,* New Haven 2007, S. 1–10, 63–67, 189. Patrick French, *Liberty or Death: India's Journey to Independence and Division,* London 1997.
33 Caroline Elkins, *Legacy of Violence: A History of the British Empire,* New York 2022, S. 370. Zu den britischen Gräueltaten siehe Caroline Elkins, *Imperial Reckoning: The Untold Story of Britain's Gulag in Kenya,* New York 2005. Zum Britischen Weltreich und der Dekolonialisierung siehe David Armitage, »Greater Britain«, in: *American Historical Review,* Bd. 104, Nr. 2 (April 1999), S. 427–445; Partha Chatterjee, *The Black Hole of Empire: History of a Global Practice,* Princeton 2012; Timothy Harper, *The End of Empire and the Making of Malaya,* Cambridge 1999; und William Roger Louis, *Imperialism at Bay: The United States and the Decolonization of the British Empire, 1941–1945,* Oxford 1987.
34 Elkins, *Legacy of Violence,* S. 372.
35 Thomas Borstelmann, *The Cold War and the Color Line: American Race Relations in the Global Arena,* Cambridge, Mass. 2001, S. 67–74.
36 *IMTFE Transcripts,* 21. August 1947, S. 26411.
37 Ebenda, 25. August 1947, S. 26672f.
38 Ebenda, 12. Juni 1947, S. 24165–24177.

39 Ebenda, 19. Juni 1947, S. 24736–24746.
40 Ebenda, 10. Juni 1947, S. 23874–23883. Sidney B. Whipple, »Tribunal Approves Request for Recess«, *Nippon Times,* 12. Juni 1947, S. 1.
41 AWM, Webb papers, 3DRL/2481, series 4, wallet 3, Webb an MacArthur, 12. Juni 1947.
42 AWM, Webb papers, 3DRL/2481, series 4, wallet 4, Webb an Jaranilla, 12. Juni 1947. AWM, Webb papers, 3DRL/2481, series 4, wallet 4, Jaranilla an judges, 11. Juni 1947.
43 AWM, Webb papers, 3DRL/2481, series 4, wallet 4, Webb an Jaranilla, 12. Juni 1947.
44 Frank White, »Class ›A‹ Suspects to Be Tried Soon, Keenan Declares«, *Nippon Times,* 13. August 1947, S. 1.
45 BNA, FO 371/66553, Sargent an Shawcross, 19. Juli 1947.
46 BNA, FO 371/66553, Gascoigne an Bevin, 15. Juni 1947.
47 W. G. Beasley, *Japanese Imperialism, 1894–1945,* Oxford 1991.
48 *IMTFE Transcripts,* 4. August 1947, S. 24778–24795.
49 Ebenda, 8. August 1947, S. 25335.
50 Ebenda, 5. August 1947, S. 24881–24884.
51 Ebenda, 13. August 1947, S. 25647–25662.
52 Ebenda.
53 Ebenda, 18. August 1947, S. 26077.
54 Ebenda, 14. August 1947, S. 25827–25830.
55 Ebenda, S. 25817, 25860–25873.
56 Ebenda, 15. August 1947, S. 25920–25925, 25951 f.
57 Ebenda, S. 25961–25964, 25966–25974.
58 Ebenda, 13. August 1947, S. 25624–25662.
59 Ebenda, 12. August 1947, S. 25614–25617; 13. August 1947, S. 25619–25741.
60 Ebenda, 18. August 1947, S. 26072–26095.
61 Ebenda, S. 26166–26179. Siehe auch FDR an Hirohito, 6. Dezember 1941, U.S. Department of State, *Peace and War: United States Foreign Policy, 1931–1941,* Washington, D.C. 1943, S. 828–830.
62 *IMTFE Transcripts,* 13. August 1947, S. 25647–25662.
63 Ebenda, 19. August 1947, S. 26207–26215.
64 Ebenda, 20. August 1947, S. 26352–26357.
65 Ebenda, 19. August 1947, S. 26238–26251, 26275–26284.
66 Ebenda, S. 26254ff.
67 Siehe Charles Beard, *President Roosevelt and the Coming of the War, 1941: A Study in Appearances and Realities,* New Haven 1948; und Charles C. Tansill, *Die Hintertür zum Kriege: das Drama der internationalen Diplomatie von Versailles bis Pearl Harbour,* übers. v. Hans Steinsdorff, Düsseldorf 1956. Kritik an dieser Position üben Robert H. Ferrell, »Pearl Harbor and the Revisionists«, in: *The Historian,* Bd. 17, Nr. 2 (Frühjahr 1955), S. 215–233; und R. J. C. Butow, »How Roosevelt Attacked Japan at Pearl Harbor«, in: *Prologue,* Bd. 28, Nr. 3 (Herbst 1996).
68 Robert E. Sherwood, *Roosevelt und Hopkins,* übers. v. Hermann Stresau, Hamburg 1950, S. 339ff.

69 *IMTFE Transcripts,* 12. August 1947, S. 25516–25517.
70 Ebenda, 19. August 1947, S. 26286–26304; 20. August 1947, S. 26305–26348.
71 Ebenda, 18. August 1947, S. 26134–26145.
72 Frank White, »Slow Typing Blamed for Delay in Presenting Final Note to U. S.«, *Nippon Times,* 20. August 1947, S. 1.
73 *IMTFE Transcripts,* 26. August 1947, S. 26768 f.
74 Ebenda, 25. August 1947, S. 26732–26742.
75 Ebenda, 29. August 1947, S. 27182–27190, 27 201–27210, 27 235.
76 Ebenda, 4. September 1947, S. 27519–27527.
77 Ebenda, 2. September 1947, S. 27324–27334.
78 Ebenda, 29. August 1947, S. 27169–27176.
79 Ebenda, 3. September 1947, S. 27473 ff.
80 Ebenda, 5. September 1947, S. 27761–27785.
81 Ebenda, 4. September 1947, S. 27565–27573-D.
82 Ebenda, 29. August 1947, S. 27211–27228.
83 Michel Paradis, *Last Mission to Tokyo: The Extraordinary Story of the Doolittle Raiders and Their Final Fight for Justice,* New York 2020, S. 324–327.
84 *IMTFE Transcripts,* 3. September 1947, S. 27443–27470.
85 Ebenda, 29. August 1947, S. 27139–27142.
86 Ebenda, 5. September 1947, S. 27693–27722. Frank White, »Death of Britishers Said Caused by Tojo«, *Nippon Times,* 6. September 1947, S. 1.

21. Kaiserwalzer

1 *IMTFE Transcripts,* 21. August 1947, S. 26398–26412.
2 Russell Brines, »Stale Propaganda He Originated Used by Araki in Fight for Life«, *Nippon Times,* 12. September 1947, S. 1 f. Frank White, »Gen. Araki on Stand at Tokyo Tribunal«, *Nippon Times,* 11. September 1947, S. 1 f. *IMTFE Transcripts,* 10. September 1947, S. 28170.
3 *IMTFE Transcripts,* 13. November 1947, S. 33080–33168.
4 Ebenda, 10. September 1947, S. 28108–28122. Ian Mutsu, »A-Class War Suspects Expected to Take Stand Individually Soon«, *Nippon Times,* 8. September 1947, S. 1 f.
5 BNA, LCO 2/2992, Comyns Carr an Shawcross (nicht verschickt), 6. Oktober 1947.
6 BNA, LCO 2/2992, Comyns Carr an Shawcross, 2. Januar 1948.
7 *IMTFE Transcripts,* 28. November 1947, S. 34111–34299.
8 Ebenda, 5. November 1947, S. 32432.
9 Arnold C. Brackman, *The Other Nuremberg: The Untold Story of the Tokyo War Crime Trials,* London 1989, S. 381.
10 *IMTFE Transcripts,* 24. November 1947, S. 33812–33880.
11 Ebenda, 6. November 1947, S. 32578–32658.
12 Ebenda, 7. November 1947, S. 32672–32677.
13 Ebenda, 6. Oktober 1947, S. 30125–30135.
14 Herbert P. Bix, *Hirohito and the Making of Modern Japan,* New York 2000, S. 596 f.

15 MMA, RG-5, box 60, Webb folder, Webb an Chifley, 1947.
16 MMA, RG-5, box 60, Webb folder, 11. Februar 1948.
17 *IMTFE Transcripts,* 14. November 1946, Tagebuch Kido, 30. November 1941, S. 10468. Koichi Kido, *The Diary of Marquis Kido, 1931–45,* Frederick, Md. 1984, 30. November 1941, S. 321.
18 AWM, Webb papers, 3DRL/2481, series 4, wallet 4, »The Emperor was the leader«, Oktober 1947.
19 »Sir William Webb on Protecting Allies from Insult«, *North-China Daily News,* 12. Februar 1948, S. 2. »A ›Dead Man‹ Speaks«, *Life,* 26. Januar 1948, S. 87–90.
20 Mei Ruao, »A Vote on the Right to Life«, März 1948, in: Mei Xiaoao und Mei Xiaokann (Hg.), *Mei Ruao Dongjing shenpan wengao* [Die Manuskripte Mei Ruao über den Tokioter Prozess] (Shanghai 2013), S. 393–400.
21 »Finds No Hirohito Guilt«, *New York Times,* 26. September 1947, S. 13.
22 *IMTFE Transcripts,* 25. September 1947, S. 29304f.
23 MMA, RG-44a, box 4, folder 23, Terasaki folder, Terasaki an Fellers, 19. Dezember 1947.
24 NAI, MEA file no. 6-FEA/48, Menon an Nehru, Januar 1948. See K. P. S. Menon, *Many Worlds: An Autobiography,* Oxford 1965, S. 244–49.
25 Frank White, »Tojo on Trial«, *Far East Stars and Stripes Weekly Review,* 2. November 1947, S. 6.
26 Kido Koichi, *Kido Koichi nikki: Tokyo saiban-ki* [Tagebuch Kido Koichi: Die Zeit des Tokioter Prozesses], Tokio 1980, S. 447. BNA, LCO 2/2992, Comyns Carr an Shawcross, 2. Januar 1948.
27 Frank White, »Tojo on Trial«, *Far East Stars and Stripes Weekly Review,* 2. November 1947, S. 6.
28 Kido, *Kido Koichi nikki: Tokyo saiban-ki,* S. 447.
29 BNA, LCO 2/2992, Reed an Shawcross, 11. November 1947.
30 BNA, LCO 2/2992, Comyns Carr an Shawcross (nicht verschickt), 6. Oktober 1947.
31 BNA, LCO 2/2992, Comyns Carr an Reed, 21. Oktober 1947.
32 BNA, LCO 2/2992, Comyns Carr an Shawcross, 21. Oktober 1947.
33 Kido, *Kido Koichi nikki: Tokyo saiban-ki,* S. 451.
34 *IMTFE Transcripts,* 15. Oktober 1947, S. 30910.
35 Brackman, *Other Nuremberg,* S. 369.
36 *IMTFE Transcripts,* 15. Oktober 1947, S. 30947f.
37 Kido, *Kido Koichi nikki: Tokyo saiban-ki,* S. 449.
38 *IMTFE Transcripts,* 14. Oktober 1947, S. 30711–30878.
39 Ebenda.
40 Kido, *Kido Koichi nikki: Tokyo saiban-ki,* S. 449.
41 *Kido Diary,* 24. Juli 1943, S. 363.
42 *IMTFE Transcripts,* 22. Oktober 1947, S. 31552f.
43 Ebenda, 12. November 1946, Tagebuch Kido, 7. August 1941, S. 10198–101201.
44 *Kido Diary,* 12. Oktober 1941, S. 310f.
45 Ebenda, 13. Oktober 1941, S. 311f.
46 Ebenda, 15. und 16. Oktober 1941, S. 312ff.

47 Ebenda, 17 und 20. Oktober 1941, S. 314f.
48 Siehe Steven Levitsky und Daniel Ziblatt, *Wie Demokratien sterben und was wir dagegen tun können,* übers. v. Klaus-Dieter Schmidt, München 2018; und Robert O. Paxton, *The Anatomy of Fascism,* New York 2004.
49 *IMTFE Transcripts,* 16. Oktober 1947, S. 31179–31228.
50 *Kido Diary,* 8. Dezember 1941, S. 322f.
51 Ebenda, 10. Dezember 1941, S. 323; 14. bis 15. Dezember 1941, S. 324; 30. Dezember 1941, S. 325.
52 Siehe Fred Iklé, *Every War Must End,* New York 1971; Gideon Rose, *How Wars End: Why We Always Fight the Last Battle,* New York 2011; H. E. Goemans, *War and Punishment: The Causes of War Termination and the First World War,* Princeton 2000.
53 *IMTFE Transcripts,* 15. Oktober 1947, S. 30879–31062.
54 *Kido Diary,* 15. Februar 1942, S. 328f.
55 Ebenda, 16. Februar 1942, S. 329.
56 Ebenda, 9. März 1942, S. 330.
57 Ebenda, 7. und 11. Mai 1942, S. 332f.
58 Ebenda, 13. März 1942, S. 331.
59 *IMTFE Transcripts,* 15. Oktober 1947, S. 30879–31062.
60 *Kido Diary,* 11. Juni 1942, S. 336.
61 Ebenda, 5. Februar 1944, S. 378.
62 Ebenda, 23. September 1943, S. 368f.
63 Ebenda, 7., 24. und 30. November 1944, 27. Dezember 1944, S. 401, 403.
64 Ebenda, 16. Februar and 18. März 1945, S. 407, 410. Motoko Rich, »This Survivor of the Firebombing of Tokyo Won't Let Us Forget«, *New York Times,* 6. September 2020, S. F6.
65 *Kido Diary,* 18. März 1945, S. 410. Bix, *Hirohito,* S. 491. Richard B. Frank, *Downfall: The End of the Imperial Japanese Empire,* New York 1999, S. 18f.
66 *IMTFE Transcripts,* 16. Oktober 1947, S. 31122–31143. Siehe *Kido Diary,* 5. April 1945, S. 417–428.
67 *IMTFE Transcripts,* 16. Oktober 1947, S. 31143–31228.
68 *Kido Diary,* 6. Januar 1944, S. 373ff.
69 *IMTFE Transcripts,* 16. Oktober 1947, S. 31177–31179.
70 Ebenda, S. 31179–31228.
71 Ebenda, 17. Oktober 1947, S. 31229–31292.
72 BNA, LCO 2/2992, Comyns Carr an Shawcross, 2. Januar 1948.
73 Kido, *Kido Koichi nikki: Tokyo saiban-ki,* S. 447ff. BNA, LCO 2/2992, Comyns Carr an Shawcross, 2. Januar 1948.
74 BNA, LCO 2/2992, Comyns Carr an Reed, 21. Oktober 1947.
75 *IMTFE Transcripts,* 22. Oktober 1947, S. 31524.
76 *Kido Diary,* 13. Oktober 1941, S. 311f.
77 *IMTFE Transcripts,* 18. Oktober 1947, S. 31313–31396.
78 Ebenda.
79 Ebenda, 22. Oktober 1947, S. 31483–31561.
80 BNA, LCO 2/2992, Comyns Carr an Shawcross, 2. Januar 1948. »The Saionji-Harada Memoirs«, Military Intelligence Section of the U. S. Far East Command, at Donovan Research Library, Armor School Research Library,

Fort Benning, Georgia. AWM, Webb papers, 3DRL/2481, series 4, wallet 5, Webb an Bailey, 22. Oktober 1947.

81 *IMTFE Transcripts,* 23. Oktober 1947, S. 31562–31614.
82 Ebenda, 21. Oktober 1947, S. 31397–31482.
83 Ebenda, *IMTFE Transcripts,* 22. Oktober 1947, S. 31483–31561.
84 Ebenda, 23. Oktober 1947, S. 31562–31614.
85 Ebenda.
86 BNA, LCO 2/2992, Comyns Carr an Reed, 21. Oktober 1947.
87 BNA, LCO 2/2992, Comyns Carr an Shawcross (nicht verschickt), 6. Oktober 1947.
88 BNA, LCO 2/2992, Reed an Shawcross, 11. November 1947.
89 BNA, FO 371/69837, Gascoigne an Bevin, 20. Dezember 1947.
90 Bix, *Hirohito,* S. 624–628.
91 »He Holds Japan Together«, *Nippon Times,* 8. Januar 1947.
92 Bix, *Hirohito,* S. 628–631.
93 Arthur M. Goul, »Emperor Breaks Precedent with Speech at A-Bomb Site«, *Nippon Times,* 8. Dezember 1947. United Press, »Hirohito Rules Out New ›Pearl Harbor‹«, *New York Times,* 8. Dezember 1947, S. 1.
94 BNA, FO 371/69837, Gascoigne an Bevin, 20. Dezember 1947.
95 Bix, *Hirohito,* S. 631.
96 NAI, MEA file no. 6-FEA/48, Menon an Nehru, Januar 1948. Menon, *Many Worlds,* S. 249.
97 BNA, FO 371/69912, Killearn-Hirohito conversation, 25. Januar 1948.
98 BNA, FO 371/69912, Henniker an Lascelles, 12. Februar 1948. BNA, FO 371/69912, Lascelles an Henniker, 13. Februar 1948. BNA, FO 371/69912, Gascoigne an Bevin, 31. März 1948.
99 MMA, RG-5, box 60, Webb folder, Evatt an MacArthur, 1947. AWM, Webb papers, 3DRL/2481, series 4, wallet 5, Webb an Evatt, 29. September 1947.
100 MMA, RG-5, box 60, Webb folder, Webb an Chifley, 1947. MMA, RG-5, box 60, Webb folder, Webb an Chifley, 17. Oktober 1947.
101 BNA, LCO 2/2992, Gascoigne an Bevin, 9. Oktober 1947.
102 AWM, Webb papers, 3DRL/2481, series 4, wallet 5, MacArthur an Chifley, 7. Oktober 1947.
103 MMA, RG-5, box 60, Webb folder, Webb an MacArthur, 7. Oktober 1947.
104 AWM, Webb papers, 3DRL/2481, series 4, wallet 5, Webb an MacArthur, 17. Oktober 1947. MMA, RG-5, box 60, Webb folder, Webb an MacArthur, 26. Oktober 1947.
105 AWM, Webb papers, 3DRL/2481, series 4, wallet 5, Webb an Chifley, 17. Oktober 1947.
106 AWM, Webb papers, 3DRL/2481, series 4, wallet 5, Webb an MacArthur, 6. Oktober 1947.
107 MMA, RG-5, box 60, Webb folder, Webb an MacArthur, 13. Oktober 1947.
108 AWM, Webb papers, 3DRL/2481, series 4, wallet 5, Chifley an Webb, 16. Oktober 1947. MMA, RG-5, box 60, Webb folder, Chifley an Webb, 24. Oktober 1947.
109 Brackman, *Other Nuremberg,* S. 375.
110 *IMTFE Transcripts,* 7. November 1947, S. 32661–32672.

111 AWM, Webb papers, 3DRL/2481, series 4, wallet 5, Webb an MacArthur, 6. November 1947.
112 BNA, LCO 2/2992, Gascoigne an Bevin, 10. November 1947. BNA, LCO 2/2992, Gascoigne an Bevin, 11. November 1947.
113 BNA, LCO 2/2992, Gascoigne an Bevin, 27. November 1947.
114 BNA, LCO 2/2992, Gascoigne an Bevin, 10. November 1947. *IMTFE Transcripts,* 10. November 1947, S. 32774ff.

22. »Das große Leid meines Lebens«

1 Togo Shigenori, *Japan im Zweiten Weltkrieg,* übers. v. Egon Heymann, Bonn 1958, S. 195f.
2 Togo Shigehiko, *Sofu, Togo Shigenori no shogai* [Das Leben meines Großvaters Togo Shigenori], Tokio 1993, S. 450.
3 AWM, Webb papers, 3DRL/2481, series 4, wallet 11, Hayden note, 25. Juli 1946.
4 AWM, Webb papers, 3DRL/2481, series 4, wallet 11, Edith Togo an Morgan, 8. Juni 1945 (tatsächlich 1946).
5 AWM, Webb papers, 3DRL/2481, series 4, wallet 11, Webb an Walbridge, 12. Juni 1946.
6 Togo, *Sofu, Togo Shigenori no shogai,* S. 430–436.
7 Frank White, »Togo Admits Facts Kept from Throne«, *Nippon Times,* 20. Dezember 1947, S. 1f. United Press, »Tojo, Togo Drafted Reply for Emperor«, *Nippon Times,* 23. Dezember 1947, S. 1f.
8 Arnold C. Brackman, *The Other Nuremberg: The Untold Story of the Tokyo War Crime Trials,* London 1989, S. 384.
9 Siehe Supreme Commander for the Allied Powers, *Political Reorientation of Japan: September 1945 to September 1948,* Washington, D.C. 1949, Bd. 1, S. 340f.
10 *IMTFE Transcripts,* 18. Dezember 1947, S. 35746–35750.
11 Ebenda, 17. Dezember 1947, S. 35617–35652 und 18. Dezember 1947, S. 35653–35673.
12 Ebenda, S. 35746–35751.
13 Ebenda, 26. Dezember 1947, S. 36134.
14 Ebenda, 19. Dezember 1947, S. 25850ff und 18. Dezember 1947, S. 35752–35791.
15 Ebenda, S. 35665–356739.
16 Ebenda, S. 35752–35791.
17 MMA, RG-5, box 60, Webb folder, Australian mission an MacArthur, 8. Dezember 1947.
18 Brackman, *Other Nuremberg,* S. 387.
19 *IMTFE Transcripts,* 19. Dezember 1947, S. 35830–35860.
20 Ebenda, 18. Dezember 1947, S. 35740.
21 Ebenda, 23. Dezember 1947, S. 36032.
22 Ebenda, 26. Dezember 1947, S. 36139.
23 Ebenda, 18. Dezember 1947, S. 35799–810. White, »Togo Admits Facts Kept from Throne.«

24 BNA, LCO 2/2992, Comyns Carr an Shawcross, 2. Januar 1948.
25 *IMTFE Transcripts,* 22. Dezember 1947, S. 35889–35968.
26 Ebenda, 23. Dezember 1947, S. 35969–36048.
27 Ebenda.
28 Ebenda, 22. Dezember 1947, S. 35889–35968.
29 Ebenda, 23. Dezember 1947, S. 35969–36048.
30 »Keenan kenji no irei no jinmon« [Anklagevertreter Keenans unkonventionelles Verhör], *Asahi Shimbun,* 25. Dezember 1947, S. 1.
31 *IMTFE Transcripts,* 24. Dezember 1947, S. 36049–36086.
32 Ebenda, 26. Dezember 1947, S. 36093–36115.
33 Togo, *Sofu, Togo Shigenori no shogai*, S. 430–436.

23. Tojo im Zeugenstand

1 United Press, »Tribunal Packed for Tojo Phase«, *Nippon Times,* 27. Dezember 1947, S. 1.
2 Frank White, »Tojo on Trial«, *Far East Stars and Stripes Weekly Review,* 2 November 1947, S. 6.
3 »A ›Dead Man‹ Speaks«, *Life,* 26. Januar 1948, S. 87–90.
4 »War Crimes«, *Time,* 5. Januar 1948, S. 24f.
5 Ebenda.
6 Russell Brines, »Tojo Better Drawing Card than Lamour, Scalpers Find«, *Nippon Times,* 7. Januar 1948, S. 1.
7 Frank L. White, »We Made Tojo a Hero«, *New York Herald Tribune,* 1. August 1948, S. SM5, 12.
8 »A ›Dead Man‹ Speaks«, *Life,* 26. Januar 1948, S. 87–90.
9 BNA, LCO 2/2992, Comyns Carr an Shawcross, 2. Januar 1948.
10 NAI, MEA file no. 6-FEA/48, Menon an Nehru, Januar 1948.
11 Lindesay Parrott, »Tokyo Reporters Assess Tojo Trial«, *New York Times,* 18. Juli 1948, S. 30.
12 »Testimony of Tojo Is Commercial Flop«, *New York Times,* 18. Februar 1948, S. 12. »Tojo Outsold as Author by U.S. Prosecutor in Battle of Books from War Crimes Trial«, *New York Times,* 25. Mai 1948, S. 16.
13 *IMTFE Transcripts,* 18. November 1946, Verhör Tojo, 7. Februar 1946, S. 10706.
14 Ebenda, 28. August 1947, Verhör Tojo, 11. März 1946, S. 27060–27065.
15 Ebenda, Dezember 1947, S. 36196–36218, 36255–36265.
16 Ebenda, 29. Dezember 1947, S. 36218–36362.
17 Ebenda, 30. Dezember 1947, S. 36364–36398, 36407–36410.
18 Rede Tojos, 16. Februar 1942, T. R. Sareen (Hg.). *Select Documents on Indian National Army* (Delhi 1988), S. 8ff.
19 *IMTFE Transcripts,* 6. Januar 1948, S. 36799f.
20 Ebenda, 29. Dezember 1947, S. 36204f.
21 Ebenda, 30. Dezember 1947, S. 36405ff., 36364–36383.
22 IV. Haager Abkommen betreffend die Gesetze und Gebräuche des Landkriegs, 18. Oktober 1907, Art. 6., https://www.fedlex.admin.ch/eli/cc/26/429_338_411/de (letzter Zugriff: 30. 10. 2024).

23 Michel Paradis, *Last Mission to Tokyo: The Extraordinary Story of the Doolittle Raiders and Their Final Fight for Justice,* New York 2020, S. 55, 67, 169, 196.
24 *IMTFE Transcripts,* 30. Dezember 1947, S. 36364–36383, 36412–36425.
25 Siehe Jeremy A. Yellen, *The Greater East Asia Co-Prosperity Sphere: When Total Empire Met Total War,* Ithaca, N.Y. 2019.
26 *IMTFE Transcripts,* 30. Dezember 1947, S. 36364–36383, 36426–36488.
27 »How Japanese Newspapers Played Up Tojo Affidavit«, *Nippon Times,* 28. Dezember 1947, S. 1f.
28 »He Holds Japan Together«, *Nippon Times,* 8. Januar 1947.
29 »Tojo's Stock Rises but He Is Not Likely to Become a Martyr«, *Nippon Times,* 3. Januar 1948, S. 1f.
30 Peter Kalischer, »Bald Headed, Sardonic Tojo Still Plays Up to Gallery«, *Nippon Times,* 1. Januar 1948, S. 1.
31 *IMTFE Transcripts,* 30. Dezember 1947, S. 36523.
32 AWM, Webb papers, 3DRL/2481, series 2, wallet 1, Webb judgment, S. 236, 17. September 1948.
33 AWM, Webb papers, 3DRL/2481, series 2, wallet 1, Webb judgment, S. 236, 17. September 1948.
34 *IMTFE Transcripts,* 31. Dezember 1947, S. 36518–36533. White, »Keenan Grills Tojo on East Asia Sphere and Causes of War«.
35 BNA, LCO 2/2992, Comyns Carr an Shawcross, 2. Januar 1948.
36 BNA, LCO 2/2992, Comyns Carr an Shawcross, 2. Januar 1948.
37 *IMTFE Transcripts,* 6. Januar 1948, S. 36782ff. »A ›Dead Man‹ Speaks«, *Life,* 26. Januar 1948, S. 87–90.
38 LCO 2/2992, Comyns Carr an Reed, 21. Oktober 1947.
39 BNA, LCO 2/2992, Comyns Carr an Shawcross, 2. Januar 1948.
40 Frank White, »Tojo Says Emperor Did Not Want War«.
41 *IMTFE Transcripts,* 6. Januar 1948, S. 36728–36804. Russell Brines, »Tojo Loses Grip as Grilling Ends«, *Nippon Times,* 8. Januar 1948, S. 1.
42 Ebenda, 31. Dezember 1947, S. 36521–36540. White, »Keenan Grills Tojo on East Asia Sphere and Causes of War«.
43 *IMTFE Transcripts,* 2. Januar 1948, S. 36556–36573. Frank White, »War Is Not a Crime, Tojo Holds at Trial«, *Nippon Times,* 3. Januar 1948, S. 1f.
44 Ebenda, 5. Januar 1948, S. 36642–36727.
45 Ebenda, 2. Januar 1948, S. 36557–36640.
46 Ebenda, 6. Januar 1948, S. 36728–36804. Brines, »Tojo Loses Grip as Grilling Ends«.
47 Ebenda, 2. Januar 1948, S. 36557–36640. Zum japanischen Expansionismus und Tojos Ansichten bezüglich der japanischen Herrschaft über die Region siehe Yellen, *Greater East Asia Co-Prosperity Sphere.*
48 *IMTFE Transcripts,* 6. Januar 1948, S. 36728–36804. Brines, »Tojo Loses Grip as Grilling Ends«.
49 »War Crimes«, *Time,* 5. Januar 1948, S. 24f.
50 B. V. A. Röling, *The Tokyo Trial and Beyond: Reflections of a Peacemonger,* Antonio Cassese (Hg.), Cambridge 1993, S. 34.
51 Xinhua, »Meidi baobi Riben zhanfan« [Amerikanische Imperialisten schützen japanische Kriegsverbrecher], *Renmin Ribao,* 21. Januar 1948, S. 2.

52 »A ›Dead Man‹ Speaks«, *Life*, 26. Januar 1948, S. 87–90.
53 AWM, Webb papers, 3DRL/2481, series 4, wallet 8, Webb an Latham, 12. Februar 1948.
54 AWM, Webb papers, 3DRL/2481, series 4, wallet 3, Webb an MacArthur, 11. Februar 1948. MMA, RG-5, box 60, Webb folder, Webb an MacArthur, 11. Februar 1948.
55 BNA, LCO 2/2992, Comyns Carr an Shawcross, 2. Januar 1948.
56 BNA, LCO 2/2992, Shawcross an Jowitt, 23. Januar 1948.
57 BNA, LCO 2/2992, Jowitt an Shawcross, 29. Januar 1948.

24. Mr. X

1 George F. Kennan, *Memoiren eines Diplomaten,* übers. v. Heidi von Alten, München 1971, S. 374.
2 Nick Kapur, *Japan at the Crossroads: Conflict and Compromise After Anpo,* Cambridge, Mass. 2018, S. 9f.
3 Odd Arne Westad, *Der Kalte Krieg: Eine Weltgeschichte,* übers. v. Helmut Dierlamm und Hans Freundl, Stuttgart 2019, S. 154–159. John Lewis Gaddis, *Strategies of Containment: A Critical Appraisal of American National Security Policy During the Cold War,* Oxford 2005, S. 24–52. Michael Schaller, *The American Occupation of Japan: The Origins of the Cold War in Asia,* Oxford 1985, S. 90–92.
4 John W. Dower, »A Rejoinder«, in: *Pacific Historical Review* 57 (Mai 1988) 2, S. 207. Terminologie nach: Gerhard Krebs, *Das moderne Japan 1868–1952: Von der Meiji-Restauration bis zum Friedensvertrag von San Francisco,* München 2009, S. 98–100.
5 Hier zitiert nach John Lewis Gaddis, *George F. Kennan: An American Life,* New York 2011, S. 303.
6 Gaddis, *Kennan,* S. 147–154, S. 212.
7 Walter Isaacson/Evan Thomas, *The Wise Men: Six Friends and the World They Made,* New York 1986, S. 171–173.
8 Gaddis, *Kennan,* S. 67–69, S. 109, S. 113.
9 George F. Kennan, »Diplomacy in the Modern World«, in: ders., *American Diplomacy,* Chicago 1984, S. 91–103 (Zitat: S. 95); hier zitiert nach folgender Ausgabe: George F. Kennan, »Die Diplomatie von heute«, in: ders., *Amerikas Außenpolitik 1900 bis 1950,* übers. v. E. Doblhofer, Zürich 1952, S. 105–117 (Zitat: S. 109). Als weitere ausgezeichnete Studien über Kennan sind zu nennen: Barton Gellman, *Contending with Kennan: Toward a Philosophy of American Power,* New York; Nicholas Thompson, *The Hawk and the Dove: Paul Nitze, George Kennan, and the History of the Cold War,* New York 2009; Walter L. Hixson, *George F. Kennan: Cold War Iconoclast,* New York 1989; David Mayers, *George Kennan and the Dilemmas of U.S. Foreign Policy,* New York 1988; Wilson D. Miscamble, *George F. Kennan and the Making of American Foreign Policy, 1947–1950,* Princeton 1992; Anders Stephanson, *Kennan and the Art of Foreign Policy,* Cambridge, Mass. 1989.
10 Gaddis, *Kennan,* S. 251, S. 258f., S. 272–275.
11 X (George F. Kennan), »The Sources of Soviet Conduct«, in: *Foreign Affairs*

25 (Juli 1947), S. 566–582; außerdem in: Kennan, *American Diplomacy* [Anm. 9], S. 107–128 (Zitate: S. 119, S. 120); hier zitiert nach: George F. Kennan, »Die Hintergründe der Sowjetpolitik«, in: ders., *Amerikas Außenpolitik 1900 bis 1950,* S. 121–142 (Zitate: S. 134). Eine brillante Interpretation des »X«-Artikels bietet: Gaddis, *Kennan,* S. 259–262, S. 694.

12 Kennan, *Memoiren eines Diplomaten,* S. 371–375 (Zitate: S. 371, 375). Gaddis, *Strategies of Containment,* S. 35–49. Paul J. Heer, *Mr. X and the Pacific: George F. Kennan and American Policy in East Asia,* Ithaca, NY 2018, S. 50f., 214–235.

13 Kennan an Marshall, PPS/10, 14. Oktober 1947, in: *The State Department Policy Planning Staff Papers 1947,* New York 1983, Bd. 1, S. 108–114.

14 Kennan, *Memoiren eines Diplomaten,* S. 383. Heer, *Mr. X and the Pacific,* S. 215f.

15 Kennan an Hull, 19. Oktober 1944, in: *FRUS: Diplomatic Papers, 1944,* Washington, D. C. 1966, Bd. 4, S. 1209.

16 Kennan, *Memoiren eines Diplomaten,* S. 267f. (Zitate: S. 267). Vgl. Anne Applebaum, *Der Gulag,* übers. v. Frank Wolf, München 2003, S. 599f.

17 Gaddis, Kennan, S. 300.

18 Kennan an Marshall, PPS/10, 14. Oktober 1947, *Policy Planning Staff Papers 1947,* Bd. 1, S. 108–114.

19 Heer, *Mr. X and the Pacific,* S. 63.

20 HSTL, Truman-Tagebuch, 25. Juli 1947.

21 Kennan, *Memoiren eines Diplomaten,* S. 383–392 (Zitate: S. 384).

22 Heer, *Mr. X and the Pacific,* S. 60, 85–88.

23 HSTL, PSF, box 178, NSC files, Army recommendations for NSC 13/1, 29. September 1948.

24 MMA, RG-9, box 161, folder DA, MacArthur an Draper, 9. Januar 1948.

25 MMA, RG-5, box 32, Kennan folder, Kennan visit memorandum, 27. Februar 1948. Kennan, *Memoiren eines Diplomaten,* S. 385 (Zitat).

26 Heer, *Mr. X and the* Pacific, S. 66. Kennan, *Memoiren eines Diplomaten,* S. 385 (Zitat).

27 MacArthur memcon, PPS/28/2, 1. März 1948, *The State Department Policy Planning Staff Papers 1948,* New York 1983, Bd. 2, S. 184–186.

28 Kennan, *Memoiren eines Diplomaten,* S. 383–392.

29 MMA, RG-5, box 32, Kennan folder, Kennan an MacArthur, 2. März 1948. Kennan, *Memoiren eines Diplomaten,* S. 386f.

30 Gaddis, *Strategies of Containment,* S. 76.

31 MacArthur-Kennan memcon, PPS/28/2, 5. März 1948, in: *Policy Planning Staff Papers 1948,* Bd. 2, S. 186–197. Kennan, *Memoiren eines Diplomaten,* S. 387f. Vgl. BNA, FO 371/69912, Gascoigne an Bevin, 6. Februar 1948.

32 Heer, *Mr. X. and the Pacific,* S. 70.

33 MacArthur-Kennan memcon, PPS/28/2, 21. März 1948, in: *Policy Planning Staff Papers 1948,* Bd. 2, S. 196–203.

34 Kennan memorandum, PPS/28/2, 25. März 1948, in: *Policy Planning Staff Papers 1948,* Bd. 2, S. 203–243.

35 *IMTFE Transcripts,* 10. März 1948, S. 43046–43233.

36 Kennan memorandum, PPS/28/2, 25. März 1948, in: *Policy Planning Staff Papers 1948,* Bd. 2, S. 203–243.

37 Niccolò Machiavelli, *Il Principe/Der Fürst* [1532], Italienisch-Deutsch, übers. v. Philipp Rippel, 8. Kapitel (»Von denjenigen, die durch Verbrechen Fürstenherrschaft erlangt haben«), Stuttgart 1986, S. 65–75 (Zitat: S. 73).
38 Minoru Shikita/Shinichi Tsuchiya, *Crime and Criminal Policy in Japan: Analysis and Evaluation of the Showa Era, 1926–1988,* New York 1992, S. 102–104.
39 Kennan memorandum, PPS/28/2, 25. März 1948, in: *Policy Planning Staff Papers 1948,* Bd. 2, S. 203–243.
40 Kennan an Lovett, 23. März 1948, in: *FRUS 1948,* Washington, D. C. 1974, Bd. 6, S. 689f. Kennan-Denning memcon, 28. Mai 1948, in: *FRUS 1948,* Bd. 6, S. 788–794. HSTL, PSF, box 178, NSC files, NSC meeting on NSC 13/1, 30. September 1948.
41 Kennan memcon, 3. Juni 1948, in: *FRUS 1948,* Bd. 6, S. 801–807.
42 Gaddis, *Kennan,* S. 307.
43 Kennan memorandum, PPS/28/2, 25. März 1948, in: *Policy Planning Staff Papers 1948,* Bd. 2, S. 203–243.
44 Richard H. Minear, »Nishi Amane and the Reception of Western Law in Japan«, in: *Monumenta Nipponica* 28 (1973) 2, S. 151–175. J. E. de Becker, »Law System of Japan«, in: *Georgetown Law Journal* 10 (April 1922) 3, S. 1–22.
45 Kennan memorandum, PPS/28/2, 25. März 1948, in: *Policy Planning Staff Papers 1948,* Bd. 2, S. 203–243.
46 Alexander Cooley, *Base Politics: Democratic Change and the U. S. Military Overseas,* Ithaca, NY 2008. Andrew Yao, *Activists, Alliances, and Anti-U. S. Base Protests,* Cambridge 2011.
47 Kennan memorandum, PPS/28/2, 25. März 1948, in: *Policy Planning Staff Papers 1948,* Bd. 2, S. 203–243.
48 Saltzman an Butterworth, 9. April 1948, in: *FRUS 1948,* Bd. 6, S. 727–736.
49 Heer, *Mr. X and the Pacific,* S. 78. Butler an Lovett, 26. Mai 1948, in: *FRUS 1948,* Bd. 6, S. 775f. Lovett an Royall, 28. Oktober 1948, in: *FRUS 1948,* Bd. 6, S. 1035–1040.
50 MMA, RG-9, box 156, Stabschef der War Department Plans and Operations Division an MacArthur, 8. Juni 1948.
51 HSTL, PSF, box 178, NSC files, Empfehlungen des State Departments zur US-Politik gegenüber Japan, 2. Juni 1948. HSTL, PSF, box 178, NSC files, Empfehlungen des State Departments zur US-Politik gegenüber Japan, 24. September 1948. Dieses Papier sollte dann, mit einigen geringfügigen Änderungen, zu NSC 13/2 werden.
52 Heer, *Mr. X and the Pacific,* S. 76–79.
53 HSTL, PSF, box 178, NSC files, NSC-Sitzung, 7. Oktober 1948. NSC 13/2, in: *FRUS 1948,* Bd. 6, S. 857–862. Heer, *Mr. X and the Pacific,* S. 79f.
54 HSTL, PSF, box 178, NSC files, Souers an Truman, 27. Oktober 1948. HSTL, PSF, box 178, NSC files, Truman note, 5. November 1948.
55 Heer, *Mr. X. and the Pacific,* S. 80–88.
56 Kennan-Dening memcon, 28. Mai 1948, in: *FRUS 1948,* Bd. 6, S. 788–794.
57 NAI, MEA file no. 6-FEA/48, Menon an Nehru, Januar 1948.
58 Kennan, *Memoiren eines Diplomaten,* S. 394.
59 Kapur, *Japan at the Crossroads,* S. 9–11.
60 Westad, *Der Kalte Krieg,* S. 156–158.

25. Schicksalstage

1 AWM, Webb papers, 3DRL/2481, series 4, wallet 7, Tojo statement, 8. Januar 1948.
2 Togo Shigenori, *Japan im Zweiten Weltkrieg: Erinnerungen des japanischen Außenministers 1941–42 und 1945,* übers. v. Egon Heymann, Bonn 1958, S. 293.
3 »Spots on the Symbol«, in: *Time,* 7. Juni 1948, S. 37.
4 MMA, RG-5, box 107, folder 2, Sebald an Benninghoff, 26. Oktober 1948.
5 Lindesay Parrott, »Hirohito's Reign Seen Nearing End«, in: *New York Times,* 25. Mai 1948, S. 16.
6 BNA, FO 371/69837, Gascoigne an MacDermot, 26. Juni 1948.
7 AWM, Webb papers, 3DRL/2481, series 4, wallet 2, Webb an Higgins, 6. Oktober 1948.
8 MMA, RG-44a, box 4, folder 23, Terasaki file, Fellers an Terasaki, 8. Juli 1948.
9 BNA, LCO 2/2992, Comyns Carr an Shawcross, 2. Januar 1948.
10 BNA, LCO 2/2992, Reed an Shawcross, 11. November 1947.
11 *IMTFE Transcripts,* 11. Februar 1948, S. 38948–39120.
12 Ebenda, 11.–27. Februar 1948, S. 38989–41710; 1.–2. März 1948, S. 41711–42076.
13 Ebenda, 18. Februar 1948, S. 39884–40087.
14 Ebenda, 11. Februar 1948, S. 38951–38953. »Sir William Webb on Protecting Alliies from Insult«, in: *North-China Daily News,* 12. Februar 1948, S. 2.
15 *IMTFE Transcripts,* 2.–29. März 1948, S. 42076–45556; 1.–15. April 1948, S. 46202–48109.
16 Ebenda, 10. März 1948, S. 43161 f.
17 Ebenda, 16. April 1948, S. 48412.
18 »Tojo Outsold as Author by U. S. Prosecutor in Battle of Books from War Crimes Trial«, in: *New York Times,* 25. Mai 1948, S. 16.
19 »The Tokyo Trial«, in: *New York Times,* 12. Februar 1948, S. 22.
20 MMA, RG-5, box 115, folder 15, japanische Verteidiger an MacArthur, 20. Mai 1948; US-Verteidiger an MacArthur, 23. Mai 1948.
21 »Tokyo Counsel Kept On«, in: *New York Times,* 27. Mai 1948, S. 13.
22 AWM, Webb papers, 3DRL/2481, series 4, wallet 2, Webb an Allen, 24. März 1948.
23 Mei an Sun und Wang, 8. Mai 1948, in: Mei Xiaoao/Mei Xiaokan (Hg.), *Mei Ruao Dongjing shenpan wengao* [Die Tokioter Prozessmanuskripte von Mei Ruao], Shanghai 2013, S. 7.
24 Fang Jinyu, »Zhongguo faguan Mei Ruao« [Der chinesische Richter Mei Ruao], in: *Liaowang Zhoukan* [Wochenüberblick], Dezember 1985, S. 46.
25 AWM, Webb papers, 3DRL/2481, series 4, wallet 8, Webb an Latham, 1. April 1948.
26 AWM, Webb papers, 3DRL/2481, series 4, wallet 2, Webb an Rex, 31. März 1948.
27 AWM, Webb papers, 3DRL/2481, series 4, wallet 2, Webb an Byrne, 17. August 1948.
28 NL-HaNA, 2.21.27, folder 27, Röling an Delphine, 25. Juni 1948.

29 AWM, Webb papers, 3DRL/2481, series 4, wallet 10, Shaw an Burton, Januar 1948.
30 AWM, Webb papers, 3DRL/2481, series 4, wallet 4, Webb an Wright, 26. Januar 1948.
31 AWM, Webb papers, 3DRL/2481, series 4, wallet 19, Webb an die Richter, 17. Mai 1948. AWM, Webb papers, 3DRL/2481, series 4, wallet 4, Webb an Mei, 28. Juni 1948. AWM, Webb papers, 3DRL/2481, series 4, wallet 4, Webb an Wootton, 22. Oktober 1947. AWM, Webb papers, 3DRL/2481, series 4, wallet 20, Webb an Patrick, McDougall und Northcroft, 24. September 1947.
32 AWM, Webb papers, 3DRL/2481, series 4, wallet 2, Webb an Renner, 14. Juli 1948.
33 AWM, Webb papers, 3DRL/2481, series 4, wallet 4, Webb an Jaranilla, 14. Mai 1948.
34 AWM, Webb papers, 3DRL/2481, series 4, wallet 2, Webb an Higgins, 9. März 1948.
35 MMA, RG-5, box 107, Chifley an MacArthur, 25. Januar 1948. AWM, Webb papers, 3DRL/2481, series 4, wallet 10, Bailey an Webb, 9. Januar 1948. MMA, RG-5, box 60, Webb folder, Webb an Latham, 18. Dezember 1947.
36 AWM, Webb papers, 3DRL/2481, series 4, wallet 10, Webb an Shaw, 21. Januar 1948.
37 AWM, Webb papers, 3DRL/2481, series 4, wallet 10, Webb an Latham, 27. Januar 1948.
38 MMA, RG-5, box 107, Webb an MacArthur, 26. Januar 1948. MMA, RG-5, box 107, MacArthur an Chifley, 27. Januar 1948.
39 AWM, Webb papers, 3DRL/2481, series 4, wallet 10, MacArthur an Chifley, 30. Januar 1948. AWM, Webb papers, 3DRL/2481, series 4, wallet 8, Webb an Latham, 2. Februar 1948.
40 Webb lobte Quincy Wrights Artikel »The Law of the Nuremberg Trial«, in: *American Journal of International Law* 41 (Januar 1947) 1, S. 38–72.
41 AWM, Webb papers, 3DRL/2481, series 4, wallet 3, Webb an MacArthur, 12. Februar 1948. MMA, RG-5, box 60, Webb folder, Webb an MacArthur, 12. Februar 1948.
42 MMA, RG-5, box 30, Jaranilla folder, Jaranilla an MacArthur, 24. Dezember 1947, 1. Februar 1948 und 6. März 1948. Vgl. James Burnham Sedgwick, »Building Blocs«, in: Kerstin von Lingen (Hg.), *Transcultural Justice at the Tokyo Tribunal: The Allied Struggle for Justice, 1946–48*, Leiden 2018, S. 29–43.
43 AWM, Webb papers, 3DRL/2481, series 4, wallet 4, Webb an Jaranilla, 14. Mai 1948.
44 BDIC, fonds du Bernard, F° Δ res 0874/10, Patrick an die Richter, 30. Januar 1948.
45 AWM, Webb papers, 3DRL/2481, series 4, wallet 19, Northcroft memo, 18. August 1948.
46 AWM, Webb papers, 3DRL/2481, series 4, wallet 19, Northcroft an Webb, 18. August 1948.
47 AWM, Webb papers, 3DRL/2481, series 4, wallet 12, Webb an Sarjanow, 26. März 1948.

48 AWM, Webb papers, 3DRL/2481, series 4, wallet 19, Webb an die Richter, 24. März 1948. BDIC, fonds du Bernard, F° Δ res 0874/10, Webb an die Richter, 24. März 1948.
49 AWM, Webb papers, 3DRL/2481, series 4, wallet 19, Webb an Patrick und McDougall, 16. Februar 1948.
50 AWM, Webb papers, 3DRL/2481, series 4, wallet 19, Northcroft an Webb, 20. Januar 1948.
51 AWM, Webb papers, 3DRL/2481, series 4, wallet 8, Webb an Latham, 12. Februar 1948.
52 AWM, Webb papers, 3DRL/2481, series 4, wallet 2, Webb an Rex, 31. März 1948. Eine prägnante Analyse von Webbs Urteilsentwurf bieten David Cohen/Yuma Totani, *The Tokyo War Crimes Tribunal: Law, History, and Jurisprudence,* Cambridge 2018, S. 305–338.
53 AWM, Webb papers, 3DRL/2481, series 4, wallet 19, Webb an die Richter, 24. März 1948. BDIC, fonds du Bernard, F° Δ res 0874/10, Webb an die Richter, 24. März 1948.
54 Guoshiguan, Foreign Ministry files, IMTFE, Major Cases (Part II), Mei an Webb, 8. Dezember 1946, 020–010117–0027–0104a bis 020–010117–0027–0115a.
55 AWM, Webb papers, 3DRL/2481, series 4, wallet 2, Mei an Webb, 11. März 1948.
56 Mei an Sun und Wang, 8. Mai 1948, in: Mei und Mei (Hg.), *Mei Ruao Dongjing shenpan wengao,* S. 7.
57 Mei an Wang, 24. April 1948, in: Mei und Mei (Hg.), *Mei Ruao Dongjing shenpan wengao,* S. 6.
58 Mei Ruao, »A Vote on the Right to Life«, März 1948, in: Mei und Mei (Hg.), *Mei Ruao Dongjing shenpan wengao,* S. 393–400.
59 Guoshiguan, Foreign Ministry files, IMTFE, Major Cases (Part II), Mei an Webb, 8. Dezember 1946, 020–010117–0027–0104a bis 020–010117–0027–0115a.
60 AWM, Webb papers, 3DRL/2481, series 4, wallet 2, Mei an Webb, 11. März 1948.
61 Guoshiguan, Foreign Ministry files, IMTFE, Major Cases (Part II), Mei an Webb, 8. Dezember 1946, 020–010117–0027–0104a bis 020–010117–0027–0115a.
62 AWM, Webb papers, 3DRL/2481, series 4, wallet 2, Mei an Webb, 11. März 1948.
63 NL-HaNA, 2.21.27, folder 27, Röling an Graven, 28. Juni 1948. Zum Begriff des Genozids vgl. Philippe Sands, *Rückkehr nach Lemberg: Über die Ursprünge von Genozid und Verbrechen gegen die Menschlichkeit,* übers. v. Reinhild Böhnke, Frankfurt/ M. 2018; und Samantha Power, *»A Problem from Hell«: America and the Age of Genocide,* New York 2002, S. 37–73.
64 AWM, Webb papers, 3DRL/2481, series 4, wallet 5, Sarjanow an Webb, 18. März 1948. *IMTFE Transcripts,* 22. Oktober 1947, S. 31522.
65 NAI, MEA file no. 616-CJK/49, Thakar report, 15. Januar 1949.
66 Odd Arne Westad, *Der Kalte Krieg: Eine Weltgeschichte,* übers. v. Helmut Dierlamm und Hans Freundl, Stuttgart 2019, S. 135–137. MMA, RG-9, box 109,

Stabschef der Civil Affairs Division an das Office of Military Government in Deutschland, 16. September 1948.

67 AWM, Webb papers, 3DRL/2481, series 4, wallet 2, Webb an Higgins, 16. August 1948.

68 AWM, Webb papers, 3DRL/2481, series 4, wallet 4, *Nowosti Dnja* [Nachrichten des Tages], 2. Juli 1948.

69 AWM, Webb papers, 3DRL/2481, series 4, wallet 5, Sarjanow an Webb, 18. und 31. März 1948.

70 AWM, Webb papers, 3DRL/2481, series 4, wallet 12, Webb an die Richter, 22. und 24. März 1948.

71 AWM, Webb papers, 3DRL/2481, series 4, wallet 12, Sarjanow draft, 2. 4. 1948.

72 AWM, Webb papers, 3DRL/2481, series 4, wallet 12, Webb an Sarjanow, 26. März 1948.

73 Mei an Wang, 14. Juni 1948, in: Mei und Mei (Hg.), *Mei Ruao Dongjing shenpan wengao,* S. 12f.

74 BDIC, fonds du Bernard, F° Δ res 0874/10, Cramer an die Richter, 7. Juni 1948.

75 Mei an Wang, 1. Juni 1948, in: Mei und Mei (Hg.), *Mei Ruao Dongjing shenpan wengao,* S. 9f.

76 Vgl. AWM, Webb papers, 3DRL/2481, series 1, wallet 10, Röling an Webb, 5. Februar 1948.

77 NL-HaNA, 2. 21. 27, folder 27, Röling an Van Boetzelaer van Oosterhout, 3. Juni 1948.

78 AWM, Webb papers, 3DRL/2481, series 4, wallet 4, Bernard an die Richter, 7. Oktober 1948. *FRUS 1948: The Far East and Australasia,* Washington, D. C. 1974, Bd. 6, Sebald an Marshall, 23. November 1948, S. 906.

79 BDIC, fonds du Bernard, F° Δ res 0874/10, Bernard an die Richter, »Deliberations«, 28. April 1948.

80 BDIC, fonds du Bernard, F° Δ res 0874/10, Bernard an die Richter, »Remarks«, 28. April 1948.

81 BDIC, fonds du Bernard, F° Δ res 0874/10, Bernard an die Richter, 10. Mai 1948.

82 Guoshiguan, Foreign Ministry files, IMTFE, Major Cases (Part II), Mei an Bernard, 15. Juli 1948, 020–010117–0027–0181a bis 020–010117–0027–0195a.

83 AWM, Webb papers, 3DRL/2481, series 4, wallet 19, Webb an die Richter, 4. Mai 1948. Vgl. AWM, Webb papers, 3DRL/2481, series 4, wallet 19, Webb an die Richter, 6. Mai 1948; AWM, Webb papers, 3DRL/2481, series 4, wallet 15, Webb an die Richter, 28. Juli 1948.

84 Webb papers, 3DRL/2481, series 4, wallet 15, Bernard an Webb, 29. Juli 1948.

85 Webb papers, 3DRL/2481, series 4, wallet 15, Röling an die Richter, 29. Juli 1948.

86 Webb papers, 3DRL/2481, series 4, wallet 15, Webb an die Richter, 28. Juli 1948.

87 BDIC, fonds du Bernard, F° Δ res 0874/10, Cramer an die Richter, 7. Juni 1948. Mei an Wang, 2. Juli 1948, in: Mei und Mei (Hg.), *Mei Ruao Dongjing shenpan wengao,* S. 14.

88 Mei an Wang, 1. Juni 1948, in: Mei und Mei (Hg.), *Mei Ruao Dongjing shenpan wengao,* S. 9f.
89 Ebenda.
90 Wang an Mei, 9. Juli 1948, in: Mei und Mei (Hg.), *Mei Ruao Dongjing shenpan wengao,* S. 16.
91 Mei an Wang, 23. Juli 1948, in: Mei und Mei (Hg.), *Mei Ruao Dongjing shenpan wengao,* S. 17f.
92 Mei an Wang, 20. August 1948, in: Mei und Mei (Hg.), *Mei Ruao Dongjing shenpan wengao,* S. 19f.
93 AWM, Webb papers, 3DRL/2481, series 4, wallet 4, Webb an Mei, 12. 7. 1948.
94 AWM, Webb papers, 3DRL/2481, series 2, wallet 1, Webb draft judgment, 17. September 1948.
95 AWM, Webb papers, 3DRL/2481, series 4, wallet 19, Webb an die Richter, 1. November 1948.
96 AWM, Webb papers, 3DRL/2481, series 1, wallet 10, Röling an Webb, 5. Februar 1948.
97 Radhabinod Pal, *International Military Tribunal for the Far East: Dissentient Judgment of Justice R. B. Pal,* Kalkutta 1953, S. 605–612, 620–636.
98 Mei an Wang, 14. Juni 1948, in: Mei und Mei (Hg.), *Mei Ruao Dongjing shenpan wengao,* S. 12.
99 Mei an Wang, 23. Juli 1948, in: Mei und Mei (Hg.), *Mei Ruao Dongjing shenpan wengao,* S. 14.
100 NL-HaNA, 2. 21. 27, folder 11, Röling an die Richter, 28. Juli 1948.
101 BDIC, fonds du Bernard, F° Δ res 0874/10, Bernard an die Richter, 10. Mai 1948.
102 NL-HaNA, 2. 21. 27, folder 27, Röling an Delphine, 25. Juni 1948.
103 AWM, Webb papers, 3DRL/2481, series 4, wallet 12, Sarjanow an Webb, 24. März 1948.
104 NL-HaNA, 2. 21. 27, folder 11, Röling an die Richter, 28. Juli 1948.
105 Vgl. BDIC, fonds du Bernard, F° Δ res 0874/10, Sarjanow an Webb, August 1946.
106 NL-HaNA, 2. 21. 27, folder 23, Sarjanow an die Richter, 21. August 1948.
107 AWM, Webb papers, 3DRL/2481, series 4, wallet 19, Webb an die Richter, 13. September 1948.
108 AWM, Webb papers, 3DRL/2481, series 2, wallet 1, Webb judgment, 17. September 1948.
109 AWM, Webb papers, 3DRL/2481, series 4, wallet 19, Webb an die Richter, 20. Mai 1948.
110 AWM, Webb papers, 3DRL/2481, series 4, wallet 8, Webb an Latham, 16. Juni 1948.
111 AWM, Webb papers, 3DRL/2481, series 2, wallet 1, Webb judgment, 17. September 1948.
112 AWM, Webb papers, 3DRL/2481, series 1, wallet 9, Webb an Cramer, 8. Juli 1948. AWM, Webb papers, 3DRL/2481, series 4, wallet 7, Webb an Latham, 30. September 1948. MMA, RG-5, Webb folder, Webb an MacArthur, 30. September 1948. AWM, Webb papers, 3DRL/2481, series 4, wallet 8, Webb an Latham, 1. Oktober 1948.

113 AWM, Webb papers, 3DRL/2481, series 2, wallet 1, Webb judgment, 17. September 1948, S. 236, S. 272–274. Vgl. AWM, Webb papers, 3DRL/2481, series 1, wallet 9, Webb an Cramer, McDougall und Northcroft, 18. August 1948.
114 AWM, Webb papers, 3DRL/2481, series 2, wallet 1, Webb judgment, 17. September 1948, S. 236, S. 272–274.
115 AWM, Webb papers, 3DRL/2481, series 4, wallet 5, Webb an Cramer, 15. September 1948.
116 AWM, Webb papers, 3DRL/2481, series 1, wallet 9, 4. Oktober 1948. Vgl. *IMTFE Transcripts,* 14. November 1946, Tagebuch Kido, 30. November 1941, S. 10468.
117 AWM, Webb papers, 3DRL/2481, series 4, wallet 5, Webb an Cramer, 15. September 1948.
118 Mei an Wang, 20. August 1948, in: Mei und Mei (Hg.), *Mei Ruao Dongjing shenpan wengao,* S. 19f.
119 BNA, LCO 2/2992, Gascoigne an Bevin, 10. November 1947.
120 *IMTFE Transcripts,* 9. August 1946, S. 3569. *IMTFE Transcripts,* 15. November 1946, S. 10578.
121 AWM, Webb papers, 3DRL/2481, series 4, wallet 3, Webb an MacArthur, 30. September 1947.
122 »Reform Bad Men but Not Kill or Turn Them Out«, in: *Amrita Bazar Patrika,* 22. Dezember 1947, S. 1.
123 BL, EAP 262/1/1/6155, »How the Japanese Are Faring Under Military Occupation«, in: *Amrita Bazar Patrika,* 28. November 1947, S. 5.
124 AWM, Webb papers, 3DRL/2481, series 4, wallet 2, Webb an Higgins, 6. Oktober 1948.
125 NAI, EAD file no. 306-FEA/46, Pal an das Defence Department, 19. November 1946.
126 NAI, MEA file no. 489-CJK/49, Rama Rau an Menon, 4. August 1948.
127 NAI, MEA file no. 489-CJK/49, Pal an Menon, 4. Mai 1948.
128 NAI, MEA file no. 489-CJK/49, Chakravarty an Menon, 29. Juli 1948.
129 AWM, Webb papers, 3DRL/2481, series 3, wallet 2, Cunningham speech, 7. September 1948.
130 AWM, Webb papers, 3DRL/2481, series 4, wallet 19, UP-Story, 23. September 1948.
131 NL-HaNA, 2.21.27, folder 27, Pal an Röling, 11. Oktober 1948.
132 AWM, Webb papers, 3DRL/2481, series 4, wallet 19, Pal an Webb, 27. September 1948.
133 AWM, Webb papers, 3DRL/2481, series 4, wallet 19, Pal an Webb, 1. November 1948.
134 Mei an Wang, 20. August 1948, in: Mei und Mei (Hg.), *Mei Ruao Dongjing shenpan wengao,* S. 19f.
135 AWM, Webb papers, 3DRL/2481, series 4, wallet 19, Webb an die Richter, 1. November 1948. Der sowjetische Richter Iona Nikitschenko votierte gegen die lebenslange Haftstrafe für Rudolf Heß und verlangte die Todesstrafe. Er wollte zudem das Reichskabinett, den Generalstab und das Oberkommando der Wehrmacht zu verbrecherischen Organisationen erklärt sehen. Er wandte

sich außerdem gegen die Freisprüche für die Angeklagten Hans Fritzsche, Franz von Papen und Hjalmar Schacht und forderte einen Schuldspruch. Vgl. hierzu Bd. 22 von IMG Nürnberg, *Der Prozess gegen die Hauptkriegsverbrecher, 27. August 1946 – 1. Oktober 1946,* Nürnberg 1948, S. 674.

136 NL-HaNA, 2.21.27, folder 27, Pal an Röling, 11. Oktober 1948.

137 AWM, Webb papers, 3DRL/2481, series 4, wallet 19, Pal an Webb, November 1948.

138 NL-HaNA, 2.21.27, folder 27, Pal an Röling, 11. Oktober 1948.

139 AWM, Webb papers, 3DRL/2481, series 4, wallet 2, Webb an Harrison, 11. Oktober 1948. AWM, Webb papers, 3DRL/2481, series 4, wallet 19, Webb an die Richter, 1. November 1948.

140 B. V. A. Röling, *The Tokyo Trial and Beyond: Reflections of a Peacemonger,* hg. von Antonio Cassese, Cambridge 1993, S. 58f.

141 AWM, Webb papers, 3DRL/2481, series 3, wallet 1, Shigemitsu guilt, 1948.

142 AWM, Webb papers, 3DRL/2481, series 3, wallet 1, Togo guilt, 1948.

143 AWM, Webb papers, 3DRL/2481, series 2, wallet 1, Webb judgment, 17. September 1948, S. 236 und besonders S. 272–274.

144 AWM, Webb papers, 3DRL/2481, series 1, wallet 9, Webb an Cramer, 17. Juni 1948.

145 NAI, MEA file no. 489-CJK/49, Chakravarty an Menon, 13. und 16. November 1948.

146 AWM, Webb papers, 3DRL/2481, series 4, wallet 4, Mei an Webb, 3. November 1948.

147 NAI, MEA file no. 489-CJK/49, Chakravarty an Menon, 13. und 16. November 1948.

148 NL-HaNA, 2.21.27, folder 27, Röling an Delphine, 25. Juni 1948. Zu Rölings Thackeray-Zitat vgl. William Makepeace Thackeray, *The History of Henry Esmond* (1852), hier zitiert nach folgender Ausgabe: ders., *Die Geschichte des Henry Esmond: Von ihm selbst erzählt,* übers. v. Else von Schorn, Frankfurt/ M. 1962, S. 10.

149 AWM, Webb papers, 3DRL/2481, series 2, wallet 1, Webb judgment, 17. September 1948, S. 236. Telford Taylor, *Die Nürnberger Prozesse: Hintergründe, Analysen und Erkenntnisse aus heutiger Sicht,* übers. v. Michael Schmidt, München 1994, S. 644–658. Vgl. Jens David Ohlin, »Applying the Death Penalty to Crimes of Genocide«, in: *American Journal of International Law* 99 (Oktober 2005) 4, S. 747–777.

150 AWM, Webb papers, 3DRL/2481, series 1, wallet 9, Cramer an Webb, 15. Juni 1948.

151 AWM, Webb papers, 3DRL/2481, series 1, wallet 9, Webb an Cramer, 17. Juni 1948.

152 Matthew Light/Nikolai Kovalev, »Russia, the Death Penalty, and Europe«, in: *Post-Soviet Affairs* 29 (2013) 6, S. 539. Anne Applebaum, *Der Gulag,* übers. v. Frank Wolf, München 2003, S. 137–150, S. 361–370, S. 437–440, S. 613–622. Peter H. Solomon jr., *Soviet Criminal Justice Under Stalin,* Cambridge 1996, S. 412.

153 Frank L. White, »4 Japs Escaped Hanging by Close Vote, Judge Says«, in: *St. Louis Post-Dispatch,* 9. Dezember 1948, S. 10. Die anderen Angeklagten,

die nur knapp dem Strang entgingen, waren Araki Sadao, Oshima Hiroshi und Shimada Shigetaro.

154 Tobias S. Harris, *The Iconoclast: Shinzo Abe and the New Japan,* London 2020, S. 11.

155 MMA, RG-9, box 159, War Crimes folder, MacArthur an die Joint Chiefs, 12. Mai 1947.

156 LCO 2/2992, Comyns Carr an Shawcross (nicht abgeschickt), 6. Oktober 1947.

157 BNA, FO 371/66554, Comyns Carr an Shawcross, 13. August 1947. BNA, FO 371/66553, Sargent an Shawcross, 2. Juli 1947.

158 BNA, FO 371/66553, Foreign Office an Gascoigne, 16. Juli 1947.

159 MMA, RG-9, box 159, War Crimes folder, Keenan an Tavenner, 19. Juni 1947. MMA, RG-9, box 159, War Crimes folder, Tavenner an Keenan, 19. Juni 1947.

160 MMA, RG-9, box 159, War Crimes folder, Goulsby an das War Department, 30. September 1947.

161 MMA, RG-9, box 159, War Crimes folder, MacArthur an Draper, 13. Oktober 1947. MMA, RG-9, box 159, War Crimes folder, Draper an MacArthur, 23. Oktober 1947.

162 MMA, RG-9, box 159, War Crimes folder, Keenan an das Army Department, 13. Januar 1948.

163 MMA, RG-9, box 159, War Crimes folder, MacArthur an das War Department, 13. Oktober 1947.

164 MMA, RG-9, box 159, War Crimes folder, Keenan an das Army Department, 13. Januar 1948. Vgl. Keenan an Johnson, 16. Juli 1948, in: *FRUS 1948,* Bd. 6, S. 831–833.

165 MMA, RG-9, box 159, War Crimes folder, War Department an MacArthur, 1. Februar 1948. MMA, RG-9, box 159, War Crimes folder, Carpenter an das Army Department, 6. Februar 1948.

166 MMA, RG-9, box 159, War Crimes folder, Carpenter an MacArthur, 8. März 1948.

167 MMA, RG-9, box 159, War Crimes folder, Carpenter an das Army Department, 18. Mai 1948.

168 BNA, LCO 2/2992, New Zealand proposal FEC-314, Far Eastern Commission, 29. Juli 1948.

169 MMA, RG-9, box 159, War Crimes folder, Royall an MacArthur, 18. September 1948.

170 MMA, RG-9, box 159, War Crimes folder, Levy an das Army Department, 3. September 1948.

171 BNA, FO 371/69833, New Zealand and United States amendments, 2. November 1948. BNA, FO 371/69834, Graves an Scarlett, 18. November 1948. BNA, FO 371/69834, Clarke an Graves, 4. Dezember 1948.

172 Sebald an Marshall, 29. Oktober 1948, in: *FRUS 1948,* Bd. 6, S. 880–882.

173 Sebald an Marshall, 24. Dezember 1948, in: *FRUS 1948,* Bd. 6, S. 936f.

174 MMA, RG-9, box 159, War Crimes folder, Carpenter an das Army Department, 18. Mai 1948. Yoshio Kodama, *I Was Defeated,* übers. v. Taro Fukuda, Tokio 1959, S. vii–ix. Ian Buruma, *Inventing Japan, 1853–1964,* New York

2003, S. 139. Wolfgang Saxon, »Yoshio Kodama; Was Rightist«, in: *New York Times,* 18. Januar 1984, S. D23.

175 Herbert F. Bix, *Hirohito and the Making of Modern Japan,* New York 2000, S. 612.

26. »Eine Tonne Dynamit in die Luft jagen«

1 MMA, RG-5, box 107, folder 2, Sebald an Benninghoff, 29. Oktober 1948. Vgl. William J. Sebald, *With MacArthur in Japan: A Personal History of the Occupation,* New York 1965, S. 162f.

2 »Emperor Sends Message to American President«, in: *Nippon Times,* 4. Dezember 1948.

3 AWM, Webb papers, 3DRL/2481, series 4, wallet 2, Webb an Robertson, 19. Juli 1948.

4 AWM, Webb papers, 3DRL/2481, series 4, wallet 17, Cramer an Webb, 9. August 1948; Webb an die Richter, 9. August 1948; Mei an Webb, 10. August 1948; Webb an das Allgemeine Hauptquartier, 20. September 1948.

5 AWM, Webb papers, 3DRL/2481, series 4, wallet 17, Nugent an Almond, 4. August 1948.

6 MMA, RG-9, box 159, War Crimes folder, Parks note, 28. Februar 1948.

7 AWM, Webb papers, 3DRL/2481, series 4, wallet 17, Nugent an Almond, 4. August 1948.

8 MMA, RG-9, box 159, War Crimes folder, Parks note, 5. März 1948.

9 AWM, Webb papers, 3DRL/2481, series 4, wallet 16, Gespräch Webb-Folster, 26. Februar 1948.

10 AWM, Webb papers, 3DRL/2481, series 4, wallet 11, Webb an den Generalsekretär, 19. Mai 1948.

11 AWM, Webb papers, 3DRL/2481, series 4, wallet 11, Australian External Affairs Ministry an die Gesandtschaft in Tokio, 22. Juli 1948.

12 AWM, Webb papers, 3DRL/2481, series 4, wallet 4, Jaranilla an die Richter, 17. Mai 1948. AWM, Webb papers, 3DRL/2481, series 4, wallet 11, Webb an den Generalsekretär, 19. Mai 1948.

13 AWM, Webb papers, 3DRL/2481, series 3, wallet 2, Rede Cunningham, 7. September 1948.

14 AWM, Webb papers, 3DRL/2481, series 4, wallet 11, McDougall an Webb, 13. Oktober 1948.

15 AWM, Webb papers, 3DRL/2481, series 4, wallet 11, Webb an McDougall, 14. Oktober 1948. AWM, Webb papers, 3DRL/2481, series 3, wallet 2, Walbridge an Cunningham, 13. Oktober 1948.

16 AWM, Webb papers, 3DRL/2481, series 3, wallet 2, Cunningham an Walbridge, 15. Oktober 1948. AWM, Webb papers, 3DRL/2481, series 3, wallet 2, Walbridge an Cunningham, 29. Oktober 1948.

17 Miles V. Vaughan, »Court Scene Described«, in: *Nippon Times,* 5. November 1948, S. 1f.

18 »Judge Begins Reading of Tojo Verdict«, in: *Washington Post,* 4. November 1948, S. 19.

19 Vaughan, »Court Scene Described«.

20 Beth Van Schaack, »Crimen Sine Lege«, in: *Georgetown Law Journal* 97 (2008), S. 119–192. Trevor W. Morrison, »Fair Warning and the Retroactive Judicial Expansion of Federal Criminal Statutes«, in: *Southern California Law Review* 74 (2001). Zu den Zitaten aus dem Nürnberger Urteil vgl. Internationaler Militärgerichtshof (IMG), *Der Prozess gegen die Hauptkriegsverbrecher: Nürnberg, 14. November 1945 – 1. Oktober 1946,* Bd. 22, *Verhandlungsniederschriften, 27. August – 1. Oktober 1946,* Nürnberg 1948, S. 523, S. 526.

21 *IMTFE Transcripts,* 4. November 1948, S. 48435–48432. Zu den Zitaten aus dem Nürnberger Urteil vgl. IMG, *Der Prozess gegen die Hauptkriegsverbrecher,* Bd. 22, S. 524, S. 529, S. 530.

22 Lindesay Parrott, »Tojo Dozes in Dock«, in: *New York Times,* 5. November 1948, S. 8.

23 »War Suspects Compose Poems«, in: *Nippon Times,* 7. November 1948, S. 3.

24 *IMTFE Transcripts,* 4. November 1948, S. 48433.

25 Lindesay Parrott, »Japanese Predict 25 Guilty Verdicts«, in: *New York Times,* 6. November 1948, S. 6.

26 *IMTFE Transcripts,* 4. November 1948, S. 48429, S. 48432.

27 Ian Mutsu, »Heavy Punishment Seen for Tojo and War Makers«, in: *Nippon Times,* 6. November 1948, S. 1f. Frank White, »Tribunal's Stand on Issue of Guilt Stuns Prisoners«, in: *Nippon Times,* 7. November 1948, S. 1f.

28 *IMTFE Transcripts,* 8. November 1948, S. 49009.

29 Ebenda, 4. November 1948, S. 48454–48626; 8. November 1948, S. 49007–49088; 9. November, S. 49092–49132.

30 Ebenda, 8. November 1948, S. 49088–49106.

31 Mei an Wang, 10. November 1948, in: Mei Xiaoao/Mei Xiaokan (Hg.), *Mei Ruao Dongjing shenpan wengao* [Die Tokioter Prozessmanuskripte von Mei Ruao], Shanghai 2013, S. 24.

32 Mei an Wang, 11. November 1948, in: Mei/Mei (Hg.), *Mei Ruao Dongjing shenpan wengao,* S. 26.

33 *IMTFE Transcripts,* 9. November 1948, S. 49092–49286.

34 Ebenda, 4. November 1948, S. 48626–48674.

35 Ebenda, 10. November 1948, S. 49303.

36 Ebenda, 4. November 1948, S. 48626–48674; 9. November 1948, S. 49207–49496.

37 Ebenda, 10. November 1948, S. 49309.

38 Ebenda, 9. November 1948, S. 49238–49240.

39 Ebenda, 9. November 1948, S. 49159–49164; 10. November 1948, S. 49322–49326.

40 Ebenda, 5. November 1948, S. 48675–48880; 9. November 1948, S. 49092–49286; 10. November 1948, S. 49287–49304.

41 Ebenda, 9. November 1948, S. 49246.

42 Ebenda, 4. November 1948, S. 48634; 5. November 1948, S. 48806–48808.

43 Ebenda, 8. Nov. 1948, S. 48881–49091; 10. Nov. 1948, S. 49327–49405.

44 »Japan's Guilt«, in: *South China Morning Post,* 10. November 1948, S. 3.

45 *IMTFE Transcripts,* 8. November 1948, S. 48881–49091.

46 AWM, Webb papers, 3DRL/2481, series 4, wallet 19, Northcroft an Webb, 20. Januar 1948.

47 *IMTFE Transcripts,* 10. November 1948, S. 49303–49309, S. 49405–49496.
48 Ebenda, 11. November 1948, S. 49497–49698.
49 Ebenda, 10. November 1948, S. 49303–49309.
50 Ebenda, 11. November 1948, S. 49497–49592.
51 »Japan's Guilt«, in: *South China Morning Post,* 9. November 1948, S. 9.
52 *IMTFE Transcripts,* 4. November 1948, S. 48524 f., S. 48528; 8. November 1948, S. 49058 f.
53 Ebenda, 5. November 1948, S. 48731 f.
54 Ebenda, 8. November 1948, S. 48999 f.
55 Ebenda, 11. November 1948, S. 49517 f.
56 Ebenda, 14. November 1946, Tagebuch Kido, 30. November 1941, S. 10468. Koichi Kido, *The Diary of Marquis Kido, 1931–45,* Frederick, Md. 1984, 30. November 1941, S. 321.
57 *IMTFE Transcripts,* 11. November 1948, S. 49592–49595, S. 49621–49698.
58 Michel Paradis, *Last Mission to Tokio: The Extraordinary Story of the Doolittle Raiders and Their Final Fight for Justice,* New York 2020, S. 333 f. James M. Scott, *Target Tokyo: Jimmy Doolittle and the Raid That Avenged Pearl Harbor,* New York 2015.
59 *IMTFE Transcripts,* 11. November 1948, S. 49621–49698; 12. November 1948, S. 49698–49761.
60 Ebenda, 11. November 1948, S. 49592–49620. Die in der Urteilsbegründung enthaltenen Zitate aus diesem Dokument des Heeresministeriums weisen in der Formulierung einige kleinere Unterschiede zum gleichen Beweisdokument auf, das die Anklagevertretung im Oktober 1947 vorlegte.

27. Das Urteil von Tokio

1 »Tojo and Six Other Japanese to Be Hanged«, in: *Daily Advertiser* (Australien), 13. November 1948, S. 1.
2 »Tensei Jingo« [Vox Populi/Volkes Stimme], in: *Asahi Shimbun,* 13. November 1948, S. 1.
3 »Precautions Against Suicide«, in: *Daily Advertiser* (Australien), 13. November 1948, S. 1.
4 »War Crimes«, in: *Time,* 22. November 1948, S. 31 f. »Ask No Clemency of MacArthur, Tojo Tells the Lawyer«, in: *Daily Boston Globe,* 12. November 1948, S. 23. Shinsho Hanayama, *The Way of Deliverance: Three Years with the Condemned Japanese War Criminals,* übers. v. Hideo Suzuki, Eiichi Noda und James K. Sasaki, New York 1950, S. 128.
5 Allen Raymond, »Tojo, 6 Others Doomed to Die«, in: *New York Herald Tribune,* 13. November 1948, S. 3.
6 Tojo and Six Other Japanese to Be Hanged«, in: *Daily Advertiser* (Australien), 13. November 1948, S. 1.
7 Miles W. Vaughn, »Air of Unreality on Last Trial Day«, in: *Nippon Times,* 13. November 1948, S. 3.
8 *IMTFE Transcripts,* 4. November 1948, S. 48442–48453. Zu einem klassischen Argument über die moralische Gleichheit von Soldaten vgl. Michael Walzer, *Gibt es den gerechten Krieg?,* übers. v. Christiane Ferdinand, Stuttgart 1982,

S. 66–76 [3. Kap., erster Teil]. Zur Kritik vgl. Jeff McMahan, »Innocence, Self-Defense and Killing in War«, in: *Journal of Political Philosophy* 2 (September 1994) 3, S. 193–221; und »The Ethics of Killing in War«, in: *Ethics* 114 (Juli 2004), S. 693–733; und Gabriella Blum, »The Dispensable Lives of Soldiers«, in: *Journal of Legal Analysis* 2 (Frühjahr 2010) 1, S. 115–170.

9 »Tojo, 24 Other Jap Leaders Convicted in War Crime Trial«, in: *San Francisco Examiner,* 12. November 1948, S. 1.

10 Ebenda.

11 Togo Shigehiko, *Sofu, Togo Shigenori no shogai* [Das Leben von Großvater Togo Shigenori], Tokio 1993, S. 9–18.

12 Tamotsu Murayama, »›I Do Not Want Clemency‹, Tojo Tells His Attorney«, in: *Nippon Times,* 13. November 1948, S. 1.

13 »Tojo, 24 Other Jap Leaders Convicted in War Crime Trial«, in: *San Francisco Examiner,* 12. November 1948, S. 1.

14 AWM, Webb papers, 3DRL/2481, series 3, wallet 23, IMTFE paper 1737, 12. November 1948. Earnest Hoberecht, »Dissenting View Hinted in Motion to Tribunal«, in: *Nippon Times,* 9. November 1948, S. 1f.

15 Allen Raymond, »5 Tokyo Judges Dissent«, in: *New York Herald Tribune,* 14. November 1948, S. 27.

16 *IMTFE Transcripts,* 12. November 1948, S. 49762–49853.

17 »Tojo Condemned by Court to Hang«, in: *New York Times,* 12. November 1948, S. 1.

18 William J. Sebald, *With MacArthur in Japan: A Personal History of the Occupation,* New York 1965, S. 165f.

19 »Sabakareta ›Nihon-koku‹« [Die japanische Nation vor Gericht], in: *Asahi Shimbun,* 13. November 1948, S. 1.

20 Allen Raymond, »Tojo, 6 Others Doomed to Die«, in: *New York Herald Tribune,* 13. November 1948.

21 NAI, MEA file no. 489-CJK/49, Chakravarty an Menon, 16. November 1948.

22 »War Crimes«, in: *Time,* 22. November 1948, S. 31f.

23 Raymond, »Tojo, 6 Others Doomed to Die«.

24 »War Crimes«, in: *Time,* 22. November 1948, S. 31f. Raymond, »Tojo, 6 Others Doomed to Die«. *Associated Press,* »Tojo, 6 Others Face Gallows«, in: *Spokesman-Review* (Spokane), 13. November 1948, S. 12. »Tojo Must Hang for War Guilt«, in: *Minneapolis Star,* 12. November 1948.

25 AWM, Webb papers, 3DRL/2481, series 4, wallet 16, Larson report, 30. Juli 1948.

26 *IMTFE Transcripts,* 12. November 1948, S. 49854–49858.

27 »Doomed Men Pen Poems«, in: *Nippon Times,* 14. November 1948, S. 1f. »War Crimes«, in: *Time,* 22. November 1948, S. 31f. Raymond, »5 Tokyo Judges Dissent«.

28 Hanayama, *Way of Deliverance,* S. 185–187, 199–201.

29 Raymond, »5 Tokyo Judges Dissent«.

30 Lindesay Parrott, »Dooming of Tojo Impresses Japan«, in: *New York Times,* 13. November 1948, S. 1, 9.

31 Hanayama, *Way of Deliverance,* S. 186.

32 Sebald an Marshall, 18. November 1948, in: *FRUS 1948: The Far East and*

Australasia, Washington D.C. 1974, Bd. 6, S. 896. Sebald, *With MacArthur in Japan,* S. 164f.

33 HSTL, OF, box 1145, Truman an Keenan, 2. Dezember 1948. MMA, RG-5, box 32, folder 1, MacArthur an Keenan, 26. November 1948.

34 Raymond, »Tojo, 6 Others Doomed to Die«.

35 NARA, RG 43, box 70, *Central News* dispatch, 14. November 1948.

36 Fang Jinyu, »Zhongguo faguan Mei Ruao« [Der chinesische Richter Mei Ruao], in: *Liaowang Zhoukan [Wochenüberblick],* Dezember 1985, S. 46.

37 Mei an Wang, 16. November 1948, in: Mei Xiaoao und Mei Xiaokan (Hg.) *Mei Ruao Dongjing shenpan wengao* [Die Tokioter Prozessmanuskripte von Mei Ruao], Shanghai 2013, S. 28f.

38 NAI, MEA file no. 489-CJK/49, Nanjing press report, November 1948.

39 Mei an Wang, 16. November 1948, in: Mei/Mei (Hg.), *Mei Ruao Dongjing shenpan wengao,* S. 28f.

40 Nachrichtenagentur Xinhua, »Guomindang maiguo zhengfu zhuisui Meidi bihu zhanfan« [Die verräterische nationalistische Regierung folgt den amerikanischen Imperialisten bei der Beschützung von Kriegsverbrechern], in: *Renmin Ribao [Volkszeitung],* 23. November 1948, S. 2.

41 »Meidi baobi Riben zhanfan Zhongguo renmin jiwei fenkai« [Das chinesische Volk ist außerordentlich empört über den Schutz der amerikanischen Imperialisten für japanische Kriegsverbrecher], in: *Renmin Ribao [Volkszeitung],* 30. November 1948, S. 3.

42 Nagai Hitoshi, »The Tokyo War Crimes Trial«, in: Ikehata Setsuho/Lydia N. Yu Jose (Hg.), *Philippines-Japan Relations,* Manila 2003, S. 282–284.

43 »Tokyo Trial Findings«, in: *The Times* (London), 13. November 1948.

44 »Tokio Sentences«, in: *Manchester Guardian,* 13. November 1948.

45 »The Tokio Trial«, in: *Western Grazier* (Wilcannia), 19. November 1948, S. 2.

46 D.G.M. Jackson, »Hirohito – War Criminal«, in: *Southern Cross* (Adelaide), 19. November 1948, S. 3.

47 NAI, MEA file no. 489-CJK/49, Canberra press report, Dezember 1948.

48 Massey Stanley, »We've Got Rid of Tojo, But...«, in: *Daily Telegraph* (Sydney), 18. November 1948, S. 8.

49 »Japan Guilty«, in: *New York Times,* 5. November 1948, S. 24.

50 »For Posterity«, in: *Time,* 20. Dezember 1948, S. 25f.

51 »Judgment Regarded Just by the Average Japanese«, in: *Nippon Times,* 13. November 1948, S. 1.

52 MMA, RG-6, box 15, folder 46, personal letters, 18. November 1948.

53 *Reports of General MacArthur: MacArthur in Japan: The Occupation: Military Phase,* Washington, D.C. 1966, Bd. 1 supplement, S. 241–243.

54 MMA, RG-6, box 15, folder 46, CIC summary, 18. November 1948.

55 MMA, RG-6, box 15, folder 46, individual opinions, 18. November 1948.

56 Ozaki Yukio, *The Autobiography of Ozaki Yukio: The Struggle for Constitutional Government in Japan,* übers. v. Fujiko Hara, Princeton 2001.

57 MMA, RG-6, box 15, folder 46, individual opinions, 18. November 1948.

58 BNA, FO 371/69833, Gascoigne an Bevin, 17. November 1948. NAI, MEA file no. 489, CJK/49, Gascoigne an Bevin, 1. Dezember 1948.

59 NAI, MEA file no. 489, CJK/49, Chakravarty an Menon, 16. November 1948.

60 BNA, FO 371/69833, Gascoigne an Bevin, 17. November 1948. »Judgment Regarded Just by the Average Japanese«, in: *Nippon Times,* 13. November 1948, S. 1.
61 AWM, Webb papers, 3DRL/2481, series 4, wallet 7, Takano an Webb, 10. November 1948.
62 »Tensei Jingo« [Vox Populi/Volkes Stimme], in: *Asahi Shimbun,* 13. November 1948, S. 1.
63 »Sabakareta ›Nihon-Koku‹« [Die japanische Nation vor Gericht], in: *Asahi Shimbun,* 13. November 1948, S. 1.
64 »Tensei Jingo« [Vox Populi/Volkes Stimme], in: *Asahi Shimbun,* 19. November 1948, S. 1.

28. Dissens

1 AWM, Webb papers, 3DRL/2481, series 4, wallet 7, Webb an Chifley, 16. November 1948.
2 MMA, RG-5, box 115, folder 15, Verteidiger an MacArthur, 13. November 1948.
3 MMA, RG-5, box 115, folder 15, Bunker an Blakeney und Furness, 15. November 1948.
4 BNA, FO 371/69834, Gesandtschaft in Tokio an das Foreign Office, 13. Dezember 1948.
5 Allen Raymond, »5 Tokyo Judges Dissent«, in: *New York Herald Tribune,* 14. November 1948.
6 NARA, RG 43, box 70, *Central News* dispatch, 14. November 1948.
7 Earnest Hoberecht, »Keenan Is Held Ashamed of Shigemitsu Sentence«, in: *Nippon Times,* 21. November 1948, S. 1 f.
8 William J. Sebald, *With MacArthur in Japan: A Personal History of the Occupation,* New York 1965, S. 164 f. MMA, RG-9, box 160, War Crimes folder, Lovett an MacArthur, 21. November 1948.
9 BNA, FO 371/69833, Scott minute, 15. November 1948.
10 BNA, FO 371/69834, Milward memorandum, 15. November 1948.
11 BNA, FO 371/69834, Cheke minute, 16. November 1948.
12 Webb judgment, 1. November 1948, in: Neil Boister/Robert Cryer (Hg.), *Documents on the Tokyo International Military Tribunal: Charter, Indictment and Judgments,* Oxford 2008, S. 630–639.
13 NARA, RG 43, box 70, *Central News* dispatch, 14. November 1948.
14 *IMTFE Transcripts,* 14. November 1946, S. 10468. Koichi Kido, *The Diary of Marquis Kido, 1931–45,* Frederick, Md. 1984, 30. November 1941, S. 321.
15 Bernard dissent, 12. November 1948, in: Boister/Cryer (Hg.), *Documents on the Tokyo International Military Tribunal,* S. 662–677.
16 Robert Cryer, »Röling in Tokyo«, in: *Journal of International Criminal Justice* 8 (2010), S. 1109–1126.
17 NL-HaNA, 2.21.273, folder 27, Röling an Stikker, 24. November 1948.
18 Gary Bass, *Stay the Hand of Vengeance: The Politics of War Crimes Tribunals,* Princeton 2000, S. 37–57.
19 NAI, MEA file no. 489-CJK/49, Pal an Menon, 5. Mai 1948.

20 NAI, MEA file no. 489-CJK/49, Chakravarty an Menon, 29. Juli 1948.
21 B. V. A. Röling, *The Tokyo Trial and Beyond: Reflections of a Peacemonger,* hg. von Antonio Cassese, Cambridge 1993, S. 32.
22 B. V. A. Röling, Einleitung, in: C. Hosoya et al. (Hg.), *The Tokyo War Crimes Tribunal: An International Symposium,* Tokio 1986, S. 19.
23 Röling dissent, in: Boister/Cryer (Hg.), *Documents on the Tokyo International Military Tribunal,* S. 679–807.
24 MMA, RG-5, box 30, Jaranilla folder, Jaranilla an MacArthur, 6. und 30. März 1948.
25 Jaranilla concurring opinion, 1. November 1948, in: Boister/Cryer (Hg.), *Documents on the Tokyo International Military Tribunal,* S. 642–659.

29. »Ich bin völlig anderer Meinung«

1 NAI, MEA file no. 489-CJK/49, Menon note, 15. Juni 1948.
2 NAI, MEA file no. 489-CJK/49, Menon note, 20. Juli 1948; Chakravarty an Menon, 30. Juni 1948.
3 NAI, MEA file no. 489-CJK/49, Pal an Menon, 5. Mai 1948.
4 NAI, MEA file no. 489-CJK/49, diplomat official note, 18. Juni 1948.
5 NAI, MEA file no. 489-CJK/49, Nehru an Katju, 29. November 1948.
6 NAI, MEA file no. 489-CJK/49, Menon note, 24. August 1948.
7 NAI, MEA file no. 489-CJK/49, Menon note, 22. Juli 1948.
8 NAI, MEA file no. 489-CJK/49, Menon notes, 20. Juli und 24. August 1948.
9 NAI, MEA file no. 489-CJK/49, Menon an Krishna Menon und Rama Rau, 22. Juli 1948.
10 NAI, MEA file no. 489-CJK/49, Krishna Menon an Menon, 4. August 1948. BNA, DO 35/2938, Gascoigne an Bevin, 3. September 1948.
11 Caroline Elkins, *Legacy of Violence: A History of the British Empire,* New York 2022, S. 369–371. Andrew Adonis, *Ernest Bevin: Labour's Churchill,* London 2020, S. 238–245.
12 BNA, DO 35/2938, James an Tomlinson, 5. August 1948.
13 BNA, DO 35/2938, Gascoigne an Bevin, 7. September 1948.
14 BNA, DO 35/2938, Tomlinson an James, 20. August 1948. BNA, DO 35/2938, Foreign Office minutes, 7.–30. August und 27. September 1948.
15 BNA, DO 35/2938, James an Tomlinson, 5. August 1948.
16 BNA, DO 35/2938, Gascoigne an Bevin, 7. September 1948.
17 BNA, DO 35/2938, Noel an Menon, 2. Oktober 1948.
18 BNA, DO 35/2938, Tomlinson an James, 20. August 1948.
19 NAI, MEA file no. 489-CJK/49, Rama Rau an Menon, 4. August 1948.
20 NAI, MEA file no. 489-CJK/49, Chakravarty an Menon, 29. Juli 1948.
21 Akira Nakamura, Vorwort, in: Radhabinod Pal, *International Military Tribunal for the Far East: Dissentient Judgment of Justice Pal,* Tokio 1999, S. iii–vii.
22 United Press, »›Race Feeling Drove Japs to War‹ – Indian Judge«, in: *Argus* (Melbourne), 23. November 1948, S. 4.
23 Vgl. Latha Varadarajan, »The Trials of Imperialism«, in: *European Journal of International Relations* 21 (2015) 4, S. 793–815. Adil Hasan Khan, »Inheriting a Tragic Ethos«, in: *AJIL Unbound* 110 (2016), S. 25–30.

24 Radhabinod Pal, *International Military Tribunal for the Far East: Dissentient Judgment of Justice R. B. Pal,* Kalkutta 1953, S. 445. Alle folgenden Zitate aus Pals Sondervotum sind dieser Ausgabe entnommen.

25 David Cohen und Yuma Totani schreiben: »Pals Meinung (…) sollte nicht als Jurisprudenz ernst genommen werden.« Sie bezeichnen das Sondervotum als »ein politisches Traktat, das sowohl das Völkerrecht als auch das dem Gericht vorliegende Beweismaterial dreht und wendet, um zu einer Schlussfolgerung zu kommen, die eher von Annahmen und Ideologie geprägt ist als von einer kompetenten und unparteiischen Beurteilung des Beweismaterials«. In: dies., *The Tokyo War Crimes Tribunal: Law, History, and Jurisprudence,* Cambridge 2018, S. 259; vgl. außerdem S. 431–495.

26 Pal, *Dissentient Judgment,* S. 63f.

27 Christopher Bayly/Tim Harper, *Forgotten Wars: The End of Britain's Asian Empire,* London 2007.

28 »Paru hakase oi ni kataru!« [Weitreichende Diskussion mit Dr. Pal], in: *Bungei Shunju* 30 (Dezember 1952) 17, S. 100–108.

29 Satyabrata Pal, »My Grandfather and Japan«, *India & Japan,* Aufsatz, im Besitz des Autors.

30 Pal, *Dissentient Judgment,* S. 1–32, 577–582.

31 Ebenda, S. 124, 212.

32 Ebenda, S. 569.

33 Ebenda, S. 32–77. Vgl. Radhabinod Pal, »International Law«, in: *Indian Law Review* 3 (1949) 1, S. 31–41. Auf die durchgängige Großschreibung zentraler Aussagen im Original wurde hier verzichtet.

34 Pal, *Dissentient Judgment,* S. 32–77, 133–135.

35 Ebenda, S. 431–461.

36 Ebenda, S. 93–99, S. 116–118.

37 Ebenda, S. 71–105, S. 134–145. Vgl. Arnold J. Toynbee, *War and Civilization,* New York 1950, S. 145 [dt.: *Kultur und Krieg,* übers. v. Heinrich Mattutat, Stuttgart 1950, S. 48f. Vgl. Arnold J. Toynbee, *A Study of History,* Oxford 1935, Bd. 6, S. 180.

38 Pal, *Dissentient Judgment,* S. 1–31, 71–105.

39 Ebenda, S. 139–173, 227f. Auf die durchgängige Großschreibung zentraler Aussagen im Original wurde hier verzichtet.

40 Ebenda, S. 177–193, S. 560–562.

41 Ebenda, S. 347–382, S. 560–562.

42 Ebenda, S. 342–344.

43 Ebenda, S. 437–448.

44 Ebenda, S. 193–264, 273–275. Auf die durchgängige Großschreibung zentraler Aussagen im Original wurde hier verzichtet.

45 Ebenda, S. 471. Auf die durchgängige Großschreibung zentraler Aussagen im Original wurde hier verzichtet.

46 Ebenda, S. 267–314, 548.

47 Vgl. Mary L. Dudziak, *Cold War Civil Rights: Race and the Image of American Democracy,* Princeton 2000, S. 32–34, 42, 104f.

48 Vgl. Margaret Macmillan, *Paris 1919: Six Months That Changed the World,* New York 2001, S. 316–321. Paul Gordon Lauren, »Diplomacy and Racial

Equality at the Paris Peace Conference«, in: *Diplomatic History* 2 (Sommer 1978) 3, S. 257–278.

49 Pal, *Dissentient Judgment*, S. 252.

50 Ebenda, S. 315–320.

51 Gordon Risius/Michael A. Meyer, »The Protection of Prisoners of War Against Insults and Public Curiosity«, in: *International Review of the Red Cross* 33 (August 1993) 295, S. 288–299. Pal, *Dissentient Judgment*, S. 639–693.

52 Pal, *Dissentient Judgment*, S. 411–428. Zu einer realistischen Betrachtungsweise vgl. A. J. P. [Alan John Percival] Taylor, *The Origins of the Second World War*, London 1961 (dt. Ausgabe: *Die Ursprünge des Zweiten Weltkrieges*, übers. v. Dieter Werner, Gütersloh 1962).

53 Pal, *Dissentient Judgment*, S. 315–320.

54 Ebenda, S. 129. Auf die durchgängige Großschreibung zentraler Aussagen im Original wurde hier verzichtet.

55 Ebenda, S. 465–554.

56 Ebenda, S. 375–382.

57 Albert Jay Nock, *Memoirs of a Superfluous Man*, New York 1943, S. 249.

58 Pal, *Dissentient Judgment*, S. 465–554.

59 Ebenda, S. 610f.

60 Ebenda, S. 599–609.

61 Ebenda, S. 599–635.

62 Ebenda, S. 639–693.

63 Ebenda, S. 697–701. Auf die durchgängige Großschreibung zentraler Aussagen im Original wurde hier verzichtet.

64 NAI, MEA file no. 489-CJK/49, P. A. Menon note, 15. November 1948.

65 NAI, MEA file no. 489-CJK/49, Nehru an Katju, 29. November 1948.

66 NAI, MEA file no. 489-CJK/49, Dalvi an Nehru, 16. November 1948. NAI, MEA file no. 489-CJK/49, Menon note, 8. Dezember 1948.

67 NAI, MEA file no. 489-CJK/49, Zeitungsausschnitte, 11.–12. November 1948; Pandya note, 15. November 1948. »Hirohito ›Leader in Crime‹«, in: *Times of India*, 13. November 1948, S. 1–7. »Tojo Sentenced to Death«, in: *Indian Express*, 13. November 1948, S. 1.

68 »Judgment at Last«, in: *Times of India*, 16. November 1948, S. 6.

69 »Are War Crimes Trials Just?«, in: *Times of India*, 21. November 1948, S. 8.

70 K. K. Basu, »Tokio Trials«, in: *Indian Law Review* 3 (1949) 1, S. 25–30.

71 BNA, FO 371/69833, Scott minute, 15. November 1948.

72 BNA, DO 35/2938, Gascoigne an Deming, 25. November 1948.

73 NAI, MEA file no. 489-CJK/49, Chakravarty an Menon, 16. November 1948.

74 L. R. Miglani, »Full Acquittal on All Charges Is Asked by Pal«, in: *Nippon Times*, 13. November 1948, S. 1f.

75 Kei Ushimura, »Pal's ›Dissentient Judgment‹ Reconsidered«, in: *Japan Review*, Nr. 19 (2007), S. 220.

76 Shinsho Hanayama, *The Way of Deliverance: Three Years with the Condemned Japanese War Criminals*, übers. v. Hideo Suzuki, Eiichi Noda und James K. Sasaki, New York 1950, S. 186f., S. 242f.

77 BNA, DO 35/2938, *Reuters*, 16. November 1948.

78 NAI, MEA file no. 489-CJK/49, Canberra press report, Dezember 1948.

79 Massey Stanley, »We've Got Rid of Tojo, But ...«, in: *Daily Telegraph* (Sydney), 18. November 1948, S. 4.
80 »Asia's Voice Spoke to Us«, in: *Sunday Sun* (Sydney), 21. November 1948, S. 23.
81 »Blames Us for Jap War Plans«, in: *Courier-Mail* (Brisbane), 15. November 1948, S. 1. »Judge Attacks Hughes at Jap Trials«, in: *Daily Telegrap*h (Sydney), 15. November 1948, S. 4.
82 »Mr. Hughes Replies to Indian«, in: *Advertiser* (Adelaide), 15. November 1948.
83 NAI, MEA file no. 489-CJK/49, MEA notes, 2. Dezember 1948. P.A. Menon note, 6. Dezember 1948; Menon an Rama Rau, 13. Dezember 1948.
84 NAI, MEA file no. 489-CJK/49, Nanjing press report, November 1948.
85 NAI, MEA file no. 489-CJK/49, Menon an Patel, 4. Dezember 1948.
86 NAI, MEA file no. 489-CJK/49, Nehru an Katju, 29. November 1948.

30. Gleiches Recht für alle

1 Lindesay Parrott, »M'Arthur Affirms Secrecy over Tojo«, in: *New York Times,* 28. November 1948, S. 32.
2 »News Curb Applied Over Tojo Hanging«, in: *New York Times,* 27. November 1948, S. 7. »4 Members of Allied Council Witness Execution«, in: *Nippon Times,* 24. Dezember 1948, S. 1 f. Shinsho Hanayama, *The Way of Deliverance: Three Years with the Condemned Japanese War Criminals,* übers. v. Hideo Suzuki, Eiichi Noda und James K. Sasaki, New York 1950, S. 180.
3 Lindesay Parrott, »Dooming of Tojo Impresses Japan«, in: *New York Times,* 13. November 1948, S. 1, 9.
4 HTSL, OF, box 1144, Blakeney appeal, 19. November 1948.
5 HSTL, OF, box 1144, Cicognani an Truman, 20. November 1948.
6 David I. Kertzer, *Der Papst, der schwieg: Die geheime Geschichte von Pius XII., Mussolini und Hitler,* übers. v. Tobias Gabel und Martin Richter, Darmstadt 2023. Susan Zuccotti, *Under His Very Windows: The Vatican and the Holocaust in Italy,* New Haven 2000. Suzanne Brown-Fleming, »Granting Absolution«, in: *Kirchliche Zeitgeschichte* 19 (2006) 2, S. 359–367. Saul Friedländer, *Pius XII. und Dritte Reich: Eine Dokumentation,* Reinbek 1965 [Neuausgabe mit aktuellem Nachwort: München 2011].
7 HSTL, OF, box 1144, Vaughan an Royall, 3. Dezember 1948.
8 BNA, FO 371/69833, Gascoigne an Bevin, 12. November 1948. »Tojo and 24 Others File Appeals with MacArthur«, in: *New York Times,* 20. November 1948, S. 4. Howard Handleman, »SCAP's Decision on Trial Review Expected Today«, in: *Nippon Times,* 24. November 1948, S. 1 f.
9 MMA, RG-9, box 150, War Crimes folder, U.S. Army Ground Intelligence Division an MacArthur, 19. November 1948.
10 Earnest Hoberecht, »Keenan Is Held Ashamed of Shigemitsu Sentence«, in: *Nippon Times,* 21. November 1948, S. 1 f.
11 NAI, MEA file no. 489-CJK/49, Chakravarty an Menon, 13. November 1948.
12 Vgl. Kamandaki, *The Essence of Politics,* übers. v. Jesse Roth Knutson, Cambridge, Mass. 2021, S. 197. NAI, MEA file no. 489-CJK/49, Menon an Cha-

kravarty, 15. November 1948. Vgl. NAI, MEA file no. 489-CJK/49, Bhadkamkar note, 30. November 1948.

13 NAI, MEA file no. 489-CJK/49, Bhadkamkar note, 3. Dezember 1948. NAI, MEA file no. 489-CJK/49, Govind Das note, 30. November 1948. MMA, RG-9, box 161, W. D. folder, Atcheson an Marshall, 24. Juni 1947.

14 NAI, MEA file no. 489, CJK/49, Nehru an Katju, 29. November 1948.

15 BNA, FO 371/69833, Foreign Office minutes, 12.–15. November 1948. BNA, FO 371/69833, Sargent an Shawcross, 17. November 1948. BNA, FO 371/69833, Cheke notes, 19. November 1948.

16 BNA, FO 371/69833, Cheke notes, 16. November 1948.

17 BNA, FO 371/69833, Gascoigne an Bevin, 13. November 1948. BNA, FO 371/69833, Gascoigne an Bevin, 19. November 1948.

18 BNA, FO 371/69833, Gascoigne an Bevin, 22. November 1948.

19 William J. Sebald, *With MacArthur in Japan: A Personal History of the Occupation,* New York 1965, S. 168f.

20 BNA, FO 371/69833, Gascoigne an Bevin, 12. November 1948. Associated Press, »MacArthur Plans to Rule This Week in Tojo Cases«, in: *New York Times,* 22. November 1948, S. 10. Frank L. White, »SCAP to Render Final Judgment During the Week«, in: *Nippon Times,* 23. November 1948, S. 1.

21 BNA, FO 371/69833, Gascoigne an Bevin, 22. November 1948.

22 MMA, RG-5, box 108, folder 3, Norman an MacArthur, 23. November 1948.

23 MMA, RG-5, box 115, folder 15, memorandum for record, 23. November 1948; und Bunker notes, 1973. NAI, MEA file no. 489, CJK/49, Chakravarty an Menon, 23. November 1948. NAI, MEA file no. 489, CJK/49, Gascoigne an Bevin, 1. Dezember 1948. BNA, FO 371/69833, Gascoigne an Bevin, 22. November 1948. Sebald an Marshall, 22. November 1948, in: *FRUS 1948: The Far East and Australasia,* Washington, D. C. 1974, Bd. 6, S. 897f.

24 Sebald, *With MacArthur in Japan,* S. 170.

25 MMA, RG-9, box 160, War Crimes folder, MacArthur review, 24. November 1948. BNA, FO 371/69833, Gascoigne an Bevin, 24. November 1948. »MacArthur Upholds Tribunal Sentences«, in: *Nippon Times,* 25. November 1948, S. 1.

26 Duane Hennessy, »Keenan Talks With Emperor«, in: *Nippon Times,* 26. November 1948, S. 1f.

27 Lindesay Parrott, »Hirohito Expected to Keep His Throne«, in: *New York Times,* 25. November 1948, S. 27.

28 BNA, FO 371/69834, Gascoigne an Bevin, 27. November 1948.

29 BNA, FO 371/69834, Gascoigne an Bevin, 27. November 1948.

30 Hanayama, *Way of Deliverance,* S. 133–137.

31 »Hirota Says ›Sayonara‹ to Members of Family«, in: *Nippon Times,* 30. November 1948, S. 1f.

32 Hanayama, *Way of Deliverance,* S. 140–148.

33 Duane Hennessy, »Families Not to Be Given Bodies of Condemned Men«, in: *Nippon Times,* 25. November 1948, S. 1f.

34 NAI, MEA file no. 489-CJK/49, Menon an Rama Rau, 13. Dezember 1948.

35 »Hirota Says ›Sayonara‹ to Members of Family«, in: *Nippon Times,* 30. November 1948, S. 1f.

36 *IMTFE Transcripts,* 27. Januar 1947, S. 16268.
37 A. C. Brackman, »Mistrial Rejected as Defense Phase of Hearing Starts«, in: *Nippon Times,* 28. Januar 1947, S. 1 f.
38 »Appeals Papers Awaited«, in: *New York Times,* 25. November 1948, S. 27. »Supreme Court Gets 5 Appeals«, in: *Nippon Times,* 4. Dezember 1948, S. 1.
39 HLS, Felix Frankfurter Papers, Part I, U. S. Supreme Court, Miscellaneous case dockets, October Term 1948, folder 00 1755–037–0080, no. 239 (Hirota), 240 (Doihara), 248 (Kido), 29. November 1948. »Hirota, Doihara Appeal to U. S. Supreme Court«, in: *Nippon Times,* 1. Dezember 1948, S. 1 f.
40 *Milch v. United States,* 332 U. S. 789 (1947). *Brandt v. United States,* 333 U. S. 836 (1948).
41 *Koki Hirota, Petitioner, v. General of the Army Douglas MacArthur et al.,* 338 U. S. 197 (1949). Petition, 29. November 1948, in: *Making of Modern Law: Supreme Court Records and Briefs, 1832–1978,* digital resource. Verfassung der Vereinigten Staaten, Art. I, § 8; Art. I, § 9.
42 MMA, RG-9, box 160, War Crimes folder, Royall an MacArthur, 25. und 29. November 1948.
43 MMA, RG-9, box 160, War Crimes folder, MacArthur an Royall, 26. November 1948.
44 United Press, »Hanging to Await Court's Decision on Two Appeals«, in: *Nippon Times,* 1. Dezember 1948, S. 1.
45 »Tojo Sees His Family Again, Perhaps for the Last Time«, in: *Nippon Times,* 3. Dezember 1948, S. 1 f.
46 Robert H. Jackson, *The Struggle for Judicial Supremacy: A Study of a Crisis in American Power Politics,* New York 1941. Robert H. Jackson, *That Man: An Insider's Portrait of Franklin D. Roosevelt,* hg. von John Q. Barrett, Oxford 2003.
47 *Korematsu v. United States,* 323 U. S. 214, 243, 246 (1944). Noah Feldman, *Scorpions: The Battles and Triumphs of FDR's Great Supreme Court Justices,* New York 2010, S. 249–253. Eugene V. Rostow, »The Japanese American Cases – A Disaster«, in: *Yale Law Journal* 54 (Juni 1945) 3, S. 489–533.
48 Robert H. Jackson, *The Nürnberg Case,* New York 1947; ders., *Staat und Moral: Zum Werden eines neuen Völkerrechts. Die Nürnberger Anklagereden,* München 1946; Ingo Müller (Hg.), *Der Nürnberger Prozess: Die Anklagereden des Hauptanklagevertreters der Vereinigten Staaten von Amerika Robert H. Jackson,* Weinheim 1995.
49 Feldman, *Scorpions,* S. 196–200, S. 274–293, S. 285–302, S. 328–334, S. 350 f.
50 Alpheus Thomas Mason, *Harlan Fiske Stone: Pillar of the Law,* New York 1956, S. 716.
51 HLS, Felix Frankfurter Papers, Part I, U. S. Supreme Court, Miscellaneous case dockets, October Term 1948, folder 001755–037–0080, no. 239, 29. November 1948. MMA, RG-9, box 160, War Crimes folder, Green an MacArthur, 7. Dezember 1948.
52 Wiley B. Rutledge, »Symposium on Constitutional Rights in Wartime«, in: *Iowa Law Review* 29 (März 1944) 3, S. 379–382; und »Some Premises of Peace«, in: *American Bar Association Journal* 29 (November 1943) 11, S. 623–628.

53 HLS, Felix Frankfurter Papers, Part I, U.S. Supreme Court, Miscellaneous case dockets, October Term 1948, folder 001755-037-0080, no. 239, 29. November 1948. Die Associate Justices (Beigeordneten Richter) Hugo Black, William O. Douglas, Frank Murphy und Wiley Rutledge wollten den Fall zur Verhandlung annehmen; die Associate Justices Harold Burton, Felix Frankfurter, Stanley Reed und der Oberste Richter (Chief Justice) Fred Vinson waren dagegen.
54 UM, Frank Murphy Papers, Supreme Court case files, box 74, *Hirota* file, Rutledge note, 6. Dezember 1948.
55 Truman an Bess Truman, 11. Juni 1946, in: *Dear Bess: The Letters from Harry to Bess Truman, 1910–1959,* hg. von Robert H. Ferrell, New York 1983, S. 525.
56 Decisions Per Curiam and Orders, 335 U. S. 801, 876–881 (1948). William W. Bishop jr., »Judicial Decisions«, in: *American Journal of International Law* 43 (Januar 1949) 1, S. 170–172. Vgl. BNA, FO 371/69834, Franks an Bevin, 7. Dezember 1948; »For Posterity«, in: *Time,* 20. Dezember 1948, S. 25 f.; Clinton Rossiter, *The Supreme Court and the Commander in Chief,* Ithaca, NY 1951, S. 116–120; und Glendon Schubert, *Dispassionate Justice: A Synthesis of the Judicial Opinions of Robert H. Jackson,* New York 1969, S. 306–311.
57 HLS, Felix Frankfurter Papers, Part III, correspondence, folder 001757-014-0230, court orders, 6. Dezember 1948. »U. S. Court Decides to Review Hirota, Doihara Appeals«, in: *Nippon Times,* 8. Dezember 1948, S. 1 f.
58 »Japanese Amazed by Court Decision«, in: *Nippon Times,* 8. Dezember 1948, S. 1.
59 HLS, Felix Frankfurter Papers, Part III, folder 001757-014-0230, CBS broadcast, 7. Dezember 1948.
60 BNA, FO 371/69834, Tokioter Gesandtschaft an das Foreign Office, 13. Dezember 1948.
61 BNA, FO 371/69834, Gascoigne an Bevin, 8. Dezember 1948.
62 »For Posterity«, in: *Time,* 20. Dezember 1948, S. 25 f.
63 NAI, MEA file no. 489-CJK/49, Chakravarty an Menon, 14. Dezember 1948.
64 BNA, FO 371/69834, Gascoigne an Bevin, 8. Dezember 1948.
65 BNA, FO 371/69834, Gascoigne an Bevin, 8. Dezember 1948. »Four More Appeals Filed with U. S. Supreme Court«, in: *Nippon Times,* 12. Dezember 1948, S. 1. Kimura Heitaro und Muto Akira waren zum Tod verurteilt, und Umezu Yoshijiro drohte lebenslange Haft.
66 Hanayama, *Way of Deliverance,* S. 214, S. 219.
67 Ebenda, S. 183 f.
68 BNA, FO 371/69834, Gascoigne an das Foreign Office, 2. Dezember 1948. BNA, FO 371/69834, Gascoigne an Bevin, 8. Dezember 1948.
69 BNA, FO 371/69834, Franks an Bevin, 13. Dezember 1949. Lovett an Perlman, 14. Dezember 1948, in: *FRUS 1948,* Bd. 6, S. 925–928.
70 BNA, FO 371/69834, Franks an Bevin, 10. Dezember 1948.
71 Decisions Per Curiam and Orders, 335 U. S. 801, 876–881 (1948).
72 BNA, FO 371/69834, Zeitungsausschnitte, TASS, 14. Dezember 1948.
73 BNA, FO 371/69834, Peterson an Bevin, 22. Dezember 1948.

74 BNA, FO 371/69834, Gascoigne an Bevin, 8. Dezember 1948. Howard Handleman, »Court's Power over Executive Acts Is Involved«, in: *Nippon Times,* 8. Dezember 1948, S. 1f.
75 NAI, MEA file no. 489-CJK/49, Chakravarty an Menon, 14. Dezember 1948.
76 Lindesay Parrott, »High Court Ruling Puzzles Japanese«, in: *New York Times,* 8. Dezember 1948, S. 21.
77 NARA, RG 43, box 70, Agence France Presse (AFP), 6. Dezember 1948.
78 Nachrichtenagentur Xinhua, »Meidi tuoyan chujue Ri zhanfan jing mieshi guoji fating zunyan« [Amerikanische Imperialisten verzögern Hinrichtung von Kriegsverbrechern unter Missachtung der Autorität des Internationalen Tribunals], in: *Renmin Ribao [Volkszeitung],* 14. Dezember 1948, S. 3.
79 NAI, MEA file no. 489-CJK/49, Chakravarty an Menon, 14. Dezember 1948.
80 NAI, MEA file no. 489-CJK/49, Rama Rau an Menon, 11. Dezember 1948.
81 NAI, MEA file no. 489-CJK/49, Menon an Rama Rau, 13. Dezember 1948.
82 BNA, FO 371/69834, Bevin an Franks, 11. Dezember 1948.
83 BNA, FO 371/69834, Franks an Bevin, 13. Dezember 1948.
84 BNA, FO 371/69834, Großbritannien an Kanada, Australien, Neuseeland und Indien, 16. Dezember 1948.
85 BNA, FO 371/69834, Graves an Scarlett, 17. Dezember 1948.
86 *Koki Hirota, Petitioner, v. General of the Army Douglas MacArthur et al.,* 338 U. S. 197 (1949). Petitioner's Brief (on Petition), 16. Dezember 1948, *Making of Modern Law: Supreme Court Records and Briefs, 1832–1978* digital resource.
87 *Koki Hirota, Petitioner, v. General of the Army Douglas MacArthur et al.,* 338 U. S. 197 (1949). Brief in Opposition (on Petition), 15. Dezember 1948, *Making of Modern Law: Supreme Court Records and Briefs, 1832–1978* digital resource.
88 Res. 95(I), U. N. GAOR, 1st Sess., 188 U. N. Doc. A/64/Add. 1 (1948).
89 UM, Frank Murphy Papers, Supreme Court case files, box 74, *Hirota* file, hearing notes, Dezember 1948.
90 Lewis Wood, »Plea on Japanese Excites High Court«, in: *New York Times,* 17. Dezember 1948, S. 9. »Right to Review Tribunal Action Argued in Court«, in: *Nippon Times,* 18. Dezember 1948, S. 1f.
91 Lewis Wood, »Tojo Hearings End in Supreme Court«, in: *New York Times,* 18. Dezember 1948, S. 5. »Power of Court over MacArthur Discussed in U. S.«, in: *Nippon Times,* 19. Dezember 1948, S. 1f.
92 John M. Ferren, *Salt of the Earth, Conscience of the Court: The Story of Justice Wiley Rutledge,* Chapel Hill 2004, S. 410–416.
93 J. Woodford Howard jr., *Mr. Justice Murphy: A Political Biography,* Princeton 1968, S. 379f., 466f.
94 »Supreme Court Spurns Appeals in 6 to 1 Decision«, in: *Nippon Times,* 22. Dezember 1948, S. 1f.
95 *Hirota v. MacArthur, General of the Army, et al.,* 338 U. S. 197, 197–199 (1948). MMA, RG-9, box 160, War Crimes folder, Green an MacArthur, 21. Dezember 1948. Lewis Wood, »Supreme Court Denies Plea of Japanese War Criminals«, in: *New York Times,* 21. Dezember 1948, S. 1, 4.
96 UM, Frank Murphy Papers, Supreme Court case files, box 74, *Hirota* file, Toland an Murphy, November-Dezember 1948. Vgl. UM, Frank Murphy

Papers, Supreme Court case files, box 74, *Hirota* file, »The Japanese Cases« memo, 16. Dezember 1948; Dykema an Murphy, November-Dezember 1948.

97 Jack Goldsmith und Eric Posner weisen darauf hin, dass sich amerikanische Gerichte nahezu ausnahmslos der Auslegung des Völkergewohnheitsrechts durch die Exekutive anschließen, und die Exekutive und Legislative entscheiden darüber, ob die Vereinigten Staaten sich an dieses Recht halten. In: dies., *The Limits of International Law,* Oxford 2005, S. 77f.

98 *United States v. Curtiss-Wright Export Corp.,* 299 U. S. 304 (1936).

99 *Hirota v. MacArthur, General of the Army, et al.,* 338 U. S. 197, 199–215 (1948).

100 Oliver Wendell Holmes jr., *Das gemeine Recht Englands und Nordamerikas: in elf Abhandlungen dargestellt,* übers. v. Rudolf Leonhard, Leipzig 1912, S. 1 [US-Ausgabe: ders., *The Common Law,* Boston 1923, S. 1].

101 NAI, MEA file no. 489-CJK/49, Chakravarty an Menon, 28. Dezember 1948.

102 Hanayama, *Way of Deliverance,* S. 230, S. 244.

103 Lindesay Parrott, »Japan Apathetic on Court's Ruling«, in: *New York Times,* 22. Dezember 1948, S. 9.

31. Eine Minute nach Mitternacht

1 MMA, RG-9, box 159, War Crimes folder, Parks note, 5. März 1948.

2 Duane Hennessy, »Families Not to Be Given Bodies of Condemned Men«, *Nippon Times,* 25. November 1948, S. 1f.

3 »MacArthur Upholds Tribunal Sentences«, *Nippon Times,* 25. November 1948, S. 1. Hennessy, »Families Not to Be Given Bodies of Condemned Men«; United Press, »New Protest Filed«, *Nippon Times,* 28. November 1948, S. 2.

4 »News Curb Applied over Tojo Hanging«, *New York Times,* 27. November 1948, S. 7. William J. Sebald, *With MacArthur in Japan: A Personal History of the Occupation,* New York 1965, S. 169.

5 MMA, RG-9, box 160, War Crimes folder, MacArthur an Royall, 26. November 1948; Royall an MacArthur, 27. November 1948.

6 MMA, RG-9, box 160, War Crimes folder, Echols an Army Department, 29. November 1948. Hennessy, »Families Not to Be Given Bodies of Condemned Men«. United Press, »New Protest Filed«, *Nippon Times,* 28. November 1948, S. 2.

7 Sebald, *With MacArthur in Japan,* S. 172.

8 Leslie Nakashima, »Tojo Called Changed Man«, *Nippon Times,* 5. Dezember 1948, S. 1.

9 Shinsho Hanayama, *The Way of Deliverance: Three Years with the Condemned Japanese War Criminals,* übers. v. Hideo Suzuki, Eiichi Noda und James K. Sasaki, New York 1950, S. 202–213. »Tojo and Hirota Left Memorials«, *New York Times,* 23. Dezember 1948, S. 7. Auch: Peter Harvey, *An Introduction to Buddhist Ethics: Foundations, Values and Issues,* Cambridge 2000, S. 246ff.

10 »Tojo and Hirota Left Memorials«, *New York Times,* 23. Dezember 1948, S. 7. Hanayama, *Way of Deliverance,* S. 221–224.

11 »News Curb Applied over Tojo Hanging«, *New York Times,* 27. November 1948, S. 7.

12 »No Wills Left by Seven Men Condemned to Be Hanged«, *Nippon Times,* 25. November 1948, S. 1.
13 »Tensei Jingo« [Vox Populi], *Asahi Shimbun,* 13. November 1948, S. 1.
14 Arnold C. Brackman, *The Other Nuremberg: The Untold Story of the Tokyo War Crime Trials,* London 1989, S. 449.
15 MMA, RG-5, box 115, folder 15, MacArthur an Sebald, Shang, Shaw, and Derevyanko, 22. Dezember 1948.
16 Sebald, *With MacArthur in Japan,* S. 172.
17 Hanayama, *Way of Deliverance,* S. 195.
18 Ebenda, S. 188, 225–229.
19 »Tojo Shouts ›Banzai‹ to Hirohito at Death«, *San Francisco Examiner,* 24. Dezember 1948, S. 4.
20 BNA, FO 371/69834, Gascoigne an Bevin, 23. Dezember 1948. MMA, RG-9, box 160, War Crimes folder, Echols press release, 23. Dezember 1948. Lindesay Parrott, »Tojo and 6 Others Hanged by Allies as War Criminals«, *New York Times,* 23. Dezember 1948, S. 1, 6. »4 Members of Allied Council Witness Execution«, *Nippon Times,* 24. Dezember 1948, S. 1f. Hanayama, *Way of Deliverance,* S. 220, 225–276. Sebald, *With MacArthur in Japan,* S. 173ff. Brackman, *Other Nuremberg,* S. 448–453.
21 Sebald, *With MacArthur in Japan,* S. 174.
22 »News Curb Applied over Tojo Hanging«, *New York Times,* 27. November 1948, S. 7.
23 Livia Albeck-Ripka and Hikari Hida, »Tojo's Ashes Were Scattered at Sea«, *New York Times,* 17. Juni 2021, S. A10.
24 NAI, MEA file no. 489-CJK/49, Chakravarty an Menon, 28. Dezember 1948. Lindesay Parrott, »M'Arthur Affirms Secrecy over Tojo«, *New York Times,* 28. November 1948, S. 32. Lindesay Parrott, »Tojo and 6 Others Hanged by Allies as War Criminals«, *New York Times,* 23. Dezember 1948, S. 1, 6. Ian Mutsu, »Cremation Started at 8:10 and Finished by 9:30 A. M.«, *Nippon Times,* 24. Dezember 1948, S. 1f. Hanayama, *Way of Deliverance,* S. 210f.
25 »Buddhists Here Pray for Peace«, *Nippon Times,* 24. Dezember 1948, S. 1.
26 Siehe zum Beispiel, Tanaka Masaaki, *Paru hakushi no kotoba: Tokyo saiban-go rainichi sa reta toki no episodo* [Dr. Pals Worte: Episodes von Dr. Pals Besuch in Japan nach dem Tokioter Prozess], Tokyo 1995, S. 19.
27 NAI, MEA file no. 489-CJK/49, Chakravarty an Menon, 28. Dezember 1948. »Tojo and 6 Others Hanged Early Thursday Morning«, *Nippon Times,* 24. Dezember 1948, S. 1. »Public Receives Hangings Calmly«, *Nippon Times,* 24. Dezember 1948, S. 1f.
28 »Public Receives Hangings Calmly«, *Nippon Times,* 24. Dezember 1948, S. 1–2.
29 »Kono shokei wo igi arashimeyo« [Sorgt dafür, dass die Hinrichtungen einen Sinn haben], *Mainichi Shimbun,* 23. Dezember 1948, S. 1.
30 »Tensei Jingo« [Vox Populi], *Asahi Shimbun,* 24. Dezember 1948, Morgenausgabe, S. 1.
31 NL-HaNA, 2.21.27, Akte 27, Blakeney an Röling, 23. Dezember 1948.
32 NARA, RG 43, box 70, *Central News* dispatch, 22. Dezember 1948.
33 BNA, FO 371/69834, Gascoigne an Bevin, 28. Dezember 1948.

34 Nachrichtenagentur, »Fandui Meiguo shifang Riben qinhua zhanfan« [Wehrt euch gegen die amerikanische Freilassung japanischer Kriegsverbrecher, die in China einmarschierten], *Renmin Ribao,* 5. Januar 1949, S. 1.
35 Ebenda.
36 Sebald an Marshall, 18. Oktober 1948, *FRUS 1948: The Far East and Australasia,* Washington, D. C. U. S. Government Printing Office, 1974, Bd. 6, S. 872f.
37 Sebald an Marshall, 3. Juni 1948, *FRUS 1948,* Bd. 6, S. 807ff. MMA, RG-9, box 159, War Crimes folder, War Department an GHQ, 20. Juni 1948.
38 MMA, RG-9, box 156, Army G-3 chief of staff an MacArthur, 2. Dezember 1948.
39 *FRUS 1950: Korea,* Washington, D. C. 1976, Bd. 7, Notizen von Bradley über die Konferenz auf Wake Island, 15. Oktober 1950, S. 954.
40 BNA, DO 35/2939, Tokyo embassy an Foreign Office, 17. November 1951.
41 BNA, DO 35/2939, Tokyo embassy an Foreign Office, 3. April 1952.
42 Treaty of Peace, *American Journal of International Law,* Bd. 46, Nr. 3, Supplement (Juli 1952), Art. 11, S. 71–86.
43 BNA, DO 35/2939, Dening note, 11. Februar 1952.
44 HSTL, OF, box 1145, Bruce an Truman, 22. August 1952. HSTL, OF, box 1145, Hopkins an Acheson, 5. September 1952. HSTL, OF, box 1145, Truman executive order, 4. September 1952. Sandra Wilson, Robert Cribb, Beatrice Trefault und Dean Aszkielowicz, *Japanese War Criminals: The Politics of Justice After the Second World War,* New York 2017, S. 153–269.
45 NL-HaNA, 2.21.27, folder 27, Edith Togo an Röling, 10. Mai 1950.
46 NL-HaNA, 2.21.27, folder 27, Edith Togo an Röling, 14. Dezember 1948.
47 NL-HaNA, 2.21.27, folder 27, Takamatsu an Edith Togo, 18. November 1948.
48 Maurice Hankey, *Politics, Trials and Errors,* Chicago 1950. NL-HaNA, 2.21.27, folder 27, Hankey an Röling, 17. Februar 1950, 17. Mai 1950.
49 NL-HaNA, 2.21.27, folder 27, Röling an Hankey, 23. Januar 1950.
50 NL-HaNA, 2.21.27, folder 27, Röling an MacArthur, 5. Mai 1950.
51 NL-HaNA, 2.21.27, folder 28, Röling an Blakeney, 14. November 1950.
52 NL-HaNA, 2.21.27, folder 28, Shigemitsu an Röling, 20. Januar 1951.
53 NL-HaNA, 2.21.27, folder 28, Röling an Hankey, 14. November 1950.
54 NL-HaNA, 2.21.27, folder 28, Shigemitsu an Hankey, 19. März 1952. Shigemitsu Mamoru, *Major Foreign Policy Speeches,* Tokio 1955.
55 Richard H. Minear, *Victors' Justice: The Tokyo War Crimes Trial,* Princeton 1971, S. 174f. Wilson, Cribb, Trefault und Aszkielowicz, *Japanese War Criminals,* S. 224–236.
56 NL-HaNA, 2.21.27, folder 27, Blakeney an Röling, 20. April 1950. NL-HaNA, 2.21.27, folder 27, Edith Togo an Röling, 24. Mai 1950.
57 Togo Shigehiko, *Sofu, Togo Shigenori no shogai* [Life of Grandfather Togo Shigenori], Tokio 1993, S. 9–18, 458–473.
58 Togo, *Sofu, Togo Shigenori no shogai,* S. 494.
59 NL-HaNA, 2.21.27, folder 27, Edith Togo an Röling, 26. März 1950.
60 NL-HaNA, 2.21.27, folder 28, Edith Togo an Röling, 16. April 1952.

32. Ein stilles Gebet

1 Satyabrata Pal, »My Grandfather and Japan«, *India & Japan,* Broschüre bei den Akten des Autors.
2 MMA, RG-5, box 45, Pal folder, Pal an MacArthur, 26. April 1949.
3 Radhabinod Pal, »International Law«, in: *Indian Law Review,* Bd. 3, Nr. 1 (1949), S. 31–41.
4 Fredrik Logevall, *Embers of War: The Fall of an Empire and the Makings of America's Vietnam,* New York 2012, S. 55.
5 Radhabinod Pal, *Crimes in International Relations,* Kalkutta 1955, S. 51f., Pals Hervorhebungen.
6 Pal, *Crimes in International Relations,* S. 47ff.
7 Ebenda, S. 382.
8 Ebenda, S. 130f.
9 Radhabinod Pal, »Future Role of the International Law Commission in the Changing World«, in: *United Nations Review,* Bd. 9, Nr. 9 (September 1962), S. 29–34, 43f. Siehe auch Rohini Sen und Rashmi Raman, »Retelling Radha Binod Pal«, in: Frédéric Mégret und Immi Tallgren (Hg.), *The Dawn of a Discipline: International Criminal Justice and Its Early Exponents,* Cambridge 2020, S. 242ff.
10 »South-east Calcutta«, in: *Economic Weekly,* Bd. 5, Nr. 48 (28. November 1953), S. 1309f.
11 Tanaka Masaaki, *What Really Happened in Nanking: The Refutation of a Common Myth,* Tokio 2000. Jan Buruma, *Erbschaft der Schuld: Vergangenheitsbewältigung in Deutschland und Japan,* übers. v. Klaus Binder und Jeremy Gaines, München 1994, S. 156f.
12 Daqing Yang, »Convergence or Divergence?«, in: *American Historical Review,* Bd. 104, Nr. 3 (Juni 1999), S. 845.
13 Timothy Brook, »The Tokyo Judgment and the Rape of Nanking«, in: *Journal of Asian Studies,* Bd. 60, Nr. 3 (August 2001), S. 674.
14 Radhabinod Pal, *Nihon muzairon: Shinri no sabaki: Kyokuto kokusai gunji saiban ni okeru Indo Paru hanji no hanketsubun* [Japan ist unschuldig: Das wahre Urteil: Das Urteil des Richters Pal im Internationalen Militärtribunal für den Fernen Osten], Tanaka Masaaki (Hg.), Tokio 1952. Brook, »The Tokyo Judgment and the Rape of Nanking«, S. 677.
15 Yoshimatsu Masakatsu, *Senshi o yaburu: Nihon wa muzainari* [Widerlegung der Kriegsgeschichte: Japan war unschuldig], Tokio 1952. Kei Ushimura, »Pal's ›Dissentient Judgment‹ Reconsidered«, in: *Japan Review, Nr.* 19 (2007), S. 215–223.
16 »Bukkyo kyotokaigi: Paru hakase rainichi toridome« [Buddhistischer Weltkongress: Dr. Pal's Besuch in Japan abgesagt], *Mainichi Shimbun,* 25. September 1952, S. 3.
17 Tanaka Masaaki, *Paru hakushi no kotoba: Tokyo saiban-go rainichi sa reta toki no episodo* [Dr. Pals Worte: Episoden von Dr. Pals Besuch in Japan im Gefolge des Tokioter Prozesses], Tokio 1995, S. 13–18.
18 Tanaka, *Paru hakushi no kotoba,* S. 41f.
19 »Paru hakase mo rainichi« [Dr. Pal kommt auch nach Japan], *Yomiuri Shim-*

bun, 9. Okt. 1952, S. 3. »Bukkyo kyotokaigi: Paru hakase rainichi toridome« [Buddhistischer Weltkongress: Dr. Pals Besuch in Japan abgesagt], *Mainichi Shimbun,* 25. Sept. 1952, S. 3. »Paru hakase rainichi kimaru« [Termin für Dr. Pals Besuch in Japan steht fest], *Asahi Shimbun,* 9. Oktober 1952, S. 3.

20 »Ex-IMT Justice Here from India«, *Nippon Times,* 16. Oktober 1952, S. 3.

21 »›Senhan muzai wo imamo kakushin‹« [»Immer noch überzeugt von fehlender Kriegsschuld«], *Asahi Shimbun,* 16. Oktober 1952, S. 3.

22 »Shinrai dekiru Nihon« [Ein vertrauenswürdiges Japan], *Mainichi Shimbun,* 16. Oktober 1952, S. 3.

23 »Noted Judge Raps Japanese Party«, *Nippon Times,* 17. Oktober 1952, S. 3.

24 Purnendra Jain, »Japan's Development Assistance to India«, in: *Japan Forum,* Bd. 33, Nr. 2 (2021), S. 240–260.

25 »Senhan, Nihon de sabake« [Richtet über die Kriegsverbrecher in Japan], *Asahi Shimbun,* 17. Oktober 1952, S. 3.

26 »Paru hakase oi ni kataru!« [Breite Diskussion mit Dr. Pal], in: *Bungei Shunju,* Bd. 30, Nr. 17 (Dezember 1952), S. 100–108.

27 »Paru hakase wo kakomu ocha no kai« [Tee mit Dr. Pal], *Asahi Shimbun,* 28. Oktober 1952, S. 3.

28 Natsuno Torao, »Nihon ni chokugen suru Paru hakase« [Dr. Pal speaking plainly to Japan], in: *Jinbutsu Orai,* Bd. 1, Nr. 12 (Dezember 1952), S. 71–74. »Justice Pal Urges Nonviolence Stand«, *Nippon Times,* 26. Oktober 1952, S. 1.

29 »›Ganji ni manabe‹« [»Von Gandhi lernen«], *Asahi Shimbun,* 26. Oktober 1952, S. 7. Mein Bericht stützt sich nicht auf Tanakas Version der Rede: Radhabinod Pal, *Heiwa no sengen* [Eine Friedensbotschaft], Tanaka Masaaki (Hg.), Rede in Tokio vom 25. Oktober 1952, Tokio 2008, S. 119–129.

30 »Pal at Memorial Rites«, *Nippon Times,* 27. Oktober 1952, S. 2.

31 »Paru hakase fujin no hoyo« [Buddhistischer Gedenkgottesdienst für Dr. Pals Frau], *Asahi Shimbun,* 27. Oktober 1952, S. 3.

32 »Paru Hakase koenkai kiroku« [Aufzeichnung von Dr. Pals Rede], 29. Oktober 1952, in: *Jiyu to Seigi [Freiheit und Gerechtigkeit],* Bd. 4, Nr. 1 (1. Januar 1953), S. 44ff. Japans Oberster Richter war Tanaka Kotaro.

33 »Judge Pal Is Guest of Welcome C'tee«, *Nippon Times,* 21. Oktober 1952, S. 3.

34 »Dr. Pal at Shrine«, *Nippon Times,* 22. Oktober 1952, S. 3.

35 »Paru hakase ga hanataba« [Dr. Pal legt Blumen nieder], *Asahi Shimbun,* 26. Oktober 1952, S. 2.

36 Natsuno, »Nihon ni chokugen suru Paru hakase« [Dr. Pal spricht offen zu Japan], S. 71–74.

37 »Senhan shakuho de kondan« [Besprechung über die Freilassung von Kriegsverbrechern], *Asahi Shimbun,* 22. Oktober 1952, S. 3.

38 »Okawa Shumei hakase Paru hakase to kandan« [Ein freundliches Gespräch zwischen Dr. Okawa Shumei und Dr. Pal], *Mainichi Shimbun,* 25. Oktober 1952, S. 7.

39 »Senhan shakuho de kondan« [Besprechung wegen der Freilassung von Kriegsverbrechern], *Asahi Shimbun,* 22. Oktober 1952, S. 3. »Sugamo senhan sokyu shakuho ni doryoku« [Einsatz für die schnelle Freilassung der im Sugamo-Gefängnis internierten Kriegsverbrecher], *Yomiuri Shimbun,* 22. Oktober 1952, S. 7.

40 »ACWF to Meet in Hiroshima«, *Nippon Times,* 29. Oktober 1952, S. 3.

41 Vortrag Radhabinod Pal, 2. November 1952, Asian Congress for World Federation, *Nijunen no ayumi* [Zwanzig Jahre Geschichte], bei den Akten des Autors, S. 144. Siehe auch »Paru-shi koenryo nado kifu« [Herr Pal spendet seine Honorare für Vorträge und andere Aktivitäten], *Asahi Shimbun,* 18. Oktober 1966, S. 14.

42 Kiyoaki Murata, »800 Attend World Meet at Hiroshima«, *Nippon Times,* 4. November 1952, S. 1.

43 »›Hibaku musume‹ ni kando Paru hakase senso no higeki kyocho« [Bewegt durch »Nuclear Girls« betont Dr. Pal, was der Krieg für eine Tragödie war], *Mainichi Shimbun,* 4. November 1952, S. 3.

44 Rede von Radhabinod Pal, 4. November 1952, Asian Congress for World Federation, *Nijunen no ayumi* [Zwanzig Jahre Geschichte], bei den Akten des Autors, S. 146.

45 Kiyoaki Murata, »Pal Speaks at Hiroshima«, *Nippon Times,* 5. November 1952, S. 3.

46 Masuda Tsuyoshi, »Unearthed Tapes Explain a Piece of World War II History«, NHK World, 22. Dezember 2020.

47 »Paru hakase, Sugamo homon« [Besuch Dr. Pals in Sugamo], *Asahi Shimbun,* 12. November 1952, S. 7. »Paru hakase, sakuya« [Dr. Pal kehrte gestern nach Hause zurück], *Mainichi Shimbun,* 12. November 1952, S. 3.

48 Nakajima Takeshi, »The Tokyo Tribunal, Justice Pal and the Revisionist Distortion of History«, in: *Asia-Pacific Journal,* Bd. 9, Ausgabe 44, Nr. 3 (31. Oktober 2011), S. 1–20.

49 Tanaka, *Paru hakushi no kotoba,* S. 23.

50 Radha Binod Pal, »Renunciation of Force in Inter-state Relations«, in: *India Quarterly,* Bd. 16, Nr. 4 (1960), S. 349–357.

51 Radhabinod Pal, »The International Law in a Changing World«, in: *All India Reporter,* Bd. 48 (Oktober-November 1961), S. 91–102.

52 Radhabinod Pal et al., *Lectures on Universal Declaration of Human Rights,* Kalkutta 1965, S. 3–21.

53 Chugo Koito, »From the Japanese Magazines«, *Nippon Times,* 2. März 1966, S. 12.

54 »Kyo rainichi suru moto kyokuto kokusai gunji saibansho anji Rada Binoddo Paru« [Radhabinod Pal, ehemals Richter beim Internationalen Militärtribunal für den Fernen Osten, heute in Japan angekommen], *Yomiuri Shimbun,* 1. Oktober 1966, S. 3. »War Crimes Judge Here for Visit«, *Nippon Times,* 3. Oktober 1966, S. 3.

55 »Paru hakase ga rainichi« [Dr. Pal trifft in Japan ein], *Yomiuri Shimbun,* 2. Oktober 1966, S. 14.

56 »Paru hakase ni kun it-to« [Orden erster Klasse an Dr. Pal verliehen], *Yomiuri Shimbun,* 5. Oktober 1966, S. 14. »Reception Held for Indian Judge«, *Nippon Times,* 5. Oktober 1966, S. 3.

57 Ichimata Masao, »Paru hakase wo mukaeru« [Dr. Pal willkommen geheißen], *Yomiuri Shimbun,* 30. September 1966, S. 7.

58 »Kyo rainichi suru moto kyokuto kokusai gunji saibansho hanji Rada Binoddo Paru« [Radhabinod Pal, ehemaliger Richter am Internationalen Militärtri-

bunal für den Fernen Osten, trifft heute in Japan ein], *Yomiuri Shimbun,* 1. Oktober 1966, S. 3.

59 »Paru hakase: Kyo no mondai« [Dr. Pal: die heutige Frage], *Asahi Shimbun,* 6. Oktober 1966, S. 1.

60 »Heiwa no inori, byoku wo koete« [Ein Gebet für den Frieden, über den Schmerz der Krankheit hinaus], *Yomiuri Shimbun,* 4. Oktober 1966, S. 15. »Henshu techo« [Notizbuch der Chefredaktion], *Yomiuri Shimbun,* 5. Oktober 1966, S. 1. »Paru hakase kyo Kyoto e« [Dr. Pals Besuch heute in Kyoto], *Yomiuri Shimbun,* 7. Oktober 1966, S. 14.

61 »›Atarashii kuni ga dekita yo‹: Paru hakase ga saigo no kisha kaiken« [»Als ob ein neues Land geschaffen worden wäre«: Dr. Pals letzte Pressekonferenz], *Asahi Shimbun,* 11. Oktober 1966, S. 10.

62 »›Nihon de shinde mo yoi‹« [Wäre glücklich, in Japan zu sterben], *Asahi Shimbun,* 13. Oktober 1966, S. 7.

63 Papiere der Familie Pal, Kolkata, »Pal-Shimonaka Memorial Hall« Broschüre, S. 3.

64 Nakajima Takeshi, »Justice Pal (India)«, in: Yuki Tanaka, Tim McCormack und Gerry Simpson (Hg.), *Beyond Victor's Justice? The Tokyo War Crimes Trial Revisited,* Leiden 2011, S. 143.

65 Michael J. Green, *Line of Advantage: Japan's Grand Strategy in the Era of Abe Shinzo,* New York 2022, S. 127 ff.

66 Elizabeth Roche, »Abe Praises Indians Who Backed Japan in WWII«, *Agence France-Presse,* 23. August 2007.

67 Norimitsu Onishi, »Decades After War Trials, Japan Still Honors a Dissenting Judge«, *New York Times,* 31. August 2007.

68 George Nishiyama, »Abe Risks Ire by Meeting Son of Indian Judge«, *Reuters,* 23. August 2007.

69 »Mukherjee Hosts Banquet for Japanese Royals«, *Asian News International,* 3. Dezember 2013.

70 Archis Mohan, »Prime Minister Shinzo Abe's visit«, Indian Ministry of External Affairs paper, 22. Januar 2014, http://www.mea.gov.in/in-focus-article.htm?22762/Prime+Minister+Shinzo+Abes+visit+pinnacle+of+IndiaJapan+relations.

71 »Japan Can Help India Become USD 5 Trillion Economy«, *Business Standard,* 27. Juni 2019.

72 Michael J. Green, »Can Tojo Inspire Modern Japan?«, in: *SAIS Review,* Bd. 19, Nr. 2 (1999), S. 243–250. Charles W. Nuckolls, »The Banal Nationalism of Japanese Cinema«, in: *Journal of Popular Culture,* Bd. 39, Nr. 5 (2006), S. 817–837.

73 Nakajima, »Justice Pal (India)«, S. 144. Siehe auch Kobayashi Yoshinori, *Senso ron* [Über den Krieg], Tokio 1998.

33. Die unausweichliche Läuterung des Genossen Mei

1 HSTL, PSF, box 152, Lovett an Clifford, 12. November 1948. HSTL, PSF, box 152, Stuart an Marshall, 12. November 1948.

2 HSTL, PSF, box 152, Stuart an Marshall, 6. November 1948. Siehe auch

HSTL, PSF, box 152, Army intelligence division estimate on China, August 1948.

3 HSTL, PSF, box 152, Stuart cable summarized for Truman, 10. November 1948. Odd Arne Westad, *Cold War and Revolution: Soviet-American Rivalry and the Origins of the Chinese Civil War, 1944–1946*, New York 1993, S. 165–178.

4 HSTL, PSF, box 152, Chiang (via Koo) an Truman, 9. November 1948. Siehe auch HSTL, PSF, box 152, Chiang (via Koo) an Truman, 5. April 1948.

5 HSTL, PSF, box 152, Hillenkoetter an Truman, 24. November 1948.

6 HSTL, PSF, box 152, Marshall memcon, 3. Dezember 1948. HSTL, PSF, box 152, Hillenkoetter memo, 10. Dezember 1948. HSTL, PSF, box 152, Hillenkoetter memo, 15. Dezember 1948.

7 HSTL, PSF, box 152, Marshall memcon, 3. Dezember 1948.

8 Mei Ruao, *Dongjing da shenpan: Yuandong guoji junshi fating Zhongguo faguan Mei Ruao riji* [Der große Tokioter Prozess: Tagebuch von Mei Ruao, chinesischer Richter am Internationalen Militärtribunal für den Fernen Osten], Nanchang 2005, 9. April 1946, S. 75.

9 Mei Ju-ao (Mei Ruao), *The Tokyo Trial Diaries of Mei Ju-ao*, Singapore 2019, Anmerkung des Herausgebers, S. v.

10 Lai Tse-han, Ramon H. Myers und Wei Wou, *A Tragic Beginning: The Taiwan Uprising of February 28, 1947*, Stanford, Calif. 1991. George H. Kerr, *Formosa Betrayed*, Boston 1965. Nicholas D. Kristof, »The Horror of 2–28«, *New York Times*, 3. April 1992, S. A4.

11 Richard Bernstein, *China 1945: Mao's Revolution and America's Fateful Choice*, New York 2014, S. 35f.

12 Peter Martin, *China's Civilian Army: The Inside Story of China's Quest for Global Power*, Oxford 2021, S. 96–113.

13 Mei Xiaoao und Mei Xiaokan im Vorwort zu Mei Xiaoao und Mei Xiaokan (Hg.), *Mei Ruao Dongjing shenpan wengao* [Mei Ruaos Manuskripte über den Tokioter Prozess], Shanghai 2013, S. 6. Fang Jinyu, »Zhongguo faguan Mei Ruao« [Der chinesische Richter Mei Ruao], in: *Liaowang Zhoukan*, Dezember 1985, S. 48.

14 Mei Ruao, »Riben de qiantu – wei jinian Riben touxiang wu zhounian er zuo« [Die Zukunft Japans – zum Gedenken an den Fünften Jahrestag der japanischen Kapitulation], in: *Shijie Zhishi*, Nr. 9 (1950), S. 5ff. »Mei Attacks SCAP's Releasing Criminals«, New China News Agency, 14. März 1950, Foreign Broadcast Information Service.

15 »Dr. Mei Gives Support to USSR Proposal«, New China News Agency, 10. Februar 1950, Foreign Broadcast Information Service.

16 Kathryn Weathersby, »Deceiving the Deceivers«, und Milton Leitenberg, »New Russian Evidence on the Korean War Biological Warfare Allegations«, in: *Cold War International History Project Bulletin*, Nr. 11 (Winter 1998), S. 176–184, 185–199. W. Seth Carus, »The History of Biological Weapons Use«, in: *Health Security*, Bd. 13, Nr. 4 (2015), S. 239–243. Ein paar chinesische Historiker wie etwa Qi Dexue vertreten immer noch die Ansicht, dass China über glaubwürdige Beweise verfügte (Shu Guang Zhang, *Mao's Military Romanticism: China and the Korean War, 1950–1953*, Lawrence 1995, S. 7).

17 »Mei Ruao zhihan qian yuandong guoji junshi fating geguo faguan konggao Meijun zai wodongbei sanbu xijun zuixing« [Mei Ruao schrieb an frühere Richter des Internationalen Militärtribunals für den Fernen Osten und beschuldigte das amerikanische Militär, in unserem Nordosten Bakterien zu verbreiten], *Renmin Ribao,* 9. April 1952. Siehe auch Guoshiguan, Papiere des Außenministeriums, Hirohito und Kriegsverbrechen, »Mei Ruao über Anklage gegen Kaiser Hirohito«, undatiert, 020–010122–0001–0017a bis 020–010122–0001–0018a; Jia Xiaoming, »Dui Meijun xijunzhan de diaocha gongzuo« [Ermittlungen wegen der bakteriologischen Kriegführung des amerikanischen Militärs], *Renmin Zhengxie Bao,* 1. Juni 2014; und Wei Ding, *Cong Yalujiang dao sanbaxian* [Vom Yalu bis zum 38th Breitengrad], Beijing 2010.

18 Frank Dikötter, *The Tragedy of Liberation: A History of the Chinese Revolution, 1945–1957,* New York 2014.

19 Philip P. Pan, *Out of Mao's Shadow: The Struggle for the Soul of a New China,* New York 2008, S. 40–46. Kenneth Lieberthal, *Governing China: From Revolution Through Reform,* New York 2004, S. 66–69. Ning Wang, »Victims and Perpetrators«, in: *Twentieth-Century China,* Bd. 45, Nr. 2 (Mai 2020), S. 188–208.

20 Fang Jinyu, »Zhongguo faguan Mei Ruao« [Der chinesische Richter Mei Ruao], in: *Liaowang Zhoukan,* Dezember 1985, S. 48. Vorwort Mei und Mei in: *Mei Ruao Dongjing shenpan wengao,* S. 8.

21 Vorwort Mei und Mei, *Mei Ruao Dongjing shenpan wengao,* S. 4–7.

22 »Ri zhanzheng zuifan kaishi shenxun« [Prozess gegen japanische Kriegsverbrecher beginnt], *Xinhua Ribao,* 4. Mai 1946, S. 3.

23 »Zhanfan de pengyou« [Freund von Kriegsverbrechern], *Renmin Ribao,* 10. Dezember 1946, S. 1. »Ri zhanfan mingdan yibu yi fabiao« [Liste japanischer Kriegsverbrecher teilveröffentlicht], *Xinhua Ribao,* 6. Januar 1946, S. 2. »Zhonggong zai dongbei de duiri zhengce yancheng zhanfan moshou diwei zangwu« [Die Politik der KPCh gegenüber den Japanern im Nordosten: Kriegsverbrecher streng bestrafen und Eigentum beschlagnahmen, das vom Feind und den Streitkräften der Marionettenregime gestohlen wurde], *Xinhua Ribao,* 18. Mai 1946, S. 2.

24 »Jiangfei zonrong Riben zhanfan« [Der Bandit Chiang verhätschelt japanische Kriegsverbrecher], *Renmin Ribao,* 29. Mai 1948, S. 2.

25 Mao Zedong, »Mei diguozhuyi shi Zhong Ri liangguo renmin de gongtong diren« [Der amerikanische Imperialismus ist der gemeinsame Feind des chinesischen und des japanischen Volkes], 21. Juni 1960, in: *Mao Zedong waijiao wenxuan* [Gesammelte Werke Mao Zedongs über Diplomatie], Beijing 1994, S. 436–443.

26 »Zhou Enlai buzhang wuyue shiwuri fabiao shengming« [Minister Zhou Enlai bringt eine Erklärung zum 15. Mai heraus], *Renmin Ribao,* 16. Mai 1950, S. 1.

27 Guoshiguan, Papiere des Außenministeriums, Hirohito und Kriegsverbrechen, Li an Shi, 8. Februar 1950, 020–010122–0001–0013a bis 020–010122–0001–0015a.

28 »Zhou Enlai waizhang fabiao shengming« [Außenminister Zhou Enlai bringt eine Erklärung heraus], *Renmin Ribao,* 5. Dezember 1950, S. 1. Siehe auch Zhou Enlai, »Guanyu Mei Ying dui Ri heyue caoan ji jiujinshan huiyi de

shengming« [Erklärung zum Entwurf eines Friedensvertrags mit Japan durch Amerika und Großbritannien und der Friedenskonferenz von San Francisco], 15. August 1951, *Zhou Enlai waijiao wenxuan* [Gesammelte Werke von Zhou Enlai über Diplomatie], Beijing 1990, S. 38–46.
29 Mao Zedong, »Heping gongchu wuxiang yuanze ying tuiguang dao suoyou guojia guanxi zhong qu« [Die fünf Prinzipien der friedlichen Koexistenz sollten sich auf alle internationalen Beziehungen ausweiten], 19. Oktober 1954, *Mao Zedong waijiao wenxuan*, S. 163–176.
30 Mao Zedong, »Heping gongchu wuxiang yuanze shi yige changqi de fangzhen« [Die fünf Prinzipien der friedlichen Koexistenz sind eine langfristige Politik], 1. Dezember 1954, *Mao Zedong waijiao wenxuan*, S. 177–196.
31 *Zhou Enlai nian pu, 1949–1976* [Chronik von Zhou Enlai, 1949–1976], Beijing 1997, Bd. 1, 9. Juni 1955, S. 487.
32 Mao Zedong, »Zhong Ri guanxi he shijiedazhan wenti« [Die chinesisch-japanischen Beziehungen und die Frage des Weltkriegs], 15. Oktober 1955, *Mao Zedong waijiao wenxuan*, S. 219–227.
33 Sandra Wilson, Robert Cribb, Beatrice Trefault und Dean Aszkielowicz, *Japanese War Criminals: The Politics of Justice After the Second World War*, New York 2017, S. 237f.
34 Mao Zedong, »Zhong Ri guanxi he shijiedazhan wenti« [Die chinesisch-japanischen Beziehungen und die Frage des Weltkriegs], 15. Oktober 1955, *Mao Zedong waijiao wenxuan*, S. 219–227.
35 Konsultativkonferenz des chinesischen Volkes (Hg.), *Huiyi gaizao zhanfan* [Erinnerungen an die Umerziehung von Kriegsverbrechern], Beijing 2013, S. 1–4.
36 *Zhou Enlai nian pu*, Bd. 1, 28. Juni 1956, S. 606.
37 *Zhou Enlai nian pu*, Bd. 2, 25. August 1957, S. 71.
38 Zhou Enlai, »Jiejian Cuo'e Hao, Pu Jie, Pu Yi deng ren de tanhua« [Gespräch beim Treffen mit Saga Hiro, Pu Jie und Pu Yi], 10. Juni 1961, *Zhou Enlai xuanji xiajuan* [Gesammelte Werke von Zhou Enlai], Beijing 1980, Bd. 2, S. 316–322.
39 Mao Zedong, »Riben renmin douzheng de yingxiang shi hen shenyuan de« [Der Einfluss des Kampfes des japanischen Volkes geht sehr tief und reicht sehr weit], 14. Januar 1961, *Mao Zedong waijiao wenxuan*, S. 455–462.
40 He Yinan, »National Mythmaking and the Problems of History in Sino-Japanese Relations«, in: Lam Peng Er (Hg.), *Japan's Relations with China: Facing a Rising Power*, London 2006, S. 73ff. Daqing Yang, »Convergence or Divergence?« in: *American Historical Review*, Bd. 104, Nr. 3 (Juni 1999), S. 858.
41 Mei Ruao, »About Tani Hisao, Matsui Iwane and the Nanjing Massacre«, Mei und Mei (Hg.), *Mei Ruao Dongjing shenpan wengao*, S. 401–419.
42 Zhou Enlai, »Yi jilei jianjin de fangshi tuijin Zhong Ri bangjiao« [Verbessert die chinesisch-japanischen Beziehungen auf eine kumulative und schrittweise Art], 9. Oktober 1963, *Zhou Enlai waijiao wenxuan*, S. 340–448.
43 Yang, »Convergence or Divergence?«, S. 858.
44 Roderick MacFarquhar, *The Origins of the Cultural Revolution: The Coming of the Cataclysm, 1961–1966*, Oxford, Bd. 3, S. 466–473. Roderick MacFarquhar und Michael Schoenhals, *Mao's Last Revolution*, Cambridge, Mass.

2006. Yang Jisheng, *The World Turned Upside Down: A History of the Cultural Revolution,* übers. v. Stacy Mosher und Guo Jian, New York 2021, S. 72–76.

45 MacFarquhar, *Origins of the Cultural Revolution,* Bde. 1–3. Frank Dikötter, *Mao und seine verlorenen Kinder: Chinas Kulturrevolution,* übers. v. Marlies Glaser und Jörn Pinnow, Darmstadt 2017. Andrew G. Walder, *Agents of Disorder: Inside China's Cultural Revolution,* Cambridge, Mass. 2019.

46 Anne Thurston, *Enemies of the People: The Ordeal of the Intellectuals in China's Great Cultural Revolution,* New York 1987.

47 He Qinhua, »The Legal Bases and Present Significance of the Tokyo Trial«, in: Cheng Zhaoqi et al., *The Tokyo Trial: Recollections and Perspectives from China,* Cambridge 2016, S. 226–241.

48 Vorwort Mei und Mei, *Mei Ruao Dongjing shenpan wengao,* S. 7f.

49 Ezra F. Vogel, *Deng Xiaoping and the Transformation of China,* Cambridge 2011, S. 249–265, 294–310.

50 Fang, »Zhongguo faguan Mei Ruao« [Der chinesische Richter Mei Ruao], S. 39–48.

51 Wu Tingting und Jiang Yuting, »Dongjing shenpan zhihou, sanming zhongguo faguan de mingyun zouxiang« [Das Leben der drei chinesischen Richter nach dem Tokioter Prozess], *Xiaoxiang Chenbao,* 12. November 2016.

52 Yinan He, *The Search for Reconciliation: Sino-Japanese and German-Polish Relations Since World War II,* Cambridge 2009, S. 1–11, 174–233.

53 William A. Callahan, »History, Identity, and Security«, in: *Critical Asian Studies,* Bd. 38, Nr. 2 (2006), S. 179–208.

54 Howard W. French, *Everything Under the Heavens: How the Past Helps Shape China's Push for Global Power,* New York 2017, S. 201f. Zheng Wang, *Never Forget National Humiliation: Historical Memory in Chinese Politics and Foreign Relations,* New York 2012, S. 96–108.

55 Jessica Chen Weiss, *Powerful Patriots: Nationalist Protest in China's Foreign Relations,* Oxford 2014. James Reilly, *Strong Society, Smart State: The Rise of Public Opinion in China's Japan Policy,* New York 2011. Joseph Kahn, »China Is Pushing and Scripting Anti-Japanese Protests«, *New York Times,* 15. April 2005, S. A1.

56 Joseph Kahn, »China Is Pushing and Scripting Anti-Japanese Protests«, *New York Times,* 15. April 2005, S. A1. Jeremy L. Wallace und Jessica Chen Weiss, »The Political Geography of Nationalist Protest in China«, in: *China Quarterly,* Bd. 222 (Juni 2015), S. 403–429.

57 Allen S. Whiting, *China Eyes Japan,* Berkeley 1989. Thomas J. Christensen, »Chinese Realpolitik«, in: *Foreign Affairs* (September-Oktober 1996), S. 40–45.

58 French, *Everything Under the Heavens,* S. 21.

59 »Tokyo Trial Film Enjoys Big Success«, Xinhua, 19. September 2006.

60 »*Tokyo Trial:* A Movie No Chinese Should Miss«, China Radio International, 11. September 2006.

61 Wang Yi, »Xianzai shi zhengjiu de rizi – dianying *Dongjing Shenpan* he *Riben Chenmo*« [Jetzt ist die Zeit der Rettung – *Der Tokioter Prozess* und *Japan Sinkt*], *Nanfang Renwu Zhoukan,* 15. September 2006.

62 Wang, *Never Forget National Humiliation.* Weiss, *Powerful Patriots.* Reilly, *Strong Society, Smart State.* Warnungen vor er Ausländerfeindlichkeit der Re-

gierung in Kombination mit einer entspannteren bedrohlichen Analyse der Ansichten der chinesischen Bevölkerung finden sich bei: Alastair Iain Johnston, »Is Chinese Nationalism Rising?«, in: *International Security*, Bd. 41, Nr. 3 (Winter 2016/17), S. 7–43. Huang Ying und Ji Xiran, »Fuqin wei Zhongguoren yingde zuiyan« [Vater brachte dem chinesischen Volk Würde], *Huanqiu Renwu*, August 2014, S. 56–59.

63 Cheng et al., *Tokyo Trial*.

64 Zhong Sheng (Pseudonym), »Dongjing shenpan de yiyi burong yiwang« [Die Bedeutung des Tokioter Prozesses sollte nicht vergessen werden], *Renmin Ribao*, 14. November 2016. Cao Jijun, Yan Weiqi und Wei Na, »Women weishenme yao huiwang Dongjing shenpan?« [Warum müssen wir uns wieder mit dem Tokioter Prozess beschäftigen?], *Guangming Ribao*, 14. November 2016, S. 4. Chen Zhiyan, »Henduo nian lai, Zhongguoren wangque le Dongjing shenpan« [Lange Zeit vergaß das chinesische Volk den Tokioter Prozess], *Nanfang Zhoumo*, 16. Mai 2016.

65 Gao Shihua, »Dongjing shenpan shi zhengyi de shenpan (ji nian kangri zhanzheng shengli 70 zhounian)« [Der Tokioter Prozess ist ein gerechter Prozess (zum Gedenken an den 70. Jahrestag des Sieges des antijapanischen Widerstands)], *Renmin Ribao*, 3. August 2015.

66 Wu Zhendong und Wu Xia, »Dongjing shenpan shi yichang zhengyi dui xie'e de dashenpan« [Der Tokioter Prozess ist ein großer Prozess der Gerechtigkeit gegen das Böse], Xinhua, 13. November 2016.

67 Tony Saich, *From Rebel to Ruler: One Hundred Years of the Chinese Communist Party*, Cambridge, Mass. 2021.

68 Glenn Tiffert, »30 Years After Tiananmen«, in: *Journal of Democracy*, Bd. 30, Nr. 2 (April 2019), S. 38–49.

69 Minxin Pei, »A Tale of Three Resolutions«, in: *China Leadership Monitor*, Nr. 71 (Frühjahr 2022). »China's Xi Jinping Cements His Status with Historic Resolution«, BBC, 11. November 2021.

70 Siehe Timothy Brook, *Collaboration: Japanese Agents and Local Elites in Wartime China*, Cambridge, Mass. 2005.

71 Katie Stallard, *Dancing on Bones: History and Power in China, Russia and North Korea*, Oxford 2022, S. 186–202.

72 Suisheng Zhao, »The Patriotic Education Campaign in Xi Jinping's China«, in: *China Leadership Monitor*, Nr. 75 (Frühjahr 2023).

73 Vincent K. L. Chang, »Recalling Victory, Recounting Greatness«, in: *China Quarterly*, Bd. 248 (Dezember 2021), S. 1152–1173.

74 Chris Buckley, »Parade Gives Chinese Leader a Platform to Show Grip on Power«, *New York Times*, 4. September 2015, S. A4.

75 Xi Jinping, *The Governance of China*, Beijing 2017, Bd. 2, S. 484ff.

76 »Xi Jinping's Speech at the State Commemoration for Victims of the Nanjing Massacre«, Xinhuanet, 13. Dezember 2014.

77 »Xi Jinping's Speech at the Commemoration of the 69th Anniversary of the Victory of the Chinese People's War of Resistance Against Japanese Aggression and the World Anti-Fascist War«, *Renmin Ribao*, 4. September 2014, S. 2.

78 »Xi Jinping's Speech at Lugou Bridge in Commemoration of ›July 7 Incident‹«, Xinhuanet, 7. Juli 2017.

79 »China Sees No Universal Values«, *The Economist,* 16. April 2022.
80 He, *Search for Reconciliation,* S. 262f.
81 Weibo, 2. Mai 2017.
82 Weibo, 3. November 2017.
83 »*Renmin Ribao:* Chedi qingsuan yiqie qitu danhua, waiqu, mosha lishi de yanxing« *[Renmin Ribao:* Alle Handlungen und Reden gründlich ausrotten, die darauf abzielen die Geschichte schönzufärben, zu verzerren oder auszulöschen], *Pengpai Xinwen,* 14. Dezember 2017.

Epilog: Showas Märtyrer

1 Vgl. Nicholas D. Kristof, »A Tojo Battles History, for Grandpa and for Japan«, in: *New York Times,* 22. April 1999, S. A4.
2 Akiko Takenaka, *Yasukuni Shrine: History, Memory, and Japan's Unending Postwar,* Honolulu 2015.
3 Ian Buruma, *Erbschaft der Schuld: Vergangenheitsbewältigung in Deutschland und Japan,* übers. v. Klaus Binder und Jeremy Gaines, München 1994, S. 126–142, S. 144–173, S. 371f.
4 Helen Hardacre, *Shinto: A History,* Oxford 2017, S. 466f. Ian Buruma, *Inventing Japan, 1853–1964,* New York 2003, S. 147. Joseph Coleman, »Japan's Revisionists Rail Against ›Masochistic View‹ of History«, *Associated Press,* 4. August 1997.
5 John Delury, »The Kishi Effect«, in: *Asian Perspective* 39 (Juli-September 2015) 3, S. 441–460.
6 Keyao Pan, »Networking for War Criminal Amnesty«, in: *Asia-Pacific Journal* 18 (1. April 2020), S. 1–12.
7 Tobias S. Harris, *The Iconoclast: Shinzo Abe and the New Japan,* London 2020, S. 3, 11–14.
8 Kishi Nobusuke, *Kishi Nobusuke kaikoroku: Hoshu godo to Anpo kaitei* [Erinnerungen von Kishi Nobusuke: Die konservative Konsolidierung und die Revision des Sicherheitsvertrags], Tokio 1983, S. 18. Vgl. Hara Yoshihisa, *Kishi Nobusuke,* Tokio 1995, S. 121–125.
9 Kishi Nobusuke/Yatsugi Kazuo/Ito Takashi, *Kishi Nobusuke no kaiso* [Lebenserinnerungen von Kishi Nobusuke], Tokio 1981, S. 88. Vgl. Kase Hideaki (Hg.), *Kishi Nobusuke no saigo no kaiso: Sono shogai to rokuju-nen Anpo* [Letzte Lebenserinnerungen von Kishi Nobusuke: Sein Leben und die Revision des Sicherheitsvertrags von 1960], Tokio 2016, S. 42f.
10 Kishi, *Kishi Nobusuke kaikoroku,* S. 21.
11 Franziska Seraphim, *War Memory and Social Politics in Japan, 1945–2000,* Cambridge, Mass. 2006, S. 14–25.
12 Yuma Totani, *The Tokyo War Crimes Trial: The Pursuit of Justice in the Wake of World War II,* Cambridge, Mass. 2008, S. 190–217.
13 Togo Kazuhiko, »Development of Japan's Historical Memory«, in: *Asian Perspective* 35 (2011), S. 337–360.
14 Hayashi Fusao, *Daitoa senso koteiron* [Bejahung des Großostasiatischen Krieges], Tokio 1965.
15 Yinan He, *The Search for Reconciliation: Sino-Japanese and German-Polish Re-*

lations Since World War II, Cambridge 2009, S. 122–133. Gi-Wook Shin/Daniel Sneider (Hg.), *History Textbooks and the Wars in Asia: Divided Memories,* London 2011.

16 Kishi Nobusuke, »Political Movements in Japan«, in: *Foreign Affairs* 44 (Oktober 1965) 1, S. 93.

17 »The Kishi Mission«, in: *New York Times,* 9. Dezember 1957, S. 34.

18 Fujita Yukihisa, »Prime Minister Kishi's Diplomacy of Reconciliation«, in: *Japan Echo,* August 2006, S. 24–28.

19 Tim Weiner/Stephen Engelberg/James Sterngold, »C. I. A. Spent Milllions to Support Japanese Right in 50's and 60's«, in: *New York Times,* 9. Oktober 1994, S. A1, A14. Harris, *Iconoclast,* S. 19f. Vgl. Odd Arne Westad, *Der Kalte Krieg: Eine Weltgeschichte,* übers. v. Helmut Dierlamm und Hans Freundl, Stuttgart 2019, S. 447–449.

20 Nick Kapur, *Japan at the Crossroads: Conflict and Compromise After Anpo,* Cambridge, Mass. 2018, S. 1–34. Buruma, *Erbschaft der Schuld,* S. 81–83. Eri Hotta, »Contesting Peace«, in: *World Policy Journal* 33 (Herbst 2016) 3, S. 12–20.

21 Shigeru Oda, »The Normalization of Relations Between Japan and the Republic of Korea«, in: *American Journal of International Law* 61 (Januar 1967) 1, S. 35–56.

22 Delury, »Kishi Effect«, S. 451. Jung-Hoon Lee, »Normalization of Relations with Japan«, in: Byung-kook Kim/Ezra F. Vogel (Hg.), *The Park Chung Hee Era: The Transformation of South Korea,* Cambridge, Mass. 2011, S. 430–456. Robert Trumbull, »Tokyo and Seoul Move Toward Tie«, in: *New York Times,* 21. Februar 1965, S. 5.

23 Buruma, *Erbschaft der Schuld,* S. 85. Seraphim, *War Memory,* S. 239.

24 Shaun O'Dwyer, »The Yasukuni Shrine and the Competing Patriotic Pasts of East Asia«, in: *History & Memory* 22 (Herbst 2010) 2, S. 147–177. Seraphim, *War Memory,* S. 226–257. Richard Flanagan, *Der schmale Pfad durchs Hinterland,* übers. v. Eva Bonné, München/Berlin 2015, S. 32–34.

25 Totani, *Tokyo War Crimes Trial,* S. 232–235.

26 Sheila A. Smith, *Intimate Rivals: Japanese Domestic Politics and a Rising China,* New York 2015, S. 73–75.

27 »Hirohito Quit Yasukuni Shrine Visits Over Concerns About War Criminals«, in: *International Herald Tribune,* 26. April 2007.

28 Seraphim, *War Memory,* S. 245f.

29 C. Sarah Soh, *The Comfort Women: Sexual Violence and Postcolonial Memory in Korea and Japan,* Chicago 2020, S. 118.

30 Hardacre, *Shinto,* S. 456–458, S. 460–470. Higurashi Yoshinobu, »Yasukuni and the Enshrinement of War Criminals«, in: *Nippon,* 24. November 2013. Akiko Takenaka, »Enshrinement Politics«, in: *Asia-Pacific Journal* 5 (4. Juni 2007) 6, S. 1–9. He, *Search for Reconciliation,* S. 209f.

31 Willy Brandt, *Erinnerungen,* Hamburg 2006 [Erstausgabe: 1989], S. 202–226. Adam Michnik, *The Trouble with History: Morality, Revolution, and Counterrevolution,* New Haven 2014, S. 3–16. Charles S. Maier, *The Unmasterable Past: History, Holocaust, and German National Identity,* Cambridge, Mass. 1988 [dt. Ausgabe: *Die Gegenwart der Vergangenheit: Geschichte und die nationale Identität der Deutschen,* übers. v. Udo Rennert, Frankfurt/M. 1992].

32 Buruma, *Erbschaft der Schuld,* S. 16f.
33 Seraphim, *War Memory,* S. 263–270. Nicholas D. Kristof, »Why a Nation of Apologizers Makes One Large Exception«, in: *New York Times,* 12. Juni 1995, S. A1.
34 Vgl. Jennifer Lind, *Sorry States: Apologies in International Politics,* Ithaca, NY 2008. Lind vertritt in ihrem Buch die Ansicht, dass eine Versöhnung auf internationaler Ebene auch ohne Entschuldigungen möglich ist, und warnt zugleich davor, dass öffentlich geäußerte Reue eine heftige konservative Gegenreaktion auslösen kann. Melissa Nobles ist dagegen der Meinung, Entschuldigungen seien wichtig, weil sie die Bedeutung der Mitgliedschaft in einer politischen Gemeinschaft prägten, und erklärt außerdem, dass manche politischen Eliten sich für die Rechte einer zum Opfer gemachten Gruppe einsetzen würden oder ein Schuldgefühl äußern wollten (in: dies., *The Politics of Official Apologies,* Cambridge 2020, S. ix–xi).
35 Howard W. French, *Everything Under the Heavens: How the Past Helps Shape China's Push for Global Power,* New York 2017, S. 191 f. David E. Sanger, »Japan's Emperor Tells China Only of His ›Sadness‹ on War«, in: *New York Times,* 24. Oktober 1992, S. A1.
36 Motoko Rich, »The Long Shadows of a Failed War«, in: *New York Times,* 29. April 2019, S. A6.
37 Linda Seig, »Japan's Akihito Pushed Imperial Boundaries to Reach Out to Asia«, *Reuters,* 12. August 2018.
38 Asian Women's Fund, www.mofa.go.jp/files/100173322.pdf (letzter Zugriff: 30. 10. 2024).
39 Murayama, Erklärung vom 15. August 1995, www.mofa.go.jp/announce/press/pm/murayama/9508.html (letzter Zugriff: 30. 10. 2024).
40 Eufronio M. Alip, *Philippine-Japanese Relations,* Manila 1959, S. 85–90.
41 Nakano Satoshi, »The Politics of Mourning«, in: Ikehata Setsuho/Lydia N. Yu Jose, *Philippines-Japan Relations,* Manila 2003, S. 337–343. Corazon Aquinos Schwiegervater Benigno Aquino sen. war während des Krieges ein prominenter Kollaborateur der Japaner.
42 AFP, »Japan's Akihito in Phillippines to Honor War Dead«, in: *Tapei Times,* 27. Januar 2016, S. 6.
43 Lydia N. Yu Jose/Ikehata Setsuho (Hg.), *The Past, Love, Money and Much More: Philippines-Japan Relations Since the End of the Second World War,* Manila 2008.
44 »Global Opposition to U. S. Surveillance and Drones, but Limited Harm to America's Image«, Pew Research Center, 14. Juli 2014, S. 37–39.
45 Hardacre, *Shinto,* S. 467.
46 Harris, *Iconoclast,* S. 47.
47 »Anger as Koizumi Visits War Shrine«, CNN, 13. August 2001.
48 Michael J. Green, *Line of Advantage: Japan's Grand Strategy in the Era of Abe Shinzo,* New York 2022, S. 51. Seraphim, *War Memory,* S. 282. John Gittings, »Japan's PM Offers Apology to China«, in: *Guardian,* 8. Oktober 2001. Sohn Jie-Ae, »Koizumi: ›Heartfelt Remorse‹ for Korean Suffering«, CNN, 15. Oktober 2001.
49 Koizumi-Erklärung, 15. August 2005, www.mofa.go.jp/announce/announce/2005/8/0815.html (letzter Zugriff: 30. 10. 2024).

50 Smith, *Intimate Rivals,* S. 82–86.
51 Hotta, »Contesting Peace«, S. 19.
52 »Tracking the Samurai«, in: *The Economist,* 16. Juli 2022, S. 86.
53 Reiji Yoshida, »Formed in Childhood, Roots of Abe's Conservatism Go Deep«, in: *Japan Times,* 26. Dezember 2012.
54 Richard J. Samuels, *Securing Japan: Tokyo's Grand Strategy and the Future of East Asia,* Ithaca, NY 2008.
55 Government of Japan, Japan's Legislation for Peace and Security, März 2016, www.mofa.go.jp/files/000143304.pdf (letzter Zugriff: 30. 10. 2024). Japanischer Kabinettsbeschluss, 1. Juli 2014, www.cas.go.jp/jp/gaiyou/jimu/pdf/anpohosei_eng.pdf (letzter Zugriff: 30. 10. 2024).
56 Green, *Line of Advantage,* S. 77–161. Hotta, »Contesting Peace«, S. 18.
57 Harris, *Iconoclast,* S. 47–58.
58 164th session of the Diet, House of Representatives budget committee meeting, 10. Februar 2006, www.shugiin.go.jp/internet/itdb_kaigirokua.nsf/html/kaigirokua/001816420060210009.htm (letzter Zugriff: 30. 10. 2024).
59 Harris, *Iconoclast,* S. 133.
60 165th session of the Diet, House of Representatives budget committee meeting, 6. Oktober 2006, www.shugiin.go.jp/internet/itdb_kaigirokua.nsf/html/kaigirokua/001816520061006003.htm (letzter Zugriff: 30. 10. 2024).
61 Delury, »Kishi Effect«, S. 455.
62 Abe statement, 183rd session of the Diet, House of Representatives budget committee meeting, 12. März 2013, www.shugiin.go.jp/internet/itdb_kaigirokua.nsf/html/kaigirokua/001818320130312012.htm (letzter Zugriff: 30. 10. 2024). Julian Ryall, »Japan PM Dismisses WWII War Crimes Trials as ›Victors' Justice‹«, in: *Telegraph,* 14. März 2013.
63 Zhou Yongsheng, »Dongjing shenpan de zhengyixing burong Anbei tiaozhan« [Die Rechtschaffenheit des Tokioter Prozesses kann von Abe nicht in Frage gestellt werden], in: *Huanqiu Shibao Pinglun [Global Times Opinion],* 14. 3. 2013.
64 Liu Xiaoming, »China and Britain Won the War Together«, in: *Telegraph* (London), 1. Januar 2014.
65 Shannon Tiezzi, »Japanese Report on the Kono Statement Draws Ire from Seoul, Beijing«, in: *Diplomat,* 24. Juni 2014.
66 »LDP to Set Up Panel to Review Tokyo War Crimes Verdicts and GHQ Politics«, in: *Asahi Shimbun,* 12. November 2015.
67 Inada statement, 178th session of the Diet, House of Representatives budget committee meeting, 26. September 2011, www.shugiin.go.jp/internet/itdb_kaigirokua.nsf/html/kaigirokua/001817820110926001.htm (letzter Zugriff: 30. 10. 2024). Kana Inagaki, »Japan's Prime Minister in Waiting«, in: *Financial Times,* 8. September 2016.
68 Sabrine Siddiqui, »Japan's PM Apologizes for US War Dead – But Fails to Mention ›Comfort Women‹«, in: *Guardian,* 29. April 2015. »Shinzo Abe at Pearl Harbor«, in: *New York Times,* 27. Dezember 2016. Motoko Rich, »Japan Leader's Pearl Harbor Visit, Called a First, Turns Out to Be a Fourth«, in: *New York Times,* 27. Dezember 2016, S. A4.
69 Daniel Hurst, »Japan's PM Offers ›Sincere Condolences‹ for Horrors of Second World War«, in: *Guardian,* 7. Juli 2014.

70 Delury, »Kishi Effect«, S. 441–460.
71 »Japan Officially Apologizes, Offers Funds«, in: *Korea Herald,* 28. Dezember 2015. Jennifer Lind, »Why Shinzo Abe Thought Japan Had to Change«, in: *Foreign Affairs,* 12. Juli 2022.
72 Ankit Panda, »The ›Final and Irreversible‹ 2015 Japan-South Korea Comfort Women Deal Unravels«, in: *Diplomat,* 9. Januar 2017.
73 Tomohiro Osaki, »Abe Rejects Seoul's New Call for Apology on ›Comfort Women‹ Issue«, in: *Japan Times,* 12. Januar 2018.
74 Sheila Jager/Rana Mitter (Hg.) *Ruptured Histories: War, Memory, and the Post-Cold War in Asia,* Cambridge, Mass. 2007. Gi-Wook Shin/Daniel Sneider, *Divergent Memories: Opinion Leaders and the Asia-Pacific War,* Stanford 2016.
75 »Japanese Public's Mood Rebounding, Abe Highly Popular«, Pew Research Center, 11. Juli 2013.
76 Ebenda.
77 »Stronger, Faster«, in: *The Economist,* 20. Januar 2023.
78 Vgl. Richard Overy, *Weltenbrand,* übers. v. Henning Thies und Werner Roller, Berlin 2023, S. 1314–1322. Nobles, *Politics of Official Apologies,* S. ix.
79 John Lewis Gaddis, *The Long Peace: Inquiries into the History of the Cold War,* Oxford 1989. Nils Petter Gleditsch, »The Decline of War«, in: *International Studies Review* 15 (September 2013) 3, S. 397–399. Vgl. auch Oona Hathaway/Scott J. Shapiro, *The Internationalists: How a Radical Plan to Outlaw War Remade the World,* New York 2018; Joshua Goldstein, *Winning the War on War: The Decline of Armed Conflict Worldwide,* New York 2011; Steven Pinker, *Gewalt: Eine neue Geschichte der Menschheit,* übers. v. Sebastian Vogel, Frankfurt/M. 2011; eine skeptische Sicht der Dinge bietet Bear F. Braumoeller, *Only the Dead: The Persistence of War in the Modern Age,* Oxford 2019.
80 Caroline Elkins, *Legacy of Violence: A History of the British Empire,* New York 2022.
81 B. V. A. Röling, »Introduction«, in: Chihiro Hosoya et al. (Hg.) *The Tokyo War Crimes Trial: An International Symposium,* Tokio 1986, S. 15–28, hier: S. 22.
82 Kathryn Sikkink, *The Justice Cascade: How Human Rights Prosecutions Are Changing World Politics,* New York 2011, S. 5–20, S. 96–98; Kathryn Sikkink, *Evidence for Hope: Making Human Rights Work in the 21st Century,* Princeton 2017, S. 207–211.
83 Telford Taylor, *Nürnberg und Vietnam: Eine amerikanische Tragödie,* übers. v. Volker Bradke, München 1971, S. 13. Samuel Moyn kritisiert Taylor und wirft ihm vor, den Anklagen wegen eines Angriffskriegs auszuweichen, vgl. hierzu Samuel Moyn, *Humane: How the United States Abandoned Peace and Reinvented War,* New York 2021, S. 161–163, S. 184–191.
84 Alistair Horne, *A Savage War of Peace: Algeria, 1954–1962,* New York 2006, S. 11–20, S. 543–549. Tony Judt, *The Burden of Responsibility: Blum, Camus, Aron, and the French Twentieth Century,* Chicago 1998, S. 165–168.
85 »En Algérie, Macron qualifie la colonisation de ›crime contre l'humanité‹, tollé à droite«, in: *Le Monde,* 15. Februar 2017. Roger Cohen, »Not Suicide, an Assassination, Macron Says«, in: *New York Times,* 5. März 2021, S. A13.
86 »Netherlands Apology for Indonesia 1940s Killings«, BBC News, 12. Septem-

ber 2013. Toby Sterling/Anthony Deutsch, »Dutch Apologize for Violence in Indonesian War of Independence«, *Reuters*, 17. Februar 2022.

87 John F. Burns, »In India, Queen Bows Her Head over a Massacre in 1919«, in: *New York Times*, 15. Oktober 1997, S. A6.

88 Nicholas Watt, »David Cameron Defends Lack of Apology for British Massacre at Amritsar«, in: *Guardian*, 20. Februar 2013. Kai Schultz, »100 Years After Massacre, India Awaits an Apology«, in: *New York Times*, 14. April 2019, S. A8. Vgl. Sathnam Sanghera, *Empireland: How Imperialism Has Shaped Modern Britain*, London 2021.

89 Elkins, *Legacy of Violence*, S. 641–659.

90 Richard Boudreaux/Teresa Watanabe, »Yeltsin Apologizes to Japan for Abuse of WW II Prisoners«, in: *Los Angeles Times*, 13. Oktober 1993. Zu Gorbatschow und dem sowjetischen Missbrauch der Geschichte vgl. David Remnick, *Lenin's Tomb: The Last Days of the Sowjet Empire*, New York 1993, S. 36–51.

91 Wladimir Putin, *75th Anniversary of the Great Victory: Shared Responsibility to History and Our Future*, Moskau 2020, S. 9–20.

92 Steven Lee Myers, *Putin – der neue Zar: Seine Politik – sein Russland*, übers. v. Henning Dedekind und Norbert Juraschitz, Zürich 2016, S. 15–21, 362f.

93 Harris, *Iconoclast*, S. 301–304.

94 Kyodo, »Only Japan Is Challenging Results of World War II, Lavrov Says of Islands Dispute«, in: *Japan Times*, 20. Mai 2015.

95 Putin, *75th Anniversary of the Great Victory*, S. 9, 11f., 14, 36.

96 Rede Putins zum Chalchin-Gol-Jahrestag, 3. September 2014, http://en.kremlin.ru/events/president/news/46553.

97 Putin, in: *Le Figaro*, 7. Mai 2005, http://en.kremlin.ru/events/president/transcripts/22949. Putin, Statement, 3. Juli 2007, http://en.kremlin.ru/events/president/news/41019. Rede Putins über den Holocaust und die Belagerung Leningrads, 29. Januar 2018, http://en.kremlin.ru/events/president/news/56740. Putin, Grußwort, 3. September 2020, http://en.kremlin.ru/events/president/news/63997. Putin, Videoansprache an die UN-Generalversammlung, 22. September 2020, http://en.kremlin.ru/events/president/news/64074. Putin, Statement zu Nürnberg und zur Belagerung von Leningrad, 23. September 2021, http://en.kremlin.ru/events/president/news/66757.

98 Putins Rede bei Forum Nuremberg Lessons, 20. November 2020, http://en.kremlin.ru/events/president/news/64447.

99 Putins Grußwort für das Chabarowsk-Forum, 6. September 2021, http://en.kremlin.ru/events/president/news/66618.

100 Putins Rede bei der 43. Münchener Sicherheitskonferenz, 10. Februar 2007, www.ag-friedensforschung.de/themen/Sicherheitskonferenz/2007-putin-dt.html (letzter Zugriff: 30. 10. 2024). Vgl. Masha Lipman, »How Putin Plays with the Law«, in: *The New Yorker*, 19. März 2014.

101 Putin, *75th Anniversary of the Great Victory*, S. 37f.

102 Putin-Interview *mit Politika*, 15. Oktober 2014, http://en.kremlin.ru/events/president/news/50207.

103 Putin-Interview, Xinhua und TASS, 1. September 2005, http://en.kremlin.ru/events/president/news/50207.

104 Noah Weisbord, *The Crime of Aggression: The Quest for Justice in an Age of Drones, Cyberattacks, Insurgents, and Autocrats,* Princeton 2019, S. 21–44.

105 Vgl. Stephen Kotkin, »Russia's Perpetual Geopolitics«, in: *Foreign Affairs,* Mai/Juni 2016.

106 ABC News, Obama interview transcript, 23. Juli 2009.

107 »McCain: Japanese Hanged for Waterboarding«, CBS News, 29. 11. 2007.

108 Adam Serwer, »The War-Crimes President«, in: *The Atlantic,* 27. 11. 2019.

109 Nobles, *Politics of Official Apologies,* S. xii, S. 104–107, S. 132–135.

110 Leslie Hatamiya, *Righting a Wrong: Japanese Americans and the Passage of the Civil Liberties Act of 1988,* Stanford, CA 1994.

111 Vgl. G. E. M. [Gertrude Elizabeth Margaret] Anscombe, »Mr Truman's Degree«, in: *The Collected Philosophical Papers of G. E. M. Anscombe,* Oxford 1981, Bd. 3, S. 62–71.

112 Richard H. Kohn, »History and the Culture Wars«, in: *Journal of American History* 82 (Dezember 1995) 3, S. 1036–1063.

113 Asada Sadao, »The Mushroom Cloud and National Psyches«, in: *Journal of American-East Asian Relations* 4 (Sommer 1995) 2, S. 95–116.

114 Bruce Stokes, »70 Years After Hiroshima, Opinions Have Shifted on Use of Atomic Bomb«, Pew Research Center, 4. August 2015.

115 John Hudson/Josh Dawsey, »›I Remember Pearl Harbor‹«, in: *Washington Post,* 28. August 2018.

116 Isamu Gari, »Obama in Hiroshima 5 Years On«, in: *Mainichi,* 27. Mai 2021.

117 Ben Rhodes, *Im Weißen Haus: Die Jahre mit Barack Obama,* übers. v. Enrico Heinemann, Thomas Pfeiffer, Jörn Pinnow und Martin Richter, München 2019, S. 496–505 (Zitate: S. 498, 502).

118 W. E. B. Du Bois, »Introduction«, in: *An Appeal to the World: A Statement of the Denial of Human Rights to Minorities in the Case of Citizens of Negro Descent in the United States of America and an Appeal to the United Nations for Redress,* New York 1947, S. 1–14. Thomas Borstelmann, *The Cold War and the Color Line: American Race Relations in the Global Arena,* Cambridge, Mass. 2001, S. 45–84. Mary L. Dudziak, *Cold War Civil Rights: Race and the Image of American Democracy,* Princeton 2000. Keisha N. Blain, »Civil Rights International«, in: *Foreign Affairs,* September/Oktober 2020.

119 Vgl. Gary J. Bass, »The Cost of Presidential Racism«, in: *New York Times,* 4. September 2020, S. A27; und *The Blood Telegram: Nixon, Kissinger, and a Forgotten Genocide,* New York 2013, S. 5–12, 143–145, 155, 214.

120 NL-HaNA, 2. 21. 27, folder 11, Röling an die Richter, 27. Juli 1948.

121 *IMTFE Transcripts,* 14. April 1947, S. 19844.

122 Ebenda, 26. August 1946, S. 4300–4302.

123 Mei Ruao, *Dongjing da shenpan: Yuandong guoji junshi fating Zhongguo faguan Mei Ruao riji* [Der Große Tokioter Prozess: Tagebuch von Mei Ruao, dem chinesischen Richter beim Internationalen Militärtribunal für den Fernen Osten], Nanchang 2005, 12. Mai 1946, S. 153.

124 Mae Ngai, *The Chinese Question: The Gold Rushes and Global Politics,* New York 2021. Erika Lee, *At America's Gates: Chinese Immigration During the Exclusion Era, 1882–1943,* Chapel Hill 2003.

125 W. E. B. Du Bois, *Dusk of Dawn: An Essay Toward an Autobiography of a Race*

Concept, hg. von Henry Louis Gates jr., Oxford 2007 [zuerst: 1940], S. 27, 79, 116, 161. W. E. B. Du Bois, *Color and Democracy: Colonies and Peace,* New York 1945, S. 5–7. Reginald Kearney, »The Pro-Japanese Utterances of W. E. B. Du Bois«, in: *Contributions in Black Studies* 13 (1995), S. 201–207.

126 »How to Tell Japs from the Chinese«, in: *Life,* 22. Dezember 1941, S. 81 f.

127 Vgl. Yukiko Koshiro, *Trans-Pacific Racisms and the U. S. Occupation of Japan,* New York 1999; Christopher Thorne, *The Far Eastern War: States and Societies, 1941–1945,* London 1986; Gerald Horne, *Race War: White Supremacy and the Japanese Attack on the British Empire,* New York 2003.

128 Eri Hotta, »Konoe Fumimaro«, in: Sven Saaler/Christopher W. A. Szpilman (Hg.), *Pan-Asianism: A Documentary History,* Lanham, Md. 2011, Bd. 1, S. 311–317.

129 Eri Hotta, *Japan 1941, Countdown to Infamy,* New York 2013, S. 34–37. Vgl. Steven Ward, »Race, Status, and Japanese Revisionism in the Early 1930s«, in: *Security Studies* 22 (Herbst 2013) 4, S. 607–639.

130 Vgl. hierzu zum Beispiel *IMTFE Transcripts,* 17. April 1947, S. 20110 f., 20 120 f., 20 173 f.

131 Ebenda, 17. April 1947, S. 20110–20124.

132 Ebenda, 17. Dezember 1947, S. 35579–35581.

133 Ebenda, 4. November 1947, Koiso speech, 1940, S. 32422–32425.

134 B. V. A. Röling, *The Tokyo Trial and Beyond: Reflections of a Peacemonger,* hg. von Antonio Cassese, Cambridge 1993, S. 24 f.

135 Gerhard L. Weinberg, *Eine Welt in Waffen: Die globale Geschichte des Zweiten Weltkriegs,* übers. v. Helmut Dierlamm, Karlheinz Dürr und Klaus Fritz, Darmstadt 1995, S. 610–615. Buruma, *Erbschaft der Schuld,* S. 127 f.

136 Hallett Abend, *My Life in China, 1926–1941,* New York 1943, S. 279.

137 George Orwell, *Von Pearl Harbor bis Stalingrad: Die Kommentare zum Krieg,* W. J. West (Hg.), übers. v. Nikolaus Stingl, Leipzig 2007 [zuerst: 1993], 4. April 1942, S. 89. [Engl. Originalausgabe: W. J. West (Hg.), *Orwell: The War Commentaries,* London 1985, S. 75.]

138 Sarah Kovner, *Prisoners of the Empire: Inside Japanese POW Camps,* Cambridge, Mass. 2020, S. 10.

139 Yukiko Koshiro, »East Asia's ›Melting Pot‹«, in: Walter Demel/Rotem Kowner (Hg.), *Race and Racism in Modern East Asia: Western and Eastern Constructions,* Leiden 2012.

140 *IMTFE Transcripts,* 14. Oktober 1947, S. 30759 f.

141 Ebenda, 9. November 1948, S. 49134.

142 Ebenda, 9. August 1946, S. 3668. Vgl. ebenda, 28. August 1947, S. 21976 f.

143 Ebenda, 23. April 1947, S. 20633.

144 John W. Dower, *War Without Mercy: Race and Power in the Pacific War,* New York 1986.

145 Nobutaka Ike, *Japan's Decision for War: Records of the 1941 Policy Conferences,* Stanford 1967, Kaiserliche Konferenz, 5. November 1941, S. 236 f.

146 Kido Koichi, *The Diary of Marquis Kido, 1931–45,* Frederick, Md. 1984, 6. Januar 1944, S. 373–375.

147 Kenzaburo Oe, *Hiroshima Notes,* übers. v. David L. Swain und Toshi Yonezawa, New York 1981.

148 Seraphim, *War Memory,* S. 264. James M. Markham, »›All of Us Must Accept the Past‹, the German President Tells M. P.'s«, in: *New York Times,* 9. Mai 1985, S. A20. Vgl. Bundespräsident Richard von Weizsäcker, Rede bei der Gedenkveranstaltung im Plenarsaal des Deutschen Bundestages zum 40. Jahrestag des Endes des Zweiten Weltkrieges in Europa, 8. Mai 1985, www.bundespraesident.de/SharedDocs/Reden/DE/Richard-von-Weizsaecker/Reden/1985/05/19850508_Rede.html (letzter Zugriff: 30. 10. 2024).

Bildnachweise

Abb. 1	Harry S. Truman Library, Bild-Nr. 98–2453
Abb. 2	U. S. National Archives and Records Administration (NARA), Bild-Nr. 342-FH-3A03902-B58665AC
Abb. 3	NARA, Bild-Nr. 127-N-114541
Abb. 4	NARA, Bild-Nr. 210-G-B414
Abb. 5	NARA, Bild-Nr. 342-FH-3A03881–58285AC
Abb. 6	U. S. Army Signal Corps/Harry S. Truman Library, Bild-Nr. 63–1456–59
Abb. 7	Basil Rice/Harry S. Truman Library, Bild-Nr. 2018–167
Abb. 8	Abbie Rowe/National Park Service/NARA, Bild-Nr. 73–2017
Abb. 9	U. S. Army Signal Corps/Harry S. Truman Library, Bild-Nr. 2014–3331
Abb. 10	Harry S. Truman Library
Abb. 11	MacArthur Memorial Archives
Abb. 12	Familie von Mei Ruao
Abb. 13	Familie Matthew und Michael Forster/Special Collections, Yale Divinity Library, Bild-Nr. 11424911
Abb. 14	NARA, Bild-Nr. 208-PU-93S-1
Abb. 15	Harry S. Truman Library, Bild-Nr. 98–2454
Abb. 16	U. S. Army Signal Corps/NARA
Abb. 17	Wegner/U. S. Army Signal Corps/Harry S. Truman Library, Bild-Nr. 2017–3216
Abb. 18	AFP/Getty Images, Bild-Nr. 461078414
Abb. 19	Harvard Law School Library/Historical and Special Collections, Bild-Nr. W418157_1
Abb. 20	Familie Matthew und Michael Forster/Special Collections, Yale Divinity Library, Bild-Nr. 11424901
Abb. 21	Bettmann/Getty Images, Bild-Nr. 514694160
Abb. 22	NARA, Bild-Nr. 80-G-16871
Abb. 23	Australian War Memorial, Bild-Nr. 19418
Abb. 24	Australian War Memorial, Bild-Nr. P04585.003
Abb. 25	NARA, Bild-Nr. 111-SC-227909
Abb. 26	Wegner/U. S. Army Signal Corps/Harry S. Truman Library, Bild-Nr. 2017–3048
Abb. 27	Kaye/U. S. Army Signal Corps/Harry S. Truman Library, Bild-Nr. 2017–3041
Abb. 28	Wegner/U. S. Army Signal Corps/Harry S. Truman Library, Bild-Nr. 2017–3214
Abb. 29	Harry S. Truman Library, Bild-Nr. 2017–3268

Abb. 30	Calmus/U. S. Army Signal Corps/Harry S. Truman Library, Bild-Nr. 2017–3039–01
Abb. 31	Harvard Law School Library/Historical and Special Collections, Bild-Nr. W379130_1
Abb. 32	Harry S. Truman Library
Abb. 33	Harry S. Truman Library, Bild-Nr. 2017–3277
Abb. 34	U. S. Army Signal Corps/NARA, Bild-Nr. 111-SC-294026
Abb. 35	Brooks/U. S. Army Signal Corps/Harry S. Truman Library, Bild-Nr. 2017–3250
Abb. 36	NARA, Bild-Nr. 11–3073a
Abb. 37	Foto: Autor
Abb. 38	picture alliance/Photoshot, Bild-Nr. 97923387
Abb. 39	*The Asahi Shimbun*/Getty Images, Bild-Nr. 1126354946
Abb. 40	Reuters, Bild-Nr. GM1E9CQ0UV301 picture alliance/REUTERS|Toru Hanai, Bild-Nr. 115259835

Karten: © Mapping Specialists, LTD

Register

Die japanischen Namen werden im Text in der in Japan üblichen Reihenfolge verwendet, also Familienname + Vorname. Auch im Register ist der Familienname vorangestellt. Japan wurde nicht als Stichwort ins Register aufgenommen.

D

E

F

N

O